Jus Internationale et Europaeum

herausgegeben von
Thilo Marauhn und Christian Walter

191

Ketevan Giorgishvili

Das georgische Versammlungsrecht im Schnittpunkt von Verfassungs- und Verwaltungsrecht

Die Rechtsprechung des EGMR und die deutsche Dogmatik zum Vergleich

Mohr Siebeck

Ketevan Giorgishvili (1987–2021), Studium der Rechtswissenschaft an den Universitäten Tbilisi und Köln; 2010 Magister Legum an der Universität zu Köln; 2012 Magister Legum an der Iv. Javachishvili Universität Tbilisi; 2020 Promotion; 2020–2021 Leiterin des Fachbereichs Recht am Forschungszentrum des Georgischen Parlaments.

Gedruckt mit Unterstützung des Deutschen Akademischen Austauschdienstes (DAAD), Bonn

Zugl.: Köln, Univ., Diss. 2020

ISBN 978-3-16-160215-3 / eISBN 978-3-16-160216-0
DOI 10.1628/978-3-16-160216-0

ISSN 1861-1893 / eISSN 2568-8464 (Jus Internationale et Europaeum)

Die Deutsche Nationalbibliothek verzeichnet diese Publikation in der Deutschen Nationalbibliographie; detaillierte bibliographische Daten sind über *http://dnb.dnb.de* abrufbar.

© 2022 Mohr Siebeck Tübingen. www.mohrsiebeck.com

Das Werk einschließlich aller seiner Teile ist urheberrechtlich geschützt. Jede Verwertung außerhalb der engen Grenzen des Urheberrechtsgesetzes ist ohne Zustimmung des Verlags unzulässig und strafbar. Das gilt insbesondere für die Verbreitung, Vervielfältigung, Übersetzung und die Einspeicherung und Verarbeitung in elektronischen Systemen.

Das Buch wurde von Gulde Druck aus der Times New Roman gesetzt, auf alterungsbeständiges Werkdruckpapier gedruckt und gebunden.

Printed in Germany.

Geleitwort

Ketevan Giorgishvili hat ihrer 2019 abgeschlossenen Dissertation drei Widmungen vorangestellt. Die „Zukunft Georgiens" hat sie emphatisch aufgerufen und zugleich auch einer viel zu früh und tragisch verstorbenen Freundin gedacht, die wie sie an einer Dissertation zum georgischen Recht gearbeitet hatte. Und im letzten Absatz ihres Vorworts schreibt sie: „Während der Forschung habe ich eine große Dankbarkeit für die Menschen verspürt, die in der Vergangenheit, u. a. in hoffnungslosen Umständen, für eine bessere Zukunft Georgiens gekämpft haben. Genau auf diese Helden ist Georgiens kulturelle und politische Identität zurückzuführen. Diese Arbeit widme ich daher auch den großen Vorfahren."

Geschichte und Zukunft Georgiens lagen Ketevan Giorgishvili am Herzen. Sie hat nicht studiert wie andere, hat nicht einfach nur gelernt, wie das Recht sich entwickelt hat und wie es auszulegen ist, sondern sie hat für ihr Studium gebrannt – sie wollte das Funktionieren des Rechts verstehen, um dazu beizutragen, ihrer Heimat auf dem beschwerlichen und langwierigen Weg zu einem rechtsstaatlich verfassten Gemeinwesen zu helfen. Sie wusste um die Schwierigkeiten Georgiens, um das sowjetische Erbe, um die Korruption, um die Hindernisse, die der Umsetzung neuer Ideen entgegenstanden. Sie wollte mit Rat und Tat zur Seite stehen und sich da engagieren, wo die Schwierigkeiten am größten waren, beim Aufbau einer effektiven Verwaltung und beim Aufbau einer auf den Schutz des Individuums und der Gemeinschaft bedachten rechtsstaatlichen Polizei, beim Ausgleich von Konflikten zwischen Zivilgesellschaft und Staat. Das Versammlungsrecht schien ihr dafür ein besonders anschauliches Beispiel zu sein; daher wählte sie es als Thema ihrer Dissertation. Es war ihre tiefe Überzeugung, dass Reformen nicht auf dem Reißbrett aufgezeichnet werden können und dann funktionieren, sondern dass sie lange durchdacht und sehr solide organisiert werden müssen. Deshalb entschied sie sich dafür, nicht nur internationale Menschenrechtsverbürgungen sowie die in anderen Ländern gemachten Erfahrungen zu studieren, sondern sich gerade auch mit der systematischen Aufbereitung des Rechtsstoffs, mit der Dogmatik, auseinanderzusetzen. So ist sie in die Rechtsmaterie tiefer eingedrungen als die meisten ihrer deutschen Kommilitoninnen und Kommilitonen. Ich erinnere mich an ihre Konzentration und Ernsthaftigkeit bei Vorlesungen zum Verwaltungsrecht, die für andere eine wenig bedeutende

Pflichtübung waren – für sie ging es dabei um die Gestaltung der Zukunft ihres Heimatlandes. Dafür wollte sie Verantwortung übernehmen. Und dafür wollte sie gut vorbereitet sein.

Immer wieder während der Arbeit an dem umfangreichen Text ihrer Dissertation war sie in ihrer Heimat, übernahm verantwortungsvolle Aufgaben als Leiterin des Fachbereichs Recht im Forschungszentrum des georgischen Parlaments, als Mitglied des Forschungszentrums für die Öffentliche Verwaltung und im Innenministerium, betraut mit der Reform des Polizeirechts. Aber die theoretische Auseinandersetzung mit dem Recht blieb ihr Kompass über viele Jahre.

Als sie ihre Dissertation abgeschlossen hatte, begann die Pandemie. Die Disputation war die erste an der Rechtswissenschaftlichen Fakultät, die wir „online" durchführten. Es war schade, dass wir Ketevan nicht persönlich zu dem großen Erfolg einer mit „summa cum laude" bewerteten Arbeit gratulieren konnten; sie war mehr als tausend Kilometer entfernt. Aber es war auch gut zu wissen, dass sie wieder da war, wo sie immer sein wollte, zuhause in Georgien. Wir alle dachten, ihr stünde eine großartige Karriere als Reformerin und Repräsentantin ihres Landes bevor.

Es sollte anders kommen. Am 23.2.2021 starb Ketevan Giorgishvili.

Ihre Dissertation hat sie auch ihrer Freundin Tatia gewidmet. Ketevan und Tatia sind junge georgische Frauen, die den Weg für ihr Land gewiesen haben, die aber selbst nicht mehr mitgehen konnten. Ihnen gilt unsere Bewunderung und Dankbarkeit. Mit ihrem Einsatz für das Recht und für das Verständnis unterschiedlicher Rechtskulturen sind sie ein Vorbild für jene, die ihnen nachfolgen.

Köln, den 28.3.2022   Angelika Nußberger

Vorwort

Die vorliegende Dissertation wurde am 12. Mai 2019 bei der Juristischen Fakultät der Universität zu Köln eingereicht. Literatur, Rechtsprechung und Stand der Gesetzgebung wurden bis zu diesem Zeitpunkt berücksichtigt. Die drei Jahre der Forschung konnte ich in Köln mithilfe des DAAD-Stipendiums verbringen, wofür ich mich beim DAAD bedanke.

Meinen herzlichen Dank möchte ich Frau Prof. Dr. Angelika Nußberger aussprechen, die trotz ihrer Tätigkeit am EGMR als Vize-Präsidentin meine Doktorarbeit betreut und mich bei meiner Forschung immer wieder motiviert hat. Die Ratschläge, die ich von ihr schon zu Beginn meiner Forschung erhalten habe, waren bis zur Bereitstellung der Arbeit sehr hilfreich.

Besonderer Dank gilt ebenso Herrn Prof. Dr. Burkhard Schöbener für sein aufschlussreiches Gutachten und seine Teilnahme am Prüfungsausschuss.

Weiterhin möchte ich mich bei Frau Dr. Carmen Schmidt, Geschäftsführerin des Instituts für osteuropäisches Recht und Rechtsvergleichung, herzlich bedanken. Frau Dr. Schmidt hat mir mit ihren wertvollen Einschätzungen zu meinen Ideen und zur geleisteten Arbeit sowie durch stetigen Meinungsaustausch sehr geholfen. Darüber hinaus hat sie mich immer wieder moralisch unterstützt.

Auch bedanke ich mich auch bei Frau Marina Schneider. Sie war stets da, um mir bei sämtlichen Fragen und eventuellen Schwierigkeiten während meines Aufenthalts in Köln zu helfen. Meine Dankbarkeit gilt außerdem den Mitarbeitern und Mitarbeiterinnen des Instituts für osteuropäisches Recht und Rechtsvergleichung, die mein Leben in Köln interessanter gemacht haben.

Ich fühle mich sehr glücklich, ein Teil der deutsch-georgischen Freundschaft zu sein, die schon eine lange Geschichte hinter sich hat. Die Verbindung zu Deutschland hat mein Leben außerordentlich bereichert.

Schließlich möchte ich meiner Familie und meinem Freundeskreis danken. Ohne deren Liebe und Unterstützung würde meine Forschungszeit nicht so reibungslos ablaufen. Anfangs haben meine Nichte Barbare und sodann auch meine Neffen Gabriel und Saba meine Motivation unterstützt. Deshalb möchte ich diese Arbeit der Zukunft Georgiens widmen.

Die Widmung gilt ebenso einer Freundin von uns, Tatia, die 2018 tragisch verstorben ist. Sie konnte ihre eigene Doktorarbeit zum Thema Weinrecht nicht fertigstellen.

Während der Forschung habe ich eine große Dankbarkeit für die Menschen verspürt, die in der Vergangenheit, u. a. in hoffnungslosen Umständen, für eine bessere Zukunft Georgiens gekämpft haben. Genau auf diese Helden ist Georgiens kulturelle und politische Identität zurückzuführen. Diese Arbeit widme ich daher auch den großen Vorfahren.

Tbilisi, im Oktober 2020 Ketevan Giorgishvili

Inhaltsverzeichnis

Geleitwort V
Vorwort VII
Abkürzungsverzeichnis XVII

A. Einleitung 1

B. Die Herausforderung, die Methode und der Gang der Arbeit . . . 3
    I. Die Relevanz der Forschung 3
    II. Die zentrale Zielsetzung der Arbeit 5
    III. Die rechtsvergleichende Methode der Analyse 8
        1. Das deutsche Versammlungsrecht („Ermöglichungskonzept") als Vergleichsmaßstab 10
        2. Internationale Standards als Vergleichsmaßstab 12
            a) Die Transnationalisierung des Menschenrechtsschutzes durch EMRK und EGMR 12
                aa) Der „Sonderstatus" der EMRK in Georgien 15
                bb) Die aktuelle Abhilfe und die Pro-futuro-Orientierung 17
                cc) Die EMRK als „Auslegungshilfe" in der Rechtsprechung des GVerfG 19
            b) Weitere Analysekriterien 21
    IV. Eingrenzung und Gang der Arbeit 23

C. Die Versammlungsfreiheit während der Sowjetzeit 27
    I. Die Versammlungsfreiheit in den sowjetischen Verfassungen . . 28
    II. Die gewaltsame Auflösung der Versammlungen von 1956 und 1989 31

D. Der Transformationsprozess in Georgien seit 1991 35
    I. Die Herausforderung des rechtlichen Systemwandels 36
    II. Politische Versammlungen bis 2012 43

		1. Das falsche „Policing" der Versammlungen	44
		2. Die mangelnde Balance zwischen Freiheit und Sicherheit . .	47
	III.	Revolution und Stagnation	49

E. Die Versammlungsfreiheit in der georgischen liberalen
Verfassungstradition 55
    I. Die Versammlungsfreiheit in der ersten demokratischen
        Verfassung von 1921 56
    II. Die Versammlungsfreiheit in der geltenden Verfassung
        vom 24. August 1995 57
        1. Das Grundrechtssystem der GVerf 59
        2. Die Verfassungsreform von 2017 64
            a) Strukturelle und inhaltliche Änderungen 65
            b) Die Versammlungsfreiheit in der geltenden Verfassung . . 66
        3. Die Verfassungsgerichtsbarkeit in Georgien 68
            a) Das GVerfG als „Hüter der Verfassung" 68
            b) Die Defizite des GVerfG beim Schutz des Individuums . . 71
            c) Die mittelbare Beeinflussung der Rechtsanwendung . . . 73
            d) Die Rechtsprechung des GVerfG zur Versammlungs-
               freiheit 75

F. Die „Eigentümlichkeiten" und die „Bindungsenergie"
der Versammlungsfreiheit im Licht der deutschen Dogmatik
und der EMRK 79
    I. Die Legitimationspotenziale der Versammlungsfreiheit 79
    II. Der Gewährleistungsbereich der Versammlungsfreiheit 84
        1. Die Kollektivität der Ausübung der Versammlungsfreiheit . . 85
        2. Der verfassungsrechtliche Versammlungsbegriff 88
        3. Die Reichweite des sachlichen Schutzgehalts 94
        4. Die Versammlungs- und Meinungsfreiheit 99
        5. Der personelle Schutzbereich 103
    III. Das Schutzprogramm der Versammlungsfreiheit 106
        1. Die abwehrrechtliche Dimension 109
        2. Die Schutzpflicht und die positive Verpflichtung des Staates 111
            a) Die schützende Intervention des Staates nach deutschem
               Recht 113
            b) Die positive Verpflichtung des Staates nach dem
               Effektivitätsgedanken des EGMR 117

IV.	Die Friedlichkeit der Versammlung	122
	1. Der status passivus in der Friedensordnung	123
	2. Die kollektive Unfriedlichkeit nach deutschem Recht	126
	a) Der verfassungsrechtliche Gewaltbegriff	126
	b) Qualitative und quantitative Determinanten	128
	3. Die Friedlichkeit der Versammlung in der Rechtsprechung des EGMR	130
	a) Das restriktive Verständnis der Unfriedlichkeit	131
	b) Die gewaltsame Absicht	132
	c) Isolierbare Einzelhandlungen	135
V.	Das Selbstbestimmungsrecht des Veranstalters	136
	1. Die Gestaltungsfreiheit	138
	2. Die Öffentlichkeitswirksamkeit und die symbolische Gestaltung	140
	3. Die Wahl des Versammlungsortes vs. Eigentumsfreiheit . . .	143
	a) Das BVerfG zu semi-öffentlichen Flächen	144
	aa) Das Leitbild des öffentlichen Forums	144
	bb) Die mittelbare Grundrechtsbindung Privater zum Schutz der Kommunikation	146
	b) Die Rechtsauffassung des EGMR	148
VI.	Der Schutz sog. „infrastruktureller Ergänzungen"	150
	1. Die Lage in Georgien	151
	2. Die Lage in Deutschland	153
	a) Die Ansichten im Schrifttum	154
	b) Die Entscheidungen der Gerichte zum „Protestcamp" bis 2017	156
	aa) Das restriktive Verständnis	158
	bb) Das weite Verständnis	159
	cc) Die verstärkt funktionale Bedeutung der Infrastruktur bei Dauerkundgebungen	160
	c) Die Entscheidungen der Gerichte zum „Protestcamp" von 2017	161
	aa) Die Rechtsauffassung des VG Hamburg	162
	bb) Die Rechtsauffassung des OVG Hamburg	163
	cc) Die Rechtsauffassung des BVerfG	164
VII.	Die Eingriffe in die Versammlungsfreiheit	167
	1. Das weite Verständnis der Eingriffe	167
	2. Abschreckende Wirkungen („chilling effects")	170
VIII.	Die Rechtfertigung von Eingriffen	176

                1. Die Schrankensystematik 177
                2. Der Verhältnismäßigkeitsgrundsatz als Schranken-Schranke 181
                    a) Die präventive und die repressive Reaktionswirkung
                       nach deutschem Recht 182
                    b) Die „praktische Konkordanz" als deutsches Konzept
                       der Abwägung 184
                    c) Die Erzielung einer „fair balance" nach der
                       Rechtsprechung des EGMR 187
                       aa) Das Prüfungsmodell des EGMR 189
                       bb) Die Ausbalancierung von Interessen im Fall
                           „Karaahmed v. Bulgaria" 192
                    d) Das Verhältnismäßigkeitsprinzip in der Rechtsprechung
                       des GVerfG 195

G. Die Konfliktkultur der Versammlungsfreiheit 199
      I.   Die Ablösung der „Aura des Ungehorsams" 201
      II. Die Qualität des (innen-)politischen Stimulus-Response-
           Modells 203
      III. Die politische Sensibilisierung durch den EGMR als Beitrag
           zur Konfliktkultur 206
      IV. Die Versammlungsfreiheit als responsives Recht 210

H. Einfachgesetzliche Regelungen in Georgien im Licht der
   deutschen Dogmatik und der Rechtsprechung des EGMR . . . 213
      I.   Die Bindung des Gesetzgebers an die Versammlungsfreiheit . . 213
                1. Die freiheitsermöglichende Natur des Versammlungs-
                   gesetzes 215
                2. Der Doppelauftrag des Versammlungsgesetzes 218
                    a) Die Verpflichtungswirkung des Versammlungsgesetzes
                       für die Verwaltung 218
                    b) Das Konzept des Ermessens 220
                3. Die Sperrwirkung des Versammlungsgesetzes 224
                    a) Die verfassungsrechtliche Wurzel der Sperrwirkung . . . 225
                    b) Die abschließende Regelung der versammlungs-
                       spezifischen Gefahr 228
                    c) Fazit 231
      II. Die Anpassung des Polizeirechts an die Anforderungen
           der Verfassung 231

	1. Die Polizeirechtsreform von 2012 und das neue GPolG	232
	2. Dogmatische Grundlagen des GPolG	235
III.	Der Staatsratsbeschluss vom 15. Juni 1992	239
IV.	Das Gesetz „Über Versammlungen und Manifestationen" vom 12. Juni 1997	240
	1. Nachfolgende Gesetzesänderungen	242
	a) Die Änderungen bis 2011	243
	b) Die Änderungen von 2011	244
	2. Die Konkretisierung des Verhältnismäßigkeitsgrundsatzes	246
	3. Das Diskriminierungsverbot	247
	4. Der Schutz der Pressefreiheit	250
	a) Die Regelung des GVersG	250
	b) Der EGMR zur „versammlungsbezogenen" Pressefreiheit	251
	5. Das Anmeldungsverfahren und das Kooperationsgebot	254
	a) Die Modalitäten der Anmeldung laut GVersG	254
	b) Die Rechtsprechung des EGMR zum Anmeldungsverfahren	259
	c) Das Kooperationsgebot in Georgien	266
	aa) Die behördliche Empfehlung	267
	bb) Die Auffassung der Venedig-Kommission	269
	d) Das Brokdorf-Konzept in Deutschland zum Vergleich	270
	e) Die Rechtsprechung des EGMR zur Kooperationspflicht	274
	f) Das Prinzip der neutralen Kooperation	278
	g) Fazit	283
	6. Die Sicherung der effektiven Erfüllung der Schutzpflicht	284
	a) Der Schutz der Ausgangsversammlung und der polizeiliche Notstand	285
	b) Die Rechtsanwendung in Georgien	288
	aa) Das defizitäre Herangehen der Exekutive	289
	bb) Die kritische Bewertung des EGMR	290
	cc) Der Einfluss der EMRK auf die Rechtsprechung	292
	c) Fazit	294
	7. Das Versammlungsverbot	295
	a) Das Versammlungsverbot als Einzelfallentscheidung	296
	b) Das Versammlungsverbot als Prognose- und Ermessensentscheidung	298
	c) Die Voraussetzungen des Art. 14 GVersG im Licht der deutschen Dogmatik	299
	aa) Die relevante Gefahr	301

     1) Versammlungsspezifische Gefahren 301
     2) Die Gefahr für die verfassungsmäßige Ordnung . 303
     3) Die Gefahr für die öffentliche Ordnung 307
     4) Sonstige Gefahren 310
    bb) Die Unmittelbarkeit der Gefahr 311
    cc) Die Anforderungen an die Tatsachenbasis 316
     1) Die Diagnose der Tatsachen nach Ansicht
      des GVerfG 316
     2) Die Diagnose der Tatsachen nach der Rechtsprechung deutscher Gerichte 317
     3) Die versammlungskonforme Wertung von
      (Gegen-)Indizien 321
  d) Die Beispiele einer (ermessens-)fehlerhaften Prognose
   nach der deutschen Rechtsprechung 323
    aa) Der Ermessensfehlgebrauch im Fall „Heidenau" . . . 323
    bb) Der Ermessensnichtgebrauch im Fall „Hamburg
     G20-Gipfel" 324
  e) Die Rechtsprechung des EGMR zu Versammlungsverboten 326
    aa) Die fehlerhafte Prognose mit diskriminierender
     Wirkung 326
    bb) Das generelle Versammlungsverbot einer
     oppositionellen Partei 327
    cc) Das Versammlungsverbot unter Missachtung
     des Selbstbestimmungsrechts 329
    dd) Die fehlerhafte Prognose und der unterlassene
     Ausgleich der Interessen 330
  f) Fazit 331
 8. Auflagen 333
  a) Die Regelung im GVersG 335
    aa) Die Interessenabwägung gemäß Art. 11² GVersG . . . 337
    bb) Die Abgrenzung des Art. 11² gegenüber anderen
     Regelungen 341
    cc) Die Stellungnahme der Venedig-Kommission 343
  b) Die Rechtsprechung des EGMR zu Auflagen 344
    aa) Der relevante Störungsgrad 345
    bb) Die Wahrung des Selbstbestimmungsrechts bzw.
     der Autonomie des Veranstalters 347
  c) Die Rechtsanwendung in Deutschland 352
    aa) Die fehlerhafte Tatsachendiagnose 352

bb)	Die Mittel der Kundgebung im Konflikt mit Drittinteressen	353
cc)	Das Selbstbestimmungsrecht im Konflikt mit dem Persönlichkeitsrecht	354
dd)	Die Versammlungsfreiheit im Konflikt mit der Religionsfreiheit	355

- d) Fazit 356
- 9. Die Bannmeilenregelung 357
  - a) Die ursprüngliche Regelung und die Ausführungen des GVersG 357
  - b) Die Bannmeilenregelung seit 2011 359
    - aa) Die Distanzanordnung 359
    - bb) Sonstige Anforderungen der Verfassung an die Distanzanordnung 362
  - c) Fazit 366
- 10. Die Blockade 366
  - a) Die Regelung des Art. 111 GVersG 366
  - b) Die Entscheidung des GVerfG von 2011 zum Blockadeverbot 368
  - c) Die Rechtsauffassung in Deutschland zu Blockaden . . 370
  - d) Die Blockadeaktion in der Rechtsprechung des EGMR . . 373
  - e) Fazit 376
- 11. Die Auflösung der Versammlung 377
  - a) Die Anordnung der Auflösung laut Art. 13 GVersG . . . 378
    - aa) Die frühere Fassung des Art. 13 GVersG und seine Anwendung 379
      - 1) Die Auflösung wegen Ablaufs der in der Anmeldung angegebenen Dauer 380
      - 2) Die Auflösung infolge „nicht erlaubter" Infrastruktur 381
    - bb) Die geltende Regelung 382
    - cc) Die Verstöße gegen Art. 11 Abs. 1 und Abs. 2 lit. a–c GVersG 384
      - 1) Unfriedliche Aufrufe 384
      - 2) Das Verbot gefährlicher Gegenstände 386
  - b) Das deeskalierende Rollenverständnis der Behörden . . . 388
    - aa) Die gerechtfertigte staatliche Duldung 390
    - bb) Die ungerechtfertigte staatliche Duldung 391
  - c) Die Auflösung von Versammlungen in der Rechtsprechung des EGMR 392

			aa) Die Auflösung wegen „nicht erlaubter" Infrastruktur	392

                aa) Die Auflösung wegen „nicht erlaubter" Infrastruktur   392
                bb) Die Auflösung durch Einkesselung   393
                cc) Die Auflösung wegen Blockadegefahr   394
                dd) Die Auflösung wegen Terrorgefahr   396
                ee) Die Auflösung wegen Verstoßes gegen eine Auflage   397
           d) Fazit   399
       12. Die Pflichten des Veranstalters   400
           a) Die Defizite der Regelung des GVersG   400
           b) Der EGMR zu Veranstalterpflichten   403
           c) Fazit   404

I. Die Verhaltensregeln des Innenministeriums für Polizisten   407
   I. Verbotene Polizeimaßnahmen   408
   II. Kritische Betrachtung der Verhaltensregeln   411
   III. Fazit   412

J. Der einstweilige Rechtsschutz und die Ahndung
von Rechtsverstößen   415
   I. Die Rechtsschutzgarantie des Art. 31 GVerf   416
   II. Der Eilrechtsschutz   418
       1. Die Regelung in Deutschland und die Vorgaben des EGMR   418
       2. Die Rechtslage in Georgien   422
   III. Die Probleme der Anwendung des OWiGB   424
   IV. Das BVerfG zur Ahndung von Rechtsverstößen   427
   V. Der EGMR zur Ahndung von Rechtsverstößen   429
   VI. Fazit   432

K. Schlussbetrachtungen   435
   I. Forderungen an den verfassungsändernden Gesetzgeber   435
   II. Forderungen an den einfachen Gesetzgeber   436

L. Ausblick: Der Appell für die „Kultur der Nachbesserung"   443

Literaturverzeichnis   451

Abkürzungsverzeichnis

Abs.	Absatz
AG	Aktiengesellschaft, Amtsgericht
Anm.	Anmerkung
AöR	Archiv des öffentlichen Rechts
Art.	Artikel/Article
Aufl.	Auflage
BayVBl.	Bayerische Verwaltungsblätter
BayVersG	Bayerisches Versammlungsgesetz
Bd.	Band
BeckRS	Beck'sche Rechtsprechungssammlung
Beschl.	Beschluss
Bf.	Beschwerdeführer, Beschwerdeführerin
BPolG	Bundespolizeigesetz
Bespr.	Besprechung
BT-Drs.	Bundestags-Drucksache
BVerfG	Bundesverfassungsgericht
BVerfGE	Entscheidungssammlung des BVerfG
BVerfGG	Bundesverfassungsgerichtsgesetz
BVerwG	Bundesverwaltungsgericht
BVerwGE	Entscheidungssammlung des BVerwG
bzw.	beziehungsweise
ders.	derselbe
dies.	dieselbe/dieselben
DÖV	Die Öffentliche Verwaltung
DVBl.	Deutsches Verwaltungsblatt
ECHR	European Convention on Human Rights, European Court of Human Rights
EGMR	Europäischer Gerichtshof für Menschenrechte
EMRK	Europäische Menschenrechtskonvention
EU	Europäische Union
EuGRZ	Europäische Grundrechte-Zeitschrift
f.	folgende
ff.	fortfolgende
Fn.	Fußnote
FS	Festschrift
GG	Grundgesetz
ggf.	gegebenenfalls
GIZ	Deutsche Gesellschaft für Internationale Zusammenarbeit
GPolG	Georgisches Polizeigesetz

GVerf	Georgische Verfassung
GVerfG	Georgisches Verfassungsgericht
GVersG	Georgisches Versammlungsgesetz
Hb.	Handbuch
HGR	Handbuch der Grundrechte
Hrsg.	Herausgeber
HStR	Handbuch des Staatsrechts
i. e. S.	im engen Sinne
IPbpR	Internationaler Pakt über bürgerliche und politische Rechte
i. S. v.	im Sinne von
i. V. m.	in Verbindung mit
JZ	Juristenzeitung
Kap.	Kapitel
lit.	litera
LG	Landgericht
LKV	Landes- und Kommunalverwaltung
ME	Musterentwurf eines Versammlungsgesetzes
m.	mit
m. V.	mit Verweis
mwN	mit weiteren Nachweisen
NJW	Neue Juristische Wochenschrift
Nr.	Nummer
NStZ	Neue Zeitschrift für Strafrecht
NVwZ	Neue Zeitschrift für Verwaltungsrecht
NVwZ-RR	Neue Zeitschrift für Verwaltungsrecht, Rechtsprechungsreport
OLG	Oberlandesgericht
OVG	Oberverwaltungsgericht
OWiGB	Ordnungswidrigkeiten-Gesetzbuch
PAG	Polizeiaufgabengesetz
PolG	Polizeigesetz
Rn.	Randnummer
s.	siehe
S.	Seite
sog.	sogenannte
StGB	Strafgesetzbuch
u. a.	unter anderem/und andere
UdSSR	Union der Sozialistischen Sowjetrepubliken
Urt.	Urteil
u. U.	unter Umständen
v.	von
VBlBW	Verwaltungsblätter Baden-Württemberg
VersG	Versammlungsgesetz der Bundesrepublik Deutschland
VersR	Versammlungsrecht
VerwArch	Verwaltungsarchiv
VG	Verwaltungsgericht
VGH	Verwaltungsgerichtshof
vgl.	vergleiche
VN	Vereinte Nationen

VRÜ	Verfassung und Recht in Übersee
VVDStRL	Veröffentlichungen der Vereinigung der Deutschen Staatsrechtslehrer
VwVGO	Verwaltungsgerichtsordnung
VwVfG	Verwaltungsverfahrensgesetz
ZaöRV	Zeitschrift für ausländisches öffentliches Recht und Völkerrecht
z. B.	zum Beispiel
ZfRV	Zeitschrift für Rechtsvergleichung
ZGB	Zivilgesetzbuch in Georgien
zit.	zitiert

A. Einleitung

In einer repräsentativen Demokratie erhält der (Rechts-)Staat die notwendige Legitimation durch Wahlen und durch den kommunikativen Austausch mit der Gesellschaft.¹ Auf diesem Weg der Kommunikation (als Daueraufgabe) wirkt die Demokratie als Prinzip integrativ und erreicht das eigentliche Ziel – die politische Meinungsbildung von unten nach oben.² Ein solches integratives System der politischen Meinungs- und Willensbildung eröffnet ein (pluralistisches) Forum für die offene (staatsfreie) Kundgabe abweichender Meinungen und Kritik.³ Der (Rechts-)Staat (als „Schutzstaat"⁴) hat dabei selbst für die freie Meinungskundgabe und Interaktion zwischen Staat und Gesellschaft u. a. durch die eigene Schutzpflicht Sorge zu tragen.⁵ Dazu vermögen die kommunikativen Effekte der Grundrechte als verfassungsrechtliche Gewährleistungen dieses Verhältnis von Staat und Gesellschaft zu determinieren. Damit tragen sie zugleich zum „geistigen Klima", zur „Gesamtfreiheit" der Gesellschaft, bei.⁶ Diese Funktionen des Staates und der Grundrechte zeigen sich auch bei der kommunikativen Entfaltung der Versammlungsfreiheit, die durch persönliche Meinungsäußerung kollektiv erfolgt: Sie sollen „die vom Staat unbehinderte, geplante oder spontane Kommunikation unter Anwesenden sowie die demonstrative Mitteilung der Kommunikationsergebnisse ermöglichen".⁷ Die Versammlungsfreiheit der Indi-

---

[1] Vgl. BVerfGE 69, 315, 360.
[2] Vgl. BVerfGE 20, 56, LS 2; weiter zu den Kommunikationsgrundrechten und zum Demokratieprinzip BVerfGE 27, 71, 81; BVerfGE 69, 315, 345–347.
[3] Vgl. *Michael, L./Morlock, M.*, Grundrechte, Rn. 201. Dazu ECHR, Stankov and the United Macedonian Organisation Ilinden v. Bulgaria, Nr. 29221/95 und 29225/95, 2. Oktober 2001, § 97.
[4] Dazu *Hoffmann-Riem, W.*, Demonstrationsfreiheit auch für Rechtsextremisten?, NJW 2004, S. 2777 und S. 2779.
[5] Zur „Integrationslehre" von Rudolf Smend s. *Schöbener, B./Knauff, M.*, Allgemeine Staatslehre, § 3 Rn. 15 und Rn. 15q. Zur Integrationsfunktion des Staates *Isensee, J.*, Die Staatlichkeit der Verfassung, S. 208 f. Rn. 16–18; BVerwG, Urt. v. 13.09.2017 – 10 C 6/16 (OVG Münster), NVwZ 2018, S. 436 Rn. 29.
[6] Begriffsprägung von *Isensee, J.*, in: Isensee, J./Kirchhof, P. (Hrsg.), HStR IX, § 190 Rn. 51. Zur „Gesamtfreiheit" *Rupp, H. H.*, in: Isensee, J./Kirchhof, P. (Hrsg.), HStR II, § 31 Rn. 49 und Rn. 51.
[7] BVerfGE 84, 103, 109.

viduen wird „im Interesse einer gemeinschaftlichen Meinungsbildung und Meinungskundgabe" u. a. zur demokratischen Wechselwirkung zwischen Staat und Gesellschaft gewährleistet.[8] In diesem Rückkopplungsprozess haben sowohl der (schützende und fördernde) Staat als auch das Demokratieprinzip und die Versammlungsfreiheit als unterschiedliche (Funktions-)Systeme eine eigene integrative Aufgabe. Es handelt sich daher um das unterschiedliche „Wie" der Funktionserfüllung. Das integrative Staatsverständnis und die Determinierungskraft der Grundrechte geben dem Gesetzgeber die Richtschnur für die Regelung der staatlichen (Eingriffs-)Befugnisse; sie tragen dazu bei, dass das Versammlungsrecht auf einfachgesetzlicher Ebene der kommunikativen Dichotomie von Staat und Gesellschaft entspricht.[9]

---

[8] Vgl. ebd.

[9] Diese Dichotomie muss vor allem während der Kooperation zwischen der Versammlungsbehörde und des Veranstalters reflektiert werden. Mit Blick auf das „Brokdorf"-Konzept des BVerfG sprechen Battis, U./Grigoleit, K.J. von einem „zivilgesellschaftlich geprägten Kooperationsmodell zwischen demonstrierenden Bürgern und staatlichen Sicherheitsbehörden", *Battis, U./Grigoleit, K.J.*, Neue Herausforderungen für das Versammlungsrecht?, NVwZ 2001, S. 121.

B. Die Herausforderung, die Methode und der Gang der Arbeit

I. Die Relevanz der Forschung

In der jüngsten Geschichte Georgiens hat die politische Bedeutung der Versammlungsfreiheit als einer der wichtigsten demokratischen Werte spürbar zugenommen. Dies erklärt sich durch den Willen der Bürger, eigene partizipative Möglichkeiten in politischen und gesellschaftlichen Prozessen zu effektuieren. Dies ließ gleichsam das Spezifikum der Demokratisierung des postsowjetischen Staates erkennbar werden: Nach der Wiedererlangung der staatlichen Unabhängigkeit haben die politisch inspirierten Versammlungen die Funktion übernommen, das Prinzip „Demokratie von unten" in die Wirklichkeit umzusetzen.[1] Laut Kloepfer ist diese Lage als „demokratischer Nachholbedarf" (des politischen Systems) zu betrachten, der die Relevanz der Versammlungsfreiheit steigen lässt.[2]

Die Großdemonstrationen bis Oktober 2012 machten das Fehlen von Partizipation und eines Dialogs auf der Ebene von Staat und Gesellschaft und die schwache Rolle der Opposition bei einer effektiven Machtbalancierung ersichtlich. Neben anderen kommunikativen Freiheiten wurde die Versammlungsfreiheit für den Staat zu einer nicht gewünschten Gewährleistung. Die Ereignisse nach dem demokratischen Regierungswechsel im Herbst 2012 deuten auf die positive Entwicklung des Versammlungsrechts hin.[3] Dennoch haben die innerstaatlichen und internationalen Monitoringgruppen Probleme identifiziert,[4] die das defizitäre Verständnis der Freiheitsgewährleistung in der Praxis offenbaren. Besonders die mangelhafte Erfüllung der staatlichen Schutzpflichten, u. a. im

---

[1] „Demokratie von oben kann es nämlich nicht wirklich geben", so *Bryde, B.-O.*, Der Beitrag des BVerfG zur Demokratisierung der Bundesrepublik, S. 331. Vgl. auch BVerwG, Urt. v. 13.09.2017 – 10 C 6/16 (OVG Münster), NVwZ 2018, S. 435 Rn. 28 (m. V. auf BVerfG).

[2] So *Kloepfer, M.*, in: Isensee, J./Kirchhof, P. (Hrsg.), HStR VII, § 164 Rn. 7.

[3] Vgl. den Bericht des Menschenrechtsbeauftragten vom 10. Dezember 2014, S. 7; ferner vgl. den Bericht des Menschenrechtsbeauftragten 2013 (verkürzte Version), S. 41.

[4] Vor allem sind die Berichte und Stellungnahmen des Menschenrechtsbeauftragten, der Venedig-Kommission, des speziellen EU-Beraters Thomas Hammarberg sowie des speziellen VN-Berichterstatters Maina Kiai hervorzuheben. Diese Beiträge werden in der Arbeit an vielen Stellen der Analyse herangezogen.

Sinne eines effektiven Rechtsschutzes, stellt eine Herausforderung der (Versammlungsrechts-)Praxis dar. Aus diesem Grund wird die theoretische und praktische Bedeutung der Arbeit erneut bekräftigt. Auch die Forschung muss den Willen der Bürger stärken, die eigene Freiheit im Vertrauen auf die eigene Macht, Änderungen herbeizuführen, zu betätigen.[5]

Die vorliegende Arbeit unternimmt den Versuch, die Spezifik des Versammlungsrechts und dessen gefahrenabwehrrechtliche Bezüge (sog. „versammlungsrechtliche Gefahrenabwehr"[6]) in Georgien aufzuzeigen. Der georgische Gesetzgeber war bisher im Bereich des Versammlungsrechts bemüht, das einfache Recht an die verfassungsrechtlichen Vorgaben anzupassen.[7] In der Literatur und Praxis lässt sich aber noch keine „gereifte Grundrechtsmethodik" nachweisen, die eine verfassungskonforme Auslegung und Anwendung des einfachen Rechts absichert.[8]

Im Allgemeinen behandeln georgische Rechtswissenschaftler im Bereich des öffentlichen Rechts die Anforderungen des Rechtsstaatsprinzips. Dieser „modische Virus"[9] erklärt sich dadurch, dass ein Transformationsstaat die Untermauerung durch rechtsstaatliche Prinzipien braucht. Dies wurde in der Literatur entsprechend reflektiert. Dabei blieben originäre Institute des Gefahrenabwehrrechts eher im Hintergrund. Die bisherigen Forschungsansätze sind fragmentarisch;[10] in den Lehrplänen des Jurastudiums ist dieses Fach selten zu finden. Die Rechtsstaatlichkeit braucht aber Vitalität; zudem verlangt die Konstitutionalisierung, dass die verfassungsrechtlichen Normen und Prinzipien das einfache Recht beeinflussen.[11] Dies ist dann erreichbar, wenn Theorie und Praxis vor allem das Verhältnismäßigkeitsprinzip in den dogmatischen Kontexten (nicht zuletzt im

---

[5] Vgl. OVG Münster, Beschl. v. 29.07.2016 – 15 B 876/16 („Erdogan"-Fall), BeckRS 2016, 49486, Rn. 8 m. V. auf BVerfG.

[6] Zur Begriffsprägung BVerfG, Beschl. v. 10.12.2010 – 1 BvR 1402/06, NVwZ 2011, S. 424.

[7] Eine grundlegende Änderung des Gesetzes erfolgte im Jahr 2011; diese ist vor allem auf die Entscheidung des GVerfG vom 18. April 2011, Nr. 2/482, 483, 487, 502 zurückzuführen. Die einzelnen Änderungen werden in der Arbeit detailliert dargestellt.

[8] Prägung von *Hufen, F.*, Entstehung und Entwicklung der Grundrechte, NJW 1999, S. 1504.

[9] *Bernhardt, R.*, Betrachtungen zur Rechtsvergleichung im öffentlichen Recht, in: FS für Starck, S. 703, er spricht vom „modischen Virus der Rechtsvergleichung".

[10] Dazu *Giorgishvili, K.*, Die Eigenartigkeit der polizeilichen Gefahrenabwehr, in: Zeitschrift für Verwaltungsrecht 2 (2016), S. 79–92; *Beraia, I./Gelashvili, N./Giorgishvili, K./Isoria, L. u. a.*, Polizeirecht; *Turava, P.*, Die Kompatibilität von rechtlichen Regelungen der Polizeitätigkeit in Georgien mit den europäischen Menschenrechtsstandards, in: Korkelia, K. (Hrsg.), Menschenrechtsschutz und Rechtsreform in Georgien, S. 119–137; *Turava, P.*, Polizeirecht in Georgien, Osteuropa Recht 60 (2014), S. 60–71.

[11] Vgl. *Kleinlein, T.*, Konstitutionalisierung im Völkerrecht, S. 1.

Polizei- und Versammlungsrecht) untermauern.[12] Nur daraus entsteht eine Rechtsanwendungstradition, die das Risiko eines Übermaßes bei staatlichen Eingriffen minimiert.

II. Die zentrale Zielsetzung der Arbeit

Für das Staats- und Verfassungsleben ist die Orientierung an westlichen Vorbildern und die Heranziehung von sog. *Best Practices* – vor allem zum effektiven Schutz der Menschenrechte – von besonderer Bedeutung.[13] Diese Entwicklungslinie gilt auch für das Bemühen des Gesetzgebers, der Versammlungsfreiheit zu einer möglichst effektiven Umsetzung zu verhelfen. Inwieweit dies in der Wirklichkeit schon geschehen ist, wird in der Arbeit als zentrale Fragestellung behandelt.

„Luftröhre der Demokratie",[14] „empfindlicher Seismograph der Entwicklung",[15] „Grundrecht des Konflikts",[16] „Mittel der Veränderung",[17] „Nahtstelle zwischen Staat und Gesellschaft",[18] „Argument des Körpers",[19] „störrisches Grundrecht",[20] „Grundrecht auf Provokation",[21] „körperlich gewordener Kon-

---

[12] Die Rechtsstaatlichkeit basiert auf dogmatischen Stützpunkten, die in der Praxis durch „Erfahrung, Bewusstsein und Leben" umgesetzt werden können, dazu *Schmidt-Aßmann, E.*, in: Isensee, J./Kirchhof, P. (Hrsg.), HStR II, § 26 Rn. 10; *Fritzsche, K.P.*, Menschenrechtskultur, in: FS für Klein, S. 1043, der von „gewusst[en], gewollt[en] und gelebt[en]" Menschenrechten spricht.

[13] Dazu interessant *Leisner, W.*, „Vorbild": Ein Rechtsbegriff der Verfassung?, DÖV 2015, S. 1002 (Hervorhebung wie im Original): „Das Staatsrecht insgesamt orientiert sich insoweit an ‚Vorbildern im Sinne eines motivierenden Aufrufs zu einer Nachahmung' mit dem Endziel der Erreichung einer idealen Staatlichkeit schlechthin, welche in der Verfassungsentwicklung angestrebt werden soll." Zu rechtsangleichenden Prozessen *Peters, A./Ley, I.*, The Freedom of Peaceful Assembly in Europe, S. 321 f., sie sprechen von der „multi-level constitutional convergence through the Europeanisation and internationalisation of national constitutional law" („[t]he convergence of constitutional orders is part of [a] paramount rights-based moral process").

[14] *Hoffmann-Riem, W.*, Demonstrationsfreiheit auch für Rechtsextremisten?, NJW 2004, S. 2778.

[15] *Peters, W./Janz, N.*, Aktuelle Fragen des Versammlungsrechts, LKV 2016, S. 193.

[16] *Schwäble, U.*, Das Grundrecht der Versammlungsfreiheit, S. 71.

[17] *Hoffmann-Riem, W.*, Demonstrationsfreiheit auch für die Rechtsextremisten?, NJW 2004, S. 2782.

[18] *Quilisch, M.*, Die demokratische Versammlung, S. 113 m.V. auf Füßlein.

[19] *Depenheuer, O.*, in: Maunz, T./Dürig, G. (Hrsg.), GG, Art. 8 Rn. 3.

[20] *Peters, W./Janz, N.*, Aktuelle Fragen des Versammlungsrechts, LKV 2016, S. 193.

[21] *Dörr, O.*, Keine Versammlungsfreiheit für Neonazis?, VerwArch 93 (2002), S. 505.

flikt",[22] „unbequemes Grundrecht",[23] „Zeichen der Freiheit",[24] „Versammlungsdemokratie",[25] „Mittel einer aktiven Demokratie",[26] „körperliche Politik",[27] „Grundrecht bürgerschaftlicher Selbstbestimmung"[28] – all diese Bezeichnungen charakterisieren die Versammlungsfreiheit in ihrer individual-rechtlichen, demokratisch-funktionalen und gemeinschaftsbezogenen Dimension. Aus dieser ambivalenten Funktionalität resultiert die freiheitsermöglichende Natur des Versammlungsrechts, wodurch sich die versammlungsrechtliche Gefahrenabwehr als Teil der Eingriffsverwaltung von der klassischen Gefahrenabwehr unterscheiden lässt.[29] Die Vergegenwärtigung dieser „Eigentümlichkeiten",[30] die die Schutz- und Wertgehalte der verfassungsrechtlichen Gewährleistung reflektieren, stellt die Zielsetzung der Arbeit dar. Gleiches gilt hinsichtlich des „hoheitlichen Rollenverständnisses", das sich in Deutschland seit dem „Brokdorf"-Beschluss des BVerfG von 1985 etabliert hat.[31] Der einstimmig ergangene Beschluss hat u. a. die Interaktions- und Kooperationskultur zwischen dem Veranstalter der Versammlung und den staatlichen Behörden weiterentwickelt.[32]

Das Forschungsprojekt steht vor der Herausforderung, die Versammlungsfreiheit nach der georgischen Verfassung vom 24. August 1995 (fortan: GVerf) und

---

[22] *Koll, B.*, Liberales Versammlungsrecht, S. 32.
[23] *Geis, M.-E.*, in: Friauf, H./Höfling, W. (Hrsg.), Berliner Kommentar GG, Art. 8 Rn. 141.
[24] *Sachs, M.*, in: Stern, K. (Hrsg.), Das Staatsrecht IV/1, S. 1193 f.; OVG Münster, Beschl. v. 29.07.2016 – 15 B 876/16, NVwZ 2017, S. 649 Rn. 10 („Zeichen der Freiheit, Unabhängigkeit und Mündigkeit des selbstbewussten Bürgers").
[25] *Peters, W./Janz, N.*, Aktuelle Fragen des Versammlungsrechts, LKV 2016, S. 193.
[26] *Quilisch, M.*, Die demokratische Versammlung, S. 109 m. V. auf Nawiasky-Leusser.
[27] *Blanke, H.-J.*, in: Stern, K./Becker, F. (Hrsg.), Grundrechte-Kommentar, Art. 8 Rn. 2.
[28] *Hoffmann-Riem, W.*, Standards für die Verwirklichung der Versammlungsfreiheit in Europa, in: FS für Papier, S. 266.
[29] Vgl. *Schulze-Fielitz, H.*, in: Dreier, H. (Hrsg.), GG, Art. 8 Rn. 65; vgl. BVerfGE 69, 315, 353.
[30] *Depenheuer, O.*, in: Maunz, T./Dürig, G. (Hrsg.), GG, Art. 8 Rn. 1.
[31] Der „Brokdorf"-Beschluss des BVerfG von 1985 – BVerfGE 69, 315 – wird als „Lehrbuch des Versammlungsrechts", als „Magna Charta der Versammlungsfreiheit" sowie als „Geburtsstunde" der verfassungsgerichtlichen Rechtsprechung über die Versammlungsfreiheit bezeichnet, so *Sachs, M.*, in: Stern, K. (Hrsg.), Das Staatsrecht IV/1, S. 1193; *Brenneisen/Mescher*, in: Brenneisen, H./Wilksen, M. (Hrsg.), VersR, S. 245 (m. V. auf Wiefelspütz); *Prothmann, M.*, Die Wahl des Versammlungsortes, S. 17; *Gusy, C.*, Lehrbuch der Versammlungsfreiheit, JuS 1986, S. 608 ff.
[32] So *Grote, R.*, Germany, in: Peters, A./Ley, I. (Hrsg.), The Freedom of Peaceful Assembly in Europe, S. 136 („a culture of interaction and co-operation"). Vgl. *Lepsius, O./Doering-Manteuffel, A.*, Die Richterpersönlichkeiten, S. 167; *Lepsius, O.*, Versammlungsrecht und gesellschaftliche Integration, S. 142. Selbst der Rechtsstreit war dabei auf die „mangelnde Kooperation" zurückzuführen, vgl. *Frowein, J. A.*, Die Versammlungsfreiheit vor dem Bundesverfassungsgericht, NJW 1985, S. 2376.

die einfachrechtliche Konkretisierung durch das Gesetz „Über Versammlungen und Manifestationen" vom 12. Juni 1997 (fortan: GVersG) zu untersuchen.[33] Dabei ist die Prüfung der behördlichen Eingriffsnormen in einem komplexen Versammlungsgeschehen auf ihre hinreichende Bestimmtheit von besonderer Bedeutung. Dazu müssen die Normen des Gesetzes einerseits die tatbestandlichen Elemente enthalten, die die Funktion der Begrenzung und Determinierung der behördlichen (Ermessens-)Befugnisse erfüllen. Andererseits ist danach zu fragen, ob bestehende Rechtsnormen die Möglichkeit vorsehen, das Individuum gegen die willkürliche Auslegung und Anwendung der Eingriffsbefugnisse zu schützen.[34]

In Deutschland hat in erster Linie die Praxis zur Entwicklung der Dogmatik des Versammlungsrechts beigetragen.[35] Die Rechtsprechung des BVerfG entfaltete hier eine „Systematisierungskraft" für die Auslegung und Anwendung des Rechts.[36] In Georgien versucht dagegen erst der Gesetzgeber, im Gesetz grundrechtskonforme Neuerungen einzuführen, um so die Rechtsanwendung an die verfassungsrechtliche Gewährleistung anzupassen. Es wird daher schwerpunktmäßig untersucht, inwieweit sich das Versammlungsrecht in seiner gesamten Zielrichtung und in einzelnen Regelungen optimal an der verfassungsrechtlichen Gewährleistung der Versammlungsfreiheit orientiert und damit in die Qualität eines „Freiheitsermöglichungsrechts" aufsteigt.[37] Diesbezüglich wird die reglementierende Wirkung des die Ausübung der Freiheit konkretisierenden einfachen Rechts auf seinen Umfang und seine Intensität hin geprüft. Die Umsetzung der Versammlungsfreiheit im Versammlungsgesetz wird im Lichte der Leitentscheidungen des georgischen Verfassungsgerichts (fortan: GVerfG) veranschaulicht, um weitere Anstöße zu einer verfassungskonformen Regelung des Versammlungsrechts zu geben. Das Dissertationsvorhaben verfolgt das Ziel, ent-

---

[33] Die englische Version des Gesetzes ist abrufbar unter: https://matsne.gov.ge/en/document/view/30346?publication=36; Abrufdatum: 17.10.2021. Anzumerken ist, dass diese offizielle Übersetzung an einigen Stellen vom georgischen Originaltext des Gesetzes abweicht. Es wird in der Arbeit auf die einzelnen Abweichungen entsprechend hingewiesen.

[34] Vgl. exemplarisch die Ausführungen in: ECHR, Navalnyy v. Russia, Nr. 29580/12 und 4 weitere, 15. November 2018, § 115.

[35] Kritisch dazu *Waechter, K.*, Die Vorgaben des BVerfG für das behördliche Vorgehen, VerwArch 99 (2008), S. 74. Nach der Föderalismusreform vom 28. August 2006, die die neue Gesetzgebungskompetenz der Länder begründet hat, wurden einige Sachverhalte durch Gesetz geregelt. Diese Regelungsinhalte (u. a. Spontanversammlungen) waren aber vorher durch die Gerichte hinreichend geklärt; *Koll, B.*, Liberales Versammlungrecht, S. 399; *Grote, R.*, Germany, in: Peters, A./Ley, I. (Hrsg.), The Freedom of Peaceful Assembly in Europe, S. 121.

[36] Vgl. *Höfling, W.*, Versammlungsrecht als „Freiheitsgewährleistungsrecht", Die Verwaltung 45 (2012), S. 540.

[37] Zur Freiheitsermöglichung vgl. BVerfGE 84, 103, 109; s. *Hoffmann-Riem, W.*, in: Merten, D., Papier, H.-J. (Hrsg.), HGR IV, § 106 Rn. 9.

scheidungsleitende Direktiven für die Praxis und Empfehlungen für die Rechtspolitiker zu erarbeiten.

III. Die rechtsvergleichende Methode der Analyse

Bei der Analyse der Ermächtigungsgrundlagen der Behörde wird auf die traditionellen Auslegungsmethoden – Ermittlung des Wortlauts, Systematik des Gesetzes, Wille des Gesetzgebers und Sinn und Zweck der Normen – zurückgegriffen.[38] Zudem wird die rechtsvergleichende Betrachtung der Rechtsinstitute als Methode der Arbeit angewandt.[39] Die Rechtsvergleichung erfüllt in einem Transformationsland eine besondere „Erneuerungsfunktion"[40] und veranlasst alle Staatsorgane, sich an den besten Erfahrungen als „Motor für Innovationen" zu orientieren.[41] Die Orientierungsmaßstäbe für das rechtliche System werden nicht zuletzt durch die rechtsvergleichende Forschung in der Rechtswissenschaft festgelegt.[42] Diese „Nachfrage nach rechtsvergleichenden Informationen" ermöglicht in einem Systemwandel,[43] dass die „Gegenwart" ermittelt und die Änderun-

---

[38] Zu Methoden *Reimer, F.*, Juristische Methodenlehre, S. 136 Rn. 269 ff. Er betrachtet die weiteren „Gesichtspunkte" der Auslegung als „diskussionswürdig", so ebd. und S. 191 Rn. 397 ff. mwN.

[39] Zur Rechtsvergleichung als „fünfte" Auslegungsmethode s. *Häberle, P.*, Europäische Verfassungslehre, S. 252 ff.; *ders.*, Europäische Rechtskultur, S. 75 ff.; *ders.*, in: Merten, D./ Papier, H.-J. (Hrsg.), HGR I, § 7 Rn. 26. Zur „Normativitätsthese", wonach auch die rechtsvergleichenden Argumente „mitbestimmen", welcher „Inhalt" der Rechtsnorm zukommt, *Coendet, T.*, Rechtsvergleichende Argumentation, S. 11 m. V. auf Legrand. Nach Weber ist diese „fünfte Auslegungsmethode" als „Hilfsinstrument der Auslegung" zu betrachten; *Weber, A.*, Europäische Verfassungsvergleichung, S. 8 Rn. 14. Zur Bedeutung der Rechtsvergleichung im öffentlichen Recht *Starck, C.*, Verfassungen, S. 343: „Georg Jellinek erläuterte sein empirisches Vorgehen in seiner Allgemeinen Staatslehre dahin, dass die einzelnen Typen ‚auf induktivem Wege durch sorgfältige Vergleichung der einzelnen Staaten, ihrer Organisation, ihrer Funktionen' gefunden werden".

[40] Dazu *Starck, C.*, Verfassungen, S. 341; *Kühn, Z.*, Development of Comparative Law, S. 231, die Rolle, die der Rechtsvergleichung traditionell im Zivilrecht zukommt, wurde auch im Verfassungsrecht bestätigt.

[41] Vgl. *Klatt, M.*, Die praktische Konkordanz von Kompetenzen, S. 4; *Sommermann, K.-P.*, in: Merten, D./Papier, H.-J. (Hrsg.), HGR I, § 16 Rn. 91: Die Rechtsvergleichung ersetzt nicht die Bedeutung der Rechtstheorie und Rechtsdogmatik, kann aber (u. a. im Grundrechtsbereich) wichtige Impulse zur Entwicklung geben.

[42] Die Rechtsvergleichung fällt in Georgien, in Anbetracht ihrer Ausgestaltung nach der kontinental-europäischen Rechtstradition, eher „eurozentrisch" aus; zur „eurozentrische[n] Herangehensweise" *Markesinis, B.*, Rechtsvergleichung in Theorie und Praxis, S. 64. Dagegen bereitete die Aufnahme der US-amerikanischen Institute in das neue Strafprozessrecht den Weg für entsprechende Forschung.

[43] Die Nachfrage komme heutzutage von verschiedenen „Kunden" – Gesetzgeber, Gerichte,

III. Die rechtsvergleichende Methode der Analyse

gen erarbeitet werden (Erkenntnisfunktion).[44] In diesem Sinne ermöglicht erst die erfolgreiche Rechtsvergleichung die eventuell angestrebte Rechtsangleichung (rechtspolitische Funktion).[45] Auch das GVerfG bedient sich bei der im Rahmen seiner Zuständigkeit ausgeübten Verfassungsmäßigkeitsprüfung der Methode der (Grund-)Rechtsvergleichung.[46] So gibt es dem Gesetzgeber als „Erstinterpreten" der Verfassung neue Impulse.[47] Die Rechtsvergleichung soll im Transformationsland die politische Identität der Gesellschaft beeinflussen (Hirschl)[48] und eine „Kultur der Nachbesserung" („culture of improvement") herausbilden.[49]

Die verschiedenen Fragestellungen, die das Recht und die Rechtspraxis in Georgien aufwerfen, werden in der Arbeit mit Blick auf das deutsche Recht und sog. europäische Standards behandelt. Dabei wirkt der erste Vergleichsmaßstab „horizontal" als empfehlenswert; der zweite erfüllt dagegen – in Anbetracht der bin-

---

internationale Organisationen und private Akteure, *Basedow, J.*, Hundert Jahre Rechtsvergleichung, JZ 2016, S. 269 f.

[44] Die Erkenntnisse aus der Rechtsvergleichung dienen „der Aufhebung der Vergangenheit, der Aufklärung der Gegenwart und der Vorbereitung der Zukunft", *Busse, C.-D. v.*, Die Methoden der Rechtsvergleichung, S. 34. Zur kritischen Funktion der Rechtsvergleichung *Michaels, R.*, The Funktional Method of Comparative Law, S. 380; die Rechtsvergleichung ermöglicht eine notwendige „Distanz zur eigenen Rechtsordnung", die als Voraussetzung für die wissenschaftliche Kritik bzw. für die unparteiischen Bewertungen gilt, vgl. S. 35 und S. 39. Die Rechtsvergleichung erfordert, dass „[d]as Eigene so gut gelernt sein [muss] wie das Fremde", *Vitzthum, W. G.*, Europas Identitäten, in: FS für Stern, S. 1001 ff. Die rechtsvergleichende Argumentation beschreibt Coendet als „universelles Rechtsdenken ohne universelles Recht", *Coendet, T.*, Rechtsvergleichende Argumentation, S. 81.

[45] Vgl. *Sommermann, K.-P.*, Propädeutische Überlegungen zur Grundrechtsvergleichung, S. 157 f.

[46] Vgl. *Erkvania, T.*, Verfassung und Verfassungsgerichtsbarkeit in Georgien, S. 367–369; *Sommermann, K.-P.*, in: Merten, D./Papier, H.-J. (Hrsg.), HGR I, § 16 Rn. 11–14.

[47] Zum Gesetzgeber als „Erstinterpreten des Grundgesetzes" BVerfGE 101, 158, 236; *Kirchhof, P.*, in: Maunz, T./Dürig, G. (Hrsg.), GG, Art. 3 Abs. 1, Rn. 2 (Der Gesetzgeber als [gestaltender] Erstinterpret und das BVerfG als [prüfender] Letztinterpret). Zu dieser „Erstzuständigkeit" *Merten, D.*, „Gute" Gesetzgebung als Verfassungspflicht oder Verfahrenslast?, DÖV 2015, S. 351; *Hermes, G.*, Verfassungsrecht und einfaches Recht, VVDStRL 61 (2002), S. 129. Ihrerseits haben die Verfassungsgerichte, die die Einhaltung der Verfassung kontrollieren, die „Ansicht des Gesetzgebers" in ihre Überlegungen einzubeziehen; *Möllers, C.*, Die drei Gewalten, S. 137; *Hoffmann-Riem, W.*, Nachvollziehende Grundrechtskontrolle, AöR 128 (2003), S. 185 (m. V. auf BVerfG: „Einschätzungs-, Prognose- und Beurteilungsspielräume des Gesetzgebers"); dies betreffe nicht nur die Politikgestaltung, sondern auch die Konkretisierung verfassungsrechtlicher Vorgaben in Gesetzen.

[48] Dazu *Bogdandy, A. v.*, Comparative Constitutional Law as Social Science?, VRÜ 49 (2016), S. 280.

[49] Vgl. *Ladeur, K.-H.*, Die Beobachtung der kollektiven Dimension der Grundrechte, Der Staat 50 (2011), S. 501.

denden Bedeutung der Europäische Konvention zum Schutz der Menschenrechte und Grundfreiheiten (fortan: EMRK) und des Europäischen Gerichtshofs für Menschenrechte (fortan: EGMR) für Georgien – eine „vertikale" Funktion.[50] In beiden Rechtssystemen lässt sich die Versammlungsfreiheit als „normatives Wesenselement" der Demokratie bezeichnen.[51] Ein derartiges Verständnis geht von (politisch) aktiven Bürgern aus, deren Zusammenkunft es ermöglicht, auf die Entwicklungsprozesse selbstbewusst, frei und unabhängig einzuwirken.[52]

1. Das deutsche Versammlungsrecht („Ermöglichungskonzept") als Vergleichsmaßstab

Da in Georgien eine gesicherte Rechtsanwendungspraxis fehlt, ist die Betrachtung der konkreten Regelungsgegenstände aus dem Blickwinkel des deutschen Versammlungsrechts nützlich und interessant.[53] Diese methodische Herangehensweise empfiehlt sich infolge der dogmatischen Anlehnung des georgischen Verwaltungsrechts an das deutsche Recht.[54] Gleiches gilt grundsätzlich für das georgische Polizeirecht, das sich allerdings noch in einer embryonalen Phase befindet.[55] Die deutsche Rechtsprechung über die Versammlungsfreiheit sowie die Forschung im Bereich des Versammlungsrechts sind dabei umfangreich. Für

---

[50] Zu „horizontalen" und „vertikalen" Entlehnungen in den Rechtsordnungen europäischer Länder („migration", „processes of borrowing") *Peters, A./Ley, I.*, The Freedom of Peaceful Assembly in Europe, S. 320.

[51] So *Hoffmann-Riem, W.*, in: Merten, D./Papier, H.-J. (Hrsg.), HGR IV, § 106 Rn. 5; *Müller-Franken, S.*, in: Schmidt-Bleibtreu, B./Hofmann, H./Henneke, H.-G. (Hrsg.), GG, Art. 8 Rn. 2.

[52] OVG Münster, Beschl. v. 29.07.2016 („Erdogan"-Fall) – 15 B 876/16, BeckRS 2016, 49486, Rn. 12; so vgl. BVerfGE 69, 315, 343.

[53] Bei der Behandlung der Thematik wird vor allem das Gesetz „Über Versammlungen und Aufzüge" (Versammlungsgesetz des Bundes; fortan: VersG) vom 24.07.1953 herangezogen. Als Grundlage zu weiteren Empfehlungen gilt der Musterentwurf, der für Deutschland 2011 erarbeitet wurde. Dazu vgl. die spätere Behandlung der einfachrechtlichen Regelungen in Kap. H.

[54] Schon das erste Lehrbuch des allgemeinen Verwaltungsrechts von 2005 beruhte mehrheitlich auf den dogmatischen Grundlagen des deutschen Verwaltungsverfahrens, *Adeischvili/Vardiaschvili/Isoria u. a.*, Lehrbuch zum Allgemeinen Verwaltungsrecht; s. *Turava, P.*, Vertrauensschutz, Georgian Law Review, Oktober 2007, Nr. 2/3, S. 212 ff. Die dogmatischen Errungenschaften des deutschen Rechts erhalten eine große „Ausstrahlungswirkung" auf das georgische Recht durch die georgischen Rechtswissenschaftler, die in Deutschland studiert haben und mit den deutschen Quellen weiterarbeiten, vgl. *Häberle, P.*, in: Merten, D./Papier, H.-J. (Hrsg.), HGR I, § 7 Rn. 17; *Kalichava, K.*, Europäisierung des georgischen Verwaltungsrechts, DÖV 2018, S. 389 ff.

[55] Die dogmatischen Entlehnungen werden insbesondere im ersten Lehrbuch des Polizeirechts (2015) deutlich, *Beraia, I./Gelasvili, N./Giorgishvili, K./Isoria, L. u. a.*, Polizeirecht.

III. Die rechtsvergleichende Methode der Analyse

das deutsche Beispiel trifft daher die Bezeichnung von Inazu – Versammlungsfreiheit als „ein vergessenes Recht" („a forgotten right") – nicht zu.[56] Als Ausgangspunkt gilt Art. 8 GG, der folgendermaßen lautet: Alle Deutschen haben das Recht, sich ohne Anmeldung oder Erlaubnis friedlich und ohne Waffen zu versammeln (Abs. 1); für Versammlungen unter freiem Himmel kann dieses Recht durch Gesetz oder aufgrund eines Gesetzes beschränkt werden (Abs. 2).

Beim Rechtsvergleich wird den Aspekten Vorrang eingeräumt, die für die Weiterentwicklung des georgischen Rechts von Bedeutung sind. Damit soll deutlich gemacht werden, wie die betreffenden Bestimmungen des untersuchten Gesetzes ausgelegt werden und wie die Folgerichtigkeit auf diesem Gebiet gewahrt werden kann.[57] Die Auseinandersetzung mit der deutschen Dogmatik ermöglicht es, die Prinzipienregelungen und konkreten Ermächtigungsgrundlagen zu verstehen. Dies hilft dem Rechtsanwender, vor jedem Einschreiten eine angemessene Abwägung der kollidierenden Rechtsgüter, die sich in dem versammlungsspezifischen Spannungsverhältnis befinden, vorzunehmen.[58] Vergegenwärtigt werden die Entwicklungslinien des Versammlungsrechts, die einerseits auf individuellen und andererseits auf objektiven, „demokratisch-funktionalen" Elementen der Versammlungsfreiheit beruhen.[59] Durch ein solches Verständnis wird die (politische) Teilhabe der Bürger an gesellschaftlichen Prozessen gesichert und eine staatliche Maßnahme auf spezifische freiheitsermöglichende Weise gebunden: Diese wird vor allem zur Erhaltung des friedlichen Versammlungsablaufs selbst eingesetzt; beim komplexen Versammlungsgeschehen ist staatlicherseits das ungehinderte menschliche Zusammenleben sicherzustellen („Doppelverpflichtung").[60] Zur adäquaten Regelung eines derartigen mehrdimensionalen Versammlungswesens sind in der deutschen Versammlungsrechtspraxis dogmatische Konstruktionen herausgearbeitet worden. Besonders relevant sind für die

---

[56] So *Inazu, J. D.*, Liberty's Refuge: The Forgotten Freedom of Assembly; vgl. *Peters, A./Ley, I.*, The Freedom of Peaceful Assembly in Europe, S. 9.

[57] Dazu *Englisch, J.*, in: Stern, K./Becker, F. (Hrsg.), Grundrechte-Kommentar, Art. 3 Rn. 27 und Rn. 41 mwN.

[58] Die Arbeit wird im Interesse der Rechtsanwender im Bereich des Versammlungsrechts nach der Fertigstellung in die georgische Sprache übersetzt.

[59] Vgl. *Hoffmann-Riem, W.*, in: Merten, D./Papier, H.-J. (Hrsg.), HGR IV, § 106 Rn. 15; er versucht, anhand der erwähnten Ansätze die „Interpretationshilfen" für das Verständnis der Versammlungsfreiheit zu identifizieren. Zu interpretationsleitenden Freiheitskonzepten *Böckenförde, E.-W.*, Wie werden in Deutschland die Grundrechte im Verfassungsrecht interpretiert?, EuGRZ 2004, S. 600 f.; ders., Grundrechtstheorie und Grundrechtsinterpretation, NJW 1974, 1529 ff.

[60] Vgl. *Hoffmann-Riem, W.*, Der „Musterentwurf eines Versammlungsgesetzes", S. 31. Zur „Doppelverpflichtung" *Lepsius, O.*, Versammlungsrecht und gesellschaftliche Integration, S. 117. Dabei konnte dieses Verständnis des Versammlungsrechts erst im Rahmen der freiheitlichen Ordnung des GG realisiert werden, dazu *Ullrich, N.*, Das Demonstrationsrecht, S. 37.

aktuelle und zukunftsorientierte georgische Rechtsanwendung die Fragen der Herstellung einer praktischen Konkordanz zwischen der Versammlungsfreiheit und damit kollidierenden (Dritt-)Interessen, der Polizeifestigkeit des Versammlungsrechts, der Gefahrenprognose im Fall versammlungsrechtlicher Eingriffe sowie der Wahrung des Friedlichkeitsgebots. Diese Aspekte erfüllen die Funktion, die versammlungsrechtliche Gefahrenabwehr rechtsstaatlich abzusichern. Sie bedingen es, dass die behördlichen Entscheidungen einen höchst differenzierten Charakter haben und erst durch mehrere Schritte des Bewertens, Abwägens und Ausgleichens zu einem verfassungsmäßigen Ergebnis führen.

2. Internationale Standards als Vergleichsmaßstab

Neben der rechtsvergleichenden Erörterung der Rechtsmaterie auf der Grundlage der deutschen Dogmatik wird das Zusammenspiel des nationalen Rechts und der europäischen Standards behandelt. Den Maßstab für die Bewertung der effektiven Gewährleistung der Versammlungsfreiheit bilden vor allem die EMRK und die darauf basierende Rechtsprechung des EGMR. Die Übernahme der Verpflichtung des Mitgliedstaats des Europarats, die Menschenrechte zu schützen und fortzuentwickeln (Art. 3 der Satzung des Europarats vom 5. Mai 1949), verstärkte sich durch die Ratifizierung der EMRK am 20. Mai 1999. Die EMRK erfüllte in den osteuropäischen Staaten die besondere Aufgabe, im Prozess der Transformation den Menschenrechtsschutz zu sichern und die Demokratie zu fördern.[61]

a) Die Transnationalisierung des Menschenrechtsschutzes durch EMRK und EGMR

Laut Art. 11 EMRK hat jede Person das Recht, sich frei und friedlich mit anderen zu versammeln.[62] Art. 11 Abs. 1 EMRK enthält die Schutzbereiche der Versammlungsfreiheit und der Vereinigungsfreiheit. Die Schrankenregelung in Abs. 2 gilt

---

[61] Vgl. *Grabenwarter, C./Pabel, K.*, EMRK, S. 22 Rn. 13; zur Förderung der Reformen *Lambert Abdelgawad, E.*, in: Schmahl, S./Breuer, M. (Hrsg.), The Council of Europe, S. 267 Rn. 9.75.

[62] Dazu vgl. *Schabas, W.*, The ECHR, S. 490. Vgl. die deutsche Fassung des Art. 11 EMRK (zit. nach *Ripke, S.*, in: Peters, W./Janz, N., Hb VersR, Kap. C Rn. 34): Jede Person hat das Recht, sich frei und friedlich mit anderen zu versammeln und sich frei mit anderen zusammenzuschließen; dazu gehört auch das Recht, zum Schutz seiner Interessen Gewerkschaften zu gründen und Gewerkschaften beizutreten (Abs. 1). Die Ausübung dieser Rechte darf nur Einschränkungen unterworfen werden, die gesetzlich vorgesehen und in einer demokratischen Gesellschaft notwendig sind für die nationale oder öffentliche Sicherheit, zur Aufrechterhaltung der Ordnung oder zur Verhütung von Straftaten, zum Schutz der Gesundheit oder der Moral oder zum Schutz der Rechte und Freiheiten anderer. Dieser Artikel steht rechtmäßigen

für beide Freiheiten gemeinsam. Dabei bleibt die EMRK als ältestes internationales Menschenrechtsdokument bis heute der effektivste Mechanismus des Individualschutzes auf internationaler Ebene.[63] Die durch die EMRK bedingte Transnationalisierung des Menschenrechtsschutzes markierte zugleich eine „anthropozentrische Wende" im Völkerrecht.[64] Die EMRK „emanzipierte" sich schon längst vom Verständnis des „bloßen" völkerrechtlichen Instrumentariums[65] und fördert die demokratischen Prozesse in den Mitgliedstaaten.[66] Der EGMR trägt als „zentraler Akteur im europäischen Verfassungsgerichtsverbund"[67] (dabei als „first among equals"[68]) zur „regionalen Konstitutionalisierung" bei.[69] Zu Recht

---

Einschränkungen der Ausübung dieser Rechte für Angehörige der Streitkräfte, der Polizei oder der Staatsverwaltung nicht entgegen (Abs. 2).

[63] Dazu *Buergenthal, T./Shelton, D./Stewart, D./Vázquez, C. M.*, International Human Rights, S. 180; die EMRK ist „die erste verbindliche internationale Menschenrechtskodifikation überhaupt", *Peters, A./Altwicker, T.*, EMRK, S. 1 Rn. 2; s. *Grabenwarter, C.*, The ECHR, S. 258: „This was, on the one hand, a consequence of the realisation that a purely national mechanism to protect fundamental freedoms and human rights had proved woefully inadequate. On the other hand, it was an expression of the will of the democratic states of Europe for self-determination against the totalitarian communism of the Soviet regime." Der „judicial activism" des Gerichtshofs stößt aber auch auf Kritik (aus Russland), dazu *Nußberger, A.*, Der Wandel der Grund- und Menschenrechte, in: FS für Stern, S. 121–123. Zur Kritik des EGMR als „governement of judges" *dies.*, Das Verhältnismäßigkeitsprinzip, NVwZ-Beilage 2013, S. 42; *Hammarberg, T.*, The Court of Human Rights versus the „Court of public opinion", in: Dialogue between judges (Hrsg.), (Januar 2012), S. 33.

[64] Dazu *Kotzur, M.*, Die anthropozentrische Wende, in: FS für Stern, S. 811 f., er spricht von einer „vom Menschen her" und „auf den Menschen hin denkenden Dynamik". Vgl. auch *Stone Sweet, A./Keller, H.*, The Reception of the ECHR in National Legal Orders, S. 5; *Shelton, D.*, in: Cogan, J. K./Hurd, J./Johnstone, I. (Hrsg.), The Oxford Handbook of International Organizations, S. 249.

[65] Vgl. *Grabenwarter, C./Pabel, K.*, ECHR, S. 6 Rn. 3; *Bates, E.*, The Evolution of the ECHR, S. 277 ff. Vgl. auch *Bogdandy, A. v./Venzke, I.*, Zur Herrschaft internationaler Gerichte, ZaöRV 2010, S. 6, sie sprechen von der internationalen Gerichtsbarkeit als Kernforderung progressiver Völkerrechtspolitik.

[66] Dazu exemplarisch ECHR, Barankevich v. Russia, Nr. 10519/03, 26. Juli 2007, § 24; ECHR, Makhmudov v. Russia, Nr. 35082/04, 26. Juli 2007, § 63: „[…] [T]he Convention was designed to promote and maintain the ideals and values of a democratic society. […]". Vgl. *Harris, D. J./O'Boyle, M./Bates, E./Buckley, C.*, Law of the ECHR, S. 7; *Grabenwarter, C.*, The ECHR, S. 257: „[T]he ECHR […] became a necessary element of a democratic society."

[67] So *Voßkuhle, A.*, in: Mangoldt, H. v./Klein, F./Starck, C. (Hrsg.), GG, Art. 93 Rn. 86; *ders.*, Pyramid or Mobile?, in: Dialogue between judges (Hrsg.), (Januar 2014), S. 36.

[68] So *Stone Sweet, A.*, in: Dialogue between judges (Hrsg.), (Januar 2014), S. 25.

[69] Vgl. *Grabenwarter, C./Pabel, K.*, ECHR, S. 7 Rn. 3; *Grewe, C.*, Die Wirkungen der EMRK in einzelnen Staaten des Europarats, S. 7–8 m. V. auf „Loizidou v. Türkei" von 1995, in der der EGMR die EMRK als „verfassungsrechtliches Instrument eines europäischen ordre public" qualifiziert. *Peters, A.*, Verhältnismäßigkeit als globales Verfassungsprinzip, S. 16 f., sie spricht von „Vergerichtlichung der internationalen Konfliktbearbeitung" bzw. von „Konsti-

wird der EGMR als „the constitutional court for civil and political rights of Europe" bezeichnet.⁷⁰

In seiner Judikatur wird der EGMR sowohl mit den unterschiedlichen rechtlichen Regelungen der Mitgliedstaaten als auch mit deren Rechtskulturen konfrontiert.⁷¹ Die Harmonisierung der Unterschiede und das Herausarbeiten der europäischen Standards gelingt einerseits durch den gemeineuropäischen Grundsatz der Verhältnismäßigkeit und andererseits durch die Berücksichtigung der Beurteilungsspielräume („a margin of appreciation") der Mitgliedstaaten.⁷² Damit sichert das Gericht als *pouvoir neutre* eine auf der EMRK basierende „European Public Order",⁷³ die auf einen grundlegenden Konsens der Mitgliedstaaten stößt.⁷⁴

---

tutionalisierung des Völkerrechts". Im Allgemeinen könnte die völkerrechtliche Konstitutionalisierung als „Entstehung einer objektiven Werteordnung" betrachtet werden; *Kleinlein, T.*, Konstitutionalisierung im Völkerrecht, S. 18 f.; zum globalen Konstitutionalismus *Frankenberg, G.*, In Verteidigung des Lokalen, VRÜ 49 (2016), S. 263.

⁷⁰ So *Frowein*, zit. nach *Buergenthal, T./Shelton, D./Stewart, D. P./Vázquez, C. M.*, International Human Rights, S. 224; *Grabenwarter, C./Pabel, K.*, ECHR, S. 6 Rn. 3 (EMRK als „Europäische Menschenrechtsverfassung"; als „Komplementärverfassung" bzw. „Nebenverfassung" in den Mitgliedstaaten). Zum EGMR als „a real player in European integration", *Lambert Abdelgawad, E.*, in: Schmahl, S./Breuer, M. (Hrsg.), The Council of Europe, S. 238 Rn. 9.22.

⁷¹ Vgl. *Nußberger, A.*, Der Wandel der Grund- und Menschenrechte, in: FS für Stern, S. 123–124. Der EGMR arbeitet selbst rechtsvergleichend, *Grabenwarter, C.*, The ECHR, S. 269 ff. (Role of Comparative Law). Vgl. exemplarisch ECHR, Apostol v. Georgia, Nr. 40775/02, 28. November 2006, §§ 38–46, das Gericht betrachtete das georgische Beispiel der individuellen Verfassungsbeschwerde anhand der rechtsvergleichenden Analyse. Rechtsvergleichend analysiert wurde das Anmeldungsverfahren im Vorfeld der Versammlung in: ECHR, Lashmankin and Others v. Russia, Nr. 57818/09 und 14 weitere, 7. Februar 2017, §§ 318–324. Vgl. die rechtsvergleichenden Bezüge zum Common Law in: Austin and Others v. UK, Nr. 39692/09, 40713/09 und 41008/09, 15. März 2012; Appleby and Others v. The United Kingdom, Nr. 44306/98, 6. Mai 2003; Lucas v. the UK, Nr. 39013/02, 29. Oktober 2002.

⁷² Vgl. *Nußberger, A.*, Rebuilding the Tower of Babel, S. 407, zit. nach *Lambert Abdelgawad, E.*, in: Schmahl, S./Breuer, M. (Hrsg.), The Council of Europe, S. 252 Rn. 9.50–9.51; *Grabenwarter, C.*, The ECHR, S. 267 f.; die Anerkennung des staatlichen Beurteilungsspielraums ist (als Ausdruck der Respektierung des unmittelbar legitimierten Gesetzgebers) je nach folgenden Kriterien relevant: Diversity of national solutions; the quality and character of guarantees; conflicting ECHR rights; the quality of the national authorities that have decided; the quality of proceedings and, in particular, the reasoning.

⁷³ Dazu *Stone Sweet, A./Keller, H.*, The Reception of the ECHR in National Legal Orders, S. 7; *Ress, G.*, Der Europäische Gerichtshof für Menschenrechte als *pouvoir neutre*, ZaöRV 2009, S. 291 f.

⁷⁴ Vgl. *Nußberger, A.*, Das Völkerrecht, S. 98; *dies.*, Rebuilding the Tower of Babel, S. 407: „[A]ll the Central and Eastern European countries accepted the Convention without claiming the necessity to re-bargain the contents and form of the system", zit. nach *Lambert Abdelgawad, E.*, in: Schmahl, S./Breuer, M. (Hrsg.), The Council of Europe, S. 252 Rn. 9.51.

aa) Der „Sonderstatus" der EMRK in Georgien

Gemäß Art. 4 Abs. 1 der GVerf schützt und erkennt der Staat die allgemein anerkannten Rechte und Freiheiten des Menschen an, die für das Volk und den Staat bindend sind.[75] Aus dieser Verfassungsnorm folgt die Bindung der drei Staatsgewalten an die universal geltenden Menschenrechte. Mit der Ratifizierung der EMRK wurde eine weitere Grundlage zum Schutz der Versammlungsfreiheit geschaffen.[76] Diese völkerrechtliche Verpflichtung intensiviert sich durch die Entscheidung des Verfassungsgesetzgebers, den völkerrechtlichen Staatsverträgen einen „Sonderstatus", einen gehobenen hierarchischen Rang zu verleihen:[77] Die völkerrechtlichen Verträge Georgiens stehen, im Gegensatz zum deutschen Beispiel,[78] auf einer höheren Stufe der Normenpyramide als die Gesetze und die weiteren Normativakten Georgiens (Art. 4 Abs. 5 GVerf).[79] Die EMRK steht so-

---

[75] Bis zur Verfassungsreform von 2017 war die Bestimmung in Art. 7 Abs. 1 GVerf geregelt. Bemerkenswert ist, dass die neue Klausel des Art. 4 GVerf erstmals die Rechtsstaatlichkeit als Prinzip *expressis verbis* hervorhebt.

[76] Vgl. *Giegerich, T.*, in: Dörr, O./Grote, R./Marauhn, T. (Hrsg.), EMRK/GG, Bd. I, S. 59 Rn. 1 ff. und zur Pflicht der konventionskonformen Anwendung nationalen Rechts vgl. S. 68 Rn. 20 ff. Aufgrund dieser Verpflichtung der Einzelstaaten wird der Menschenrechtsschutz internationalisiert, dazu spricht Klein vom Menschenrechtsschutz als „international concern", zit. nach *Lohmann, G.*, Menschenrechte zwischen Verfassung und Völkerrecht, in: FS für Klein, S. 1175. Zur unmittelbaren Anwendbarkeit der EMRK in Georgien *Khubua, G.*, in: Merten, D./Papier, H.-J. (Hrsg.), HGR IX, § 282 Rn. 20 ff.; *Korkelia, K.*, Die Anwendung der Europäischen Konvention für Menschenrechte in Georgien, S. 56 f.

[77] Zum „Sonderstatus" *Nußberger, A.*, in: Isensee, J./Kirchhof, P. (Hrsg.), HStR X, § 209 Rn. 7.

[78] Im Unterschied zur georgischen Rechtsordnung genießen die völkerrechtlichen Verträge in Deutschland den Rang eines einfachen Gesetzes, *Grabenwarter, C./Pabel, K.*, EMRK, S. 19 Rn. 8–12. Dennoch erlangt die EMRK insbesondere nach der „Görgülü"-Entscheidung des BVerfG vom 14. Oktober 2004 (BVerfGE 111, 307, 315) eine verfassungsrechtliche Bedeutung. Das Gericht stellte fest, dass eine verfassungsrechtliche Pflicht besteht, die EMRK bei der Auslegung und Anwendung der menschenrechtlich sensiblen Rechtsnormen als Auslegungshilfe zu berücksichtigen; vgl. *Detterbeck, S.*, in: Sachs, M. (Hrsg.), GG, Art. 93 Rn. 28–30a; *Sachs, M.*, Zur Bedeutung der Menschenrechtsgarantien der EMRK für das deutsche (Verfassungs-) Recht, in: FS für Klein, S. 321–333. Das BVerfG fordert dabei einen „ergebnisorientierten" Vorgang der Auslegung, der nicht auf eine „schematische Parallelisierung" ausgerichtet ist, sondern die „Grundwertungen der Konvention" in das nationale Rechtssystem umsetzt; so kommt der Rechtsprechung des EGMR eine „normative Leit- und Orientierungsfunktion" zu, wobei dies (vor allem bei der Auflösung der mehrpoligen Grundrechtsverhältnisse) nur unter Vorbehalt der Modalitäten des Grundrechtsschutzes laut GG geschieht, s. *Voßkuhle, A.*, in: Mangoldt, H. v./Klein, F./Starck, C. (Hrsg.), GG, Art. 93 Rn. 88a. Diese „Berücksichtigungspflicht" wurde in der sog. „Sicherungsverwahrungs"-Entscheidung des BVerfG vom 4. Mai 2011 gefestigt, dazu *Nußberger, A.*, in: Isensee, J./Kirchhof, P. (Hrsg.), HStR X, § 209 Rn. 12–17.

[79] Bis zur Verfassungsreform von 2017 war diese Bestimmung in Art. 6 Abs. 2 GVerf geregelt. Nunmehr ist dies in Art. 4 (Rechtsstaatlichkeit) vorgesehen. Der verfassungsändernde Ge-

mit in der Normenhierarchie unterhalb der Verfassung und des Verfassungsabkommens des Staates mit der Orthodoxen Apostolischen Kirche Georgiens.[80]

Als Mitgliedstaat des Europarats muss auch Georgien sicherstellen, dass das nationale (Menschen-)Rechtssystem mit den Standards der EMRK und der Rechtsprechung des EGMR übereinstimmt.[81] Da die EMRK in der GVerf als Teil der nationalen Rechtsordnung angekündigt wird, stellt sich dies zugleich als nationale Verpflichtung des Staates dar.[82] Um die konventionskonforme Lage in der nationalen Rechtsordnung herbeizuführen, steht dem Staat die Freiheit der Auswahl der Mittel zu.[83] Es ist aber notwendig, dass sich alle drei Staatsgewalten an die völkerrechtlichen und innerstaatlichen Bindungen aus der EMRK halten.[84] Die Judikative erfüllt dabei durch die Heranziehung der unmittelbar geltenden Konventionsnormen bzw. durch die Sicherung der konventionskonformen Rechtsanwendung eine besondere Funktion.[85] Bedeutend ist das Inkrafttreten

---

setzgeber hat mit dieser strukturellen Modifizierung die Bedeutung der Standards des internationalen Menschenrechtsschutzes zur Sicherung der Rechtsstaatlichkeit in Georgien erneut in den Vordergrund gestellt.

[80] Das GVerfG ist u. a. dafür zuständig, aufgrund einer Verfassungsbeschwerde oder eines Verfassungsantrags die Vereinbarkeit der internationalen Verträge und Abkommen mit der Verfassung zu prüfen (Art. 9 Abs. 1 lit. f des Organgesetzes „Über das georgische Verfassungsgericht"). Die Kollision der Konventionsnormen mit der GVerf und mit dem Verfassungsabkommen ist praktisch ausgeschlossen; *Korkelia, K.*, Die Anwendung der Europäischen Konvention für Menschenrechte in Georgien, S. 41 ff. und S. 63 ff.

[81] Zum Art. 46 EMRK und zur völkerrechtlichen Bindungswirkung der rechtskräftigen Urteile des EGMR *Meyer-Ladewig, J./Brunozzi, K.*, in: Meyer-Ladewig, J./Nettesheim, M./Raumer, S. v. (Hrsg.), EMRK, Art. 46 Rn. 2–4 und Rn. 25; die Urteile des EGMR sind feststellende Leistungs- und Verpflichtungsurteile, dagegen keine Gestaltungsurteile.

[82] Dazu vgl. *Korkelia, K.*, Die Anwendung der Europäischen Konvention für Menschenrechte in Georgien, S. 45 f. und S. 69.

[83] Dazu *Grabenwarter, C./Pabel, K.*, EMRK, S. 15 Rn. 1; *Lemmens, K.*, in: van Dijk u. a. (Hrsg.), Theory and Practice of the ECHR, S. 23 f.

[84] Zur Bindung aller Staatsgewalten aus Art. 46 und Art. 59 (Ratifikationsurkunde) *Peters, A./Altwicker, T.*, EMRK, S. 21 Rn. 35–37. Der Staat könne daher die Beeinträchtigung der Menschenrechte nicht dadurch rechtfertigen, dass die Justiz unabhängig und der Gesetzgeber souverän seien; *Kälin, W./Künzli, J.*, Universeller Menschenrechtsschutz, S. 84 Rn. 3.7.

[85] Vgl. *Harris, D. J./O'Boyle, M./Bates, E./Buckley, C.*, Law of the ECHR, S. 26–28; der EGMR hat in seinen Entscheidungen die nationalen Gerichte dazu aufgefordert, den konventionskonformen Zustand herbeizuführen, so *Peters, A./Altwicker, T.*, EMRK, S. 22 Rn. 27 m. V. auf „Caroline v. Hannover v. Germany". *Stone Sweet, A.*, in: Dialogue between judges (Hrsg.), (Januar 2014), S. 25: „Most important, it must fully acknowledge the complexity of the national judge's task in ecforcing Convention rights, while – simultaneously – considering the transnational dimensions of specific cases". *Korkelia, K.*, Die Anwendung der Europäischen Konvention für Menschenrechte in Georgien, S. 91 ff.; der Autor verweist u. a. auf Art. 7 Abs. 1 des Organgesetzes „Über die allgemeinen Gerichte". Danach ist der Richter in seiner Tätigkeit unabhängig und nur der Verfassung, den völkerrechtlichen Verträgen und den Gesetzen unter-

des Protokolls Nr. 16 der EMRK am 1. August 2018 zur Stärkung des Dialogs zwischen dem EGMR und den nationalen Gerichten.[86] Danach können die höchsten Gerichte des Staates vor dem EGMR einen Antrag stellen, damit dieser eine eigene Stellungnahme („advisory opinion") hinsichtlich der Auslegung und Anwendung der Konventionsrechte abgibt.[87]

bb) Die aktuelle Abhilfe und die Pro-futuro-Orientierung

Zu berücksichtigen ist, dass die Konvention einen „Minimalstandard" bietet und die Rechtsprechung des EGMR auf eine subsidiäre Sicherung der Menschenrechte („responsible for ensuring the observance"[88]) zielt („Korrekturfunktion").[89] Dazu erwartet der EGMR von den Mitgliedstaaten, dass diese trotz des Fehlens einer ausdrücklichen Regelung die relevanten Fragen anhand der rechtsstaatlichen Standards der EMRK lösen.[90] Die Subsidiarität als „magic formula" beinhaltet,[91] dass die Konventionsrechte in erster Linie von den Mitgliedstaaten

---

worfen. Vgl. auch *Erkvania, T.*, Verfassung und Verfassungsgerichtsbarkeit in Georgien, S. 141 und S. 143 m. V. auf Korkelia; hervorgehoben wird eine bedeutende Aussage des Berufungsgerichts Tbilisi in seiner Entscheidung vom 3. Juli 2002, Nr. 2a-25-2002. Danach kommt den durch das Fallrecht des EGMR herausgebildeten Standards bei der Auslegung der Konventions- und Verfassungsbestimmungen eine ergänzende und konkretisierende Funktion zu. Vgl. auch den Beschl. der Verwaltungsrechtskammer des Berufungsgerichts Tbilisi vom 23. Februar 2017, Nr. 330310015817416 (3b/1268-16); s. die spätere Analyse der Entscheidung bei der Behandlung des Art. 12 GVersG in Kap. H IV 6 b) cc).
[86] Dazu *Schabas, W. A.*, The ECHR, S. 1211 ff.; *Spielmann, D.*, in: Dialogue between judges (Hrsg.), (Januar 2014), S. 5 und S. 31.
[87] Art. 1 Abs. 1 des Protokolls: „Highest courts and tribunals of a High Contracting Party [...] may request the [European] Court [of Human Rights] to give advisory opinions on questions of principle relating to the interpretation or application of the rights and freedoms defined in the Convention or the protocols thereto".
[88] So ECHR, Handyside v. the United Kingdom, Nr. 19554/05, 7. Dezember 1976, § 49; *Stone Sweet, A./Keller, H.*, The Reception of the ECHR in National Legal Orders, S. 10.
[89] Dazu *Dörr, O./Grote, R./Marauhn, T.*, EMRK/GG, Bd. I, Einl. Rn. 2; *Korkelia, K.*, Die Anwendung der Europäischen Konvention für Menschenrechte in Georgien, S. 83 f.; *Altwicker, T.*, Convention Rights as Minimum Constitutional Guarantees?, S. 337 und S. 348 f.: „the idea of a common 'minimum', contained in the view of the ECHR as 'minimum constitutional guarantees' seeks to bridge the gap between 'the own' and 'the other'". Es handele sich folglich nicht um ein Mandat zur Rechtsvereinheitlichung; vielmehr sei durch den EGMR ein Mindeststandard des Grundrechtsschutzes zu gewährleisten, so *Grimm, D.*, in: Merten, D./Papier, H.-J. (Hrsg.), HGR VI/2, § 168 Rn. 48.
[90] Vgl. ECHR, Chumak v. Ukraine, Nr. 44529/09, 6. März 2018, § 44.
[91] Dazu *Nußberger, A.*, Comments on Sabino Cassese's paper „Ruling indirectly – Judicial Subsidiarity in the ECHR", in: Dialogue between judges (Hrsg.), (Januar 2015), S. 19 m. V. auf Delmas-Marty („ordering pluralism").

(u. a. von ihren Gerichten) selbst zu sichern sind.[92] Zudem steht es diesen offen, im nationalen Recht einen höheren Schutzrahmen zu gewähren.[93] Diese „Zukunftsverantwortung" des Gesetzgebers ist als eine Garantie für die Verfestigung der demokratischen Ordnung zu verstehen.[94] So kann das Einfügen des georgischen Menschenrechtssystems in das „Menschenrechtsregime" der „europäischen Grundrechtsgemeinschaft" gefördert werden.[95]

Die Möglichkeit der Individualbeschwerde (Art. 34 EMRK) erfüllt zudem eine wichtige Funktion beim Grundrechtsschutz, der innerstaatlich – mangels der Befugnis des GVerfG zur Kontrolle von Behörden- und Gerichtsentscheidungen – nicht optimal gelingt.[96] In Hinblick auf die vergebliche Suche nach Gerechtigkeit mittels der innerstaatlichen Mechanismen ist der Fall „Assanidze v. Georgia" zu erwähnen.[97] In diesem Urteil hat der EGMR die Verpflichtung des Staates festgelegt, den Bf. aus der Haft zu entlassen. Der konventionswidrige Zustand konnte nur durch diese Maßnahme beseitigt werden. Dadurch hat der Gerichtshof erstmals in seiner Praxis eine konkrete Abhilfemaßnahme zur Erfüllung seiner Entscheidung angeordnet. Aus der Perspektive der deutschen Dog-

---

[92] Das Prinzip der Subsidiarität gehört zu den Grundpfeilern des Systems des EGMR und determiniert die Relation zu den nationalen Gerichten, *Spielmann, D.*, in: Dialogue between judges (Hrsg.), (Januar 2015), S. 5. Dazu *Tulkens, F.*, in: Dialogue between judges (Hrsg.), (Januar 2012), S. 6 (the refusal to act as a „court of fourth instance"); der EGMR stellt keine vierte Instanz dar, sondern übernimmt eine Willkürkontrolle, *Peters, A./Altwicker, T.*, EMRK, S. 12 Rn. 7. Dazu s. ECHR, Handyside v. the UK, Nr. 5493/72, 7. Dezember 1976, § 48: „The Court points out that the machinery of protection established by the Convention is subsidiary to the national systems safeguarding human rights […]. The Convention leaves to each Contracting State, in the first place, the task of securing the rights and liberties it enshrines. The institutions created by it make their own contribution to this task but they become involved only through contentious proceedings and once all domestic remedies have been exhausted (Art. 26)"; so auch ECHR, Young, James and Webster v. the UK, Nr. 7601/76; 7806/77, 13. August 1981, § 49: „The Court reiterates that its power to review compliance with domestic law is limited, as it is in the first place for the national authorities to interpret and apply that law. […]"; so auch ECHR, Vyerentsov v. Ukraine, Nr. 20372/11, 11. April 2013, § 54.

[93] Laut Art. 3 der Satzung des Europarats vom 5. Mai 1949 sichern die Mitgliedstaaten die „Herrschaft des Rechts" vor allem dadurch, dass diese die Menschenrechte und Freiheiten schützen und zugleich fortentwickeln, zit. nach *Stern, K.*, in: Merten, D./Papier, H.-J. (Hrsg.), HGR I, § 1 Rn. 40. zur „diskursiven Fortbildung" der EMRK *Wildhaber, L.*, Wirkungen der EMRK, S. 101; *Krieger, H.*, Positive Verpflichtungen unter der EMRK, ZaöRV 2014, S. 202.

[94] Vgl. *Kirchhof, P.*, Annäherung an das Recht, in: FS für Klein, S. 167; *Kugelmann, D.*, Die Meinungs- und Pressefreiheit des Art. 10 EMRK, in: FS für Klein, S. 1140.

[95] Vgl. *Lohmann, G.*, Menschenrechte zwischen Verfassung und Völkerrecht, in: FS für Klein, S. 1183; *Sommermann, K.-P.*, in: Merten, D./Papier, H.-J. (Hrsg.), HGR I, § 16 Rn. 10.

[96] Zum Art. 34 EMRK und zur Statistik *Lemmens, K.*, in: van Dijk u. a. (Hrsg.), Theory and Practice of the ECHR, S. 47. Dazu *Kublashvili, K./Schubert, B. G.*, Die Kontrolldichte des BVerfG, VRÜ 40 (2007), S. 290 ff.

[97] ECHR, Assanidze v. Georgia, Nr. 71503/01, 8. April 2004, § 170.

III. Die rechtsvergleichende Methode der Analyse

matik hat Breuer diese Anordnung als „Ermessensreduzierung auf Null" betrachtet.[98] Diese „Abhilfe" der EMRK gilt dabei nicht nur für die in der Vergangenheit liegenden Menschenrechtsverletzungen, sondern veranlasst den Staat auch zu einer präventiven Korrektur des nationalen Menschenrechtsschutzes.[99] Daneben sind andere Entscheidungen des EGMR, die nicht gegen den Staat Georgien getroffen wurden und nur *inter partes* wirken, relevant („Orientierungswirkung").[100] Diese sind – als Ausdrücke der dynamischen Entwicklung der EMRK als „living instrument"[101] – wichtiger Anstoß dafür, damit die bereichsspezifischen Lücken festgestellt und rechtzeitig nachgebessert („EMRK-konformes Verhalten pro futuro") werden.[102]

cc) Die EMRK als „Auslegungshilfe" in der Rechtsprechung des GVerfG

Die Bedeutung der EMRK u.a. als Auslegungshilfe kommt vor allem in der Rechtsprechung des GVerfG zum Ausdruck.[103] Es liegen im georgischen Menschenrechtssystem keine (Rechtsprechungs-)Konflikte vor, die mit dem in der deutschen Literatur behandelten „„Rechtsprechungsdreieck'– Karlsruhe – Luxemburg – Straßburg" vergleichbar wären.[104] Der Ausdruck des menschenrechtlichen Mehrebenensystems in Georgien ist vielmehr folgende Tatsache: Das

---

[98] *Breuer, M.*, Zur Anordnung konkreter Abhilfemaßnahmen durch den EGMR, EuGRZ 2004, S. 268 ff.
[99] Vgl. *Nußberger, A.*, Die Verantwortung des Staates für das Handeln Dritter, in: FS für Klein, S. 1217. Vgl. auch *Hammarberg, T.*, The Court of Human Rights versus the „Court of public opinion", in: Dialogue between judges (Hrsg.), (Januar 2012), S. 30.
[100] Zur „Orientierungswirkung" der Entscheidungen vgl. *Grabenwarter, C.*, in: Merten, D./Papier, H.-J. (Hrsg.), HGR VI/2, § 169 Rn. 30 und Rn. 45 ff.; *Haak, J.*, Die Wirkung und Umsetzung von Urteilen des EGMR, S. 31–33.
[101] Vgl. ECHR, Austin and Others v. UK, Nr. 39692/09, 40713/09 und 41008/09, 15. März 2012, § 53; Zur Feststellung von sog. strukturellen Defiziten („systematic defect") in der nationalen Rechtsordnung *Grabenwarter, C.*, in: Merten, D./Papier, H.-J. (Hrsg.), HGR VI/2, § 169 Rn. 40–41; *ders.*, The ECHR, S. 265 f. Zur Auslegung der EMRK als „living instrument" und zum „innovativen" Pilotverfahren (m. V. auf „Broniowski v. Poland") vgl. *Nußberger, A.*, in: Isensee, J./Kirchhof, P. (Hrsg.), HStR X, § 209 Rn. 45–48; diese Fortentwicklung geschehe nur mit Blick auf das beachtliche Interesse der Rechtssicherheit; *dies.*, Der Wandel der Grund- und Menschenrechte, in: FS für Stern, S. 117 ff. und S. 123 ff.
[102] *Grabenwarter, C.*, in: Merten, D./Papier, H.-J. (Hrsg.), HGR VI/2, § 169 Rn. 53.
[103] Zur Anwendung der Konventionsnormen in der Rechtsprechung des GVerfG *Korkelia, K.*, Die Anwendung der Europäischen Konvention für Menschenrechte in Georgien, S. 143 ff.
[104] Dazu *Klatt, M.*, Die praktische Konkordanz von Kompetenzen, S. 2 und S. 8 f.; *Kirchhof, F.*, Grundrechtsschutz durch europäische und nationale Gerichte, NJW 2011, S. 3681 ff.; *Voßkuhle, A.*, Pyramid or Mobile?, in: Dialogue between judges (Hrsg.), (Januar 2014), S. 36, das Verständnis des europäischen Verfassungsgerichtsverbunds („a *Verbund* of European constitutional courts") schließe ein strikt hierarchisches Verhältnis zwischen dem EGMR und den nationalen Verfassungsgerichten aus.

GVerfG stärkt das Gewicht und die Durchsetzungskraft der eigenen Entscheidung mit der Heranziehung der Entscheidungen des EGMR.[105] Dabei sollte dies nicht auf bloße „Autorität" des Gerichtshofs, sondern auf die „Überzeugungskraft" seiner Aussagen zurückgeführt werden.[106] Dies hilft dem GVerfG, vor allem die Reichweite der Schutzgehalte der (innerstaatlichen) verfassungsrechtlichen Menschenrechte festzustellen.[107] Auf diese Weise werden zudem bestimmte nationale Rechtsnormen zum Ziel der Verfassungsmäßigkeitskontrolle konventionskonform verstanden.[108] Dies sollte sich auf die „autoritative" Auslegung und Anwendung des einfachen Rechts durch die Fachgerichte – je nach der Grundrechtsrelevanz – „interpretationsleitend" auswirken.[109] In der Entscheidung vom 2. Juli 2007 versuchte das Gericht die Bedeutung und Reichweite der Eigentumsfreiheit anhand der Praxis des EGMR zu verdeutlichen.[110] Dadurch hat das Gericht zugleich die Maßstäbe herausgearbeitet, die die Prüfung der Balance zwischen privaten und öffentlichen Interessen leiten können. Das Gericht hat die Aussagen des EGMR auch in der berühmten Entscheidung vom 26. Dezember 2007 über die Bestimmtheit der Norm des Gesetzes „Über die operative Ermittlung", die die Überwachung der Kommunikation gegebenenfalls auch ohne eine richterliche Genehmigung vorsah, vergegenwärtigt.[111] Ebenso hat das Gericht die Rechtsprechung des EGMR bei der Prüfung der Verfassungsmäßigkeit des staatlichen Zugangs zu den Kommunikationskanälen herangezogen; damit wur-

---

[105] Vgl. *Baer, S.*, Praxen des Verfassungsrechts, in: FS für Bryde, S. 5; *Busse, C.-D. v.*, Die Methoden der Rechtsvergleichung im öffentlichen Recht, S. 66 ff.

[106] Die nationalen Verfassungsgerichte lehnen sich zunehmend an die Standards des EGMR an; andererseits dienen diese Entscheidungen dem EGMR dazu, die sog. europäischen Konsense festzustellen. Auf diese Feststellung wird sodann die Fortbildung des Konventionsrechts gestützt (diese argumentative Figur sei dabei nicht unproblematisch), so *Bogdandy, A. v./Grabenwarter, C./Huber, P. M.*, Verfassungsgerichtsbarkeit im europäischen Rechtsraum, § 95 Rn. 8. Zur Gegenüberstellung von „Autorität" und „Überzeugungskraft" in der rechtsvergleichenden Argumentation *Coendet, T.*, Rechtsvergleichende Argumentation, S. 14–16.

[107] Die Rechtsprechung des EGMR wurde in den Entscheidungen des GVerfG bis 2002 kaum herangezogen; so vgl. *Korkelia, K.*, Die Anwendung der Europäischen Konvention für Menschenrechte in Georgien, S. 215 ff.

[108] In der Rechtsprechung des Verfassungsgerichts wird nicht nur die Verfassung selbst ausgelegt, sondern auch die einfachgesetzliche Norm, vgl. *Ossenbühl, F.*, in: Merten, D./Papier, H.-J. (Hrsg.), HGR I, § 15 Rn. 9.

[109] Zu berücksichtigen ist, dass das Verfassungsgericht autoritativ und letztverbindlich nur das „spezifische Verfassungsrecht" interpretiert; die Auslegung und Anwendung des einfachen Rechts kommt dagegen der Fachgerichtsbarkeit zu; *Bethge, H.*, in: Maunz, T./Schmidt-Bleibtreu, B./Klein, F./Bethge, H. (Hrsg.), BVerfGG, § 13 Rn. 37. Zur Terminologie *Schlaich, K./Korioth, S.*, Das BVerfG, Rn. 22.

[110] Vgl. die Entscheidung des GVerfG vom 2. Juli 2007, Nr. 1/2/384, Kap. II § 14 und § 21.

[111] Vgl. die Entscheidung des GVerfG vom 26. Dezember 2007, Nr. 1/3/407, Kap. II § 13 und § 21.

de die (Missbrauchs-)Gefahr, die aus verdeckten Ermittlungsmaßnahmen resultiert, ersichtlich gemacht.[112]

Die Praxis der „aktiven Rezeption" führt in vielen Fällen zu einem „Interpretationsvorrang" der durch den EGMR herausgebildeten Schutzstandards.[113] Diese „Internationalisierung des Verfassungsrechts" wirkt somit auf den sog. „impliziten Verfassungswandel" durch das GVerfG hin.[114]

b) Weitere Analysekriterien

Darüber hinaus ist Art. 21 des Internationalen Paktes über bürgerliche und politische Rechte (fortan: IPbpR) vom 19. Dezember 1966 von Bedeutung.[115] Im Juli 1992 ist Georgien Mitglied der Vereinten Nationen (fortan: VN) geworden und hat die internationalen Menschenrechtspakte und weitere wichtige Abkommen der VN ratifiziert. Artikel 21 IPbpR konkretisiert Art. 20 der allgemeinen Menschenrechtserklärung von 1948 rechtsverbindlich[116] und rückt das politisch-demokratische Verständnis der Versammlungsfreiheit in den Vordergrund.[117] In

---

[112] Vgl. die Entscheidung des GVerfG vom 14. April 2016, Nr. 1/1/625, 640, Kap. II § 68.

[113] Vgl. *Voßkuhle, A.*, in: Mangoldt, H. v./Klein, F./Starck, C. (Hrsg.), GG, Art. 93 Rn. 88a. Zum Rezeptionsprozess, der in den Staaten unterschiedlich abläuft, *Keller, H./Stone Sweet, A.*, Assesing the Impact of the ECHR on National Legal Systems, S. 677 ff.

[114] Zum „impliziten Verfassungswandel" u. a. durch die Verfassungsgerichte *Hönnige, C./Kneip, S./Lorenz, A.*, Verfassungswandel im Mehrebenensystem, S. 11 m.V. auf Bryde. Im Kontext des „multilevel constitutionalism" *Petersohn, B./Schultze, R.-O.*, Ziele, Formen und Prozessstrukturen des Verfassungswandels in Mehrebenensystemen, S. 65 ff. Dazu auch *Böckenförde, E.-W.*, Anmerkungen zum Begriff Verfassungswandel, S. 141–156. Zu dieser Internationalisierung tragen die vorherige Konstitutionalisierung des Völkerrechts und die Rechtsvergleichung bei; *Bryde, B.-O.*, Konstitutionalisierung des Völkerrechts und Internationalisierung des Verfassungsrechts, Der Staat 42 (2003), S. 68.

[115] Die deutsche Fassung der Norm lautet folgendermaßen: „Das Recht, sich friedlich zu versammeln, wird anerkannt. Die Ausübung dieses Rechts darf keinen anderen als den gesetzlich vorgesehenen Einschränkungen unterworfen werden, die in einer demokratischen Gesellschaft im Interesse der nationalen oder der öffentlichen Sicherheit, der öffentlichen Ordnung (ordre public), zum Schutz der Volksgesundheit, der öffentlichen Sittlichkeit oder zum Schutz der Rechte und Freiheiten anderer notwendig sind." Zur Versamm-lungsfreiheit in Art. 21 IPbpR *Vedder, C.*, in: Merten, D./Papier, H.-J. (Hrsg.), HGR VI/2, § 174 Rn. 67–68; *Hofmann, R./Boldt, N.*, Internationaler Bürgerrechtspakt, Art. 21 Rn. 1–2.

[116] Art. 20 AEMR: (1) Jeder Mensch hat das Recht auf Versammlungs- und Vereinigungsfreiheit zu friedlichen Zwecken. (2) Niemand darf gezwungen werden, einer Vereinigung anzugehören. Dazu *Nettesheim, M.*, in: Merten, D./Papier, H.-J. (Hrsg.), HGR VI/2, § 173 Rn. 9 ff.; *Depenheuer, O.*, in: Maunz, T./Dürig, G. (Hrsg.), GG, Art. 8 Rn. 172. Zu internationalen Pakten *Stern, K.*, in: Merten, D./Papier, H.-J. (Hrsg.), HGR VI/2, § 185 Rn. 16 ff. Zur Durchsetzung der Menschenrechte in VN-System ebd., *Dederer, H.-G.*, § 176 Rn. 4 ff.

[117] Vgl. *Ripke, S.*, Europäische Versammlungsfreiheit, S. 49 mwN; *Geis, M. E.*, in: Friauf, H./Höfling, W. (Hrsg.), Berliner Kommentar GG, Art. 8 Rn. 9.

Anbetracht der Effektivität der individualschützenden Mechanismen der EMRK ist die Bedeutung des Paktes auch in Georgien eher nachrangig.[118] Die Effektivität des Art. 11 EMRK beruht u. a. darauf, dass der EGMR die Versammlungsfreiheit in engem Zusammenhang mit der Meinungsäußerungsfreiheit behandelt und auf diesem Weg die grundlegende Funktion der freien Kommunikation in der demokratischen Gesellschaft sichert.[119] Auf der Grundlage des Art. 21 IPbpR hat der Spezialberichterstatter der VN 2012 die georgische Lage bezüglich der Versammlungsfreiheit analysiert.[120] Auf den Bericht wird in der Arbeit mehrmals verwiesen.

Die weite Übereinstimmung hinsichtlich der besonderen Relevanz der Versammlungsfreiheit,[121] die über den (verbindlichen) Konventionsrahmen hinaus den Schutz der Versammlungsfreiheit sichern kann, kommt in den Leitlinien der OSCE-/ODIHR-Venedig-Kommission zum Ausdruck.[122] Unter Berufung auf die Rechtsprechung des EGMR legen die Leitlinien die ausführlichen Ergebnisse des Strebens nach einheitlichen Standards dar.[123] Die Normen und etwaige Lücken im georgischen Versammlungsrecht werden daher auch an diesen Leitlinien gemessen. Dazu werden in der Arbeit ferner die Gutachten der Venedig-Kommission des Europarats („Europäische Kommission für Demokratie und Recht") herangezogen, die zu den Änderungen des GVersG erstellt wurden.[124] Der Staat hat die Venedig-Kommission des Europarats mehrmals um eine Stellungnahme (Gutachten) gebeten.[125] Die Kommission hat in ihrem abschließenden Gutachten

---

[118] Vgl. *Lemmens, K.*, in: van Dijk u. a. (Hrsg.), Theory and Practice of the ECHR, S. 73 ff.

[119] Vgl. *Depenheuer, O.*, in: Maunz, T./Dürig, G. (Hrsg.), GG, Art. 8 Rn. 174.

[120] Dazu Report of the Special Rapporteur on the Rights to Freedom of Peaceful Assembly and of Association, Maina Kiai, UN General Assembly, 8. Juni 2012.

[121] Von einem „globale[n] Grundkonsens" spricht *Hoffmann-Riem, W.*, in: Merten, D./Papier, H.-J. (Hrsg.), HGR IV, § 106 Rn. 4; die Tatsache, dass sich konkrete Regelungen der Rechtsordnungen selbst im demokratischen Raum voneinander unterscheiden, hatte die Suche nach optimaler Entfaltung der Versammlungsfreiheit zur Folge. Vgl. auch *Peters, A./Ley, I.*, The Freedom of Peaceful Assembly in Europe, S. 320.

[122] Vgl. die Leitlinien der OSCE-/ODIHR-Venedig-Kommission (Guidelines on Freedom of Peaceful Assembly), ist abrufbar unter: https://www.venice.coe.int/webforms/documents/default.aspx?pdffile=CDL-AD(2019)017rev-e; Abrufdatum: 17.10.2021, als Druckversion vgl.: Guidelines on Freedom of Peaceful Assembly, Second Edition, Warsaw 2010.

[123] Dazu *Hoffmann-Riem, W.*, „Soft Law" und „Soft Instruments" in der Arbeit der Venedig-Kommission, in: FS für Bryde, S. 596 ff. (zur EMRK vgl. S. 601).

[124] Vgl. *Grabenwarter, C.*, Neuere Verfassungsentwicklungen in Europa, S. 61 ff. Zu den Aufgaben der Kommission vgl. S. 63 ff.: Die Kommission wurde mit der Idee geschaffen, eine „nachhaltige Demokratie" auf einer verfassungsrechtlichen Basis, insbesondere auf der Rechtsstaatlichkeit aufzubauen.

[125] Die Änderungen des Versammlungsgesetzes im Jahr 2009 waren Gegenstand der Kommentare von Mitgliedern der Venedig-Kommission – Finola Flanagan und Bogdan Auresku. Im Jahr 2010 hat die Venedig-Kommission eine weitere Stellungnahme dazu vorgelegt (Interim

(Final Opinion) u.a. die Modifikationen des GVersG vom Juli 2011 bewertet. Dabei kommt diesen rechtlich unverbindlichen Empfehlungen mit Rücksicht auf den Prozess der Integration Georgiens ein besonderer Einfluss zu.[126] Ohne Rezeption dieser Empfehlungen findet sich der georgische Rechtsanwendungsmodus noch nicht mit allen Anforderungen, die aus der Pflicht zur Garantie der Versammlungsfreiheit folgen, im Einklang.

IV. Eingrenzung und Gang der Arbeit

Die Versammlungsfreiheit und das Versammlungsrecht stellen komplexe Rechtsmaterien dar. Beleuchtet werden die Aspekte, die eine gründliche Analyse anhand rechtsstaatlich-demokratischer Standards erfordern. Die rechtlich und politisch brisanten Fragen und Probleme der Versammlungsfreiheit reflektieren das moderne Verhältnis zwischen dem Staat und dem Individuum. Hier kommen die verfassungs- und verwaltungsrechtlichen Errungenschaften des mit der Zeit „lernenden Rechts" am besten zum Ausdruck. Wie bereits ausgeführt ist es erforderlich, die in der GVerf verbriefte Versammlungsfreiheit und das Versammlungsrecht in Georgien auch im Vergleich zur deutschen Dogmatik und europäischen Rechtsprechung zu analysieren. Für das Versammlungsrecht in Georgien, das noch nicht über lange Traditionen verfügt und sich noch in der Entwicklung befindet, wären neue Rezeptionsschritte hilfreich, die in jedem Abschnitt der Arbeit herausgearbeitet werden. Die Analyse ist auf das materielle Verfassungs- und Verwaltungsrecht beschränkt. Auch dem einstweiligen Rechtsschutz und der Ahndung von Ordnungswidrigkeiten wird besondere Aufmerksamkeit geschenkt. Die Behandlung gilt für Versammlungen unter freiem Himmel, da spezielle Regelungen für Versammlungen in geschlossenen Räumen fehlen. Letztere sowie Ton- und Bildaufnahmen und die Videoüberwachung werden jedoch angesprochen, soweit Regelungen in Deutschland als Vorbild dienen können. Rechtsprechung und Schrifttum wurden bis zum Mai 2019 berücksichtigt.

Um die Belastung durch das sowjetische „Erbe" für das heutige moderne Staats-Bürger-Verhältnis aufzuzeigen, werden zunächst prägende Ereignisse der Sowjetzeit dargestellt. Ohne dieses Vorverständnis ist das Streben nach mehr Demokratie und Grundrechtsschutz nur schwer verständlich. Danach wird der Transformationsprozess Georgiens seit Wiedererlangung der Unabhängigkeit 1991 analysiert, wobei auch an die staatlich-kulturelle Identität Georgiens als

---

Opinion). Zu dieser Entwicklung: Final Opinion on the Amendments to the Law on Assembly and Manifestations of Georgia, Venice Commission, CDL-AD(2011)029, §§ 1–6.

[126] Vgl. *Hoffmann-Riem, W.*, Standards für die Verwirklichung der Versammlungsfreiheit in Europa, in: FS für Papier, S. 266–286.

urchristliches Land mit jahrhundertelanger Geschichte der Staatlichkeit erinnert wird. Die liberale Verfassungstradition, die im Anschluss beschrieben wird, bildet die Grundlage eines Menschenrechtsschutzes nach westlich-europäischem Vorbild. Vor diesem Hintergrund lassen sich „Eigentümlichkeiten" und „Bindungsenergie" der Versammlungsfreiheit analysieren, was mangels vergleichbarer Regelungen und Praxis erst anhand deutscher Quellen und der Rechtsprechung des EGMR gelingt. Als Ausgangspunkt dienen jeweils die Leitentscheidungen des GVerfG, die für die georgische Grundrechtsdogmatik ausschlaggebend sind. Perspektivisch werden u. a. Themenbereiche wie die Kollision von Eigentums- und Versammlungsfreiheit und die Schutzbedürftigkeit sog. „infrastruktureller Einrichtungen" behandelt. In Georgien sind zwar in der Praxis vergleichbare problematische Fälle vorgekommen, eine Auseinandersetzung vor Gericht oder im verfassungsrechtlichen Schrifttum ist aber bisher unterblieben. Die Arbeit begnügt sich nicht damit, den Gewährleistungsbereich der Versammlungsfreiheit aufzuzeigen. Gegenstand sind darüber hinaus Wirkungen und Modalitäten der Beschränkung sowie die allgemeine gesellschaftlich-politische Relevanz der Versammlungsfreiheit. Sowohl im verfassungsrechtlichen Schrifttum als auch in der Rechtsprechung des BVerfG, des EGMR und des GVerfG wird auf die „Freiheitsgesamtbilanz" in einer demokratischen Gesellschaft abgestellt, die erst im Fall der effektiven Wahrnehmung der Versammlungsfreiheit bewertet werden kann. Die ersten Abschnitte werden mit der Darstellung der „Konfliktkultur" der Versammlungsfreiheit abgeschlossen. Diese Kultur schafft als partizipatorische Legitimation staatlichen Agierens zwischen den Wahlperioden ein System der „Selbstüberprüfung". Nur in einem solchen System können die Signale aus der Gesellschaft auf der Staatsebene rezipiert werden und die Kraft zur Nachbesserung liefern. Daher ist die Versammlungsfreiheit letztlich als „responsives Recht" anzusehen, das eine „Anpassungsflexibilität" vor allem des einfachen Rechts erfordert.

Die einfachrechtlichen Regelungen in Georgien werden ebenfalls im Licht der deutschen Rechtsprechung und der Rechtsprechung des EGMR betrachtet. Nach Untersuchung der verfassungsrechtlichen Bindungen des einfachen Gesetzgebers, wird die Reform des Gefahrenabwehrrechts in Georgien analysiert. Die Kenntnis dieser Reform dient zugleich dem besseren Verständnis der versammlungsrechtlichen Gefahrenabwehr, bei der in Georgien noch nicht immer alle rechtsstaatlichen Standards beachtet werden. Die Analyse erstreckt sich auf die Befugnisse des eingreifenden und des schützenden Staates während der im GVersG geregelten Durchführung einer Versammlung. Aufgezeigt werden über die klassischen Eingriffe wie Verbot, Auflösung, Auflage hinaus die Modalitäten des Anmeldungs- und des Kooperationsverfahrens. Vor allem Letztere sind die Garantie dafür, dass der Staat in seinem Rollenverständnis als unparteilicher

Wächter des Versammlungsgeschehens agiert. In Anbetracht der besonderen Rolle der Polizisten während der Durchführung einer Versammlung werden auch die untergesetzlichen Verhaltensregeln des Innenministeriums analysiert, die ebenfalls rechtsstaatlichen Standards genügen müssen. Da die Autonomie der Versammlung eine besondere prozessuale Absicherung benötigt, ist zudem der einstweilige Rechtsschutz Gegenstand der Abhandlung. Nicht unwichtig ist schließlich auch die Analyse der Ahndung von versammlungsbezogenen Ordnungswidrigkeiten. In den Schlussbetrachtungen werden sodann die Forderungen sowohl an den verfassungsändernden als auch an den einfachen Gesetzgeber zusammengefasst, um neue Perspektiven der Rechtsanwendung aufzuzeigen. Ohne das Ergebnis im Einzelnen vorwegzunehmen, sei bereits an dieser Stelle darauf hingewiesen, dass eine umfassende Reformierung des geltenden bzw. die Ausarbeitung eines neuen Versammlungsgesetzes in Georgien sinnvoll ist.

C. Die Versammlungsfreiheit während der Sowjetzeit

Der deklaratorisch auf die „Gleichheit der Lebenschancen" und „Solidarität" zielende Kommunismus[1] ging mit einer massiven Missachtung der Selbstbestimmung des Individuums und mit Repressionen gegen Andersdenkende einher.[2] Während die westliche Staats- und Verfassungsdoktrin auf weltanschaulicher Neutralität und (Meinungs-)Pluralismus basiert, wurde in der Sowjetunion eine derartige „Distanz" und „Dissensfähigkeit" abgelehnt.[3] Es fehlte ein Schutz der „kommunikativen Beziehungen" der Menschen untereinander.[4] Die Grundrechte und Pflichten in ihrem marxistischen Einheitsverständnis wurden instrumentalisiert und als Mittel auf dem Weg zum Kommunismus verstanden.[5] Da-

---

[1] Dazu *Volkmann, U.*, in: Merten, D./Papier, H.-J. (Hrsg.), HGR I, § 12 Rn. 2. Zum sowjetischen „Hass" auf die „europäische Sicht der Menschenrechte" *Pulte, P./Reinartz, I.*, Die Verfassung der Sowjetunion, S. 91.

[2] Die Andersdenkenden („Dissidenten") wurden in allen Lebensbereichen diskriminiert; *Luchterhandt, O.*, UN-Menschenrechtskonventionen, S. 305.

[3] Die rechtsstaatliche Differenz und Distanz (Unterscheidung von Staat und Gesellschaft) waren dem Kommunismus fremd, so *Berg, W.*, Primat und Unparteilichkeit des Rechts im Rechtsstaat, VVDStRL 51 (1991), S. 49. Im westlichen System bestehe „nur für ganz wenige Grundpositionen eine Konsensnotwendigkeit"; dagegen verstand sich das sowjetische System als „existenzfähig", wenn „nur sehr wenige Meinungen" als „dissensfähig" gelten; *Blankenagel, A.*, Zur Funktion der Grundrechte in der UdSSR, S. 212. Ein minimales Maß an Übereinstimmung ermöglicht dagegen in der liberalen Ordnung trotz des Wertepluralismus die Einheit der Gesellschaft; vgl. *Rawls, J.*, Gerechtigkeit als Fairneß, S. 64 (die Idee des übergreifenden Konsenses).

[4] Vgl. *Volkmann, U.*, in: Merten, D./Papier, H.-J. (Hrsg.), HGR I, § 12 Rn. 6.

[5] Marx vertrat ein sog. Einheitsverständnis der Rechte und Pflichten des Individuums: „Keine Rechte ohne Pflichten, keine Pflichten ohne Rechte"; *Brunner, G.*, in: Merten, D./Papier, H.-J. (Hrsg.), HGR I, § 13 Rn. 59; *Luchterhandt, O.*, Der verstaatlichte Mensch, S. 67. Durch diese Zweckgebundenheit war ebenfalls die Einheit der Gewalten, sog. „Gewaltenkonzentration" bedingt, dazu *ders.*, Die Sowjetunion auf dem Wege zum Rechtsstaat, S. 6 f. Nach Blankenagel ist diese Einheit der Rechte und Pflichten nicht als „eine akzessorische Abhängigkeit des Rechtes von der Pflicht" zu verstehen; vielmehr sei vom Verständnis der kommunistischen Gesellschaft bzw. des sozialistischen Staates auszugehen: Es handele sich um eine Gemeinschaft, die ein bestimmtes Ziel (Übergang zum Kommunismus) erreichen will; vgl. *Blankenagel, A.*, Zur Funktion der Grundrechte in der UdSSR, S. 50–52 und S. 57; in diesem Prozess

her waren diese nicht als subjektive, sondern als objektive Garantien zu verstehen.[6]

In der sowjetischen Unionsrepublik Georgien wurden wie in anderen Unionsrepubliken vier Verfassungen verkündet: die Verfassungen von 1922, 1927, 1936 und 1978. Die Verfassung galt im Kommunismus als „rechtsförmige Tarnmaßnahme"[7] und stimmte mit dem liberalen Verständnis der heutigen Verfassungsdoktrin nicht überein.[8] Auch die in der nach dem Wortlaut demokratischeren Verfassung von 1936 (sog. „Stalin-Verfassung") verankerten Grundrechtsgewährleistungen, u. a. die Meinungs- und Versammlungsfreiheit, hatten nur einen deklaratorischen Charakter. Der Staat antwortete auf die „freie" Meinungsäußerung der Bürger in der Art und Weise, wie es in einer Diktatur üblich ist. Hervorzuheben sind zwei große Versammlungen, die in der georgischen Hauptstadt während der Sowjetzeit durchgeführt wurden: Sowohl die Versammlung vom 9. März 1956 als auch die Versammlung vom 9. April 1989 wurden vom sowjetischen Staat gewaltsam aufgelöst.[9]

I. Die Versammlungsfreiheit in den sowjetischen Verfassungen

In der ersten Verfassung der Sowjetunion von 1918 mussten die darin spärlich vorgesehenen Menschenrechte dem Ziel dienen, die „Diktatur des Proletariats" zu etablieren.[10] Diese Bestimmungen waren auch in der Verfassung der Sowjetrepublik Georgiens vom 28. Februar 1922 vorgesehen. Dabei stellte die Versammlungsfreiheit nur eine („wirkliche") Freiheit der Werktätigen dar.[11] Schon dadurch wurde zum Ausdruck gebracht, dass die Menschenrechte als vom Staat verliehene Bürgerrechte verstanden wurden.[12] In der zweiten Unionsverfassung

---

habe sowohl das Recht als auch die Pflicht die Aufgabe, diese Zielerreichung „mitzugestalten" (vgl. ebd., S. 54 und S. 66 f.).

[6] Vgl. *Brunner, G.*, in: Merten, D./Papier, H.-J. (Hrsg.), HGR I, § 13 Rn. 49.

[7] So *Berg, W.*, Primat und Unparteilichkeit des Rechts im Rechtsstaat, VVDStRL 51 (1991), S. 50 m. V. auf Brunner.

[8] Zur Meinungsäußerungs- und Pressefreiheit *Blankenagel, A.*, Zur Funktion der Grundrechte in der UdSSR, S. 212 f.

[9] Dazu *Muskhelishvili, D./Japharidse, O. u. a.*, Geschichte Georgiens, Bd. 4, S. 348 ff. und S. 397 ff.; vgl. auch *Polese A./Ó Beacháin, D.*, From Roses to Bullets, S. 64.

[10] Vgl. *Pulte, P./Reinartz, I.*, Die Verfassung der Sowjetunion, S. 92.

[11] Vgl. *Brunner, G.*, in: Merten, D./Papier, H.-J. (Hrsg.), HGR I, § 13 Rn. 11.

[12] So ebd., Rn. 43 m. V. auf die spätere Entwicklung der Theorie und Ansichten der sowjetischen Rechtswissenschaftler, die von naturrechtlichen Wurzeln der Menschenrechte ausgingen (Rn. 45–46).

vom Januar 1924 gab es keinen Grundrechtskatalog mehr; die Verfassungen der Teilrepubliken orientierten sich dagegen wieder an den Grundrechtsbestimmungen der ersten Verfassung von 1918.[13] Erst in der Unionsverfassung vom 5. Dezember 1936 unter Stalin bezog sich der Menschenrechtskatalog (Art. 118–133) nicht mehr nur auf Werktätige und erhielt eine „neue Rechtssubstanz".[14] Die Repressionen und die Vernichtung der gegenüber dem Kommunismus „feindlich gesinnten Gruppen" hatten zur Folge, dass das Sowjetsystem den „verallgemeinerten" Gleichheitssatz (Art. 123 Abs. 1) nunmehr „ertragen" konnte.[15] Der Schwerpunkt des Grundrechtskatalogs lag auf der Gewährleistung der „sozial-ökonomischen Rechte" (Recht auf Arbeit [Art. 118], Recht auf Erholung [Art. 119] usw.). Die politischen Rechte waren dagegen nicht mit einer vergleichbaren „Durchsetzbarkeit" abgesichert.[16] Die Kundgebungs- und Versammlungsfreiheit waren nur in dem Sinne garantiert, dass diese mit dem Zweck der Festigung des sozialistischen Systems vereinbar waren.[17] Eine gewisse Absicherung war in Art. 125 Abs. 2 dennoch vorhanden; in Anbetracht des Abs. 1 konnte diese nur für die „systemkonforme" Rechtsbetätigung relevant sein: „Den Werktätigen und ihren Organisationen [werden] Druckereien, Papiervorräte, öffentliche Gebäude, Straßen, das Post- und Fernmeldewesen und andere materielle Bedingungen, die zur Ausübung dieser Rechte erforderlich sind, zur Verfügung gestellt."[18] Dadurch wurde die Entfaltung der bürgerlichen Rechte in „eine bestimmte Rich-

---

[13] Vgl. ebd., Rn. 13.
[14] Zur Verfassung von 1936 (zusammen mit dem Verfassungstext) *Pulte, P./Reinartz, I.*, Die Verfassung der Sowjetunion, S. 91 und S. 94 ff. „Der Kommunismus ist vom Marxismus als eine staats- und rechtslose Gesellschaft konzipiert, in der Grundrechte als rechtliche Phänomene schon begrifflich nicht existieren können"; unter Stalin wurde das Ziel der Etablierung des Kommunismus in dem Sinne ergänzt, dass dies nicht mit einer Schwächung, sondern mit einer Stärkung der Staatsmacht verbunden wurde, vgl. *Brunner, G.*, in: Merten, D./Papier, H.-J. (Hrsg.), HGR I, § 13 Rn. 7 und Rn. 15. Zum „Absterben von Staat und Recht" vgl. *Blankenagel, A.*, Zur Funktion der Grundrechte in der UdSSR, S. 33 ff.
[15] Zum Wortlaut *Pulte, P./Reinartz, I.*, Die Verfassung der Sowjetunion, S. 98. Zum sowjetischen Überwachungsstaat *Loladze, B.*, Das Rechtsstaatsprinzip in der Verfassung Georgiens, S. 27. Zum Zweck der Vernichtung der Systemfeinde als „Grundlage für den Übergang zum Kommunismus" *Bahro, H.*, Zwecke und Mittel im Sowjetrecht, in: FS für Meissner, S. 13.
[16] Vgl. *Brunner, G.*, in: Merten, D./Papier, H.-J. (Hrsg.), HGR I, § 13 Rn. 19; *Blankenagel, A.*, Zur Funktion der Grundrechte in der UdSSR, S. 68 und S. 74 ff., er behandelt Fragen der ausdifferenzierten „materiellen Garantien" und deren eventuelle unmittelbare Geltung als Verfassungsnormen.
[17] Art. 125 Abs. 1: „In Übereinstimmung mit den Interessen der Werktätigen und zum Zwecke der Festigung des sozialistischen Systems werden den Bürgern der UdSSR durch das Gesetz garantiert: a) die Redefreiheit; b) die Pressefreiheit; c) die Kundgebungs- und Versammlungsfreiheit; d) die Freiheit von Straßenumzügen und Demonstrationen" (zit. nach *Pulte, P./Reinartz, I.*, Die Verfassung der Sowjetunion, S. 99.
[18] Ebd.

tung" gelenkt, was letztlich zum höherrangigen Ziel – Übergang zum Kommunismus – führen sollte.[19]

Der deklaratorische Charakter dieser Bestimmungen im Sinne des westlichen Verständnisses der Menschenrechte wurde sehr bald durch die folgenden Ereignisse bestätigt. Insofern ist die Demonstration am 5. Dezember 1965 (Tag der Verfassung von 1936) in Moskau zu erwähnen, in der die Einhaltung der Verfassungsvorgaben und die Gewährung des rechtlichen Schutzes gefordert wurden.[20] Diese Kundgebung wurde staatlicherseits unter Verletzung des Verhältnismäßigkeitsprinzips aufgelöst; mehrere Teilnehmer wurden festgenommen.[21] Der Tag schien aber den Anfang der Bürgerrechtsbewegung zu markieren.[22]

In der letzten Verfassung der Sowjetunion vom Oktober 1977 waren die bürgerlichen Menschenrechte ebenfalls vorgesehen, in der Verfassungswirklichkeit waren sie jedoch weiterhin entbehrlich.[23] Nach dem Wortlaut war aber nicht mehr von den Interessen der Werktätigen, sondern schon von den „Interessen des Volkes" die Rede.[24] Die mangelnde Umsetzung der Garantien offenbarte sich auch, als die Sowjetunion den IPbpR der VN von 1966 ratifizierte, was aber keine Zustimmung zu dem westlichen Verständnis der Menschenrechte bedeutete.[25] Die „Institutionalisierung einer Verfassungskontrolle" sowie die „Neuorientierung" im Bereich der Menschenrechte machten sich bei der gewaltsamen Auflösung der Demonstrationen in Tbilisi 1989 noch nicht bemerkbar.[26] Ein Dekret des Obersten Sowjets der UdSSR vom 28. Juli 1988 „Über das Verfahren der Organisation und Durchführung von Versammlungen, Kundgebungen, Straßenumzü-

---

[19] Vgl. *Blankenagel, A.*, Zur Funktion der Grundrechte in der UdSSR, S. 57. Zur Versammlungsfreiheit (nur für systemkonforme Veranstaltungen) in der DDR *Ullrich, N.*, Das Demonstrationsrecht, S. 59–62. „Grundrechtsverbürgungen haben hier ihre eigentliche Wirksamkeit auf dem außerjuristischen Gebiet der Agitation und Propaganda"; *Berg, W.*, Primat und Unparteilichkeit des Rechts im Rechtsstaat, VVDStRL 51 (1991), S. 50.
[20] Dazu vgl. *Luchterhandt, O.*, Die Bürgerrechtsbewegungen, S. 112–113.
[21] Vgl. ebd., S. 113.
[22] Vgl. ebd.
[23] Vgl. *Brunner, G.*, in: Merten, D./Papier, H.-J. (Hrsg.), HGR I, § 13 Rn. 37.
[24] Vgl. *Gässner, K.*, Die Rechtsprechung zur Versammlungsfreiheit, S. 17.
[25] Vgl. *Brunner, G.*, in: Merten, D./Papier, H.-J. (Hrsg.), HGR I, § 13 Rn. 27. Zum Verhältnis zwischen dem Völkerrecht und Sowjetrecht *Luchterhandt, O.*, UN-Menschenrechtskonventionen, S. 22 ff. Luchterhandt schildert die drei wichtigen Themenbereiche, die die Widersprüche in diesem Verhältnis offenbaren: die Begründung der Menschenrechte; die Menschenrechtsbeschränkungen und das Gleichheitsrecht. In Zusammenhang mit der Verfassungskontrolle vgl. *Nußberger, A.*, Verfassungskontrolle in der Sowjetunion und in Deutschland, S. 137 ff.; *dies.*, The Reception Process in Russia and Ukraine, S. 615.
[26] Zur rechtlichen Lage während der sog. „Perestroika" unter Gorbačëv *Brunner, G.*, Demokratisierung und Rechtsstaatlichkeit?, S. 12 ff. und S. 21 ff.; zur Bürgerrechtsbewegung, u. a. sog. „Helsinki-Gruppen" *Luchterhandt, O.*, Die Bürgerrechtsbewegungen, S. 111 ff. und S. 113. Zu den Reformen *ders.*, Die Sowjetunion auf dem Wege zum Rechtsstaat, S. 49 ff. und S. 53 ff.

gen und Demonstrationen in der UdSSR" stellte eine erste einheitliche Regelung des Versammlungsrechts dar.[27] Der Veranstalter hatte eine Genehmigung nicht später als zehn Tage vor der Durchführung der Versammlung zu beantragen.[28] Die Genehmigung konnte verweigert werden, wenn die Versammlung den Verfassungsvorgaben nicht entsprach oder durch diese die öffentliche Sicherheit oder die öffentliche Ordnung beeinträchtigt wurden.[29] Insgesamt war das Genehmigungs- und Verbotsverfahren undifferenziert; die lokalen Behörden (Exekutivkomitee) wurden zudem ermächtigt, weitere Restriktionen anzuordnen.[30]

II. Die gewaltsame Auflösung der Versammlungen von 1956 und 1989

Nach dem Tod Stalins begann eine neue Welle von Repressionen. Die Bürger und vor allem Vertreter der jüngeren Generation protestierten am 9. März 1956 gegen die verstärkte sowjetische Ideologisierung.[31] Die friedliche Demonstration in Tbilisi wurde gewaltsam aufgelöst. Die Demonstranten waren nicht bewaffnet. Diese wurden von Panzern und Vollzugsbeamten umstellt; es fielen Schüsse. 23 Teilnehmer der Demonstration starben; die Vollzugsbeamten blieben unverletzt.

Später lösten die Bemühungen der damaligen politischen Elite um eine Russifizierung der Teilrepubliken große Unzufriedenheit aus. Die nach Verkündung der letzten Unionsverfassung von 1977 veröffentlichten Entwürfe der Verfassung für Teilrepubliken sahen einen staatlichen Status der Muttersprache nicht mehr vor. Vor allem Wissenschaftler und Studenten gingen in der Hauptstadt Tbilisi

---

[27] Vgl. *Brunner, G.*, Demokratisierung und Rechtsstaatlichkeit?, S. 23. Zur Rechtslage in der Ukraine, wo diese Rechtsquelle auch nach Zerfall der Sowjetunion angewandt wird, *Peters, A./Ley, I.*, The Freedom of Peaceful Assembly in Europe, S. 285 f.; ECHR, Vyerentsov v. Ukraine, Nr. 20372/11, 11. April 2013, § 25 und § 27. Das Dekret galt in Russland bis 2004; dazu ECHR, Sergey Kuznetsov v. Russia, Nr. 10877/04, 23. Oktober 2008, § 20; Barankevich v. Russia, Nr. 10519/03, 26. Juli 2007, §§ 22, 28; Makhmudov v. Russia, Nr. 35082/04, 26. Juli 2007, § 41.
[28] Dazu *Brunner, G.*, Demokratisierung und Rechtsstaatlichkeit?, S. 23.
[29] Vgl. ebd. Dazu auch ECHR, Vyerentsov v. Ukraine, Nr. 20372/11, 11. April 2013, § 25.
[30] Dazu *Luchterhandt, O.*, Die Sowjetunion auf dem Wege zum Rechtsstaat, S. 65 f. Die Schwierigkeit zum echten Systemwandel sei genau am Beispiel der Verwirklichung der Versammlungsfreiheit sichtbar, vgl. ebd., S. 65 f., er spricht von einem „freie[n] politische[n] Ermessen" der Behörde bezüglich der Einschränkbarkeit der Versammlungsfreiheit. Die Sowjetrepubliken hatten keine eigenen Versammlungsgesetze; *ders.*, UN-Menschenrechtskonvention, S. 143.
[31] Dazu *Bendiashvili, A./Daushvili, A./Natmeladze, M.*, Geschichte Georgiens, Bd. 4, S. 437–444.

auf die Straßen. Eine Demonstration fand am 14. April 1978 statt.[32] Die Menschen protestierten gegen das ihnen aufgebürdete Menschenbild des russischsprachigen „Homo Sovieticus" und kämpften für das Recht, „Georgier zu bleiben".[33] Der Staat hörte auf die Stimme der Bevölkerung. Die daraufhin verabschiedete Verfassung der Republik bestätigte den staatlichen Status der georgischen Sprache.

Ende der achtziger Jahre versuchte Moskau, die Folgen der Systemwandlung unter Kontrolle zu bringen. Geplant wurde, in der Verfassung die Bestimmung, wonach die Teilrepubliken das Recht hatten, die Union zu verlassen, zu streichen. Die Veröffentlichung des Entwurfs der Verfassungsänderung löste in Georgien eine große Protestbewegung aus. Am 12. November 1988 versammelten sich in Tbilisi 100.000 Demonstranten. In der Schlusskundgebung wurden eine freiheitskonforme Gestaltung des Versammlungsrechts und die Verwerfung des verfassungsändernden Entwurfs gefordert.[34] Am 25. November entfernte Gabriel Isakadze die rote Flagge vom Regierungsgebäude. Parallel setzten sich die Versammlungen im November fort. Am 29. November versprachen Vertreter der Parteielite den Demonstranten, dass die Regierung die Forderungen berücksichtigen werde. Die Hauptforderung der Demonstranten war aber inzwischen die „Entsowjetisierung" des Landes.[35] Am 4. April begann eine neue Welle von Demonstrationen; Studenten protestierten an der Staatlichen Universität. Dabei war schon in den April-Geschehnissen erkennbar geworden, dass sich die Ziele der Veranstalter der Demonstrationen unterschieden. Die radikalen Veranstalter forderten, im Unterschied zu den eher gemäßigten Führern bürgerlichen Ungehorsams, eine Übergangsregierung. Die Radikalen setzten sich bei den Demonstranten durch. Gefordert wurde, dass Georgien die Union verlässt und die VN-Truppen in Georgien stationiert.[36]

Die Führung der kommunistischen Partei in Tbilisi versuchte, auf die Versammlungsteilnehmer einzuwirken; aus Moskau geschickte Streitkräfte und Panzer sollten auf die Demonstranten abschreckend wirken. Die Strategie blieb erfolglos. In der Nacht vor dem 9. April versammelten sich im Zentrum der Hauptstadt ca. 10.000 Menschen, überwiegend Frauen und Jugendliche. Die Kundgebungen waren mit Tanz und Musik begleitet. Zu diesem Zeitpunkt war die Auflösung der Versammlung bereits angeordnet. Am 9. April, um 03:30 Uhr, warnte Patriarch Ilia II. die Demonstranten und wies auf die reale Gefahr einer gewaltsamen Auflösung der Versammlung hin. Der Patriarch forderte die Teil-

---

[32] Vgl. ebd., S. 475–476; *Fuchslocher, E.*, Vaterland, Sprache, Glaube, S. 104.
[33] Dazu vgl. *Goltz, T.*, The Paradox of Living in Paradise, S. 15.
[34] Vgl. *Bendiashvili, A./Daushvili, A./Natmeladze, M.*, Geschichte Georgiens, Bd. 4, S. 496.
[35] Vgl. ebd., S. 497.
[36] Vgl. ebd., S. 498 f.

nehmer auf, das Territorium zu verlassen und mit ihm zusammen zu der großen Kirche in Tbilisi zu gehen; andernfalls könne die Lage eskalieren. Die Demonstranten reagierten nicht und wurden bald mit Panzern und den aus Moskau geschickten Vollzugsbeamten konfrontiert, die Schlagstöcke und giftige Gase einsetzten.[37] Georgische Polizisten versuchten, die Teilnehmer zu schützen und ihnen die Entfernung vom Versammlungsort zu ermöglichen. Ohne diese Maßnahme wäre die Opferzahl noch größer.[38] Um 11 Uhr wurde der Ausnahmezustand in der Hauptstadt erklärt, was der Bevölkerung aber erst um 22:15 Uhr bekanntgegeben wurde.

Die geschilderten Ereignisse wurden in Georgien symbolisch für den Kampf für die Unabhängigkeit und sind bis heute identitätsstiftend für die Einheit der Gesellschaft. Abgesehen von dieser nationalgeschichtlichen Bedeutung wurde zum letzten Mal die grausame „Gesellschaftspolitik" des Sowjetregimes entlarvt. Danach war die Führungskraft der kommunistischen Partei in Georgien nur noch fiktiv. Die nationale Unabhängigkeitsbewegung kämpfte weiter bis zu den demokratischen Wahlen im Oktober 1990. Das Ende des Sowjetregimes in Georgien und die Übergangsphase bewirkten eine Sezessionsbewegung in der autonomen Republik Abchasien.[39] Die so eifrig erstrebte Unabhängigkeit und der Sieg der geschichtlichen Gerechtigkeit forderten menschliche Opfer und wurden auch von anderen Ungerechtigkeiten begleitet.

Die politischen Geschehnisse schon vor dem Zusammenbruch der Sowjetunion zeigen somit den Mut der georgischen Bürger, mittels Versammlungsfreiheit der politischen Führungselite die fehlende Rückkopplung zwischen Staat und Gesellschaft vor Augen zu führen. Auch die damit verbundenen tragischen Ereignisse bilden in Georgien die tatsächliche Grundlage für das Vorverständnis der Versammlungsfreiheit, die ein rechtsstaatliches Verhältnis zwischen Staat und Gesellschaft determiniert.

---

[37] Zur blutigen Konfrontation *Gerber, J.*, Georgien, S. 179 f.: „Es war nicht allein die Unverhältnismäßigkeit der Mittel, mit denen die Staatsgewalt ihre Distanz gegenüber einer friedlich demonstrierenden Öffentlichkeit bewies. Die Arroganz der Macht unterstrich ferner die Hinhaltetaktik und das Verschweigen, mit dem die Behörden auf dem Rücken der Opfer versuchten, sich der Verantwortung zu entziehen."

[38] Vgl. *Bendiashvili, A./Daushvili, A./Natmeladze, M.*, Geschichte Georgiens, Bd. 4, S. 501; insgesamt starben während der gewaltsamen Auflösung der Versammlung 21 Personen. Die jüngste war nur 16 Jahre alt. Durch Gas wurden 66 Personen, durch Schläge mehr als 90 Personen verletzt.

[39] Zu territorialen Konflikten *Gerber, J.*, Georgien, S. 115 ff. Zur völkerrechtlichen Bewertung der De-facto-Republiken *Turmanidze, S.*, Status of the *De Facto State* in Public International Law, S. 221 ff. Zur ethnischen Säuberung gegen Georgier und die Anerkennung dieser Lage in internationalen Dokumenten *Erkvania, T.*, Verfassung und Verfassungsgerichtsbarkeit in Georgien, S. 105.

D. Der Transformationsprozess in Georgien seit 1991

Der Staat Georgien befindet sich schon seit Wiedererlangung der Unabhängigkeit am 9. April 1991 in einer Transformationsphase.[1] Die neunziger Jahre brachten somit auch für Georgien die „Weltstunde des Verfassungsstaates".[2] Um dieses Ziel zu erreichen, strebt das Land inzwischen zwei Jahrzehnte lang danach, sich von einem postsowjetischen Staat zu einer rechtsstaatlichen Demokratie zu entwickeln.[3] Die Transformation, die durch (politisch-rechtliche und wirtschaft-

---

[1] Am 9. April 1991 wurde die Unabhängigkeit Georgiens erklärt. Zuvor hatten die Wahlen vom 28. Oktober 1990 das kommunistische Regime und sein Einparteiensystem beendet. An diesen Wahlen nahmen mehr als 30 Parteien teil. Damit konnte eine gute Basis für das spätere Mehrparteiensystem geschaffen werden. Dieser Herausforderung des Neuanfangs standen aber die Gewaltkonflikte entgegen. Der Unabhängigkeitserklärung folgten die ethno-politischen Eskalationen in Abchasien und im sog. Südossetien. Die bürgerkriegsähnlichen Ereignisse in der Zeit zwischen Dezember 1991 und November 1993 in Tbilisi führten zu einem gewaltsamen Sturz des demokratisch gewählten Präsidenten Zviad Gamsachurdia. Der erste Präsident Georgiens, der ehemalige Führer der Dissidenten- und Nationalbewegung und Literaturwissenschaftler, starb im Dezember 1993 in Tschetschenien unter bisher ungeklärten Umständen. Die willkürlichen Handlungen der paramilitärischen Miliz „Mchedrioni" führten zu chaotischen Zuständen. Die Staatsleitung oblag einem temporären Staatsrat, auf dessen Elite der Sturz des ersten Präsidenten zurückzuführen war. Diese dramatische Lage wurde durch die vom Staatsrat organisierte Rückkehr des ehemaligen Außenministers der UdSSR, Eduard Shevardnadze, beseitigt. Nach den Wahlen im Oktober 1992 bis zur Verkündung der neuen Verfassung von 1995 vereinigte er in seinem Amt die Rolle des Parlamentsvorsitzenden und des Staatsoberhaupts. Dazu *Zürcher, C.*, The Post-Soviet Wars, S. 115 ff. und S. 127–129; *Areshidze, I.*, Democracy and Autocracy in Eurasia, S. 17 ff.; *Gordadze, T.*, Georgian-Russian Relations in the 1990s, S. 31.
[2] So Häberle, zit. nach *Kotzur, M.*, „Passato, Presente, Futuro del constituzionalismo e dell'Europa", DVBl. 2018, S. 1210.
[3] *Linz, J./Stepan, A. C.*, Problems of Democratic Transition and Consolidation, S. 3: „A democratic transition is complete when sufficient agreement has been reached about political procedures to produce an elected government, when a government comes to power that is the direct result of a free and popular vote, when this government de facto has the authority to generate new policies, and when the executive, legislative and judicial power generated by the new democracy does not have to share power with other bodies de jure". Die Autoren schildern die fünf Arenen der konsolidierten Demokratie: Civil society (Freedom of association and communication); Political society (Free and inclusive electoral contestation); Rule of Law (Consti-

liche) Vielschichtigkeit gekennzeichnet ist,[4] erfordert in Georgien eine interdisziplinäre Forschung.[5] Auch die demokratische Konsolidierung lässt sich durch das „Mehrebenenmodell" charakterisieren, die die politischen und gesellschaftlichen Institutionen neuartig festigen („stabilisieren") soll.[6]

I. Die Herausforderung des rechtlichen Systemwandels

Der rechtliche Systemwandel (vom Willkür- zum Rechtsstaat) spielte im andauernden Transformationsprozess eine besondere Rolle.[7] Die Suche nach den besten Erfahrungen führte zu einer, u. a. (christlichen, sozio-)kulturell bedingten „Europäisierung" der Rechtsordnung.[8] Die Etablierung der Rechtsinstitute verschiedener Rechtsbereiche stellte ein Ergebnis der „gemäßigten Kompilation" dar.[9] Die nationalen Gerichte sollten zudem die Rezeptionsgewinne konkretisieren[10] und damit das neue Recht erlebbar machen. Zur Lösung der Herausforderungen hatte ein neues Rechtssystem sich vor allem am Rechtsstaat als „Grund-

---

tutionalism); State apparatus (Rational-legal bureaucratic norms); Economic society (Institutionalized market). Ebd. S. 7 ff. und S. 14.

[4] Vgl. *Merkel, W.*, Gegen alle Theorie?, S. 27–31.

[5] Zur uneinheitlichen Begrifflichkeit (Transformation, Transition) und zur interdisziplinären Forschung *Kollmorgen, R./Merkel, W./Wagener H.-J.*, Hb Transformationsforschung, S. 11 ff.

[6] Dazu *Merkel, W.*, Gegen alle Theorie?, S. 547–549. Er schildert das Mehrebenenmodell der demokratischen Konsolidierung: *die konstitutionelle Konsolidierung* (*Makroebene: Strukturen*); *die repräsentative Konsolidierung* (*Mesoebene: Akteure*); *Verhaltenskonsolidierung* (*Mesoebene: informelle politische Akteure*); *demokratische Konsolidierung der politischen Kultur* (*Mikroebene: Bürger*), ebd. (Hervorhebung wie im Original), S. 547–548 f. Die Konsolidierung bedeutet aber nicht einen „Endzustand", da das demokratische System auch nachträglich (durch „Dekonsolidierungstendenzen") gefährdet werden kann. Vgl. *Diamond, L.*, Developing Democracy, S. 66; *Schuppert, G. F.*, Politische Kultur als Institutionenkultur, in: FS für Starck, S. 118 ff. (S. 125 ff.).

[7] Vgl. *Nußberger, A.*, Vergangenheitsbewältigung und Recht, S. 27.

[8] „Die Kultur verschlüsselt das Recht so, wie sie selbst durch einen – meist verdeckten – Code verschlüsselt ist", *Husa, J.*, Rechtsvergleichung auf neuen Wegen?, ZfRV 2005/10, S. 56. Zum „kulturbezogene[n] Ansatz der Transformation" *Kalichava, K.*, Europäisierung des georgischen Verwaltungsrechts, DÖV 2018, S. 394. Dazu auch *Vashakidze, G.*, Kodifikation des Internationalen Privatrechts in Georgien, S. 290 m. V. auf Chanturia.

[9] *Vashakidze, G.*, Das Internationale Privatrecht von Georgien, S. 7; ein „neues Recht" wird als „eine gemäßigte Kompilation aus fremden Rechtsordnungen" bezeichnet. Die Ergebnisse der Rezeption offenbaren zugleich die Besonderheiten der Rechtskultur, die die Umsetzung der Reformschritte fördern, aber auch benachteiligen können; *Gephart, W.*, Rezeptionsanalyse als Rechtskulturforschung, S. 257 ff.

[10] Vgl. *Boulanger, C.*, Recht in der Transformation, S. 9.

modell" der westlichen Staats- und Verfassungsdoktrin zu orientieren[11] bzw. die Freiheitsrechte zu stärken und das Prinzip der Gewaltenteilung zu institutionalisieren.[12] Dieses Ziel musste eine „Begrenzung, Rationalisierung und Berechenbarkeit" der Staatsgewalt (Machtbegrenzung durch Recht) zur Folge haben.[13] Im Rahmen dieser einzigartigen Umwandlung („the most unique transformation") nach dem Zerfall der Sowjetunion musste u. a. eine neue Kultur des Konstitutionalismus („new culture of constitutionalism") herausgebildet werden.[14] Hinzu kommt die Relevanz der Entwicklung einer demokratisch-politischen[15] und (menschen-)rechtlichen Kultur der Gesellschaft,[16] die den „zivilen Konstitutionalismus" bzw. die Wirklichkeit des Verfassungslebens ermöglicht.[17]

Die Rechtskultur basiert ihrerseits auf der „Verlässlichkeit des Rechts"[18] und erfordert im wechselseitigen Verhältnis zwischen dem Recht und der Gesellschaft[19] ein dazu gehöriges (Rechts-)Bewusstsein der Bürger und Politi-

---

[11] Vgl. *Nußberger, A.*, Vergangenheitsbewältigung und Recht, S. 46 f. Vgl. *Starck, C.*, Der Rechtsstaat und die Aufarbeitung der vor-rechtsstaatlichen Vergangenheit, VVDStRL 51 (1991), S. 11 und S. 13; *Schmidt-Aßmann, E.*, in: Isensee, J./Kirchhof, P. (Hrsg.), HStR II, § 26 Rn. 28.

[12] Vgl. *Turava, P.*, Die Aufhebung von Verwaltungsakten im georgischen Recht, S. 25.

[13] Vgl. *Preuß, U. K.*, Die Rolle des Rechtsstaates in der Transformation, S. 40.

[14] Dazu *Kühn, Z.*, Development of Comparative Law in Central and Eastern Europe, S. 227; *Halmai, G.*, Transnational Justice, S. 378: „Unlike the classical limiting functions of traditional constitutions, transitional constitutionalism functions to manage reform agendas, substitute violent revolutions and facilitate social and political integration."

[15] Rawls bezeichnet politische Kultur als „Konzeption der politischen Gerechtigkeit", *Rawls, J.*, Gerechtigkeit als Fairneß, S. 25. Zur Typologie – Civic Culture und Participant Culture und zur fördernden Verbundenheit (allegiance) und gefährdenden Apathie (apathy) und Entfremdung (alienation), *Pickel, G.*, Politische Kultur und Demokratieforschung, S. 615. „[…] Politische Kultur ist […] ein Fundus von geteilten Erwartungen und intersubjektiver Sinnsuche. […] [Die] politische Kultur [ist] wesentlich auch Kommunikations- und Medienkultur"; *Hoffmann-Riem, W.*, Demonstrationsfreiheit auch für Rechtsextremisten?, S. 9.

[16] Zur Rechtskultur als „Teil gesellschaftlicher Identität" *Mankowski, P.*, Rechtskultur, S. 1 ff. und S. 3 m. V. auf Legrand. *Diamond, L.*, Developing Democracy, S. 163 ff. Zur Rechtskultur in Europa *Häberle, P.*, Der kooperative Verfassungsstaat, S. 30.

[17] Finn thematisiert unter den Stichworten „constitutional maintenance" und „participatory turn" die Dichotomie des „juridic constitutionalism" und „civic constitutionalism", *Finn, J. E.*, Some notes on inclusive constitution-making, S. 438 f.

[18] *Münch, I. v.*, Rechtspolitik und Rechtskultur, S. 53: „Zur Rechtskultur gehört jedenfalls Verlässlichkeit des Rechts und Vertrauen des Bürgers in das Recht". So auch vgl. *Weiß, N.*, Der Rechtsstaat im Risiko, in: FS für Klein, S. 366. Diese Verlässlichkeit könnte als Jellineksche „Kraft des Faktischen" als ein psychologischer Triebfaktor verstanden werden, vgl. *Jellinek, G.*, Allgemeine Staatslehre, S. 338 und S. 339 f.: „Weil das Faktische überall die psychologische Tendenz hat, sich in Geltendes umzusetzen […]."

[19] Vgl. *Coendet, T.*, Rechtsvergleichende Argumentation, S. 160–162; die Kritik an der funktionalen Rechtsvergleichung erfolge unter dem „Stichwort" der Rechtskultur; in der allge-

ker.²⁰ Dass sich das Niveau des Menschenrechtsschutzes u. a. im Bereich der Versammlungsfreiheit nur langsam erhöht hat, erklärt sich u. a. aus dem Fehlen einer vitalen verfassungsrechtlichen Tradition und Erfahrung der Staatsführung nach den Prinzipien einer freiheitlichen Demokratie.²¹ Dieses Defizit wird in Georgien vor allem auf der kommunalen Ebene sichtbar und ist Folge der Tatsache, dass die Staatsleitung wieder nach den „Spuren" des „überwundenen Systems" ausfällt.²² Problematisch ist, dass die Politik und Staatsleitung von Teilen der Bevölkerung als eine Angelegenheit der „Big Men" wahrgenommen wird.²³ Das Fehlen der politischen Bildung erklärt ferner das mangelnde Bemühen staatlicherseits, eine politische und soziale Inklusion der Bürger zu unterstützen.²⁴ Eine neue „partizipatorische politische Kultur" ist bis dato noch nicht hinreichend abgezeichnet.²⁵

Die rechtsstaatlichen Werte haben sich im Westen in Anbetracht der historischen Ereignisse als „Ausdruck einer gewachsenen Kultur" konsequent herausgebildet.²⁶ Dagegen geschieht dies in Georgien erst nach einer langen Unterbrechung der Staatlichkeit im Wege der Rezeption.²⁷ Wegen der zwangsweisen

---

meinen Diskussion bezüglich der Methodologie sei daher ein „*cultural turn*" als nächster zum „*functional turn*" der Rechtsvergleichung zu verzeichnen (Hervorhebung wie im Original). Auszugehen sei „rechtsanthropologisch" von einer „ontologischen Verknüpfung von Recht und Gesellschaft", *Husa, J.*, Rechtsvergleichung auf neuen Wegen?, ZfRV 2005/10, S. 56.

20 Vgl. *Fritzsche, K. P.*, Menschenrechtskultur, in: FS für Klein, S. 1042 und S. 1044; zum Rechtsbewusstsein und „Rechtsgefühl" als „psychologische[r] Urquell alles Rechts" *Jhering, R. v.*, Der Kampf ums Recht, S. 56 f.
21 Vgl. *Sachs, M.*, in: Sachs, M. (Hrsg.), GG, Art. 20 Rn. 16.
22 Dazu *Fritzsche, K. P.*, Menschenrechtskultur, in: FS für Klein, S. 1043.
23 Vgl. *Hensel, S.*, Die Willkür des Staates, S. 18 und S. 216.
24 Zur notwendigen Inklusion *Merkel, W.*, Gegen alle Theorie?, S. 33.
25 Vgl. *Fritzsche, K. P.*, Menschenrechtskultur, in: FS für Klein, S. 1043.
26 Berg spricht von einem „jahrhundertelangen Erkenntnis- und Emanzipationsprozess", *Berg, W.*, Primat und Unparteilichkeit des Rechts im Rechtsstaat, VVDStRL 51, 1991, S. 48; *Viellechner, L.*, Transnationalisierung des Rechts, S. 20 ff.; vgl. *Anter, A.*, Die Politik der Werte in der Judikatur des BVerfG, S. 219.
27 Die georgische Staatlichkeit blickt auf eine lange Geschichte schon vor Christi-Zeit zurück. Die Stärke des vereinigten Königreichs erreichte im 12. Jahrhundert ihren Höhepunkt. Im späten Mittelalter war das Territorium des Staates in verschiedene Königreiche und Fürstentümer gespalten. Die geopolitische Lage des Landes führte dazu, dass das christliche Land von muslimischen Herrschern umkreist war, die es zu erobern versuchten. Gegen Ende des 18. Jahrhunderts sah das Königreich Ostgeorgien in einem Militärbündnis mit dem russischen Zarenreich den Ausweg aus dieser schwierigen Situation. Der christliche Nachbar im Norden schien dem ostgeorgischen König weniger gefährlich für die Staatlichkeit als die gestärkten persischen und osmanischen Reiche. Am 24. Juli 1783 wurde in Georgievsk ein Vertrag über ein freundschaftliches Bündnis der Alliierten geschlossen. Das russische Zarenreich hielt seine Verpflichtung aus dem Vertrag wiederholt nicht ein, u. a. dann, als der König Ostgeorgiens im September 1795 gegen den persischen Eroberer wieder allein, ohne die militärische Unterstützung des

Annexion Georgiens durch das Zarenreich (1800–1918) und der kurzen Existenz der ersten demokratischen Republik (1918–1921) bis zur Sowjetisierung konnten Staat und Recht auch nicht auf einer vitalen „vor-sowjetischen Tradition" basieren.[28] Die Ansichten und Werke der georgischen Denker liberal-demokratischer Orientierung, die vor der sowjetischen Okkupation im Februar 1921 publizistisch aktiv waren und die die rechtskulturelle Einbettung Georgiens in den europäischen Raum fördern sollten, gerieten unter den Druck der sowjetischen Ideologisierung.[29] Die liberalen Ideen wurden während der Dissidentenbewe-

---

Zarenreichs, zu kämpfen hatte. Das russische Zarenreich vertrat seine eigenen imperialistischen Ziele, die mit der georgischen Unabhängigkeit nicht vereinbar waren. Am 22. Dezember 1800 unterschrieb der Zar ein Manifest zum Anschluss des ostgeorgischen Königreichs an das Russische Zarenreich. Dadurch wurde der Vertrag von Georgievsk endgültig gebrochen. Die Zaren begannen danach, auch die anderen Königreiche und Fürstentümer in Westgeorgien zu annektieren. Dieser Prozess dauerte bis zum 4. Januar 1867. 1811 wurde auch die Autokephalie der georgischen apostolischen Kirche, die seit dem fünften Jahrhundert ununterbrochen existierte, zwangsweise aufgehoben. Versuche der Georgier, sich gegen diese Ereignisse zu wehren (die berühmten Aufstände von 1802, 1804 und 1841), scheiterten an den schweren Sanktionen des Zarenreichs. Der Prinz des ostgeorgischen Königreichs, David Bagrationi, beanstandete in seinen Briefen an den Zaren von 1800 und 1817 die Völkerrechtswidrigkeit der Annexion. Der Anschluss des georgischen Staates war auch Gegenstand der Proteste von Großbritannien und Frankreich. Aber erst nach der russischen Revolution im Oktober 1917 erklärte der nationale Rat am 26. Mai 1918 die staatliche Unabhängigkeit Georgiens. Die damalige politische Elite hatte das Ziel, einen Staat zu etablieren, der nach dem Vorbild der westeuropäischen Demokratien funktionieren sollte. Die Besetzung des georgischen Territoriums durch sowjetische Truppen am 25. Februar 1921 bedeutete jedoch das Ende der ersten demokratischen Republik in Georgien. Seit Wiedererlangung der Unabhängigkeit am 9. April 1991 ist der 26. Mai ein nationaler Feiertag. Dazu *Suny, R. G.*, The Making of the Georgian Nation, S. 3 ff. und S. 20 ff.; *Muskhelishvili, D./Japharidse, O. u. a.*, Geschichte Georgiens, Bd. 4, S. 9–30; S. 166–199. Zur deutschen Hilfe für die erste demokratische Republik *Hille, C. M. L.*, State Building, S. 73–127.
[28] Vgl. *Knieper, R./Chanturia, L./Schramm, H.-J.*, Das Privatrecht im Kaukasus und in Zentralasien, S. 2; *Nußberger, A.*, Rechtsphilosophisches Denken im Osten Europas, S. 1: Sie bezieht sich auf eine „andere Rechtsschicht" unter der „Rechtsschicht" des auf dem Marxismus/Leninismus beruhenden Rechts – das vorkommunistische Recht.
[29] Hervorzuheben sind exemplarisch die Auffassungen von Ilia Čavčavadze, Archil Jorjadze und Noe Zhordania, die in zahlreichen publizistischen Schriften und Pressemitteilungen zum Ausdruck kommen. Zur damaligen georgischen Presse, die sich trotz der Zensur des Zarenreichs aktiv entwickelte, *Bendiashvili, A./Daushvili, A./Natmeladze, M.*, Geschichte Georgiens, Bd. 4, S. 200–203. Vgl. einen bedeutungsvollen Aufsatz des georgischen Schriftstellers und Denkers Mikheil Javachishvili über die Gewaltenteilung und die besondere Rolle der unabhängigen Gerichte in der Zeitschrift „Iveria", 1906, Nr. 20, S. 10–13; der Denker wurde später während der sowjetischen Repression ermordet. In seiner Jugendzeit führte Ilia Čavčavadze auch den Generationenkonflikt mit dem Ziel an, das alte Standesbewusstsein zu überwinden. Er schuf die „programmatischen Leitmotive" für die nationale Identität: „Vaterland, Sprache, Glaube", dazu *Gerber, J.*, Georgien, S. 28 ff. Ilia Čavčavadze wurde noch vor der sowjetischen Okkupation unter nicht vollständig aufgeklärten Umständen ermordet.

gung Ende der siebziger Jahre[30] und nach der folgenden Unabhängigkeitserklärung vom 9. April 1991 wieder besonders aktuell.[31]

Das Verinnerlichen dieser Werte und das „Sich-damit-Identifizieren", was eine – den normativen Herausforderungen vorausgesetzte – psychologische Wirkung herbeiführen kann, sind nicht immer ein leichter Weg.[32] Der politischen Elite fiel es schwer, sich vom sowjetischen „genetischen Code" zu befreien;[33] und dies gilt, wenngleich sich Georgien u. a. mit Blick auf die (vergleichende „Ost-Ost"-)Gesamtbetrachtung der regionalen Demokratisierung auf dem unumkehrbaren Weg der Demokratisierung befindet.

Die Angleichung an westliche Vorbilder hat die historisch bedingten Gemeinsamkeiten sichtbar gemacht, die tief in der Gesellschaft wurzeln und ihre sozio-kulturelle Identität ausmachen.[34] Diese Gemeinsamkeiten haben die Harmo-

---

[30] Menschen in Georgien haben gegen die sowjetische Macht schon seit Beginn der Okkupation protestiert. Zu nennen sind die Aufstände vom Herbst 1921 in Svanetien und vom August 1924 in Kachetien. Der von den damaligen Intellektuellen geleistete Widerstand wurde in den dreißiger Jahren infolge der grausamen Repressionen geschwächt. Die Historiker Ivane Javachishvili (1876–1940) und Nikoloz Berdzenishvili (1895–1965) haben die Annexion Georgiens und sowjetische Kolonialpolitik scharf kritisiert, dazu *Bendiashvili, A./Daushvili, A./ Natmeladze, M.*, Geschichte Georgiens, Bd. 4, S. 286–294. Die Führer der in den siebziger Jahren entstandenen einheitlichen Dissidentenbewegung (sog. „Helsinki-Gruppe") waren schon nach der brutalen Auflösung der Protestversammlung am 9. März 1956 in Untergrundgruppierungen aktiv. Später wurde die Dissidentenbewegung durch die international geänderte Politik unterstützt. Nichtsdestotrotz waren die Mitglieder der Gruppe – u. a. Zviad Gamsachurdia (1939–1993) und Merab Kostava (1939–1989) – unter ständiger Kontrolle der staatlichen Sicherheitsdienste (vgl. ebd., S. 485–489). Nicht belegbar ist daher die Meinung, dass die oppositionelle Bewegung im sowjetischen Georgien erst Ende der achtziger Jahre entstanden ist; so aber ohne jeden Beleg *Eder, F.*, Sicherheitspolitik im Südkaukasus, S. 100. Zu Recht spricht Gerber vom „eifrigste[n]" Streben der Georgier nach einer „Loslösung" von der UdSSR; *Gerber, J.*, Georgien, S. 1 ff.; *Goltz, T.*, The Paradox of Living in Paradise, S. 15.

[31] Die antisowjetischen Proteste vor Erklärung der Unabhängigkeit brachten auch die ökologische und demografische Problematik zum Ausdruck, dazu *Gerber, J.*, Georgien, S. 153 f. Ende der achtziger Jahre erlebte die Partei „Die Grünen" in Georgien ihre aktivste Phase. Der damalige Parteivorsitzende Zurab Zhvania wurde in 1995 zum Parlamentsvorsitzenden gewählt und leistete zur Entwicklung des Parlamentarismus in Georgien einen wichtigen Beitrag. Er war während der Saakashvili-Regierung als Ministerpräsident im Amt, ist aber im Februar 2005 unter bisher nicht vollständig aufgeklärten Umständen verstorben. Von ihm stammen die bekannten Worte anlässlich des Auftritts im Europarat am 27. April 1999: „I am Georgian and therefore, I am European."

[32] Dazu *Soidze, B.*, Verfassungskontrolle und Werteordnung in Georgien, S. 47 und S. 133–134, er spricht von der Notwendigkeit der (postsowjetischen) „Revolution der Werte".

[33] Zur „Saakashvili-Regierung", als statt einer „lebendigen Demokratie" die scheinbare Demokratie gefördert wurde, vgl. *Ciskarishvili, S.*, Georgische Demokratie, S. 6 f.

[34] Als Beispiel kann hier der Gedanke des Privateigentums herangezogen werden. Das kommunistische Recht, das auf dem kollektivistischen Verständnis des Eigentums beruhte, konnte sich in Georgien nicht durchsetzen, dazu *Soidze, B.*, Verfassungskontrolle und Werte-

I. Die Herausforderung des rechtlichen Systemwandels 41

nisierung des georgischen Rechts positiv gefördert. Die Umsetzung dieser Leistung verlief in der Praxis aber nicht reibungslos. Dies ist nicht zuletzt auf die schnelle Umsetzung einzelner Reformschritte zurückzuführen.[35] Hinzu kommt eine gewisse Skepsis der Bürger im Hinblick auf eine echte „Erneuerung" als logische Folge der Unterschiede zwischen „law in books" und „law in action" (Pound).[36] Diesbezügliche Abweichungen sind u.a. auf die nichtjuristischen Faktoren zurückzuführen, die sich unter einem weiteren konzeptuellen Stichpunkt „law in context" behandeln lassen.[37] Die „Kluft" zwischen dem geschriebenen und dem praktizierten Recht identifiziert in verschiedenen dogmatischen Zusammenhängen den (für die Individualinteressen ungünstigen) Stand der

---

ordnung in Georgien, S. 146. Zur kulturellen Identität der Bürger, die eine entsprechende „Rückbindung" der Freiheit nach sich zieht, *Uhle, A.*, Freiheitlicher Verfassungsstaat und kulturelle Identität, S. 85. Das Streben Georgiens nach dem Abendland sowohl in politischer als auch in kultureller Hinsicht ist mit den Gemeinsamkeiten verbunden, die in christlichen Wertvorstellungen und Ideen wurzeln. Schon im ersten Jahrhundert sollen im Westen Georgiens zwei Apostel Christi – Andreas und Simon Kanaanit – missioniert haben. Das Christentum wurde im vierten Jahrhundert (angenommen wird das Jahr 337) vom georgischen König zur staatlichen Religion erklärt. Die Umsetzung dieser Entscheidung wurde vom byzantischen Kaiser unterstützt. In der Geschichte des Landes und der Staatlichkeit spielte die christliche Tradition und Kultur als „integrative Kraft" eine große Rolle, so *Gerber, J.*, Georgien, S. 101. Die Gesetzbücher der georgischen Könige im Mittelalter waren durch entsprechende (Gerechtigkeits-)Ideen beeinflusst. Zu rechtlichen Traditionen Georgiens, die durch die westliche Orientierung gekennzeichnet sind, *Erkvania, T.*, Verfassung und Verfassungsgerichtsbarkeit in Georgien, S. 52–73. Auch die Ideen der Aufklärung und der darauf basierenden rechtlichen Wertvorstellungen werden in den Schriften des Rechtswissenschaftlers *David Bagrationi* aus der königlichen Familie (1767–1819) erkennbar. 1811–1816 wurden von ihm die Besprechungen des georgischen Rechts und der Rechtswissenschaft niedergelegt, hierzu *Garishvili, M.*, Prince David – European Lawyer, in: Sarchevi, Nr. 1–2 (3–4), 2012, S. 212 ff. Diese erfreulichen Entwicklungen u.a. in den Rechtswissenschaften als Teilaspekt der nationalen Identität dienten nach Erlangung der Unabhängigkeit der zusätzlichen Legitimation für das Streben nach euro-atlantischen Strukturen. Dazu wird von „Rückkehr nach Europa" gesprochen, so *Khubua, G.*, in: Merten, D./Papier, H.-J. (Hrsg.), HGR IX, § 282 Rn. 1.

[35] Dazu *Merkel, W.*, Gegen alle Theorie?, S. 245: „Bei den postkommunistischen Systemwechseln hätten wir es mit Transformationsprozessen zu tun, die im westeuropäischen Normalfall evolutionär, zeitlich aufeinander folgend und über Jahrhunderte hinweg abgelaufen seien. In Osteuropa verschmölzen sie jedoch nun zu einem politischen Projekt, das von Politikern zielgerichtet konzipiert und kurzfristig realisiert werden sollte."

[36] Vgl. *Khubua, G.*, in: Merten, D./Papier, H.-J. (Hrsg.), HGR IX, § 282 Rn. 1 und Rn. 9. Der Autor weist auf Rechtsnihilismus als Folge „[der] Kluft zwischen normativem Recht und Rechtswirklichkeit" hin.

[37] Zum Konzept „*law in context*" („*law in different contexts*") insbesondere mit Blick auf „*constitution in context*" (Hervorhebung wie im Original), *Wahl, R.*, Die praktische Wirksamkeit von Verfassungen, in: FS für Stern, S. 246–248; ders., Die Rolle staatlicher Verfassungen, S. 362 ff. Zur Bedeutung des „non-legal context" bei der Rechtsvergleichung *Dannemann, G.*, Comparative Law, S. 414.

„Rechtsanwendungskultur", die als besonderes Element der rechtlichen Kultur geprägt wurde.[38]

Die Verfassungsgerichtsbarkeit trägt erheblich zur rechtsstaatlichen Transformation und zur Demokratisierung in Georgien bei.[39] Erst durch sie wird die durch den Mehrheitswillen getragene Demokratie zugleich zur freiheitlichen Ordnung des Rechtsstaats.[40] Positiv zu bewerten ist auch die Rolle der Nichtregierungsorganisationen,[41] die die Reformprozesse in vielen Bereichen des Staatssystems kontrollieren. Dieses innerstaatliche Monitoring erfüllt die Funktion, die bürgerlichen Aktivitäten zu fördern. Dadurch entwickelt sich eine zivile Gesellschaft, die nach „mehr Demokratie" strebt und die Selbstverantwortung für den Fortschritt übernimmt.[42] Einige Nichtregierungsorganisationen helfen den u. a. sozial schwachen Bürgern, eigene Rechte vor Gericht einzuklagen. In diesem Zusammenhang sind die NGOs tatsächlich „Anwälte des öffentlichen Interesses"[43] und tragen dazu bei, die „Rechtsschutzkultur" im Land zu entwickeln.[44]

---

[38] Vgl. *Soidze, B.*, Verfassungskontrolle und Werteordnung in Georgien, S. 130. Rechtstexte seien nur der Anfang des Werdens von Rechtskultur, *Häberle, P.*, Der kooperative Verfassungsstaat, S. 34.

[39] Zur Verfassungsgerichtsbarkeit als „Garant der Rechtsstaatlichkeit" vgl. *Hopfauf, A.*, in: Schmidt-Bleibtreu, B./Hofmann, H./Henneke, H.-G. (Hrsg.), GG, Einl. Rn. 33 m. V. auf Hoffmann-Riem. In den postkommunistischen Transformationsländern erwies sich die Verfassungsgerichtsbarkeit als „Exportschlager" der Demokratisierung; *Steinsdorff, S.*, Verfassungsgerichte als Demokratie-Versicherung?, S. 479; *Brunner, G.*, The Constitutions of Central and Eastern European Countries, S. 75.

[40] Zur Erfüllung dieser Aufgabe stehe der „*unmittelbar* demokratisch legitimierte politische Prozess" in einer kooperativen, aber auch spannenden Relation zur „*mittelbar* demokratisch legitimierte[n] Verfassungsgerichtsbarkeit", *Häberle, P.*, Die Verfassungsgerichtsbarkeit, EuGRZ 2004, S. 119 (Hervorhebung wie im Original). In diesem Verhältnis sind Konflikte denkbar, die u. U. zur Krise des Rechtsstaats führen, vgl. am Beispiel Polens *Czarny, P.*, Der Streit um den Verfassungsgerichtshof in Polen 2015–2016, Osteuropa Recht 64 (2018), S. 5 ff.

[41] Vgl. *Grodsky, B.*, Co-optation or Empowerment?, S. 74–75. Die Zivilgesellschaft sei aber nicht mit den Aktivitäten der NGOs gleichzusetzen; *Scholte, J. A.*, Relations with Civil Society, S. 713 f.

[42] Die zivile Gesellschaft entwickelt sich durch die Suche nach den besseren Alternativen in einem „Raum" „zwischen Familie, Staat und Markt", *Habermas, J.*, Faktizität und Geltung, S. 445; *Grewlich, K. W.*, in: Isensee, J./Kirchhof, P. (Hrsg.), HStR X, § 223 Rn. 5 und Rn. 16–17; *Lang, S.*, NGOs, Civil Society, S. 1 ff. und S. 41 ff. Zur Zivilgesellschaft als einer der „außerrechtliche[n] Voraussetzungen der Demokratie" *Weber, A.*, Europäische Verfassungsvergleichung, S. 111 Rn. 20.

[43] Dazu *Grewlich, K. W.*, in: Isensee, J./Kirchhof, P. (Hrsg.), HStR X, § 223 Rn. 3 mwN.

[44] Zur „Rechtsschutzkultur" *Mankowski, P.*, Rechtskultur, S. 74 ff. Der Autor charakterisiert die Rechtswege-, Rechtsverfolgungs- und Rechtsdurchsetzungskulturen als Bestandteile der Rechtsschutzkultur.

Hervorzuheben ist die Bedeutung der Hilfe der internationalen Partner, die im Transformationsprozess Georgien mit Rat und Tat beiseite stehen.[45] Im rechtlichen Bereich hat die Deutsche Gesellschaft für Internationale Zusammenarbeit (fortan: GIZ) eine große Rolle gespielt. Bis heute leisten sowohl georgische als auch deutsche Wissenschaftler im Rahmen der von der GIZ unterstützten Projekte gute Arbeit im Dienst einer gelungenen rechtlichen Transformation des Landes.

II. Politische Versammlungen bis 2012

Seit Wiedererlangung der staatlichen Unabhängigkeit im Jahr 1991 wurden dank der Garantie der Versammlungsfreiheit politische Ansichten kundgetan. Im Vordergrund standen die Wahrung der politischen Teilhaberechte und die Eröffnung der realen Möglichkeit der Verwirklichung der anderen rechtsstaatlichen Werte. Sozial-ökonomische- und umweltbezogene Forderungen (z.B. seitens der Gewerkschaften oder Umweltorganisationen) standen bisher nicht auf der Tagesordnung von großen Versammlungen. Und dies geschah, obwohl sich das ungenügende wirtschaftliche Wachstum des Landes im sozialen Alltagsleben des einfachen Menschen entsprechend negativ widergespiegelt hat. Erst in den letzten Jahren wird diesem thematischen Defizit durch Aufrufe zu einer besseren staatlichen Förderung und Reglementierung im Bereich des Umweltschutzes in beschränktem Maße abgeholfen.[46] Dabei sind die Versammlungsfreiheit und das Versammlungsrecht an sich „inhaltsneutral"; ungeachtet dessen, mit welchem Motto die Versammlung veranstaltet wurde, sind die besonderen verfassungs-

---

[45] Vgl. *Gaul, W.*, Sinn und Unsinn internationaler Rechtsberatung, S. 102 ff., er stellt die Frage, ob diese Rechtsberatung als „Missionierung oder Hilfe zur Selbsthilfe" zu verstehen sei, ebd. S. 108 ff.

[46] Insgesamt lassen die aktuellen Geschehnisse eine „Politikverdrossenheit" nicht erkennen; vgl. dieselbe Feststellung für Deutschland *Koll, B.*, Liberales Versammlungsrecht, S. 28. Die Proteste manifestieren u. a. den andauernden Prozess eines „Bewusstseinswandels", der im Endeffekt den angestrebten „politischen und sozialen Wandel" bedingt, vgl. *Fritzsche, K.P.*, Menschenrechtskultur, in: FS für Klein, S. 1049. *Höfling, W./Augsberg, S.* fassen wichtige Protestbewegungen in Deutschland zusammen: Demonstrationen gegen Wiederbewaffnung und Atomwaffen, Studentendemonstrationen, Anti-Castor-Proteste sowie die Versammlungen Rechtsradikaler, *Höfling, W./Augsberg, S.*, Versammlungsfreiheit, ZG 21 (2006), S. 159 ff. Zur Entwicklung vgl. *Ullrich, N.*, Das Demonstrationsrecht, S. 66 ff. Auch die aktuellen Krisen der Flüchtlingsströme und die Euroskepsis haben Versammlungen mit entsprechendem Konfliktpotenzial geprägt, s. *Trurnit, C.*, Rechtsprechungsentwicklung zum Versammlungsrecht, NVwZ 2016, S. 873; zu rechts- und linkspolitischen Szenen und „Wut-Bürgern" sowie zum „Gewalttourismus" während des G20-Gipfels *Möllers, M.H.W.*, Demonstrationsrecht im Wandel, S. 12–13 f.

rechtlichen Vorgaben relevant.⁴⁷ Eine weitere Besonderheit dieser Demonstrationen manifestiert der Umstand, dass zu jener Zeit die Versammlungsfreiheit nicht nur als ein Instrument von Minderheiten, sondern auch zum Ausdruck der Mehrheitsmeinung der Bürger diente.⁴⁸

1. Das falsche „Policing" der Versammlungen

Die Großdemonstrationen des Jahres 2003 hatten ein klares Ziel – die Zurückdrängung des Staates in einen rechtsstaatlichen Rahmen. Die Nichtbeachtung des Willens des Volkes als Legitimationsquelle der Regierenden war ein Triebfaktor für diese Versammlungen. Aus der innenpolitischen Perspektive betrachtet, richteten sich auch die Proteste gegen die Dominanz der „oligarchischen Strukturen" in der Staatsleitung.⁴⁹ Die Proteste führten zu einem friedlichen politischen Machtwechsel, der ansonsten wegen der verfälschten Wahlergebnisse unmöglich gewesen wäre.⁵⁰ Durch diese sog. „Rosenrevolution" im November 2003 versuchten die Wähler, die Souveränität des Volkes zu verteidigen⁵¹ und so der geschriebenen Verfassung und der Demokratie die notwendige Vitalität zu verschaffen.⁵²

---

⁴⁷ Vgl. *Meier, H.*, Protestfreie Zonen?, S. 53.
⁴⁸ Zu Recht weist Koll darauf hin, dass die Versammlungsfreiheit nicht nur die Teilnahme der Minderheiten am politischen Leben ermöglicht, vgl. *Koll, B.*, Liberales Versammlungsrecht, S. 30.
⁴⁹ Vgl. *Soghomonyan, V.*, Europäische Integration und Hegemonie im Südkaukasus, S. 65; *Christophe, B.*, Metamorphosen des Leviathans, S. 57 ff., sie charakterisiert eine „Ökonomisierung von Gewalt".
⁵⁰ Zu den Vorgeschehnissen *Areshidze, I.*, Democracy and Autocracy in Eurasia, S. 83 ff.; *Katz, R. S.*, The Georgian Regime Crisis of 2003–2004, S. 137 ff.
⁵¹ Zu den wichtigen Faktoren der friedlichen Revolutionen im post-sowjetischen Raum, u. a. in Georgien, zählen vor allem die Menschen, die sich als Quelle der staatlichen Macht verstanden haben; *Ó Beacháin, D./Polese, A.*, From Roses to Bullets, S. 67 und S. 74.
⁵² Trotz der verkündeten Modernisierungsschritte waren die damaligen Geschehnisse, die die fehlende Interaktion zwischen Regierenden und Regierten offenbarten, eine klare Bestätigung der tiefgreifenden Bedenken in der ersten Transformationsphase in Georgien. Eine ähnliche Tendenz war aber für die meisten postsowjetischen sog. „neuen Demokratien" charakteristisch. Als an die Spitze der Regierungen wieder Personen aus der kommunistischen Parteielite kamen, die die „neuen" Ideen der westlichen Demokratie von oben nach unten „predigten", fehlte es schon an entsprechender Plausibilität, dazu vgl. *Sajó, A.*, Die Selbstbindung der Staatsgewalt, S. 219; *Kollmorgen, R.*, Postsozialistische Transformationen, S. 425. Dies hat in Georgien zum Kampf der Generationen in der Politik geführt. Junge Politiker, die sich für die Durchsetzung der Reformen engagierten, übten scharfe Kritik an den Personen, die in der Sowjetzeit hohe Ämter bekleidet haben. Die Letzteren haben sowohl die innerstaatliche als auch die internationale Unterstützung verloren. Zur post-sowjetischen politischen Elite *Ó Beacháin, D./Polese, A.*, From Roses to Bullets, S. 65. Die Übernahme der Macht durch jüngere Politiker

Die Demonstrationen von November und Dezember 2007 sowie von 2009 und April 2011 manifestierten das totale Versagen der staatlichen Organe bei der Anwendung der polizeilichen Maßnahmen und die Nichtbeachtung des Verhältnismäßigkeitsprinzips. Insbesondere 2011 hatte der Einsatz der politisierten Polizeikräfte schwere Folgen.[53] Der Anlass zu diesen Versammlungen war unterschiedlich. Im Jahr 2007 handelte es sich um Proteste gegen staatliche Eingriffe in die Kommunikationsfreiheiten.[54] Die Presse- und Rundfunkfreiheit waren unter starken staatlichen Druck geraten.[55] Die Demokratie in Georgien glich einer „gelenkten" bzw. „Schönwetter-Demokratie".[56] Die Verhaltensweise der Polizisten wurde zum „Lackmustest" der negativen Entwicklungstendenzen in der jungen Demokratie Georgiens.[57] Die Versammlungen wurden nicht nur von der Polizei, sondern auch von Dritten, die durch Loyalitätsbekundungen zugunsten der Regierungspartei aufgefallen waren, gestört.[58] Der Staat schien gänzlich unfähig zu sein, seiner Aufgabe, die Versammlung zu schützen, nachzukommen.[59] Die Ereignisse des Jahres 2009 waren durch Blockade-Aktionen der Anhänger der Opposition gekennzeichnet. Die in Tbilisi fast drei Monate lang andauernden

---

im Wege der friedlichen Revolution von November 2003 war mit großen Hoffnungen verbunden. An die Stelle dieser Erwartungen trat später wieder eine gewisse politische Skepsis der Bürger. Zum „anfängliche[n] Demokratieoptimismus" und zum „neue[n] Pessimismus" (Rüb) *Hensell, S.*, Die Willkür des Staates, S. 25.

[53] Vgl. den Bericht der Assoziation der Jungen Juristen über den 26. Mai 2011.

[54] Vgl. *Aphrasidze, D.*, Georgia, in: Nations in Transit 2010 (Freedom House), S. 212.

[55] Dazu Human Rights Watch, Crossing the Line: Georgia's Violent Dispersal of Protestors and Raid on Imedi Television, December 19, 2007. Dabei hatte der Menschenrechtsbeauftragte schon früher in seinem jährlichen Monitoring die Neigung des Staates zur Einengung der Kommunikationsfreiheiten nach der friedlichen Revolution gezeigt. vgl. den Bericht des Menschenrechtsbeauftragten zum Menschenrechtsschutz 2004, S. 58 ff.

[56] Vgl. *Stern, K.*, in: Isensee, J./Kirchhof, P. (Hrsg.), HStR IX, § 184 Rn. 62; *Fritzsche, K. P.*, Menschenrechtskultur, in: FS für Klein, S. 1042. Nach der Rosenrevolution galt Georgien als „one of the most important laboratories for democracy in the world", so *Grodsky, B.*, Co-optation or Empowerment?, S. 74; die geschilderten Ereignisse haben aber gezeigt, dass der Westen zu optimistisch gegenüber den Ergebnissen der Rosenrevolution war, so ebd., S. 94. Die wichtigste Herausforderung der Nachrevolutionszeit – die Sicherung eines realen pluralistischen politischen Systems – konnte nicht erfüllt werden; *Nilsson, N.*, Georgia's Rose Revolution, S. 103.

[57] Vgl. *Wollinger, G. R.*, Gesellschaft ordnen, S. 8; *Murdoch, J./Roche, R.*, The ECHR and Policing, S. 93: „The role of the police is to facilitate the democratic process".

[58] Die Stigmatisierung dieser Versammlungen erfolgte wegen der politischen Gesinnung der Veranstalter, die als Feinde der amtierenden politischen Elite verstanden wurden.

[59] Hinzu kam, dass infolge der Ausrufung des Ausnahmezustands (durch den Präsidenten) von der Versammlungsfreiheit kein Gebrauch mehr gemacht werden konnte, vgl. ausführlich den Bericht des Menschenrechtsbeauftragten 2007 II, Menschenrechte in Georgien (2008), S. 18 ff.

Aktionen veranlassten den Gesetzgeber zu einer Gesetzesänderung.[60] Das Versammlungsgesetz wurde durch einen weiteren Verbotstatbestand ergänzt. Auch wenn in der offiziellen Begründung des Gesetzentwurfs der Wille zur Angleichung an europäische Standards deklariert wurde, zog diese Änderung eine kritische Stellungnahme der Venedig-Kommission nach sich.[61]

2011 bildete ein breites Spektrum von Missständen den Anlass für Demonstrationen.[62] Hierzu zählten die Politisierung der staatlichen Verwaltung, die Beeinträchtigung der Unabhängigkeit der Gerichte (insbesondere im Strafverfahren),[63] der unangemessene Machtzugewinn der Staatsanwaltschaft, die Konzentration der Macht im Innenministerium sowie die Fusionierung von Polizei- und Sicherheitsbehörden.[64] Die Antwort des Staates auf die befürchtete Eskalation war die umstrittene Auflösung der Versammlung unter Anwendung unverhältnismäßiger Gewalt, um Versammlungsteilnehmer vom Versammlungsort zu entfer-

---

[60] Besonders negativ wurde die Verschärfung der Sanktionen des OWiGB bewertet, wonach gegen Störer eine Freiheitsbeschränkung von 90 Tagen angeordnet werden konnte. Vgl. den Report of the Special Rapporteur on the Rights to Freedom of Peaceful Assembly and of Association, Maina Kiai, UN General Assembly, 8. Juni 2012, §§ 80–82.

[61] Vgl. Comments on the Law on Assembly and Manifestations of the Republic of Georgia by Finola Fangan, Venice Commission, CDL(2009)152; Interim Opinion on the Draft Amendments to the Law on Assembly and Manifestations of Georgia, Venice Commission, CDL-AD(2010)009.

[62] Die damaligen neu initiierten Regelungen hatten restriktive Wirkungen für die Presse- und Parteienfreiheit, dazu ausführlich *Nanuashvili, U.*, Gesetzgeberische Novationen, S. 141 ff.

[63] Dabei war eine Schwächung der Unabhängigkeit der Gerichte schon seit 2004 zu beobachten, vgl. den Bericht des georgischen Menschenrechtsbeauftragten 2004, S. 3 und S. 23 ff. Mit der komplexen Problematik der damaligen Strafjustiz beschäftigte sich der EGMR in der Rechtssache „Enukidze and Girgvliani"; die Lage wurde kritisch betrachtet; ECHR, Enukidze and Girgvliani v. Georgia, Nr. 25091/07, 26. April 2011, §§ 245–249 und § 258.

[64] Diese Fusion unter der Saakashvili-Regierung wurde nach den Wahlen 2012 infrage gestellt; die Änderung dieser Lage wurde als Teilaspekt der Polizeireform verstanden. 2015 erfolgte die schon 2012 angekündigte Trennung von Polizei und Sicherheitsdienst. Das Innenministerium wurde in zwei Regierungsorgane – das Innenministerium und den Staatlichen Sicherheitsdienst – aufgespalten. Das Trennungsgebot gebietet eine Trennung nicht nur im organisatorischen, sondern auch im funktionalen Sinne. In Georgien verlief dies schon auf der Ebene des Rechts nicht reibungslos; es gibt Bereiche, die eine klarere Abgrenzung der Befugnisse benötigen. Zu den notwendigen Merkmalen der Trennung s. im Allgemeinen *Denninger, E.*, in: Lisken, H./Denninger, E. (Hrsg.), Hb PolR, Kap. B Rn. 43–45; *Thiel, M.*, „Die Entgrenzung" der Gefahrenabwehr, S. 388. Zu beachten ist dabei, dass der georgische Sicherheitsdienst nicht als ein Nachrichtendienst ausgestaltet wurde. In Ausnahmefällen (die im Gesetz für den Staatlichen Sicherheitsdienst erschöpfend aufgezählt werden) wurden dem Amt Ermittlungsaufgaben und -befugnisse übertragen. Die georgische Sicherheitsbehörde als Nachrichtendienst zu bezeichnen, ist aus diesem Grunde – sowohl vor als auch nach der geschilderten Reform – nicht richtig (so aber *Püschel, H.*, Das georgische Versammlungsrecht in der Praxis, Osteuropa Recht 57 (2011), S. 178).

nen.⁶⁵ Die polizeiliche Taktik und die unverhältnismäßigen Sanktionen sollten Angst stiften und abschreckend wirken.⁶⁶ Beanstandet wurde ferner die Verletzung des Prozessrechts in den Verfahren gegen Versammlungsteilnehmer. Das Gericht würdigte Beweismittel nicht (so z. B. Foto- und Videoaufnahmen) und klammerte sich allein an die Erklärungen der Polizei.⁶⁷ Damit wurde die Unschuldsvermutung zulasten der Versammlungsteilnehmer verletzt. Die Nichtbeachtung der verfahrensrechtlichen Garantien für die Freiheiten hat das geschilderte Unrecht in besonderem Maße vertieft.⁶⁸

2. Die mangelnde Balance zwischen Freiheit und Sicherheit

Die Bedeutung der staatsfreien Entfaltung der Versammlungsfreiheit wurde beispielsweise in der Rechtsprechung des BVerfG schon früh in Zusammenhang mit dem vom Rechtsstaat geforderten Gewaltmonopol des Staates gebracht. Danach sei die Ausübung von Gewalt u. a. zum Schutz schwächerer Minderheiten beim Staat monopolisiert und die Gewaltanwendung staatlicherseits dürfe somit nur im rechtsstaatlichen Rahmen geschehen.⁶⁹ Eine staatsfreie Verwirklichung der Versammlungsfreiheit war in Georgien aber wegen des politisierten Verwaltungsapparats kaum vorstellbar. Es fehlte nicht nur eine Kooperation im Verhältnis von Veranstalter und Polizei; politisch Andersdenkende wurden vielmehr staatlicherseits verfolgt.⁷⁰

Zur Lösung innenpolitischer Probleme des modernen Staates kommt es auf die „Unterscheidung von Freund und Feind" im Inneren nicht an;⁷¹ dadurch

---

⁶⁵ Vgl. den Bericht der Assoziation der Jungen Juristen über den 26. Mai 2011, S. 42 ff.

⁶⁶ Report of the Special Rapporteur on the Rights to Freedom of Peaceful Assembly and of Association, Maina Kiai, UN General Assembly, 8. Juni 2012, § 78.

⁶⁷ Vgl. ebd., § 80.

⁶⁸ Der EGMR äußerte sich in seinen Entscheidungen wiederholt zum gerichtlichen Schutz in versammlungsspezifischen Situationen, vgl. nur ECHR, Navalnyy v. Russia, Nr. 29580/12 und 4 weitere, 2. Februar 2017, §§ 44–53; Navalnyy v. Russia, Nr. 29580/12 und 4 weitere, 15. November 2018, §§ 73–84.

⁶⁹ BVerfGE 69, 315, 360; so auch BVerfG, Beschl. v. 02.11.2016 – 1 BvR 289/15, BeckRS 2016, 55724, Rn. 13.

⁷⁰ Vgl. *Ciskarishvili, S.*, Georgische Demokratie, S. 8 f.: Er unterstreicht wiederum das ungelöste Problem der Erfahrbarkeit der Demokratie: Demokratie im Alltag zu leben war für die damalige politische Elite fremd. Stattdessen versuchten sie, sich u. a. vor internationalen Partnern demokratisch zu zeigen. Eine entsprechende propagierende Polittechnologie, die eine „virtuelle Demokratie" untermauern sollte, war auch finanziell aufwendig. Diese wurde, besonders vor Wahlperioden, aus dem staatlichen Budget finanziert.

⁷¹ Zur Prägung der „Freund-Feind-Unterscheidung" *Schmitt, C.*, Der Begriff des Politischen, S. 26 ff., zit. nach *Bogdandy, A. v.*, Das Öffentliche im Völkerrecht, ZaöRV 2017, S. 885.

wird u. a. eine Spaltung der Gesellschaft vermieden.[72] Diese Lehre musste schon aus den bürgerkriegsähnlichen Ereignissen der 90er Jahre gezogen werden; bei den zuvor geschilderten Ereignissen handelte es sich hingegen um den umgekehrten Fall.[73] Die Perspektive des modernen Verfassungsstaats drohte in Georgien in Vergessenheit zu geraten.[74] Daneben spielte auch ein psychologischer Aspekt in der Denkart der Elite der damaligen Mehrheitspartei eine Rolle. Der Staat als Hauptverantwortlicher für die Gewährleistung von Sicherheit erklärte eine sog. „Zero Tolerance"-Politik gegen alle, die die Sicherheit störten.[75] Das Ziel der Aufrechterhaltung der Sicherheit rechtfertigte für die Regierungspartei auch unverhältnismäßige Mittel. Im Fall der gewaltsamen Auflösung von Demonstrationen mangelte es ebenfalls an einem Gleichgewicht zwischen der Freiheit und der vom Staat scheinbar angestrebten Sicherheit. Diese Lage führte aber zum bekannten Standardfall; weder Freiheit noch Sicherheit der Bürger konnten gewährleistet werden.[76]

Die Angst, dass der Staat seine Befugnisse – aus welchen Gründen auch immer – überschreiten könnte, beließ bei den Bürgern keinen Platz mehr für ein Gefühl

---

[72] Vgl. *Isensee, J.*, Die Staatlichkeit der Verfassung, Rn. 30 mwN; vgl. *ders.*, in: Isensee, J./Kirchhof, P. (Hrsg.), HStR II, § 15 Rn. 83–84: Diese Innenpolitik sichert zugleich die Kontinuität des Staates als „institutionelle Überwindung des Bürgerkrieges". Die Suche nach einem feindlichen Einfluss von außen auf die Versammlungsveranstalter und Teilnehmer und die dadurch motivierte Grobheit der polizeilichen Maßnahmen wurden mehrmals kritisiert, so auch exemplarisch im Report of the Special Rapporteur on the Rights to Freedom of Peaceful Assembly and of Association, Maina Kiai, UN General Assembly, 8. Juni 2012, § 68; Bericht der Assoziation der Jungen Juristen über den 26. Mai 2011, S. 18

[73] Dies hatte zur Folge, dass der Staat, der sich deklaratorisch als Vorbild der neuen Demokratie zu entwickeln versuchte, als eine „Demokratur" zu qualifizieren war, *Loladze, B.*, Das Rechtsstaatsprinzip in der Verfassung Georgiens, S. 13; diese Bezeichnung ist bei Schwarz angesichts der Bewertung der eingeschränkten Pressefreiheit und der Vernachlässigung von oppositionellen Kräften zu finden: *Schwarz, H.*, Die Etablierung der Verfassungsgerichtsbarkeit im postkommunistischen Europa, S. 302.

[74] Demokratie, Gewaltenteilung und Menschenrechte bilden die Grundpfeiler des Verfassungsstaates, dazu *Isensee, J.*, Die Staatlichkeit der Verfassung, Rn. 4.

[75] Die starre Anwendung der polizeilichen Maßnahmen, die Tätigkeit der Staatsanwaltschaft und die Gerichtspraxis vermittelten klare Linien der Verfolgung dieser Politik. Folge dieser Politik war der Verzicht auf die Ermessensausübung beim Einschreiten sowohl der Polizei als auch der Gerichte bei der Strafzumessung. Vgl. den Bericht des EU-Beraters Thomas Hammarberg unter dem Titel „Georgia in Transition" von September 2013, S. 9, S. 12 f. und zur nachfolgenden Liberalisierung dieser „Null-Toleranz-Politik" auch S. 18. Zur Politisierung des Strafvollzugs und zu politischen Inhaftierungen vgl. *Kobachidse, M.*, Vollzugssystem, S. 97 ff.

[76] *Benjamin Franklin:* „They who can give up essential liberty to obtain a little temporary safety, deserve neither liberty nor safety" (1775) – William Temple Franklin, Memoirs of the life and writings of Benjamin Franklin, Vol. 1, Printed by T. S. Manning, Philadelphia, 1818, 333–334.

der Sicherheit. Die in der Soziologie bekannte Erscheinung der „Erwartungssicherheit" der Bürger als ein wichtiger Aspekt des allgemeinen Sicherheitsgedankens kann nur im Rahmen von Rechtsstaatlichkeit existieren.[77] Nur unter dieser Bedingung können die Bürger darauf vertrauen, dass die von den Wählern legitimierten Regierungen im Rahmen der Spielregeln und Normen der rechtsstaatlichen Demokratie agieren und staatlichen Zwang nur in den rechtlichen Grenzen ausüben.[78] In diesem Sinne lässt sich diese „Erwartungssicherheit" als „Vertrauenssicherheit" ausdrücken, wobei jede „Vertrauenskrise" eine „Rechtsstaatskrise" auslöst.[79] Die geschilderten politischen Ereignisse haben gezeigt, dass es sich als schwer erwies, die Innenpolitik im postsowjetischen Staat in neuer Art und Weise zu etablieren. Die „starke Hand" stellte die einzige Erfahrung in der Praxis der Staatsleitung seit alters her dar.[80] Diese „Reste" des überwundenen Systems dienten als „Incubator" der verschiedenen politischen Gefahren.[81] Die Großdemonstrationen in den Jahren 2003–2012 haben die defekten politischen Entwicklungen umfassend reflektiert und eine Desintegration im Verhältnis von Staat und Gesellschaft sichtbar gemacht. Besonders schwere Folgen für die Rechtsstaatlichkeit hatte die Tatsache, dass sich die Amtsträger als gegnerische Partei im Verhältnis zu den Versammlungsteilnehmern verstanden.[82]

III. Revolution und Stagnation

In Anbetracht der Transformationsfortschritte treffen im Fall Georgiens die Schlagworte „Revolution" und „Stagnation" zu.[83] Während Stagnation meistens auf den Status der wirtschaftlichen Transformation bezogen ist, ist die Strategie der Umsetzung der demokratischen Wertvorstellungen positiver zu sehen. Dabei hängt die wirtschaftliche Transformation in vielerlei Hinsicht davon ab, wie ef-

---

[77] Zur Begriffsprägung von Niklas Luhmann *Glaßner, G.-J.*, Sicherheit in Freiheit, S. 15. Zur qualitativen Sicherheit der Moderne als „gefühlt[e] Sicherheit" bzw. „Bedrohungswahrnehmung" *Volkmann, U.*, Polizeirecht als Sozialtechnologie, NVwZ 2009, S. 216.
[78] Vgl. *Glaßner, G.-J.*, Sicherheit in Freiheit, S. 15.
[79] Dazu vgl. *Bogdandy, A. v.*, Vertrauen im europäischen Rechtsraum, S. 24 und S. 26 ff. (zum interdisziplinären Phänomen – Vertrauen); *ders.*, Jenseits der Rechtsgemeinschaft, EuR 2017, S. 487.
[80] Zur Neigung zur „starken Hand" in postsowjetischen Republiken *Sajó, A.*, Die Selbstbindung der Staatsgewalt, S. 219 f.
[81] Dazu *Ciskarishvili, S.*, Georgische Demokratie, S. 6 ff.
[82] Das staatliche Handeln stehe vor allem bei Demonstrationseinsätzen auf dem verfassungsrechtlichen Prüfstein; *Becker/Ritter*, in: Brenneisen, H./Wilksen, M. (Hrsg.), VersR, S. 527.
[83] Bertelsmann Stiftung, BTI 2016 | Revolution und Stagnation, Regionalbericht Postsowjetisches Eurasien.

fektiv die rechtlichen Regelungen in die Realität umgesetzt werden.[84] Als wichtiger Faktor für diese Stagnation ist hier die Verletzung der territorialen Integrität Georgiens zu nennen: Die Entstehung der zwei De-facto-Republiken Abchasien und Südossetien (die georgischen „Samachablo")[85] und der Fünf-Tage-Krieg zwischen Georgien und Russland im August 2008 hatten entsprechende demografische und wirtschaftliche Folgen.[86] Es offenbarte sich die Strategie Russlands, das Streben Georgiens in den euroatlantischen Raum (vor allem nach NATO-Mitgliedschaft) zu „zähmen".[87]

Wenngleich Georgien nach wie vor zu den defekten Demokratien gezählt wird,[88] macht die Gesamtbewertung der Lage eindeutige Fortschritte sichtbar. Diese nachhaltige Entwicklung steht seit 2013–2014 mit dem Assoziierungsab-

---

[84] Dazu vgl. *Brunner, G.*, Verfassungsrechtliche Rahmenbedingungen der wirtschaftlichen Transformation, S. 259. Dazu *Kapstein, E.B./Converse, N.*, The Fate of Young Democracies, S. 8: „[…] [R]esearch has also suggested that political competition could bring a number of economic benefits to democratizers, such as more and better public goods and less corruption." Zur engen Kopplung von „politische[r] und ökonomische[r] Macht" *Hensell, S.*, Die Willkür des Staates, S. 167 ff. und S. 199.

[85] Zu territorialen Konflikten und zu deren Hintergründen *Gerber, J.*, Georgien, S. 115 ff.; *Harzl, B.*, Der Georgisch-Abchasische Konflikt, S. 27 ff.; *Hewitt, B.G.*, Discordant Neighbours, S. 201 ff.

[86] Dieser Krieg ist zugleich als Russlands „first war" im Ausland anzusehen; *Cheterian, V.*, The Origin and Trajectory of the Caucasian Conflicts, S. 16 und S. 32 ff. Bowring schildert die dem Krieg folgenden Staatenbeschwerden vor dem Internationalen Strafgerichtshof und die Individualbeschwerden vor dem EGMR, *Bowring, B.*, Georgia, Russia and the Crisis of the Council of Europe, S. 124 f. Vgl. auch ECHR, Georgia v. Russia (II), Nr. 38263/08, 13. Dezember 2011.

[87] Diese Strategie versuchte zugleich die Schwächung des Westens im Südkaukasus, *German, T.*, Securing the South Caucasus, S. 40 ff.; zu Russland als „Demokratie-Blocker" in der Region *Babayan, N.*, Democratic Transformation and Obstruction, S. 58. Zur Beziehung zwischen NATO und Georgien s. *Helly, D./Gogia, G.*, Georgian Security and the role of the West, S. 294 f. Georgien dürfe für die Herausforderungen, die mit seiner geopolitischen Lage verbunden sind, nicht allein verantwortlich sein, so *De Waal, T.*, Georgia and its Distant Neighbors, S. 337. Weiter *Harzl, B.*, Der Georgisch-Abchasische Konflikt, S. 159, er bezieht sich auf das leere Argument Russlands – Völkermord, das aber Georgien auch in dem Bericht der Untersuchungskommission unter Heidi Tagliavini nicht vorgeworfen wurde; später habe der Präsident Russlands Medvedev selbst zugegeben, dass das russische Eingreifen vor dem Hintergrund einer möglichen NATO-Mitgliedschaft Georgiens notwendig wurde.

[88] Vgl. die Bewertung von Freedom House 2018 unter: https://freedomhouse.org/report/freedom-world-2018-table-country-scoresDownloads. United States Department of State, Georgia 2018 Human Rights Report, Country Reports on Human Rights Practices for 2018, Bureau of Democracy, Human Rights and Labor. S. auch BTI 2016 | Revolution und Stagnation, Regionalbericht Postsowjetisches Eurasien, S. 3. Zu defekten Demokratien *Croissant, A.*, Analyse defekter Demokratien, S. 93 ff. In den jungen Demokratien Osteuropas seien die Defekte der mangelnden Effektivität der Durchsetzung der Freiheitsrechte und der horizontalen Gewaltenkontrolle (als „Funktionsdefizite der Demokratien") erkennbar (dazu ebd. S. 108).

III. Revolution und Stagnation 51

kommen (European Union Association Agreement) zwischen Georgien und der EU im Zusammenhang.[89] Dieses hat nicht nur eine neue außenpolitische und wirtschaftliche Perspektive in Anbetracht des Ausbaus der Beziehungen mit der EU eröffnet,[90] sondern stellt ein wichtiges Element zur Förderung der Demokratie und der Umsetzung der Menschenrechtsstandards dar.[91] Erfolge und Defizite beschreibt ein Bericht des EU-Beraters Thomas Hammarberg. Der Bericht unter dem Titel „Georgia in Transition" von September 2013 bringt zugleich die vielseitige Zusammenarbeit zwischen der EU und Georgien zum Ausdruck.

Als wichtigste Errungenschaften im Bereich Menschenrechtsschutz sind die nationale Strategie zum Schutz der Menschenrechte (2014–2020) und der zu ihrer Umsetzung beschlossene Aktionsplan hervorzuheben.[92] Diese beziehen sich auf die Aktivitäten aller wichtigen Organe und Gremien des Staates. Mit der Lösung der Probleme und mit der Umsetzung der erforderlichen Maßnahmen werden die zuständigen Einrichtungen beauftragt. Die effektiv wirkende Gewaltenteilung, vor allem die wirksame Kontrolle der Exekutive durch die gesetzgebende Gewalt, die Unabhängigkeit der Gerichte, die effektive Vorbeugung und Verfolgung von Amtsmissbrauch sowie die Gewährleistung der individuellen Freiheiten müssen auch in diesem strategischen Dokument den rechtsstaatlichen Maßstab bieten,[93] der sowohl Fortschritte als auch Fehlentwicklungen in Georgien erkennen lässt.[94] In der Strategie wird die Schwierigkeit des Systemwandels in der „institutionalisierten Demokratie", die gegen einen Regierungswech-

---

[89] 1997 legte das georgische Parlament in seinem Beschluss die Verpflichtung fest, alle demnächst von ihm erlassenen Normativakte an das EU-Recht anzunähern; *Vashakidze, G.*, Das Internationale Privatrecht von Georgien, S. 8; *Giorgishvili, K.*, Das georgische Verbraucherrecht, S. 221. Zur EU-Nachbarschaftspolitik *Jishkariani, B.*, Die Bedeutung des Europäischen Strafrechts, S. 19 ff.; *Knodt, M./Urdze, S.*, The European Union's external democracy promotion in the South Caucasus, S. 88.

[90] Im Juni 2012 begann eine weitere Etappe der intensiven Zusammenarbeit des georgischen Staates und der EU. Im Februar 2013 übernahm Georgien die Verpflichtung, die im Aktionsplan über die Visa-Liberalisierung (VLAP) vorgesehenen Aktivitäten durchzuführen. Zur Kooperation Georgiens mit der EU *Nodia, G.*, The European Union, Democratic Values and Geopolitical Competition, S. 214 ff.

[91] Vgl. *Franz, A.*, Die Europäische Union als externer Förderer von Demokratie und Rechtsstaatlichkeit, S. 26 ff. und S. 112 ff.; *Knodt, M./Urdze, S.*, The European Union's external democracy promotion in the South Caucasus, S. 99–119.

[92] Die nationale Strategie zum Menschenrechtsschutz in Georgien 2014–2020 wurde am 30. April 2014 vom Parlament beschlossen. Vgl. den Bericht des Menschenrechtsbeauftragten vom 10. Dezember 2014, S. 2.

[93] Zu diesen allgemeinen Indikatoren vgl. *Merkel, W.*, Gegen alle Theorie?, S. 33.

[94] Zur Bewertung der ersten Phase des Transformationsprozesses bis zu den Parlamentswahlen 2012 vgl. die Evaluierung der Verfassungs- und Rechtsreform und des Menschenrechtsschutzes in Georgien durch den EU-Berater Thomas Hammarberg, „Georgia in Transition".

sel resistent bleibt, identifiziert.⁹⁵ Dabei ermöglicht erst die „Wertgebundenheit" des Staates eine „rechtsstaatlich-demokratische Kontinuität",⁹⁶ die die individuelle Freiheit und Sicherheit gewährleisten kann. Eine derartige Widerstandsfähigkeit zeichnet sich in Georgien bis dato noch nicht als gefestigt ab. Die negativen Erfahrungen der Vergangenheit, u. a. mit dem Zusammenspiel von „Recht und Macht" („Recht und Politik"),⁹⁷ sind somit noch nicht „bewältigt".⁹⁸ Diese Institutionalisierung setzt dabei eine Individualisierung voraus: Die Erfolge sind von Menschen abhängig,⁹⁹ die „mehr Demokratie" erfordern und „mehr Demokratie wagen".¹⁰⁰

Mit dem demokratischen Regierungswechsel nach den Wahlen im Jahr 2012 hat der Staat eine neue Möglichkeit bekommen, die Fehlentwicklungen zu beseitigen, die in den letzten zwanzig Jahren im politischen Leben des Staates sichtbar geworden sind. Dies könnte als neue Phase der Transformation bezeichnet werden.¹⁰¹ In diesem Prozess beinhaltet die Versammlungsfreiheit ein besonderes

---

⁹⁵ Die Nationale Strategie zum Menschenrechtsschutz in Georgien 2014–2020, S. 7.

⁹⁶ Zu dieser grundlegenden Kontinuität *Kirchhof, P.*, Die Aufgaben des Bundesverfassungsgerichts in Zeiten des Umbruchs, NJW 1996, S. 1498. Die (freiheitliche) Demokratie als eine „wertgebundene Ordnung"; *Hopfauf, A.*, in: Schmidt-Bleibtreu, B./Hofmann, H./Henneke, H.-G. (Hrsg.), Einl. Rn. 241.

⁹⁷ Im Rechtsstaat kommt es auf das Primat und die Unparteilichkeit des Rechts an, so *Berg, W.*, Primat und Unparteilichkeit des Rechts, VVDStRL 51 (1991), S. 47. Zu „Recht und Macht" *Schmitt, C.*, Der Wert des Staates und die Bedeutung des Einzelnen, S. 22. Zur „Politik" als Staatswillensbildung (und nicht als Staatswillensvollziehung) *Jestaedt, M.*, Zur Kopplung von Politik und Recht in der Verfassungsgerichtsbarkeit, S. 317 ff.; dazu vgl. *Isensee, J.*, in: Isensee, J./Kirchhof, P. (Hrsg.), HStR XII, § 268 Rn. 24–25.

⁹⁸ Je schlechter (langsamer) dieser Prozess des Wandels abläuft, desto mehr (länger) wird die „Vergangenheit in der Gegenwart" bleiben; *Münch, I. v.*, Rechtspolitik und Rechtskultur, S. 13. Dabei hilft vor allem eine gut geprägte Erinnerungskultur bezüglich des Unrechts und der strukturellen Gewalt in den vorläufigen Regimen dazu, dass dieser Wandel erfolgreich ausfällt.

⁹⁹ So im Kontext der Schaffung der transformierten politischen Realität *Häberle, P.*, Das Grundgesetz zwischen Verfassungsrecht und Verfassungspolitik, S. 145: Es komme auf den Menschen an; das Recht, die Politik können den Prozess der Vergangenheitsbewältigung nur „erleichtern und befördern".

¹⁰⁰ Vgl. *Doering-Manteuffel, A.*, Fortschrittsglaube und sozialer Wandel, S. 94 und S. 103; zur Rolle der drei Richter (Roman Herzog, Konrad Hesse und Helmut Simon) ebd., S. 105. Vgl. auch *Lepsius, O./Doering-Manteuffel, A.*, Die Richterpersönlichkeiten, S. 169.

¹⁰¹ Hingewiesen wird auf das „gute Transformationsmanagement" bei BTI 2016 | Revolution und Stagnation, Regionalbericht Postsowjetisches Eurasien, S. 11. Die Zeit nach den Wahlen 2012 wird bei der Evaluierung des EU-Beraters Thomas Hammarberg („Georgia in Transition") als zweite Phase der Transformation bezeichnet. Vgl. Annual Activity Report 2016 by Nils Muižnieks Commissioner for Human Rights Presented to the Committee of Ministers and the Parliamentary Assembly Council Council of Europe, April 2017, S. 31 f. (Observations on Georgia).

III. Revolution und Stagnation 53

Potenzial, um auf eine durch Menschenrechte beschränkte (freiheitliche) Demokratie positiv hinzuwirken. Die notwendige politische Wende wurde vor den Parlamentswahlen im Oktober 2012 wieder durch Versammlungen veranlasst. Der politische Wettbewerb spielte sich vor den Wahlen erneut auf der Straße ab. Dies war ein frühes Warnzeichen, um die regierende Mehrheit von befürchteten Wahlfälschungen abzuhalten. In diesem Fall ging es also um die präventive Strategie der oppositionellen Kräfte und Wähler, künftig drohendem Missbrauch von Verwaltungsressourcen und dem Verlassen des rechtsstaatlichen Rahmens entgegenzuwirken. Auch diesmal wurde die Versammlungsfreiheit als Mittel zur Veränderung positiv bestätigt. Diese Entwicklungen lassen sich prägnant aufzeichnen: Wenn die Verfassung den Bürgern die kollektive Identifikation verleiht,[102] dann stiftet auch die Versammlungsfreiheit den georgischen Bürgern zusätzlich eine kollektive Identität.[103]

---

[102] So *Sajó, A.*, Die Selbstbindung der Staatsgewalt, S. 8; vgl. auch *Lang, H.*, in: Isensee, J./Kirchhof, P. (Hrsg.), HStR XII, § 266 Rn. 34; *Weber, A.*, Europäische Verfassungsvergleichung, S. 432 Rn. 7 mwN.

[103] In Anlehnung an Ladeur vgl. *Lehmann, J.*, Der Schutz symbolträchtiger Orte, S. 43 („selbstbestimmte Herausbildung kollektiver Identitäten" durch die Versammlungsfreiheit). Zur Freiheitsbereitschaft der Bürger, die die Existenz des Verfassungsstaates festigt, *Uhle, A.*, Freiheitlicher Verfassungsstaat und kulturelle Identität, S. 85.

E. Die Versammlungsfreiheit in der georgischen liberalen Verfassungstradition

Die Vorstellung einer freiheitlichen und demokratischen Funktion der Versammlungsfreiheit kann in Georgien erfreulicherweise auf eine Verfassungstradition zurückblicken. Der Freiheitsgedanke, der der heutigen GVerf vom 24. August 1995 zugrunde liegt, kommt schon in der ersten georgischen Verfassung vom 21. Februar 1921 zum Ausdruck.[1] In der Präambel der GVerf werden die Grundsätze der Verfassung von 1921 als Grundlage des Strebens nach einer demokratischen Ordnung und somit als „Identitätsursprung" der neuen Verfassung angekündigt.[2]

---

[1] Der Verfassungstext stammt aus einer besonderen Veröffentlichung des GVerfG zum 90-jährigen Jubiläum der Verfassung von 1921, Batumi 2011, S. 111–132. Die Verkündung der Verfassung war eine unmittelbare Folge der staatlichen Unabhängigkeitserklärung durch den Nationalrat am 26. Mai 1918 nach der hundertjährigen (zwangsweisen) Eingliederung in das Zarenreich. In der Erklärung berief man sich auf die Volkssouveränität, und Georgien wurde zur unabhängigen demokratischen Republik erklärt. Offenbart wurde das Streben nach Frieden und staatlicher Neutralität. Festgelegt wurden die parlamentarische Regierungsform des Staates und das Prinzip der Verantwortung der Regierung vor dem Parlament. Das Parlament wurde für eine dreijährige Legislaturperiode gewählt. Nicht vorgesehen war dagegen das Amt eines Staatsoberhauptes, um einer Zentralisierung der Macht vorzubeugen. Die klassischen Kompetenzen eines Staatsoberhauptes wurden später in der Verfassung teils auf das Parlament und teils auf den Regierungsvorsitzenden übertragen. Die Amtszeit des Regierungsvorsitzenden, der vom Parlament gewählt wurde, betrug ein Jahr. Er konnte sein Amt nur zwei Wahlperioden nacheinander bekleiden. Der Regierungsvorsitzende bildete das Kabinett selbst und konnte es selbst erneuern. Eingeführt wurde die individuelle Verantwortung der Mitglieder des Ministerkabinetts. Dieses Modell konnte aber die Effektivität der Regierung gefährden. Mangels Umsetzung dieser Verfassungsbestimmungen kann diese Gefahr aber nur Gegenstand einer theoretischen Diskussion sein, vgl. *Gegenava, D./Khantaria, B./Tsanava, L. u.a.*, Das georgische Verfassungsrecht, S. 43 f.

[2] Vgl. *Michael, L.*, Verfassungen vom Ende her denken, S. 107. Präambel der GVerf: „Die Bürger Georgiens, deren unerschütterlicher Wille es ist, eine demokratische Gesellschaftsordnung zu begründen und wirtschaftliche Freiheit einzuführen sowie einen Sozial- und Rechtsstaat aufzubauen, die allgemein anerkannten Menschenrechte und Freiheiten zu gewährleisten, die staatliche Unabhängigkeit und die friedlichen Beziehungen zu anderen Völkern zu stärken, indem sie sich auf die jahrhundertealten Traditionen der Staatlichkeit des georgischen Volkes und die Grundsätze der georgischen Verfassung von 1921 stützen, verkünden diese Verfassung" (Auswahl georgischer Gesetze (deutsche Übersetzung), GTZ, 2009, S. 15).

I. Die Versammlungsfreiheit in der ersten demokratischen Verfassung von 1921

Die Verfassung der ersten demokratischen Republik Georgiens vom 21. Februar 1921 war nach dem Vorbild der damaligen westlichen Verfassungen ausgearbeitet worden;[3] sie verinnerlichte die Ideen einer freiheitlichen Demokratie und verbriefte den Menschenrechtsschutz. Infolge der schon am 25. Februar 1921 folgenden sowjetischen Okkupation konnte die erste georgische Verfassung nicht in die Realität umgesetzt werden. Sie bleibt dennoch der Anfang eines auf das Individuum gerichteten verfassungsrechtlichen Denkmusters, das die Rechte und Freiheiten des Menschen in den Mittelpunkt stellt.[4] Bis heute stellt die erste Verfassung einen Ausdruck der tiefen freiheitlichen Wurzeln der georgischen Staatlichkeit dar.

Art. 33 der Verfassung verankerte die Versammlungsfreiheit und verkündete, dass den Bürgern der Republik Georgiens das Recht zusteht, sich ohne Erlaubnis der Regierung ohne Waffen zu versammeln.[5] Und dies galt sowohl in geschlossenen Räumen als auch unter freiem Himmel. Die Verfassung von 1921 enthielt keine klaren Vorgaben im Hinblick auf die Umsetzung der Versammlungsfreiheit. Artikel 34 ermächtigte die Behörde, eine Versammlung zu „schließen", wenn sie einen verbrecherischen Charakter annimmt.[6] Unter „Schließung" der Versammlung ist logischerweise die Auflösung schon während ihrer Durchführung zu verstehen. Nach dem Wortlaut der Verfassung rechtfertigte erst die Erfüllung eines strafrechtlichen Tatbestands (der „verbrecherische" Ablauf der Veranstaltung) eine Auflösung. Zum Verbot einer noch nicht begonnenen Versammlung oder zu sonstigen Gründen für eine Beschränkung sagte die Verfassung nichts.

Zum besseren Verständnis des Menschenrechtsschutzes in jener Zeit werden an dieser Stelle beispielhaft die Ideen von Giorgi Gvazava herangezogen, die in

---

[3] Vgl. *Gaul, W.*, Verfassungsgebung in Georgien, S. 9 und *Babeck, W.*, Verfassungsgebung in Georgien (1993–1995), S. 10 ff. Für die Verfassungskommission galt insbesondere die schweizerische Verfassung als Musterbeispiel, so *Gegenava, D./Khantaria, B./Tsanava, L. u. a.*, Das georgische Verfassungsrecht, S. 43 ff. Zur Struktur der Verfassung *Erkvania, T.*, Verfassung und Verfassungsgerichtsbarkeit in Georgien, S. 86 f.

[4] Vgl. *Loladze, B.*, Das Rechtsstaatsprinzip in der Verfassung Georgiens, S. 30. Der Autor weist auf die klaren „anthropozentrischen" Ansätze in der Verfassung hin.

[5] „The citizens of the Georgian Republic have the right of public assembly without arms, either indoors or in the open air without the permission of the government." Die englische Fassung der Verfassung ist in einer besonderen Ausgabe des GVerfG zum 90-jährigen Jubiläum der Verfassung von 1921 (Batumi 2011, S. 111–132) zu finden.

[6] „The administration has the right to close any meeting if it becomes unlawful." In der Originalversion auf Georgisch wird aber das Wort „verbrecherisch" verwendet, was in der englischen Übersetzung nicht mehr zum Ausdruck kommt.

seinen „Grundlagen der verfassungsgemäßen Rechte" zum Ausdruck kommen.[7] Der Autor war Mitglied der Arbeitsgruppe, die mit der Ausarbeitung der Verfassung von 1921 beauftragt worden war.[8] Er betrachtet den Standard des Menschenrechtsschutzes als Entwicklungsprodukt der Gesellschaft. Gleiches gilt für die den Menschenrechtsschutz wechselseitig fördernde Rechtskultur. Der Stand des Menschenrechtsschutzes ist das Bewertungselement der Entwicklung des Staates. Hervorgehoben wird die Funktion der Versammlung zur Konsolidierung der Gesellschaft. Durch die Versammlung werden neue Ideen in der Gesellschaft erörtert und somit die Beteiligung der Bürger am Leben des Volkes gewährleistet. Neben diesen am Gemeinwohl orientierten Aufgaben wird auch auf das individuelle Interesse der Versammlungsteilnehmer hingewiesen: Die Versammlungsfreiheit ermöglicht die effektive Verbreitung der eigenen Meinungen; somit werden die (kommunikativen) Ziele leichter erreicht. Er geht u. a. auf Fragen der Kollision von Menschenrechten und die Modalitäten der Abwägung ein. Erörtert werden insofern Kollisionen der Versammlungsfreiheit mit der Fortbewegungsfreiheit und den Eigentumsrechten Dritter. Gefordert wird, dass die Kritik staatlichen Handelns und der allgemeinen Politik frei von staatlichen Einflussnahmen sein muss.

Dieses Werk zeigt klar, dass die liberalen Gewährleistungen der Verfassung von 1921 eine konsequente Folge der Auseinandersetzungen der fortschrittlichen georgischen Rechts- und Politikwissenschaftler der damaligen Zeit waren. Das Buch gehörte in der Sowjetzeit zur verbotenen Literatur.

II. Die Versammlungsfreiheit in der geltenden Verfassung vom 24. August 1995

Am 24. August 1995 wurde die geltende georgische Verfassung (GVerf) verkündet, die auf der Tradition der Verfassung von 1921 basiert und daher als eine „evolutionäre Errungenschaft" bezeichnet werden kann.[9] Diese stellt zugleich das Ergebnis eines zweijährigen Ausarbeitungsprozesses der Verfassungskommission dar.[10] Die Sitzungen fanden teils außerhalb der Staatsgrenzen, u. a. in

---

[7] Vgl. *Gvazava, G.*, Die Grundlagen der verfassungsgemäßen Rechte, 2. Aufl., Tbilisi 2014. Das Werk erschien zum ersten Mal im Jahr 1920. Hinsichtlich des Menschenrechtsschutzes sind in der neuen Auflage S. 92 ff. relevant.
[8] Vgl. ebd. im Vorwort des Buches, S. 5.
[9] So Niklas Luhmann, zit. nach *Viellechner, L.*, Transnationalisierung des Rechts, S. 63.
[10] Dazu *Gegenava, D./Khantaria, B./Tsanava, L. u.a.*, Das georgische Verfassungsrecht, S. 66–68.

Chicago, statt.[11] In der Kommission waren nicht nur georgische Wissenschaftler, sondern auch internationale Experten u. a. der Venedig-Kommission vertreten. Die Kommissionsmitglieder haben bei ihrem „constitutional engineering" rechtsvergleichend gearbeitet[12] und sich mit verschiedenen Modellen der Regierungsform sowie der Verfassungsgerichtsbarkeit auseinandergesetzt.[13]

Die neue Verfassung wurde sowohl zum „Spiegel" der bisherigen verfassungsrechtlichen Wurzeln als auch zur Quelle der neuen „Hoffnungen", die die Bürger mit der Unabhängigkeit des Staates verbanden.[14] In diesem Zusammenhang sollte die neue „Grundordnung" des Staates und der Gesellschaft über die notwendige integrative Kraft verfügen[15] und staatsbürgerliches Bewusstsein prägen.[16] Der Verfassungsgeber sollte dem „Geschichtsbewusstsein" als zusätzliche Quelle der Legitimation[17] und der „Zukunftserwartung" Folge leisten.[18] Die Verfassung von 1995 hat auch für die Rezeption der internationalen (rechtlichen) Standards die Grundlage geschaffen. Vor allem der schon erwähnte hohe Rang der völkerrechtlichen Verträge Georgiens sorgt für das menschenrechtskonforme Zusammenspiel der nationalen Grundrechte und der völkerrechtlichen Vorgaben.[19]

---

[11] Dazu *Erkvania, T.*, Verfassung und Verfassungsgerichtsbarkeit in Georgien, S. 108.

[12] Vgl. *Hartwig, M.*, What Legitimises a National Constitution?, S. 327 f. (Legitimacy through a comparative approach). Vgl. auch *Frankenberg, G.*, In Verteidigung des Lokalen, VRÜ 49 (2016), S. 264.

[13] Dazu *Babeck, W.*, Verfassungsgebung in Georgien (1993–1995), S. 13 ff.

[14] Häberle bezeichnet Verfassungen als „Spiegel seines kulturellen Erbes und Fundament seiner Hoffnungen", zit. nach *Klein, H. H.*, in: Merten, D./Papier, H.-J. (Hrsg.), HGR I, § 6 Rn. 21.

[15] Vgl. *Hopfauf, A.*, in: Schmidt-Bleibtreu, B./Hofmann, H./Henneke, H.-G. (Hrsg.), GG, Einl. Rn. 198 m. V. auf Voßkuhle: (Verfassung als „Kompass" im Prozess der gesellschaftlichen Entwicklung). Zur „Integrationskraft" der Verfassung *Kirchhof, G.*, in: Isensee, J./Kirchhof, P. (Hrsg.), HStR XII, § 267 Rn. 61 ff.; zur Verfassung als „civil religion" *Viellechner, L.*, Transnationalisierung des Rechts, S. 72 mwN. Isensee spricht von der „geistigen Einheit" der Bürger, die durch die Verfassung gestiftet wird, *Isensee, J.*, Grundrechte und Demokratie, Der Staat 20 (1981), S. 161.

[16] „If it is true, especially recently, that citizens create constitutions, it is equally true that constitutions create citizens.", *Finn, J. E.*, Some notes on inclusive constitution-making, S. 436.

[17] Vgl. *Hartwig, M.*, What Legitimises a National Constitution?, S. 319 („Historical Experience as Legitimacy").

[18] Vgl. *Schambeck, H.*, Entwicklungstendenzen des demokratischen Verfassungsstaates, in: FS für Stern, S. 165. Die Verfassung habe einerseits Wandel der Gesellschaft zu ermöglichen und andererseits die Stabilität und die Identität zu wahren, so *Höfling, W./Augsberg, S.*, Versammlungsfreiheit, ZG 21 (2006), S. 151.

[19] Der unumkehrbare Weg zur Angleichung an die internationalen Standards, die sich ihrerseits dynamisch entwickeln, war in Art. 39 GVerf verankert. Danach bekennt sich der Staat Georgien auch zum Schutz anderer allgemein anerkannter Rechte und Freiheiten, die in der Verfassung nicht explizit erwähnt sind. Die Norm bezeichnete Häberle als „Grundrechtsent-

1. Das Grundrechtssystem der GVerf

Die GVerf verankert die universalen liberalen Werte, die sich in den westlichen Staaten mit der „Menschenrechtskonstitutionalisierung" bewährt haben.[20] Damit versuchte der Verfassungsgeber, den Folgen der während sowjetischer Zeit eingebürgerten Denkweisen entgegenzuwirken. Dies wird an den Gewährleistungen des Menschenrechtskatalogs erkennbar, die im zweiten Kapitel verankert sind und das „Herzstück" der GVerf bilden.[21] Im neuen Verfassungssystem (als „Gegenentwurf zum Totalitarismus"[22]) musste vor allem die (postsowjetische) Staatsgewalt durch „echte" Menschenrechte rechtsstaatlich begrenzt werden.[23] Diese Gewährleistungen tragen zur georgischen „Verfassungsidentität" bei[24] und stärken den „Grundkonsens" der Bürger über die Werte der Verfassung. Durch deren Verwirklichung gelingt das Herausbilden einer „Verfassungskultur",[25] die als wichtiger Teil der Rechtskultur betrachtet wird.[26]

---

wicklungsklausel"; *Häberle, P.*, „Own Face" of the Georgian Constitution of 1995, in: Sarchevi, Nr. 1–2 (3–4), S. 241. Diese Norm ist dabei in Anlehnung an die Verfassung von 1921 gefasst und in Kap. II der Verfassung aufgenommen worden. Die Norm ist nach der Verfassungsreform von 2017 unter den einleitenden Prinzipien der Verfassung zu finden, was es nunmehr ausschließt, die Verfassungsbeschwerde darauf zu stützen. Dazu vgl. *Gegenava, D./Javakhishvili, P.*, Article 39 of the Constitution of Georgia, S. 141 ff.

[20] Vgl. *Höfling, W.*, in: Sachs, GG, Art. 1 Rn. 2: „Menschenrechtsidee und Verfassungsidee fließen ineinander." Das Konzept der Verfassung als „rechtliche Grundordnung des Gemeinwesens" (Hesse) ermögliche im Westen eine „verfassungsmäßige" Verkopplung von Recht und Politik; *Viellechner, L.*, Transnationalisierung des Rechts, S. 63. Der Konstitutionalismus wurde schon seit der französischen Revolution als „Menschenrechtskonstitutionalismus" verstanden; *Kotzur, M.*, Die anthropozentrische Wende, in: FS für Stern, S. 812.

[21] Vgl. *Horn, H.-D.*, Die Grundrechtsbindung der Verwaltung, in: FS für Stern, S. 352 m. V. auf Stern.

[22] *Hopfauf, A.*, in: Schmidt-Bleibtreu, B./Hofmann, H./Henneke, H.-G. (Hrsg.), Einl. Rn. 65.

[23] Zum Rechtsstaatsprinzip und dessen Einzelgehalten *Sachs, M.*, in: Sachs, M. (Hrsg.), GG, Art. 20 Rn. 77; *Isoria, L.*, Präsidentiell, parlamentarisch oder semi-parlamentarisch?, S. 13. Der Rechtsstaat beziehe sich auf die verfassungsrechtlichen Vorgaben, die sich an den Staat wenden; die Rechtsstaatlichkeit beinhalte dabei alle Bindungen, die auch für die nichtstaatlichen Einrichtungen gelten, so *Takada, B.*, Universeller Anspruch grundrechtsgeprägter Rechtsstaatlichkeit, in: FS für Stern, S. 218.

[24] Zur „Verfassungsidentität" *Weber, A.*, Europäische Verfassungsvergleichung, S. 429 Rn. 1–2 und S. 432 Rn. 7; *Kirchhof, P.*, in: Isensee, J./Kirchhof, P. (Hrsg.), HStR II, § 21; *Rosenfeld, M.*, Constitutional identity, S. 756–776; *Voßkuhle, A.*, Verfassungsgerichtsbarkeit und europäische Integration, NVwZ-Beilage 2013, S. 31; *Huber, P. M.*, Recht und nationale Identität, in: FS für Jarass, S. 205 ff.

[25] Zur Verfassungskultur als zentraler Faktor für die demokratische Konsolidierung *Halmai, G.*, Transnational Justice, S. 373 f.

[26] Vgl. *Mankowski, P.*, Rechtskultur, S. 41; *Häberle, P.*, in: Merten, D./Papier, H.-J. (Hrsg.),

Gemäß Art. 4 Abs. 2 GVerf schützt und erkennt der Staat die allgemein anerkannten Rechte und Freiheiten des Menschen als konstante und höchstrangige Werte an.[27] Das Volk und der Staat sind bei der Ausübung ihrer Gewalt an diese Rechte gebunden; sie gelten unmittelbar.[28] In dieser Bestimmung als „Kürzel" für Grundrechte[29] kommt das Verständnis der Menschenrechte als „Gewährleistung", nicht dagegen als „Gewährung" zum Ausdruck.[30] Gleichsam wird die „Lückenlosigkeit" der Bindung des Staates an die Grundrechte festgelegt.[31] Die Bindung des Staates an diese Verfassungsnormen als höchstes Recht in der Normenhierarchie wird durch deren Einklagbarkeit und den Schutz durch eine Verfassungsgerichtsbarkeit verfestigt.[32] Dadurch sollte die Staatsmacht der geteilten Gewalten – im Gegensatz zum totalitären Herrschaftsmodus – begrenzt und rationalisiert werden.[33] Die Verfassung ließ die Wandlung vor allem anhand der

---

HGR I, § 7 Rn. 28; *Badura, P.*, Die Förderung des gesellschaftlichen Fortschritts als Verfassungsziel, in: FS für Stern, S. 275.

[27] Bis zur Reform 2017 war die Bestimmung in Art. 7 GVerf vorgesehen.

[28] Dazu vgl. *Khubua, G.*, in: Merten, D./Papier, H.-J. (Hrsg.), HGR IX, § 282 Rn. 15; *Phirtskhalashvili, A.*, Schutzpflichten, S. 59; *Isoria, L.*, in: Kommentar der GVerf, Kap. II, Art. 7.

[29] *Merten, D.*, Schlüsselnorm des grundrechtsgeprägten Verfassungsstaates, in: FS für Stern, S. 488: In Art. 1 Abs. 3 GG seien die Grundrechte „Kürzel" für Grundrechtsgewährleistungen.

[30] Dazu *Stern, K.*, in: Isensee, J./Kirchhof, P. (Hrsg.), HStR VI/2, § 185 Rn. 1 ff. und Rn. 44 ff.; *ders.*, in: Merten, D./Papier, H.-J. (Hrsg.), HGR I, § 1 Rn. 53; *Ipsen, J.*, Grundrechte als Gewährleistungen von Handlungsmöglichkeiten, in: FS für Stern, S. 372. Grundrechte als einklagbare Freiheitsrechte und nicht als bloße Programmsätze stehen im Mittelpunkt der rechtsstaatlichen Ordnung; *Papier, H.-J.*, Rechtsstaatlichkeit und Grundrechtsschutz in der digitalen Gesellschaft, NJW 2017, S. 3025.

[31] Diese „Lückenlosigkeit" bedingt, dass die Grundrechtsbindung als funktional zu verstehen ist: Die Grundrechte binden alle, die „staatliche Funktionen" erfüllen (daher auch Beliehene); *Klein, H.H.*, in: Merten, D./Papier, H.-J. (Hrsg.), HGR I, § 6 Rn. 21 mwN. Dies begründet zugleich die „Lückenlosigkeit des Schutzes" der Grundrechte, so ebd., Rn. 54; *Jarass, H.-D.*, in: Jarass, H.D./Pieroth, B., GG, Art. 1 Rn. 35.

[32] Zum Vorrang der Verfassung (zugleich als Kollisionsregel) *Sachs, M.*, in: Sachs, M. (Hrsg.), GG, Art. 20 Rn. 95; *Isoria, L.*, Kommentar der GVerf, Kap. II, Art. 7; *Bethge, H.*, in: Maunz, T./Schmidt-Bleibtreu, B./Klein, F./Bethge, H. (Hrsg.), BVerfGG, § 13 Rn. 5.

[33] Zur Verfassung als Recht für das „Politische" *Hopfauf, A.*, in: Schmidt-Bleibtreu, B./Hofmann, H./Henneke, H.-G. (Hrsg.), GG, Einl. Rn. 198. Die umfassende Bindung der Gewalten an die Menschenrechte sollte auch in Georgien zum „tragenden Organisations- und Funktionsprinzip" der Verfassung werden; vgl. *Wahl, R.*, Elemente der Verfassungsstaatlichkeit, JuS 2001, S. 1043. Nur dadurch kann die Gewaltenteilung eine „auf die private Freiheit des Einzelnen abstellenden Schutzrichtung" haben, so *Hillgruber, C.*, Die Herrschaft der Mehrheit, AöR 127 (2002), S. 438. Dabei sollte der echte „Bindungswille" zum Lackmustest des vitalen Konstitutionalismus werden; zur Charakterisierung des Pseudo- und Semikonstitutionalismus *Grimm, D.*, in: Merten, D./Papier, H.-J. (Hrsg.), HGR, VI/2, § 168 Rn. 5.

II. Die Versammlungsfreiheit in der geltenden Verfassung vom 24. August 1995

unantastbaren Menschenwürdegarantie geschehen.[34] Diese Verankerung, die den im Christentum wurzelnden („kulturspezifischen"[35]) „Vorrang des Menschen (mit dem freien Willen) vor dem Staat" postuliert,[36] markierte zugleich die Abkehr von der sowjetischen Ideologisierung.

Das GVerfG versteht die Grundrechtsbindung als Ausgangspunkt der Beziehung des Staates zu seinen Bürgern.[37] Es betrachtet die Grundrechte „multifunktional":[38] Menschenrechte haben hiernach sowohl eine Abwehr- als auch eine Schutzdimension;[39] sie sind sowohl individuell als auch objektivrechtlich wertprägend zu verstehen.[40] Dabei bezeichnet das GVerfG die Menschenwürde als höchstes Schutzgut der GVerf. Die Menschenwürde sei rechtlicher Maßstab einer jeden Freiheitsentfaltung.[41] Die Existenz einer Gesellschaft freier Menschen sei in den Staaten anzunehmen, in denen die Menschenwürde die Grundlage des

---

[34] Nach der Verfassungsreform von 2017 ist die Menschenwürdegarantie (Art. 17) in Art. 9 GVerf verankert. Die frühere Version des Kap. II begann dagegen mit der Bestimmung der georgischen Staatsangehörigkeit (Art. 12).

[35] Zum „kulturspezifischen" Verständnis der Menschenwürde *Möllers, M.H.W.*, Demonstrationsrecht im Wandel, S. 18 m. V. auf Häberle.

[36] Vgl. *Starck, C.*, in: Mangoldt, H. v./Klein, F./Starck, C. (Hrsg.), GG, Art. 1 Rn. 1 und Rn. 5; *Baldus, M.*, Menschenwürdegarantie, AöR 136 (2011), S. 529 ff. Auch im GG deutete das Bekenntnis zur (überpositiven) Menschenwürde (mit dem Hauptmerkmal der „absolute[n] Voraussetzungslosigkeit") auf die „ausdrückliche Abkehr vom nationalsozialistischen Unrechtsstaat" hin, so *Hopfauf, A.*, in: Schmidt-Bleibtreu, B./Hofmann, H./Henneke, H.-G. (Hrsg.), Einl. Rn. 50, Rn. 236 und Rn. 240.

[37] Vgl. die Entscheidung des GVerfG vom 14. Dezember 2012, Nr. 1/5/525, Kap. II § 1.

[38] Vgl. *Klein, H.H.*, in: Merten, D./Papier, H.-J. (Hrsg.), HGR I, § 6 Rn. 62. Zu den Grundrechtsfunktionen *Jarass, H.D.*, in: Jarass, H.D./Pieroth, B., GG, Vorb. Vor Art. 1 Rn. 2–13; zur Multidimensionalität der Grundrechtsinhalte und Multimodalität der Grundrechtsdogmatik *Lindner, F.J.*, Theorie der Grundrechtsdogmatik, S. 431 f.

[39] Vgl. *Khubua, G.*, in: Merten, D./Papier, H.-J. (Hrsg.), HGR IX, § 282 Rn. 15; Die Klassifikation der Grundrechtsbestimmungen als Abwehr-, Schutz- bzw. Freiheits- und Gleichheitsrechte sei nur von struktureller Art; *Sachs, M.*, in: Sachs, M. (Hrsg.), GG, Vor Art. 1 Rn. 24–26. Die Grundrechte in ihrer Multifunktionalität bilden ein Wert- und Kultursystem; so *Stern, K.*, in: Stern, K./Becker, F. (Hrsg.), Grundrechte-Kommentar, Einl. Rn. 32.

[40] Zu Wirkungen der Grundrechte *Eremadse, K.*, Balancierung der Interessen, S. 14; vgl. auch den Beschl. der Verwaltungsrechtskammer des Berufungsgerichts Tbilisi vom 23. Februar 2017, Nr. 330310015817416 (3b/1268–16), S. 22 Rn. 4.17. Zu objektiven Verfassungswerten *Loladze, B.*, Das Rechtsstaatsprinzip in der Verfassung Georgiens, S. 278. Die Begrifflichkeit der deutschen Grundrechtsdogmatik bezüglich der „subjektiven Rechte" kommt in der georgischen Dogmatik nicht vor; gesprochen wird von „individuellen Rechten".

[41] Vgl. die Entscheidung des GVerfG vom 24. Oktober 2015, Nr. 1/4/592, Kap. II § 11. Dazu *Kirchhof, P.*, Menschenbild und Freiheitsrecht, in: FS für Starck, S. 291: „Die Unantastbarkeit der Würde trifft so auf die Relativität der Freiheitsrechte: Freiheitsrechte können gegenläufig ausgeübt werden, müssen deshalb schonend gegeneinander ausgeglichen, also relativiert werden."

Wertesystems darstelle.⁴² Die Menschenwürde sei Garant der Eigenartigkeit der Person und deren Selbstbestimmung – das Recht, sich anhand individueller Entscheidungen zu entwickeln.⁴³ Nur eine derartige persönliche Entfaltung schaffe die Grundlage einer pluralistischen und damit einer sich entwickelnden Gesellschaft.⁴⁴ Ein Beispiel für das Streben der GVerf nach einer Entideologisierung des Denkens der freien Bürger bildete die separate Verankerung der Freiheit der Gedanken und des Wortes im damaligen Art. 19 Abs. 1 S. 1 neben der Meinungs- und Pressefreiheit.⁴⁵ Das GVerfG hat diese Entscheidung des Verfassungsgebers mit der besonderen Anerkennung der persönlichen Autonomie (der „inneren Welt") und Identität erklärt,⁴⁶ woran es in der kollektivistischen Gesellschaft so gemangelt hat. Im Gegensatz zur sowjetischen Ideologisierung hat das GVerfG zur Bedeutung der Kommunikationsfreiheiten festgestellt, dass es verboten ist, staatlicherseits irgendwelche Informationsfilter zu schaffen.⁴⁷ In einer anderen Leitentscheidung legte das GVerfG fest, dass der Gesellschaft in der Demokratie Duldungspflichten gegenüber Ideen und Meinungen obliegen, die von einigen Gruppen der Gesellschaft als unannehmbar oder unmoralisch empfunden werden. Den staatlichen Institutionen, wie u. a. den Gerichten, sei es verwehrt, Auffassungen, Bekenntnisse und moralische Einstellungen einer Gruppe der Gesell-

---

⁴² Vgl. die Entscheidung des GVerfG vom 24. Oktober 2015, Nr. 1/4/592, Kap. II § 11. Zu Grundrechten als „objektive Werteordnung" (BVerfGE 7, 198, 205 – „Lüth"-Urteil) *Papier, H.-J.*, Grundgesetz und Werteordnung, in: FS für Stern, S. 552: „Indem [das GG bzw. das BVerfG] die objektive Wertordnung auf das Subjekt und dessen Personsein zurückführt, nimmt es einen Teil der Objektivität der Wertordnung wieder zurück. Der Rückbezug auf die Person scheint die subjektiven Werte des Einzelnen und den objektiven Geltungsanspruch der Rechtsordnung miteinander zu versöhnen".
⁴³ Vgl. die Entscheidung des GVerfG vom 24. Oktober 2015, Nr. 1/4/592, Kap. II § 11. Zur Menschenwürde als Grundlage „personaler Individualität, Identität und Integrität" und der „elementare[n] Rechtsgleichheit" *Grzeszick, B./Rauber, J.*, in: Schmidt-Bleibtreu, B./Hofmann, H./Henneke, H.-G. (Hrsg.), GG, Art. 21 Rn. 135 m. V. auf BVerfG. Zur Menschenwürde und zur kommunikativen Selbstbestimmung (Konzept des US-amerikanischen Supreme Courts) *Brugger, W.*, in: Isensee, J./Kirchhof, P. (Hrsg.), HStR IX, § 186 Rn. 36. Vgl. *Wihl, T.*, Drei formale Grundrechtstypen, S. 245, er betrachtet die Funktion des Grundrechtsschutzes im „Schutz der Individualität".
⁴⁴ Vgl. die Entscheidung des GVerfG vom 14. April 2016, Nr. 1/1/625, 640, Kap. II § 2 und § 4.
⁴⁵ Anzumerken ist, dass nach der Verfassungsreform von 2017 die Freiheit des Gedankens und des Wortes nicht mehr separat verankert ist. Der neue Art. 17 der Meinungsfreiheit umfasst den Schutzgehalt des früheren Art. 19 Abs. 1 S. 1.
⁴⁶ Vgl. die Entscheidung des GVerfG vom 18. April 2011, Nr. 2/482, 483, 487, 502, Kap. II § 10.
⁴⁷ Vgl. die Entscheidung des GVerfG vom 26. Oktober 2007, Nr. 2/2-389, Kap. II § 14.

schaft anderen Gruppen aufzubürden.[48] Durch dieses Wertungsverbot hat das GVerfG die staatliche Neutralitätspflicht, u. a. als wichtiger Garant des Vorrangs des Rechts gegenüber der Politik untermauert.[49] Andererseits ist die gesellschaftliche Duldungspflicht gegenüber den Andersdenkenden auf den Punkt gebracht. Das Gericht hat ferner auf die Notwendigkeit einer rechtsstaatlichen Trennung zwischen dem Staat und der Gesellschaft hingewiesen.[50] Diese Trennung wird im modernen Verfassungssystem als Vorbedingung der abwehrrechtlichen Funktion der Freiheit begriffen, die mit der Rechtfertigungslast des Staates für jede Verkürzung der Freiheit korrespondiert.[51] Darüber hinaus ist aber eine „dialektische" Einheit von Staat und Gesellschaft anzustreben, die durch die beiderseitige (Verfassungs-)Wertgebundenheit gebildet wird.[52] Nur durch die Einhaltung der Neutralitätspflicht kann der Staat als „Gemeinschaft der Gemeinschaften" (Jellinek) agieren.[53] Dies sichert den Zusammenhalt der Gesellschaft („Generator" des Pluralismus), damit die Bürger dem Rechtsstaat („Garant des Pluralismus") vertrauen können.[54]

Die GVerf sieht in Art. 21 vor,[55] dass alle mit Ausnahme der Angehörigen der Streitkräfte und des Innenministeriums das Recht haben, sich ohne vorherige Erlaubnis öffentlich und unbewaffnet unter freiem Himmel oder in Gebäuden zu versammeln (Abs. 1). Durch Gesetz kann, wenn notwendig, eine vorherige Anmeldepflicht bei der Verwaltungsbehörde vorgesehen werden, wenn eine Versammlung oder ein Aufzug („öffentliche Demonstration") auf Verkehrsflächen stattfindet (Abs. 2). Der Staat kann nur dann eine Versammlung oder einen Auf-

---

[48] Vgl. die Entscheidung des GVerfG vom 10. November 2009, Nr. 1/3/421, 422, Kap. II § 7.

[49] Zur Neutralität des Staates *Hopfauf, A.*, in: Schmidt-Bleibtreu, B./Hofmann, H./Henneke, H.-G. (Hrsg.), Einl. Rn. 243–244, die „werterfüllte Staatlichkeit" („wertgebundene Ordnung") ist dabei nicht mit dem „Weltanschauungsstaat" zu verwechseln.

[50] Zur Trennung *Schöbener, B./Knauff, M.*, Allgemeine Staatslehre, § 3 Rn. 15h–15k; vgl. auch *Jarass, H. D.*, Grundrechte als Wertentscheidungen, AöR 110 (1985), S. 368; *Luhmann, N.*, Grundrechte als Institution, S. 29 und S. 99–100.

[51] Vgl. *Poscher, R.*, Grundrechte als Abwehrrechte, S. 107, S. 144 und S. 151 f.

[52] Zu „eine[r] dialektische[n] Einheit" des Staates und der Gesellschaft *Rupp, H. H.*, in: Isensee, J./Kirchhof, P. (Hrsg.), HStR II, § 31 Rn. 26 und Rn. 45: er bezeichnet die Relation zwischen Staat und Gesellschaft als Verhältnis „gegenseitiger Zuordnung, Durchdringung, Verbindung und Distanz".

[53] Vgl. *Brugger, W.*, Georg Jellineks Statuslehre, AöR 136 (2011), S. 5 m. V. auf Jellinek.

[54] Vgl. *v. Bogdandy, A.*, Vertrauen im europäischen Rechtsraum, S. 24: Nach der Dialektik von Gesellschaft und Gemeinschaft zeichnet sich eine Gemeinschaft gerade durch Vertrauen aus. Zum „gesellschaftlich organisierten Pluralismus" *Ladeur, K.-H.*, Die transsubjektive Dimension der Grundrechte, S. 23.

[55] Bis 2017 war die Versammlungsfreiheit in Art. 25 GVerf verankert.

zug (öffentliche Demonstration) auflösen, wenn diese einen gesetzwidrigen Charakter annimmt (Abs. 3).

2. Die Verfassungsreform von 2017

Mit der letzten Verfassungsreform von 2017 wurden sowohl einzelne Verfassungsbestimmungen als auch die Struktur der GVerf modifiziert.[56] Die Verfassungsänderungen wurden nach der Parlamentswahl im Oktober 2016 in einer speziellen Kommission unter Vorsitz des Parlamentspräsidenten erörtert.[57] Die Kommission setzte sich sowohl aus Abgeordneten als auch aus Wissenschaftlern

---

[56] Insgesamt wurde die GVerf bis dato mehr als 30-mal geändert. Dabei sind drei große Verfassungsreformen zu verzeichnen, die den Text der GVerf grundlegend modifiziert und eine entsprechende Änderung des politischen Lebens herbeigeführt haben. Diese bedeutenden Verfassungsänderungen von 2004, 2010 und 2017 wurden von der Verfassungskommission ausgearbeitet. Die ersten beiden Änderungen hatten vor allem die Regierungsform und eine entsprechende Umstrukturierung der Kompetenzen der Staatsgewalten zum Gegenstand. 2017 wurden die Struktur der GVerf und der Grundrechtskatalog modifiziert. 2004 wurde mit der Verfassungsreform das in der ursprünglichen Fassung vorgesehene amerikanische Konzept des Superpräsidentialismus durch die Hybridform des französischen Semi-Präsidentialismus ersetzt. So lautete zumindest die offizielle Ankündigung; erkennbar waren aber Gemeinsamkeiten mit dem russischen Regierungsmodell. Diese wichtige Änderung wurde der Gesellschaft nicht zur Diskussion unterbreitet. 2010 wurde mit der neuen Verfassungsreform bezweckt, das Problem der im Amt des Präsidenten konzentrierten Macht dadurch zu bewältigen, dass dem Präsidenten Kompetenzen zugunsten des Ministerpräsidenten und der diesem unterstellten Regierung entzogen wurden. Dazu wurde 2009 eine Kommission für die Verfassungsreform errichtet, die ihre Arbeit unter Beteiligung einer breiten Öffentlichkeit verrichtet hat. Dennoch beinhaltete die Änderungsvorlage viele Punkte, die sowohl in der Literatur als auch in den Stellungnahmen der Venedig-Kommission beanstandet wurden. Mit der am 4. Oktober 2013 erfolgten Änderung der GVerf wurde bezweckt, diese Mängel zu korrigieren, indem die Kompetenzen des Parlaments zulasten des Ministerpräsidenten gestärkt wurden. Zur Geschichte der Verfassung bis 2017 *Demetrashvili, A.*, Die Eigenartigkeit des neuen Regierungssystems, S. 26 ff.; *Babeck, W./Fish, S./Reichenbecher, Z.*, Rewriting a Constitution; *Tsanava, L.*, Verantwortlichkeit der Regierung; s. auch die kritischen Stellungnahmen der Venedig-Kommission: Opinion CDL-AD (2004)008 on the Draft Amendments to the Constitution of Georgia, Adopted by the Venice Commission at its 58th Plenary Session (Venice, 12–13 March 2004); Final Opinion CDL-AD (2010)028 on the Draft Constitutional Law on Amendments and Changes to the Constitution of Georgia, Adopted by the Venice Commission at its 84th Plenary Session (Venice, 15–16 October 2010).

[57] Am 15. Dezember 2016 wurde die Staatliche Verfassungskommission durch Parlamentsbeschluss (N 65-Is) errichtet. Aufgabe der Kommission war die Sicherstellung der Konvergenz der GVerf mit den allgemeinen verfassungsrechtlichen Prinzipien, um ein Verfassungssystem zu etablieren, das im Interesse einer langfristigen demokratischen Entwicklung liegt. Am 22. April hat die Kommission eine Verfassungsänderungsvorlage beschlossen, die laut Beschluss des Parlaments vom 3. Mai 2017 (N 742-IIs) veröffentlicht und einer breiten Gesellschaft zur Erörterung unterbreitet wurde.

und Menschenrechtlern zusammen. Der bis zum 30. April 2017 erarbeitete Entwurf der Verfassungsbestimmungen wurde dem Parlament von der Mehrheitsfraktion am 1. Mai 2017 vorgelegt.[58] Später wurde die Änderungsvorlage auch in der breiten Öffentlichkeit zur Diskussion gestellt.[59]

a) Strukturelle und inhaltliche Änderungen

Infolge der Modifizierung der Verfassungsstruktur wird die grundlegende Verfassungsordnung nun in elf Kapiteln mit 87 Artikeln, statt in neun Kapiteln mit 109 Artikeln, rechtlich ausgestaltet.[60] Der Vorschlag von Häberle, die Nummerierung der GVerf mit Blick auf die Rechtssicherheit beizubehalten, wurde nicht übernommen.[61] Die verfassungsrechtlichen Prinzipien – Demokratieprinzip, Rechtsstaatlichkeit und Sozialstaatlichkeit – wurden in die einleitenden Bestimmungen der GVerf aufgenommen und konkretisiert (Art. 3–5). Parlamentswahlen sind nun auf der Grundlage des Verhältniswahlsystems durchzuführen (Art. 37 Abs. 6).[62] Im Oktober 2018 wurde der Präsident des Staates zum letzten Mal direkt gewählt; der nächste Amtsinhaber wird – wie in parlamentarischen Regierungssystemen üblich – indirekt gewählt (Art. 50 Abs. 1 sieht ein entsprechendes Verfassungsmandat des Wahlkollegiums vor). Eine neue Integrationsklausel begründet die Pflicht der Verfassungsorgane, die Integration des Landes in den euroatlantischen Raum konsequent zu fördern und zu sichern (Art. 78). Auch der Grundrechtskatalog wurde modifiziert: Das Grundrechtskapitel beginnt mit der Verkündung der Menschenwürdegarantie. Der frühere Art. 14 GVerf, der das allgemeine Gleichheitsgebot zum Gegenstand hatte, wurde in Art. 11 ergänzt; der Staat bekennt sich zur Sicherstellung der Chancengleichheit zwischen Frau und Mann und übernimmt die Schutzpflicht zur Vorbeugung und Bekämpfung einer Ungleichbehandlung. Dieselbe Schutzpflicht gilt für Menschen mit einer Behinderung. Darüber hinaus wurde die kulturelle Selbstbestimmung der Minderheiten und ein diesbezügliches Diskriminierungsverbot *expres-*

---

[58] Vgl. *Erkvania, T.*, Verfassung und Verfassungsgerichtsbarkeit in Georgien, S. 111.

[59] Dazu die Venice-Commission, Opinion on the Draft Constitutional Amendments adopted on 15 December 2017 at the second reading by the parliament of Georgia, CDL-AD(2018)005, § 17.

[60] Vgl. die Stellungnahmen deutscher Rechtswissenschaftler *Häberle, P.*, Rechtsgutachten für die Verfassungskommission Georgien in Sachen Grundrechtsreform, und *Degenhart, C.*, Verfassungsreform Georgien, Rechtsgutachtliche Stellungnahme zum Entwurf der Verfassungskommission, 01.05.2017.

[61] Vgl. *Häberle, P.*, Rechtsgutachten für die Verfassungskommission Georgien in Sachen Grundrechtsreform, S. 10.

[62] Zur positiven Bewertung, Opinion on the Draft Constitutional Amendments adopted on 15 December 2017 at the second reading by the parliament of Georgia, CDL-AD(2018)005, § 21.

sis verbis verankert. Gestärkt wurde die staatliche Verpflichtung, die Qualität des Gesundheitsschutzes zu sichern (Art. 28 Abs. 2). Zudem wurden im Menschenrechtskapitel neue Grundrechte – das Recht auf freien Zugang und freie Verwendung des Internets (Art. 17 Abs. 2) – aufgenommen. Modifiziert wurde die Schrankenregelung der bisher vorbehaltlos garantierten Religionsfreiheit (Art. 16 Abs. 2), indem diese mit dem Schrankenmodus der EMRK in Einklang gebracht wurde. Mit Art. 34 Abs. 3 GVerf bemüht sich der Verfassungsgeber, das Verhältnismäßigkeitsprinzip in der Verfassung zu konkretisieren. Hiernach muss die Beschränkung einer Freiheit mit der Bedeutung des legitimen Ziels dieser Beschränkung zu vereinbaren sein. Der Wortlaut der Bestimmung ist dabei bereits in Georgisch wenig gelungen. Der verfassungsändernde Gesetzgeber scheint anzunehmen, dass eine Freiheit nur zur Gewährleistung gleichwertiger Rechtsgüter beschränkt werden darf. Fraglich ist, warum der Gesetzgeber allein die Verfolgung eines legitimen Zwecks vorschreibt. Die Verhältnismäßigkeit einer Beschränkung setzt aber im Interesse des Menschenrechtsschutzes die Erfüllung einer weiteren Voraussetzung voraus – die Erforderlichkeit der Beschränkung. Der dogmatisch facettenreiche Verhältnismäßigkeitsgrundsatz wäre in der Grundordnung des Staates, wenn überhaupt, mit den entsprechenden Prüfungsdeterminanten umfassend zu regeln gewesen.[63]

Die von der Kommission erst nach mühevollem Kompromiss ausgearbeitete Verfassungsänderungsvorlage wurde im Rahmen der Erörterung im Parlament an einigen Stellen wieder modifiziert. Dies betrifft auch die Verfassungsbestimmung, die die Versammlungsfreiheit zum Gegenstand hat.[64] Die Verfassungsänderung vom September 2017 ist nach der letzten direkten Wahl des Präsidenten im Oktober 2018 in Kraft getreten.

b) Die Versammlungsfreiheit in der geltenden Verfassung

Im neuen Gefüge der GVerf ist die Freiheitsgewährleistung in Art. 21 zu finden. In der Endfassung hat sich der Gesetzgeber dafür entschieden, auf die ausdrückliche Unterscheidung – Versammlung unter freiem Himmel oder in Gebäuden – zu verzichten. Die frühere Fassung der Verfassungsnorm bezog sich ausdrücklich auf die Durchführung einer Versammlung sowohl unter freien Himmel als auch in geschlossenen Räumen. Begründet wurde der Verzicht auf die ausdrückliche Regelung damit, dass die Versammlungsfreiheit logischerweise die Wahl der Form (und Örtlichkeit) impliziert. Die von der speziellen Verfassungskommissi-

---

[63] Im GG wird das Verhältnismäßigkeitsprinzip nicht explizit erwähnt; dies ist dagegen in den Verfassungen der Länder Brandenburg und Thüringen der Fall, so *Nußberger, A.*, Das Verhältnismäßigkeitsprinzip, NVwZ-Beilage 2013, S. 37.

[64] Die neue Fassung der GVerf ist zu finden unter: http://parliament.ge.

on verfasste offizielle Erläuterung der geänderten Verfassungsbestimmungen geht ebenfalls nicht auf die unterschiedliche Nähe der beiden Versammlungstypen zur Öffentlichkeit bzw. auf deren unterschiedliches Gefahrenpotenzial ein („mangelnde Abgeschlossenheit gegenüber der Umwelt" als „Störanfälligkeit").[65] Schwerwiegende Beschränkungen wie z. B. das Verbot, Flächen für die Fortbewegung von Verkehrsmitteln zu nutzen bzw. zu blockieren, oder Bannmeilenregelungen kommen naturgemäß nur im Fall einer bei Versammlung unter freiem Himmel in Betracht. Im ersten Absatz wurde der Beamtenvorbehalt modifiziert und der Kreis der betroffenen Beamten erweitert: Erfasst werden nicht nur Angehörige der Streitkräfte und des Innenministeriums, sondern alle Personen von Organen, die mit dem Schutz der staatlichen oder öffentlichen Sicherheit betraut sind.[66] Darunter sind vor allem die Angehörigen des Innenministeriums und des staatlichen Sicherheitsdienstes, aber auch z. B. Amtsträger der Vollzugsanstalten zu verstehen. Der vom Parlament verabschiedete Wortlaut weicht insofern von der Vorlage der Verfassungskommission ab.[67] Letztere hatte vorgeschlagen, statt der Aufzählung einzelner Organe das Merkmal „Amtsausübung mit der Waffe" als Anknüpfungspunkt des Vorbehalts vorzusehen, damit sich die zivilen Mitarbeiter der genannten Organe auch weiter auf die Versammlungsfreiheit berufen können.[68] Dieses funktionale Herangehen konnte sich aber während der Erörterung im Parlament nicht durchsetzen. Artikel 21 Abs. 2 und 3 entsprechen dem früheren Art. 25 GVerf. Dabei überprüft das GVerfG nicht die Verfassungsmäßigkeit von Verfassungsänderungen. Ein verfassungsänderndes Gesetz wird vom Parlament als Verfassungsgesetz beschlossen, das nach dem Gesetz „Über normative Akte" als Teil der Verfassung gilt (Art. 10 Abs. 2). Das GVerfG hat

---

[65] Vgl. *Höfling, W.*, in: Sachs, GG, Art. 8 Rn. 61. Schon im „Brokdorf"-Beschluss bejahte das BVerfG die größere Notwendigkeit der Koordinierung von Versammlungen unter freiem Himmel, vgl. BVerfGE 69, 315, 348; vgl. auch *Coelln, C. v.*, Die eingeschränkte Polizeifestigkeit nicht-öffentlicher Versammlungen, NVwZ 2001, S. 1234.

[66] Zur kritischen Analyse der Änderung *Giorgishvili, K.*, The constitutional-legal basis for the right to assembly based on current constitutional amendments, S. 36 ff.

[67] Die von der Kommission angenommene Fassung sowie die Erläuterungen dazu sind abrufbar unter: http://info.parliament.ge/#law-drafting/13831; Abrufdatum: 17.10.2021.

[68] Dazu vgl. die kurze Anm. v. *Degenhart, C.*, Verfassungsreform Georgien, Rechtsgutachtliche Stellungnahme zum Entwurf der Verfassungskommission vorgelegt am 01.05.2017, S. 21. Vgl. auch die spätere Behandlung des personellen Schutzbereichs in Kap. F II 5. Dazu Opinion 876/2017 on the Draft Revised Constitution, Adopted by the Venice Commission at its 111th Plenary Session (Venice, 16–17. Juni 2017), CDL-AD(2017)013, § 7: „The restriction clauses in Draft Art. 21 (Freedom of Assembly) and Draft Art. 22 (Freedom of Association) are formulated in too broad terms. Art. 21(3) suggests that every restriction is allowed when it is laid down in a legal rule. […] The Venice Commission recommends to bring these clauses in line with Article 11(2) ECHR and in line with other limitation clauses in the Draft Revised Constitution such as, e.g. Draft Art. 17(5)."

zudem ausdrücklich festgestellt, dass die Verfassung den Beurteilungsmaßstab bildet und nicht Gegenstand seiner Prüfungskompetenz ist.[69]

3. Die Verfassungsgerichtsbarkeit in Georgien

Das schon in der Verfassung vom 1921 verbriefte Verständnis des Individuums als wichtigster Wert und Schutzobjekt des Staates wird in der GVerf von 1995 u. a. durch die Etablierung einer Verfassungsgerichtsbarkeit untermauert.[70] In der Verfassung von 1921 war diese Gerichtsbarkeit nicht vorgesehen. Die Verfassungskommission hat sich nach Diskussion für eine unabhängige konzentrierte Verfassungsgerichtsbarkeit, das sog. Trennmodell, entschieden.[71]

a) Das GVerfG als „Hüter der Verfassung"

Die Verfassungsgerichtsbarkeit hat auch in Georgien die Aufgabe, die Etablierung des Rechts- bzw. Verfassungsstaats materiell abzusichern.[72] In diesem Prozess wird eine „integrierende Verfassungswirklichkeit" verfestigt.[73] Das GVerfG ist nach Art. 59 Abs. 2 S. 1 GVerf ein „verselbständigtes" Verfassungskontrollorgan.[74] Nach Art. 1 Abs. 1 des Organgesetzes „Über das georgische Verfassungsgericht" ist das GVerfG „[…] das Gerichtsorgan der verfassungsmäßigen Kontrolle, die die Hoheit der georgischen Verfassung, eine verfassungsmäßige

---

[69] Vgl. die wichtigste erläuternde Entscheidung, in der der Vorsitzende des Gerichts Berichterstatter in der Rechtssache war, vom 5. Februar 2013, Nr. 1/1/549.

[70] Die Verfassungsgerichtsbarkeit hat die Aufgabe, den „Weg vom kommunistischen Einheitsstaat zur pluralistischen Demokratie" zu brechen; *Häberle, P.*, Die Verfassungsgerichtsbarkeit, EuGRZ 2004, S. 119. Die „Verfassungsstaatlichkeit" wird auf den Vorrang der Verfassung und die Verfassungsgerichtsbarkeit gestützt, so *Schmidt-Aßmann, E.*, in: Isensee, J./Kirchhof, P. (Hrsg.), HStR II, § 26 Rn. 28.

[71] Zum Einheits- und Trennmodell *Voßkuhle, A.*, in: Mangoldt, H. v./Klein, F./Starck, C. (Hrsg.), GG, Art. 93 Rn. 14–16. Die Idee, das US-amerikanische diffuse Kontrollmodell einzuführen, wurde in der Verfassungskommission von 1993 nicht unterstützt; *Babeck, W.*, Verfassungsgebung in Georgien (1993–1995), S. 247 und S. 248 f.

[72] *Voßkuhle, A.*, in: Mangoldt, H. v./Klein, F./Starck, C. (Hrsg.), GG, Art. 93 Rn. 13: „Die Geschichte der weltumfassenden Etablierung des materiellen Verfassungsstaates ist zugleich eine Geschichte des globalen Siegeszuges der Verfassungsgerichtsbarkeit." Vgl. *Weber, A.*, Verfassungsgerichtsbarkeit als Element europäischer Verfassungslehre, in: FS für Starck, S. 689.

[73] „[Die Verfassung] ist integrierende Wirklichkeit, die die Lebensprozesse der staatlich-politischen Gemeinschaft immer wieder neu herstellt", so, beruhend auf Smends Integrationslehre, *Böckenförde, E.-W.*, Wissenschaft, Politik, Verfassungsgericht, S. 137.

[74] Diese Bestimmung war bis 2017 in Art. 83 Abs. 1 S. 1 GVerf verankert.

II. Die Versammlungsfreiheit in der geltenden Verfassung vom 24. August 1995   69

Gesetzgebung sowie den Schutz verfassungsmäßiger Menschenrechte und Freiheiten gewährleistet".[75]

Die Verfassung erfährt als hierarchisch höchste Norm durch das Verfassungsgericht ihre Erlebbarkeit, die eine Stabilität und Einheit der ganzen Rechtsordnung ermöglicht.[76] Der Verfassungsgerichtsbarkeit kommt eine „Reservefunktion" zu, die das Streben nach einer gerechten Rechtsordnung absichert.[77] Zugleich wahrt das Gericht die „Einheit der Verfassung" als „Sinngefüge" selbst:[78] Das GVerfG unterstrich mehrmals in seinen Entscheidungen, dass die einzelnen Verfassungsnormen in der Einheit mit den Verfassungsprinzipien zu betrachten sind; auch die Grundrechtsgehalte seien auf diesem Weg zu begreifen.[79] Es hat in seinen Entscheidungen – durch die Interpretation der Verfassungsnormen – subjektive und objektive Dimensionen der Grundrechte in den Vordergrund gestellt. Exemplarisch zu nennen ist die Entscheidung vom 2. Juli 2007:[80] Verdeutlicht wurde am Beispiel des Eigentumsrechts sowohl eine individuelle als auch eine gemeinschaftsbezogene Dimension des Grundrechts als Institutsgarantie. In Anlehnung an die deutsche Dogmatik wurde die soziale Funktion des Eigen-

---

[75] Deutsche Übersetzung des Organgesetzes „Über das georgische Verfassungsgericht", in: Auswahl georgischer Gesetze, GTZ, S. 62 ff.

[76] Vgl. *Loladze, B.*, Das Rechtsstaatsprinzip in der Verfassung Georgiens, S. 104; *Kublashvili, K./Schubert, B. G.*, Die Kontrolldichte des BVerfG, VRÜ 40 (2007), S. 313. Zur „schöpferische[n] Verfassunggebung" der Verfassungsgerichte im postsowjetischen Raum, die weit über die Verfassungsinterpretation reicht, vgl. *Häberle, P.*, Die Verfassungsgerichtsbarkeit, EuGRZ 2004, S. 119.

[77] Vgl. *Lang, H.*, in: Isensee, J./Kirchhof, P. (Hrsg.), HSt XII, § 266 Rn. 14.

[78] Vgl. *Huber, P. M.*, in: Mangoldt, H. v./Klein, F./Starck, C. (Hrsg.), GG, Art. 19 Rn. 376 m. V. auf BVerfG. Die „Einheit der Verfassung" sei als ein vorrangiger Interpretationsgrundsatz der Verfassung zu betrachten, *Jarass, H. D.*, in: Jarass, H. D./Pieroth, B., GG, Einl. Rn. 7. Zur „Einheit der Verfassung" vgl. *Jestaedt, M.*, Phänomen BVerfG, S. 137. „Einheit der Verfassung" sei als Interpretationsziel, nicht dagegen als Interpretationsmaßstab zu verstehen, *Ossenbühl, F.*, in: Merten, D./Papier, H.-J. (Hrsg.), HGR I, § 15 Rn. 16.

[79] Zu Prüfungsmaßstäben des GVerfG *Eremadze, K.*, Die Balanzierung der Interessen, S. 10 m. V. auf die Entscheidung des GVerfG vom 26. Oktober 2007, Nr. 2/2-389, Kap. II § 3; vgl. auch die Entscheidung des GVerfG vom 26. Dezember 2007, Nr. 1/3/407, Kap. II § 1. Zur harmoniefördernden Auslegung der EMRK vgl. ECHR, Navalnyy v. Russia, Nr. 29580/12 und 4 weitere, 15. November 2018, § 122; ECHR, Austin and Others v. UK, Nr. 39692/09, 40713/09 und 41008/09, 15. März 2012, § 54: „[T]he Convention must be read as a whole, and interpreted in such a way as to promote internal consistency and harmony between its various provisions." Zur Verfassungsinterpretation vgl. *Schlaich, K./Korioth, S.*, Das BVerfG, Rn. 14; *Voßkuhle, A.*, in: Mangoldt, H. v./Klein, F./Starck, C. (Hrsg.), GG, Art. 93 Rn. 33; *Böckenförde, E.-W.*, Wissenschaft, Politik, Verfassungsgericht, S. 120 ff.: Das BVerfG betone insbesondere die Bedeutung der systematischen und teleologischen Auslegung. Gleiches gilt für die Methodik des GVerfG, s. die Entscheidung des GVerfG vom 26. Dezember 2007, Nr. 1/3/407, Kap. II §§ 17–18.

[80] Vgl. die Leitentscheidung des GVerfG vom 2. Juli 2007, Nr. 1/2/384.

tumsrechts („Eigentum verpflichtet") analysiert und die Relevanz der Erhaltung des Wesensgehalts des Grundrechts unterstrichen. Dabei ist in der GVerf, im Unterschied zum GG, die soziale Funktion des Eigentums nicht *expressis verbis* vorgesehen. Daher hat das Gericht erst durch Auslegung der Verfassungsnorm „neue" Beurteilungsmaßstäbe gesetzt.

Seine Entscheidungen wirken sich für die verfassungskonforme Rechtsanwendungspraxis der anderen Staatsorgane richtungsweisend aus.[81] Zudem trägt das Gericht als einer der „Reparaturbetriebe der Politik" in politischen Spannungslagen zur „Koordinierung und Mäßigung" der anderen Gewalten bei.[82] Bei rechtlich brisanten Fragen ermöglicht es einen gesamtgesellschaftlichen Meinungsaustausch, damit die „Verfassung als öffentlicher Prozess" belebt wird.[83] Für das Verfassungsrecht kommt den Aussagen des GVerfG ein „Edukationseffekt" bzw. „kasuistischer Kassationseffekt" zu.[84] In jeder Rechtssache

---

[81] Zu nennen wäre die Entscheidung des GVerfG vom 26. Dezember 2007, Nr. 1/3/407. In dieser berühmten Leitentscheidung handelte es sich um die Bestimmtheit der Norm des Gesetzes „Über die operative Ermittlung", die die Überwachung der Kommunikation eventuell auch ohne eine gerichtliche Genehmigung vorsah. Das Gericht hat die Norm für unbestimmt und daher für verfassungswidrig gehalten.

[82] Vgl. *Detterbeck, S.*, in: Sachs, M. (Hrsg.), GG, Art. 93 Rn. 11. Unter dem Judicial-self-restraint verstehe das BVerfG den „Verzicht, ‚Politik zu treiben', d.h. in den von der Verfassung geschaffenen Raum freier politischer Gestaltung einzugreifen", *Voßkuhle, A.*, in: Mangoldt, H. v./Klein, F./Starck, C. (Hrsg.), GG, Art. 93 Rn. 20–23 m. V. auf BVerfG; Die Suche nach der allgemeinen Gerechtigkeit bzw. die Findung der „in jeder Hinsicht richtigen" Lösung wird dem Verfassungsgericht nicht zugemutet, vgl. *Hömig, D.*, in: Hömig, D./Wolff, H. A. (Hrsg.), GG, Art. 93 Rn. 3. Zu Verfassungsgerichten als „Reparaturbetriebe der Politik" *Mankowski, P.*, Rechtskultur, S. 68 ff. m. V. auf Nußberger. Vgl. das Beispiel Russlands, als das Verfassungsgericht durch seine Interpretation – „offenkundig aus Gründen politischer Opportunität" – u. a. den Vorrang der Verfassung abschwächt; dazu *Luchterhandt, O.*, Normative Entdifferenzierung, S. 83 und S. 94.

[83] Vgl. *Häberle, P.*, Verfassung als öffentlicher Prozess; *ders.*, „Own Face" rgani Georgian Constitution of 1995, in: Sarchevi, Nr. 1–2 (3–4), S. 243. So hat z. B. die Entscheidung über die Modalitäten der Kommunikationsüberwachung als verdeckte Ermittlungsmaßnahme 2016 besondere Aufmerksamkeit der Gesellschaft geweckt. Dieser Entscheidung ging eine heftige Diskussion voraus, die die Nichtregierungsorganisationen jahrelang mit den Vertretern der Regierung geführt hatten. In der Entscheidung des GVerfG vom 14. April 2016, Nr. 1/1/625, 640 hat das Gericht die Norm des Gesetzes „Über die elektronische Kommunikation" (Art. 8³ Abs. 1) als verfassungswidrig angesehen, da der Gesetzgeber in einer Blankobestimmung – Kommunikationsdaten konnten zweijahrelang aufbewahrt werden, um später für Ermittlungsaufgaben verwendet zu werden – das Prinzip des milderen Mittels nicht beachtet und Spielraum für Missbrauch geschaffen habe, vgl. ebd., Kap. II § 113 und § 117.

[84] Dazu *Nußberger, A.*, Verfassungskontrolle in der Sowjetunion und in Deutschland, S. 226–229, sie charakterisiert die Funktionen der Verfassungskontrolle und bezieht sich auf *konservative, evolutionäre, Kontroll-, Befriedungs-, Ventil-, Edukations-, Integrations- und Disziplinierungsfunktionen*; darüber hinaus wird die letzte Funktion auf den Punkt gebracht,

identifizieren sich die Bürger mit den Werten der Verfassung und bestätigen den gesamtgesellschaftlichen (Grund-)Konsens.[85] In diesem Sinne werden die Bürger selbst auch als „Hüter der [Bürger-]Verfassung" verstanden.[86]

b) Die Defizite des GVerfG beim Schutz des Individuums

Das GVerfG tritt als „Hüter der Grundrechte" nicht so machtvoll auf, wie dies beim deutschen Vorbild der Fall ist.[87] Die fehlende Zuständigkeit hinsichtlich der Kontrolle von Behörden- und Gerichtsentscheidungen relativiert das Schutzpotenzial des Gerichts.[88] Seine Stärkung als „Bürgergericht" kann nur für die Zukunft erhofft werden.[89] Dies könnte zugleich die Rolle und das Gewicht der Judikative im gewaltengeteilten Staat unterstützen.[90]

Die Zuständigkeiten des GVerfG sind in der GVerf (Art. 60)[91] und im Organgesetz „Über das georgische Verfassungsgericht" aufgezählt (Art. 19). Das Gericht entscheidet über die (Individual-)Verfassungsbeschwerde der Bürger nur dann,[92] wenn diese behaupten, dass das ihnen zustehende Menschenrecht aus dem Kapitel zwei der GVerf (durch einen Normativakt) verletzt ist oder unmittelbar ver-

---

die *„Verantwortung des Staates vor dem Bürger zu realisieren"* (Hervorhebung wie im Original). Vgl. *Bethge, H.*, in: Maunz, T./Schmidt-Bleibtreu, B./Klein, F./Bethge, H. (Hrsg.), BVerfGG, § 13 Rn. 6, er spricht von einem „kasuistischen Kassationseffekt" bzw. „generellen Edukationseffekt". Vgl. ähnlich *Starck, C.*, Praxis der Verfassungsauslegung II, S. 138.

[85] Vgl. *Mankowski, P.*, Rechtskultur, S. 68. Zur „Deutungsmacht" des Verfassungsgerichts *Hermann, D.*, Politikwissenschaftliche Forschung zum BVerfG, S. 402.

[86] Vgl. *Häberle, P.*, Verfassungsgerichtsbarkeit in der offenen Gesellschaft, S. 37: „[D]er Bürger, der eine Verfassungsbeschwerde erhebt, […] ist ein Verfassungsinterpret […]." Zur „Bürgerverfassung" *Volkmann, U.*, Der Aufstieg der Verfassung, S. 31.

[87] Vgl. *Bethge, H.*, in: Maunz, T./Schmidt-Bleibtreu, B./Klein, F./Bethge, H. (Hrsg.), BVerfGG, § 13 Rn. 37. Vgl. die Charakterisierung des BVerfG als „protector of powerless citizens against powerful institutions" bei *Giegerich, T.*, The German Federal Constitutional Court's Misguided Attempts, in: FS für Klein, S. 49.

[88] Zum georgischen Modell *Babeck, W.*, Verfassungsgebung in Georgien (1993–1995), S. 247 ff.

[89] Das BVerfG als „Bürgergericht par excellence" und als Teil der politischen Kultur, so *Häberle, P.*, Die Verfassungsgerichtsbarkeit, EuGRZ 2004, S. 124.

[90] Auch im Fall Georgiens stimmt immer noch die Beobachtung der Wissenschaftler, wonach in den neuen Demokratien die judikative Gewalt nicht stark genug ist, die anderen Staatsgewalten zu balancieren. Dazu *Chavez, R. B.*, The Rule of Law and Courts in Democratizing Regimes, S. 63. Ebd., *Whittington, K. E.*, Constitutionalism, S. 281: „The distinguishing feature of a constitutional state, […] would not be its possession of a written document called a constitution but its effective protection of individual rights […]."

[91] Bis 2017 Art. 89 Gverf.

[92] Zum deutschen individuellen Grundrechtsschutz (Verfassungsbeschwerde als „außerordentlicher Rechtsbehelf") *Bethge, H.*, in: Maunz, T./Schmidt-Bleibtreu, B./Klein, F./Bethge, H. (Hrsg.), BVerfGG, § 13 Rn. 4.

letzt werden kann (Art. 19 Abs. 1 lit. e des Organgesetzes). Die Verfassungsmäßigkeitskontrolle in grundrechtsrelevanten Bereichen erstreckt sich daher nur auf Normativakte.[93] Die relevanten Akte sind im Organgesetz „Über normative Akte" aufgelistet (Art. 4). Als Gegner im kontradiktorischen Verfahren tritt öfter das Parlament auf.[94] Das GVerfG stellt in diesem Fall fest, ob der Gesetzgeber bei seiner Rechtssetzung den verfassungsrechtlichen Rahmen eingehalten hat. Es handelt sich dennoch nicht um ein abstraktes Kontrollverfahren; der Bf. beanstandet die eventuelle Grundrechtsbeeinträchtigung mit konkretem Fallbezug und muss beweisen, dass er ein eigenes Recht rügt.[95] Die Entscheidung des GVerfG ist endgültig und bindend für jedermann auf dem gesamten Territorium des Staates (Art. 1 und Art. 25 des Organgesetzes). Bei der Prüfung des Normativakts auf seine Verfassungskonformität ist im georgischen Verfahrensmodus eine doppelte Funktionalität nachweisbar: Gesichert wird einerseits der Grundrechtsschutz in seinem horizontalen Abwehrverhältnis zum Staat; andererseits wird die die ganze Rechtsordnung integrierende Verfassungshoheit gewahrt.[96]

Bis dato blieben die Reformvorschläge bezüglich der Erweiterung der Zuständigkeiten u. a. über die sog. Urteilsverfassungsbeschwerde erfolglos.[97] Trotz der

---

[93] Dazu Venice Commission, Study on individual access to constitutional justice, CDL-AD(2010)039 rev., § 77, vgl. die Bezeichnung der Venedig-Kommission als „[n]ormative constitutional complaint".

[94] Dagegen wird die Verfassungsbeschwerde zum individuellen Grundrechtsschutz in Deutschland nicht im Rahmen des kontradiktorischen Verfahrens behandelt; im formellen Sinne gibt es keinen Verfahrensgegner, *Bethge, H.*, in: Maunz, T./Schmidt-Bleibtreu, B./Klein, F./Bethge, H. (Hrsg.), BVerfGG, § 13 Rn. 7. Zu den Besonderheiten der georgischen abstrakten Normenkontrolle kontradiktorischen Charakters *Loladze, B.*, Das Rechtsstaatsprinzip in der Verfassung Georgiens, S. 178 f.

[95] Dazu ausführlich *Loladze, B.*, Das Rechtsstaatsprinzip in der Verfassung Georgiens, S. 196 ff., der von einer „grundrechtsschützenden Verfassungsbeschwerde" spricht. Als *actio popularis* kommt es nur bei der Antragsstellung des Menschenrechtsbeauftragten in Betracht (Art. 39 des Organgesetzes „Über das georgische Verfassungsgericht"); dazu *Erkvania, T.*, Verfassung und Verfassungsgerichtsbarkeit in Georgien, S. 407 f.; *ders.*, Kommentar der GVerf, Kap. II, Art. 43.

[96] Zur „Doppelfunktionalität" vgl. *Bethge, H.*, in: Maunz, T./Schmidt-Bleibtreu, B./Klein, F./Bethge, H. (Hrsg.), BVerfGG, § 13 Rn. 6, dabei sei „objektive Verfassungsrechtssicherung" von „sekundärer" Bedeutung. Zur Doppelfunktion *Hoffmann-Riem, W.*, Nachvollziehende Grundrechtskontrolle, AöR 128 (2003), S. 176.

[97] Dazu *Erkvania, T.*, Verfassung und Verfassungsgerichtsbarkeit in Georgien, S. 339 ff. Appell zur Rezeption des deutschen Vorbilds vgl. bei *Kublashvili, K./Schubert, B. G.*, Die Kontrolldichte des BVerfG, VRÜ 40 (2007), S. 290 ff. Dazu Venice Commission, Study on individual access to constitutional justice, CDL-AD(2010)039 rev., § 79: „[…] The Venice Commission is in favour of the full constitutional complaint, not only because it provides for comprehensive protection of constitutional rights, but also because of the subsidiary nature of the relief provided by the European Court of Human Rights and the desirability to settle human rights issues on the national level."

wiederholten Forderungen der Wissenschaftler und Menschenrechtsschützer, die zum Teil in der letzten verfassungsändernden Kommission 2017 tätig waren, ist die Lage unverändert; verwiesen wird auf die Gefahr der Überlastung des Gerichts.[98] Die mangelnde Zuständigkeit des Gerichts, die zulasten der Individualinteressen geht, wurde auch im Ausland kritisiert.[99] Der EGMR hat in einer Entscheidung vom November 2006 die Kontrollkompetenz des GVerfG in Anbetracht des Fehlens einer Individualverfassungsbeschwerde im Einklang mit der Stellungnahme der Venedig-Kommission als „irreal" („non-real")[100] und nicht effektiv bezeichnet.[101] Damit wurde die Notwendigkeit einer Nachbesserung der innerstaatlichen Schutzmechanismen zur Stärkung des „Einheitskonzepts" der Verfassung erneut zum Ausdruck gebracht.[102]

c) Die mittelbare Beeinflussung der Rechtsanwendung

Dennoch zeigt die Rechtsprechung, dass das GVerfG zu einer Verbesserung der Rechtsanwendungskultur beiträgt. Dies gilt für die Entscheidungen, die eine unbestimmte Norm zum Gegenstand haben und eine darauf zurückzuführende nicht verfassungskonforme Rechtsanwendung betreffen. Den Bestimmtheitsgrundsatz definiert es als Ausfluss des Rechtsstaatsprinzips.[103] Betont wird die Vorhersehbarkeit des Normativakts, die Klarheit des letzteren voraussetzt: Die

---

[98] Die Steigerung der Zahl der Richter kann dieses Problem aber bewältigen; *Phirtskhalashvili, A.*, Real Control of the Constitutional Court of Georgia, S. 15.

[99] Dazu *Degenhart, C.*, Verfassungsreform Georgien, vorgelegt am 01.05.2017, S. 44; hingewiesen wurde auf die Möglichkeit, eine Missbrauchsgebühr festzulegen, sowie auf den Grundsatz der Subsidiarität. „Constitutions and Constitutional Law are not immune to international criticism", so *Altwicker, T.*, Convention Rights as Minimum Constitutional Guarantees?, S. 331.

[100] ECHR, Apostol v. Georgia, Nr. 40775/02, 28. November 2006, § 23 und § 31; der Gerichtshof verwies auf die Stellungnahme der Venedig-Kommission (Venice Commission on Draft Constitutional Amendments concerning the Reform of the Judiciary in Georgia (62nd Plenary Session, Venice, 11–12 März 2005), § 22: „The existing Article 89 § 1 (f) [of the Constitution] already provides for individual access to the Constitutional Court in the form of a so-called 'non-real' constitutional complaint (term used in German doctrine) against normative acts. It is welcomed that the draft Article 89 § 1(f) would give this right not only to citizens but to persons in general.") Zum Fall „Apostol" näher *Loladze, B.*, Das Rechtsstaatsprinzip in der Verfassung Georgiens, S. 253 ff.

[101] ECHR, Apostol v. Georgia, Nr. 40775/02, 28 November 2006, § 41: „This model of individual constitutional complaint resembles that of the Hungarian Constitutional Court, which was found in *Vén v. Hungary* (no. 21495/93, Commission decision of 30 June 1993, unreported) to be an ineffective remedy for the purposes of Article 35 of the Convention. […]."

[102] Zur Verfassung als „alles durchdringendes Einheitskonzept" *Jestaedt, M.*, Phänomen BVerfG, S. 137.

[103] Vgl. die Entscheidung des GVerfG vom 6. April 2009, Nr. 2/1/415, Kap. II § 13. Die

Bestimmtheit der Normen müsse sicherstellen, dass das Individuum als Adressat der Rechtsnorm die entsprechenden Ge- und Verbote adäquat nachvollziehen kann.[104] Die Formel dazu lautet: Je intensiver der staatliche Eingriff ist, desto höhere Anforderungen gelten für die Bestimmtheit der Norm.[105]

Das Verfassungsgebot der Bestimmtheit sei gewahrt, wenn anhand der bewährten Methoden der Auslegung Sinn und Zweck der strittigen Norm plausibel feststellbar seien.[106] Dabei hat sich das Gericht für den Vorrang der teleologischen Auslegung ausgesprochen. Der Wille des Gesetzes sei im Vergleich zum Willen des Gesetzgebers für die Rechtsanwender bedeutender.[107] Die im Streit befindliche Norm sei im Gesamtkontext der Regelungen zu begreifen. Nur so sei deren Verfassungsmäßigkeit im Hinblick auf ihre Bestimmtheit festzustellen.[108]

Das GVerfG befasste sich in seiner Entscheidung vom 11. April 2013 mit den unbestimmten Rechtsbegriffen im Bereich des Polizeirechts.[109] Das Gericht unterstrich zunächst, dass die eingreifenden Normen des Polizeirechts klar umrissene Tatbestandsvoraussetzungen enthalten und die konkreten Ziele der polizeilichen Befugnisse nennen müssen.[110] Die polizeiliche Maßnahme dürfe nur bei objektiv feststellbaren Umständen, die unter (bestimmten) gesetzlichen Tatbestandsmerkmalen subsumierbar sind, durchgeführt werden.[111] Dabei seien die Normen des Polizeigesetzes (fortan: PolG) nicht vom Gesetzgeber vollständig determinierbar; eine anderweitige Annahme stehe der Eigenartigkeit der Polizeitätigkeit – u. a. in Anbetracht des Zeitmangels – entgegen.[112] Das PolG dürfe dem Rechtsanwender die Normen zur Verfügung stellen, die auch bei Feststellung atypischer Gefahren anzuwenden sind. Das Gericht unterließ es aber, die Rechtsfiguren der unbestimmten Begriffe und der polizeilichen Generalklausel voneinander abzugrenzen und diese so zu charakterisieren. Zudem brachte es die Besonderheit der Ermessensentscheidung der Polizei nicht auf den Punkt.

Das GVerfG habe die streitige Norm auszulegen und nicht die unbestimmte und daher verfassungswidrige Norm durch eine andere (verfassungsmäßige) zu

---

[104] Vgl. die Entscheidung des GVerfG vom 26. Dezember 2007, Nr. 1/3/407, Kap. II § 11; die Entscheidung des GVerfG vom 26. Oktober 2007, Nr. 2/-389, Kap. II § 6.
[105] Vgl. die Entscheidung des GVerfG vom 26. Dezember 2007, Nr. 1/3/407, Kap. II § 15.
[106] Vgl. ebd., § 16.
[107] Vgl. ebd., §§ 17–18.
[108] Vgl. die Entscheidung des GVerfG vom 26. Oktober 2007, Nr. 2/-389, Kap. II § 6; die Entscheidung des GVerfG vom 26. Dezember 2007, Nr. 1/3/407, Kap. II § 22.
[109] Dazu die Entscheidung des GVerfG vom 11. April 2013, Nr. 1/2/503, 513.
[110] Vgl. ebd., Kap. II §§ 25, 37.
[111] Vgl. ebd., §§ 25–26 und § 27: Das Gericht stellte weiter fest, dass die gleich lautenden unbestimmten Rechtsbegriffe für die Zwecke der Gefahrenabwehr und der Strafverfolgung unterschiedlich ausgelegt werden.
[112] Vgl. ebd., § 31 und § 74.

ersetzen.¹¹³ Weiter sei es nicht seine Aufgabe, die Verfassungsmäßigkeit des infolge der verfassungswidrigen Norm hervorgerufenen Eingriffs in das Grundrecht zu prüfen. Im Rahmen seiner Zuständigkeit komme es auf die Rechtsnorm (deren bestimmten normativen Inhalt) an, die eine verfassungsgemäße Auslegung und Anwendung ermöglichen müsse.¹¹⁴ Dabei könne die offensichtlich unbestimmte Norm durch deren verfassungskonforme Anwendung in der Praxis nicht verfassungsmäßig werden.¹¹⁵ Diese Aussage richtete sich vor allem an den Gesetzgeber und unterstrich die Relevanz der Verabschiedung bestimmter Rechtsnormen. Dies ist sinnvoll, da das Gericht im Unterschied zum deutschen Vorbild nur Normativakte kontrolliert. Daher ist vor allem der Gesetzgeber ein Garant der Verfassungskonformität der Rechtsanwendung und ein Adressat der „Vorwürfe" des Verfassungsgerichts. Diese „Vorwürfe" stehen aber unter einem weiteren Vorbehalt, da das Gericht nicht zuständig ist, gesetzgeberisches Unterlassen zu prüfen.¹¹⁶

d) Die Rechtsprechung des GVerfG zur Versammlungsfreiheit

Bis dato prüfte das GVerfG die versammlungsrechtlichen Normen auf ihre Verfassungskonformität dreimal.¹¹⁷ Mit seiner Leitentscheidung vom 18. April 2011 (Nr. 2/482, 483, 487, 502) trug es wesentlich zur neuen Konstruktion des Verhältnisses von Staat und Bürgern bei.¹¹⁸ Festgestellt wurden die notwendig gewordenen Änderungen auf der einfachrechtlichen Ebene.¹¹⁹ Die „dirigierende

---

¹¹³ Vgl. die abweichende Meinung der Richterin Ketevan Eremadse zur Entscheidung des GVerfG vom 13. Mai 2008, Nr. 1/1/428, 447, 459.
¹¹⁴ Vgl. die Entscheidung des GVerfG vom 26. Dezember 2007, Nr. 1/3/407, Kap. II § 28. Es liege ferner nicht in der Kompetenz des Gerichts, die besten Muster der neuen Regulierung herauszufinden und diese dem Gesetzgeber vorzuschlagen bzw. zu deren Einführung zu verpflichten. Vgl. die Entscheidung des GVerfG vom 14. April 2016, Nr. 1/1/625, 640, Kap. II § 54; in diesem Fall hat das Gericht dem Gesetzgeber zur Umsetzung der Entscheidung eine angemessene Frist gesetzt (§ 118). Vgl. auch die Entscheidung des GVerfG vom 10. November 2017, Nr. 3/6/642, Kap. II § 22.
¹¹⁵ Vgl. die Entscheidung des GVerfG vom 26. Dezember 2007, Nr. 1/3/407, Kap. II § 28.
¹¹⁶ In manchen Fällen ruft es den Gesetzgeber dennoch zur Nachbesserung der Rechtslage auf, vgl. *Loladze B.*, Das Rechtsstaatsprinzip in der Verfassung Georgiens, S. 149.
¹¹⁷ Vgl. die Entscheidung des GVerfG vom 5. November 2002, Nr. 2/2/180–183; Entscheidung des GVerfG vom 18. April 2011, Nr. 2/482, 483, 487, 502; Entscheidung des GVerfG vom 14. Dezember 2012, Nr. 1/5/525.
¹¹⁸ Vgl. die Entscheidung des GVerfG vom 18. April 2011, Nr. 2/482, 483, 487, 502. Das erste Kollegium des GVerfG betrachtete die Frage der Verfassungsmäßigkeit der angefochtenen Normen des GVerfG als besonders relevant. Daher wurde die Rechtssache gemäß Art. 21¹ des Organgesetzes „Über das Verfassungsgericht Georgiens" vom Plenum behandelt, vgl. ebd., Kap. I § 5.
¹¹⁹ Indem die „materielle[n] Verfassungsgehalte" auf das einfache Recht ausstrahlen

Verfassung" (Lerche) verlange, dass nun das gesamte Versammlungsrecht im Licht der verfassungsrechtlichen Gewährleistung zu sehen ist.[120] Die Richtlinien des GVerfG für die verfassungsorientierte Interpretation der gesetzlichen Eingriffsbefugnisse sorgen für die „Optimierung der Normanwendung".[121]

In dieser Entscheidung kommt zugleich zum Ausdruck, dass sich das Gericht und die geforderten Schutzstandards entwickeln und es durch die Auslegung der Verfassung „evolutiv" zu „neuen" Dimensionen der Freiheit des Individuums gelangt. Dadurch steuerte die Verfassung das einfache Recht auf neue Art und Weise:[122] So hat das Gericht die Bannmeilenregelung des einfachen Rechts als nicht konform mit der Reichweite der Versammlungsfreiheit betrachtet und dadurch seine eigene frühere Praxis korrigiert.[123] Der „Edukationseffekt" der Entscheidung war somit sowohl für die Rechtspolitik als auch für die Rechtsanwender und Grundrechtsträger selbst bedeutend.[124]

Diese Entscheidung ist zugleich ein wichtiger Beleg dafür, dass das Gericht als *pouvoir neutre* bei der Beurteilung rechtlicher Fragen eine ausreichende Distanz zur Politik wahrt.[125] Dies konnte die politischen Prozesse – insbesondere vor den parlamentarischen Wahlen im Herbst 2012 – bezüglich der Chancengleich-

---

(„Lüth"-Konzept), wird die Hoheit der Verfassung im formellen Sinne gesichert; *Alexy, R.*, Verfassungsrecht und einfaches Recht, VVDStRL 61 (2002), S. 8–11. Dazu spricht Augsberg von einer „mittelbaren Gestaltungsmacht" des BVerfG; *Augsberg, S.*, Zur wechselseitigen Beeinflussung von Verwaltungs- und Verfassungsdogmatik, S. 97.

[120] *Lerche, P.*, Übermaß und Verfassungsrecht, 1961, S. 65, zit. nach *Mayer, M.*, Untermaß, Übermaß und Wesensgehaltsgarantie, S. 156.

[121] Zur verfassungsorientierten Auslegung *Reimer, F.*, Juristische Methodenlehre, S. 191 ff. Rn. 383 ff. Im Unterschied zur verfassungskonformen Auslegung fokussiert sich die verfassungsorientierte Auslegung nicht auf die Verfassungsmäßigkeit, sondern auf die bestmögliche Entfaltung der Freiheitsgewährleistung (Gedanke der Verfassungsfreundlichkeit). Voßkuhle behandelt die verfassungskonforme Auslegung als Variante der verfassungsorientierten Auslegung, *Voßkuhle, A.*, Theorie und Praxis der verfassungskonformen Auslegung, AöR 125 (2000), S. 180 f.

[122] Vgl. *Jestaedt, M.*, Phänomen BVerfG, S. 137 („Determinierungsmacht" der Verfassung). Zur „Verfassungsfortbildung" vgl. *Starck, C.*, Verfassungen, S. 155 ff.

[123] Zum impliziten Verfassungswandel durch Re-interpretation *Hönnige, C.*, Impliziter Verfassungswandel, S. 249 und S. 253. Zum „stillen" Verfassungswandel *Hopfauf, A.*, in: Schmidt-Bleibtreu, B./Hofmann, H./Henneke, H.-G. (Hrsg.), GG, Einl. Rn. 222.

[124] Zum Beispiel des „Brokdorf"-Beschlusses vgl. *Lepsius, O.*, Versammlungsrecht und gesellschaftliche Integration, S. 118.

[125] *Herdegen, M.*, Verfassungsgerichtsbarkeit als *pouvoir neutre*, ZaöRV 2009, S. 257 ff.; *Böckenförde, E.-W.*, Verfassungsgerichtsbarkeit, NJW 1999, S. 10. Da die Entscheidungsgründe nachvollziehbar sind, ist das Vertrauen der Bürger in das GVerfG insbesondere in den letzten Jahren gestiegen, was auch in der Statistik der Rechtsprechung erkennbar wird. Das Auswahlverfahren der Richter schließt dabei nicht aus, dass die politische Elite die Kandidaten der Richter beeinflusst. Dieses Risiko wird dadurch erhöht, dass nach der Gesetzesänderung von 2011 der Präsident und der Vizepräsident des Gerichts wiedergewählt werden können.

heit der Parteien positiv beeinflussen. In seinen grundlegenden Aussagen zur Versammlungsfreiheit bekräftigte das Gericht erneut seine Autorität als „Hüter der [kommunikativen] Grundrechte" und zugleich als „Hüter des demokratischen Prozesses".[126]

---

[126] Vgl. *Möllers, C.*, Die drei Gewalten, S. 138–139. Dazu auch *Volkmann, U.*, Bausteine zu einer demokratischen Theorie der Verfassungsgerichtsbarkeit, in: FS für Bryde, S. 125: Das Verfassungsgericht sichert die Demokratie vor „Verstopfungen", die „seine Freiheit und Offenheit für die Zukunft blockieren könn-ten". Zur „Demokratie-komplementäre Funktion" der Verfassungsgerichtsbarkeit *Lepsius, O.*, Versammlungsrecht und gesellschaftliche Integration, S. 122.

F. Die „Eigentümlichkeiten" und die „Bindungsenergie" der Versammlungsfreiheit im Licht der deutschen Dogmatik und der EMRK

I. Die Legitimationspotenziale der Versammlungsfreiheit

Das GVerfG hat in seiner Grundsatzentscheidung vom 18. April 2011 das Recht auf freie Meinungsäußerung während der Durchführung von Versammlungen als einen grundlegenden Bestandteil der demokratischen Entwicklungsprozesse bezeichnet.[1] Nur in diesem Raum seien die Interessen und Bestrebungen Einzelner realisierbar.[2] Das Gericht betrachtete damit die Versammlungsfreiheit als Mittel der individuellen Entfaltung und Selbstbestimmung.[3] Über diese subjektive Dimension hinaus erkannte das Gericht eine objektiv-rechtliche Funktion der Freiheit an: Unter einer demokratischen Herrschaft komme der Möglichkeit, Anliegen von öffentlichem Belang gemeinsam kundzutun und zu erörtern, eine konstitutive Bedeutung zu.[4] An die reale Umsetzung dieser Möglichkeit lasse sich zugleich der Grad der Offenheit eines gesellschaftlichen Systems bewerten.[5] Damit hat das Gericht die Maßstäbe gesetzt, die für das Verständnis der Versammlungsfreiheit und die Auslegung des einfachen Rechts relevant sind: Die Versammlungsfreiheit ist ein Funktionselement der Demokratie und ein „elementares Grundrecht" in der Demokratie.[6] Dies gilt zwischen den Wahlperioden

---

[1] Vgl. die Entscheidung des GVerfG vom 18. April 2011, Nr. 2/482, 483, 487, 502, Kap. II § 25 und die Entscheidung des GVerfG vom 5. November 2002, Nr. 2/2/180–183, Kap. II § 6.

[2] Vgl. die Entscheidung des GVerfG vom 18. April 2011, Nr. 2/482, 483, 487, 502, Kap. II § 25.

[3] Vgl. ebd., § 132.

[4] Vgl. ebd., § 25.

[5] Vgl. ebd.; auch *Daiber, B.*, in: Meyer-Ladewig, J./Nettesheim, M./Raumer, S. v. (Hrsg.), EMRK, Art. 11 Rn. 1.

[6] Dazu *Muckel, S.*, Versammlungsverbot, JA 2016, S. 79 in Anlehnung an das BVerfG. Die freie Meinungskundgabe (die auch im Rahmen der Versammlung kollektiv erfolgt] stellt eine unerlässliche Voraussetzung des gesamtgesellschaftlichen Fortschritts und der Selbstverwirklichung des Einzelnen dar, vgl. ECHR, Handyside v. the UK, Nr. 5493/72, 7. Dezember 1976, § 49; ECHR, E. S. v. Austria, Nr. 38450/12, 25. Oktober 2018, § 42.

und insbesondere auch vor den Wahlen, damit die Volkssouveränität im Alltagsleben untermauert wird.[7] Diese funktional-demokratische oder demokratisch-partizipatorische Bedeutung der Versammlungsfreiheit, die über eine gesamtgesellschaftliche Dimension verfügt, ist sowohl auf der Ebene des Schutzbereichs als auch auf der Schrankenebene der Freiheit bedeutsam.[8] Dadurch wird die „Abwehrfähigkeit" der Versammlungsfreiheit mitbestimmt.[9]

Bei der Entfaltung der Versammlungsfreiheit treffen sich laut „Brokdorf"-Beschluss liberal-rechtsstaatliche („eines der vornehmsten Menschenrechte überhaupt") und politisch-demokratische Gesichtspunkte („für eine freiheitliche demokratische Staatsordnung konstituierend").[10] Dieses Konzept als Grundlage der Auslegungsmaximen (interpretationsleitende „Vorverständnisse") des Grundrechts[11] muss im Endeffekt eine optimale Gewährleistung der Freiheit ermöglichen.[12] Die rechtsstaatlich-demokratischen Kriterien des „Brokdorf"-Be-

---

[7] Zur „Volkssouveränität durch Partizipation" *Blanke, H.-J.*, in: Stern, K./Becker, F. (Hrsg.), Grundrechte-Kommentar, Art. 8 Rn. 2; so auch *Kersten, J.*, Schwarmdemokratie, JuS 2014, S. 676, er spricht von einem „naturrechtlich inspirierten Zusammenhang von Versammlungsfreiheit und Volkssouveränität".

[8] Vgl. BVerfGE 69, 315, 355 (Direktive für den schrankensetzenden Gesetzgeber); *Payandeh, M.*, Der Schutz der Meinungsfreiheit nach der EMRK, JuS 2016, S. 691. Vgl. auch *Cremer, W.*, Freiheitsgrundrechte, S. 190 f.; anders *Sachs, M.*, in: Stern, K. (Hrsg.), Das Staatsrecht IV/1, S. 1267 f.

[9] Vgl. *Bäumerich, M.*, Entgrenzte Freiheit, DÖV 2015, S. 374 f.

[10] BVerfGE 69, 315, 347 f.: „[Die Versammlungsfreiheit] gilt als unmittelbarster Ausdruck der menschlichen Persönlichkeit und als eines der vornehmsten Menschenrechte überhaupt, welches für eine freiheitliche demokratische Staatsordnung konstituierend ist; denn sie erst ermöglicht die ständige geistige Auseinandersetzung und den Kampf der Meinungen als Lebenselement dieser Staatsform [...]."

[11] Zu „Freiheitskonzepten", die sich auf die Grundrechtsinterpretation auswirken, vgl. *Böckenförde, E.-W.*, Wie werden in Deutschland die Grundrechte im Verfassungsrecht interpretiert?, EuGRZ 2004, S. 598 ff. und *ders.*, Grundrechtstheorie und Grundrechtsinterpretation, NJW 1974, S. 1529 ff. Zur Grundrechtsauslegung *Gusy, C.*, in: Mangoldt, H. v./Klein, F./Starck, C. (Hrsg.), GG, Art. 8 Rn. 9–11; *Prothmann, M.*, Die Wahl des Versammlungsortes, S. 51; *Münch, I. v./Mager, U.*, Staatsrecht II – Grundrechte, Rn. 11; *Lehmann, J.*, Der Schutz symbolträchtiger Orte, S. 33; die interpretationsleitenden Vorverständnisse seien vom Verhältnis zwischen Staat und Gesellschaft beeinflusst. Weiter *Hoffmann-Riem, W.*, in: Merten, D./Papier, H.-J. (Hrsg.), HGR IV, § 106 Rn. 22, er bezieht sich auf unterschiedliche politisch-gesellschaftliche „Rahmenbedingungen", die die Interpretation der Freiheit mitbestimmen.

[12] Vgl. *Kloepfer, M.*, in: Isensee, J./Kirchhof, P. (Hrsg.), HStR VII, § 164 Rn. 20; im Allgemeinen zur Entwicklung des Grundrechtsverständnisses seit Böckenförde bei Alexy und Suhr *Kingreen, T./Poscher, R.*, Staatsrecht II – Grundrechte, Rn. 91–92. Das Konzept der individuellen Freiheit von „Self-fulfilment" werde durch einen kollektiv-partizipatorischen Ansatz des „Self-government" ergänzt, so *Ripke, S.*, Europäische Versammlungsfreiheit, S. 174 f. Der liberale Ansatz bezeichnet Salát als „Expression-related Values" zur Abgrenzung vom anderen Ansatz – „Democracy-related Values", *Salát, O.*, The Right to Freedom of Assembly, S. 44 ff.

I. Die Legitimationspotenziale der Versammlungsfreiheit

schlusses beinhalten Legitimationsanforderungen an die Regierenden: Zunächst heißt es aus dem Blickwinkel der Demokratie, dass „[in] einer Demokratie die Willensbildung vom Volk zu den Staatsorganen und nicht umgekehrt verlaufen [müsse]; das Recht des Bürgers auf Teilhabe an der politischen Willensbildung sich nicht nur in der Stimmabgabe bei Wahlen, sondern auch in der Einflussnahme auf den ständigen Prozess der politischen Meinungsbildung äußere, die sich in einem demokratischen Staatswesen frei, offen, unreglementiert und grundsätzlich „staatsfrei" vollziehen müsse".[13] Darüber hinaus sei in einem rechtsstaatlichen System Folgendes anzunehmen: „Schon generell gewinnen die von [den staatlichen] Organen auf der Grundlage des Mehrheitsprinzips getroffenen Entscheidungen an Legitimation, je effektiver Minderheitenschutz gewährleistet ist […]."[14] Diese demokratisch-rechtsstaatlichen Ansätze bezeichnet das BVerfG als „verfassungsrechtliche Grundentscheidungen", die der Gesetzgeber zu berücksichtigen hat.[15] Die „Metamorphose der individuellen zur demokratischen Freiheit"[16] als neue „Partizipationskultur" einer „gelebten Demokratie" beruhe dabei auf den tatsächlichen Gegebenheiten der damaligen gesellschaftlich-politischen Prozesse:[17] Die Anti-Atom-Bewegung und die Forderung nach „mehr Demokratie" haben dazu beigetragen, dass das politische System auf neue Foren der gesellschaftlichen Mitbestimmung verwiesen wurde.[18]

Das objektive Verständnis der Versammlungsfreiheit bzw. ihrer demokratischen Funktion ist in der Literatur nicht ohne Kritik geblieben. Insbesondere die Gleichsetzung der Legitimationspotenziale der Versammlungsfreiheit mit denjenigen der politischen Rechte (*status activus*) wird als problematisch angesehen. Höfling versteht die politischen Rechte eng, da nur das Wahl- und Stimmrecht gezielt Änderungen herbeiführen könne.[19] Diese „Bewirkungsdimension" komme der Versammlungsfreiheit (trotz eigener Kraft der Änderung durch Einfluss-

---

[13] BVerfGE 69, 315, 346 m. V. auf BVerfGE 20, 56, 98 f.
[14] BVerfGE 69, 315, 347.
[15] Vgl. BVerfGE 69, 315, 355. Vgl. *Ullrich, N.*, Das Demonstrationsrecht, S. 92.
[16] Vgl. *Böckenförde, E.-W.*, in: Isensee, J./Kirchhof, P. (Hrsg.), HStR II, § 24 Rn. 37; *Hillgruber, C.*, Die Herrschaft der Mehrheit, AöR 127 (2002), S. 462; vgl. auch *Papier, H.-J.*, Aktuelle Probleme des Versammlungsrechts, DVBl. 2016, S. 1418.
[17] Dazu vgl. *Lepsius, O.*, Versammlungsrecht und gesellschaftliche Integration, S. 117.
[18] Das Gericht bringt die „geringen plebiszitären Mitwirkungsrechte" der repräsentativen Demokratie auf den Punkt, die u. a. durch die Betätigung der Versammlungsfreiheit einigermaßen ausgeglichen werden (BVerfGE 69, 315, 347). Dazu *Doering-Manteuffel, A.*, Fortschrittsglaube und sozialer Wandel, S. 94 und S. 103; *Lepsius, O.*, Versammlungsrecht und gesellschaftliche Integration, S. 113 f. und S. 153: Der Autor spricht von einer neuen Demokratiekonzeption des BVerfG, die die „Umlenkung repräsentativer Bahnen" zur Folge gehabt hat.
[19] Vgl. *Höfling, W.*, in: Sachs, M. (Hrsg.), GG, Art. 8 Rn. 10–11: Er bezieht sich auf das Argument der unzulässigen Verstaatlichung der Versammlungsfreiheit. Dazu zustimmend *Schneider, J.-P.*, in: Epping, V./Hillgruber, C. (Hrsg.), GG, Art. 8 Rn. 1, Versammlungsfreiheit

nahme) nicht zu.²⁰ Zudem wird kritisiert, wenn das BVerfG von der Versammlungsfreiheit als einem „Stück unmittelbarer Demokratie" spricht: Diese Aussage lasse die Versammlungsfreiheit nicht nur als Ergänzung, sondern auch als Ersetzung der unmittelbaren Demokratie durch Wahlen verstehen.²¹ Der Vergleich mit dem Wahlrecht dient Gusy dazu, folgende Gefahr zu verdeutlichen: Die Versammlungsfreiheit als Minderheitenrecht könne somit die Verhältnisse in der Gesellschaft gleichheitswidrig beeinträchtigen und daher ein negatives „output" für das demokratische System bedeuten. Dabei erziele das Wahlrecht die Gleichheit aller Bürger.²² In diesem Sinn werden Minderheit und Mehrheit als strukturelle Voraussetzung der repräsentativen Demokratie auch von Depenheuer gegenübergestellt.²³ Die „kollektiv-emotionale Eigendynamik" der sich versammelten Menschen („Masse") könne die Funktionsfähigkeit (Entscheidungsfindung- und Durchsetzung) des Staates gefährden.²⁴ Hinzu kommen die populistische Missbrauchsgefahr („populist mindset")²⁵ sowie die Gefahr einer „politischen Überfunktionalisierung" und „Instrumentalisierung" bzw. eines politischen Opportunismus.²⁶ Mit Blick auf die schon geschilderten Großdemonstrationen vor bestimmten politischen Wenden lassen sich diese Risiken für den Fall Georgien nicht nur als theoretisch bezeichnen. Jedoch beinhalten die moder-

---

ist „kein demokratisches Funktionsrecht, sondern schützt die kollektive Persönlichkeitsentfaltung".

²⁰ Vgl. *Schneider, J.-P.*, in: Epping, V./Hillgruber, C. (Hrsg.), GG, Art. 8 Rn. 8 m. V. auf BVerfGE 104, 92, 105.

²¹ Vgl. *Depenheuer, O.*, in: Maunz, T./Dürig, G. (Hrsg.), GG, Art. 8 Rn. 31 und Rn. 34.

²² Vgl. *Gusy, C.*, in: Mangoldt, H. v./Klein, F./Starck, C. (Hrsg.), GG, Art. 8 Rn. 12. Bedenken bestünden dabei nicht gegen die prinzipielle demokratisch-politische Funktion der Versammlung, sondern gegen die mangelnde juristische Präzision der demokratisch-funktionalen Interpretation des Grundrechts; diese dürfe nicht zu einer „Disqualifizierung des Privaten" führen, so *Kloepfer, M.*, in: Isensee, J./Kirchhof, P. (Hrsg.), HStR VII, § 164 Rn. 14.

²³ Vgl. *Depenheuer, O.*, in: Maunz, T./Dürig, G. (Hrsg.), GG, Art. 8 Rn. 34.

²⁴ Vgl. ebd., Rn. 3–6 und Rn. 8. So auch *Schulze-Fielitz, H.*, in: Dreier, H. (Hrsg.), GG, Art. 8 Rn. 18.

²⁵ Vgl. *Peters, A./Ley, I.*, The Freedom of Peaceful Assembly in Europe, S. 327 mwN.

²⁶ Zur „Gefahr einer politischen Instrumentalisierung" *Höfling, W./Krohne, G.*, Versammlungsrecht in Bewegung, JA 2012, S. 734; *Höfling, W.*, Versammlungsrecht als „Freiheitsgewährleistungsrecht", Die Verwaltung 45 (2012), S. 539. Gegen die Privilegierung der „politischen Dimension" bei Auslegung („Vorwurf des politischen Opportunismus") *Helleberg, M.*, Leitbildorientierte Verfassungsauslegung, S. 95–97 mwN. Vgl. auch *Müller-Franken, S.*, in: Schmidt-Bleibtreu, B./Hofmann, H./Henneke, H.-G. (Hrsg.), GG, Art. 8 Rn. 4. Flitsch verdeutlichte die Gefahr einer Deutung der Freiheitsrechte als Rechte zu einem bestimmten Zweck, zu einer „Freiheit um zu" zu gelangen; *Flitsch, M.*, Die Funktionalisierung der Kommunikationsgrundrechte, S. 19. Vgl. auch *Höfling, W.*, Offene Grundrechtsinterpretation, S. 60 f.; die politische Funktionalisierung sei dabei eine logische Folge der „geschichtlichen Genese" der Versammlungsfreiheit; *Kingreen, T./Poscher, R.*, Staatsrecht II – Grundrechte, Rn. 284.

I. Die Legitimationspotenziale der Versammlungsfreiheit

nen Verfassungen und das Versammlungsrecht selbst hinreichende Abwehrstrategien gegen derartige systembedrohende Gefahren.

Die Befürworter des „Brokdorf"-Konzepts deuten auf das rechtsstaatliche Verhältnis zwischen Minderheit und Mehrheit hin, das ebenfalls den Gleichheitsgedanken zum Ausdruck bringe.[27] Ullrich weist darauf hin, dass der Gleichheitsgedanke bei den Wahlen (unmittelbare Demokratie) eine unmittelbare Beeinflussung des staatlichen Willensbildungsprozesses zur Folge habe, während es sich bei der Ausübung der Versammlungsfreiheit um eine mittelbare Einwirkung auf die Meinungsbildung als „Vorformung" der politischen Willensbildung der Gesellschaft handele.[28] Letztere sei, wie üblich, durch tatsächliche Ungleichheit, d.h. die unterschiedliche Bereitschaft der gesellschaftlichen Akteure gekennzeichnet.[29] Auch nach Schmitt-Glaeser kommt es im Bereich der Vorformung der politischen Willensbildung keinesfalls auf die „Wirkungsnivellierung" an.[30] Es gehe folglich um die zivilgesellschaftlichen Legitimationspotenziale, die aus staatsfreien Versammlungsaktivitäten herausgehen.[31] Darüber hinaus

---

[27] Vgl. *Ullrich, N.*, Das Demonstrationsrecht, S. 84; *Schulze-Fielitz, H.*, in: Dreier, H. (Hrsg.), GG, Art. 8 Rn. 16; *Krüger, R.*, VersR, S. 21; ECHR, Alekseyev v. Russia, Nr. 4916/07 und 14599/09, 21. Oktober 2010, § 63; ECHR, „Identity" and Others v. Georgia, Nr. 73235/12, 12. Mai 2015, § 93. Dazu vgl. die Entscheidung des GVerfG vom 22. Dezember 2011, Nr. 1/1/477, Kap. II § 43: Pluralismus und Akzeptanz der Ansichten der Andersdenkenden seien ein wichtigstes Merkmal und (konstituierende] Basis der demokratischen Gesell-schaft. Die demokratische Ordnung gehe davon aus, dass die Interessen der Mehrheit nicht immer Vorrang genießen [dürfen]. Eine Demokratie sei dadurch ermöglicht, dass allgemeine und Einzelinteressen (unter Umständen] ausgeglichen werden; dabei müsse auf die Einstellung der Minderheiten fair eingegangen werden. Die Stabilität einer (pluralistischen] Gesellschaft sei nur erreichbar, wenn für die Inanspruchnahme der (in der Verfassung deklarierten] Rechte angemessene und adäquate Mechanismen zur Verfügung stehen. Vgl. *Bäumerich, M.*, Entgrenzte Freiheit, DÖV 2015, S. 381: Die Grundrechte dienen der „Erhaltung der Vielfalt der Gesellschaft"; die Grundrechte sollten das „Kommunikationswesen für Differenzierungen" offenhalten, damit das politische System (als „Gegenpol") nicht immer selbst bestimmt.

[28] Vgl. *Kloepfer, M.*, in: Isensee, J./Kirchhof, P. (Hrsg.), HStR III, § 42 Rn. 25; ebd., *Schmitt-Glaeser, W.*, in: Isensee, J./Kirchhof, P. (Hrsg.), HStR III, § 38 Rn. 2 m. V. auf BVerfG; *Frowein, J.A.*, in: Frowein, J.A./Peukert, W. (Hrsg.), EMRK, Art. 11 Rn. 2. Dazu „[…] dass die „lebendige Demokratie" nur […] kommunikativ […] funktioniert", *Grawert, R.*, Vom Staat zur Demokratie, in: FS für Klein, S. 77; s. *Kneip, S.*, Verfassungsgerichte als demokratische Akteure, S. 38 ff. und S. 59 ff., er nennt die drei Dimensionen, „Teilregime" der Demokratie: „das politische Gleichheit, politische Freiheit und Kontrolle der Herrschaftsausübung"; dazu wird das Modell der „eingebetteten Demokratie" als „Gesamtregime" behandelt, in der die Teilregime wertlos wären, falls sie sich nicht aufeinander beziehen würden (S. 71 ff.) m. V. auf das Konzept der „embedded democracy" bei Merkel.

[29] Vgl. *Ullrich, N.*, Das Demonstrationsrecht, S. 95 f.

[30] Vgl. *Schmitt-Glaeser, W.*, in: Isensee, J./Kirchhof, P. (Hrsg.), HStR III, § 38 Rn. 28.

[31] Vgl. *Hoffmann-Riem, W.*, Mediendemokratie, Der Staat 42 (2003), S. 193; *Schulze-Fielitz, H.*, in: Dreier, H. (Hrsg.), GG, Art. 8 Rn. 16: Er bezieht sich ausdrücklich auf die Ergänzung der

kann die Ausübung der Versammlungsfreiheit durch eine Minderheit nicht immer im Bereich des Politischen liegen. So versteht Schulze-Fielitz die Versammlungsfreiheit als „Form von kulturellen (Entwicklungs-)Prozessen".[32] Lepsius weist darauf hin, dass das objektive Verständnis selbst im „Brokdorf"-Beschluss wieder „individualisiert und subjektiviert" wird; das „Brokdorf"-Konzept sei daher ein individualisiertes Demokratiekonzept, dagegen nicht ein Massendemokratie-Konzept.[33] Die Versammlung symbolisiert nur in ihrer „räumlich-zeitlich-körperlichen Unmittelbarkeit" (Ladeur) das Leitbild des ursprünglichen Forums der Demokratie.[34]

II. Der Gewährleistungsbereich der Versammlungsfreiheit

Der Schutzbereich der grundrechtlichen Gewährleistung determiniert auf abstrakter Ebene die effektive Ausübung der Freiheit.[35] Hoffmann-Riem stellt auf die Begrifflichkeit vom „Gewährleistungsgehalt" ab, da die Grundrechte sowohl gegenüber dem „eingreifenden Staat" als auch gegenüber dem „freiheitssichernden [Schutz-]Staat" wirken.[36] In diesem Sinne liefert der Gewährleistungsbereich die Information über das „Maximum" der Entfaltungschance der Versammlungsfreiheit.[37]

„institutionalisierten Willensbildung". Schmitt-Glaeser nennt die drei Elemente der Legitimation der rechtsstaatlichen Demokratie: Staatsgewalt geht vom Volk aus; staatliche Gewalt wird durch Wahlen legitimiert; das politische System wird mit der Gesellschaft und deren Individuen verbunden, die sich anhand der grundrechtlichen Freiheiten an politischer Willensbildung beteiligen; vgl. *Schmitt-Glaeser, W.*, in: Isensee, J./Kirchhof, P. (Hrsg.), HStR III, § 38 Rn. 2.

[32] Vgl. *Schulze-Fielitz, H.*, in: Dreier, H. (Hrsg.), GG, Art. 8 Rn. 22.

[33] Vgl. *Peters, A./Ley, I.*, The Freedom of Peaceful Assembly in Europe, S. 326 m. V. auf Lepsius in Fn. 155: „Das demokratische Zurechnungssubjekt wird über Grundrechtsträger individualisiert und subjektiviert, nicht hingegen kollektiviert und allein auf das Volk i. S. v. Art. 20 GG bezogen […]." Vgl. auch *Hartmann, B. J.*, in: Bonner-Kommentar, GG, Art. 8 Rn. 149; es gehe nicht um die Repräsentation des Volkes, sondern um „inklusiv[e] und integrativ[e]" Partizipation. Grundrechte gewährleisten dabei die individuelle Selbstbestimmung (die u. U. zu [demokratischen] Mitbestimmungsentschlüssen führt), vgl. *Isensee, J.*, Grundrechte und Demokratie, Der Staat 20 (1981), S. 164.

[34] Diese Reflexion brachte das BVerfG zum Ausdruck, als es von einem „Stück ursprünglicher […] ungebändigter unmittelbarer Demokratie" sprach; BVerfGE 69, 315, 360; *Ladeur, K.-H.*, in: Ridder, H./Breitbach, M./Rühl, U./Steinmeier, F. (Hrsg.), VersR, S. 105 Rn. 10.

[35] Vgl. *Rusteberg, B.*, Subjektives Abwehrrecht und objektive Ordnung, S. 102 f.; *Ullrich, N.*, Das Demonstrationsrecht, S. 91.

[36] *Hoffmann-Riem, W.*, Grundrechtsanwendung unter Rationalitätsanspruch, Der Staat 43 (2004), S. 226 f.; *ders.*, in: Merten, D./Papier, H.-J. (Hrsg.), HGR IV, § 106 Rn. 19.

[37] Vgl. *Isensee, J.*, in: Isensee, J./Kirchhof, P. (Hrsg.), HStR IX, § 191 Rn. 50 und Rn. 57. Dazu auch *Rusteberg, B.*, Der grundrechtliche Gewährleistungsgehalt, S. 171 ff.

II. Der Gewährleistungsbereich der Versammlungsfreiheit

1. Die Kollektivität der Ausübung der Versammlungsfreiheit

Sowohl Art. 11 EMRK als auch Art. 8 GG und Art. 21 GVerf schützen die persönlichen Meinungen, die friedlich und kollektiv – als Gegentopos von „Meinungsisolation"[38] – gebildet und ausgedrückt werden.[39] Dabei ist die Versammlungsfreiheit „ein Recht des Einzelnen"[40] und ermöglicht die unmittelbare Entfaltung der Persönlichkeit „ohne Zwischenschaltung von Medien".[41] Es ist aber die Kollektivität, die einen qualitativ anderen „Tatbestand" des Kommunikationsgrundrechts ausmacht.[42] Es geht dabei nicht um einen „Grundrechtszuwachs kraft Kollektivität".[43] Ladeur sieht die „Selbstorganisationseffekte" dieser Kollektivität für die Spezifik der Versammlungsfreiheit als prägend.[44] Höfling beschreibt den kommunikativen Gehalt der Versammlung dadurch, dass die Versammlung als Ganze als „Kommunikator, Rezipient und [zugleich] Medium" der Meinungsbildung betrachtet wird.[45] Art. 11 EMRK schützt zwei Freiheitsrechte – die Versammlungsfreiheit und die Vereinigungsfreiheit – und weist schon dadurch auf die schutzbedürftigen Erscheinungsformen der Kollektivität hin.[46] Per-

---

[38] Begriffsprägung bei *Kloepfer, M.*, in: Isensee, J./Kirchhof, P. (Hrsg.), HStR VII, § 164 Rn. 1.
[39] Vgl. *Kunig, P.*, in: Münch, I. v./Kunig, P. (Hrsg.), GG, Art. 8 Rn. 2; *Villiger, M.E.*, Hb EMRK, § 27 Rn. 633; ECHR, Ezelin v. France, Nr. 11800/85, 26. April 1991, § 37; ECHR, Sergey Kuznetsov v. Russia, Nr. 10877/04, 23. Oktober 2008, § 23; ECHR, Djavit An v. Turkey, Nr. 20652/92, 20. Februar 2003, § 39; ECHR, Barraco v. France, Nr. 31684/05, 5. März 2009, § 27 und § 42; ECHR, Novikova and Others v. Russia, Nr. 25501/07, 57569/11, 80153/12, 5790/13 und 35015/13, 26. April 2016, § 91; ECHR, Taranenko v. Russia, Nr. 19554/05, 15. Mai 2014, § 68.
[40] Vgl. *Ullrich, N.*, NVersG, § 1 Rn. 2 und Rn. 10.
[41] Vgl. OVG Münster, Beschl. V. 29.07.2016 – 15 B 876/16, NVwZ 2017, S. 649 Rn. 10 m. V. auf BVerfG.
[42] Prägung bei *Starck, C.*, Praxis der Verfassungsauslegung I, S. 23; *Kniesel, M./Poscher, R.*, in: Lisken, H./Denninger, E. (Hrsg.), Hb PolR, Kap. K Rn. 44. Zur Versammlungsfreiheit als Kommunikationsgrundrecht *Geis, M.E.*, in: Friauf, H./Höfling, W. (Hrsg.), Berliner Kommentar GG, Art. 8 Rn. 12; *Kingreen, T./Poscher, R.*, Staatsrecht II – Grundrechte, Rn. 806; *Depenheuer, O.*, in: Maunz, T./Dürig, G. (Hrsg.), GG, Art. 8 Rn. 1; *Bröhmer, J.*, in: Dörr, O./Grote, R./Marauhn, T. (Hrsg.), EMRK/GG, Kap. 19 Rn. 20; *Hartmann, B.J.*, in: Bonner-Kommentar, GG, Art. 8 Rn. 145; *Classen, C.D.*, Staatsrecht II – Grundrechte, § 10 Rn. 59; *Schulze-Fielitz, H.*, in: Dreier, H. (Hrsg.), GG, Art. 8 Rn. 15; *Schmitt-Glaeser, W.*, in: Isensee, J./Kirchhof, P. (Hrsg.), HStR III, § 38 Rn. 19; ebd. Vgl. *Starck, C.*, § 33 Rn. 38.
[43] So *Depenheuer, O.*, in: Maunz, T./Dürig, G. (Hrsg.), GG, Art. 8 Rn. 32.
[44] Vgl. *Ladeur, K.-H.*, in: Ridder, H./Breitbach, M./Rühl, U./Steinmeier, F. (Hrsg.), VersR, S. 110 Rn. 15 und S. 113 Rn. 17.
[45] Zit. nach *Brenneisen, H./Wilksen, M.*, in: dies. (Hrsg.), VersR, S. 75 m. V. auf Höfling.
[46] Vgl. *Geis, M.E.*, in: Friauf, H./Höfling, W. (Hrsg.), Berliner Kommentar GG, Art. 8 Rn. 9; *Rainey, B./Wicks, E./Ovey, C.*, The ECHR, S. 517. In dieser Struktur ähnelt die EMRK

sonen sind „körperliche Träger" der Kommunikation;[47] ihre physische Präsenz [!] begründet nicht nur die Spezifik der Freiheit, sondern indiziert zugleich die besondere „Verwundbarkeit" des Individuums bei der Freiheitsbetätigung.[48] Das GVerfG hat sich bisher nicht ausdrücklich dazu geäußert, wie viele Personen eine Versammlung haben muss.[49] Das GVerfG spricht von mehreren Menschen bzw. von einer Gruppe Gleichgesinnter.[50] Nach herrschender Auffassung im deutschen Schrifttum sind mindestens zwei Personen erforderlich, um eine Versammlung annehmen zu können.[51] „Ein-Mann-Versammlungen" (sog. „solo pickets") werden vom EGMR dagegen neben Art. 10 EMRK (Meinungsfreiheit) auch im Licht des Art. 11 EMRK betrachtet.[52]

---

der amerikanischen Verfassung, so *Bröhmer, J.*, in: Dörr, O./Grote, R./Marauhn, T., EMRK/GG, Kap. 19 Rn. 11.

[47] Dazu vgl. *Waechter, K.*, Die Vorgaben des BVerfG für das behördliche Vorgehen, VerwArch 99 (2008), S. 84 f.; *Koll, B.*, Liberales Versammlungsrecht, S. 51.

[48] Vgl. *Kingreen, T./Poscher, R.*, Staatsrecht II – Grundrechte, Rn. 813; *Müller-Franken, S.*, in: Schmidt-Bleibtreu, B./Hofmann, H./Henneke, H.-G. (Hrsg.), GG, Art. 8 Rn. 14 und Rn. 16 mwN; Die Eröffnung des Schutzbereichs erfordert ein „räumliches Zusammensein"; dementsprechend fehlt der virtuellen Zusammenkunft die Versammlungsqualität; *Geis, M. E.*, in: Friauf, H./Höfling, W. (Hrsg.), Berliner Kommentar GG, Art. 8 Rn. 16; *Deger, J.*, Die Reichweite des Art. 8 GG, in: Staack, D./Brenneisen, H. (Hrsg.), Problemstellungen des Versammlungsrechts, S. 95. Vgl. dagegen *Möhlen, C.*, Das Recht auf Versammlungsfreiheit im Internet, MMR 2013, S. 221 ff. mwN. Vgl. *Peters, A./Ley, I.*, The Freedom of Peaceful Assembly in Europe, S. 282. Geschützt werden sowohl statische Veranstaltungen als auch diejenigen, die in Form eines Aufzugs stattfinden, ECHR, Annenkov and Others v. Russia, Nr. 31475/10, 25. Juli 2017, § 122; ECHR, Barraco v. France, Nr. 31684/05, 5. März 2009, § 41; ECHR, Budaházy v. Hungary, Nr. 41479/10, 15. Dezember 2015, § 33; ECHR, Barankevich v. Russia, Nr. 10519/03, 26. Juli 2007, § 25.

[49] Vgl. die Entscheidung des GVerfG vom 18. April 2011, Nr. 2/482, 483, 487, 502, Kap. II § 132.

[50] Das BVerfG beziehe sich auf mehrere Personen, was eher auf drei Personen (mehr als zwei) hindeute *Jarass, H. D.*, in: Jarass, H. D./Pieroth, B., GG, Art. 8 Rn. 3. Vgl. *Schulze-Fielitz, H.*, in: Dreier, H. (Hrsg.), GG, Art. 8 Rn. 15.

[51] Vgl. *Gusy, C.*, in: Mangoldt, H. v./Klein, F./Starck, C. (Hrsg.), GG, Art. 8 Rn. 15; *Kloepfer, M.*, in: Isensee, J./Kirchhof, P. (Hrsg.), HStR VII, § 164 Rn. 24; *Höfling, W.*, in: Sachs, M. (Hrsg.), GG, Art. 8 Rn. 9. Eine Ausnahme von Versammlungsgesetzen der Länder findet man im schleswig-holsteinischen Gesetz, in dem von einer Mindestzahl von drei Personen ausgegangen wird; *Ullrich, N.*, Das Versammlungsfreiheitsgesetz Schleswig-Holstein, NVwZ 2016, S. 502. Der Streit sei dabei bedeutungslos, *Classen, C. D.*, Staatsrecht II – Grundrechte, § 10 Rn. 60.

[52] ECHR, Novikova and Others v. Russia, Nr. 25501/07, 57569/11, 80153/12, 5790/13 und 35015/13, 26. April 2016, § 91: „In certain situations, in particular where solo pickets are concerned, the Court may find it more appropriate to examine the interference under Article 10 of the Convention, interpreted in the light of Article 11"; *Bröhmer, J.*, in: Dörr, O./Grote, R./Marauhn, T., EMRK/GG, Kap. 19 Rn. 24.

II. Der Gewährleistungsbereich der Versammlungsfreiheit

Die Kollektivität der Versammlungsfreiheit beruht als „natürliche Freiheit" auf dem selbstverständlichen Streben des Individuums nach gemeinschaftlichen Verbindungen.[53] Diese „Natürlichkeit" der Versammlungsfreiheit bezeichnet Denninger als „psychophysische Grundbefindlichkeit" des Menschen.[54] Quilisch spricht vom „gesellschaftlichen Sachverhalt" der Versammlungsfreiheit als „Lebensform".[55] Ebenso der Natur des Menschen entstammt die „Forderung" der Selbstbestimmung als Freiheit von der „Qual der Heteronomie".[56] Diese tatsächliche Gegebenheit der Sozialisation als „vorrechtliche[r] Status" der Freiheit[57] begründet im Rahmen der Versammlungsfreiheit das Verhältnis zwischen dem Individuum und gleichgesinnten Mitmenschen; zwischen dem Individuum und der Gesellschaft, die und deren Gruppen sowohl gleiche als auch konträre und neutrale Meinungen vertreten und eventuell von der Versammlung beeinflusst werden; letztendlich zwischen dem Individuum und dem Staat (Staatsorgane und Amtsträgern, der regierenden Partei), der in vielen Fällen selbst Adressat der Meinungskundgabe ist. Dabei stellen diese drei Fälle zugleich Dreieck-Relationen dar, da der Staat in den geschilderten (Duo-)Verhältnissen die ihm zustehenden Schutzpflichten zugunsten eines ungehinderten Versammlungsablaufs zu erfüllen hat. In bestimmten Kollisionen können die Schutzpflichten zugunsten

---

[53] Vgl. *Depenheuer, O.*, in: Maunz, T./Dürig, G. (Hrsg.), GG, Art. 8 Rn. 1; *Müller-Franken, S.*, in: Schmidt-Bleibtreu, B./Hofmann, H./Henneke, H.-G. (Hrsg.), GG, Art. 8 Rn. 3. Dies sei „eine dem Menschen von Natur gegebene Fähigkeit", *Kloepfer, M.*, in: Isensee, J./Kirchhof, P. (Hrsg.), HStR VII, § 164 Rn. 1; *Münch, I. v./Mager, U.*, Staatsrecht II – Grundrechte, Rn. 528; dazu *Buchheister, J.*, Entwicklungslinien im Versammlungsrecht, LKV 2016, S. 160 m. V. auf Paul Laband; zum „Mensch als Gruppenwesen" *Schöbener, B./Knauff, M.*, Allgemeine Staatslehre, § 3 Rn. 15g: Anfangs bezeichnete schon Aristoteles (384–322 v. Chr.) den Menschen als ein „zoon politicon", ein (politisches) Wesen, das die Gemeinschaft sucht. Zur „Einzelperson" im „Gemeinschaftsleben" *Sachs, M.*, in: Stern, K. (Hrsg.), Das Staatsrecht IV/1, S. 1174: Er bezieht sich auf die Formulierung der Weimarer Verfassung.
[54] Vgl. *Denninger, E.*, in: Lisken, H./Denninger, E. (Hrsg.), Hb PolR, Kap. B Rn. 85.
[55] Vgl. *Quilisch, M.*, Die demokratische Versammlung, S. 105. Der Schutzbereich reflektiert „ein beschreibendes und […] ein normatives Moment" der „natürlichen Freiheit" des Sich-Versammelten, *Böckenförde, E.-W.*, Schutzbereich, Eingriff, verfassungsimmanente Schranken, Der Staat 42 (2003), S. 167. Zu deskriptiven und präskriptiven Komponenten des Schutzbereichs s. *Isensee, J.*, in: Isensee, J./Kirchhof, P. (Hrsg.), HStR IX, § 191 Rn. 59: Das erste beschreibt die (sachliche) Lebenswirklichkeit der Versammlungsfreiheit; das normative bezieht sich auf die prinzipiell staatsfreie Selbstbestimmungskraft des Grundrechtsträgers. Vgl. auch *Hoffmann-Riem, W.*, Grundrechtsanwendung unter Rationalitätsanspruch, Der Staat 43 (2004), S. 215.
[56] Vgl. *Kelsen, H.*, Verteidigung der Demokratie, S. 54.
[57] Zur Begriffsprägung bei *Bumke, C.*, Ausgestaltung von Grundrechten, S. 20; *Habermas, J.*, Faktizität und Geltung, S. 165: „[D]ie Verrechtlichung der kommunikativen Freiheit [bedeutet] auch, dass sich das Recht Quellen der Legitimation erschließen muss, über die es nicht verfügen kann."

von Drittinteressen aktiviert werden. Dabei gilt als Ausgangspunkt, dass die Versammlung an sich konfliktträchtig ist, d. h. die „Konfliktlosigkeit" grundsätzlich auszuschließen ist.[58] Das damit korrespondierende Duldungserfordernis hat das BVerfG im „Brokdorf"-Beschluss eindeutig zum Ausdruck gebracht: „Belästigungen, die sich zwangsläufig aus der Massenhaftigkeit der Grundrechtsausübung ergeben und sich ohne Nachteile für den Veranstaltungszweck nicht vermeiden lassen, werden Dritte im Allgemeinen ertragen müssen."[59] Diese Duldung als Wirkung des Schutzgehalts der Versammlungsfreiheit intensiviert erst recht die Reichweite der staatlichen Toleranz gegenüber friedlichen [!] Versammlungen.[60] Dabei gelten für die Versammlung als Massengeschehen die üblichen Schädigungs-, Zwangs- und Verhinderungsverbote, die Drittinteressen ungerechtfertigt beeinträchtigen.[61]

2. Der verfassungsrechtliche Versammlungsbegriff

Das BVerfG hat die Elemente des Versammlungsbegriffs festgelegt, um die Grenzen des Schutzes des Art. 8 GG zu markieren. Danach ist die Versammlung eine örtliche Zusammenkunft mehrerer Personen zur gemeinschaftlichen, auf die Teilhabe an der öffentlichen Meinungsbildung gerichtete Erörterung oder Kundgebung.[62] Auch der EGMR unterstreicht den Charakter der Versammlung als spezifische Form der Kommunikation und die (begriffsnotwendige) Zweck-

---

[58] Zur Bezeichnung *Blanke, H.-J.*, in: Stern, K./Becker, F. (Hrsg.), Grundrechte-Kommentar, Art. 8 Rn. 46; *Schulze-Fielitz, H.*, in: Dreier, H. (Hrsg.), GG, Art. 8 Rn. 5.
[59] Vgl. BVerfGE 69, 315, 353; *Kingreen, T./Poscher, R.*, Staatsrecht II – Grundrechte, Rn. 93; *Gusy, C.*, in: Mangoldt, H. v./Klein, F./Starck, C. (Hrsg.), GG, Art. 8 Rn. 43.
[60] Vgl. *Merten, D.*, Handlungsgrundrechte als Verhaltensgarantien, VerwArch 73 (1982), S. 103 f., S. 106. Der Autor behandelt die Versammlungsfreiheit unter den „Handlungsrechte[n]", die einen „Duldungsanspruch" des Grundrechtsträgers gegenüber den Grundrechtsverpflichteten begründen. Vgl. auch ECHR, Navalnyy v. Russia, Nr. 29580/12 und 4 weitere, 15. November 2018, § 143; ECHR, Ibrahimov and Others v. Azerbaijan, Nr. 69234/11, 69252/11 und 69335/11, 11. Februar 2016, § 79 mwN.
[61] Vgl. *Depenheuer, O.*, in: Maunz, T./Dürig, G. (Hrsg.), GG, Art. 8 Rn. 61. Vgl. die Entscheidung des V vom 18. April 2011, Nr. 2/482, 483, 487, 502, Kap. II § 38; s. die spätere Analyse der Blockaden in Kap. H IV 10. Dazu auch *Jarass, H.D.*, in: Jarass, H.D./Pieroth, B., GG, Art. 8 Rn. 5; *Gusy, C.*, in: Mangoldt, H. v./Klein, F./Starck, C. (Hrsg.), GG, Art. 8 Rn. 23; BVerfGE 84, 203, 209; *Harris, D.J./O'Boyle, M./Bates, E./Buckley, C.*, Law of the ECHR, S. 711: Diese weisen auf die Schwierigkeiten der Abgrenzung hin.
[62] Dazu BVerfGE 104, 92, 104; *Wolff, H.A.*, in: Hömig, D./Wolff, H.A. (Hrsg.), GG, Art. 8 Rn. 2; *Brenneisen, H.*, in: Brenneisen, H./Wilksen, M. (Hrsg.), VersR, S. 121; wegen des mangelnden Zwecks der Teilhabe an der öffentlichen Meinungsbildung haben die „Arbeitskampfmaßnahmen" grundsätzlich keinen Versammlungscharakter. Diese könne aber u. U. einen Versammlungscharakter annehmen, dazu *Wroblewski, A.*, in: Däubler, W. (Hrsg.), Arbeitskampfrecht, § 17 Rn. 144.

richtung der sich versammelten Menschen, Teil des kommunikativen Prozesses zu sein.[63]

Das GVerfG hat in 2011 den verfassungsrechtlichen Versammlungsbegriff konkretisiert und damit die besonderen Merkmale der Versammlungsfreiheit verdeutlicht. Nach Aussage des Gerichts schützt die Versammlungsfreiheit die Meinungskundgabe in kollektiver Form. Die Qualität der verfassungsrechtlichen Freiheit sei aber erst anhand des gemeinsamen Ziels der Veranstaltung zu bestimmen. Das Ziel der Versammlung könne sich dabei auf einen Protest, eine Solidaritätskundgabe oder auf eine konkrete Forderung beziehen. Die Liste sei nicht erschöpfend.[64] Das GVerfG führte weiter aus: Eine Ansammlung von Menschen, die durch keine gemeinsame Idee verbunden ist und nicht der Mitteilung oder Verbreitung von Meinungen und Informationen dient, könne nicht als Versammlung im verfassungsrechtlichen Sinne verstanden werden.[65] Auf den ersten Blick deuten diese Aussagen auf ein weites Verständnis des verfassungsrechtlichen Versammlungsbegriffs hin, da es nur auf die Zweckverbundenheit der Zusammenkunft zur gemeinsamen Meinungsbildung und Kundgabe ankommt. Das GVerfG hat davon abgesehen, klarzustellen, welchen Bezugspunkt die gemeinsame Idee und der Zweck der Veranstaltung aufweisen müssen, um diese Anforderungen zu erfüllen und ob es sich um die Erörterung einer für die Öffentlichkeit wichtigen Angelegenheit handeln muss. In derselben Entscheidung aber in anderem Kontext weist das Gericht auf ein weiteres Merkmal hin, das zuvor nicht genannt wurde. In seinen Ausführungen zum Art. 11[1] GVersG hat das GVerfG das Ziel der Durchführung der Versammlung in den Vordergrund gestellt. Dies sei darauf gerichtet, Meinungen in Fragen, die für die Gesellschaft signifikant sind, kundzutun.[66] Die Durchführung einer Versammlung sei zudem als Mittel des politischen Kampfes zu verstehen, wenn es von Personen eingesetzt wird, die politisch aktiv sind.[67] Vorbereitung und Durchführung einer Versammlung könnten aber nicht immer als Teil politischer Aktionen qualifiziert

---

[63] ECHR, Tatár and Fáber v. Hungary, Nr. 26005/08 and 26160/08, 12 Juni 2012, § 38: „[I]n qualifying a gathering of several people as an assembly, regard must be had to the fact that an assembly constitutes a specific form of communication of ideas, where the gathering of an indeterminate number of persons with the identifiable intention of being part of the communicative process can be in itself an intensive expression of an idea [...]."; zit. auch von *Schabas, W. A.*, The ECHR, S. 494 f.
[64] Vgl. die Entscheidung des GVerfG vom 18. April 2011, Nr. 2/482, 483, 487, 502, Kap. II § 99.
[65] Vgl. ebd., § 4.
[66] Vgl. ebd., § 25.
[67] Vgl. ebd., § 124.

werden.⁶⁸ Nur die konkreten Umstände könnten die Annahme einer politischen Aktion rechtfertigen.⁶⁹

Gemäß dem deutschen Verständnis des Versammlungsbegriffs ist zur Eröffnung des Schutzbereichs entscheidend, dass die Veranstaltung schwerpunktmäßig („überwiegend") den Zweck der Meinungskundgabe, nicht dagegen den Zweck der Unterhaltung oder auch kommerzielle Interessen verfolgt (keine „Zweckbeliebigkeit").⁷⁰ Es muss sich um die Kommunikation mit der Außenwelt („kommunikative Einflussnahme auf die öffentliche Meinung"⁷¹) auf eine bestimmte Art und Weise (u. a. durch Tanz und Musik) und nicht nur um die Unterhaltung der Menschen („Spaßveranstaltungen") handeln.⁷² Unterschieden wird weiter zwischen dem gemeinsamen Zweck, wodurch die Qualität der Zusammenkunft als Versammlung bzw. deren „innere Verbindung" bestätigt wird,⁷³ so-

---

⁶⁸ Das BVerfG hat schon im „Brokdorf"-Beschluss darauf hingewiesen, dass der Kommunikationszweck der Versammlung nicht nur politische, sondern soziale und andere gesellschaftliche Bereiche betreffen kann, vgl. BVerfGE 69, 315, 342 f. sowie BVerfG, Beschl. v. 17.02.2009 – 1 BvR 2492/08, DVBl. 2009, S. 598; vgl. auch BVerfG, Beschl. v. 02.11.2016 – 1 BvR 289/15, BeckRS 2016, 55724, Rn. 13.

⁶⁹ Vgl. die Entscheidung des GVerfG vom 18. April 2011, Nr. 2/482, 483, 487, 502, Kap. II § 125.

⁷⁰ Vgl. BVerfG, Beschl. v. 12.07.2001 – 1 BvQ 28/01 und 1 BvQ 30/01, NJW 2001, S. 2460 f. Vgl. *Schneider, J.-P.*, in: Epping, V./Hillgruber, C. (Hrsg.), GG, Art. 8 Rn. 8 m. V. auf BVerfGE 104, 92, 104. Das kommunikative Anliegen prägt daher sowohl die Wirkung nach innen – gemeinsame Sichtbarmachung von Überzeugungen – als auch nach außen – Beeinflussung der Außenwelt durch eigene kommunikative Beiträge, vgl. OVG Münster, Beschl. v. 29.07.2016 – 15 B 876/16, NVwZ 2017, S. 649 Rn. 10; VG Köln, Beschl. v. 26.04.2017 – 20 L 1811/17, BeckRS 2017, 108295, Rn. 15.

⁷¹ Vgl. *Wolff, H. A.*, in: Hömig, D./Wolff, H. A. (Hrsg.), GG, 2018, Art. 8 Rn. 2; zum Phänomen der „öffentliche[n] Meinung" *Kloepfer, M.*, in: Isensee, J./Kirchhof, P. (Hrsg.), HStR III, § 42 Rn. 2. Zur Kritik vgl. *Kingreen, T./Poscher, R.*, Staatsrecht II – Grundrechte, Rn. 811 mwN; wenn sich der Versammlungszweck auf die öffentliche Meinungsbildung richten sollte, dann sei von dem speziellen Schutz des Art. 8 GG i. V. m. Art. 5 GG auszugehen.

⁷² Dazu *Höfling, W./Krohne, G.*, Versammlungsrecht in Bewegung, JA 2012, S. 737: So werden auch die Skinheadkonzerte als Versammlungen klassifiziert, indem diese Meinungen („politische Botschaften") zum Ausdruck bringen, *Trurnit, C.*, Grundfälle zum Versammlungsrecht, Jura 2014, S. 487 mwN. Ein interessanter Fall der gemischten Veranstaltung hat der EGMR im Fall „Plattform Ärzte" behandelt (ECHR, Plattform „Ärzte für das Leben" v. Austria, Nr. 10126/82, 21. Juni 1988): Die Protestaktion der Ärzte wurde von einem Gottesdienst begleitet, wobei der Schwerpunkt der Veranstaltung auf der Meinungskundgabe lag. Der EGMR hat in der Zulässigkeitsentscheidung erläutert, in eigenen Erwägungen, falls nötig, auch Art. 9 EMRK (Religionsfreiheit) zu berücksichtigen. Dazu vgl. *Gässner, K.*, Die Rechtsprechung zur Versammlungsfreiheit, S. 145.

⁷³ Vgl. *Jarass, H. D.*, in: Jarass, H. D./Pieroth, B., GG, Art. 8 Rn. 3; VG Frankfurt a. M., Beschl. v. 06.08.2012 – 5 L 2558/12, NVwZ-RR 2012, S. 807; *Kniesel, M./Poscher, R.*, in: Lisken, H./Denninger, E. (Hrsg.), Hb PolR, Kap. K Rn. 52 und Rn. 57; *dies.*, Staatsrecht II – Grundrechte, Rn. 807; *Geis, M. E.*, in: Friauf, H./Höfling, W. (Hrsg.), Berliner Kommentar GG,

II. Der Gewährleistungsbereich der Versammlungsfreiheit

wie den Interessen der Versammlungsteilnehmer. Im Unterschied zur notwendigen Zweckverbundenheit der Versammlung sei – insbesondere während der zahlreichen Versammlungen – anzunehmen, dass die Teilnehmer keine identischen Interessen verfolgen.[74] Ebenfalls zu berücksichtigen ist bei der Bestimmung der inneren Verbindung, dass auch die Äußerung kritischer und ablehnender Meinungen während der Versammlung geschützt ist.[75] Spontane Versammlungen, die ohne diese Verbindung entstanden sind (Ansammlungen, „Zufallsgemeinschaften"), können allerdings zu einer Versammlung werden.[76] Die Tatsache, dass dies nicht geplant und vorbereitet war, ändert daran nichts. Planung und Vorbereitung, auch wenn diese von der Versammlungsfreiheit geschützt werden, sind keine Merkmale des Versammlungsbegriffs.[77] Wird einer Veranstaltung die Versammlungseigenschaft durch die Behörden fehlerhaft abgesprochen, müssen die Gerichte anhand der Kriterien des Verfassungsgerichts entscheiden.[78] Der hohe Rang der Versammlungsfreiheit verlangt dabei, Zweifel zugunsten der Versammlungsfreiheit auszulegen: Verfolgt eine Veranstaltung sowohl kommunikative als auch nichtkommunikative Zwecke, ist das „Gesamtgepräge" der Versammlung entscheidend. Ausgangspunkt der Einschätzung der „überwiegend" verfolgten Zwecke („Zweifelsregel des BVerfG") ist dabei die Perspektive des außenstehenden Bürgers als potenzieller Teilnehmer (ein durchschnittlicher Betrachter, unbe-

---

Art. 8 Rn. 18; *Kloepfer, M.*, in: Isensee, J./Kirchhof, P. (Hrsg.), HStR VII, § 164 Rn. 32; von der Kommunikation sei dann auszugehen, wenn die Menschen „bewusst und gewollt" zum Zweck des Meinungsaustausches zusammen sind. Schon im Begriff des „Sich-Versammelns" sei ein Hinweis auf „ein zielgerichtetes Handeln" zu sehen, so *Ebeling, C.*, Die organisierte Versammlung, S. 251. Zuschauer eines Fußballspiels verfolgen zwar denselben Zweck, aber eben nicht gemeinsam, so *Kretschmer, J.*, Ein Blick in das Versammlungsstrafrecht, NStZ 2015, S. 504.

[74] Zur Gegenüberstellung von Zweck und Interessen der Versammlungsteilnehmer vgl. *Sachs, M.*, Verfassungsrecht II – Grundrechte, S. 475 Rn. 4; *Koll, B.*, Liberales Versammlungsrecht, S. 31.

[75] Vgl. *Schneider, J.-P.*, in: Epping, V./Hillgruber, C. (Hrsg.), GG, Art. 8 Rn. 6. Vgl. die spätere Behandlung des personellen Schutzbereichs in Kap. F II 5.

[76] Vgl. *Müller-Franken, S.*, in: Schmidt-Bleibtreu, B./Hofmann, H./Henneke, H.-G. (Hrsg.), GG, Art. 8 Rn. 10; *Schulze-Fielitz, H.*, in: Dreier, H. (Hrsg.), GG, Art. 8 Rn. 25; *Geis, M. E.*, in: Friauf, H./Höfling, W. (Hrsg.), Berliner Kommentar GG, Art. 8 Rn. 38; *Hartmann, B. J.*, in: Bonner-Kommentar GG, Art. 8 Rn. 188.

[77] Vgl. *Müller-Franken, S.*, in: Schmidt-Bleibtreu, B./Hofmann, H./Henneke, H.-G. (Hrsg.), GG, Art. 8 Rn. 15.

[78] Vgl. BVerfG, Beschl. v. 12.07.2001 – 1 BvQ 28/01 und 1 BvQ 30/01, NJW 2001, S. 2461; *Schneider, J.-P.*, in: Epping, V./Hillgruber, C. (Hrsg.), GG, Art. 8 Rn. 10; ECHR, Novikova and Others v. Russia, Nr. 25501/07, 57569/11, 80153/12, 5790/13 und 35015/13, 26. April 2016, § 193. Zur faktischen Auflösung der Versammlung infolge verneinten Versammlungscharakters vgl. den Fall „Stuttgart 21": VG Stuttgart, Urt. v. 18.11.2015 – 5 K 1265/14, BeckRS 56039.

teiligter Beobachter) der Veranstaltung.[79] Zu berücksichtigen ist aber auch das „Selbstverständnis" des Veranstalters.[80]

Die Versammlungsfreiheit beinhaltet ein demokratisches „Schlüsselgrundrecht".[81] Nach Waechter wird der „kommunikative Gehalt" der Versammlungsfreiheit zugleich zum „demokratischen Kerngehalt" gezählt.[82] Laut Hoffmann-Riem verhindert das in der Literatur kritisierte Verständnis des BVerfG, dass die Versammlungsfreiheit nur ein „Querschnittsrecht" des kollektiven Gebrauchmachens der Freiheit darstellt.[83] Auch das GVerfG tendiert dabei nicht zum engsten Versammlungsbegriff, der zusätzlich verlangt, dass sich der Gegenstand der Kundgabe auf eine politische [!] Angelegenheit bezieht.[84] Ohnehin

---

[79] Vgl. dazu BVerfG, Beschl. v. 27.10.2016 – 1 BvR 458/10, NVwZ 2017, S. 468 Rn. 113; *Hartmann, B.J.*, in: Bonner-Kommentar GG, Art. 8 Rn. 188; *Wiefelspütz, D.*, Ist die Love-Parade eine Versammlung?, NJW 2002, S. 274. Interessant ist, dass bis zum Beschluss des BVerfG vom 12.07.2001 die bekannten Unterhaltungsveranstaltungen (wie „Love Parade" und „Fuckparade") als Versammlungen angemeldet und genehmigt wurden. Diese Praxis hat das BVerfG aber geändert; dazu *Tschentscher, A.*, Versammlungsfreiheit und Eventkultur, NVwZ 2001, S. 1243. Weiter vgl. *Kloepfer, M.*, in: Isensee, J./Kirchhof, P. (Hrsg.), HStR VII, § 164 Rn. 27: Bedeutend sei bei der Festlegung der Gesamtgepräge, dass die Meinungen nicht nur „bei Gelegenheit" geäußert werden. Zur „Zweifelsregel" des BVerfG ebd., Rn. 29; *Trurnit, C.*, Rechtsprechungsentwicklung zum Versammlungsrecht, NVwZ 2016, S. 873. Vgl. auch BVerfG, Urt. v. 22.09.2015 – 10 B 14.2246, NVwZ-RR 2016, S. 499 Rn. 46.

[80] Vgl. BVerfG, Beschl. v. 27.10.2016 – 1 BvR 458/10, NVwZ 2017, S. 468 Rn. 113 m.V. auf BVerwG, Urt. v. 22.08.2007 – 6 C 22.06, NVwZ 2007, S. 1431 Rn. 17–18; BVerfG, Urt. v. 20.06.2014 – 1 BvR 980/13, NJW 2014, S. 2707, Rn. 18; VGH München, Urt. v. 22.09.2015 – 10 B 14.2246, NVwZ-RR 2016, S. 499 Rn. 47.

[81] Vgl. *Depenheuer, O.*, in: Maunz, T./Dürig, G. (Hrsg.), GG, Art. 8 Rn. 31; *Wolff, H.A.*, in: Hömig, D./Wolff, H.A. (Hrsg.), GG, Art. 8 Rn. 2; BVerfG, Beschl. v. 18.07.2015 – 1 BvQ 25/15, NVwZ 2015, S. 2485.

[82] So *Waechter, K.*, Die Vorgaben des BVerfG für das behördliche Vorgehen, VerwArch 99 (2008), S. 86. Die „Kerngehalte" der Kommunikationsfreiheiten seien Konkretisierungen des Demokratieprinzips, so *Pieroth, B.*, Das Demokratieprinzip des Grundgesetzes, JuS 2010, S. 478.

[83] So *Hoffmann-Riem, W.*, in: Merten, D./Papier, H.-J. (Hrsg.), HGR IV, § 106 Rn. 50.

[84] Vgl. *Geis, M.E.*, in: Friauf, H./Höfling, W. (Hrsg.), Berliner Kommentar GG, Art. 8 Rn. 17; *Peters, A./Altwicker, T.*, EMRK, S. 106 Rn. 5. Gegen die Verengung des Versammlungsbegriffs schon durch die „öffentliche Angelegenheit" *Kingreen, T./Poscher, R.*, Staatsrecht II – Grundrechte, Rn. 810: Die geschichtlichen Gefährdungsfälle rechtfertigen nicht diese Verengung des Begriffs; der Wortlaut und die Systematik geben keine Anhaltspunkte dazu: Dabei wird die Verengung des Begriffs nicht als Folge des „Brokdorf"-Beschlusses gesehen (69, 315, 343), sondern der späteren Entscheidung des BVerfG (104, 92, 104). Im „Brokdorf"-Beschluss spreche das Gericht vor allem von „gemeinschaftlicher, auf Kommunikation angelegter Entfaltung" und neige damit zum weiten Versammlungsbegriff; später gehe es aber vom Zweck der „Teilhabe an einer öffentlichen Meinungsbildung" aus (vgl. ebd., Rn. 811); vgl. *Sachs, M.*, in: Stern, K. (Hrsg.), Das Staatsrecht IV/1, S. 1204; *Kingreen, T./Poscher, R.*, Polizei- und Ordnungsrecht, § 19 Rn. 9; so auch *Tschentscher, A.*, Versammlungsfreiheit und Eventkultur,

gilt, dass „das Private [leicht] politisch wird".⁸⁵ Politisch in diesem Sinne sind alle für die Gesellschaft wichtigen Fragen mit örtlichem, nationalem oder internationalem Bezug.⁸⁶ Geis verweist hier auf die verschwommenen Grenzen bei der Beurteilung und die Gefahr einer inhaltlichen Wertung, die vor allem für die Kommunikationsgrundrechte abzuwehren sei.⁸⁷ Nach Höfling und Augsberg führt selbst die Annahme einer besonderen demokratischen Funktion der Versammlungsfreiheit nicht zum engen, sondern umgekehrt zu einem erweiterten Verständnis des Versammlungsbegriffs.⁸⁸ Die „Demonstration" als „plakative" Kundgebung präsentiert dabei einen Unterfall der politischen Versammlung.⁸⁹ Dass dieser Unterfall in vielen Fällen und in den meisten Ländern die tatsächliche Freiheit testet, wird u. a. in der Rechtsprechung des EGMR deutlich. Auch aus der Judikatur des EGMR geht aber klar hervor, dass die Versammlungsfreiheit ein facettenreiches öffentliches und soziales Leben der Gesellschaft reflektiert und sich nicht auf die politische Kundgebung reduzieren lässt.⁹⁰ Schon die systematische Stellung der Versammlungsfreiheit zwischen Art. 8–12 EMRK (Schutz der Privatsphäre des Individuums) legt nahe, die Versammlungsfreiheit weit zu verstehen. Artikel 11 EMRK erfasst zudem private Angelegenheiten.⁹¹

NVwZ 2001, S. 1244. Kritisch auch *Depenheuer, O.*, in: Maunz, T./Dürig, G. (Hrsg.), GG, Art. 8 Rn. 39 und Rn. 43. Gegen die politische Reduzierung spreche nach Blanke auch die enge Verbindung der Versammlungs- und Vereinigungsfreiheit, indem es bei der Vereinigungsfreiheit nicht auf politische und nichtpolitische Zwecken ankomme; *Blanke, H.-J.*, in: Stern, K./ Becker, F. (Hrsg.), Grundrechte-Kommentar, Art. 8 Rn. 26.
⁸⁵ Vgl. *Kretschmer, J.*, Ein Blick in das Versammlungsstrafrecht, NStZ 2015, S. 504; so auch *Flitsch, M.*, Die Funktionalisierung der Kommunikationsgrundrechte, S. 122.
⁸⁶ *Geis, M. E.*, in: Friauf, H./Höfling, W. (Hrsg.), Berliner Kommentar GG, Art. 8 Rn. 18.
⁸⁷ Ebd.
⁸⁸ Vgl. *Höfling, W./Augsberg, S.*, Versammlungsfreiheit, ZG 21 (2006), S. 155.
⁸⁹ Vgl. *Kloepfer, M.*, in: Isensee, J./Kirchhof, P. (Hrsg.), HStR VII, § 164 Rn. 37–38; *Schwäble, U.*, Das Grundrecht der Versammlungsfreiheit, S. 71; *Gusy, C.*, in: Mangoldt, H. v./ Klein, F./Starck, C. (Hrsg.), GG, Art. 8 Rn. 18; *Geis, M. E.*, in: Friauf, H./Höfling, W. (Hrsg.), Berliner Kommentar GG, Art. 8 Rn. 27; *Hartmann, B. J.*, in: Bonner-Kommentar GG, Art. 8 Rn. 148; vgl. auch BVerfG, Beschl. v. 07.03.2011 – 1 BvR 388/05, BeckRS 2011, 49212, Rn. 32.
⁹⁰ ECHR, Navalnyy v. Russia, Nr. 29580/12 und 4 weitere, 2. Februar 2017, § 45: „[…] Article 11 of the Convention covers both private meetings and meetings in public places.", ECHR, Kudrevičius and Others v. Lithuania, Nr. 37553/05, 15. Oktober 2015, § 160.
⁹¹ Vgl. ECHR, Taranenko v. Russia, Nr. 19554/05, 15. Mai 2014, § 65 mwN; ECHR, Primov and Others v. Russia, Nr. 17391/06, 12. Juni 2014, § 116; ECHR, Annenkov and Others v. Russia, Nr. 31475/10, 25. Juli 2017, § 123; ECHR, Barraco v. France, Nr. 31684/05, 5. März 2009, § 41; ECHR, Djavit An v. Turkey, Nr. 20652/92, 20. Februar 2003, § 56: „The Court observes at the outset that the right to freedom of assembly is a fundamental right in a democratic society and, like the right to freedom of expression, is one of the foundations of such a society. Thus, it should not be interpreted restrictively […]." Vgl. auch *Ripke, S.*, Europäische Versammlungsfreiheit, S. 190.

Dennoch wird die Versammlungsfreiheit auch als „gemeinschaftsbezogene" Freiheit der Konvention bezeichnet.[92]

3. Die Reichweite des sachlichen Schutzgehalts

Die Reichweite des sachlichen Schutzgehalts wird unter „Leitbegriffe" des Sich-Versammelns oder „Versammlung" bestimmt und determiniert die Gewährleistungsaufgabe des Staates.[93] Dazu schützt die Versammlungsfreiheit „vielfältige Formen" der Kommunikation, die ohne „numerus clausus" stattfinden.[94] Erfasst sind ebenso argumentative und diskursive Veranstaltungen.[95] Das kollektive Verhalten mit eigenen „Identitäten" umfasst auch und vor allem nonverbale Ausdrucksformen und provokative Äußerungen.[96] Die begriffsnotwendige „körperliche Sichtbarmachung" des kommunikativen Anliegens (Außenkommunikation) kann durch „bloße Anwesenheit" am Versammlungsort geschehen.[97] Die Vielfältigkeit der „Massenexpressivität"[98] (mit Gesten, Stillschweigen, Wor-

---

[92] Dazu *Grabenwarter, C./Pabel, K.*, EMRK, § 380 („politische und gemeinschaftsbezogene Grundrechte").
[93] Vgl. *Krüger, R.*, VersR, S. 16.
[94] Vgl. *Jarass, H.D.*, in: Jarass, H.D./Pieroth, B., GG, Art. 8 Rn. 3 m.V. auf BVerfGE 69, 315 343; *Gusy, C.*, in: Mangoldt, H.v./Klein, F./Starck, C. (Hrsg.), GG, Art. 8 Rn. 20; *Depenheuer, O.*, in: Maunz, T./Dürig, G. (Hrsg.), GG, Art. 8 Rn. 73; *Höfling, W.*, in: Sachs, M. (Hrsg.), GG, Art. 8 Rn. 20. Geschützt sind somit Veranstaltungsformen wie z.B. Sitzdemos, Mahnwachen, Schweigemärsche, Lichterketten, *Hartmann, B.J.*, in: Bonner-Kommentar, GG, Art. 8 Rn. 179; *Kanther, W.*, Zur „Infrastruktur" von Versammlungen, NVwZ 2001, S. 1239; VGH München, Urt. v. 22.09.2015 – 10 B 14.2246, NVwZ-RR 2016, S. 498 Rn. 45; *Geis, M.E.*, in: Friauf, H./Höfling, W. (Hrsg.), Berliner Kommentar GG, Art. 8 Rn. 30.
[95] ECHR, Tatár and Fáber v. Hungary, Nr. 26005/08 und 26160/08, 12. Juni 2012, § 38: „[…] [A]n Assembly may serve the exchange of ideas between the speakers and the participants, intentionally present, even if they disagree with the speakers." *Höfling, W.*, in: Sachs, M. (Hrsg.), GG, Art. 8 Rn. 14; *Müller-Franken, S.*, in: Schmidt-Bleibtreu, B./Hofmann, H./Henneke, H.-G. (Hrsg.), GG, Art. 8 Rn. 17.
[96] Vgl. BVerfGE 69, 315, 345; BVerfG, Urt. v. 20.06.2014 – 1 BvR 980/13, NJW 2014, S. 2707 Rn. 15 („Protestveranstaltung auf dem Friedhof"); BVerfG, Beschl. v. 07.03.2011 – 1 BvR 388/05, BeckRS 2011, 49212, Rn. 32.
[97] Vgl. BVerfG, Beschl. v. 10.12.2010 – 1 BvR 1402/06, NVwZ 2011, S. 422; *Muckel, S.*, Gegendemonstration durch bloße Anwesenheit, JA 2011, S. 555 f.: Nach der Formel des „Brokdorf"-Beschlusses geht es bei einer Versammlung darum, dass die Teilnehmer „nach außen – schon durch die bloße Anwesenheit, die Art des Auftretens und des Umgangs miteinander oder die Wahl des Ortes – im eigentlichen Sinne des Wortes Stellung nehmen und ihren Standpunkt bezeugen" (BVerfGE 69, 315, 345). Der Wille der Außenkommunikation war im konkreten Fall dadurch zum Ausdruck gebracht, dass die Gruppe rechtsorientierter Personen non-verbal, in zeitlicher und örtlicher Nähe zur ausdrücklich linksgerichteten Versammlung protestierten. Die Tatsache der Nichtanmeldung konnte am Versammlungscharakter nichts ändern.
[98] So *Limmer, M.*, Rechtliche Grenzen der Einschüchterung im Versammlungsrecht, S. 136.

II. Der Gewährleistungsbereich der Versammlungsfreiheit

ten[99]) steht einer „Versteinerung" des Versammlungsbegriffs entgegen.[100] Durch diese „Offenheit" der Versammlungsformen wird die Versammlungsfreiheit von den Grundrechtsträgern mitinterpretiert,[101] indem das Selbstverständnis des gemeinsamen Kommunizierens für das Grundrecht als prägend gilt.[102] Dabei geht es begriffsnotwendig um das „Vorbild" einer friedlich verlaufenen Versammlung in ihrer „körperlichen Gegenwart".[103] Das GVerfG gibt keine ausdrückliche Stellungnahme zur zeitlichen Dimension der Versammlung ab, die nach deutschem Recht ohne Grenzen gewährt wird (keine „Mindest- oder Höchstdauer").[104]

Die kollektiven Entfaltungsmodalitäten der Freiheit werden von der Tatsache beeinflusst, dass der Schutzbereich des Grundrechts auch den Zugang und die gruppenweise Anreise zur Versammlung als vorbereitende Kundgabehandlungen erfasst.[105] Gleiches gilt für Teilnahmeaufrufe und Einladungen.[106] Auch die Her-

---

[99] Vgl. ECHR, Fáber v. Hungary, Nr. 40721/08, 24. Juli 2012, § 41; ECHR, Barraco v. France, Nr. 31684/05, 5. März 2009, § 42: Es handelt sich um „[…] free expression of opinions by word, gesture or even silence by persons assembled on the streets or in other public places. […]".

[100] Vgl. *Brenneisen, H./Wilksen, M.*, in: dies. (Hrsg.), VersR, S. 76.

[101] Vgl. *Häberle, P.*, Verfassungsgerichtsbarkeit in der offenen Gesellschaft, S. 37; *Classen, C. D.*, Staatsrecht II – Grundrechte, § 5 Rn. 8.

[102] Vgl. die spätere Analyse des Selbstbestimmungsrechts in Kap. F V.

[103] Vgl. *Geis, M. E.*, in: Friauf, H./Höfling, W. (Hrsg.), Berliner Kommentar GG, Art. 8 Rn. 16. Vgl. die spätere Behandlung des Friedlichkeitsgebots, das die Versammlungsfreiheit tatbestandlich limitiert.

[104] Die Dauer ist im Allgemeinen zur Feststellung des Versammlungscharakters nicht bedeutsam, *Müller-Franken, S.*, in: Schmidt-Bleibtreu, B./Hofmann, H./Henneke, H.-G. (Hrsg.), GG, Art. 8 Rn. 14; *Gusy, C.*, in: Mangoldt, H. v./Klein, F./Starck, C. (Hrsg.), GG, Art. 8 Rn. 21; *Kniesel, M./Poscher, R.*, in: Lisken, H./Denninger, E. (Hrsg.), Hb PolR, Kap. K Rn. 63; *Geis, M. E.*, in: Friauf, H./Höfling, W. (Hrsg.), Berliner Kommentar GG, Art. 8 Rn. 33. Vgl. ECHR, Hyde Park and Others v. Moldova (Nr. 4), Nr. 18491/07, 7. April 2009, § 53.

[105] Vgl. *Gusy, C.*, in: Mangoldt, H. v./Klein, F./Starck, C. (Hrsg.), GG, Art. 8 Rn. 30 und Rn. 70; *Classen, C. D.*, Staatsrecht II – Grundrechte, § 10 Rn. 62. Zur Anreise vgl. *Münch, I. v./Mager, U.*, Staatsrecht II – Grundrechte, Rn. 531. Zur unbegründeten Hinderung der Teilnehmer in Bussen, an der Demonstration teilzunehmen, VG Lüneburg, Urt. v. 30.03.2004 – 3 A 116/02, BeckRS 2004, 21631, Rn. 26: Die Polizeibeamten ergriffen mehrere Maßnahmen zur Aufklärung der Gefahrenlage und Feststellung der Gewaltbereitschaft der Teilnehmer. Dabei waren die im zweiten Schritt durchgeführten Maßnahmen (u. a. die Ingewahrsamnahme) rechtswidrig und nicht mehr notwendig. Am Ende der polizeilichen Maßnahmen war die Demonstration schon beendet. Diese Schutzwirkung gilt ungeachtet des konkreten Verkehrsmittels; *Behmenburg, B.*, Polizeiliche Maßnahmen bei der Anfahrt zur Versammlung, LKV 2003, S. 501.

[106] *Schneider, J.-P.*, in: Epping, V./Hillgruber, C. (Hrsg.), GG, Art. 8 Rn. 21; *Kingreen, T./Poscher, R.*, Grundrechte – Staatsrecht II, Rn. 824, auch die Werbung sei als Vorbereitungsaktion zu sehen. Die Werbung sei von der Meinungsfreiheit geschützt, so *Waechter, K.*, Die Vorgaben des BVerfG für das behördliche Vorgehen, VerwArch 99 (2008), S. 81; vgl. auch OVG Münster, Beschl. v. 30.12.2016 – 15 B 1526/16, BeckRS 2016, 113435, Rn. 9.

96 F. Die „Eigentümlichkeiten" und die „Bindungsenergie" der Versammlungsfreiheit

stellung von Flugblättern und Transparenten, die in einem unmittelbaren (inhaltlichen) Sachzusammenhang mit der späteren Versammlung stehen, genießt als vorbereitende Maßnahme den Schutz der Versammlungsfreiheit.[107] In diesem Sinne versteht Kloepfer die Versammlungsfreiheit als „Entstehensrecht".[108] Auch die Aussage des BVerfG hinsichtlich des Schutzes des „gesamten Vorgang[s] des Sich-Versammelns" deutet darauf hin, dass es sich nicht um eine Vorwirkung, sondern um den einheitlichen Schutz der „sich bildenden Versammlung" handelt.[109] Geschützt ist in der Endphase der Veranstaltung das Sich-Entfernen vom Versammlungsort („Beendensschutz").[110] Das OVG Berlin-Brandenburg qualifizierte die Versammlung (unter freiem Himmel) als Rahmen für „schlichtes Hinzutreten" und „einfaches Weggehen".[111] Der Schutz der Versammlungsfreiheit endet mit der rechtmäßigen Auflösung der Versammlung.[112] Dabei wirkt der Schutz auch nach der Phase der Auflösung sowohl bei der eventuellen polizeilichen Zerstreuung als auch während des „freien Abzugs" der Teilnehmer der aufgelösten Versammlung. Differenziert zu beurteilen ist die Schutzwirkung in der Phase der Sanktionierung. Da die Rechtmäßigkeit der Auflösung erst im Nachhinein der Geschehnisse aufgeklärt werden kann, können Teilnehmer während der Sanktionierung eines Verhaltens, das zeitlich vor der Auflösung lag, vollen Schutz der Versammlungsfreiheit (und nicht erst einer Nachwirkung) genießen.[113]

---

[107] Vgl. *Schulze-Fielitz, H.*, in: Dreier, H. (Hrsg.), GG, Art. 8 Rn. 33 (Schutz für alle vorbereitenden Maßnahmen). *Brenneisen, H.*, in: Brenneisen, H./Wilksen, M. (Hrsg.), VersR, S. 267; s. auch *Schneider, J.-P.*, in: Epping, V./Hillgruber, C. (Hrsg.), GG, Art. 8 Rn. 21.
[108] Vgl. *Kloepfer, M.*, Grundrechte als Entstehenssicherung und Bestandsschutz, S. 88 f.Vgl. auch die Verweise bei *Krisor-Wietfeld, K.*, Rahmenbedingungen der Grundrechtsausübung, S. 154 f. Vgl. *Ebeling, C.*, Die organisierte Versammlung, S. 253 f.: Er unterstreicht die Schutzbedürftigkeit der Organisationsphase und betrachtet die Versammlungsfreiheit als „Organisationsgrundrecht".
[109] Vgl. BVerfGE 84, 203, 209: „Dabei beschränkt sich der Schutz [der Versammlungsfreiheit] nicht allein auf die Teilnahme an einer bestehenden Versammlung, sondern umfasst auch den gesamten Vorgang des Sich-Versammelns."
[110] Vgl. *Höfling, W.*, in: Sachs, M. (Hrsg.), GG, Art. 8 Rn. 26; *Müller-Franken, S.*, in: Schmidt-Bleibtreu, B./Hofmann, H./Henneke, H.-G. (Hrsg.), GG, Art. 8 Rn. 18; *Schneider, J.-P.*, in: Epping, V./Hillgruber, C. (Hrsg.), GG, Art. 8 Rn. 22. Die Abreise und das Sich-Entfernen behandelt Hartmann in Zusammenhang mit der negativen Versammlungsfreiheit; *Hartmann, B. J.*, in: Bonner-Kommentar, GG, Art. 8 Rn. 239.
[111] Vgl. OVG Berlin-Brandenburg, Beschl. v. 16.08.2012 – OVG 1 S 108.12, BeckRS 2012, 55693 (in den Endausführungen).
[112] Vgl. BVerfG, Urt. v. 20.06.2014 – 1 BvR 980/13, NJW 2014, S. 2707 Rn. 17.
[113] Vgl. BVerfG 104, 92, 106; BVerfG, Urt. v. 20.06.2014 – 1 BvR 980/13, NJW 2014, S. 2707 Rn. 22: „Der Schutz durch die Versammlungsfreiheit entfällt ab dem Zeitpunkt der Auflösung, wirkt aber nicht zurück."

II. Der Gewährleistungsbereich der Versammlungsfreiheit

Die effektive Grundrechtsgeltung ermöglicht es den Individuen, selbst zu entscheiden, in welcher Weise diese von eigenen Freiheiten (staatsfreien Räumen) Gebrauch machen.[114] Die „natürliche" Versammlungsfreiheit schützt daher neben der Verhaltensfreiheit auch die dieser vorausgesetzten „Willensentschließungsfreiheit".[115] Diese innere Seite beinhaltet die Freiheit von jedem psychologischen Zwang, nicht an der Versammlung teilzunehmen oder umgekehrt.[116] Wie das OVG Lüneburg 2015 ausführte, ist die innere Freiheit dann beeinträchtigt, wenn staatliche Maßnahmen dazu führen, dass Teilnehmer ihre Meinung nicht oder nicht in vollem Umfang äußern können. Dies hat eine nachteilige Rückwirkung auf die demokratische Basis der Gesellschaft – die freie geistige Auseinandersetzung.[117] Es hat zudem eine schutzpflichtrechtliche Dimension, da auch Private keinen Zwang auf die Entschließungsfreiheit ausüben dürfen.[118] Nach Kloepfer wirkt sich die „Eingriffsfähigkeit" der Vorphase der Versammlung „entstehenssichernd" aus und erfordert den Schutz vor Eingriffen Dritter.[119] Als „innere Grundrechtsvoraussetzung" sei dies ein untrennbarer Bestandteil der Kommunikationsfreiheiten und ihrer effektiven Ausübung.[120]

Das Verfassungssystem sichert dem Grundrechtsträger die realen „Alternativen und Möglichkeiten" zu,[121] die eine postmoderne „Gesellschaft der Netzwerke" (Ladeur) intensiviert anstrebt, um erneut auf die individuelle „Identitätsbil-

---

[114] Vgl. BVerfG, Beschl. v. 29.08.2015 – 1 BvQ 32/15, NVwZ 2016, S. 244 Rn. 4: Art. 8 Abs. 1 GG beinhalte das Recht, selbst zu bestimmen, wann und unter welchen Modalitäten eine Versammlung stattfinden solle und ob man an dieser teilzunehmen gedenke. Vgl. auch *Isensee, J.*, in: Depenheuer/Grabenwarter, Verfassungstheorie, S. 208 Rn. 16 f.

[115] Zum freien Willensbildungsprozess als „souveränes Wollen" *Cremer, W.*, Freiheitsgrundrechte, S. 78.

[116] Zur inneren Freiheit als „Freiheit von Zwang" *Hayek, F. A.*, Die Verfassung der Freiheit, S. 20 f.

[117] OVG Lüneburg, Urt. v. 24.09.2015 – 11 LC 215/14, NVwZ-RR 2016, S. 99 Rn. 5.1 und Rn. 8. Vgl. auch OVG Greifswald, Urt. v. 15.07.2015 – 3 L 9/12, BeckRS 2016, 42879, Rn. 59.

[118] Vgl. *Schneider, J.-P.*, in: Epping, V./Hillgruber, C. (Hrsg.), GG, Art. 8 Rn. 18.

[119] Vgl. *Kloepfer, M.*, Grundrechte als Entstehenssicherung und Bestandsschutz, S. 88–89; vgl. auch S. 19 und S. 21: Er behandelt die einzelnen Modelle der Grundrechtsvoraussetzungen, die sich bei unterschiedlichen Grundrechten übertragen lassen: sachverhaltsschaffende, sachverhaltsermöglichende, sachverhaltsfördernde, sachverhaltssichernde, chancensichernde und entstehenssichernde Grundrechtsvoraussetzungen. Dabei sei die Frage nach dem Schutz der Grundrechtsvoraussetzungen nicht mit dem Leistungsgehalt der Grundrechte gleichzusetzen (S. 17–21).

[120] Vgl. ebd., S. 70 f.

[121] Begrifflich biete die „Freiheit" „Alternativen und Möglichkeiten", dazu *Möllers, M. H. W.*, Demonstrationsrecht im Wandel, S. 21. Vgl. auch *Habermas, J.*, Faktizität und Geltung, S. 152; *Ladeur, K.-H.*, Die Beobachtung der kollektiven Dimension der Grundrechte, Der Staat 50 (2011), S. 503. Die freien Entscheidungen setzen die freie Kommunikation voraus, vgl. *Sachs, M.*, in: Sachs, M. (Hrsg.), GG, Art. 20 Rn. 17.

98 F. Die „Eigentümlichkeiten" und die „Bindungsenergie" der Versammlungsfreiheit

dung" zurückzustrahlen.[122] Dadurch aktiviert die freie Selbstverwirklichung eines Grundrechtsträgers auch die anderen; es wird ein System der „Entfaltung der Menschen durch die Menschen" geschaffen.[123] Der Mensch als „reflektierende Kreatur"[124] begreift sich „selbst im Spiegel der anderen";[125] dies ist sowohl ein Teilaspekt der individuellen Selbstbestimmung als auch ein Weg zur natürlichen Suche nach Gleichgesinnten. Nach Luhmann reicht es nicht aus, wenn der individuellen Selbstdarstellung Chancen gegeben werden; hinzukommen muss die „Korrespondenzrolle" der anderen, der Gesellschaft und des Staates sowie entsprechende „Erwartungshorizonte", die sich „am eigenen und [gleichsam] fremden Handeln" orientieren.[126] In der Welt der Grundrechte ist es daher die Aufgabe der inneren Versammlungsfreiheit, diese „kollektiven Effekte" bzw. „Netzwerkeffekte" als Reflexion kommunikativen Handelns abzusichern.[127] Mit Blick auf die innere Versammlungsfreiheit stellt die kollektive Kundgabe erst die spezifische „Fortsetzung" der vorhergehenden individuellen Willensbildung dar.[128] Dadurch beinhaltet die innere Versammlungsfreiheit die Determinanten für die Wirkung der Versammlungsfreiheit nach innen, gemeinsam mit anderen kundzutun und nach außen den Einfluss Außenstehender anzustreben. Die innere Freiheit reflektiert am besten die Schutzrichtung der Versammlungsfreiheit als individuelles Recht, das eine entsprechende „Motivation" aktiven Verhaltens voraussetzt.[129] Die Entschlussfreiheit der einzelnen Personen überbrückt daher die individuelle Freiheit zu deren kollektiven Ausübung, die ihrerseits zur „kollektiven Einflussnahme" auf die öffentliche Meinungsbildung bzw. zur Kraft der Änderung erstarkt.

---

[122] *Ladeur, K.-H.*, Der Staat der „Gesellschaft der Netzwerke", Der Staat 48 (2009), S. 165 und S. 168.
[123] Vgl. *Rupp, H. H.*, in: Isensee, J./Kirchhof, P. (Hrsg.), HStR II, § 31 Rn. 18 und Rn. 27 mwN; so auch *Müller-Franken, S.*, in: Schmidt-Bleibtreu, B./Hofmann, H./Henneke, H.-G. (Hrsg.), GG, Art. 8 Rn. 3 m. V. auf Suhr, Entfaltung des Menschen durch den Menschen, 1976; so auch *Höfling, W.*, in: Sachs, M. (Hrsg.), GG, Art. 8 Rn. 12.
[124] So *Ehrentraut, C.*, Die Versammlungsfreiheit, S. 108.
[125] Dazu *Ladeur, K.-H.*, Die transsubjektive Dimension der Grundrechte, S. 26 und S. 30 (Logik der „Selbst- und Fremdbeobachtung").
[126] *Luhmann, N.*, Grundrechte als Institution, S. 84. Luhmann sieht diese Erwartungen auch von den Kommunikationsfreiheiten als mitgeschützt an; vgl. ebd., S. 98.
[127] Vgl. *Ladeur, K.-H.*, Die transsubjektive Dimension der Grundrechte, S. 31 m. V. auf Habermas.
[128] Vgl. *Gusy, C.*, in: Mangoldt, H. v./Klein, F./Starck, C. (Hrsg.), GG, Art. 8 Rn. 9 und Rn. 10. Zur Willensfreiheit als Element des Art. 8 GG *Alberts, H.-W.*, Zum Spannungsverhältnis zwischen Art. 8 GG und dem Versammlungsgesetz, NVwZ 1992, S. 38.
[129] Vgl. *Sachs, M.*, in: Stern, K. (Hrsg.), Das Staatsrecht III/2, S. 138.

II. Der Gewährleistungsbereich der Versammlungsfreiheit

Wie die sonstigen Freiheitsrechte beinhaltet auch die Versammlungsfreiheit die negative Seite, nicht an Versammlungen teilzunehmen.[130] Die negative Versammlungsfreiheit schützt vor jedem Zwang und vor allem vor „staatlich initiierten Versammlungen".[131] Dies folgt konkret aus der „prinzipiellen Staatsfreiheit" („Brokdorf") der Versammlung und im Allgemeinen der Staatsfreiheit des öffentlichen Meinungsbildungsprozesses in einer demokratischen Gesellschaft.[132] Die negative Versammlungsfreiheit muss dabei durch innere Versammlungsfreiheit abgesichert sein: Die Freiheit, nicht an einer Versammlung teilzunehmen, muss tatsächlich aufgrund des freien Willens getroffen werden.

4. Die Versammlungs- und Meinungsfreiheit

Bei der Durchführung der Versammlung kommt es nicht nur auf die Duldung der durch die Massenhaftigkeit der Versammlung ausgelösten (Verkehrs-)Störungen an. Vielmehr schützt die Versammlungsfreiheit u. a. und vor allem als Minderheitenrecht die Äußerung abweichender und kritischer Meinungen, die eine Gegenreaktion auslösen.[133] Andere verletzende, störende und schockierende Meinungen, die vom Schutzbereich der Meinungsfreiheit umfasst sind, sind ebenfalls durch Art. 11 EMRK geschützt.[134] Die Wahrnehmung der Versammlungsfreiheit durch eine Minderheit darf nicht von deren Akzeptanz durch die Mehrheit in der Gesellschaft abhängig sein.[135] Diese Konnexität von Meinungs- und Versammlungsfreiheit erklärt sich damit, dass die Demokratie nur bei Wahrnehmung bei-

---

[130] Zur negativen Freiheit *Kunig, P.,* in: Münch, I. v./Kunig, P. (Hrsg.), GG, Art. 8 Rn. 19; *Gusy, C.,* in: Mangoldt, H. v./Klein, F./Starck, C. (Hrsg.), GG, Art. 8 Rn. 33; *Kloepfer, M.,* in: Isensee, J./Kirchhof, P. (Hrsg.), HStR VII, § 164 Rn. 47. Interessant auch VG Magdeburg, Beschl. v. 20.08.2014 – 1 B 915/14, BeckRS 2014, 56115: Das Gericht betrachtet die Fälle der unzulässigen Zwangs- und Verhinderungswirkungen, die aus der Versammlung herauskommen, als Beeinträchtigung der negativen Versammlungsfreiheit der Nichtbeteiligten.
[131] Vgl. *Schneider, J.-P.,* in: Epping, V./Hillgruber, C. (Hrsg.), GG, Art. 8 Rn. 18; *Kloepfer, M.,* in: Isensee, J./Kirchhof, P. (Hrsg.), HStR VII, § 164 Rn. 11, in den autoritären Regimen werden die freien Versammlungen beschränkt und zugleich die „Massenaufmärsche" erzwungen.
[132] Vgl. *Sachs, M.,* in: Stern, K. (Hrsg.), Das Staatsrecht IV/1, S. 1232 f.
[133] „In einer Demokratie ist es notwendig, dass die Bürger lernen, [...] Empörungen auszuhalten", Russel, B., zit. nach *Brugger, W.,* Verbot oder Schutz von Hassrede?, AöR 128 (2003), S. 373; Barankevich v. Russia, Nr. 10519/03, 26. Juli 2007, § 30.
[134] ECHR, Handyside v. the UK, Nr. 5493/72, 7. Dezember 1976, § 49: „[...] Subject to paragraph 2 of Article 10 (art. 10–2), it is applicable not only to 'information' or 'ideas' that are favourably received or regarded as inoffensive or as a matter of indifference, but also to those that offend, shock or disturb the State or any sector of the population. [...]" Vgl. auch ECHR, Elvira Dmitriyeva v. Russia, Nr. 60921/17 und 7202/18, 30. April 2019, § 74 mwN.
[135] Vgl. Barankevich v. Russia, Nr. 10519/03, 26. Juli 2007, § 31.

der Freiheiten – als Werte („the paramount values") und als „rechtliche Rahmenbedingungen" der demokratischen Gesellschaft – funktionieren kann.[136]

Beide Grundrechte schützen dabei die persönlichen Meinungen;[137] ebenfalls beide beziehen sich nicht nur auf die inhaltliche Seite der Meinung, sondern auch auf deren Ausdrucksformen.[138] Das BVerfG hat im „Brokdorf"-Beschluss die Meinungsfreiheit als Mittel der ständigen geistigen Auseinandersetzung bezeichnet; dies gelte auch für Versammlungsfreiheit. Daran ändere nichts, wenn „speziell bei Demonstrationen das argumentative Moment zurücktritt, welches die Ausübung der Meinungsfreiheit in der Regel kennzeichnet". Bei Demonstrationen stehe die „physische Präsenz" als idealtypische Ausformung der gemeinsamen körperlichen Sichtbarmachung von Überzeugungen im Vordergrund. Aber auch hier gehe es um die Entfaltung der Persönlichkeit.[139] Die Verbindung zwischen der Meinungs- und der Versammlungsfreiheit entsteht laut EGMR, wenn die staatliche Intervention in die Versammlungsfreiheit zumindest teilweise eine Antwort („reaction") auf Meinungen und Stellungnahmen, die während der Versammlung vertreten werden, darstellt.[140] Daher wird der Fall meistens im Licht des Art. 10 EMRK gesehen.[141] Neben dieser „Kombinationsmethodik" als gängi-

---

[136] ECHR, Stankov and the United Macedonian Organisation Ilinden v. Bulgaria, Nr. 29221/95 und 29225/95, 2. Oktober 2001, § 97; ECHR, Fáber v. Hungary, Nr. 40721/08, 24. Juli 2012, § 34; ECHR, Taranenko v. Russia, Nr. 19554/05, 15. Mai 2014, § 63; *Peters, A./Ley, I.*, The Freedom of Peaceful Assembly in Europe, S. 15 und S. 12, beide Freiheiten als Zwillinge seien für das Funktionieren der Demokratie unabdingbar. Vgl. auch *Hopfauf, A.*, in: Schmidt-Bleibtreu, B./Hofmann, H./Henneke, H.-G. (Hrsg.), Einl. Rn. 264.

[137] ECHR, Huseynov and Others v. Azerbaijan, Nr. 34262/14, 35948/14, 38276/14, 56232/14, 62138/14 und 63655/14, 24. November 2016, § 42 mwN.

[138] Vgl. ECHR, Taranenko v. Russia, Nr. 19554/05, 15. Mai 2014, § 67 mwN. Für die symbolische Rede trifft daher die Aussage: „speech is conduct, and action speaks"; *Ehrentraut, C.*, Die Versammlungsfreiheit, S. 113 mwN.

[139] BVerfGE 69, 315, 345.

[140] ECHR, Stankov and the United Macedonian Organisation Ilinden v. Bulgaria, Nr. 29221/95 und 29225/95, 2. Oktober 2001, § 85: „[…] Notwithstanding its autonomous role and particular sphere of application, Article 11 of the Convention must also be considered in the light of Article 10. […] Such a link is particularly relevant where – as here – the authorities' intervention against an assembly or an association was, at least in part, in. reaction to views held or statements made by participants or members." Vgl. weiter ECHR, Djavit An v. Turkey, Nr. 20652/92, 20. Februar 2003, § 39; ECHR, Öllinger v. Austria, Nr. 76900/01, 29. Juni 2006, § 38; dies gilt insbesondere dann, wenn die staatlichen Maßnahmen Versammlungen betreffen, die sich auf gesellschaftlich wichtige Fragen („political speech"; „questions of public interest") beziehen.

[141] *Grabenwarter, C./Pabel, K.*, EMRK, § 23 Rn. 64; ECHR, Ibrahimov and Others v. Azerbaijan, Nr. 69234/11, 69252/11 und 69335/11, 11. Februar 2016, § 63 m. V. auf „Ezelin v. France"; ECHR, Molofeyeva v. Russia, Nr. 36673/04, 30. Mai 2013, § 128; S. ECHR, Kasparov v. Russia, Nr. 53659/07, 11. Oktober 2016, § 65: „In the Court's opinion, in the circumstances of the present case, Article 10 of the Convention is to be regarded as a lex generalis in relation to

II. Der Gewährleistungsbereich der Versammlungsfreiheit

ge Praxis des EGMR bleibt die eigenständige Rolle der Versammlungsfreiheit bestehen.[142] Es sind dennoch Fälle im Kontext der Ausübung der Versammlungsfreiheit, in denen keine kollektiven Effekte („together with others"), sondern die Inhalte der Äußerung Einzelner im Vordergrund stehen.[143] So betrachtet der EGMR z. B. den Fall „Taranenko" anhand Art. 10 EMRK im Licht des Art. 11 EMRK, wenn die Bf. wegen des Aufrufs politischer Parolen wegen ihrer inhaltlichen Wertung von staatlichen Stellen sanktioniert wird.[144]

In dem deutschen Schrifttum wird die Beziehung zwischen der Meinungs- und der Versammlungsfreiheit nach der üblichen Konkurrenzregel betrachtet. Nach Jarass wird die Idealkonkurrenz von zwei Grundrechten folgendermaßen charakterisiert: Der Schutzbereich eines Grundrechts bilde nur einen Teil des Schutzbereichs eines anderen Grundrechts; diese Lage als „partielles Spezialitätsverhältnis"[145] sei dadurch zu bewältigen, dass das „im Vordergrund" stehende Grundrecht herauszufinden sei.[146] In Anlehnung an die „Elfes"-Entscheidung des BVerfG bejaht Schenke Idealkonkurrenz, wenn mehrere Grundrechte zur Anwendung kommen. Herauszufinden sei das „stärkste Grundrecht", das effektiven

---

Article 11, which is a lex specialis. The thrust of the applicant's complaint is that he was prevented from attending a peaceful assembly, the March of Dissent in Samara. The Court therefore finds that the applicant's complaint should be examined under Article 11 of the Convention alone."

[142] Vgl. *Gässner, K.*, Die Rechtsprechung zur Versammlungsfreiheit, S. 142; *Augsberg, I./ Augsberg, S.*, Kombinationsgrundrechte, AöR 132 (2007), S. 542.

[143] Vgl. ECHR, Lashmankin and Others v. Russia, Nr. 57818/09 und 14 weitere, 7. Februar 2017, § 363; ECHR, Navalnyy v. Russia, Nr. 29580/12 und 4 weitere, 2. Februar 2017, § 46: „[…] [I]n the present case, by holding the picket the applicant was seeking not only to express his opinion in front of the Investigative Committee, but to do so together with other demonstrators, even if they were not doing it simultaneously."

[144] Vgl. ECHR, Taranenko v. Russia, Nr. 19554/05, 15. Mai 2014, §§ 63–65; § 69 und § 97. Ebenfalls behandelte der EGMR im „Fáber"-Fall die Ausstellung der Flagge, die sich mit einer bestimmten politischen Bewegung und Ideen identifizieren ließ, anhand der *in concreto* spezielleren Meinungsäußerung. Das Zeigen bestimmter Symbole erfülle eine doppelte Funktion, da dadurch zugleich die politische Rede („political speech") wiedergegeben sei, so ECHR, Fáber v. Hungary, Nr. 40721/08, 24. Juli 2012, § 36 und § 52. Zur Balancesuche müssen sowohl die Maßstäbe der Meinungsfreiheit als auch der Versammlungsfreiheit relevant sein, vgl. ebd., § 28. Im Unterschied dazu betrachtete das Gericht im „Kakabadze"-Fall Art. 11 EMRK als *lex specialis*, auch wenn Festnahme und Verurteilung der Bf. auf die politische Meinungskundgabe, u. a. auf die Bezeichnung des damaligen Ministers als „bastard" und Nachfolger der sowjetischen Amtsträger, zurückgingen; ECHR, Kakabadze and Others v. Georgia, Nr. 1484/07, 2. Oktober 2012, §§ 82–83.

[145] Vgl. *Schenke, W.-R.*, Grundrechtskonkurrenzen, in: FS für Jarass, S. 248–250 m. V. auf Jarass. Zum Begriff der Konkurrenz *Pischel, G.*, Konkurrenz und Kollision von Grundrechten, JA 2006, S. 358.

[146] Vgl. *Stern, K.*, in: Stern, K./Becker, F. (Hrsg.), Grundrechte-Kommentar, Einl. Rn. 159.

Schutz gegen den staatlichen Eingriff bewirke.[147] Dies hat Folgen auf der Schrankenebene, da Meinungsäußerungen nach Rechtsauffassung in Deutschland nicht aufgrund der öffentlichen Ordnung eingeschränkt werden können.[148] Laut BVerfG dürfen Äußerungen, die im Rahmen des Art. 5 GG (Meinungsfreiheit) nicht eingeschränkt werden, auch nicht während der Durchführung einer Versammlung verkürzt werden.[149] Der Schwerpunkt der Abgrenzung liegt für das BVerfG wie für den EGMR bei der „kollektiven Seite" der Kommunikation bzw. der „gemeinschaftlichen Kundgabe".[150] Dazu stellt das BVerfG auf das Abgrenzungsmerkmal „Art und Weise der Durchführung" der Versammlung ab.[151] Maßgeblich sind das Aussehen der Teilnehmer, das Zeigen von Transparenten, das Skandieren von Parolen, das Verteilen von Flugblättern, das Singen von Liedern, das Mitführen von Fahnen und Megaphonen, das körperliche Verhalten (Art der Bewegung).[152] Als Abgrenzungskriterium dient die Feststellung, ob sich die Maßnahme (ihr Zweck) gegen das kollektive Handeln als solches richtet.[153] Die „Abschichtung" als Inhalt und Form des Versammlungskontextes – die ihrerseits

---

[147] So *Schenke, W.-R.*, Grundrechtskonkurrenzen, in: FS für Jarass, S. 258 f. Vgl. auch *Spielmann, C.*, Konkurrenz von Grundrechtsnormen, S. 168: Für die Beurteilung des meistbetroffenen Grundrechts sei die „Zielrichtung" der staatlichen Intervention maßgeblich. Zu Grundrechtskonkurrenzen *Ullrich, N.*, NVersG, § 1 Rn. 88; *Kloepfer, M.*, Grundrechtskonzentrierung, in: FS für Stern, S. 406 ff. Das BVerfG betrachte die Fälle der Grundrechtskonkurrenz „pragmatisch" und prüfe lediglich das Grundrecht, das „im Vordergrund steht und gegen das sich der Schwerpunkt des Eingriffs richtet" (S. 407 m. V. auf die „Meistbetroffenheitstheorie").

[148] Dazu vgl. *Waechter, K.*, Die Vorgaben des BVerfG für das behördliche Vorgehen, VerwArch 99 (2008), S. 90 mwN.

[149] Vgl. BVerfGE, 111, 147, 155, zit. nach *Papier, H.-J.*, Aktuelle Probleme des Versammlungsrechts, DVBl. 2016, S. 1420.

[150] Vgl. *Gusy, C.*, in: Mangoldt, H. v./Klein, F./Starck, C. (Hrsg.), GG, Art. 8 Rn. 20; *Kunig, P.*, in: Münch, I. v./Kunig, P. (Hrsg.), GG, Art. 8 Rn. 14; *Hartmann, B. J.*, in: Bonner-Kommentar, GG, Art. 8 Rn. 182; *Schulze-Fielitz, H.*, in: Dreier, H. (Hrsg.), GG, Art. 8 Rn. 34; *Ullrich, N.*, NVersG, § 1 Rn. 19. Vgl. auch *Ehrentraut, C.*, Die Versammlungsfreiheit, S. 120.

[151] Vgl. BVerfGE 111, 147, 155 f.

[152] Vgl. die Aufzählung bei *Wolff, H. A.*, in: Hömig, D./Wolff, H. A. (Hrsg.), GG, Art. 8 Rn. 2; *Waechter, K.*, Die Vorgaben des BVerfG für das behördliche Vorgehen, VerwArch 99 (2008), S. 94; *Ullrich, N.*, NVersG, § 1 Rn. 19; *Muckel, S.*, Grundrechtliche Vorgaben für versammlungsrechtliche Auflagen, JA 2015, S. 157 (LS 1); BVerfG, Urt. v. 20.06.2014 – 1 BvR 980/13, NJW 2014, 2707, Rn. 14; *Hofmann, E.*, Grundrechtskonkurrenz oder Schutzbereichsverstärkung?, AöR 133 (2008), S. 528 f.

[153] Vgl. *Gusy, C.*, in: Mangoldt, H. v./Klein, F./Starck, C. (Hrsg.), GG, Art. 8 Rn. 52; OVG Bautzen, Urt. v. 31.05.2018 – 3 A 199/18, BeckRS 2018, 10906, Rn. 24: Das Mitführen von Transparenten – als versammlungsspezifisches Verhalten fällt unter den Schutzbereich der Versammlungsfreiheit. Werden auf den Transparenten in Schrift oder Bild Meinungen bekundet, werden diese auch vom Schutzbereich der Meinungsfreiheit erfasst.

meinungsneutral verlaufen muss – dürfe dabei nicht zu negativen Folgen für die Versammlungsfreiheit führen.[154]

5. Der personelle Schutzbereich

In der GVerf ist die Versammlungsfreiheit als „Jedermanns"-Recht verbrieft. Im Unterschied dazu unterfallen dem Schutzbereich des Art. 8 GG nur Deutsche, was sich nicht zuletzt aus der demokratisch-politischen Funktionalisierung der Versammlungsfreiheit erkläre.[155] Geschützt ist sowohl die Veranstaltung als auch die Teilnahme daran. Wird die Versammlung von einer juristischen Person organisiert, dann sind diese Träger der Versammlungsfreiheit.[156] Zum Verständnis der Versammlungsfreiheit ist dabei das Leitbild der Versammlungsteilnehmer von Bedeutung. Die Verfassung der freiheitlichen Ordnung geht vom Versammlungsteilnehmer als einer selbstbewussten Person aus, die sich entschlossen hat, an der kollektiven Meinungskundgabe teilzunehmen.[157] Die Kommunikation mit der Außenwelt kommt nicht nur durch „bloße Anwesenheit" zum Ausdruck,[158] sondern verdeutlicht die „Überzeugungen", die Veranstalter und Teilnehmer vertreten.[159] Bei Teilnehmern handelt es sich nicht um eine „Verfügungsmasse",[160]

---

[154] Vgl. *Höfling, W./Augsberg, S.*, Versammlungsfreiheit, ZG 21 (2006), S. 158.
[155] So *Müller-Franken, S.*, in: Schmidt-Bleibtreu, B./Hofmann, H./Henneke, H.-G. (Hrsg.), GG, Art. 8 Rn. 3; vgl. ebd. zur Anwendbarkeit des Art. 2 Abs. 1 als Auffangtatbestand zum Schutz der Kundgebungen von Ausländern. Weiter *Gusy, C.*, in: Mangoldt, H. v./Klein, F./Starck, C. (Hrsg.), GG, Art. 8 Rn. 39; *Kloepfer, M.*, in: Isensee, J./Kirchhof, P. (Hrsg.), HStR VII, § 164 Rn. 48, Versammlungsfreiheit als politisch-bürgerliches Recht sollte den Staatsangehörigen vorbehalten sein; dabei erweitert das VersG (§ 1) den Personenkreis auf „Jedermann". Auch gewähren die Versammlungsgesetze der Länder das Recht auf Veranstaltung und Teilnahme für „Jedermann", *Grote, R.*, Germany, in: Peters, A./Ley, I., The Freedom of Peaceful Assembly in Europe, S. 123.
[156] Dazu *Müller-Franken, S.*, in: Schmidt-Bleibtreu, B./Hofmann, H./Henneke, H.-G. (Hrsg.), GG, Art. 8 Rn. 35: Eine Ausnahme davon bilden die juristischen Personen des öffentlichen Rechts. Können sich diese aber ausnahmsweise auf bestimmte Grundrechte berufen, sind die Versammlungen nur in dieser Hinsicht (reflexartig) geschützt. Vgl. BVerfGE 122, 342, 355; *Hartmann, B.J.*, in: Bonner-Kommentar, GG, Art. 8 Rn. 66; *Ullrich, N.*, NVersG, § 1 Rn. 6–7; *Kloepfer, M.*, in: Isensee, J./Kirchhof, P. (Hrsg.), HStR VII, § 164 Rn. 52; ECHR, „Identity" and Others v. Georgia, Nr. 73235/12, 12. Mai 2015, § 47 mwN; ECHR, Berladir and Others v. Russia, Nr. 34202/06, 10. Juli 2012, § 50; ECHR, Hyde Park and Others v. Moldova (Nr. 4), Nr. 18491/07, 7. April 2009, § 33.
[157] Vgl. OVG Münster, Beschl. v. 29.07.2016 – 15 B 876/16, BeckRS 2016, 49486, Rn. 12.
[158] Vgl. *Koll, B.*, Liberales Versammlungsrecht, S. 300.
[159] Vgl. BVerfGE 69, 115, 345; BVerfGE 84, 103, 109; BVerfG, Beschl. v. 10.12.2010 – 1 BvR 1402/06, NVwZ 2011, S. 422.
[160] Vgl *Depenheuer, O.*, in: Maunz, T./Dürig, G. (Hrsg.), GG, Art. 8 Rn. 3; *Koll, B.*, Liberales Versammlungsrecht, S. 301.

sondern um mündige Bürger, die zur kritischen Auseinandersetzung bereit sind.¹⁶¹ Daher genießen „gemietete Demonstranten", deren Anwesenheit vergütet wird, keinen Schutz durch die Versammlungsfreiheit.¹⁶² An der Teilnehmereigenschaft ändert sich nichts, wenn die Versammlungsteilnehmer voneinander abweichende (kritische) Auffassungen äußern;¹⁶³ dadurch wird keine separate Versammlung durchgeführt.¹⁶⁴ Im Hinblick auf dieses Recht des kritischen Teilnehmers auf „Opposition" spricht Ladeur vom „Minderheitenschutz in der Versammlung".¹⁶⁵ Gemäß der Aussage des BVerfG ist dies aber wieder kommunikativ zu sehen, indem eine „Versammlung in ihrem Bestand" hingenommen wird.¹⁶⁶ Es geht folglich nicht um eine „Meinung des Kollektivs",¹⁶⁷ sondern um die Meinung der Individuen, die u.U. auch voneinander abweichen.¹⁶⁸ Den Teilnehmern steht es auch frei, die Versammlung „zu wechseln".¹⁶⁹

---

¹⁶¹ Dabei unterwirft sich jeder Teilnehmer der Ordnungsgewalt des Leiters, was durch die Autonomie der Versammlung mitumfasst wird, *Ebeling, Chr.*, Die organisierte Versammlung, S. 259–260 f.

¹⁶² Vgl. *Müller-Franken, S.*, in: Schmidt-Bleibtreu, B./Hofmann, H./Henneke, H.-G. (Hrsg.), GG, Art. 8 Rn. 34 mwN; *Höfling, W./Krohne, G.*, Versammlungsrecht in Bewegung, JA 2012, S. 737.

¹⁶³ Vgl. BVerfGE 84, 203, 209. Das GVerfG ist auf die mögliche Meinungsabweichung der Versamm-lungsteilnehmer nicht eingegangen. Vgl. *Hartmann, B.J.*, in: Bonner-Kommentar, GG, Art. 8 Rn. 160–161; *Kloepfer, M.*, in: Isensee, J./Kirchhof, P. (Hrsg.), HStR VII, § 164 Rn. 64; BVerfGE 92, 191, 202 f.

¹⁶⁴ Ein solcher meinungsbildender Prozess verstößt auch nicht gegen das Friedlichkeitsgebot; BVerfGE 92, 181, 202 f. Zur Abgrenzung von Gegenversammlung *Schneider, J.-P.*, in: Epping, V./Hillgruber, C. (Hrsg.), GG, Art. 8 Rn. 6; *Daiber, B.*, in: Meyer-Ladewig, J./Nettesheim, M./Raumer, S. v. (Hrsg.), EMRK, Art. 11 Rn. 3 mwN; *Dietel, A.*, Der opponierende Versammlungsteilnehmer, Die Polizei 2004, S. 189 und S. 193. Die entstandene Diskrepanz zwischen der Gestaltungsfreiheit des Veranstalters und den Rechten der opponierenden Teilnehmer habe der Veranstalter hinzunehmen. Dabei entstehe dem Teilnehmer beim Missbrauch der (Ordnungs-)Befugnisse seitens des Leiters der Versammlung ein Schutzanspruch seitens der Polizeibeamten (ebd., S. 191).

¹⁶⁵ *Ladeur, K.-H.*, in: Ridder, H./Breitbach, M./Rühl, U./Steinmeier, F. (Hrsg.), VersR, S. 126–128 Rn. 32.

¹⁶⁶ BVerfGE 84, 203, 209: „Das Grundrecht schützt jeden Deutschen, der sich daran beteiligen will. Beteiligung setzt keine Unterstützung des Versammlungsziels voraus, sondern erlaubt auch Widerspruch und Protest. Wohl aber verlangt sie die Bereitschaft, die Versammlung in ihrem Bestand hinzunehmen und abweichende Ziele allein mit kommunikativen Mitteln zu verfolgen. Wer dagegen eine Versammlung in der Absicht aufsucht, sie durch seine Einwirkung zu verhindern, kann sich nicht auf das Grundrecht aus Art. 8 GG berufen."

¹⁶⁷ So aber *Rauer, L.*, Rechtliche Maßnahmen gegen rechtsextremistische Versammlungen, S. 26; *Tugushi, T./Burdjanadse, G. u.a.*, Rechtsprechung des GVerfG, S. 318.

¹⁶⁸ Zur individuellen Schutzrichtung vgl. die Entscheidung des GVerfG vom 18. April 2011, Nr. 2/482, 483, 487, 502, Kap. II § 3 und § 132; *Hartmann, M.*, Protestcamps als Versammlungen i. S. v. Art. 8 I GG?, NVwZ 2018, S. 203.

¹⁶⁹ So VG Köln, Beschl. v. 19.04.2017 – 20 L 1634/17, BeckRS 2017, 107272, Rn. 12.

Wie schon in den Ausführungen zur Verfassungsreform erwähnt, enthält Art. 21 GVerf einen strittigen Beamtenvorbehalt. Das GVerfG war mit der Frage der Verfassungsmäßigkeit der Regelung 2011 befasst.[170] Das Gericht sah die Funktion der Organe als entscheidend für den Ausschluss der Beamten aus dem personellen Schutzbereich an. Die Aufgabe der Gefahrenabwehr, der Ermittlung sowie die Art und Weise ihrer Aufgabenerfüllung habe den Verfassungsgeber veranlasst, die Grundrechtsträgerschaft dieser Beamten zu verneinen.[171] Die Venedig-Kommission hat dagegen diesen Vorbehalt kritisiert[172] und eine Einzelfallprüfung gefordert.[173] Das legitime Ziel der Einschränkung sei mit der Erfüllung der Dienstpflichten zu verbinden: Drohe eine Verletzung der politischen Neutralitätspflicht durch den Beamten, könne seine Teilnahme an einer Versammlung untersagt werden.[174] Im Dezember 2004 haben sich z. B. 71 Soldaten, die vorher aus einem Bataillon der Streitkräfte geflüchtet waren, vor dem Verwaltungsgebäude der Regierung versammelt. Sie protestierten gegen die schlechten sozialen Bedingungen des Dienstes.[175] Nach der GVerf konnten sich die Angehörigen der Streitkräfte nicht auf die Versammlungsfreiheit berufen.[176] Wäre die Verfassungsbestimmung entsprechend der Auffassung der Venedig-Kommission im Licht der EMRK auszulegen, hätten sich die Soldaten auf die Versammlungsfreiheit berufen können, da sie die sozialen Bedingungen des Dienstes beanstandeten, denn weder wurde die Neutralitätspflicht verletzt noch bestand ein Zusammenhang mit einer spezifischen dienstlichen Tätigkeit. Der EGMR hat den Beamtenvorbehalt bisher im Rahmen des Art. 11 EMRK im Kontext der Vereinigungsfreiheit geprüft. Der Vorbehalt des Art. 11 Abs. 2 S. 2 EMRK –

---

[170] Vgl. die Entscheidung des GVerfG vom 18. April 2011, Nr. 2/482, 483, 487, 502, Kap. II § 135.

[171] Vgl. ebd.

[172] Vgl. Final Opinion on the Amendments to the Law on Assembly and Manifestations of Georgia, Venice Commission, CDL-AD(2011)029, § 40.

[173] Ebd.: „[T]hese restrictions must nevertheless be imposed in each case in pursuance of a legitimate aim and in a proportional manner."

[174] Vgl. ebd. An dieser Stelle hat die Kommission die Ausführungen der Leitlinien der OSCE-/ODIHR-Venedig-Kommission zitiert: „[L]egislation should therefore not restrict the freedom of assembly of the police or military personnel unless the reasons for restriction are directly connected with their service duties, and only to the extent absolutely necessary in light of considerations of professional duty. Restrictions should be imposed only where participation in an assembly would impugn the neutrality of police or military personnel in serving all sections of society."

[175] Vgl. den Bericht des Menschenrechtsbeauftragten 2004, S. 10.

[176] Vgl. ebd., bevor staatlicherseits Maßnahmen ergriffen wurden, wurden die Soldaten von Vertretern des Menschenrechtsbeauftragten zum Büro des Ombudsmanns geführt. Der Menschenrechtsbeauftragte hat (letztlich erfolgreich) vermittelt, sodass die Soldaten keinen Disziplinarmaßnahmen ausgesetzt wurden.

106 *F. Die „Eigentümlichkeiten" und die „Bindungsenergie" der Versammlungsfreiheit*

„Angehörige der Staatsverwaltung" – wird restriktiv ausgelegt (wie dies auch bei den übrigen Schrankenvorbehalten des Art. 11 Abs. 2 EMRK der Fall ist).[177] Dieser Vorbehalt der Konvention zielt funktional auf eine „Entpolitisierung der Verwaltung" ab.[178] Nach deutschem Verständnis können sich Personen im sog. „Sonderstatusverhältnis" auf die Versammlungsfreiheit berufen; die Ausübung der Freiheit von Berufssoldaten wird erst durch die Funktionsfähigkeit der Einrichtung begrenzt.[179] In der GVerf ist keine Art. 17a GG vergleichbare spezielle Norm zu finden, die weitere Beschränkungen ermöglicht. Im Unterschied zum Wortlaut des Art. 21 GVerf bezieht sich Art. 17a GG auf die Beschränkbarkeit der Freiheit der Meinungsäußerung und der Versammlungsfreiheit.[180] Art. 21 GVerf nimmt dagegen bestimmte Beamte ausdrücklich aus dem Kreis der Grundrechtsträger und kehrt damit das Regel-Ausnahme-Verhältnis um,[181] was entsprechend kritisch zu betrachten ist.

III. Das Schutzprogramm der Versammlungsfreiheit

Die grundrechtlichen Funktionen der Versammlungsfreiheit als „Glieder eines einheitlichen logischen Ganzen"[182] sichern die „Kommunikationschance" als

---

[177] Dazu *Ripke, S.*, Europäische Versammlungsfreiheit, S. 235 f.; *Gässner, K.*, Die Rechtsprechung zur Versammlungsfreiheit, S. 186.

[178] Vgl. *Ripke, S.*, Europäische Versammlungsfreiheit, S. 235; *Grabenwarter, C./Pabel, K.*, EMRK, § 23 Rn. 81.

[179] Dazu *Müller-Franken, S.*, in: Schmidt-Bleibtreu, B./Hofmann, H./Henneke, H.-G. (Hrsg.), GG, Art. 8 Rn. 33. Vgl. auch *Höfling, W.*, in: Sachs, M. (Hrsg.), GG, Art. 8 Rn. 78–79; *Ullrich, N.*, NVersG, § 1 Rn. 60 und Rn. 62: Eine Ausnahme gelte nach dem Soldatengesetz, nicht in Uniform an Versammlungen teilzunehmen; dieses Verbot gelte aber dann nicht mehr, wenn es sich um „berufsspezifische Belange" als Gegenstand der Versammlung handele.

[180] Art. 17a GG wird in diesem Fall als spezielle Norm im Verhältnis zu Art. 8 GG betrachtet, *Müller-Franken, S.*, in: Schmidt-Bleibtreu, B./Hofmann, H./Henneke, H.-G. (Hrsg.), GG, Art. 8 Rn. 33; ebd., *Guckelberger, A.*, Art. 17a Rn. 5 ff. Das funktionale Verständnis hat zur Folge, dass den Soldaten nicht verwehrt wird, sich für „Frieden und Abrüstung" einzusetzen, da diese das normale Funktionieren der Einrichtung nicht beeinträchtigt; für die Beamten gilt dies außerhalb der Dienstzeiten und für die Schüler außerhalb der Schulzeit. Vgl. auch *Brenner, M.*, in: Mangoldt, H. v./Klein, F./Starck, C. (Hrsg.), GG, Art. 17a Rn. 30. Art. 17a Abs. 1 GG lautet dabei folgendermaßen: Gesetze über Wehrdienst und Ersatzdienst können bestimmen, dass für die Angehörigen der Streitkräfte und des Ersatzdienstes während der Zeit des Wehr- und Ersatzdienstes das Grundrecht, seine Meinung in Wort, Schrift und Bild frei zu äußern und zu verbreiten […], das Grundrecht der Versammlungsfreiheit […] und das Petitionsrecht […] eingeschränkt werden.

[181] Vgl. *Brenneisen, H.*, in: Brenneisen, H./Wilksen, M. (Hrsg.), VersR, S. 149; *Kniesel, M./ Poscher, R.*, in: Lisken, H./Denninger, E. (Hrsg.), Hb PolR, Kap. K Rn. 131 und Rn. 135.

[182] Vgl. die spätere Behandlung des Schutzprogramms (Wirkungen) der Versammlungsfrei-

III. Das Schutzprogramm der Versammlungsfreiheit

Freiheit[183] oder umgekehrt, die Freiheit als Kommunikationschance ab. Die Wirkungen der Versammlungsfreiheit als Abwehrrecht (*status negativus*) und als Quelle der Schutzpflicht des Staates (*status positivus*) intensivieren sich aus dem Verständnis der Grundrechte als „verfassungsrechtliche Grundentscheidungen".[184] Die Versammlungsfreiheit als individuelles Grundrecht und als „Mittel zur aktiven Teilnahme am politischen Prozess"[185] erfordert ein effektuierendes „Nebeneinander" von Abwehr und Schutz.[186] Die Schutzdimension der Grundrechte und die entsprechende Aktivierung des Staates im Dreiecksverhältnis tragen vor allem zur „realen" Freiheit bei:[187] Die Versammlungsfreiheit erfordert entsprechende „Ausübungsbedingungen", da sie nicht nur vom Staat, sondern auch vom „Verhalten Dritter" beeinflusst werden kann.[188] Dabei unterscheidet die Verfassung selbst nicht zwischen der Abwehr- und der Schutzdimension.[189] Es kommt nur auf die umfassende Geltung der Grundrechte (der die „doppelte Menschenwürdegarantie" zugrunde liegt[190]), die die „Bedeutungsschichten" der Grundrechte herauskristallisiert, an.[191] Dazu werden die abwehrrechtlichen

---

heit in Kap. F III. Vgl. *Jellinek, G.*, System der subjektiven öffentlichen Rechte, S. 58, zit. nach *Brugger, W.*, Georg Jellineks Statuslehre, AöR 136 (2011), S. 4.

[183] Die „Garantie von Freiheiten" als „Garantie von Kommunikationschancen" bei *Flitsch, M.*, Die Funktionalisierung der Kommunikationsgrundrechte, S. 45 (m. V. auf die funktionale Systemtheorie von Luhmann in: Grundrechte als Institutionen, S. 23); so auch *Bäumerich, M.*, Entgrenzte Freiheit, DÖV 2015, S. 381.

[184] Vgl. BVerfGE 69, 315, 355; *Gusy, C.*, in: Mangoldt, H. v./Klein, F./Starck, C. (Hrsg.), GG, Art. 8 Rn. 42; *Kingreen, T./Poscher, R.*, Staatsrecht II – Grundrechte, Rn. 113; *Cremer, W.*, Freiheitsgrundrechte, S. 194 ff.

[185] So BVerfGE 69, 315, 360.

[186] Vgl. *Schwäble, U.*, Das Grundrecht der Versammlungsfreiheit, S. 67. Vgl. die kritischen Meinungen hinsichtlich der Multifunktionalität der Grundrechte bei *Ullrich, N.*, Das Demonstrationsrecht, S. 90 ff., er spricht von der Notwendigkeit einer Harmonisierung der verschiedenen Funktionen (S. 95).

[187] Vgl. *Schulze-Fielitz, H.*, in: Dreier, H. (Hrsg.), GG, Art. 8 Rn. 110; *Stern, K.*, in: Stern, K./Becker, F. (Hrsg.), Grundrechte-Kommentar, Einl. Rn. 66.

[188] Vgl. *Poscher, R.*, Grundrechte als Abwehrrechte, S. 115; *Gellermann, M.*, Grundrechte in einfachgesetzlichem Gewand, S. 37 f. Vgl. *Böckenförde, E.-W.*, Wie werden in Deutschland die Grundrechte im Verfassungsrecht interpretiert?, EuGRZ 2004, S. 602 m. V. auf Grimm; durch diesen Realitätsgedanken wird die „Schutzpflicht" zum „Grundbegriff der Grundrechtsgewährleistung".

[189] Vgl. *Mayer, M.*, Untermaß, Übermaß und Wesensgehaltsgarantie, S. 149.

[190] Vgl. *Hopfauf, A.*, in: Schmidt-Bleibtreu, B./Hofmann, H./Henneke, H.-G. (Hrsg.), GG, Einl. Rn. 237 und Rn. 304; *Stern, K.*, in: Isensee, J./Kirchhof, P. (Hrsg.), HStR IX, § 184 Rn. 55 f. Zur Herleitung der Schutzpflichten vgl. den Beschl. der Verwaltungsrechtskammer des Berufungsgerichts Tbilisi vom 23. Februar 2017, Nr. 330310015817416 (3b/1268–16), S. 7–8.

[191] Vgl. *Stern, K.*, in: Stern, K./Becker, F. (Hrsg.), Grundrechte-Kommentar, Einl. Rn. 32 m. V. auf Gellermann.

„Nichtstörungsansprüche" durch die Störungsfreiheit vor Übergriffen Dritter ergänzt.[192] Das Nebeneinander von Schutz und Abwehr begrenzt daher einheitlich die zulässige Störung der Grundrechtsausübung („harm principle").[193] Nur die Freiheit vor und durch den Staat kann dem Doppelauftrag der Verfassung zur effektiven Gewährleistung des Grundrechts gerecht werden.[194] Dabei folgen aus der Versammlungsfreiheit keine Teilhabe- oder Leistungsrechte.[195] Es kann aber ein sog. derivatives Teilhaberecht über den Gleichheitssatz begründet werden: Hat der Staat eine bestimmte Einrichtung bereits für Versammlungszwecke zur Verfügung gestellt, dann ist diese in nichtdiskriminierender Weise auch anderen anzubieten.[196] Die „Multifunktionalität" bzw. „Geltungsvielfalt" der Versammlungsfreiheit ändert nichts daran, dass es zunächst – u. a. in Anbetracht des Minderheitenrechts – auf die Staatsfreiheit als Angelpunkt präventiv-abwehrrechtlicher Grundrechtsdogmatik ankommt.[197]

---

[192] Zur „Nichtstörungspflicht" *Koch, T.*, Der Grundrechtsschutz des Drittbetroffenen, S. 81 und S. 84.

[193] Zum „harm principle" *Ladeur, K.-H.*, Die Beobachtung der kollektiven Dimension der Grundrechte, Der Staat 50 (2011), S. 505.

[194] Vgl. *Hopfauf, A.*, in: Schmidt-Bleibtreu, B./Hofmann, H./Henneke, H.-G. (Hrsg.), GG, Einl. Rn. 305–306; *Hoffmann-Riem, W.*, Grundrechtsanwendung unter Rationalitätsanspruch, Der Staat 43 (2004), S. 226; *Isensee, J.*, in: Isensee, J./Kirchhof, P. (Hrsg.), HStR IX, § 191 Rn. 1; abwehrrechtliche und Schutzpflichtendimensionen sichern daher das „identische" Grundrecht auf eine nicht identische Art und Weise.

[195] Vgl. *Kloepfer, M.*, in: Isensee, J./Kirchhof, P. (Hrsg.), HStR VII, § 164 Rn. 11. Zu Grundrechtswirkungen *Brenneisen, H./Wilksen, M.*, in: dies. (Hrsg.), VersR, S. 94–96; *Hartmann, B. J.*, in: Bonner-Kommentar, GG, Art. 8 Rn. 196; *Höfling, W.*, in: Sachs, M. (Hrsg.), GG, Art. 8 Rn. 44.

[196] Vgl. *Müller-Franken, S.*, in: Schmidt-Bleibtreu, B./Hofmann, H./Henneke, H.-G. (Hrsg.), GG, 2018, Art. 8 Rn. 5; *Gusy, C.*, in: Mangoldt, H. v./Klein, F./Starck, C. (Hrsg.), GG, 2018, Art. 8 Rn. 50; weiter *Kloepfer, M.*, in: Isensee, J./Kirchhof, P. (Hrsg.), HStR VII, § 164 Rn. 19.

[197] Vgl. BVerfGE 69, 315, 343. Zur „Grundrechtsgefährdung" *Lübbe-Wolff, G.*, Die Grundrechte als Eingriffsabwehrrechte, S. 56 f. m. V. auf BVerfG. Vgl. auch *Kloepfer, M.*, Grundrechte als Entstehenssicherung und Bestandsschutz, S. 21; er behandelt den präventiven Grundrechtsschutz in Zusammenhang mit „chancensichernden Grundrechtsvoraussetzungen". Weiter vgl. *Alexy, R.*, Die Institutionalisierung der Menschenrechte, S. 245; *Wiesbrock, K.*, Internationale Schutz der Menschenrechte vor Verletzungen durch Private, S. 165 f.

1. Die abwehrrechtliche Dimension

Die abwehrrechtliche Dimension der Grundrechte gilt als „Systemmitte" der Grundrechtsdogmatik,[198] die das Staat-Bürger-Verhältnis determiniert.[199] Es reflektiert gleichsam die Relation zwischen Mehrheit und Minderheit bzw. die staatsfreie Kommunikation als Grundlage gesellschaftlicher Willensbildung.[200] Die geschichtlich hergebrachte Neigung des Staates zur Einschränkung der Versammlungsfreiheit[201] wird vor allem über die Eingriffsabwehr hinaus relativiert bzw. verfassungsrechtlich rationalisiert. Die politische Sensibilität der Versammlungsfreiheit indiziert auch aktuell die „grundrechtsspezifische Gefährdungslage".[202] Dazu unterstreicht der EGMR, dass Hauptzweck des Art. 11 EMRK der Schutz vor willkürlichen Eingriffen in die Ausübung der Versammlungsfreiheit ist.[203] Daher beinhaltet die Versammlungsfreiheit als Abwehrrecht, frei vom „staatlichen Zwang an einer öffentlichen Versammlung teilnehmen oder ihr fernbleiben" zu können.[204] Die abwehrrechtliche Dimension der Grundrechte wirkt sich einerseits auf der Ebene des Schutzbereichs aus, indem laut BVerfG die selbstbestimmte Sphäre des Individuums in ihrer „Integrität, Autonomie und Kommunikation" markiert wird („Freiheit von Fremdbestimmung"; staatliche

---

[198] So *Höfling, W.*, Primär- und Sekundärrechtsschutz im Öffentlichen Recht, VVDStRL 61 (2002), S. 269 m. V. auf Dreier. Vgl. auch *Kingreen, T./Poscher, R.*, Staatsrecht II – Grundrechte, Rn. 118.
[199] Nach BVerfG („Lüth"-Urteil) sind Grundrechte „in erster Linie Abwehrrechte des Bürgers gegen den Staat"; dazu *Koch, T.*, Der Grundrechtsschutz des Drittbetroffenen, S. 66; *Kloepfer, M.*, Verfassungsrecht II – Grundrechte, § 48 Rn. 15 m. V. auf BVerfG.
[200] Vgl. BVerfGE 69, 315, 343 (346).
[201] Vgl. *Ehrentraut, C.*, Die Versammlungsfreiheit, S. 98–99. Es waren die politischen Versammlungen, die die Entwicklung des Versammlungsrechts angeregt haben, vgl. *Trurnit, C.*, Rechtsprechungsentwicklung zum Versammlungsrecht, NVwZ 2016, S. 873; diese Entwicklungsanstöße haben ein dynamisches Verständnis der Versammlungsfreiheit zur Folge, vgl. *Koll, B.*, Liberales Versammlungsrecht, S. 407; vgl. auch *Höfling, W./Krohne, G.*, Versammlungsrecht in Bewegung, JA 2012, S. 734, das Versammlungsgesetz in Deutschland vom 15.11.1978 sei mehrfach „in Reaktion auf politische Herausforderungen" modifiziert.
[202] Vgl. *Brenneisen, H./Wilksen, M.*, in: dies. (Hrsg.), VersR, S. 76; *Kloepfer, M.*, in: Isensee, J./Kirchhof, P. (Hrsg.), HStR VII, § 164 Rn. 1 und Rn. 11.
[203] Vgl. ECHR, Balçik and Others v. Turkey, Nr. 25/02, 29. November 2007, § 47.
[204] BVerfGE 69, 315, 343. Vgl. OVG Münster, Beschl. v. 29.07.2016 – 15 B 876/16, NVwZ 2017, S. 649 Rn. 10; *Kloepfer, M.*, Verfassungsrecht II – Grundrechte, § 48 Rn. 13. Das abwehrrechtliche Verständnis haben die Grundrechte mit den geschichtlich entwickelten „Menschenrechten der ersten Generation" gemeinsam, *Isensee, J.*, in: Isensee, J./Kirchhof, P. (Hrsg.), HStR IX, § 191 Rn. 16; *Krieger, H.*, in: Dörr, O./Grote, R./Marauhn, T., EMRK/GG, Kap. 6 Rn. 11 und Rn. 13.

Unterlassungs- und Beseitigungspflicht[205]).[206] Andererseits wird die Notwendigkeit der Rechtfertigung eines jeden Eingriffs in diesen freien Sphären determiniert.[207] Die Versammlungsfreiheit bedingt – als „natürliche Freiheit" der Kommunikation – eine qualitative Verdichtung der staatlichen Rechtfertigungslast.[208] Mit Blick auf den „starken politischen Bezug" der Versammlungsfreiheit[209] stärkt die abwehrrechtliche Dimension die Neutralitätspflichten des Staates und stellt den Gedanken einer inneren Versammlungsfreiheit bzw. abschreckender Wirkungen („chilling effects") von Eingriffen in den Vordergrund. Dies intensiviert sich weiter durch die Spezifik des Versammlungswesens, da einmal verfehlte Versammlungszwecke in bestimmten Fällen (symbolische Versammlungen) nicht mehr erreicht werden können.[210] Als wichtigster Ausdruck des Abwehrrechts gilt das Gebot der erlaubnisfreien Durchführung einer Versammlung. Die Erlaubnisfreiheit gilt als verfassungsunmittelbare „Privilegierung", als zentrales Element des Gewährleistungsbereichs.[211] Das in der GVerf vorgesehene Anmeldungsverfahren als Teil der „rechtsförmigen" Schranken (ein verfassungsunmittelbarer Eingriff) ist daher im Einklang mit der grundsätzlichen Erlaubnisfreiheit zu konkretisieren.[212] Durch diese Privilegierung besteht der Schutz auch dann, wenn die Versammlung nach einfachem Recht anmeldepflichtig ist, aber tatsächlich nicht

---

[205] Vgl. *Stern, K.*, in: Stern, K./Becker, F. (Hrsg.), GG, Einl. Rn. 33; *Koch, T.*, Der Grundrechtsschutz des Drittbetroffenen, S. 84; *Poscher, R.*, Grundrechte als Abwehrrechte, S. 2–3, S. 156 f. und S. 317; *Cremer, W.*, Freiheitsgrundrechte, S. 89–93 mwN; *Koch, Th.*, Der Grundrechtsschutz des Drittbetroffenen, S. 81.

[206] Vgl. *Isensee, J.*, in: Isensee, J./Kirchhof, P. (Hrsg.), HStR IX, § 191 Rn. 2; ebd. *Hillgruber, C.*, § 200 Rn. 1; er zitiert BVerfGE 80, 137, 164.

[207] Vgl. *Hillgruber, C.*, in: Isensee, J./Kirchhof, P. (Hrsg.), HStR IX, § 200 Rn. 76; *Poscher, R.*, Grundrechte als Abwehrrechte, S. 163; *Holoubek, M.*, Der Grundrechtseingriff, S. 17 f.

[208] Vgl. *Lübbe-Wolff, G.*, Die Grundrechte als Eingriffsabwehrrechte, S. 26; *Gellermann, M.*, Grundrechte in einfachgesetzlichem Gewand, S. 34 f.; *Poscher, R.*, Grundrechte als Abwehrrechte, S. 116 f. und S. 132 ff.; *Koch, T.*, Der Grundrechtsschutz des Drittbetroffenen, S. 72 und S. 74; es geht bei der Versammlungsfreiheit um eine verhaltensbezogene Freiheit („Verhaltensfreiheit"); daher sind vor allem „staatliche Verhaltensbefehle" abzuwehren. So s. *Sachs, M.*, Verfassungsrecht II – Grundrechte, S. 474 Rn. 2; *Krieger, H.*, in: Dörr, O./Grote, R./Marauhn, T., EMRK/GG, Kap. 6 Rn. 15; *Schneider, J.-P.*, in: Epping, V./Hillgruber, C. (Hrsg.), GG, Art. 8 Rn. 26; *Vesting, T.*, Nachbarschaft, S. 61.

[209] Vgl. *Höfling, W.*, in: Sachs, M. (Hrsg.), GG, Art. 8 Rn. 8.

[210] Vgl. die spätere Analyse des Selbstbestimmungsrechts des Veranstalters in Kap. F V.

[211] Vgl. *Geis, M.E.*, in: Friauf, H./Höfling, W. (Hrsg.), Berliner Kommentar GG, Art. 8 Rn. 39; er weist auf die Parallele zum Zensurverbot (Art. 5 Abs. 1 S. 3 GG) hin. Weiter *Kniesel, M./Poscher, R.*, in: Lisken, H./Denninger, E. (Hrsg.), Hb PolR, Kap. K Rn. 135; *Hoffmann-Riem, W.*, in: Merten, D./Papier, H.-J. (Hrsg.), HGR IV, § 106 Rn. 51 und Rn. 66.

[212] Vgl. *Geis, M.E.*, in: Friauf, H./Höfling, W. (Hrsg.), Berliner Kommentar GG, Art. 8 Rn. 72; *Jarass, H.D.*, in: Jarass, H.D./Pieroth, B., GG, Vorb. Vor Art. 1 Rn. 34a.

III. Das Schutzprogramm der Versammlungsfreiheit

angemeldet wurde.[213] Aus diesem Grund wird in der deutschen Literatur von einer „Anmeldeobliegenheit" gesprochen.[214] Dem Veranstalter wird mit dem Anmeldeverfahren kein Abwarten auf eine „staatliche Antwort" im Sinne einer Genehmigung auferlegt.[215] Zum Gebot der Erlaubnisfreiheit ist eine Entscheidung des GVerfG von 2002 von besonderer Bedeutung.[216] Das Gericht befasste sich mit der Befugnis der Versammlungsbehörde gemäß Art. 8 Abs. 5 GVersG, eine Anmeldung zurückzuweisen. Laut GVerfG dürfe die Anmeldung nicht als Erlaubnis verstanden werden, da es sich um eine einseitige Handlung des Veranstalters handele, die keiner Bestätigung oder Ablehnung seitens der Behörde bedürfe. Das Fehlen der Anmeldung könne mithin auch keinen Grund für ein Verbot oder eine Auflösung der Versammlung rechtfertigen. Das Gericht stellte fest, dass die Zurückweisung der in der Verfassung verbrieften Erlaubnisfreiheit entgegensteht und in ihrer Wirkung einer Erlaubnispflicht gleichkommt.[217]

2. Die Schutzpflicht und die positive Verpflichtung des Staates

Die Schutzpflichten werden im Rahmen sog. Dreieckkonstellationen relevant, in denen der Staat verpflichtet ist, die Übergriffe auf die grundrechtlich geschützten Freiräume eines Individuums abzuwehren, die von Privaten, ausländischen Staaten oder von der Natur ausgehen.[218] Der Staat ist somit nicht mehr (nur) „Feind der Grundrechte",[219] Adressat des bürgerlichen Misstrauens (Begrenzung des Staatshandelns),[220] sondern Adressat der Erwartung eines Schutzes (Aktivierung

---

[213] Vgl. BVerfG, Urt. v. 20.06.2014 – 1 BvR 980/13, NJW 2014, 2707, Rn. 17 und Rn. 22.
[214] Vgl. *Schulze-Fielitz, H.*, in: Dreier, H. (Hrsg.), GG, Art. 8 Rn. 118.
[215] Vgl. die spätere Analyse des Anmeldungsverfahrens. s. auch ECHR, Ibrahimov and Others v. Azerbaijan, Nr. 69234/11, 69252/11 und 69335/11, 11. Februar 2016, § 59.
[216] Vgl. die Entscheidung des GVerfG vom 5. November 2002, Nr. 2/2/180–183, Kap. II.
[217] Dazu die kritische Stellungnahme in: Interim Opinion on the Draft Amendments to the Law on Assembly and Manifestations of Georgia, Venice Commission, CDL-AD(2010)009, § 20.
[218] Vgl. *Classen, C.D.*, Staatsrecht II – Grundrechte, § 6 Rn. 7 und § 10 Rn. 73; *Kloepfer, M.*, Verfassungsrecht II – Grundrechte, § 48 Rn. 55. Vgl. auch *Peters, A./Altwicker, T.*, EMRK, S. 21 Rn. 33; *Krieger, H.*, in: Dörr, O./Grote, R./Marauhn, T., EMRK/GG, Kap. 6 Rn. 23; die Schutzpflichten binden den Staat, wie beim abwehrrechtlichen Verständnis, sowohl im Vorfeld als auch nach Ablauf der Versammlung. Die durch das Fällen von Bäumen verursachten Gefahren für den ungestörten Versammlungsablauf sind staatlicherseits abzuwehren; OVG Münster, Beschl. v. 27.02.2014 – 5 B 240/14, BeckRS 2014, 48484; zit. nach *Trurnit, C.*, Rechtsprechungsentwicklung zum Versammlungsrecht, NVwZ 2016, S. 875.
[219] Vgl. *Hesse, K.*, Grundzüge des Verfassungsrechts, S. 130; *Stern, K.*, in: Stern, K./Becker, F. (Hrsg.), Grundrechte-Kommentar, Einl. Rn. 56; *Hoffmann-Riem, W.*, in: Merten, D./Papier, H.-J. (Hrsg.), HGR IV, § 106 Rn. 33.
[220] So Heuss, zit. nach *Hopfauf, A.*, in: Schmidt-Bleibtreu, B./Hofmann, H./Henneke, H.-G. (Hrsg.), GG, Einl. Rn. 313.

des Staatshandelns).²²¹ Gefordert wird ein schützender „Einsatz" statt „Zurückhaltung".²²² Dieser Gedanke wird in der Rechtsprechung des EGMR unter der positiven Verpflichtung („a positive obligation") des Staates thematisiert. Der Staat hat nicht nur auf unbegründete indirekte Einschränkungen der Versammlungsfreiheit zu verzichten; der Wesensgehalt des Art. 11 EMRK stelle zugleich die Pflicht des Staates dar, das Individuum vor willkürlichen Übergriffen in seine Freiheitssphäre zu schützen. Diese positive Verpflichtung sichere die Effektivität der Freiheitsausübung.²²³ Die Begründung der staatlichen Haftung setzt voraus, dass zwischen dem staatlichen Unterlassen und den von Privaten verursachten Beeinträchtigungen der Freiheit ein direkter und unmittelbarer Kausalzusammenhang besteht.²²⁴ Das GVerfG hat die Schutzdimension der Grundrechte insbesondere im Hinblick auf die Eigentumsfreiheit und das Privatleben behandelt.²²⁵ Dagegen wurde die Schutzdimension in den bisherigen Entscheidungen zur Versammlungsfreiheit nicht erörtert. Im Vordergrund stand die Versammlungsfreiheit als Abwehrrecht, bei dem staatliche Eingriffe durch das Verhältnismäßigkeitsprinzip begrenzt werden. Schutzpflichten des Staates wurden nur im Zusammenhang mit dem Schutz von Drittinteressen behandelt, die wegen der Versammlungsdurchführung beeinträchtigt wurden.²²⁶

---

²²¹ Vgl. *Kloepfer, M.*, in: Isensee, J./Kirchhof, P. (Hrsg.), HStR VII, § 164 Rn. 19; *Nußberger, A.*, Die Verantwortung des Staates für das Handeln, in: FS für Klein, S. 1217 f., die Fälle seien unterschiedlich gelagert, wenn ein Gefängnisbeamter einem Gefangenen schadet und wenn letzterer durch die Handlung des Mithäftlings gefährdet wurde. Zur „Janusköpfigkeit" des Rechtsstaats *Hopfauf, A.*, in: Schmidt-Bleibtreu, B./Hofmann, H./Henneke, H.-G. (Hrsg.), GG, Einl. Rn. 305–306 mwN; *Calliess, C.*, Sicherheit im freiheitlichen Rechtsstaat, ZRP 2002, S. 5 mwN.

²²² Vgl. *Hopfauf, A.*, in: Schmidt-Bleibtreu, B./Hofmann, H./Henneke, H.-G. (Hrsg.), GG, Einl. Rn. 307.

²²³ Vgl. ECHR, Kudrevičius and Others v. Lithuania, Nr. 37553/05, 15. Oktober 2015, § 158 mwN; ECHR, Öllinger v. Austria, Nr. 76900/01, 29. Juni 2006, §§ 34–35; ECHR, Appleby and Others v. the UK, Nr. 44306/98, 6. Mai 2003, §§ 39–41.

²²⁴ So *Krieger, H.*, in: Dörr, O./Grote, R./Marauhn, T., EMRK/GG, Kap. 6 Rn. 58–59; vgl. auch ECHR, Giuliani and Gaggio v. Italy, Nr. 23458/02, 24. März 2011, § 246.

²²⁵ Das GVerfG verwendet die Begrifflichkeit des EGMR – die positive Verpflichtung des Staates, vgl. die Entscheidung des GVerfG vom 26. Juni 2012, Nr. 3/1/512; vom 26. Dezember 2007, Nr. 1/3/407; vom 16. November 2004, Nr. 1/5/224; dazu vgl. *Loladze, B.*, Das Rechtsstaatsprinzip in der Verfassung Georgiens, S. 277; *Isoria, L.*, Kommentar der GVerf, Kap. II, Art. 7; *Eremadse, K.*, Balancierung der Interessen, S. 14. Zur positiven Verpflichtung in Zusammenhang mit der Versammlungsfreiheit vgl. den Beschluss der Verwaltungsrechtskammer des Berufungsgerichts Tbilissi vom 23. Februar 2017, Nr. 330310015817416 (3b/1268-16), S. 7–8.

²²⁶ Vgl. die Entscheidung des GVerfG vom 18. April 2011, Nr. 2/482, 483, 487, 502, Kap. II §§ 34, 37; das Gericht stellte darauf ab, dass die Intensität der Einwirkung der Versammlung

a) Die schützende Intervention des Staates nach deutschem Recht

Die Versammlungsfreiheit ist ein klassisches Freiheitsrecht und entfaltet sich nach der allgemeinen Grundrechtsdogmatik in einer Schutzdimension als „objektiv-rechtliche Wirkung" (für die ganze Rechtsordnung).[227] Höfling betrachtet die objektiv-rechtlichen Gehalte der Freiheit als zu „diffus"; er thematisiert diese Kategorie – über den Stichpunkt der „Ausstrahlungswirkung" der Grundrechte hinaus – in Zusammenhang mit Organisations- und Verfahrensregeln, die im Licht der Versammlungsfreiheit ausgelegt und angewendet werden müssen.[228] Die Dimension der Schutzpflichten des Staates an sich betrachtet er als „spezifische Form" eines alleinigen Leistungsrechts, das aus der Versammlungsfreiheit herrührt.[229] Dabei gilt die objektiv-rechtlich abgeleitete Schutzpflicht auch als „Quelle" subjektiver Ansprüche.[230] Danach erfordert der Schutzanspruch, dass Versammlungsteilnehmer und Versammlung vor allem vor Störungen Dritter (so z. B. vor gewaltbereiten Gegendemonstranten) geschützt werden.[231] In diesem Sinne reflektiert der Zweck des vorrangigen Schutzes der physischen Integrität des Individuums die „Urfunktion" (Sicherheitsaufgabe) des über das Gewaltmonopol verfügenden Staates.[232] Die Schutzpflicht des Staates gilt als rechtsstaatliche „Kompensation" dafür, dass die Bürger das staatliche Gewaltmonopol ak-

---

auf Rechte Dritter die Entscheidung des Staates zum „Schutz durch Eingriff" in die Versammlungsfreiheit lenkt.

[227] Vgl. *Müller-Franken, S.*, in: Schmidt-Bleibtreu, B./Hofmann, H./Henneke, H.-G. (Hrsg.), GG, Art. 8 Rn. 5; *Depenheuer, O.*, in: Maunz, T./Dürig, G. (Hrsg.), GG, Art. 8 Rn. 113; *Kingreen, T./Poscher, R.*, Grundrechte – Staatsrecht II, Rn. 133–136; *Classen, C.D.*, Staatsrecht II – Grundrechte, § 6 Rn. 10; *Stern, K.*, in: Stern, K./Becker, F. (Hrsg.), Grundrechte-Kommentar, Einl. Rn. 37; *Sachs, M.*, Staatsrecht II – Grundrechte, S. 64 Rn. 66.

[228] Vgl. *Höfling, W.*, in: Sachs, M. (Hrsg.), GG, Art. 8 Rn. 47–49. Vgl. auch *Kloepfer, M.*, in: Isensee, J./Kirchhof, P. (Hrsg.), HStR VII, § 164 Rn. 20; Vgl. auch BVerfGE 69, 315, 355.

[229] Vgl. *Höfling, W.*, in: Sachs, M. (Hrsg.), GG, Art. 8 Rn. 44–45; vgl. auch *Kloepfer, M.*, in: Isensee, J./Kirchhof, P. (Hrsg.), HStR VII, § 164 Rn. 19.

[230] Vgl. *Stern, K.*, in: Stern, K./Becker, F. (Hrsg.), Grundrechte-Kommentar, Einl. Rn. 54 und Rn. 82; *Depenheuer, O.*, in: Maunz, T./Dürig, G. (Hrsg.), GG, Art. 8 Rn. 113; *Kloepfer, M.*, Verfassungsrecht II – Grundrechte, § 48 Rn. 58. Vgl. *Classen, C.D.*, Staatsrecht II – Grundrechte, § 6 Rn. 37–38; er unterscheidet Schutzpflichten im rechtsstaatlichen (z. B. für Meinungsfreiheit) und im sozialstaatlichen (z. B. im Vertragsrecht) Kontext.

[231] Die Versammlungsfreiheit als Minderheitenrecht und die Gerechtigkeitsidee erfordern, dass der Schutz den Schwächeren, den „Machtarmen" zugutekommt, *Hopfauf, A.*, in: Schmidt-Bleibtreu, B./Hofmann, H./Henneke, H.-G. (Hrsg.), GG, Einl. Rn. 244; *Vosgerau, U.*, Zur Kollision von Grundrechtsfunktionen, AöR 133 (2008), S. 350 und S. 358 m. V. auf Murswiek.

[232] Vgl. *Hoffmann-Riem, W.*, in: Merten, D./Papier, H.-J. (Hrsg.), HGR IV, § 106 Rn. 33; zur „Urfunktion" als „genetisch älteren Schicht" des Staates *Hopfauf, A.*, in: Schmidt-Bleibtreu, B./Hofmann, H./Henneke, H.-G. (Hrsg.), GG, Einl. Rn. 304 und Rn. 307–308.

zeptieren, d.h. sich der Friedenspflicht unterwerfen.²³³ Diese „Kompensationsmaxime" führt zur Widerspruchsfreiheit der Grundrechtsordnung.²³⁴ Die Schutzpflichtendogmatik wird dennoch als „juristische Entdeckung" – ein Ergebnis der „Verfassungsfortbildung"²³⁵ bzw. dynamische Entwicklung der Grundrechtstheorie als „lernendes Recht"²³⁶ – bezeichnet.²³⁷ Die „Neuerung" bei dieser Entdeckung besteht laut Starck nicht bei der Schutzpflicht selbst („Urfunktion", „Sicherheit" als „Rechtfertigung der Existenz des Staates"), sondern in deren „grundrechtlichen Verankerung".²³⁸ Das teleologische Begreifen der „menschlichen Handlungsfreiheit" erfordere den Schutz vor nichtstaatlichen Eingriffen.²³⁹ Zwischen „Abwehr" und „Schutz" bestehen aber strukturelle Un-

---

²³³ Vgl. *Isensee, J.*, in: Isensee, J./Kirchhof, P. (Hrsg.), HStR IX, § 191 Rn. 18 (sog. „Assekuranztheorie"); *Calliess, C.*, Sicherheit im freiheitlichen Rechtsstaat, ZRP 2002, S. 3; *Hopfauf, A.*, in: Schmidt-Bleibtreu, B./Hofmann, H./Henneke, H.-G. (Hrsg.), GG, Einl. Rn. 284; *Mayer, M.*, Untermaß, Übermaß und Wesensgehaltsgarantie, S. 65 f. mwN. Ullrich bezeichnet diesen Anspruch als „Verteidigungsrecht" des Bürgers, das auf den Staat (über das Gewaltmonopol hinaus) übertragen wird, vgl. *Ullrich, N.*, Gefahrenabwehrende Verwaltung und Schutz suchender Bürger, VerwArch 102 (2011), S. 388 und S. 391.

²³⁴ Dazu *Lindner, J. F.*, Theorie der Grundrechtsdogmatik, S. 359 und S. 372, er betrachtet die Kompensationsmaxime als Unteraspekt der Systemgerechtigkeit; diese Kompensationsmaxime beinhalte ihrerseits die Dichotomie der „Restriktion" (Friedenspflicht und Selbsthilfeverbot) und der „Erweiterung durch Ermöglichung" (Schutzpflicht); dabei sei diese Restriktion u. a. durch den Anspruch auf gerichtliche Überprüfung" ergänzt (ebd., S. 384).

²³⁵ Dazu *Starck, C.*, Verfassungen, S. 156 f. Explizit sei die Schutzpflicht im GG in Art. 1 Abs. 1 S. 2, Art. 6 Abs. 1 und Art. 6 Abs. 4 vorgesehen; mit der Zeit habe das BVerfG die Schutzpflicht des Staates in allen Grundrechten entdeckt.

²³⁶ Zur Grundrechtsdogmatik als „lernendes Recht" *Hoffmann-Riem, W.*, Grundrechtsanwendung unter Rationalitätsanspruch, Der Staat 43 (2004), S. 211; vgl. *Augsberg, I./Augsberg, S.*, Kombinationsgrundrechte, AöR 132 (2007), S. 573.

²³⁷ Zu grundrechtlichen Schutzpflichten als „juristische Entdeckung" *Stern, K.*, in: Stern, K./Becker, F. (Hrsg.), Grundrechte-Kommentar, Einl. Rn. 36 und Rn. 55. Zu diesem „schöpferischen Erkenntnisakt[.]" *Krings, G.*, Die subjektiv-rechtliche Rekonstruktion der Schutzpflichten, in: FS für Stern, S. 424. Starck spricht von „Neuerung als eine Wiederentdeckung", *Starck, C.*, Die Praxis der Verfassungsauslegung I, S. 64; er unterstreicht, dass eine „Schutzklausel" zugunsten der inneren Sicherheit (als „altes Recht auf Sicherheit") u. a. bei den Grundrechtsschranken des Art. 8 GG in Betracht kommt, ebd., S. 56 f. und *ders.*, Verfassungen, S. 156; *Isensee, J.*, in: Isensee, J./Kirchhof, P. (Hrsg.), HStR IX, § 191 Rn. 11 und Rn. 24 („Wiederentdeckung"); *Ullrich, N.*, Gefahrenabwehrende Verwaltung und Schutz suchender Bürger, VerwArch 102 (2011), S. 387; *Ruffert, M.*, Grundrechtliche Schutzpflichten, S. 117.

²³⁸ So *Starck, C.*, Verfassungen, S. 157 m. V. auf Isensee; *ders.*, Die Praxis der Verfassungsauslegung I, S. 46; die dogmatische Konstruktion der mittelbaren Drittwirkung sei nur ein Anwendungsfall der Schutzpflichten: Hier gehe es um die grundrechtskonforme Auslegung und Anwendung der privatrechtlichen Verhältnisse; durch diesen Rechtsanwendungsmodus fördern die Gerichte die Erfüllung der staatlichen Schutzpflicht (ebd. S. 66 f.).

²³⁹ Vgl. *Klein, E.*, Die Grundrechtsgesamtlage, in: FS für Stern, S. 395, sowohl das Völkerrecht als auch das Verfassungsrecht streben danach, den „Inhalt des anwendbaren (Grund-)

III. Das Schutzprogramm der Versammlungsfreiheit

terschiede: Die Schutzpflichten werden infolge des „politischen Ermessens des Gesetzgebers" ausgestaltet, was eine unterschiedliche Kontrolldichte des BVerfG (Berücksichtigung des Beurteilungsspielraums des Gesetzgebers) zur Folge hat.[240] Als Maßstab, an dem sich die Pflichterfüllung messen lässt, gilt laut Canaris das sog. Untermaßverbot („im Minimum" geforderte Schutzmaßnahme).[241] Der gebotene Schutz, der nicht „unter Maß" bleiben darf, das „Wie" des Schutzes („Einschätzungs-, Wertungs- und Gestaltungsspielraum"), wird nicht vorgegeben, sondern kann nur im Einzelfall in Anbetracht der Kollisionslage betrachtet werden.[242] Andererseits realisieren sich die Schutzaufträge des Staates bei der Rechtsanwendung durch die Ausübung des Ermessens der Exekutive.[243] Über die Ermessensbetätigung hinaus ist auch die Versammlungsfreiheit effektiv in die Realität umzusetzen.[244] Hier sprechen Kingreen und Poscher von einer „echten" und „unechten" Schutzpflicht des Staates, um zu unterscheiden, ob es sich um die gesetzgeberischen Aktivitäten („Schutz vor [unzureichender] staatlicher Regelung") oder darum handelt, Beeinträchtigungen abzuwehren, die auf private Handlungen Dritter zurückgehen.[245] Die entsprechenden Schutzansprüche sind

---

Rechts" zu begreifen; dieses Ziel verfolgt auch die „harmonisierende Auslegung" (die wohl eigene Grenzen beinhaltet). *Krings, G.*, Die subjektiv-rechtliche Rekonstruktion der Schutzpflichten, in: FS für Stern, S. 437, da es um eine umfassende Abwehr der Eingriffe in die Freiheitssphäre geht, sei nicht Schutzpflichten, sondern von „Schutzrechten oder Schutzansprüchen" zu sprechen.

[240] Vgl. *Starck, C.*, Verfassungen, S. 157, er spricht von der Vorbeugung der „Erosion" durch das BVerfG.

[241] Zum Untermaßverbot s. BVerfGE 88, 203, 254; vgl. *Classen, C.D.*, Staatsrecht II – Grundrechte, § 6 Rn. 63 m.V. auf BVerfG; *Kloepfer, M.*, Verfassungsrecht II – Grundrechte, § 48 Rn. 70; *Hain, K.-E.*, Der Gesetzgeber in der Klemme zwischen Übermaß- und Untermaßverbot?, DVBl. 1993, S. 982 f. m.V. auf Canaris; *Ullrich, N.*, Gefahrenabwehrende Verwaltung und Schutz suchender Bürger, VerwArch 102 (2011), S. 397 f.

[242] Vgl. BVerfGE 88, 203, 254. Dazu auch BVerfGE 92, 26, 46; zit. nach *Kingreen, T./Poscher, R.*, Staatsrecht II – Grundrechte, Rn. 137 und Rn. 348–350; laut BVerfG verletzt der Staat die ihm zukommende Schutzpflicht dann, wenn er „Schutzvorkehrungen entweder überhaupt nicht getroffen hat oder die getroffenen Regelungen und Maßnahmen gänzlich ungeeignet oder völlig unzulänglich sind, das gebotene Schutzziel zu erreichen, oder erheblich dahinter zurückbleiben". Dazu *Lübbe-Wolff, G.*, Die Grundrechte als Eingriffsabwehrrechte, S. 40, sie spricht von einer „indefinite[n] Anzahl von verfassungsmäßigen Alternativen"; vgl. *Papier, H.-J.*, Der Schutz des Lebens als verfassungsrechtliches Gebot, in: FS für Jarass, S. 230.

[243] Vgl. *Sachs, M.*, in: Stern, K. (Hrsg.), Staatsrecht IV/1, S. 1273 f.; die Bedeutung der Schutzpflichten aus Versamm-lungsfreiheit sei daher für die Exekutive maßgeblicher als für die Legislative (ebd., S. 1274).

[244] Vgl. die spätere Analyse des Konzepts des Ermessens und seine verfassungsrechtlichen Bindungen in Kap. H I 2 b). Vgl. *Hoffmann-Riem, W.*, in: Merten, D./Papier, H.-J. (Hrsg.), HGR IV, § 106 Rn. 34; *Geis, M.E.*, in: Friauf, H./Höfling, W. (Hrsg.), Berliner Kommentar GG, Art. 8 Rn. 75.

[245] Vgl. *Kingreen, T./Poscher, R.*, Staatsrecht II – Grundrechte, Rn. 136 und Rn. 141.

bei der Ausübung der Versammlungsfreiheit in mehrpoligen Grundrechtskollisionen besonders aktuell.[246]

Dabei stellt das BVerfG im grundlegenden „Brokdorf"-Beschluss darauf ab, dass der Staat die Durchführung von Versammlungen zu ermöglichen hat, indem er u. a. (und vor allem) Ausschreitungen Dritter abwehrt.[247] Das Gericht fordert Organisations- und Verfahrensgarantien als objektive Wirkung der Grundrechte, die die effektive Freiheitsausübung absichern.[248] Darüber hinaus thematisiert es die Funktion des staatlichen Gewaltmonopols zum Schutz der schwächeren Minderheit als „Vorbedingung für die Gewährleistung der Versammlungsfreiheit".[249] Damit bringt das Gericht laut Kloepfer eine die „chancensichernde Grundrechtsvoraussetzung" ins Spiel, die an die primär präventive Natur der Schutzpflicht anknüpft.[250] Das im „Brokdorf"-Konzept verdeutlichte „hoheitliche Rollenverständnis" ist untrennbar mit der Erfüllung der staatlichen Schutzpflicht verbunden. Nach diesem Konzept ist die Ausübung der Versammlungsfreiheit durch verschiedene Maßnahmen zu sichern, die in Anlehnung an Lepsius folgendermaßen bezeichnet werden können (Ermöglichungskonzept):[251] Erfüllung der „Doppelverpflichtung" zum Schutz der Sicherheit, indem sowohl die Versammlungsfreiheit als auch die Interessen der Allgemeinheit geschützt werden; Ermöglichung einer vertrauensvollen Kooperation; Isolierung und Differenzierung einzelner Gewalttäter und Gruppen, damit die Versammlung als solche störungsfrei und friedlich abläuft; Schaffung und Umsetzung von Deeskalationsstrategien, indem der Staat als Garant der Friedlichkeit der Geschehnisse auftritt; verfassungskonforme Auslegung und Anwendung der einfachgesetzlichen Bestimmungen und vor allem des Versammlungsgesetzes.[252]

---

[246] Die Versammlungsfreiheit sei ein „Paradebeispiel" des Schutzanspruchs; *Holoubek, M.*, Der Grundrechtseingriff, S. 31.

[247] Vgl. BVerfGE 69, 315 355.

[248] Vgl. ebd und *Frowein, J. A.*, Die Versammlungsfreiheit vor dem Bundesverfassungsgericht, NJW 1985, S. 2377.

[249] Vgl. BVerfGE 69, 315, 360; darauf verweisend vgl. auch BVerfG, Beschl. v. 02.11.2016 – 1 BvR 289/15, BeckRS 2016, 55724, Rn. 13.

[250] Vgl. *Kloepfer, M.*, Grundrechte als Entstehenssicherung und Bestandsschutz, S. 21; *Nußberger, A.*, Die Verantwortung des Staates für das Handeln Dritter, in: FS für Klein, S. 1207; *Wiesbrock, K.*, Internationale Schutz der Menschenrechte vor Verletzungen durch Private, S. 165 f.; der Schwerpunkt in den meisten Fällen liege aber beim repressiven Reagieren auf der „privaten Verletzungshandlung"; *Stahl, S.*, Schutzpflichten im Völkerrecht, S. 155.

[251] *Lepsius, O.*, Versammlungsrecht und gesellschaftliche Integration, S. 117.

[252] Vgl. die spätere Analyse der einfachrechtlichen Befugnisse der Versammlungsbehörde in Kap. H.

b) Die positive Verpflichtung des Staates nach dem Effektivitätsgedanken des EGMR

Die durch ihre dynamisch-evolutive Auslegung am Effektivitätsgedanken orientierte Entwicklung der EMRK („effective enjoyment of these rights"[253]) führt dazu, dass der Staat zum Schutz des Individuums vor Dritteingriffen verpflichtet wird.[254] Diese „horizontale Wirkung" der Konventionsrechte[255] begründet eine positive Verpflichtung des Staates („a positive obligation") zum effektiven und nicht nur zu einem theoretischen und illusionären Schutz.[256] Die europäische Begrifflichkeit der „positiven Verpflichtung" umfasst alle Konstellationen, in denen der Staat zum Handeln verpflichtet ist. Daher ist die Schutzpflicht nach deutschem Verständnis nur als Unterfall der positiven Verpflichtung zu verstehen.[257] Der EGMR verbindet die demokratische Funktion der Versammlungsfreiheit mit der Schutzpflicht des Staates.[258] Dazu führt er im „Appleby"-Fall aus, dass sich die funktionale Bedeutung der Versammlungsfreiheit als Vorbedingung der Demokratie auf die Schutzdimension im privaten Grundrechtsverhältnis verstärkend auswirkt.[259] Im Fall „Alekseyev" weist er auf die besondere Rolle der posi-

---

[253] Vgl. *Rainey, B./Wicks, E./Ovey, C.*, The ECHR, S. 517f.; ECHR, Balçik and Others v. Turkey, Nr. 25/02, 29. November 2007, § 47 mwN; s. ECHR, Kudrevičius and Others v. Lithuania, Nr. 37553/05, 15. Oktober 2015, § 158; ECHR, Lashmankin and Others v. Russia, Nr. 57818/09 und 14 weitere, 7. Februar 2017, § 457; zum Effektivitätsgedanken *Jaeckel, L.*, Schutzpflichten, S. 140.

[254] Vgl. *Krieger, H.*, in: Dörr, O./Grote, R./Marauhn, T., EMRK/GG, Kap. 6 Rn. 30; dies., Positive Verpflichtungen unter der EMRK, ZaöRV 2014, S. 189; ECHR, Plattform „Ärzte für das Leben" v. Austria, Nr. 10126/82, 21. Juni 1988, § 31; *Peters, A.*, Einführung in die Europäische Menschenrechtskonvention, S. 13. Zur dynamisch-evolutiven Interpretation *Harris, D.J./O'Boyle, M./Bates, E./Buckley, C.*, Law of the ECHR, S. 8 und S. 22–24.

[255] Dazu *Nußberger, A.*, Die Verantwortung des Staates für das Handeln Dritter, in: FS für Klein, S. 1203 ff.

[256] Zur Auslegung von EMRK („practical and effective, not theoretical and illusory") *Schabas, W.A.*, The ECHR, S. 33 und S. 47–49.

[257] Vgl. *Grabenwarter, C./Pabel, K.*, EMRK, § 19 Rn. 1; es wird der Oberbegriff „Gewährleistungspflichten" vorgeschlagen (ebd., § 2); es wird zwischen folgenden Pflichten, die sich unter diesen Oberbegriff subsumieren lassen, unterschieden: Schutzpflichten, Gewährleistungspflichten bei Organisation und Verfahren, Informationspflichten und Verpflichtungen zur Gewährleistung von Teilhaberechten.

[258] Vgl. *Geis, M.E.*, in: Friauf, H./Höfling, W. (Hrsg.), Berliner Kommentar GG, Art. 8 Rn. 75.

[259] ECHR, Appleby and Others v. The United Kingdom, Nr. 44306/98, 6. Mai 2003, § 39: „The Court reiterates the key importance of freedom of expression as one of the preconditions for a functioning democracy. Genuine, effective exercise of this freedom does not depend merely on the State's duty not to interfere, butmay require positive measures of protection, even in the sphere of relations between individuals." Vgl. *Dröge, C.*, Positive Verpflichtungen der Staaten, S. 1. Die Aussagen des EGMR hinsichtlich der positiven Verpflichtung des Staates sei

tiven Verpflichtung hin, da die Interessen von Minderheiten mehr gefährdet bzw. mehr schutzbedürftig („more vulnerable") sind.[260] Die Erfüllung dieser positiven Pflichten manifestiere sich umso mehr, wenn es sich um Personen mit unpopulären (Minder-)Meinungen handelt.[261] Die Versammlungsdurchführung sei staatlicherseits so zu ermöglichen, dass die Teilnehmer keine Angst vor gewaltsamen Opponenten haben.[262]

Der EGMR arbeitet dabei ohne eine „generelle Theorie" der positiven Verpflichtung.[263] Die effektive Ausübung der Versammlungsfreiheit könne aber nicht auf das „negative Konzept" („a purely negative conception") beschränkt werden. Dies würde, so der EGMR, dem Gegenstand und dem Zweck des Art. 11 EMRK widersprechen.[264] Art. 11 EMRK bezwecke zwar vor allem den Schutz des Individuums vor willkürlichen Eingriffen der staatlichen Behörden („essential object of Article 11"); er könne aber darüber hinaus die positive Verpflich-

---

verallgemeinerungsfähig, da das Gericht selbst die Ausführungen zu einem Grundrecht dann mutatis mutandis bei Prüfung des anderen Grundrechts heranziehe, *Schilling, T.*, Internationaler Menschenrechtsschutz, Rn. 114 mwN. Dabei intensiviere sich die positive Verpflichtung je nach der inhaltlichen Ausrichtung des betroffenen Konventionsrechts, *Peters, A./Altwicker, T.*, EMRK, S. 21 Rn. 33.

[260] ECHR, Alekseyev v. Russia, Nr. 4916/07 und 14599/09, 21. Oktober 2010, § 70 und § 81; *Peters, A./Altwicker, T.*, EMRK, S. 106 Rn. 4.

[261] ECHR, „Identity" and Others v. Georgia, Nr. 73235/12, 12. Mai 2015, § 94 mwN.

[262] Vgl. ECHR, Alekseyev v. Russia, Nr. 4916/07 und 14599/09, 21. Oktober 2010, § 73; *Harris, D. J./O'Boyle, M./Bates, E./Buckley, C.*, Law of the ECHR, S. 711. ECHR, „Identity" and Others v. Georgia, Nr. 73235/12, 12. Mai 2015, § 95. ECHR, Plattform „Ärzte für das Leben" v. Austria, Nr. 10126/82, 21. Juni 1988, § 32: „A demonstrationmay annoy or give offence to persons opposed to the ideas or claims that it is seeking to promote. The participants must, however, be able to hold the demonstration without having to fear that they will be subjected to physical violence by their opponents; such a fear would be liable to deter associations or other groups supporting common ideas or interests from openly expressing their opinions on highly controversial issues affecting the community. [...]."

[263] ECHR, Plattform „Ärzte für das Leben" v. Austria, Nr. 10126/82, 21. Juni 1988, § 31: „The Court does not have to develop a general theory of the positive obligations whichmay flow from the Convention, but before ruling on the arguability of the applicant association's claim it has to give an interpretation of Article 11 (art. 11)." Dies sei üblich, da sich die Rechtsprechung des EGMR am Einzelfall orientiere, *Dröge, C.*, Positive Verpflichtungen der Staaten, S. 3. Vgl. weiter *Szczekalla, P.*, Die sogenannten grundrechtlichen Schutzpflichten, S. 712–713 f.; *Jaeckel, L.*, Schutzpflichten, S. 124.

[264] ECHR, Plattform „Ärzte für das Leben" v. Austria, Nr. 10126/82, 21. Juni 1988, § 32: „[...] [E]ffective freedom of peaceful assembly cannot, therefore, be reduced to a mere duty on the part of the State not to interfere: a purely negative conception would not be compatible with the object and purpose of Article 11 (art. 11). Like Article 8 (art. 8), Article 11 (art. 11) sometimes requires positive measures to be taken, even in the sphere of relations between individuals, if need be (see, mutatis mutandis, the X and Y v. the Netherlands judgment of 26 March 1985, Series A Nr. 91, p. 11, § 23)."

tung begründen, wonach der Staat die effektive Ausübung der Freiheit zu garantieren hat.²⁶⁵ In einer weiteren Entscheidung beschreibt der EGMR die Verpflichtungen des Staates in einer anderen Reihenfolge, sodass nunmehr die positive Verpflichtung („to safeguard") an erster Stelle steht: Der Staat habe nicht nur die friedliche Ausübung der Versammlungsfreiheit zu ermöglichen, sondern auch von unbegründeten indirekten Beschränkungen der Freiheit abzusehen.²⁶⁶ Die positive Verpflichtung des Staates ist auch nach EGMR in erster Linie mit dem Schutz der körperlichen Integrität der Versammlungsteilnehmer verbunden.²⁶⁷ In einer Demokratie dürfe z. B. eine Gegenversammlung nicht die Macht haben, die Ausgangsversammlung zu verhindern.²⁶⁸ Der Staat habe hier die Pflicht („Doppelauftrag"), angemessene Maßnahmen („duty to take appropriate measures") zu ergreifen, um den friedlichen Ablauf der Versammlung zu ermöglichen und die Sicherheit aller Bürger zu gewährleisten.²⁶⁹

Die positive Verpflichtung kann laut Nußberger „präventiv, protektiv oder investigativ" sein,²⁷⁰ was die Bindung aller drei Staatsgewalten an die Versammlungsfreiheit garantiert. Präventiv ist zunächst die Abwägung des Gesetzgebers bedeutend.²⁷¹ So z. B. hatte der Gesetzgeber im grundlegenden Fall „Young, James and Webster v. the UK", unter Verletzung seines Schutzauftrags im Arbeitgeber-Arbeitnehmer-Verhältnis sog. „closed-shop"-Regelungen konventions-

---

²⁶⁵ „[…] [A]lthough the essential object of Article 11 is to protect the individual against arbitrary interference by public authorities with the exercise of the rights protected, theremay in addition be positive obligations to secure the effective enjoyment of these rights […]."; ECHR, Balçik and Others v. Turkey, Nr. 25/02, 29. November 2007, § 47. So auch ECHR, Barankevich v. Russia, Nr. 10519/03, 26. Juli 2007, § 27; ECHR, Kudrevičius and Others v. Lithuania, Nr. 37553/05, 15. Oktober 2015, § 158 mwN; ECHR, „Identity" and Others v. Georgia, Nr. 73235/12, 12. Mai 2015, § 94.
²⁶⁶ ECHR, Djavit An v. Turkey, Nr. 20652/92, 20. Februar 2003, § 57: „The Court notes in addition that States must not only safeguard the right to assemble peacefully but also refrain from applying unreasonable indirect restrictions upon that right. […]."; ECHR, Oya Ataman v. Turkey, Nr. 74552/01, 5. Dezember 2006, § 36.
²⁶⁷ Vgl. *Schabas, W. A.*, The ECHR, S. 493; *Grabenwarter, C./Pabel, K.*, EMRK, § 19 Rn. 3.
²⁶⁸ Vgl. ECHR, „Identity" and others v. Georgia, Nr. 73235/12, 12. Mai 2015, § 95; ECHR, Plattform „Ärzte für das Leben" v. Austria, Nr. 10126/82, 21. Juni 1988, § 32: „[…] In a democracy the right to counter-demonstrate cannot extend to inhibiting the exercise of the right to demonstrate. […]." Vgl. auch ECHR, Öllinger v. Austria, Nr. 76900/01, 29. Juni 2006, § 36.
²⁶⁹ ECHR, Balçik and Others v. Turkey, Nr. 25/02, 29. November 2007, § 46: „[…] It is clear from this case-law that the authorities have a duty to take appropriate measures with regard to lawful demonstrations in order to ensure their peaceful conduct and the safety of all citizens […]."; ECHR, Öllinger v. Austria, Nr. 76900/01, 29. Juni 2006, §§ 34–35.
²⁷⁰ So *Nußberger, A.*, Die Verantwortung des Staates für das Handeln Dritter, in: FS für Klein, S. 1207.
²⁷¹ Vgl. ECHR, Young, James and Webster v. the UK, Nr. 7601/76; 7806/77, 13. August 1981, § 65; *Dröge, C.*, Positive Verpflichtungen der Staaten, S. 31 f.

120 F. Die „Eigentümlichkeiten" und die „Bindungsenergie" der Versammlungsfreiheit

widrig ausgestaltet.[272] Laut EGMR ist primäre Aufgabe des Gesetzgebers, die Regelungen zu schaffen, die eine ungestörte Durchführung von Versammlungen sichern.[273] Die Schutzrichtung verbindet die Versammlungsfreiheit untrennbar mit den verfahrensrechtlichen Garantien durch die Gerichte.[274] Nußberger bezeichnet die nationalen Gerichte als „wesentliche Schaltstellen" der konventionsrechtlichen Haftung für die (prozedurale) positive Verpflichtung.[275] Der Schwerpunkt der staatlichen Haftung liegt in Anbetracht der Besonderheiten der Versammlungsfreiheit auf der Erfüllung der positiven Verpflichtungen durch die Exekutive. Laut EGMR stellt diese positive Verpflichtung keine absolute Pflicht dar, sondern ist im Rahmen eines weiten (aber nicht unlimitierten) Ermessens zu erfüllen. Dadurch könne der Staat unter mehreren Optionen das geeignete Mittel („reasonable and appropriate measures") zur Bewältigung der Lage auswählen.[276] In diesem Sinne wird die positive Pflicht des Staates nicht ergebnisorientiert, d. h. erfolgversprechend, sondern prozessorientiert (Wahl des Mittels) verstanden.[277] Ein Beispiel präventiver Maßnahmen stellt die Sicherstellung medi-

---

[272] Vgl. *Nußberger, A.*, Die Verantwortung des Staates für das Handeln Dritter, in: FS für Klein, S. 1204; *Schabas, W.A.*, The ECHR, S. 91.

[273] Vgl. *Grabenwarter, C./Pabel, K.*, EMRK, § 23 Rn. 83; ECHR, Lashmankin and Others v. Russia, Nr. 57818/09 und 14 weitere, 7. Februar 2017, § 418 („fixing the regulatory framework") und § 461; ECHR, Primov and Others v. Russia, Nr. 17391/06, 12. Juni 2014, § 100, §§ 110–111 und § 125.

[274] Vgl. *Dröge, C.*, Positive Verpflichtungen der Staaten, S. 7; *Salát, O.*, The Right to Freedom of Assembly, S. 95, er spricht von „strong substantive and procedural protection" im Rahmen des Art. 11 EMRK; *Jaeckel, L.*, Schutzpflichten, S. 125 und S. 130; *Streuer, W.*, Positive Verpflichtungen des Staates, S. 194.

[275] *Nußberger, A.*, Die Verantwortung des Staates für das Handeln Dritter, in: FS für Klein, S. 1208 f.; *Grabenwarter, C./Pabel, K.*, EMRK, § 19 Rn. 12; ECHR, Lashmankin and Others v. Russia, Nr. 57818/09 und 14 weitere, 7. Februar 2017, § 418. Ein effektiver Rechtsschutz ermögliche den Einfluss auf den demokratischen Willensbildungsprozess, indem individuelle Belange zu „gesellschaftspolitischen Interessen" werden; *Krieger, H.*, Positive Verpflichtungen unter der EMRK, ZaöRV 2014, S. 187 f.

[276] ECHR, Plattform „Ärzte für das Leben" v. Austria, Nr. 10126/82, 21. Juni 1988, § 34: „While it is the duty of Contracting States to take reasonable and appropriate measures to enable lawful demonstrations to proceed peacefully, they cannot guarantee this absolutely and they have a wide discretion in the choice of the means to be used [...]." Weiter vgl. ECHR, Giuliani and Gaggio v. Italy, Nr. 23458/02, 24. März 2011, § 251; ECHR, P.F. and E.F. v. the United Kingdom (dec). Nr. 28326/09, 23. November 2010, § 40; ECHR, Alekseyev v. Russia, Nr. 4916/07 und 14599/09, 21. Oktober 2010, § 75.

[277] ECHR, Kudrevičius and Others v. Lithuania, Nr. 37553/05, 15. Oktober 2015, § 159; ECHR, Plattform „Ärzte für das Leben" v. Austria, Nr. 10126/82, 21. Juni 1988, § 34; ECHR, Fáber v. Hungary, Nr. 40721/08, 24. Juli 2012, § 39: „In this area the obligation they enter into under Article 11 of the Convention is an obligation as to measures to be taken and not as to results to be achieved."; *Krieger, H.*, in: Dörr, O./Grote, R./Marauhn, T., Kap. 6 Rn. 64; *Arndt, F./Engels, A.*, in: Karpenstein, U./Mayer, F.C. (Hrsg.), EMRK, Art. 11 Rn. 25.

III. Das Schutzprogramm der Versammlungsfreiheit

zinischer Ersthilfe während Versammlungen politischer, kultureller oder anderer Natur dar.[278] Im Rahmen der Prüfung der Verhältnismäßigkeit eines Eingriffs untersucht der EGMR, ob das Ermessen („discretion") vernünftig, rücksichtsvoll und gewissenhaft („reasonably, carefully and in good faith") ausgeübt wurde.[279] Im „Giuliani and Gaggio"-Fall wird ausgeführt, dass der Staat die Maßnahmen zu ergreifen hat, die Gefahren für Leib und Leben abwehren.[280] Zur Begründung der Haftung sei bedeutend, ob der Staat Kenntnis hatte bzw. Kenntnis haben musste, dass eine reale und bevorstehende Gefahr droht.[281] Die Pflicht kann sodann als verletzt betrachtet werden, wenn staatlicherseits fehlerhaft keine adäquaten Maßnahmen zur Abwehr der realen Gefahren getroffen wurden.[282] Dabei hat der EGMR auch das Friedlichkeitsgebot ins Spiel gebracht, das die Pflichtenerfüllung zugunsten der Versammlungsfreiheit lenke.[283] Die Intensität der Verpflichtung variiere nach den Einzelumständen des Falles und insbesondere dem Charakter der aufgetretenen Eskalation.[284] Die Haftung des Staates wird durch

---

[278] ECHR, Kudrevičius and Others v. Lithuania, Nr. 37553/05, 15. Oktober 2015, § 160.

[279] Vgl. ECHR, Hyde Park and Others v. Moldova (Nr. 4), Nr. 18491/07, 7. April 2009, § 52; ECHR, Giuliani and Gaggio v. Italy, Nr. 23458/02, 24. März 2011 § 249; ECHR, Frumkin v. Russia, Nr. 74568/12, 5. Januar 2016, § 94; *Lambert Abdelgawad E.*, in: Schmahl, S./Breuer, M. (Hrsg.), The Council of Europe, S. 52 Rn. 9.50.

[280] ECHR, Giuliani and Gaggio v. Italy, Nr. 23458/02, 24. März 2011, § 245.

[281] Ebd., § 246: „Accordingly, not every claimed risk to life can entail for the authorities a Convention requirement to take operational measures to prevent that risk from materialising. The Court has held that a positive obligation will arise where the authorities knew or ought to have known of the existence of a real and immediate risk to the life of an identified individual or individuals and failed to take measures within the scope of their powers which, judged reasonably, might have been expected to avoid that risk […]." Vgl. auch ECHR, „Identity" and Others v. Georgia, 12. Mai 2015, Nr. 73235/12, § 99.

[282] Ebd., § 248: „Furthermore, for the State's responsibility under the Convention to be engaged, it must be established that the death resulted from a failure on the part of the national authorities to do all that could reasonably be expected of them to avoid a real and immediate risk to life of which they had or ought to have had knowledge […]."

[283] Vgl. ebd., § 251. Vgl. die spätere Behandlung des Friedlichkeitsgebots in Kap. F IV 3.

[284] Plattform „Ärzte für das Leben" v. Austria, Nr. 10126/82, 21. Juni 1988, § 37: „[…] Lastly, no damage was done nor were there any serious clashes; the counter-demonstrators chanted slogans, waved banners and threw eggs or clumps of grass, which did not prevent the procession and the open-air religious service from proceeding to their conclusion; special riot-control units placed themselves between the opposing groups when tempers had risen to the point where violence threatened to break out."; dagegen ECHR, Barankevich v. Russia, Nr. 10519/03, 26. Juli 2007, § 33: „[…] Assuming that there existed a threat of a violent counter-demonstration, the Court observes that the domestic authorities had a wide discretion in the choice of means […]. However, there is no indication that an evaluation of the resources necessary for neutralising the threat was part of the domestic authorities' decision-making process […]."

die objektive Unmöglichkeit begrenzt,²⁸⁵ damit der Staat nicht zum „Sündenbock" (Nußberger) wird.²⁸⁶

IV. Die Friedlichkeit der Versammlung

Die verfassungsunmittelbare Limitierung anhand Friedlichkeitsgebots stellt ein begriffsnotwendiges Merkmal der Versammlung dar und wirkt somit „tatbestandsausschließend".²⁸⁷ Friedliche Meinungsäußerung als Leitbild der freien Kommunikation ist eine prinzipielle „Verfassungserwartung".²⁸⁸ Auch der EGMR äußert sich zur Notwendigkeit der friedlichen Ausübung der Konventionsrechte.²⁸⁹ Das Friedlichkeitsgebot ist im Art. 21 GVerf neben der Waffenlosigkeit nicht *expressis verbis* erwähnt.²⁹⁰ Das GVerfG hat aber ausdrücklich darauf hingewiesen, dass die Versammlungsfreiheit ein genehmigungsloses, öffentliches, waffenloses und friedliches Sich-Versammeln schützt.²⁹¹ Eine gewaltsame Versammlung, die das Friedlichkeitsgebot nicht wahrt, falle nicht in den Schutzbereich der Versammlungsfreiheit. Eine solche Veranstaltung könne von vornhe-

---

²⁸⁵ ECHR, Giuliani and Gaggio v. Italy, Nr. 23458/02, 24. März 2011, § 245: „[…] The [positive] obligation […] must be interpreted in a way which does not impose an impossible or disproportionate burden on the authorities, bearing in mind the difficulties involved in policing modern societies, the unpredictability of human conduct and the operational choices which must be made in terms of priorities and resources […]."; ECHR, Appleby and Others v. The UK, Nr. 44306/98, 6. Mai 2003: „[…] The scope of this obligation will inevitably vary, having regard to the diversity of situations obtaining in Contracting States and the choices which must be made in terms of priorities and resources. Nor must such an obligation be interpreted in such a way as to impose an impossible or disproportionate burden on the authorities […]."
²⁸⁶ *Nußberger, A.*, Die Verantwortung des Staates für das Handeln Dritter, in: FS für Klein, S. 1216 f.; ECHR, Plattform „Ärzte für das Leben" v. Austria, Nr. 10126/82, 21 Juni 1988, § 36; ECHR, P. F. and E. F. v. the United Kingdom (dec). Nr. 28326/09, 23. November 2010, § 43.
²⁸⁷ Vgl. *Bröhmer, J.*, in: Dörr, O./Grote, R./Marauhn, T., EMRK/GG, Kap. 19 Rn. 38; *Rainey, B./Wicks, E./Ovey, C.*, The ECHR, S. 519; *Peters, A./Altwicker, T.*, EMRK, S. 106 Rn. 4. Isensee spricht von apriorischer Eingrenzung des Schutzbereichs; *Isensee, J.*, in: Isensee, J./Kirchhof, P. (Hrsg.), HStR IX, § 191 Rn. 51.
²⁸⁸ Zur Verfassungserwartung *Isensee, J.*, in: Isensee, J./Kirchhof, P. (Hrsg.), HStR IX, § 190 Rn. 53.
²⁸⁹ ECHR, E. S. v Austria, Nr. 38450/12, 25. Oktober 2018, § 43: „[…] [T]he exercise of the freedom of expression carries with it duties and responsibilities. Amongst them […] is the general requirement to ensure the peaceful enjoyment of the rights […]."
²⁹⁰ So hat z. B. der Vertreter der Venedig-Kommission darauf hingewiesen, dass in der Verfassungsnorm das Merkmal der Friedlichkeit fehlt; Sir Jeffrey Jowell – Review of Amendments to the Constitution of Georgia in respect to Human Rights and Judiciary Matters, S. 232.
²⁹¹ Vgl. die Entscheidung des GVerfG vom 18. April 2011, Nr. 2/482, 483, 487, 502, Kap. II §§ 99–100; weiter vgl. § 7, § 80 und § 138.

IV. Die Friedlichkeit der Versammlung 123

rein nicht zugelassen oder später aufgelöst werden.[292] Jenseits dieser Feststellungen hat das GVerfG das Friedlichkeitsgebot nicht näher behandelt.[293] Die Verfassungsnorm selbst ist ergänzungsbedürftig, da die explizit vorgesehene Waffenlosigkeit nur einen Unterfall der Friedlichkeit darstellt, aber nicht immer die Einhaltung des Friedlichkeitsgebots impliziert.[294] Im Fall der Waffenlosigkeit können auch andere Indizien für die kollektive Unfriedlichkeit sprechen.[295]

1. Der status passivus in der Friedensordnung

Der Bestand der Friedensordnung des Rechtsstaats wird durch Missbrauchsverbote als *status passivus* gesichert,[296] indem die Freiheitsausübung unter den „Fundamentalvorbehalt der Friedlichkeit" gestellt wird (Friedenspflicht der Bürger).[297] Die rechtsstaatliche Ordnung wird durch das Recht als „Strategie des

---

[292] Vgl. die Entscheidung des GVerfG, vom 5. November 2002, Nr. 2/2/180–183, Kap. II § 10.

[293] Vgl. die späteren Ausführungen bezüglich des Tatbestands der Auflösung im GVersG. Der Tatbestand wird u. a. mit Verweisen auf die hier vorgegebenen Kriterien der kollektiven Unfriedlichkeit nach deutschem und europäischem Recht behandelt. Ebd. wird die Frage des Mitführens gefährlicher Gegenstände als funktionales Verständnis der Waffenlosigkeit analysiert.

[294] Vgl. *Kunig, P.*, in: Münch, I. v./Kunig, P. (Hrsg.), GG, Art. 8 Rn. 22.

[295] So *Kloepfer, M.*, in: Isensee, J./Kirchhof, P. (Hrsg.), HStR VII, § 164 Rn. 57; vgl. auch *Hartmann, B. J.*, in: Bonner-Kommentar, GG, Art. 8 Rn. 222.

[296] Vgl. *Hopfauf, A.*, in: Schmidt-Bleibtreu, B./Hofmann, H./Henneke, H.-G. (Hrsg.), GG, Einl. Rn. 281 und 304; die Friedenspflicht ist in der Verfassung vorausgesetzt und entstammt dem Rechtsstaats- und Demokratieprinzip, vgl. *Müller, C.*, Das staatliche Gewaltmonopol, S. 121. Vgl. auch *Starck, C.*, in: Mangoldt, H. v./Klein, F./Starck, C. (Hrsg.), GG, Präambel Rn. 33; *Münch, I. v./Mager, U.*, Staatsrecht II – Grundrechte, Rn. 47 m. V. auf Jellinek; als *status passivus* wird vor allem die Pflicht zum Rechtsgehorsam verstanden, die ihrerseits die Friedenspflicht der Bürger als Element miteinschließt.

[297] In der (hypothetischen) vertraglichen Konstruktion (sog. „Staatsvertrag" nach Hobbes) werden dem Staat die friedenssichernden Schutzpflichten zugesprochen, denen die Friedenspflicht der Bürger entspricht; diese vertragsartige „Wechselseitigkeit" (dazu vgl. *Lohmann, G.*, Menschenrechte zwischen Verfassung und Völkerrecht, in: FS für Klein, S. 1176–1177) wird bei Depenheuer in dem Sinne modifiziert, dass es nicht auf ein synallagmatisches Verhältnis dieser Verpflichtungen ankomme; er geht dagegen von einer solidarischen Grundlage für die Existenz der staatlichen Ordnung aus, dazu *Depenheuer, O.*, Solidarität im Verfassungsstaat, S. 178–179 ff.; aus diesem Grunde bestehe die Friedenspflicht weiter, auch wenn der Staat unter bestimmten Umständen eigene Schutzpflichten und das eigene Gewaltmonopol nicht oder nicht effektiv betätigt (gemeint ist aber der Staat, der grundsätzlich fähig ist, ein eigenes Gewaltmonopol zu beanspruchen, nicht dagegen der Staat im Rang von „failed states"). Zum „Fundamentalvorbehalt" *Ehrentraut, C.*, Die Versammlungsfreiheit, S. 129. Im Rechtsstaat ist u. a. durch dessen Friedlichkeitskonzept die Kontinuität der Werte gewahrt, vgl. *Kirchhof, P.*, Die Aufgaben des Bundesverfassungsgerichts in Zeiten des Umbruchs, NJW 1996, S. 1498. Im

Friedens" aufrechterhalten.[298] Dazu beansprucht der Staat ein eigenes rechtlich begrenztes Gewaltmonopol gegen Gewaltanwendung Privater,[299] u. a. zum Schutz der Minderheit gegen Übergriffe Dritter.[300] In diesem Sinne sichert das Gewaltmonopol des Staates die „optimale Gewaltfreiheit im Staat" zur optimalen Entfaltung der Freiheit,[301] indem es keine „Freiheit vom Recht" mehr geben kann.[302] In erster Linie sind es die Grundrechte und das Verhältnismäßigkeitsprinzip, die die Staatsgewalt begrenzen.[303] Die Friedenspflicht der „dem Staat Gehorsam leistend[en]" Bürger[304] stellt gleichsam eine Grenze für die freie Entfaltung

---

Übrigen gehören die Sicherung der Existenz und Funktionsfähigkeit des Staates und Friedens- und Gehorsamspflicht der Bürger zu den Rechtsgütern, die während der Beschränkung der vorbehaltlosen Grundrechte abwägungsfähig sind; so *Stern, K.*, in: Stern, K./Becker, F. (Hrsg.), Grundrechte-Kommentar, Einl. Rn. 127.

[298] Vgl. *Honsell, H./Mayer-Maly, T.*, Rechtswissenschaft, S. 303 f.; *Di Fabio, U.*, Sicherheit in Freiheit, NJW 2008, S. 422.

[299] Vgl. *Isensee, J.*, Die Friedenspflicht der Bürger und das Gewaltmonopol des Staates, in: FS für Eichenberger, S. 23 f. m. V. auf Weber; *ders.*, in: Isensee, J./Kirchhof, P. (Hrsg.), HStR II, § 15 Rn. 82 und Rn. 86. Auch wenn die Gewalt ein zentraler Begriff des öffentlichen Rechts sei, verstehe man unter der Gewalt eher die private Gewaltanwendung, *Grimm, D.*, Das Staatliche Gewaltmonopol, S. 18.

[300] Vgl. BVerfGE 69, 315, 360, das staatliche Gewaltmonopol sei in seinem zentralen Element im Polizeimonopol umgesetzt. Gefährdet die Minderheit aber durch unfriedliche Handlungen das staatliche Gewaltmonopol, so gefährdet sie sich selbst, so in Anlehnung an den „Brokdorf"-Beschluss *Kloepfer, M.*, in: Isensee, J./Kirchhof, P. (Hrsg.), HStR VII, § 164 Rn. 67; OVG Münster, Urt. v. 07.12.2016 – 7 A 1668/15, BeckRS 2016, 111231, Rn. 37.

[301] Vgl. *Leisner, W.*, „Vorbild": Ein Rechtsbegriff der Verfassung?, DÖV 2015, S. 1007. Zur „wechselseitigen Loyalität" des Staates und des Individuums *Haak, S.*, in: Isensee, J./Kirchhof, P. (Hrsg.), HStR X, § 205 Rn. 2. Die Sicherheit mache aus einem abstrakten Freiheitsversprechen eine effektive Garantie, *Krings, G.*, Terrorismusbekämpfung im Spannungsfeld zwischen Sicherheit und Freiheit, ZRP 2015, S. 167 f.

[302] Vgl. *Gusy, C.*, in: Mangoldt, H. v./Klein, F./Starck, C. (Hrsg.), GG, Art. 8 Rn. 12. Weiter *Klein, E.*, Rechtliche Klarstellungen zur Flüchtlingskrise, S. 157: „Das Recht vollzieht sich nicht von selbst, es ist auf den Gehorsam der Rechtsunterworfenen angewiesen, der zwar im Staat grundsätzlich erzwungen werden kann."

[303] Dazu *Müller, C.*, Das staatliche Gewaltmonopol, S. 113, S. 121 und S. 147 ff. Es war dabei Locke, dem es als erstem gelang, im Kontext des Gewaltmonopols „zwischen der Sicherheit durch den Staat und der Sicherheit vor dem Staat" zu unterscheiden; dadurch wurde die Notwendigkeit der Rechtsbindung und Machtbegrenzung des Staates auf den Punkt gebracht; *Calliess, C.*, Sicherheit im freiheitlichen Rechtsstaat, ZRP 2002, S. 4.

[304] Jellinek verband die „vier Status" des Individuums mit der Gehorsamspflicht des Bürgers gegenüber dem Staat: „Diese vier Status bilden eine aufsteigende Linie, indem das Individuum zuvörderst dem Staate Gehorsam leistend der Persönlichkeit bar erscheint, hierauf ihm eine selbständige, staatsfreie Sphäre zuerkannt wird, sodann der Staat selbst sich zu Leistungen verpflichtet, bis schließlich der individuelle Wille an der staatlichen Herrschaftsausübung teilnimmt oder sogar als Träger des staatlichen Imperiums anerkannt wird."; *Jellinek, G.*, System

IV. Die Friedlichkeit der Versammlung

und die Selbstbestimmung des Individuums dar,[305] die u. a. bei der Durchführung der Versammlung konkretisiert wird. Dadurch werden die Anfangs- und Endpunkte der staatlichen Aktivitäten markiert: Einerseits, wenn die Betätigung der Freiheiten einem Missbrauch gleichkommt (Schutzfunktion des Staates zugunsten der Interessen Dritter), und andererseits, wenn die verfassungsgemäße Durchführung der Versammlung durch Dritte gestört wird (Schutzfunktion des Staates zugunsten der Versammlungsfreiheit).[306]

Die spezielle grundrechtsunmittelbare „Restriktionswirkung" des Friedlichkeitsgebots für die Versammlungsfreiheit erklärt sich aus der Natur der Versammlung als „Massengeschehen".[307] Die „physische Präsenz" bei der kollektiven Inanspruchnahme der Versammlungsfreiheit kann in extremen Fällen schwere Gefahren für die Außenwelt auslösen.[308] Andererseits steht die Sicherung der freien Kommunikation als gewaltfreie geistige Auseinandersetzung im Vordergrund.[309] In diesem Sinne liegt es im Interesse des Veranstalters der Versammlung, die Friedlichkeit zu wahren und dadurch das Gewaltmonopol des Staates zu eigenen Gunsten zu „lenken".[310]

---

der subjektiven öffentlichen Rechte, S. 87 f., zit. nach *Brugger, W.*, Georg Jellineks Statuslehre, AöR 136 (2011), S. 11.
[305] Durch diesen Begrenzungsmodus zeigt sich zugleich die Funktion der Grundrechte als Wertgehalte der freien Gesellschaft, denen eine „freiheitssichernde, freiheitsstimulierende und zugleich freiheitsbegrenzende" Wirkung zukommt, so *Rupp, H. H.*, in: Isensee, J./Kirchhof, P. (Hrsg.), HStR II, § 31 Rn. 35; *Leisner, W.*, „Vorbild": Ein Rechtsbegriff der Verfassung?, DÖV 2015, S. 1007 (Hervorhebung wie im Original): „Dem Grundgesetz liegt eindeutig die Vorstellung von einem Primat *individueller Selbstbestimmung des Gewaltunterworfenen* zugrunde."
[306] Das BVerfG hat in seinem „Brokdorf"-Beschluss klargestellt, dass „die Abwehr von Gewalttätigkeiten freiheitsbegrenzende Maßnahmen auslöst", BVerfGE 69, 315, 360.
[307] Dazu *Lindner, J. F.*, Theorie der Grundrechtsdogmatik, S. 280; *Müller-Franken, S.*, in: Schmidt-Bleibtreu, B./Hofmann, H./Henneke, H.-G. (Hrsg.), GG, Art. 8 Rn. 24 mwN. Vgl. *Depenheuer, O.*, in: Maunz, T./Dürig, G. (Hrsg.), GG, Art. 8 Rn. 7; *Blanke, H.-J.*, in: Stern, K./Becker, F. (Hrsg.), Grundrechte-Kommentar, Art. 8 Rn. 5; *Lembke, U.*, Grundfälle zu Art. 8 GG, JuS 2005, S. 984. Das Friedlichkeitsgebot sei eine der Determinanten der Konkretisierung der Ausübung der Versammlungsfreiheit im einfachen Recht, so *Gusy, C.*, in: Mangoldt, H. v./Klein, F./Starck, C. (Hrsg.), GG, Art. 8 Rn. 51.
[308] Vgl. *Höfling, W.*, in: Sachs, M. (Hrsg.), GG, Art. 8 Rn. 30.
[309] Zum „Kampf der Meinungen" *Gusy, C.*, in: Mangoldt, H. v./Klein, F./Starck, C. (Hrsg.), GG, Art. 8 Rn. 22; *Kloepfer, M.*, in: Isensee, J./Kirchhof, P. (Hrsg.), HStR III, § 42 Rn. 11; *Hopfauf, A.*, in: Schmidt-Bleibtreu, B./Hofmann, H./Henneke, H.-G. (Hrsg.), GG, Einl. Rn. 244; *Calliess, C.*, Sicherheit im freiheitlichen Rechtsstaat, ZRP 2002, S. 4, er zitiert Elias: „[D]as Gewaltmonopol [soll] Innenpolitik als Kommunikation in einem gewaltfreien Raum ermöglichen […], indem es disziplinierend auf die Formen – nicht jedoch auf den Inhalt – der gesellschaftlichen Kommunikation einwirkt."
[310] Vgl. BVerfGE 69, 315, 360.

2. Die kollektive Unfriedlichkeit nach deutschem Recht

In Deutschland wird das Friedlichkeitsgebot in Anbetracht der üblichen „Unbequemlichkeiten" für die Adressaten der Versammlung ausgelegt:[311] „Friedlich" wird negativ als „Abwesenheit von Gewalt" definiert;[312] die Teilnehmer der Versammlung müssen es vor allem unterlassen, die körperliche Integrität Dritter zu gefährden.[313]

a) Der verfassungsrechtliche Gewaltbegriff

Über den „Gewaltbegriff" hinaus wird Unfriedlichkeit („a negative approach"[314]) restriktiv verstanden. Darunter können daher nicht Fälle eines bloßen Rechtsbruchs subsumiert werden.[315] Auch darf der verfassungsrechtliche Gewaltbegriff nicht durch das einfache Strafrecht determiniert werden.[316] Vielmehr müssen die speziell verfassungsrechtlichen qualitativen Elemente der Unfriedlichkeit dem Schutzgehalt der Versammlungsfreiheit gerecht werden. Für die verfassungsrechtliche Unfriedlichkeit hat das BVerfG eine restriktive Formel herausgearbeitet, die den besonderen Schutzgehalt der Gewährleistung unterstreicht. Diese Betrachtungsweise gilt sowohl im Vorfeld der Veranstaltung als auch während einer schon begonnenen Versammlung. Danach ist von Unfriedlichkeit einer Versammlung erst dann auszugehen, wenn „mit hoher Wahrscheinlichkeit anzunehmen ist, dass der Veranstalter und sein Anhang Gewalttätigkeiten beabsichtigen oder ein solches Verhalten anderer billigen werden oder dass die Versammlung im Ganzen einen gewalttätigen oder aufrührerischen Verlauf nimmt".[317]

---

[311] Vgl. *Höfling, W.*, in: Sachs, M. (Hrsg.), GG, Art. 8 Rn. 30; *Depenheuer, O.*, in: Maunz, T./Dürig, G. (Hrsg.), GG, Art. 8 Rn. 8; *Schneider, J.-P.*, in: Epping, V./Hillgruber, C. (Hrsg.), GG, Art. 8 Rn. 13; *Geis, M. E.*, in: Friauf, H./Höfling, W. (Hrsg.), Berliner Kommentar GG, Art. 8 Rn. 44.

[312] Vgl. *Müller-Franken, S.*, in: Schmidt-Bleibtreu, B./Hofmann, H./Henneke, H.-G. (Hrsg.), GG, Art. 8 Rn. 25 mwN; *Isensee, J.*, in: Isensee, J./Kirchhof, P. (Hrsg.), HStR II, § 15 Rn. 85; *Hartmann, B. J.*, in: Bonner-Kommentar, GG, Art. 8 Rn. 220; nicht gleichzusetzen sei die Unfriedlichkeit mit kriegerischen (auch im Sinne des Bürgerkriegs) Ereignissen.

[313] Vgl. *Gusy, C.*, in: Mangoldt, H. v./Klein, F./Starck, C. (Hrsg.), GG, Art. 8 Rn. 22–23; *Scheu, S.*, Freiheitsperspektiven Drittbetroffener im Versammlungsrecht, S. 29 ff. und S. 43 ff., behandelt u. a. die Gewaltanwendung gegen Polizisten.

[314] Vgl. *Ullrich, N.*, NVersG, § 1 Rn. 25; *Dorssemont, F.*, in: Peers, S./Hervey, T./Kenner, J./Ward, A. (Hrsg.), The EU Charter of Fundamental Rights, S. 350 Rn. 12(1).31.

[315] Vgl. *Blanke, H.-J.*, in: Stern, K./Becker, F. (Hrsg.), Grundrechte-Kommentar, Art. 8 Rn. 46.

[316] Vgl. *Kloepfer, M.*, in: Isensee, J./Kirchhof, P. (Hrsg.), HStR VII, § 164 Rn. 66; BVerfGE 104, 92, 106 mwN.

[317] BVerfGE 69, 315, 361; vgl. auch BVerfG, Beschl. v. 02.11.2016 – 1 BvR 289/15, BeckRS 2016, 55724, Rn. 13; Der aufrührerische Charakter der Versammlung sei historisch mit dem

IV. Die Friedlichkeit der Versammlung

Das Kernelement – „gewalttätiger und aufrührerischer Verlauf" als „kollektive[r] Effekt" der Versammlung schließt daher aus, dass durch einzelne Teilnehmer oder Dritte arrangierte Gewalttätigkeiten dem Veranstalter (der Versammlung als Ganzes) zugerechnet werden.[318] Darüber hinaus haben gewaltsame Einzelakte eine Signalfunktion, da die staatlichen Behörden die insgesamt friedliche Versammlung weiter zu ermöglichen haben (Schutzpflicht des Staates).[319] Umgekehrt wird der Staat zugunsten der Allgemeininteressen aktiviert, wenn sich die Unfriedlichkeit für die Versammlung im Ganzen als „charakterprägend" erweist.[320]

Geht man von der allgemein sprachlichen Bedeutung von Gewalt als „physischer Kraft", „von zwingender Wirkung" aus, dann kommen vor allem Gefahren

---

Umsturzversuch verbunden. Heutzutage sei darunter schon aktiver Widerstand gegen Vollzugsbeamte zu verstehen; *Kniesel, M./Poscher, R.*, in: Lisken, H./Denninger, E. (Hrsg.), Hb PolR, Kap. K Rn. 67; *Kingreen, T./Poscher, R.*, Staatsrecht II – Grundrechte, Rn. 817; *Geis, M. E.*, in: Friauf, H./Höfling, W. (Hrsg.), Berliner Kommentar GG, Art. 8 Rn. 45.

[318] Vgl. *Gröpl, C./Leinenbach, I.*, Examensschwerpunkte des Versammlungsrechts, JA 2018, S. 9. Zum „kollektiven Effekt" der „Selbstorganisation" der Versammlung, der u. a. bei der Prognose der Unfriedlichkeit maßgeblich sei, *Ladeur, K.-H.*, in: Ridder, H./Breitbach, M./Rühl, U./Steinmeier, F. (Hrsg.), VersR, S. 125 Rn. 30.

[319] *Knape, M.*, Die Polizei als Garant der Versammlungsfreiheit, Die Polizei 2008, S. 101–102, er spricht von einer „friedensstiftenden Rolle" der Polizei. Vgl. *Murdoch, J./Roche, R.*, The ECHR and Policing, S. 108. Aus der Perspektive der Deeskalationsstrategien ist es wichtig, dass die staatlichen Behörden berücksichtigen, dass die Situation meistens dann eskaliert, wenn die „Gegenseite der Versammlung das Konfliktangebot" annimmt; so *Brenneisen/Mescher*, in: Brenneisen, H./Wilksen, M. (Hrsg.), VersR, S. 255.

[320] Zur „kollektiven Unfriedlichkeit" BVerfG, 07.03.2011 – 1 BvR 388/05, BeckRS 2011, 49212, LS 2 und Rn. 33; zur Unfriedlichkeit „aus der Versammlung heraus" vgl. BVerfG, Beschl. v. 01.05.2001 – 1 BvQ 21/01, NJW 2001, S. 2079; BVerfG, Beschl. v. 04.09.2010 – 1 BvR 2298/10, BeckRS 2010, 54613, Rn. 8; *Höfling, W.*, in: Sachs, M. (Hrsg.), GG, Art. 8 Rn. 37. Bedeutend ist daher, wenn sich der Veranstalter im Vorfeld der Versammlung (insbesondere in der Kooperation mit der staatlichen Behörde) von der angekündigten Gewaltbereitschaft Dritter (als etwaiger Teilnehmer) distanziert; die „Signale" gegen die Gewalttätigkeit muss der Veranstalter öffentlich und klar formulieren, BVerfG, Beschl. v. 14.07.2000 – 1 BvR 1245/00, NJW 2000, S. 3051 (LS 4) und S. 3053; zu Internet-Aufrufen Dritter, die die Gewaltbereitschaft transportieren, vgl. auch *Ott, S./Wächtler, H./Heinhold, H.*, Gesetz über Versammlungen und Aufzüge, S. 204 Rn. 37. Zur „in ihrer Gesamtprägung gewaltsuchende[n] Versammlung" OVG Münster, Beschl. v. 21.10.2015 – 15 B 1201/15, BeckRS 2015, 53784, Rn. 7; vgl. VGH Kassel, Beschl. v. 01.02.2017 – 8 A 2105/14, BeckRS 2017, 103690, Rn. 63; OVG Münster, Urt. v. 07.12.2016 – 7 A 1668/15, BeckRS 2016, 111231, Rn. 38; die Teilnehmer des Protestcamps waren bei zahlreichen Angriffen gegen Mitarbeiter des Braunkohletagebaus und gegen Polizeibeamten beteiligt. Festgestellt wurden mehrere Fälle von Steinwürfen, Zwillenbeschuss, Bewurf eines Polizeiwagens mit einem Molotowcocktail. Während der Durchsuchung des als „Wiesencamp" bezeichneten Protestcamps fand die Polizei zahlreiche als Waffen verwendbare Gegenstände, wie z. B. mehrere Zwillen mit Munition, eine Steinschleuder, „Krähenfüße", Golfbälle und mit Steinen gefüllte Socken sowie geflexte Eisenkrampen.

für Leben und Gesundheit von Individuen in Betracht.[321] Dem Begriff wohnt dabei das „Potenzial der Heftigkeit und Durchsetzungskraft", d.h. „Erheblichkeit" inne.[322] Auch Rechtsprechung und Literatur stellen auf Handlungen – im Sinne eines „aktiven körperlichen Einwirkens" – von gewisser Gefährlichkeit ab, die sich in aggressiven Ausschreitungen gegen Personen oder Sachen oder sonstigen Gewalttätigkeiten ausdrücken.[323] Damit wird eine verfassungsrechtliche „Erheblichkeitsschwelle" errichtet, die eine entsprechende Intensität der körperlichen Einwirkung zum Gegenstand hat.[324] Daher betrachtet das BVerfG die bloße Anwesenheit am Versammlungsort in Form eines „passiven Widerstands" bei Sitz-Blockaden nicht als Verstoß gegen das verfassungsrechtliche Friedlichkeitsgebot. Zur Verneinung der Schutzbereichseröffnung der Versammlungsfreiheit reiche die strafrechtliche Qualifikation des Verhaltens einzelner Teilnehmer nicht aus.[325]

b) Qualitative und quantitative Determinanten

Die qualitativ-personellen Kriterien, die in der deutschen Verfassungslehre angeführt werden, können auch für die verfassungskonforme Auslegung des Auflösungstatbestands nach dem GVersG bedeutend sein. Das dort genannte Kriterium der „Massenhaftigkeit" bestimmter rechtswidriger Handlungen sollte als zentraler Anknüpfungspunkt der kollektiven Unfriedlichkeit gelten und entsprechend der verfassungsrechtlichen Vorgaben restriktiv verstanden werden.

Die Unfriedlichkeit bestimmt Kloepfer anhand von drei Kriterien personal-qualitativer, intensitätsbezogener und zeitlicher Natur.[326] Dadurch soll bestimmt werden, ob die Versammlung als Ganze unfriedlich und die Anwendung von Gewalt oder drohender Gefahr (Androhungslage) entsprechend intensiv („Erheblichkeitsschwelle") ist. Letztlich ist auch zu klären, ab wann eine Versammlung als unfriedlich gilt. Letzteres ist mit zwei der genannten Kriterien, insbesondere der Intensität der Gefahrenlage, untrennbar verbunden. Waechter unterscheidet zwischen verhaltensbezogenen und personenbezogenen Friedlich-

---

[321] Zur Etymologie und Semantik des Gewaltbegriffs vgl. *Helmken, D.*, Dekorporierung des Gewaltbegriffs, S. 134 ff.
[322] So ebd., S. 135.
[323] So BVerfG, Beschl. v. 07.03.2011 – 1 BvR 388/05, BeckRS 2011, 49212, Rn. 33; vgl. BVerfG, Beschl. v. 04.09.2010 – 1 BvR 2298/10, BeckRS 2010, 54613, Rn. 8; *Müller-Franken, S.*, in: Schmidt-Bleibtreu, B./Hofmann, H./Henneke, H.-G. (Hrsg.), GG, Art. 8 Rn. 24 und Rn. 25; *Höfling, W.*, in: Sachs, M. (Hrsg.), GG, Art. 8 Rn. 34; *Kingreen, T./Poscher, R.*, Staatsrecht II – Grundrechte, Rn. 817.
[324] Vgl. *Kloepfer, M.*, in: Isensee, J./Kirchhof, P. (Hrsg.), HStR VII, § 164 Rn. 65.
[325] Vgl. BVerfGE 104, 92, 106 m.V. auf BVerfGE 73, 206, 248; 87, 399, 406.
[326] *Kloepfer, M.*, in: Isensee, J./Kirchhof, P. (Hrsg.), HStR VII, § 164 Rn. 61.

keitsvoraussetzungen. Im ersten Fall werden bestimmte Gegenstände als Waffen mitgeführt, und es kommt zu Gewaltanwendung gegen Personen und/oder Sachen. Als personenbezogen wird eine Situation qualifiziert, in der der Veranstalter selbst zur Gewaltanwendung aufruft und damit eine kollektive Unfriedlichkeit erzeugt.[327] Nach Hartmann muss das Gewaltpotenzial dieselbe Schwelle erreichen, wie dies auch bei Anwendung von Waffen der Fall ist.[328] Deswegen reicht es für die Annahme eines gewalttätigen und aufrührerischen Verlaufs der Versammlung nicht aus, wenn nur eine aggressive Stimmung z.B. durch „gemeinsames Skandieren" erzeugt wird.[329] Dagegen indiziert die kollektive Stürmung der Polizeikräfte als gemeinsame Klarstellung des Ungehorsams schon einen unfriedlichen Versammlungsablauf.[330]

Zur Annahme einer eskalierten Lage während der Durchführung der Versammlung reicht „eine rein zahlenmäßige Betrachtung" nicht aus.[331] Die staatliche Behörde hat zu berücksichtigen, in welchem Verhältnis die Zahl der gewaltbereiten Teilnehmer zur Gesamtzahl der Versammlungsteilnehmer steht.[332] Laut Kloepfer ist bei „gemischten Vorfällen" die „deutliche Minderheit" der „überwiegenden Mehrheit" gegenüberzustellen. Verfolgt der Veranstalter der Versammlung friedliche Zwecke, gilt die „überwiegende Mehrheit" aber als unfriedlich, dann ändert sich der Versammlungscharakter.[333] In diesem Fall ist nicht

---

[327] *Waechter, K.*, Die Vorgaben des BVerfG für das behördliche Vorgehen, VerwArch 99 (2008), S. 76; *Wolff, H.A.*, in: Hömig, D./Wolff, H.A. (Hrsg.), GG, Art. 8 Rn. 7.

[328] *Hartmann, B.J.*, in: Bonner-Kommentar, GG, Art. 8 Rn. 222.

[329] Vgl. BVerfG, Beschl. v. 19.12.2007 – 1 BvR 2793/04, NVwZ 2008, S. 671 (LS 5) und S. 674. Vgl. auch BVerfG, Beschl. v. 04.09.2010 – 1 BvR 2298/10, BeckRS 2010, 54613, Rn. 7.

[330] Vgl. BVerfG, Beschl. v. 04.12.2006 – 1 BvR 1014/01, BeckRS 2007, 20169. Die im Juli 2017 veranstalteten Versammlungen gegen das G20-Gipfeltreffen in Hamburg zeigen auch Beispiele eines unfriedlichen Ablaufs. Am 6. Juli 2017 wurde im Stadtteil Hamburg-St. Pauli eine Demonstration mit dem Tenor „Welcorganithe Hell" veranstaltet. Dabei kam es zu einem massiven Bewurf mit insbesondere Flaschen, Steinen und Pyrotechnik auf die eingesetzten Polizeibeamten. Die unfriedlichen Ereignisse, die von Hassparolen gegen die Polizei begleitet waren, führten dann zur Auflösung dieser Versammlung. Zum Sachverhalt AG Hamburg, Urt. v. 28.08.2017 – 259 Ds 128/17, NStZ 2018, S. 285.

[331] OVG Münster, Beschl. v. 21.10.2015 – 15 B 1201/15, BeckRS 2015, 53784, Rn. 6 m.V. auf BVerfG.

[332] Vgl. BVerfG, Beschl. v. 04.09.2009 – 1 BvR 2147/09, BeckRS 2009, 38659, Rn. 14; *Kloepfer, M.*, in: Isensee, J./Kirchhof, P. (Hrsg.), HStR VII, § 164 Rn. 62.

[333] So *Kloepfer, M.*, in: Isensee, J./Kirchhof, P. (Hrsg.), HStR VII, § 164 Rn. 62 und Rn. 63 (jedenfalls die „deutliche Minderheit" könne den Versammlungscharakter nicht ändern); *Ullrich, N.*, NVersG, § 1 Rn. 41. Vgl. auch *Schneider*, in: Epping, V./Hillgruber, C. (Hrsg.), GG, Art. 8 Rn. 15, er nimmt die Möglichkeit der Prägung des Versammlungscharakters schon durch die „größere Gruppe" an.

mehr bedeutend, dass die Veranstalter und Teilnehmer anfangs friedliche Zwecke verfolgt haben.[334]

3. Die Friedlichkeit der Versammlung in der Rechtsprechung des EGMR

Die Friedlichkeit der Versammlung – „concept of peaceful assembly"[335] – ist für den EGMR der Ausgangspunkt zur Beurteilung der Erfüllung von negativen und positiven Verpflichtungen des Staates. Dadurch wird zugleich die Reichweite des staatlichen Beurteilungsspielraums *in concreto* eingegrenzt: Die friedliche Versammlung und daraus entstandene gewisse Störungen des Alltagsleben als Nebeneffekte („some inconvenience for everyday life") sind zu tolerieren (Abwehrwirkung der Versammlungsfreiheit); dabei hat der Staat selbst dafür zu sorgen, dass die Versammlung friedlich und ungestört abläuft und auch ihre Nebeneffekte minimiert werden (Schutzwirkung zugunsten von Drittinteressen, was gleichsam die Versammlungsentfaltung fördert).[336] Soweit sich die Durchführung der Versammlung unfriedlich entwickelt, genießt der Staat einen weiten Beurteilungsspielraum.[337] Im Fall „Primov" griffen z. B. Versammlungsteilnehmer die Polizei mit Eisen- und Holzstäben, Steinen und Messern an.[338] In Anbetracht dieser Lage befand der EGMR den Beurteilungsspielraum des Staates zum polizeilichen Einsatz als nicht überschritten.[339]

---

[334] Vgl. *Hartmann, B. J.*, Bonner-Kommentar, GG, Art. 8 Rn. 230; *Ullrich, N.*, NVersG, § 1 Rn. 32 mwN.

[335] Vgl. ECHR, Navalnyy v. Russia, Nr. 29580/12 und 4 weitere, 15. November 2018, § 99.

[336] Vgl. ECHR, Chumak v. Ukraine, Nr. 44529/09, 6. März 2018, § 53; ECHR, United Civil Aviation Trade Union and Csorba v. Hungary, Nr. 27585/13, 22. Mai 2018, § 26; ECHR, Frumkin v. Russia, Nr. 74568/12, 5. Januar 2016, § 97; Disk and Kesk v. Turkey, Nr. 38676/08, 27. November 2012, § 29. ECHR, Giuliani and Gaggio v. Italy, Nr. 23458/02, 24. März 2011, § 251.

[337] Vgl. ECHR, Stankov and the United Macedonian Organisation Ilinden v. Bulgaria, Nr. 29221/95 und 29225/95, 2. Oktober 2001, § 90; ECHR, Kudrevičius and Others v. Lithuania, Nr. 37553/05, 15. Oktober 2015, § 156; ECHR, Gülcü v. Turkey, Nr. 17526/10, 19. Januar 2016, § 116. ECHR, Frumkin v. Russia, Nr. 74568/12, 5. Januar 2016, § 98; dazu ECHR, Giuliani and Gaggio v. Italy, Nr. 23458/02, 24. März 2011, § 251: „[…] [W]here demonstrators do not engage in acts of violence, it is important for the public authorities to show a certain degree of tolerance towards peaceful gatherings if the freedom of assembly guaranteed by Article 11 of the Convention is not to be deprived of all substance […]."

[338] Vgl. ECHR, Primov and Others v. Russia, Nr. 17391/06, 12. Juni 2014, § 158.

[339] Vgl. ebd., § 160.

IV. Die Friedlichkeit der Versammlung   131

a) Das restriktive Verständnis der Unfriedlichkeit

Unter anderem in Anbetracht der demokratischen Funktion der Versammlungsfreiheit fordert der EGMR, dass das schutzbereichseröffnende Friedlichkeitsgebot restriktiv verstanden wird.[340] Zur Feststellung von Unfriedlichkeit („violent clashes") sei das Vorliegen einer staatlicherseits dargelegten Gefahr von Störungen („demonstrated risk of insecurity or disturbance") notwendig.[341] Diese Darlegung könne aber nur dann tragbar sein, wenn diese auf nachweisbare Tatsachen („ascertainable facts") gestützt werden und das Ausmaß („scale") der Störungen das staatliche Vorgehen rechtfertige.[342] Im Fall „Makhmudov v. Russia" hat der Gerichtshof eine substantiierte Darlegung gefordert und die Beweislast des Staates hinsichtlich der Unfriedlichkeit bestätigt:[343] Die Prüfung der Tatsachen sei von der Beweislastregel – affirmanti, non neganti, incumbit probatio („the burden of proof lies upon he who affirms, not upon he who denies") – determiniert. Die Beweise müssen dabei aus den koexistierenden und klaren Schlussfolgerungen aus den tatsächlichen Gegebenheiten hergeleitet werden.[344] Dies ist nicht gegeben, wenn der Staat auf den geheimen Charakter der Information verweist.[345] Daher kritisierte der EGMR die Türkei, die an eine eventuelle Mitgliedschaft in einer verbotenen (kurdischen) Organisation schwere Eingriffe bei an sich friedli-

---

[340] Vgl. ECHR, Taranenko v. Russia, Nr. 19554/05, 15. Mai 2014, §§ 66–67. Vgl. auch *Giorgishvili, K.*, Die Autonomie und Friedlichkeit der Versammlung nach EMRK, in: Korkelia, K. (Hrsg.), Menschenrechtsschutz, 2018, S. 92 f.

[341] ECHR, Primov and Others v. Russia, Nr. 17391/06, § 150 m. V. auf Fáber v. Hungary, § 47. Die ernsten Gefahren der Unfriedlichkeit („the existence of a serious threat of a violent [counter-]demonstration") müssen überzeugend dargelegt werden („convincingly demonstrated"); so ECHR, Fáber v. Hungary, Nr. 40721/08, 24. Juli 2012, § 43.

[342] Vgl. ebd. Weiter vgl. ECHR, Schwabe and M. G. v. Germany, Nr. 8080/08 und 8577/08, 1. Dezember 2011, § 115; ECHR, Stankov and the United Macedonian Organisation Ilinden v. Bulgaria, Nr. 29221/95 und 29225/95, 2. Oktober 2001, § 93.

[343] ECHR, Makhmudov v. Russia, Nr. 35082/04, 26. Juli 2007.

[344] Vgl. ebd., § 68: „The Court reiterates that, in assessing evidence in Convention proceedings, it is habitually guided by the principle affirmanti, non neganti, incumbit probatio (the burden of proof lies upon he who affirms, not upon he who denies). The proof may follow from the co-existence of sufficiently strong, clear and concordant inferences or of similar unrebutted presumptions of fact. In certain instances the respondent Government alone have access to information capable of corroborating or refuting specific allegations. The failure on a Government's part to submit such information without a satisfactory explanation may give rise to the drawing of inferences as to the well-foundedness of the applicant's claims."

[345] Vgl. ebd., § 69. Dagegen war es im Fall „Protopapa v. Turkey" tragbar, da die Beweise der Regierung (Videoaufnahmen und Fotos) und die unparteilichen Berichte der UN auf den unfriedlichen Charakter der Versammlung in Nicosia hinwiesen. Die Demonstranten durchbrachen damals gewaltsam die Demarkierungslinie der UN-Mission in Zypern und zerstörten auch den Beobachtungsposten der Soldaten; ECHR, Protopapa v. Turkey, Nr. 16084/90, 24. Februar 2009, §§ 18–21; vgl. auch § 107.

chen Versammlungen geknüpft hatte. Dabei war die rechtliche Lage nicht nur in versammlungsbezogenen Kontexten problematisch, sondern auch in Anbetracht der Vorhersehbarkeit der Strafrechtsnormen.[346] Selbst ein wichtiges Ziel wie die effektive Bekämpfung von Terrorismus – eine an sich schwierige Aufgabe – dürfe den Staat nicht dazu veranlassen, die Grundlagen der demokratischen Gesellschaft anzutasten.[347] Ferner dürfe die Tatsache der Verweigerung der Registrierung einer bestimmten Organisation nicht automatisch die Unfriedlichkeit der von ihren Mitgliedern veranstalteten Versammlung begründen.[348]

b) Die gewaltsame Absicht

Bei der Entscheidung über die Unfriedlichkeit von Handlungen der Teilnehmer der Versammlung können die Absichten sowohl des Veranstalters als auch der Teilnehmer relevant sein („violent intentions").[349] Werden diese als friedlich eingeschätzt, kann der Eingriff in die Versammlungsfreiheit nur schwer gerechtfer-

---

[346] ECHR, Bakir and Others v. Turkey, Nr. 46713/10, 10. Juli 2018, § 28 (m. V. auf die kritische Stellungnahme der Venedig-Kommission zur Lage in der Türkei) und §§ 52, 62. Nicht festgestellt wurde, ob die Verdächtigen als Teilnehmer der Versammlung eine „organische Bindung" („an organic relationship") zur verbotenen Organisation hatten; dazu mussten die Intensität und Kontinuität der Handlungen bewiesen werden („continuity, diversity and intensity"). Darüber hinaus sollten die Handlungen absichtlich („knowingly and willingly") in der hierarchischen Struktur der Organisation („the hierarchical structure of the organisation") durchgeführt werden (vgl. §§ 64–67). Vgl. weiter ECHR, Yılmaz and Kılıç v. Turkey, Nr. 68514/01, 17. Juli 2008, §§ 48–69; ECHR, Gün and Others v. Turkey, Nr. 4870/02, 8. Juni 2010, § 39 mwN.

[347] Vgl. ECHR, Bakir and Others v. Turkey, Nr. 46713/10, 10. Juli 2018, § 67; der EGMR verwies u. a. auf die Stellungnahme von Thomas Hammarberg als EU-Berichterstatter; danach sei das Ziel der Bekämpfung von Terrorismus hochzuschätzen, was aber die Glaubwürdigkeit der Justiz und Begründetheit der strafrechtlichen Verurteilungen nicht in Frage stellen dürfte. Vgl. auch ECHR, Gün and Others v. Turkey, Nr. 4870/02, 8. Juni 2010, § 38 und § 41. ECHR, Gillan and Quinton v. the UK, Nr. 4158/05, 12. Januar 2010, §§ 64, 65 und §§ 79, 83; ECHR, Disk and Kesk v. Turkey, Nr. 38676/08, 27. November 2012, § 23 (zur staatlichen Begründung, dass die terroristische Organisation die Versammlung zu Provokationen aufsuchen würde) und §§ 33, 36; vgl. auch ebd., Concurring opinion of Judge Sajó, Rn. 12.

[348] Vgl. ECHR, Stankov and the United Macedonian Organisation Ilinden v. Bulgaria, Nr. 29221/95 und 29225/95, 2. Oktober 2001, § 92. Dies gelte auch dann, wenn eine bestimmte Gruppe dieser Organisation die Autonomie und Sezession anstrebte; das Verlangen territorialer Änderungen könne nicht automatisch als Gefahr für die territoriale Integrität und nationale Sicherheit gedeutet werden (§§ 96–97).

[349] Vgl. ECHR, Stankov and the United Macedonian Organisation Ilinden v. Bulgaria, Nr. 29221/95 und 29225/95, 2. Oktober 2001, §§ 77–78; ECHR, Frumkin v. Russia, Nr. 74568/12, 5. Januar 2016, § 98; ECHR, Primov and Others v. Russia, Nr. 17391/06, 12. Juni 2014; § 155; ECHR, Babayev and Hasanov v. Azerbaijan, Nr. 60262/11 und 2 weitere, 20. Juli 2017, § 70: „[…] [T]he organisers had intended to be peaceful and which had been conducted in a peaceful manner […] and […] there had been no acknowledgment that the act of participating in an unauthorised peaceful demonstration had itself been protected by Article 11 of the

IV. Die Friedlichkeit der Versammlung 133

tigt werden.³⁵⁰ Es reicht nicht aus, wenn ein Teilnehmer die Uniform eines Polizeibeamten zerreißt³⁵¹ oder den Schutzhelm aus dessen Hand herausreißt.³⁵² Gleiches gilt, wenn nur vermutet wird, dass die Lage eskalieren und aus der Kontrolle des Veranstalters geraten wird.³⁵³ Nicht tragbar ist allein die Tatsache, dass Teilnehmer den Widerstand von Sicherheitsleuten von einem Verwaltungsgebäude (nicht gewaltsam) überwunden haben.³⁵⁴ Zu berücksichtigen ist auch die Tatsache, dass der Veranstalter im Vorfeld bestimmte Personen zur Wahrung der Friedlichkeit und zur Vorbeugung einer Eskalation beauftragt hat.³⁵⁵

Bei etwaigen unfriedlichen Aktionen, die bipolar zwischen Teilnehmern und Polizisten geschehen, ist der Auslöser relevant. Maßgeblich ist, ob die gewaltsamen Aktionen der Teilnehmer eine Reaktion auf die Zwangsanwendung der Polizisten darstellen. So provozierte z. B. im „Bolotnaya"-Fall erst die staatliche Maßnahme die Haltung der Teilnehmer.³⁵⁶ Im „Protopapa"-Fall sah der EGMR dagegen die staatliche Antwort als eine nicht unverhältnismäßige Reaktion auf die politische Demonstration an. Vielmehr sei die Zerstreuung durch das unfriedliche Verhalten der Demonstranten provoziert worden.³⁵⁷

Beanstanden die nationalen Gerichte bestimmte Aufrufe der Versammlungsteilnehmer während der Durchführung der Versammlung, prüft der EGMR, ob diese zur Begehung von Gewaltakten aufgerufen haben (so z. B. zu terroristi-

---

Convention. […]." Vgl. auch ECHR, Stepan Zimin v. Russia, Nr. 63686/13 und 60894/14, 30. Januar 2018, § 75; ECHR, Gülcü v. Turkey, Nr. 17526/10, 19. Januar 2016, § 97.

³⁵⁰ Vgl. ECHR, Annenkov and Others v. Russia, Nr. 31475/10, 25. Juli 2017, § 124. §§ 11–28. Vgl. auch ebd., § 117; ECHR, Kudrevičius and Others v. Lithuania, Nr. 37553/05, 15. Oktober 2015, § 146 m. V. auf „Taranenko", § 87.

³⁵¹ Vgl. ECHR, Annenkov and Others v. Russia, Nr. 31475/10, 25. Juli 2017, §§ 133–134.

³⁵² ECHR, Lutskevich v. Russia, Nr. 6312/13 und 60902/14, 15. Mai 2018, § 97: „[…] In this case, the Court notes that the police officer in respect of whom the applicant was found guilty of assault only testified that the applicant had been pulling his helmet from his hands, and the same testimony was given by another police officer. The judgment did not specify what evidence corroborated its finding that the applicant had punched another police officer, who remained unidentified. […]."

³⁵³ ECHR, Frumkin v. Russia, Nr. 74568/12, 5. Januar 2016, § 99 m. V. auf „Schwabe and M. G. v. Germany", § 92; ECHR, Primov and Others v. Russia, Nr. 17391/06, 12. Juni 2014, § 155.

³⁵⁴ ECHR, Taranenko v. Russia, Nr. 19554/05, 15. Mai 2014, § 91.

³⁵⁵ Vgl. ECHR, İmret v. Turkey (No. 2), Nr. 57316/10, 10. Juli 2018, §§ 6–7, §§ 10–13; dagegen blieb dieses Vorbringen des Bf. vor den nationalen Gerichten unberücksichtigt.

³⁵⁶ ECHR, Lutskevich v. Russia, Nr. 6312/13 und 60902/14, 15. Mai 2018, § 100: „[…] [T]he applicant's overall conduct […] was sporadic in nature and appeared to be a spontaneous reaction to the force used by the police against the protestors, the majority of whom were peaceful. […]." ECHR, Frumkin v. Russia, Nr. 74568/12, 5. Januar 2016, § 102 und §§ 103–104.

³⁵⁷ Vgl. ECHR, Protopapa v. Turkey, Nr. 16084/90, 24. Februar 2009, §§ 107, 110.

schen Aktivitäten).³⁵⁸ Eine anderweitige Wertung der Inhalte von Aufrufen verstößt gegen die Neutralität des Staates.³⁵⁹ Selbst Inhalte, die abstrakt betrachtet eine gewaltbereite Stimmung transportieren, dürfen nicht automatisch als unfriedlich beurteilt werden. So war die staatliche Deutung der Inhalte der Banner – „Freedom for all prisoners", „Free all now" – z. B. im Fall „Schwabe" als unfriedlich nicht hinreichend begründet.³⁶⁰ Die friedliche Intention der Bf. sei kontextbezogen mit Blick darauf zu klären gewesen, dass keine Waffen bzw. weitere gefährlichen Gegenstände aufgefunden worden seien. Auch das Vorbringen der Bf. bezüglich der Interpretation der Inhalte sei zu berücksichtigen.³⁶¹ Ebenfalls im Fall „Gün" sprach sich das Gericht für die freiheitskonforme Deutung bestimmter Inhalte der Aufrufe („a violent tone") während einer linksorientierten Versammlung aus:³⁶² Die Slogans („Political power grows out of the barrel of the gun", „It is the barrel of the gun that will call into account") entsprachen dem allgemein bekannten Stereotyp der Linksbewegung („stereotyped leftist slogans"). Die Versammlung war angemeldet. Die rechtmäßige Situation während der Versammlungsdurchführung reduzierte das Einflussvermögen dieser Slogans, die nationale Sicherheit und den öffentlichen Frieden zu gefährden. In diesem Kontext hätten die Aufrufe nicht als gewaltstiftend oder aufrührerisch betrachtet werden können.³⁶³ Die Aufrufe hätten keine Gewaltanwendung geför-

---

³⁵⁸ Vgl. ECHR, Bakir and Others v. Turkey, Nr. 46713/10, 10. Juli 2018, §§ 74–75; ECHR, Gün and Others v. Turkey, Nr. 4870/02, 8. Juni 2010, §§ 34–35. Vgl. auch ECHR, Christian Democratic People's Party v. Moldova, Nr. 28793/02, 14. Februar 2006, § 72 und § 75; ECHR, Yigin v. Turkey, Nr. 36643/09, 30. Januar 2018, § 23; ECHR, Fáber v. Hungary, Nr. 40721/08, 24. Juli 2012, § 37; ECHR, Galstyan v. Armenia, Nr. 26986/03, 15. November 2007, § 116; ECHR, Osmani and Others v. the Former Yugoslav Republic of Macedonia, Nr. 50841/99, 11. Oktober 2001.
³⁵⁹ Vgl. ECHR, Navalnyy and Yashin v. Russia, Nr. 76204/11, 4. Dezember 2014, §§ 73–74; ECHR, Yeliseyev v. Russia, Nr. 32151/09, 18. Juli 2017, §§ 22–23; vgl. auch ECHR, Fáber v. Hungary, Nr. 40721/08, 24. Juli 2012, § 36 und § 57 (zum geschützten Zeigen provokativer Symbole, hier der Flagge). Vgl. auch ECHR, Taranenko v. Russia, Nr. 19554/05, 15. Mai 2014, § 90.
³⁶⁰ ECHR, Schwabe and M. G. v. Germany, Nr. 8080/08 und 8577/08, 1. Dezember 2011.
³⁶¹ Vgl. ebd., § 105.
³⁶² Vgl. ECHR, Gün and Others v. Turkey, Nr. 4870/02, 8. Juni 2010, § 41.
³⁶³ Vgl. ebd. Anders vgl. die abweichende Meinung von Richtern Sajó und Tsotsoria: „In this context it is irrelevant, in our view, that the demonstration commemorating the massacres was lawful: unlawful acts may be committed at a lawfully convened demonstration too. Vice versa, support of an illegal, armed organisation at an illegal meeting may be protected." Mit Verweis auf „Leroy v. France" betrachteten die Richter die Inhalte der Äußerungen als Unterstützung terroristischer Methoden. Daher sei dieser Fall von einer indirekten moralischen Unterstützung zu unterscheiden, wenn einigen Protestgegenständen als Ungerechtigkeit, die die Terroristen als Grund ihres Kampfes angeben, zugestimmt wird: „[…] However, in the present case the moral support is expressly and without ambiguity related to the violent means of the

dert; es sei nicht bezweckt worden, anderen Schaden zuzufügen. Die Begründung nationaler Gerichte liefere keine Tatsachen, die eine offensichtliche und (unmittelbar) bevorstehende Gefahr („a clear and imminent danger") indizierten,[364] da die Aufforderung zur Gewaltanwendung oder zum bewaffneten Widerstand nicht nachgewiesen sei.[365]

c) Isolierbare Einzelhandlungen

Neben qualitativen Anforderungen an die Unfriedlichkeit („no widespread disorder or intensive fighting"[366]; „a clear and imminent danger"[367]) ist laut EGMR auch ein quantitatives Kriterium maßgeblich. Zu fragen ist, ob die gewaltsamen Auseinandersetzungen u. a. gegenüber Polizisten nur auf einige Teilnehmer zurückzuführen bzw. sporadischer Natur sind.[368] In diesem Fall sind die Ausschreitungen von der Polizei leichter zu bewältigen, sofern die Einzelakte nicht intensiv sind und auch nicht die Gefahr einer schnellen Verbreitung der Gewaltbereitschaft unter einer überwiegenden Zahl von Teilnehmern besteht.[369] Werden Gewaltakte von einer Gruppe etwaiger Teilnehmer begangen, darf Unfriedlichkeit nicht für die ganze Versammlung angenommen werden.[370] Im „Primov"-Fall konnten dagegen die gewaltsamen Ausschreitungen *in concreto* nicht als sporadisch betrachtet werden („a sporadic violence"), obwohl sich nicht alle Teilnehmer unfriedlich verhalten haben. Es konnte jedoch eine erhebliche Zahl von Teilnehmern identifiziert werden, die den friedlichen Rahmen verlassen haben („a considerable number of demonstrators overstepped the boundary of peaceful protest").[371]

Sind gewaltsame Ausschreitungen von Dritten zu erwarten, ist der Staat beweispflichtig, dass es ihm unmöglich ist, die Ausschreitungen abzuwehren.[372]

---

illegal movement in a situation where the people present may not have had the benefit of an ulterior exchange of ideas."

[364] Vgl. ebd., § 42.
[365] Vgl. ebd., § 44.
[366] Vgl. ECHR, Frumkin v. Russia, Nr. 74568/12, 5. Januar 2016, § 132
[367] Vgl. ebd. ECHR, Gün and Others v. Turkey, Nr. 4870/02, 8. Juni 2010, § 42.
[368] Vgl. ECHR, Lutskevich v. Russia, Nr. 6312/13 und 60902/14, 15. Mai 2018, § 100.
[369] Vgl. ECHR, Frumkin v. Russia, Nr. 74568/12, 5. Januar 2016, § 132.
[370] ECHR, Schwabe and M.G. v. Germany, Nr. 8080/08 und 8577/08, 1. Dezember 2011, §§ 103–104.
[371] ECHR, Primov and Others v. Russia, Nr. 17391/06, 12. Juni 2014, § 162. Als unfriedlich beurteilte der EGMR exemplarisch die Ereignisse gegen das G8-Gipfeltreffen in Genua; die Teilnehmer haben während und im Nachhinein der Durchführung der Versammlung Polizisten angegriffen und u. a. deren Wagen beschädigt; ECHR, Giuliani and Gaggio v. Italy, Nr. 23458/02, 24. März 2011, § 253; vgl. auch §§ 17–23 (Sachverhalt).
[372] Vgl. ECHR, Alekseyev v. Russia, Nr. 4916/07 und 14599/09, 21. Oktober 2010, § 73

Durch die Abwehr der äußeren Störung erfüllt der Staat seine Funktion als Garant der Friedlichkeit der Versammlung („obligation to ensure [to enable] the peaceful conduct of the assembly").[373]

V. Das Selbstbestimmungsrecht des Veranstalters

Das GVerfG hat in seiner Leitentscheidung von 2011 das Selbstbestimmungsrecht des Veranstalters nicht detailliert analysiert. Die Hinweise auf die Reichweite des Selbstbestimmungsrechts dienten dem Gericht dazu, die Gestaltungsfreiheit des Veranstalters gegenüber unzulässigen Eingriffszwecken abzugrenzen: Die Autonomie des Veranstalters, Form, Inhalt und Ort der geplanten Kundgebung selbst zu wählen, bedeute nicht automatisch, dass jede Art und Weise der Durchführung einer Versammlung in den Schutzbereich der Versammlungsfreiheit falle.[374] Die Reichweite der Autonomie („the organisers autonomy") wird daher fortan anhand der deutschen Dogmatik und der Rechtsprechung des EGMR untersucht.

Das Selbstbestimmungsrecht des Veranstalters erfordert und setzt zugleich die verfassungsrechtliche Erlaubnisfreiheit (als Privilegierung der Versammlung) voraus.[375] Es konkretisiert zugleich das allgemeine Prinzip der Selbstbestimmung des Individuums, die eine eigenständige und selbstverantwortliche Person als Menschenbild voraussetzt.[376] In dieser Selbstbestimmung wird der Men-

---

und §§ 75–76; im Kontext der Gegenversammlung ECHR, Fáber v. Hungary, Nr. 40721/08, 24. Juli 2012, §§ 32–33; ECHR, Galstyan v. Armenia, Nr. 26986/03, 15. November 2007, § 101; vgl. ECHR, Novikova and Others v. Russia, Nr. 25501/07, 57569/11, 80153/12, 5790/13 und 35015/13, 26. April 2016, §§ 135–136.

[373] Vgl. ECHR, Frumkin v. Russia, Nr. 74568/12, 5. Januar 2016, § 96 und § 102; ECHR, Lashmankin and Others v. Russia, Nr. 57818/09 und 14 weitere, 7. Februar 2017, § 425. Im Kontext der zu erwartenden Eskalation zwischen Ausgangs- und Gegenversammlung vgl. ECHR, Fáber v. Hungary, Nr. 40721/08, 24. Juli 2012, § 39 und § 43; ECHR, Öllinger v. Austria, Nr. 76900/01, 29. Juni 2006, § 48. Vgl. auch ECHR, Galstyan v. Armenia, Nr. 26986/03, 15. November 2007, § 101; *Rainey, B./Wicks, E./Ovey, C.*, The ECHR, S. 519; *Hartmann, B. J.*, in: Bonner-Kommentar, GG, Art. 8 Rn. 238.

[374] Vgl. die Entscheidung des GVerfG vom 18. April 2011, Kap. II § 80, §§ 34–35. Das Gericht verwendet zur Bezeichnung des Selbstbestimmungsrechts die Begrifflichkeit des EGMR – Autonomie des Veranstalters; dazu ECHR, Kudrevičius and Others v. Lithuania, Nr. 37553/05, 15. Oktober 2015, § 157; Berladir and Others v. Russia, Nr. 34202/06, 10. Juli 2012, § 54.

[375] Vgl. *Kunig, P.*, in: Münch, I. v./Kunig, P. (Hrsg.), GG, Art. 8 Rn. 19. Zur Privilegierung *Hoffmann-Riem, W.*, Der „Musterentwurf eines Versammlungsgesetzes", S. 41; VGH München, Beschl. v. 24.02.2017 – 10 ZB 15.1803, BeckRS 2017, 105359, Rn. 10 m. V. auf BVerfG.

[376] Vgl. OVG Münster, Beschl. v. 29.07.2016 – 15 B 876/16, BeckRS 2016, 49486, Rn. 12; Zur [autonomen] Selbstbestimmung v. [heteronome] Fremdbestimmung *Böckenförde, E.-W.*,

schenwürdegehalt verankert, der mit den kommunikativen Freiheiten eine „personal[e] Autonomie" sichert.[377] Zugleich reflektiert das Selbstbestimmungsrecht die Demokratie (als Selbstherrschaft) auf der Mikro-Ebene der Gesellschaft. Dies ist eine Folge der Konnexität von Demokratie und Menschenwürde:[378] Danach muss jeder kollektiven Fremdbestimmung eine individuelle Selbstbestimmung vorausgesetzt werden.[379] Sowohl die Demokratie als auch die Versammlungsfreiheit bestimmen sich durch „selbstbestimmungsorientierte Regeln";[380] in beiden Teilsystemen geht es um die Sicherung eines durch die Menschenwürde getragenen „Konzept[s] von Personalität" bzw. „Identität".[381] Dabei sei die Autonomie des Individuums – auch wenn die Freiheit allen gleich zustehe – „am relativ größten" in einem mehrheitsbestimmten Raum realisierbar.[382] Während der Durchführung der Versammlung übernimmt das Selbstbestimmungsrecht aber die Aufgabe, die Autonomie auch im „Minderheitenraum" am besten zu verwirklichen.

---

in: Isensee, J./Kirchhof, P. (Hrsg.), HStR II, § 24 Rn. 35; *Isensee, J.*, Grundrechte und Demokratie, Der Staat 20 (1981), S. 164; *Lohmann, G.*, Menschenrechte zwischen Verfassung und Völkerrecht, in: FS für Klein, S. 1177. Zur individuellen Mitgestaltung der Gemeinschaftsentscheidungen *Volkmann, U.*, Leitbildorientierte Verfassungsanwendung, AöR 134 (2009), S. 164; *Kingreen, T./Poscher, R.*, Staatsrecht II – Grundrechte, Rn. 89.

[377] Vgl. die Entscheidung des GVerfG vom 24. Oktober 2015, Nr. 1/4/592, Kap. II § 11 und vom 14. April 2016, N 1/1/625, 640, Kap. II § 2 und § 4. Dazu *Alexy, R.*, Theorie der Grundrechte, S. 323; *ders.*, Die Institutionalisierung der Menschenrechte im demokratischen Verfassungsstaat, S. 251; *Pieroth, B.*, Das Demokratieprinzip des Grundgesetzes, JuS 2010, S. 474. Zur Menschenwürde als „Berufung zum freien Selbstentwurf" *Di Fabio, U.*, Das mirandolische Axiom, in: FS für Stern, S. 17 und S. 19f.; ebd., *Kirchhof, P.*, Entstehensgrund des Verfassungsstaates, S. 43; im Verfassungsstaat gehen ein menschenbezogen gestaltender Staat und ein selbstbestimmtes, eigene „Umwelt gestaltendes", aber gemeinschaftsbezogenes Menschenbild einher (m. V. auf Stern).

[378] Demokratie sei „organisatorische Konsequenz der Menschenwürde", so *Häberle, P.*, Europäische Verfassungslehre, S. 330, zit. nach *Möllers, M.H.W.*, Demonstrationsrecht im Wandel, S. 17. Weiter so *Müller-Franken, S.*, Die demokratische Legitimation öffentlicher Gewalt, AöR 134 (2009), S. 557.

[379] Vgl. *Depenheuer, O.*, in: Isensee, J./Kirchhof, P. (Hrsg.), HStR IX, § 194 Rn. 3; vgl. auch *Möllers, C.*, Dogmatik der grundgesetzlichen Gewaltengliederung, AöR 132 (2007), S. 503.

[380] Zur Begriffsprägung *Möllers, C.*, Dogmatik der grundgesetzlichen Gewaltengliederung, AöR 132 (2007), S. 504.

[381] Vgl. ebd., S. 505 mwN; *Kniesel, M./Poscher, R.*, in: Lisken, H./Denninger, E. (Hrsg.), Hb PolR, Kap. K Rn. 74.

[382] So *Hillgruber, C.*, Die Herrschaft der Mehrheit, AöR 127 (2002), S. 462.

1. Die Gestaltungsfreiheit

Im „Brokdorf"-Beschluss führt das BVerfG zur Reichweite der Versammlungsfreiheit aus: Die Versammlungsfreiheit, die „[a]ls Abwehrrecht, das auch und vor allem andersdenkenden Minderheiten zugutekommt, gewährleistet [...] den Grundrechtsträgern das Selbstbestimmungsrecht, über Ort, Zeitpunkt, Art und Inhalt der Veranstaltung zu bestimmen [...]".[383] Dieses Recht, als Gestaltungsfreiheit des „dispositionsbefugten" Veranstalters bezeichnet,[384] impliziert die autonome Determinierung der Modalitäten der Versammlung hinsichtlich der zeitlichen und örtlichen Gegebenheiten sowie der Dauer.[385] Gleiches gilt für die Gestaltung hinsichtlich der Art und der Programmpunkte der Versammlung[386] sowie für den Einsatz von versammlungsspezifischen Aktivitäten (Verteilen von Flugblättern, Redeauftritte, Aufrufe von Slogans).[387] Dabei können auch die Teilnehmer die Modalitäten ihrer eigenen Beiträge bestimmen.[388] Der Veranstalter konkretisiert das Selbstbestimmungsrecht hinsichtlich der Modalitäten der Versammlung eigenständig sowohl während des Anmeldungsverfahrens als auch später im etwaigen Streitfall vor Gericht.[389] Das Selbstbestimmungsrecht erfasst

---

[383] BVerfGE 69, 315, 343; *Prothmann, M.*, Die Wahl des Versammlungsortes, S. 17; vgl. auch VGH München, Urt. v. 22.09.2015 – 10 B 14.2246, NVwZ-RR 2016, S. 500 Rn. 59; OVG Münster, Beschl. v. 29.07.2016 – 15 B 876/16, NVwZ 2017, S. 649 Rn. 8; OVG Hamburg, Beschl. v. 22.06.2017 – 4 Bs 125/17, NVwZ 2017, S. 1391 Rn. 21.

[384] Vgl. *Brenneisen, H.*, in: Brenneisen, H./Wilksen, M. (Hrsg.), VersR, S. 101 ff. („Gestaltungs- und Typenfreiheit"); OVG Münster, Beschl. v. 30.12.2016 – 15 B 1526/16, BeckRS 2016, 113435, Rn. 10; *Kloepfer, M.*, in: Isensee, J./Kirchhof, P. (Hrsg.), HStR VII, § 164 Rn. 45, er spricht von einer „organisatorischen Veranstalterfreiheit".

[385] Vgl. BVerfG, Beschl. v. 29.08.2015 – 1 BvQ 32/15, NVwZ 2016, S. 244 Rn. 4; *Pieroth, B./Schlink, B./Kniesel, M.*, Polizei- und Ordnungsrecht, § 22 Rn. 14. Vgl. auch VGH München, Beschl. v. 17.10.2016 – 10 CS 16. 1468, BeckRS 2016, 53084, Rn. 23; zur selbstbestimmten Unterbrechung der Versammlung zum Zweck ihrer planmäßigen Durchführung *Schneider, J.-P.*, in: Epping, V./Hillgruber, C. (Hrsg.), GG, Art. 8 Rn. 17.1. Der „Ortswechsel" gehöre zur geschützten Wahlmöglichkeit, u. a., wenn es durch die Wetterbedingungen bedingt sei, *Depenheuer, O.*, in: Maunz, T./Dürig, G. (Hrsg.), GG, Art. 8 Rn. 42.

[386] Vgl. grundlegend BVerfGE 69, 315, 343; BVerfGE 104, 92, 108; BVerfGE 128, 226, 250; BVerfG, Beschl. v. 20.12.2012 – 1 BvR 2794/10, BeckRS 2013, 46022, Rn. 16; Vgl. auch *Müller-Franken, S.*, in: Schmidt-Bleibtreu, B./Hofmann, H./Henneke, H.-G. (Hrsg.), GG, Art. 8 Rn. 19; *Gusy, C.*, in: Mangoldt, H. v./Klein, F./Starck, C. (Hrsg.), GG, Art. 8, Rn. 9 ff.; *Höfling, W.*, in: Sachs, M. (Hrsg.), GG, Art. 8 Rn. 40 ff.; ECHR, Hyde Park and Others v. Moldova (no. 4), Nr. 18491/07, 7. April 2009, § 53, der EGMR sah die Reduzierung der Dauer von einer mehrtägigen Versammlung auf einen Tag als ungerechtfertigt an.

[387] Vgl. OVG Münster, Beschl. v. 29.07.2016 – 15 B 876/16, NVwZ 2017, S. 9; *Schulze-Fielitz, H.*, in: Dreier, H. (Hrsg.), GG, Art. 8 Rn. 31 und Rn. 34.

[388] Vgl. *Sachs, M.*, in: Stern, K. (Hrsg.), Das Staatsrecht IV/1, S. 1223 und S. 1229.

[389] *Wolff, H. A.*, in: Hömig, D./Wolff, H. A. (Hrsg.), GG, Art. 8 Rn. 3; zur „eigenständigen Konkretisierung" *Kniesel, M./Poscher, R.*, in: Lisken, H./Denninger, E. (Hrsg.), Hb PolR, Kap.

V. Das Selbstbestimmungsrecht des Veranstalters

zudem und vor allem die „Wirkungseinheit" einzelner Modalitäten.[390] Insbesondere die qualitativ-inhaltlichen Aspekte des Selbstbestimmungsrechts deuten auf eine „gegenständliche Offenheit" der Versammlung hin[391] und weisen den stärksten Bezug zur inhaltlichen Neutralität des Staates auf.[392] Die Ortswählbarkeit erstreckt sich dabei auf Orte, die allgemein zugänglich und offen für den allgemeinen kommunikativen Verkehr sind und keine Sondergebrauchsfläche darstellen.[393] Die erlaubnisfreie Benutzung gilt daher für öffentliche Straßen, Plätze und Wege und es besteht kein allgemeines Recht auf freien Zutritt zu einer beliebigen Örtlichkeit sowie zu Regierungsbüros und Ministerien.[394] In Deutschland können Flughäfen,[395] Bahnhöfe,[396] Friedhöfe[397] als kommunikative Fläche genutzt werden, nicht dagegen öffentliche Schwimmbäder oder Krankenhäuser.[398] Keine

---

K Rn. 73; *Hettich, M.*, Platzverweis und Ingewahrsamnahme nach Auflösung der Versammlung, DÖV 2011, S. 957; VGH München, Beschl. v. 24.02.2017 – 10 ZB 15 1803, BeckRS 2017, 105359, Rn. 12 m. V. auf BVerfG und BVerwG.

[390] Vgl. *Dietel, A./Gintzel, K./Kniesel, M.*, VersG, Kap. A Rn. 133–136; s. auch *Sachs, M.*, in: Stern, K. (Hrsg.), Das Staatsrecht IV/1, S. 1223 f.

[391] So *Höfling, W.*, in: Sachs, M. (Hrsg.), GG, Art. 8 Rn. 15.

[392] Vgl. *Hoffmann-Riem, W.*, in: Merten, D./Papier, H.-J. (Hrsg.), HGR IV, § 106 Rn. 75; *Harris, D. J./O'Boyle, M./Bates, E./Buckley, C.*, Law of the ECHR, S. 711. Die Programmpunkte („Themen") der Versammlung dürfen nicht „von oben" aufgenötigt werden; *Ridder H.*, in: Ridder, H./Breitbach, M./Rühl, U./Steinmeier, F. (Hrsg.), VersR, Vorwort, S. 7.

[393] BVerfGE 73, 206, 249; das Gericht sprach von einem „Recht zur Mitbenutzung der im Allgemeingebrauch stehenden Straße"; BVerfG, Urt. v. 20.06.2014 – 1 BvR 980/13, NJW 2014, S. 2707 Rn. 16; *Höfling, W.*, in: Sachs, M. (Hrsg.), GG, Art. 8 Rn. 41; BVerfG, Beschl. v. 18.07.2015 – 1 BvQ 25/15, NVwZ 2015, S. 2485 f. Dazu näher *Prothmann, M.*, Die Wahl des Versammlungsortes, S. 25 ff.

[394] Dazu vgl. ECHR, Berladir and Others v. Russia, Nr. 34202/06, 10. Juli 2012, § 58 m. V. auf „Appleby", § 47. Vgl. auch ECHR, Taranenko v. Russia, Nr. 19554/05, 15. Mai 2014, § 79; der EGMR sah das Verhalten der Teilnehmer der Aktion, die das Gebäude der Präsidialverwaltung stürmisch betraten und sich letztlich in einem Büro eingeschlossen haben, als ungerechtfertigt. Die darauffolgende Maßnahme der Polizei zur Befreiung des Büros war daher gerechtfertigt.

[395] Vgl. BVerfGE 128, 226 ff.

[396] Dagegen gehöre die Kopfbahnsteighalle am (Haupt-)Bahnhof nicht zum Ort des allgemeinen kommunikativen Verkehrs und der (politischen) Auseinandersetzungen; VG Stuttgart, Beschl. v. 20.11.2014 – 5 K 5117/14, BeckRS 2015, 41896.

[397] Vgl. BVerfG, Urt. v. 20.06.2014 – 1 BvR 980/13, NJW 2014, S. 2707 Rn. 16 und Rn. 19: Das Gericht unterstrich, dass es auf die „tatsächliche Bereitstellung des Ortes" für den kommunikativen Verkehr ankomme (ein allgemeines öffentliches Forum sei eröffnet); allein der Widmungszweck des Friedhofs (und die entsprechende Friedhofssatzung) konnte die Versammlungsfreiheit nicht beschränken, wenn dieser für den kommunikativen Verkehr schon eröffnet war: Zur Teilnahme an einem Gedenkzug waren alle Bürger aufgerufen; die Veranstaltung reichte weit über das private Anliegen hinaus und bezweckte eine Auseinandersetzung mit einem gesellschaftlich bedeutsamen Thema.

[398] Zur restriktiven Fassung der Bannmeilen im GVersG vgl. die spätere Analyse des Art. 9

Orte des kommunikativen Verkehrs sind Schienenwege und Autobahnen.[399] Das Selbstbestimmungsrecht gibt keinen Anspruch auf „Erweiterung" der Zweckbestimmung („Widmungszweck") von Örtlichkeiten.[400] Eine rein private Fläche ohne Kommunikationszweck scheidet daher als Versammlungsort aus; vielmehr wird hier die staatliche Pflicht zum Schutz der Interessen des Eigentümers aktiviert.[401]

2. Die Öffentlichkeitswirksamkeit und die symbolische Gestaltung

Die intensive Außenkommunikation u. a. zur Beeinflussung des konkreten Adressaten ist ein begriffsnotwendiges Element der Versammlungsfreiheit.[402] Der Veranstalter ist bestrebt, durch den gewählten Gestaltungsmodus das kommunikative Anliegen nach außen „öffentlichkeitswirksam" zu präsentieren.[403] Wie das VG

---

in Kap. H IV 9. Zur deutschen Lage *Papier, H.-J.*, Aktuelle Probleme des Versammlungsrechts, DVBl. 2016, S. 1419; OVG Münster, Beschl. v. 29.12.2016 – 15 B 1500/16, BeckRS 2016, 112673, Rn. 9. Dazu *Alemann, F. v./Scheffczyk, F.*, Aktuelle Fragen der Gestaltungsfreiheit von Versammlungen, JA 2013, S. 408 mwN. In der Rechtsprechung wird verfassungsrechtlich nicht beanstandet, wenn die Polizei im Einzelfall Evakuierungs- und Rettungswege freihält, um die Sicherheit der gefährdeten Staatsgäste zu schützen, dazu *Peters, W./Janz, N.*, Aktuelle Fragen des Versammlungsrechts, LKV 2016, S. 197 mwN; OVG Koblenz, Urt. v. 22.09.2016 – 7 A 11077/15, BeckRS 2016, 52385, LS 2; dieser „innere Sicherheitsbereich" umfasse insbesondere den unmittelbaren Bewegungsraum bzw. den absoluten Nahbereich der zu schützenden Person.

[399] Vgl. *Wolff, H.A.*, in: Hömig, D./Wolff, H.A. (Hrsg.), GG, Art. 8 Rn. 3; *Trurnit, C.*, Grundfälle zum Versammlungsrecht, Jura 2014, S. 489; zum verneinten Demonstrationsrecht auf einer Autobahn s. *Scheidler, A.*, Verkehrsbehinderungen durch Versammlungen, NZV 2015, S. 170 mwN; eine generelle Unzulässigkeit sei dennoch bedenklich, da es bei der Autobahn um einen beschränkten (und nicht um einen ausnahmslosen) Widmungszweck gehe. Vgl. auch *Brenneisen, H./Wilksen, M./Staack, D./Petersen, D. M./Martins, M.*, Die Versammlungsfreiheit im Lichte der aktuellen Rechtsprechung, Die Polizei 2012, S. 90 mwN.

[400] Dazu VG Frankfurt a.M., Beschl. v. 06.08.2012 – 5 L 2558/12, NVwZ-RR 2012, S. 807–808; *Alemann, F. v./Scheffczyk, F.*, Aktuelle Fragen der Gestaltungsfreiheit von Versammlungen, JA 2013, S. 408; *Hartmann, B. J.*, in: Bonner-Kommentar GG, Art. 8 Rn. 194; VG Köln, Beschl. v. 26.04.2017 – 20 L 1811/17, BeckRS 2017, 108295, Rn. 8.

[401] Vgl. *Ullrich, N.*, NVersG, § 1 Rn. 13; es geht um den strafbaren Hausfriedensbruch, was ein polizeiliches Einschreiten gebietet.

[402] Vgl. OVG Münster, Beschl. v. 27.04.2017 – 15 B 491/17, BeckRS 2017, 109526, Rn. 8; VGH München, Beschl. v. 16.10.2014 – 10 ZB 13 2621, NVwZ-RR 2015, S. 107 (Rn. 10); *Ehrentraut, C.*, Die Versammlungsfreiheit, S. 109.

[403] Vgl. BVerfG, Beschl. v. 18.07.2015 – 1 BvQ 25/15, NVwZ 2015, S. 2485 Rn. 9; OVG Münster, Beschl. v. 29.07.2016 – 15 B 876/16, NVwZ 2017, S. 649 Rn. 8. Der Veranstalter ist nicht verpflichtet, (es bestehe auch keine Obliegenheit), eigene Entscheidungen (die gewählten Modalitäten) zu begründen; *Schneider, J.-P.*, in: Epping, V./Hillgruber, C. (Hrsg.), GG, Art. 8 Rn. 17. Vgl. BVerfG, Beschl. v. 06.06.2007 – 1 BvR 1423/07, JuS 2007, S. 1138 (LS) und

Magdeburg 2014 ausführte, schützt die Versammlungsfreiheit auch und vor allem die durch die Meinungsäußerung „bezweckte Wirkung auf andere" die „Einwirkung auf die Öffentlichkeit".[404] Diese Wirksamkeit indiziert die „emotional-suggestive" Art und Weise der Kundgebung zur „Erzeugung von Eindruck".[405] Dies gilt insbesondere für die „Medienwirksamkeit" als Durchsetzungschance bzw. „Resonanzsicherung".[406] Laut Kahneman bewirkt die Medienpräsenz heutzutage ein größeres Interesse der Öffentlichkeit und „Abrufleichtigkeit" für die innenpolitische Tagesordnung.[407] Der „Beeinflussungseffekt" der Medien in der modernen Gesellschaft führte zu ihrer Rolle als „gatekeeper"[408] und wirkte sich auf die „Aktualitätseinschätzung" bestimmter Ereignisse aus.[409] Die Öffentlichkeitswirksamkeit hängt davon ab, ob und wie ein Geschehnis von den Medien absorbiert bzw. „rezipiert" wird.[410] In diesem Sinne bestätigt sich die Funktion der Medien als „Medium" und gleichsam „Faktor" des gesellschaftlichen Meinungsbildungsprozesses.[411]

In unterschiedlichen Situationen können sowohl die inhaltliche Verbindung der Teilnehmer als auch die angestrebte „Publikumswirksamkeit" durch Wahl

---

S. 1140: Wegen der zu erwartenden gewalttätigen Auseinandersetzungen, die u.a. in Anbetracht des Kooperationsgesprächs nicht anderweitig effektiv abgewehrt werden sollten, wurde die Versammlung innerhalb der Verbotszone wegen des G8-Gipfels in Heiligendamm verboten; laut BVerfG konnte die Versammlung dennoch außerhalb dieser Sicherheitszone öffentlichkeitswirksam veranstaltet werden.

[404] VG Magdeburg, Beschl. v. 28.08.2014 – 1 B 915/14, BeckRS 2014, 56115; *Peters, A./ Ley, I.*, The Freedom of Peaceful Assembly in Europe, S. 13; VG Frankfurt a.M., Beschl. v. 06.08.2012 – 5 L 2558/12, NVwZ-RR 2012, S. 807.

[405] Vgl. *Limmer, M.*, Rechtliche Grenzen der Einschüchterung im Versammlungsrecht, S. 16–17. Vgl. auch *Hartmann, B.J.*, in: Bonner-Kommentar GG, Art. 8 Rn. 178; *Höfling, W.*, in: Sachs, M. (Hrsg.), GG, Art. 8 Rn. 21; BVerfG, Beschl. v. 07.03.2011 – 1 BvR 388/05, BeckRS 2011, 49212, Rn. 35 und Rn. 41.

[406] Vgl. *Gusy, C.*, in: Mangoldt, H. v./Klein, F./Starck, C. (Hrsg.), GG, Art. 8 Rn. 9; *Ehrentraut, C.*, Die Versammlungsfreiheit, S. 137; BVerfG, Beschl. v. 29.08.2015 – 1 BvQ 32/15, NVwZ 2016, S. 244 Rn. 4; das BVerfG betrachtete die Relevanz der Versammlungen u.a. mit Blick auf die aktuelle Medienberichterstattung.

[407] Vgl. *Kahneman, D.*, Schnelles Denken, langsames Denken, S. 20.

[408] Vgl. *Schmitt-Glaeser, W.*, in: Isensee, J./Kirchhof, P. (Hrsg.), HStR III, § 38 Rn. 53–54 m.V. auf Noelle-Neumann.

[409] Dazu *Jarass, H.D.*, Die Freiheit der Massenmedien, S. 20 und S. 257. Vgl. *Wagner, S.*, Versammlungen im Konkurrenzverhältnis, DÖV 2017, S. 709; *Rossen-Stadtfeld, H.*, Medien, in: Vesting, T./Korioth, S. (Hrsg.), Der Eigenwert des Verfassungsrechts, S. 102.

[410] So *Hoffmann-Riem, W.*, Mediendemokratie, Der Staat 42 (2003), S. 193; *Schulze-Fielitz, H.*, in: Dreier, H. (Hrsg.), GG, Art. 8 Rn. 19. Es sei nicht die Versammlung mehr die Botschaft, sondern die Medien, die darüber berichten, so *Depenheuer, O.*, in: Maunz, T./Dürig, G. (Hrsg.), GG, Art. 8 Rn. 6.

[411] Zu dieser Funktion *Schmitt-Glaeser, W.*, in: Isensee, J./Kirchhof, P. (Hrsg.), HStR III, § 38 Rn. 15; *Rossen-Stadtfeld, H.*, Medienfreiheit, S. 212f. und S. 214.

der symbolischen Modalitäten erreicht werden.[412] Vor allem die „Raumbezogenheit" der Versammlungsfreiheit als Vorbedingung für „Präsenz" bzw. die notwendige Nähe zum Adressaten (z. B. zur Gegendemonstration) kann symbolisch wirken.[413] Laut BVerfG ist es vom Selbstbestimmungsrecht erfasst, dass „die Versammlung in möglichst großer Nähe (in Sicht- und Hörweite der Veranstaltung) zu einem symbolhaltigen Ort durchgeführt wird".[414] Der symbolische Charakter ist als Inhaltsbezogenheit einer bestimmten Gestaltungsmodalität zum Versammlungsthema notwendigerweise bei jeder behördlichen Auflage zur Änderung des Versammlungsablaufs zu berücksichtigen („Beachtungserfolg" des Veranstalters).[415] Die Versammlungsbehörde hat bei konkurrierenden Nutzungswünschen nicht automatisch vom Erstanmelder-Privileg auszugehen, sondern muss infolge des wertenden Entscheidens darauf abstellen, welcher Versammlungszweck zur gewählten Örtlichkeit die intensivere inhaltliche Verbindung aufweist.[416] Die Auflage ist zudem so zu wählen, dass das „Zusammenspiel" von

---

[412] Dazu vgl. *Waechter, K.*, Die Vorgaben des BVerfG für das behördliche Vorgehen, VerwArch 99 (2008), S. 90: Er spricht von einem „Doppelcharakter": So können z. B. Menschen mit Gasmasken öffentlichkeitswirksam und zugleich symbolisch gegen die Luftverschmutzung oder gegen chemische Waffen protestieren. Vgl. auch *Höfling, W.*, in: Sachs, M. (Hrsg.), GG, Art. 8 Rn. 24; *Giorgishvili, K.*, Die Autonomie und Friedlichkeit der Versammlung nach EMRK, in: Korkelia, K. (Hrsg.), Menschenrechtsschutz, 2018, S. 82 f.

[413] Vgl. *Hartmann, M.*, Protestcamps als Versammlungen i. S. v. Art. 8 I GG?, NVwZ 2018, S. 200 („Präsenz" als „zentrales Momentum jeder Versammlung"); *Krisor-Wietfeld, K.*, Rahmenbedingungen der Grundrechtsausübung, S. 34; *Siehr, A.*, Das Recht am öffentlichen Raum, S. 463 und S. 480 f.: Sie lehnt die Inkorporierung des Rechts am öffentlichen Raum als Annexrecht im Gewährleistungsbereich der entsprechenden Grundrechte ab. Zum symbolischen Ort vgl. ECHR, United Civil Aviation Trade Union and Csorba v. Hungary, Nr. 27585/13, 22. Mai 2018, § 29; ECHR, Öllinger v. Austria, Nr. 76900/01, 29. Juni 2006, § 43: „[…] The coincidence in time and venue with the commemoration ceremony of Comradeship IV was an essential part of the message he wanted to convey."

[414] OVG Koblenz, Urt. v. 22.09.2016 – 7 A 11077/15, BeckRS 2016, 52385, Rn. 15 m. V. auf BVerfG: „Bei Beschränkungen des Rechts des Veranstalters, Zeitpunkt und Ort der Versammlung zu bestimmen, ist zu berücksichtigen, dass das Grundrecht auf Versammlungsfreiheit auch das Interesse des Veranstalters schützt, einen Beachtungserfolg nach seinen Vorstellungen zu erzielen. Dementsprechend kann es dem Veranstalter darauf ankommen, die Versammlung in möglichst großer Nähe zu einem symbolhaltigen Ort durchzuführen." Vgl. auch VG Hamburg, Beschl. v. 28.06.2017 – 20 E 6320/17, BeckRS 2017, 121195, Rn. 34. So wählten die Veranstalter von Großdemonstrationen in Deutschland z. B. Mitte der 1970er Jahre nicht mehr die zentralen Teile der Städte, sondern symbolische Orte, vgl. *Ullrich, N.*, Das Demonstrationsrecht, S. 68 f.

[415] Vgl. *Müller-Franken, S.*, in: Schmidt-Bleibtreu, B./Hofmann, H./Henneke, H.-G. (Hrsg.), GG, Art. 8 Rn. 19; *Blanke, H.-J.*, in: Stern, K./Becker, F. (Hrsg.), Grundrechte-Kommentar, Art. 8 Rn. 40; OVG Münster, Beschl. v. 27.04.2017 – 15 B 491/17, BeckRS 2017, 109526, Rn. 8.

[416] Dazu BVerfG, Beschl. v. 06.05.2005 – 1 BvR 961/05, NVwZ 2005, S. 1056–1057; das

verschiedenen Aspekten der Versammlung (Motto, Ort, Zeit), die die Versammlung inhaltlich prägen, nicht „erheblich" modifiziert wird.[417] Hinsichtlich der Wahrnehmbarkeit dieser inhaltlichen Konnexität ist die Perspektive der außenstehenden und u. a. eventuellen Teilnehmer relevant.[418] Wird eine symbolische Bedeutung verneint, darf die sonstige Öffentlichkeitswirksamkeit der Versammlung nicht verloren gehen.[419] Vielmehr ist behördlicherseits „ein hohes Maß an Gestaltungsfreiheit" zu wahren,[420] indem die Interessen des Veranstalters „im Rahmen des Möglichen" berücksichtigt werden.[421]

3. Die Wahl des Versammlungsortes vs. Eigentumsfreiheit

In Georgien ist es vorgekommen, dass Polizisten Versammlungen auf privaten Flächen aufgelöst und die Teilnehmer festgenommen haben. Auch die Gerichte beziehen derartige Kollisionen zwischen Versammlungsfreiheit und Eigentumsfreiheit nicht in ihren Abwägungsprozess ein.[422] Das GVerfG hat in seiner Leitentscheidung von 2007 zur Eigentumsfreiheit zwar unterstrichen, dass eine einseitige Privilegierung des Eigentümers in Konfliktfällen nicht dem verfassungs-

---

Gericht führte aus, dass die Behörde infolge der praktischen Konkordanz und unter Wahrung der Neutralität von der zeitlichen Reihenfolge der Anmeldung einer Versammlung abweichen könne. Vgl. OVG Koblenz, Beschl. v. 01.11.2003 – 12 B 11882/03, NVwZ-RR 2004, S. 848. Zur Gefahr der wettbewerbsverzerrenden Wirkung der formalen Bevorzugung des Erstangemeldeten *Denninger, E.*, in: Lisken, H./Denninger, E. (Hrsg.), Hb PolR, Kap. B Rn. 83; so auch *Park, W.*, Das Erstanmelderprivileg im Versammlungsrecht, S. 16. Vgl. auch *Wagner, S.*, Versammlungen im Konkurrenzverhältnis, DÖV 2017, S. 712 ff.

[417] Vgl. OVG Münster, Beschl. v. 06.07.2018 – 15 B 974/18, BeckRS 2018, 16550, Rn. 7. Dazu vgl. die spätere Analyse der behördlichen Auflage in Kap. H IV 8.

[418] Dazu s. *Waechter, K.*, Die Vorgaben des BVerfG für das behördliche Vorgehen, VerwArch 99 (2008), S. 86 m. V. auf BVerfG.

[419] Vgl. *Kniesel, M./Poscher, R.*, in: Lisken, H./Denninger, E. (Hrsg.), Hb PolR, Kap. K Rn. 371: Eine bestimmte Modalität der Versammlung kann nicht symbolisch sein, aber eine „untrennbare Wirkungseinheit" mit dem Versammlungszweck ausmachen. Vgl. BVerfG, Beschl. v. 27.01.2012 – 1 BvQ 4/12, BeckRS 2012, 48170, Rn. 3; in diesem Beschluss hat das BVerfG einen symbolischen Charakter bezüglich der Zeit und der Örtlichkeit der rechtsextremen Versammlung verneint; die zeitliche Verschiebung der Versammlung auf den nächsten Tag konnte daher die Öffentlichkeitswirksamkeit der Versammlung nicht in Frage stellen.

[420] Vgl. VG Frankfurt a. M., Beschl. v. 06.08.2012 – 5 L 2558/12, NVwZ-RR 2012, S. 807.

[421] Vgl. OVG Münster, Beschl. v. 06.07.2018 – 15 B 974/18, BeckRS 2018, 16550, Rn. 7; VG Köln, Beschl. v. 26.04.2017 – 20 L 1811/17, BeckRS 2017, 108295, Rn. 9: Die Auflage bezüglich der Örtlichkeit der Versammlung wurde im konkreten Fall als rechtmäßig beurteilt, da die Nähe zum Adressaten sowie die „Blickfreiheit" auf den Gebäudeeingang und zum Standort der Versammlung selbst erhalten blieb. Vgl. auch den OVG Münster, Beschl. v. 27.04.2017 – 15 B 491/17, BeckRS 2017, 109526, Rn. 17.

[422] Vgl. den Beschl. des erstinstanzlichen Gerichts Tbilisi v. 10. Mai 2016, Nr. 4/381–16; den Beschl. der Berufungsinstanz Tbilisi v. 31. Mai 2016, Nr. 4/a-433–16.

rechtlichen Verständnis entspricht; vielmehr sei die Eigentumsfreiheit von ihrer sozialen Funktion untrennbar.[423] Zu dieser Funktion in Zusammenhang mit einem Versammlungsgeschehen ist die Rechtsprechung des BVerfG und des EGMR interessant. Die Möglichkeit der Durchführung der Versammlung auf sog. „semi-öffentlichen" Flächen behandelte das BVerfG zuerst in der „Fraport"-Entscheidung von 2011. Hier ging es um die Räume eines privatrechtlich als AG organisierten Flughafens, wobei die AG staatlicherseits beeinflusst wurde.[424] Mit einer Kundgebung auf in „alleinigem" Privateigentum stehenden Flächen befasste sich das BVerfG später in der „Bierdosen-Flashmob"-Entscheidung von 2015. Zu erwähnen ist insofern schließlich die Entscheidung des EGMR im „Appleby"-Fall.

a) Das BVerfG zu semi-öffentlichen Flächen

aa) Das Leitbild des öffentlichen Forums

Die „Bindung" von Privatpersonen bezieht sich auf die Duldung der üblichen Nebenfolgen der friedlichen Durchführung einer Versammlung: Diese liegen unterhalb der behördlichen Eingriffsschwelle und aktivieren noch nicht die Schutzpflicht des Staates zugunsten Dritter.[425] Nach der „Fraport"-Entscheidung des BVerfG ist die Durchführung einer Versammlung auch auf privaten Grundstücken – hier einem Flughafengebäude – zu ermöglichen, soweit diese für den allgemeinen kommunikativen Verkehr eröffnet und zur öffentlichkeitswirksamen Kommunikation geeignet sind.[426] Die kommunikativ-funktionale Bewertung der Fläche gelte unabhängig vom einfachen Straßenrecht.[427] Gemessen an diesen Maßstäben betrachtete das BVerfG das betroffene Flughafengebäude als („leitbildprägenden") „Marktplatz", auf dem die Demonstration gegen Abschiebungen stattfinden durfte.[428] Unter diesem „Leitbild des öffentlichen Forums" wird

---

[423] Vgl. die Entscheidung des GVerfG vom 2. Juli 2007, Nr. 1/2/384, Kap. II § 8 und § 11. Vgl. auch *Soidze, B.*, Verfassungskontrolle und Werteordnung in Georgien, S. 170.

[424] Zur Begriffserklärung („semi-öffentliche Räume") *Siehr, A.*, Das Recht am öffentlichen Raum, S. 613 f. und S. 618 f.; sie bringt den Parlamentsvorbehalt auf den Punkt; der Gesetzgeber habe die Sozialbindung selbst zu konkretisieren (S. 620).

[425] Dazu *Müller-Franken, S.*, in: Schmidt-Bleibtreu, B./Hofmann, H./Henneke, H.-G. (Hrsg.), GG, Art. 8 Rn. 7 f.

[426] Vgl. BVerfGE 128, 226, 251; *Wendt, H.*, Recht zur Versammlung auf fremdem Eigentum?, NVwZ 2012, S. 607: Er behandelt die Tatsache, dass das BVerfG einen (rechtsvergleichenden) Blick nach Amerika (Rechtsprechung des Supreme Court) gerichtet hat; dazu vgl. *Krisor-Wietfeld, K.*, Rahmenbedingungen der Grundrechtsausübung, S. 38 ff.

[427] Vgl. *Siehr, A.*, Das Recht am öffentlichen Raum, S. 478; *Krisor-Wietfeld, K.*, Rahmenbedingungen der Grundrechtsausübung, S. 92 m. V. auf BVerfGE 128, 226, 251 f.

[428] Vgl. BVerfGE 128, 226, 251 (254 f.).

„ein vielseitiges und offenes Kommunikationsgeflecht" verstanden,[429] bei dem „eine Vielzahl von verschiedenen Tätigkeiten und Anliegen verfolgt wird".[430] Gemäß dem Willen des Eigentümers seien dadurch Bereiche geschaffen, die „als Orte des Flanierens und des Gesprächs" für die allgemeine Kommunikation eröffnet seien.[431] Die Versammlungsfreiheit erstreckt sich nach Ansicht des Gerichts nicht nur auf derart genutzte Flughäfen- und Bahnhofsflächen, sondern auch auf andere Räume, die kommunikativen Zwecken allgemein zugänglich sind, wie z. B. Einkaufszentren.[432] Dabei befindet sich die Fraport AG überwiegend in öffentlicher Hand, weswegen die AG unmittelbar an die Versammlungsfreiheit gebunden ist.[433] Das Gericht spricht in dieser Entscheidung zugleich die kontextbezogene „Inpflichtnahme Privater" für den „Schutz der [freien] Kom-

---

[429] Vgl. BVerfGE 128, 226, 253 f. Die Versammlungsfreiheit entfalte sich wie kein anderes Grundrecht im „public forum"; *Knape, M.*, Recht auf Versammlung auf fremdem Eigentum, S. 73 mwN.

[430] So BVerfGE 128, 226, 253 f.

[431] Vgl. BVerfGE 128, 226, 254; s. auch *Krisor-Wietfeld, K.*, Rahmenbedingungen der Grundrechtsausübung, S. 8. Vgl. eine fachgerichtliche Aussage des OVG Münster, Beschl. v. 29.12.2016 – 15 B 1500/16, BeckRS 2016, 112673, Rn. 9 und Rn. 11: Das Gericht betrachtete den angestrebten Versammlungsort vor dem Eingangs- und Kassenbereich eines Zirkusses als vom Schutzbereich der Versammlungsfreiheit erfasst.

[432] BVerfGE 128, 226, 252: „[D]ie Kommunikationsfunktion der öffentlichen Straßen, Wege und Plätze [wird] zunehmend durch weitere Foren wie Einkaufszentren, Ladenpassagen oder sonstige Begegnungsstätten ergänzt." Die großen Einkaufszentren seien auf den ganzen Innenbereich mancher Städte erstreckt; *Scharlau, M.*, Schutz von Versammlungen auf privatem Grund, S. 3; *Brenneisen, H./Arndt, C.*, Versammlungen auf privaten Flächen, S. 150; kritisch dazu *Müller-Franken, S.*, in: Schmidt-Bleibtreu, B./Hofmann, H./Henneke, H.-G. (Hrsg.), GG, Art. 8 Rn. 8, diese Rechtsprechung übersteige die legitimen Grenzen der richterlichen Verfassungsrechtsfortbildung.

[433] BVerfGE 128, 226, 244. Die Interessen der anderen privaten Akteure der AG seien hier nicht vorrangig, da sich diese freiwillig dafür entschieden haben, an einer solchen AG teilzunehmen; *Alemann, F. v./Scheffczyk, F.*, Aktuelle Fragen der Gestaltungsfreiheit von Versammlungen, JA 2013, S. 408; auszuschließen seien dadurch die gezielten Um- oder Entwidmungen, um bestimmte Versammlungen zu verhindern. Laut BVerfG konnte das Hausverbot privatrechtlicher Natur keine Durchgriffswirkung mehr in versammlungsrechtlichen Konstellationen haben; *Knape, M.*, Recht auf Versammlung auf fremdem Eigentum, S. 92 m. V. auf abweichende Meinungen von Schluckebier und Pfeiffer: Die Abflughalle diene nur Vorbereitungs- und Begleithandlungen der Fluggäste; alles andere habe dort nur eine dienende Funktion und dies auch nur für die Fluggäste. Zur Problematik *Prothmann, M.*, Die Wahl des Versammlungsortes, S. 89 ff.; vgl. auch *Höfling, W./Krohne, G.*, Versammlungsrecht in Bewegung, JA 2012, S. 740 mwN: Es sei auch bei der Schutzbereichseröffnung zu fragen, ob sich die Versammlungskundgabe in einem anderen öffentlichen Raum auch (öffentlichkeits-)wirksam entfalten könne. Dabei lagen in der öffentlichen Hand zweiundfünfzig Prozent der Beteiligung; das BVerfG wies drauf hin, dass sich die „Grundrechtsbindung nicht quotenweise realisiere"; *Siehr, A.*, Das Recht am öffentlichen Raum, S. 613 f. m. V. auf BVerfGE 128, 226, 246.

munikation" an.⁴³⁴ Im Unterschied zur unmittelbaren Grundrechtsbindung sei diese mittelbare Grundrechtsbindung Privater über die Drittwirkung der Grundrechte und die staatliche Schutzpflicht realisierbar.⁴³⁵ Diese Ausstrahlungswirkung der Grundrechte bezeichnete das BVerfG als notwendig, um die Freiheitssphären der Individuen untereinander (verfassungskonform) auszugleichen.⁴³⁶ Diese Rechtsprechung führt im Wege der mittelbaren Drittwirkung zu einer Ausdehnung der Reichweite des Selbstbestimmungsrechts des Veranstalters in seiner abwehrrechtlichen und schutzpflichtenrechtlichen Dimension.⁴³⁷

bb) Die mittelbare Grundrechtsbindung Privater zum Schutz der Kommunikation

In der „Bierdosen-Flashmob"-Entscheidung qualifizierte das BVerfG das faktische Versammlungsverbot als Folge eines Hausverbots des Eigentümers als verfassungswidrig.⁴³⁸ Das Gericht beanstandet die fachgerichtliche Abwägung mit dem Ergebnis, dass das Eigentumsgrundrecht wegen der Verschmutzung des Platzes und der Gefahr einer Vielzahl betrunkener Teilnehmer als vorrangig anzusehen ist. Laut BVerfG ist der Eigentümer mittelbar an die Versammlungsfreiheit gebunden, da bei der Auslegung und Anwendung des einfachen Rechts die Wertentscheidungen der Verfassung zu berücksichtigen sind (Ausstrahlungswirkung).⁴³⁹ Als „Einbruchsstelle" bzw. als „Medium" für eine solche Ausstrah-

---

⁴³⁴ Vgl. BVerfGE 128, 226, 249 f.
⁴³⁵ Die unmittelbare Drittwirkung der Grundrechte hat zur Folge, dass Auslegung und Anwendung des Rechts in Privatrechtsverhältnissen im Licht der Grundrecte erfolgen; dazu *Gusy, C.,* in: Mangoldt, H. v./Klein, F./Starck, C. (Hrsg.), GG, Art. 8 Rn. 43; *Smets, C.,* Staatsgleiche Grundrechtsbindung Privater aus Funktionsnachfolge?, NVwZ 2016, S. 36; *Prothmann, M.,* Die Wahl des Versammlungsortes, S. 219 f.
⁴³⁶ Vgl. BVerfGE 128, 226, 249 f.
⁴³⁷ Vgl. *Wendt, H.,* Recht zur Versammlung auf fremdem Eigentum?, NVwZ 2012, S. 606; *Krisor-Wietfeld, K.,* Rahmenbedingungen der Grundrechtsausübung, S. 7.
⁴³⁸ Der anfangs gewählte Platz (Nibelungenplatz in Passau) stand dabei im Privateigentum und war von Arztpraxen, Cafés, Geschäften, einem Supermarkt sowie einem Kino umrandet und für den Publikumsverkehr geöffnet; BVerfG, Beschl. v. 18.07.2015 – 1 BvQ 25/15, NVwZ 2015, S. 2485 Rn. 9; dazu vgl. *Schulenberg, S.,* Der „Bierdosen-Flashmob für die Freiheit", DÖV 2016, S. 55. Schon nach dem „Fraport"-Urteil sei vorhersehbar, dass das BVerfG die getroffenen Feststellungen später auf das rein private Eigentum anwenden würde; *Smets, C.,* Staatsgleiche Grundrechtsbindung Privater aus Funktionsnachfolge?, NVwZ 2016, S. 35. Diese neue Perspektive, die vom Gesetzgeber geregelt werden sollte, ist in § 21 ME des VersG zum Ausdruck gebracht. Danach wird die Versammlung auf privaten Flächen, die dem allgemeinen Publikum geöffnet sind, auch ohne Zustimmung des Eigentümers ermöglicht; der Eigentümer ist aber in die Kooperation miteinzubeziehen; *Enders, C./Hoffmann-Riem, W. u. a.,* ME eines Versammlungsgesetzes, S. 60 ff.
⁴³⁹ Vgl. BVerfG, Beschl. v. 18.07.2015 – 1 BvQ 25/15, NVwZ 2015, S. 2485 Rn. 5 und

lungswirkung der Versammlungsfreiheit dient die verfassungsrechtliche Sozialbindung des Eigentümers.[440] Bei der Abwägung seien sowohl die Intensität der Beeinträchtigung der kommunikativen Räume als auch die Tatsache zu berücksichtigen, ob die Versammlung die angestrebte Öffentlichkeitswirksamkeit auch ohne Nutzung privater Flächen erreichen kann.[441] Insofern sei ferner zu beachten, dass die Versammlung als eine stationäre und kurzzeitige (15 Minuten) Veranstaltung geplant und nur eine überschaubare Zahl von Teilnehmern zu erwarten war.[442] Das BVerfG weist darauf hin, dass die Rolle von Privaten im Hinblick auf den Funktionsschutz der Kommunikation auch durch die geänderte Art und Weise des modernen Lebens beeinflusst wird: Je nach dem Gewährleistungsinhalt und der Fallgestaltung könne die mittelbare Grundrechtsbindung Privater der Grundrechtsbindung des Staates nahe- oder auch gleichkommen. Im Hinblick auf den Schutz der Kommunikation komme dies insbesondere dann in Betracht, wenn private Unternehmen schon die Bereitstellung der Rahmenbedingungen öffentlicher Kommunikation selbst übernehmen und damit in Funktio-

---

Rn. 6. In diesem allgemeinen Konzept des „Lüth"-Urteils haben die Grundrechte als Wertmaßstäbe eine Ausstrahlungswirkung auf die ganze Rechtsordnung; zur Drittwirkung *Stern, K.*, in: Stern, K./Becker, F. (Hrsg.), Grundrechte-Kommentar, Einl. Rn. 42–46; zum „Lüth"-Konzept *Poscher, R.*, Grundrechte als Abwehrrechte, S. 238 ff. und S. 285. Zur Schutzpflicht und abwehrrechtlichen Dimension in der Drittwirkungsdogmatik *Classen, C.D.*, Staatsrecht II – Grundrechte, § 6 Rn. 57–58.

[440] So *Knape, M.*, Recht auf Versammlung auf fremdem Eigentum, S. 77 und S. 81–83; *Brenneisen, H./Arndt, C.*, Versammlungen auf privaten Flächen, S. 153 und S. 155; *Enders, C./Hoffmann-Riem, W. u. a.*, ME eines Versammlungsgesetzes, S. 61 und S. 63. Zur Drittwirkung der Grundrechte, die im Privatrecht über zivilrechtliche Generalklauseln und unbestimmte Rechtsbegriffe ausstrahlen, vgl. BVerfG, Beschl. v. 11.04.2018 – 1 BvR 3080/09, BeckRS 2018, 6483.

[441] Zur Erreichung der praktischen Konkordanz BVerfG, Beschl. v. 18.07.2015 – 1 BvQ 25/15, NVwZ 2015, S. 2485 Rn. 6; vgl. *Gusy, C.*, in: Mangoldt, H. v./Klein, F./Starck, C. (Hrsg.), GG, Art. 8 Rn. 43. Bei der Abwägung seien Art und Ausmaß der Öffnung des Raumes für die Allgemeinheit, die Quantität der Inanspruchnahme der Fläche, die (inhaltliche) Verbindung zwischen dem Ort und dem Versammlungsgegenstand sowie die Gewährleistung der Sicherheit und Funktionsfähigkeit des Ortes maßgeblich, so *Prothmann, M.*, Die Wahl des Versammlungsortes, S. 195–199. OVG Münster, Beschl. v. 29.12.2016 – 15 B 1500/16, BeckRS 2016, 112673, Rn. 10 und Rn. 12: Das Gericht unterstrich die Bedeutung der Erzielung der praktischen Konkordanz zwischen der Versammlungsfreiheit, dem Hausrecht und den Interessen der Besucher des Ortes (hier Zirkus). Der Schutz der Eigentümerrechte könne mittels einer Benutzungsordnung erreicht werden, die von den Teilnehmern zu beachten sei, *Kniesel, M./Poscher, R.*, in: Lisken, H./Denninger, E. (Hrsg.), Hb PolR, Kap. K Rn. 76. In dem Abwägungsvorgang sei bedeutend, ob die Interessen Dritter, die ebenfalls die Fläche als öffentliches Forum benutzen oder benutzen wollen, nicht unverhältnismäßig beschränkt werden; dies könne der Fall sei, wenn die Versammlung selbst die Funktion der Fläche als öffentliches Forum beeinträchtige, so *Jenssen, K.*, Die versammlungsrechtliche Auflage, S. 21 f.

[442] Vgl. BVerfG, Beschl. v. 18.07.2015 – 1 BvQ 25/15, NVwZ 2015, S. 2485 Rn. 10.

nen eintreten, die früher in der Praxis allein dem Staat zugewiesen waren.[443] Diese „Funktionsnachfolge" und die den Privaten neu zugemessene „Garantenstellung" werden als „Zirkelschluss" kritisiert.[444] Zudem wird hinsichtlich der „Widerspruchsfreiheit" der anfänglichen Öffnungsentscheidung Privater darauf hingewiesen, dass nur der Staat eigene Entscheidungen rechtfertigen muss.[445]

b) Die Rechtsauffassung des EGMR

Der EGMR beschäftigt sich mit der Kollision von Versammlungs- und Eigentumsfreiheit im Verfahren „Appleby and Others v. UK".[446] In einer nicht genehmigten Versammlung sollten Informationen und Ideen über geplante Änderungen im Kommunalbereich verbreitet werden.[447] Ein Einkaufszentrum war von der öffentlichen Hand errichtet worden, wurde später aber an ein privates Unternehmen veräußert. Es umfasste zwei Supermärkte und weitere Geschäfte, Parkplätze, Dienstleistungseinrichtungen und eine öffentliche Bibliothek.[448] Der Leiter des Zentrums erlaubte zunächst die Verteilung von Informationen in den Räumen des Geschäfts. Später lehnte er dies ab und verwies auf das Privateigentum und die Notwendigkeit der Wahrung von Neutralität.[449] Die Bf. beanstandeten, dass es keine gerechte Balance zwischen den Interessen der politischen Kundgebung und denjenigen des Eigentümers gäbe. Damit habe der Staat seine positive

---

[443] So ebd., Rn. 6 m. V. auf BVerfGE 128, 226, 249 f. Dieses Verständnis führe zur Erweiterung der staatlichen Schutzpflicht im Sinne eines nur ausnahmsweise verstandenen Leistungsrechts; *Classen, C. D.*, Staatsrecht II – Grundrechte, § 5 Rn. 74; zur leistungsrechtlichen Dimension in diesem Zusammenhang *Prothmann, M.*, Die Wahl des Versammlungsortes, S. 138 ff. mwN, spricht von einer „intuitive[n] Nähe" zur leistungsrechtlichen Dimension; er äußert selbst Bedenken gegen diesen Ansatz (S. 144–146) und argumentiert mit der Konstruktion eines grundrechtsunmittelbaren Nutzungsanspruchs als Fall eines abwehrrechtlichen Störungsbeseitigungsanspruchs (ebd., S. 157 und S. 192).

[444] So vgl. *Smets, C.*, Staatsgleiche Grundrechtsbindung Privater aus Funktionsnachfolge?, NVwZ 2016, S. 35–36.

[445] Ähnlich wie bei den derivativen Teilhaberechten geht die Argumentation der „Fraport"-Entscheidung auch hier über die „Widerspruchsfreiheit" hinaus: die Versammlungsteilnehmer dürfen nicht im Widerspruch zur Öffnungsentscheidung aus dem Kreis der Zugelassenen ausgeschlossen werden; die kritischen Meinungen stellen dabei auf die grundlegende Unterscheidung zwischen dem Staat und der Gesellschaft ab, wobei nur der Staat eigene Entscheidungen rechtfertigen müsse; vgl. *Müller-Franken, S.*, in: Schmidt-Bleibtreu, B./Hofmann, H./Henneke, H.-G. (Hrsg.), GG, Art. 8 Rn. 8 und Rn. 9; zur Freiheit gehöre auch die Freiheit des Widerspruchs zu eigenen Entscheidungen.

[446] ECHR, Appleby and Others v. The United Kingdom, Nr. 44306/98, 6. Mai 2003.

[447] Vgl. ebd., § 3, § 14 und § 34.

[448] Vgl. ebd., § 12 und § 44.

[449] Vgl. ebd., § 16.

Verpflichtung, private Eingriffe während der Inanspruchnahme von Grundrechten abzuwehren, nicht erfüllt.[450]

Der EGMR zog nordamerikanisches Case Law heran. Hiernach würden Rechte des Eigentümers insofern begrenzt, als ein unbegründeter und diskriminierender Ausschluss von Gästen, die sich in gesetzlich gebilligter Weise benehmen, nicht gestattet sei.[451] Die Eröffnung privater Flächen zur freien Kommunikation erlebe zurzeit eine neue Entwicklung. Dennoch sei in den Rechtssystemen der Staaten noch kein Herangehen feststellbar, aufgrund dessen das Gericht einen systemübergreifenden Trend identifizieren könne: Es fehle der notwendige Konsens („emerging consensus"), der die gerichtliche Prüfung einer eventuellen Konventionsverletzung lenken könne.[452] Der EGMR bejahte zwar unter Hinweis auf seine ständige Rechtsprechung die aus der Versammlungsfreiheit fließende positive Verpflichtung des Staates.[453] Zur Konkretisierung der positiven Verpflichtung des Staates sei auch eine Balance („fair balance") zwischen den Interessen der Allgemeinheit und denjenigen des Individuums zu erreichen.[454] So könne eine positive Verpflichtung des Staates, eine Kundgebung auf privaten Flächen zu ermöglichen, in Anbetracht der Umstände des Falles angenommen werden, so z. B., wenn die gesamte Kommunalverwaltung privatisiert worden sei.[455] Allein die Tatsache, dass ein Einkaufszentrum vom Staat gebaut, später aber an ein pri-

---

[450] Vgl. ebd., § 34, dagegen die Argumentation der Regierung in §§ 37–38, die u. a. darauf hinweist, dass in diesem Fall die beanspruchte Fläche im Privateigentum nicht als „quasi-public" zu betrachten sei.

[451] Ebd., exemplarisch § 23: „[…] [W]hen property owners open their premises – in that case a gaming casino – to the general public in pursuit of their own property interests, they have no right to exclude people unreasonably but, on the contrary, have a duty not to act in an arbitrary or discriminatory manner towards persons who come on their premises […]"; „[…] the members of the public are privileged visitors whose privilege is revocable only upon misbehaviour […] or by reason of unlawful activity. Such a view reconciles both the interests of the shopping centre owner and of members of the public […]."

[452] Ebd., § 46: „The Court would observe that, although the cases from the United States in particular illustrate an interesting trend in accommodating freedom of expression to privately owned property open to the public, the Supreme Court has refrained from holding that there is a federal constitutional right of free speech in a privately owned shopping mall. Authorities from the individual States show a variety of approaches to the public- and private-law issues that have arisen in widely differing factual situations. It cannot be said that there is as yet any emerging consensus that could assist the Court in its examination in this case concerning Article 10 of the Convention."

[453] Ebd., § 39.

[454] Ebd., § 40 mwN.

[455] Ebd., § 47: „Where, however, the bar on access to property has the effect of preventing any effective exercise of freedom of expression or it can be said that the essence of the right has been destroyed, the Court would not exclude that a positive obligation could arise for the State to protect the enjoyment of the Convention rights by regulating property rights. A corporate

vates Unternehmen veräußert worden sei, begründe diese positive Verpflichtung nicht.[456] Im konkreten Fall war entscheidend, dass die Veranstalter ihre Kundgebung auch andernorts effektiv durchführen konnten, u. a. vor den Eingängen des Zentrums und im Stadtzentrum, wo die notwendige Öffentlichkeitswirksamkeit der Ideenverbreitung gesichert war. Der EGMR konnte somit keinen hinreichenden Bezug zwischen der Wahl des Ortes und dem Inhalt der Kundgebung, weswegen die Interessen der Eigentümer zurücktreten sollten, erkennen.[457] Ausgeschlossen wurden dabei nicht, dass in einem anderen Fall – wenn die Freiheit in ihrer Substanz angetastet wird – die positive Verpflichtung des Staates zum Schutz der Wahlmöglichkeit des Ortes (private Fläche mit öffentlicher Funktion) der Versammlung zu aktivieren ist.[458] Nach der teilweise abweichenden Meinung des Richters Maruste wurde dem Eigentumsrecht ein nicht erforderlicher Vorrang zugesprochen. Bei Erörterung der positiven Verpflichtungen sei zu berücksichtigen, dass in der modernen Gesellschaft Post-, Verkehrs-, Energie-, Gesundheits- und sonstige Gemeinschaftsdienste schon privatisiert sind oder noch privatisiert werden. Die zentrale Lage eines Einkaufszentrums mit vielseitigen Funktionen lege es nahe, dass der Staat eine eigene Verantwortung bezüglich des Zugangs zum Zentrum und der Nutzung der Fläche trage.[459]

VI. Der Schutz sog. „infrastruktureller Ergänzungen"

Versammlungen werden „in unterschiedlichster Form" veranstaltet, um Öffentlichkeitswirksamkeit zu erreichen.[460] Die zur Bewahrung der Identität der Ver-

---

town where the entire municipality is controlled by a private body might be an example (see *Marsh v. Alabama*, cited at paragraph 26 above)."
[456] Vgl. ebd., § 41.
[457] Vgl. ebd., § 48; vgl. auch die Anm. v. *Scharlau, M.*, Schutz von Versammlungen auf privatem Grund, S. 91 und S. 123 f.
[458] So auch vgl. *Kniesel, M./Poscher, R.*, in: Lisken, H./Denninger, E. (Hrsg.), Hb PolR, Kap. K Rn. 12; *Hoffmann-Riem, W.*, Der „Musterentwurf eines Versammlungsgesetzes", S. 41.
[459] „[…] [I]t would clearly be too far-reaching to say that no limitations can be put on the exercise of rights and freedoms on private land or premises. They should be exercised in a manner consistent with respect for owners' rights too. And that is exactly what the Chamber did not take into account in this case. The public authorities did not carry out a balancing exercise and did not regulate how the privately owned *forum publicum* was to be used in the public interest. The old traditional rule that the private owner has an unfettered right to eject people from his land and premises without giving any justification and without any test of reasonableness being applied is no longer fully adapted to contemporary conditions and society. Consequently, the State failed to discharge its positive obligations under Articles 10 and 11."
[460] Vgl. BVerfGE 69, 315, 343; VG Köln, Beschl. v. 26.04.2017 – 20 L 1811/17, BeckRS 2017, 108295, Rn. 5; OVG Hamburg, Beschl. v. 22.06.2017 – 4 Bs 125/17, NVwZ 2017,

sammlung notwendigen Darstellungsmittel werden [als Teilaspekt der Gestaltungsfreiheit] vom Schutzgehalt der Versammlungsfreiheit als sog. „Privilegierung" erfasst.[461] Diese Privilegierung hat zur Folge, dass die Erlaubnisfreiheit auch auf „unmittelbar versammlungsbezogene Betätigungen" erstreckt wird.[462] Eine Herausforderung stellen insofern in Deutschland sog. „Protestcamps", die die Teilnehmer zum Schlafen, Essen und für Workshops nutzen, dar. Diese komplexen Erscheinungen, um Meinungskundgaben [vor allem in zeitlicher Hinsicht] wirksamer zu machen, erhöhen gleichsam die Gefahr für Konflikte mit den Interessen Dritter.[463] In Georgien erfolgt bisher keine Bewertung von Hilfsmitteln in Anbetracht ihres kommunikativen Charakters. Derartige Sachverhalte werden vielmehr vom Rechtsanwender automatisch den Verbotsnormen unterstellt.[464]

1. Die Lage in Georgien

In seiner Entscheidung vom April 2011 hat das GVerfG die Verwendung bestimmter infrastruktureller Einrichtungen nicht per se vom Schutzbereich der Versammlungsfreiheit ausgenommen. Dabei hat das Gericht keine allgemeinen Maßstäbe zur Beurteilung der Schutzbedürftigkeit von Hilfsmitteln festgelegt. Mit Blick auf den Beschwerdegegenstand wurde in negativer Weise ausgeführt: Die Schutzbedürftigkeit entfalle dann, wenn eine solche Einrichtung die Blocka-

---

S. 1392 Rn. 28; *Müller-Franken, S.*, in: Schmidt-Bleibtreu, B./Hofmann, H./Henneke, H.-G. (Hrsg.), GG, Art. 8 Rn. 19; *Kanther, W.*, Zur „Infrastruktur" von Versammlungen, NVwZ 2001, S. 1239.

[461] Vgl. *Hoffmann-Riem, W.*, in: Merten, D./Papier, H.-J. (Hrsg.), HGR IV, § 106 Rn. 51 und Rn. 66; VGH München, Beschl. v. 24.02.2017 – 10 ZB 15.1803, BeckRS 2017, 105359, Rn. 11.

[462] Vgl. *Alemann, F. v./Scheffczyk, F.*, Aktuelle Fragen der Gestaltungsfreiheit von Versammlungen, JA 2013, S. 409; VGH München, Urt. v. 22.09.2015 – 10 B 14.2246, NVwZ-RR 2016, S. 501 Rn. 58 mwN: „Liegt wie hier nach dem Gesamtgepräge eine Versammlung vor […], so fallen grundsätzlich sämtliche Bestandteile oder Elemente dieser Versammlung in den Schutzbereich der Versammlungsfreiheit. Dies bedeutet, dass diese Versamm-lungsbestandteile, auch wenn sie nach anderen Rechtsvorschriften erlaubnispflichtig wären, keiner Erlaubnis nach diesen Rechtsvorschriften bedürfen und insoweit privilegiert werden […]."

[463] Dazu vgl. *Hermes, D./Schenkelberg, H.*, Unterliegt ein Protestcamp der Versammlungsfreiheit?, Die Polizei 2013, S. 75 und S. 79. Diese Gefahr sei viel geringer, wenn es sich z. B. nur um die Schaffung von Sitzangelegenheiten handele. Die Autoren vertreten eine restriktive Perspektive bezüglich der privilegierten Schutzbedürftigkeit der „infrastrukturellen Ergänzungen" und sind für das Verständnis der Versammlung als „Augenblicksverband". Zur Versammlung als „Augenblicksverband", die sich u. a. durch diesen Charakter von der Vereinigung unterscheide, *Sachs, M.*, in: Stern, K. (Hrsg.), Das Staatsrecht IV/1, S. 1301.

[464] In der Vergangenheit kam es vor, dass eine Versammlung wegen der Aufstellung von Zelten in unverhältnismäßiger Weise aufgelöst wurde; zu diesem Fall von 2011 vgl. die spätere Behandlung der Auflösung in Kap. H IV 11 a) aa) 2).

de einer Straße bzw. die vorsätzliche Behinderung (der Fortfahrt) bezwecke.[465] Problematisch ist bisher das nicht gerechtfertigte Verbot der Verwendung bestimmter Gegenstände seitens der Polizeibeamten.[466] Der Menschenrechtsbeauftragte wies in seinem Bericht 2016 darauf hin, dass die Erlaubnisfreiheit bei einer Versammlung genutzter Gegenstände nur mit Blick auf die Umstände des Einzelfalls geklärt werden könne.[467] Entscheidend sei, ob diese Gegenstände für die Erreichung der Versammlungszwecke notwendig seien und dem Gebrauch keine gesetzliche Regelung entgegenstehe.[468] Verfassungsrechtlich soll die Rechtslage mittels der Verfassungsbeschwerde des Menschenrechtsbeauftragten, die am 12.11.2018 eingelegt wurde, geklärt werden. Beanstandet werden Auslegung und Anwendung des Art. 134 Abs. 2 OWiGB. Diese straßenrechtliche Vorschrift, die die Errichtung von Gegenständen (u. a. Plakaten und Bannern) in einem Abstand von 100 Metern zur Fahrbahn untersagt, wird von Polizeibeamten als Grundlage für die Nichtzulassung bestimmter Gegenstände am Versammlungsort herangezogen. Der Menschenrechtsbeauftragte stützt seine Beschwerde auf das Selbstbestimmungsrecht des Veranstalters, das nur in begründeten Fällen verkürzt werden dürfe. Gemessen an den Maßstäben des GVerfG und des EGMR sei schon die Vorhersehbarkeit der Vorschrift des OWiGB fraglich.

Die speziellen Vorgaben der EMRK, die in den Entscheidungen des EGMR klargestellt werden und für Georgien verbindlich sind, liegen hinsichtlich der infrastrukturellen Einrichtungen nicht vor. Das Gericht hat sich zwar nicht mit konkreten Verboten per se als Verkürzung der Autonomie der Versammlung befasst, die Sachverhalte enthalten aber Hinweise zur Zulässigkeit verwendeter Infrastruktureinrichtungen. So verwies der EGMR im Fall „Kudrevičius and Others" u. a. auf die Regelungen der Mitgliedstaaten, die die Anwendung von Transportmitteln („vehicles") während einer Demonstration als solche nicht regelten. Vorgesehen waren aber strafrechtliche oder administrative Sanktionen bei Verwendung von Transportmitteln zur Behinderung von Verkehrsmitteln.[469] In

---

[465] Vgl. die Entscheidung des GVerfG von 18. April 2011, Nr. 2/482, 483, 487, 502, Kap. II § 43.

[466] Vgl. den Bericht des Menschenrechtsbeauftragten vom 10. Dezember 2017, S. 12 f.; den Bericht des Menschenrechtsbeauftragten 2016, S. 457 f.

[467] Vgl. ebd.

[468] Vgl. ebd. Der Menschenrechtsbeauftragte behandelte die Versammlung vom 22. Juni 2016 in Adjarien als negatives Beispiel einer unbegründeten Nichtzulassung der Mitnahme von Matratzen. Vgl. auch den Bericht des Menschenrechtsbeauftragten 2017, S. 172. Bedeutend ist die Entscheidung des Verwaltungsrechtskollegiums erstinstanzlichen Gerichts Tbilisi vom 31. August 2016 (Nr. 3/6463–16), wonach die Schutzbedürftigkeit der Errichtung von Zelten während des ganztägigen Hungerstreiks bejaht wurde.

[469] Vgl. ECHR, Kudrevičius and Others v. Lithuania, Nr. 37553/05, 15. Oktober 2015, §§ 78–81.

den „Bolotnaya"-Fällen wurde die Auflage, keine Zelte mitzunehmen, undifferenziert und ohne jede Begründung angeordnet. Die Polizeibeamten sollten gemäß dem Sicherheitsplan mittels Durchsuchungen im Vorfeld sicherstellen, dass niemand ein Zelt zum Versammlungsort mitbringt. Während dieser Vorfeldmaßnahmen wurden nicht nur die Zelte sichergestellt, sondern auch Versammlungsteilnehmer wegen der Mitnahme festgenommen.[470] Diese Maßnahmen waren allerdings nicht Gegenstand der Prüfung des EGMR; auf sie wurde nur im Rahmen der Tatsachenschilderung hingewiesen. Gleiches gilt für den Fall „Chumak v. Ukraine" von 2018. Hier ging es um zwei kleine Zelte am Versammlungsort, die zur Unterbringung von Kundgebungsmitteln dienten.[471] Daraufhin wurde die Versammlung wegen Störung der Allgemeinheit – mit Blick auf die straßenrechtlichen Verbotsnormen – zwangsweise aufgelöst.[472] Der EGMR sah die staatliche Maßnahme als unverhältnismäßig an, da die an sich friedliche Versammlung kein entsprechendes Gefahrenpotenzial beinhaltet habe.[473]

2. Die Lage in Deutschland

Nach der Formel des BVerfG zum Versammlungsbegriff erfasst der Schutzbereich kollektive Handlungen, „die durch gemeinsame Kommunikation geprägt sind und auf Teilhabe an der öffentlichen Meinungsbildung zielen".[474] Von diesem Ausgangspunkt her wird die (inhaltliche) Relation zwischen dem Versammlungszweck (eine effektive Außenkommunikation) und den Gestaltungsmitteln eingeschätzt. Gemessen an diesem Maßstab betrachtete z. B. das VG Köln 2016 die Errichtung einer Videoleinwand, um Redner größer darzustellen, als vom Schutzbereich des Art. 8 GG erfasst. Dies gelte dagegen nicht für die Aufstellung einer derartigen Einrichtung zu dem Zweck, ausländischen Regierungsmitgliedern oder Staatsoberhäuptern eine Plattform für politische Reden zu ermöglichen.[475]

---

[470] Vgl. ECHR, Yaroslav Belousov v. Russia, Nr. 2653/13 und 60980/14, 4. Oktober 2016, §§ 13–14.
[471] Vgl. ECHR, Chumak v. Ukraine, Nr. 44529/09, 6. März 2018, § 6 und § 9. Vgl. die Schilderung des Falls im Rahmen der Analyse der Auflösung der Versammlung in Kap. H IV 11 c) aa).
[472] Vgl. ebd., §§ 10–14; §§ 16–18.
[473] Vgl. ebd., §§ 49–51 und § 55.
[474] Zit. nach VGH München, Urt. v. 22.09.2015 – 10 B 14.2246, NVwZ-RR 2016, S. 501 Rn. 59 m. V. auf BVerfG; *Müller-Franken, S.*, in: Schmidt-Bleibtreu, B./Hofmann, H./Henneke, H.-G. (Hrsg.), GG, Art. 8 Rn. 22.
[475] Dies betreffe laut GG die auswärtige Politik und sei auf der zwischenstaatlichen Ebene zu vollziehen; VG Köln, Beschl. v. 29.07.2016 – 20 L 1790/16, BeckRS 2016, 49551, Rn. 7; so später auch das OVG Münster, Beschl. v. 29.07.2016 – 15 B 876/16, NVwZ 2017, S. 649 Rn. 6

a) Die Ansichten im Schrifttum

Im Schrifttum wird zwischen Gestaltungs- und Hilfsmitteln (mit oder ohne Gestaltungszwecken) unterschieden.[476] Genießen Gestaltungsmittel (Lautsprecher, Transparente und weitere „Kundgebungsinstrumente") den Schutz der Versammlungsfreiheit,[477] hängt die Schutzbedürftigkeit der Hilfsmittel, der sog. „Infrastruktur" bzw. „der infrastrukturellen Ergänzung" der Versammlung, von ihrer symbolischen oder funktionalen Bedeutung für die Versammlungsfreiheit (Gestaltungszweck) ab.[478] Jenseits einer derartigen Bedeutung bedürfen Hilfsmittel bzw. nichtkommunikative Begleitaktivitäten einer Sondernutzungserlaubnis sonstiger Behörden, da hier die sog. Zuständigkeitskonzentration bei der Versammlungsbehörde endet.[479] Die andere Konnexität der Begleitaktivitäten bedinge aber nicht automatisch, dass sich das Ermessen der zuständigen Behörde reduziere und diese zwingend die Erlaubnis zur Sondernutzung erteilen müsse.[480] Darüber hinaus kann die Verwendung der anfangs vom Schutzbereich der

---

und Rn. 11–13. Kritisch *Jungbluth, D.*, Die „Erdoğan-Entscheidung", NVwZ 2017, S. 604 ff. und S. 608 (Resümee); *Schneider, J.-P.*, in: Epping, V./Hillgruber, C. (Hrsg.), GG, Art. 8 Rn. 11.4. Dabei wies das BVerfG in seinem Nichtannahme-Beschluss des Eilantrags darauf hin, dass es einerseits an einer Vollmacht des Rechtsvertreters des Antragstellers fehle und andererseits die Verfassungsbeschwerde in derselben Sache offensichtlich keine Aussicht auf Erfolg habe; BVerfG, Beschl. v. 30.07.2016 – 1 BvQ 29/16, BeckRS 2016, 49600.

[476] So *Kniesel, M./Poscher, R.*, in: Lisken, H./Denninger, E. (Hrsg.), Hb PolR, Kap. K Rn. 77 mwN.

[477] Vgl. BVerfG, Beschl. v. 26.06.2014 – 1 BvR 2135/09, NVwZ 2014, S. 1453 Rn. 11 (bestätigt wurde die Schutzbedürftigkeit von Lautsprechern und Megaphonen als Hilfsmittel); *Gusy, C.*, in: Mangoldt, H. v./Klein, F./Starck, C. (Hrsg.), GG, Art. 8 Rn. 48; *Kanther, W.*, Zur „Infrastruktur" von Versammlungen, NVwZ 2001, S. 1242 f.: Lautsprecheranlagen und Megaphone sind typische Kommunikationsmittel, womit das kollektive Anliegen kundgetan wird. So auch hinsichtlich der Transparente, Handzettel, Megaphone und Lautsprecher *Schneider, J.-P.*, in: Epping, V./Hillgruber, C. (Hrsg.), GG, Art. 8 Rn. 17; OVG Münster, Beschl. v. 06.07.2018 – 15 B 974/18, BeckRS 2018, 16550, Rn. 8; das Gericht bezeichnet Lautsprecherwagen und ähnliche Mittel zur technischen Schallverstärkung als „zentrale, vom Grundrecht der Versammlungsfreiheit umfasste Kundgebungsinstrumente". Vgl. auch OVG Hamburg, Beschl. v. 22.06.2017 – 4 Bs 125/17, NVwZ 2017, S. 1392 Rn. 29.

[478] Vgl. *Schulze-Fielitz, H.*, in: Dreier, H. (Hrsg.), GG, Art. 8 Rn. 34; diese Mittel werden als „infrastrukturelle Ergänzung" bezeichnet. Weiter *Geis, M.E.*, in: Friauf, H./Höfling, W. (Hrsg.), Berliner Kommentar GG, Art. 8 Rn. 30; er spricht von „flankierenden Maßnahmen von funktionaler Bedeutung".

[479] Vgl. OVG Münster, Urt. v. 07.12.2016 – 7 A 1668/15, BeckRS 2016, 111231, Rn. 20; VG Aachen, Beschl. v. 25.08.2017 – 6 L 1406/17, BeckRS 2017, 129083, Rn. 9. Vgl. die spätere Analyse der Sperrwirkung des Versammlungsrechts hinsichtlich der Zuständigkeitskonzentration bei der Versammlungsbehörde in Kap. H I 3.

[480] So VGH München, Beschl. v. 24.02.2017 – 10 ZB 15.1803, BeckRS 2017, 105359, Rn. 14.

Versammlungsfreiheit erfassten Hilfsmittel im Wege der Abwägung mit kollidierenden Interessen beschränkt werden.[481] So war nach einer Entscheidung des VGH München von 2012 das Aufstellen eines Zeltes – in Anbetracht des konkreten Falls – entweder gar nicht vom Schutzbereich erfasst oder aber die beanstandete Untersagung der Aufstellung rechtmäßig, da öffentliche Belange *in concreto* überwogen.[482] Die Schutzbedürftigkeit entfällt insbesondere dann, wenn Infrastrukturmaßnahmen Teil einer unfriedlichen Versammlung sind.[483]

Hinsichtlich der Bewertung eines funktionalen Zusammenhangs gehen die Meinungen auseinander.[484] Nach einer Ansicht im Schrifttum sind Infrastruktureinrichtungen – Zelte, Pavillons, Informations- und Imbissstände, Küchen, Betten – nicht von den Privilegien der Versammlungsfreiheit erfasst.[485] Grund dafür sei die mangelnde kommunikative Einflussnahme (auf die Außenwelt) als begriffsnotwendiges Element. Die Schaffung „möglichst komfortabler" Voraussetzungen bzw. „Rahmenbedingungen" (auch für eine länger andauernde Versammlung) sei nicht Schutzzweck der Versammlungsfreiheit.[486] Dagegen bejahen Kniesel und Poscher sowie Brenneisen die Schutzbedürftigkeit von Hilfsmitteln insbesondere bei Dauerversammlungen und nehmen einen funktionalen Zusammenhang nicht nur aus thematischen (inhaltlichen bzw. symbolischen) Gründen (als Gestaltungszweck) an. Sie stellen darüber hinaus auf deren Notwendigkeit

---

[481] Vgl. VG Köln, Beschl. v. 26.04.2017 – 20 L 1811/17, BeckRS 2017, 108295, Rn. 5–6; *Alemann, F. v./Scheffczyk, F.*, Aktuelle Fragen der Gestaltungsfreiheit von Versammlungen, JA 2013, S. 411.

[482] VGH München, Beschl. v. 02.07.2012 – 10 CS 12.1419, BeckRS 2012, 53126, Rn. 22; vgl. auch *Schneider, J.-P.*, in: Epping, V./Hillgruber, C. (Hrsg.), GG, Art. 8 Rn. 20 und 20.3.

[483] OVG Münster, Urt. v. 07.12.2016 – 7 A 1668/15, BeckRS 2016, 111231, Rn. 36; infolge der unfriedlichen „Hambacher-Forst"-Ereignisse vgl. OVG Münster, Beschl. v. 14.09.2018 – 7 B 1354/18, BeckRS 2018, 22108, Rn. 6.

[484] Dazu *Ullrich, N.*, NVersG, § 1 Rn. 21 mwN.

[485] Vgl. *Wolff, H.A.*, in: Hömig, D./Wolff, H.A. (Hrsg.), GG, 2018, Art. 8 Rn. 3 mwN. Differenzierend vgl. *Schneider, J.-P.*, in: Epping, V./Hillgruber, C. (Hrsg.), GG, Art. 8 Rn. 20.

[486] Vgl. *Kanther, W.*, Zur „Infrastruktur" von Versammlungen, NVwZ 2001, S. 1239 ff.; Er behandelte als Richter eine Mahnwache in einem Wäldchen. Zugleich sollten Küchen- und Schlafzelte aufgestellt werden. Die Versammlungsbehörde erklärte sich nur für die Mahnwache zuständig und verwies im Übrigen auf die erforderliche naturschutzrechtliche Ausnahmegenehmigung zum Aufstellen von Zelten in der freien Natur; vgl. S. 1241 f.: Wer sich unter freiem Himmel versammele, setze sich zwangsläufig der Witterung aus; auch die bloße Versorgung mit Lebensmitteln sei nicht Gegenstand einer „ursprünglich-ungebändigten unmittelbaren Demokratie". Vgl. VGH München, Beschl. v. 02.07.2012 – 10 CS 12.1419, BeckRS 2012, 53126, Rn. 24 und Rn. 26: „Witterungsbedingte Erschwernisse sind dieser Versammlungsart systemimmanent und rechtfertigen nicht per se die Unterbringung der Versammlung bzw. ihrer Teilnehmer oder Gäste in einem Zelt." So auch *Alemann, F. v./Scheffczyk, F.*, Aktuelle Fragen der Gestaltungsfreiheit von Versammlungen, JA 2013, S. 412 f.

für den planmäßigen Ablauf und für die Anwesenheit der Teilnehmer ab.[487] Kloepfer sieht „zwingend erforderliche infrastrukturelle Begleitsicherungen" (z. B. Ausschilderungen, Sanitätswagen) vom Schutzbereich erfasst.[488] Dietel, Gintzel und Kniesel bejahen die funktionale Bedeutung infrastruktureller Ergänzungen bei Dauerversammlungen – wie von Küchen und Toiletten – mit Blick auf die Interessen Dritter in der Umgebung der Versammlung.[489] Weniger problematisch erscheinen dagegen eindeutig als Symbol wahrnehmbare Einrichtungen: z. B. die Kundgabe, die durch Aufstellung eines symbolischen Zelts die Probleme von Obdachlosen verdeutlicht („Sleeping Tent").[490]

b) Die Entscheidungen der Gerichte zum „Protestcamp" bis 2017

Die Gerichte folgen der Formel einer „funktionalen" oder „symbolischen" Bedeutung der „infrastrukturellen Ergänzungen" für das Versammlungsthema.[491]

---

[487] Dazu *Brenneisen, H.*, in: Brenneisen, H./Wilksen, M. (Hrsg.), VersR, S. 110–111; *Kniesel, M./Poscher, R.*, in: Lisken, H./Denninger, E. (Hrsg.), Hb PolR, Kap. K Rn. 77 und Rn. 144. So auch *Geis, M. E.*, in: Friauf, H./Höfling, W. (Hrsg.), Berliner Kommentar GG, Art. 8 Rn. 30. Bejahend *Schulze-Fielitz, H.*, in: Dreier, H. (Hrsg.), GG, Art. 8 Rn. 34 mwN; die Hilfsmittel können für eine Dauerversammlung mehr Bedeutung haben, vgl. VGH München, Beschl. v. 24.02.2017 – 10 ZB 15.1803, BeckRS 2017, 105359, Rn. 12; dagegen wurde diese Funktionalität verneint, wenn es sich um die Abgabe warmer Speisen während einer sommerlichen Versammlung handelte, die nicht länger als zehn Stunden dauerte (ebd., Rn. 13; in dem konkreten Fall hat die Versammlungsbehörde nur die Versorgung der Teilnehmer mit kalten Speisen zugelassen; ebd., Rn. 8).
[488] *Kloepfer, M.*, in: Isensee, J./Kirchhof, P. (Hrsg.), HStR VII, § 164 Rn. 45. So auch *Hoffmann-Riem, W.*, in: Merten, D./Papier, H.-J. (Hrsg.), HGR IV, § 106 Rn. 66; er spricht von einem „sachgerecht[en]" Bezug zur Erfüllung des Versammlungszwecks.
[489] Vgl. *Dietel, A./Gintzel, K./Kniesel, M.*, VersG, Kap. A Rn. 174–179; so auch *Schneider, J.-P.*, in: Epping, V./Hillgruber, C. (Hrsg.), GG, Art. 8 Rn. 20 mwN.
[490] Dazu *Salát, O.*, The Right to Freedom of Assembly, S. 46; *Brenneisen, H.*, in: Brenneisen, H./Wilksen, M. (Hrsg.), VersR, S. 102; OVG Hamburg, Beschl. v. 22.06.2017 – 4 Bs 125/17, NVwZ 2017, S. 1393 Rn. 33. Vgl. auch *Trurnit, C.*, Rechtsprechungsentwicklung zum Versammlungsrecht, NVwZ 2016, S. 873.
[491] Vgl. OVG Münster, Urt. v. 07.12.2016 – 7 A 1668/15, BeckRS 2016, 111231, Rn. 23–24 mwN; VGH München, Beschl. v. 24.02.2017 – 10 ZB 15.1803, BeckRS 2017, 105359, Rn. 11–13; VGH München, Urt. v. 22.09.2015 – 10 B 14.2246, NVwZ-RR 2016, S. 501 Rn. 60 mwN; VGH München, Beschl. v. 02.07.2012 – 10 CS 12.1419, BeckRS 2012, 53126, Rn. 23. In dem behandelten Fall betrachtete der VGH München das Verbot des dauerhaften Nächtigens als zulässig. Dabei wurde Schlafen nur in den Ruhepausen als schutzwürdig angesehen (ebd., Rn. 27). Kritisch dazu *Hermes, D./Schenkelberg, H.*, Unterliegt ein Protestcamp der Versammlungsfreiheit?, Die Polizei 2013, S. 78, sie weisen auf die Abgrenzungsschwierigkeiten zwischen Schlafen und Ausruhen hin. Kommunikativ wirkte nach BVerwG ein Informationsstand, der sich nicht nur auf das „einseitige Informationsangebot" beschränkte, sondern Passanten aktiv zu politischen Themen einbezog. Dabei waren in diesem Fall auch die weiteren Merkmale – funktionaler Charakter des Hilfsmittels zur Verwirklichung des kommunikativen Anlie-

Dazu muss dieses Kundgebungsmittel „einen erkennbaren inhaltlichen Bezug zur kollektiven Meinungskundgabe" aufweisen. Nur dann könne es als „notwendiger Bestandteil" einer Versammlung betrachtet werden, wenn ohne dieses die geplante kollektive Meinungskundgabe „nicht möglich" wäre.[492] Exemplarisch stellte das OVG Münster in seiner Einschätzung von 2016, die 2018 vom BVerwG bestätigt wurde, auf das „Gesamtgepräge" der infrastrukturellen Einrichtung als Teil der Versammlung ab.[493] Bei der Beurteilung dieses Charakters rücken einerseits die angestrebte Öffentlichkeitswirksamkeit des Anliegens („Selbstverständnis des Veranstalters") und andererseits die objektive Betrachtung eines unbeteiligten Außenstehenden in den Vordergrund.[494] Beide Aspekte sind, so das BVerwG, bei der behördlichen Einschätzung zu berücksichtigen, wie es auch bei der Bewertung der Versammlungsqualität der Veranstaltung der Fall sei.[495] Bei gemischten infrastrukturellen Ergänzungen orientierte sich das OVG Münster an der Drei-Schritte-Prüfung des BVerwG, die das BVerfG 2016 im Hinblick auf den Versammlungscharakter eines „Karfreitagsprotests" angewandt hat:[496] Zunächst seien die kommunikativen Elemente mit Einflussvermögen auf die öffentliche Meinungsbildung festzulegen; anschließend seien die nicht kommunikativen Aspekte zu vergegenwärtigen. Schließlich seien die Gewichte dieser unterschiedlichen Elemente zueinander in Beziehung zu setzen und aus der

---

gens und ständige Anwesenheit von drei Personen am Ort der Veranstaltung – zur Bejahung des Versammlungscharakters bedeutsam; vgl. BVerwG, Urt. v. 22.08.2007 – 6 C 22/06, NVwZ 2007, S. 1435 Rn. 18.

[492] OVG Münster, Urt. v. 07.12.2016 – 7 A 1668/15, BeckRS 2016, 111231, Rn. 25; VGH München, Urt. v. 22.09.2015 – 10 B 14.2246, NVwZ-RR 2016, S. 501 Rn. 60 mwN. Vgl. auch *Hermes, D./Schenkelberg, H.*, Unterliegt ein Protestcamp der Versammlungsfreiheit?, Die Polizei 2013, S. 76 f. mwN. Dabei reiche es für die Bejahung der symbolischen bzw. funktionalen Bedeutung nicht aus, wenn das Zelt in der Nähe von Adressaten (einer politischen Institution) aufgestellt oder es als Transparententräger benutzt werde (m.V. auf die Rechtsprechung).

[493] OVG Münster, Urt. v. 07.12.2016 – 7 A 1668/15, BeckRS 2016, 111231, Rn. 26. Vgl. die Wiedergabe der Ausführungen des OVG Münster, wonach die Anlagen des Protestcamps nicht im Schutzbereich des Art. 8 GG behandelt wurde, in: BVerwG, Beschl. v. 02.08.2018 – 4 B 15.17, BeckRS 2018, 21107, Rn. 1 und Rn. 6

[494] Vgl. BVerfG, Beschl. v. 27.10.2016 – 1 BvR 458/10, NVwZ 2017, S. 469 Rn. 117; BVerwG, Urt. v. 22.08.2007 – 6 C 22.06, NVwZ 2007, S. 1434 Rn. 14. Dazu m. V. auf BVerwG und BVerfG vgl. *Hartmann, M.*, Protestcamps als Versammlungen i. S. v. Art. 8 I GG?, NVwZ 2018, S. 201.

[495] Vgl. OVG Münster, Urt. v. 07.12.2016 – 7 A 1668/15, BeckRS 2016, 111231, Rn. 27; VGH München, Beschl. v. 24.02.2017 – 10 ZB 15.1803, BeckRS 2017, 105359, Rn. 12; VGH München, Urt. v. 22.09.2015 – 10 B 14.2246, NVwZ-RR 2016, S. 501 Rn. 61 m.V. auf BVerwG, Urt. v. 22.08.2007 – 6 C 22/06, NVwZ 2007, S. 1434 Rn. 14.

[496] Dazu BVerfG, Beschl. v. 27.10.2016 – 1 BvR 458/10, NVwZ 2017, S. 468 Rn. 113 m. V. auf BVewG, Urt. v. 22.08.2007 – 6 C 22.06, NVwZ 2007, S. 1431 Rn. 17–18.

Sicht eines durchschnittlichen Betrachters zu vergleichen. Im Zweifel sei die Feststellung zugunsten der Versammlungsfreiheit zu treffen.[497]

Jenseits der Formel von der funktional-symbolischen Bedeutung liefern die fachgerichtlichen Beurteilungen kein homogenes Bild zur Lösung der Problematik. Vielmehr vertreten die Gerichte hinsichtlich der Einschätzung der Schutzbedürftigkeit infrastruktureller Einrichtungen unterschiedliche Ansichten.

aa) Das restriktive Verständnis

Das OVG Berlin-Brandenburg verfolgte im August 2012 einen restriktiven Ansatz und verneinte die Schutzwirkung der Versammlungsfreiheit, um „möglichst optimale und bequeme Rahmenbedingungen" für die Durchführung der Versammlung zu schaffen.[498] Dementsprechend lehnte es die wesensnotwendige funktionale oder symbolische Bedeutung der Pavillons und Stühle einer Dauermahnwache, die (auf einem „eher kleinen öffentlichen Platz") gegen die Situation der Asylbewerber protestierte, ab. Diese seien „überwiegend logistische" Ergänzungen der Versammlung, die entsprechende straßenrechtliche Sondernutzungserlaubnisse erforderten. Kommunikative Zwecke wurden nur im Hinblick auf die Verwendung eines „Infotisches" bejaht. Der Versammlungsbegriff bzw. der Schutzbereich der Versammlungsfreiheit sei – jenseits der Typen- und Gestaltungsfreiheit des Veranstalters für die kommunikative Einwirkung – nicht weiter auszudehnen, als dies zur Schutzgewährung erforderlich sei.[499] Zudem sei der öffentliche Straßenraum nicht nach Belieben zu erweitern. Zur Feststellung, was erforderlich sei, seien bei einem komplexen Versammlungsgeschehen die Zwecke der kollektiven Meinungskundgebung und die „Formen einer individuellen Lebensgestaltung", u. a. „Wohnen im Zelt" voneinander abzugrenzen.[500]

---

[497] OVG Münster, Urt. v. 07.12.2016 – 7 A 1668/15, BeckRS 2016, 111231, Rn. 27. Im Streitfall dienten die baulichen Anlagen des Protestcamps gegen den Braunkohletagebau primär als Obdach für die dort lebenden Bewohner. Die Gesamtheit der baulichen Anlagen wirkte aus Sicht eines „vor Ort" Anwesenden nicht auf die öffentliche Meinungsbildung ein (Rn. 29). Die Plakate und Spruchbänder vermittelten keine Aussagen, die in thematischem Zusammenhang mit der Versammlung gegen den Braunkohletagebau standen. Vielmehr hatten die Baumhäuser den Charakter eines Basislagers als bloße Logistik der Protestbewegung. Zum verneinten kommunikativen Charakter der Baumhäuser im Hambacher Forst vgl. OVG Münster, Beschl. v. 14.09.2018 – 7 B 1354/18, BeckRS 2018, 22108, Rn. 6.

[498] OVG Berlin-Brandenburg, Beschl. v. 16.08.2012 – OVG 1 S 108.12, BeckRS 2012, 55693.

[499] Ebd., LS 1–3.

[500] Das Gericht bezog sich dabei auf die Bedeutung des Einzelfalls und nannte ein Beispiel, für das die symbolische Funktion bejaht werden konnte: „Demonstration von medizinischem Personal unter Zuhilfe-nahme von Betten und medizinischem Gerät zum Thema Pflegenotstand."

Ähnlich sah das VG Frankfurt im August 2012 das Aufstellen von Zelten nur ausnahmsweise vom Schutzbereich der Versammlungsfreiheit als erfasst an.[501] Dieser Ausnahmefall könne nur angenommen werden, wenn die Zelte als „notwendige Bestandteile" [und nicht schlicht als eine „Begleiterscheinung"] der Versammlung zu qualifizieren seien.[502] Dies wäre erst dann der Fall, wenn ohne diese Bestandteile die gemeinsame Meinungsbildung und Meinungsäußerung nicht möglich wäre. Im konkreten Fall war aber das behördliche Untersagen der Errichtung infrastruktureller Gegenstände (in Form einer Auflage) anlässlich der geplanten Mahnwache in einer Grünanlage vor der Europäischen Zentralbank gerechtfertigt. Einmal konnte die dauerhafte Besetzung der Grünanlage durch das Protest-Camp mit der Versammlungsfreiheit nicht gerechtfertigt werden: Die Personen, die sich im Protestcamp aufhielten (Aktivisten, Ausländer, Obdachlose) vertraten nach Einschätzung des VG kein gemeinsames kommunikatives Ziel, sondern individuelle Bedürfnisse des Schlafens und der Ernährung. Zum anderen wiesen die Gegenstände, sowohl das Zelt als auch Sofa, Sessel und Stühle, keine unmittelbare funktionale oder elementare Notwendigkeit zur Meinungsbildung oder Meinungsäußerung gegen die „Finanzdiktatur" als Versammlungsthema auf. Schließlich stellte die angestrebte Nutzung der Grünanlage eine dem Widmungszweck (Grünanlagesatzung) zuwiderlaufende Nutzung der Grünfläche dar. Diese Nutzung verursache die Gefahr einer massiven Verdichtung des Bodens, sodass die Anordnung der Auflagen notwendig sei.[503] Laut VG sei der Gestaltungsmodus „Protestcamp" gar nicht neu, sondern zähle zu den „tradierten Protestformen". Diese Problematik sei mittels der üblichen Kriterien der Schutzbereichsbestimmung zu bewältigen; neuartiger Lösungsansätze bedürfe es nicht.

bb) Das weite Verständnis

Ein weites funktionales Verständnis der Erreichung von Versammlungszwecken durch infrastrukturelle Einrichtungen liefert das VG München in einer Entscheidung von 2015 über einen Eilantrag vor dem G7-Gipfel.[504] Die Errichtung des Zeltlagers („Anti-G7-Camp"), das Übernachtungsmöglichkeiten für ca. 1.000 Personen bereitstellen sollte, musste hiernach staatlicherseits geduldet werden. Dies berührte aber nicht die Befugnis der Versammlungsbehörde, unter strikter

---

[501] VG Frankfurt a.M., Beschl. v. 06.08.2012 – 5 L 2558/12, NVwZ-RR 2012, S. 806 ff.
[502] Ebd. S. 807.
[503] VG Frankfurt a.M., Beschl. v. 06.08.2012 – 5 L 2558/12, NVwZ-RR 2012, S. 808.
[504] VG München, Beschl. v. 02.06.2015 – M 22 E 15.2155, BeckRS 2015, 46809. Eine derartige „großzügige" Betrachtung sei zu kritisieren, so *Hermes, D./Schenkelberg, H.*, Unterliegt ein Protestcamp der Versammlungsfreiheit?, Die Polizei 2013, S. 77. Zur Kritik wird u. a. angeführt, dass die „Mahnwache" zum Wachen und nicht zum Schlafen diene und „einen neutralen [nicht kommunikativen] Akt darstelle.

Wahrung des Verhältnismäßigkeitsprinzips Auflagen zu erteilen. Dabei hatte der Veranstalter die öffentlich-rechtliche Genehmigung zur Errichtung des Zelts auf einem privaten Grundstück beantragt. Der Antrag wurde zunächst wegen der negativen Polizeiprognose abgelehnt: Wie die Erfahrung gezeigt habe, dienten die Camps zur Vorbereitung von Blockaden und Sabotageaktionen. Zelte als „Rückzugsraum für Störer" erschwerten es der Polizei, unfriedliche Störer zu identifizieren. Ferner stützte sich die Ablehnung auf die Gefahr der Überschwemmung eines benachbarten Flusses. Laut Gericht lag die Errichtung des Zelts dagegen „in einem infrastrukturellen und organisatorischen Kontext" der Versammlung, sodass die Verfehlung von Zwecken wegen des Totalverbots des Camps rechtsstaatlich nicht hinnehmbar sei.[505] Die Überschwemmungsgefahr betrachtete das Gericht als „beherrschbare Gefahrenlage", da ein Jahrhunderthochwasser ausnahmsweise erst bei schweren Regenfällen indiziert sei.[506] Die erwarteten Gewaltaktionen seien zwar ernste Gefahren; darauf solle aber nicht durch ein „repressives Totalverbot", sondern im Wege eines polizeilichen Sicherheitskonzepts reagiert werden.[507] In Anbetracht der großen Anzahl von Polizeikräften vor Ort sollten die problematischen Personenkreise innerhalb und außerhalb des Camps unter Kontrolle gehalten werden können.[508]

cc) Die verstärkt funktionale Bedeutung der Infrastruktur bei Dauerkundgebungen

Die heikle Frage der Infrastruktur behandelte auch der VGH München im Zusammenhang mit einer Dauerversammlung in einem Urteil von 2015.[509] Das Gericht sah den Gebrauch der „infrastrukturellen" Gegenstände – Pavillons und Betten – als vom Schutzbereich des Art. 8 erfasst. Das Aufstellen eines offenen Pavillons war von der Behörde als „Kundgebungsmittel" zugelassen, das Aufstellen von Betten und eines zweiten geschlossenen Pavillons mit Zeltfunktion dagegen untersagt worden: Das Übernachten in Zelten bezwecke nicht die Meinungskundgabe. Diese Entscheidung wurde vom VGH München als unverhältnismäßig und ermessensfehlerhaft angesehen.[510] Das Verbot der Zelte, die zum

---

[505] Ebd., Entscheidungsgründe, II Rn. 2.1. Dabei begründete das Gericht die (ausnahmsweise) Vorwegnahme der Hauptsacheentscheidung mit der zeitlichen Nähe der geplanten Veranstaltung.
[506] Ebd., Rn. 2.2.1.
[507] Ebd., Rn. 2.2.2 m. V. auf BVerfG.
[508] Ebd., Rn. 2.2.3.
[509] VGH München, Urt. v. 22.09.2015 – 10 B 14.2246, NVwZ-RR 2016, S. 498. Die Dauerversammlung war dabei als Hungerstreik „rund um die Uhr" veranstaltet und hatte das Asylrecht zum Gegenstand.
[510] Ebd., S. 499 Rn. 45 des Urteils.

Schutz vor ungünstigen Wetterbedingungen sowie zum Schlafen und Ausruhen der Teilnehmer geeignet sind, könne auch den Besuch des Pavillons erschweren.[511] Bei Dauerversammlungen und ungünstigen Wetterbedingungen habe das Aufstellen von Betten eine über die Nächtigung hinausgehende (funktionale) Bedeutung.[512] Darüber hinaus prüfte der VGH in einem weiteren Schritt, ob ein anfangs vom Schutzbereich erfasster Gebrauch von Infrastrukturmitteln später eingeschränkt oder verboten werden kann. Dies sei der Fall, wenn eine unmittelbare Gefahr für die öffentliche Sicherheit und Ordnung drohe. Anhaltspunkte für eine derartige Gefahr enthalte der Verbotsbescheid hingegen nicht.[513] Darüber hinaus sei die Abwägung der kollidierenden Interessen im Rahmen der Verhältnismäßigkeitsprüfung verfehlt. Als Grundlage des Verbots diene die Sicherheitssatzung, wonach es zur Vermeidung von Beeinträchtigungen Dritter und zur ordnungsgemäßen Erhaltung von Straßen, Wegen und Plätzen sowie der öffentlichen Grün- und Erholungsanlagen untersagt war, zu nächtigen und zu zelten.[514] In diesem Fall hatte die Behörde zwischen dem Interesse an der Funktionsfähigkeit der öffentlichen Straßen und Plätze sowie den Interessen Dritter und der Verwirklichung der Versammlungsfreiheit in der geplanten Form (hier allgemeine Handlungsfreiheit, da es sich um eine Versammlung von Ausländern handelte) abzuwägen.[515] Die angestrebte Öffentlichkeitswirksamkeit solle nicht dadurch ausgeschlossen werden, dass die Teilnehmer (ein Kernkreis von 13 Personen) in dem Zelt auch schlafen würden.[516] Nicht entscheidend sei, dass nur der erste Pavillon zum Diskutieren und der zweite (am Ende verbotene) Pavillon überwiegend zum Schlafen genutzt werden sollte.[517] Auch das Prinzip des milderen Mittels sei verletzt, da im Rahmen des Ermessens nicht geprüft wurde, ob durch eine „örtliche Verschiebung" des Pavillons oder Änderung des Versammlungsortes befürchtete Beeinträchtigungen Dritter vermeidbar gewesen wären.[518]

c) Die Entscheidungen der Gerichte zum „Protestcamp" von 2017

Im Juni 2017 ergingen mittels Eilrechtsschutz Entscheidungen der Fachgerichte und des BVerfG zur Schutzbedürftigkeit infrastruktureller Einrichtungen. Gegenstand war ein Protestcamp gegen das G20-Gipfeltreffen in Hamburg. Die an-

---

[511] Ebd., Rn. 49 und S. 500 Rn. 54 und S. 501 Rn. 58 (Bejahung der kommunikativen Verbindung mit dem Versammlungszweck).
[512] Ebd., S. 502 Rn. 66–67.
[513] Ebd., S. 500 Rn. 54.
[514] Ebd., S. 500 Rn. 56.
[515] Ebd., S. 500 Rn. 57.
[516] Ebd., S. 502 Rn. 62.
[517] Ebd.
[518] Ebd., S. 502 Rn. 64.

fängliche Diskussion über die Schutzbedürftigkeit der Infrastrukturmittel wurde aber im Nachhinein angesichts der gewalttätigen Vorfälle in der Stadt Hamburg (Stichwort: „Gipfel der Gewalt") in den Hintergrund gerückt.[519] Aktuell wurden damit Fragen adäquater staatlicher Sicherheitsmaßnahmen (u. a. im Vorfeld) zur Bewältigung einer zu erwartenden Unfriedlichkeit.[520]

aa) Die Rechtsauffassung des VG Hamburg

Ausgangspunkt war eine geplante Dauerversammlung im Hamburger Stadtpark in Form eines Camps („Antikapitalistisches Camp – Alternativen zum Kapitalismus leben und sichtbar machen").[521] Erwartet wurden ca. 10.000 Teilnehmer. Die zuständige Versammlungsbehörde wies darauf hin, dass das Campieren auf Grün- und Erholungsanlagen verboten sei, und untersagte die Durchführung der Versammlung in der geplanten Form. Am 7. Juni entschied das VG Hamburg zugunsten der Protestaktion gegen das G20-Gipfeltreffen:[522] Zwar habe das Gericht nach der Darlegung des Veranstalters, die auf einen gemischten Charakter der Veranstaltung hindeute, gewisse Bedenken, diese seien aber zugunsten der Versammlungsfreiheit zu beseitigen.[523] Dabei hat das Gericht im Rahmen der Bewertung des Gesamtkonzepts des Veranstalters [!] die Einzelaktivitäten der Veranstaltung anhand ihres thematischen Zusammenhangs mit dem Gegenstand der Versammlung abgewogen.[524] Die Entscheidung beruhte auf einer Gesamtcharakterisierung der geplanten Veranstaltung: Alle im Rahmen dieser Aktion geplanten Aktivitäten sah das Gericht als von der verfassungsrechtlichen Erlaubnisfreiheit erfasst. Nicht entscheidend sei, welchen konkreten Beitrag diese zur Meinungsbildung leisteten.[525] Es stehe dem Versammlungsveranstalter zu, zu entscheiden, wie er ein eigenes Anliegen öffentlichkeitswirksam erkläre.[526] So-

---

[519] Vgl. *Hestermeyer, H. P.*, Staatshaftung für den G20-Gipfel?, DÖV 2018, S. 260; *Gröpl, C./Leinenbach, I.*, Examensschwerpunkte des Versammlungsrechts, JA 2018, S. 17 f.; *Berwanger, J.*, G20 in Hamburg, NVwZ 2017, S. 1348.

[520] Vgl. *Hartmann, M.*, Protestcamps als Versammlungen i. S. v. Art. 8 I GG?, NVwZ 2018, S. 200; *Mehde, V.*, Gerichtliche Entscheidungen im Vorfeld von G20 in Hamburg, DÖV 2018, S. 1 und S. 9.

[521] Zum Sachverhalt vgl. OVG Hamburg, Beschl. v. 22.06.2017 – 4 Bs 125/17, NVwZ 2017, S. 1390.

[522] VG Hamburg, Beschl. v. 07.06.2017, 19 E 5697/17, BeckRS 2017, 116503.

[523] Vgl. ebd., Rn. 21–22; Rn. 24 und Rn. 31.

[524] Zur Bedeutung eines „Gesamtkonzepts" vgl. BVerfG, Beschl. v. 27.10.2016 – 1 BvR 458/10, NVwZ 2017, S. 469 Rn. 118: „Werden die unterschiedlichen Elemente der Versammlung zueinander in Beziehung gesetzt, ist zu beachten, [ob] der untersagte Veranstaltungsteil im Rahmen eines Gesamtkonzepts steht."

[525] Vgl. ebd., Rn. 23–27.

[526] Vgl. ebd., Rn. 28 und Rn. 32–33.

wohl die inhaltliche Gestaltung der Theaterausführungen als auch die in verschiedenen Zelten zu veranstaltenden Workshops wiesen hinreichende Bezugspunkte zum Protestgegenstand auf. Die geplanten abendlichen Konzerte, Sportangebote und die Infrastruktur zur Verpflegung, Ruhe und Vernetzung (Küchen zur Versorgung und Zelte zur Übernachtung der aus aller Welt eingereisten 10.000 Teilnehmer müssten die zehntägige Dauerkundgebung ermöglichen) hätten dagegen nicht unmittelbar zur Meinungskundgabe beizutragen. Im Vergleich zu diesen sollten aber die kommunikativen Aspekte des politischen Camps überwiegen.[527] Zu dulden seien die Auf- und Abbauarbeiten der für diese Aktivitäten notwendigen Infrastruktur als Ausdruck der Vor- und Nachwirkung der Versammlungsfreiheit.[528]

bb) Die Rechtsauffassung des OVG Hamburg

Anders sah es das OVG Hamburg.[529] Das VG sei von einem sehr weiten Verständnis des Schutzes der Begleiterscheinungen ausgegangen; von einer alle Aktivitäten deckenden Erlaubnisfreiheit sei aber nicht auszugehen. Der Schutz der Versammlungsfreiheit und damit die verfassungsimmanente Erlaubnisfreiheit können nur für solche Aktivitäten bzw. Infrastruktur bejaht werden, die eine funktionale oder symbolische Relevanz für den Versammlungsgegenstand haben.[530] Die auf die Grundsätze des BVerfG gestützte Rechtsprechung betrachte das Aufstellen von Zelten, Pavillons, Sitzgelegenheiten und Betten zwar im Rahmen des Schutzbereichs der Versammlungsfreiheit[531], dies erfolge aber nicht automatisch, sondern unter dem Vorbehalt, dass das Anliegen des Veranstalters ohne dieses Mittel nicht verwirklicht werden kann. Abgrenzungsmaßstab sei das Merkmal der „Wesensnotwendigkeit" für das kommunikative Anliegen; das Hilfsmittel müsse „notwendiger Bestandteil" der Versammlung sein.[532] Die Rechtsprechung habe den Schlafgelegenheiten (Zelten) erst dann einen Schutz durch die Versammlungsfreiheit zugesprochen, wenn diese zur inhaltlichen Gestaltung der Versammlung beitrügen. So solle z. B. das Zelt, das die Lage von Asylsuchenden zum Ausdruck bringt, es objektiv ermöglichen, dass eine zweimonatige Mahnwache von Asylbewerbern geleistet werden kann. Bei einer solchen Dauerwache könnten nicht alle Personen wach bleiben; deswegen stelle die Infrastruktur zum Schlafen einen wesentlichen Bestandteil zur Erreichung des

---

[527] Vgl. ebd., Rn. 32–33.
[528] Vgl. ebd., Rn. 39.
[529] OVG Hamburg, Beschl. v. 22.06.2017 – 4 Bs 125/17, NVwZ 2017, S. 1390 ff.
[530] Vgl. ebd., S. 1392 Rn. 26 und Rn. 29–31.
[531] Vgl. ebd., Rn. 31 m. V. auf die Rechtsprechung u. a. des OVG Münster und des VGH München.
[532] Vgl. ebd., Rn. 32.

Versammlungszwecks dar.⁵³³ Zur Bejahung des Schutzes sei es dagegen nicht ausreichend, wenn die Teilnehmer nur den Wunsch hätten, am Versammlungsort zu übernachten, ohne dass ein inhaltlicher Bezug zur öffentlichen Kommunikation vorliege.⁵³⁴ Bei Prüfung der Relation zwischen dem Versammlungszweck und dem eingesetzten Mittel sei zudem von der Perspektive des potenziellen Versammlungsteilnehmers auszugehen. Maßgeblich sei, ob die eingesetzten Mittel (bestimmte Infrastruktur oder ergänzende Aktivitäten im Rahmen der Versammlung) es vermögen, den Versammlungszweck wirksam in der Öffentlichkeit zu präsentieren. Dazu hat das OVG Hamburg die dreistufige Prüfungsformel des BVerwG angewandt, womit das Übergewicht einer gemischten Veranstaltung festgestellt werden soll.⁵³⁵ Das Gericht zog anhand einer Gegenüberstellung der an die Meinungsbildung gerichteten Elemente der Veranstaltung und der diesen Zweck nicht aufweisenden Modalitäten den Schluss, dass bei Letzteren ein Übergewicht anzunehmen sei.⁵³⁶ Das Aufstellen von ca. 3.000 Zelten am Versammlungsort weise keinen funktionalen oder symbolischen Charakter für die Durchführung der Versammlung auf, zumal diese keine wesensnotwendigen Bestandteile der Offenbarung des Versammlungsanliegens darstell-ten. Das Vorbringen des Veranstalters deute darauf hin, dass diese Übernachtungsmöglichkeiten nur komfortable und kostensparende Schlafgelegenheiten der Teilnehmer schaffen sollten.⁵³⁷ Das dauerhafte Campieren auf öffentlichen Flächen sei aber als „Ersatz-Obdach" wegen der damit verbundenen Beeinträchtigung öffentlicher Belange nicht mehr von der Versammlungsfreiheit erfasst.⁵³⁸ Selbst mehrere Programmpunkte der kommunikativen Teile des Protestcamps – wie Filme, Workshops und Konzerte – wiesen nach den Darstellungen des Veranstalters keinen inhaltlichen Zusammenhang mit dem Versammlungsthema auf.⁵³⁹ Aus dem Blickwinkel der potenziellen Teilnehmer als Durchschnittsbetrachter erweckten die Zelte vor allem den Eindruck eines Angebots zum Schlafen und Ausruhen.⁵⁴⁰

cc) Die Rechtsauffassung des BVerfG

Auf dem Wege des Eilrechtsschutzes beschäftigte sich auch das BVerfG mit der Schutzbedürftigkeit des Protestcamps.⁵⁴¹ Das Gericht wies darauf hin, dass die

---

⁵³³ Vgl. ebd., S. 1393 Rn. 33.
⁵³⁴ Vgl. ebd., Rn. 35.
⁵³⁵ Vgl. ebd., S. 1394 Rn. 39; S. 1394 f. Rn. 44–47 m. V. auf BVerwG.
⁵³⁶ Vgl. ebd., S. 1394 f. Rn. 46 und Rn. 48 und S. 1395 Rn. 52.
⁵³⁷ Vgl. ebd.
⁵³⁸ Vgl. ebd. S. 1393 Rn. 34 und S. 1393 f. Rn. 35–38.
⁵³⁹ Vgl. ebd., S. 1395 Rn. 50.
⁵⁴⁰ Vgl. ebd., S. 1396 Rn. 55.
⁵⁴¹ BVerfG, Beschl. v. 28.06.2017 – 1 BvR 1387/17, BeckRS 2017, 114648.

Reichweite des Schutzes von Protestcamps, die zugleich öffentliche Anlagen beanspruchen, eine schwierige und verfassungsrechtlich bisher ungeklärte Frage darstelle.[542] Das BVerfG stimmte dem OVG Hamburg insofern zu, dass das geplante Protestcamp an die öffentliche Meinungsbildung gerichtet sei; dennoch seien einige Programmpunkte nicht kommunikativ, sodass eine Schutzbedürftigkeit nicht bestehe.[543] Das Gericht hat dem Eilantrag nicht stattgegeben, sondern zum Schutz der politischen Kundgebung und zur Abwehr nachhaltiger Schäden an der öffentlichen Anlage Folgendes angeordnet: Die Versammlungsbehörde sollte das Camp vorsorglich den Regeln des Versammlungsrechts unterstellen. Gegenüber der Dauerkundgebung sei diese – u. a. in Anbetracht der Sicherheitsbelange – zur Anordnung der erforderlichen Auflagen befugt.[544] Insbesondere seien die Behörden berechtigt, die Errichtung von solchen Zelten und Einrichtungen zu untersagen, die nicht kommunikativ sind und ohne inhaltlichen Bezug zum Versammlungsthema wirken und allein zur Beherbergung von Personen dienen sollen.[545] Die zuständige Behörde folgte diesen Anordnungen und untersagte die Aufstellung von Schlafzelten, das Errichten von Duschen sowie den Aufbau von Küchen. Geändert wurde auch der Versammlungsort. In Teilbereichen des Elbparks (statt des Stadtparks) durften maximal zehn Workshop-Zelte aufgebaut werden.[546] Letzteres wurde vom OVG Hamburg später mit Blick auf die funktionale Verbindung der Einrichtungen mit dem Versammlungsthema als rechtmäßig qualifiziert. Die erste Auflage wurde vom OVG hingegen insofern geändert, als bis zu 300 Schlafzelte für jeweils 2–3 Personen, Waschgelegenheiten sowie eine Küche gestattet wurden.[547]

Die Aussagen der sog. „G20"-Rechtsprechung sind in späteren fachgerichtlichen Entscheidungen wiederzufinden. So lehnte es das VG Aachen z. B. 2017 ab,[548] die Nutzung eines Flurstücks als Teil der Versammlung „Klimacamp 2017" dem Schutz der Versammlungsfreiheit zu unterstellen. Unter Berufung auf die

---

[542] Vgl. ebd., Rn. 21 und Rn. 22.
[543] Vgl. ebd.
[544] Ebd., Rn. 29.
[545] Vgl. ebd.
[546] Vgl. dazu das OVG Hamburg, Beschl. v. 05.07.2017 – 4 Bs 148/17, NordÖR 2017, S. 564. Dabei lagen bis zu dieser Entscheidung noch zwei weitere Beschlüsse des VG Hamburg vom 1. und 2. Juli 2017 vor, die den behördlicherseits geänderten neuen Ort für die Dauerkundgabe – Elbpark statt Stadtpark in Hamburg – betrafen. Als Anlass für den zweiten Antrag des Veranstalters vor dem VG Hamburg diente dabei die Tatsache, dass die Polizeikräfte die Veranstalter tatsächlich daran hinderten, den neuen Versammlungsort (Elbpark) zu betreten und dort die zugelassenen Einrichtungen zu errichten; dazu vgl. *Hartmann, M.*, Protestcamps als Versammlungen i. S. v. Art. 8 I GG?, NVwZ 2018, S. 203 f.
[547] Vgl. OVG Hamburg, Beschl. v. 05.07.2017 – 4 Bs 148/17, NordÖR 2017, S. 565–566.
[548] VG Aachen, Beschl. v. 25.08.2017 – 6 L 1406/17, BeckRS 2017, 129083.

Entscheidung des BVerfG von 2017 verwies das VG auf die fehlende „rechtssichere Konturierung".[549] In Anlehnung an das BVerfG wurde, da ein inhaltlicher Bezug der Einrichtung zur öffentlichen Meinungsbildung fehle, die Errichtung von Zelten untersagt.[550] Hier habe es sich nur um die Schaffung zusätzlicher Schlafmöglichkeiten für die Teilnehmer gehandelt. Zudem sollten diese Personen selbst nicht Teilnehmer des Klimacamps, sondern einer anderen eigenständigen Protestaktion (gegen den Braunkohletagebau) sein.[551]

Das BVerfG hat somit auf die mangelnde Klarheit der Schutzbedürftigkeit von Protestcamps und die „Offenheit des Versammlungsgrundrechts für Fortschreibungen", die auch die „Differenzierungen hinsichtlich seiner Einschränkbarkeit" zur Folge haben kann, hingewiesen.[552] Diese Aussage kann – je nach Vorverständnissen – unterschiedlich verstanden werden: Einerseits könne eine Erweiterung des Schutzbereichs eine erweiterte Einschränkbarkeit auslösen.[553] Andererseits könnte der Hinweis auf die „Offenheit" nichts anderes bedeuten als eine kontextbezogene Ableitung der Schutzbedürftigkeit anhand der tradierten Kriterien des Versammlungscharakters.[554] Die unfriedlichen Folgen des Protestcamps in Hamburg und die Tatsache, dass die Versammlungsbehörde diesbezügliche Gesichtspunkte nicht hinreichend gesehen hat, zeigen aber die Schwierigkeit der Vorfeldprognose.[555]

Gilt die Versammlung üblicherweise als nicht-institutionelle Meinungsbildung, ist zu fragen, ob die Versammlung mit dem komplexen Phänomen der dauerhaften Protestcamps nicht einen quasi-institutionellen Charakter annimmt. Die Genehmigungsfreiheit und die nur eng verstandene Anmeldungsobliegenheit der Versammlung ist aber gerade eine unmittelbare Folge des nicht-institutionellen Charakters der Versammlung.[556]

---

[549] Ebd., Rn. 3 m. V. auf BVerfG.
[550] Ebd., Rn. 5–6.
[551] Ebd., Rn. 8.
[552] Vgl. BVerfG, Beschl. v. 28.06.2017 – 1 BvR 1387/17, BeckRS 2017, 114648, Rn. 22.
[553] Vgl. *Depenheuer, O.*, in: Maunz, T./Dürig, G. (Hrsg.), GG, Art. 8 Rn. 29 und Rn. 37; die Ausdehnung des Schutzbereichs führe dazu, dass die Verkürzungen der Freiheit erweitert werden; vgl. auch *Ebeling, C.*, Die organisierte Versammlung, S. 237. Dies habe zur Folge, dass die mehrpoligen Grundrechtsverhältnisse „vervielfachen", die nur anhand der „praktischen Konkordanz" (Hesse) und durch schonenden Ausgleich (Lerche) der kollidierenden Interessen („Verfassungsrechtsgüter") zu bewältigen seien; *Klein, H. H.*, in: Merten, D./Papier, H.-J. (Hrsg.), HGR I, § 6 Rn. 5.
[554] So *Hartmann, M.*, Protestcamps als Versammlungen i. S. v. Art. 8 I GG?, NVwZ 2018, S. 206 (Zusammenfassung); *Schneider, J.-P.*, in: Epping, V./Hillgruber, C. (Hrsg.), GG, Art. 8 Rn. 20. Vgl. BVerfG, Beschl. v. 28.06.2017 – 1 BvR 1387/17, BeckRS 2017, 114648, Rn. 29.
[555] Vgl. *Schneider, J.-P.*, in: Epping, V./Hillgruber, C. (Hrsg.), GG, Art. 8 Rn. 20.
[556] Vgl. *Ladeur, K.-H.*, in: Ridder, H./Breitbach, M./Rühl, U./Steinmeier, F. (Hrsg.), VersR, S. 134 Rn. 40.

VII. Die Eingriffe in die Versammlungsfreiheit

Die Versammlungsfreiheit ist kein „normgeprägtes Grundrecht"; daher stellen die staatlichen Maßnahmen meistens Eingriffe in die „natürliche Freiheit" der Kommunikation dar.[557] Die demokratisch-partizipatorische Relevanz der Versammlungsfreiheit bedingt zudem die Verstärkung der sog. „Netzwerkeffekte" (Ladeur) im negativen Sinne: Die ungerechtfertigte Verkürzung der Versammlungsfreiheit beeinträchtigt die offenen Prozesse der Demokratie, die für die Äußerung kritischer Meinungen lebensnotwendig sind. Diese potenzielle Folge einer jeden Einschränkung der Versammlungsfreiheit wird in der deutschen Rechtsprechung unter dem Begriff der „abschreckenden Wirkungen" thematisiert; der EGMR bezieht sich in solchen Fällen auf „chilling effects" der Eingriffe.

1. Das weite Verständnis der Eingriffe

Nach deutschem Verständnis gelten nicht nur „direkte Beschränkungen" als Eingriff. Vielmehr vermögen alle Maßnahmen, die eine „Bedingtheit" der Freiheitsentfaltung zur Folge haben,[558] die Versammlungsfreiheit „reaktionsfähig" (rechtfertigungsbedürftig) zu verkürzen. Es geht folglich um jede „rechtserhebliche Einwirkung" auf das Freiheitsinteresse.[559] Dieser Effekt des Eingriffs ist im Wege einer „wertenden Gesamtbetrachtung" der Lage festzustellen, wobei die Schutzrichtung der Versammlungsfreiheit ständig im Auge zu behalten ist.[560] Diese Einwirkung kann dabei schon wegen einer „drohende[n] Beeinträchtigung" entstehen.[561] Zwischen der Effektuierung des Schutzes vor (weit verstan-

---

[557] Dazu *Kingreen, T./Poscher, R.*, Staatsrecht II – Grundrechte, Rn. 274–275; *Holoubek, M.*, Der Grundrechtseingriff, S. 21 m. V. auf Huber.
[558] So *Bumke, C.*, Ausgestaltung von Grundrechten, S. 10 m. V. auf Poscher; vgl. *Schneider, J.-P.*, in: Epping, V./Hillgruber, C. (Hrsg.), GG, Art. 8 Rn. 27; *Classen, C. D.*, Staatsrecht II – Grundrechte, § 5 Rn. 25–29 und § 10 Rn. 67.
[559] Vgl. *Koch, T.*, Der Grundrechtsschutz des Drittbetroffenen, S. 66; *Kloepfer, M.*, in: Isensee, J./Kirchhof, P. (Hrsg.), HStR VII, § 164 Rn. 73; *Kraujuttis, S.*, Versammlungsfreiheit, S. 138; *Schneider, J.-P.*, in: Epping, V./Hillgruber, C. (Hrsg.), GG, Art. 8 Rn. 26–27; *Lindner, F. J.*, Theorie der Grundrechtsdogmatik, S. 490 f.
[560] Vgl. *Hoffmann-Riem, W.*, in: Isensee, J./Kirchhof, P. (Hrsg.), HGR IV, § 106 Rn. 28; *ders.*, Grundrechtsanwendung unter Rationalitätsanspruch, Der Staat 43 (2004), S. 221; *Cremer, W.*, Freiheitsgrundrechte, S. 158 mwN.
[561] Vgl. *Sachs, M.*, in: Stern, K. (Hrsg.), Das Staatsrecht III/2, S. 77; er befürwortet den Begriff von „Beeinträchtigung", der die abwehrrechtliche Dimension der Grundrechte am besten zum Ausdruck bringe (ebd., S. 81); *Lübbe-Wolff, G.*, Die Grundrechte als Eingriffsabwehrrechte, S. 56 f.

denen) Eingriffen und dem Verständnis des Schutzgehalts der Versammlungsfreiheit besteht daher ein Wechselwirkungszusammenhang.[562]

Eingriffe in die Versammlungsfreiheit, die im Versammlungsrecht durch Konkretisierung des verfassungsrechtlichen Gesetzesvorbehalts geregelt sind, werden als „rechtsförmige" bzw. „klassische Eingriffe" qualifiziert (Genehmigung, Auflage, Auflösung, Verbot, versammlungsspezifische Sanktionen, die zwangsweise durchgesetzt werden).[563] Hinzu kommen alle anderen Maßnahmen (als faktische Eingriffe), die mit Blick auf ihre Intensität und/oder ihr Potenzial in ihren abschreckenden Wirkungen gezielten imperativen Maßnahmen gleichkommen.[564] Dies gilt auch dann, wenn diese Eingriffe nicht gezielt sind und nur als Nebenfolge eintreten.[565] Insbesondere dann, wenn die Schutzpflichten des Staates absichtlich (etwa aus politischen Gründen) nicht erfüllt werden, können die Eingriffe einen mittelbaren Charakter annehmen.[566] Ebenso stellt die Errichtung von „Verhinderungsbaustellen" bzw. ein Umlenken am geplanten Versammlungsort einen Eingriff in die Versammlungsfreiheit dar.[567] Eine unzulässige staatliche Einwirkung kann z. B. dann angenommen werden, wenn die staatlichen Behörden den privaten Eigentümer unter Druck setzen, die Fläche nicht der Versammlung zur Verfügung zu stellen.[568] Wegen dieser Vielfalt bezeichnet

---

[562] Vgl. *Schenke, W.-R.*, Grundrechtskonkurrenzen, in: FS für Jarass, S. 248.

[563] Vgl. *Bäumerich, M.*, Entgrenzte Freiheit, DÖV 2015, S. 375; *Froese, J.*, Das Zusammenspiel von Versammlungsfreiheit und Versammlungsgesetz, JA 2015, S. 679 m. V. auf BVerfG.

[564] Eingriff als Beeinträchtigung eines Rechtsguts: „[J]edes staatliche Einwirken mit Grundrechtsrelevanz, gleichgültig ob final oder unbeabsichtigt, unmittelbar oder mittelbar, rechtlich oder faktisch, mit oder ohne Befehl und Zwang, soweit das geschützte Gut mehr als nur unerheblich beeinträchtigt wird." *Brenneisen, H.*, in: Brenneisen, H./Wilksen, M. (Hrsg.), VersR, S. 219. Zur Eingriffsqualität *Kingreen, T./Poscher, R.*, Staatsrecht II – Grundrechte, Rn. 292–294; BVerwG, Urt. v. 13.09.2017 – 10 C 6/16 (OVG Münster), NVwZ 2018, S. 435 m. V. auf BVerfG. Dazu auch BVerwG, Urt. v. 25.10.2017 – 6 C 4/16, NJW 2018, S. 720 Rn. 31: In diesem Fall lag ein faktischer Eingriff im Vorfeld vor, obwohl er nicht die Voraussetzungen eines finalen Eingriffs in die Versammlungsfreiheit erfüllte. Letzterer sollte dagegen im Fall einer staatlichen Maßnahme vorliegen, die mit Ge- oder Verboten mit dem Ziel, die Teilnahme an einer Versammlung zu verhindern, zu beschränken oder zu erschweren, zwangsweise durchzusetzen war.

[565] Vgl. OVG Lüneburg, Urt. v. 24.09.2015 – 11 LC 215/14, NVwZ-RR 2016, S. 99 Rn. 10.

[566] Vgl. *Bäumerich, M.*, Entgrenzte Freiheit, DÖV 2015, S. 376. Er spricht vom „Zwischenschalten von Werkzeugen" staatlicherseits.

[567] Dazu *Deger, J.*, Die Reichweite des Art. 8 GG, in: Staack, D./Brenneisen, H. (Hrsg.), Problemstellungen des Versammlungsrechts, S. 97; *Alemann, F. v./Scheffczyk, F.*, Aktuelle Fragen der Gestaltungsfreiheit von Versammlungen, JA 2013, S. 408.

[568] Vgl. die Schilderung des Sachverhalts in VG München, Beschl. v. 02.06.2015 – 22 E 15.2155, BeckRS 2015, 46809.

Stern den Eingriff – im Unterschied zu einer „statischen" und „normativen" Schranke – als „dynamisch" und „faktisch".[569]

Auch der EGMR versteht einen Eingriff in die Versammlungsfreiheit weit. Dies ist die Folge einer engen Konnexität zwischen der Demokratie und der Versammlungsfreiheit.[570] Der EGMR hat klar zum Ausdruck gebracht, dass die Versammlungsfreiheit sowohl durch Maßnahmen vor und während der Durchführung der Veranstaltung als auch nach deren Ablauf, z. B. durch Sanktionierung (auch Disziplinarmaßnahmen) beschränkt werden kann.[571] Schon die Einleitung eines Strafverfahrens, ungeachtet seines Ergebnisses, kann einen Eingriff in die Versammlungsfreiheit darstellen.[572] Auch Vorfeldmaßnahmen, die u. a. auf einer unbestimmten Rechtslage basieren, können einen Eingriff in die Versammlungsfreiheit darstellen.[573] Eine beschränkende Maßnahme wird angenommen, wenn es dem Individuum verwehrt wird, zum Zweck der Teilnahme an einer Versammlung anzureisen.[574] Ebenso beinhalten die tatsächliche Auflösung der Versamm-

---

[569] *Stern, K.*, in: Stern, K./Becker, F. (Hrsg.), Grundrechte-Kommentar, Einl. Rn. 143.

[570] Vgl. ECHR, Sergey Kuznetsov v. Russia, Nr. 10877/04, 23. Oktober 2008, § 39 mwN; ECHR, Taranenko v. Russia, Nr. 19554/05, 15. Mai 2014, §§ 66–67; vgl. auch *Leach, P.*, Taking a case to the ECHR, S. 493 Rn. 6.637.

[571] ECHR, Handyside v. the UK, Nr. 5493/72, 7. Dezember 1976, § 48: „[…] [E]very 'formality', 'condition', 'restriction' or 'penalty' imposed in this sphere must be proportionate to the legitimate aim pursued."; ECHR, Kakabadze and Others v. Georgia, Nr. 1484/07 2. Oktober 2012, § 84; ECHR, Navalnyy and Yashin v. Russia, Nr. 76204/11, 4. Dezember 2014, § 51; ECHR, Işıkırık v. Turkey, Nr. 41226/09, 14. November 2017, § 53: „The Court reiterates that an interference with the exercise of freedom of peaceful assembly does not need to amount to an outright ban, legal or *de facto*, but can consist in various other measures taken by the authorities. The term 'restrictions' in Article 11 § 2 must be interpreted as including both measures taken before or during an assembly and those, such as punitive measures, taken afterwards […]." Vgl. auch ECHR, Kablis v. Russia, Nr. 48310/16 und 59663/17, 30. April 2019, § 50; ECHR, Ter-Petrosyan v. Armenia, Nr. 36469/08, 25. April 2019, § 59; *Ripke, S.*, Europäische Versammlungsfreiheit, S. 216 f.; *Arndt, F./Engels, A.*, in: Karpenstein, U./Mayer, F. C. (Hrsg.), EMRK, Art. 11 Rn. 9; *Daiber, B.*, in: Meyer-Ladewig, J./Nettesheim, M./Raumer, S. v. (Hrsg.), EMRK, Art. 11 Rn. 15.

[572] ECHR, Balçik and Others v. Turkey, Nr. 25/02, 29. November 2007, § 42: „In view of the above, the Court considers that the applicants were negatively affected by the police intervention and subsequent criminal proceedings brought against them, irrespective of the final result."

[573] Vgl. ECHR, Lashmankin and Others v. Russia, Nr. 57818/09 und 14 weitere, 7. Februar 2017, §§ 466–467 m. V. auf „Singartiyski and Others" und „Gillan and Quinton".

[574] ECHR, Kasparov v. Russia, Nr. 53659/07, 11. Oktober 2016, § 66 mwN: „A refusal to allow an individual to travel for the purpose of attending a meeting amounts to interference as well." Die unbegründete Festnahme von Kasparov am Flughafen, der mit dem Zweck der Teilnahme an einer oppositionellen Demonstration („March of Dissent") nach Samara fliegen wollte, stellte eine Verletzung der Versammlungsfreiheit nach Art. 11 Konvention dar. Die Polizeibeamten hielten den Beschwerdeführer im Check-in-Bereich fest und verhörten ihn in einem

lung und die Festnahme von Teilnehmern während des Versammlungsablaufs eine Beschränkung.[575] Ein Eingriff liegt vor, wenn Arbeitnehmern wegen der Teilnahme an einer Kundgebung, die sich gegen den Arbeitgeber richtet (Nichtzahlung des Lohns), und einer darauf zurückzuführenden Verspätung am Arbeitsplatz gekündigt wird.[576] Der EGMR betrachtet die Eingriffsqualität des Anmeldungsverfahrens nicht abstrakt, sondern prüft im Einzelnen, ob diese sich auf die Versammlungsfreiheit wie ein Eingriff ausgewirkt hat („the effect of the interference").[577]

2. Abschreckende Wirkungen („chilling effects")

Die Versammlungsfreiheit wird kollektiv gewährleistet; es handelt sich um eine „parallele Ausübung" des Grundrechts durch die Grundrechtsträger.[578] Diese Parallelität hat zur Folge, dass die freiheitsermöglichende Richtung der staatlichen Maßnahme auch die Freiheitsentfaltung der anderen Grundrechtsträger fördert (sog. „grundrechtsverstärkende Netzwerkeffekte").[579] Dagegen wirkt sich der (ungerechtfertigt) restriktive Charakter einer staatlichen Maßnahme bei den anderen Grundrechtsträgern – im Wege der psychologischen „Abstraktion von sich

---

separaten Raum des Flughafens (§§ 7–9). Die offizielle Begründung lautete, der Beschwerdeführer und andere Personen hätten eventuell gefälschte Flugtickets, was sich aber später als Vorwand herausstellte (§ 14 und § 17). Die Regierung hat dem Gerichtshof auch keine Dokumente vorgelegt, die die Fälschung beweisen konnten (§ 42). Vgl. auch ECHR, Djavit An v. Turkey, Nr. 20652/92, 20. Februar 2003: Dem Beschwerdeführer wurde es mehrmals (innerhalb von sechs Jahren) verwehrt, die Grenze zu überschreiten, um in einer „buffer-zone" an einer kritischen Versammlung (bi-kommunal meeting) zur Verbesserung der Lage zwischen der Türkei und dem nördlichen Zypern teilzunehmen (§§ 9–10 und §§ 59, 62; vgl. auch § 55).

[575] ECHR, Ibrahimov and Others v. Azerbaijan, Nr. 69234/11, 69252/11 und 69335/11, 11. Februar 2016, § 70 mwN.

[576] ECHR, Trofimchuk v. Ukraine, Nr. 4241/03, 28. Oktober 2010, §§ 38–39. Dennoch betrachtete der EGMR die verhängte Disziplinarmaßnahme am Ende als nicht unverhältnismäßig (§§ 44–47).

[577] Vgl. ECHR, Berladir and Others v. Russia, Nr. 34202/06, 10. Juli 2012, § 54; vgl. *Daiber, B.*, in: Meyer-Ladewig, J./Nettesheim, M./Raumer, S. v. (Hrsg.), EMRK, Art. 11 Rn. 18.

[578] Zur parallelen Grundrechtsausübung als Kategorie der Grundrechtskonzentrierung *Kloepfer, M.*, Grundrechtskonzentrierung, in: FS für Stern, S. 414.

[579] Dazu ebd., S. 421. Vgl. auch *Ladeur, K.-H.*, Die transsubjektive Dimension der Grundrechte, S. 330 f. Vgl. ECHR, Berladir and Others v. Russia, Nr. 34202/06, 10. Juli 2012, § 44: Der EGMR unterstrich in Zusammenhang mit der ausnahmsweise beschränkbaren politischen Meinungsäußerung die Wirkung der Beschränkung der individuellen Freiheit auf die „Gesamtfreiheit" in dem Staat: „[…] broad restrictions imposed in individual cases would undoubtedly affect respect for freedom of expression in general in the State concerned […]."

VII. Die Eingriffe in die Versammlungsfreiheit

selbst" – abschreckend bzw. einschüchternd aus (sog. „chilling effects").[580] Entscheidungen deutscher Gerichte zeigen Fälle, in denen Maßnahmen als „psychologische Barriere" verstanden bzw. ihnen „Stigmatisierungseffekte" zukommen:[581] Einkesselung, Vorfeldmaßnahmen u. a. Kontrollen, Überwachung und Registrierung von Teilnehmern, Einsatz von Video-Drohnen.[582] Auch eine nicht in Betrieb genommene Kamera auf dem Dach eines Polizeiwagens am Versammlungsort kann eine solche abschreckende Wirkung entfalten.[583] Diese Maßnahmen u. a. im Vorfeld dürfen nicht zur Aushöhlung der Versammlungsfreiheit führen.[584] Sie dürfen die prinzipielle „Staatsfreiheit" der Versammlungsfreiheit nicht in Frage stellen.[585]

Das BVerfG hat u. a. in der Entscheidung zum BayVersG klar zum Ausdruck gebracht, dass die abschreckenden Wirkungen nicht nur das Individuum, sondern auch das Gemeinwesen beeinträchtigen, indem die selbstbestimmte Hand-

---

[580] Vgl. *Ladeur, K.-H.*, Der Staat der „Gesellschaft der Netzwerke", Der Staat 48 (2009), S. 168; BVerwG, Urt. v. 25.10.2017 – 6 C 4/16, NJW 2018, S. 716 (LS 3).

[581] Vgl. *Graulich, K.*, in: Lisken, H./Denninger, E. (Hrsg.), Hb PolR, Kap. E Rn. 180; OVG Münster, Urt. v. 04.11.2016 – 15 A 2293/15, BeckRS 2016, 55264, Rn. 39; *Hoffmann-Riem, W.*, in: Merten, D./Papier, H.-J. (Hrsg.), HGR IV, § 106 Rn. 32. Die Erweiterung des Eingriffsbegriffs hat auch eine Abkopplung des Eingriffs vom Gesetzesvorbehalt zur Folge, *Hoffmann-Riem, W.*, Grundrechtsanwendung unter Rationalitätsanspruch, Der Staat 43 (2004), S. 222; *Geis, M. E.*, in: Friauf, H./Höfling, W. (Hrsg.), Berliner Kommentar GG, Art. 8 Rn. 99.

[582] Dazu *Müller-Franken, S.*, in: Schmidt-Bleibtreu, B./Hofmann, H./Henneke, H.-G. (Hrsg.), GG, Art. 8 Rn. 36 mwN; zu „eingriffsgleichen Maßnahmen" *Gusy, C.*, in: Mangoldt, H. v./Klein, F./Starck, C. (Hrsg.), GG, Art. 8 Rn. 44; *Brenneisen, H.*, in: Brenneisen, H./Wilksen, M. (Hrsg.), VersR, S. 270–271. Dazu *Kniesel, M.*, Das Prinzip des offenen Visiers, in: Staack, D./Brenneisen, H. (Hrsg.), Problemstellungen des Versammlungsrechts, S. 101 ff. und S. 105 f. VG Lüneburg, Urt. v. 30.03.2004 – 3 A 116/02, BeckRS 2004, 21631, Rn. 24; VG Aachen, Urt. v. 04.07.2018 – 6 K 1393/18, BeckRS 2018, 17043, Rn. 19 und Rn. 21: Zulässig seien aber die zumutbare Verzögerung eines Zugangs zur Versammlung, die durch eine Identitätskontrolle ausgelöst werde. Dies gelte (erst recht) dann, wenn diese Kontrolle vorher angekündigt und der Zugang zur Versammlung nicht versperrt würde (Rn. 19). Darüber hinaus war im konkreten Fall nicht ersichtlich, dass es sich um eine absichtliche Verzögerung handelte (Rn. 21). Zu Vorfeldmaßnahmen und umstrittenen polizeilichen Maßnahmen zur Kontrolle der Teilnehmer einer Versammlung ECHR, Lashmankin and Others v. Russia, Nr. 57818/09 und 14 weitere, 7. Februar 2017, §§ 466–467.

[583] OVG Lüneburg, Urt. V. 24.09.2015 – 11 LC 215/14, NVwZ-RR 2016, S. 99 Rn. 4 und Rn. 8: Unerheblich sei, dass der Eindruck, beobachtet zu werden, nur kurzfristig ist; die Versammlungsfreiheit schütze auch vor kurzzeitigen Eingriffen.

[584] Dazu *Schneider, J.-P.*, in: Epping, V./Hillgruber, C. (Hrsg.), GG, Art. 8 Rn. 21 m. V. auf BVerfGE 84, 203, 209; VG Aachen, Urt. v. 04.07.2018 – 6 K 1393/18, BeckRS 2018, 17043, Rn. 15.

[585] M. V. auf „Brokdorf" vgl. *Brenneisen, H.*, in: Brenneisen, H./Wilksen, M. (Hrsg.), VersR, S. 233.

lungs- und Mitwirkungsfähigkeit des Einzelnen in Frage gestellt wird.[586] Die Anfertigung von Übersichtsaufzeichnungen durch die Polizei qualifizierte das BVerfG als Grundrechtseingriff, da diese allein an die Wahrnehmung der Versammlungsfreiheit anknüpften[587] und nach dem Stand der Technik auch Einzelpersonen grundsätzlich individualisierbar machten.[588] Insofern bestehe kein Unterschied zu personenbezogenen Aufzeichnungen. Daraus entstünden dem Grundrechtsträger „gewichtige Nachteile". Das Gericht bezog sich ausdrücklich auf die psychologische Ebene, da die Einschüchterung auf das Bewusstsein des Teilnehmers einwirke.[589] Angenommen wurde eine dreifache Wirkung (negative Rückkopplung) der Einschüchterung: Zunächst werde in die individuelle Entfaltung ungerechtfertigt eingegriffen. Zugleich werde das freiheitliche System der Demokratie beeinträchtigt. Dieses objektivierte Ergebnis werde erneut subjektiviert, indem das Bewusstsein der Bürger negativ beeinflusst und deren Mitwirkungsfähigkeit (Handlungswille des Grundrechtsträgers) in aktiven demokratischen Prozessen abgeschwächt werde.[590]

Kniesel weist dabei auf die Schwierigkeit der Feststellung der abschreckenden Wirkung hin, da sich kein Teilnehmertypus als „maßstabbildend" festlegen lasse.[591] Dass manche Teilnehmer, und zwar insbesondere oppositionelle Aktivisten, dennoch nicht auf ihr Recht auf Versammlungsfreiheit verzichten (Argument

---

[586] Vgl. BVerfGE 122, 342, 369; BVerfGE 113, 29, 46, zit. nach *Kniesel, M.*, Das Prinzip des offenen Visiers, in: Staack, D./Brenneisen, H. (Hrsg.), Problemstellungen des Versammlungsrechts, S. 105 f. und S. 108.

[587] Vgl. BVerfGE 122, 342, 371 f.: Dies hat das Gericht als „anlasslose Datenbevorratung" angesehen. Solche Aufzeichnungen sollten nur an erhebliche Gefahren geknüpft werden, die in der konkreten Lage der öffentlichen Sicherheit oder Ordnung drohen. Dies zu bestimmen, sei daher Aufgabe des Versammlungsgesetzgebers.

[588] BVerfGE 122, 342, 368 f. mwN.

[589] BVerfGE 122, 342, 369 f.: Die Aufzeichnungen sollten nach dem Gesetz zu einem Datenvorratsspeicher werden und zum Anknüpfungspunkt weiterer Maßnahmen gemacht werden können. An der Schwere des Eingriffs änderte die Tatsache nichts, dass die Identifizierung einer abgebildeten Person auf ein Jahr befristet war.

[590] BVerfGE 122, 342, 369: „Dies würde nicht nur die individuellen Entfaltungschancen des Einzelnen beeinträchtigen, sondern auch das Gemeinwohl, weil die kollektive öffentliche Meinungskundgabe eine elementare Funktionsbedingung eines auf Handlungs- und Mitwirkungsfähigkeit seiner Bürger gegründeten demokratischen und freiheitlichen Gemeinwesens ist […]."

[591] Dazu *Kniesel, M.*, Das Prinzip des offenen Visiers, in: Staack, D./Brenneisen, H. (Hrsg.), Problemstellungen des Versammlungsrechts, S. 106 mwN. Vgl. *Kingreen, T./Poscher, R.*, Staatsrecht II – Grundrechte, Rn. 825–826: Wenn es um abschreckende Wirkungen geht, die die Überwachung einer Versammlung bzw. von deren Teilnehmern betreffen, geht es wieder um den versammlungsspezifischen Bezug. So wird z. B. ein Eingriff in die Versammlungsfreiheit nicht angenommen, wenn es um die Observation eines einer Straftat Verdächtigen geht, der an einer Versammlung teilnimmt.

VII. Die Eingriffe in die Versammlungsfreiheit

bei Kniesel), führt aber nicht zur Ablehnung der abschreckenden Wirkung. Vielmehr wird dadurch nur die Qualität des Kampfes der Menschen für die Freiheit als Daueraufgabe bestätigt. Nach einer Entscheidung des BVerwG von 2017 kommt es auf die „Geeignetheit" der Maßnahme zur Einflussnahme auf die Entscheidungsfindung des Individuums als potenzieller Teilnehmer an. Maßgeblich ist die objektive Beurteilung des Außenstehenden.[592] Auch laut OVG Lüneburg ist die abschreckende Wirkung der staatlichen Überwachung aus der Perspektive der Teilnehmer und nicht anhand der polizeilichen Zwecke der Maßnahme zu beurteilen.[593] Eine abschreckende Wirkung hat das BVerwG 2017 im Fall des Aufrufs eines Oberbürgermeisters zum Boykott einer rechtsorientierten Versammlung, da dieser auf die Entscheidung der potenziellen Versammlungsteilnehmer einwirke, angenommen.[594] Schon 2016 hat das OVG Münster darauf hingewiesen, dass damit „das kommunikative Anliegen" der Versammlung beeinträchtigt werde.[595] Dieser „nicht unerhebliche Eingriff" könne die innere Freiheit („Entschlussfreiheit") der Individuen negativ beeinflussen.[596] Zuletzt befasste sich das BVerwG mit den abschreckenden Wirkungen von Vorfeldmaßnahmen am Beispiel des Tiefluges eines Tornado-Kampfflugzeugs über einem Demonstrations-Camp.[597] Das Gericht beurteilte die Tiefflüge angesichts der Umstände bei Anwendung eines objektiven Beurteilungsmaßstabs als faktische Eingriffe.

---

[592] Vgl. BVerwG, Urt. v. 13.09.2017 – 10 C 6/16 (OVG Münster), NVwZ 2018, S. 435 Rn. 22.

[593] OVG Lüneburg, Urt. v. 24.09.2015 – 11 LC 215/14, NVwZ-RR 2016, S. 99 Rn. 10; dies gelte auch dann, wenn die Polizeibeamten durch die Maßnahme den Schutz der Versammlung selbst bezwecken.

[594] In dem konkreten Fall war die Äußerung weder ein (zielgerichteter) Eingriff in die Versammlungsfreiheit noch eine regulative Maßnahme mit Eingriffsintensität (eingriffsgleiche Maßnahme), sondern eine faktische Beeinträchtigung der Versammlungsfreiheit und daher ein Eingriff, BVerwG, Urt. v. 13.09.2017 – 10 C 6/16 (OVG Münster), NVwZ 2018, S. 435 Rn. 22. Dazu *Lindner, J.F./Bast, A.*, Die Unzulässigkeit staatlicher Einflussnahme auf Versammlungen, NVwZ 2018, S. 711.

[595] OVG Münster, Urt. v. 04.11.2016 – 15 A 2293/15, BeckRS 2016, 55264, Rn. 37. In der späteren Entscheidung relativierte das BVerwG diese Betroffenheit im „Kern" und sagte, dass die abschreckende Wirkung zwar zu bejahen sei, diese die Versammlung jedoch „in einem Randbereich" beeinträchtige, wohl aber „geeignet" sei, auf die Entscheidung des noch nicht entschlossenen Bürgers Einfluss zu nehmen; BVerwG, Urt. v. 13.09.2017 – 10 C 6/16 (OVG Münster), NVwZ 2018, S. 435 Rn. 22.

[596] OVG Münster, Urt. v. 04.11.2016 – 15 A 2293/15, BeckRS 2016, 55264, Rn. 37; *Schneider, J.-P.*, in: Epping, V./Hillgruber, C. (Hrsg.), GG, Art. 8 Rn. 27.2.

[597] BVerwG, Urt. v. 25.10.2017 – 6 C 4/16, NJW 2018, S. 716 ff.; vgl. auch die übereinstimmende Anmerkung von *Muckel, S.*, JA 2018, S. 478; die Eingriffe in die Versammlungsfreiheit seien „vielgestaltig" und nicht leicht zu erkennen (ebd., S. 477). Dazu *Schneider, J.-P.*, in: Epping, V./Hillgruber, C. (Hrsg.), GG, Art. 8 Rn. 27.4; *Hobusch, A.*, „Der ‚Tornado'-Überflug", JA 2018, 838 ff.

In einer Gesamtwürdigung sei darauf abzustellen, inwieweit das staatliche Handeln im Vorfeld räumlich und zeitlich von der geschützten Versammlung entfernt sei. Entscheidend sei, inwieweit für die späteren Versammlungsteilnehmer ein Bezug der Maßnahme zu der später durchgeführten Versammlung erkennbar sei.[598] Im Gegensatz zum OVG Greifswald, das auf die kurze Dauer des Fluges abstellte, bejahte das BVerwG einen faktischen Eingriff in die Versammlungsfreiheit:[599] „[…] [D]er Überflug des Kampfflugzeugs über das Camp in einer Höhe von nur 114 Metern habe aus der Sicht eines durchschnittlichen Betroffenen im Hinblick auf die extreme Lärmentfaltung, den angsteinflößenden Anblick und die Überraschungswirkung im Kontext der bevorstehenden Demonstrationen gegen den G8-Gipfel eine einschüchternde Wirkung."

In der Rechtsprechung des EGMR kommen die sog. „chilling effects" (a deterrent effect;[600] intimidatory effect[601]) nicht als separate Eingriffskategorie vor. Vielmehr misst der EGMR jeder ungerechtfertigten Einschränkung der Versammlungsfreiheit eine solche Wirkung zu, wenn die betreffende Versammlung politisch bzw. gesellschaftlich aktuelle Fragen betrifft. Insbesondere gravierende Maßnahmen, wie das Verbot der Versammlung oder die Festnahme und Verurteilung von Veranstaltern und Teilnehmern, wirkten sich auf die Entschlussfreiheit und Bereitschaft der Individuen zur kritischen Meinungsäußerung aus.[602] Die gesamtgesellschaftliche Wirkung solcher Effekte war Gegenstand mehrerer Entscheidungen. Zu nennen sind die Fälle „Ibrahimov",[603] die „Russian cases" – „Nemtsov",[604] „Navalnyy"[605] und „Kasparov"[606]. Die negativen Effekte verstärken sich, wenn es sich um in der Öffentlichkeit allgemein bekannte Personen bzw. Oppositionsführer handelt, die entsprechende Aufmerksamkeit hervorrufen.[607] Im Allgemeinen würde dies den offenen politischen Meinungskampf in

---

[598] Vgl. BVerwG, Urt. v. 25.10.2017 – 6 C 4/16, NJW 2018, S. 716 LS 2 und S. 720 Rn. 31.
[599] Vgl. ebd. LS 4 und Rn. 31; vgl. anders OVG Greifswald, Urt. v. 15.07.2015 – 3 L 9/12, BeckRS 2016, 42879, Rn. 59–60.
[600] ECHR, Gülcü v. Turkey, Nr. 17526/10, 19. Januar 2016, § 102.
[601] ECHR, Gillan and Quinton v. the UK, Nr. 4158/05, 12. Januar 2010, § 88.
[602] ECHR, Huseynov and Others v. Azerbaijan, Nr. 34262/14, 35948/14, 38276/14, 56232/14, 62138/14 und 63655/14, 24. November 2016, § 50; ECHR, Lutskevich v. Russia, Nr. 6312/13 und 60902/14, 15. Mai 2018, § 102; ECHR, Yaroslav Belousov v. Russia, Nr. 2653/13 und 60980/14, 4. Oktober 2016, § 181.
[603] ECHR, Ibrahimov and Others v. Azerbaijan, Nr. 69234/11, 69252/11 und 69335/11, 11. Februar 2016.
[604] ECHR, Nemtsov v. Russia, Nr. 1774/11, 31. Juli 2014.
[605] ECHR, Navalnyy v. Russia, Nr. 29580/12 und 4 weitere, 2. Februar 2017.
[606] ECHR, Kasparov and Others v. Russia (No. 2), Nr. 51988/07, 13. Dezember 2016.
[607] ECHR, Ibrahimov and Others v. Azerbaijan, Nr. 69234/11, 69252/11 und 69335/11, 11. Februar 2016, § 86: „The dispersal of the demonstration and the applicants' arrest and conviction could not but have the effect of discouraging them from participating in political rallies.

der Demokratie negativ beeinflussen.⁶⁰⁸ Gravierend waren die abschreckenden Wirkungen im Fall „Navalnyy" von 2018:⁶⁰⁹ Der Bf. Navalnyy war in zwei Fällen infolge Festnahme und Verurteilung als Führer einer oppositionellen Bewegung betroffen. Die staatlichen Maßnahmen konnten nicht auf die Ziele, die im Art. 11 Abs. 2 EMRK vorgegeben sind, gestützt werden, sondern wurden in verwerflicher Absicht unternommen („predominant purpose for the applicant's arrests, detentions and administrative sanctions"), um dessen politische Aktivitäten zu schwächen. Der EGMR bejahte eine Verletzung des Art. 18 i.V.m. Art. 5 und 11 EMRK.⁶¹⁰ Infolge dieses schwerwiegenden Eingriffs wurden das gesamte politische Spektrum der Opposition und damit das rechtsstaatliche Verhältnis von Mehrheit zu Minderheit im Land beeinträchtigt.⁶¹¹

Those measures had a serious potential also to deter other opposition supporters and the public at large from attending demonstrations and, more generally, from participating in open political debate." Ebenso hinsichtlich der Kundgabe oppositioneller Ansichten und der negativen Beeinflussung des politischen Meinungskampfs ECHR, Nemtsov v. Russia, Nr. 1774/11, 31. Juli 2014, § 78; ECHR, Navalnyy v. Russia, Nr. 29580/12 und 4 weitere, 2. Februar 2017, § 52: „[…] [The] chilling effect was further amplified by the fact that they targeted a well-known public figure, whose deprivation of liberty was bound to attract wide media coverage."; ECHR, Navalnyy v. Russia, Nr. 29580/12 und 4 weitere, 15. November 2018, § 152.

⁶⁰⁸ Vgl. auch ECHR, Khalilova and Ayyubzade v. Azerbaijan, Nr. 65910/14 und 73587/14, 6. April 2017, § 43; ECHR, Bakir and Others v. Turkey, Nr. 46713/10, 10. Juli 2018, § 68 (die abschreckenden Wirkungen waren auf die konventionswidrige Anwendung des Strafgesetzbuches zurückzuführen).

⁶⁰⁹ ECHR, Navalnyy v. Russia, Nr. 29580/12 und 4 weitere, 15. November 2018, § 152 und § 163 ff. Das Gericht stützte seine Ausführungen hinsichtlich Art. 18 EMRK auf die vorherige Entscheidung im Fall „Merabishvili v. Georgia" von 2017.

⁶¹⁰ Vgl. ebd., § 176 Art. 18 EMRK lautet (zit. ebd., § 154): „The restrictions permitted under [the] Convention to the said rights and freedoms shall not be applied for any purpose other than those for which they have been prescribed." Interessant ist zudem, dass fünf Richter in ihrer teils abweichenden Meinung die Anwendbarkeit des Art. 18 bestritten haben; stattdessen sei Art. 17 (Abusing of power) anwendbar (Partly Concurring, Partly Dissenting Opinion of Judges Pejchal, Dedov, Ravarani, Eicke and Paczolay, Rn. 3 ff.); u.a. mit Blick auf die *travaux préparatoires* sei vor allem Art. 17 EMRK dafür geschaffen, um den Mitgliedstaaten die Maßnahmen, die für den Totalitarismus charakteristisch sind, zu verwehren (Rn. 11 ff.). Art. 18 im Verhältnis zu Art. 17 sei überflüssig: „In this respect it seems difficult to suggest that Article 18 only lays down in a more formal way the prohibition already provided for in Article 17. In fact, the reverse seems to be true: it is perhaps Article 18 – and not Article 17 – which is redundant and unnecessary. After all, it seems clear to us that Article 17 is more than capable of being read as permitting, in the context of its search for a potential abuse of rights by the state, however not indispensable, identification of the genuine unacknowledged motives of the author of the particular challenged act." (Rn. 25). Dabei lautet Art. 17 folgendermaßen: „Nothing in this Convention may be interpreted as implying for any State, group or person any right to engage in any activity or perform any act aimed at the destruction of any of the rights and freedoms set forth or at their limitation to a greater extent than is provided for in the Convention." (ebd., Rn. 6)

⁶¹¹ Vgl. ebd., §§ 174–175.

VIII. Die Rechtfertigung von Eingriffen

Der „Sozialbezug" der Grundrechte bzw. die „Gemeinschaftsgebundenheit" des Individuums führt zur Notwendigkeit der Harmonisierung eines Grundrechts mit Freiheitsräumen eines anderen.[612] In diesem Sinne kann die Freiheit nicht unbegrenzt sein, auch wenn der Freiheitsschutz im Verfassungsstaat als „umfassend" gilt.[613] Dazu wird die Freiheit in der Verfassung durch „kollisionsbewältigende Schranken" begrenzt.[614] Darüber hinaus erfordert die rechtsstaatliche Gerechtigkeitsidee, die der „Wechselwirkungslehre" des BVerfG zugrunde liegt, dass jede Einschränkung der Freiheit ihrerseits ebenfalls durch die Verfassung anhand des Verhältnismäßigkeitsgrundsatzes als „Schranken-Schranke" limitiert wird.[615] In diesem Sinne unterstrich das GVerfG, dass es zunächst die Aufgabe des Gesetzgebers sei, die kollidierenden Interessen anhand des Verhältnismäßigkeitsprinzips zu harmonisieren.[616] Das rechtsstaatliche Prinzip der Verhältnismäßigkeit sieht das BVerfG „im Wesen der Grundrechte" als „staatsfreie Sphäre"[617] beheimatet zu sein.[618] Das Erfordernis einer nur überzeugend gerechtfertigten staatlichen Intervention basiert auf dem „Freiheitsprinzip" des Verfassungsstaats:[619] Danach sei jeder Eingriff in die Freiheit als „berechenbare

---

[612] Vgl. *Koch, T.*, Der Grundrechtsschutz des Drittbetroffenen, S. 95 m. V. auf Häberle; *Hopfauf, A.*, in: Schmidt-Bleibtreu, B./Hofmann, H./Henneke, H.-G. (Hrsg.), GG, Einl. Rn. 157 und Rn. 247. Zur Gemeinschaftsbezogenheit bzw. Gemeinschaftsgebundenheit der Person (als Leitbild der Verfassung) *Depenheuer, O.*, in: Isensee, J./Kirchhof, P. (Hrsg.), HStR IX, § 194 Rn. 6 m. V. auf BVerfG; seine Rechtsprechung reflektiere seinerseits die christliche Sozialethik.

[613] Vgl. *Voßkuhle, A.*, Der Grundsatz der Verhältnismäßigkeit, JuS 2007, S. 429; *Alexy, R.*, Die Institutionalisierung der Menschenrechte im demokratischen Verfassungsstaat, S. 253.

[614] Vgl. *Rusteberg, B.*, Subjektives Abwehrrecht und objektive Ordnung, S. 92 m. V. auf Hoffmann-Riem.

[615] Vgl. *Kloepfer, M.*, in: Isensee, J./Kirchhof, P. (Hrsg.), HStR VII, § 164 Rn. 79; *Kingreen, T./Poscher, R.*, Staatsrecht II – Grundrechte, Rn. 330.

[616] Vgl. die Entscheidung des GVerfG vom 22. Dezember 2011, Nr. 1/1/477, Kap. II § 45.

[617] Vgl. *Hopfauf, A.*, in: Schmidt-Bleibtreu, B./Hofmann, H./Henneke, H.-G. (Hrsg.), GG, Einl. Rn. 157 und Rn. 247.

[618] Vgl. *Dumbs, M.*, Der Grundsatz der Verhältnismäßigkeit, DVBl. 2016, S. 692 m. V. auf BVerfGE 19, 342, 347 ff.; *Lindner, J. F.*, Theorie der Grundrechtsdogmatik, S. 219 f.; dazu auch *Strack, C.*, Praxis der Verfassungsauslegung I, S. 26 f., „Wesen der Grundrechte" ergebe sich aus der Bindungsklausel des Art. 1 Abs. 3 GG. Vgl. auch *Schnapp, F. E.*, in: Münch, I. v./Kunig, P. (Hrsg.), GG, Art. 20 Rn. 44.

[619] „Freiheit ist prinzipiell unbegrenzt", dazu *Isensee, J.*, in: Isensee, J./Kirchhof, P. (Hrsg.), HStR IX, § 191 Rn. 9; *Merten, D.*, „Gute" Gesetzgebung als Verfassungspflicht oder Verfahrenslast?, DÖV 2015, S. 352; *Depenheuer, O.*, in: Isensee, J./Kirchhof, P. (Hrsg.), HStR IX, § 194 Rn. 3.

Ausnahme" anzunehmen.[620] Das „Regel-Ausnahme-Verhältnis"[621] erfüllt eine Funktion der Verfassung selbst, auf die ganze Rechtsordnung „einheitsstiftend" (Rauber) einzuwirken.[622]

1. Die Schrankensystematik

Art. 21 GVerf kennt keine den Art. 8 GG und Art. 11 EMRK vergleichbare Schrankenregelung. Er beinhaltet zur „verfassungsmittelbaren Beschränkung" weder einen einfachen noch einen qualifizierten Gesetzesvorbehalt.[623] Auch hat der Verfassungsgeber auf die Aufnahme von Gründen, die eine Beschränkung rechtfertigen, verzichtet. Vorgesehen ist allerdings eine Rechtsfolgenbestimmung: Nimmt eine Versammlung einen gesetzwidrigen Verlauf, ist sie aufzulösen. Damit hat der Verfassungsgeber die Regelung der Auflösungsgründe der Konkretisierung des einfachen Gesetzgebers überlassen. Darüber hinaus sieht die Verfassungsbestimmung vor, dass der Gesetzgeber eine vorherige Anmeldepflicht einzuführen kann, wenn die Versammlung oder der Aufzug auf Verkehrsflächen stattfindet. Zu sonstigen Gründen, die eine Beschränkung der Versammlungsfreiheit rechtfertigen, schweigt die Verfassung – wie ausgeführt.

Der ausdrückliche einfache Gesetzesvorbehalt im Art. 8 GG richtet sich an den einfachen Gesetzgeber und macht die verfassungsrechtlich zugelassene „rechtsförmige" Begrenzung der Freiheit deutlich.[624] Dabei wird dem („gespaltenen") Gesetzesvorbehalt nur die Versammlung unter freiem Himmel unterworfen;[625] für Versammlungen in geschlossenen Räumen, die die Außenwelt weniger beeinträchtigen und daher eine „gesteigerte Autonomie" genießen, gelten die verfassungsimmanenten Schranken.[626] Die Funktion der Versammlungsfreiheit

---

[620] Vgl. *Sachs, M.*, in: Sachs, M. (Hrsg.), GG, Art. 20 Rn. 146.
[621] Zum „Regel-Ausnahme-Verhältnis" *Lindner, J. F.*, Theorie der Grundrechtsdogmatik, S. 417; vgl. auch *Lübbe-Wolff, G.*, Die Grundrechte als Eingriffsabwehrrechte, S. 67 f. mwN.
[622] Dazu im Kontext des Völkerrechts *Rauber, J.*, Verhältnismäßigkeit und völkerrechtliche Systembildung, ZaöRV 2015, S. 260, S. 272 und S. 295; zit. auch von *Peters, A.*, Verhältnismäßigkeit als globales Verfassungsprinzip, S. 13 f. Zur „Einheit der Verfassung und praktische Konkordanz" *Müller, F.*, Positivität der Grundrechte, S. 48.
[623] Zum einfachen und qualifizierten Gesetzesvorbehalt im GG *Stern, K.*, in: Stern, K./Becker, F. (Hrsg.), Grundrechte-Kommentar, Einl. Rn. 124 und Rn. 128–130; *Classen, C. D.*, Staatsrecht II – Grundrechte, § 5 Rn. 54–55.
[624] Dazu *Hofmann, H.*, in: Schmidt-Bleibtreu, B./Hofmann, H./Henneke, H.-G. (Hrsg.), GG, Art. 19 Rn. 7; *Hartmann, B. J.*, in: Bonner-Kommentar, GG, Art. 8 Rn. 78.
[625] Vgl. *Geis, M. E.*, in: Friauf, H./Höfling, W. (Hrsg.), Berliner Kommentar GG, Art. 8 Rn. 96; *Höfling, W./Krohne, G.*, Versammlungsrecht in Bewegung, JA 2012, S. 737.
[626] Vgl. *Kniesel, M./Poscher, R.*, in: Lisken, H./Denninger, E. (Hrsg.), Hb PolR, Kap. K Rn. 381; *Geis, M. E.*, in: Friauf, H./Höfling, W. (Hrsg.), Berliner Kommentar GG, Art. 8 Rn. 103; die immanenten Schranken lassen eine Beschränkung der vorbehaltlosen Grundrechte

für die „lebendige" Demokratie erfordert laut BVerfG, dass die „beschränkungslegitimierenden Rechtsgüter" der Versammlungsfreiheit „gleichwertig" sind.[627] Diese Rechtsgüter sind Persönlichkeitsrechte, die allgemeine Handlungs-, die Berufs- oder auch die Eigentumsfreiheit.[628] Auch die Auflistung der legitimen Beschränkungsvorbehalte des Art. 11 Abs. 2 EMRK verdeutlicht die erschöpfenden („exhaustive") Eingriffsziele.[629] Diese werden dabei restriktiv ausgelegt („must be interpreted narrowly"; „necessarily restrictive").[630] Diese „negative Günstigkeitsmaxime"[631] orientiert sich nach den Entscheidungen des EGMR am Grad der Wirkung auf die Außenwelt („the degree of disturbance").[632] Dieses Konzept beinhaltet zwei Ausgangspunkte: Die Versammlungen, insbesondere die Veranstaltung unter freiem Himmel („a demonstration in a public space"), führen zu selbstverständlichen Störungen des Alltagslebens, u. a. des Straßenverkehrs;[633] diese Nebeneffekte der Versammlungsfreiheit zu tolerieren, gehört

---

zugunsten anderer Verfassungsgüter (z.B. Leben und Gesundheit) unter Berücksichtigung der grundgesetzlichen Wertordnung zu (ebd., Rn. 109); *Kloepfer, M.*, in: Isensee, J./Kirchhof, P. (Hrsg.), HStR VII, § 164 Rn. 107–111.

[627] BVerfGE 69, 315, 348 f.: „Bei allen begrenzenden Regelungen hat der Gesetzgeber die […] in Art. 8 verkörperte verfassungsrechtliche Grundentscheidung zu beachten; er darf die Ausübung der Versamm-lungsfreiheit nur zum Schutz gleichwertiger anderer Rechtsgüter unter strikter Wahrung des Grundsatzes der Verhältnismäßigkeit begrenzen."

[628] Dazu *Stern, K.*, in: Stern, K./Becker, F. (Hrsg.), Grundrechte-Kommentar, Einl. Rn. 165. Vgl. die spätere Behandlung der Auflösung von Kollisionen durch Erteilung von Auflagen in Kap. H IV 8.

[629] Die Rechtfertigungsgründe nach Art. 11 Abs. 2 lauten folgendermaßen: Schutz der nationalen Sicherheit, Aufrechterhaltung der Ordnung, Verhütung von Straftaten, Schutz der Gesundheit, Schutz der Moral, Schutz der Rechte und Freiheiten anderer; *Ripke, S.*, in: Peters, W./Janz, N. (Hrsg.), Hb VersR, Kap. C Rn. 73–79.

[630] Vgl. ECHR, Stankov and the United Macedonian Organisation Ilinden v. Bulgaria, Nr. 29221/95 und 29225/95, 2. Oktober 2001, § 84; ECHR, Navalnyy v. Russia, Nr. 29580/12 und 4 weitere, 15. November 2018, § 137: „The Court has previously held that the exceptions to the right to freedom of assembly must be narrowly interpreted and the necessity for any restrictions must be convincingly established […]." Als zusätzliche Schranke kommt interpretationsleitend Art. 17 EMRK (Missbrauchsverbot) in Betracht; vgl. *Grabenwarter, C./Pabel, K.*, EMRK, § 18 Rn. 24–26; andererseits anerkennt Art. 16 EMRK die Möglichkeit, die politische Tätigkeit der Ausländer einzuschränken; dabei wird auch diese Norm restriktiv ausgelegt; seine Stellung in der EMRK sei aber streitig und im Allgemeinen eine „ungewöhnliche" Klausel für völkerrechtliche Verträge.

[631] Zu geschriebenen Günstigkeitsklauseln vgl. *Gamper, A.*, Regeln der Verfassungsinterpretation, S. 23.

[632] Vgl. ECHR, Navalnyy v. Russia, Nr. 29580/12 und 4 weitere, 15. November 2018, § 137 und § 150. Vgl. die spätere Behandlung in Kap. H IV 8 b) aa).

[633] Vgl. die Gegenbeispiele in: ECHR, Budaházy v. Hungary, Nr. 41479/10, 15. Dezember 2015, § 43; ECHR, Balçik and Others v. Turkey, Nr. 25/02, 29. November 2007, § 49; ECHR, Oya Ataman v. Turkey, Nr. 74552/01, 5. Dezember 2006, § 38.

VIII. Die Rechtfertigung von Eingriffen   179

zum Kern („substanz") der Gewährleistung.⁶³⁴ Andererseits leistet jede einschränkende Maßnahme unterhalb der Schwelle der Unfriedlichkeit der Demokratie einen schlechten Dienst.⁶³⁵ Jeder Zweifel sei daher zugunsten der Versammlungsfreiheit zu lösen.⁶³⁶

Da sich die Schrankenregelung des Art. 21 GVerf nicht in die allgemeine Dogmatik der Gesetzesvorbehalte einordnen lässt, sind die diesbezüglichen Aussagen des GVerfG relevant. Im November 2002 erachtete der Bf. eine Beschränkung der Versammlungsfreiheit nur dann als möglich, wenn die Versammlung auf einer Verkehrsfläche stattfindet.⁶³⁷ Im Gegensatz zur Auffassung des Bf. nahm das Gericht grundsätzlich einen Regelungsbedarf für den Fall der Wahrnehmung der Versammlungsfreiheit an. Regelungen seien schon im Interesse eines ungehinderten Ablaufs der Versammlung nötig. Die Spezifik der Freiheitsausübung, die durch eine Beeinflussung der Außenwelt unterschiedlicher Intensität gekennzeichnet sei, bedinge auch eine staatliche Regelung hinsichtlich der organisatorischen und Verfahrensvoraussetzungen. Diese Regelung habe der Gesetzgeber aber unter Abwägung der widerstreitenden Interessen und unter Beachtung des Verhältnismäßigkeitsgrundsatzes vorzunehmen.⁶³⁸ Die Reichweite der Schranken beschäftigte das Gericht auch 2011. Hier wich das Gericht von seiner früheren Entscheidung ab. Während 2002 das Friedlichkeitsgebot zum Anknüpfungspunkt für eine Beschränkung der Versammlungsfreiheit genommen wurde, zog das Plenum im Jahr 2011 den qualifizierten Gesetzesvorbehalt des Art. 17 Abs. 5 (des damaligen Art. 24 Abs. 4) GVerf zur Rechtfertigung heran.⁶³⁹ Damit hat das Gericht 2011 die Schrankenregelung der Meinungsfreiheit auf die Versammlungsfreiheit übertragen. Nach Ansicht des GVerfG sei die Versammlungsfreiheit ohne Rückgriff auf die Meinungsfreiheit „inhaltsleer".⁶⁴⁰ Daher sei die Schrankenübernahme (zur Prüfung der Verhältnismäßigkeit) gerechtfertigt. Das Gericht betonte, dass die Versammlungsfreiheit eine spezielle Form der

---

⁶³⁴ Vgl. ECHR, Bukta and Others v. Hungary, Nr. 25691/04, 17. Oktober 2007, § 37; ECHR, United Civil Aviation Trade Union and Csorba v. Hungary, Nr. 27585/13, 22. Mai 2018, § 26.

⁶³⁵ Vgl. ECHR, Alekseyev v. Russia, Nr. 4916/07 und 14599/09, 21. Oktober 2010, § 80.

⁶³⁶ Vgl. *Harris, D. J./O'Boyle, M./Bates, E./Buckley, C.*, Law of the ECHR, S. 8711 m. V. auf EGMR.

⁶³⁷ Vgl. die Entscheidung des GVerfG vom 5. November 2002, Nr. 2/2/180–183, Kap. I.

⁶³⁸ Vgl. ebd., Kap. II §§ 5–10.

⁶³⁹ Die Schrankenregelung des Art. 24 Abs. 4 (des geltenden Art. 17 Abs. 5) GVerf lautet: „[…][E]nsuring state security, territorial integrity or public safety, for preventing of crime, for the protection of the rights and dignity of others, for prevention of the disclosure of information acknowledged as confidential or for ensuring the independence and impartiality of justice."

⁶⁴⁰ Vgl. die Entscheidung des GVerfG vom 18. April 2011, Nr. 2/482, 483, 487, 502, Kap. II § 4; *Peters, A./Ley, I.*, The Freedom of Peaceful Assembly in Europe, S. 11, sie sprechen von der Versammlungsfreiheit als „a companion right to free speech".

Meinungskundgabe darstellt. Gedanklich wurden Form und Inhalt der Meinungskundgabe getrennt bzw. bei der Meinung wurde zwischen der Ausdrucksform und dem Inhalt unterschieden. Ausgehend hiervon stellte das Gericht fest, dass Inhalte, die in einer Versammlung kundgetan werden, sowohl dem Schutz der Meinungsfreiheit als auch dem Schutz der Versammlungsfreiheit unterfallen können.[641] Es handele sich nur um Ausnahmefälle, wenn allein die Versammlungsfreiheit betroffen sei. Ausgehend hiervon wurde die Versammlungsfreiheit als „instrumentales Freiheitsrecht" bezeichnet.[642] Da Art. 21 (damals Art. 25) keinen Schrankenkatalog beinhalte, könnten die Gründe, die eine Beschränkung der Meinungsfreiheit rechtfertigen, auch zur Beschränkung der Versammlungsfreiheit dienen.[643] Nicht erwähnt wurden Fälle, in denen die Form Auswirkungen auf den Inhalt der Kundgebung hat (z. B. „symbolische Rede" durch Einsatz eines bestimmten Gestaltungsmittels).[644]

In ihrer Stellungnahme hat die Venedig-Kommission darauf hingewiesen, dass ein Automatismus bei der Übernahme von Schrankenregelungen auszuschließen sei.[645] Die Schrankenregelung der Meinungsfreiheit in der GVerf sei im Vergleich zu Art. 11 Abs. 2 EMRK viel weiter.[646] Die Heranziehung dieser weiten

---

[641] Vgl. die Entscheidung des GVerfG vom 18. April 2011, Nr. 2/482, 483, 487, 502, Kap. II, § 4.

[642] Vgl. ebd., Versammlungsfreiheit sei „keine dienende Freiheit", so *Hartmann, B. J.*, in: Bonner-Kommentar, GG, Art. 8 Rn. 150. Versammlung trage keine instrumentelle Funktion für andere Grundrechte; diese erfülle eine instrumentelle Funktion nur für die Teilnehmer der Versammlung selbst, die als Träger der Versammlungsfreiheit vor allem die „versammlungsspezifischen Verhaltensweisen" verwirklichen wollen, so *Ullrich, N.*, NVersG, § 1 Rn. 10. Vgl. auch *Koll, B.*, Liberales Versammlungsrecht, S. 51.

[643] Vgl. die Entscheidung des GVerfG vom 18. April 2011, Nr. 2/482, 483, 487, 502, Kap. II § 5.

[644] Die Herangehensweise des Gerichts wird unterstützt v. *Eremadse, K.*, Balanzierung der Interessen, S. 37 ff.

[645] Vgl. Interim Opinion on the Draft Amendments to the Law on Assembly and Manifestations of Georgia, Venice Commission, CDL-AD(2010)009, § 12; mit Blick auf die herrschende Meinung im deutschen Versammlungsrecht *Hong, M.*, in: Peters, W./Janz, N. (Hrsg.), Hb VersR, Kap. B Rn. 60, „Schrankenleihe, Schrankenübertragung oder Schrankenüberlagerung" u. a. anhand der Methode der Analogie kommen nicht in Betracht. Vgl. auch *Kingreen, T./Poscher, R.*, Staatsrecht II – Grundrechte, Rn. 372 und Rn. 382, bei vorbehaltlosen Grundrechten sei deswegen „kollidierendes Verfassungsrecht" als Eingriffsrechtfertigung bei Kollisionsfällen heranzuziehen; so wird die Reichweite des Schutzbereichs bestimmt bleiben und dagegen nicht „bemisst".

[646] Besonders problematisch erachtete es die Kommission, wenn die Meinungsfreiheitfreiheit laut GVerf zum Schutz der vertraulichen Information vor ihrer Bekanntgabe oder zur Gewährleistung der gerichtlichen Unabhängigkeit bzw. Unparteilichkeit eingeschränkt werden kann, vgl. Final Opinion on the Amendments to the Law on Assembly and Manifestations of Georgia, Venice Commission, CDL-AD(2011)029, § 14.

Rechtfertigungsgründe sei, wenn das Gebot der Friedlichkeit bei Vorbereitung und Durchführung der Versammlung nicht verletzt werde, mit der EMRK unvereinbar.[647] Die Kommission forderte eine Reaktion des Gesetzgebers, die die Kongruenz zwischen den Normen der Verfassung und Art. 11 Abs. 2 EMRK herbeiführt.[648] Dieser Forderung ist nicht zuletzt in Anbetracht des hohen hierarchischen Rangs der EMRK in der georgischen Rechtsordnung nachzukommen.[649]

2. Der Verhältnismäßigkeitsgrundsatz als Schranken-Schranke

Auch im Fall der Versammlungsfreiheit wird mit dem Verhältnismäßigkeits- bzw. Proportionalitätsprinzip als Grenze jeder einschränkenden Maßnahme die rechtsstaatliche Idee der Gerechtigkeit angestrebt.[650] Dabei sollte der Grundsatz für die ganze Rechtsordnung als „generelle Schranken-Schranke" charakteristisch sein („general problem solver"[651]).[652] Der Verhältnismäßigkeitsgrundsatz ist somit die prinzipielle „Entscheidungsregel" des Rechtsstaats und verfestigt die unmittelbare Geltung der Grundrechte.[653] Daher spricht Dumbs von Verhältnismäßigkeit als „Prinzip rechtlicher Kultur".[654] In der Rechtsprechung des EGMR kann das Verhältnismäßigkeitsprinzip zugleich als Kultur der demokratischen Gesellschaft der europäischen Staaten begriffen werden. Dieses „Ideal"[655]

---

[647] „[W]hilst it may be permissible in certain circumstances to prohibit assemblies involving such matters, it would not automatically be so in circumstances where no violence is anticipated."; Interim Opinion on the Draft Amendments to the Law on Assembly and Manifestations of Georgia, Venice Commission, CDL-AD(2010)009, § 12.

[648] Vgl. Final Opinion on the Amendments to the Law on Assembly and Manifestations of Georgia, Venice Commission, CDL-AD(2011)029, § 14: „[…] both the Constitution and the Law should be brought into compliance with the strictly prescribed and exhaustive list of possible limitations set out in Article 11 (2) ECHR." Vgl. auch Opinion 876/2017 On the Draft Revised Constitution, Adopted by the Venice Commission at its 111th Plenary Session (Venice, 16–17 June 2017), CDL-AD(2017)013, § 7.

[649] Vgl. kritisch *Giorgishvili, K.*, The constitutional-legal basis for the right to assembly based on current constitutional amendments, S. 36 ff.

[650] Vgl. *Sachs, M.*, in: Sachs, M. (Hrsg.), GG, Art. 20 Rn. 78; *Voßkuhle, A.*, Der Grundsatz der Verhältnismäßigkeit, JuS 2007, S. 42.

[651] So *Berkemann, J.*, Der Grundsatz der Verhältnismäßigkeit, DVBl. 2018, S. 741.

[652] Vgl. *Stern, K.*, in: Stern, K./Becker, F. (Hrsg.), Grundrechte-Kommentar, Einl. Rn. 135–136. Laut Isensee wird das Verhältnismäßigkeitsprinzip in der Ausformung des Subsidiaritätsprinzips u. a. als Maßstab für die Zuordnung der Funktionen zu Staat und Gesellschaft betrachtet; *Rupp, H. H.*, in: Isensee, J./Kirchhof, P. (Hrsg.), HStR II, § 31 Rn. 51 m. V. auf Isensee.

[653] Vgl. *Stern, K.*, in: Stern, K. (Hrsg.), Das Staatsrecht III/2, S. 835. Mit der Zeit wurde das Prinzip, so das BVerfG, zur „übergreifenden Leitregel allen staatlichen Handelns", so *Voßkuhle, A.*, Der Grundsatz der Verhältnismäßigkeit, JuS 2007, S. 429 m. V. auf BVerfG.

[654] *Dumbs, M.*, Der Grundsatz der Verhältnismäßigkeit, DVBl. 2016, S. 693.

[655] Vgl. *Kirchhof, P.*, Annäherung an das Recht, in: FS für Klein, S. 161.

als rechtsstaatliche „Freiheitsgesamtbilanz"[656] wird durch den Vorrang des milderen Mittels (Prinzip des geringstmöglichen Eingriffs; Übermaßverbot) sowie durch die Einzelfallgerechtigkeit als Ausdruck des Verhältnismäßigkeitsgedankens ermöglicht.[657]

a) Die präventive und die repressive Reaktionswirkung nach deutschem Recht

Im Grundsatz der Verhältnismäßigkeit verbinden sich die rechtsstaatlichen „Bindungs- und Reaktionsgebote"[658] und die Präventions- und Repressionsgedanken der Grundrechte werden reflektiert. Auch wenn ersterem – ungerechtfertigte Eingriffe sind (vor allem bei der Rechtssetzung) zu unterlassen – Vorrang zukommt, erweist sich das Reagieren auf die bereits begangene Grundrechtsverletzung als praxisbezogen und besonders relevant. Das Verhältnismäßigkeitsprinzip als Kontrollmaßstab im Sinne einer „Reaktion" auf Grundrechtsverletzungen stärkt die (nicht zuletzt den Rechtsstaat tragende) Verfassungsgerichtsbarkeit im Interesse des Individuums und der ganzen Rechtsordnung (Rechtsstabilitätsgedanke).[659] In diesem Sinne wird laut Voßkuhle die Verfassung selbst von einer „Erkenntnisnorm" zu einer „Kontrollnorm".[660]

Das anfangs im preußischen Polizeirecht etablierte Verhältnismäßigkeitsprinzip wurde vom BVerfG weiterentwickelt[661] und in dogmatischen Kontexten un-

---

[656] Vgl. *Winkler, D.*, Der „additive Grundrechtseingriff", JA 2014, S. 883 m. V. auf Kment.

[657] Vgl. *Stern, K.*, in: Stern, K. (Hrsg.), Das Staatsrecht III/2, S. 837 („einzelfallbezogene Sachgerechtigkeit"); *Schmidt-Aßmann, E.*, in: Isensee, J./Kirchhof, P. (Hrsg.), HStR II, § 26 Rn. 80–81 f. vgl. auch ECHR, United Civil Aviation Trade Union and Csorba v. Hungary, Nr. 27585/13, 22. Mai 2018, §§ 30–31.

[658] Zur Begriffsprägung *Lindner, F.J.*, Theorie der Grundrechtsdogmatik, S. 509: Art. 1 Abs. 3 GG postuliere einerseits das Bindungsgebot – die Grundrechtsverletzungen zu unterlassen; andererseits enthalte es das Reaktionsgebot, die Grundrechtsverletzungen zu unterbinden und rückgängig zu machen („Kompensation der Restriktion"). Vgl. auch *Poscher, R.*, Grundrechte als Abwehrrechte, S. 325.

[659] Laut Nußberger „sagt die Art der Anwendung des Verhältnismäßigkeitsgrundsatzes viel über das Rollenverständnis der Justiz im Rahmen eines gewaltenteilenden Systems aus", *Nußberger, A.*, Das Verhältnismäßigkeitsprinzip, NVwZ-Beilage 2013, S. 42; im Kontext des Völkerrechts vgl. *Peters, A.*, Verhältnismäßigkeit als globales Verfassungsprinzip, S. 16, sie zitiert Stone Sweet/Mathews: „Proportionality constitutes a doctrinal underpinning for the expansion of judicial power globally."

[660] So *Voßkuhle, A.*, Theorie und Praxis der verfassungskonformen Auslegung, AöR 125 (2000), S. 181.

[661] Vgl. *Hopfauf, A.*, in: Schmidt-Bleibtreu, B./Hofmann, H./Henneke, H.-G. (Hrsg.), GG, Einl. Rn. 289, er spricht von einer „erstaunliche[n] Karriere" des Grundsatzes der Verhältnismäßigkeit in der Rechtsprechung des BVerfG. Dabei entwickelte sich das Verhältnismäßigkeitsprinzip auch in Frankreich im Polizeirecht, dazu *Nußberger, A.*, Das Verhältnismäßigkeitsprinzip, NVwZ-Beilage 2013, S. 37; *Stolleis, M.*, in: Lisken, H./Denninger, E. (Hrsg.), Hb PolR, Kap. A Rn. 50.

VIII. Die Rechtfertigung von Eingriffen   183

termauert.⁶⁶² Auch für das Versammlungsrecht intensivierte es das Prinzip des „Interventionsminimums" zur effektiven Entfaltung der Freiheit (Ermöglichungskonzept im „Brokdorf"-Beschluss).⁶⁶³ Die Versammlungsfreiheit wird somit zum Optimierungsgebot („Doppelqualifizierung" des Grundrechts)⁶⁶⁴ und wirkt auf den Verhältnismäßigkeitsgrundsatz ein, um später von ihm selbst beeinflusst zu werden.⁶⁶⁵

Bei der Prüfung der Verhältnismäßigkeit eines staatlichen Eingriffs geht es um die Frage nach der Zweck-Mittel-Relation.⁶⁶⁶ Als Maßstab gilt die Verfassung (in erster Linie die spezielle grundrechtliche Gewährleistung) als höchstrangiges Recht.⁶⁶⁷ Festzustellen ist im Drei-Schritte-Modus, ob die strittige Maßnahme (staatlicher Eingriff) geeignet (Tauglichkeit, zum Ausschluss des offenbar ungeeigneten Mittels für den Erfolg), erforderlich (Interventionsminimum, Prinzip des mildesten Mittels) und proportional (angemessen, zumutbar, verhältnismäßig i. e. S.) ist.⁶⁶⁸ Dieser Prüfung „vorgeschaltet" ist die Identifizierung des Zwecks des Eingriffs („Bezugspunkt") und die Feststellung seines legitimen Charakters.⁶⁶⁹ Die Beurteilung der Zweck-Mittel-Relation erfordert laut Stern ein (verfassungsrechtliches) „Drittmaß", das im Abwägungsprozess festgestellt werden könne und die Harmonie der Verfassung fördere.⁶⁷⁰ Dieses Drittmaß

---

⁶⁶² Zur dogmatisch ausdifferenzierten Überprüfung staatlicher Eingriffsverwaltung durch das BVerfG *Nußberger, A.*, Das Verhältnismäßigkeitsprinzip, NVwZ-Beilage 2013, S. 36.
⁶⁶³ Vgl. die spätere Behandlung der Auflagen in Kap. H IV 8.
⁶⁶⁴ Vgl. *Rusteberg, B.*, Subjektives Abwehrrecht und objektive Ordnung, S. 95; *Alexy, R.*, Theorie der Grundrechte, S. 75 f.; *Böckenförde, E.-W.*, Wie werden in Deutschland die Grundrechte im Verfassungsrecht interpretiert?, EuGRZ 2004, S. 601 m. V. auf Alexy.
⁶⁶⁵ Zum wechselseitigen Verhältnis vgl. *Dumbs, M.*, Der Grundsatz der Verhältnismäßigkeit, DVBl. 2016, S. 694.
⁶⁶⁶ Die Unverhältnismäßigkeit deute daher auf eine „falsche" „unstimmige" Relation hin, *Peters, A.*, Verhältnismäßigkeit als globales Verfassungsprinzip, S. 1.
⁶⁶⁷ Vgl. *Hopfauf, A.*, in: Schmidt-Bleibtreu, B./Hofmann, H./Henneke, H.-G. (Hrsg.), GG, Einl. Rn. 291 m. V. auf BVerfG; *Kingreen, T./Poscher, R.*, Staatsrecht II – Grundrechte, Rn. 324–325.
⁶⁶⁸ Vgl. *Stern, K.*, in: Stern, K./Becker, F. (Hrsg.), Grundrechte-Kommentar, Einl. Rn. 137–140.
⁶⁶⁹ Vgl. *Sachs, M.*, in: Sachs, M. (Hrsg.), GG, Art. 20 Rn. 149; *Voßkuhle, A.*, Der Grundsatz der Verhältnismäßigkeit, JuS 2007, S. 430. Alle Schritte der Verhältnismäßigkeitsprüfung seien dabei auf den Zweck, den das Mittel verfolgt, bezogen, so *Kluckert, S.*, Die Gewichtung von öffentlichen Interessen, JuS 2015, S. 116. Dabei werden die Kriterien „Geeignetheit" und „Erforderlichkeit" beim Gesetzgeber und für die Verwaltung unterschiedlich beurteilt; zur gesetzgeberischen Einschätzungsprärogative *Kingreen, T./Poscher, R.*, Staatsrecht II – Grundrechte, Rn. 333–338.
⁶⁷⁰ Zum „Drittmaß" *Stern, K.*, in: Stern, K. (Hrsg.), Das Staatsrecht III/2, S. 784 f. und S. 814 f.

führt in mehrpoligen Grundrechtskonflikten zur Notwendigkeit der Herstellung praktischer Konkordanz.

b) Die „praktische Konkordanz" als deutsches Konzept der Abwägung

Im „grundrechtlichen Kosmos" der Rechtsordnung wird die harmonisierte Entfaltung der freien Sphären angestrebt.[671] Dazu ist ein schonender Umgang des Rechtsanwenders mit den verfassungsrechtlichen Schutzgütern, die öfter miteinander kollidieren, notwendig. Diese Idee verfolgt die deutsche „Konzeption des Abwägungsergebnisses" anhand der Erzielung bzw. Herstellung praktischer Konkordanz.[672] In mehrpoligen Grundrechtssituationen während der Entfaltung der Versammlung entstehen Konflikte zwischen Versammlungsfreiheit und z.B. den Interessen von Anwohnern, Verkehrsteilnehmern und Gewerbetreibenden.[673] Im Fall der üblichen Nebeneffekte einer Versammlung unterhalb der sog. Duldungsschwelle treten diese Interessen zurück. Wenn die Versammlung aber diese Schwelle überschreitet und die Rechte Dritter beeinträchtigt/zu beeinträchtigen droht, erfordert die Schutzpflicht des Staates, dass zugunsten Dritter („aktive Seite") in die Versammlungsfreiheit („passive Seite") eingegriffen wird.[674] Bei Prüfung der praktischen Konkordanz gilt das „Verbot übermäßiger Eingriffe" und „das Gebot hinreichenden Schutzes",[675] wobei Letzteres das erste – einen übermäßigen Eingriff – vorzubeugen hat und der Staat auch für die Versammlungsfreiheit weiter schutzpflichtenrechtlich gebunden bleibt (Ermöglichungskonzept). Unter Umständen können die staatlichen Maßnahmen in beide kollidierende Rechtspositionen eingreifen, wodurch das Ziel der praktischen Kon-

---

[671] Begriffsprägung von *Bumke, C.*, Ausgestaltung von Grundrechten, S. 12.

[672] Zur Prägung von „praktischer Konkordanz" *Hesse, K.,* Grundzüge des Verfassungsrechts, S. 135; *Alexy, R.*, Theorie der Grundrechte, S. 79. Die praktische Konkordanz ergebe sich aus dem Gedanken der Einheit der Verfassung, *Ossenbühl, F.,* in: Merten, D./Papier, H.-J. (Hrsg.), HGR I, § 15 Rn. 30. Vgl. auch *Cremer, W.*, Praktische Konkordanz, in: FS für Jarass, S. 175; er vertritt eine kritische Auffassung hinsichtlich der Praktikabilität der praktischen Konkordanz.

[673] Vgl. BVerfGE 69, 315, 348; *Kloepfer, M.*, Grundrechtskonzentrierung, in: FS für Stern, S. 409. „Es handelt sich also um Fälle, in denen staatliche Stellen eine Entscheidung treffen, welche die widerstreitenden Grundrechte mindestens zweier Individuen mit unterschiedlichen rechtlichen Interessen im konkreten Fall berührt." Dazu auch *Poscher, R.*, Grundrechte als Abwehrrechte, S. 325 ff.; *Ullrich, N.*, Gefahrenabwehrende Verwaltung und Schutz suchender Bürger, VerwArch 102 (2011), S. 397–398.

[674] Vgl. *Stern, K.*, in: Stern, K. (Hrsg.), Das Staatsrecht III/2, S. 823; *Mayer, M.*, Untermaß, Übermaß und Wesensgehaltsgarantie, S. 64 mwN.

[675] Vgl. *Rusteberg, B.*, Subjektives Abwehrrecht und objektive Ordnung, S. 97; daher seien sowohl Eingriff als auch Schutz rechtfertigungsbedürftig. Vgl. *Lindner, J.F.*, Theorie der Grundrechtsdogmatik, S. 221. *Mayer, M.*, Untermaß, Übermaß und Wesensgehaltsgarantie, S. 151.

VIII. Die Rechtfertigung von Eingriffen

kordanz – Ko-Entfaltung der Interessen durch „beiderseitige Optimierung" – erreicht wird.[676] Diese „Kompromisssuche" anhand praktischer Konkordanz ist laut Böckenförde – im Unterschied zur polizeirechtlich geprägten Zweck-Mittel-Relation – als eine „Angemessenheit-Verhältnismäßigkeit" zu verstehen.[677] Es handelt sich somit nicht um die Festlegung nur eines schutzwürdigen Rechtsguts; vielmehr kommt allen kollidierenden Rechtsgütern eine „Entfaltungschance" durch einen hinreichenden Schutz (Untermaßverbot) zu.[678] Die Reichweite sowohl dieser Chance als auch der Verkürzung ergibt sich danach, ob der Eingriff in die Versammlungsfreiheit bzw. die Rechte Dritter nur in einem „Randbereich" oder in einem „Kernbereich" droht.[679] Um diese Frage zu beantworten, sind die Rechtsgüter „wechselwirksam" abzuwägen.[680] Die fehlerfreie Abwä-

---

[676] Vgl. *Denninger, E.*, in: Lisken, H./Denninger, E. (Hrsg.), Hb PolR, Kap. B Rn. 13. *Cremer, W.*, Praktische Konkordanz, in: FS für Jarass, S. 176 ff. m. V. auf Hesse („praktische Konkordanz") und Lerche („schonender Ausgleich"); in der Lehre von Hesse gehe es somit nicht mehr um die Relation zwischen einem konstanten Zweck und einem oder mehreren variablen Mitteln, sondern um eine Relation zweier variabler Größen, die den Optimierungsauftrag am besten erfüllen sollen.

[677] Vgl. *Böckenförde, E.-W.*, Wie werden in Deutschland die Grundrechte im Verfassungsrecht interpretiert?, EuGRZ 2004, S. 603 in Fn. 45: „Bei der Angemessenheits-Verhältnismäßigkeit wird nach Vereinbarkeit, Ausgleich und angemessener abwägender Zuordnung mehrerer, auch gegenläufiger normativer Prinzipien oder Grundrechtsgehalte gefragt, und dies nicht nur in Bezug auf den Inhalt genereller Regelungen. Demgegenüber hat die klassische polizeirechtliche Verhältnismäßigkeit ihren festen Bezugspunkt im Gesetz bzw. der Gesetzesnorm und deren Zweck; sie fragt daraufhin (relational) nach Geeignetheit, Erforderlichkeit und Verhältnismäßigkeit im engeren Sinne, wobei die letztere allein auf den individuellen Fall der Gesetzesanwendung bezogen ist und als Kriterium nicht eine Angemessenheit, sondern das Nicht-Außer-Verhältnis-Stehen hat."

[678] Es geht um „Mehr oder Weniger" und nicht um „Alles oder Nichts", dazu *Alexy, R.*, Ratio Juris 16 (2003), S. 433, zit. nach *Klatt, M./Meister, M.*, Der Grundsatz der Verhältnismäßigkeit, JuS 2014, S. 194; vgl. auch *Gusy, C.*, in: Mangoldt, H. v./Klein, F./Starck, C. (Hrsg.), GG, Art. 8 Rn. 70, er spricht von „Ermöglichung der Versammlung bei gleichzeitigem Schutz für Dritte". Statt um ein „Entweder-Oder", kommt ein „Sowohl-als-auch" in Betracht; *Scheidler, A.*, Verkehrsbehinderungen durch Versammlungen, NZV 2015, S. 166 mwN. Dieser Idealfall kann nur dann nicht mehr verfolgt werden, wenn die „Entfaltungschancen" des jeweiligen Rechtsguts das Leben und die Gesundheit des Menschen gefährden, vgl. *Hoffmann-Riem, W.*, Demonstrationsfreiheit auch für Rechtsextremisten?, NJW 2004, S. 2779. Diese Lage erfordert „eine völlige Verdrängung des anderen Grundrechts" („kollisionslösender Vorrang" eines bestimmten Grundrechts), dazu *Kloepfer, M.*, Grundrechtskonzentrierung, in: FS für Stern, S. 410.

[679] Vgl. *Stern, K.*, in: Stern, K. (Hrsg.), Das Staatsrecht III/2, S. 831; weiter vgl. *Schulze-Fielitz, H.*, in: Dreier, H. (Hrsg.), GG, Art. 8 Rn. 79.

[680] So *Kloepfer, M.*, in: Isensee, J./Kirchhof, P. (Hrsg.), HStR VII, § 164 Rn. 81. Erforderlich sei eine „wechselseitige Zuordnung der [kollidierenden] Rechtsgüter mit dem Ziel ihres jeweils größtmöglichen Schutzes […]"; OVG Bautzen, Urt. v. 31.05.2018 – 3 A 199/18, BeckRS 2018, 10906, Rn. 20. Die Methode der praktischen Konkordanz sei sowohl bei den Grund-

gung hängt davon ab, ob die Schutz- und Wertgehalte der kollidierenden Rechtsgüter vergegenwärtigt wurden, bevor diese gegenübergestellt werden („grundrechtseingreifende Ermittlungen").[681] Der Umfang bzw. die Intensität der eingreifenden Maßnahme und deren „Nutzeffekte" für das Schutzgut müssen erwogen werden.[682] Nach Sachs ist dieser „Nutzeffekt" sodann mit dem (drohenden) „Beeinträchtigungseffekt" (Eingriffsintensität) abzuwägen.[683] Je intensiver der Eingriff („Schädigung" eines Rechtsguts) ausfällt, desto wichtiger muss das Schutzgut („Förderung" eines anderen Rechtsguts) sein bzw. desto höhere Anforderungen sind an die Rechtfertigung des Eingriffs zu stellen.[684] Die (drohende) Beeinträchtigung der Rechtsgüter eines Grundrechtsträgers darf nicht außer Verhältnis zum Nutzen der zu schützenden Rechtsgüter eines anderen Grundrechtsträgers stehen.[685]

rechten als auch bei sonstigem objektivem Verfassungsrecht anwendbar, dazu *Pieroth, B.*, Das Demokratieprinzip des Grundgesetzes, JuS 2010, S. 474 mwN. Durch die Abwägung wird die Widerspruchsfreiheit in der Verfassung selbst erreicht, so *Jarass, H.D.*, in: Jarass, H.D./Pieroth, B., GG, Einl. Rn. 7–8. Zum Abwägungsspielraum des Gesetzgebers *Alexy, R.*, Verfassungsrecht und einfaches Recht, VVDStRL 61 (2002), S. 19 f. Die „festen Maßstäbe" der Abwägung seien dabei kaum vorhanden, so *Sachs, M.*, in: Sachs, M. (Hrsg.), GG, Art. 20 Rn. 155; *Klatt, M./Meister, M.*, Der Grundsatz der Verhältnismäßigkeit, JuS 2014, S. 198 f. mwN.

[681] In Anlehnung an Lüth-Urteil vgl. *Merten, D.*, „Gute" Gesetzgebung als Verfassungspflicht oder Verfahrenslast?, DÖV 2015, S. 352 m. V. auf BVerfG; vgl. *Kugelmann, D.*, Die Meinungs- und Pressefreiheit des Art. 10 EMRK, in: FS für Klein, S. 1127 und S. 1138.

[682] Vgl. *Voßkuhle A.*, Der Grundsatz der Verhältnismäßigkeit, JuS 2007, S. 429; *Denninger, E.*, in: Lisken, H./Denninger, E. (Hrsg.), Hb PolR, Kap. D Rn. 53.

[683] *Sachs, M.*, in: Sachs, M. (Hrsg.), GG, Art. 20 Rn. 157; *Stern, K.*, in: Stern, K./Becker, F. (Hrsg.), Grundrechte-Kommentar, Einl. Rn. 140; *Kluckert, S.*, Die Gewichtung von öffentlichen Interessen, JuS 2015, S. 119. Vgl. die drei Abwägungsschritte bei *Klatt, M./Meister, M.*, Der Grundsatz der Verhältnismäßigkeit, JuS 2014, S. 196. Vgl. BVerfGE 69, 315, 365 (Interessenabwägung).

[684] Vgl. *Klatt, M./Meister, M.*, Der Grundsatz der Verhältnismäßigkeit, JuS 2014, S. 196; *Alexy, R.*, Verfassungsrecht und einfaches Recht, VVDStRL 61 (2002), S. 17 und S. 19. Zur Je-desto-Formel BVerfGE 76, 1, 51: „Die Dichte der verfassungsrechtlichen Kontrolle entspricht […] dem Rang und der Bedeutung des auf dem Spiel stehenden Grundrechtsgutes und der Eigenart des betroffenen Sachbereichs".

[685] Vgl. *Kingreen, T./Poscher, R.*, Staatsrecht II – Grundrechte, Rn. 345; *Classen, C.D.*, Staatsrecht II – Grundrechte, § 5 Rn. 64. Vgl. auch OVG Lüneburg, Urt. v. 24.09.2015 – 11 LC 215/14, NVwZ-RR 2016, S. 100 f. Rn. 20 und Rn. 21: In dem konkreten Fall überwog die Entschließungsfreiheit des Klägers das Interesse der Polizei, die auf das Fahrzeug installierte Kamera gegebenenfalls ohne Zeitverlust einzusetzen. Die Ausrichtung der Kamera, die aber nicht im Betrieb war, löste die Unsicherheit des Grundrechtsträgers und eine abschreckende Wirkung aus. Im Gegensatz dazu konnte die Polizei die Kamera, bei Vorliegen der ausschließlichen Gründe der Beweisaufnahme, innerhalb von Sekunden zum Einsatz bereitstellen. Da die Effizienz der polizeilichen Arbeit nicht in erheblichem Umfang beeinträchtigt wurde, musste der Versamm-lungsfreiheit Vorrang eingeräumt werden (ebd. Rn. 22). Vgl. die konkreten Beispiele bei der Analyse der Auflagen in Kap. H IV 8 c).

Das Verhältnismäßigkeitsprinzip und die Abwägungslehre kommen im deutschen Versammlungsrecht nicht nur infolge der Anknüpfung an die Rechtsfolgen in Betracht. Vielmehr strahlen diese auf alle Schritte des staatlichen Entscheidungsprozesses mittels des Gebots der versammlungskonformen bzw. versammlungsfreundlichen Anwendung des Rechts aus. Das Verhältnismäßigkeitsprinzip ist in der Arbeit der Vollzugspolizei besonders wichtig.[686] In diesem „rechtlichen und taktischen Konglomerat" kann nur das Übermaßverbot das „verfassungskräftige Deeskalationsgebot" determinieren.[687] Das Verhältnismäßigkeitsprinzip bietet somit einen umfassenden Entscheidungs- und Prüfungsrahmen, was eine auf Konsens gerichtete Kooperation zwischen Behörden und Veranstalter, eine angemessene Prognose der Gefahren, den Vorrang des milderen Mittels und die Berücksichtigung des Selbstbestimmungsrechts des Veranstalters ermöglicht.[688]

c) Die Erzielung einer „fair balance" nach der Rechtsprechung des EGMR

Auch der EGMR prüft, ob staatlicherseits ein Ausgleich zwischen den kollidierenden Rechtsgütern hergestellt wurde. Die Balancesuche ist hiernach für das System der EMRK charakteristisch.[689] Gemäß dem Subsidiaritätsprinzip übernimmt der EGMR nur die Kontrollfunktion („review"). Es ist endgültig festzustellen („final ruling"), ob die staatliche Maßnahme verhältnismäßig bzw. konventionsmäßig ist.[690] Dieser Zweck als „fair (proper) balance"[691] – „that a balan-

---

[686] Vgl. *Gusy, C.,* in: Mangoldt, H. v./Klein, F./Starck, C. (Hrsg.), GG, Art. 8 Rn. 41; *Tölle, O.,* Polizeiliche Pflichten bei der Inanspruchnahme von Nichtstörern, S. 159.
[687] Vgl. *Knape, M./Schönrock, S.,* Die Verbindung von Recht und Taktik, S. 169–170.
[688] Vgl. die Darstellung des einfachen Rechts in Georgien und die Behandlung einzelner Befugnisse der Versammlungsbehörde.
[689] Vgl. *Nußberger, A.,* Das Verhältnismäßigkeitsprinzip, NVwZ-Beilage 2013, S. 40, sie zitiert „Cossey v. the UK": „[…] [R]egard must be had to the fair balance that has to be struck between the general interest of the community and the interests of the individual, the search for which balance is inherent in the whole of the Convention." So auch ECHR, Appleby and Others v. the UK, Nr. 44306/98, 6. Mai 2003, § 40; vgl. auch ECHR, Austin and Others v. UK, Nr. 39692/09, 40713/09 und 41008/09, 15. März 2012, § 54.
[690] ECHR, Taranenko v. Russia, Nr. 19554/05, 15. Mai 2014, § 74; ECHR, Frumkin v. Russia, Nr. 74568/12, 5. Januar 2016, § 94; ECHR, Novikova and Others v. Russia, Nr. 25501/07, 57569/11, 80153/12, 5790/13 und 35015/13, 26. April 2016, § 152. Nußberger qualifiziert die Gründe der Anfechtung der staatlichen Abwägung durch EGMR als „formale Kritik" (defizitäre Begründung) und als „substanzielle Kritik" (beim inhaltlichen Widerspruch zu Vorgaben der Konvention); dabei gehöre die Kontrolle der Gefahrenprognose („Abschätzung eines Risikos") zum Gegenstand der substanziellen Kritik; *Nußberger, A.,* Das Verhältnismäßigkeitsprinzip, NVwZ-Beilage 2013, S. 43.
[691] ECHR, Young, James and Webster v. the UK, Nr. 7601/76; 7806/77, 13. August 1981, § 65; ECHR, Barankevich v. Russia, Nr. 10519/03, 26. Juli 2007, § 30.

ce be struck"⁶⁹², „the aim of reconciling"⁶⁹³ – sollte auch in den nationalen Rechtsnormen und in deren Anwendung zum Ausdruck kommen.⁶⁹⁴ Im Rahmen des Proportionalitätstests sind die Ziele des staatlichen Eingriffs, die in Art. 11 Abs. 2 EMRK aufgezählt sind, mit dem Interesse an der Meinungsäußerung (durch Worte, Geste oder Schweigen) abzuwägen.⁶⁹⁵ Die Auslegung der Schranken bzw. Rechtfertigungsgründe ist nach Nußberger zum Schlüsselpunkt des „Gestaltungspotenzial[s]" der Konvention durch den EGMR geworden.⁶⁹⁶ Eine Hauptrolle kommt dabei dem Proportionalitätstest und im Falle des Art. 8–11 EMRK vor allem dem Prüfungspunkt – „notwendig in einer demokratischen Gesellschaft" zu.⁶⁹⁷ Die Prüfungsformel des EGMR spiegelt sich ebenso in den nationalen Rechtsordnungen wider und beeinflusst in erster Linie die Ausführungen der Verfassungsgerichte. Dabei lehnt sich der Proportionalitätstest des EGMR auch an die deutsche Grundrechtsdogmatik an. So ist nach Peters ein fortdauernder „Backflow" (der deutschen Dogmatik u. a. über den EGMR hinaus in andere Staaten) zu beobachten.⁶⁹⁸ Die „Kontrolldichte" der nationalen Entscheidungen anhand des Verhältnismäßigkeitsprinzips variiert nach den Entscheidungen des EGMR je nach der Art der Einschränkung, der Reichweite des Beurteilungsspielraums und der Verhaltensweise der staatlichen Behörden.⁶⁹⁹

---

⁶⁹² ECHR, Budaházy v. Hungary, Nr. 41479/10, 15. Dezember 2015, § 36; ECHR, Ezelin v. France, Nr. 11800/85, 26. April 1991, § 52.

⁶⁹³ ECHR, Handyside v. the UK, Nr. 5493/72, 7. Dezember 1976, § 49; ECHR, Kudrevičius and Others v. Lithuania, Nr. 37553/05, 15. Oktober 2015, § 148; ECHR, Berladir and Others v. Russia, Nr. 34202/06, 10. Juli 2012, § 42; ECHR, Fáber v. Hungary, Nr. 40721/08, 24. Juli 2012, § 32: „[…] The Court is therefore empowered to give the final ruling on whether a „restriction" is reconcilable with freedom of expression as protected by Article 10." So auch ECHR, ECHR, Stankov and the United Macedonian Organisation Ilinden v. Bulgaria, Nr. 29221/95 und 29225/95, 2. Oktober 2001, § 87; ECHR, Barankevich v. Russia, Nr. 10519/03, 26. Juli 2007, § 30: „[…] The Court further reiterates that in a democratic society, in which several religions coexist within one and the same population, it may be necessary to place restrictions on the „freedom to manifest 'ne's religion or belief" in order to reconcile the interests of the various groups and ensure that every'ne's beliefs are respected. […]."

⁶⁹⁴ ECHR, Berladir and Others v. Russia, Nr. 34202/06, 10. Juli 2012, § 42; ECHR, Fáber v. Hungary, Nr. 40721/08, 24. Juli 2012, § 28.

⁶⁹⁵ ECHR, Barraco v. France, Nr. 31684/05, 5. März 2009, § 42 m. V. auf „Ezelin v. France".

⁶⁹⁶ so *Nußberger, A.*, Der Wandel der Grund- und Menschenrechte, in: FS für Stern, S. 122.

⁶⁹⁷ ECHR, Young, James and Webster v. the UK, Nr. 7601/76; 7806/77, 13. August 1981, § 63: „[…] [A]ny restriction imposed on a Convention right must be proportionate to the legitimate aim pursued […]"; „be necessary in a democratic society, that is, proportionate to the aim pursued."; ECHR, Budaházy v. Hungary, Nr. 41479/10, 15. Dezember 2015, § 25; ECHR, Stankov and the United Macedonian Organisation Ilinden v. Bulgaria, Nr. 29221/95 und 29225/95, 2. Oktober 2001, § 87.

⁶⁹⁸ Vgl. *Peters, A.*, Verhältnismäßigkeit als globales Verfassungsprinzip, S. 2.

⁶⁹⁹ In allen Fällen geht es letztlich um die Prüfung der von den nationalen Behörden und

VIII. Die Rechtfertigung von Eingriffen   189

Der Spielraum ist insbesondere dann weiter, wenn bestimmte Regelungen der Mitgliedstaaten voneinander abweichen, d. h. keine gemeinsamen Standards („emerging consensus") herausgebildet werden können.⁷⁰⁰ Die strengste Kontrolle („the most serious scrutiny") hinsichtlich der Wahrung der konventionsgemäßen (Minimal-)Standards übt der EGMR bei inhaltsbezogenen Beschränkungen aus.⁷⁰¹ Dies gilt im Kontext der freien Meinungsäußerung für das ganze politische System der Demokratie.⁷⁰²

aa) Das Prüfungsmodell des EGMR

Im Rahmen des Proportionalitätstests prüft der EGMR, ob der Eingriff auf einer gesetzlichen Grundlage beruht, ob ein legitimes Ziel des Eingriffs nach Art. 11 Abs. 2 vorliegt und die Einschränkung erforderlich (in einer demokratischen Gesellschaft) ist.⁷⁰³ Die erste Voraussetzung muss in zweierlei Hinsicht erfüllt werden: In Betracht kommt einerseits die demokratisch-formelle Bedingung des Vorliegens einer gesetzlichen Grundlage, wobei auch untergesetzliche Regelungen mit Außenwirkung und Richterrecht zu berücksichtigen sind.⁷⁰⁴ Andererseits ist

---

Gerichten angestellten Abwägung, die eventuell die Standards der EMRK missachtet haben; vgl. ECHR, Budaházy v. Hungary, Nr. 41479/10, 15. Dezember 2015, § 41 m. V. auf „Baracco v. France"; ECHR, Frumkin v. Russia, Nr. 74568/12, 5. Januar 2016, § 98. Dazu *Nußberger, A.*, Das Verhältnismäßigkeitsprinzip, NVwZ-Beilage 2013, S. 43, sie spricht von „Verhältnismäßigkeitsentscheidungen [des EGMR] zweiten Grades". Weiter *Peters, A.*, Verhältnismäßigkeit als globales Verfassungsprinzip, S. 6 ff.; sie bringt die Notwendigkeit der Abgrenzung zwischen „balancing", „necessity" und „reasonableness" auf den Punkt. Dazu *Becker, F.*, Jurisdiktion und Verhältnismäßigkeit, S. 30 f.; er stuft die Kontrollkriterien des EGMR je nach dem Konventionsrecht ab: In Art. 8 bis 11 EMRK sei die Erforderlichkeit („necessary") relevant; in Art. 5 Abs. 3 und Art. 6 Abs. 1 EMRK gehe es dagegen um die Angemessenheit („reasonable"); in Art. 2 Abs. 2 komme es auf die absolute Erforderlichkeit („absolutely necessary") an. Der Autor lehnt das eventuelle „Ins-Verhältnis-Setzen" des Gewährleistungsgehalts (Tatbestandsseite) ab.
⁷⁰⁰ Vgl. *Grabenwarter, C./Pabel, K.*, EMRK, § 18 Rn. 21; vgl. auch ECHR, Appleby and Others v. The United Kingdom, Nr. 44306/98, 6. Mai 2003, § 46; ECHR, Kudrevičius and Others v. Lithuania, Nr. 37553/05, 15. Oktober 2015, §§ 78–81.
⁷⁰¹ Vgl. ECHR, Lashmankin and Others v. Russia, Nr. 57818/09 und 14 weitere, 7. Februar 2017, § 417; ECHR, Navalnyy v. Russia, Nr. 29580/12 und 4 weitere, 15. November 2018, § 136.
⁷⁰² Vgl. Taranenko v. Russia, Nr. 19554/05, 15. Mai 2014, § 77, §§ 81, 95.
⁷⁰³ Hinsichtlich des Prüfungsmodells für Art. 8–11 EMRK vgl. *Uerpmann-Wittzack, R.*, Rechtsfortbildung durch Europaratsrecht, in: FS für Klein, S. 947; ECHR, Kasparov v. Russia, Nr. 53659/07, 11. Oktober 2016, § 68; ECHR, Barankevich v. Russia, Nr. 10519/03, 26. Juli 2007, § 26.
⁷⁰⁴ Vgl. *Grabenwarter, C./Pabel, K.*, EMRK, § 18 Rn. 7–8 und § 23 Rn. 74. Zum „judge-made law" ECHR, Gülcü v. Turkey, Nr. 17526/10, 19. Januar 2016, § 104: „[…] In sum, the ‚law' is the provision in force as the competent courts have interpreted it."

das rechtsstaatlich-materielle Verständnis des Gesetzes („the quality of the law in question") bedeutsam:[705] Das Gericht prüft das Vorliegen einer gesetzlichen Grundlage auf ihre Zugänglichkeit für den Adressaten und ihre Bestimmtheit hin. Die Gesetze müssen selbst die Möglichkeit vorsehen, dass die Adressaten vor der Gefahr der Willkür bzw. des Missbrauchs ihrer Anwendung geschützt sind.[706] Der Verhältnismäßigkeitsgrundsatz kann dabei schon durch gesetzgeberische Abwägungsfehler verletzt werden, wenn z. B. die Konventionsrechte nicht hinreichend geschützt werden.[707] Auch wenn der staatliche Eingriff diese Voraussetzung erfüllt, reicht allein die Kontrolle der (formalen) Rechtmäßigkeit des Eingriffs („lawfulness of the interference") nicht aus.[708] Die Verfolgung des legitimen Ziels als zweiter Schritt kann nicht abstrakt, sondern nur *in concreto* betrachtet werden.[709] Die Verfolgung eines zulässigen Zwecks ist in Anbetracht des Beurteilungsspielraums der Staaten meistens nachweisbar und daher weniger problematisch.[710] Im Fall „Navalnyy v. Russia" vom 15. November 2018 verneinte der EGMR dagegen schon das Vorliegen eines legitimen Ziels nach Art. 11 Abs. 2 EMRK: Der Staat habe sich allein von politischen Zwecken leiten lassen, weswegen neben Art. 11 EMRK auch die Verletzung des Art. 18 EMRK anzunehmen sei.[711] Der Staat konnte in beiden Fällen nicht nachweisen, dass bei Festnahme und Verurteilung des Bf. die legitimen Ziele des Art. 11 Abs. 2 EMRK verfolgt wurden. Umgekehrt war für den EGMR der alternative Zweck („the ulterior purpose") des Staates erkennbar, nämlich die bedeutende Rolle des Bf. im politischen Leben abzuschwächen. Dabei war dieser Zweck von erheblicher Bedeutung („significant gravity"; „degree of reprehensibility of the alleged ulterior purpose").[712]

---

[705] Vgl. ECHR, Lashmankin and Others v. Russia, Nr. 57818/09 und 14 weitere, 7. Februar 2017, § 410.

[706] Vgl. ECHR, Bakir and Others v. Turkey, Nr. 46713/10, 10. Juli 2018, § 53; ECHR, Navalnyy v. Russia, Nr. 29580/12 und 4 weitere, 15. November 2018, §§ 114–115 mwN.

[707] So in ECHR, Young, James and Webster v. the UK, Nr. 7601/76; 7806/77, 13. August 1981, § 49. Vgl. auch ECHR, Navalnyy v. Russia, Nr. 29580/12 und 4 weitere, 15. November 2018, § 150.

[708] Dazu ECHR, Ibrahimov and others v. Azerbaijan, Nr. 69234/11, 69252/11 und 69335/11, 11. Februar 2016, § 76.

[709] ECHR, Novikova and Others v. Russia, Nr. 25501/07, 57569/11, 80153/12, 5790/13 und 35015/13, 26. April 2016, § 137.

[710] ECHR, Navalnyy v. Russia, Nr. 29580/12 und 4 weitere, 15. November 2018, § 120 m. V. auf „Merabishvili v. Georgia": „Respondent Governments normally have a relatively easy task in persuading the Court that the interference pursued a legitimate aim, even when the applicants cogently argue that it actually pursued an unavowed ulterior purpose."

[711] Ebd., § 176 Art. 18 EMRK lautet: „The restrictions permitted under [the] Convention to the said rights and freedoms shall not be applied for any purpose other than those for which they have been prescribed" (zit. ebd., § 154).

[712] Vgl. ebd., §§ 173–174.

Der Bf. Navalnyy sei in seiner Versammlungsfreiheit nicht als Individuum, sondern vor allem als Führer einer oppositionellen Bewegung betroffen.[713]

Als letzter Schritt wird untersucht, ob die Maßnahmen in einer demokratischen Gesellschaft erforderlich waren („necessary in a democratic society", „the necessity test").[714] Der Ausgangspunkt der Erforderlichkeitsprüfung bezieht sich wieder auf die besondere demokratische Funktion der Versammlungsfreiheit; letztere darf daher nur zugunsten der Prinzipien, auf denen die demokratische Gesellschaft basiert, eingeschränkt werden.[715] Im „Makhmudov"-Fall bringt der EGMR diese Konnexität auf den Punkt: „Not only is political democracy a fundamental feature of the European public order, but the Convention was designed to promote and maintain the ideals and values of a democratic society. Democracy, the Court has stressed, is the only political model contemplated in the Convention and the only one compatible with it. By virtue of the wording of the second paragraph of Article 11, and likewise of Articles 8, 9 and 10 of the Convention, the only necessity capable of justifying an interference with any of the rights enshrined in those Articles is one that must claim to spring from a ‚democratic society' […]."

Der EGMR erkennt einen gewissen Grad eines Beurteilungsspielraums an, nennt aber selbst die Determinanten, die den Vorgang der staatlichen Einschätzung leiten müssen: Die Erforderlichkeit sei nicht als „nützlich" („useful") oder „wünschenswert" („desirable") oder „vernünftig" („reasonable") zu verstehen. Auch handele es sich nicht um ein Synonym für das Wort „unerlässlich" („indispensable").[716] Handelt die staatliche Behörde im Rahmen ihrer Befugnisse, dann obliegt es ihrer Entscheidung, ob ein dringendes soziales Bedürfnis („pressing social need") den Eingriff in die Versammlungsfreiheit erforderlich

---

[713] Ebd., § 174: „At the core of the applicant's Article 18 complaint is his alleged persecution, not as a private individual, but as an opposition politician committed to playing an important public function through democratic discourse. As such, the restriction in question would have affected not merely the applicant alone, or his fellow opposition activists and supporters, but the very essence of democracy as a means of organising society, in which individual freedom may only be limited in the general interest, that is, in the name of a „higher freedom" referred to in the *travaux préparatoires* […]. The Court considers that the ulterior purpose thus defined would attain significant gravity."
[714] Barankevich v. Russia, Nr. 10519/03, 26. Juli 2007, § 24; ECHR, Sergey Kuznetsov v. Russia, Nr. 10877/04, 23. Oktober 2008, § 39.
[715] ECHR, Makhmudov v. Russia, Nr. 35082/04, 26. Juli 2007, § 63; ECHR, Sergey Kuznetsov v. Russia, Nr. 10877/04, 23. Oktober 2008, § 39; ECHR, Navalnyy v. Russia, Nr. 29580/12 und 4 weitere, 15. November 2018, §§ 174–175.
[716] ECHR, Novikova and Others v. Russia, Nr. 25501/07, 57569/11, 80153/12, 5790/13 und 35015/13, 26. April 2016, § 151 m.V. auf „Handyside v. UK"; ECHR, Molofeyeva v. Russia, Nr. 36673/04, 30. Mai 2013, § 132.

macht.⁷¹⁷ Die staatlichen Feststellungen müssen adäquat und hinreichend („relevant and sufficient") begründet sein und sicherstellen, dass die Reichweite der Meinungs- und der Versammlungsfreiheit berücksichtigt wird.⁷¹⁸ Die behördliche Einschätzung der Tatsachen muss im Sinne der Standards der EMRK nachvollziehbar sein („acceptable assessment of the relevant facts").⁷¹⁹ In Anbetracht der demokratischen Funktion der Versammlungsfreiheit können nur sehr ernste Gründe herangezogen werden („very strong reasons"; „convincing and compelling reasons to justify an interference with this right").⁷²⁰ Dabei wird der Eingriff im Licht der gesamten Geschehnisse betrachtet („in the light of the case as a whole").⁷²¹

bb) Die Ausbalancierung von Interessen im Fall „Karaahmed v. Bulgaria"

Das Prüfungsmodell des Gerichtshofs unterscheidet sich von demjenigen der deutschen Gerichte, da der EGMR meistens keine mehrpoligen Grundrechtskollisionen verschiedener Grundrechtsträger aufzulösen hat.⁷²² Es geht vielmehr um

---

⁷¹⁷ Dazu auch Körtvélyessy v. Hungary, Nr. 7871/10, 5. April 2016, § 25; ECHR, Kasparov and Others v. Russia (No. 2), Nr. 51988/07, 13. Dezember 2016, § 31. *Nußberger, A.*, Das Verhältnismäßigkeitsprinzip, NVwZ-Beilage 2013, S. 41; die seit dem „Handyside"-Urteil festgelegte Prüfung des dringenden sozialen Bedürfnisses erfordere auch die Berücksichtigung des konkreten sozialen Kontextes und die diesbezügliche Argumentation der nationalen Gerichte.
⁷¹⁸ Vgl. ECHR, Sergey Kuznetsov v. Russia, Nr. 10877/04, 23. Oktober 2008, § 40; ECHR, Christian Democratic People's Party v. Moldova, Nr. 28793/02, 14. Februar 2006, § 70; ECHR, Molofeyeva v. Russia, Nr. 36673/04, 30. Mai 2013, § 132; ECHR, Budaházy v. Hungary, Nr. 41479/10, 15. Dezember 2015, § 42: „Furthermore, the national courts' assessment was not confined to a mere, formal application of the criminal law. They also engaged in an assessment of the conviction's proportionality in the light of the Court's and the Constitutional Court's case-law concerning freedom of assembly." Dagegen Körtvélyessy v. Hungary, 7871/10, 5. April 2016, § 28: „[…] [T]he Government's contention that the situation could have developed into blocking the major thoroughfare nearby is largely a matter of speculation".
⁷¹⁹ Vgl. ECHR, Taranenko v. Russia, Nr. 19554/05, 15. Mai 2014, § 74; Körtvélyessy v. Hungary, Nr. 7871/10, 5. April 2016, § 26.
⁷²⁰ ECHR, Sergey Kuznetsov v. Russia, Nr. 10877/04, 23. Oktober 2008, § 39; ECHR, Barankevich v. Russia, Nr. 10519/03, 26. Juli 2007, § 25; ECHR, Kakabadze and Others v. Georgia, 1484/07, 2. Oktober 2012, § 87; ECHR, Taranenko v. Russia, Nr. 19554/05, 15. Mai 2014, § 77; ECHR, Navalnyy and Yashin v. Russia, Nr. 76204/11, 4. Dezember 2014, § 53.
⁷²¹ ECHR, Lashmankin and Others v. Russia, Nr. 57818/09 und 14 weitere, 7. Februar 2017, § 412 mwN; ECHR, Gülcü v. Turkey, Nr. 17526/10, 19. Januar 2016, § 111; ECHR, Berladir and Others v. Russia, Nr. 34202/06, 10. Juli 2012, § 46; ECHR, Sergey Kuznetsov v. Russia, Nr. 10877/04, 23. Oktober 2008, § 40; ECHR, Barankevich v. Russia, Nr. 10519/03, 26. Juli 2007, § 26; ECHR, Öllinger v. Austria, Nr. 76900/01, 29. Juni 2006, § 33; ECHR, Handyside v. the UK, Nr. 5493/72, 7. Dezember 1976, § 50.
⁷²² Vgl. *Voßkuhle, A.*, in: Mangoldt, H. v./Klein, F./Starck, C. (Hrsg.), GG, Art. 93 Rn. 88a: „Allerdings betont das Bundesverfassungsgericht zugleich, dass der Grundrechtsschutz nach

VIII. Die Rechtfertigung von Eingriffen

die sekundäre Kontrolle des staatlichen Eingriffs anhand der Konventionsrechte („responsible for ensuring observance"⁷²³). Der EGMR unternimmt eine „einzelfallbezogene Gesamtabwägung", in der auch die Einschätzungen des Staates berücksichtigt werden („margin of appreciation", „certain but not unlimited margin of appreciation"⁷²⁴).⁷²⁵ Drittwirkung haben aber Fälle, wenn die Gerichte Konventionsnormen unmittelbar anwenden bzw. sich eine Streitpartei in ihrem Vorbringen vor den nationalen Richtern auf Konventionsrechte beruft. Dies wird aber nicht als Frage des Völkerrechts, sondern als innerstaatliche Streitbeilegung gesehen.⁷²⁶

Der EGMR hat aber ebenso Fälle behandelt, in denen es um mehrpolige Konflikte ging. So bejahte der EGMR im Fall „Öllinger v. Austria" die staatliche Schutzpflicht und einen Auftrag der Konvention, die miteinander kollidierenden Interessen auszubalancieren. Der Staat habe eine dreifache Schutzpflicht: Er müsse die miteinander kollidierenden Interessen so ausbalancieren, dass sowohl die Versammlungsfreiheit der Parteimitglieder als auch die ungestörte Veranstaltung der „Kameradschaft" als Assoziation (inhaltliche Gegenveranstaltung) sowie die Ausübung der religiösen Haltungen der Friedhofsbesucher ermöglicht werden.⁷²⁷ Einen gerechten Ausgleich der Interessen als Ausformung des Verhältnismäßigkeitsprinzips betrachtete der EGMR somit als einen wichtigen Ausdruck der Erfüllung der staatlichen Schutzpflicht.

Im Fall „Karaahmed v. Bulgaria" kollidierten Versammlungs- und Religionsfreiheit.⁷²⁸ Auf Beschwerde eines Moscheebesuchers prüfte der EGMR, ob der

---

dem Grundgesetz [durch die Rechtsprechung des EGMR] nicht eingeschränkt werden dürfe. Das gelte vor allem für mehrpolige Grundrechtsverhältnisse, in denen das ‚Mehr' an Freiheit für den einen Grundrechtsträger zugleich ein ‚Weniger' für einen anderen bedeute." Im deutschen Modell der Abwägung sei die Balancesuche der mitstreitenden Interessen besonders ausgeprägt, was auch das Verhältnis des BVerfG zur Rechtsprechung der EGMR mitbestimme, vgl. *Giegerich, T.*, The German Federal Constitutional Court's Misguided Attempts, in: FS für Klein, S. 52 mwN; *Papier, H.-J.*, Grundgesetz und Werteordnung, in: FS für Stern, S. 556.

⁷²³ So ECHR, Handyside v. the UK, Nr. 5493/72, 7. Dezember 1976, §§ 48–49.
⁷²⁴ ECHR, Barraco v. France, Nr. 31684/05, 5. März 2009, § 42.
⁷²⁵ Vgl. *Grabenwarter, C.*, The ECHR, S. 268; *Classen, C. D.*, Das Prinzip der Verhältnismäßigkeit, in: FS für Stern, S. 654; zum unterschiedlichen Argumentationsmuster am Beispiel des Urteils „Caroline von Monaco" *Starck, C.*, Praxis der Verfassungsauslegung II, S. 91 f.; nach Grimm sei die Entscheidung des EGMR in diesem Fall als „ärmer an abwägungsrelevanten Faktoren" zu bewerten.
⁷²⁶ Vgl. *Lemmens, K.*, in: van Dijk u. a., Theory and Practice of the ECHR, S. 26–30.
⁷²⁷ Vgl. ECHR, Öllinger v. Austria, Nr. 76900/01, 29. Juni 2006, §§ 34–35; ECHR, Fáber v. Hungary, Nr. 40721/08, 24. Juli 2012, § 43; ECHR, Barankevich v. Russia, Nr. 10519/03, 26. Juli 2007, § 33. Vgl. auch ECHR, Appleby and Others v. the UK, Nr. 44306/98, 6. Mai 2003, § 40.
⁷²⁸ ECHR, Karaahmed v. Bulgaria, Nr. 30587/13, 24. Februar 2015.

bulgarische Staat in einem Konflikt (gleichrangiger) Freiheitsrechte einen gerechten Ausgleich hergestellt hat. Gegenstand waren Ereignisse im Mai 2011 vor einer Moschee im Zentrum von Sofia.[729] Die bulgarische politische Partei (Ataka) hatte schon seit 2006 gegen die mit Lautsprechern übertragenen Gebetsrufe protestiert. Auch am 20. Mai 2011, während des Freitagsgebets, protestierten wieder ca. 150 Anhänger der Partei vor der Moschee. Mittels eines auf dem Auto installierten Lautsprechers wurde mit Kirchengeläut und christlichem Gesang gegen den „Noise terror" der Moschee demonstriert.[730] Die Veranstaltung der Partei war ordnungsgemäß angemeldet worden und die Polizeibeamten waren am Ort der Veranstaltung vertreten.[731] Nachdem Demonstranten anfangs Lautsprecher auf dem Dach der Moschee installiert hatten, einige Teilnehmer auch auf das Dach geklettert waren, kam es zu einer handgreiflichen Auseinandersetzung mit Moscheebesuchern.

Anhand des Art. 9 EMRK prüfte der EGMR, ob der Staat den Gläubigen (Bf.) vor den Demonstranten adäquat geschützt hat.[732] Im vorliegenden Fall kollidierten zwei fundamentale Konventionsfreiheiten miteinander. Keine von beiden sei absolut garantiert; beide könnten zugunsten der Rechte Dritter eingeschränkt werden. Es bestehe kein Rang zwischen diesen Rechten; vielmehr sollten diese gegeneinander ausbalanciert werden: Dazu müsse die Relevanz dieser Freiheiten in einer demokratischen Gesellschaft, die auf Pluralismus und Toleranz basiert, berücksichtigt werden.[733] Der Staat habe die Ausübung dieser Freiheiten auch dann zu schützen, wenn die störenden Wirkungen aus Handlungen von Privatpersonen entstehen. Der Staat habe den rechtlichen Rahmen bereitzustellen, der den Schutz der Freiheit Dritter garantiert, und dies müsse auch in die Praxis umgesetzt werden. Maßgeblich ist folglich, ob die Konventionswerte („values") gerecht ausbalanciert wurden.[734] Hier habe die Polizei diesen Konflikt auflösen müssen. Der Schutzpflicht war so nachzukommen, dass sowohl die Durchführung der Versammlung als auch die ungehinderte Ausübung der Religionsfreiheit mit anderen gemeinsam möglich ist.[735] Die nationalen Behörden mussten nach Anmeldung der Versammlung der Partei in Erwägung ziehen, dass die Kundgebung vor der Moschee mit einer Gefahr behaftet ist. Sobald für die nationalen Behörden erkennbar war, dass die Veranstalter mit einer Änderung von Zeit und Ort der Kundgebung nicht einverstanden sind, mussten entsprechende Schritte

---

[729] Vgl. ebd., § 4.
[730] Vgl. ebd., §§ 10–12.
[731] Vgl. ebd., § 14.
[732] Vgl. ebd., § 78.
[733] Vgl. ebd., § 92.
[734] Vgl. ebd., §§ 93–95 m. V. auf „Öllinger", § 42.
[735] Vgl. ebd., § 98.

zur Minimierung der Gefahren unternommen werden. Dadurch war sicherzustellen, dass es nicht zur Gewaltanwendung kommt und sich sowohl die Versammlungsfreiheit als auch die Religionsfreiheit friedlich entfalten kann. Dazu wäre eine vernünftige Distanz anzuordnen und eine hinreichende Anzahl von Polizeibeamten zur Verfügung zu stellen gewesen.[736] Gelingt die Koordination zwischen den Behörden nicht vor Beginn der Versammlung, ist dies zumindest nach Beginn der Versammlung effektiv nachzuholen. Dadurch hätte sowohl dem Klettern der Demonstranten auf dem Dach der Moschee als auch dem Verbrennen von Teppichen der Gläubigen vorgebeugt werden können.[737] Stattdessen habe sich die Polizeifunktion an diesem Tag auf eine Minimierung schon aufgetretener Störungen beschränkt. Dagegen sei nicht dafür gesorgt worden, dass die beiden Freiheiten ungehindert ausgeübt werden konnten.[738]

d) Das Verhältnismäßigkeitsprinzip in der Rechtsprechung des GVerfG

Bis zur Verfassungsreform von 2017 war das Verhältnismäßigkeitsprinzip in der GVerf nicht explizit vorgesehen. In der geltenden Verfassung ist der Grundsatz in den einleitenden Bestimmungen als Teilaspekt der Rechtsstaatlichkeit enthalten. Das Verhältnismäßigkeitsprinzip als „bedeutender Exportartikel" der deutschen Dogmatik hat die georgische Verfassungslehre beeinflusst.[739] Kriterien der Anwendung der praktischen Konkordanz bei Kollision der Versammlungsfreiheit mit anderen Grundrechten sind dagegen sowohl in der Theorie als auch in der Praxis bisher nicht entwickelt worden. Laut GVerfG ist ein Menschenrecht zwar nicht uneingeschränkt gewährleistet; es verleiht aber absoluten Schutz vor staatlicher Willkür.[740] Die Verhältnismäßigkeitsprüfung habe vor allem den Sinn, dieser Willkür zu entgegnen, damit der Würde des Menschen als höchster Priorität der Wertordnung Rechnung getragen wird.[741]

Das GVerfG versteht die Kollision eines Menschenrechts mit einem anderen Rechtsgut, das der Gesetzgeber mit dem gerügten Normativakt zu schützen bezweckt, als Wertekollision.[742] Die Spezifik dieses Konflikts bestehe darin, dass

---
[736] Vgl. ebd., § 100.
[737] Vgl. ebd., §§ 105–106.
[738] Vgl. ebd., § 107.
[739] Vgl. *Classen, C. D.*, Das Prinzip der Verhältnismäßigkeit, in: FS für Stern, S. 651; *Loladze, B.*, Das Rechtsstaatsprinzip in der Verfassung Georgiens, S. 311 ff. mwN; *Eremadse, K.*, Balancierung der Interessen, S. 99 ff.; *Isoria, L.*, in: Kommentar der GVerf, Kap. II, S. 22 ff.; dazu *Graser, A.*, in: Graser, A./Burjanadze, G. u. a., Proportionality and Human Rights, S. 6. Vgl. *Klatt, M./Meister, M.*, Der Grundsatz der Verhältnismäßigkeit, JuS 2014, S. 193, sie sprechen von einem „internationalen Siegeszug" des Verhältnismäßigkeitsprinzips.
[740] Vgl. die Entscheidung des GVerfG vom 11. April 2013, Nr. 1/2/503, 513, Kap. II § 2.
[741] Vgl. die Entscheidung des GVerfG vom 6. April 2009, Nr. 2/1/415, Kap. II § 13.
[742] Vgl. die Entscheidung des GVerfG vom 22. Dezember 2011, Nr 1/1/477, Kap. II § 45.

beide Interessen schützenswert seien und daher eine Balancierung im konkreten Fall erforderlich machten.[743] Das Gericht stellt in diesen Fällen auf die Funktion der einzelnen Menschenrechte in der Gesamtsystematik der Wertordnung der Verfassung ab.[744] Dementsprechend sind die Maßstäbe der verfassungsrechtlichen Bewertung zu finden. Nach der Entscheidung vom 2. Juli 2007 spiegelt die Suche nach einer gerechten Balance der Interessen zugleich das moderne Verständnis der Relation von Staat und Menschen wider und stellt die Stabilität des Staates sicher.[745] Bei einer Entscheidung zur Eigentumsfreiheit werden deutsche Einflüsse erkennbar: Das Gericht stellte auf das Erreichen einer praktischen Konkordanz zwischen privaten und öffentlichen Interessen ab. Keine von beiden dürfe sich unverhältnismäßig zuungunsten der anderen entfalten.[746]

Im November 2002 hat das GVerfG die Rechtfertigung des schwersten Eingriffs in die Versammlungsfreiheit – Auflösung und Verbot der Versammlung – vom Verstoß gegen das Gebot der Friedlichkeit abhängig gemacht. Auch hier hat das Gericht erneut die Wichtigkeit des Prinzips des milderen Mittels hervorgehoben. Eingriffe in die Versammlungsfreiheit dürften nur dann erfolgen, wenn sich mildere Maßnahmen als erfolglos erwiesen hätten.[747] Ebenfalls in der Entscheidung vom April 2011 hat das Gericht darauf hingewiesen, dass der Staat je nach dem Grad der Betroffenheit der Drittinteressen das mildeste Mittel zur Beschränkung der Versammlungsfreiheit zu wählen habe.[748] Im Fall der intensiven Einschränkung sei zugunsten der Versammlungsfreiheit zu berücksichtigen, dass ihre Ausübung nicht die Grenzen des Rechtsmissbrauchs überschreite.[749] Im Fall einer Kollision von Religionsfreiheit und Sicherheitsinteressen des Staates mahnte das Gericht, eine Koexistenz der Rechtsgüter und nicht den Schutz des

---

[743] Vgl. ebd.
[744] „Während der Erfüllung konkreter Aufgaben [der Balancierung] hat das Gericht die relevante Verfassungsnorm und die Streitnorm im Kontext der Grundprinzipien der Verfassung zu analysieren und zu bewerten. So ist sicherzustellen, dass die Normen durch ihre Auslegung im Rahmen der Wertordnung der Verfassung bleiben. Dies ermöglicht das umfassende Verständnis der Verfassungsnorm [Grundrechtsnorm] selbst."; Entscheidung des GVerfG vom 26. Dezember 2007, Nr. 1/3/407, Kap. II § 1; ähnlich auch die Entscheidung vom 26. Oktober 2007, N 2/2–389, Kap. II § 3.
[745] Vgl. dazu die Entscheidung des GVerfG vom 2. Juli 2007, Nr. 1/2/384, Kap. II § 19; die Entscheidung des GVerfG vom 14. April 2016, Nr. 1/1/625, 640, Kap. II § 29; vgl. auch den Beschluss der Verwaltungsrechtskammer des Berufungsgerichts Tbilisi vom 23. Februar 2017, Nr. 330310015817416 (3b/1268–16), S. 9.
[746] Vgl. die Entscheidung des GVerfG vom 2. Juli 2007, Nr. 1/2/384, Kap. II § 22.
[747] Entscheidung des Verfassungsgerichts vom 5. November 2002, Nr. 2/2/180–183, S. 27.
[748] Vgl. die Entscheidung des GVerfG vom 18. April 2011, Nr. 2/482, 483, 487, 502, Kap. II § 32, §§ 37–38.
[749] Vgl. die Entscheidung des GVerfG vom 18. April 2011, Nr. 2/482, 483, 487, 502, Kap. II § 32 und § 48.

einen Rechtsguts auf Kosten des anderen sicherzustellen.[750] In seiner Leitentscheidung vom 14. April 2016 zog das Gericht schließlich das Prüfungsmodell des EGMR heran und arbeitete mit der Je-desto-Formel: Je intensiver der Eingriff sei, desto strengere Anforderungen seien an die Verhältnismäßigkeit der Maßnahme zu stellen.[751]

---

[750] Vgl. die Entscheidung des GVerfG vom 22. Dezember 2011, Nr. 1/1/477, Kap. II §§ 44–46.

[751] Dabei trage der Staat die Beweislast, dass in der Gesetzgebung genügende Mechanismen zur Vorbeugung und Kontrolle eines eventuellen Missbrauchs existieren; insbesondere, wenn die Spezifik der verdeckten Maßnahmen ein solches Gefahrenpotenzial steigern, vgl. die Entscheidung des GVerfG vom 14. April 2016, Nr. 1/1/625, 640, Kap. II § 46, §§ 94–98 und § 110.

G. Die Konfliktkultur der Versammlungsfreiheit

Die Demokratie ermöglicht die „Institutionalisierung des Konflikts" u. a. durch die Kommunikationsfreiheiten.[1] In einem demokratischen Verfassungsstaat trägt die Versammlungsfreiheit zur besonderen „Konflikt- und Sicherheitskultur" bei.[2] Dies wird gleichsam zu einem Teilaspekt der allgemeinen Kultur einer pluralistischen Meinungsbildung, die das rechtsstaatlich-demokratische Verhältnis zwischen Mehrheit und Minderheit absichert („effective political democracy").[3] Selbst wenn Großdemonstrationen eine revolutionsähnliche Stärke haben können, ist auch die alternative Wirkung hervorzuheben, die auf die stabilisierende Funktion abstellt.[4] Danach kann die Inanspruchnahme der Versammlungsfreiheit eine Radikalisierung der Gesellschaft verhindern helfen, indem Unzufriedenheit und Proteststimmung rechtzeitig identifiziert werden.[5] Es geht um eine Art „politisches Frühwarnsystem",[6] das es ermöglicht, „Integrationsdefizite" von Staat

---

[1] Zur Institutionalisierung des Konflikts *Oppelt, M.*, Gefährliche Freiheit, S. 282 mwN.

[2] Zum Begriff vgl. *Hoffmann-Riem, W.*, Demonstrationsfreiheit auch für Rechtsextremisten?, S. 10; weiter *Brenneisen/Mescher*, in: Brenneisen, H./Wilksen, M. (Hrsg.), VersR, S. 250: Sie sprechen von einer durch Offenheit und Toleranz geprägten „Streit- und Sicherheitskultur". Zur Protestkultur des „Brokdorf"-Konzepts *Lepsius, O.*, Versammlungsrecht und gesellschaftliche Integration, S. 117.

[3] Vgl. ECHR, Navalnyy v. Russia, Nr. 29580/12 und 4 weitere, 15. November 2018, § 175.

[4] So BVerfGE 69, 315, 347. Zur stabilisierenden Funktion BVerfGE 69, 315, 347; dazu auch *Buchheister, J.*, Entwicklungslinien im Versammlungsrecht, LKV 2016, S. 161; *Hoffmann-Riem, W.*, Demonstrationsfreiheit auch für Rechtsradikale?, in: Meier, H./Dyckmans, F. (Hrsg.), Rechtsradikale unter dem Schutz der Versammlungsfreiheit, S. 30 f. („Ventilfunktion"); so auch *Müller-Franken, S.*, in: Schmidt-Bleibtreu, B./Hofmann, H./Henneke, H.-G. (Hrsg.), GG, Art. 8 Rn. 3; *Schulze-Fielitz, H.*, in: Dreier, H. (Hrsg.), GG, Art. 8 Rn. 17.

[5] In diesem Kontext reflektieren sich auch die Urphasen der europäischen Entwicklung der Versammlungsfreiheit: Das Petitionsrecht (in Großbritanien und Nordamerika), wodurch die Bürger den Volksvertretern ihr Anliegen mitteilten; dazu *Müller-Franken, S.*, in: Schmidt-Bleibtreu, B./Hofmann, H./Henneke, H.-G. (Hrsg.), GG, Art. 8 Rn. 1; *Höfling, W.*, in: Sachs, M. (Hrsg.), GG, Art. 8 Rn. 1 f. und Rn. 8; *Kloepfer, M.*, in: Isensee, J./Kirchhof, P. (Hrsg.), HStR VII, § 164 Rn. 3–6; *Salát, O.*, The Right to Freedom of Assembly, S. 10 ff.

[6] Vgl. *Zippelius, R./Würtenberger, T.*, Deutsches Staatsrecht, S. 299 Rn. 1, gestützt auf die Aussagen des BVerfG im „Brokdorf"-Beschluss (BVerfGE 69, 315, 347); ebenso *Hoffmann-Riem, W.*, in: Merten, D./Papier, H.-J. (Hrsg.), HGR IV, § 106 Rn. 17. In diesem Sinne stärke Versammlungsfreiheit die „politische Öffentlichkeit" als „Kommunikationsstruktur",

und Gesellschaft zu veranschaulichen.⁷ Darin sieht Luhmann die Möglichkeit der „politischen Sensibilisierung des Staates", die er im Wege der Kommunikation mit der Gesellschaft erreichen kann.⁸ Diese Wechselwirkung läuft ihrerseits zivilgesellschaftlich über die „aktivbürgerlichen Grundrechte" hinaus ab, und es wird dem Staat ermöglicht, politische Probleme „in ihrer gesellschaftlichen Umwelt" (adäquat) wahrzunehmen.⁹ Damit wird auch die Konfliktkultur der demokratischen Gesellschaft und des (Rechts-)Staats herausgebildet,¹⁰ die zur „Selbstüberprüfung" bzw. Selbststabilisierung des politischen Raums beiträgt.¹¹ Nur in einem durch diese Kultur geprägten System können „Sicherheit", „Toleranz" und „Solidarität" die tatsächlichen Grundlagen, die „Umwelt" der Versammlungsfreiheit schaffen.¹²

Habermas, J., Faktizität und Geltung, S. 435: Die politische Öffentlichkeit, die „über ihre zivilgesellschaftliche Basis in der Lebenswelt verwurzelt ist", ist „ein Warnsystem mit unspezialisierten, aber gesellschaftsweit empfindlichen Sensoren".

⁷ BVerfGE 69, 315, 347. In bestimmten Fällen kann die Versammlungsfreiheit die „einzige Artikulationsmöglichkeit für Unzufriedene" sein, so *Brenneisen, H./Wilksen, M.*, in: dies. (Hrsg.), VersR, S. 59. Die Inanspruchnahme der Versammlungsfreiheit trage nicht nur zur Konsolidierung der Gesellschaft bei; zur soziologischen Forschung der desintegrierenden Wirkung vgl. *Salát, O.*, The Right to Freedom of Assembly, S. 1 f. Die Versammlungsfreiheit schafft aber über die Offenbarung dieser Konflikte hinaus zugleich neue Impulse der (Rechts-)Entwicklung. Als Beispiel könnte hier der Kampf gegen alte Strukturen und Lebensweisen genannt werden, der anfangs in den USA und dann auch in Deutschland in den Studentenbewegungen zum Ausdruck kam, dazu *Hoffmann-Riem, W.*, Demonstrationsfreiheit auch für Rechtsextremisten?, NJW 2004, S. 2778.

⁸ Vgl. *Luhmann, N.*, Grundrechte als Institution, S. 99–100. Dazu ECHR, Stankov and the United Macedonian Organisation Ilinden v. Bulgaria, Nr. 29221/95 und 29225/95, 2. Oktober 2001, § 88: „[…] One of the principal characteristics of democracy is the possibility it offers of resolving a country's problems through dialogue, without recourse to violence, even when those problems are irksome."

⁹ Vgl. ebd., und auch S. 103. Die „aktive Bürgerschaft" ist dabei keine Pflicht, sondern nur eine „Verfassungserwartung", die auch der Versammlungsfreiheit zugrunde liegt; vgl. *Schmitt-Glaeser, W.*, in: Isensee, J./Kirchhof, P. (Hrsg.), HStR III, § 38 Rn. 11.

¹⁰ Dazu *Hoffmann-Riem, W.*, Demonstrationsfreiheit auch für Rechtsextremisten?, S. 10: „Die politische Kultur des kommunikativen Werbens um Einfluss, insbesondere auch des Protests, ist als Teil der Konfliktkultur einer Gesellschaft zu begreifen." Es ist die gesellschaftliche Kommunikation (und politische Meinungsbildung), die die Wechselwirkung von Recht und Politik „reproduziert", vgl. *Luhmann, N.*, Das Recht der Gesellschaft, S. 416.

¹¹ So *Schwäble, U.*, Das Grundrecht der Versammlungsfreiheit, S. 72, er spricht weiter von einer „Signalfunktion". Vgl. auch Kloepfer zur Smends „Integrationslehre", *Kloepfer, M.*, in: Isensee, J./Kirchhof, P. (Hrsg.), HStR III, § 42 Rn. 15.

¹² Vgl. *Isensee, J.*, in: Isensee, J./Kirchhof, P. (Hrsg.), HStR IX, § 190 Rn. 51, er spricht von einer rechtlichen und realen „Umwelt" der Grundrechtsnorm; *Denninger, E.*, in: Lisken, H./Denninger, E. (Hrsg.), Hb PolR, Kap. B Rn. 9; *Schwäble, U.*, Das Grundrecht der Versammlungsfreiheit, S. 70, er behandelt die Versammlungsfreiheit als „Element des Konflikts und zugleich staatlicher Integration".

I. Die Ablösung der „Aura des Ungehorsams"

Die Versammlungsfreiheit wird in der friedlichen Ordnung des Rechtsstaats von einer „Aura des Ungehorsams" abgelöst: Die Durchführung einer Versammlung gilt begriffsnotwendig als friedliches (und mittelbares) Mittel der angestrebten Veränderungen.[13] Dagegen wäre die selbsthilfeähnliche Durchsetzung von Interessen mit dem Gewaltmonopol des Staates, dem Gleichheitsprinzip und dem kommunikativen Gehalt der Versammlung nicht vereinbar („Bewirkungsverbot").[14] Die Funktionsfähigkeit des Staates muss erhalten bleiben,[15] damit Sicherheit und Freiheit der Bürger geschützt werden.[16] Diese „eigentliche Rechtfertigung" der Existenz des Staates[17] reflektiert zugleich den (immanenten) „grundrechtlichen Gemeinwohlvorbehalt"[18] und die (immanente) „freiheitssi-

---

[13] Vgl. *Ehrentraut, C.*, Die Verfassungsfreiheit, S. 211. Dabei sprach schon die französische Verfassung von 1791 von der friedlichen und waffenlosen Versammlungsfreiheit; *Peters, A./Ley, I.*, The Freedom of Peaceful Assembly in Europe, S. 10. Die Ausübung der Versammlungsfreiheit ist daher von dem letzten Mittel des Widerstandsrechts (aufgrund des Art. 20 Abs. 4 GG) zum Schutz der „verfassungsmäßigen Ordnung" zu unterscheiden; dazu *Sachs, M.*, in: Sachs, M. (Hrsg.), GG, Art. 20 Rn. 166–176. Auch in diesem Ultima-Ratio-Fall seien die Übergriffe in Rechte Dritter nicht mit diesem Schutzzweck des Widerstandsrechts vereinbar (Rn. 175); er zitiert weiter das „KPD"-Urteil des BVerfG: Anzuerkennen sei „ein Widerstandsrecht [nur] gegen ein evidentes Unrechtsregime" (Rn. 167). Davon abzugrenzen sei ebenfalls der Fall des „zivilen Ungehorsams" als symbolisches [!] Mittel zur Einwirkung auf den Prozess der öffentlichen Meinungsbildung (Rn. 169). Dagegen kann der Zweck des „zivilen Ungehorsams" keinesfalls Rechtsverletzungen rechtfertigen, so BVerfGE 73, 206, 252. Dazu auch *Schnapp, F. E.*, in: Münch, I. v./Kunig, P. (Hrsg.), GG, Art. 20 Rn. 79. Zum „gewaltfreien Widerstand" als „symbolische Unterstützung" (des kommunikativen Anliegens) der Versammlung, BVerfGE 104, 92, 104; *Alberts, H.-W.*, Zum Spannungsverhältnis zwischen Art. 8 GG und dem Versammlungsgesetz, NVwZ 1992, S. 40. Dies kann zudem gravierend bzw. revolutionsähnlich wirken, vgl. *Kloepfer, M.*, in: Isensee, J./Kirchhof, P. (Hrsg.), HStR VII, § 164 Rn. 1. Er nennt das Beispiel des Regimewechsels in der Ukraine; die großen politischen Versammlungen seien als „erste Schritte" für diese Wandlung zu betrachten. Hinzufügen wären noch die früheren und neueren Beispiele aus Georgien und Armenien.

[14] Dazu BVerfGE 104, 92, 105; zum Bewirkungsverbot *Helleberg, M.*, Leitbildorientierte Verfassungsauslegung, S. 93; *Koll, B.*, Liberales Versammlungsrecht, S. 339.

[15] Die Gegenüberstellung von Schutz der Grundrechte und der Funktionsfähigkeit des Staates bei *Möllers, M. H. W.*, Demonstrationsrecht im Wandel, S. 11.

[16] Zur doppelten Funktion des Verfassungsstaates zum Schutz der Sicherheit und der Freiheit *Hopfauf, A.*, in: Schmidt-Bleibtreu, B./Hofmann, H./Henneke, H.-G. (Hrsg.), GG, Einl. Rn. 304; zum funktionalen Zusammenhang zwischen Sicherheit und der Freiheit *Denninger, E.*, in: Lisken, H./Denninger, E. (Hrsg.), Hb PolR, Kap. B Rn. 13.

[17] Vgl. BVerfGE 49, 24, 57.

[18] Vgl. *Sachs, M.*, Die Grundrechte in der gesetzlichen Rechtsordnung, in: FS für Jarass, S. 243; zum „ungeschriebenen grundrechtlichen Gemeinwohlvorbehalt" u. a. im Kontext der Kooperationsobliegenheit des Veranstalters, die den staatlichen Behörden die optimale Aufrechterhaltung des Friedens ermöglicht, *Waechter, K.*, Die Vorgaben des BVerfG für das be-

chernde Funktion" des Staates.[19] Eine Gefahr der Beeinträchtigung der Funktionsfähigkeit muss aber überzeugend dargelegt werden, indem jede Willkür (auf der Ebene der „abwehrrechtlichen Konzeptualisierung"[20]) und die Nichtberücksichtigung des hohen Stellenwerts der Versammlungsfreiheit u. a. für die „demokratische Offenheit" (auch auf der Ebene der Schutzpflicht) ausgeschlossen wird.[21] Damit wird eine rechtsstaatliche „Symmetrie" zwischen Sicherheit und Freiheit (des anderen) erreicht bzw. die einseitige Verfolgung des Schutzzwecks eines dieser Rechtsgüter verhindert.[22] Dies gilt umso mehr, als sich das übliche Misstrauen gegen den Staat immer noch mit den Erfahrungen konnotieren lässt, wenn die Freiheit wegen des scheinbar verfolgten Zwecks des Sicherheitsschutzes verkürzt wird.[23] So zeigt der Fall des EGMR „Frumkin v. Russia" von 2016 exemplarisch eine unbegründete Rechtfertigung der Regierung zum „Schutz" der Funktionsfähigkeit des Staates. Der Staat (die Regierungspartei) fürchtete, dass die Führer der Opposition die Teilnehmer dazu bewegen, eine „Occupy"-Bewegung im Park am Bolotnaya Platz zu etablieren. Nach Ansicht der Regierung wäre diese Lage den „Maidan"-Ereignissen in der Ukraine vergleichbar („suspected hidden agenda"). Aufgrund dieser „Ängste" entschieden sich die Polizisten, durch strittige Polizeikordons den Teilnehmern den Zugang zum angemeldeten Versammlungsort zu versperren.[24]

---

hördliche Vorgehen, VerwArch 99 (2008), S. 80–81 m. V. auf BVerfG. Auch die Versammlungsfreiheit wird über (das Friedlichkeitsgebot und) den Schrankenvorbehalt hinaus „gemeinwohlverträglich und zivilgesellschaftlich" verwirklicht, so vgl. *Depenheuer, O.*, in: Maunz, T./Dürig, G. (Hrsg.), GG, Art. 8 Rn. 35 m. V. auf Starck.

[19] So *Kloepfer, M.*, in: Isensee, J./Kirchhof, P. (Hrsg.), HStR VII, § 164 Rn. 66. Vgl. *Grawert, R.*, Vom Staat zur Demokratie, in: FS für Klein, S. 67, der Staat sei mehr als die Staatsgewalt und die Amtsträger; der Staat als „Einheit" mit dem Volk enthält die Rechtfertigung eigener Existenz (eigene „Wertigkeit") durch „Harmonisierung der individuellen mit der allgemeinen Freiheit".

[20] Die Begrifflichkeit lehnt sich an Cornils an: *Cornils, M.*, Die Ausgestaltung der Grundrechte, S. 7.

[21] Vgl. BVerfG, Beschl. v. 27.10.2016 – 1 BvR 458/10, NVwZ 2017, S. 468 Rn. 91.

[22] Vgl. *Di Fabio, U.*, Sicherheit in Freiheit, NJW 2008, S. 422; *Schulze-Fielitz, H.*, in: Dreier, H. (Hrsg.), GG, Art. 8 Rn. 5; er verneint das einseitige Verständnis der „hochkomplex[en]" Spannungslage. Vgl. auch *Starck, C.*, in: Isensee, J./Kirchhof, P. (Hrsg.), HStR III, § 33 Rn. 3 und Rn. 16.

[23] Vgl. *Ladeur, K.-H.*, Die Beobachtung der kollektiven Dimension der Grundrechte, Der Staat 50 (2011), S. 510 f.

[24] Vgl. ECHR, Frumkin v. Russia, Nr. 74568/12, 5. Januar 2016, §§ 106–107; vgl. auch die staatliche Rechtfertigung in: ECHR, Stepan Zimin v. Russia, Nr. 63686/13 und 60894/14, 30. Januar 2018, § 76.

II. Die Qualität des (innen-)politischen Stimulus-Response-Modells

Die Versammlungsfreiheit fördert die Integration (demokratische Offenheit und rechtsstaatliche Toleranz) u. a. dadurch, dass sie die Beteiligung von Minderheiten am sozialen Leben unterstützt.[25] Die Meinungskundgabe von Vertretern der Minderheit darf dabei nicht davon abhängig gemacht werden, ob diese für die Mehrheit akzeptabel ist.[26] Nur so kann das Konzept der Demokratie als „Einheit (Identität) von Regierenden und Regierten" funktionieren: Deren (formales) Repräsentationssystem wird „inhaltlich" ergänzt, indem die gesellschaftlichen (Minderheiten-)Probleme staatlicherseits reflektiert werden.[27] Ladeur spricht von „Logiken der Identifikation",[28] die die Konflikte auslösen und letztendlich wieder vom Staat als Summe der Institutionen aufzulösen sind. Die Versammlungsfreiheit als „Transmissionsriemen für Minderheiten"[29] stellt ein wichtiges Instrument zur Kundgabe (außerparlamentarischer) oppositioneller Ansichten

---

[25] Vgl. BVerfGE 69, 315, 347 (360); Die (durch die Integration bedingte) „pluralistische Vielfalt" gewährleistet ihrerseits die „politische Einheit", so *Schwäble, U.*, Das Grundrecht der Versammlungsfreiheit, S. 72–73. Weiter *Kloepfer, M.*, in: Isensee, J./Kirchhof, P. (Hrsg.), HStR VII, § 164 Rn. 1, er spricht von einem „integrativen Effekt" der Versammlungsfreiheit; *Lepsius, O.*, Versammlungsrecht und gesellschaftliche Integration, S. 114. Dazu ECHR, „Identity" and Others v. Georgia, Nr. 73235/12, 12. Mai 2015, § 93; Barankevich v. Russia, Nr. 10519/03, 26. Juli 2007, § 30: „Referring to the hallmarks of a 'democratic society', the Court has attached particular importance to pluralism, tolerance and broadmindedness. In that context, it has held that although individual interests must on occasion be subordinated to those of a group, democracy does not simply mean that the views of the majority must always prevail: a balance must be achieved which ensures the fair and proper treatment of minorities and avoids any abuse of a dominant position […]."

[26] ECHR, Alekseyev v. Russia, Nr. 4916/07 und 14599/09, 21. Oktober 2010, § 81 m. V. auf Barankevich, § 31: „[…] [I]t would be incompatible with the underlying values of the Convention if the exercise of Convention rights by a minority group were made conditional on its being accepted by the majority. Were this so, a minority group's rights to freedom of religion, expression and assembly would become merely theoretical rather than practical and effective as required by the Convention […]."

[27] Dazu vgl. *Böckenförde, E.-W.*, Mittelbare/repräsentative Demokratie, in: FS für Eichenberger, S. 303 und S. 319 („[d]er inhaltliche Repräsentationsbegriff"). Dadurch wird nicht nur die Legitimität der Regierenden, sondern auch die Legitimität der von Regierten ausgehenden Gewalt gesichert; gestärkt wird somit die doppelte Rolle des Bürgers in der freiheitlichen Demokratie als „Regierender" und gleichsam „Regierter", vgl. *Hoffmann-Riem, W.*, in: Merten, D./Papier, H.-J. (Hrsg.), HGR IV, § 106 Rn. 1; zum Volk als „Inhaber und Schöpfer" (Rupp) *Flitsch, M.*, Die Funktionalisierung der Kommunikationsgrundrechte, S. 38 f.

[28] *Ladeur, K.-H.*, in: Ridder, H./Breitbach, M./Rühl, U./Steinmeier, F. (Hrsg.), VersR, S. 108 Rn. 13.

[29] So *Brenneisen, H.*, in: Brenneisen, H./Wilksen, M. (Hrsg.), VersR, S. 229. Vgl. auch *Schulze-Fielitz, H.*, in: Dreier, H. (Hrsg.), GG, Art. 8 Rn. 16–17.

dar.³⁰ Es handelt sich nicht nur um pragmatische politische Zielsetzungen, die eigene Wählerschaft zu sichern oder im Wettbewerb mit der an die Spitze der Regierung gelangten Partei gut abzuschneiden. Vielmehr sichern die Aktivitäten oppositioneller Kräfte,³¹ die längst als Aspekt der Gewaltenteilung (zugunsten des Menschenrechtsschutzes) verstanden werden, eine reale Balance zwischen den Zweigen der Staatsgewalt.³² Es liegt folglich im Gemeinwohlinteresse, die Kontrolle staatlichen Handelns zu stärken und dadurch effektiverem Regieren neue Impulse zu verleihen.³³

---

³⁰ Vgl. *Harris, D. J./O'Boyle, M./Bates, E./Buckley, C.*, S. 711 mwN; *Peters, A./Altwicker, T.*, EMRK, S. 106 Rn. 4. Zur besonderen Funktion der politischen Parteien für die demokratischen Prozesse s. Christian Democratic People's Party v. Moldova, Nr. 28793/02, 14. Februar 2006, § 66: „[…] In the political sphere, that responsibility [the State as the ultimate guarantor of the principle of pluralism] means that the State is under the obligation, among others, to hold, in accordance with Article 3 of Protocol No. 1, free elections at reasonable intervals by secret ballot under conditions which will ensure the free expression of the opinion of the people in the choice of the legislature. Such expression is inconceivable without the participation of a plurality of political parties representing the different shades of opinion to be found within a country's population. By relaying this range of opinion, not only within political institutions but also – with the help of the media – at all levels of social life, political parties make an irreplaceable contribution to political debate, which is at the very core of the concept of a democratic society."
³¹ Zur „Kontroll- und Korrektivfunktion" *Ehrentraut, C.*, Die Versammlungsfreiheit, S. 102.
³² Vgl. *Huber, P. M.*, in: Isensee, J./Kirchhof, P. (Hrsg.), HStR III, § 47 Rn. 21 und Rn. 41: Der Autor verweist auf die loyale Stimmung der Mehrheitspartei gegenüber der Regierung und dem realen Kontrollwillen der Opposition im Hinblick auf das Handeln der Exekutive; dadurch habe die Opposition einen besonderen Einfluss auf die „interorganschaftliche" Beziehung zwischen Legislative und Exekutive. Vgl. auch *Di Fabio, U.*, in: Isensee, J./Kirchhof, P. (Hrsg.), HStR II, § 27 Rn. 14 ff. („Horizontaler Ausgriff in die Gesellschaft"). Zu allgemeinen Aspekten *Sommermann, K.-P.*, in: Mangoldt, H. v./Klein, F./Starck, C. (Hrsg.), GG, Art. 20 Rn. 205 ff.; *Möllers, C.*, Dogmatik der grundgesetzlichen Gewaltengliederung, AöR 132 (2007), S. 501 f.: Abzulehnen sei die Figur der „publizistischen" Gewaltenteilung. Dem Grundgesetz gehe es bei der Gliederung der Gewalten nicht um irgendeine Form des gesamtgesellschaftlichen Machtausgleichs. Dagegen vgl. *Kloepfer, M.*, in: Isensee, J./Kirchhof, P. (Hrsg.), HStR III, § 42 Rn. 18–19. Vgl. auch die Darstellung der Meinungen bei *Starck, C.*, Praxis der Verfassungsauslegung II, S. 131.
³³ Vgl. State of Democracy, Human Rights and the Rule of Law in Europe. A shared responsibility for democratic security in Europe, Report by the Secretary General of the Council of Europe, Council of Europe, April 2015, S. 49: „Freedom of assembly and freedom of association are inextricably linked to freedom of expression. Exercised together, they support an inclusive and effective system of checks and balances, in which power is held to account. A guaranteed enjoyment of these rights is a precondition for the active participation of civil society in decision making at all levels of government." Vgl. *Böckenförde, E.-W.*, Ist Demokratie eine notwendige Forderung der Menschenrechte?, S. 236: Demokratie als „Form der Selbstbestim-

Auch die aktuellen Beispiele der „realen" Versammlungsfreiheit offenbaren die durch die Streit- und Konfliktkultur bedingte „Qualität des [innen-]politischen Prozesses":[34] Im September 2018 protestierten Menschen in mehr als 80 Städten von Russland gegen die Rentenreform. Die Polizei löste die friedlichen Versammlungen willkürlich auf und nahm mehrere friedliche Teilnehmer fest. Unter den Festgenommenen waren Kinder.[35] Die Sommermonate von 2018 waren auch in Georgien durch Demonstrationen geprägt. Einerseits veranstalteten die Menschen in der Hochgebirgsregion Svanetien Versammlungen gegen den geplanten Bau von Wasserkraftwerken; die Proteste wurden u. a. in der Form einer Mahnwache und des Hungerstreiks durchgeführt. Die Polizei intervenierte nicht. Die Regierung reagierte schließlich positiv und die Bauarbeiten wurden eingestellt. Andererseits wandelten sich im Mai begonnene und im September fortgesetzte Proteste von zwei Familien in politische Versammlungen gegen das Justizsystem. Im ersten Fall protestierten die Eltern eines von Schulkameraden ermordeten Jugendlichen gegen die nicht effektive Aufklärung des Falles. Im zweiten Fall ging es um den Todesschuss eines Polizisten (aufgrund der strittigen Anscheinsgefahr), der einen neunzehnjährigen Jugendlichen aus der Region Pankisi getötet hatte. Das Opfer wurde vom Sicherheitsamt der Unterstützung des Terrorismus verdächtigt. Infolge dieser Versammlungen trat der Oberste Staatsanwalt zurück.[36]

Je nachdem in welcher Weise das Verhältnis von Staat und Gesellschaft funktioniert, erlangt die Konfliktkultur der Versammlungsfreiheit im entsprechenden Stimulus-Response-Modell eine unterschiedliche Bedeutung. Die Versammlungsfreiheit wird in diesem Sinne zum Lackmustest der „Gesellschaftspolitik" des jeweiligen Staates.[37] Wenngleich der Staat durch die Versammlung positive

---

mung und Selbstregierung des Volkes", in der die Staatsgewalt „von den Bürgern konstituiert, legitimiert und kontrolliert [!] wird".

[34] Prägung von *Volkmann, U.*, Leitbildorientierte Verfassungsanwendung, AöR 134 (2009), S. 162; zur Versammlungsfreiheit und zu „innenpolitischen Konflikten" vgl. *Quilisch, M.*, Die demokratische Versammlung, Einl. Zur „reale[n] Freiheit" *Poscher, R.*, Grundrechte als Abwehrrechte, S. 115.

[35] Dabei sind auch Minderjährige Träger des Grundrechts der Versammlungsfreiheit, so *Müller-Franken, S.*, in: Schmidt-Bleibtreu, B./Hofmann, H./Henneke, H.-G. (Hrsg.), GG, Art. 8 Rn. 32 mwN. Informationen und Fotobeweise sind abrufbar unter: https://www.amnesty.org/en/latest/news/2018/09/russia-police-crush-peaceful-protests-and-arrest-hundreds-including-children/; Abrufdatum: 17.10.2021.

[36] Die weitere Forderung der Versammlungsteilnehmer nach dem Rücktritt des Justiz- und Innenministers ist erfolglos geblieben; zur Entwicklung s. auch in: United States Department of State, Georgia 2018 Human Rights Report, Country Reports on Human Rights Practices for 2018, Bureau of Democracy, Human Rights and Labor.

[37] Dazu im Kontext der 1960er Jahre vgl. *Weinhauer, K.*, Staatsgewalt, Massen, Männlichkeit, S. 302.

Anstöße für die eigene Tätigkeit erhält,[38] stört die Wahrnehmung der Versammlungsfreiheit in vielen Fällen die bequeme politische Lage, in der sich die Regierenden eingerichtet haben. Diese Gefahr droht auch stets in Georgien, wo die zivile Gesellschaft (noch) immer nicht als gleichrangiger Partner und Komplement des Staates verstanden wird.[39] Die Perspektive des integrativen Staates und der sich damit korrespondierenden Konfliktkultur bleibt noch eine Herausforderung an Staat und Gesellschaft.

III. Die politische Sensibilisierung durch den EGMR als Beitrag zur Konfliktkultur

Die Entwicklung der Dogmatik der Versammlungsfreiheit spiegelt die Geschichte der Restriktionen durch den (politisch motivierten) Staat wider.[40] Diese Spiegelbildlichkeit wird auch in der Rechtsprechung des EGMR erkennbar. Nicht zuletzt ist die EMRK mit der außerordentlichen Signalfunktion („alarm bell") geschaffen, die Europäische Ordnung vor einer Wiederholung der schlimmen Erfahrungen mit dem Totalitarismus zu schützen.[41] Diese rechtsstaatliche Aufgabe wird insbesondere im Bereich der Versammlungsfreiheit erfüllt. Die dynamische Entwicklung der EMRK durch den EGMR verdeutlicht die Neigungen des betroffenen Staates und zeigt, worauf die Einschränkung der Versammlungsfreiheit zurückzuführen ist. Aus dieser kontextbezogenen „Rechtsgewinnung" wird die Versammlungsfreiheit zum Lackmustest für die politische (Konflikt-)Kultur des jeweiligen Staates.[42] Die aktuellen Sachverhalte in den Beschwerden veranschaulichen die „routinemäßige" Neigung der führenden politischen Kräfte in einigen Ländern, die Versammlungsfreiheit zu limitieren.[43] Je größer die politische Trag-

---

[38] Ein Versammlungsgeschehen erfolgt „im Vertrauen auf die Kraft der freien öffentlichen Auseinandersetzung", vgl. OVG Münster, Beschl. v. 29.07.2016 – 15 B 876/16, BeckRS 2016, 49486, Rn. 8. Diese Kraft der durch die Versammlungen vorangetriebenen Ideen/Lösungen wird auch eine „Anpassungsflexibilität" (auf der Ebene des Staates) fördern und fordern, was insgesamt das gesellschaftliche System positiv beeinflusst, *Hoffmann-Riem, W.*, in: Merten, D./Papier, H.-J. (Hrsg.), HGR IV, § 106 Rn. 2.

[39] Dabei lebt die Demokratie „vom Dialog zwischen staatlichen Institutionen und Zivilgesellschaft", so *Kersten, J.*, Schwarmdemokratie, JuS 2014, S. 681. Dennoch bezeichnen die Forscher der post-sowjetischen Transformation die zivile Gesellschaft in Georgien (schon für die Zeit der friedlichen Revolution 2003) als entwickelt, dazu *Ó Beacháin, D./Polese, A.*, From Roses to Bullets, S. 68.

[40] Vgl. *Buchheister, J.*, Entwicklungslinien im Versammlungsrecht, LKV 2016, S. 161.

[41] Vgl. *Bates, E.*, The Evolution of the ECHR, S. 6 f.

[42] Vgl. *Ridder, H.*, in: Ridder, H./Breitbach, M./Rühl, U./Steinmeier, F. (Hrsg.), VersR, S. 29 Rn. 10.

[43] So ECHR, Huseynov and Others v. Azerbaijan, Nr. 34262/14, 35948/14, 38276/14,

weite, d. h. die Änderungs- bzw. Determinierungsmacht der Versammlung ist („increased political sensitivity"[44]), desto höhere Gefahren drohen der Entfaltung der Versammlungsfreiheit. Diese Kette von Aktion und Reaktion veranlasst den EGMR zu einer strengen Prüfung insbesondere dann, wenn die politische Rede der Versammlungsteilnehmer sanktioniert wird („the most serious scrutiny"[45]; „the closest scrutiny"[46]). Wenn die politischen Parteien bzw. Politiker den Beschränkungen des Art. 11 Abs. 2 unterworfen werden, bekennt sich der EGMR ebenfalls zu einer strikten Prüfung („rigorous European supervision"[47]) der staatlichen Rechtfertigung. In diesen Kontexten übernimmt die Konvention über das Verhältnismäßigkeitsprinzip hinaus eine „machtbegrenzende und balancierende Funktion".[48] Aus dem Blickwinkel der politischen Dimension der Versammlungsfreiheit vermag die individuelle Freiheit zugleich zum effektivsten Einfallstor der „gesamtgesellschaftlichen Freiheit" zu werden und erweist sich daher als schutzbedürftig. Diese Gefahrenquelle bringt der EGMR zum Ausdruck, wenn er das Vorliegen sog. „chilling effects"[49] bzw. eines „deterrent effect"[50] feststellt. Diese Folgen einer ungerechtfertigten Einschränkung der Versammlungsfreiheit wirken sich sowohl auf die individuelle Selbstbestimmung als auch auf die „demokratische Offenheit" des gesamten politischen Systems nachteilig aus.

56232/14, 62138/14 und 63655/14, 24. November 2016, § 45: „[…] [O]pposition activists had been routinely deterred or prevented from participating in demonstrations; punished for having done so; and punished for advocating or showing support for those demonstrations […]."; ebd., § 49: „[…] It finds that the proceedings against the applicants in the present cases and the ensuing administrative detention were arbitrary and unlawful measures aimed at punishing the applicants for their political activity, including their previous participation in opposition protests, and preventing them from participating in or organising such protests." Vgl. auch Huseynli and Others v. Azerbaijan, Nr. 67360/11, 67964/11 und 69379/11, 11. Februar 2016, §§ 85–91 und §§ 97–98.

[44] ECHR, Huseynov and Others v. Azerbaijan, Nr. 34262/14, 35948/14, 38276/14, 56232/14, 62138/14 und 63655/14, 24. November 2016, § 47.

[45] ECHR, Lashmankin and Others v. Russia, Nr. 57818/09 und 14 Weitere, 7. Februar 2017, § 417; ECHR, Primov and Others v. Russia, Nr. 17391/06, 12. Juni 2014, § 135; ECHR, Navalnyy v. Russia, Nr. 29580/12 und 4 weitere, 15 November 2018, § 136.

[46] ECHR, Christian Democratic People's Party v. Moldova, Nr. 28793/02, 14. Februar 2006, § 67.

[47] ECHR, Christian Democratic People's Party v. Moldova, Nr. 28793/02, 14. Februar 2006, §§ 67–68. Vgl. auch ECHR, Öllinger v. Austria, Nr. 76900/01, 29. Juni 2006, § 44.

[48] Auch die EMRK und ihre Schrankensystematik implizieren die „machtbegrenzende und -balancierende Funktion der Verhältnismäßigkeit", so *Becker, F.*, Jurisdiktion und Verhältnismäßigkeit, S. 19; *Altwicker, T.*, Convention Rights as Minimum Constitutional Guarantees?, S. 340.

[49] Dazu exemplarisch ECHR, Ibrahimov and Others v. Azerbaijan, Nr. 69234/11, 69252/11 und 69335/11, 11. Februar 2016, § 86.

[50] So ECHR, Gülcü v. Turkey, Nr. 17526/10, 19. Januar 2016, § 102.

In der aktuellen Rechtsprechung des EGMR lässt sich ein Block von Staaten identifizieren, in denen politische Versammlungen ohne tatsachengetragene Gründe beschränkt werden. In Aserbaidschan wurden Aktivisten oppositioneller Parteien wiederholt willkürlich festgenommen und ohne Prüfung, ob das vorgeworfene Verhalten unter dem Schutz des Art. 11 EMRK bzw. der in der nationalen Verfassung verbrieften Versammlungsfreiheit steht, verurteilt.[51] In der Türkei befasst sich der EGMR in letzter Zeit mit Versammlungen, die nach Ansicht der nationalen Behörden und Gerichte zur Unterstützung linksgerichteter kurdischer verbotener Organisationen durchgeführt werden. Auch in diesen Fällen trägt die staatliche Begründung nicht, und die Individuen, deren versammlungsspezifisches Verhalten unter dem Schutz des Art. 11 EMRK steht, wurden ohne hinreichend individualisierbare Schuld verurteilt.[52] In Russland zeigen nicht zuletzt die „Bolotnaya"-Ereignisse den hohen Druck des Staates auf politisch unerwünschte Meinungsäußerungen.[53] Der Staat betreibt (im Dienst der führenden politischen Kräfte) mittels einer zu weit vorfeldgelagerten (politischen) Prognose eine „Abwehrstrategie" gegenüber oppositionell gesinnten Bürgern. In den „Bolotnaya"-Fällen wurden u. a. junge Studenten wegen ihres politisch-gesellschaftlichen Aktivismus bestraft.[54] Die nationalen Strafgerichte prüften jedoch das reale Gefahrenpotenzial der Teilnehmer kaum.[55]

---

[51] ECHR, Hajibeyli v. Azerbaijan, Nr. 69180/11, 28. September 2017; Mirzayev and Others v. Azerbaijan, Nr. 12854/13 und 2 weitere, 20. Juli 2017; Babayev and Hasanov v. Azerbaijan, Nr. 60262/11 und 2 weitere, 20. Juli 2017; Khalilova and Ayyubzade v. Azerbaijan, Nr. 65910/14 und 73587/14, 6. April 2017; Huseynov and Others v. Azerbaijan, Nr. 34262/14, 35948/14, 38276/14, 56232/14, 62138/14 und 63655/14, 24. November 2016; Ibrahimov and others v. Azerbaijan, Nr. 69234/11, 69252/11 und 69335/11, 11. Februar 2016; Huseynli and Others v. Azerbaijan, Nr. 67360/11, 67964/11 und 69379/11, 11. Februar 2016; Gafgaz Mammadov v. Azerbaijan, Nr. 60259/11, 15. Oktober 2015.

[52] ECHR, Bakir and Others v. Turkey, Nr. 46713/10, 10. Juli 2018; Yigin v. Turkey, Nr. 36643/09, 30. Januar 2018; İmret v. Turkey (No. 2), Nr 57316/10, 10. Juli 2018; Işıkırık v. Turkey, Nr. 41226/09, 14. November 2017; Gülcü v. Turkey, Nr. 17526/10, 19. Januar 2016.

[53] ECHR, Navalnyy v. Russia, Nr. 29580/12 und 4 weitere, 15. November 2018, § 113; ECHR, Frumkin v. Russia, Nr. 74568/12, 5. Januar 2016, § 54: „Bolotnaya Square is a traditional place for holding various opposition events." Vgl. ebd., §§ 49–51: Nach diesen Ereignissen hatte auch eine unabhängige Expertenkommission von acht internationalen NGOs („the Expert Commission") die Bolotnaya-Ereignisse am 6. Mai 2012 in ihren tatsächlichen und rechtlichen Aspekten bewertet. 2013 legte die Kommission einen Bericht von 53 Seiten vor. Der Staat hat keine Bereitschaft gezeigt, mit der Kommission zu kooperieren.

[54] ECHR, Frumkin v. Russia, Nr. 74568/12, 5. Januar 2016; Yaroslav Belousov v. Russia, Nr. 2653/13 und 60980/14, 4. Oktober 2016; Lutskevich v. Russia, Nr. 6312/13 und 60902/14, 15. Mai 2018; Polikhovich v. Russia, Nr. 62630/13 und 5562/15, 30. Januar 2018; Stepan Zimin v. Russia, Nr. 63686/13 und 60894/14, 30. Januar 2018.

[55] Die „routinemäßigen" Beschränkungen der Versammlungsfreiheit und die systematischen Defizite des Rechtsschutzes haben zur Entstehung der Bewegung „Strategy-31" geführt,

III. Die politische Sensibilisierung durch den EGMR als Beitrag zur Konfliktkultur

In allen drei Beispielen spielt daher nicht zuletzt die mangelhafte Berücksichtigung relevanter und hinreichender Tatsachen im Rahmen der gerichtlichen Erwägungen die Schlüsselrolle für die Konventionswidrigkeit der staatlichen Maßnahmen. Dies hat zur Folge, dass die Versammlungsfreiheit unterhalb der Schwelle der Unfriedlichkeit beschränkt wird, werden ernste Gefahren nicht überzeugend dargelegt („convincingly demonstrated"[56]). Diese herabgesetzte „Reaktionsschwelle" des Staates leistet der Demokratie, so der EGMR, einen schlechten Dienst.[57] Als Mittel werden dabei gerade die schwersten Eingriffe (Auflösung, Verbot, Verurteilung zu einer Freiheitsstrafe) angewendet, die abschreckend wirken. Dieser Neigung des Staates zu mehr Restriktionen versucht der EGMR mit dem Konzept der Ermöglichung friedlicher Versammlungen entgegenzuwirken. Unterhalb der Schwelle der Unfriedlichkeit ist die Meinungsäußerung zu ermöglichen, auch wenn es später, in begründeten Fällen zur Sanktionierung der formellen Rechtswidrigkeit kommt. Nach der Rechtsprechung des EGMR bzw. des Konzepts der Ermöglichung (und der daraus folgenden Intensivierung der positiven Verpflichtung des Staats) muss der Staat selbst als Garant des Pluralismus („the State as the ultimate guarantor of the principle of pluralism") auftreten.[58] Nur so kann das Konzept der EMRK – „effective political democracy" governed by „the rule of law" – in die Realität umgesetzt werden.[59]

---

die die effektive Ausübung der Versammlungsfreiheit laut Art. 31 der Verfassung unterstützt. Auch die von dieser Plattform organisierten Versammlungen wurden Gegenstand von Beschwerden vor dem EGMR; vgl. ECHR, Yeliseyev v. Russia, Nr. 32151/09, 18. Juli 2017, § 18; ECHR, Lashmankin and Others v. Russia, Nr. 57818/09 und 14 weitere, 7. Februar 2017, §§ 122–123 und § 429.

[56] Vgl. ECHR, Frumkin v. Russia, Nr. 74568/12, 5. Januar 2016, § 93; ECHR, Fáber v. Hungary, Nr. 40721/08, 24. Juli 2012, § 43.

[57] Sergey Kuznetsov v. Russia, Nr. 10877/04, 23. Oktober 2008, § 45; Alekseyev v. Russia, Nr. 4916/07, 25924/08 und 14599/09, 21. Oktober 2010, § 80; ECHR, Taranenko v. Russia, Nr. 19554/05, 15. Mai 2014, § 67.

[58] ECHR, Christian Democratic People's Party v. Moldova, Nr. 28793/02, 14. Februar 2006, § 66. Barankevich v. Russia, Nr. 10519/03, 26. Juli 2007, § 30; im Allgemeinen zur Balance zwischen Mehrheits- und Minderheitspositionen in der demokratischen Gesellschaft vgl. grundlegend ECHR, Young, James and Webster v. the UK, Nr. 7601/76; 7806/77, 13. August 1981, § 63; ECHR, Barankevich v. Russia, Nr. 10519/03, 26. Juli 2007, § 30: „[…] [I]n exercising its regulatory power in this sphere and in its relations with the various religions, denominations and beliefs, the State has a duty to remain neutral and impartial. What is at stake here is the preservation of pluralism and the proper functioning of democracy, and the role of the authorities in such circumstances is not to remove the cause of tension by eliminating pluralism, but to ensure that the competing groups tolerate each other […]."

[59] Vgl. ECHR, Navalnyy v. Russia, Nr. 29580/12 und 4 weitere, 15. November 2018, § 175.

IV. Die Versammlungsfreiheit als responsives Recht

Das GVerfG hat bei seiner Aussage betont, dass in der demokratischen Gesellschaft über die besondere Relevanz der Versammlungsfreiheit ein eindeutiger Konsens besteht.[60] Dazu betrachten das BVerfG und der EGMR die Versammlungsfreiheit als „responsives Recht"[61], das auf eine „Antwort" des Staates und der Gesellschaft angewiesen ist.[62] Diese „Antwort" bezieht sich aber nicht auf den genehmigenden bzw. reglementierenden Staat; eine Versammlung wird in den meisten europäischen Staaten ohne vorheriges Genehmigungsverfahren durchgeführt.[63] Vielmehr handelt es sich um das Leitbild der konsenssuchenden Relation zwischen dem Staat und dem Veranstalter als Teil der Gesellschaft. In diesem Prozess kann sich die Versammlungsfreiheit als eine der Grundlagen der Demokratie nur dann entfalten, wenn der Staat gegenüber den Ideen und Forderungen (mit entsprechender „geistiger Wirkung") von Veranstaltern und Teilnehmern eine entsprechende „Anpassungsflexibilität"[64] an die gesellschaftlichen Prozesse zeigt.[65] Diese „Responsivität" als Reaktionsbereitschaft, als „Bindungsenergie" des kommunikativen Handelns[66] wird einerseits zur effektiven

---

[60] Vgl. die Entscheidung des GVerfG vom 18. April 2011, Nr. 2/482, 483, 487, 502, Kap. II § 26.

[61] Vgl. *Kniesel, M./Poscher, R.*, in: Lisken, H./Denninger, E. (Hrsg.), Hb PolR, Kap. K Rn. 46, die Versammlungsfreiheit stärke die „Responsivität des politischen Systems". *Ullrich, N.*, Das Demonstrationsrecht, S. 92 f., er spricht von einer Gewährleistung der „gesellschaftlichen Responsivität der institutionalisierten Demokratie"; vgl. auch *Linck, J.*, Protestaktionen gegen Castor-Transporte, ZRP 2011, S. 44; *Hartmann, M.*, Protestcamps als Versammlungen i. S. v. Art. 8 I GG?, NVwZ 2018, S. 203 f.

[62] Vgl. ECHR, Primov and Others v. Russia, Nr. 17391/06, 12. Juni 2014; Richter Dedov hat in seiner übereinstimmenden Meinung Folgendes festgestellt (Rn. 2): „[…] [T]he individual's power to influence is necessarily limited by the government's responsiveness."

[63] Vgl. *Peters, A./Ley, I.*, The Freedom of Peaceful Assembly in Europe, S. 299–300; ECHR, Lashmankin and Others v. Russia, Nr. 57818/09 und 14 weitere, 7. Februar 2017, §§ 318–324.

[64] Begriffsprägung von *Hoffmann-Riem, W.*, in: Merten, D./Papier, H.-J. (Hrsg.), HGR IV, § 106 Rn. 2.

[65] Diese Anpassungsnotwendigkeit ist Ausdruck der „konsensbedürftige[n] Ordnung" des Staates, vgl. *Kloepfer, M.*, in: Isensee, J./Kirchhof, P. (Hrsg.), HStR III, § 42 Rn. 15 m. V. auf BVerfGE 5, 85, 197. Vgl. auch ECHR, Stankov and the United Macedonian Organisation Ilinden v. Bulgaria, Nr. 29221/95 und 29225/95, 2. Oktober 2001, § 88; *Hartmann, M.*, Protestcamps als Versammlungen i. S. v. Art. 8 I GG?, NVwZ 2018, S. 204: Er unterstreicht die Relevanz der „Empfänglichkeit der Exekutive" bzw. „Rückbindungspflicht der Verwaltung". Dazu auch *Ladeur, K.-H.*, in: Ridder, H./Breitbach, M./Rühl, U./Steinmeier, F. (Hrsg.), VersR, S. 107 Rn. 13; die Versammlungsfreiheit sei als „Impfstoff" zu betrachten, der die „Offenheit und Flexibilität für Veränderungsprozesse" garantiert.

[66] Begriffsprägung bei *Habermas, J.*, Faktizität und Geltung, S. 23.

IV. Die Versammlungsfreiheit als responsives Recht 211

Entfaltung der Versammlungsfreiheit vorausgesetzt; andererseits sollte es selbst durch die Betätigung der Versammlungsfreiheit als legitime Erwartung herausgebildet, erkämpft werden. Diese Responsivität bedingt nach Luhmann „die Herrschaft über die Problemformulierung", die der Staat – in seiner „Korrespondenzrolle" zur kommunikativen Freiheit – mit der Gesellschaft zu teilen hat.[67] Der kommunikative Prozess führt somit zur „Sensibilität" des Staates für die gesellschaftlich-politischen Probleme. Dadurch erzielte Fortschritte sollten sodann der ganzen Gesellschaft zugutekommen, vor allem dadurch, dass die bestmöglichen (politischen) Lösungen der Probleme herausgefunden werden. Umgekehrt wird das ganze gesellschaftliche System beeinträchtigt, wenn die Versammlungsfreiheit (direkt oder indirekt) ungerechtfertigt eingeschränkt wird („chilling effects"). Daher muss beim Staat und der Gesellschaft als Außenwelt der Versammlung ein „gewisser Grad an Toleranz" gegenüber der friedlichen Versammlung nachgewiesen werden. Ihrerseits müssen die Veranstalter der Versammlung die Regeln einhalten.[68] Diese kommen der friedlichen und ungehinderten Versammlungsdurchführung zugute und ermöglichen es dem Staat, eigene Schutzpflichten (vor allem präventiv) sowohl zugunsten der Versammlungsfreiheit als auch zugunsten unbeteiligter Dritter effektiv zu erfüllen. In diesem konflikträchtigen Dreieck der „Akteure der Demokratie"[69] (Staat, Gesellschaft, Veranstalter bzw. Teilnehmer) trägt die Versammlungsfreiheit als „Grundrecht des Konflikts" zu „offenen Prozessen der Demokratie" bei. In diesem Vorgang fördern EMRK und EGMR die Stärkung der „politischen Öffentlichkeit" (Habermas) sowie den Schutz durch die Legislative, die Rechenschaft der Exekutive und die Effektivität der Judikative.[70] Die EMRK und der EGMR sorgen dafür,

---

[67] Vgl. *Luhmann, N.*, Grundrechte als Institution, S. 103 und S. 84.

[68] Dazu ECHR, Kudrevičius and Others v. Lithuania, Nr. 37553/05, 15. Oktober 2015, § 155; Barraco v. France, Nr. 31684/05, 5. März 2009, § 44; ECHR, United Civil Aviation Trade Union and Csorba v. Hungary, Nr. 27585/13, 22. Mai 2018, § 26; ECHR, Berladir and Others v. Russia, Nr. 34202/06, 10. Juli 2012 § 39. Vgl. im Kontext der Freiheit der Meinungsäußerung ECHR, Handyside v. the UK, Nr. 5493/72, 7. Dezember 1976, § 49: „[…] From another standpoint, whoever exercises his freedom of expression undertakes 'duties and responsibilities' the scope of which depends on his situation and the technical means he uses. […]."; so auch ECHR, E.S. v Austria, Nr. 38450/12, 25. Oktober 2018, § 43.

[69] Vgl. die Entscheidungen in Fn. 9 und ECHR, Balçik and Others v. Turkey, Nr. 25/02, 29. November 2007, § 49: „[…] [A]ssociations and others organising demonstrations, as actors in the democratic process, should respect the rules governing that process by complying with the regulations in force […]."

[70] Dazu *Altwicker, T.*, Convention Rights as Minimum Constitutional Guarantees?, S. 340: „Fundamental rights can indeed have an institutional dimension, ie they can directly impact the design of institutions. The Convention rights are no exception. Convention rights can be reinterpreted as internationally binding stan-dards on issues such as the independence of the judiciary, prohibition of over-concentration of power in the executive branch, accountability of the

dass diese Prozesse staatsfrei, insbesondere mit Blick auf die staatliche Neutralität (Staatsebene), und angstfrei, nicht zuletzt im Sinne eines Meinungspluralismus (Gesellschaftsebene) ablaufen. In diesem Dreieck bindet sich der Staat, u. a. über die positiven Verpflichtungen hinaus umfassend und hat das strukturelle Gleichgewicht zwischen Mehrheit und Minderheit in der demokratischen Gesellschaft zum Ausschluss einer „Tyrannei der Mehrheit"[71] („abuse of a dominant position"[72]) zu ermöglichen.

---

executive, autonomy of the legislature and roles of political parties and the opposition. While in principle any Convention right could be reinterpreted institutionally, some are more likely to be used as limits to institutional design than others."

[71] *Lambert Abdelgawad E.*, in: Schmahl, S./Breuer, M. (Hrsg.), The Council of Europe, S. 251 Rn. 9.48 m. V. auf Paczolay.

[72] ECHR, Barankevich v. Russia, Nr. 10519/03, 26. Juli 2007, § 30: „[…] [A] balance must be achieved which ensures the fair and proper treatment of minorities […].''; so auch ECHR, Young, James and Webster v. the UK, Nr. 7601/76; 7806/77, 13. August 1981, § 63.

H. Einfachgesetzliche Regelungen in Georgien im Licht der deutschen Dogmatik und der Rechtsprechung des EGMR

I. Die Bindung des Gesetzgebers an die Versammlungsfreiheit

Der unmittelbar demokratisch legitimierte Gesetzgeber hat die Grundentscheidungen der Verfassung in verschiedene dogmatische Zusammenhänge so zu transportieren, dass die gleichzeitige Freiheitsbetätigung der Individuen ermöglicht wird.[1] Die Bindung des Gesetzgebers an die Verfassung (vor allem an die Grundrechte) fordert und fördert einen Harmonisierungsauftrag, ein grundrechtsverwirklichendes „Abstimmungserfordernis" der Interessen.[2] Dabei ist diese Abstimmung nur als sekundär zu verstehen, da die Grundrechte in der Systematik der Verfassung bereits harmonisiert sind. In diesem Sinne wird die Versammlungsfreiheit in die Realität, u. a. im Konflikt mit anderen Schutzgütern nur „aktualisiert" (Hesse), d. h. effektiv umgesetzt.[3] Dazu sind die staatlichen Berührungen mit den Ausübungsmodalitäten der Versammlungsfreiheit auf der einfachgesetzlichen Ebene nach Maßgabe der Verfassung – die den „Schutz als

---

[1] Vgl. *Hermes, G.*, Verfassungsrecht und einfaches Recht, VVDStRL 61 (2002), S. 129: Dadurch sei „das Gemeinwesen [verfassungsrechts-]politisch zu gestalten".

[2] Vgl. die Begriffsprägung bei *Waechter, K.*, Die Vorgaben des BVerfG für das behördliche Vorgehen, VerwArch 99 (2008), S. 80. Zu dieser „Abstimmung" *Jarass, H. D.*, Grundrechte als Wertentscheidungen, AöR 110 (1985), S. 384 (Hervorhebung wie im Original): „Der Gesetzgeber *muss* zumindest soweit in das Grundrecht des Dritten eingreifen, als dies die dem geförderten Grundrecht entfließende Schutzpflicht gebietet. Darüber hinaus muss er nicht gehen, *kann* er aber, bis hin zur praktischen Konkordanz der beiden Grundrechte." Die Frage, welchen verfassungsrechtlichen Bindungen der Gesetzgeber unterliege, sei eine der kontroversesten Fragen des Verfassungsrechts, so *Payandeh, M.*, Das Gebot der Folgerichtigkeit, AöR 136 (2011), S. 579; dazu *Hwang, S.-P.*, Verfassungsgerichtliche Abwägung, AöR 133 (2008), S. 607 ff., diese Auseinandersetzung sei insbesondere hinsichtlich der „im Schnittpunkt zwischen Recht und Politik stehenden Verfassungsgerichtsbarkeit" spannend.

[3] Vgl. *Hesse, K.*, Grundzüge des Verfassungsrechts, S. 123. Hoffmann-Riem sieht in der „abwägende[n] Zuordnung" der kollidierenden Interessen die Möglichkeit, die Voraussetzungen für die Grundrechte zu sichern; *Hoffmann-Riem, W.*, in: Merten, D./Papier, H.-J. (Hrsg.), HGR IV, § 106 Rn. 20 und Rn. 23.

Ziel" vorgibt – zu konkretisieren.[4] In dieser Weise werden die liberalen und demokratischen (Vor-)Verständnisse der Versammlungsfreiheit als „rechtsgestaltungs- und auslegungsleitende Werte" in der Rechtsordnung reflektiert.[5] Dabei bleibt die Versammlungsfreiheit eine konkrete primär abwehrrechtliche Grenze staatlicher Einmischungen,[6] die als gezielte Eingriffe in dem einfachen Recht vorgesehen werden.[7] Die Versammlungsfreiheit ist zudem kein „normgeprägtes Grundrecht" und kann in diesem Sinne nicht ausgestaltet werden.[8] Vielmehr werden in dem Versammlungsgesetz – als Ergebnis der „kollisionsbewältigenden Schrankensetzung"[9] – die staatlichen Interventionen in die Freiheit ausgestaltet und grundrechtlich geprägt. Die Eingriffsermächtigungen gewinnen ihre Legitimation aus der Schutzpflicht zugunsten von Drittinteressen und zur effektiven Gefahrenabwehr, wobei auch die Durchführung der Versammlung ge-

---

[4] Dazu BVerfGE 88, 203, 254 (Schwangerschaftsabbruch II).

[5] Vgl. *Kingreen, T./Poscher, R.*, Staatsrecht II – Grundrechte, Rn. 91; *Sachs, M.*, Die Grundrechte in der gesetzlichen Rechtsordnung, in: FS für Jarass, S. 240 f. Dazu *Bumke, C.*, Ausgestaltung von Grundrechten, S. 7; die „Gewährleistung" eines bestimmten Grundrechts sei Maßstab („grundrechtsspezifische Vorgabe") für seine ,Ausgestaltung und Begrenzung'; das VersG habe eine ,besondere verfassungsrechtliche Wertschätzung' der Versammlungsfreiheit für die öffentliche Willensbildung zu reflektieren.

[6] Vgl. *Rusteberg, B.*, Subjektives Abwehrrecht und objektive Ordnung, S. 92 ff., er zitiert Hoffmann-Riem und kritisiert sein „Ausgestaltungskonzept" (S. 94); dagegen seien die Grundrechte vor allem als „Grenze" des staatlichen Handelns zu verstehen (Abwehrdimension) und deren objektive Funktion zur Leitung der Ausgestaltung der Rechtsordnung sei als nachrangig zu betrachten. Auch in Kollisionsfällen mit anderen Grundrechten bleibe vor allem die Abwehrdimension des Grundrechts zu optimieren (ebd., S. 95). So auch vgl. *Poscher, R.*, Grundrechte als Abwehrrechte, S. 227; *Gellermann, M.*, Grundrechte in einfachgesetzlichem Gewand, S. 13.

[7] Dazu *Pieroth, B./Schlink, B./Kniesel, M.*, Polizei- und Ordnungsrecht, § 20 Rn. 22; am Beispiel des deutschen Versammlungsrechts unterscheiden die Autoren zwischen „aktionellen" und „informationellen" Befugnissen. Die klassischen Eingriffe in die Versammlungsfreiheit (Verbot, Auflösung, Ausschließung der Teilnehmer) seien (aktionelle) Anordnungsbefugnisse, die zur Abwehr konkreter Gefahren dienen; die informationellen Befugnisse als Handlungsbefugnisse (wie Entsendung der Polizeibeamten und Bild- und Tonaufnahmen) seien dagegen zur Abwehr abstrakter Gefahren bestimmt.

[8] So *Höfling, W.*, in: Sachs, M. (Hrsg.), GG, Art. 8 Rn. 55. Zur normgeprägten und natürlichen Freiheit *Poscher, R.*, Grundrechte als Abwehrrechte, S. 116–118 und S. 132 ff. Für nicht norm- bzw. rechtsgeprägte Grundrechte sei daher von der (fördernden) „Konkretisierung", nicht dagegen von der „Ausgestaltung" zu sprechen; *Kingreen, T./Poscher, R.*, Staatsrecht II – Grundrechte, Rn. 272–274. Im Allgemeinen zur Begrifflichkeit der „Ausgestaltung" in dem einfachen Recht, die vom jeweiligen Gewährleistungsgehalt des Grundrechts abhängig sei, *Cornils, M.*, Die Ausgestaltung der Grundrechte, S. 13 ff. und S. 494 ff.

[9] Vgl. *Hoffmann-Riem, W.*, in: Merten, D./Papier, H.-J. (Hrsg.), HGR IV, § 106 Rn. 105; dazu bezieht sich Müller auf die „grundrechtseinschränkende Vorbehaltsgesetzgebung"; *Müller, F.*, Die Positivität der Grundrechte, S. 18.

schützt wird (zu berücksichtigen beim gesetzgeberischen „Zwecksetzungsspielraum").[10] Die „Schutzzone" für die Versammlungsfreiheit reicht dabei weit, weswegen die Duldungsgrenze Dritter höher rückt (zu berücksichtigen beim gesetzgeberischen „Abwägungsspielraum").[11] Dazu muss der Gesetzgeber seinen rechtssetzenden Ausgleich zwischen den Rechtspositionen „grundrechtswirksam" anstellen.[12] Gleiches gilt für die Determinierung der fehlerfreien Ausübung des Ermessens (zu berücksichtigen beim gesetzgeberischen „Mittelwahlspielraum"), dessen Limitierungen erst durch grundrechtskonforme Auslegung festgestellt werden können.[13] Auf diesem Weg wird die „Konstitutionalisierung" der Rechtsanwendung im Kontext des Versammlungswesens erreicht.[14]

1. Die freiheitsermöglichende Natur des Versammlungsgesetzes

Das Versammlungsgesetz wird nicht primär als spezielles Instrument des Staates zum Schutz der öffentlichen Sicherheit bzw. nicht als „Sonderpolizeirecht" verstanden.[15] Die Spezifik des Versammlungsrechts basiert auf dem Konzept des

---

[10] Zur Begriffsprägung und Charakterisierung der gesetzgeberischen Spielräume *Alexy, R.*, Verfassungsrecht und einfaches Recht, VVDStRL 61 (2002), S. 17. Vgl. auch *Denninger, E.*, in: Lisken, H./Denninger, E. (Hrsg.), Hb PolR, Kap. B Rn. 16; Die Ermächtigungsgrundlagen werden nicht direkt auf die staatlichen Schutzpflichten gestützt; vielmehr wird erst der Gesetzgeber dazu verpflichtet, entsprechende (schutzermöglichende) rechtliche Normen zu schaffen, so *Schenke, W.-R.*, Polizei- und Ordnungsrecht, Rn. 41a; *Schoch, F./Axer, P.*, Besonderes Verwaltungsrecht, Kap. 1 Rn. 237.
[11] Vgl. *Müller, F.*, Positivität der Grundrechte, S. 89, er spricht von „Schutzzonen" in verschiedenen Grundrechten; s. weiter *Mayer, M.*, Untermaß, Übermaß und Wesensgehaltsgarantie, S. 151.
[12] Vgl. *Koch, T.*, Der Grundrechtsschutz des Drittbetroffenen, S. 98. Aus dem Verständnis der Grundrechte als verfassungsrechtliche Grundentscheidungen folgt ein Auftrag des Gesetzgebers, die Rechtsordnung möglichst versammlungsfreundlich auszugestalten; *Gusy, C.*, in: Mangoldt, H. v./Klein, F./Starck, C. (Hrsg.), GG, Art. 8 Rn. 46. Ein Beispiel der Abweichung von diesem Verständnis lieferte die Begründung des Gesetzentwurfs des Bayerischen Versammlungsgesetzes. Danach war als Ziel angekündigt, vor allem den Rechts- und Linksextremismus zu bekämpfen (Bay. LT – Drs. 15/10181); dabei musste in erster Linie die „Freiheitsoptimierung" angestrebt werden; *Hanschmann, F.*, Demontage eines Grundrechts, DÖV 2009, S. 390 f.
[13] Vgl. *Classen, C. D.*, Staatsrecht II – Grundrechte, § 4 Rn. 68.
[14] Vgl. *Papier, H.-J.*, Aktuelle Probleme des Versammlungsrechts, DVBl. 2016, S. 1417.
[15] So früher *Brohm, W.*, Demonstrationsfreiheit und Sitzblockaden, JZ 1985, S. 506, der Autor betrachtet das Versammlungsrecht als Sonderpolizeirecht. Auch später bezeichnen Kötter, M./Nolte, J. das Versammlungsrecht als besonderes Polizei- und Ordnungsrecht, s. *Kötter, M./Nolte, J.*, Was bleibt von der „Polizeifestigkeit des Versammlungsrechts"?, DÖV 2009, S. 399. Vgl. auch *Pieroth, B./Schlink, B./Kniesel, M.*, Polizei- und Ordnungsrecht, § 20 Rn. 1a. Zum Versammlungsrecht als polizeirechtliches Verwaltungsrecht *Kretschmer, J.*, Ein Blick in das Versammlungsstrafrecht, NStZ 2015, S. 504.

„Freiheitsermöglichungsrechts" bzw. des „Grundrechtsgewährleistungsrechts"[16] und verlangt dessen weitgehende Übereinstimmung mit der Reichweite der freiheitlichen Gewährleistung.[17] Das Konzept der Ermöglichung, das auf die Konkretisierungsleistung des BVerfG zurückgeht, ist in Deutschland in dem Musterentwurf eines Versammlungsgesetzes (fortan: ME) von 2011 zum Ausdruck gebracht.[18] Aus diesem Grund heißt auch das neue Versammlungsgesetz in Schleswig-Holstein seit 2015 „Versammlungsfreiheitsgesetz".[19] Dabei ist der Meinung von Röger zuzustimmen, dass das Freiheitskonzept des GG einen optimalen Schutz der Grundrechte schon bezweckt und umgesetzt hat, ohne dass solche neuen Hervorhebungen notwendig sind.[20] Dagegen muss die Freiheitsermöglichung als Ziel in der anderen Realität der aktuellen Rechtspolitik in Georgien einen prinzipiellen „Schutzauftrag" für das einfache Recht bedeuten.[21]

---

[16] So *Höfling, W.*, Versammlungsrecht als „Grundrechtsgewährleistungsrecht", Die Verwaltung 45 (2012), S. 539 ff. Zur „Freiheitsermöglichung" BVerfGE 84, 103, 109; *Schulze-Fielitz, H.*, in: Dreier, H. (Hrsg.), GG, Art. 8 Rn. 65; *Hoffmann-Riem, W.*, in: Merten, D./Papier, H.-J. (Hrsg.), HGR IV, § 106 Rn. 9. Dadurch sei der „primäre Grundrechtsschutz" der Verfassung optimiert und der Gesetzgeber zugleich davon abgehalten, von diesem Konzept abzuweichen; *Sachs, M.*, Verfassungsrecht II – Grundrechte, S. 60 Rn. 57 und S. 64 Rn. 66.

[17] Zur anfänglichen Begründung des Entwurfs des VersG *Ullrich, N.*, Das Demonstrationsrecht, S. 64 f. Zum Wandel des Verständnisses *Höfling, W./Augsberg, S.*, Versammlungsfreiheit, ZG 21 (2006), S. 162 ff.

[18] Vgl. den Text des Entwurfs und dessen Kommentierung von *Enders, C./Hoffmann-Riem, W. u. a.*, ME eines Versammlungsgesetzes. Vgl. das Gegenbeispiel bei *Knape, M./Schönrock, S.*, Die Verbindung von Recht und Taktik, S. 170, diese verweisen auf „Einsatzwirklichkeit" der Polizeiarbeit mit Blick auf die extremen Rechts-links-Szenen während des Versammlungsgeschehens; bei diesen Eskalationen rücke wieder das Konzept der effektiven Gefahrenabwehr in den Vordergrund. Dabei ist in Georgien keine vergleichbare Lage der Durchführung von Versammlungen mit einer spezifischen Ideologie feststellbar; die georgische Realität erfordert vielmehr die Stärkung des Ermöglichungskonzepts. Mit Blick darauf, dass auch die Polizeirechtsreform als relativ neu einzustufen ist, sollten sich die Konzepte der „Ermöglichung" und der „effektiven Gefahrenabwehr" im Idealfall parallel entwickeln.

[19] Dazu *Hoffmann-Riem, W.*, Der „Musterentwurf eines Versammlungsgesetzes", S. 31 und S. 34 f., sein besonderes Grundanliegen komme schon im Titel (als Programm) zum Ausdruck.

[20] Dazu vgl. *Röger, R.*, Landespolitischer Individualismus bei der Ausgestaltung des Versammlungsrechts, S. 58 f.; das neue landesrechtliche Gesetz könne daher keine „Entdeckung der Versammlungsfreiheit" bezwecken; der Vorschlag der Venedig-Kommission zum russischen Versammlungsgesetz, die Wörter „freedom of assembly" auch während der Benennung des Gesetzes zu verwenden, sei mit Blick auf den gewünschten „grundlegenden Paradigmawechsel" in Russland (rechtspolitisch) bedeutsam. Dazu spricht auch Ullrich von einem „verfassungsrechtlich ohnehin vorgegebenen freien Versammlungsrecht; *Ullrich, N.*, NVersG, § 1 Rn. 1.

[21] Zur Begriffsprägung *Thiel, M.*, „Der Schutzauftrag des Rechts", AöR 136 (2011), S. 130. Zur besonderen rechtspolitischen Bedeutung des modernen Versammlungsgesetzes *Höfling, W.*, Versammlungsrecht als „Freiheitsgewährleistungsrecht", Die Verwaltung 45 (2012), S. 540 f.

I. Die Bindung des Gesetzgebers an die Versammlungsfreiheit 217

Die Ermöglichung der Versammlungsfreiheit und die Vorbeugung gegen ungerechtfertigte Eingriffe in Rechte des Drittbetroffenen müssen daher auf versammlungs(rechts)spezifische (und nicht auf polizei[rechts]spezifische) Weise erfolgen. Das Ermöglichungskonzept setzt den Schwerpunkt auf die ausnahmsweise „freiheitskompatible" Einschränkung der Versammlungsfreiheit[22] und auf die Förderung der „realen" Versammlungsfreiheit durch Schutz vor Drittbeeinträchtigungen.[23] Zum Verständnis der Freiheitsermöglichung trägt auch das Leitbild der „selbstorganisierten Versammlung", die auf das Selbstbestimmungsrecht des Veranstalters und nur auf die sekundäre Ordnungsfunktion der Polizeibeamten abstellt, bei.[24] In diesem Sinne ist es Ausdruck einer grundrechtskonformen Auflösung des rechtspolitischen Spannungsverhältnisses zwischen Freiheit und Sicherheit.[25] Die Voraussetzung zur Umsetzung dieses Konzepts ist es aber, dass der Staat selbst zu keinen willkürlichen Maßnahmen neigt („abwehrrechtliche Konzeptualisierung"[26]) und als Garant der Freiheit bzw. als „Garant des Pluralismus" auftritt (schutzpflichtenrechtliche Konzeptualisierung). Auch die (Vollzugs-)Polizei muss mit ihrem präventiven Deeskalationsauftrag als „Garant der Versammlungsfreiheit" agieren.[27] Der allgemeine „Ethos der Polizeiarbeit" muss durch entsprechende verfassungsrechtliche Orientierungen determiniert sein.[28] Danach muss der Zweck – Sicherheitsschutz – vorrangig dazu dienen, dass auch die Versammlungsfreiheit optimal verwirklicht wird (Sicherheit in Freiheit, Sicherheit für [mehr] Freiheit, [mehr] Freiheit in Sicherheit). Damit wird das Sicherheitsinteresse nur in Ausnahmefällen zur Verkürzung der Versammlungsfreiheit führen.[29]

---

[22] Vgl. *Hoffmann-Riem, W.*, Der „Musterentwurf eines Versammlungsgesetzes", S. 35.
[23] Dazu *Cornils, M.*, Die Ausgestaltung der Grundrechte, S. 7 und S. 8.
[24] Zur Organisationsidee vgl. *Ebeling, C.*, Die organisierte Versammlung, S. 192 f. und S. 231 ff.
[25] Vgl. *Peters, A./Ley, I.*, The Freedom of Peaceful Assembly in Europe, S. 13. Die Charakterisierung des Verhältnisses zwischen Freiheit und Sicherheit bei *Di Fabio, U.*, Sicherheit in Freiheit, NJW 2008, S. 422 f.; zur Spannungslage s. *Krings, G.*, Terrorismusbekämpfung im Spannungsfeld zwischen Sicherheit und Freiheit, ZRP 2015, S. 167 und S. 168 ff. Zur Doppelfunktion des Staates zum Freiheits- und Sicherheitsschutz *Hopfauf, A.*, in: Schmidt-Bleibtreu, B./Hofmann, H./Hennecke, H.-G., GG, Einl. Rn. 304; *Calliess, C.*, Sicherheit im freiheitlichen Rechtsstaat, ZRP 2002, S. 1 ff.
[26] Die Begrifflichkeit von *Cornils, M.*, Die Ausgestaltung der Grundrechte, S. 7.
[27] Dazu *Knape, M./Schönrock, S.*, Die Verbindung von Recht und Taktik, S. 170; *Schäfer, R. A.*, Die Polizei als Garant der Versammlungsfreiheit, S. 87 ff.
[28] Dazu *Knape, M.*, Die Polizei als Garant der Versammlungsfreiheit, Die Polizei 2008, S. 101, er bezieht sich auf den „Ethos der Polizeiarbeit" im Licht der „Ethik des Grundgesetzes".
[29] Zum „Brokdorf"-Konzept des Sicherheitsschutzes beim gleichzeitigen Schutz der Ver-

2. Der Doppelauftrag des Versammlungsgesetzes

Die Funktionen des Versammlungsgesetzes entsprechen der Spezifik der Versammlungsfreiheit: Einerseits ist die Integration durch Meinungskundgabe zu ermöglichen und andererseits sind die entstandenen Spannungsverhältnisse zu lösen (Schutzdimension);[30] einerseits muss das Versammlungsgesetz dem Missbrauchsrisiko staatlicher Eingriffe in die Versammlungsfreiheit vorbeugen; andererseits ist dem Missbrauch bei der Freiheitsausübung, die nicht mehr auf eine friedliche Entfaltung zur Meinungskundgabe ausgerichtet ist, zu begegnen (Abwehrdimension). Zu dieser „Doppelfunktionalität" gehört aber nicht der Schutz vor „Gefahren" der (u. a. politischen) Meinungsbeeinflussung;[31] in keiner von diesen Spannungslagen darf sich der Staat als Gegenpartei der Versammlung verstehen (Identifikationsverbot).[32] Um diesen umfassenden Schutzauftrag erfüllen zu können, muss das Spezialgesetz mit seinen speziellen und integrativen Instrumentarien (zunächst das kooperative Anmeldeverfahren) Präventionsmaßnahmen absichern.[33]

a) Die Verpflichtungswirkung des Versammlungsgesetzes für die Verwaltung

Die Grundrechte und ihre unmittelbare Geltung sind prinzipiell „anwendungsbezogen".[34] Dazu richtet sich das Versammlungsgesetz vor allem an die Exekutive: die Versammlungsbehörde sowie die deren Entscheidungen vollziehende Polizeibehörde als Verwaltungsorgane („Verpflichtungswirkung des Gesetzes für die Verwaltung"[35]). Der Gesetzgeber hat die Versammlungsfreiheit im Versammlungsgesetz in einer Weise zu konkretisieren, die den umfassenden Bindungen der Exekutive an die Verfassung gerecht wird (Vorbehalt des verhältnismäßigen Gesetzes als „Schranken-Schranke").[36] Dieser Konkretisierungsauftrag verstärkt

---

sammlung, *Lepsius, O.*, Versammlungsrecht und gesellschaftliche Integration, S. 117; *Brenneisen, H./Martins, M.*, Neue Perspektive: Die Regelungen des VersFG SH, S. 134.

[30] Vgl. *Höfling, W./Krone, G.*, Versammlungsrecht in Bewegung, JA 2012, S. 734. So bereitete das Fehlen des speziellen Gesetzes in der Ukraine eine Schwierigkeit, um einen genauen Regelungsrahmen für die Veranstaltung der Versammlung festzulegen; ECHR, Chumak v. Ukraine, Nr. 44529/09, 6. März 2018, § 43 m. V. auf „Vyerentsov v. Ukraine".

[31] So vgl. *Waechter, K.*, Die Vorgaben des BVerfG für das behördliche Vorgehen, VerwArch 99 (2008), S. 75.

[32] Vgl. *Hopfauf, A.*, in: Schmidt-Bleibtreu, B./Hofmann, H./Henneke, H.-G. (Hrsg.), GG, Einl. Rn. 243; *Denninger, E.*, in: Lisken, H./Denninger, E. (Hrsg.), Hb PolR, Kap. B Rn. 83.

[33] Vgl. *Schulze-Fielitz, H.*, in: Dreier, H. (Hrsg.), GG, Art. 8 Rn. 111.

[34] Dazu *Kingreen, T./Poscher, R.*, Staatsrecht II – Grundrechte, Rn. 88.

[35] So *Sachs, M.*, in: Sachs, M. (Hrsg.), GG, Art. 20 Rn. 110.

[36] Vgl. *Kingreen, T./Poscher, R.*, Staatsrecht II – Grundrechte, Rn. 330; *Jarass, H. D.*, in: Jarass, H. D./Pieroth, B., GG, Vorb. vor Art. 1 Rn. 13 und Rn. 34a. Zum Verhältnis zwischen

sich in Georgien in besonderem Maße, da sich die Verwaltungsbehörden – von der bewährten Praxis her – bei ihrem Handeln primär am Gesetzestext orientieren.[37] Dies trifft in manchen Fällen auch für die Gerichtspraxis zu.[38] Die aufgrund des Versammlungsgesetzes agierenden Behörden sind daher im Rechtsstaat der „doppelte[n] Rechtsbindung" unterstellt: Einerseits sind die verfassungsrechtlichen Vorgaben der Versammlungsfreiheit zu berücksichtigen; andererseits ist die rechtsstaatliche Gesetzmäßigkeit der Verwaltung zu wahren, indem die Voraussetzungen der Befugnisnormen – Ziel und Grenzen der Ermessensbefugnisse beachtet werden.[39] Dazu übernimmt das Versammlungsgesetz eine „Garantiefunktion" für die Rechtssicherheit sowohl aus der Perspektive des einfachen Bürgers als auch des Rechtsanwenders.[40] Die Gewinne aus dieser Rechtsstabilität sind „Verlässlichkeit" und „Berechenbarkeit" sowie Transparenz der Handlung des Rechtsanwenders.[41] Dabei gilt die Gesetzmäßigkeit der Verwaltung nicht nur als rechtsstaatlicher, sondern auch als demokratischer Grundsatz und spielt in ihrer „demokratisch-legitimatorischen" Relevanz eine wichtige Rolle in der Gewaltenteilung.[42]

Gesetz(geber) und Grundrechten *Horn, H.-D.*, Die Grundrechtsbindung der Verwaltung, in: FS für Stern, S. 354 f.

[37] Dazu *Horn, H.-D.*, Die Grundrechtsbindung der Verwaltung, in: FS für Stern, S. 358; auch für Deutschland gelte es, dass die Exekutive eher als „gesetzesdirigierte", als „grundrechtsdirigierte Gewalt" verstanden werde. In diesem Sinne handele es sich um eine „Schutzschirmdoktrin", wonach die „Bindung an das Gesetz", wie ein „Schutzschirm" der Exekutive, eine „unmittelbare Verfassungsmäßigkeit […] absorbiert". Dagegen sei im System des GG die Verwaltung vor allem als „grundrechtsunmittelbare Verwaltung" begriffen (S. 360). Durch dieses Verständnis der Bindung unterscheide sich das GG von der Weimarer Verfassung, in der die Grundrechte „überwiegend als Programmsätze" vorgesehen seien; *Ipsen, J.*, Grundrechte als Gewährleistungen von Handlungsmöglichkeiten, in: FS für Stern, S. 369 f. Zur zentralen Rolle des Gesetzes im System der Gewalten *Kment, M./Vorwalter, S.*, Beurteilungsspielraum und Ermessen, JuS 2015, S. 193 f.

[38] Vgl. die Behandlung der gerichtlichen Praxis in Kap. J III.

[39] Vgl. *Horn, H.-D.*, Die Grundrechtsbindung der Verwaltung, in: FS für Stern, S. 355 und S. 357 ff.; *Hain, K.-E.*, Unbestimmter Rechtsbegriff und Beurteilungsspielraum, in: FS für Starck, S. 35.

[40] Vgl. *Badura, P.*, in: Isensee, J./Kirchhof, P. (Hrsg.), HStR XII, § 265 Rn. 34; BVerwG, Urt. v. 03.07.2002 – 6 CN 8.01, DÖV 2003, S. 83. Die Rechtssicherheit zur Einheit der Rechtsordnung und zum effektiven Schutz der Menschenrechte (als höchstes Ziel) erfordert, dass der Vorrang der Verfassung (formal) gesichert wird; dies führt notwendigerweise (materiell) zur „Konstitutionalisierung der Rechtsordnung" und „Justizialisierung der Grundrechte"; *Voßkuhle, A.*, Theorie und Praxis der verfassungskonformen Auslegung von Gesetzen durch Fachgerichte, AöR 125 (2000), S. 180; *Ladeur, K.-H.*, Die Beobachtung der kollektiven Dimension der Grundrechte, Der Staat 50 (2011), S. 496.

[41] Vgl. *Beaucamp, G.*, Rechtssicherheit als Wert und als Argument, DÖV 2017, S. 699 und S. 702.

[42] Vgl. *Murswiek, D.*, Paradoxa der Demokratie, JZ 2017, S. 56; *Papier, H.-J.*, Aktuelle

b) Das Konzept des Ermessens

Für den Beschränkungsmodus der Versammlungsfreiheit im Ermöglichungskonzept ist der Charakter der Ermessensbefugnisse ausschlaggebend. Schon früher hat Isensee das „Ziel des Ermessens" genau darin gesehen, die „effektive Erfüllung der Schutzpflicht" zu sichern.[43] Dazu bezeichnet Geis das Ermessen als „Einfallstor" für das Reflektieren der Wertordnung der Verfassung, die auch durch die Versammlungsfreiheit mitgestaltet wird, in die Rechtsordnung.[44]

Das Ermessen wird vom Gesetzgeber in einer üblichen, konditionalen Normstruktur auf der Rechtsfolgenseite berücksichtigt.[45] Die Ermessensbefugnis ist daher von den sog. „unbestimmten Rechtsbegriffen" zu unterscheiden, die auf der Tatbestandsseite vorgesehen und auf die Konkretisierung des Rechtsanwenders angewiesen sind.[46] Das Ermessen sichert die Einzelfallgerechtigkeit und ist eine Mikroebene der Gewaltenteilung.[47] Danach gewährt der unmittelbar demokratisch legitimierte Gesetzgeber der Exekutive folgende Entscheidungsmacht: Ob sie überhaupt tätig wird (Entschließungsermessen) und genau welche gesetzlich vorgesehene Maßnahme in der konkreten Lage zu treffen ist. Dies gilt für die Bereiche, in denen nach der abstrakten Einschätzung des Gesetzgebers nicht nur eine Entscheidung auf der Rechtsfolgenseite rechtmäßig sein kann.[48] Bei diesem Entscheidungsvorgang der Exekutive kann aber das Ermessen schrumpfen, indem nur eine Maßnahme für die aktuelle Lagebewältigung als adäquat verbleibt (sog. Ermessensreduzierung auf Null, auch als Ausdruck des milderen Mittels).[49] Es gehe tatsächlich um die Reduzierung des Entschließungsermessens auf „Null" und des Auswahlermessens auf „Eins".[50] Andererseits sind auch Fehler bei der Ermessensausübung denkbar, die in der Literatur und Recht-

---

grundrechtsdogmatische Entwicklungen, S. 96 f.; *Schmidt-Aßmann, E.*, in: Isensee, J./Kirchhof, P. (Hrsg.), HStR II, § 26 Rn. 13; *Ossenbühl, F.*, in: Isensee, J./Kirchhof, P. (Hrsg.), HStR V, § 101 Rn. 41 ff.

[43] Vgl. *Isensee, J.*, in: Isensee, J./Kirchhof, P. (Hrsg.), HStR V (1992), § 111 Rn. 165 f., zit. nach *Calliess, C.*, Die Leistungsfähigkeit des Untermaßverbots, in: FS für Starck, S. 204.

[44] Vgl. *Geis, M. E.*, in: Friauf, H./Höfling, W. (Hrsg.), Berliner Kommentar GG, Art. 8 Rn. 79.

[45] Dazu *Sachs, M.*, in: Stelkens, P./Bonk, H. J./Sachs, M. (Hrsg.), VwVfG, § 40 Rn. 32.

[46] Vgl. ebd., Rn. 33 und Rn. 36.

[47] Vgl. *Rennert, K.*, in: Eyermann, E. (Hrsg.), VwGO, § 114 Rn. 1–3.

[48] Zum Ermessen *Tegtmeyer, H./Vahle, J.*, PolG NRW, § 3 Rn. 1–7; zur Ermessensbetätigung (sog. Opportunitätsprinzip) *Müller-Franken, S.*, in: Möstl, M./Mühl, L. (Hrsg.), PolR Hessen, § 5 Rn. 3; *Brenneisen, H.*, in: Brenneisen, H./Wilksen, M. (Hrsg.), VersR, S. 343; *Hettich, M.*, VersR in der Praxis, Rn. 180 ff.

[49] Vgl. *Sachs, M.*, in: Stelkens, P./Bonk, H. J./Sachs, M. (Hrsg.), VwVfG, § 40 Rn. 18.

[50] Dazu vgl. *Alemann, F. v./Scheffczyk, F.*, Aktuelle Fragen der Gestaltungsfreiheit von Versammlungen, JA 2013, S. 409.

I. Die Bindung des Gesetzgebers an die Versammlungsfreiheit

sprechung herauskristallisiert werden und die Nichtbeachtung der vom Gesetzgeber vorgegebenen Ziele und Grenzen indizieren. Diese Ermessensfehler werden als Ermessensnichtgebrauch (Ermessensunterschreitung), Ermessensmissbrauch (Ermessensfehlgebrauch) und Ermessensüberschreitung bezeichnet und charakterisiert.[51] Eine Ermessensüberschreitung liegt dann vor, wenn die Tatbestandsvoraussetzungen der Ermessensausübung nicht vorliegen oder die Behörde eine Rechtsfolge anordnet, die nicht von der Ermessensnorm vorgesehen ist.[52] Bei dem Ermessensfehlgebrauch kann der Fehler auf einen Heranziehungs- bzw. Abwägungsmangel zurückgehen; Schenke unterscheidet dazu zwischen „Ermessensdefizit" und „Ermessensdisproportionalität": Der erste Fehler wird angenommen, wenn die relevanten Aspekte nicht berücksichtigt wurden; der zweite liegt vor, wenn die Bedeutung bzw. das Gewicht relevanter Aspekte verkannt wurden.[53] Ermessensnichtgebrauch indiziert, dass die Verwaltungsbehörde, z.B. die Versammlungs- und Polizeibehörde gar nicht erkennt, dass der Gesetzgeber Ermessen eingeräumt hat, das pflichtgemäß auszuüben ist.[54]

Im Allgemeinen steht in der georgischen Praxis das Auswahlermessen im Vordergrund. Ermessen, das sowohl im Gesetzbuch des allgemeinen Verwaltungsrechts (Art. 2 Abs. 1 lit. l) als auch im Polizeigesetz (Art. 13) verankert ist,[55] bedarf daher in der Literatur weiterer Klärung. Es gibt nur wenige Beispiele, die Kriterien der Ermessensausübung und zur Feststellung von Ermessensfehlern festlegen; hier kann die deutsche Dogmatik herangezogen werden.[56] Zuletzt wurden die Modalitäten der Ermessensausübung und die Gefahren ermessensfehlerhafter Entscheidungen in der Kommentierung des Polizeigesetzes analysiert.[57] In der Praxis werden die unvollständigen oder die nicht angemessenen Aussagen zum Ermessen seitens der unteren Instanzen vom Obersten Gerichtshof korrigiert.[58] Die Entscheidungen der erstinstanzlichen Gerichte haben den Obersten Gerichtshof dazu veranlasst, in seinen Leitlinien die dogmatische Grundlage der

---

[51] Vgl. *Graulich, K.*, in: Lisken, H./Denninger, E. (Hrsg.), Hb PolR, Kap. E Rn. 94–98; zur Ermessensreduzierung ebd., Rn. 114; *Schenke, W.-R.*, Polizei- und Ordnungsrecht, Rn. 93–104.

[52] Dazu *Sachs, M.*, in: Stelkens, P./Bonk, H.J./Sachs, M. (Hrsg.), VwVfG, § 40 Rn. 75–76.

[53] So *Schenke, W.-R.*, Polizei- und Ordnungsrecht, Rn. 98.

[54] Dazu ebd., Rn. 96. Zu den Ermessensfehlern *Rennert, K.*, in: Eyermann, E. (Hrsg.), VwGO, § 114 Rn. 16–26.

[55] Nach diesen Rechtsgrundlagen werden die Verwaltungsbehörden dazu ermächtigt, diejenige unter den gesetzlich vorgesehenen Maßnahmen zu wählen, die nach der Abwägung zwischen den privaten und öffentlichen Interessen *in concreto* als angemessen erscheint.

[56] Dazu *Giorgishvili, K.*, Die fehlerfreie Ermessensausübung, Zeitschrift für Verwaltungsrecht 1 (2013), S. 20–33; *Khopheria, R.*, Das Ermessen, in: Korkelia, K. (Hrsg.), Menschenrechtsschutz und Rechtsreform in Georgien (2010), S. 224.

[57] Dazu *Beraia, I./Gelashvili, N./Giorgishvili, K./Isoria, L. u.a.*, Polizeirecht, S. 68 ff.

[58] Dazu vgl. exemplarisch die Entscheidung des Obersten Gerichtshofs vom 21. Oktober 2010, Nr. bs-739–714 (k-10).

Ermessensausübung in schlichten Worten darzulegen. Der Gerichtshof hebt ausdrücklich hervor, dass die Ermessensentscheidung nicht dazu benutzt werden darf, das Prinzip der Gesetzmäßigkeit der Verwaltung zu relativieren.[59]

Die Einräumung von Ermessen deutet auch im Versammlungswesen darauf hin, dass die Verwaltungsbehörde „kein bloßes Vollzugsorgan" ist (sein darf), sondern wertende Entscheidungen trifft.[60] Die „Gerechtigkeit des Einzelfalls" wird dadurch herbeigeführt, dass die Behörde ihr Ermessen zur „situationsangemessenen Behandlung" des Konflikts zwischen gleichwertigen Rechtsgütern ausübt.[61] Mit Blick auf den besonderen Stellenwert der Versammlungsfreiheit erhöhen sich die Anforderungen an die „Vorsteuerung" der Exekutive durch den Gesetzgeber, indem u. a. das „Ziel und die Grenzen" des Ermessens klar gefasst werden müssen.[62] Ermessensfehlern, zumal staatlicher Willkür, ist durch Schaffung bestimmter Rechtsgrundlagen – als primärer Ausdruck der gesetzgeberischen Schutzpflicht – vorzubeugen.[63] Dadurch wird auch die (sekundäre) Erfüllung der Schutzpflicht durch die Versammlungs- und Polizeivollzugsbehörden determiniert. Dabei fällt die Prüfung, ob die rechtlichen und tatsächlichen Voraussetzungen der Norm vorliegen, nicht in das Ermessen der Behörde; dies ist vielmehr eine gebundene Entscheidung.[64] Das Ermessen als Auswahl des milderen Mittels bleibt aber selbst grundrechtlich gebunden.[65] Nur die fehlerfreie Tatsachenfeststellung und deren rechtliche Bewertung sowie der darauffolgende Ausgleich der kollidierenden Interessen[66] führen laut EGMR zu einer fehlerfreien „gewissenhaften" Ermessenausübung.[67] Der EGMR erkennt in seiner

---

[59] Die bedeutenden Leitlinien des Obersten Gerichtshofes von 2016, S. 142.
[60] So *Kment, M./Vorwalter, S.*, Beurteilungsspielraum und Ermessen, JuS 2015, S. 193.
[61] Vgl. *Möllers, C.*, Dogmatik der grundgesetzlichen Gewaltengliederung, AöR 132 (2007), S. 524. Zum Sinn und Zweck des Ermessens, ECHR, Fáber v. Hungary, Nr. 40721/08, 24. Juli 2012, § 42: „[A] wide discretion is granted to the national authorities, not only because the two competing rights do, in principle, deserve equal protection that satisfies the obligation of neutrality of the State when opposing views clash, but also because those authorities are best positioned to evaluate the security risks and those of disturbance as well as the appropriate measures dictated by the risk assumption."
[62] Vgl. *Sachs, M.*, in: Stelkens, P./Bonk, H.J./Sachs, M. (Hrsg.), VwVfG, § 40 Rn. 53 ff.
[63] Vgl. ECHR, Lashmankin and Others v. Russia, Nr. 57818/09 und 14 weitere, 7. Februar 2017, § 418.
[64] Vgl. *Sachs, M.*, in: Stelkens, P./Bonk, H.J./Sachs, M. (Hrsg.), VwVfG, § 40 Rn. 32.
[65] Vgl. ebd., Rn. 85.
[66] Der EGMR spricht von „deficient establishment of the relevant factual and legal elements, and the deficient reasoning"; ECHR, Annenkov and Others v. Russia, Nr. 31475/10, 25. Juli 2017, § 136; vgl. auch ECHR, Novikova and Others v. Russia, Nr. 25501/07 und 4 weitere, 26. April 2016, § 152; ECHR, Te-rentyev v. Russia, Nr. 25147/09, 26. Januar 2017, § 24.
[67] ECHR, Ibrahimov and Others v. Azerbaijan, Nr. 69234/11, 69252/11 und 69335/11, 11. Februar 2016, § 78 mwN.

Rechtsprechung die Schwierigkeit, mit der die Arbeit der Polizeibeamten in der modernen Gesellschaft und auch in Anbetracht der nicht leicht vorhersehbaren Entwicklung des Versammlungsgeschehens behaftet ist.[68] Er unterstreicht zugleich, dass sich die nationalen Behörden in der besten Lage befinden, die Besonderheiten des Einzelfalls einzuschätzen bzw. darauf in angemessener Weise zu reagieren.[69] Hinsichtlich der Vorhersehbarkeit sei es wichtig, dass die Ermessensnorm hinreichend bestimmt ist, damit deren Adressaten ihre Handlungen entsprechend steuern können.[70] Je nachteiliger sich der Eingriff auswirkt, desto höhere Anforderungen sind an die Bestimmtheit zu stellen.[71] Gefordert wird dagegen nicht die absolute Bestimmtheit; vielmehr muss die Rechtsnorm eine hinreichende Möglichkeit der Anpassung an die geänderten Umstände bieten („the law must be able to keep pace with changing circumstances"); dies ist auch der eigentliche Sinn der Ermessenseinräumung. Daher sollten die Rechtsnormen hinreichend klar indizieren, in welchem Rahmen („scope") und in welcher Art und Weise („the manner") dieses Ermessen auszuüben ist.[72] Auch die weitgefassten Normen können und müssen sodann in der Praxis konkretisiert werden.[73] Der EGMR hat im „Gillan and Quinton"-Fall ausdrücklich gefordert, dass die Rechtsvorschriften nicht nur die Modi der Durchführung der Maßnahme, sondern auch die Tatbestandsmerkmale, die die (Ermessens-)Befugnis der Behörde limitieren, hinreichend klar vorschreiben müssen („sufficiently circum-

---

[68] Dazu ECHR, Austin and Others v. UK, Nr. 39692/09, 40713/09 und 41008/09, 15. März 2012, §§ 55–56; ECHR, P. F. and E. F. v. the United Kingdom (dec). Nr. 28326/09, 23. November 2010, § 40.

[69] ECHR, Novikova and Others v. Russia, Nr. 25501/07, 57569/11, 80153/12, 5790/13 und 35015/13, 26. April 2016, § 169: „The Court would emphasise that it remains in the first place within the purview of the national authorities' discretion, having direct contact with those involved, to determine how to react to a public event."

[70] Vgl. ECHR, Gülcü v. Turkey, Nr. 17526/10, 19. Januar 2016, § 103; ECHR, Işıkırık v. Turkey, Nr. 41226/09, 14. November 2017, § 57.

[71] Dazu *Brenneisen, H./Sievers, C.*, Hat das BayVersG Modellcharakter?, Die Polizei 2009, S. 72 („[d]er exekutive Handlungsrahmen").

[72] ECHR, Navalnyy v. Russia, Nr. 29580/12 und 4 weitere, 15. November 2018, § 115: „[…] [T]he law must indicate with sufficient clarity the scope of any such discretion and the manner of its exercise […]." Vgl. auch ECHR, Gillan and Quinton v. the UK, Nr. 4158/05, 12. Januar 2010, § 77: „[…] The level of precision required of domestic legislation – which cannot in any case provide for every eventuality – depends to a considerable degree on the content of the instrument in question, the field it is designed to cover and the number and status of those to whom it is addressed […]." Vgl. auch ECHR, Kudrevičius and Others v. Lithuania, Nr. 37553/05, 15. Oktober 2015, § 113, es sei unrealistisch, vom Gesetzgeber die Aufzählung aller Situationen (die unter einer Rechtsnorm subsumiert werden können) zu erwarten.

[73] Vgl. ECHR, İmret v. Turkey (No. 2), Nr. 57316/10, 10. Juli 2018, § 43. Dazu vgl. *Sachs, M.*, in: Stelkens, P./Bonk, H. J./Sachs, M. (Hrsg.), VwVfG, § 40 Rn. 16 (zur verfassungskonformen Auslegung).

scribed").⁷⁴ Die Vorhersehbarkeit der Norm erfordert darüber hinaus, dass der Gesetzgeber nicht nur den Tatbestand und die Rechtsfolge hinreichend beschreibt;⁷⁵ vielmehr muss dieser einen Schutz („adequate legal safeguards") gegen extensive bzw. willkürliche Rechtsanwendung ermöglichen.⁷⁶ Dazu spricht Denninger von Teilaspekten bzw. vom Trias der Bestimmtheit: Diese sind mit Erkenntnis-, Durchsetzungs- und Rechtsschutzsicherheit verbunden.⁷⁷ Ein anderes Verständnis des Ermessens würde gegen das Rechtsstaatsprinzip, wonach jede Rechtsfrage potenziell eine Grundrechtsfrage ist, verstoßen.⁷⁸

3. Die Sperrwirkung des Versammlungsgesetzes

Jenseits des Spezialitätsgedankens der Rechtsnormen, die im georgischen ZGB von 1997 (Art. 2 Abs. 2 S. 1) als Kollisionsregel verankert sind,⁷⁹ ist in Georgien die verfassungsrechtliche [!] Idee der sog. „Polizeifestigkeit des Versammlungsgesetzes" bisher unbekannt. Nur das GVerfG hat sich in seiner Entscheidung von 2011 zu diesem bereichsspezifischen Konzept geäußert.

Wird versammlungsspezifisch gehandelt, muss die staatliche Antwort auch versammlungsspezifisch ausfallen. Dieses liberale Konzept bedingt, dass der Gesetzgeber zunächst die Durchführung der Versammlung begünstigt und Beschränkungen der Versammlungsfreiheit möglichst restriktiv handhabt.⁸⁰ Dies

---

⁷⁴ ECHR, Gillan and Quinton v. the UK, Nr. 4158/05, 12. Januar 2010, § 87 und § 79: „[...] [T]he safeguards provided by domestic law have not been demonstrated to constitute a real curb on the wide powers afforded to the executive so as to offer the individual adequate protection against arbitrary interference." Weiter ebd., § 83: „[...] However, the Code governs essentially the mode in which the stop and search is carried out, rather than providing any restriction on the offi'er's decision to stop and search [...]."

⁷⁵ Vgl. *Kingreen, T./Poscher, R.*, Staatsrecht II – Grundrechte, Rn. 365.

⁷⁶ Vgl. ECHR, Navalnyy v. Russia, Nr. 29580/12 und 4 weitere, 15. November 2018, § 150; ECHR, Bakir and Others v. Turkey, Nr. 46713/10, 10. Juli 2018, § 62.

⁷⁷ So *Denninger, E.*, in: Lisken, H./Denninger, E. (Hrsg.), Hb PolR, Kap. B Rn. 61. Dazu auch *Beaucamp, G.*, Rechtssicherheit als Wert und als Argument, DÖV 2017, S. 699 ff. und S. 708; der Autor nennt die Teilelemente („Unterprinzipien") der Rechtssicherheit: Rechtsbindung, Erkennbarkeit des Rechts, Bestimmtheit, Widerspruchsfreiheit und Durchsetzbarkeit sowie Vertrauensschutz und Methodenbindung.

⁷⁸ Vgl. ECHR, Navalnyy v. Russia, Nr. 29580/12 und 4 weitere, 15. November 2018, § 115 und ECHR, Işıkırık v. Turkey, Nr. 41226/09, 14. November 2017, § 58 mwN: „[...] In matters affecting fundamental rights it would be contrary to the rule of law, one of the basic principles of a democratic society enshrined in the Convention, for legal discretion to be granted in terms of an unfettered power. [...]."

⁷⁹ Zu den Kollisionsregeln in Georgien *Giorgishvili, K.*, Das georgische Verbraucherrecht, S. 229.

⁸⁰ Vgl. BVerfG, Beschl. v. 12.07.2001 – 1 BvQ 28/01, NJW 2001, S. 2460 („Love Parade"), das Gericht spricht von den „die Versammlung begünstigende[n] rechtliche[n] Regelungen".

geschieht sowohl in Georgien als auch in Deutschland in einem einfachen, im Idealfall abschließenden Versammlungsgesetz, welches das Versammlungswesen einheitlich regelt. Einerseits die „hohe Bedrohungslage" während des Ablaufs der Versammlung und andererseits die „Missbrauchsgefahr" seitens der staatlichen Behörden erhöhen die Anforderung an die Bestimmtheit der staatlichen (Kollisions-)Regelungen.[81] Die Spezialität des Versammlungsgesetzes wird im deutschen Recht durch seine Sperrwirkung gegenüber anderen rechtlichen Regelungen erreicht. Dazu wird von der Polizei(rechts-)festigkeit,[82] Rückgriffssperre[83] sowie Konzentrationswirkung gesprochen.[84] Da diese Bezeichnungen dieselbe Idee beinhalten, wird weiter bei der Analyse auf die „Sperrwirkung des Versammlungsgesetzes" abgestellt.[85]

a) Die verfassungsrechtliche Wurzel der Sperrwirkung

Dabei besteht die Sperrwirkung des Versammlungsgesetzes nicht nur kraft des allgemeinen Prinzips (*lex specialis derogat legi generali*); die Sperrwirkung ist vielmehr verfassungsrechtlich begründet und erklärt sich aus der besonderen „Ausprägung der Versammlungsfreiheit"[86] und zwar aus der selbstbestimmenden Macht des Veranstalters.[87] Die Gestaltungsfreiheit des Veranstalters als Kernpunkt der kollektiven Meinungskundgabe wird dadurch besonders ge-

---

[81] Dazu vgl. *Waechter, K.*, Die Vorgaben des BVerfG für das behördliche Vorgehen, VerwArch 99 (2008), S. 74 f.

[82] Zum Begriff *Bünnigmann, K.*, Polizeifestigkeit im Versammlungsrecht, JuS 2016, S. 695 m. V. auf Anschütz (1919).

[83] Zur Begriffsvielfalt *Kötter, M./Nolte, J.*, Was bleibt von der „Polizeifestigkeit des Versammlungsrechts"?, DÖV 2009, S. 399; zu Recht wird dabei angemerkt, dass es sich um eine „Polizeirechtsfestigkeit" handelt.

[84] So vgl. *Brohm, W.*, Demonstrationsfreiheit und Sitzblockaden, JZ 1985, S. 508; *Dürig-Friedl, C.*, in: Dürig-Friedl, C./Enders, C. (Hrsg.), VersR, § 15 Rn. 8, Rn. 10 und Rn. 20; vgl. auch *Geis, M.E.*, in: Friauf, H./Höfling, W. (Hrsg.), Berliner Kommentar GG, Art. 8 Rn. 110.

[85] Vgl. *Schenke, W.-R.*, Polizei- und Ordnungsrecht, Rn. 381; *Hong, M.*, in: Peters, W./Janz, N. (Hrsg.), Hb VersR, Kap. B Rn. 87; *Schoch, F./Axer, P.*, Besonderes Verwaltungsrecht, Kap. 1 Rn. 217.

[86] Das BVerfG hat in 2010 die Spezialwirkung und den Anwendungsvorrang als „Ausprägung des Grundrechts der Versammlungsfreiheit" bezeichnet; BVerfG, Beschl. v. 10.12.2010 – 1 BvR 1402/06, NVwZ 2011, S. 424 Rn. 28; dazu vgl. BVerfG, Beschl. v. 26.10.2004 – 1 BvR 1726/01, BeckRS 2004, 25516 und Beschl. v. 30.04.2007 – 1 BvR 1090/06, BeckRS 2007, 23752.

[87] Vgl. *Bünnigmann, K.*, Polizeifestigkeit im Versammlungsrecht, JuS 2016, S. 695; *Kötter, M./Nolte, J.*, Was bleibt von der „Polizeifestigkeit des Versammlungsrechts"?, DÖV 2009, S. 404; die verfassungsrechtliche Untermauerung der Sperrwirkung besteht somit trotz der neuen Kompetenzordnung des GG weiter fort. Dazu *Kniesel, M./Poscher, R.*, in: Lisken, H./Denninger, E. (Hrsg.), Hb PolR, Kap. K. Rn. 30.

schützt, dass die klassischen Eingriffe in die Versammlungsfreiheit auf der Grundlage des Versammlungsrechts an einen erhöhten Grad von Wahrscheinlichkeit geknüpft werden: Gefordert wird das Vorliegen einer unmittelbaren Gefahr, weshalb die Verlässlichkeit der Tatsachenbasis der behördlichen Prognose qualitativ anders begründet und geprüft wird, als es im Fall der Prognose einer konkreten Gefahr nach dem allgemeinen Polizeigesetz vorausgesetzt wird.[88]

Die Genehmigungsfreiheit der Versammlung bedingt, dass durch das Anmeldeerfordernis sonstige Genehmigungs- und Erlaubnisakte der allgemeinen Rechtsordnung, die der Gefahrenabwehr dienen, ersetzt werden.[89] Die Sperrwirkung des Versammlungsgesetzes begründet daher auch eine „Zuständigkeits- und Verfahrenskonzentration" bei der Versammlungsbehörde.[90] Wenn durch die Hilfsmittel der Versammlung Lärm verursacht wird, dann ist die Versammlungsbehörde selbst zu deren Begrenzung (Auflage), nicht dagegen die Behörde des Immissionsschutzes zuständig.[91] Die Berufung auf die Versammlungsfreiheit schafft aber keine freie Nichtanwendungszone für andere Regelungswerke, wie z.B. Immissionsschutzregelungen. Vielmehr kommen diese Regelungen nach demselben Spezialitätsgrundsatz vorrangig zur Anwendung.[92]

In der georgischen Praxis sind Fälle zu finden, in denen es selbst die Gerichte unterlassen haben, die Normen des speziellen GVersG und dessen Beurteilungsmaßstäbe für die eigene Argumentation zu nutzen. Die Herabsetzung der Anforderungen kann aber letztendlich zu einer „selektiven Gesetzmäßigkeit" führen.[93] Der einzige Hinweis auf die Sperrwirkung des Versammlungsgesetzes ist, ohne dass dabei ein vergleichbarer Begriff verwendet wird, in der Entscheidung des GVerfG vom 18. April 2011 zu finden. Dies geschah in Zusammenhang mit den Verkehrsregeln.[94] Gemäß der Aussage des GVerfG ist die Anwendung der straßenrechtlichen Normen während der Durchführung einer Versammlung gesperrt. Das Gericht wies aber nicht darauf hin, dass der öffentliche Raum schon

---

[88] Vgl. die spätere Analyse der behördlichen Prognoseentscheidung in Kap. H IV 7.
[89] Vgl. BVerfG, Beschl. v. 12.07.2001 – 1 BvQ 28/01, NJW 2001, S. 2460 („Love Parade").
[90] Zur Zuständigkeits-, Verfahrens- und materiellen Konzentrationswirkung vgl. *Waechter, K.*, Die Vorgaben des BVerfG für das behördliche Vorgehen, VerwArch 99 (2008), S. 77.
[91] Vgl. ebd., S. 78.
[92] Vgl. Rechtsprechungsbeispiele bei *Froese, J.*, Das Zusammenspiel von Versammlungsfreiheit und Versammlungsgesetz, JA 2015, S. 679.
[93] Zu den Risiken für die Exekutive *Schmidt-Aßmann, E.*, in: Isensee, J./Kirchhof, P. (Hrsg.), HStR II, § 26 Rn. 61 f. Zur defizitären Praxis vgl. die spätere Analyse der Rechtsanwendung in Georgien in Kap. J III.
[94] Vgl. die Entscheidung des GVerfG vom 18. April 2011, Nr. 2/482, 483, 487, 502, Kap. II § 81.

wegen seiner Widmung zum „kommunikativen Gemeingebrauch" für die Durchführung einer erlaubnisfreien Versammlung bereitsteht.[95]

Auch bei der Durchführung von strafprozessualen Maßnahmen gilt die Sperrwirkung des Versammlungsgesetzes weiter, da einerseits der Teilnehmer, gegen den ein Anfangsverdacht besteht, erst aus dem Versammlungsgeschehen auszuschließen ist.[96] Dadurch wird seine Eigenschaft als Versammlungsteilnehmer beendet. Somit ist sowohl dem besonderen Stellenwert der Versammlungsfreiheit als auch der Gerechtigkeit bei der Rechtsanwendung Rechnung zu tragen: Die Teilnehmereigenschaft befreit niemandem von der gesetzlichen Verantwortlichkeit wegen Rechtsverletzungen.[97] Andererseits kommt eine Nachwirkung der Freiheitsgewährleistung darin zum Ausdruck, dass die Vorschriften des Strafrechts und des Ordnungswidrigkeitenrechts, die eine versammlungsspezifische Lage betreffen, im Licht der Versammlungsfreiheit auszulegen und anzuwenden sind.[98] Dieser Punkt unterstreicht die Tatsache, dass der Anwendungsbereich des Versammlungsgesetzes keine Grenzen für die Wirkung der verfassungsrechtlichen Gewährleistung bedeutet.[99]

---

[95] So *Pieroth, B./Schlink, B./Kniesel, M.*, Polizei- und Ordnungsrecht, § 21 Rn. 2 und Rn. 15.

[96] BVerfG, Beschl. v. 30.04.2007 – 1 BvR 1090/06, BeckRS 2007, 23752. Zu gruppenweise begangenen Straftaten aus der anonymen Menge heraus (als Taktik der gewaltbereiten Teilnehmergruppe) vgl. VGH Kassel, Beschl. v. 01.02.2017 – 8 A 2105/14, BeckRS 2017, 103690, u.a. Rn. 32, Rn. 42 und Rn. 73.

[97] Vgl. BVerfG, Beschl. v. 02.11.2016 – 1 BvR 289/15, BeckRS 2016, 55724, Rn. 15.

[98] Diese Ausstrahlungswirkung der Versammlungsfreiheit für die ganze Rechtsordnung kommt insbesondere in der Sitzblockaden-Rechtsprechung des BVerfG zum Ausdruck; vgl. BVerfGE 104, 92, 112: Bei der Subsumtion des Blockade-Geschehens unter den Tatbestand der strafrechtlichen Nötigung musste der versammlungsrechtliche Schutzgehalt nicht nur auf der Ebene der Sanktionsanordnung, sondern schon bei der Verwerflichkeitsprüfung berücksichtigt werden. Dabei wurde dieses leitende Prinzip der versammlungskonformen Auslegung und Anwendung der Rechtsnormen schon viel früher im „Brokdorf"-Beschluss festgelegt; vgl. BVerfGE 69, 315, 354. Vgl. auch BVerfG, Beschl. v. 07.03.2011 – 1 BvR 388/05, BeckRS 2011, 49212, Rn. 38; *Kretschmer, J.*, Ein Blick in das Versammlungsstrafrecht, NStZ 2015, S. 504.

[99] Vgl. *Kniesel, M./Poscher, R.*, in: Lisken, H./Denninger, E. (Hrsg.), Hb PolR, Kap. K Rn. 88. So hat das BVerfG z.B. schon früh anlässlich der Anti-Castor-Demonstration darauf hingewiesen, dass sich die eisenbahnrechtlichen Vorschriften „nicht speziell auf ein Verhalten im Zusammenhang mit verbotenen Versammlungen beziehen, sondern einer generell bestehenden Gefahr entgegenwirken"; ihre Anwendung hänge daher nicht von der Rechtmäßigkeit des Versammlungsverbots ab; das Gericht hat aber die besondere Ausstrahlungswirkung der Freiheit dadurch zum Ausdruck gebracht, dass bei Auslegung und Anwendung der eisenbahnrechtlichen Vorschriften Bedeutung und Tragweite des Grundrechts der Versammlungsfreiheit berücksichtigt werden müssen; BVerfG, Beschl. v. 12.03.1998 – 1 BvR 222-97, NJW 1998, S. 3114.

b) Die abschließende Regelung der versammlungsspezifischen Gefahr

Damit die Sperrwirkung ihre Anwendung findet, muss eine versammlungsspezifische Gefahr vorliegen,[100] zu deren Abwehr das Versammlungsgesetz eine abschließende Regelung trifft.[101] Als versammlungsspezifisch werden die Gefahren dann betrachtet, wenn diese aus der Versammlung als Ganze oder in Zusammenhang mit der Durchführung der Versammlung herrühren.[102] Wenn aber z. B. die störungsfreie Durchführung einer Versammlung durch einen äußeren Umstand gefährdet wird, z. B. durch eine unfriedliche dritte Person mit Schusswaffe, einen Störer mit terroristischen (Anschlags-)Absichten, dann ist gegen diese gewaltbereite Person das Polizeirecht anwendbar.[103] Diese Gefahrenlagen, die von externen Störern verursacht werden, werden zur Abgrenzung als „Aliud-Sachverhalte" bezeichnet.[104] Zur Abgrenzung der versammlungsspezifischen Situationen stellt das BVerfG auf die „versammlungsspezifischen Maßnahmen der Gefahrenabwehr" ab;[105] die Fachgerichte beziehen sich auf die „versammlungsbezogene

---

[100] Für „versammlungsfremde Gefahren" kommen andere Eingriffsgrundlagen in Betracht, so z. B. das Polizeigesetz; vgl. *Kötter, M./Nolte, J.*, Was bleibt von der „Polizeifestigkeit des Versammlungsrechts"?, DÖV 2009, S. 402; dazu auch *Froese, J.*, Das Zusammenspiel von Versammlungsfreiheit und Versammlungsgesetz, JA 2015, S. 679; *Hettich, M.*, Platzverweis und Ingewahrsamnahme nach Auflösung der Versammlung, DÖV 2011, S. 954 ff. Für die Abgrenzung vgl. auch BVerfG, Beschl. v. 10.12.2010 – 1 BvR 1402/06, NVwZ 2011, S. 424 Rn. 28; VGH Mannheim, Urt. v. 26.01.1998 – 1 S 3280/96, NVwZ 1998, S. 463.

[101] Vgl. *Schoch, F.*, Besonderes Verwaltungsrecht, Kap. I Rn. 211; VG Lüneburg, Urt. v. 30.03.2004 – 3 A 116/02, BeckRS 2004, 21631, Rn. 25; Zu Maßnahmen gegen nicht öffentliche Versammlungen *v. Coelln, C.*, Die eingeschränkte Polizeifestigkeit nicht-öffentlicher Versammlungen, NVwZ 2001, S. 1234 ff. „Polizeifest" sei ein Synonym für „abschließend".

[102] Vgl. *Kment, M.*, Vorrang des Versammlungsrechts, JA 2005, S. 493. Die Abgrenzungsproblematik zwischen versammlungsspezifischen und nicht versammlungsspezifischen Gefahren war Gegenstand der Aufsätze von Hettich und Schwabe über die damals neuen Entscheidungen des BVerfG (BVerfG, Beschl. v. 26.10.2004 – 1 BvR 1726/01 und Beschl. v. 30.04.2007 – 1 BvR 1090/06). Diese wurden kritisch betrachtet *von Schwabe, J.*, Desaster im Versammlungsrecht, DÖV 2010, 720 ff.; dagegen argumentierte aber *Hettich, M.*, Platzverweis und Ingewahrsamnahme nach Auflösung der Versammlung, DÖV 2011, S. 954 ff.

[103] Vgl. *Frenz, W.*, Terrorismus und Menschenwürde, DÖV 2015, S. 308–309; *ders.*, Polizei- und Versammlungsrecht, JA 2007, S. 335; *Waechter, K.*, Die Vorgaben des BVerfG für das behördliche Vorgehen, VerwArch 99 (2008), S. 79.

[104] Vgl. *Hettich, M.*, Platzverweis und Ingewahrsamnahme nach Auflösung der Versammlung, DÖV 2011, S. 954 ff.; *Spilker, B./Wenzel, C.*, Pro-Asyl-Demonstration mit Hindernissen, JuS 2016, S. 342; eine solche spezifische Lage war im konkreten Fall des Fotografierens eines Polizeibeamten durch Versammlungsteilnehmer nicht anzunehmen; vgl. BVerfG, Beschl. v. 24.07.2015 – 1 BvR 2501/13, NVwZ 2016, S. 53.

[105] Zu diesem Beispiel *Waechter, K.*, Die Vorgaben des BVerfG für das behördliche Vorgehen, VerwArch 99 (2008), S. 79; die Sperrwirkung des Versammlungsgesetzes entfällt auch dann, wenn z. B. die Brücke abzustürzen droht, auf der die Versammlung stattfindet.

Gefahrenabwehr"[106] oder „versammlungsrechtliche Gefahrenabwehr".[107] Die Maßnahmen werden als versammlungsrechtliche Beschränkungen bzw. Auflagen bezeichnet. Unter Umständen kann das Verhältnismäßigkeitsprinzip auch hier gebieten, dass Auslegung und Anwendung anderer einschlägiger Rechtsnormen über nichtversammlungsspezifische Gefahren im Licht der Versammlungsfreiheit zu erfolgen haben.[108]

Als problematisch erweist sich die Situation, wenn es sich um eine versammlungsspezifische Situation handelt, das Gesetz aber keine abschließend geregelte Maßnahme zur Verfügung stellt.[109] Der abschließende Charakter der Regelung wird, wie in sonstigen Fällen der Rechtsanwendung, durch Auslegung festgestellt.[110] In Deutschland ist diese Frage unter dem Aspekt der Regelung von Vorfeldmaßnahmen besonders aktuell.[111] Diese Maßnahmen können die Versammlungsteilnehmer während ihrer Anfahrt zum Versammlungsort treffen, wobei die Anfahrts- und Vorbereitungsphase durch die Versammlungsfreiheit ge-

---

[106] VG Lüneburg, Urt. v. 30.07.2014 – 5 A 87/13, BeckRS 2014, 55819 (dazu Kap. II Rn. 2).

[107] So VG Göttingen, Beschl. v. 29.03.2017 – 1 B 74/17, BeckRS 2017, 106168, Rn. 41; VG Gera, Beschl. v. 02.11.2016 – 1 E 1158/16 Ge, BeckRS 2016, 115041, Rn. 21; die versammlungsrechtliche Beschränkung beziehe sich auf die Gefahren für die versammlungsrechtlich relevanten Rechte und Rechtsgüter, die aus konkreten Handlungen ausgehen.

[108] Vgl. BVerfG, Urt. v. 20.06.2014 – 1 BvR 980/13, NJW 2014, S. 2707 Rn. 24; BVerfG, Beschl. v. 02.11.2016 – 1 BvR 289/15, BeckRS 2016, 55724, Rn. 14. Zu berücksichtigen sei dabei das Verhältnismäßigkeitsprinzip genau in der Ausprägung, die für die Prüfung der versammlungsspezifischen Konstellationen maßgeblich wäre; *Bünnigmann, K.*, Polizeifestigkeit im Versammlungsrecht, JuS 2016, S. 697; *Gusy, C.*, in: Mangoldt, H. v./Klein, F./Starck, C. (Hrsg.), GG, Art. 8 Rn. 73. Dazu interessant VG München, Beschl. v. 02.06.2015 – M 22 E 15.2155, BeckRS 2015, 46809: Das im konkreten Fall bestehende Verbot der Benutzung des Weges durch Kraftfahrzeuge außerhalb des land- und forstwirtschaftlichen Verkehrs konnte laut rechtlicher Regelung ausnahmsweise genehmigt werden. Diese Ausnahmegenehmigung stand im Ermessen der Straßenverkehrsbehörde. Das VG München hat in Anbetracht der fundamentalen Bedeutung der Versammlungsfreiheit eine Ermessensreduzierung auf Null angenommen. Die Kraftfahrzeuge konnten sodann die Errichtung des Protestcamps auf der Fläche ermöglichen.

[109] Vgl. *Höfling, W.*, in: Sachs, M. (Hrsg.), GG, Art. 8 Rn. 62; *Kötter, M./Nolte, J.*, Was bleibt von der „Polizeifestigkeit des Versammlungsrechts"?, DÖV 2009, S. 400; die vielfältigen Geschehnisse der modernen Versammlungen (auch G8-Gipfel im Juni 2007) stellen klar, dass nur das Versammlungsrecht keine Instrumentarien bereitstellt, die Krisensituationen zu bewältigen.

[110] Vgl. *Bünnigmann, K.*, Polizeifestigkeit im Versammlungsrecht, JuS 2016, S. 696 f.; *Kötter, M./Nolte, J.*, Was bleibt von der „Polizeifestigkeit des Versammlungsrechts"?, DÖV 2009, S. 401.

[111] Zur Problematik in Deutschland *Trunit, C.*, Vorfeldmaßnahmen bei Versammlungen, NVwZ 2012, S. 1079 ff.; *Schoch, F./Axer, P.*, Besonderes Verwaltungsrecht, Kap. 1 Rn. 218–220; *Steinforth, S.*, Die Gefährderansprache, S. 107 ff.

schützt ist.¹¹² Schon im „Brokdorf"-Beschluss hat das BVerfG darauf hingewiesen, dass ohne die (Vor-)Wirkung der Versammlungsfreiheit Vorfeldmaßnahmen der Gewährleistung unterlaufen würden.¹¹³ Die angenommenen „Stigmatisierungseffekte" bei Vorfeldmaßnahmen sind daher nur durch strenge Wahrung des Verhältnismäßigkeitsprinzips zu relativieren; das polizeiliche Ermessen ist in dieser Situation strikt an die Verfassungsvorgaben gebunden und in erster Linie mit dem Ziel einzusetzen, die Versammlung vor Störern zu schützen.¹¹⁴ Dies gilt insbesondere in Georgien, da das GVersG nicht abschließend und zur Lückenschließung durch das Polizeirecht angewiesen ist. Auch der EGMR hat in seiner „Gillan and Quinton"-Entscheidung hervorgehoben, dass Vorfeldmaßnahmen mit den Konventionsrechten (Art. 8 und Art. 11 EMRK) konform sein müssen. Dies ist aber dann der Fall, wenn die nichtversammlungsspezifischen Rechtsnormen ihrerseits freiheitskonform und hinreichend bestimmt formuliert sind.¹¹⁵ Die damals geprüfte Befugnisnorm des Antiterrorgesetzes ermächtigte dagegen Polizeibeamte, Personen an beliebigen Orten aufzuhalten und zu durchsuchen, wenn es nach ihrer Ansicht nützlich zur Vorbeugung einer Terrorgefahr („expedient") sein konnte. Das Wort „nützlich" – „expedient", „advantageous", „helpful" – war dabei von der Voraussetzung der Erforderlichkeit abgekoppelt. Der EGMR unterstrich zudem, dass dies auch die Notwendigkeit einer Abwägung relativiere („no requirement of any assessment of the proportionality of the measure").¹¹⁶

---

¹¹² Vgl. *Pieroth, B./Schlink, B./Kniesel, M.*, Polizei- und Ordnungsrecht, § 20 Rn. 18–19; *Brenneisen/Staack*, Versammlungsfreiheitsgesetz Schleswig-Holstein, S. 164 ff.
¹¹³ Vgl. BVerfGE 69, 315, 349; *Höfling, W./Krone, G.*, Versammlungsrecht in Bewegung, JA 2012, S. 738; *Steinforth, S.*, Die Gefährderansprache, S. 73.
¹¹⁴ Vgl. *Hettich, M.*, VersR in der Praxis, Rn. 46.
¹¹⁵ Vgl. ECHR, Gillan and Quinton v. the UK, Nr. 4158/05, 12. Januar 2010, §§ 79–80. Im September 2003 protestierten die Menschen in London gegen die Internationale Ausstellung militärischer Ausrüstung. Der erste Bf. Fuhr mit seinem Fahrrad und Rucksack an der Ausstellung vorbei und wollte sich der Demonstration anschließen. Er wurde von zwei Polizeibeamten aufgehalten und aufgrund des Antiterrorgesetzes („the Terrorism Act 2000") durchsucht. Er wurde für ca. 20 Minuten aufgehalten. Die zweite Bf. Wurde auch in der Nähe der Ausstellung aufgehalten und wegen Terrorgefahr durchsucht. Dabei trug sie die Jacke des Fotografen und wollte als Journalistin die Szenen der Demonstration aufnehmen (§§ 10–24). Zur Prüfung des Eingriffs behandelte der EGMR die Vorhersehbarkeit der gesetzlichen Grundlage (vgl. § 77). Wegen der Nichterfüllung dieser Voraussetzung fand der EGMR Art. 8 und Art. 11 EMRK als verletzt (§§ 87–90).
¹¹⁶ Vgl. ebd., § 80 und § 85.

c) Fazit

Die Bindung des einfachen Gesetzgebers an die Versammlungsfreiheit sichert seine souveräne Rolle als Erstinterpret der Verfassung. Die primäre staatliche Schutzpflicht, die Wahrnehmung der Versammlungsfreiheit zu ermöglichen, wird vor allem durch die Schaffung bestimmter und angemessener Normen des Versammlungsgesetzes erfüllt. Dies fördert zudem eine verhältnismäßige Ausübung des behördlichen Ermessens. Vor dem Hintergrund der deutschen Dogmatik und der Rechtsprechung des EGMR werden im Folgenden das GVersG analysiert, die Lücken identifiziert und die Maßstäbe für deren Schließung gefunden. Dazu war zunächst u.a. die Klärung der „Sperrwirkung des Versammlungsgesetzes" bedeutend. Die Sperrwirkung ist keine schlichte Kollisionsregel. Vielmehr beinhaltet die dogmatische Erscheinung die verfassungsrechtlichen Vorgaben: das Selbstbestimmungsrecht des Veranstalters bzw. die Genehmigungsfreiheit der Versammlung. Für die georgische Rechtsordnung ist dieses dogmatische Institut unbekannt. Die Lückenhaftigkeit des GVersG ist anscheinend der Grund dafür und umgekehrt. Damit die Systematik der Rechtsauslegung und -anwendung gefestigt wird, muss sich der Gesetzgeber zunächst um fast abschließende Regelungen des GVersG bemühen. Als Beispiel kann hier § 9 ME in Deutschland dienen, der ausdrücklich die ausnahmsweise „Anwendbarkeit des Polizeirechts" in Zusammenhang mit einem Versammlungsgeschehen zum Gegenstand hat. Die Norm bezieht sich auf die Fälle, in denen das Versammlungsgesetz keine abschließenden Vorschriften für versammlungsspezifische Gefahren vorsieht.

II. Die Anpassung des Polizeirechts an die Anforderungen der Verfassung

Nach dem Regierungswechsel im Jahr 2012 stellte im Rahmen der Reform des Polizeiwesens die Depolitisierung der Polizei das wichtigste Ziel dar. Diese Zielrichtung der Polizeirechtsreform verlangte, dass der Staat in seiner Ordnungs- und Regulationsfunktion zur strikten Neutralität verpflichtet wurde.[117] Die aktuelle Umsetzung dieses gesetzlich verankerten Grundsatzes in die Realität gelang nicht zuletzt aufgrund einer entsprechenden Ausbildung der Polizeikräfte an der georgischen Polizeiakademie.[118] Die Neutralitätspflicht ist zudem in den nach-

---

[117] Vgl. die ausdrückliche Regelung dieser Pflicht in Art. 8 und Art. 14 des neuen GpolG; dazu auch *Beraia, I./Gelashvili, N./Giorgishvili, K./Isoria, L. u.a.*, Polizeirecht, S. 59 ff.

[118] Die besondere Bedeutung der Ausbildung der Polizeibeamten in menschenrechtsrelevanten Konstellationen wurde bei der Evaluierung des EU-Beraters Thomas Hammarberg unterstrichen; vgl. den Bericht des Beraters unter dem Titel „Georgia in Transition" von Septem-

folgenden Reformen in den Jahren 2014–2015 für die gesamte öffentliche Verwaltung vorgegeben worden.[119] Für die Verwirklichung der Versammlungsfreiheit bedeutet dies, dass der Staat im Vorfeld, während und auch nach der Durchführung der Versammlung den Grundsatz der Unparteilichkeit zu wahren hat.

Einerseits förderten die Anstrengungen zur effektiven Gewährleistung der Versammlungsfreiheit die Polizeireform. Andererseits bot die Implementierung der gefahrenabwehrrechtlichen Institute und Rechtsfiguren im neuen Polizeirecht zusätzliche Impulse für die Reform des Versammlungsrechts. Im Folgenden werden die Neuerungen, die das neue Georgische Polizeigesetz (fortan: GPolG) gebracht hat, veranschaulicht. Vor diesem Hintergrund werden Sinn und Zweck einzelner, auf den ersten Blick zweifelhafter Regelungen des Versammlungsrechts verständlich. Mit dem neuen GPolG von 2013 wurde die Grundlage für eine einheitliche Anwendung der gefahrenabwehrrechtlichen Institute geschaffen. Das GPolG beinhaltet zudem unverzichtbare Kriterien u. a. für Prognoseentscheidungen der Versammlungsbehörde.

1. Die Polizeirechtsreform von 2012 und das neue GPolG

Die Autoren der Polizeirechtsreform gehen vom Verständnis der Polizei als Verwaltungsbehörde aus. In dieser Hinsicht ist die vorangegangene Verwaltungsrechtsreform von 2000 als Vorläufer der Polizeirechtsreform zu sehen. Mit einer Verwaltungsrechtsreform wird in einem Transformationsland die Rechtsstaatlichkeit abgesichert und eine neue Dimension im Verhältnis von Staat und Bürger geschaffen. Die Grundsätze der Gesetzmäßigkeit der Verwaltung und der fehlerfreien Ermessensausübung, die die Tätigkeit von Versammlungs- und Polizeibehörde leiten müssen, sind schon seit 2002 im Gesetzbuch über das allgemeine Verwaltungsrecht verankert.

Ziel der wichtigen Reform von 2012 war es, die lückenhaften Regelungen des alten GPolG durch ein neues modernes, „vergrundrechtlichtes" Gesetz zu ersetzen.[120] Schon hier können unterschiedliche gesetzgeberische Techniken bei der

---

ber 2013, S. 23. Hinsichtlich dieser He-rausforderung und der dazu durchgeführten Aktivitäten vgl. die Strategie der Entwicklung des Innenministeriums 2014, S. 95 ff.

[119] Zur Bedeutung der Verwaltungsreform in Georgien vgl. schon früher *Isoria, L.*, Transformation der Verwaltung Georgiens, DÖV 2008, S. 495 ff.

[120] Georgisches Gesetz „Über die Polizei" vom 4. Oktober 2013 und dessen englische Fassung ist abrufbar unter: https://matsne.gov.ge/en/document/view/2047533?publication=28; Abrufdatum: 17.10.2021. Vgl. auch *Stollwerck, C.*, „Vergrundrechtlichung" des Polizeirechts, LKV 2016, S. 103, danach kommt die Vergrundrechtlichung u. a. durch die Standardmaßnahmen zum Ausdruck, die die (gesetzgeberischen) typisierten Grundrechtsabwägungen enthalten. Zur Bedeutung der verfassungsrechtlichen Vorgaben im Polizeirecht *Trunit, C.*, Eingriffsrecht, S. 2–6.

II. Die Anpassung des Polizeirechts an die Anforderungen der Verfassung 233

Novellierung von Polizei- und Versammlungsrecht beobachtet werden. Verzichtet wurde auf eine umfassende Änderung des alten PolG; der Gesetzgeber hat sich vielmehr für die Verabschiedung eines neuen Gesetzes entschieden.[121] Im Gegensatz dazu ist das GVersG durch grundlegende Änderungen modifiziert.

Das Gesetz „Über die Polizei" vom 27. Juli 1993 beruhte nicht auf einem gefahrenabwehrrechtlichen Verständnis der polizeilichen Aufgaben. Der Schutz der beiden wichtigen Rechtsgüter – öffentliche Sicherheit und öffentliche Ordnung – war zwar unter den Polizeiaufgaben aufgelistet, die weiteren Normen des Gesetzes und seine Systematik wiesen aber nicht darauf hin, dass hierunter allgemein abwehrrechtliche polizeiliche Maßnahmen zu verstehen waren. Der Schwerpunkt des Gesetzes lag auf der vorbeugenden Bekämpfung von Straftaten, wobei eine klare Trennung von der Strafverfolgung nicht vorgenommen wurde. Insgesamt war die Tätigkeit der Polizei eher repressiver Natur. Das Wesen des neuen GPolG bestand nun darin, sich von diesem traditionellen, der sowjetischen Zeit entstammenden Leitbild der repressiven Polizei zu verabschieden.[122] Diese Reform des Polizeiwesens wurde nachdrücklich vom Willen der Wähler getragen. Vor 2012 war das Vertrauen der Bürger in das Polizeiwesen verloren gegangen. Grund des Erfolgs der neuen Regierungspartei in den Wahlen 2012 war nicht zuletzt das Versprechen, willkürliche Handlungen seitens staatlicher Stellen und insbesondere des Verfolgungsapparats strikt abzuwehren.

Die Erläuterungen zum GPolG sind mit neunzehn Seiten ungewöhnlich umfassend.[123] Die Gründe werden in drei Teilen – Beweggründe, Ziele sowie Sinn

---

[121] Zum neuen GpolG *Turava, P.*, Polizeirecht in Georgien, Osteuropa Recht 60 (2014), S. 60–71.

[122] Vgl. *Isoria, L./Lebanidze, M.*, An der Gesellschaft orientierte Polizei, S. 3; zur „Miliz" als sowjetisches Modell der Polizei *Hensell, S.*, Die Willkür des Staates, S. 125 ff. Die Geschehnisse nach der Rosenrevolution 2003 haben gezeigt, dass die damals unternommenen Schritte nicht dazu ausreichten, um ein „westliches Polizeimodell" zu etablieren. In diesem Zusammenhang ist eine bemerkenswerte Entscheidung des GVerfG vom 11. April 2013, Nr. 1/2/503, 513 zu erwähnen. Das Gericht prüfte eine neu eingeführte Regelung des alten GpolG (Art. 9¹) auf ihre Verfassungsmäßigkeit. Diese Änderung vom 24. September 2010 war unmittelbar nach den Protestversammlungen im Jahr 2009 beschlossen worden. Die Polizei war befugt, bei begründetem Verdacht der Begehung einer Straftat die Person anzuhalten und zu durchsuchen (Abs. 1). Ein Zeitraum, in dem die Polizei den begründeten Verdacht bestätigen oder ausschließen musste, war nicht vorgegeben (Abs. 2). Das GVerfG hat die Unbestimmtheit der Norm aber dennoch im Wege der verfassungskonformen Auslegung als konkretisierbar bezeichnet (Kap. II §§ 28–43). Das neue GpolG (Art. 19 als Eingriffsgrundlage für das Anhalten der Person und Art. 22 als Eingriffsgrundlage für die Durchsuchung) hat die Tatbestandsmerkmale konkretisiert. Es gilt eine zeitliche Beschränkung von 30 Minuten (Art. 22 Abs. 8). Eine kritische Bemerkung zur Änderung des alten GpolG (Einführung des sog. „Stop-and-frisk-Verfahrens") beinhaltet der Bericht des EU-Beraters Thomas Hammarberg unter dem Titel „Georgia in Transition" vom September 2013, S. 32.

[123] Die Erläuterungen entstammen dem Parlamentsbeschluss vom 8. Juli 2013 Nr. 75/6, wo-

und Zweck des Entwurfs – zusammengefasst.[124] Aus den einleitenden Sätzen kommt klar zum Ausdruck, dass der politische Wille darauf gerichtet ist, neue Grundlagen für die Polizei zu schaffen, die auf dem Gesetzmäßigkeitsprinzip beruhen sollen.[125] Beispielhaft bei der Gestaltung des neuen GPolG waren die Polizeigesetze der Bundesrepublik Deutschland, Österreichs, Ungarns, der Slowakei sowie Sloweniens. Hervorzuheben ist dabei die ausschlaggebende Anlehnung an deutsches Polizeirecht. Als wichtigste Ziele des neuen Gesetzes werden aufgezählt: die Etablierung einer an der Gemeinschaft orientierten Polizei, die europäischen Standards entspricht,[126] die Depolitisierung des Polizeiwesens,[127] die effektive Gefahrenabwehr, die Gesetzmäßigkeit der Polizei, die Achtung der Menschenrechte und Freiheiten, die Transparenz des Polizeiwesens, die bessere

---

mit im Büro des Parlaments die Einbringung des Gesetzesentwurfs im Parlament beschlossen wurde, s. Die Erläuterungen im Anhang dieses Beschlusses, S. 3.

[124] Erläuterungen zum Entwurf des GpolG, S. 1.

[125] Zur Depolitisierungsschritte sowie zur Herausforderung eines neuen Leitbildes der Polizei, die vor der Gesellschaft hohe Rechenschaftspflichten trägt, vgl. die Strategie der Entwicklung des Innenministeriums 2014, S. 16 ff. und S. 33 ff.

[126] Im Gesetz selbst ist die Idee der Gemeinschaftsorientierung der Polizei nicht erwähnt, da es sich nicht um eine rechtliche Erscheinung handelt. Das Konzept einer an der Gesellschaft orientierten Polizei entstammt den US-amerikanischen Polizeistrategien; hierzu: *Isoria, L./Lebanidze, M.*, An der Gesellschaft orientierte Polizei, S. 3. Diese gehen von der Idee aus, dass die Polizei auch soziale Arbeit erfüllt und als Dienstleister auftritt; vgl. *Beraia, I./Gelashvili, N./Giorgishvili, K./Isoria, L. u. a.*, Polizeirecht, S. 321. Diese Vorstellung ist u. a. von entsprechenden organisatorischen Voraussetzungen abhängig und setzt die Existenz einer kommunalen Polizei voraus; *van Ooyen, R. C.*, Öffentliche Sicherheit und Freiheit, S. 114 f., er sieht die Umsetzung des Konzepts in Deutschland mit Blick auf die Dogmatik des Gefahrenabwehrrechts und mangels vergleichbarer organisatorischer Voraussetzungen als problematisch an. Dies gilt auch in Georgien: Die theoretische und dogmatische Basis des Gefahrenabwehrrechts ist mit sozialer Arbeit der Polizei nicht ohne Weiteres kompatibel. Die gesetzlichen Bestimmungen begrenzen die Tätigkeit der Polizei auf die Abwehr von Gefahren für die öffentliche Sicherheit und öffentliche Ordnung. Bedeutend ist aber, dass sich die Polizei der eigenen Rechenschaftspflichten gegenüber der Gesellschaft bewusst ist und die Transparenz der Tätigkeit sichergestellt wird. Der Hinweis auf die an der Gemeinschaft orientierte Polizei scheint deshalb einerseits diesen Gedanken auf den Punkt zu bringen; andererseits kann darauf geschlossen werden, dass die Rolle der Gesellschaft bei dem Schutz der öffentlichen Sicherheit und Ordnung unterstrichen wird; vgl. die Strategie der Entwicklung des Innenministeriums 2014, S. 33 ff. Zur Bedeutung der partnerschaftlichen Relation zwischen Staat und Gesellschaft in Fragen der „Sicherheit", *Volkmann, U.*, Polizeirecht als Sozialtechnologie, NVwZ 2009, S. 218; *Pitschas, R.*, Neues Verwaltungsrecht im partnerschaftlichen Rechtsstaat?, DÖV 2004, S. 231 ff., er bezieht sich u. a. auf zivilgesellschaftliche Beiträge zur Sicherheitsvorsorge. Dazu *Murdoch, J./Roche, R.*, The ECHR and Policing, S. 105 f.

[127] Im neuen GpolG ist der Grundsatz der politischen Unparteilichkeit ausdrücklich verankert: Article 14 – Principle of political neutrality: [W]hen exercising his/her powers, a police officer shall uphold the principle of non-partisanship. A police officer may not use his/her official status in favour of party interests of any political subject.

Ausbildung der Polizisten, die Schaffung effektiver Mechanismen gegen Willkür und Machtmissbrauch sowie die Harmonisierung des georgischen Rechts mit europäischen Standards.[128]

2. Dogmatische Grundlagen des GPolG

Das GPolG ist grundsätzlich auf die Grundlagen und Institute und Rechtsfiguren des klassischen deutschen Gefahrenabwehrrechts gestützt. Parallelen der Dogmatik kommen bei den zentralen Elementen des (konkreten) Gefahrenverständnisses,[129] den Prinzipien der Ermessensausübung und der Verhältnismäßigkeit, in der allgemeinen Begrifflichkeit und bei den Regelungen der Standardmaßnahmen zum Ausdruck. Schutzgüter der polizeilichen Gefahrenabwehr sind nach der Norm, die die Aufgaben der Polizei beschreibt, sowohl die öffentliche Sicherheit als auch die öffentliche Ordnung.[130] Diese werden entsprechend dem Verständnis in Deutschland definiert.[131] Eine wichtige Abweichung vom deutschen Vorbild stellt aber das Fehlen einer polizeilichen Generalklausel dar.

Die Einführung einer Generalklausel im neuen GPolG wurde mit der Begründung abgelehnt, diese sei in Anbetracht des durch die Vergangenheit belasteten Polizeiwesens zu unbestimmt.[132] Nicht berücksichtigt wird aber, dass die spezi-

---

[128] Vgl. Kap. II des GpolG (Art. 8–15) über die grundlegenden Prinzipien der Polizeitätigkeit.

[129] Die „Gefahr" steht im Zentrum des liberalen rechtsstaatlichen Polizeirechts; *Leisner-Egensprerger, A.*, Polizeirecht im Umbruch, DÖV 2018, S. 677. Zum Gefahrbegriff *Denninger, E.*, in: Lisken, H./Denninger, E. (Hrsg.), Hb PolR, Kap. D Rn. 42. Zum Gefahrenbegriff, wonach die Eingriffsschwelle für die Polizeibefugnisse präventiver Art bestimmt wird, *Trunit, C.*, in: Möstl, M./Trunit, C. (Hrsg.), PolR BW, § 1 Rn. 15; der konkrete Gefahrenbegriff begründet und begrenzt zugleich die polizeilichen Eingriffe. Die Definition des Gefahrenbegriffs im Gesetz deutet auf ihre Konkretheit hin: c) [T]hreat – a condition indicating reasonable grounds to believe that in case of an unobstructed course of expected developments there is a high probability that the good protected by the police would be damaged (Art. 2 lit. C); dazu *Beraia, I./Gelashvili, N./Giorgishvili, K./Isoria, L. u. a.*, Polizeirecht, S. 113 ff. und S. 68 ff.

[130] „The Police carry out preventive measures and respond to offences to ensure public security and legal order" (Art. 3 S. 2).

[131] „[L]egal order – a system of behaviour and relations formed within society and regulated by the legislation of Georgia and by customs, traditions, and moral norms that do not contradict the legislation of Georgia" (Art. 2 lit. b); „public safety – inviolability of human rights, state sovereignty, territorial integrity and constitutional order, laws and other acts of Georgia" (Art. 2 lit. a); s. *Giorgishvili, K.*, Die Eigenartigkeit der polizeilichen Gefahrenabwehr, in: Zeitschrift für Verwaltungsrecht, Nr. 2 (2016), S. 85 ff.; *Beraia, I./Gelashvili, N./Giorgishvili, K./Isoria, L. u. a.*, Polizeirecht, S. 103 ff. Zum Begriff im deutschen Polizei- und Ordnungsrecht *Schenke, W.-R.*, Polizei- und Ordnungsrecht, Rn. 53 ff. unf Rn. 62 ff.; *Trunit, C.*, in: Möstl, M./Trunit, C. (Hrsg.), PolR BW, § 1 Rn. 32 ff. und Rn. 43 ff.

[132] Im Unterschied zum deutschen Vorbild konnte die Rechtsprechung bis dato nicht dazu

ellen Regelungen des GPolG gegenüber der allgemeinen Generalklausel eine Sperrwirkung entfalten und so die Anwendung der Generalklausel auf ein Minimum beschränkt wird.[133] Zudem kann auch bei den speziellen Standardmaßnahmen nicht ausgeschlossen werden, dass hiervon unverhältnismäßig Gebrauch gemacht wird.[134] Darüber hinaus wäre ein weiteres Hindernis, das das deutsche Recht bereithält, zu beachten, wonach intensive Eingriffe in die Freiheitssphäre nicht auf die Generalklausel gestützt werden können.[135] Es wurde allerdings im Rahmen der Erörterung der Gesetzesvorlage auch die Auffassung vertreten, eine allgemeine Eingriffsgrundlage könne durch Auslegung der Aufgaben- und Funktionsnormen (Art. 3 GPolG) ermittelt werden.[136] Dies scheitert aber an der ausdrücklichen Bestimmung des Organgesetzes „Über normative Akte". Nach dessen Art. 5 Abs. 1 S. 2 gilt in öffentlich-rechtlichen Verhältnissen ein Analogieverbot, es sei denn, Art und Weise dieses konkreten Falls seien gesetzlich bestimmt.[137] Vor allem fordert der rechtsstaatliche Vorbehalt des (verhältnismäßigen) Gesetzes eine verfassungskonforme bzw. hinreichend bestimmte Gesetzesgrundlage für Grundrechtseingriffe.[138] Dementsprechend begründet die polizeiliche Aufgabenzuweisung keine Befugnisse.[139] Die Rezeption der deutschen Dogmatik der polizeilichen Gefahrenabwehr ist somit nur unvollständig erfolgt. Auf welche Grundlage die Polizei ihre Handlung stützen kann, wenn ein vom Gesetzgeber nicht vorausgesehenes Ereignis eintritt, bleibt deswegen unklar. In diesem Zusammenhang ist das verfassungsrechtliche Prinzip der Verhältnismäßigkeit von besonderer Bedeutung, das im GPolG vorgesehene Befugnisse be-

---

beitragen, die Institute des Polizei- und Versammlungsrechts zu entwickeln und entsprechende Rechtsbegriffe hinreichend zu konkretisieren. Dementsprechend versucht der Gesetzgeber, möglichst jegliche Unbestimmtheit zu vermeiden. Daher sind im Gesetz Legaldefinitionen für unbestimmte Rechtsbegriffe zu finden.

[133] Zur lückenausfüllenden Funktion der Generalklausel und zur Funktion der Ergänzung einer *lex imperfecta Schoch, F./Axer, P.*, Besonderes Verwaltungsrecht, Kap. 1 Rn. 233–235.

[134] In beiden Fällen der Befugnisse erfüllt der (konkrete) Gefahrenbegriff die Funktion, die Grundrechte im Spannungsverhältnis mit der Effektivität der polizeilichen Maßnahme zu sichern, vgl. BVerwG, Urt. v. 03.07.2002 – 6 CN 8.01, DÖV 2003, S. 82 ff.

[135] Vgl. *Schenke, W.-R.*, Polizei- und Ordnungsrecht, Rn. 50.

[136] Vgl. *Giorgishvili, K.*, Die Eigenartigkeit der polizeilichen Gefahrenabwehr, in: Zeitschrift für Verwaltungsrecht, Nr. 2 (2016), S. 84; die dreijährige Praxis der Gesetzesanwendung zeige zudem, dass sich bisher dieser Auslegungsmodus nicht durchgesetzt habe.

[137] Dazu allgemein *Beaucamp, G.*, Zum Analogieverbot im öffentlichen Recht, AöR 134 (2009), S. 83 ff.

[138] Vgl. *Kingreen, T./Poscher, R.*, Staatsrecht II – Grundrechte, Rn. 321; *Classen, C.D.*, Staatsrecht II – Grundrechte, § 5 Rn. 47; *Coelln, C. v.*, Die eingeschränkte Polizeifestigkeit nicht-öffentlicher Versammlungen, NVwZ 2001, S. 1236.

[139] Vgl. *Schoch, F./Axer, P.*, Besonderes Verwaltungsrecht, Kap. 1 Rn. 190; es ist unzulässig, das Mittel zur Bewältigung der Gefahrenlage aus der Aufgabennorm abzuleiten. Vgl. VGH Kassel, Beschl. v. 01.02.2017 – 8 A 2105/14, BeckRS 2017, 103690, Rn. 75.

grenzt. Das Prinzip ist ausdrücklich im GPolG geregelt (Art. 12); es gilt aber ohnehin aufgrund der Verfassung.[140]

Unterschiedlich sind auch die Ansichten zur Rechtsfigur des objektiven Beobachters einer Gefahrenlage.[141] Nach dem bisher einzigen Kommentar zum geltenden GPolG ist hierunter ein vernünftiger, nicht sachkundiger Dritter zu verstehen, der kein persönliches Interesse am konkreten Geschehen hat.[142] Im Gegensatz dazu wird in Deutschland auf den sachkundigen, mit entsprechendem Wissen und Erfahrung ausgestatteten Durchschnittsbeamten abgestellt.[143] Zur Begründung verweisen die Autoren der Gesetzesvorlage darauf, dass dadurch möglichst hohe Standards der Rechtmäßigkeit der polizeilichen Wahrscheinlichkeitsprognose geschaffen seien. Die Tatsachenbasis für die Prognoseentscheidung der Behörde müsse derart offensichtlich sein, dass sie auch für die einfachen Bürger erkennbar sei. Hier scheint aber der gegenteilige Effekt erzielt worden zu sein.[144] In vielen Fällen der Gefahrenabwehr liegen Umstände vor, die nur von sachkundigen Beamten erkannt werden können, was fachliches Wissen und einen entsprechenden Grad an Erfahrung erfordert. Die Anforderungen an die polizeiliche Prognoseentscheidung sind folglich nach deutschem Verständnis höher als nach georgischem.[145]

---

[140] Vgl. *Koll, B.*, Liberales Versammlungsrecht, S. 37.

[141] Nach Art. 2 GpolG ist der „bjective Beobachter" im Zusammenhang mit der Gefahrenprognose erwähnt: „[R]easonable grounds to believe – a fact and/or information that would be sufficient for an impartial observer to draw conclusions considering given circumstances" (lit. d).

[142] Dazu *Beraia, I./Gelashvili, N./Giorgishvili, K./Isoria, L. u. a.*, Polizeirecht, S. 119.

[143] Vgl. *Schenke, W.-R.*, Polizei- und Ordnungsrecht, Rn. 69, Rn. 77 und Rn. 92; ein gewissenhafter, vernünftiger und sachkundiger Beamte habe die Lage anhand obiektivierter Betrachtung einzuschätzen; *Denninger, E.*, in: Lisken, H./Denninger, E. (Hrsg.), Kap. D Rn. 47–49; so auch *Kugelmann, D.*, Polizei- und Ordnungsrecht, S. 100 Rn. 114; *Gromitsaris, A.*, Subjektivierung oder Objektivierung im Recht der Gefahrenabwehr, DVBl. 2005, S. 536; *Poscher, R.*, Eingriffsschwellen im Recht der inneren Sicherheit, Die Verwaltung 41 (2008), S. 367; VGH Kassel, Beschl. v. 01.02.2017 – 8 A 2105/14, BeckRS 2017, 103690, Rn. 53.

[144] Auch die Rechtsprechung lässt bis dato keine Schlüsse darauf zu, wie der Begriff auszulegen ist. Im Jahr 2013 beschäftigte sich das GVerfG auch mit dieser Frage, als es die Voraussetzungen der Wahrscheinlichkeitsprognose nach dem damals geltenden GpolG behandelte. In der Entscheidung vom 11. April 2013, Nr. ½/503, 513 ist die Auslegung des Begriffs „objektiver Beobachter" nicht eindeutig. Das Gericht hat zwar betont, dass bei Einschätzung der Gefahrenlage das Fachwissen und die bisherige Erfahrung der Polizeibeamten entscheidend sei (Kap. II § 28). An anderer Stelle hielt das Gericht aber nicht mehr daran fest und führte aus, dass die Umstände anhand der Beurteilung eines objektiven, unparteiischen Dritten zu bewerten seien (Kap. II § 43).

[145] Zu berücksichtigen ist dabei, dass im Fall versammlungsrechtlicher Gefahrenabwehr die Rechtsfigur des objektiven Beobachters in manchen Prüfungsmodellen modifiziert wird: So wird z. B. bei Klärung der Frage, ob eine Veranstaltung die Voraussetzungen einer Versamm-

Ein weiteres Merkmal des Polizeirechts ist der Verzicht auf den Begriff „Repression",[146] der inzwischen auch für andere Bereiche des Rechts üblich geworden ist. Statt „Repression" spricht der Gesetzestext von der „reagierenden" Funktion oder von Maßnahmen der Polizei bzw. des Staates. Dies trägt den schlimmen Erinnerungen an die Vergangenheit Rechnung, die mit den massenhaften Repressionen in der Sowjetzeit in Zusammenhang stehen. Diese negative Konnotation hat der Begriff auch später behalten, da dieser zur Kennzeichnung des bestrafenden politischen Umgangs der Regierenden gegenüber politischen „Feinden" im Inneren des Staates verwendet wurde.

Das geringe Niveau der Dogmatik der Gefahrenabwehr in Georgien erschwert das Verständnis der in Rede stehenden Institute. So wird z. B. Prävention laut GPolG negativ bewertet, da es sich bei den meisten polizeilichen Maßnahmen um Eingriffe handele; das Zur-Verantwortung-Ziehen eines Störers sei mit dem Präventionsgedanken unvereinbar und das Gesetz vernachlässige die Bekämpfung des sozialen Umfelds, der Gelegenheiten, Motive und Ursachen der Kriminalität.[147] Darüber hinaus verbinden die Kritiker die Gefahrenabwehr mit der Erscheinung eines „Präventionsstaates", und das GPolG wird als Annex einer gefährlichen Stärkung des staatlichen Sicherheitsapparates angesehen.[148] Dabei kann die polizeiliche Gefahrenabwehr in Europa auf eine lange Tradition verweisen. Auch lässt sich die Skepsis gegenüber dem Staat, der heute den Terrorismus bekämpft, nicht pauschal auf die Konzeption der Gefahrenabwehr erstrecken.[149] Das Polizeirecht ist vielmehr an den Menschenrechten und damit an den Vorga-

---

lung erfüllt, aus der Perspektive des unparteilichen Durchschnittsbürgers ausgegangen. Für letztere als außenstehende Person müssen die kommunikativen Zwecke der Versammlung sichtbar sein; zum Versammlungsbegriff und zur sog. Infrastruktur der Versammlung Kap. F II 2 sowie Kap. F VI 2 b) und c).

[146] Vgl. *Beraia, I./Gelashvili, N./Giorgishvili, K./Isoria, L. u. a.*, Polizeirecht, S. 16.

[147] Vgl. EMC, Die Politik der unsichtbaren Macht, S. 7 ff. Der Umgang der Polizei mit dem Störer wird gar als Verstoß gegen die Unschuldsvermutung angesehen (S. 44). Der Autor spricht dabei von der Beseitigung der Ursachen und unterstützenden Umständen der Kriminalität sowie von der situationsbezogenen Prävention und sieht die Defizite des neuen GpolG darin, dass es diese Aspekte der Prävention nicht zum Ausdruck bringt. Vgl. anders *Beraia, I./Gelashvili, N./Giorgishvili, K./Isoria, L. u. a.*, Polizeirecht, S. 19 ff.; S. 327 ff.; der Kommentar des GpolG charakterisiert die allgemeine präventive Tätigkeit der Polizei im Vorfeld der Kriminalität in zwei unterschiedlichen Kapiteln; es wird darauf hingewiesen, dass die aufgegriffene Thematik nicht zur Gefahrenabwehr zählt (S. 23). Zur Unterscheidung von Gefahrenabwehr, Strafverfolgung und allgemeiner Prävention vgl. *Denninger, E.*, in: Lisken, H./Denninger, E. (Hrsg.), Hb PolR, Kap. D Rn. 5.

[148] Vgl. EMC, Die Politik der unsichtbaren Macht, S. 42 und S. 47.

[149] Zum Präventionsstaat *Denninger, E.*, Vom Rechtsstaat zum Präventionsstaat?, S. 9 ff.; *Sajó, A.*, Von wehrhafter Demokratie bis zum Präventionsstaat (übersetzt in die georgische Sprache), Zeitschrift des GVerfG „Verhandlungen des Verfassungsrechts", Nr. 1, S. 76–101.

ben der Verfassung zu messen. Selbst der Verhältnismäßigkeitsgrundsatz ist in Deutschland in seinen klassischen Facetten im Polizeirecht als „Prototyp der Eingriffsverwaltung" entwickelt worden.[150]

III. Der Staatsratsbeschluss vom 15. Juni 1992

Bis zum Inkrafttreten des GVersG von 1997 regelte ein Beschluss des Staatsrats der Republik vom 15. Juni 1992 die Organisierung und Durchführung von Versammlungen.[151] Diese Regelung ist in einer politisch äußerst angespannten Lage ergangen. Der Staat und die Gesellschaft befanden sich damals am Rande eines Bürgerkriegs.[152] Das Risiko und die Gefahr einer Destabilisierung wurden als sehr hoch eingeschätzt, womit die restriktiven Bestimmungen des Beschlusses zu erklären sind.

Der recht kurze Beschluss „Über die Veranstaltungs- und Durchführungsregeln für in der georgischen Republik veranstaltete Versammlungen, Demonstrationen und andere politisch motivierte Aktionen" besteht aus insgesamt zehn Artikeln. Der Beschluss selbst bestimmt nicht, was unter einer Versammlung oder unter einer politisch motivierten Aktion zu verstehen ist und wie diese von anderen Veranstaltungen abzugrenzen ist. Bis zum Inkrafttreten der GVerf vom August 1995 hatte diese einfachrechtliche Regelung den Maßgaben der alten Verfassung von 1921 Rechnung zu tragen. Diese Verfassung war vom Staatsrat für wirksam erklärt worden. Die politische Entscheidung dazu wird aber als ein „Scheinschritt" bewertet, da die Geltung der Verfassung in Anbetracht der geänderten Realitäten in Staat und Gesellschaft unmöglich war.[153]

Artikel 1 dieses Beschlusses sieht sehr kurze Anmeldefristen vor und bestimmt, dass die Anmeldung nicht später als zwei Tage vor Durchführung der

---

[150] Vgl. *Nußberger, A.*, Das Verhältnismäßigkeitsprinzip, NVwZ-Beilage 2013, S. 36 f.; *dies.*, in: Sachs, M. (Hrsg.), GG, Art. 3 Rn. 15; *Classen, C. D.*, Das Prinzip der Verhältnismäßigkeit, in: FS für Stern, S. 651. Zu „rechtsstaatliche[n] und grundrechtssichernde[n] Kompensationen" der polizeirechtlichen Befugnisse *Kugelmann, D.*, Der polizeiliche Gefahrenbegriff in Gefahr?, DÖV 2003, S. 787 f. und S. 789.
[151] Sammlung normativer Akte des Staatsrates der georgischen Republik, Bd. 1 1995, Art. 76.
[152] Die Legitimation des Staatsrats nach dem Sturz der demokratischen Regierung und des Präsidenten, die nach den Wahlen vom Oktober 1990 amtierten, ist nach wie vor umstritten, dazu *Loladze, B.*, Das Rechtsstaatsprinzip in der Verfassung Georgiens, S. 30 mwN.
[153] Schon nach Wiedererlangung der Unabhängigkeit am 9. April 1991 wurde gefordert, die Verfassung von 1921 nach entsprechender Modifizierung auch für die Zukunft in Kraft zu setzen. Letztlich wurde aber entschieden, eine neue Verfassung auszuarbeiten. Der Staatsrat hat die Verfassung später dennoch in Kraft gesetzt. Dazu *Loladze, B.*, Das Rechtsstaatsprinzip in der Verfassung Georgiens, S. 30 mwN.

Versammlung zu erfolgen hat. Artikel 4 regelt als einzige Maßnahme das Verbot. Das Instrument der Auflösung ist in dem Beschluss gar nicht vorgesehen. Verboten werden danach Versammlungen auf zentralen Fahrbahnen und an anderen Orten, an denen der Straßenverkehr oder die Tätigkeit staatlicher oder gesellschaftlicher Einrichtungen gestört werden. Diese Orte wurden von der kommunalen (Versammlungs-)Behörde bestimmt. Damit bedurfte die Bannmeilenregelung als Grundlage für das Versammlungsverbot der weiteren Konkretisierung der Versammlungsbehörde. Hier kommt die offensichtliche Parallelität mit dem Dekret von 1988 „Über das Verfahren der Organisation und Durchführung von Versammlungen, Kundgebungen, Straßenumzügen und Demonstrationen in der UdSSR" zum Ausdruck.

Der Beschluss bleibt hinsichtlich der Versammlungszwecke und der Ereignisse während des Verlaufs der Versammlung neutral. Im Übrigen verweist der Beschluss lediglich auf weitere strafbare Handlungen, sieht selbst aber keine Rechtsfolgen vor. So wird in Art. 3 ausgeführt, dass die strafrechtliche Verfolgung droht, wenn im Verlauf von Versammlungen Feindseligkeiten aus religiösen, nationalen oder ethnischen Gründen ausgelöst und weitere Verstöße gegen die öffentliche Sicherheit und Ordnung begangen werden. Darüber hinaus werden zur Realisierung der Versammlungsfreiheit auch Pflichten auferlegt: Art. 5 verpflichtet die Einrichtungen des Staates und der Selbstverwaltung, angemessene Bedingungen für die Organisation und Durchführung von Versammlungen zu schaffen. Staatlichen Organen, gesellschaftlichen Organisationen, Amtsträgern und Bürgern wird untersagt, eine im Rahmen des Beschlusses durchgeführte Versammlung zu stören.[154]

Bemerkenswert ist, dass einzelne Formulierungen dieses Beschlusses, die versammlungskonform zu betrachten sind, immer noch Bestandteil des GVersG sind. Insgesamt ist die Regelung rudimentär und sehr restriktiv. Vor allem fehlen Hinweise auf mildere Mittel wie Auflagen, die bei der Abwägung in Betracht kommen und einem strikten Versammlungsverbot hätten vorgezogen werden können.

IV. Das Gesetz „Über Versammlungen und Manifestationen" vom 12. Juni 1997

Das Gesetz „Über Versammlungen und Manifestationen" vom 12. Juni 1997 – GVersG – umfasst insgesamt zwei Kapitel und 18 Artikel.[155] Dabei besteht das

---

[154] Diese Regelung ist in Art. 12 Abs. 2 des geltenden GVersG wiederzufinden.
[155] Die englische Fassung des Gesetzes „Über Versammlungen und Manifestationen" ist

zweite Kapitel nur aus zwei Bestimmungen, die das Inkrafttreten des Gesetzes regeln. Das GVersG ist anschließend grundlegend geändert und nachgebessert worden. Die zahlreichen Änderungen haben zur mangelnden Homogenität der Bestimmungen und Begriffe geführt.[156] Nach Art. 1 GVersG werden Art und Weise der Veranstaltung von Versammlungen/Manifestationen durch die GVerf, völkerrechtliche Verträge und Abkommen, das GVersG sowie sonstige normative Akte geregelt. Dazu kann angemerkt werden, dass sich die Eingriffsgrundlagen der Behörde erst aus dem nationalen Recht ergeben; diese müssen mit den internationalen Standards übereinstimmen. Die Norm sollte daher besagen, dass sich die Vorschriften des GVersG – entsprechend der GVerf – im Einklang mit den (verbindlichen) völkerrechtlichen Vorgaben befinden müssen. Artikel 3 lit. a definiert den Begriff „Versammlung" und versteht darunter das Sich-Versammeln einer Gruppe von Bürgern an einem für die Öffentlichkeit allgemein zugänglichen Ort zum Zweck des Protests oder der Solidarität. Nach lit. b desselben Artikels wird die „Manifestation" als das Demonstrieren von Bürgern, deren massenhafter Auftritt oder Aufzug zu denselben Zwecken bezeichnet, wobei Plakate, Banner, Transparente und andere Gestaltungsmittel verwendet werden. Die Definition hebt somit kommunikative (gemeinsame) Zwecke der Versammlung hervor, ohne dass der Gegenstand des Sich-Versammelns auf die öffentlichen Interessen beschränkt wird. Dabei bezieht sich die Bestimmung nur auf die Versammlung der „Bürger", wobei die GVerf von einem „Jedermanns"-Recht spricht. Der Wortlaut ist daher unbegründet restriktiv gefasst. Artikel 3 lit. c–f bestimmt den Personenkreis, der für die Veranstaltung und Leitung der Versammlung verantwortlich ist. Die verwendete Begrifflichkeit deckt sich nicht mit der deutschen.[157] So hat z.B. der „Veranstalter" („organiser") die Funktion der Veranstaltungsleitung und wird von dem „Initiator" der Versammlung ernannt (lit. e). Der Initiator („princial") der Versammlung ist aber nach der deutschen Begrifflichkeit der eigentliche Veranstalter als „Urheber" der Versammlung (lit. c).[158] Der Initiator bestimmt nach lit. d auch die Beauftragten bzw. Vertreter („trustee", „representative"). Diese Personen ähneln den „Ordnern" nach deutschem Recht. Der Veranstalter und der Beauftragte/die Beauftragten werden als „Verantwortliche" („responsible persons") für die (störungsfreie) Durchführung der Versammlung bestimmt (lit. f). Vorgesehen ist nicht mehr, dass der Initiator

---

abrufbar unter: https://matsne.gov.ge/en/document/view/31678?publication=10; Abrufdatum: 17.10.2021.

[156] Zur Rechtsklarheit vgl. *Hoffmann-Riem, W.*, Der „Musterentwurf eines Versammlungsgesetzes", S. 33.

[157] Vgl. *Lux, J.*, in: Peters, W./Janz, N. (Hrsg.), Hb VersR, Kap. D Rn. 110–124; *Hettich, M.*, VersR in der Praxis, Rn. 92–93.

[158] Vgl. *Lux, J.*, in: Peters, W./Janz, N. (Hrsg.), Hb VersR, Kap. D Rn. 111.

selbst als Veranstalter i. S. v. lit. e gilt, sofern dieser nicht ausdrücklich zur Leitung der Versammlung berufen wurde. Die klare Zuordnung der Funktion der Versammlungsleitung liefert der ME in seinen § 5 und § 6, die die aktuellen §§ 7–8 VersG ergänzen.[159] Da der Sinn der einleitenden Normen (u. a. die Legaldefinitionen) darin besteht, Klarheit für die ganze Rechtsmaterie zu schaffen, ist eine Präzisierung der einleitenden Bestimmungen nachdrücklich zu empfehlen. Dies gilt umso mehr für den Verweis auf „Bürger" (Art. 3 lit. a), der der GVerf schon *expressis verbis* widerspricht. Artikel 2 GVersG macht die erlaubnisfreie Durchführung einer Versammlung, die öffentlich und unbewaffnet, unter freiem Himmel und in geschlossenen Räumen erfolgt, zum Gegenstand des Gesetzes (Abs. 1). Dabei sieht das GVersG keine spezielle Regelung für Versammlungen in geschlossenen Räumen vor. Die unterschiedliche Gefahrenlage und das dadurch bedingte stärkere Interesse an einer Selbstorganisation der Versammlung in geschlossenen Räumen erfordern aber eine spezielle Regelung.[160] Vorzusehen ist u. a. die Befugnis des Veranstalters einer Versammlung in geschlossenen Räumen, bestimmte Personen oder Personenkreise von der Teilnahme ausschließen zu können.[161] Aufgrund des Verfassungsvorbehalts in Art. 21 GVerf gilt die Anmeldepflicht nur für Versammlungen unter freiem Himmel, die auf Verkehrsflächen stattfindet.

1. Nachfolgende Gesetzesänderungen

Schon in den ersten Änderungsgesetzen werden die Ziele erkennbar, von denen sich der Gesetzgeber hat leiten lassen. Dabei sind die rechtspolitischen Hintergründe und politischen Ereignisse, die den Anlass zur Neuregelung geboten haben, nicht uninteressant.[162] Röger spricht insofern vom Versammlungsrecht als

---

[159] Dazu die Kommentierung bei *Enders, C./Hoffmann-Riem, W. u. a.*, ME eines Versammlungsgesetzes, S. 24 und S. 26.
[160] Dazu *Brenneisen, H./Wilksen, M.*, in: Brenneisen, H./Wilksen, M. (Hrsg.), VersR, S. 403; *Lux, J.*, in: Peters, W./Janz, N. (Hrsg.), Hb VersR, Kap. D Rn. 63.
[161] Zum Bundesrecht (§ 6 VersG) vgl. *Hettich, M.*, VersR in der Praxis, Rn. 234–235. Zur Regelung *de lege ferenda* vgl. *Enders, C./Hoffmann-Riem, W. u. a.*, ME eines Versammlungsgesetzes, S. 65 f.
[162] Zur gesetzgeberischen Reaktion *Höfling, W./Augsberg, S.*, Versammlungsfreiheit, ZG 21 (2006), S. 151 m. V. auf Hesse: Dem Recht komme die „beharrende" und der Politik [die] „ändernde" Rolle zu. Vgl. *Brenneisen, H./Sievers, C.*, Hat das BayVersG Modellcharakter?, Die Polizei 2009, S. 73. Das Recht lässt den „Zeitgeist" erkennen, so *Möllers, M. H. W.*, Demonstrationsrecht im Wandel, S. 11. Vgl. ein interessantes Beispiel: Am 1. April 2005 wurden der Volksverhetzungstatbestand im StGB und § 15 Abs. 2 VersG geändert. Grund dafür waren die geplanten Demonstrationen der NPD am 8. Mai 2005 am Bradenburger Tor; dazu fragte Poscher nach den verfassungsrechtlichen Grenzen der Entpolitisierung der Versammlungsfreiheit;

"grundsätzlich politisch geprägtem Rechtsgebiet".[163] Mit der Gesetzesänderung bemühte sich der Gesetzgeber, einer Wiederholung von Ereignissen der Vergangenheit vorzubeugen, was mithin teilweise die Ängste der politischen Führung offenbart.[164] Der Überfrachtung des Gesetzes an einigen Stellen in Anbetracht der politischen Ereignisse versuchte später das GVerfG zu begegnen. Danach sollten auch bei politischer Zielsetzung die versammlungsfreundlichen Ansätze dominieren. Um diese Entwicklung nachvollziehen zu können, sind zunächst die Änderungen im Einzelnen aufzuzeigen.

a) Die Änderungen bis 2011

Am 15. Mai 1998 wurde die Behörde ermächtigt, die Anmeldung zurückzuweisen.[165] Gemäß Art. 8 Abs. 5 GVersG war dies der Behörde in den folgenden drei Fällen gestattet: Im Fall der Nichterfüllung der in S. 2 dieses Artikels genannten Voraussetzungen (Nichtvorlage der Daten, die der Veranstalter während des Anmeldeverfahrens pflichtweise anzugeben hatte); im Fall des Zusammentreffens der Art und Weise, Zeit und Örtlichkeit einer Versammlung mit einer anderen, bereits früher angemeldeten Versammlung oder einer Versammlung mit zahlreichen Teilnehmern; im Fall einer erheblichen Gefahr für die Sicherheit und Ordnung des Staates sowie für die verfassungsmäßigen Rechte und Freiheiten Dritter bei Durchführung der Versammlung. Diese weite Eingriffsermächtigung stellte die Erlaubnisfreiheit in Frage und eröffnete breiten Raum für den Missbrauch dieser Befugnis. Die Norm wurde zum Gegenstand einer verfassungsgerichtlichen Beschwerde. Daraufhin hat das GVerfG die Regelung für verfassungswidrig erklärt.[166]

Die zweite Änderung des GVersG von 2004 betraf den Beamtenvorbehalt und war die Folge der Änderung eines anderen Gesetzes.[167] Danach durften auch die Beamten der 2004 neu eingeführten Finanzpolizei keinen Gebrauch mehr von der Versammlungsfreiheit machen. 2007 wurde diese Vorschrift erneut erweitert, nachdem zwei Ministerien zusammengelegt worden waren.[168] Das Ministerium

---

Poscher, R., Neue Rechtsgrundlagen gegen rechtsextremistische Versammlungen, NJW 2005, S. 1316 ff.
[163] So vgl. *Röger, R.*, Landespolitischer Individualismus bei der Ausgestaltung des Versammlungsrechts, S. 55.
[164] Vgl. die frühere Behandlung der Versammlungen bis 2012 in Kap. D II.
[165] Änderungsgesetz vom 15.05.1998 Nr. 1392 zum GVersG.
[166] Vgl. die Entscheidung des GVerfG vom 5. November 2002, Nr. 2/2/180–183. Dazu die Behandlung in Kap. F III 1.
[167] Änderungsgesetz vom 24.02.2004 Nr. 3401 zum GVersG.
[168] Änderungsgesetz vom 29.12.2006 Nr. 4266 zum GVersG.

für Inneres und das Ministerium für Sicherheit wurden in ein einheitliches Ministerium für Innere Angelegenheiten umgewandelt.

2004 wurde die Bannmeilenregelung des Art. 9 GVersG modifiziert.[169] An den dort aufgezählten Orten dürfen keine Versammlungen stattfinden. 2009 erfolgte die nächste Änderung der Bannmeilenregelung in Art. 9 GVersG.[170] Es wurden erstmals die Sperrung, Zufahrtshindernisse und andere Barrieren während einer Versammlung geregelt. Unter anderem stellte Abs. 2 des geänderten Art. 9 GVersG fest, dass eine Blockade der Eingänge von Gebäuden verboten sei.

2009 wurde eine wichtige Regelung aufgenommen, die die konkrete Ausgestaltung des allgemeinen Störungsverbots in Art. 11 VersG erweitert hat.[171] Der Katalog der den Versammlungsteilnehmern verbotenen Handlungen in Art. 11 GVersG wurde durch Art. 11¹ ergänzt. Nach Art. 11¹ Abs. 1 darf eine Fahrbahn nur dann teilweise oder vollständig gesperrt werden, wenn ein anderer Verlauf der Versammlung mit Rücksicht auf die Zahl der Teilnehmer als unmöglich zu betrachten ist. Sperrungen aus sonstigen Gründen wurden für unzulässig erklärt.

b) Die Änderungen von 2011

Die bisher umfassendste Änderung des GVersG erfolgte im Jahr 2011.[172] Die früheren Änderungen modifizierten das GVersG nur in Teilaspekten. Die Zielrichtungen der Regelungen und die Gesamtsystematik blieben aber fast unverändert. Nicht hinreichend berücksichtigt wurden die Schutzpflichten des Staates. Auch beinhalteten die gesetzlichen Bestimmungen keinen Rahmen für die Abwägung der kollidierenden Interessen durch den Rechtsanwender. Mit der nun letzten umfassenden Änderung hat sich der Gesetzgeber bemüht, die Regelungen zu beseitigen, in denen die versammlungsspezifischen und die nicht versammlungsspezifischen Regelungsgegenstände unzureichend voneinander getrennt waren. Den konkreten Anlass für die Umsetzung dieses allgemeinen Plans in der nationalen Rechtsordnung bildeten die Aussagen des GVerfG und die Leitlinien der OSCE/Venedig-Kommission. Die Venedig-Komission hat die einzelnen Standards der Leitlinien in ihren Stellungnahmen zur georgischen Rechtslage im Bereich Versammlungsfreiheit mehrmals herangezogen. Die bis 2011 geltende Version des Gesetzes wurde in einzelnen Kommentaren und in der abschließenden Stellungnahme der Venedig-Kommission als defizitär bezeichnet. Die strengen Regelungen könnten die Entfaltung der Versammlungsfreiheit nicht ermög-

---

[169] Änderungsgesetz vom 24.02.2004 Nr. 3401 zum GVersG.
[170] Änderungsgesetz vom 17.07.2009 Nr. 1502 zum GVersG.
[171] Ebd.
[172] Änderungsgesetz vom 01.07.2011 Nr. 4980 zum GVersG.

lichen.[173] Hervorzuheben sind auch die Bemühungen des Menschenrechtsbeauftragten.[174] In seinen jährlichen und speziellen Berichten u. a. über den Schutz der Versammlungsfreiheit sind entsprechende Empfehlungen zur Nachbesserung der Rechtslage dokumentiert.[175]

Schon mit dem ersten Punkt der Änderung wird die Notwendigkeit eines schonenden Umgangs mit der Versammlungsfreiheit betont. Artikel 3 lit. h GVersG wurde um die Legaldefinition des durch die Behörden zu wahrenden Verhältnismäßigkeitsprinzips ergänzt. Der neue Art. 2 Abs. 4 hebt zudem die besondere Bedeutung der Pressefreiheit für die effektive Gewährleistung der Versammlungsfreiheit hervor.

Die Anmeldepflicht in Art. 5 GVersG wurde durch eine Ausnahmeregelung ergänzt. Danach erlischt die Anmeldepflicht, wenn die Voraussetzungen zwar vorliegen, die Störung der Fahrt oder die Sperrung der Fahrbahn aber auf eine andere, vom Versammlungsablauf unabhängige Ursache zurückzuführen ist. In Art. 10 wurden die Kooperation von Veranstalter und Behörde vorgeschrieben und die Modalitäten dieser Kooperation erweitert.

In Art. 9 GVersG wurde die starre Bannmeilenregelung, die die Durchführung einer Versammlung nur in einem Abstand von 20 Metern der aufgelisteten Einrichtungen vorschreibt, dadurch modifiziert, dass die Behörde nunmehr im Einzelfall abzuwägen hat. Im neuen Art. 11^2 wurde die Behörde verpflichtet, ein Gleichgewicht zwischen Versammlungsfreiheit und Rechten unbeteiligter Dritter zu wahren.

---

[173] Vgl. Final Opinion on the Amendments to the Law on Assembly and Manifestations of Georgia, Venice Commission, CDL-AD(2011)029, § 7.

[174] Der Menschenrechtsbeauftragte war einer der Bf. Vor dem GVerfG, als es 2011 die Verfassungsmäßigkeit mehrerer Rechtsnormen des GVersG behandelt hat. Vgl. den Bericht des Menschenrechtsbeauftragten 2010, S. 274. Zur besonderen Rolle des „Ombudsmannes" in osteuropäischen Ländern, der neben der Verfassungsgerichtsbarkeit aktiv zum effektiven Grundrechtsschutz beiträgt, *Stern, K.*, in: Isensee, J./Kirchhof, P. (Hrsg.), HStR IX, § 184 Rn. 56f. Zur Funktion des Menschenrechtsbeauftragten in Georgien als wichtiger Teil des „status activus processualis" *Häberle, P.*, „Own Face" of the Georgian Constitution of 1995, in: Sarchevi, Nr. 1–2 (3–4), S. 241; *Erkvania, T.*, Verfassung und Verfassungsgerichtsbarkeit in Georgien, S. 399 ff.

[175] Die Entwicklung des georgischen Versammlungsrechts in der Praxis hat der Menschenrechtsbeauftragte besonders nach der friedlichen Revolution beobachtet. Die politische Wende im November 2003 wurde zwar durch die massenhaften Proteste auf den Weg gebracht, später erwies sich die Versammlungsfreiheit für die neue politische Elite aber als problematisch, dazu vgl. den Bericht des Menschenrechtsbeauftragten 2004, S. 71–73. Diese Anfangsphase der kritischen Evaluierung ist dadurch gekennzeichnet, dass vor allem die mangelhafte Umsetzung des geschriebenen Rechts in die Praxis auf den Punkt gebracht wurde. Die Lückenhaftigkeit des Gesetzes wurde erst später Gegenstand der an den Gesetzgeber adressierten nachdrücklichen Empfehlungen, dazu vgl. exemplarisch den Bericht des Menschenrechtsbeauftragten 2010, S. 273 ff.

In Art. 11 GVersG wurden die Störungsverbote, die u. a. die Grundlage für die Auflösungsentscheidung schaffen können, konkretisiert. Die letzte Änderung in Art. 13 betrifft schließlich die Voraussetzungen der Auflösung einer Versammlung. Zugleich wurde der Veranstalter verpflichtet, für die Friedlichkeit der Versammlung Sorge zu tragen.

2. Die Konkretisierung des Verhältnismäßigkeitsgrundsatzes

Seit 2011 wird in Art. 2 und Art. 3 GVersG der Verhältnismäßigkeitsgrundsatz konkretisiert. Die Venedig-Kommission hat seine Regelung in den einleitenden Normen des Gesetzes begrüßt:[176] Nur die Gesetzmäßigkeit, Verhältnismäßigkeit und die Notwendigkeit der Einschränkung für die demokratische Gesellschaft können die entwicklungsrelevanten Vorgaben für die Anwendung des einfachen Versammlungsrechts schaffen.[177] Im Gegensatz zu dieser erfreulichen Neuerung ist der Wortlaut des Art. 2 Abs. 3 – „durch dieses Gesetz anerkannte [...] Versammlungsfreiheit" – bedenklich. Die Versammlungsfreiheit ist bereits in der GVerf verbrieft. Diese Gewährleistung wirkt unmittelbar und bedarf keiner weiteren Anerkennung in einem Rechtsakt. Dieser Hinweis in Art. 2 Abs. 3 ist somit mit der Grundrechtsdogmatik nicht vereinbar und aufzuheben.

Art. 2 Abs. 3 GVersG legt die Voraussetzungen für die Beschränkung der Versammlungsfreiheit fest und orientiert sich an den Prüfungsschritten des EGMR: Die Beschränkung muss den Schutz der in Art. 17 Abs. 5 GVerf aufgezählten Rechtsgüter zum Ziel haben,[178] gesetzlich vorgesehen und in einer demokratischen Gesellschaft notwendig sein; diese muss weiter nichtdiskriminierend wirken und proportional ausfallen. Artikel 3 lit. h GVersG ergänzt weiter, dass die Beschränkung nur dann verhältnismäßig ist, wenn zum Schutz der relevanten Rechtsgüter das mildeste und gleichsam effektivste Mittel gewählt wurde. Ein strengeres Mittel komme nur dann in Frage, wenn ansonsten die Erreichung der genannten Ziele unmöglich ist. Nach Art. 2 Abs. 3 lit. f ist im letzten Schritt der Verhältnismäßigkeitsprüfung festzustellen, ob das durch den Eingriff geschützte Rechtsgut den durch den Eingriff entstandenen Schaden überwiegt. Nicht glücklich gewählt ist wieder der Wortlaut. Es geht hier nicht um eine Abwägung zwischen der Bedeutung des Rechtsguts und dem Schaden, sondern um eine Bewertung der unterschiedlichen Interessen des einerseits zu schützenden und andererseits zu beschränkenden Rechtsguts.

---

[176] Dazu Final Opinion on the Amendments to the Law on Assembly and Manifestations of Georgia, Venice Commission, CDL-AD(2011)029, § 12.

[177] Vgl. ebd., § 13.

[178] Bis zur Verfassungsreform 2017 waren die Schranken der Meinungsfreiheit in Art. 24 Abs. 4 geregelt.

3. Das Diskriminierungsverbot

Wie schon erwähnt wird in Art. 2 Abs. 3 GVersG das Diskriminierungsverbot als Element des Verhältnismäßigkeitsgrundsatzes behandelt. Diese Verbindung von zwei Prinzipien ist aber dogmatisch bedenklich. Die Prüfung der Rechtmäßigkeit von Entscheidungen anhand des allgemeinen Gleichheitsprinzips stellt eine eigenständige Prüfung dar.[179] Unter dem Gesichtspunkt des Gleichheitsprinzips ist zu untersuchen, ob die Grundrechtsträger trotz ihrer „wesentlichen Gleichheit" gleichheitswidrig, ohne „kontextwesentliche Unterschiedlichkeit" der Vergleichsgruppen,[180] behandelt werden.[181] In bestimmten Fällen kann es aber auch darum gehen, etwaige gleichheitswidrige Entscheidungen des Staates wieder anhand der „stufenlosen" Verhältnismäßigkeitsformel zu prüfen.[182] Diese Kontrolle erfährt eine Besonderheit, wenn die Differenzierung im Rahmen eines gesetzgeberischen oder exekutiven Prognosespielraums erfolgt.[183]

---

[179] Vgl. BVerfGE 78, 249, 288 und BVerfGE 118, 1, 24. Dabei bindet der Gleichheitssatz vor allem den Gesetzgeber, der in rechtlichen Normen „generelle Tatbestände" aufstellt und die Subsumtion in konkreten Fällen dem Rechtsanwender überlässt, vgl. *Kirchhof, P.*, Annäherung an das Recht, in: FS für Klein, S. 159. Nach dem Gleichheitssatz seien daher „gleichheitsgerechte" Rechtsnormen zu setzen und damit die Systemgerechtigkeit – als Forderung einer „hinreichende[n] Folgerichtigkeit einfachgesetzlicher Wertungen" – zu wahren; *Nußberger, A.*, in: Sachs, M. (Hrsg.), GG, Art. 3 Rn. 98–100.

[180] So *Wollenschläger, F.*, in: Mangoldt, H. v./Klein, F./Starck, C. (Hrsg.), GG, Art. 3 Rn. 120 und Rn. 24.

[181] Bei der Prüfungsstruktur des Gleichheitssatzes geht es aber nicht um die Identität der Vergleichsgruppen, sondern um die Vergleichbarkeit – die Lebensverhältnisse müssen „möglichst viele Gemeinsamkeiten aufweisen"; *Krieger, H.*, in: Schmidt-Bleibtreu, B./Hofmann, H./Henneke, H.-G. (Hrsg.), GG, Art. 3 Rn. 24. Die Besonderheit des Gleichheitssatzes im Vergleich zu Freiheitsrechten ergibt sich weiter daraus, dass nach der überwiegenden Meinung in der deutschen Literatur aus dem Gleichheitssatz keine Schutzpflicht des Staates hergeleitet wird; ebd., Rn. 11; *Nußberger, A.*, in: Sachs, M. (Hrsg.), GG, Art. 3 Rn. 3–4, zur sog. „neuen Formel" des BVerfG vgl. Rn. 8–9. Zum Verständnis der Gleichbehandlung der „wesentlich Gleichen" vgl. das GVerfG, Entscheidung vom 22. Dezember 2011, Nr. 1/1/477, Kap. II § 69; Entscheidung vom 27. Dezember 2010, Nr. 1/1/493, Kap. II § 2.

[182] Vgl. *Wollenschläger, F.*, in: Mangoldt, H. v./Klein, F./Starck, C. (Hrsg.), GG, Art. 3 Rn. 108 ff. und Rn. 115; *Nußberger, A.*, in: Sachs, M. (Hrsg.), GG, Art. 3 Rn. 22; der Schwerpunkt der Verhältnismäßigkeitsprüfung der eventuellen gleichheitswidrigen Entscheidungen liege dann bei einer Gegenüberstellung von „Gründen und Zielen gesetzlicher Differenzierungsmerkmale" und „Differenzierungswirkungen für die Betroffenen". Nach der Rechtsprechung des GVerfG beinhalte die Gleichheit als Prinzip vor allem die Gewährung der gleichen Schutzmechanismen für die Freiheiten der Individuen. Dies sei sowohl Grundlage als auch Ziel des Rechtsstaats. Dies hat das Gericht als Gleichheit vor dem Recht bezeichnet (vgl. GVerfG, Entscheidung vom 27. Dezember 2010, N 1/1/493, Kap. II § 1); vielmehr handelt es sich bei der Aussage des Gerichts um die Bestimmung einer anderen Dimension des Gleichheitsprinzips – Gleichheit durch das Recht.

[183] Vgl. *Krieger, H.*, in: Schmidt-Bleibtreu, B./Hofmann, H./Henneke, H.-G. (Hrsg.), GG,

Der irritierende Wortlaut des GVersG kann in dem Sinne ausgelegt werden, dass der Gesetzgeber hiermit ein gleichheitsrechtliches Abwägungsgebot und zugleich die objektiv-rechtliche Dimension des Gleichheitssatzes (u. a. im Verhältnis zu den Freiheitsrechten) auf den Punkt bringt:[184] Die Versammlungsfreiheit muss in vergleichbaren Lagen von störenden Einwirkungen unparteiisch, „gleichheitsgerecht" geschützt werden. Zweckmäßiger wäre es daher, wenn der Gesetzgeber – ähnlich wie im GPolG – das Prinzip der Neutralität der staatlichen (Versammlungs-)Behörden angesprochen hätte.[185] Bedeutend sind dazu die Fälle, die der EGMR aufgrund des Art. 11 i. V. m. Art. 14 EMRK behandelt hat.[186] Der EGMR betrachtete Art. 14 i. V. m. Art. 11 EMRK im Fall „Identity v. Georgia" als verletzt: Der Versammlung der sexuellen Minderheiten wurde in gleichheitswidriger Weise kein angemessener Schutz gewährt.[187] Ebenfalls diskriminierend wirkte die Nichtzulassung der Versammlung einer religiösen Minderheit im Fall „Barankevich v. Russia".[188] Als gleichheitswidrig wurden die staatlichen Maßnahmen in den Entscheidungen gegen Russland – „Alekseyev"[189] und „Lashmankin" qualifiziert.[190] In diesen Fällen wurden unerwünschte Versammlungen sexueller Minderheiten sowie Oppositioneller unzumutbar beschränkt.

Mit Blick auf die beschränkenden Maßnahmen ist dabei die freiheitsermöglichende Natur des Versammlungsrechts und die besondere Bedeutung des milderen Mittels sowie die Freiheitsvermutung bedeutend: Jeder Zweifel ist zugunsten

---

Art. 3 Rn. 19; *Wollenschläger, F.*, in: Mangoldt, H. v./Klein, F./Starck, C. (Hrsg.), GG, Art. 3 Rn. 185 ff.

[184] Dazu *Nußberger, A.*, in: Sachs, M. (Hrsg.), GG, Art. 3 Rn. 67; jenseits der Meinungsverschiedenheit sei „jedenfalls" „eine flankierende Schutzfunktion" des Gleichheitssatzes anzunehmen: „Wo Freiheit geschützt werden muss oder geschützt wird, muss sie gleichheitsgerecht geschützt werden." Zu dieser Funktion vgl. die Entscheidung des GVerfG vom 11. Juni 2013, Nr. 1/3/534, Kap. II § 3; *Krieger, H.*, in: Schmidt-Bleibtreu, B./Hofmann, H./Henneke, H.-G. (Hrsg.), GG, Art. 3 Rn. 93 mwN.

[185] Zur Neutralitätspflicht vgl. die spätere Analyse der behördlichen Kooperation in Kap. H IV 5 f).

[186] Art. 14 EMRK: „The enjoyment of the rights and freedoms set forth in [the] Convention shall be secured without discrimination on any ground such as sex, race, colour, language, religion, political or other opi-nion, national or social origin, association with a national minority, property, birth or other status." Dazu ECHR, Barankevich v. Russia, Nr. 10519/03, 26. Juli 2007, § 39.

[187] Vgl. ECHR, „Identity" and Others v. Georgia, Nr. 73235/12, 12. Mai 2015, § 97 und § 100.

[188] Vgl. ECHR, Barankevich v. Russia, Nr. 10519/03, 26. Juli 2007, §§ 36–40.

[189] Vgl. ECHR, Alekseyev v. Russia, Nr. 4916/07 und 14599/09, 21. Oktober 2010, § 109.

[190] Vgl. ECHR, Lashmankin and Others v. Russia, Nr. 57818/09 und 14 weitere, 7. Februar 2017, § 429.

der Durchführung der Versammlung zu deuten;[191] ansonsten besteht „keine Gleichheit im Unrecht" (bei unverhältnismäßigen Eingriffen).[192] Das Gleichheitsgebot verpflichtet die Behörde, bei der Bewertung von Tatsachen und bei der Subsumtion – u. a. aufgrund des Ermessensspielraums – Kontinuität zu wahren.[193] Dabei fordert jede Ermessensbefugnis als Ausdruck der Suche nach Einzelfallgerechtigkeit, dass die exekutive Entscheidung je nach der Eigenart der konkreten Situation ausfällt.[194] Dies gilt umso mehr für Versammlungssituationen, die durch besondere Variabilität bzw. Vielfalt gekennzeichnet sind.[195] Laut BVerfG gibt es keinen „schicksalhafte[n] Verlauf" von Versammlungen.[196] Daher ist bei einer versammlungsspezifischen Rechtsanwendung ein Fehler dann zu erwarten, wenn die identitätsprägenden Modalitäten der Versammlung nicht berücksichtigt werden. Die Unterschiedlichkeit von Versammlungen führt aber nicht zur nachrangigen Bedeutung des Gleichheitssatzes. Wie Thiele zur Dichotomie von „Gleichheit und Vielfalt" ausführt, setzt Gleichheit Vielfalt und Vielfalt Gleichheit voraus.[197] Beide seien durch den „Faktor einer Relation" zu anderen gekennzeichnet.[198] Schließlich ist anzumerken, dass der verfassungsrechtliche Gleichheitsgrundsatz eine spezielle Grenze für jede Rechtsanwendung zieht. Er gilt ungeachtet dessen, ob dies gesetzlich ausdrücklich erwähnt wird. Hat der Gesetzgeber das Ziel verfolgt, alle für die Wahrnehmung der Versammlungsfreiheit wichtigen Prinzipien gesetzlich aufzunehmen, dann wäre der Gleichheits-

---

[191] Vgl. Interim Opinion on the Draft Amendments to the Law on Assembly and Manifestations of Georgia, Venice Commission, CDL-AD(2010)009, § 35.

[192] Vgl. *Ullrich, N.*, Das Demonstrationsrecht, S. 463 und S. 466; VG Lüneburg, Urt. v. 30.03.2004 – 3 A 116/02, BeckRS 2004, 21631, Rn. 34; das Gericht stellte sich damals die Frage, warum nur die Anreise zu der Demonstration und nicht der Anmarsch im unmittelbaren Vorfeld zu dieser Demonstration von den (teilweise rechtswidrigen) polizeilichen Maßnahmen betroffen gewesen war. Die Frage blieb aber dahinstehen (ebd., Rn. 35).

[193] Zum Diskriminierungsverbot als Direktive der Ermessensausübung *Sachs, M.*, in: Stelkens, P./Bonk, H.J./Sachs, M. (Hrsg.), VwVfG, § 40 Rn. 92–94, Rn. 103 ff.; *Starck, C.*, in: Mangoldt, H. v./Klein, F./Starck, C. (Hrsg.), GG, Art. 3 Rn. 268; *Kischel, U.*, in: Epping, V./Hillgruber, C. (Hrsg.), GG, Art. 3 Rn. 51. Zur Selbstbindung bzw. „Gleichheitsbindung" bei der Ermessensausübung *Rennert, K.*, in: Eyermann, E. (Hrsg.), VwGO, § 114 Rn. 27. Zur Rechtsanwendungsgleichheit als Voraussetzung der „harmonisierten Implementation" des Rechts *Lohse, E.J.*, Rechtsanwendungsgleichheit in Mehrebenensystem, DVBl. 2018, S. 1121.

[194] Vgl. *Wollenschläger, F.*, in: Mangoldt, H. v./Klein, F./Starck, C. (Hrsg.), GG, Art. 3 Rn. 190 ff. und Rn. 216.

[195] Vgl. *Ullrich, N.*, Das Demonstrationsrecht, S. 464; in diesem Rechtsbereich sei die Unterschiedlichkeit der Versammlungen ein Regelfall, wesentlich gleiche Fälle dagegen eine Ausnahme.

[196] BVerfG, Beschl. v. 04.09.2010 – 1 BvR 2298/10, BeckRS 2010, 54613.

[197] Zu diesem „wechselseitigen Bedingtheitsverhältnis" *Thiele, A.*, Gleichheit angesichts von Vielfalt, DVBl. 2018, S. 1112.

[198] Ebd., S. 1114.

4. Der Schutz der Pressefreiheit

a) Die Regelung des GVersG

In Art. 2 Abs. 4 GVersG wird eine besondere Relevanz der Pressefreiheit für die effektive Gewährleistung der Versammlungsfreiheit hervorgehoben.[199] Danach haben die Veranstalter und staatliche Behörden Handlungen zu unterlassen, welche die Tätigkeit von Journalisten, die durch spezielle Kennzeichen erkennbar sind, beeinträchtigen. Die freie Ausstrahlung des Versammlungsablaufs ist zu gewährleisten.[200] Die explizite Regelung soll einer Wiederholung der grundrechtswidrigen Praxis der Vergangenheit vorbeugen, als die Tätigkeit von Journalisten beeinträchtigt wurde.[201] Zugleich werden die Bemühungen der Veranstalter von Versammlungen unterstützt, die mithilfe einer freien Berichterstattung in der Presse ihre Vorhaben und Ziele in der Bevölkerung bekanntmachen und verbreiten können.[202] Die Versammlungsfreiheit selbst bezeichnete Papier als „Pressefreiheit des kleinen Mannes".[203] Das BVerfG hat schon in dem „Brokdorf"-Beschluss die besondere Rolle der Medien für den Beachtungserfolg der Versammlung zum Ausdruck gebracht. Die Aussage des Gerichts bezeichnete

---

[199] Die Venedig-Kommission hat die Relevanz der Einführung des Art. 2 Abs. 4 GVersG in ihrer Stellungnahme betont, vgl. Final Opinion on the Amendments to the Law on Assembly and Manifestations of Georgia, Venice Commission, CDL-AD(2011)029, § 44.

[200] Zum Verhätnis der Medien und zur Meinungskundgabe mittels Versammlungen *Kloepfer, M.*, in: Isensee, J./Kirchhof, P. (Hrsg.), HStR VII, § 164 Rn. 17. Dazu *Koll, B.*, Liberales Versammlungsrecht, S. 29, durch das Sich-Versammeln an einem bestimmten Ort sei die „Diskussion auf die Straße" gebracht und die „unmittelbare Reaktion" erwartet und ermöglicht, ohne dass es dabei auf die Berichterstattung durch Massenmedien ankomme.

[201] Dazu Report of the Special Rapporteur on the Rights to Freedom of Peaceful Assembly and of Association, Maina Kiai, UN General Assembly, 8. Juni 2012, S. 19 § 79; Bericht des EU-Beraters Thomas Hammarberg unter dem Titel „Georgia in Transition" von September 2013, S. 34 f. Vgl. die konkreten Fälle im Bericht der Assoziation der Jungen Juristen über den 26. Mai 2011, S. 108–114. Zum aktuellen Fall der Verhinderung der Journalistentätigkeit vgl. den Bericht des Menschenrechtsbeauftragten vom 10. Dezember 2016, S. 12.

[202] So *Hoffmann-Riem, W.*, Demonstrationsfreiheit auch für Rechtsextremisten?, S. 27, er bringt die Tatsache auf den Punkt, dass in der heutigen „Mediendemokratie" die Eskalation als Aufmerksamkeit erregendes Mittel eingesetzt werden kann. Vgl. auch *Gusy, C.,* in: Mangoldt, H. v./Klein, F./Starck, C. (Hrsg.), GG, Art. 8 Rn. 51; *Scheu, S.*, Freiheitsperspektiven Drittbetroffener im Versammlungsrecht, S. 51 ff.

[203] Zit. nach *Brenneisen, H.*, in: Brenneisen, H./Wilksen, M. (Hrsg.), VersR, S. 101. Vgl. auch *Peters, A./Ley, I.*, The Freedom of Peaceful Assembly in Europe, S. 11 f.

IV. Das Gesetz „Über Versammlungen und Manifestationen" vom 12. Juni 1997 251

Kersten später als „medienpolitischer Satz" des „Brokdorf"-Beschlusses:[204] „In einer Gesellschaft, in welcher der direkte Zugang zu den Medien und die Chance, sich durch sie zu äußern, auf wenige beschränkt ist, verbleibt dem Einzelnen neben seiner organisierten Mitwirkung in Parteien und Verbänden nur die kollektive Einflussnahme durch Inanspruchnahme der Versammlungsfreiheit für Demonstrationen."[205]

Die Pressefreiheit ist durch die Meinungsfreiheit gewährleistet; in diesem speziellen Rahmen ist ihre demokratische Funktion als „öffentlicher Wachhund" zu wahren.[206] Der Schutz der Pressefreiheit umfasst sowohl die Präsenz der Journalisten am Versammlungsort als auch die (Bild-)Berichterstattung.[207] Die Pressevertreter effektuieren auch die für die demokratischen Prozesse erforderliche ständige Kommunikation zwischen Gesellschaft und Polizeibehörden des Staates.[208] Die Bürger erwerben öfter erst durch die Presse die notwendige „Tatsachenkenntnis", die sodann zu weiteren Entscheidungen für die Mitwirkung an den gesellschaftlichen Prozessen führt.[209] Dadurch verstärkt sich auch die Responsivität der staatlichen Akteure.[210]

b) Der EGMR zur „versammlungsbezogenen" Pressefreiheit

Zur Notwendigkeit und Reichweite des Schutzes der Pressevertreter in Zusammenhang mit einer Versammlung äußerte sich der EGMR in den Fällen „Butkevich" und „Pentikäinen". Im ersten Fall wurde die Pressefreiheit unbegründet beeinträchtigt; im zweiten Fall unterstrich der EGMR dagegen die Relevanz der verantwortungsvollen Ausübung der Journalistentätigkeit, die keine freie Zone für Rechtsverstöße schafft.

Im „Butkevich"-Fall von 2018 beschäftigte sich der Journalist der ukrainischen TV-Sendung mit dem G8-Treffen in Sankt-Petersburg.[211] Er wollte den Protestaufzug gegen Globalismus verfolgen und fotografieren. Ein Polizeibeamter forderte ihn auf, die Kamera auszuschalten. Der Bf. kam dem nicht nach, leistete aber keinen physischen Widerstand. Er wurde zur Polizeistation gebracht.[212] In dem ersten Protokoll hieß es, dass Herr Butkevich an einer unange-

---

[204] So *Kersten, J.*, Schwarmdemokratie, JuS 2014, S. 676.
[205] BVerfGE 69, 315, 346; *Lepsius, O.*, Versammlungsrecht und gesellschaftliche Integration, S. 136 f.
[206] Vgl. ECHR, Axel Springer AG v. Germany, Nr. 39954/08, 7. Februar 2012, § 91.
[207] Vgl. *Schulze-Fielitz, H.*, in: Dreier, H. (Hrsg.), GG, Art. 8 Rn. 129.
[208] Dazu *Murdoch, J./Roche, R.*, The ECHR and Policing, S. 105.
[209] Vgl. *Kloepfer, M.*, in: Isensee, J./Kirchhof, P. (Hrsg.), HStR III, § 42 Rn. 65.
[210] Vgl. *Hoffmann-Riem, W.*, Mediendemokratie, Der Staat 42 (2003), S. 194.
[211] ECHR, Butkevich v. Russia, Nr. 5865/07, 13. Februar 2018.
[212] Vgl. ebd., §§ 9–11.

meldeten Versammlung teilgenommen und für sich selbst und für die anderen Menschen eine Gefahr für Leib und Leben verursacht habe.²¹³ In einem späteren Protokoll bezog sich die Begründung auf die Gehorsamsverweigerung gegenüber der Aufforderung der Polizeibeamten, was durch die gerichtliche Verurteilung bestätigt wurde.²¹⁴ Der EGMR prüfte den Fall anhand Art. 10 EMRK. Zudem sei, wenn notwendig, auch Art. 11 EMRK zu berücksichtigen. Der Journalist sammelte Informationen durch das Fotografieren, um diese anschließend weiterzuvermitteln und zu verbreiten. Diese Vorbereitungsphase sei dabei als wichtiger Teil der Pressefreiheit zu betrachten. Daher stellten die behördlichen Handlungen einen Eingriff in diese Freiheit dar.²¹⁵ Der EGMR unterstrich, dass die Presse in einer demokratischen Gesellschaft eine unerlässliche Funktion erfülle. Jeder staatliche Versuch, die Journalisten von den Ereignissen der Demonstration wegzuweisen, sei daher der strengen Prüfung („strict scrutiny") des EGMR unterworfen. Dieses Prüfungsmodell sei auch in dem Fall anzuwenden, wenn ein Journalist in Zusammenhang mit dem Versammlungsgeschehen verurteilt wird.²¹⁶ In den nationalen Entscheidungen wurde dagegen nicht adäquat berücksichtigt, dass der Bf. als Journalist gehandelt hat.²¹⁷ Nichts deutete darauf hin, dass die Versammlung einen unfriedlichen Ablauf genommen hat, sodass die polizeiliche Begründung der Vorbeugung von Störungen nicht substantiiert war.²¹⁸ Das nationale Gericht habe bei der Prüfung der Rechtmäßigkeit der polizeilichen Aufforderung die Verhältnismäßigkeit des Eingriffs nicht geprüft.²¹⁹ Die Maßstäbe des Art. 10 EMRK, die u. a. eine adäquate Einschätzung der relevanten tatsächlichen Umstände fordern, wurden daher nicht angewendet.²²⁰

In dem Fall „Pentikäinen v. Finland" war der Bf. als Fotograf und Journalist für eine Wochenschrift tätig.²²¹ Er war beauftragt, die Demonstration gegen das fortlaufende Asia-Europa-Treffen in Helsinki zu fotografieren.²²² Es lag eine Vorfeldprognose der Polizei vor, dass die Demonstration, wie in den vergangenen Jahren, einen unfriedlichen Verlauf nehmen würde. Nach Beginn der Versammlung wurden tatsächlich Steine und Flaschen in Richtung Polizei und Öffentlichkeit geworfen; einige Demonstranten griffen Polizeibeamte an. Schon

---

²¹³ Vgl. ebd., § 16.
²¹⁴ Vgl. ebd., § 17 und § 22.
²¹⁵ Vgl. ebd., §§ 122–123.
²¹⁶ Vgl. ebd., §§ 130–131 mwN.
²¹⁷ Vgl. ebd., § 133.
²¹⁸ Vgl. ebd., § 134.
²¹⁹ Vgl. ebd., § 137.
²²⁰ Vgl. ebd., § 138.
²²¹ ECHR, Pentikäinen v. Finland, Nr. 11882/10, 20. Oktober 2015.
²²² Vgl. ebd., §§ 14–16.

kurz nach Beginn schloss die Polizei den Versammlungsort.[223] Nach einer halben Stunde bewertete die Polizei die Lage als eskaliert.[224] Daraufhin wurde die Veranstaltung wiederholt als beendet erklärt.[225] Ein Polizeibeamter forderte auch den Bf. mehrmals auf, das Territorium zu verlassen.[226] Die Polizei zerstreute die verbliebene Menschenmenge am Versammlungsort und nahm weitere Menschen fest. Hierzu gehörte auch der Bf.[227] Das Gericht verurteilte ihn wegen Ignorierung der polizeilichen Aufforderungen.[228] Eine Sanktion wurde allerdings nicht verhängt.

Der EGMR zog die internationalen Standards sowie rechtsvergleichende Materialien aus den Mitgliedstaaten heran. Die Praxis erwies sich als nicht einheitlich. In den meisten Staaten existieren keine speziellen Regelungen für Journalisten im Zusammenhang mit einem Versammlungsgeschehen.[229] Die große Kammer bezog sich auf die Rolle des Journalismus als „Watch-dog" gegenüber der Tätigkeit der staatlichen Behörden. Dies gelte auch in einem Versammlungsgeschehen, in dem die staatlichen Behörden eine Rechenschaftspflicht gegenüber Versammlungsteilnehmern haben.[230] Der EGMR unterstrich dabei, dass der Schutz des Art. 10 EMRK voraussetze, dass die Journalisten gewissenhaft agieren und den Zweck verfolgen, die genauen und glaubwürdigen Informationen zu verbreiten („the concept of responsible journalism"). Die wichtige Rolle des Journalismus in der demokratischen Gesellschaft befreie die Journalisten nicht von der allgemeinen Pflicht, ihre Aktivitäten im Rahmen der Gesetze auszuüben.[231] In dem Fall kollidierten auf beiden Seiten öffentliche Interessen: einerseits die polizeilichen Zwecke, die öffentliche Sicherheit im Anschluss an eine gewaltsame Versammlung aufrechtzuhalten, und andererseits das Interesse der Öffentlichkeit an Informationen.[232] Die polizeiliche Einschätzung war im vorliegenden Fall tatsachengetragen und richtete sich nicht nur auf Abwehr „abstrakter" Gefahren.[233] Der Bf. sowie andere Journalisten konnten im Laufe der Versammlung mit Ausnahme der letzten Phase der Zerstreuung der Demonstranten frei fotografieren.[234] Mit der Nichtbeachtung der polizeilichen Aufforderung

---

[223] Vgl. ebd., § 19.
[224] Vgl. ebd., § 20.
[225] Vgl. ebd., § 23.
[226] Vgl. ebd., § 25.
[227] Vgl. ebd., §§ 26–27 und § 29.
[228] Vgl. ebd., § 36.
[229] Vgl. ebd., § 55.
[230] Vgl. ebd., §§ 88–89.
[231] Vgl. ebd., §§ 90–91 und § 110.
[232] Vgl. ebd., §§ 92–94.
[233] Vgl. ebd., § 96.
[234] Vgl. ebd., § 97.

sei er das Risiko einer Festnahme eingegangen.²³⁵ Nach Feststellung des EGMR richtete sich die Verurteilung nicht gegen die journalistische Tätigkeit des Bf.²³⁶

5. Das Anmeldungsverfahren und das Kooperationsgebot

Ein effektiver Grundrechtsschutz wird u. a. durch die „Gestaltung von Verfahren" ermöglicht.²³⁷ Ohne ein gerechtes Verfahren gibt es keine Rechtsstaatlichkeit, die einen „elementaren Verfassungsgrundsatz" darstellt.²³⁸ Schon in dem „Brokdorf"-Beschluss hat das BVerfG darauf abgestellt, dass „die Grundrechte nicht nur die Ausgestaltung des materiellen Rechts beeinflussen, sondern zugleich Maßstäbe für eine den Grundrechtsschutz effektuierende Organisations- und Verfahrensgestaltung sowie für eine grundrechtsfreundliche Anwendung vorhandener Verfahrensvorschriften setzen".²³⁹ Im Versammlungsrecht muss das Anmeldungs- und Kooperationsverfahren dieser verfassungsrechtlichen Aufgabe gewachsen sein.

a) Die Modalitäten der Anmeldung laut GVersG

Das Anmeldungsverfahren stellt kein Genehmigungsverfahren dar; anders würde dies der verfassungsrechtlich garantierten Erlaubnisfreiheit widersprechen.

---

²³⁵ Vgl. ebd., §§ 100–101.
²³⁶ Vgl. ebd., § 109. Anders die abweichende Meinung der Richter Spano, Spielmann, Lemmens und Dedov, Rn. 3: „[…][O]nce the police were informed that the applicant was a journalist, the social need justifying the continued interference with his Article 10 rights became gradually less pressing and ultimately ceased to exist, as it is undisputed that the applicant did not take any part in the demonstration itself or present a clear and concrete risk to public order or through any hostile violent behaviour on his part. His role was simply that of an impartial bystander observing as a journalist, on behalf of the public at large, the unfolding of a very important societal event in Finland."
²³⁷ Dazu BVerfGE 53, 30, 65: Es sei der gefestigten Rechtsprechung des BVerfG zu entnehmen, dass „Grundrechtsschutz weitgehend auch durch die Gestaltung von Verfahren zu bewirken ist und dass die Grundrechte demgemäß nicht nur das gesamte materielle, sondern auch das Verfahrensrecht beeinflussen, soweit dieses für einen effektiven Grundrechtsschutz von Bedeutung ist". Vgl. *Denninger, E.*, in: Isensee, J./Kirchhof, P. (Hrsg.), HStR II, § 193 Rn. 22, auf Hesse zurückzuführen sei die Formel der „Grundrechtsverwirklichung und -sicherung durch Organisation und Verfahren"; *Voßkuhle, A.*, in: Mangoldt, H. v./Klein, F./Starck, C. (Hrsg.), GG, Art. 93 Rn. 45; *Sachs, M.*, in: Sachs, M. (Hrsg.), GG, Art. 20 Rn. 162 ff. Zu dieser „querliegende[n] Funktion" der Grundrechte *Jarass, H. D.*, in: Jarass, H. D./Pieroth, B., GG, Vorb. Vor Art. 1 Rn. 11–12.
²³⁸ Dazu *Hofmann, H.*, in: Schmidt-Bleibtreu, B./Hofmann, H./Henneke, H.-G. (Hrsg.), GG, Art. 20 Rn. 56 und Rn. 59–60.
²³⁹ BVerfGE 69, 315, 355 f.; das Gericht geht vom „Bestreben nach verfahrensrechtlicher Effektuierung von Freiheitsrechten", was ein entsprechendes versammlungsfreundliches Verhalten der staatlichen Behörden verlangt, aus.

Daher ist der Sinn und Zweck des Anmeldungsverfahrens in erster Linie darin zu sehen, den ungestörten Versammlungsablauf selbst sicherzustellen.[240] Diese Funktion impliziert, dass die Anmeldung für eine größere Versammlung, die durch die Konfliktgeneigtheit gekennzeichnet werde, zur besseren Vorbereitung der staatlichen Behörden zum Schutz der öffentlichen Sicherheit beiträgt (Prinzip des Doppelschutzes).[241]

Wie bereits behandelt wurde, regelt Art. 21 GVerf die Fälle, in denen die Anmeldepflicht gesetzlich festgelegt werden kann. Diese Voraussetzungen werden von Art. 5 GVersG wiederholt. Danach besteht die Anmeldepflicht erst dann, wenn die Versammlung auf der Fahrbahn abläuft oder die normale Fahrt auf den Verkehrsflächen stört. Zudem erlischt die Anmeldepflicht laut Art. 5, wenn die Verkehrsstörung oder die Fahrbahnsperrung auf eine andere, vom Versammlungsablauf unabhängige Ursache zurückzuführen ist. Nichtversammlungsspezifische Gefahren können somit nicht zulasten der Versammlung gehen. Diese Regelung bleibt für die Praxis wichtig, da diesbezügliche Kenntnisse beim Rechtsanwender nicht als selbstverständlich vorausgesetzt werden können.

Als Versammlungsbehörde – Wächterin des Anmeldungsverfahrens – bezeichnete die ursprüngliche Fassung des GVersG das „Verwaltungsorgan". Nach Änderung des Gesetzbuchs über die kommunale Selbstverwaltung wurde auch das GVersG modifiziert. Seit 2011 ist die kommunale Selbstverwaltungsbehörde (fortan: Kommunalbehörde) als Versammlungsbehörde tätig (Art. 3 lit. g und Art. 5 Abs. 1 GVersG).[242] Art. 5 Abs. 2 GVersG regelt die Modalitäten der An-

---

[240] Vgl. *Schulze-Fielitz, H.*, in: Dreier, H. (Hrsg.), GG, Art. 8 Rn. 83; *Geis, M. E.*, in: Friauf, H./Höfling, W. (Hrsg.), Berliner Kommentar GG, Art. 8 Rn. 40. Zur gleichbedeutenden Begrifflichkeit der Anmelde- bzw. Anzeigepflicht und deren Übernahme in den Länderversammlungsgesetzen *Koll, B.*, Liberales Versammlungsrecht, S. 313; vgl. auch *Peters, W.*, in: Peters, W./Janz, N. (Hrsg.), Hb VersR, Kap. F Rn. 1. Es handele sich um eine Anzeige und nicht um eine Anmeldung, da kein Antrag auf Erlass eines Verwaltungsaktes gestellt sei; *Hoffmann-Riem, W.*, Der „Musterentwurf eines Versammlungsgesetzes", S. 39.

[241] Vgl. ECHR, Navalnyy v. Russia, Nr. 29580/12 und 4 weitere, 15. November 2018, § 100 mwN: „[...] [T]he Court deems it useful to reiterate that notification, and even authorisation procedures, for a public event do not in general encroach upon the essence of the right under Article 11 of the Convention, as long as the purpose of regulating the assembly is to allow the authorities to take reasonable and appropriate measures in order to guarantee its smooth conduct [...]." Zur „doppelten Schutzrichtung" der Anmeldungsobliegenheit *Werner, S.*, Formelle und materielle Versammlungsrechtswidrigkeit, S. 37; *Peters, W.*, in: Peters, W./Janz, N. (Hrsg.), Hb VersR, Kap. F Rn. 2; VGH München, Urt. v. 22.09.2015 – 10 B 14.2246, NVwZ-RR 2016, S. 500 Rn. 52 mwN.

[242] Änderungsgesetz Nr. 4980 vom 1. Juli 2011 zum GVersG. Als Versammlungsbehörde tritt in Deutschland die Schutzpolizei auf. Als Schutzpolizei ist das regionale Polizeipräsidium zuständig, das in der Regel durch die Kreispolizeibehörde vertreten wird; so *Trurnit, C.*, Grundfälle zum Versammlungsrecht, Jura 2014, S. 489; dazu auch *Stein, V.*, VersR, S. 30; *Pieroth, B./Schlink, B./Kniesel, M.*, Polizei- und Ordnungsrecht, § 20 Rn. 21. Die Vollzugspolizei

meldung und besagt, dass die Anmeldung durch eine Vertrauensperson beim Vollzugsorgan der Kommunalbehörde an dem Ort, an dem die Versammlung stattfinden soll, zu erfolgen hat. Die Anmeldung ist von den Verantwortlichen für die Versammlung zu unterschreiben. Als Verantwortliche schließt Art. 5 Abs. 3 GVersG Personen, die die Staatsangehörigkeit eines anderen Staates besitzen und/oder das 18. Lebensjahr noch nicht vollendet haben, aus.[243] Art. 8 GVersG regelt das Verfahren der Anmeldung konkret. Die Anmeldung muss mindestens fünf Tage vor dem Versammlungstermin bei der zuständigen Behörde erfolgen (Abs. 1). Die Behörde hat die Kopie der Anmeldung unverzüglich mit Datum und Uhrzeit zu versehen (Abs. 7). Die Versammlung muss an dem Ort und zu dem Zeitpunkt stattfinden, wie es bei der Anmeldung angegeben wurde. Auch müssen Versammlungsziel und Streckenverlauf den Angaben entsprechen (Abs. 9). Abs. 10 unterstreicht zusätzlich, dass die verantwortlichen Personen und die Teilnehmer von Versammlungen an die Rechtsvorschriften gebunden sind und bei der Anmeldung übernommene Pflichten zu erfüllen haben (Abs. 10).

Am Beispiel der Kommunalbehörde Tbilisi kann die Praxis der Anmeldung verdeutlicht werden. Nach der Anmeldung werden die Veranstalter umfassend über die Rechtsvorschriften, die vor und während der Versammlung zu beachten sind, unterrichtet. Anzumerken ist, dass sich die behördliche Belehrung auf einen bloßen Verweis auf die gesetzlichen Vorgaben bzw. deren wörtlichen Wiedergabe beschränkt.[244] Nach offizieller Bestätigung der Anmeldung informiert die Behörde die Polizei darüber, wann, wo und in welcher Form die angemeldete Versammlung durchgeführt wird. Besonders ausführlich ist die Unterrichtung der Polizei, wenn es sich um eine große Versammlung handelt, die eventuell zu Fahrbahnsperrungen führt.[245] Neben der Polizeibehörde wird ggf. auch der

---

hat sich dagegen nur zur Ausführung der Entscheidungen der Versammlungsbehörde einzusetzen, es sei denn, das sofortige Tätigwerden ist angezeigt, vgl. mit Blick auf die landesrechtlichen Befugnisse in Baden-Württemberg *Lassahn, P.*, Unerwünschte Gesellschaft, JuS 2016, S. 733; *Kniesel, M./Poscher, R.*, in: Lisken, H./Denninger, E. (Hrsg.), Hb PolR, Kap. K Rn. 332.

[243] Das GVersG sieht nicht vor, dass die Behörde befugt ist, die verantwortlichen Personen der Versammlung abzulehnen. In Deutschland kommt dies in Betracht, wenn triftige Gründe der Behörde dafürsprechen, dass der Leiter der Versammlung selbst auf die Wahrung der Friedlichkeit negativ hinwirken wird; *Dietel, A./Gintzel, K./Kniesel, M.*, VersG, § 14 Rn. 8.

[244] Die Veranstalter haben z. B. angefragt, ob es zulässig ist, Plakate mit einem Kleber an einer bestimmten Mauer zu befestigen. Als Antwort schickte die Behörde nur Auszüge aus dem GVersG, das aber keine Antwort auf diese Frage beinhaltet, zu; vgl. die Antwort der Kommunalbehörde Tbilisi vom 07.11.2013 Nr. 2114433 auf die Anfrage der Bürger Nr. 07/13303413-40.

[245] Vgl. z. B. den offiziellen Bescheid der Kommunalbehörde Tbilisi vom 13.03.2014 Nr. 2251613 hinsichtlich der Anmeldung Nr. 12/140631012-40. Hier handelte es sich um eine Versammlung von Anwohnern einer Siedlung. Die für die Anmeldung zuständige Behörde hat die Polizei darauf aufmerksam gemacht, dass durch die Sperrung des Eingangs einer strate-

Menschenrechtsbeauftragte informiert.[246] Die Behörde empfiehlt in manchen Fällen den Veranstaltern, die für die Verkehrssicherheit zuständige Polizei selbst zu benachrichtigen.[247] Diese Praxis darf aber nicht zur tatsächlichen doppelten Anmeldung des Veranstalters führen. Dies wäre der Fall, wenn er sich selbst zusätzlich mit den Polizeibehörden in Verbindung zu setzen hätte. Die Hauptlast der Sicherung eines ungehinderten Verlaufs der Versammlung liegt bei den staatlichen Behörden selbst. Zu beachten ist daher, dass sich die Behörde durch diese Empfehlung nicht von ihrer Informationspflicht gegenüber der Polizeibehörde befreien darf. Nach dem deutschen Konzept müssen die Versammlungsbehörde und die Vollzugspolizei zusammenwirken, wobei erstere sich für die „Beratung" mit der Vollzugspolizei einzusetzen hat.[248] Dadurch soll eine „integrative Bewältigung" eventueller Eskalationen mittels einheitlichen Sicherheitskonzepts erreicht werden.[249]

Nach der deutschen Dogmatik ist die Anmeldepflicht dann verfassungskonform, wenn die Tatsache der Nichtanmeldung u. a. für Eil- und Spontanversammlungen keine negativen Folgen auslöst.[250] Dies kann in begründeten Fällen nur die Tatsachenbasis zur Einschränkung der Versammlungsfreiheit ergänzen.[251] Bei Spontanversammlungen („Blitzversammlungen") geht es um das Interesse an der „sofortigen" Durchführung der Versammlung, was die Anmeldung unmöglich macht;[252] bei Eilversammlungen bezieht sich das Anliegen der Veranstalter dagegen auf die „baldige" Durchführung, weswegen die Anmeldefristen

---

gisch wichtigen Einrichtung Gefahren entstehen könnten, und dazu aufgefordert, rechtzeitig einzugreifen.

246 So z. B. die Erwiderung der Kommunalbehörde Tbilisi vom 03.05.2016 Nr. 6/111627 auf die Anmeldung vom 28.04.3016 Nr. 1155145/12.

247 Vgl. die Erwiderung der Kommunalbehörde Tbilisi vom 17.09.2013 Nr. 2059235 auf die Anmeldung Nr. 07/1325936-17.

248 Vgl. *Brenneisen, H.*, in: Brenneisen, H./Wilksen, M. (Hrsg.), VersR, S. 222; *Scheidler, A.*, Verkehrsbehinderungen durch Versammlungen, NZV 2015, S. 167; s. auch *Kniesel, M./ Poscher, R.*, in: Lisken, H./Denninger, E. (Hrsg.), Hb PolR, Kap. K Rn. 273, diese unterstreichen die besondere Kooperationsnotwendigkeit („Erörterung, Auskunft, Beratung") zwischen den staatlichen Behörden.

249 Vgl. BVerfG, Beschl. v. 01.05.2001 – 1 BvQ 21/01, NJW 2001, S. 2078 f.; VG München, Beschl. v. 02.06.2015 – M 22 E 15.2155, BeckRS 2015, 46809 (Entscheidungsgründe: Kap. II Rn. 2.2.3.).

250 Vgl. BVerfGE 69, 315, 350 f. m. V. auf die Literatur.

251 Vgl. BVerfG, Beschl. v. 04.09.2009 – 1 BvR 2147/09, BeckRS 2009, 38659, Rn. 13; die Tatsache der Nichtanmeldung wirkte wie ein Gegenindiz; eine frühere Veranstaltung konnte daher nicht als Vergleichsfall mit Indizwirkung zuungunsten der aktuell angemeldeten Versammlung herangezogen werden.

252 Vgl. *Pieroth, B./Schlink, B./Kniesel, M.*, Polizei- und Ordnungsrecht, § 21 Rn. 4; *Müller-Franken, S.*, in: Schmidt-Bleibtreu, B./Hofmann, H./Henneke, H.-G. (Hrsg.), GG, Art. 8 Rn. 46.

verkürzt werden.²⁵³ Die Einhaltung der Fristen, die für das Anmeldeverfahren vorgesehen sind, würde in diesen Fällen der Eigenartigkeit dieser Versammlungen entgegenstehen.²⁵⁴ Das GVersG schweigt zu dieser Frage. Das Anmeldungsverfahren erfordert daher vom Rechtsanwender eine teleologische Reduktion. Ein Beispiel bildet die versammlungskonforme (teleologische) Auslegung und Anwendung des § 15 Abs. 3 VersG. Dieser sieht die Möglichkeit der Auflösung vor, wenn die Versammlung nicht angemeldet wurde. Vor allem der „Brokdorf"-Beschluss hat die Anwendung dieser Norm u. a. bei Spontanversammlungen ausgeschlossen.²⁵⁵ Bei anderen Versammlungen ist deren Anwendbarkeit insoweit eingeschränkt, als die „bloß formelle Illegalität" keinen alleinigen Grund für die Auflösung darstellen darf.²⁵⁶ Deshalb stelle die Norm des Versammlungsgesetzes, in der die Modalitäten der Anmeldung geregelt werden, keine Ermächtigungsgrundlage dar, die selbst eine Rechtsfolge festlegen würde.²⁵⁷

Interessant ist zudem, dass die bis Juli 2011 geltende Version des GVersG auch Spontanversammlungen regelte. Nach Art. 6 konnte die Versammlungsbehörde selbst die Zeit und den Ort einer Versammlung endgültig festlegen, wenn die Versammlung ohne vorherige Anmeldung stattfand. Mit Blick darauf, dass sich die Behörde in diesem Fall an die Stelle des Veranstalters setzte, lag eine intensive Einmischung in die Autonomie der Versammlung vor. Die extensive Fassung des Art. 6 GVersG hat die Venedig-Kommission wegen der Missbrauchsgefahr gerügt.²⁵⁸ Das GVerfG hat damals die Verfassungsmäßigkeit des Art. 6 nicht behandelt. Der Gesetzgeber scheint daher der Stellungnahme der Venedig-Kommission gefolgt zu sein. Seit Dezember 2015 gilt auf der untergesetzlichen Ebene eine Instruktion des Innenministeriums, die sich u. a. auf Spontanversammlun-

---

²⁵³ Vgl. *Gusy, C.,* in: Mangoldt, H. v./Klein, F./Starck, C. (Hrsg.), GG, Art. 8 Rn. 68; *Höfling, W.,* in: Sachs, M. (Hrsg.), GG, Art. 8 Rn. 22–23; *Kloepfer, M.,* in: Isensee, J./Kirchhof, P. (Hrsg.), HStR VII, § 164 Rn. 35–36; so auch *Trurnit, C.,* Grundfälle zum Versammlungsrecht, Jura 2014, S. 488.
²⁵⁴ Vgl. BVerfGE 85, 69, 75.
²⁵⁵ Vgl. BVerfGE 69, 315, 350 f.
²⁵⁶ Dennoch kritisch *Koll, B.,* Liberales Versammlungsrecht, S. 312 ff. mwN. Zur Verfassungswidrigkeit *Dietel, A./Gintzel, K./Kniesel, M.,* § 15 Rn. 121; *Froese, J.,* Das Zusammenspiel von Versammlungsfreiheit und Versammlungsgesetz, JA 2015, S. 682 mwN; *Waechter, K.,* Die Vorgaben des BVerfG für das behördliche Vorgehen, VerwArch 99 (2008), S. 84.
²⁵⁷ So vgl. *Froese, J.,* Das Zusammenspiel von Versammlungsfreiheit und Versammlungsgesetz, JA 2015, S. 682.
²⁵⁸ Vgl. Final Opinion on the Amendments to the Law on Assembly and Manifestations of Georgia, Venice Commission, CDL-AD(2011)029, § 9; die Kommission spricht von dem „[…] pretext for the regulatory authorities not to allow demonstrations to be held otherwise and elsewhere".

IV. Das Gesetz „Über Versammlungen und Manifestationen" vom 12. Juni 1997 259

gen bezieht.²⁵⁹ Dies soll analog auch für Eilversammlungen gelten. Nach Abs. 2 lit. e der Instruktion wird die Polizeibehörde verpflichtet, sich nach der Kenntnisnahme unverzüglich an den Ort der Spontanversammlung zu begeben und für die Friedlichkeit der Spontanversammlung einzusetzen.²⁶⁰ Diese Bestimmung ist zwar versammlungsfreundlich; eine gesetzgeberische Nachbesserung hat aber mehr Rechtssicherheit zu schaffen.

b) Die Rechtsprechung des EGMR zum Anmeldungsverfahren

Der EGMR behandelte mehrmals Fälle, in denen staatliche Eingriffe an die Tatsache der Nichtanmeldung u. a. im Fall einer Spontanversammlung anknüpften. Zuletzt kritisierte der EGMR die automatisierte und starre Praxis Russlands, in der die kontextbezogenen Erwägungen keine Rolle spielen.²⁶¹ Das Gericht erklärte in seiner Rechtsprechung, dass es nicht *a priori* der Konvention widerspreche, wenn das nationale Recht für die Versammlung eine vorherige Anmeldungspflicht vorschreibt.²⁶² Vorausgesetzt sei aber, dass dies zur Vorbereitung adäquater behördlicher Maßnahmen diene, um eine ungehinderte Durchführung der Versammlung sicherzustellen.²⁶³ Darüber hinaus muss sich die Behörde schon im Vorfeld dafür einsetzen, dass die Versammlungsfreiheit und die mit dieser kollidierenden Interessen (u. a. Fortbewegungsfreiheit) ausbalanciert werden.²⁶⁴

---

²⁵⁹ Vgl. die spätere Behandlung der Verhaltensregeln des Innenministeriums (Instruktion) in Kap. I.

²⁶⁰ Der Menschenrechtsbeauftragte hat mehrmals beanstandet, dass die Spontanversammlungen bis dato jenseits der Regelungen des GVersG geblieben sind, vgl. den Bericht des Menschenrechtsbeauftragten (verkürzte Version) 2013, S. 40 f. Vgl. auch Interim Opinion on the Draft Amendments to the Law on Assembly and Manifestations of Georgia, Venice Commission, CDL-AD(2010)009, § 24; Report of the Special Rapporteur on the Rights to Freedom of Peaceful Assembly and of Association, Maina Kiai, UN General Assembly, 8 Juni 2012, § 73. Zur Pflicht der Behörde, mit den Veranstaltern der Spontanversammlung selbständig Kontakt aufzunehmen, *Weber, K.*, Zur „Kooperation", KommJur 2011, S. 52.

²⁶¹ ECHR, Lashmankin and Others v. Russia, Nr. 57818/09 und 14 weitere, 7. Februar 2017, § 450: „The present case provides a telling illustration of an automatic and inflexible application of the notification time-limit. […]". Vgl. auch ECHR, Navalnyy v. Russia, Nr. 29580/12 und 4 weitere, 15. November 2018, § 113, § 117 und § 142.

²⁶² Vgl. ECHR, Oya Ataman v. Turkey, Nr. 74552/01, 5. Dezember 2006, § 37; ECHR, Kudrevičius and Others v. Lithuania, Nr. 37553/05, 15. Oktober 2015, § 147.

²⁶³ ECHR, Ibrahimov and Others v. Azerbaijan, Nr. 69234/11, 69252/11 und 69335/11, 11. Februar 2016, § 79: „[…] [I]t is not a priori contrary to the spirit of Article 11 if a High Contracting Party requires that the holding of meetings be subject to notification or even authorisation, as long as the purpose of the procedure is to allow the authorities to take reasonable and appropriate measures in order to guarantee the smooth conduct of any assembly, meeting or other gathering […]."; ECHR, Berladir and Others v. Russia, Nr. 34202/06, 10. Juli 2012, § 41 und § 54; ECHR, Primov and Others v. Russia, Nr. 17391/06, 12. Juni 2014, § 117.

²⁶⁴ Vgl. ECHR, Éva Molnár v. Hungary, Nr. 10346/05, 7. Oktober 2008, § 37; ECHR, Oya

Es soll auch das Sicherheitsinteresse zum Tragen kommen und eventuellen Rechtsverletzungen vorgebeugt werden.²⁶⁵

In der spezifischen Lage einer spontanen Versammlung derogiere das Interesse der Veranstaltungsdurchführung die generelle Regelung der Anmeldung,²⁶⁶ was die nationalen Gerichte in ihren Erwägungen zu berücksichtigen haben.²⁶⁷ Zur Bestätigung des spontanen Charakters der Versammlung fragt sich der EGMR, ob es sich um eine unmittelbare Antwort auf das aktuelle Geschehen („immediate response to a current political event") handelt.²⁶⁸ Würde diese Reaktion nicht zeitlich zum Ausdruck gebracht, würden die Versammlungszwecke verfehlt („a delay would render that response obsolete").²⁶⁹ So bestätigte der EGMR z. B. im Fall „Khalilova and Ayyubzade" von 2017 einen spontanen Charakter der politischen Kundgebung unmittelbar nach der Kundgabe einer gerichtlichen Entscheidung.²⁷⁰ Spontan war auch die Kundgebung im Fall „Tsukanov

---

Ataman v. Turkey, Nr. 74552/01, 5. Dezember 2006, § 39: „[…] In the instant case, however, notification would have enabled the authorities to take the necessary measures in order to minimise the disruption to traffic that the demonstration could have caused during rush hour […]."
Vgl. ECHR, Lashmankin and Others v. Russia, Nr. 57818/09 und 14 weitere, 7. Februar 2017, § 412 m. V. auf „Kudrevičius and Others", § 148 („the aim of reconciling").

²⁶⁵ ECHR, Berladir and Others v. Russia, Nr. 34202/06, 10. Juli 2012, § 42: „Prior notification serves not only the aim of reconciling the right of assembly with the rights and lawful interests (including the freedom of movement) of others, but also the aim of prevention of disorder or crime. In order to balance these conflicting interests, the institution of preliminary administrative procedures appears to be common practice in Member States when a public demonstration is to be organised […]."

²⁶⁶ Vgl. ECHR, Éva Molnár v. Hungary, Nr. 10346/05, 7. Oktober 2008, § 38.

²⁶⁷ ECHR, Lashmankin and Others v. Russia, Nr. 57818/09 und 14 weitere, 7. Februar 2017, § 454: „[…] [T]he domestic courts had not examined whether there were special circumstances calling for an immediate response to a current event in the form of a spontaneous assembly and justifying a derogation from the strict application of the notification time-limits. Indeed, the domestic legal provisions governing notification time-limits are formulated in rigid terms, admitting of no exceptions and leaving no room for a balancing exercise conforming with the criteria laid down in the Court's case-law under Article 11 of the Convention."

²⁶⁸ ECHR, Bukta and Others v. Hungary, Nr. 25691/04, 17. Juli 2007, §§ 35–36. In diesem Fall hatten die Behörden entsprechende politische Informationen so spät bekanntgegeben, dass die Bf. keine andere Möglichkeit mehr hatte, als entweder die Durchführung der Versammlung gänzlich abzusagen oder als spontane Veranstaltung (daher ohne Anmeldung) durchzuführen. Vgl. auch ECHR, Lashmankin and Others v. Russia, Nr. 57818/09 und 14 weitere, 7. Februar 2017, § 452; ECHR, Navalnyy v. Russia, Nr. 29580/12 und 4 weitere, 15. November 2018, § 140.

²⁶⁹ Vgl. ECHR, Budaházy v. Hungary, Nr. 41479/10, 15. Dezember 2015, § 34 und §§ 38–39; ECHR, Éva Molnár v. Hungary, Nr. 10346/05, 7. Oktober 2008, § 39–41; ECHR, Kudrevičius and Others v. Lithuania, Nr. 37553/05, 15. Oktober 2015, § 153 mwN.

²⁷⁰ ECHR, Khalilova and Ayyubzade v. Azerbaijan, Nr. 65910/14 und 73587/14, 6. April 2017, § 41; Die politische Versammlung wurde vor dem Gerichtsgebäude abgehalten. Protes-

IV. Das Gesetz „Über Versammlungen und Manifestationen" vom 12. Juni 1997

and Torchinskiy" von 2018, als die Teilnehmer gegen Ergebnisse einer parlamentarischen Behandlung protestierten, die zwei Tage vor der Kundgebung bekannt gegeben worden waren.[271] Dagegen wurde die Spontanität im Fall „Éva Molnár" nicht bestätigt: Die Kundgebung konnte nicht als unmittelbare Antwort auf das aktuelle Geschehen betrachtet werden; die Parlamentswahlen hatten vor zwei Monaten stattgefunden.[272] Sowohl in dieser Entscheidung als auch in dem späteren „Novikova"- sowie zuletzt im „Navalnyy"-Fall unterstrich der EGMR Folgendes: Wenngleich die Versammlung rein formal rechtswidrig abläuft, so sei dennoch zu ermöglichen, dass die Meinungen im Rahmen der Versammlung kundgegeben werden können; es stehe dem Staat post factum nichts im Wege, später – falls erforderlich [!] – Sanktionen zu verhängen.[273] Gemessen an diesem Maßstab hat der Staat die nicht angemeldete Kundgebung im „Éva Molnár"-Fall bis zu ihrer späteren Auflösung wegen rechtswidriger [!] Blockade zwischenzeitlich toleriert; dagegen hat der Staat im Fall „Novikova" keine solche Duldung gezeigt, wobei hier zudem eine Anmeldung für die Solo-Kundgebung nicht vorgesehen war.[274] Der „Lashmankin"-Fall war dazu ebenso ein Parade-

---

tiert wurde gegen die Verurteilung der Mitglieder einer politischen Partei. Der Gerichtssaal war voll und die anderen Menschen waren außerhalb der Gebäude geblieben. Nach der Kundgabe der Entscheidung war eine spontane friedliche Versammlung entstanden. Sobald die Demonstranten die protestierenden Slogans ausgerufen hatten, begann die Polizei mit der zwangsweisen Auflösung der Versammlung (zum Sachverhalt vgl. §§ 6–11).

[271] Vgl. ECHR, Tsukanov and Torchinskiy v. Russia, Nr. 35000/13 und 35010/13, 17. April 2018, § 49.

[272] Hier blockierten die Teilnehmer eine zentral gelegene Brücke in Budapest mit Wagen. Der nicht angemeldete Protest zielte darauf ab, eine neue Auszählung der Stimmen in den Parlamentswahlen zu erreichen. Die Blockade führte zur Unterbrechung des Straßenverkehrs. Nach einigen Stunden zerstreute die Polizei die Versammlungsteilnehmer (ECHR, Éva Molnár v. Hungary, Nr. 10346/05, 7. Oktober 2008, § 10 und §§ 39–41).

[273] Vgl. ECHR, Novikova and Others v. Russia, Nr. 25501/07, 57569/11, 80153/12, 5790/13 und 35015/13, 26. April 2016, § 175: „Given that only one person was involved – or, as submitted by the Government for some of the events, several people were involved – the expected 'tolerance' could have consisted, for instance, in allowing the applicants to complete their demonstrations. Where appropriate, a measure such as a reasonable fine could have been imposed on the spot or later on." Vgl. auch ECHR, Navalnyy v. Russia, Nr. 29580/12 und 4 weitere, 15. November 2018, § 143; ECHR, Kudrevičius and Others v. Lithuania, Nr. 37553/05, 15. Oktober 2015, § 150 mwN: „An unlawful situation, such as the staging of a demonstration without prior authorisation, does not necessarily justify an interference with a person's right to freedom of assembly [...]." Zur Ermöglichung der Kundgabe vgl. auch ECHR, Frumkin v. Russia, Nr. 74568/12, 5. Januar 2016, § 97 mwN.

[274] ECHR, Éva Molnár v. Hungary, Nr. 10346/05, 7. Oktober 2008, §§ 42–43; Für die Prüfung des staatlichen Vorgangs berücksichtigte der EGMR die Tatsache, dass zwischen Blockade und staatlicher Auflösung genug Zeit vorlag, was auf die staatliche Toleranz hindeutete; die polizeiliche Zerstreuung erfolgte erst um 21:00 Uhr, sodass die Teilnehmer genügend Möglichkeiten hatten, die eigene Meinung kundzugeben. Vgl. anders ECHR, Novikova and Others v.

beispiel, als die Polizeibeamten die Versammlung schon kurze Zeit nach Beginn aufgelöst und die Teilnehmer verhaftet hatten.[275]

Die Nichtanmeldung gebe dem Staat keine „carte blanche".[276] Nur bei Tolerierung der unangemeldeten, aber friedlichen Versammlung könne die Substanz der Versammlungsfreiheit erhalten bleiben.[277] Diese Schlussfolgerung des EGMR beruhte auf einer teleologischen Betrachtung: Wenn die Funktion der Anmeldung darin bestehe, den ungestörten Versammlungsablauf zu sichern, könne diese nicht funktionswidrig dazu dienen, die Durchführung der Versammlung zu beenden.[278] Dabei müssen auch die Veranstalter die gesetzlichen Vorgaben berücksichtigen.[279] Im Fall der Verletzung könne der Staat eine Sanktion einführen; die Frage sei aber die Reichweite der Sanktionierung: Wenn die Verhängung einer niedrigen Geldbuße und eine kurze Festnahme u. U. noch als konventionsgemäß betrachtet werden könnten,[280] könne dies im Fall der Auflösung der Versammlung nicht mehr bejaht werden.[281] Insbesondere wenn es sich um eine politische Versammlung handele, dürfe u. a. die faktische Auflösung der unangemeldeten Versammlung nicht zur Sanktion wegen Teilnahme werden.[282]

Russia, Nr. 25501/07, 57569/11, 80153/12, 5790/13 und 35015/13, 26. April 2016, §§ 171, 175.

[275] ECHR, Lashmankin and Others v. Russia, Nr. 57818/09 und 14 weitere, 7. Februar 2017, § 461: „[...] [T]he dispersal and arrest of participants occurred within a very short time after the beginning of the assembly, showing the authorities' impatience to end the unlawful public event before the protesters had had sufficient time to express their position of protest and to draw the attention of the public to their concerns [...]." Zum Fehlen dieser Tolerierung vgl. auch ECHR, Navalnyy v. Russia, Nr. 29580/12 und 4 weitere, 15. November 2018, § 144.

[276] ECHR, Kudrevičius and Others v. Lithuania, Nr. 37553/05, 15. Oktober 2015, § 151; ECHR, Primov and Others v. Russia, Nr. 17391/06, 12. Juni 2014, § 119.

[277] Vgl. ECHR, Barraco v. France, Nr. 31684/05, 5. März 2009, § 45; ECHR, Bukta and Others v. Hungary, Nr. 25691/04, 17. Juli 2007, § 34; ECHR, Kudrevičius and Others v. Lithuania, Nr. 37553/05, 15. Oktober 2015, §§ 147–154: „[...] [W]here irregular demonstrators do not engage in acts of violence, the Court has required that the public authorities show a certain degree of tolerance towards peaceful gatherings if the freedom of assembly guaranteed by Article 11 of the Convention is not to be deprived of all substance."

[278] Vgl. ECHR, Ibrahimov and Others v. Azerbaijan, 11. Februar 2016, § 79: „While rules governing public assemblies, such as the system of prior notification, are essential for the smooth conduct of public events since they allow the authorities to minimise the disruption to traffic and take other safety measures, their enforcement cannot become an end in itself." So auch ECHR, Primov and Others v. Russia, Nr. 17391/06, 12. Juni 2014, § 122; ECHR, Lashmankin and Others v. Russia, Nr. 57818/09 und 14 weitere, 7. Februar 2017, § 462.

[279] Vgl. ECHR, Primov and Others v. Russia, Nr. 17391/06, 12. Juni 2014, § 117.

[280] Vgl. ebd., § 118 m. V. auf „Ziliberberg v. Moldova".

[281] Vgl. ebd., Zur ungerechtfertigten staatlichen Intervention vgl. Balçik and Others v. Turkey, Nr. 25/02, 29. November 2007, § 53; ECHR, Oya Ataman v. Turkey, Nr. 74552/01, 5. Dezember 2006, §§ 6–7. Vgl. die kritische Auffassung des EGMR in § 43.

[282] ECHR, Babayev and Hasanov v. Azerbaijan, Nr. 60262/11 und 2 weitere, 20. Juli 2017,

Das Gericht bekennt sich in diesen Fällen zu einer besonderen Prüfung („particular scrutiny").[283] Insbesondere die aktuellen Beschwerden aus Russland und Aserbaidschan liefern die Beispiele dazu. So beanstandeten die Aktivisten der oppositionellen Partei im Fall „Huseynov and Others" von 2016 die staatliche Maßnahme gegenüber einer friedlichen politischen Versammlung.[284] Die Festnahme und darauffolgende Verurteilung der Bf. stützten sich erneut auf die Tatsache der Nichtanmeldung. Auch hier wurden die oppositionellen Bürger, so der EGMR, wegen ihrer Aktivitäten bestraft.[285] Art. 6 EMRK war auch verletzt, da die politisch motivierten gerichtlichen Schlussfolgerungen den Garantien eines fairen Verfahrens nicht gerecht werden konnten.[286] Unter gleichgelagerten Umständen zerstreuten die Polizeibeamten die Teilnehmer in den Fällen „Mirzayev and Others v. Azerbaijan" von 2017 und „Bayramov v. Azerbaijan" von 2017.[287] Auch im „Ibrahimov"-Fall von 2016 stellte der Gerichtshof fest, dass zentraler Anknüpfungspunkt der Sanktionierung des Teilnehmerverhaltens die Tatsache der Nichtanmeldung der Versammlung war.[288]

Die sog. „Russian-cases" der letzten Jahre liefern in gleicher Weise zahlreiche Beispiele, da die Polizeibehörden nur wegen des formellen Grundes der Nichtanmeldung gravierende Maßnahmen ergriffen haben, ohne dass dabei eine ernste Störung der Außenwelt vorgelegen hat.[289] So beanstandete der Oppositionsfüh-

---

[§ 52, §§ 66–68; ECHR, Kudrevičius and Others v. Lithuania, Nr. 37553/05, 15. Oktober 2015, § 149: „[…] [T]he freedom to take part in a peaceful assembly is of such importance that a person cannot be subject to a sanction – even one at the lower end of the scale of disciplinary penalties – for participation in a demonstration which has not been prohibited, so long as that person does not himself commit any reprehensible act on such an occasion […]."

[283] ECHR, Navalnyy v. Russia, Nr. 29580/12 und 4 weitere, 15. November 2018, § 145 m. V. auf „Kudrevičius and Others", § 146: „[…] A peaceful demonstration should not, in principle, be rendered subject to the threat of a criminal sanction […] and notably to deprivation of liberty […]. Thus, the Court must examine with particular scrutiny the cases where sanctions imposed by the national authorities for non-violent conduct involve a prison sentence […]."

[284] ECHR, Huseynov and Others v. Azerbaijan, Nr. 34262/14, 35948/14, 38276/14, 56232/14, 62138/14 und 63655/14, 24. November 2016.

[285] Vgl ebd., §§ 45, 49.

[286] Vgl. ebd., § 57.

[287] ECHR, Mirzayev and Others v. Azerbaijan, Nr. 12854/13 und 2 weitere, 20. Juli 2017, § 11 und § 19 m. V. auf „Bayramov v. Azerbaijan".

[288] ECHR, Ibrahimov and Others v. Azerbaijan, Nr. 69234/11, 69252/11 und 69335/11, 11. Februar 2016, § 72.

[289] ECHR, Navalnyy v. Russia, Nr. 29580/12 und 4 weitere, 2. Februar 2017, § 50 und §§ 69–70; ECHR, Navalnyy v. Russia, Nr. 29580/12 und 4 weitere, 15. November 2018, § 118, §§ 134–135 und § 144. „[…] [O]n each of these five occasion the gathering was dispersed and the applicant was arrested, detained and convicted of administrative offences without it appearing from the relevant decisions that an assessment had been made of the level of disturbance the gatherings had caused, nor on one occasion of its spontaneous nature […], merely because

rer Nawalnyy z. B. in mehreren Beschwerden vor dem EGMR, dass er in den Jahren 2012–2014 in Zusammenhang mit unangemeldeten Versammlungen mehrmals verhaftet wurde.[290] Im „Lashmankin and Others"-Fall war es ebenfalls dazu gekommen, dass die Teilnehmer wegen der Nichtanmeldung der Veranstaltung verurteilt wurden; aus diesen Gründen erfolgte zudem die Auflösung der Versammlung selbst.[291] Ferner stützte sich die staatliche Rechtfertigung im Fall „Kasparov and Others" auf die Tatsache der Nichtanmeldung.[292] Hier hatte eine Gruppe Oppositioneller in Moskau eine angemeldete Protestaktion organisiert. Nach dem Ende der Versammlung wollten sich die Teilnehmer einer anderen, ebenfalls angemeldeten Versammlung anschließen. Als sie zu diesem Zweck zu dem anderen Versammlungsort unterwegs waren, blockierten Polizeibeamte den Weg. Den Bf. wurde vorgeworfen, dass sie die Veranstaltungsregeln der Versammlung verletzt hätten.[293] Der Gerichtshof bestätigte dagegen das Vorliegen eines ungerechtfertigten Eingriffs in die Versammlungsfreiheit, da die Versammlung per se und auch das Teilnehmerverhalten als friedlich qualifiziert wurden.[294] Diese „künstliche" Annahme einer Versammlung (hier: Aufmarsch), ohne dabei das Selbstverständnis des Veranstalters und der Teilnehmer zu erfragen, diente zur Sanktionierung der Teilnehmer im Fall „Navalnyy and Yashin".[295] Auch in anderen Fällen forderte die staatliche Behörde die Anmeldung selbst dann, wenn es gesetzlich („solo-pickets", „walkabouts") nicht vorgesehen war.[296] Auch wenn eine derartige Post-factum-Reklassifizierung („re-classification rule") u. U. gerechtfertigt werden könne, sei der Staat nicht davon befreit, statt des gravieren-

---

they lacked authorisation and had persisted despite the police orders to stop. [...]." Vgl. auch ECHR, Sergey Kuznetsov v. Russia, Nr. 10877/04, 23. Oktober 2008, § 43.

[290] ECHR, Navalnyy v. Russia, Nr. 29580/12 und 4 weitere, 15. November 2018, §§ 13–14 und § 83, § 106 und § 118; ECHR, Navalnyy v. Russia, Nr. 29580/12 und 4 weitere, 2. Februar 2017, §§ 9–11.

[291] ECHR, Lashmankin and Others v. Russia, Nr. 57818/09 und 14 weitere, 7. Februar 2017, §§ 101–103, 115 und §§ 459–461.

[292] ECHR, Kasparov and Others v. Russia (No. 2), Nr. 51988/07, 13. Dezember 2016, § 5 und § 30 mwN.

[293] Vgl. die Schilderung des Sachverhalts ebd., §§ 7–9.

[294] Vgl. ebd., §§ 29, 31 und § 29.

[295] ECHR, Navalnyy and Yashin v. Russia, Nr. 76204/11, 4. Dezember 2014, § 52, §§ 63–66 und §§ 73–74. ECHR, Navalnyy v. Russia, Nr. 29580/12 und 4 weitere, 15. November 2018, § 109 und § 117.

[296] Vgl. ECHR, Zakharkin v. Russia, Nr. 40377/10, 18. Juli 2017, §§ 18–19. In dem Fall „Novikova" von 2016 behandelte der EGMR die fünf Beschwerden der Veranstalter von u. a. politischen Solo-Demonstrationen, die kurz nach dem Start faktisch aufgelöst wurden, ECHR, Novikova and Others v. Russia, Nr. 25501/07, 57569/11, 80153/12, 5790/13 und 35015/13, 26. April 2016, § 109, § 127 und §§ 175–184. Vgl. auch ECHR, Navalnyy v. Russia, Nr. 29580/12 und 4 others, 15. November 2018, § 107.

IV. Das Gesetz „Über Versammlungen und Manifestationen" vom 12. Juni 1997   265

den Eingriffs ein milderes Mittel zur Bewältigung der Lage zu wählen.²⁹⁷ Gleiches gilt, wenn die Versammlungsbehörde die Änderung der Modalitäten einer Versammlung vorschlägt, diese aber später dennoch in der zunächst angemeldeten Weise veranstaltet wird.²⁹⁸

Die „Null-Toleranz"-Praxis hatte dabei in den „Russian-cases" ihre Grundlage im Gesetz selbst. Gleiches galt für die Fälle, in denen der Veranstalter behördliche Auflagen nicht berücksichtigt hatte.²⁹⁹ Es blieb kein Rahmen für die Heranziehung der übrigen Umstände des Falles, z. B. aus der Versammlung herausgehende Störungen für die Außenwelt.³⁰⁰ Deswegen stellte der EGMR fest, dass diese Regelungen die rechtsstaatlich-materiellen Anforderungen des Rechts („quality of law") nicht erfüllen konnten.³⁰¹ Der EGMR hat dem Staat einen weiten Beurteilungsspielraum („a wide margin of appreciation") zugemessen, wenn er die Modalitäten des Anmeldungsverfahrens ausgestaltet. Dies gelte zugleich hinsichtlich des zeitlichen Rahmens der Anmeldung.³⁰² Das Anmeldungsverfahren sei aber hinreichend klar zu formulieren und dürfe keine versteckten Hindernisse („a hidden obstacle") beinhalten.³⁰³ Zu deren Bewertung

---

²⁹⁷ Vgl. ECHR, Kasparov and Others v. Russia (No. 2), Nr. 51988/07, 13. Dezember 2016, §§ 28–29; ECHR, Tsukanov and Torchinskiy v. Russia, Nr. 35000/13 und 35010/13, 17. April 2018, §§ 46–47. In diesem Fall hatten die Teilnehmer Solo-Kundgebungen abgehalten. Wegen der Gleichzeitigkeit betrachtete der EGMR diese als Gruppenveranstaltung. Dennoch durfte der Staat die Versammlung wegen der Tatsache der Nichtanmeldung nicht auflösen, sondern hatte zunächst das mildere Mittel anzuwenden: Der Schutz der Interessen Dritter würde auch durch die Anordnung einer vernünftigen Distanz erreicht, womit die Nähe zu den Adressaten (Parlament) erhalten geblieben wäre.

²⁹⁸ Vgl. ECHR, Yeliseyev v. Russia, Nr. 32151/09, 18. Juli 2017, §§ 40–42: Die politische Bewegung „Strategy-31" organisierte in Moskau eine politische Kundgebung. Die Versammlungsbehörde in Moskau lehnte die Örtlichkeit der Versammlung ab. Dadurch würden archäologische und Infrastrukturarbeiten behindert werden; der normale Straßenverkehr und die Rechte nichtbeteiligter Dritter würden ebf. beeinträchtigt werden. Die Behörde schlug gleichzeitig zwei alternative Orte vor (§§ 18–19). Zwei Tage vor der Versammlungsdurchführung informierten die Veranstalter die Versammlungsbehörde, dass die Kundgebung doch an der erstangemeldeten Örtlichkeit stattfinden würde. Eine halbe Stunde nach Beginn der Versamm-lung am Triumfalnaya-Platz wurde der Bf. festgenommen. (§§ 20–21). Vgl. auch ECHR, Babayev and Hasanov v. Azerbaijan, Nr. 60262/11 und 2 weitere, 20. Juli 2017, §§ 6–15.

²⁹⁹ Vgl. ECHR, Lashmankin and Others v. Russia, Nr. 57818/09 und 14 weitere, 7. Februar 2017, § 461. Vgl. die Kritik zu nationalen Regelungen schon früher in: ECHR, Primov and Others v. Russia, Nr. 17391/06, 12. Juni 2014, § 100, §§ 110–111 und § 125.

³⁰⁰ Vgl. ECHR, Lashmankin and Others v. Russia, Nr. 57818/09 und 14 weitere, 7. Februar 2017, § 461.

³⁰¹ Vgl. ebd., §§ 471–477; so auch ECHR, Navalnyy v. Russia, Nr. 29580/12 und 4 weitere, 15. November 2018, § 117.

³⁰² Vgl. ECHR, Lashmankin and Others v. Russia, Nr. 57818/09 und 14 weitere, 7. Februar 2017, § 445.

³⁰³ ECHR, Balçik and Others v. Turkey, Nr. 25/02, 29. November 2007, § 49; Oya Ataman

seien nicht nur die abstrakten Regelungsmerkmale bedeutend, sondern auch deren tatsächliche Handhabung in der Praxis.[304] Im russischen Modell hatte die Anmeldung laut nationaler Regelung nicht früher als fünfzehn Tage und nicht später als zehn Tage zu erfolgen; deren starre Anwendung in der Praxis stellte insbesondere in der langen Ferienzeit um Weihnachten eine Hürde dar.[305] Die während dieser Periode auftretenden symbolischen Tage konnten daher nicht für die Durchführung einer Versammlung gewählt werden, ohne dabei negative staatliche Maßnahmen zu erwarten.[306] Der EGMR zog im „Lashmankin and Others"-Fall die Praxis der übrigen Mitgliedstaaten heran. Im Unterschied zu deren Anforderungen war die russische Regelung zu restriktiv.[307] Zuletzt stellte der EGMR im „Navalnyy"-Fall fest, dass die unbestimmte Rechtslage („the overly broad nature") zur Unvorhersehbarkeit der Anforderungen der Anmeldung führe.[308] Der EGMR identifizierte in diesen Entscheidungen das Vorliegen eines Systemfehlers („structural inadequacy in the regulatory framework"), was eine gesetzgeberische Reaktion dringend notwendig mache.[309]

c) Das Kooperationsgebot in Georgien

Art. 10 GVersG bietet den Rahmen für die Kooperation zwischen Veranstalter und Behörde im Vorfeld der geplanten Versammlung. Schon nach dem allgemeinen Verständnis muss während der Kooperation Gegenseitigkeit erreicht werden,

---

v. Turkey, Nr. 74552/01, 5. Dezember 2006, § 38; ECHR, Lashmankin and Others v. Russia, Nr. 57818/09 und 14 weitere, 7. Februar 2017, § 445; ECHR, Berladir and Others v. Russia, Nr. 34202/06, 10. Juli 2012, § 39.

[304] Vgl. ECHR, Körtvélyessy v. Hungary, Nr. 7871/10, 5. April 2016, § 27; ECHR, Berladir and Others v. Russia, Nr. 34202/06, 10. Juli 2012, § 54.

[305] Vgl. ECHR, Lashmankin and Others v. Russia, Nr. 57818/09 und 14 weitere, 7. Februar 2017, § 33 und §§ 448–450.

[306] Vgl. ebd., § 34 und § 273; weiter vgl. § 379 und § 448.

[307] Ebd., § 447: „[…] [I]t emerges from the comparative law materials that there are varied approaches among the member States to time-limits for lodging a notification. It is however significant that only a small minority of European countries establish a time-limit before which a notification is considered premature and that in a majority of the States the time-limit after which a notification can no longer be lodged is two or three days before the assembly […]."

[308] ECHR, Navalnyy v. Russia, Nr. 29580/12 und 4 weitere, 15. November 2018, § 117: „[…] In the absence of criteria distinguishing an informal gathering from a public event subject to official notification, the police and the domestic courts adopted an interpretation which extended the formal requirement to a very wide variety of loosely defined situations. […]" Dabei führte der EGMR die Kontrolle der Verhältnismäßigkeit weiter aus, auch wenn schon der erste Schritt – „quality of law" – in Frage gestellt wurde, vgl. § 119. Auch die Prüfung der Erforderlichkeit deutete auf die Konventionswidrigkeit des staatlichen Verhaltens hin, vgl. § 147.

[309] Vgl. ECHR, Navalnyy v. Russia, Nr. 29580/12 und 4 weitere, 15. November 2018, § 150 m. V. auf „Lashmankin and Others".

indem die Beteiligten des Verfahrens die „rationalen Vorteile" für sich sichern.[310] Die Regelung soll es den Behörden erleichtern, durch einen Austausch der Informationen mit den Veranstaltern die öffentliche Sicherheit zu schützen und zu erwartenden Störungen präventiv zu begegnen.[311] Dadurch erhält der Veranstalter die Möglichkeit, sein Anliegen möglichst störungsfrei zu verwirklichen. Artikel 10 GVersG sagt dagegen nichts über die Kooperation (Verhandlung) während der Ablaufsphase („vollzugsfördernde Kooperation") aus.[312] Dabei wirkt sich die Kooperation im Vorfeld zwar auf Entscheidungen nach Beginn der Versammlung aus; dem Veranstalter muss aber mit Blick auf die variierende Gefahrenlage wieder die Möglichkeit gegeben werden, darüber seine eigene Auffassung mit der Behörde auszutauschen.[313] Die Verhandlung nach Beginn der Versammlung ist seit 2015 in einer untergesetzlichen Instruktion vorgesehen.[314] Es handelt sich danach um eine Art Konfliktmanagement, wofür eine Deeskalationsstrategie gefordert wird. Darüber hinaus sollen die Verhandlungen gemäß Art. 4 der Instruktion der Anwendung von Zwangsmaßnahmen bzw. unmittelbarem Zwang sowie der Begehung von Straftaten und Ordnungswidrigkeiten vorbeugen. Mit Blick auf die Rechtssicherheit ist es wichtig, dass der Kooperationsmodus während der Durchführung der Versammlung auch im GVersG geregelt wird.

aa) Die behördliche Empfehlung

Laut Art. 10 Abs. 1 GVersG ist die Behörde befugt, die Zweckmäßigkeit einer Änderung von Zeit und Ort der angemeldeten Versammlung gemeinsam mit den Verantwortlichen zu erörtern. Diese Frage ist innerhalb von drei Tagen nach Eingang der Anmeldung zu behandeln und wird durch Abgabe einer schriftlichen Empfehlung abgeschlossen. Da das Verfahren beratender Natur ist und die Versammlung trotz der anderweitigen behördlichen Empfehlung gemäß den Angaben bei der Anmeldung durchgeführt werden kann, wird im Interesse der Sicherheit ein Bevollmächtigter der Behörde ernannt (Abs. 2). Logischerweise muss

---

[310] Zur Idee der Kooperation vgl. *Rawls, J.*, Gerechtigkeit als Fairneß, S. 26 f.
[311] Vgl. *Peters, W.*, in: Peters, W./Janz, N. (Hrsg.), Hb VersR, Kap. F Rn. 32; *Hoffmann-Riem, W.*, Der „Musterentwurf eines Versammlungsgesetzes", S. 36.
[312] Begriffsprägung bei *Waechter, K.*, Die Vorgaben des BVerfG für das behördliche Vorgehen, VerwArch 99 (2008), S. 80.
[313] Vgl. *Leist, W.*, Kooperation bei (rechtsextremistischen) Versammlungen, BayVBl. 2004, S. 489, er bezieht sich auf die telefonische Anhörung der Veranstalter. Zu notwendigen Verhandlungen der Vollzugsbeamten während der Durchführung des Aufzugs vgl. BVerfG, Beschl. v. 02.11.2016 – 1 BvR 289/15, BeckRS 2016, 55724, Rn. 19.
[314] Zur Instruktion vgl. die spätere Behandlung in Kap. I. Der Menschenrechtsbeauftragte hat in seinen Berichten mehrmals darauf hingewiesen, dass die Polizeibehörden Deeskalierungsmaßnahmen weniger beherrschen. Vgl. z. B. den Bericht des Menschenrechtsbeauftragten (verkürzte Version) 2013, S. 41.

sich dieser auch während der Durchführung der Versammlung für die Zusammenarbeit einsetzen. Die Norm bestimmt den Zweck und die Voraussetzungen, die vorliegen müssen, um von dem Kooperationsverfahren Gebrauch machen zu können. Ihr Ziel ist der Schutz der öffentlichen Ordnung, die Sicherstellung des normalen Betriebs von Staats- und Gesellschaftsorganen, Unternehmen, Einrichtungen und Körperschaften sowie des Straßenverkehrs. Dabei ist die Regelung nicht präzise, denn gemeint ist nicht nur der Schutz der öffentlichen Ordnung, sondern vor allem der Schutz der öffentlichen Sicherheit und u. U. auch der öffentlichen Ordnung. Die Entscheidungsvoraussetzungen sind in folgenden alternativen Fällen gegeben: a) Die Versammlung stellt eine reale Gefahr für das normale Funktionieren von Unternehmen, Einrichtungen und Körperschaften dar; b) eine andere Versammlung, die früher angemeldet wurde, findet am selben Ort und zum selben Zeitpunkt statt. Die Frage ist weiter, ob die Realität für die Charakterisierung der Gefahrenlage geeignet ist. Die Dogmatik der Gefahrenabwehr und die Besonderheiten einer Prognoseentscheidung legen es nahe, dass es bei der behördlichen Bewertung und der späteren Prüfung der behördlichen Entscheidung nicht auf die Realität der Gefahr ankommen kann.[315] Die dogmatische Konstruktion der „Anscheinsgefahr" als Schöpfung der teleologisch-effektiven Auslegung ist der klare Beweis.[316] Der Gesetzgeber scheint daher die Unmittelbarkeit der Gefahr ansprechen zu wollen, bei deren Vorliegen der ungehinderte Ablauf der angemeldeten Versammlung gestört wird. Im zweiten Fall basiert die Empfehlung auf dem Erstanmelderprivileg, was im GVersG nur an dieser Stelle berücksichtigt wird. Dieser Grund ermächtigte die Behörde früher zur Zurückweisung der Anmeldung. Nachdem die Möglichkeit der Zurückweisung vom GVerfG verneint wurde, kann dieser Grund nur noch im Empfehlungsverfahren einen Anlass bieten, vorbeugend im Sicherheitsinteresse tätig zu werden. Die später angemeldete Versammlung kann sowohl eine Gegenversammlung als auch eine Versammlung sein, die zur früher angemeldeten in keinem inhaltlichen Zusammenhang steht. Dabei ist die Bedeutung der Empfehlung im Fall einer Gegenversammlung gering. Die Veranstalter der Gegenversammlung suchen gerade die örtliche und zeitliche Nähe der Versammlung, gegen deren Zielrichtung sie protestieren wollen.[317] Die bisherige Praxis zeigt noch nicht, dass die Bereit-

---

[315] Vgl. auch *Beraia, I./Gelashvili, N./Giorgishvili, K./Isoria, L. u.a.*, Polizeirecht, S. 305.

[316] Dazu exemplarisch *Schenke, W.-R.*, Polizei- und Ordnungsrecht, Rn. 80 f. mwN. Die Wahrscheinlichkeitsprognose selbst bleibt auch bei der Anscheinsgefahr an dieselben Anforderungen gebunden, vgl. VGH Kassel, Beschl. v. 01.02.2017 – 8 A 2105/14, BeckRS 2017, 103690, Rn. 53.

[317] In Zusammenhang mit der demokratischen „Ventilfunktion" der Versammlungsfreiheit vgl. *Brenneisen, H.*, in: Brenneisen, H./Wilksen, M. (Hrsg.), VersR, S. 145. Vgl. Final Opinion on the Amendments to the Law on Assembly and Manifestations of Georgia, Venice Commission, CDL-AD(2011)029, § 30.

schaft der Behörde zur Zusammenarbeit das erforderliche Niveau erreicht hat. Die Behörde beschränkt sich auf eine schriftliche Mitteilung an die Veranstalter, dass z. B. am selben Ort und zur selben Zeit schon eine früher angemeldete Versammlung durchgeführt wird.[318] Dieser Mangel wurde seitens der Veranstalter einzelner Versammlungen bereits beanstandet, da es für sie kaum voraussehbar ist, ob und wie eine etwaige Gefahrenlage vom Staat eingeschätzt wird.[319] Auch wenn die Versammlungsveranstalter an die behördlichen Empfehlungen nicht gebunden sind, bietet die Regelung eine Möglichkeit, etwaige spätere Beschränkungen der Versammlungsfreiheit zu vermeiden (z. B. Entfernungsanordnung nach Art. 9 GVersG).

bb) Die Auffassung der Venedig-Kommission

Hinsichtlich des Verfahrens nach Art. 10 GVersG hat die Kommission erneut die Relevanz des Grundsatzes – eine Vermutung zugunsten der Versammlungsfreiheit („the presumption in favour of holding assemblies") – betont, der den gesamten Entscheidungsspielraum der Behörde leiten muss.[320] Auch wenn das Kooperationsverfahren dem Veranstalter keine Pflichten auferlege, sei es wichtig, dass die behördlichen Empfehlungen hinsichtlich der Änderung der Zeit und Örtlichkeit der geplanten Versammlung dieses Prinzip beachtet. Dadurch ist die Möglichkeit zu gewährleisten, dass die Versammlungsteilnehmer die Addressaten eigener Anliegen ansprechen können: „As a general rule, assemblies should be facilitated within sight and sound of their targeted audiences."[321] Diese Grundsätze müssen insbesondere bei der Inspruchnahme des Art. 11² GVersG, wonach die Behörde eine gerechte Abwägung und Balance zwischen kollidierenden Interessen zu ermöglichen hat, zur Anwendung kommen.[322] Nur das Ziel, das normale Funktionieren der staatlichen und privaten Stellen, Behörden, Einrich-

---

[318] So z. B. die Mitteilung der Kommunalbehörde Tbilisi vom 19. März 2015 Nr. 2823177, vom 6. Mai 2015 Nr. 2922098 und vom 3. Mai 2016 Nr. 6/111627.

[319] In der Mitteilung des Veranstalters an die Kommunalbehörde Tbilisi vom 17. Mai 2015 Nr. 172586/07 wird beanstandet, dass weder die zuständige Behörde noch die Vertreter des Innenministeriums hinreichend Gelegenheit zur Kooperation und eine Gefahreneinschätzung sichergestellt haben. Der Versammlung drohten aber erhebliche Gefahren seitens einer Gegenversammlung und Dritter. Diese Gefahr werde durch die Ereignisse des letzten Jahres belegt. Vgl. die Anmeldung vom 28.04.2016 Nr. 155145/12 bei der Kommunalbehörde Tbilisi. Dabei ist die Pflicht der Behörde zur Kooperation nicht in dem Sinne zu verstehen, als sei diese verpflichtet, den Versammlungsveranstalter über die Modalitäten der erwarteten Gegenversamm-lung zu informieren; dazu *Koll, B.*, Liberales Versammlungsrecht, S. 313–314.

[320] Vgl. Final Opinion on the Amendments to the Law on Assembly and Manifestations of Georgia, Venice Commission, CDL-AD(2011)029, § 30.

[321] Ebd.

[322] Vgl. die spätere Behandlung der Auflagen und Art. 11² GVersG in Kap. H IV 8.

tungen und des Straßenverkehrs zu ermöglichen, reiche nicht aus.[323] Die zeitlichen und örtlichen Änderungen, die aufgrund des Zusammentreffens der Versammlungen vorgenommen werden, seien an besondere Voraussetzungen zu knüpfen. Dazu hat die Kommission eine erhöhte Hürde der „objektiven Unmöglichkeit" festgelegt: „[…] [T]he venue and time should only be changed if there is a practical, objective impossibility for both events to take place simultaneously and, when the second assembly is a counter-demonstration, there are grounds for assumption that a conflict between the participants to the two assemblies may occur and the sufficient policing resources to manage both meetings are lacking."[324] Mit Verweis auf die OSCE-/ODIHR-Venedig-Kommission wurde die Wahrnehmungsmöglichkeit der Kundgabe durch deren Adressaten angesprochen: „[R]elated simultaneous assemblies should be facilitated so that they occur within sight and sound of their target insofar as this does not physically interfere with the other assembly."[325] Die Venedig-Kommission hat vorgeschlagen, das Verfahren nach Art. 10 GVersG als Teil des Art. 11² GVersG zu betrachten.[326] Dadurch können sich die zeitlichen und örtlichen Änderungen als verhältnismäßiges Ergebnis der Abwägung zwischen kollidierenden Interessen im Einzelfall erweisen. Die in Art. 10 GVersG vorgesehenen Interessen seien dem üblichen Abwägungsgebot – wie es auch in Art. 11² vorgeschrieben ist – zu unterstellen.[327] Diesem Vorschlag ist der Gesetzgeber bisher nicht gefolgt. Auch aus der Praxis wird nicht klar, ob die Behörden diese Normen kumulativ anwenden.

d) Das Brokdorf-Konzept in Deutschland zum Vergleich

Zu berücksichtigen ist die deutsche Dogmatik des Kooperationsverfahrens, das schon im Vorfeld mit dem Ziel durchzuführen ist, die Versammlungsfreiheit „in möglichst großem Umfang zu verwirklichen".[328] Die verfassungsrechtliche Er-

---

[323] Vgl. Final Opinion on the Amendments to the Law on Assembly and Manifestations of Georgia, Venice Commission, CDL-AD(2011)029, § 31. Die Kommission hat betont, dass die Außenwelt durch Versamm-lungen selbstverständlich beeinflusst wird: „[…] [T]he decision should aim only at maintaining public order, not also at 'ensuring the normal functioning of governmental and public bodies, enterprises, institutions, and public transport', as demonstrations almost invariably and inevitably create some disturbance, which should be tolerated."

[324] Final Opinion on the Amendments to the Law on Assembly and Manifestations of Georgia, Venice Commission, CDL-AD(2011)029, § 31.

[325] Vgl. ebd.

[326] Final Opinion on the Amendments to the Law on Assembly and Manifestations of Georgia, Venice Commission, CDL-AD(2011)029, § 31.

[327] Ebd.: „[Th]reats to the normal functioning of enterprises, institutions and organizations and problems with simultaneous assemblies – itemised in Article 10 – require to be balanced against the right to assemble in the same way as other competing activities."

[328] So BVerfG, Beschl. v. 26.06.2007, NVwZ-RR, S. 641; vgl. auch *Peters, W./Janz, N.*,

IV. Das Gesetz „Über Versammlungen und Manifestationen" vom 12. Juni 1997

laubnisfreiheit bedingt es, dass im Kooperationsverfahren keine wechselseitigen Verpflichtungen angenommen werden; es handelt sich um eine Pflicht der Behörde, nicht aber des Veranstalters.[329] Nach § 14 VersG wird die Kooperation auf der Seite der Veranstalter als Kooperationsobliegenheit betrachtet.[330] Das Kooperationsgebot hat „verfassungsrechtliche Bedeutung" und ist Ausdruck der „Verfahrenswirkung der Grundrechte" in dem einfachen Recht.[331] Indem die eventuellen Grundrechtskollisionen vorbeugend, „im Vorfeld" der Grundrechtsausübung gelöst werden, leistet die Kooperation einen wichtigen Beitrag zur Erfüllung der staatlichen Schutzpflicht.[332] Die Kooperation trägt einen „konsenssuchenden Charakter" zur Vermeidung negativer Folgen für die Versammlungsfreiheit. Darüber hinaus sind die Veranstalter im Fall der Anordnung einer Auflage oder eines Verbots erneut anzuhören.[333] Die Amtsermittlungspflicht der Behörde wird durch die Informations- und Beteiligungsobliegenheit des Veranstalters er-

---

Aktuelle Fragen des Versammlungsrechts, LKV 2016, S. 195. Vgl. *Höfling, W.*, in: Sachs, M. (Hrsg.), GG, Art. 8 Rn. 49. Dabei war das Land Bayern das erste, in dessen Versammlungsgesetz das Kooperationsgebot ausdrücklich geregelt wurde, dazu *Scheidler, A.*, Das Kooperationsgebot im Versammlungsrecht, Die Polizei 2009, S. 162 ff.; *Peters, W.*, in: Peters, W./Janz, N., Hb VersR, Kap. F Rn. 32 und Rn. 39.

[329] Vgl. *Höfling, W.*, in: Sachs, M. (Hrsg.), GG, Art. 8 Rn. 45 und Rn. 49; BVerfGE 69, 315, 356 ff.; *Peters, W.*, in: Peters, W./Janz, N., Hb VerR, Kap. F Rn. 33; *Weber, K.*, Zur „Kooperation", KommJur 2011, S. 51.

[330] Vgl. *Peters, W.*, in: Peters, W./Janz, N. (Hrsg.), Hb VersR, Kap. F Rn. 42; *Pieroth, B./Schlink, B./Kniesel, M.*, Polizei- und Ordnungsrecht, § 21 Rn. 5b und Rn. 6; die Behörde könne u. U. mit der Vorladung und Befragung die Anmeldung nicht erzwingen; dagegen spricht Depenheuer von „Kooperationspflicht", vgl. *Depenheuer, O.*, in: Maunz, T./Dürig, G. (Hrsg.), GG, Art. 8 Rn. 120; beide Pflichten seien als einander ergänzend zu verstehen; die Verletzung der Kooperationsobliegenheit des Grundrechtsträgers lassse die Kooperationspflicht des Veranstalters entfallen. Dagegen BVerfG, Beschl. v. 22.12.2006 – 1 BvQ 41/06, BeckRS 2007, 20677 mwN; der Grundsatz der vertrauensvollen Kooperation sei nicht als Rechtspflicht zur Kooperation ausgestaltet. Mit der Versammlungsfreiheit unvereinbar ist daher, diese Obliegenheit im Endeffekt als eine Verpflichtung umzuformulieren und dem Veranstalter irgendwelche „Pflichten aufzubürden"; *Sachs, M.*, Staatsrecht II – Grundrechte, S. 485 Rn. 33.

[331] Vgl. *Sachs, M.*, Staatsrecht II – Grundrechte, S. 484 Rn. 33; *Waechter, K.*, Die Vorgaben des BVerfG für das behördliche Vorgehen, VerwArch 99 (2008), S. 79–80 m. V. auf BVerfG; *Froese, J.*, Das Zusammenspiel von Versammlungsfreiheit und Versammlungsgesetz, JA 2015, S. 681.

[332] Vgl. *Hoffmann-Riem, W.*, in: Merten, D./Papier, H.-J. (Hrsg.), HGR IV, § 106 Rn. 36; *Britz, G.*, Prozedurale Lösung von Grundrechtskollisionen, Der Staat 42 (2003), S. 35; *Hoffmann-Riem, W.*, Grundrechtsanwendung unter Rationalitätsanspruch, Der Staat 43 (2004), S. 213, er spricht von einer „Hilfe zur vorbeugenden Kollisionsbewältigung".

[333] Dazu *Weber, K.*, Zur „Kooperation", KommJur 2011, S. 52. Vgl. *Leist, W.*, Kooperation bei (rechtsextremistischen) Versammlungen, BayVBl. 2004, S. 489; die Kooperationsgespräche seien nicht mit einer Anhörung nach § 28 VwVfG gleichzusetzen.

gänzt.³³⁴ Die Weigerung, dieser Obliegenheit nachzukommen, kann auf die Beweislast der Behörde bezüglich der Tatsachenbasis für den Eingriff (zugunsten von Drittinteressen) erleichternd einwirken, was als ein „ungeschriebener grundrechtlicher Gemeinwohlvorbehalt" zu verstehen sei.³³⁵ Dazu spricht Schulze-Fielitz von „gewissen Vermutungen" zugunsten der behördlichen Prognose.³³⁶ Im Kooperationsprozess werden die „Prognosesicherheit" und die „Reaktionsschwelle" des eingreifenden und zugleich beweispflichtigen Staates vorprogrammiert: Während der an das Anmeldungsverfahren anschließenden Kooperationsphase wird der Veranstalter die „prägenden Grundmerkmale" seines Selbstbestimmungsrechts eigenständig konkretisieren;³³⁷ diese Merkmale binden die staatliche Behörde bzw. determinieren die Verhätnismäßigkeitsprüfung eventueller Eingriffe. Es muss dabei seitens des Veranstalters „ein Mindestmaß an Kooperation" gezeigt werden.³³⁸ Um auf die Verweigerung der vorbereitenden Kooperation zulasten des Veranstalters verweisen zu können, ist eine entsprechende Begründung erforderlich;³³⁹ allerdings stellt allein die Verweigerung keine tragende Basis für eine Verbotsentscheidung dar.³⁴⁰ Die Behörde muss sich in dem kooperativen Verfahren zwar für „beiderseitige Deeskalationsstrategien" einsetzen;³⁴¹ dies ändert aber nichts daran, dass die Behörde eine etwaige Gefahrenlage selbst zu prognostizieren hat und für die Diagnose der Tatsachen selbst beweis-

---

³³⁴ Vgl. *Battis, U./Grigoleit, K.J.*, Neue Herausforderungen für das Versammlungsrecht, NVwZ 2001, S. 129.

³³⁵ Vgl. BVerfGE 69, 315, 359; *Gusy, C.*, in: Mangoldt, H. v./Klein, F./Starck, C. (Hrsg.), GG, Art. 8 Rn. 47. Zum „Gemeinwohlvorbehalt" *Waechter, K.*, Die Vorgaben des BVerfG für das behördliche Vorgehen, VerwArch 99 (2008), S. 80–81 m. V. auf BVerfG, er betrachtet das Absinken der Gefahrenschwelle als Verkürzung des sachlichen Schutzgehalts der Versammlungsfreiheit; stattdessen sei die konkrete (angemessene) Sanktion gegen kooperationsablehnende Veranstalter einzuführen. Im Fall der Sanktionierung würde aber die Obliegenheit zur Pflicht werden, was in Georgien die Gefahr des Missbrauchs auslösen würde.

³³⁶ Vgl. *Schulze-Fielitz, H.*, in: Dreier, H. (Hrsg.), GG, Art. 8 Rn. 120.

³³⁷ Vgl. *Weber, K.*, Zur „Kooperation", KommJur 2011, S. 51 mwN.

³³⁸ Vgl. ebd., S. 54. Als Beispiel einer Deutung zuungunsten des Veranstalters wird der VGH München herangezogen: „Auch die Auswahl des Alternativstandorts begegnet keinen Bedenken. Der Antragssteller hat sich hierzu im Kooperationsgespräch […] nicht geäußert. Er hat keinen anderen Standort angeboten, den die Antragsgegnerin [Versammlungsbehörde] hätte wählen können […]." Vgl. das Gegenbeispiel, als die Behörde die vom Veranstalter vorgeschlagene Örtlichkeit (ermessensfehlerhaft) nicht berücksichtigt hat, VG Hamburg, Beschl. v. 01.07.2017 – 75 G 3/17, BeckRS 2017, 129944, Rn. 35–41.

³³⁹ Vgl. BVerfG, Beschl. v. 01.05.2001 – 1 BvQ 21/01, NJW 2001, S. 2079; BVerfG, Beschl. v. 22.12.2006 – 1 BvQ 41/06, BeckRS 2007, 20677 mwN.

³⁴⁰ Vgl. BVerfG, Beschl. v. 01.03.2002 – 1 BvQ 5/02, NVwZ 2002, S. 982 m. V. auf „Brokdorf"-Beschluss.

³⁴¹ Vgl. *Schulze-Fielitz, H.*, in: Dreier, H. (Hrsg.), GG, Art. 8 Rn. 117 („kooperativ-einvernehmliche Lösungen"); *Hanschmann, F.*, Demontage eines Grundrechts, DÖV 2009, S. 396.

pflichtig ist.³⁴² „Je mehr die Veranstalter […] zu einseitigen vertrauensbildenden Maßnahmen oder […] zu einer demonstrationsfreudigen Kooperation bereit sind, desto höher rückt die Schwelle für behördliches Eingreifen wegen Gefährdung der öffentlichen Sicherheit und Ordnung."³⁴³ Diese Aussage im „Brokdorf"-Beschluss ist nicht in dem Sinne (zu hypothetisch) zu interpretieren, dass die staatlich misslungene Kooperation zulasten einer effektiven Gefahrenabwehr bzw. einseitig zugunsten der Versammlungsfreiheit geht:³⁴⁴ Es handelt sich nicht um ein Weniger und ein Mehr der Gefahrenabwehr; diese bleibt kraft des allgemeinen Polizeirechts bestehen; vielmehr geht es um die Sicherung der Möglichkeit im Vorfeld, in der versammlungsspezifischen Situation das Selbstbestimmungsrecht des Veranstalters möglichst effektiv verwirklichen zu lassen. Darüber hinaus kann auch jenseits des Kooperationsmodus niemals ausgeschlossen werden, dass in bestimmten Fällen die staatlichen Behörden eigene Pflichten nicht bzw. nicht effektiv erfüllen. Wird die Behörde der Kooperationspflicht nicht gerecht, zeigen sich dagegen die Veranstalter als kooperationsfreundlich. Kommt es dennoch während des Versammlungsablaufs zu unfriedlichen Vorgängen, ist der Staat einsatzpflichtig, und zwar sowohl zugunsten der Versammlungsfreiheit als auch zugunsten von Drittinteressen (Schutzpflicht des Staates).³⁴⁵ Außerdem hat es sich während der Kooperation grundsätzlich bewährt, dass das Verbot nur in Ausnahmefällen (Unfriedlichkeit und daher Verlust des Versammlungscharakters) angeordnet wird und erst im Fall einer späteren Eskalation aufgelöst werden kann. Ein anderes Verständnis (zulasten der Effektivität der Gefahrenabwehr) würde dazu führen, dass das anfangs der optimalen Entfaltung dienende Vorgehen „kontraproduktive" Folgen sowohl zulasten der Versammlungsfreiheit als auch zulasten von Drittinteressen hat.³⁴⁶

---

³⁴² Vgl. BVerfG, Beschl. v. 01.05.2001 – 1 BvQ 21/01, NJW 2001, S. 2079; in diesem Fall war die Prognose der Tatsachen für die Verbotsentscheidung fehlerhaft, da die Behörde nur damit argumentiert hat, dass der Veranstalter über kein Sicherheitskonzept für die Bewältigung einer realisierten Gefahr verfügte. Vgl. auch *Kniesel, M./Poscher, R.*, Entwicklung des Versammlungsrechts 2000 bis 2003, NJW 2004, S. 424; *Hoffmann-Riem, W.*, Demonstrationsfreiheit auch für Rechtsextremisten?, NJW 2004, S. 2781.
³⁴³ Vgl. BVerfGE 69, 315, 357; *Höfling, W.*, in: Sachs, M. (Hrsg.), GG, Art. 8 Rn. 49; VG Schleswig, Beschl. v. 27.03.2012 – 3 B 39/12, NordÖR 2012, S. 419.
³⁴⁴ Zur Kritik der Absenkung der Eingriffsschwelle, falls die staatlichen Behörden die Kooperationspflicht nicht erfüllen, *Helleberg, M.*, Leitbildorientierte Verfassungsauslegung, S. 111; vgl. auch *Kniesel, M./Poscher, R.*, in: Lisken, H./Denninger, E. (Hrsg.), Hb PolR, Kap. K Rn. 290; die Eingriffsvoraussetzungen bleiben jedenfalls gleich; geändert werden dürfen nur die Anforderungen an die „Validität" der Gefahrenprognose.
³⁴⁵ Vgl. *Weber, K.*, Zur „Kooperation", KommJur 2011, S. 50 f.; *ders.*, Grundzüge des Versammlungsrechts, S. 91 f.; *Ebeling, C.*, Die organisierte Versammlung, S. 258.
³⁴⁶ Vgl. *Hoffmann-Riem, W.*, Der „Musterentwurf eines Versammlungsgesetzes", S. 40.

Die staatliche Kooperationspflicht u. a. zum besseren Schutz des Selbstbestimmungsrechts des Veranstalters darf sich dagegen nicht in eine „Fürsorgemaßnahme" (der „guten Polizey") umwandeln, was mit der gebotenen Staatsfreiheit nicht mehr vereinbar wäre.[347] Vielmehr werden laut Brokdorf-Konzept die „besonnene Zurückhaltung der Staatsmacht" und die „Vermeidung übermäßiger Reaktionen" gefordert.[348] Die Kooperation wird selbst als milderes Mittel (mildere Maßnahme als Auflage) verstanden;[349] es geht folglich zunächst um eine „auflagenverlagernde Kooperation".[350]

e) Die Rechtsprechung des EGMR zur Kooperationspflicht

Auch der EGMR wendet in seinen Entscheidungen eine vergleichbare Je-desto-Formel ab: Je mehr der Veranstalter dazu willig ist, mit der Behörde zusammenzuarbeiten, und Flexibilität zur Änderung zeigt, desto schwerer müssen die staatlichen Argumente zuungunsten der Versammlungsfreiheit wiegen.[351] So erfolgte z. B. im „Austin"-Fall eine Verhältnismäßigkeitsprüfung mit Blick darauf, dass die Veranstalter zu keiner Kooperation bereit waren. Auch die polizeilichen Aufforderungen und Direktiven zur Lenkung der Teilnehmer blieben erfolglos.[352] Der Staat muss allerdings selbst vertrauensbildend agieren. Negative Beipiele liefern die Entscheidungen gegen Russland „Yaroslav Belousov" und „Frumkin" von 2016 („Bolotnaya-Fälle").[353] Im ersten Fall ging es um die strafrechtliche Verurteilung des Bf., dem eine schwere Sanktion auferlegt worden war; der Staat handelte im abwehrrechtlichen Verständnis unverhältnismäßig. Der EGMR beurteilte im „Frumkin"-Fall das staatliche Vorgehen dagegen aus

---

[347] Dazu *Kloepfer, M.*, in: Isensee, J./Kirchhof, P. (Hrsg.), HStR VII, § 164 Rn. 41, er bringt die Gefahr der „Verstaatlichung" auf den Punkt. Vgl. *Scheidler, A.*, Das Kooperationsgebot im Versammlungsrecht, Die Polizei 2009, S. 164.

[348] Vgl. BVerfGE 69, 315, 355; zit. nach *Müller, F.*, Positivität der Grundrechte, S. 129. Vgl. auch *Frowein, J. A.*, Die Versammlungsfreiheit vor dem Bundesverfassungsgericht, NJW 1985, S. 2377; vor allem diese Teile des Beschlusses habe das BVerfG besonders deutlich formuliert und auch „für den Laien" verständlich gemacht.

[349] Dazu vgl. *Geis, M. E.*, in: Friauf, H./Höfling, W. (Hrsg.), Berliner Kommentar GG, Art. 8 Rn. 80 (Übermaßverbot); *Trurnit, C.*, Grundfälle zum Versammlungsrecht, Jura 2014, S. 489.

[350] So vgl. *Waechter, K.*, Die Vorgaben des BVerfG für das behördliche Vorgehen, VerwArch 99 (2008), S. 80; *Leist, W.*, Kooperation bei (rechtsextremistischen) Versammlungen, BayVBl. 2004, S. 489.

[351] Vgl. ECHR, Sergey Kuznetsov v. Russia, Nr. 10877/04, 23. Oktober 2008, § 44; ECHR, Barraco v. France, Nr. 31684/05, 5. März 2009, § 47; ECHR, Budaházy v. Hungary, Nr. 41479/10, 15. Dezember 2015, § 41.

[352] Vgl. ECHR, Austin and Others v. UK, Nr. 39692/09, 40713/09 und 41008/09, 15. März 2012, § 26 und § 28.

[353] ECHR, Frumkin v. Russia, Nr. 74568/12, 5. Januar 2016; ECHR, Yaroslav Belousov v. Russia, Nr. 2653/13 und 60980/14, 4. Oktober 2016.

der Sicht der Schutzpflicht des Staates.[354] In diesen Fällen haben die Veranstalter und Behördenvertreter im Rahmen einer anfänglichen Kooperation die Modalitäten der Durchführung des Aufzugs und der anschließenden Versammlung sowie die Sicherheitsfragen abgesprochen.[355] Die darauffolgenden vorbereitenden Maßnahmen der Behörde – vor allem die Freigabe von Informationen (Versammlungsort und geänderte Verkehrsbeschränkungen) auf der Internet-Seite – erweckten den Eindruck eines vertrauensvollen kooperativen Verhaltens.[356] Auch die Erstellung des Sicherheitsplans, u. a. die Bekanntgabe der Zahl der bereitgestellten Polizeibeamten, ließ entsprechende Erwartungen des Veranstalters entstehen.[357] Im Gegensatz zu dieser Annahme entdeckten die Veranstalter bei Ankunft auf dem Bolotnaya-Platz, dass die Standorte der Polizeikräfte und die für die Durchführung der Versammlung verbliebene Fläche nicht dem Versprechen beim Kooperationstreffen entsprachen.[358] Die Polizeibeamten blockierten den Durchgang zu dem Park, der nach dem ursprünglichen Plan als Versammlungsort zur Verfügung stehen sollte.[359] Die Forderungen der Veranstalter, die Blockade aufzugeben, blieb ohne jede Antwort: Die Polizeibeamten verzichteten auf jedwede Verhandlung mit den Veranstaltern. Der Versuch des Menschenrechtsbeauftragten, die Beamten zu einer Kooperation zu bewegen, blieb erfolglos. Auch von der Kommunalbehörde als Versammlungsbehörde erschien niemand, um zu verhandeln. Es fehlte jede Kommunikation zwischen den staatlichen Behörden und den Veranstaltern, die sich daraufhin für einen „Sit-down"-Protest entschieden.[360]

Ein negatives Beispiel staatlicher Maßnahmen, die im Vorfeld gebildetes Vertrauen zunichte machten, ist in der Entscheidung des EGMR vom 12. Mai 2015

---

[354] Vgl. ECHR, Frumkin v. Russia, Nr. 74568/12, 5. Januar 2016, § 96.
[355] Vgl. ECHR, Yaroslav Belousov v. Russia, Nr. 2653/13 und 60980/14, 4. Oktober 2016, §§ 9–10; Frumkin v. Russia, Nr. 74568/12, 5. Januar 2016, § 105 und § 109.
[356] Vgl. ECHR, Yaroslav Belousov v. Russia, Nr. 2653/13 und 60980/14, 4. Oktober 2016, § 12; ECHR, Frumkin v. Russia, Nr. 74568/12, 5. Januar 2016, § 111.
[357] ECHR, Frumkin v. Russia, Nr. 74568/12, 5. Januar 2016, § 10 und §§ 15–16; § 129: „The Court considers that from any point of view the authorities in this case did not comply with even the minimum requirements in their duty to communicate with the assembly leaders, which was an essential part of their positive obligation to ensure the peaceful conduct of the assembly, to prevent disorder and to secure the safety of all the citizens involved."
[358] ECHR, Yaroslav Belousov v. Russia, Nr. 2653/13 und 60980/14, 4. Oktober 2016, § 17: „At about 5 p.m. the march approached Bolotnaya Square. The leaders found that the layout of the meeting and the placement of the police cordon did not correspond to what they had anticipated. Unlike on 4 February 2012, the park at Bolotnaya Square was excluded from the meeting venue, which was limited to Bolotnaya embankment."
[359] Vgl. ebd., § 18.
[360] Vgl. ebd., §§ 18–19 und § 171; ECHR, Frumkin v. Russia, Nr. 74568/12, 5. Januar 2016, §§ 29–30 und §§ 113–116.

gegen Georgien zu finden.[361] Im Unterschied zu den „Bolotnaya"-Fällen liegt hier keine vorsätzliche Taktikänderung seitens der Polizei vor. Die Behörden gewährten aber den Veranstaltern des Aufzugs nicht den während der Vorfeldkooperation versprochenen Schutz. Die in der Kooperationsphase erkennbar gewordenen Umstände hätten die zuständigen Behörden erkennen lassen müssen, dass der geplante Aufzug der sexuellen Minderheiten besondere Aufmerksamkeit der Gesellschaft und eine aggressive Stimmung der Gegendemonstranten hervorrufen würde.[362] Der Staat hat jedoch keine entsprechende Taktik zur Abwehr der zu erwartenden Gefahren vorbereitet. Ferner hat er es unterlassen, während der Spannungssituation kooperativ zu agieren.[363] Die Polizeibeamten blieben räumlich entfernt von der eskalierten Lage und ließen die Hinweise der Versammlungsteilnehmer, die auf die Notwendigkeit des Schutzes hindeuteten, ohne adäquate Reaktion.[364]

Keine vertrauensbildende Kooperation liegt vor, wenn nach Anmeldung der Veranstaltung die behördliche Antwort (mit eventuellen Auflagen) per Post zugeschickt wird, und wenn die Post, wie allgemein bekannt, nicht gut funktioniert. Enthält der Veranstalter diese verspätet, bleibt ihm nicht genügend Zeit, um die Veranstaltung in modifizierter Weise zu organisieren.[365] Der EGMR unterstrich dabei, dass den russischen Behörden bezüglich der Kommunikation mit Veranstaltern weites Ermessen zustehe. In dieser Lage sei eine solche Methode der Kommunikation zu wählen, die eine optimale Entfaltung der Versamlungsfreiheit ermöglichen könne.[366] Nur mittels einer derartigen Kommunikation, die einen wichtigen Teil der vetrauensbildenden Kooperation darstelle, könne die Versammlungsfreiheit effektiv und nicht nur theoretisch bzw. illusorisch gewährleistet werden.[367] Gleiches gilt, wenn die endgültige Absprache der zeitlichen und örtlichen Modalitäten behördlicherseits absichtlich verzögert wird und dem Veranstalter keine hinreichende Zeit verbleibt, um die Teilnehmer zu informie-

---

[361] ECHR, „Identity" and Others v. Georgia, Nr. 73235/12, 12. Mai 2015.
[362] Vgl. ebd., § 66 und § 72 mwN.
[363] Vgl. ebd., § 73, § 80, §§ 99–100.
[364] Vgl. die Umstände des Falles ebd., in §§ 6–28 und § 60.
[365] Dazu ECHR, Lashmankin and Others v. Russia, Nr. 57818/09 und 14 weitere, 7. Februar 2017, § 99 und § 457.
[366] ECHR, Lashmankin and Others v. Russia, Nr. 57818/09 und 14 weitere, 7. Februar 2017, § 457: „[…] However, given the very tight time-frame of the notification procedure, the Court considers that whatever the chosen method of communication, it should ensure that the organisers are informed of the authorities' decision reasonably far in advance of the planned event, in such a way as to guarantee the right to freedom of assembly which is practical and effective, not theoretical or illusory."
[367] Vgl. ebd., und auch § 458.

ren.³⁶⁸ Die Kooperation ist dann nicht vertrauensbildend: Wenn die Behörde Argumente und Pläne des Veranstalters nicht hört, die dazu dienen, zu erwartende Verkehrs- und weitere Interessen Dritter zu berücksichtigen; wenn die Behörde stattdessen auf die Beeinträchtigung des Alltagslebens abstellt und die Änderung der Route eines Aufzugs verlangt, ohne dabei zu erwägen, warum die eventuellen Störungen durch den Aufzug nicht staatlicherseits abgewehrt werden können. Dabei stellt dies den eigentlichen Sinn und die wichtigste Funktion des Anmeldungs- und Kooperationsverfahrens dar.³⁶⁹

Kein kooperatives Agieren liegt vor, wenn eine Konkretisierung des Plans der Versammlungsdurchführung dringend gefordert wird und ein Verbot u. a. wegen der Ablehnung der Konkretisierung durch den Veranstalter erteilt wird.³⁷⁰ 2016 befasste sich der EGMR mit dieser Gegebenheit im „Körtvélyessy v. Hungary"-Fall. Der Bf. wollte eine Protestaktion gegen den nationalen Radikalismus veranstalten. Ort der Versammlug sollte eine Straße vor einer Vollzugsanstalt in Budapest sein.³⁷¹ Nach der Anmeldung des Veranstaltungszwecks erteilte die Versammlungsbehörde aber ein Verbot der Versammlung mit der Begründung, dass der Straßenverkehr unvermeidbar gestört würde. Es wurde darüber hinaus darauf hingewiesen, dass die Anmeldung der Versammlung keinen Plan zur Durchführung der Versammlung enthalte.³⁷² Der Bf. beanstandete im späteren Gerichtsverfahren, dass die Versammlung als kleine Aktion geplant gewesen sei und genaue Angaben über zu erwartende Redebeiträge und Diskussionen nicht hätten genau beschrieben werden können.³⁷³

---

[368] Vgl. ebd., § 130.
[369] Vgl. ebd., §§ 40–44; die pauschale Begründung der behördlichen Antwort: „On 12 March 2010 a deputy head of the Moscow Security Department proposed that the applicants should cancel the march and hold a meeting at Bolotnaya Square in order to avoid any interference with the normal functioning of the public utility services, the activities of commercial organisations, traffic or the interests of citizens not taking part in public events." Freilich beanstandete in diesem Fall schon das Berufungsgericht den Argumentationsmangel der Behörde und des erstinstanzlichen Gerichts, dazu § 48: „On 23 September 2010 the Moscow City Court quashed the judgment of 9 April 2010 on appeal and allowed the applicants' complaints. It found that the District Court had not examined whether there existed a factual basis for the finding that the meeting and the march planned by the applicants would interfere with the normal life of the city."
[370] Vgl. ECHR, Körtvélyessy v. Hungary, Nr. 7871/10, 5. April 2016, § 9 und § 11.
[371] Vgl. ebd., § 6.
[372] Vgl. ebd., § 9.
[373] Vgl. ebd., § 11 und § 18.

f) Das Prinzip der neutralen Kooperation

Das GVersG enthält jenseits des Diskriminierungsverbots keine Hinweise auf die Neutralität bzw. das Wertungsverbot der Versammlungsbehörde vor allem im Kooperationsverfahren. Heranzuziehen sind die Prinzipien, die in der Rechtsprechung des EGMR festgelegt wurden. Wenn diese Maßstäbe der EMRK für Georgien bindend sind, können die Entscheidungen deutscher Gerichte und die Auffassungen in der deutschen Literatur nützliche Anhaltspunkte zur weiteren Behandlung geben.

Die Wahrung der Unparteilichkeit als Ausfluss der weltanschaulichen Neutralität des Rechtsstaats und des allgemeinen Gleichheitssatzes begründen die Notwendigkeit einer „unabhängigen Sachlichkeit durch die Neutralität" sowie eines Bewertungs- und Wertungsverbots.[374] Die Neutralitätspflichten werden im Kontext der Gleichheit der politischen Parteien (Privilegien aus der verfassungsrechtlichen Garantie der Parteienfreiheit) und aus dem Demokratieprinzip abgeleitet.[375] Dabei entstammen die Neutralitätspflichten jenseits der parteipolitischen Konstellationen dem allgemeinen Gleichheitssatz und den Grundrechten.[376] Insbesondere bei der Versammlungsfreiheit ist der Grundsatz der Neutralität „prägend".[377] Dadurch erfolgt auch die „Verdichtung" des Kontrollmaßstabs einer eventuellen Ungleichbehandlung.[378]

In Deutschland steht am Ausgangspunkt des Kooperationsverfahrens eine Versammlungsbehörde als „unparteiliche Wächterin des Versammlungsrechts".[379] Vor allem das Verfahren hat das moderne Verhältnis vom „partnerschaftlichen Rechtsstaat" zum Bürger zu reflektieren.[380] Auch der EGMR verlangt, dass die staatlichen Behörden in ihrem Entscheidungsprozess von politischen und wel-

---

[374] Vgl. in Zusammenhang mit dem Parteienwettbewerb *Ullrich, N.*, Das Demonstrationsrecht, S. 472. Zu Prüfungsmaßstäben bei der Bewertung der staatlichen Einflussnahme vgl. *Uhle, A.*, Freiheitlicher Verfassungsstaat und kulturelle Identität, S. 458–459; vgl. auch *Berg, W.*, Primat und Unparteilichkeit des Rechts, VVDStRL 51, 1991, S. 47.

[375] Vgl. BVerwG, Urt. v. 13.09.2017 – 10 C 6/16 (OVG Münster), NVwZ 2018, S. 435 Rn. 25.

[376] Vgl. *Kluth, W.*, in: Epping, V./Hillgruber, C. (Hrsg.), GG, Art. 21 Rn. 133–135 mwN („Demokratische oder grundrechtliche Gleichheit").

[377] Vgl. *Müller-Franken, S.*, in: Schmidt-Bleibtreu, B./Hofmann, H./Henneke, H.-G. (Hrsg.), GG, Art. 8 Rn. 46.

[378] Vgl. *Kluth, W.*, in: Epping, V./Hillgruber, C. (Hrsg.), GG, Art. 21 Rn. 135; er bezieht sich auf die „dynamische Interpretation" des Gleichheitssatzes durch das BVerfG.

[379] So VG Schleswig, Beschl. v. 27.03.2012 – 3 B 39/12, NordÖR 2012, S. 420.

[380] Zur Begriffsprägung *Pitschas, R.*, Neues Verwaltungsrecht im partnerschaftlichen Rechtsstaat?, DÖV 2004, S. 231 ff. Dieses Verfahren muss in erster Linie manifestieren, dass die Kooperation von jedwedem Obrigkeitsgedanken befreit ist; dies kann nur dann gesichert werden, wenn das Verfahren auf einer „verlässlichen Kommunikation" basiert; *Schmidt-Aßmann, E.*, in: Isensee, J./Kirchhof, P. (Hrsg.), HStR II, § 26 Rn. 75 f.

tanschaulichen Einflüssen frei sind („the State has a duty to remain neutral and impartial"[381]). Die Neutralitätspflicht bereitet den Weg für die Erfüllung der positiven Verpflichtung des Staates, Garant des Schutzes der Freiheits- und Gleichheitsrechte zu sein bzw. laut EGMR, als Garant des Pluralismus zu agieren.[382] Die „staatfreie" Zone ist im liberalen System selbst durch den Staat – hier durch die Versammlungsbehörde – zu garantieren.[383] Das Kooperationsverfahren als Ausdruck der „prozeduralen Gerechtigkeit"[384] erfordert die Neutralität der Behörde in erster Linie in psychologischer Ausformung der „Nichtidentifikation".[385] Diese Anfangsebene der Entscheidungsfindung in concreto wird im Endeffekt die Demokratie (als „freier Markt der Meinungen") absichern.[386] Damit wird es den Behörden und Gerichten verwehrt, das kommunikative Anliegen des Veranstalters als „nützlich und wertvoll" zu bewerten oder zu missbilligen (Wertungsverbot).[387] Im „Primov"-Fall hat der EGMR darauf hingewiesen, dass die Versammlungsbehörde die Versammlung nicht aufgrund der Bewertung der inhaltlichen Seite der Kundgebung verbieten könne.[388] Die Neutralitätspflicht ist dabei nicht nur bei klassischen Eingriffen in die Versammlungsfreiheit nach Versammlungsrecht relevant, sondern auch in allen anderen Fällen der steuernden Handlung.[389] Wie das BVerwG 2018 ausführte, darf der Staat im freien Meinungsbildungsprozess (des demokratischen Gemeinwesens) keine „lenkende oder steuernde Einflussnahme" anstreben.[390] Die Anforderungen an die Neutralität steigt laut EGMR insbesondere dann, wenn die Behörde mit der Befugnis,

---

[381] So ECHR, Barankevich v. Russia, Nr. 10519/03, 26. Juli 2007, § 30.

[382] Vgl. *Uhle, A.*, Freiheitlicher Verfassungsstaat und kulturelle Identität, S. 466; ECHR, Christian Democratic People's Party v. Moldova, Nr. 28793/02, 14. Februar 2006, § 66.

[383] Vgl. *Stern, K.*, in: Isensee, J./Kirchhof, P. (Hrsg.), HStR IX, § 184 Rn. 50.

[384] Vgl. *Denninger, E.*, in: Isensee, J./Kirchhof, P. (Hrsg.), HStR II, § 193 Rn. 22.

[385] Vgl. *Schwäble, U.*, Das Grundrecht der Versammlungsfreiheit, S. 70; *Hopfauf, A.*, in: Schmidt-Bleibtreu, B./Hofmann, H./Henneke, H.-G. (Hrsg.), GG, Einl. Rn. 243; die Interaktion von Staat und Gesellschaft fordert die „Nichtidentifikation des Staates im Bereich des freien Meinungskampfes". Zur Unzulässigkeit „gesellschaftssanitärer Zielsetzungen" vgl. *Brenneisen/Staack/Petersen/Martins*, in: Brenneisen, H./Wilksen, M. (Hrsg.), VersR, S. 173 und S. 230; *Denninger, E.*, in: Lisken, H./Denninger, E. (Hrsg.), Hb PolR, Kap. B Rn. 83.

[386] Vgl. *Ehrentraut, C.*, Die Versammlungsfreiheit, S. 125.

[387] Vgl. BVerfG, Beschl. v. 07.03.2011 – 1 BvR 388/05, BeckRS 2011, 49212, Rn. 39.

[388] Vgl. ECHR, Primov and Others v. Russia, Nr. 17391/06, 12. Juni 2014, § 135: „The Government should not have the power to ban a demonstration because they consider that the demonstrators' 'message' is wrong."

[389] Vgl. *Gärditz, K.-F.*, Unbedingte Neutralität?, NWVBl. 2015, S. 165; zur Missbilligung einer willkürlichen polizeilichen Maßnahme zur Abwehr einer akustischen Störung zugunsten einer CDU-Wahlkampfveranstaltung vgl. BVerfG, Beschl. v. 30.04.2007 – 1 BvR 1090/06, BeckRS 2007, 23752.

[390] Dazu BVerwG, Urt. v. 13.09.2017 – 10 C 6/16 (OVG Münster), NVwZ 2018, S. 435 Rn. 28.

die Versammlung zu beschränken, zugleich kritisierter Adressat der Versammlung ist.[391] Das versammlungsspezifische Neutralitätsgebot verstärkt sich bei der Kundgebung politischen („political speech") bzw. öffentlichen Interesses.[392] Laut EGMR bedeutet dies im politischen Kontext, dass die politischen Parteien die unterschiedlichen Meinungen der Gesellschaft frei präsentieren können. Diese Funktion erfüllen die politischen Parteien nicht nur auf der institutionalisierten Ebene des Staates, sondern in allen Bereichen sozialen Lebens. Der Beitrag zur öffentlichen Debatte (u. a. durch die Veranstaltung der Versammlung) gehöre zum Kern des Konzepts der demokratischen Gesellschaft.[393] Allerdings können die unter Wahrung der Neutralität getroffenen Entscheidungen der Versammlungsbehörden in dem Sinne politisch sein, als dadurch die politische Realität beeinflusst wird.[394] Es geht folglich einerseits um das Verbot der Selektivität der Rechtsanwendung aus inhaltlichen Gesichtspunkten (z. B. Versammlungen bestimmter Minderheiten); andererseits ist jede politisch motivierte Maßnahme zu unterlassen, die gleichsam die politische Chancengleichheit beeinträchtigt (z. B. Versammlungen von Oppositionellen).

Die deutschen Gerichte leiten eine strikte Bindung der Versammlungsbehörde an die Neutralitätspflicht aus der Versammlungsfreiheit und dem Gleichheitssatz ab. Etwas anderes gilt, wenn die lenkende staatliche Maßnahme zuungunsten der Versammlung nicht auf die Versammlungsbehörde zurückgeht: Wenn in diesem Fall Veranstalter der Versammlung eine politische Partei ist, dann erfolgt die gerichtliche Beurteilung anhand der speziellen Chancengleichheit der Parteien. In anderen Fällen ist die staatliche Behörde, die keine Versammlungsbehörde ist, an das Sachlichkeitsgebot gebunden. Für den ersten Fall ist das 2018 entschiedene Verfahren „Wanka" bedeutsam.[395] Hier hat das BVerfG das Gebot staatlicher

---

[391] Vgl. ebd., § 135.

[392] Vgl. ECHR, Primov and Others v. Russia, Nr. 17391/06, 12. Juni 2014, § 134. Dazu BVerwG, Urt. v. 13.09.2017 – 10 C 6/16 (OVG Münster), NVwZ 2018, S. 435 Rn. 25; dabei gehe es nicht um die Schutzbereichsverstärkung der Versammlungsfreiheit durch die Parteienfreiheit. Die Neutralitätspflicht beinhalte ein staatliches Bewertungs- und Wertungsverbot in dem Parteienwettbewerb, u. a. im Wahlkampf. Sei die Versammlung aber als Teil dieses Wettbewerbs duchgeführt, dann sei eine Einschränkung der Versammlung (durch die Versammlungsbehörde] anlässlich politischer Richtung der kundgegebenen Meinung schon wegen der Versammlungsfreiheit unzulässig, ohne dass dabei die Verstärkung des Schutzbereichs durch Art. 21 GG nötig sei.

[393] Vgl. ECHR, Christian Democratic People's Party v. Moldova, Nr. 28793/02, 14. Februar 2006, § 66.

[394] Vgl. *Koll, B.*, Liberales Versammlungsrecht, S. 295, die Neutralitätspflicht sei mit der Entpolitisierung nicht gleichzusetzen.

[395] Vgl. BVerfG, Urt. v. 27.02.2018 – 2 BvE 1/16, NJW 2018, S. 928; vgl. auch die frühere Entscheidung des BVerfG, Beschl. v. 07.11.2015 – 2 BvQ 39/15, NVwZ-RR 2016, S. 241. Damals hat die Partei „Alternative für Deutschland" (AfD) eine angemeldete Versammlung

IV. Das Gesetz „Über Versammlungen und Manifestationen" vom 12. Juni 1997

Neutralität aus dem Grundsatz der Chancengleichheit der Parteien auch außerhalb von Wahlkampfzeiten bestätigt: Die negative Bewertung einer politischen Veranstaltung (rechtsorientierte politische Versammlung) durch staatliche Organe (hier Bildungsministerin), die geeignet sei, abschreckende Wirkung zu entfalten und dadurch das Verhalten potenzieller Veranstaltungsteilnehmer zu beeinflussen, greife in das Recht der betroffenen Partei auf Chancengleichheit aus Art. 21 Abs. 1 GG ein.[396] Für das zweite Kriterium der Sachlichkeit liefern mehrere Entscheidungen von 2015–2017 zum Aufruf eines Oberbürgermeisters ein Beispiel: Das VG Düsseldorf befasste sich 2015 mit dem Aufruf des Oberbürgermeisters, das Licht (als übliche Beleuchtung, ausgenommen sicherheitsrelevante Lichter) am Rathaus auszuschalten.[397] Diese Gegenmaßnahme (Aufruf auf der Website – „Lichter aus! E. setzt ein Zeichen gegen Intoleranz"), wodurch der Oberbürgermeister eine unerwünschte Demonstration missbilligte, war laut VG Düsseldorf neutralitäts- und rechtswidrig. Das OVG Münster argumentierte in Anlehnung an das BVerfG anhand der (nicht nur unerheblichen) Eingriffsqualität des Aufrufs und der gebotenen Sachlichkeit der Äußerungen der Amtsträger als

---

unter dem Motto „Rote Karte für Merkel! – Asyl braucht Grenzen!" geplant. Zu dieser Veranstaltung veröffentlichte die Bundesministerin Wanka auf der Homepage des Bundesministeriums folgende Pressemitteilung: „Die Rote Karte sollte der AfD und nicht der Bundeskanzlerin gezeigt werden. Björn Höcke und andere Sprecher der Partei leisten der Radikalisierung in der Gesellschaft Vorschub. Rechtsextreme, die offen Volksverhetzung betreiben wie der Pegida-Chef Bachmann, erhalten damit unerträgliche Unterstützung."

[396] Vgl. BVerfG, Urt. v. 27.02.2018 – 2 BvE 1/16, NJW 2018, S. 928, LS 1 und LS 2. Vgl. die zustimmende Bespr. v. *Muckel, S.*, JA 2018, S. 397; es gehe nicht um die „Entpolitisierung" des Regierungshandelns, sondern die Sicherstellung der Kriterien für die unzulässige Meinungsäußerung über politische Gegner.

[397] Vgl. VG Düsseldorf, Beschl. v. 09.01.2015 – 1 L 54/15, BeckRS 2015, 40408; dem Antragsgegner wurde im Wege der einstweiligen Anordnung aufgegeben, die Erklärung von der Internetseite zu entfernen und keine Weisung vorzunehmen oder aufrechtzuerhalten, die auf das Ausschalten der Beleuchtung gerichtet sei; im Übrigen wurde der Antrag abgelehnt. Interessant ist, dass OVG Münster über die gegen diese Entscheidung erhobene Beschwerde des Oberbürgermeisters zu deren Gunsten entschieden hat, vgl. OVG Münster, Beschl. v. 12.01.2015 – 15 B 45/15, BeckRS 2015, 40521; danach werfe der Fall insbesondere die schwierige Frage nach der Geltung und Reichweite des für Amtswalter geltenden Neutralitätsgebots in politischen Auseinandersetzungen außerhalb von Wahlkampfzeiten und ohne Beteiligung politischer Parteien auf. Daraufhin hat das VG Düsseldorf in dem Hauptsacheverfahren die Klage der Anmelderin der Versammlung aber abgewiesen; dazu die Argumentation von VG Düsseldorf, Urt. v. 28.08.2015 – 1 K 1369/15, BeckRS 2015, 52178. In dem Urteil von 2016 brachte OVG Münster (Urt. v. 04.11.2016 – 15 A 2293/15, BeckRS 2016, 55264) das Sachlichkeitsgebot und die Effekte der Stigmatisierung der Versammlung auf den Punkt. Beide Gesichtspunkte machten den Aufruf rechtswidrig (Rn. 39). Dazu *Putzer, M.*, Verfassungsrechtliche Grenzen der Äußerungsbefugnisse staatlicher Organe und Amtsträger, DÖV 2015, S. 424 f.; *Barczak, T.*, Die parteipolitische Äußerungsbefugnis von Amtsträgern. NVwZ 2015, S. 1016 und *Ferreau F.*, Grenzen staatlicher Beteiligung am politischen Diskurs, NVwZ 2017, S. 1260.

Ausgangspunkt der Staatsleitung und einer notwendigen (an die Grundrechte umfassend gebundenen) Öffentlichkeitsarbeit der kommunalen Behörden.[398] Die Rechtswidrigkeit der Äußerung (Überschreiten der Grenze seiner Äußerungsbefugnis) sei aber nicht mit dem Neutralitätsgebot, sondern mit dem Sachlichkeitsgebot verbunden.[399] Im konkreten Fall war der Oberbürgermeister im Verhältnis zur Anmelderin der Versammlung rechtsradikaler Ideologie nicht an das Neutralitätsgebot gebunden:[400] Es handelte sich nicht um eine politische Partei, sondern um eine politische Meinungsgruppe; Art. 21 Abs. 1 S. 1 GG (privilegierter Schutz; politische Chancengleichheit) griff daher nicht.[401] Da der Oberbürgermeister auch nicht Versammlungsbehörde war, ergaben sich die (strikten) Neutralitätspflichten auch nicht aus Art. 8 GG.[402] Dennoch verletzten der Aufruf zum Ausschalten der Beleuchtung und das spätere tatsächliche Erlöschen der Lichter an öffentlichen Gebäuden selbst das rechtsstaatliche Sachlichkeitsgebot als Ausprägung des Verhältnismäßigkeitsprinzips.[403] 2017 bestätigte das BVerwG die Entscheidung des OVG Münster.[404]

---

[398] Vgl. OVG Münster, Urt. v. 04.11.2016 – 15 A 2293/15, BeckRS 2016, 55264, die amtlichen LS sowie Rn. 42 m. V. auf BVerfG: „Staatliche – d. h. im gegebenen Zusammenhang auch kommunale – Öffentlichkeitsarbeit ist nicht nur zulässig, sondern auch notwendig, um den Grundkonsens im demokratischen Gemeinwesen lebendig zu erhalten. Hierbei handelt es sich um eine Aufgabe der Staatsleitung als Bestandteil der Staatsaufgaben, die, ohne dass es dazu einer besonderen gesetzlichen Eingriffsermächtigung bedürfte, hoheitliches Informationshandeln legitimieren kann. Unter dieses fällt namentlich die Darlegung und Erläuterung der Politik hinsichtlich getroffener Maßnahmen und künftiger Vorhaben angesichts bestehender oder sich abzeichnender Probleme sowie die sachgerechte, objektiv gehaltene Information über den Bürger unmittelbar betreffende Fragen und wichtige Vorgänge auch außerhalb oder weit im Vorfeld der eigenen gestaltenden politischen Tätigkeit." Dazu kritisch im Allgemeinen *Schneider, J.-P.*, in: Epping, V./Hillgruber, C. (Hrsg.), GG, Art. 8 Rn. 27.2. mwN.
[399] Vgl. OVG Münster, Urt. v. 04.11.2016 – 15 A 2293/15, BeckRS 2016, 55264, Rn. 47–49.
[400] Vgl. ebd., Rn. 50–56.
[401] Vgl. ebd., Rn. 57.
[402] Vgl. ebd., Rn. 58.
[403] Vgl. ebd., Rn. 59 und Rn. 60: „[…] [A]mtliche Äußerungen eines (Ober-)Bürgermeisters, die in Grundrechte eingreifen, [sind] gerechtfertigt, wenn er sich dabei im Rahmen der ihm zugewiesenen Aufgaben bewegt und die rechtsstaatlichen Anforderungen an hoheitliche Äußerungen in Form des Sachlichkeitsgebotes gewahrt sind. […]."
[404] Vgl. BVerwG, Urt. v. 13.09.2017 – 10 C 6/16 (OVG Münster), NVwZ 2018, S. 433 ff. (u. a. Rn. 10). Das Gericht wies darauf hin, dass wenn sich die amtliche Äußerung gegen eine nicht zu den politischen Parteien zählende politische Gruppe richte, dann sei die Grenze nicht das Neutralitätsgebot, sondern das Sachlichkeitsgebot (Rn. 23 und Rn. 29). Vgl. auch VG Stuttgart, Beschl. v. 13.04.2011 – 7 K 602/11, NVwZ-RR 2011, S. 615; VG Berlin, Urt. v. 23.09.2013 – VG 1 K 280.12, BeckRS 2013, 58272.

g) Fazit

Das Anmeldungsverfahren und die anschließende Kooperation müssen „integrativ" durchgeführt werden. Daher sind vor allem die rechtlichen Vorschriften versammlungskonform auszulegen. Es ist notwendig, die restriktiven Formulierungen des Art. 8 GVersG – die Versammlung muss an dem Ort und zu dem Zeitpunkt stattfinden, wie es bei der Anmeldung angegeben wurde – nicht in dem Sinne anzuwenden, dass jede Abweichung vom gesetzlich vorgesehenen Anmeldungsverfahren zur Einschränkung der Versammlungsfreiheit ermächtigt. Vielmehr ist staatliche Toleranz gegenüber einer friedlichen Versammlung geboten, von der keine ernsthaften Störungen ausgehen. Wie der EGMR mehrmals festgestellt hat, darf das Anmeldungsverfahren nicht funktionswidrig zur Beendigung einer Versammlung führen. Zu beanstanden ist dazu das Fehlen von Ausnahmeregelungen für Spontan- und Eilversammlungen im GVersG. Als Vorbild kann hier der ME in Deutschland dienen. Nach dessen Art. 10 Abs. 3 und Abs. 4 werden versammlungsfreundliche Regelungen geschaffen, die zur Rechtssicherheit beitragen.[405] Zu kritisieren sind ebenfalls manche Aufforderungen der Kommunalbehörde gegenüber den Veranstaltern, wonach diese die für die Verkehrssicherheit zuständige Polizei selbst zu benachrichtigen haben. Zum einen haben solche Direktiven keine gesetzliche Grundlage; zum anderen würde dies zu einer doppelten Anmeldung durch den Veranstalter führen. Die Hauptlast der Sicherung eines ungehinderten Verlaufs der Versammlung liegt bei den staatlichen Behörden selbst. Die Versammlungsbehörde und die Vollzugspolizei müssen zusammenwirken, wobei erstere sich für die „Beratung" mit der Vollzugspolizei einzusetzen hat.

Wenig gelungen erscheint auch die Fassung des Kooperationsverfahrens. Der Pflichtcharakter der Kooperation ist für die Behörde nicht erkennbar. Darüber hinaus wies die Venedig-Kommission darauf hin, dass nur die Festlegung des Ziels, das normale Funktionieren der staatlichen und privaten Stellen, Behörden, Einrichtungen und des Straßenverkehrs zu ermöglichen, zur Beschränkung einer Versammlung nicht ausreiche. Störungen der Außenwelt seien Versammlungen immanent. Auch zeitliche und örtliche Änderungen, die wegen des Zusammentreffens von Versammlungen vorgenommen werden, seien an besondere Voraussetzungen zu knüpfen. Ebenfalls unklar ist die Relation zwischen Art. 10 GVersG und Art. 11^2 GVersG, wobei die Frage später bei der Analyse des letztgenannten Artikels behandelt wird. Die Entscheidung des EGMR gegen Georgien im Mai 2015 hat die Defizite der Kooperation und des damit korrespondierenden adäquaten Schutzes erneut auf den Punkt gebracht. Der Appell an den Gesetzgeber

---

[405] Danach erlischt die Anmeldepflicht bei Spontanversammlungen; die Anmeldung kann dagegen bei Eilversammlungen auch telefonisch erfolgen.

lautet, im GVersG eine klare behördliche Schutz- und Kooperationspflicht vorzuschreiben, die allen Versammlungen neutralitätstreu zugutekommt. Dazu bieten § 3 ME (Schutzaufgabe und Kooperation) in Deutschland und die Empfehlung der Venedig-Kommission eine gute Diskussionsgrundlage.

6. Die Sicherung der effektiven Erfüllung der Schutzpflicht

Der 2011 geänderte Art. 12 GVersG sichert die effektive Erfüllung der Schutzpflichten des Staates ab. Danach wird die Versammlungsbehörde verpflichtet, die Bedingungen für die Organisation und Durchführung von Versammlungen abzusichern und u. U. alternative Wege festzulegen. Die Stellung des Artikels im Gesetz ist ungewöhnlich, denn erst nach den wichtigsten Eingriffsermächtigungen wird mit dieser Vorschrift ein allgemeines Prinzip geregelt. Der Systematik hätte es besser entsprochen, wenn diese zentrale Regelung zur effektiven Ermöglichung der Versammlung in die einleitenden Artikel aufgenommen worden wäre. Diese Norm als wichtiger Ausdruck der allgemeinen Schutzpflicht des Staates wird in anderen Bestimmungen des GVersG konkretisiert. So ist z. B. die behördliche Auflage, in der alternative Wege bestimmt werden, Gegenstand des Art. 11^1. In dieser Hinsicht fördert Art. 12 mit der Normierung eines allgemeinen Prinzips die fehlerfreie Ermessensausübung und will vor allem einem Nichtgebrauch des Ermessens vorbeugen.[406] Die gesetzlich gebotene Abwägung ist somit mit dem Ziel durchzuführen, die Versammlungsfreiheit nur ausnahmsweise zu beeinträchtigen; im Übrigen ist der Versammlungsfreiheit eine optimale Möglichkeit zur Entfaltung zu bieten.[407]

Mit Blick auf die Schutzpflichten des Staates ist eine gewisse Parallelität von Art. 11^2 und Art. 12 GVersG erkennbar. Während in Art. 11^2 bestimmte Eingriffsbefugnisse im Interesse Dritter an Schutzpflichten geknüpft sind, verpflichtet Art. 12 GVersG zum Schutz der Versammlungsfreiheit selbst. Beide Vorschriften stärken die vertikale Wirkung der Freiheiten und erfüllen die Aufgabe, auf der Ebene des einfachen Rechts die verfassungsrechtlichen Vorgaben zu reflektieren.

---

[406] Zur Relevanz der Prinzipiennormen, die den Freiheitsschutz optimieren, vgl. *Koll, B.*, Liberales Versammlungsrecht, S. 403. Diese gelten aber, unabhängig von der Deklarierung im einfachen Recht, schon aufgrund der Verfassung.

[407] Dabei binden die Schutzpflichten den Staat, ebenso wie bei dem abwehrrechtlichen Verständnis der Versammlungsfreiheit, sowohl im Vorfeld als auch nach Ablauf der Versammlung. Danach haben die Versammlungsteilnehmer z. B. einen Anspruch darauf, dass die Polizei das Werfen von Gegenständen von Versammlungsgegnern unterbindet; VG Münster, Urt. v. 28.11.2014 – 1 K 2698/13. Die durch das Fällen von Bäumen verursachten Gefahren für den ungestörten Versammlungsablauf sind auch staatlicherseits abzuwehren; OVG Münster, Beschl. v. 27.02.2014 – 5 B 240/14, BeckRS 2014, 48484; zit. nach *Trurnit, C.*, Rechtsprechungsentwicklung zum Versammlungsrecht, NVwZ 2016, S. 875.

a) Der Schutz der Ausgangsversammlung und der polizeiliche Notstand

Die primäre Schutzaufgabe der staatlichen Behörden für die friedliche Versammlungsdurchführung unter freiem Himmel wird insbesondere dann komplex, wenn eine Gegendemonstration angemeldet wird.[408] Hinsichtlich der Neutralität des Staates und der demokratischen Meinungsvielfalt ist es wichtig, dass der Staat es nicht duldet, wenn eine friedliche Versammlung durch Dritte oder eine Gegendemonstration, die eine andere politische Gesinnung zum Ausdruck bringt, verhindert wird.[409] Dabei geht es nicht um eine gleichheitswidrige Behandlung zugunsten der zuerst angemeldeten Versammlung: Beide Versammlungen, die gleichwertige verfassungsrechtliche Interessen der Entfaltung verfolgen und friedlich bleiben, müssen staatlich geschützt werden. Gemäß dem Modell der Individualzurechnung, die ihrerseits einen Ausdruck der allgemeinen Gerechtigkeitsidee darstellt, muss aber jede Versammlung nur für die Gefahren, die von ihr selbst verursacht wurden, verantwortlich sein.[410] Wird die Versammlung durch Handlungen Dritter bzw. von der Gegendemonstranten gefährdet, sind vorrangig diese als Störer selbst Adressaten der behördlichen Maßnahme.[411] Es spielt dabei keine Rolle, ob die Ausgangsversammlung eine Gegendemonstration „provoziert" hat.[412] Die Versammlungsfreiheit gebietet keinen „Konfrontationsschutz", solan-

---

[408] BVerfGE 84, 203, 209 f.; s. auch BVerfG, Beschl. v. 11.09.2015 – 1 BvR 2211/15, BeckRS 2015, 52396, Rn. 4.

[409] In Zusammenhang mit dem Rechtsextremismus vgl. BVerfG, Beschl. v. 10.05.2006 – 1 BvR 14/06, NVwZ 2006, S. 1050: Der Staat dürfe es nicht dulden, dass „friedliche Demonstrationen einer bestimmten politischen Richtung […] durch gewalttätige Gegendemonstrationen verhindert werden". Dazu vgl. auch *Hettich, M.*, VersR in der Praxis, Rn. 164a.

[410] Vgl. *Hong, M.*, in: Peters, W./Janz, N. (Hrsg.), Hb VersR, Kap. B Rn. 91 mwN; OVG Münster, Beschl. v. 30.12.2016 – 15 B 1525/16, BeckRS 2016, 113270, Rn. 7.

[411] Vgl. BVerfGE 69, 315, 360 f.; BVerfG, Beschl. v. 11.09.2015 – 1 BvR 2211/15, BeckRS 2015, 52396, Rn. 3. Nach der allgemeinen Dogmatik der polizeilichen Gefahrenabwehr ist ein Störer derjenige, der die Gefahr durch sein Verhalten verursacht hat oder der für den Zustand der Sache haftet. Dabei ist die Inpflichtnahme des Nichtstörers in Ausnahmefällen möglich; *Schenke, W.-R.*, Polizei- und Ordnungsrecht, Rn. 228 ff. *Groscurth, S.*, in: Peters, W./Janz, N. (Hrsg.), Hb VersR, Kap. G Rn. 99–100.

[412] Der besondere Schutzgehalt der Versammlungsfreiheit – Selbstbestimmungsrecht des Veranstalters und u. a. die Inhaltsneutralität des behördlichen Entscheidens bedingen, dass die polizeirechtliche Konstruktion des Zweckveranlassers bei der versammlungsrechtlichen Gefahrenabwehr grundsätzlich nicht anwendbar sei, vgl. *Dürig-Friedl, C.*, in: Dürig-Friedl, C./ Enders, C. (Hrsg.), VersR, § 15 Rn. 71; Papier betrachtet die Inpflichtnahme der Versammlung als Zweckveranlasser in Ausnahmefällen als möglich; *Papier, H.-J.*, Aktuelle Probleme des Versammlungsrechts, DVBl. 2016, S. 1422. Auch die ausnahmsweise Zulässigkeit sowohl im Versammlungsrecht als auch im Polizeirecht sei zu kritisieren, so *Groscurth, S.*, in: Peters, W./ Janz, N. (Hrsg.), Hb VersR, Kap. G Rn. 103–104; *Spilker, B./Wenzel, C.*, Pro-Asyl-Demonstration mit Hindernissen, JuS 2016, S. 342. Kritisch auch *Wobst, F./Ackermann, J.*, Der Zweckveranlasser wird 100, JA 2013, S. 916–917; die Rechtsfigur ist Kreation von Walter Jellinek 1913

ge dies kommunikativ und friedlich erfolgt.⁴¹³ Eine andere Annahme würde mit dem Verständnis der Versammlungsfreiheit als Minderheitenrecht nicht vereinbar sein bzw. die Versammlungsfreiheit von Dritten „disponierbar" machen.⁴¹⁴ In manchen Fällen erlangt die Ausgangsversammlung erst durch die „Gegenreaktion" eine vom Versammlungszweck erstrebte Öffentlichkeitswirksamkeit.⁴¹⁵

Eine ausnahmsweise Inpflichtnahme der Versammlung als Nichtstörer ist nur im Falle des polizeilichen Notstands zulässig.⁴¹⁶ Diese dogmatische Konstruktion ist in Georgien noch nicht zum Gegenstand der wissenschaftlichen Forschung oder der gerichtlichen Auseinandersetzung geworden. In der ersten georgischen Kommentierung des GPolG wurde der Fall einer ausnahmsweisen Inpflichtnahme der Ausgangsversammlung nur am Rande erwähnt; dies sei dann zulässig, wenn es keine andere Möglichkeit der Gefahrenabwehr gebe.⁴¹⁷ Dabei schweigt auch das GPolG zu allgemeinen Voraussetzungen der Inpflichtnahme eines Nichtstörers.

Das dogmatische Institut des polizeilichen Notstands wird in der deutschen Rechtsprechung und Literatur entsprechend den versammlungsrechtlichen Modalitäten spezifiziert. So betrachtete z. B. das OVG Münster die Inpflichtnahme

zum Ziel der effektiven Gefahrenabwehr. Im Allgemeinen sei die Rechtsfigur insgesamt zu unbestimmt und erfülle daher nicht die rechtsstaatlichen Anforderungen; deswegen seien diesbezügliche Konstellationen unter Nichtstörerhaftung zu subsumieren, damit der Grundrechtsträger in seiner Handlungsfreiheit weniger eingeschränkt und auch die Frage der Kostentragung entsprechend gelöst werde, dazu vgl. ebd., S. 919. Vgl. auch *Beraia, I./Gelasvili, N./ Giorgishvili, K./Isoria, L. u. a.*, Polizeirecht, S. 127–138. Die Autoren analysieren die verschiedenen Arten der Störereigenschaft anhand der Dogmatik des deutschen Gefahrenabwehrrechts; es wird u. a. darauf hingewiesen, dass die Anwendbarkeit des Instituts des Zweckveranlassers durch die grundrechtlichen Gewährleistungen (u. a. Kunstfreiheit) relativiert wird.

⁴¹³ Dazu vgl. *Lindner, J. F.*, Konfrontationsschutz als negative Komponente der Freiheitsrechte, NVwZ 2002, S. 37 ff. Vgl. auch ECHR, Öllinger v. Austria, Nr. 76900/01, 29. Juni 2006, § 36.

⁴¹⁴ Vgl. ECHR, Kudrevičius and Others v. Lithuania, Nr. 37553/05, 15. Oktober 2015, § 145.

⁴¹⁵ Vgl. *Ladeur, K.-H.*, in: Ridder, H./Breitbach, M./Rühl, U./Steinmeier, F. (Hrsg.), VersR, S. 119 Rn. 24. Am Beispiel der rechtsextremistischen Versammlung unterstreicht Hoffmann-Riem, dass in vielen Fällen die Gegenversammlungen dazu beitragen, dass die Rechtsextremen auch durch die Medien die Aufmerksamkeit genießen. Dies sei als Gegeneffekt der Ziele der Gegendemonstranten zugunsten der Rechtsextremen zu betrachten, *Hoffmann-Riem, W.*, Demonstrationsfreiheit auch für die Rechtsextremisten?, NJW 2004, S. 2779; so auch *Tölle, O.*, Eine Liberalisierung greift zu kurz, S. 52. Ein anderes Beispiel zieht aber Koll heran, als die starken Gegendemonstrationen das Absinken der rechtsextremen Tätigkeit im Jahr 2015 zur Folge hatten; *Koll, B.*, Liberales Versammlungsrecht, S. 37.

⁴¹⁶ Vgl. BVerfG, Beschl. v. 20.12.2012 – 1 BvR 2794/10, NVwZ 2013, S. 571 Rn. 17; VG München, Beschl. v. 11.04.2017 – M 7 S 17.1453, BeckRS 2017, 107481, Rn. 21; s. auch *Groscurth, S.*, in: Peters, W./Janz, N. (Hrsg.), Hb VersR, Kap. G Rn. 108.

⁴¹⁷ Dazu *Beraia, I./Gelasvili, N./Giorgishvili, K./Isoria, L. u. a.*, Polizeirecht, S. 127–138.

einer Versammlung als Nichtstörer am Silvesterabend 2016 als rechtmäßig.[418] Der vorherige Terroranschlag auf einem Weihnachtsmarkt sowie die Ereignisse in der Silvesternacht 2015 stellten neuartige Anforderungen an die Polizeiarbeit. Die mobilisierten Polizeikräfte sollten daher zur Bewältigung dieser in concreto vorrangigen Sicherheitsaufgaben eingesetzt werden.[419] Beim polizeilichen Notstand dürften dabei die Zweckmäßigkeits- und Wirtschaftlichkeitsgründe keine Rolle spielen;[420] nach Auffassung von Brenneisen steht die Ausübung der Freiheitsrechte somit nicht unter einem Haushaltsvorbehalt.[421] Unterschieden wird in der deutschen Dogmatik zwischen dem sog. „echten" und dem „unechten" polizeilichen Notstand.[422] Ersterer liegt vor, wenn die Störer nicht oder nicht rechtzeitig oder nicht erfolgversprechend in die Pflicht genommen werden können; oder wenn die Behörde die Gefahrenlage für die Sicherheit und Ordnung nicht selbst oder auch nicht mittels Amts- und Vollzugshilfe bewältigen kann.[423] Die Versammlungsbehörde, die die Beweislast für eigene beschränkende Maßnahmen trägt, hat das Vorliegen des Notstands überzeugend darzulegen.[424] Der Grund der objektiven Unmöglichkeit der Gefahrenbeseitigung wurde von der Polizei fast nie angegeben. Dies erklärt Tölle mit Blick auf folgende Faktoren: Wenn der Staat selbst zugebe, dass es ihm unmöglich sei, unfriedliche Veranstaltungen und die weitere Eskalation als die eigentliche Störung zu bewältigen, dann wäre dies ein „fatales Signal" für die Rechtfertigung eines Gewaltmonopols.[425] Im Fall eines unechten polizeilichen Notstands verfügt die Polizei dagegen über die erforderlichen Kräfte, um den Schutz der Versammlungsteilnehmer

---

[418] Vgl. OVG Münster, Beschl. v. 30.12.2016 – 15 B 1525/16, BeckRS 2016, 113270, Rn. 10 und Rn. 12–13.

[419] Zu solchen vorrangigen staatlichen Aufgaben vgl. BVerfG, Beschl. v. 11.09.2015 – 1 BvR 2211/15, BeckRS 2015, 52396, Rn. 3.

[420] Vgl. *Brenneisen, H.*, in: Brenneisen, H./Wilksen, M. (Hrsg.), VersR, S. 231; OVG Münster, Beschl. v. 30.12.2016 – 15 B 1525/16, BeckRS 2016, 113270, Rn. 7.

[421] So *Brenneisen, H.*, in: Brenneisen, H./Wilksen, M. (Hrsg.), VersR, S. 231.

[422] Vgl. *Gusy, C.*, in: Mangoldt, H. v./Klein, F./Starck, C. (Hrsg.), GG, Art. 8 Rn. 42; *Denninger, E.*, in: Lisken, H./Denninger, E. (Hrsg.), Hb PolR, Kap. D Rn. 140 ff.; vgl. auch ebd., *Kniesel, M./Poscher, R.*, Kap. K Rn. 354–355.

[423] Vgl. *Hong, M.*, in: Peters, W./Janz, N. (Hrsg.), Hb VersR, Kap. B Rn. 91; *Hettich, M.*, VersR in der Praxis, Rn. 176–177.

[424] Darzulegen ist, welche Anzahl von Polizeikräften zur Abwehr der Gefahren benötigt wird und ob diese Anzahl tatsächlich zur Verfügung steht; VG Göttingen, Beschl. v. 29.03.2017 – 1 B 74/17, BeckRS 2017, 106168, Rn. 44 mwN.; vgl. BVerfG, Beschl. v. 20.12.2012 – 1 BvR 2794/10, NVwZ 2013, S. 571 Rn. 17; Zur Bedeutung der Umstände des Einzelfalls vgl. *Tölle, O.*, Polizeiliche Pflichten bei der Inanspruchnahme von Nichtstörern, S. 159 f., er nennt die Beispiele der angestrebten „Instrumentalisierung der Polizei" im Fall von provokativen Veranstaltungen (S. 156–159); dabei reiche der provokative Charakter der Veranstaltung nicht aus, um die Störereigenschaft zu begründen (vgl. S. 161).

[425] Vgl. *Tölle, O.*, Polizeiliche Pflichten bei der Inanspruchnahme von Nichtstörern, S. 161.

zu gewährleisten; die dafür erforderlichen Maßnahmen (z. B. Einsatz von Wasserwerfern, Reizstoffen) würden aber Schäden bei Dritten oder dem Störer selbst und auch bei den Polizeibeamten verursachen; das Ausmaß dieser Schäden würde dabei in einem disproportionalen Verhältnis zu dem Schaden stehen, der durch eine Beschränkung der Versammlung entstehen würde.[426] Auch hier reicht aber eine „pauschale Behauptung" nicht aus; vielmehr muss eine „an Sicherheit grenzende Wahrscheinlichkeit" dargelegt werden.[427] Die primäre Aufgabe des Staates zum Schutz der Versammlung und die Anforderungen an einen polizeilichen Notstand deuten klar auf dessen Ausnahmecharakter hin;[428] darauf darf zur Beschränkung von Versammlungen nur unter strikter Wahrung des Verhältnismäßigkeitsgrundsatzes zurückgegriffen werden (Übermaßverbot).[429] Dazu hat das BVerfG schon früher unterstrichen, dass auch bei Vorliegen eines polizeilichen Notstands zu prüfen ist, ob diese Lage durch eine Modifikation der Versammlungsdurchführung bewältigt werden kann; die Suche nach einem milderen Mittel sollte aber so ausfallen, dass die Zwecke der Versammlung nicht vereitelt werden.[430]

b) Die Rechtsanwendung in Georgien

Die Tatsache, dass der primäre Schutzauftrag noch nicht auf der theoretischen Ebene verfestigt war, sowie die mangelnde Neutralität des Staates haben in Georgien Konsequenzen gehabt. Eine gravierende Missachtung des Schutzprinzips wurde während der Demonstration vom 26. Mai 2011 in der Hauptstadt Tbilisi ersichtlich. Die damalige Polizeitaktik war weder auf eine Deeskalation der Situation gerichtet, noch hat der Staat in irgendeiner Form versucht, die ihm zustehenden Schutzpflichten zu erfüllen.[431] Auch später zeigten die Berichte der

---

[426] Vgl. *Hettich, M.*, VersR in der Praxis, Rn. 178; VG Göttingen, Beschl. v. 29.03.2017 – 1 B 74/17, BeckRS 2017, 106168, Rn. 50, das Gericht spricht von einem „extremen Missverhältnis" zwischen den Nachteilen Dritter und Teilnehmerinteressen.
[427] Vgl. VG Göttingen, Beschl. v. 29.03.2017 – 1 B 74/17, BeckRS 2017, 106168, Rn. 55; *Hettich, M.*, VersR in der Praxis, Rn. 178.
[428] Vgl. *Gusy, C.*, in: Mangoldt, H. v./Klein, F./Starck, C. (Hrsg.), GG, Art. 8 Rn. 42. Vgl. auch *Enders, C./Hoffmann-Riem, W. u. a.*, ME eines Versammlungsgesetzes, S. 41.
[429] Vgl. *Hettich, M.*, VersR in der Praxis, Rn. 178; *Tölle, O.*, Polizeiliche Pflichten bei der Inanspruchnahme von Nichtstörern, S. 163 und S. 166; insoweit besteht kein freies Auswahlermessen, sondern die Polizeibehörde ist an das Verhältnismäßigkeitsprinzip streng gebunden.
[430] Vgl. BVerfG, Beschl. v. 01.09.2000 – 1 BvQ 24/00, NVwZ 2000, S. 1407; *Groscurth, S.*, in: Peters, W./Janz, N. (Hrsg.), Hb VersR, Kap. G Rn. 109.
[431] Vgl. den Bericht der Assoziation der Jungen Juristen über den 26. Mai 2011, S. 13 f. und S. 15. Das staatliche Versagen verdeutliche auch die Ereignisse am 4. Mai 2010 in der Hauptstadt vor der Staatlichen Ilia-Universität. Es ging um die angespannte Lage bei der Gegenversammlung, deren aggressive Teilnehmer die Durchführung der Anfangsversammlung unterbin-

IV. Das Gesetz „Über Versammlungen und Manifestationen" vom 12. Juni 1997

Menschenrechtsbeauftragten, dass der Staat Ausschreitungen während der Versammlungen u. a. gegenüber Anhängern oppositioneller Parteien nicht verhindert hat.[432] Mängel sind auch in verfahrensrechtlicher Hinsicht zu beobachten, da der Staat nicht immer ein effektives Ermittlungsverfahren gegen einzelne Störer sichert.[433]

aa) Das defizitäre Herangehen der Exekutive

Exemplarisch kann eine Erläuterung des Innenministeriums als verantwortliche Behörde für den Schutz der Versammlungsdurchführung herangezogen werden.[434] Diese machte die Demonstranten der ersten Versammlung selbst für die Eskalation der Lage verantwortlich und entzog sich so der eigenen Pflicht zur Gefahrenabwehr: Das Ministerium habe seitens der Veranstalter und Teilnehmer der Gegendemonstration das Versprechen bekommen, dass diese selbst gegen eventuelle Ausschreitungen der Teilnehmer vorgehen würden.[435] Darüber hinaus habe das Ministerium dem Veranstalter der Versammlung vor Beginn der Versammlungsdurchführung einen anderen Ort zur Kundgabe angeboten, der vom Ort der Gegendemonstration entfernt lag. Diesem Vorschlag sei der Veranstalter der Versammlung aber nicht gefolgt, da weite Teile der Öffentlichkeit (u. a. die Vertreter der Botschaften anderer Länder und internationaler Organisationen) schon über den geplanten Ort informiert worden seien.[436] Mit dieser Begründung wird den Teilnehmern beider Versammlungen ein Mitverschulden zugewiesen. Dies ist aber mit den Schutzpflichten und den Aufgaben des Staates zur effektiven Gefahrenabwehr unvereinbar.[437] Nicht berücksichtigt wurde, dass der Staat

---

den wollten. In diesem Fall lagen Umstände vor, die auf die Wahrscheinlichkeit des unfriedlichen Fortgangs der Situation hindeuteten. Die Polizeibeamten, die vor Ort der Geschehnisse stationiert waren, haben es aber unterlassen, die gewaltbereiten Teilnehmer aus der Gegenversammlung zu entfernen. In der eskalierten Situation erlitten die Teilnehmer der Versammlung körperliche Verletzungen; vgl. den Bericht des Menschenrechtsbeauftragten 2010, S. 275 ff.

[432] Dazu vgl. den Bericht des Menschenrechtsbeauftragten 2016, S. 457 und S. 459; den Bericht des Menschenrechtsbeauftragten vom 10. Dezember 2016, S. 12 f.; den Bericht des Menschenrechtsbeauftragten vom 10. Dezember 2015, S. 3 und S. 15 (die Polizei hat die Gewaltakte während der Versammlungen gegenüber den Anhängern oppositioneller Parteien nicht verhindert); den Bericht des Menschenrechtsbeauftragten 2013, S. 41.

[433] Vgl. den Bericht des Menschenrechtsbeauftragten vom 10. Dezember 2014, S. 7. Der Bericht schildert den Fall vom 9. Juni 2014 und beanstandet das nicht effektive Ermittlungsverfahren.

[434] Die offizielle Mitteilung des Innenministeriums vom 27.09.2013 Nr. 1926485 gesendet an den Vorsitzenden der Assoziation der Jungen Juristen.

[435] Vgl. ebd., Rn. 6.

[436] Vgl. ebd., Rn. 8.

[437] Die Annahme eines Mitverschuldens der Teilnehmer zur Rechtfertigung der behördlichen Maßnahme wurde von den deutschen Gerichten als nicht haltbar angesehen, vgl. dazu

selbst für die Entspannung der Situation und den Schutz der Versammlungsfreiheit sowie der öffentlichen Sicherheit verantwortlich ist. Daran ändert es auch nichts, dass die unerwartet große Anzahl von Gegendemonstranten – so das Ministerium – erst nach deren Erscheinen am Versammlungsort bekannt geworden ist. Die Behörde durfte zudem kein Mitverschulden annehmen, da die Änderungen vor Versammlungsbeginn nach Art. 10 GVersG behördliche Empfehlungen und keine verbindlichen Auflagen darstellen und damit keine vollziehbaren Ge- oder Verbote beinhalten. In Anbetracht der mangelnden Verbindlichkeit muss der Staat in Kauf nehmen, dass er (im Fall der Nichtbeachtung) eine angespannte Situation einzudämmen hat.

bb) Die kritische Bewertung des EGMR

Am 12. Mai 2015 hat der EGMR die Verletzung positiver Staatspflichten festgestellt.[438] Der Staat habe einmal die eigene positive Verpflichtung zum effektiven Schutz der tatsächlichen Durchführung der Versammlung vor Ausschreitungen Dritter nicht erfüllt; andererseits sei es unterlassen worden, den prozeduralen Schutzpflichten nachzukommen, um eine effektive Ermittlung des Falles sicherzustellen. Es handelte sich um eine friedliche Versammlung sexueller Minderheiten in Gestalt eines Aufzugs, der am 17. Mai 2012 im Zentrum der Hauptstadt Tbilisi durchgeführt wurde. Die Versammlung war dem internationalen Tag gegen die Homophobie gewidmet.[439] Am 8. Mai 2012 gaben die Veranstalter der Kommunalbehörde als Versammlungsbehörde und dem Innenministerium die Anzahl der Teilnehmer und die Route des Aufzugs zur Kenntnis. Zugleich wurde auf die zu erwartende Gegenversammlung in Anbetracht der allgemein bekannten negativen Stimmung hingewiesen. Am 14. und 15. Mai erklärten sich die Staatsorgane bereit, den Aufzug entsprechend zu schützen. Am 17. Mai 2012 um 13.00 Uhr versammelten sich die Teilnehmer – insgesamt 30 Personen. Die Polizei patrouillierte auf dem Territorium.[440] Kurz vor Beginn der Versammlung versammelten sich die Gegendemonstranten. Nach Beginn des Aufzugs hielten die Gegendemonstranten die Versammlungsteilnehmer auf und begannen zu dis-

---

exemplarisch BVerfG, Beschl. v. 30.04.2007 – 1 BvR 1090/06, BeckRS 2007, 23752; VG Stuttgart, Urt. v. 18.11.2015 – 5 K 1265/14, BeckRS 2015, 56039.

[438] ECHR, „Identity" and Others v. Georgia, Nr. 73235/12, 12. Mai 2015.

[439] Die Nichtregierungsorganisation „Identität" und die vierzehn Bürger Georgiens haben sich am 17. November 2012 an den EGMR gewandt. Die Verletzung der Versammlungsfreiheit sei in diskriminierender Weise erfolgt und durch die nicht effektive Ermittlung intensiviert worden. Vgl. die Umstände des Falles ebd., §§ 6–28 und § 60, in der der EGMR diese Tatsachen, die seitens der Regierungsvertreter nicht bestritten wurden, als plausible Grundlage der Entscheidung betrachtet hat.

[440] Vgl. ebd., §§ 6–28.

kutieren. Nach 20–30 Minuten erreichte die Stimmung der Gegendemonstranten ihren Höhenpunkt und äußerte sich in konkreten Gewaltakten, wie dem Zerreißen von Plakaten und physischen Ausschreitungen gegenüber einzelnen Teilnehmern.[441] Erst dann mischten sich einzelne Polizeibeamte in das Geschehen ein und stoppten einige Gewaltakte. Statt Störer zu identifizieren, verhielten sich einige Polizeibeamte nicht adäquat: Sie zwangen die Versammlungsteilnehmer, in die Polizeiwagen einzusteigen, und fuhren vom Versammlungsort weg. Später erklärte die Polizei, dieses Verhalten habe den Schutz der Teilnehmer bezweckt.

Der EGMR führte aus, dass im konkreten Fall dem georgischen Staat positive Pflichten aufgrund des Art. 1 und Art. 3 EMRK oblagen und dieser zur Abwehr der Gewaltakte seitens der Privatpersonen verpflichtet war. Es war dem Staat im konkreten Fall bekannt – durch Mitteilungen der Veranstalter sowie in Anbetracht der allgemein bekannten Stimmung im Land – und musste ihm bekannt sein, dass die Versammlung der Minderheit besondere Aufmerksamkeit der Gesellschaft erregen und eine aggressive Stimmung der Gegendemonstranten auslösen würde.[442] Die nicht hinreichende Zahl mobilisierter Beamter habe schon darauf hingewiesen, dass die Behörde die Gefahren nicht adäquat bewertet habe.[443] Der polizeiliche Einsatz beschränkte sich auf die Evakuierung von Versammlungsteilnehmern durch Ingewahrsamnahme und Abtransport vom Versammlungsort.[444] Stattdessen hätten die Polizeibeamten die Störer aus dem Kreis der Gegendemonstranten ausschließen und angemessene Maßnahmen ergreifen müssen.

Darüber hinaus musste der Staat aufgrund seiner positiven Pflichten eine effektive Ermittlung des Sachverhalts sicherstellen. Es ging dabei nicht nur um die Ergebnisse an sich, sondern um das ganze Verfahren der Ermittlung.[445] Hinzu kam, dass Diskriminierung den Grund der Gewaltakte bildete, was die besondere Sensibilität des Falles und die Bedeutung der prozessualen Klärung der Sachlage unterstrich.[446]

Der EGMR wies erneut auf die Tatsache hin, dass die staatlichen Behörden die Zeit zwischen der Anmeldung und der Durchführung der Versammlung (insgesamt 9 Tage) nicht für ihre Vorbereitungen genutzt haben. Zum Risikomanagement staatlicherseits könnte eine öffentliche Mitteilung im Vorfeld der Versammlung beitragen, in der die Versammlungsbehörde einerseits auf die Bedeutung

---

[441] Dazu vgl. ebd., § 60, §§ 69–70.
[442] Vgl. ebd., § 66 und § 72 m. V. auf Members of Gldani Congregation of Jehovah's Witnesses and Others v. Georgia, § 96.
[443] Vgl. ebd., § 73 und § 80.
[444] Vgl. ebd., § 104.
[445] Vgl. ebd., § 66 mwN.
[446] Vgl. ebd., § 67 mwN. Weiter vgl. § 104.

der Tolerierung abweichender Meinungen und andererseits auf die drohenden Sanktionen für die Störer hinweist.[447] Bezüglich der Anzahl der Beamten wäre es geboten gewesen, u. a. die im Allgemeinen zur Verfügung stehenden Sondergruppen der Polizei zu mobilisieren.[448] Zwar konnte der Staat den Schutz der Versammlungsteilnehmer mit den zur Verfügung stehenden Mitteln nicht gewährleisten; dies wäre aber im Fall einer angemessenen Vorbereitung durchaus möglich gewesen.[449] Der friedliche Aufzug konnte wegen der Angriffe Privater und infolge der Untätigkeit der Polizei nicht fortgesetzt werden.[450] Die positiven Pflichten des Staates aus Art. 11 i. V. m. Art. 14 EMRK seien folglich verletzt.

cc) Der Einfluss der EMRK auf die Rechtsprechung

Die Rechtsprechung des EGMR und seine Entscheidung vom 12. Mai 2015 gegen Georgien hat die Entscheidung des Berufungsgerichts zur Schutzpflicht des Staates beeinflusst. In ihrem Beschluss vom 23. Februar 2017 hat die Verwaltungsrechtskammer des Berufungsgerichts Tbilisi die Entscheidung des erstinstanzlichen Gerichts bestätigt.[451] In diesem Verfahren hatten die Bf. – zivile Aktivisten und Versammlungsteilnehmer – Ansprüche gegen das Innenministerium auf Schadensersatz erfolgreich geltend gemacht. Am 2. Mai 2013 meldeten die zivilen Aktivisten – „Unterstützer der Initiative der Frauen" eine Versammlung bei der kommunalen Stadtverwaltung Tbilisi an. Geplant war die Abhaltung einer friedlichen Versammlung am 17. Mai in der Zeit von 12:00 und 14:00 Uhr in der unmittelbaren Nähe des georgischen Parlamentsgebäudes in Tbilisi.[452] Am selben Tag wurde in derselben Straße eine Gegenversammlung durchgeführt. Um Konflikten vorzubeugen, beschlossen die Veranstalter der ersten Versammlung, sich an einem anderen Ort im Zentrum der Stadt zu versammeln.[453] Die Gegendemonstranten überwanden jedoch die Hürden der am Ort der Versammlung mobilisierten Polizeibeamten und begaben sich zur Verhinderung der Versammlung zum neuen Versammlungsort. Die Gegendemonstranten besetzten das ganze Territorium, sodass die geplante Versammlung nicht abgehalten werden konnte.[454] Dabei griffen die Gegendemonstranten die Versammlungsteilnehmer sowohl verbal als auch physisch an. Infolge dieser Ereignisse ermittelte die Poli-

---

[447] Vgl. ebd., § 99 mwN.
[448] Vgl. ebd., § 99.
[449] Vgl. ebd., § 100.
[450] Vgl. ebd., § 82, § 86 und § 97.
[451] Vgl. den Beschl. der Verwaltungsrechtskammer des Berufungsgerichts Tbilisi vom 23. Februar 2017, Nr. 330310015817416 (3b/1268-16); vgl. u. a. S. 17 Rn. 4.1.
[452] Vgl. ebd., S. 17 Rn. 4.2, 4.3.
[453] Vgl. ebd., S. 18 Rn. 4.5.
[454] Vgl. ebd., S. 18 Rn. 4.6, 4.7.

zeibehörde aufgrund § 161 Abs. 1 georgischen StGB – gesetzwidrige Verhinderung einer Versammlung oder der Teilnahme an einer Versammlung unter Gewaltanwendung, Androhung von Gewalt oder Amtsmissbrauch.[455] Vom erstinstanzlichen Strafrechtskollegium Tbilisi wurden die Angeklagten vom Vorwurf des § 161 Abs. 1 georgischen StGB freigesprochen.[456] Nach Ansicht des Gerichts hat die Staatsanwaltschaft den Kausalzusammenhang zwischen dem Verhalten des Angeklagten und den eingetretenen Folgen (entsprechend dem strafrechtlichen Standard – jenseits eines vernünftigen Verdachts) nicht nachgewiesen.[457] Im darauffolgenden Verfahren vor dem Verwaltungsrechtskollegium rügten die Bf., dass der Staat seine Schutzpflichten nicht erfüllt habe. Die Berufungsinstanz hat sowohl die verfassungsrechtliche als auch die europarechtliche Dimension der Versammlungsfreiheit geprüft.[458] Das Gericht hat die Schutzpflichten des Staates als Ausdruck der unmittelbaren Bindungswirkung der Grundrechte hergeleitet und deren Bedeutung für die Realisierung der Freiheitsgewährleistungen unterstrichen.[459] Zudem berücksichtigte das Gericht die Rechtsprechung des EGMR zu den Schutzpflichten des Staates (positive Verpflichtung des Staats).[460] Die staatlichen Behörden hätten ausreichende Informationen über die angemeldeten Versammlungen gehabt; das Gefahrenpotenzial der Gegenversammlung sei daher vorhersehbar gewesen.[461] Nur die Anwesenheit von Polizeibeamten am Versammlungsort bedeute noch keine Erfüllung der Schutzpflichten gegenüber dem Versammlungsgeschehen.[462] Die zuständigen Behörden hätten sicherstellen müssen, dass die zu erwartenden Risiken hinreichend eingeschätzt werden. Die physischen Angriffe der Gegendemonstranten gegenüber den Versammlungsteilnehmern hätten daher vom Staat abgewehrt werden können. Wäre die Zahl der Beamten dafür nicht ausreichend gewesen, dann hätte das Innenministerium zusätzliche Kräfte und Ausrüstung zur Verfügung stellen müssen.[463] Laut Gericht intensivierte sich die Pflicht des Staates, da die gewaltsamen Ausschreitungen Angst stifteten und abschreckten.[464] Diese Lage wurde durch den Umstand verschärft, dass die Teilnehmer ohne rechtzeitigen und hinreichenden Schutz des

---

[455] Vgl. ebd., S. 18 Rn. 4.8.
[456] Vgl. ebd., S. 18 Rn. 4.10.
[457] Urteil des erstinstanzlichen Strafrechtskollegiums Tbilisi vom 23. Oktober 2015 (Nr. 1/2767-13 über die Ermittlungssache Nr. 006170513006), S. 3 und S. 7–9.
[458] Vgl. den Beschl. der Verwaltungsrechtskammer des Berufungsgerichts Tbilisi vom 23. Februar 2017, Nr. 330310015817416 (3b/1268-16), S. 6 f. und S. 19 Rn. 4.13.
[459] Vgl. ebd., S. 7 und S. 22 Rn. 4.17.
[460] Vgl. ebd., S. 8 m. V. auf die Rechtsprechung des EGMR; vgl. auch S. 21 Rn. 4.16 f.
[461] Vgl. ebd., S. 8 und S. 23 Rn. 4.19 f.
[462] Vgl. ebd., S. 9 und S. 24 Rn. 4.19.
[463] Vgl. ebd., S. 10 und S. 25 Rn. 4.20.
[464] Vgl. ebd., S. 11 und S. 26 Rn. 4.21.

Staates geblieben sind, obwohl ihnen dieser im Vorfeld der Versammlung versprochen worden war. Das Gericht beurteilte vor allem den emotionalen Zustand der Teilnehmer als intensive Angst und Schmerzen, die durch Schutzlosigkeit und Enttäuschung verursacht worden waren. Dies sei mit dem Menschenwürdegehalt der Freiheit nicht vereinbar.[465] Artikel 3 i. V. m. Art. 14 EMRK sei daher verletzt.[466] Hinzu komme, dass eine ähnliche Lage schon Gegenstand der Entscheidung des EGMR vom 12. Mai 2015 gewesen sei.[467] In Anbetracht des erneuten staatlichen Versagens zeigt sich die ungenügende Berücksichtigung der Feststellungen des EGMR, was aber diesmal durch die freiheitskonforme Rechtsanwendung des Gerichts korrigiert wurde. Diese Entscheidung scheint zugleich ein Beweis dafür zu sein, dass die Fachgerichte in Straf- und Verwaltungsverfahren von einem unterschiedlichen Verständnis des Gewaltbegriffs im Fall einer Versammlung bzw. des Verhaltens von Gegendemonstranten ausgegangen sind. Im Hinblick auf die verfassungsrechtliche Sui-generis-Betrachtung des Friedlichkeitsgebots entspricht das Herangehen der Verwaltungsrechtskammer den verfassungsrechtlichen Anforderungen.

c) Fazit

Wie schon am Anfang der Analyse des Art. 12 GVersG ausgeführt wurde, hätte es der Systematik besser entsprochen, wenn diese zentrale Regelung zur effektiven Ermöglichung der Versammlung in die einleitenden Artikel aufgenommen worden wäre. Dies gilt zumal, wenn die Erfüllung der staatlichen Schutzfunktion weiterhin eine wichtige He-rausforderung bleibt. Der Menschenrechtsbeauftragte benennt die Fälle, in denen Teilnehmer einer Gegenversammlung Gewaltakte begehen und die Polizei dennoch untätig bleibt. Auch die prozeduralen Schutzpflichten werden vom Staat nicht wahrgenommen, wenn er kein effektives Ermittlungsverfahren gegen Störer sicherstellt. Am 12. Mai 2015 hat der EGMR die Verletzung der Schutzpflichten durch Georgien festgestellt; wegen eines mangelhaften Ermittlungsverfahrens gegen gewalttätige Störer wurde die Rechtsposition der Versammlungsteilnehmer weiter geschwächt. Positiv hervorzuheben ist dennoch die rechtsstaatliche Korrekturfunktion der Rechtsprechung. In der behandelten Entscheidung des Berufungsgerichts von 2017 kommt der notwendige Einfluss der EMRK und der Rechtsprechung des EGMR klar zum Ausdruck.

---

[465] Vgl. ebd.
[466] Vgl. ebd.
[467] Vgl. ebd., S. 9 f. und S. 24 Rn. 4.19. Vgl. ECHR, „Identity" and Others v. Georgia, Nr. 73235/12, 12. Mai 2015, §§ 71–81.

7. Das Versammlungsverbot

Jenseits des allgemeinen Vorbehalts des Nicht-Missbrauchs gewährleistet der Rechtsstaat den Schutz der Versammlungsfreiheit auch zugunsten derjenigen, die die Werte der freiheitlichen Ordnung ablehnen („Gegner des Rechtsstaats").[468] Damit wird die „Kraft eines Rechtsstaats" bestätigt[469] und entsprechende „Erwartung" der Verfassung an die Bürger („Grundkonsens") offenbart.[470] Dieser Schutz findet im Rahmen der bewährten Schrankendogmatik dann Grenzen, wenn Rechtsgüter gefährdet werden.[471]

Durch das Verbot der Versammlung wird einem möglichen Missbrauch bei der Inanspruchnahme der Versammlungsfreiheit vorgebeugt.[472] Die Beschränkung der Versammlungsfreiheit durch Aussprache des Verbots verlangt aber von dem

---

[468] Vgl. *Harris, D. J./O'Boyle, M./Bates, E./Buckley, C.*, Law of the ECHR, S. 711; *Papier, H.-J.*, Aktuelle Probleme des Versammlungsrechts, DVBl. 2016, S. 1417. Zum allgemeinen Vorbehalt des Nicht-Missbrauchs vgl. *Brenner, M.*, in: Mangoldt, H. v./Klein, F./Starck, C. (Hrsg.), GG, Art. 18 Rn. 22.

[469] Vgl. *Hong, M.*, in: Peters, W./Janz, N. (Hrsg.), Hb VersR, Kap. B Rn. 153; ECHR, Stankov and the United Macedonian Organisation Ilinden v. Bulgaria, Nr. 29221/95 und 29225/95, 2. Oktober 2001, § 97: „[…] In a democratic society based on the rule of law, political ideas which challenge the existing order and whose realisation is advocated by peaceful means must be afforded a proper opportunity of expression through the exercise of the right of assembly as well as by other lawful means."

[470] Dazu hat das BVerfG in 2001 Folgendes festgestellt: „[…] Das Grundgesetz baut zwar auf der Erwartung auf, dass die Bürger die allgemeinen Werte der Verfassung akzeptieren und verwirklichen, erzwingt die Werteloyalität aber nicht. Die Bürger sind daher auch frei, grundlegende Wertungen der Verfassung in Frage zu stellen, solange sie dadurch Rechtsgüter anderer nicht gefährden. […]."; zit. nach *Poscher, R.*, Neue Rechtsgrundlagen gegen rechtsextremistische Versammlungen, NJW 2005, S. 1316.

[471] Vgl. in Anlehnung an das BVerfG *Hoffmann-Riem, W.*, Demonstrationsfreiheit auch für Rechtsextremisten?, NJW 2004, S. 2779; zur wehrhaften Demokratie *Hopfauf, A.*, in: Schmidt-Bleibtreu, B./Hofmann, H./Henneke, H.-G. (Hrsg.), GG, Einl. Rn. 326–327; *ders.*, Die Freiheit der Andersdenkenden, ZRP 2017, S. 125. Für einen abgeschwächten Schutz der die freiheitliche Ordnung ablehnenden Extremisten *Battis, U./Grigoleit, K. J.*, Neue Herausforderungen für das Versammlungsrecht, NVwZ 2001, S. 122 f.; danach beruht das Kooperationsmodell des Staates zur Sicherung der ungestörten Versammlungsdurchführung auf einer funktional-demokratischen Interpretation der Versammlungsfreiheit; dies erfordere die „demokratisch-funktionale Legitimität der Demonstrationsinhalte"; s. ebd., S. 128. Vgl. Zum Paradox der Toleranz *Enders, C.*, Keine Freiheit den Feinden der Freiheit?, S. 68 m. V. auf Popper: „Uneingeschränkte Toleranz führt mit Notwendigkeit zum Verschwinden der Toleranz". Weiter s. *Brenneisen, H.*, in: Brenneisen, H./Wilksen, M. (Hrsg.), VersR, S. 129: Die streitbare Demokratie sei eine „Synthese" zwischen dem Prinzip der Toleranz und dem Bekenntnis zu den unantastbaren Grundwerten der freiheitlichen Grundordnung.

[472] Vgl. *Beraia, I./Gelasvili, N./Giorgishvili, K./Isoria, L. u. a.*, Polizeirecht, S. 296, hingewiesen wird auf die Idee der streitbaren Demokratie und auf Art. 17 EMRK (Verbot des Missbrauchs der Konventionsrechte). Die „Privilegierung" einer Versammlung, die vor allem auf

Rechtsanwender eine besonders ausdifferenzierte Arbeit zur Begründung der eigenen Entscheidung; die Anforderungen dazu, die aus dem Verhältnismäßigkeitsprinzip abgeleitet werden, bringen die verfassungsrechtliche Wirkung auf das einfache Recht am besten zum Ausdruck.[473]

a) Das Versammlungsverbot als Einzelfallentscheidung

Das Verbot der Versammlung als eine staatliche Maßnahme *ultima ratio* stellt den schwersten Eingriff in die Versammlungsfreiheit dar („the most radical measure").[474] Die behördliche Befugnis zu dessen Anordnung wird in 14 GVersG geregelt. Der Gesetzgeber hat auf die ausdrückliche Verwendung des Begriffs „Verbot" verzichtet. Stattdessen wird der Begriff der „Nichtzulassung" einer Versammlung verwendet. Durch diese Entscheidung wird die Versammlungsbehörde ermächtigt, die Durchführung der Versammlung bei Vorliegen bestimmter Voraussetzungen präventiv zu verhindern.[475] Nach Art. 14 Abs. 1 GVersG ist die Kommunalverwaltung befugt, Versammlungen zu verbieten, wenn von der Polizei geprüfte, offensichtliche Fakten darauf hinweisen, dass die Durchführung der Versammlung eine unmittelbare Gefahr für die verfassungsmäßige Ordnung, das Leben und die Gesundheit von Menschen darstellt.

Das Verbot wird im Vorfeld vor Beginn der Versammlung verhängt.[476] Nach deutschem Verständnis fallen die Phase der Ansammlung und „Aufstellung" der Versammlung oder des Aufzugs in den Zeitraum „vor Beginn" der Versammlung.[477] Die Verbotsverfügung stellt dabei keine polizeiliche Vorfeldmaßnahme dar: Die Vorfeldmaßnahmen erstrecken sich zwar auch auf die Vorbereitungsphase vor Beginn der Versammlung, richten sich aber nur gegen einzelne Teilnehmer

---

die Genehmigungsfreiheit zurückgeführt wird, sei auf diese Weise „relativiert", so *Kraujuttis, S.*, Versammlungsfreiheit, S. 239.

[473] Vgl. *Müller-Franken, S.*, in: Schmidt-Bleibtreu, B./Hofmann, H./Henneke, H.-G. (Hrsg.), GG, Art. 8 Rn. 48; *Muckel, S.*, Versammlungsverbot, JA 2016, S. 78, er spricht von einem „erheblich eingeschränkten Spielraum" des Rechtsanwenders.

[474] Vgl. ECHR, Barankevich v. Russia, Nr. 10519/03, 26. Juli 2007, § 33; *Groscurth, S.*, in: Peters, W./Janz, N. (Hrsg.), Hb VersR, Kap. G Rn. 120; *Jarass, H. D.*, in: Jarass, H. D./Pieroth, B., GG, Art. 8 Rn. 23.

[475] Vgl. *Blanke, H.-J.*, in: Stern, K./Becker, F. (Hrsg.), Grundrechte-Kommentar, Art. 8 Rn. 61; *Hettich, M.*, VersR in der Praxis, Rn. 126; *Groscurth, S.*, in: Peters, W./Janz, N. (Hrsg.), Hb VersR, Kap. G Rn. 120 ff.; *Weber, K.*, Versammlungsverbote, KommJur 2010, S. 173, er spricht von einer „letzte[n] Möglichkeit im präventiven Bereich".

[476] Vgl. dazu *Beraia, I./Gelasvili, N./Giorgishvili, K./Isoria, L. u.a.*, Polizeirecht, S. 295.

[477] Vgl. *Dietel, A./Gintzel, K./Kniesel, M.*, VersG, § 15 Rn. 7; *Brenneisen, H.*, in: Brenneisen, H./Wilksen, M. (Hrsg.), VersR, S. 326. Das Verbot sei im Vorfeld, „spätestens bei Beginn" der Versammlung anzuordnen; *Trurnit, C.*, Grundfälle zum Versammlungsrecht, Jura 2014, S. 489.

als Störer.⁴⁷⁸ In der deutschen Praxis wird das Verbot mit bestimmten Fristen ausgesprochen; in dieser Zeit wird dem Veranstalter eine angemessene Möglichkeit zur Erörterung gegeben.⁴⁷⁹ Dies scheint auch in Georgien angenommen zu werden, zumal der bisher einzige Kommentar zum georgischen Versammlungsrecht diese Bestimmungen in Anlehnung an deutsches Recht auslegt.⁴⁸⁰

Die rechtliche Natur des Verbots wird im Vergleich zu anderen Verboten des Versammlungsgesetzes erkennbar.⁴⁸¹ So enthält z. B. die Bannmeilenregelung in Art. 9 GVersG das allgemeine Verbot, sich an bestimmten Orten zu versammeln. Hier handelt es sich um eine abstrakt-generelle Verbotsnorm, die sich gegen alle Versammlungen unabhängig von Modalitäten der Versammlungsdurchführung richtet.⁴⁸² In Art. 14 GVersG geht es um das „einzelfallbezogene" Verbot einer konkreten Versammlung, von der schwerwiegende Gefahren für Rechtsgüter ausgehen.⁴⁸³ Der konkrete Charakter wird durch die Tatsache nicht geändert, dass sich das Verbot gegen eine Vielzahl von Teilnehmern richtet.⁴⁸⁴ Dabei liefert die Verwaltungs- und Gerichtspraxis, im Unterschied zu anderen u. a. faktischen Beschränkungen der Versammlungsfreiheit, keine Beispiele für die Nichtzulassung einer Versammlung. Im Folgenden wird die georgische Verbotsnorm daher anhand der deutschen Dogmatik perspektivisch analysiert, so wie es der Wortlaut und die Teleologie des Gesetzes gebieten.

---

⁴⁷⁸ Vgl. *Trurnit, C.*, Vorfeldmaßnahmen bei Versammlungen, NVwZ 2012, S. 1079.
⁴⁷⁹ Vgl. *Pieroth, B./Schlink, B./Kniesel, M.*, Polizei- und Ordnungsrecht, § 21 Rn. 34 m. V. auf BVerfGE 69, 315, 362.
⁴⁸⁰ Dazu *Beraia, I./Gelasvili, N./Giorgishvili, K./Isoria, L. u. a.*, Polizeirecht, S. 298.
⁴⁸¹ Es kommen noch die Bezeichnungen sog. „Totalverbot" (vgl. *Pieroth, B./Schlink, B./ Kniesel, M.*, Polizei- und Ordnungsrecht, § 21 Rn. 32; *Weber, K.*, Versammlungsverbote, KommJur 2010, S. 172; BVerfG, Beschl. v. 22.12.2006 – 1 BvQ 41/06, BeckRS 2007, 20677) bzw. „Vollverbot" vor (*Brenneisen, H.*, in: Brenneisen, H./Wilksen, M. (Hrsg.), VersR, S. 325); die Beschränkungen können auch als „Teilverbote" verstanden werden (vgl. *Dietel, A./Gintzel, K./Kniesel, M.*, VersG § 15, Rn. 7); *Waechter, K.*, Die Vorgaben des BVerfG für das behördliche Vorgehen, VerwArch 2008, S. 84. Dagegen VG Göttingen, Beschl. v. 29.03.2017 – 1 B 74/17, BeckRS 2017, 106168, Rn. 37, die Versammlung sei entweder verboten oder es sei eine Beschränkung als milderes Mittel angeordnet, ein Totalverbot oder Verbot mit Beschränkung gebe es daher nicht.
⁴⁸² Vgl. *Kniesel, M./Poscher, R.*, in: Lisken, H./Denninger, E. (Hrsg.), Hb PolG, Kap. K Rn. 378; *Brenneisen, H.*, in: Brenneisen, H./Wilksen, M. (Hrsg.), VersR, S. 326. Anders *Hettich, M.*, VersR in der Praxis, Rn. 208, auch in diesen Fällen allgemeiner gesetzlicher Verbote handele es sich um eine konkrete Auflage, die bestimmte Modalitäten der Versammlungsdurchführung modifiziere.
⁴⁸³ Vgl. *Blanke, H.-J.*, in: Stern, K./Becker, F. (Hrsg.), Grundrechte-Kommentar, Art. 8 Rn. 58 und Rn. 61.
⁴⁸⁴ In der deutschen Verwaltungsrechtslehre wird hier von einer Allgemeinverfügung ausgegangen; *Dietel, A./Gintzel, K./Kniesel, M.*, VersG, § 15 Rn. 5 mwN. Dagegen vgl. *Hettich, M.*, VersR in der Praxis, Rn. 208.

b) Das Versammlungsverbot als Prognose- und Ermessensentscheidung

Nach dem Wortlaut des Art. 14 Abs. 1 GVersG ist der Behörde Ermessen eingeräumt. Zudem handelt es sich um eine Prognoseentscheidung, die dafür bestimmt ist, einen noch nicht eingetretenen Schaden für bestimmte Rechtsgüter abzuwehren.[485] Gemäß Art. 14 GVersG muss die Behörde im Rahmen des an den Wertgehalt der Versammlungsfreiheit gebundenen Ermessens zugleich die Gefahrenlage bewerten.[486] Zur Konkretisierung des Gefahrenbegriffs im Rahmen des Verbotsverfahrens beinhaltet das Gesetz keine weiteren Merkmale. Artikel 14 GVersG erfordert einen erhöhten Grad an Wahrscheinlichkeit, was für die Behörde als ermessensleitende Direktive gilt.[487] Für die verfassungskonforme Ermessensbetätigung müssen sowohl die einzelnen Elemente der Eingriffsnorm als auch deren Zusammenspiel versammlungskonform bzw. versammlungsfreundlich verstanden werden.[488] Die ist insbesondere notwendig, um einer Ermessensüberschreitung vorzubeugen; die Behörde hat die Anordnung einer Auflage als milderes Mittel hinreichend zu berücksichtigen (Übermaßverbot).[489]

Die Versammlungsfreiheit wirkt auf die behördliche Gefahrenprognose – Würdigung einer versammlungsspezifischen Situation bezüglich ihres Gefahrenpotenzials in ihrem (zukünftigen) Geschehensablauf – in vielerlei Hinsicht ein.[490] Es handelt sich um ein „verfahrenslenkendes Grundrecht", das eine spezi-

---

[485] Zur Prognose als Ex-ante-Beurteilung *Schenke, W.-R.*, Polizei- und Ordnungsrecht, Rn. 69; *Denninger, E.*, in: Lisken, H./Denninger, E. (Hrsg.), Hb PolG, Kap. D Rn. 5, er spricht von einer „optimierenden Synthese von Diagnose, Prognose und Bewertung", worauf sich eine eingreifende, gefahrenabwehrende Maßnahme begründen lässt.

[486] Vgl. *Gusy, C.*, in: Mangoldt, H. v./Klein, F./Starck, C. (Hrsg.), GG, Art. 8 Rn. 57 (angelehnt an den „Brokdorf"-Beschluss): „Ermessen ist unter besonderer Berücksichtigung der Grundrechtseffektivität auszuüben." Zum „grundrechtsgebundene[n]" Ermessen *Weber, K.*, Versammlungsverbote, KommJur 2010, S. 172. Die Wahrung der Verhältnismäßigkeit ist als Rechtsfrage gerichtlich voll überprüfbar; *Dürig-Friedl, C.*, in: Dürig-Friedl, C./Enders, C. (Hrsg.), VersR, § 15 Rn. 32. Vgl. auch *Froese, J.*, Das Zusammenspiel von Versammlungsfreiheit und Versammlungsgesetz, JA 2015, S. 683. Daher trägt dieser Tatbestand auch den Charakter einer „Koppelungsvorschrift": Die Rechtsnorm sieht auf der Tatbestandsseite einen unbestimmten Rechtsbegriff und auf der Rechtsfolgenseite Ermessen vor; *Sachs, M.*, in: Stelkens, P./Bonk, H. J./Sachs, M. (Hrsg.), VwVfG, § 40 Rn. 36.

[487] Zu Wahrscheinlichkeitsurteilen als Formel der „Grenzwertbetrachtung" *Poscher, R.*, Eingriffsschwellen im Recht der inneren Sicherheit, Die Verwaltung 41 (2008), S. 353 ff. und S. 364 f.; *Goldhammer, M.*, in: Möstl, M./Schwabenbauer, T. (Hrsg.), in: PolR Bayern, PAG Art. 5 Rn. 15; zur Ermessensschrumpfung auf Null auch beim Entschließungsermessen *Schenke, W.-R.*, Polizei- und Ordnungsrecht, Rn. 100–101.

[488] Vgl. *Gässner, K.*, Die Rechtsprechung zur Versammlungsfreiheit, S. 83 m. V. auf Enders.

[489] So *Brenneisen/Staack/Petersen/Martins*, in: Brenneisen, H./Wilksen, M. (Hrsg.), VersR, S. 234.

[490] Zur Gefahrenprognose im Allgemeinen *Denninger, E.*, in: Lisken, H./Denninger, E.

fische („hochwertige") Prognosemodalität bedingt.[491] In der gefestigten deutschen Praxis stellt den Ausgangspunkt des Entscheidens die in concreto prognostizierende Behörde dar.[492] Die Beweislast für die Prognosesicherheit – entsprechend der abwehrrechtlichen Dimension der Gewährleistung – trägt die Versammlungsbehörde selbst; dadurch wird die „Tatsachenorientierung des Rechtsstaats" erneut aktualisiert.[493] Gestützt auf die Aussagen des BVerfG haben deutsche Gerichte spezifische Merkmale der Gefahrenprognose herausgearbeitet, die für die gemäß § 15 VersG zu treffenden klassischen Entscheidungen (Verbot, Auflage, Auflösung) relevant sind.[494] Diese könnten auch dem georgischen Rechtsanwender, insbesondere bei Prognoseentscheidungen im Bereich des Versammlungsrechts (und nicht nur im Rahmen von Verbotsverfahren) nützliche Beispiele geben.

c) Die Voraussetzungen des Art. 14 GVersG im Licht der deutschen Dogmatik

Die Voraussetzungen des Verbots sind im Art. 14 GVersG erschöpfend bestimmt. Ausschließlicher Grund des Schutzkonzepts des Verbots ist die Gefahr einer groben Störung der öffentlichen Sicherheit. Darunter sind nach dem Wortlaut eine Gefahr für die verfassungsmäßige Ordnung als konkretes kollektives Rechtsgut oder eine Gefahr für das Leben und die Gesundheit der Bürger als Individualrechtsgüter zu verstehen.[495] Weitere Voraussetzung ist die Unmittelbarkeit dieser

---

(Hrsg.), Hb PolG, Kap. D Rn. 47–48; *Hong, M.*, in: Peters, W./Janz, N. (Hrsg.), Hb VersR, Kap. B Rn. 74; weiter *Dürig-Friedl, C.*, in: Dürig-Friedl, C./Enders, C. (Hrsg.), VersR, § 15 Rn. 60.

[491] Dazu *Koll, B.*, Liberales Versammlungsrecht, S. 251; *Sachs, M.*, Staatsrecht II – Grundrechte, S. 484 Rn. 33; *Jarass, H. D.*, in: Jarass, H. D./Pieroth, B., GG, Vorb. vor Art. 1 Rn. 11.

[492] So VG Schleswig, Beschl. v. 27. März 2012 – 3 B 39/12, NordÖR 2012, S. 420; vgl. auch *Peters, W./Janz, N.*, Aktuelle Fragen des Versammlungsrechts, LKV 2016, S. 193 und S. 195. Prognose ist eine Einzelfallentscheidung, die sich für andersgelagerte Situationen nicht pauschalisieren lässt, so vgl. BVerfG, Beschl. v. 27.01.2012 – 1 BvQ 4/12, NVwZ 2012, S. 749.

[493] Dazu *Weiß, N.*, Der Rechtsstaat im Risiko, in: FS für Klein, S. 366. Diese Beweislastregelung sei eine der allgemeinen Regeln des Verwaltungsrechts, die auf die Konzeption der Grundrechte als Abwehrrechte abgestimmt sind; BVerfG, Beschl. v. 04.09.2009 – 1 BvR 2147/09, BeckRS 2009, 38659, Rn. 13; BVerfG, Beschl. v. 01.05.2001 – 1 BvQ 21/01, NJW 2001, S. 2078 f.; BVerfG, Beschl. v. 01.03.2002 – 1 BvQ 5/02, NVwZ 2002, S. 982; weiter OVG Münster, Beschl. v. 21.10.2015 – 15 B 1201/15, BeckRS 2015, 53784, Rn. 10 mwN; VGH München, Beschl. v. 03.10.2014 – 10 CS 14.2156, BeckRS 2014, 57772 mwN; OVG Bautzen, Urt. v. 31.05.2018 – 3 A 199/18, BeckRS 2018, 10906, Rn. 23. Vgl. auch *Müller-Franken, S.*, in: Schmidt-Bleibtreu, B./Hofmann, H./Henneke, H.-G. (Hrsg.), GG, Art. 8 Rn. 48 mwN; *Kniesel, M./Poscher, R.*, in: Lisken, E./Denninger, E. (Hrsg.), Hb PolG, Kap. K Rn. 279.

[494] Vgl. *Enders, C./Hoffmann-Riem, W. u. a.*, ME eines Versammlungsgesetzes, S. 40.

[495] Zum Schutz der Individual- und Gemeinschaftsrechtsgüter im allgemeinen Polizeirecht, die unter dem Begriff der öffentlichen Sicherheit verstanden werden, vgl. *Schenke, W.-R.*, Poli-

Gefahr. Beides muss durch offensichtliche Tatsachen, die von der Polizei geprüft wurden, belegt werden. Schon hier ist zu unterstreichen, dass diese Voraussetzungen für den schwersten Eingriff grundsätzlich auf der Grundlage einer Prognose im Hinblick auf die Unfriedlichkeit der Versammlung zu klären sind.[496]

In dem deutschen Beispiel – § 15 Abs. 1 VersG – wird die Verbotsrechtsfolge mit der unmittelbaren Gefahr für die öffentliche Sicherheit und die öffentliche Ordnung gekoppelt; auf diese Gefährdungslage müssen die zum Zeitpunkt der Entscheidung erkennbaren Umstände hinweisen. Gleiches gilt für den Erlass von Auflagen und die Anordnung der Auflösung. § 15 VersG ist daher eine „zentrale" einheitliche Ermächtigungsgrundlage und gilt als eine „spezielle Ausprägung der allgemeinen polizeilichen Generalklausel".[497] Die Spezialität des Gefahrenabwehrmodells ergibt sich daraus, dass es sich um eine unmittelbare Gefahr für „elementare" Rechts- und Gemeinschaftsgüter handelt, an die die versammlungsrechtliche Beschränkung, u.a. das Verbot der Versammlung, anknüpft.[498] Mit Blick auf den Stellenwert der Versammlungsfreiheit und des Verhältnismäßigkeitsprinzips sei die Voraussetzung der unmittelbaren Gefährdung auch für andere Eingriffe bzw. eingriffsgleiche Maßnahmen zur Einschränkung der Versammlungsfreiheit (z. B. die einschließende polizeiliche Begleitung des Aufzugs) bedeutsam.[499]

Jenseits der expliziten Erwähnung der gefährdeten Rechtsgüter in der georgischen Rechtsnorm ergibt sich ein weiterer Unterschied bezüglich der Tatsachenbasis. Die georgische Behörde muss sich aufgrund der gesetzlichen Bestimmung von den von der Polizei (diese ist selbst nicht Versammlungsbehörde) geprüften

---

zei- und Ordnungsrecht, Rn. 53 ff.; *Tegtmeyer, H./Vahle, J.*, PolG NWR, § 1 Rn. 12–13; *Ullrich, N.*, Das Demonstrationsrecht, S. 396.

[496] Zur Friedlichkeitsprognose s. die frühere Analyse des Friedlichkeitsgebots in Kap. F IV und die spätere Behandlung des Auflösungstatbestands in Kap. H IV 11.

[497] Dazu *Hettich, M.*, VersR in der Praxis, Rn. 126; *Weber, K.*, Grundzüge des Versammlungsrechts, S. 77; *Froese, J.*, Das Zusammenspiel von Versammlungsfreiheit und Versammlungsgesetz, JA 2015, S. 682; *Blanke, H.-J.*, in: Stern, K./Becker, F. (Hrsg.), Grundrechte-Kommentar, Art. 8 Rn. 60 („versammlungsspezifische Standardeingriffe"). Vgl. *Ott, S./Wächtler, H./Heinhold, H.*, Gesetz über Versammlungen und Aufzüge, S. 189 Rn. 1 und S. 199 Rn. 21.

[498] Das BVerfG hat schon in seinem „Brokdorf"-Beschluss auf den Schutz wichtiger, „elementarer" und „gleichwertiger" Rechtsgüter hingewiesen und damit die Beschränkbarkeit der Versammlungsfreiheit in Kollisionsfällen aufgrund dieser speziellen Generalklausel konkretisiert, BVerfGE 69, 315, 353. Dazu auch BVerwG, Urt. v. 26.02.2014 – 6 C 1/13, BeckRS 2014, 47874, Rn. 16aa; *Müller-Franken, S.*, in: Schmidt-Bleibtreu, B./Hofmann, H./Henneke, H.-G. (Hrsg.), GG, Art. 8 Rn. 48; *Sachs, M.*, in: Stern, K. (Hrsg.), Das Staatsrecht IV/1, S. 1268; *Kloepfer, M.*, in: Isensee, J./Kirchhof, P. (Hrsg.), HStR VII, § 164 Rn. 83. Die Eingriffsschwelle sei mit den realen Gefahren für Leib und Leben verbunden, so *Trurnit, C.*, Grundfälle zum Versammlungsrecht, Jura 2014, S. 489.

[499] Dazu *Enders, C./Hoffmann-Riem, W. u. a.*, ME eines Versammlungsgesetzes, S. 40.

offensichtlichen Tatsachen leiten lassen. Dagegen ist die Versammlungsbehörde in Deutschland auf die Angaben der Anmeldung angewiesen, mit denen sich die Versammlungsbehörde zunächst selbst auseinandersetzt.[500] Dabei hängt in Deutschland die Anschaffung der notwendigen Informationen auch von der Organisationsstruktur der Versammlungsbehörden (z. B. die Versammlungsbehörde ist zugleich die Polizeibehörde) ab.[501]

Bei dieser Prüfung hat die georgische Polizei von den erhöhten Anforderungen des Versammlungsrechts auszugehen: Die Verbotsentscheidung erfordert eine unmittelbare Gefährdung der Rechtsgüter als ein „Mehr" im Verhältnis zu der konkreten Gefahrenlage des allgemeinen Polizeirechts.[502] Mangels praktischer Beispiele kann nur vermutet werden, dass die polizeiliche Prüfung versammlungsfreundlich erfolgt und nicht gezielt nach Tatsachen zuungunsten der Versammlung gesucht wird.[503] In Anlehnung an das BVerfG hat das OVG Münster im März 2018 erneut darauf hingewiesen, dass die Behörde die Versammlungszwecke, die aus der Anmeldungsinformation erkennbar werden, grundrechtskonform zu verstehen hat.[504]

aa) Die relevante Gefahr

1) Versammlungsspezifische Gefahren

In der versammlungsrechtlichen Gefahrenprognose reflektiert sich auch das allgemeine Kausalitätsmodell der Gefahrenabwehr.[505] Konkrete und nachvollzieh-

---

[500] Vgl. exemplarisch BVerfG, Beschl. v. 04.09.2009 – 1 BvR 2147/09, BeckRS 2009, 38659, Rn. 15.

[501] Vgl. *Watrin, T.*, Die Gefahrenprognose im Versammlungsrecht, S. 24–25; der Autor behandelt die Fälle, dass Polizei- und Versammlungsbehörde getrennt oder nicht getrennt sind.

[502] Es kann aber angenommen werden, dass die Polizeibeamten in bestimmten Fällen keine eigene Prognose treffen, sondern nur die Informationen im Rahmen der Gefahrerforschung („Ermittlung der Gefahrenlagen") für die Prognoseentscheidung der Versammlungsbehörde sammeln. Dies deutet erneut darauf hin, dass die Versammlungsbehörde eine eigene Gefahrenprognose anzustellen hat. Dabei sind die „Gefahrerforschung" und der „Gefahrerforschungseingriff" in dem georgischen Polizeirecht ebenfalls unerforscht. Zur deutschen Dogmatik *Schenke, W.-R.*, Polizei- und Ordnungsrecht, Rn. 86–91; *Denninger, E.*, in: Lisken, H./Denninger, E. (Hrsg.), Hb PolG, Kap. D Rn. 52; weiter *Gusy, C.*, Gefahraufklärung zum Schutz der öffentlichen Sicherheit und Ordnung, JA 2011, S. 641 ff. Jede „Vorbereitung einer Gefahrenabwehr" muss dabei strikt verhältnismäßig sein und gegebenenfalls im Licht der Versammlungsfreiheit ausgeführt werden; dazu OVG Lüneburg, Urt. v. 24.09.2015 – 11 LC 215/14, NVwZ-RR 2016, S. 99 Rn. 17.

[503] Zu dieser Problematik *Hoffmann-Riem, W.*, Demonstrationsfreiheit auch für Rechtsextremisten?, NJW 2004, S. 2780.

[504] Vgl. OVG Münster, Beschl. v. 19.03.2018 – 15 A 943/17, BeckRS 2018, 5866, Rn. 14 m. V. auf das BVerfG.

[505] Vgl. *Weiß, N.*, Der Rechtsstaat im Risiko, in: FS für Klein, S. 370.

bare Tatsachen müssen sich an das aktuelle Versammlungsgeschehen anknüpfen lassen: Genau aus dieser Versammlung heraus – aus der Art und Weise der Durchführung – müssen die unmittelbaren Gefahren für die öffentliche Sicherheit ausgehen.[506] Die Annahme der Gefahr für die Außenwelt darf nicht nur auf die Größe der Versammlung gestützt werden.[507] Eine ausnahmsweise Inpflichtnahme der Versammlung als Nichtstörer wird bei Vorliegen eines polizeilichen Notstands angenommen, was aber eine besondere Begründung benötigt.[508] Allgemeine Hinweise auf den notwendigen Schutz der öffentlichen Sicherheit, z. B. Terrorgefahr, wenn zugleich der Bezug zum Einzelfall nicht dargelegt wird, können nicht stärker wiegen als die Versammlungsfreiheit.[509]

Es wird daher das Vorliegen einer versammlungsspezifischen Gefahr „aus der Versammlung heraus"[510] und nicht schlicht eine allgemeine konkrete Gefahr des allgemeinen Polizeirechts[511] prognostiziert. Dass eine (unmittelbare) Gefahr vorliegt, rechtfertigt noch nicht den Einsatz der versammlungsrechtlichen Beschrän-

---

[506] Vgl. BVerfGE 69, 315, 353 f.; BVerfG, Beschl. v. 20.12.2012 – 1 BvR 2794/10, BeckRS 2013, 46022; VGH München, Urt. v. 22.09.2015 – 10 B 14.2246, NVwZ-RR 2016, S. 500 Rn. 53.

[507] Vgl. *Bröhmer, J.*, in: Dörr, O./Grote, R./Marauhn, T., EMRK/GG, Kap. 19 Rn. 44; *Trurnit, C.*, Grundfälle zum Versammlungsrecht, Jura 2014, S. 493.

[508] Dazu s. die Behandlung des Art. 12 GVersG in Kap. H IV 6. Diese Dogmatik ist auch in der Rechtsprechung des EGMR reflektiert: ECHR, Plattform „Ärzte für das Leben" v. Austria, Nr. 10126/82, 21.. Juni 1988, § 32; ECHR, Barankevich v. Russia, Nr. 10519/03, 26. Juli 2007, §§ 32–33; ECHR, Alekseyev v. Russia, Nr. 4916/07 und 14599/09, 21. Oktober 2010, § 77; S. *Rainey, B./Wicks, E./Ovey, C.*, The ECHR, S. 521–522. Weiter *Frenz, W.*, Terrorismus und Menschenwürde, DÖV 2015, S. 308–309, der das Verbot der geplanten Demonstrationen in Dresden am 19. Januar 2015 behandelt: Die unmittelbare Gefahr bezog sich in diesem Fall auf einen angedrohten Anschlag auf den Vorsitzenden eines Organisationskomitees. Die Gefahr ging dabei nicht aus der Versammlung heraus, sondern drohte u. a. selbst deren ungehinderte Durchführung. In dieser Lage entfalte auch das Versammlungsgesetz keine Sperrwirkung mehr. Die Schwierigkeit bestehe aber darin, dass ähnlich wie beim Boston-Marathon, sich die Terroristen unbemerkbar unter die Demonstranten mischen können. In diesem Fall realisiere sich die Gefahr durch den Versammlungsablauf. Daher kommt für Frenz hier die Annahme des polizeilichen Notstands (Verbot der angemeldeten und friedlichen Versammlung) zum Schutz des menschlichen Lebens in Betracht. Hinsichtlich der Schwere der Differenzierung der Störer als einsatztaktische Grundlage des polizeilichen Notstands *Tölle, O.*, Polizeiliche Pflichten bei der Inanspruchnahme von Nichtstörern, S. 165.

[509] Hinsichtlich pauschaler Hinweise auf die Terrorgefahr vgl. OVG Münster, Beschl. v. 27.04.2017 – 15 B 491/17, BeckRS 2017, 109526, Rn. 16; ECHR, Lashmankin and Others v. Russia, Nr. 57818/09 und 14 weitere, 7. Februar 2017, §§ 94–96.

[510] Vgl. BVerfG, Beschl. v. 20.12.2012 – 1 BvR 2794/10, BeckRS 2013, 46022; dazu auch *Muckel, S.*, Versammlungsrechtliche Auflage für NPD-Veranstaltung, JA 2013, S. 640; OVG Münster, Beschl. v. 02.10.2015 – 15 B 1201/15, BeckRS 2015, 53784, Rn. 14.

[511] Zur Abgrenzung der versammlungsbezogenen und allgemeinen Gefahren s. auch die Ausführungen zur Sperrwirkung des Versammlungsrechts in Kap. H I 3 b).

kungen zulasten der ganzen Versammlung. Es muss daher zwischen der Gefahr und der Versammlungsdurchführung ein „hinreichend bestimmter Kausalzusammenhang" bestehen.[512] Eine Prognose bezüglich der Verursacher der Gefahr (Störereigenschaft) ist separat anzustellen;[513] aus der Prognose der Gefahr darf nicht automatisch auf die Störereigenschaft geschlossen werden.[514] Die Versammlungsbehörde muss deswegen sowohl das Vorliegen der Gefahrenlage als auch diejenige Erwartung plausibel prognostizieren, dass die Versammlung schlechthin diese Gefahren verursacht.[515] Die spezifische Gefahr wird anhand des versammlungsrechtlichen Instrumentariums (Verbots- bzw. Auflageverfügung oder versammlungsrechtliche Erteilung von Auflagen) bewältigt. Wenn nicht die Versammlung als Ganze, sondern einzelne Teilnehmer oder eine Teilnehmergruppe als Störer die Gefährdung auslösen, dann ist gegen diese, z. B. durch Vorfeldmaßnahmen vor Beginn der Versammlung oder durch späteren Ausschluss der Störer (u. a. als Mitglied einer unfriedlichen Gruppe) vorzugehen.[516] Ihrerseits muss die polizeiliche Prognose, die der Durchführung der eingreifenden [!] Vorfeldmaßnahmen zugrunde liegt, die erforderliche Sicherheit aufweisen: Es reiche nicht aus, wenn nur vage Verdachtsmomente im Vorfeld auf die zukünftige Unfriedlichkeit einzelner Teilnehmer hinweisen.[517]

2) Die Gefahr für die verfassungsmäßige Ordnung

Die Voraussetzung der Verbotsentscheidung, die sich auf die Gefährdung der wichtigsten Rechtsgüter – von Leib und Leben bezieht, impliziert eine Prognose der Unfriedlichkeit schon im Vorfeld der Versammlung. In diesem Fall gelten die höheren verfassungsunmittelbaren Anforderungen, die den Spielraum des

---

[512] In Anlehnung an die polizeirechtliche Zurechnungsdogmatik vgl. *Weber, K.*, Versammlungsverbote, KommJur 2010, S. 172.; *Pieroth, B./Schlink, B./Kniesel, M.*, Polizei- und Ordnungsrecht, § 20 Rn. 4.

[513] Vgl. VG Göttingen, Beschl. v. 29.03.2017 – 1 B 74/17, BeckRS 2017, 106168, Rn. 36 und Rn. 55–57; *Trurnit, C.*, Rechtsprechungsentwicklung zum Versammlungsrecht, NVwZ 2016, S. 875; *Peters, W./Janz, N.*, Aktuelle Fragen des Versammlungsrechts, LKV 2016, S. 195 f.; *Hoffmann-Riem, W.*, Neuere Rechtsprechung des BVerfG zur Versammlungsfreiheit, NVwZ 2002, S. 263.

[514] Zur Heranziehung der allgemeinen Konstruktion der Prognose im Bereich der polizeilichen Gefahrenabwehr VGH Kassel, Beschl. v. 01.02.2017 – 8 A 2105/14, BeckRS 2017, 103690, Rn. 27 und Rn. 57.

[515] Zu dieser Differenzierung vgl. ebd.

[516] Vgl. BVerfG, Beschl. v. 02.11.2016 – 1 BvR 289/15, BeckRS 2016, 55724, Rn. 15–16; BVerfG, Beschl. v. 23.06.2004 – 1 BvQ 19/04, JuS 2004, S. 1096 (Bespr. v. Sachs).

[517] Die Annahme eines herabgesetzten Gewissheitsgrads vor Beginn der Versammlung würde die Versammlungsfreiheit aushöhlen, vgl. BVerfGE 69, 315, 349; so auch BVerfGE 84, 203, 209 (zum Schutz der „sich bildenden Versammlung"). Weiter vgl. VG Lüneburg, Urt. v. 30.03.2004 – 3 A 116/02, BeckRS 2004, 21631, Rn. 29 und Rn. 39.

Rechtsanwenders entsprechend begrenzen. Problematischer ist dagegen in Georgien das Verständnis der weiteren Voraussetzung der verfassungsmäßigen Ordnung, insbesondere wenn bei einer Gefahr für dieses Rechtsgut geringere Anforderungen bestünden und hier auch Fälle jenseits der Unfriedlichkeit subsumiert würden. Die Auslegung dieses Tatbestandsmerkmals erfordert aber die Berücksichtigung des besonderen Stellenwerts der Versammlungsfreiheit und die Begrenzung dieser Voraussetzung durch die anderen Elemente des Tatbestands.

Das GVerfG hat in Anbetracht des gerügten Auflösungstatbestands die verfassungsmäßige Ordnung als „[freiheitliche] demokratische Grundordnung" des Staates definiert, die vor allem auf demokratischen Wahlen (Volkssouveränität) und auf den Prinzipien und Werten der Verfassung beruht.[518] Die (Meinungs-) Freiheitsbetätigung dürfe nicht diese freiheitsermöglichende Verfassungsordnung beeinträchtigen.[519] Dies betreffe aber keine kritischen Meinungsäußerungen sowohl gegen die amtierende Regierung als auch gegen das gesamte politische System, solange die Versammlungen einen friedlichen Charakter haben.[520] Hiernach wird die verfassungsmäßige Ordnung als Friedensordnung des Staates verstanden. Die Abkopplung dieser Tatbestandsvoraussetzung vom Merkmal der Friedlichkeit, indem nicht nur die unfriedlichen Versammlungen, die auf eine Beseitigung („aktive Bekämpfung") dieser verfassungsmäßigen Ordnung abzielen, verboten werden können, würde einen unverhältnismäßigen Eingriff darstellen.

Im deutschen Versammlungsrecht gelten für das Schutzgut der öffentlichen Sicherheit des allgemeinen Polizeirechts mit Blick auf die erhöhten Anforderungen an die Eingriffsschwelle im Versammlungsrecht Besonderheiten. Diese Lage wird im weiteren Verlauf u. a. nach Ullrich geschildert, der auch auf die Begriffsbestimmung der „verfassungsmäßigen Ordnung" eingeht.

Als versammlungsrechtlich relevante Individualrechtsgüter sind die mit der Versammlungsfreiheit gleichwertigen Rechtsgüter Leben, Gesundheit, Vermögen, Bewegungsfreiheit und das allgemeine Persönlichkeitsrecht zu nennen; die persönliche Ehre gehört dagegen nicht dazu.[521] Als kollektive Rechtsgüter, die eine Einschränkung der Versammlungsfreiheit rechtfertigen können, kommen der „Bestand und [die] Funktionsfähigkeit des Staates und seiner Einrichtungen und Veranstaltungen" in Betracht, soweit diese „verfassungsrechtlich hervorgehoben" sind (z. B. Art. 11 Abs. 2 GG; Art. 21 Abs. 2 S. 1 GG; Art. 73 Abs. 1

---

[518] Vgl. die Entscheidung des GVerfG vom 18. April 2011, Nr. 2/482, 483, 487, 502, Kap. II § 89.
[519] Vgl. ebd.
[520] Vgl. ebd.
[521] Dazu *Ullrich, N.*, Das Demonstrationsrecht, S. 396.

Nr. 10b GG).⁵²² Auch der Schutz der freiheitlichen demokratischen Grundordnung, die ebenfalls im GG (z. B. Art. 18 GG als Ausdruck der wehrhaften Demokratie) explizit vorgesehen ist, kann als Grundlage einer Beschränkung der Versammlungsfreiheit dienen.⁵²³

Das BVerfG definiert das Schutzgut der freiheitlichen demokratischen Grundordnung restriktiv und bezieht sich auf die „zentralen Grundprinzipien", die in einem freiheitlichen Verfassungsstaat „unentbehrlich" sind („reduzierter Ansatz").⁵²⁴ Dazu gehören: die Menschenwürdegarantie als Grundlage der „persönlichen Individualität, Identität und Integrität" und „elementare Rechtsgleichheit"; das Demokratieprinzip, das aufgrund der Volkssouveränität die gleiche Teilnahme der Bürger an Wahlen voraussetzt;⁵²⁵ das Rechtsstaatsprinzip, worunter die „Rechtsbindung der öffentlichen Gewalt", die diese kontrollierende Gerichtsbarkeit und das staatliche Gewaltmonopol zu verstehen sind.⁵²⁶ In diesem Sinne schließt die freiheitliche demokratische Ordnung eine „Gewalt- und Willkürherrschaft" aus.⁵²⁷

Die GVerf erwähnt an einer einzigen Stelle die „verfassungsmäßige Ordnung". Artikel 23 GVerf verbietet die Tätigkeit politischer Parteien, deren Zielsetzung u. a. darauf gerichtet ist, die verfassungsmäßige Ordnung des Staates zu stürzen bzw. gewaltsam zu ändern.⁵²⁸ Auch in dieser Verfassungsbestimmung wird die Gefährdung des Rechtsguts an die Gewaltanwendung bzw. an den Bruch des Friedlichkeitsgebots geknüpft.⁵²⁹ Rechtsanwender in Georgien, wo es noch keine gefestigte Praxis gibt, sollten beachten, dass die Versammlungsfreiheit nur aufgrund verhaltensbezogener, nicht dagegen inhaltsbezogener Tatsachen beschränkt werden darf.⁵³⁰ Dies ist laut Rechtsprechung des BVerfG und des BVerwG auch dann der Fall, wenn es sich um das Verbot einer Partei oder einer

---

⁵²² Ebd., S. 398. So auch *Papier, H.-J./Durner, W.*, Streitbare Demokratie, AöR 128 (2003), S. 355 f.
⁵²³ So *Ullrich, N.*, Das Demonstrationsrecht, S. 398 f.
⁵²⁴ Dazu *Grzeszick, B./Rauber, J.*, in: Schmidt-Bleibtreu, B./Hofmann, H./Henneke, H.-G. (Hrsg.), GG, Art. 21 Rn. 135; hingewiesen wird auf BVerfG, NJW 2017, S. 611 (S. 619 Rn. 535).
⁵²⁵ Vgl. ebd.
⁵²⁶ Vgl. ebd.; weiter *Papier, H.-J./Durner, W.*, Streitbare Demokratie, AöR 128 (2003), S. 356.
⁵²⁷ Vgl. *Baudewin, C.*, Der Schutz der öffentlichen Ordnung, Rn. 466 m. V. auf BVerfGE 2, 1, 12 f.
⁵²⁸ Nach der Verfassungsreform 2017 hat Art. 23 den früheren Art. 26 ersetzt.
⁵²⁹ Vgl. die Kommentierung der Bestimmung von *Khantaria, B.*, in: Kommentar der georgischen Verfassung, Kap. II, Art. 26.
⁵³⁰ Dazu *Ullrich, N.*, Das Demonstrationsrecht, S. 399. Vgl. auch *Sachs, M.*, in: Stern, K. (Hrsg.), Das Staatsrecht IV/1, S. 1237.

Vereinigung wegen „institutionalisierter Verfassungsfeindlichkeit" handelt.[531] Die genannten Verfassungsnormen des Art. 18 und Art. 21 Abs. 2 GG lassen die Bekämpfung der freiheitlichen demokratischen Grundordnung erst dann nicht zu, wenn dies „durch über Äußerungen hinausgehendes Verhalten" („aktives Handeln") bezweckt wird.[532] Einerseits erfordert der Schutzbereich der Meinungsfreiheit, die für die während des Versammlungsablaufs geäußerten Meinungen als *lex specialis* gilt, und andererseits verlangt die Neutralitätspflicht des Staates und das damit verbundene Wertungsverbot im versammlungsrechtlichen Kontext Folgendes: Die Gefahren für die freiheitliche demokratische Grundordnung müssen „vom Handeln" der Versammlungsteilnehmer ausgehen und nicht von den u. a. verfassungsfeindlichen Inhalten, die während der Versammlung kundgegeben werden.[533]

---

[531] Vgl. BVerfG, Beschl. v. 01.05.2001 – 1 BvQ 22/01, NJW 2001, S. 2077; das BVerfG beanstandete die fachgerichtlichen Feststellungen, die die „Privilegierung der politischen Parteien" missachteten. Die wehrhafte Demokratie sieht in diesen Artikeln des GG einen intensivierten Schutz vor, da sich die Verfassungsfeindlichkeit in Vereinen und Parteien in gefährlicher Weise institutionalisiert; die Versammlungen sind auch im Fall der Verfassungsfeindlichkeit im Vorfeld der Institutionalisierung geschützt, so *Poscher, R.*, Neue Rechtsgrundlagen gegen rechtsextremistische Versammlungen, NJW 2005, S. 1316. 2012 hat das BVerfG einen interessanten Fall eines Versammlungsverbots behandelt, in dem es um zwei Versammlungen ging, die von den früheren verantwortlichen Personen eines verbotenen Vereins veranstaltet worden waren; BVerfG, Beschl. v. 31.08.2012 – 1 BvR 1840/12, BeckRS 2012, 56808, Rn. 5. Dabei hat das BVerfG im Wege der Folgenabwägung des Eilrechtsschutzes die verwaltungsgerichtliche Beurteilung geteilt. Danach stellten die Versammlungen offensichtlich eine Fortsetzung der Tätigkeit der verbotenen Vereinigung dar. Solche Versammlungen wurden auch in der Vergangenheit als ein „zentrales, identitätsstiftendes Ereignis" der Vereinigung veranstaltet. Der Bf. gehörte zur „Leitungsebene" der verbotenen Vereinigung. Die Versammlungen würden somit den „organisatorischen Zusammenhalt" der Vereinigung „aufrechterhalten bzw. festigen" (ebd., Rn. 7).

[532] Dazu vgl. *Grzeszick, B./Rauber, J.*, in: Schmidt-Bleibtreu, B./Hofmann, H./Henneke, H.-G. (Hrsg.), GG, Art. 21 Rn. 137; *Ullrich, N.*, Das Demonstrationsrecht, S. 400 m. V. auf das BVerfG und BVerwG; s. auch *Brenner, M.*, in: Mangoldt, H. v./Klein, F./Starck, C. (Hrsg.), GG, Art. 18 Rn. 22: Die Missbrauchsfälle werden von der Verfassung bis zur „Aktualisierung" der spezifischen Missbrauchsschranke in dem Verwirkungsausspruch des BVerfG geduldet. „Die streitbare Demokratie des Grundgesetzes ist präventive Abwehr im Vorfeld und zur Vorbereitung der polizeilichen Gefahrenabwehr."; *Papier, H.-J./Durner, W.*, Streitbare Demokratie, AöR 128 (2003), S. 357.

[533] Vgl. *Ullrich, N.*, Das Demonstrationsrecht, S. 399; *Hettich, M.*, VersR in der Praxis, Rn. 133; *Hong, M.*, in: Peters, W./Janz, N. (Hrsg.), Hb VersR, Kap. B Rn. 150.

3) Die Gefahr für die öffentliche Ordnung

Ein Verstoß gegen die öffentliche Ordnung kann gemäß Art. 14 GVersG ein Verbot nicht rechtfertigen.[534] Eingriffsbefugnisse zum Schutz der „öffentlichen Ordnung" sehen auch sonstige Normen nicht vor. Auch die polizeilichen Standardmaßnahmen des noch recht neuen PolG von 2013 sprechen nur vom Schutz der öffentlichen Sicherheit. Die allgemeine Aufgabennorm des Art. 2 des PolG definiert den Begriff der öffentlichen Ordnung ähnlich wie im deutschen Recht. Danach handelt es sich beim Schutzgut der öffentlichen Ordnung um ungeschriebene soziale und ethische Anschauungen der Gesellschaft, die in einem geordneten Zusammenleben vorausgesetzt werden. Das Gesetz sieht ausdrücklich vor, dass diese Anschauungen nur dann geschützt werden, wenn diese der Verfassung entsprechen.[535] Die Tendenz, die öffentliche Ordnung nicht als Grund für eine Verbots- und Auflösungsentscheidung zuzulassen, zeigt sich auch in den Versammlungsgesetzen der deutschen Bundesländer.[536] Die allgemeine Skepsis im Polizeirecht gegenüber der Unbestimmtheit des Schutzguts der gesellschaftlichen Anschauungen (als außerrechtliches Phänomen der Moral) wird hier nicht weiter behandelt.[537] Zu unterstreichen ist die Unterscheidung zwischen dem Staat und der Gesellschaft, die u. a. erfordert, dass die Polizei nicht für die allgemeine „Wohlfahrt" der Gesellschaft zu sorgen hat. Dieses Argument gegen die „gute Polizey", das die eigentliche Grundlage des materiellen Verständnisses der Polizeiaufgaben darstellt,[538] lässt die Funktion der Polizei als „Rechtsfunktion" begreifen.[539] Würden zudem die gesellschaftlichen Wertvorstellungen mit den verfassungsrechtlichen Werten gleichgesetzt (vor allem der Würde des Menschen),

---

[534] Anders aber *Beraia, I./Gelasvili, N./Giorgishvili, K./Isoria, L. u. a.*, Polizeirecht, S. 296. Hier scheinen die Autoren durch die deutsche Verbotsregelung in § 15 Abs. 1 VersG beeinflusst zu sein.

[535] Vgl. *Beraia, I./Gelasvili, N./Giorgishvili, K./Isoria, L. u. a.*, Polizeirecht, S. 109; zum deutschen Verständnis *Baudewin, C.*, Der Schutz der öffentlichen Ordnung, Rn. 14; vgl. *Schenke, W.-R.*, Polizei- und Ordnungsrecht, Rn. 62–68; Rn. 59b: Im europäischen Gemeinschaftsrecht und in der EMRK wird der Begriff der öffentlichen Ordnung anders definiert: Es handelt sich nicht um die Wahrung der gesellschaftlichen Wertvorstellungen (Moral), sondern um die Wahrung der Rechtsordnung. Es bedürfe eines Bezugs zur zivilen bzw. politischen Struktur einer Gesellschaft, *Korte, J.*, in: Calliess, C./Ruffert, M. (Hrsg.), EUV/AEUV, Art. 52 Rn. 11–12; vgl. *Frey, M./Pfeifer, L.*, Der ordre public – die öffentliche Ordnung, EuR 2015, S. 721 ff.

[536] Vgl. *Ullrich, N.*, Das Demonstrationsrecht, S. 404 mwN; *Hoffmann-Riem, W.*, Der „Musterentwurf eines Versammlungsgesetzes", S. 39.

[537] Vgl. *Baudewin, C.*, Der Schutz der öffentlichen Ordnung, Rn. 36 ff.

[538] Vgl. das „Kreuzberg"-Urteil von 1882 als Abkehr von der Idee der sog. „guten Polizey" *Schenke, W.-R.*, Polizei- und Ordnungsrecht, Rn. 5.

[539] Die Funktion der Polizei sei „Rechtsfunktion", dazu *Ullrich, N.*, Das Demonstrationsrecht, S. 412 mwN.

so würde diese „verfassungsrechtliche Aufladung" der öffentlichen Ordnung die Trennlinie zur öffentlichen Sicherheit noch unschärfer machen.[540]

Schon in dem „Brokdorf"-Beschluss hat das BVerfG festgestellt, dass allein die Gefährdung der öffentlichen Ordnung die Anordnung des schwerwiegenden Versammlungsverbots nicht rechtfertigen kann.[541] Eine Gefährdung der öffentlichen Ordnung unterhalb der Schwelle der Unfriedlichkeit ist durch Auflagen zu bewältigen.[542] In Anlehnung an das BVerfG, im Gegensatz zur Ansicht des OVG Münster, beschreibt Hong die Untauglichkeit des Begriffs der öffentlichen Ordnung in versammlungsrechtlichen Kontexten in zweierlei Hinsicht:[543] Einerseits erfordert der Vorbehalt des Gesetzes für Grundrechtseingriffe in einer pluralistischen Demokratie „geschriebene", und zwar bestimmte (gesetzliche) Voraussetzungen; andererseits lässt die Spezifik der Versammlungsfreiheit als Recht der Minderheiten, womit auch die staatlichen Schutzpflichten entsprechend auszugestalten sind, eine Beschränkung zugunsten einer Mehrheitsmeinung als „illegitim" erscheinen.[544] Baudewin spricht zudem die Risiken der Gefahreneinschätzung an, die durch die subjektiven Vorstellungen des Amtsträgers hinsichtlich Moral, Politik, Sexualität, Kultur und Religion beeinflusst werden.[545] Eine Abstimmung der „Objektivität und Rationalität des Rechts" mit der „Subjektivität und Relativität von Werten" ist daher gerade im Fall einer Verbotsentscheidung schwierig.[546] Der Meinungsbildungsprozess hat ohne staatliche Regulierung abzulaufen; Gleiches gilt für die Meinungsäußerung in ihrer geistigen Wirkung.[547]

---

[540] Dazu *Brenneisen, H.*, in: Brenneisen, H./Wilksen, M. (Hrsg.), VersR, S. 327 f.; *Baudewin, C.*, Der Schutz der öffentlichen Ordnung, Rn. 369, m. V. auf Brühning, der die öffentliche Ordnung mit der freiheitlichen demokratischen Grundordnung gleichsetze. Vgl. auch *Röger, R.*, Demonstrationsfreiheit für Neonazis?, S. 39.

[541] BVerfGE 69, 315, 353. Dazu *Hettich, M.*, VersR in der Praxis, Rn. 206 und zu den Ausnahmen ebd., Rn. 143; *Weber, K.*, Grundzüge des Versammlungsrechts, S. 80; dies gilt auch beim inhaltsneutralen Verbot, so *Waechter, K.*, Die Vorgaben des BVerfG für das behördliche Vorgehen, VerwArch 2008, S. 82.

[542] Vgl. *Blanke, H.-J.*, in: Stern, K./Becker, F. (Hrsg.), Grundrechte-Kommentar, Art. 8 Rn. 62; *Müller-Franken, S.*, in: Schmidt-Bleibtreu, B./Hofmann, H./Henneke, H.-G. (Hrsg.), GG, Art. 8 Rn. 51–54.

[543] Vgl. BVerfGE 111, 145, 155 f.

[544] Vgl. *Hong, M.*, in: Peters, W./Janz, N. (Hrsg.), Hb VersR, Kap. B Rn. 134–135, er bringt zudem das Argument des Wesensgehalts der Freiheit auf den Punkt (m. V. auf BVerfGE 111, 145). Aus diesem Grunde kann der Verweis auf das Strafrecht, das die (außerrechtliche] öffentliche Ordnung u. a. über die „Verwerflichkeitsklausel" in das Recht transportiere, nicht auf die freiheitsermöglichende Natur des Versammlungsrechts übertragen werden, so aber *Battis, U./ Grigoleit, K. J.*, Rechtsextremistische Demonstrationen und öffentliche Ordnung, NJW 2004, S. 3461.

[545] Vgl. *Baudewin, C.*, Der Schutz der öffentlichen Ordnung, Rn. 15.

[546] Vgl. *Papier, H.-J.*, Grundgesetz und Werteordnung, in: FS für Stern, 2012, S. 552.

[547] Beim Schutz der öffentlichen Ordnung handele es sich dabei nur um das *forum exter-*

IV. Das Gesetz „Über Versammlungen und Manifestationen" vom 12. Juni 1997 309

Laut Ullrich lässt sich der Begriff der öffentlichen Ordnung auch durch die Rechtsprechung kaum konkretisieren, da dieser begriffsnotwendig „immer wieder" auf eine neuartige Bestimmung angewiesen sei.[548]

Die Fälle der Gefährdung der öffentlichen Ordnung werden in Deutschland meistens bei Versammlungen mit national-sozialistischem Gedankengut mit einschüchternden Wirkungen für Außenstehende erörtert.[549] Auch in diesem „präpositiven" geschichtlichen Verständnis gilt aber, dass die „demonstrative Gewaltbereitschaft"[550] auf einer „verhaltensbezogenen" – Art und Weise der Versammlungsdurchführung – und nicht auf „meinungsbezogenen" Tatsachen beruhen darf.[551] Dazu bezieht sich Poscher auf den Schutz vor „ungeistigen" Einschüchterungs- und Bedrohungshandlungen.[552] Dies ist nur dann relevant,

---

num, nicht dagegen um das *forum internum*, dazu *Baudewin, C.*, Der Schutz der öffentlichen Ordnung, Rn. 20 und Rn. 357.

[548] Vgl. *Ullrich, N.*, Das Demonstrationsrecht, S. 408 f.

[549] Zur geschichtlichen Kontextbezogenheit in unterschiedlichen Ländern vgl. ECHR, Fáber v. Hungary, Nr. 40721/08, 24. Juli 2012, § 58. Bezüglich eines paramilitärischen Aufmarsches, der sich per se mit den Riten und Symbolen der national-sozialistischen Gewaltherrschaft identifiziere und durch Wachrufen der Schrecken die Bürger einschüchtere, *Battis, U./ Grigoleit, K. J.*, Rechtsextremistische Demonstrationen und öffentliche Ordnung, NJW 2004, S. 3461; *Hettich, M.*, VersR in der Praxis, Rn. 143 m. V. auf BVerfGE 111, 147, 156; dagegen gefährde die Versammlung nicht die öffentliche Ordnung, wenn sie am 8. Mai mit dem Thema „Tag der Ehre, nicht der Befreiung" auf dem Münchner Marienplatz durchgeführt wird, auch wenn Goebbels dort eine Rede gehalten habe (ebd., Rn. 143 m. V. auf VGH München). Kritisch gegenüber der Heranziehung der öffentlichen Ordnung während der einschüchternden Gestaltungsmodalitäten der Versammlung *Limmer, M.*, Rechtliche Grenzen der Einschüchterung im Versammlungsrecht, S. 265.

[550] Begriffsprägung von *Battis, U./Grigoleit, K. J.*, Neue Herausforderungen für das Versammlungsrecht, NVwZ 2001, S. 125.

[551] So vgl. BVerfGE 111, 147, 156 f.; im Anschluss daran vgl. BVerwG, Urt. v. 26.02.2014 – 6 C 1/13, BeckRS 2014, 47874, LS 1 und LS 3 sowie Rn. 13a. Dazu, im Kontext der berühmten Auseinandersetzung zwischen dem OVG Münster und der ersten Kammer des ersten Senats des BVerfG, *Bühring, P.*, Demonstrationsfreiheit auch für Rechtsextremisten?, S. 7–14. Das OVG Münster versuchte die Versammlungsfreiheit als „politisch korrekte Demonstrationsfreiheit" zu verstehen, indem es das Verbot der Versammlung auch unterhalb des Strafrechts und des verfassungsunmittelbaren Friedlichkeitsgebots rechtfertigte; so *Depenheuer, O.*, in: Maunz, T./Dürig, G. (Hrsg.), GG, Art. 8 Rn. 40. Entgegen der Auffassung des OVG Münster war auch in diesen Fällen die Gefährdungslage durch die Auflagen, nicht dagegen durch das Verbot der Versammlungen der NPD (wegen einer unmittelbaren Gefährdung der öffentlichen Ordnung) zu bewältigen. Der in 2001 begonnene Meinungsstreit wurde durch die Entscheidung des ersten Senats vom 23. April 2004 endgültig geklärt. Das OVG Münster hatte folglich die Reichweite des Schutzgehalts der Meinungsfreiheit nicht beachtet. Dazu *Leist, W.*, Versammlungsrecht und Rechtsextremismus, S. 207 f.

[552] *Poscher, R.*, Neue Rechtsgrundlagen gegen rechtsextremistische Versammlungen, NJW 2005, S. 1317 und S. 1318: Es gehe um „Äußerungshandlungen, die einen illegitimen, nicht argumentativen Einfluss auf den Meinungsbildungsprozess nehmen wollen".

wenn „ein Klima der Gewaltdemonstration und potenzieller Gewaltbereitschaft" (als unmittelbare Gefährdung) erzeugt wird.[553] Wie der Richter des EGMR, Pinto de Albuquerque, unterstreicht, kann die Geschichte allein die inhaltlichen Einschränkungen nicht rechtfertigen.[554]

Provokative Versammlungen, wie z. B. eine „Nacktradeldemo" in Deutschland,[555] würde die Sanktionierung der Teilnehmer aufgrund des OWiGB (Art. 166, Störung der Allgemeinheit) zur Folge haben. Dadurch würde die Versammlung tatsächlich ein Ende finden. Im Fall der vorherigen Anmeldung würde der Veranstalter entsprechend verwarnt und darauf hingewiesen, dass beim Verstoß gegen das OWiGB eine Sanktion droht. In der Praxis sind solche Fälle nicht vorgekommen.

4) Sonstige Gefahren

Neben den Eingriffsgrundlagen, die für das Verbot an die Unfriedlichkeit der Versammlung anknüpfen, gibt es weitere Gründe, die eine Verbotsentscheidung rechtfertigen können. In Deutschland sind dies meinungsbezogene Straftaten mit Bezug zur nationalsozialistischen Gewalt- und Willkürherrschaft (§ 130 Abs. 3 und Abs. 4 StGB)[556] sowie die Beeinträchtigung von Persönlichkeitsrechten, wenn beispielsweise vor Wohnhäusern eine Versammlung durchgeführt wird.[557] In Georgien ist der in das materielle Strafrecht neu eingeführte Volksverhetzungstatbestand von Bedeutung. Der Wortlaut der Auflösungsregelung beinhaltet einen direkten Verweis zum Volksverhetzungstatbestand des Strafrechts;[558] eine solche Gefährdungslage kann weiter unter den Verbotsgrund – unmittelbare Gefahr für die verfassungsmäßige Ordnung – subsumiert werden.

Der Schutz des Persönlichkeitsrechts während der Durchführung der Versammlung vor Privatwohnungen ist wiederum vorrangig durch die Erteilung von Auflagen zu gewährleisten. Allerdings kann sich eine Modifizierung des Ortes

---

[553] BVerfGE 111, 147, 157. Kritisch zu „imaginierten" Grenzen zwischen der „Art und Weise" der Veranstaltung und dadurch zum Ausdruck gebrachten Meinungsinhalten *Battis, U./ Grigoleit, K. J.*, Rechtsextremistische Demonstrationen und öffentliche Ordnung, NJW 2004, S. 3460.

[554] Vgl. die Anmerkung des Richters Pinto de Albuquerque in seiner übereinstimmenden Meinung; ECHR, Fáber v. Hungary, Nr. 40721/08, 24. Juli 2012: „[H]istory cannot be a panacea for content control of speech and expression."

[555] Dazu *Hettich, M.*, VersR in der Praxis, Rn. 134.

[556] Vgl. die Versammlungsverbote wegen befürchteter strafbarer Äußerungen *Dahm, D./ Peters, W.*, Aktuelle Fragen des Versammlungsrechts, LKV 2012, S. 444–445; weiter *Hettich, M.*, VersR in der Praxis, Rn. 206 (er zählt auch die Gefahr des Verwendens von Symbolen einer verbotenen Vereinigung zu den gerechtfertigten Verbotsgründen).

[557] Dazu *Dürig-Friedl, C.*, in: Dürig-Friedl, C./Enders, C. (Hrsg.), VersR, Rn. 121–127.

[558] S. die nachfolgende Behandlung des Auflösungstatbestands in Kap. H IV 11 a) cc) 1).

faktisch wie ein Verbot auswirken, wenn die örtliche Nähe zum Adressaten der Versammlung für die Erreichung des Versammlungszwecks entscheidend ist.[559] Der Schutz des Persönlichkeitsrechts, der die ungestörte Gestaltung des Privatlebens sichert und im Fall einer Kollision mit der Versammlungsfreiheit vorgehen soll, war Gegenstand einer Entscheidung des GVerfG von 2011. Angegriffen wurde die Norm, die Versammlungen vor der Wohnung eines Richters verboten hat. Das Gericht erachtete die Norm aber als verfassungskonform mit Blick auf den notwendigen Schutz der privaten Lebensgestaltung des Richters und seiner Familienmitglieder. Es sei nicht gerechtfertigt, auf diese Weise die Tätigkeit des Richters zu beeinflussen; kritische Meinungen, deren Adressat der Richter sei, könnten an einem anderen Ort, u. a. in der Nähe von Gerichtsgebäuden, kundgetan werden.[560] Diese Verbotsnorm mit dem Ziel, die Privatsphäre des Richters zu schützen, wurde dennoch aufgehoben. Der Gesetzgeber hat damit anscheinend bezweckt, dass die Beschränkung einer Versammlung durch dieses „Flächenverbot" mit Blick auf Persönlichkeitsrechte allein im Wege einer Güterabwägung im Einzelfall nach Art. 11^2 GVersG ergehen kann. Problematisch ist in Anbetracht des Bestimmtheitsgrundsatzes, dass Art. 11^2 *expressis verbis* eine Post-factum-Prognose regelt; im Vorfeld der Versammlung ist nur eine Empfehlung gemäß Art. 10 GVersG vorgesehen.[561]

bb) Die Unmittelbarkeit der Gefahr

Die wichtigste Modifizierung der behördlichen Prognose im Rahmen des Versammlungsgesetzes beinhaltet das zentrale Tatbestandmerkmal der Unmittelbarkeit der Gefahr. Dies trägt dem Spezialitätsgedanken des Versammlungsrechts Rechnung, indem der Begriff der konkreten Gefahr des allgemeinen Gefahrenabwehrrechts durch die besondere Gefahr „erheblicher Störungen" ersetzt

---

[559] Vgl. OVG LSA, Beschl. v. 08.06.2012 – 3 M 292/12, DÖV 2013, S. 161. Das Versammlungsverbot wurde als gerechtfertigt angesehen. Die Versammlung richtete sich in einer kleinen Gemeinde gegen die Wohnsitznahme ehemaliger Sexualstraftäter. Die Gesamtbetrachtung der Umstände veranlasste die Behörde zu der Annahme, dass die aggressive Stimmung, womöglich nicht während des Versammlungsablaufs, wohl aber im Anschluss daran das Zusammenleben massiv stören und u. a. zu Übergriffen auf diese Personen führen würde. Angenommen wurde das Vorliegen der Gefahr einer pogromartigen Verfolgungslage. Dazu auch *Groscurth, S.*, in: Peters, W./Janz, N. (Hrsg.), Hb VersR, Kap. G Rn. 64. Vgl. weiter *Gässner, K.*, Die Rechtsprechung zur Versammlungsfreiheit, S. 102 m. V. auf die Entscheidung des BVerfG; hier wurde das Verbot einer Mahnwache vor dem Elternhaus von Erich Honecker als verhältnismäßig angesehen; in dem Haus wohnte noch die Schwester der Politiker.
[560] Vgl. die Entscheidung des GVerfG vom 18. April 2011, Nr. 2/482, 483, 487, 502, Kap. II §§ 67–68.
[561] S. die frühere Behandlung des Art. 10 in Kap. H IV 5 c) und die spätere Analyse der Anordnung der Auflage in Kap. H IV 8 a).

wird.⁵⁶² Dieser Grad der Wahrscheinlichkeit gilt nicht als bestätigt, wenn nicht auszuschließen ist, dass eine Gefahr aus der Versammlung heraus entsteht.⁵⁶³ Wann eine Gefahr unmittelbar droht, ist im Art. 14 GVersG nicht definiert. Dieser unbestimmte Rechtsbegriff ist, im Unterschied zur Lage in Deutschland, auch durch die Praxis nicht konkretisiert.⁵⁶⁴ Eine erhöhte Anforderung an den Gefahrenbegriff, die mehr als die konkrete Gefahr des Polizeirechts beinhaltet,⁵⁶⁵ ist in zweierlei Hinsicht erforderlich: Einerseits wird dies als verfassungsrechtliche Folge des Selbstbestimmungsrechts des Veranstalters betrachtet, das nur in dem besonderen Fall einer Gefahr einschränkbar ist (darauf gründet auch die verfassungsrechtliche Sperrwirkung des Versammlungsrechts);⁵⁶⁶ andererseits sind die Anmeldepflicht und die Vorschaltung des Kooperationsverfahrens vor oder auch während der Versammlungsdurchführung bedeutsam. Beides ermöglicht der Versammlungsbehörde, sich einen Eindruck über den zu erwartenden Situationsablauf zu verschaffen und eine eigene (Sicherheits-)Strategie vorzubereiten.⁵⁶⁷ Im Unterschied dazu handelt die Polizei in allgemeinen gefahrenabwehrrechtlichen Standardlagen in einem defizitären zeitlichen Rahmen, d.h. in Zeitnot.⁵⁶⁸

Die georgische Verwaltungspraxis gibt noch keine Auskunft darüber, ob insofern die zeitliche Nähe des Schadenseintritts oder aber die besonders intensive Gefährdung der Rechtsgüter entscheidend ist.⁵⁶⁹ Die Formel, dass je höherrangi-

---

⁵⁶² Vgl. *Denninger, E.*, in: Lisken, H./Denninger, E. (Hrsg.), Hb PolG, Kap. D Rn. 42. Zum ähnlichen Verständnis im georgischen Polizeirecht *Beraia, I./Gelasvili, N./Giorgishvili, K./Isoria, L. u. a.*, Polizeirecht, S. 114 ff.; BVerfG, Beschl. v. 27.01.2012 – 1 BvQ 4/12, NVwZ 2012, S. 750, das Gericht stellte auf „die Gefahr erheblicher und in der Kürze der Zeit nicht mehr zu kontrollierender Störungen der öffentlichen Sicherheit" ab.

⁵⁶³ Vgl. BVerfG, Beschl. v. 01.05.2001 – 1 BvQ 21/01, NJW 2001, S. 2078–2079; *Muckel, S.*, Versammlungsverbot, JA 2016, S. 79; falls später aber unfriedliche Ereignisse (als hinnehmbares Risiko] eintreten, dann kommt u. a. eine Auflösungsanordnung in Betracht.

⁵⁶⁴ Dazu *Dürig-Friedl, C.*, in: Dürig-Friedl, C./Enders, C. (Hrsg.), VersR, § 15 Rn. 52.

⁵⁶⁵ Zur qualifizierten Gefahrenlage s. *Schenke, W.-R.*, Polizei- und Ordnungsrecht, Rn. 78 m. V. auf die Literatur und Rechtsprechung; *Groscurth, S.*, in: Peters, W./Janz, N. (Hrsg.), Hb VersR, Kap. G Rn. 76; s. *Giorgishvili, K.*, Die Eigenartigkeit der polizeilichen Gefahrenabwehr, in: Zeitschrift für Verwaltungsrecht, Nr. 2 (2016), S. 88.

⁵⁶⁶ S. zuvor die Analyse der Sperrwirkung des Versammlungsrechts in Kap. H I 3.

⁵⁶⁷ So *Beraia, I./Gelasvili, N./Giorgishvili, K./Isoria, L. u. a.*, Polizeirecht, S. 298.

⁵⁶⁸ Zur „sehr seltenen" Ausnahme bei Gefahr im Verzug vgl. *Hettich, M.*, VersR in der Praxis, Rn. 211. Zum „geringen Zeitdruck" der Versammlungsbehörde *Watrin, T.*, Die Gefahrenprognose im Versammlungsrecht, S. 17. Anders hinsichtlich der Vollzugspolizei *Knape, M./Schönrock, S.*, Die Verbindung von Recht und Taktik, S. 177.

⁵⁶⁹ Wegen der Intensität der Gefährdung könne die unmittelbare Gefahr jederzeit zu einer Verletzung der Schutzgüter führen; die zeitliche Komponente sei daher nicht mehr relevant; *Lassahn, P.*, Unerwünschte Gesellschaft, JuS 2016, S. 733 m. V. auf Dietel, A./Gintzel, K./Kniesel, M.. Anders s. *Laubinger, H.-W./Repkewitz, U.*, Die Versammlung in der verfassungs-

ger das bedrohte Rechtsgut ist, desto geringere Anforderungen an die Wahrscheinlichkeit eines Schadenseintritts gestellt werden, dürfte nur bedingt (vor allem bei Gefährdung des Lebens und der Gesundheit) gelten.[570] Es ist in beiden Rechtsordnungen kein allgemein geltendes Rangverhältnis der Schutzgüter normiert.[571] Die Schutzwürdigkeit der kollidierenden rechtlichen Interessen wird jeweils im Wege der Güterabwägung im Einzelfall festgestellt.[572] Im Fall des Versammlungsverbots ist die Schutzbedürftigkeit der konkreten Rechtsgüter schon vom georgischen Gesetzgeber vorgegeben. Die explizite Nennung des besonders wichtigen Schutzgutes (vor allem Leib und Leben des Individuums) kann aber nicht in dem Sinne verstanden werden, dass der Rechtsanwender (zumal im Rahmen der Ermessensentscheidung) nicht mehr abzuwägen bzw. dass automatisch der Schutz anderer Rechtsgüter gegenüber der Versammlungsfreiheit Vorrang hat. Ebenso wenig ist die Annahme gerechtfertigt, dass (als Minus) keine Auflagen erteilt werden können.[573] Die Ermessensbetätigung impliziert die Prüfung, ob ein milderes Mittel existiert.[574] Das BVerfG hat schon im „Brokdorf"-Beschluss unterstrichen, dass an diesen Gedanken der Verhältnismäßigkeit nicht nur das Auswahl-, sondern auch das Entschließungsermessen gebunden ist.[575] Die Unmittelbarkeit der Gefahr und die besondere Bedeutung

---

und verwaltungsgerichtlichen Rechtsprechung, VerwArch 93 (2002), S. 172; *Pieroth, B./ Schlink, B./Kniesel, M.*, Polizei- und Ordnungsrecht, § 21 Rn. 25; *Brenneisen, H.*, in: Brenneisen, H./Wilksen, M. (Hrsg.), VersR, S. 326. Die beiden Ansätze werden miteinander verbunden bei *Groscurth, S.*, in: Peters, W./Janz, N. (Hrsg.), Hb VersR, Kap. G Rn. 75. In diese Richtung *Ullrich, N.*, Das Demonstrationsrecht, S. 429: Es komme sowohl auf den Grad der Wahrscheinlichkeit als auch auf die zeitliche Komponente an.

[570] Vgl. *Schenke, W.-R.*, Polizei- und Ordnungsrecht, Rn. 77 mwN. Dazu auch BVerfGE 39, 1, 42 („Schwangerschaftsabbruch I"): „Die Schutzverpflichtung muss um so ernster genommen werden, je höher der Rang des in Frage stehenden Rechtsguts innerhalb der Wertordnung des Grundgesetzes anzusehen ist."

[571] Dazu vgl. *Blankenagel, A.*, Effizienter Grundrechtsschutz, S. 11 f.; *Stern, K.*, in: Stern, K. (Hrsg.), Das Staatsrecht III/2, S. 828 f.; *Giorgishvili, K.*, Die Eigenartigkeit der polizeilichen Gefahrenabwehr, in: Zeitschrift für Verwaltungsrecht, Nr. 2 (2016), S. 89.

[572] Vgl. *Dürig-Friedl, C.*, in: Dürig-Friedl, C./Enders, C. (Hrsg.), VersR, § 15 Rn. 29.

[573] Die Minusmaßnahme kann angeordnet werden, wenn das Gesetz nur einen schweren Eingriff regelt, das Verhältnismäßigkeitsprinzip aber ein milderes Mittel fordert, vgl. *Jenssen, K.*, Die versammlungsrechtliche Auflage, S. 34; *Knape, M./Schönrock, S.*, Die Verbindung von Recht und Taktik, S. 168; diese sprechen hinsichtlich der Minusmaßnahmen von einem „Zusammenspiel zwischen versammlungsgesetzlicher Norm auf der Tatbestandsseite und allgemein polizeirechtlicher Befugnis auf der Rechtsfolgenseite".

[574] Vgl. *Brenneisen, H.*, in: Brenneisen, H./Wilksen, M. (Hrsg.), VersR, S. 329. Vgl. auch *Enders, C./Hoffmann-Riem, W. u. a.*, ME eines Versammlungsgesetzes, S. 39; vorgeschlagen wird in § 13 (Ersatz für 15 VersG) Abs. 2: „Verbot oder Auflösung setzen voraus, dass Beschränkungen nicht ausreichen."

[575] BVerfGE 69, 315, 353.

der Schutzgüter können aber zu einer Reduzierung des behördlichen Ermessens führen.[576]

Gemäß dem BVerfG wird die unmittelbare Gefährdung an eine Sachlage angeknüpft, die bei ungehindertem Geschehensablauf mit hoher Wahrscheinlichkeit zu einem Schaden für die mit der Versammlungsfreiheit kollidierenden Interessen führt.[577] Dabei ist zu unterstreichen, dass die Unmittelbarkeit der Gefahr als unbestimmter Rechtsbegriff nicht in dem Sinne zu konkretisieren ist, dass es auf die Gegenwärtigkeit der Gefahr zur Zeit des behördlichen Entscheidens im Vorfeld ankommt:[578] Zur Zeit des Entscheidens müssen aber die Umstände erkennbar sein,[579] die auf eine unmittelbare Gefahr hinweisen, die während der Versammlungsdurchführung per se oder während des Ablaufs auf bestimmte Art und Weise ausgelöst wird.[580] Wenn die Entscheidung im Vorfeld der Versammlung getroffen wird, dann ist deren Zukunftsorientierung – Schadens-

---

[576] Vgl. *Enders, C./Hoffmann-Riem, W. u. a.*, ME eines Versammlungsgesetzes, S. 41.
[577] Vgl. BVerfG, Beschl. v. 19.12.2007 – 1 BvR 2793/04, NVwZ 2008, S. 672.
[578] Vgl. *Hong, M.*, in: Peters, W./Janz, N. (Hrsg.), Hb VersR, Kap. B Rn. 74; *Dürig-Friedl, C.*, in: Dürig-Friedl, C./Enders, C. (Hrsg.), VersR, § 15 Rn. 54, die Gleichsetzung mit der gegenwärtigen Gefahr sei Einfluss des Polizeirechts und der älteren Rechtsprechung. Die neuere Rechtsprechung legt den Schwerpunkt der Prognose auf den Wahrscheinlichkeitsgrad – statt der „hinreichenden" Wahrscheinlichkeit wird auf eine „hohe" Wahrscheinlichkeit abgestellt, ohne dabei die zeitliche Nähe zu thematisieren. Das Bild in der Rechtsprechung ist aber nicht homogen. So hat das BVerwG 2008 zunächst die zeitliche Nähe des Schadenseintritts auf den Punkt gebracht, woraus es dann auch den Grad der Wahrscheinlichkeit – hohe Wahrscheinlichkeit – ableitete: „Der Begriff der „unmittelbaren Gefahr" in § 15 Abs. 1 VersG stellt besondere Anforderungen an die zeitliche Nähe des Schadenseintritts und damit auch strengere Anforderungen an den Wahrscheinlichkeitsgrad in dem Sinne, dass ein zum Eingriff berechtigender Sachverhalt (erst) vorliegt, wenn der Eintritt eines Schadens mit hoher Wahrscheinlichkeit, d. h. „fast mit Gewissheit" zu erwarten ist", BVerwG, Urt. v. 25.06.2008 – 6 C 21/07, BeckRS 2008, 38433, Rn. 14 und Rn. 52; auf eine „an Sicherheit grenzende Wahrscheinlichkeit" stellt VG Göttingen ab, vgl. VG Göttingen, Beschl. v. 29.03.2017 – 1 B 74/17, BeckRS 2017, 106168, Rn. 55 und Rn. 57; so auch s. *Ott, S./Wächtler, H./Heinhold, H.*, Gesetz über Versammlungen und Aufzüge, S. 199 Rn. 21. Für „hinreichend hohe Wahrscheinlichkeit" vgl. BVerfG, Beschl. v. 05.09.2003 – 1 BvQ 32/03, NVwZ 2004, S. 92. Es wird nur die Notwendigkeit der hinreichenden Wahrscheinlichkeit betont; BVerfG, Beschl. v. 04.09.2010 – 1 BvR 2298/10, BeckRS 2010, 54613, ebenso BVerfG, Beschl. v. 04.09.2009 – 1 BvR 2147/09, BeckRS 2009, 38659, Rn. 9.
[579] Dazu BVerfG, Beschl. v. 19.12.2007 – 1 BvR 2793/04, NVwZ 2008, S. 672: „Diese Norm [§ 15 VersG] sieht […] beschränkende Verfügungen gegenüber Versammlungen nur für den Fall vor, [wenn] die öffentliche Sicherheit oder Ordnung nach den zur Zeit des Erlasses der Verfügung erkennbaren Umständen bei Durchführung der Versammlung oder des Aufzugs unmittelbar gefährdet ist." Vgl. auch *Hebeler, T.*, Verbot einer Versammlung, JA 2014, S. 878.
[580] Vgl. BVerfG, Beschl. v. 27.01.2012 – 1 BvQ 4/12, NVwZ 2012, S. 750; BVerfG, Beschl. v. 19.12.2007 – 1 BvR 2793/04, NVwZ 2008, S. 672; s. BVerwG, Urt. v. 26.02.2014 – 6 C 1/13, BeckRS 2014, 47875, Rn. 18cc.

IV. Das Gesetz „Über Versammlungen und Manifestationen" vom 12. Juni 1997   315

eintritt „in absehbarer Zeit" – durch die Zeit des Beginns der Versammlungsdurchführung markiert;[581] dies stellt zugleich das Abgrenzungsmerkmal der abstrakten Gefahr dar.[582] Die Gefahr des direkt bevorstehenden bzw. „sofortigen" Schadenseintritts kann aber erst in der Phase nach dem Beginn relevant sein,[583] und zwar insbesondere dann, wenn die Entscheidung aufgrund einer anderen Tatsachenbasis als im Vorfeld (während des Ablaufs können andere Tatsachen erkennbar werden) getroffen wird.

In den aktuellen deutschen Entscheidungen wird die „hohe Wahrscheinlichkeit" betont.[584] Ein derartiger Wahrscheinlichkeitsgrad für jedes beschränkende Element der Prognoseentscheidung muss erst aufgrund einer verlässlichen Tatsachenbasis angenommen werden. An dieser Art der Gefahrenprognose ändert sich nichts, wenn die Behörde zur verhältnismäßigen Austragung der Konfliktlage ein milderes Mittel (Auflage) einsetzt. Eine Herabsetzung der Prognosestandards kommt nicht in Betracht.[585]

---

[581] Vgl. VG Göttingen, Beschl. v. 29.03.2017 – 1 B 74/17, BeckRS 2017, 106168, Rn. 38; *Brenneisen, H.*, in: Brenneisen, H./Wilksen, M. (Hrsg.), VersR, S. 326, er spricht von einer Prognose für die „entfernte Zukunft".

[582] S. *Denninger, E.*, in: Lisken, H./Denninger, E. (Hrsg.), Hb PolG, Kap. D Rn. 42–44; *Beraia, I./Gelasvili, N./Giorgishvili, K./Isoria, L. u. a.*, Polizeirecht, S. 114 f. Zur Abgrenzung BVerwG, Urt. v. 26.06.1970, DÖV 1970, S. 715.

[583] So vgl. BVerfG, Beschl. v. 04.09.2009 – 1 BvR 2147/09, BeckRS 2009, 38659, Rn. 12: Aus den zur Verfügung stehenden Indizien dürfte die Behörde nicht erschließen, dass die „latent gewaltbereite" Gruppe […] beabsichtigte, Gewalt während der Versammlungsdurchführung anzuwenden; deswegen sei „von direkt bevorstehenden Gewalttätigkeiten und damit einer unmittelbaren Gefährdung der öffentlichen Sicherheit" nicht auszugehen. Im Unterschied zu der Verbotsentscheidung, sei es z. B. für die der Trennung (örtliche Verlegung der Versammlung, damit zwei Versammlungen nicht „unmittelbar aufeinandertreffen") zugrunde gelegten Prognose ausreichend, wenn die Behörde ein „nicht unerhebliches Konfliktpotenzial" feststellt; es komme nicht darauf an, ob „tatsächliche Übergriffe" zu erwarten sind, vgl. OVG Münster, Beschl. v. 27.04.2017 – 15 B 491/17, BeckRS 2017, 109526, Rn. 13. Dagegen kann die Befürchtung gewalttätiger Ausschreitungen bei der Auflagenerteilung relevant sein, wenn statt eines Verbots des Aufzugs die Anordnung der Versammlungsdurchführung als stationäre Kundgebung als milderes Mittel zu bevorzugen ist; vgl. OVG Münster, Beschl. v. 21.10.2015 – 15 B 1201/15, BeckRS 2015, 53784, Rn. 15; VG Göttingen, Beschl. v. 29.03.2017 – 1 B 74/17, BeckRS 2017, 106168, Rn. 55 und Rn. 57; OVG Münster, Beschl. v. 19.03.2018 – 15 A 943/17, BeckRS 2018, 5866, Rn. 15.

[584] VG Berlin, Beschl. v. 28.10.2016 – 1 L 547.16, BeckRS 2016, 54988; VGH München, Beschl. v. 26.09.2016 – 10 CS 16.1468, BeckRS 2016, 53463, Rn. 29; OVG Münster, Beschl. v. 21.10.2015 – 15 B 1201/15, BeckRS 2015, 53784, Rn. 6; VG Gelsenkirchen, Beschl. v. 05.10.2016 – 14 L 2356/16, BeckRS 2016, 52741. Vgl. auch BVerfG, Beschl. v. 19.12.2007 – 1 BvR 2793/04, NVwZ 2008, S. 672.

[585] Dies sichert die Spezialität der versammlungsrechtlichen Gefahrenabwehr für alle Maßnahmen in versammlungsspezifischen Situationen, die vor allem durch ein milderes Mittel be-

cc) Die Anforderungen an die Tatsachenbasis

1) Die Diagnose der Tatsachen nach Ansicht des GVerfG

Ein zentrales tatbestandliches Element des Art. 14 GVersG bildet die Anforderung, dass offensichtliche Fakten laut Prüfung der Polizei auf eine Gefährdungslage hinweisen müssen. Die polizeiliche Prüfung bildet die objektive Seite des Tatbestands und die Basis der Gefahrenprognose. Liegt nach polizeilicher Faktenprüfung eine Gefährdungslage vor, ist ein Automatismus zulasten der Versammlung auszuschließen. Andernfalls läge ein Ermessensfehler in Form des Ermessensnichtgebrauchs vor.[586] Die Versammlungsbehörde ist verpflichtet, im Rahmen ihres Ermessens selbst über die Umstände zu entscheiden und zu einem begründeten Ergebnis hinsichtlich des Vorliegens einer unmittelbaren Gefahr für die Schutzgüter zu kommen.[587]

Das GVerfG hat in der schon erwähnten Entscheidung von 2002 erstmals zum Verbot Stellung bezogen. Danach beinhaltet das Verbot eine gefahrenabwehrrechtliche Prognoseentscheidung im Hinblick auf das zukünftige Geschehen.[588] Dabei hat das Gericht außer Acht gelassen, dass es sich zugleich um eine Ermessensentscheidung der Behörde handelt, die die Prognoseentscheidung zum Versammlungsverbot weiter prägt.

Zu Recht forderte das Gericht klare Anforderungen an die Tatsachenbasis der Prognoseentscheidung. Eine bloße Vermutung der Gefahr reiche nicht aus. Es sei notwendig, dass die offensichtlichen Umstände und konkrete Tatsachen auf den Geschehensablauf im Einzelnen hinweisen.[589] Erforderlich sei daher ein erhöhter Wahrscheinlichkeitsmaßstab. Das Gericht wies auch darauf hin, dass eine Versammlung, die hätte verboten werden müssen, später aufgelöst werden kann. Hiermit hat das GVerfG erstmals Kriterien für die Wahrscheinlichkeitsprognose der Behörde aufgestellt. Bedeutung hat diese Entscheidung nicht nur für das Versammlungsrecht und die Versammlungsbehörde, da im Zeitpunkt der Entschei-

---

wältigt werden müssen. Vgl. *Muckel, S.*, Versammlungsrechtliche Auflage für NPD-Veranstaltung, JA 2013, S. 640.

[586] Der Ermessensnichtgebrauch kann sich auf den „Sachverhaltsirrtum" (die Tatsachen sind verkannt) oder auf den „Rechtsirrtum" (die erkannten Tatsachen sind rechtlich fehlerhaft bewertet) beziehen, so *Schenke, W.-R.*, Polizei- und Ordnungsrecht, Rn. 96.

[587] Eine Untätigkeit der Behörde im Rahmen der Ermessensausübung muss darauf beruhen, dass die Behörde die Gefahrenlage prognostiziert hat, aber z. B. mit Blick auf die Vermeidung einer weiteren Eskalation untätig geblieben ist; vgl. *Goldhammer, M.*, in: Möstl, M./Schwabenbauer, T. (Hrsg.), in: PolR Bayern, PAG Art. 5 Rn. 16. Es liegt ein Ermessensnichtgebrauch vor, wenn die Versammlungsbehörde nur von anderen (Polizei-)Behörden erlangte Materialien wiedergibt; dazu *Dürig-Friedl, C.*, in: Dürig-Friedl, C./Enders, C. (Hrsg.), VersR, § 15 Rn. 30.

[588] Vgl. die Entscheidung des GVerfG vom 5. November 2002, Nr. 2/2/180–183, S. 26.

[589] Ebd.

dung sowohl das Polizeirecht als auch das Versammlungsrecht in seinem gefahrenabwehrrechtlichen Verständnis eine neue Rechtsmaterie darstellten.

Die allgemeinen Maßstäbe hat das GVerfG auch in seiner Entscheidung vom 11. April 2013 für die allgemeine Gefahrenabwehr festgelegt. Das Gericht unterstrich, dass die Prognose der (Polizei-)Behörde nicht durch subjektive Vorverständnisse, intuitive oder bloß erfahrungsgemäße Erkenntnisse gelenkt werden darf; vielmehr muss sich die prognostizierende Entscheidung auf die Umstände oder eine Einheit von Indizien stützen lassen. Dies gelte sowohl für die Situation des begründeten (Gefahren-)Verdachts als Vorphase (der Maßnahme zur Abwehr einer konkreten Gefahr) als auch für die Annahme einer erhöhten Wahrscheinlichkeit (im Fall einer konkreten Gefahrenlage).[590] Im letzten Fall sei die Prognose nur durch mehr offensichtliche und tragbare Tatsachen gefestigt.[591] Die Beweislast für die plausible Begründung der Tatsachen trage die Polizeibehörde.[592]

2) Die Diagnose der Tatsachen nach der Rechtsprechung deutscher Gerichte

Nach der Rechtsprechung deutscher Gerichte erfordert die Gerechtigkeitsidee eine weitere separate Prognose, wenn während des Verbotsverfahrens neue Umstände erkennbar werden.[593] Einer besonderen Prognose bedarf es zur Klärung der Frage, ob es sich um den Ersatz oder die Fortsetzung einer (jeweils verbotenen oder anderweitig beschränkten) Versammlung handelt.[594] Bei nicht „identischen" Sachlagen ist es unzulässig, eine frühere Prognosebasis für eine spätere zu verallgemeinern. Aufgrund der Prognosebasis muss erkennbar sein, zugunsten welcher schutzwürdigen Rechtsgüter die Versammlungsfreiheit einge-

---

[590] Vgl. die Entscheidung des GVerfG vom 11. April 2013, Nr. 1/2/503, 513, Kap. II §§ 29, 32, 43, in der das Gericht die Verfassungsmäßigkeit der Norm des alten PolG geprüft hat.
[591] Vgl. ebd., § 30.
[592] Vgl. ebd., § 43.
[593] Vgl. *Dürig-Friedl, C.*, in: Dürig-Friedl, C./Enders, C. (Hrsg.), VersR, § 15 Rn. 60.
[594] Hierzu ist die tatsachenbezogene Prüfung notwendig, ob identische versammlungstypische Gegebenheiten – örtliche, zeitliche, inhaltliche Modalitäten und Teilnehmer – vorliegen, vgl. BVerfG, Beschl. v. 23.06.2004 – 1 BvQ 19/04, JuS 2004, S. 1096 (Bespr. v. Sachs); in der angegriffenen Sache stellte die Versammlungsbehörde anfangs fest, dass es sich bei der geplanten Versammlung um eine versammlungsrechtliche Ersatzveranstaltung handelt, die von dem früheren Verbot mitumfasst sei. Dies lehnte das Verwaltungsgericht – nicht zuletzt wegen des geänderten Veranstaltungsthemas – ab. Das OVG änderte in einem nachfolgenden Streitverfahren die Entscheidung des VG mit der Annahme, dass die Behörde den Verbotstatbestand wegen des inhaltlichen Bezugs zum anfänglichen Verbot „konkludent" als erfüllt betrachtet habe. Dies sei gerechtfertigt, da es sich nur um „kosmetische Korrekturen" gegenüber dem ursprünglichen Veranstaltungsthema handele. Das BVerfG hat entgegen der Argumentation des OVG festgestellt, dass eine geänderte Sachlage vorlag, die eine separate Prognose für die Verbotsentscheidung nötig mache.

schränkt wird.[595] Eine besondere behördliche Begründung ist dann geboten, wenn die erste und die nachfolgende Prognose im Vorfeld der Versammlung zur Einschätzung der Lage voneinander abweichen.[596] So hat die Polizeidirektion in dem dem Beschluss des BVerfG vom 20. Dezember 2012 zugrundeliegenden Fall die Durchführung eines Aufzuges anfangs für möglich gehalten, da u.a. für dessen Schutz genügend Polizeikräfte zur Verfügung standen.[597] Am Ende der Vorfeldentscheidung wurde aber die Auflage erteilt, die Versammlungsbehörde nur als stationäre Kundgebung für eine vierstündige Dauer durchzuführen. Die Begründung des Gefahrenpotenzials des Aufzugs war dabei pauschal und bezog sich u.a. darauf, dass die Polizeikräfte anderen gleichzeitig stattfindenden Veranstaltungen gerecht werden mussten. Es war nicht ersichtlich, warum die anderen Veranstaltungen in der Prognoseentscheidung als schutzwürdiger betrachtet wurden.

Entsprechend § 15 Abs. 1 VersG muss eine Prognose, um die versammlungsrechtlichen Entscheidungen zu stützen, auf erkennbaren und aktuellen Umständen basieren.[598] Möglich ist, dass bestimmte Umstände erst infolge der behördlichen Aktivitäten zwecks Amtsermittlung erkennbar werden.[599] Diese Umstände müssen konkret sein und sich auf das aktuelle Versammlungsgeschehen beziehen. Die allgemeinen Aufrufe im Internet seitens der eventuellen gewaltsuchenden Versammlungsteilnehmer, wenn diese nicht anlässlich des aktuellen Versammlungsgeschehens erfolgen (insbesondere, wenn sich der Veranstalter davon distanziert hat), entsprechen nicht dem Kriterium der Konkretheit der Tatsache.[600] Gemäß der Rechtsprechung des BVerfG muss die Prognose auf Tatsa-

---

[595] Vgl. *Muckel, S.*, Versammlungsrechtliche Auflage für NPD-Veranstaltung, JA 2013, S. 640.

[596] Vgl. *Muckel, S.*, Versammlungsrechtliche Auflage für NPD-Veranstaltung, JA 2013, S. 639; OVG Koblenz, Urt. v. 22.09.2016 – 7 A 11077/15, BeckRS 2016, Rn. 17. Es kommt auch die Aufhebung der vorherigen Entscheidung in Betracht, vgl. *Rauscher, F.*, Rechtliche Bewertung rechtsextremistischer Versammlungen, S. 171.

[597] Vgl. BVerfG, Beschl. v. 20.12.2012 – 1 BvR 2794/10, BeckRS 2013, 46022, dazu Bespr. v. *Muckel, S.*, Versammlungsrechtliche Auflage für NPD-Veranstaltung, JA 2013, S. 639.

[598] S. exemplarisch VG Göttingen, Beschl. v. 29.03.2017 – 1 B 74/17, BeckRS 2017, 106168, Rn. 39.

[599] Umstände, Tatsachen und tatsächliche Anhaltspunkte seien dabei – im Unterschied zu den Indizien – als synonym verstanden, so vgl. VGH Kassel, Beschl. v. 01.02.2017 – 8 A 2105/14, BeckRS 2017, 103690, Rn. 49–51, gegen die Argumentation von VG Frankfurt a. M., Urteil vom 2. Dezember 2014. Vgl. auch *Dürig-Friedl, C.*, in: Dürig-Friedl, C./Enders, C. (Hrsg.), VersR, § 15 Rn. 60. Zur „Tatsachenfeststellung" und „Tatsachenwürdigung" vgl. BVerfG, Beschl. v. 26.01.2001 – 1 BvQ 9/01, NJW 2001, S. 1410.

[600] BVerfG, Beschl. v. 04.09.2009 – 1 BvR 2147/09, BeckRS 2009, 38659, Rn. 11. Vgl. auch BVerfG, Beschl. v. 05.09.2003 – 1 BvQ 32/03, NVwZ 2004, S. 90 ff.

chen und nicht nur auf eine „Möglichkeit der Tatsache" („Mutmaßung") gestützt werden.[601]

Die prognosetauglichen Tatsachen müssen objektiv nachprüfbar sein[602] und sich u. a. für kontrollierende Gerichte als nachvollziehbar erweisen.[603] Bloße Verdachtsmomente, Vermutungen, Mutmaßungen und allgemeine Erfahrungssätze der polizeilichen Praxis können dementsprechend keine verlässliche Erkenntnislage begründen.[604] Diese Anforderungen sichern zugleich eine möglichst objektive behördliche Beurteilung der Sachlage und ermöglichen „eine personen- bzw. gruppenneutrale Begründung der Beschränkungen der Versammlungsfreiheit".[605] Die Neutralitätspflicht der Behörde ist vor allem dann relevant, wenn die Behörde eine für die Verbotsentscheidung notwendige (versammlungsspezifische) Gefahr (ausnahmsweise) aus dem Inhalt einer Äußerung und nicht aus der Art und Weise der Durchführung der Versammlung folgert.[606]

---

[601] BVerfG, Beschl. v. 04.09.2009 – 1 BvR 2147/09, BeckRS 2009, 38659, Rn. 9 m. V. auf „Brokdorf"-Beschluss (BVerfGE 69, 315, 353 f.); BVerfG, Beschl. v. 26.01.2001 – 1 BvQ 8/01, NJW 2001, S. 1408. Im Allgemeinen hat das BVerfG die Anforderungen an die Tatsachenbasis der polizeiliche Prognose eindeutig festgelegt, als es die polizeilichen Maßnahmen der Vorratsdatenspeicherung, Online-Durchsuchung und Rasterfahndung auf ihre Verfassungsmäßigkeit hin geprüft hat, vgl. BVerfGE 125, 260, 385; BVerfGE 120, 274, 350; BVerfGE 115, 320, 381; diese Entscheidungen dienten u. a. dem VGH Kassel zur Grundlage eigener Aussagen; VGH Kassel, Beschl. v. 01.02.2017 – 8 A 2105/14, BeckRS 2017, 103690, Rn. 50.

[602] Die herangezogenen Tatsachen müssen „dem Beweis zugänglich sein", vgl. VGH Kassel, Beschl. v. 01.02.2017 – 8 A 2105/14, BeckRS 2017, 103690, Rn. 51; *Weber, K.*, Versammlungsverbote, KommJur 2010, S. 173.

[603] Vgl. diesbezügliche Formulierung des BVerwG: „Diese Vorgaben leiten sich aus Art. 8 Abs. 1 GG ab und setzen insofern der tatrichterlichen Sachverhaltswürdigung materiell-rechtliche, revisionsgerichtlich überprüfbare Grenzen.", BVerwG, Urt. v. 26.02.2014 – 6 C 1/13, BeckRS 2014, 47875, Rn. 21.

[604] Zur bloßen Befürchtung der Emotionalisierung der Stimmung der Teilnehmer, vgl. BVerfG, Beschl. v. 04.09.2010 – 1 BvR 2298/10, BeckRS 2010, 54613; zur bloßen Annahme der Provokation, die das sittliche Empfinden der Bürger beeinträchtigen könnten (ohne Hinweise auf konkrete Art und Weise der Durchführung der Versammlung), BVerwG, Urt. v. 26.02.2014 – 6 C 1/13, BeckRS 2014, 47875, LS 3, Rn. 13a und Rn. 16aa. Zur Eintragung in dem polizeilichen Datensystem (keine hinreichende Tatsachenbasis), vgl. VGH Kassel, Beschl. v. 01.02.2017 – 8 A 2105/14, BeckRS 2017, 103690, Rn. 35–36; vgl. die Aufzählung der Erfahrungssätze, die an sich allein nicht zur Begründung der sicheren Prognose taugen, *Watrin, T.*, Die Gefahrenprognose im Versammlungsrecht, S. 88 f. Dagegen wurde die konzeptuelle Grundlage der Linksextremisten, die das Gewaltmonopol des Staates ablehnt, und die von dieser vertretenen Taktik bei den Großdemonstrationen nicht allein aber ergänzend zu den Tatsachen herangezogen; VGH Kassel, Beschl. v. 01.02.2017 – 8 A 2105/14, BeckRS 2017, 103690, Rn. 64; vgl auch BVerfG, Beschl. v. 07.11.2008 – 1 BvQ 43/08, BeckRS 2008, 40863, Rn. 24.

[605] BVerwG, Urt. v. 26.02.2014 – 6 C 1/13, BeckRS 2014, 47875, Rn. 19.

[606] Vgl. BVerfGE 111, 147, 156 f. Für eine solche Prognose müssen tragende Gründe sprechen, vgl. BVerfG, Beschl. v. 19.12.2007 – 1 BvR 2793/04, NVwZ 2008, S. 673; BVerfG, Be-

Den Ausgangspunkt der behördlichen Tatsachenermittlung bilden die Angaben des Veranstalters, die bei der Anmeldung und während des daran anschließenden Kooperationsverfahrens hinsichtlich des Versammlungszwecks und der Durchführungsmodalitäten gemacht werden.[607] Zweifel an der Glaubwürdigkeit dieser Darlegungen dürfen die Prognose der Behörde nur dann beeinflussen, wenn dafür tatsächliche Anhaltspunkte sprechen.[608] Die Behörde muss dabei, nach der Aussage des BVerfG, von einer „grundrechtskonformen Deutung des Vorhabens" ausgehen.[609]

Die konkretisierende Darlegung des Veranstalters (u. a. im Kooperationsverfahren) darf aber nicht zur Umkehr der Beweislast der Behörde entgegen des Grundsatzes der Amtsermittlung werden:[610] Dies wäre dann der Fall, wenn die Behörde vom Veranstalter ein „Sicherheitskonzept" verlangt und sich die unterlassene Vorlage in ihrer Ermessensentscheidung zuungunsten der Versammlungsfreiheit auswirkt.[611]

---

schl. v. 01.05.2001 – 1 BvQ 22/01, NJW 2001, S. 2077, es liegt keine tragfähige Prognose vor, wenn die beschränkende Rechtsfolge an die Typisierung der potenziellen Teilnehmer anhand ihrer Zugehörigkeit zu einer bestimmten Gruppe, die die demokratische Grundordnung ablehnt, angeknüpft wird.

[607] VGH München, Beschl. v. 24.02.2017 – 10 ZB 15.1803, BeckRS 2017, 105359, Rn. 12 verweisend auf BVerwG, Urt. v. 22.08.2007 – 6 C 22.06 (abgestellt wird auf das „schlüssig dargelegte Konzept" des Veranstalters).

[608] Wenn z. B. angenommen wird, dass die Versammlung durch Tarnung des echten Versammlungszwecks mit einem anderen Gefahrenpotenzial veranstaltet wird; BVerfG, Beschl. v. 26.01.2001 – 1 BvQ 8/01, NJW 2001, S. 1408; in diesem Fall war laut BVerfG die zugrunde gelegte Prognose nicht durch eine entsprechende Tatsachenbasis getragen. Vgl. BVerfG, Beschl. v. 04.09.2009 – 1 BvR 2147/09, BeckRS 2009, 38659, Rn. 16.

[609] Dazu BVerfG, Beschl. v. 04.09.2009 – 1 BvR 2147/09, BeckRS 2009, 38659, Rn. 15; OVG Münster, Beschl. v. 02.10.2015 – 15 B 1201/15, BeckRS 2015, 53784, Rn. 9; *Papier, H.-J.*, Aktuelle Probleme des Versammlungsrechts, DVBl. 2016, S. 1421. Ein Gegenbeispiel der freiheitsunkonformen Deutung liefert die Aussage des OLG Rostock, die später vom EGMR – in der Sache „Schwabe v. Deutschland" – verworfen wurde: „In einer angespannten Situation muss es der Polizei erlaubt sein, auch missverständliche Meinungskundgebungen zu unterbinden, die möglicherweise zu einer Gefährdung der öffentlichen Sicherheit und Ordnung führen können." Das Gericht berücksichtigte nicht das Vorbringen der Partei, dass die Plakate mit dem kommunikativen Charakter vor der Justizvollzugsanstalt gezeigt werden sollten. Es wurde dagegen vermutet, dass sich die Betroffenen zu den teilweise gewalttätigen Demonstrationen begeben und sie dort zeigen würden. Vgl. *Scheidler, A.*, Beschränkung der Ingewahrsamnahme, NVwZ 2012, S. 1084; ECHR, Schwabe and M. G. v. Germany, Nr. 8080/08 und 8577/08, 1. Dezember 2011, § 105.

[610] Vgl. *Sachs, M.*, Staatsrecht II – Grundrechte, S. 485 Rn. 33.

[611] Dazu BVerfG, Beschl. v. 01.05.2001 – 1 BvQ 21/01, NJW 2001, S. 2079; vgl. auch *Kniesel, M./Poscher, R.*, Entwicklung des Versammlungsrechts 2000 bis 2003, NJW 2004, S. 424; *Hoffmann-Riem, W.*, Demonstrationsfreiheit auch für Rechtsextremisten?, NJW 2004, S. 2781; *Hanschmann, F.*, Demontage eines Grundrechts, DÖV 2009, S. 396.

3) Die versammlungskonforme Wertung von (Gegen-)Indizien

Für die georgische Praxis ist weiter die deutsche Rechtsprechung hinsichtlich der Indizwirkung bestimmter Vorgeschehnisse relevant. Die Einzelfallgerechtigkeit als Ausformung des Verhältnismäßigkeitsprinzips fordert, dass frühere Versammlungsgeschehnisse nicht automatisch zu nachteiligen Folgen für die aktuell geplante Versammlung führen dürfen.[612] Die Relevanz der Versammlungsfreiheit bedingt darüber hinaus, dass die Behörde (und die Gerichte) auch die Gegenindizien zu den tatsächlichen Anhaltspunkten in dem Sinne einzuschätzen haben, dass der Schutzgehalt des Art. 8 Abs. 1 GG hinreichend berücksichtigt wird.[613] Die Versammlungsbehörde darf entgegen der allgemeinen staatlichen Neutralitätspflicht nicht (absichtlich) nur die Indizien heranziehen und als für die Prognose tauglich prüfen, die eine beschränkende Verfügung rechtfertigen können.[614] Dieses Gebot bezeichnete das BVerwG 2014 als Vorgabe des Art. 8 Abs. 1 GG und als materielle Grenze für die Würdigung der Tatsachen, die für die gerichtliche Überprüfung relevant ist.[615]

Die Verwaltungsgerichte haben aktuell weiter zu der Unterscheidung von „Indiztatsachen" und Tatsachen Stellung genommen. Die Indiztatsachen als indirekte (mittelbare) Tatsachen machen allein oder zusammen mit anderen Indizien eine andere Tatsache erkennbar.[616] So ging z. B. das VG in Frankfurt a. M. davon aus, dass Indiztatsachen, da diese dem erforderlichen Kriterium der Konkretheit nicht entsprechen, eine polizeiliche Prognose nicht begründen können.[617] Dagegen hat der VGH Kassel festgestellt, dass es auf den erforderlichen Gewissheitsgrad, der aus der Prognose erschließbar sein muss, und nicht auf eine Unmittelbarkeit der Tatsachen ankommt.[618] Dabei erlaube nur eine Einzelfallbetrachtung

---

[612] Vgl. *Pieroth, B./Schlink, B./Kniesel, M.*, Polizei- und Ordnungsrecht, § 21 Rn. 25 m. V. auf BVerfG. Vgl. OVG Münster, Beschl. v. 30.12.2016 – 15 B 1525/16, BeckRS 2016, 113270, Rn. 6; OVG Münster, Beschl. v. 29.12.2016 – 15 B 1500/16, BeckRS 2016, 112673, Rn. 14.

[613] Vgl. BVerfG, Beschl. v. 20.12.2012 – 1 BvR 2794/10, BeckRS 2013, 46022; Beschl. v. 04.09.2009 – 1 BvR 2147/09, BeckRS 2009, 38659, Rn. 9 und Rn. 13; Beschl. v. 18.08.2000 – 1 BvQ 23/00, NJW 2000, S. 3055; Beschl. v. 11.04.2002 – 1 BvQ 12/02, NVwZ-RR 2002, S. 500; Beschl. v. 07.11.2008 – 1 BvQ 43/08, BeckRS 2008, 40863, Rn. 17. Weiter vgl. OVG Bautzen, Urt. v. 31.05.2018 – 3 A 199/18, BeckRS 2018, 10906, Rn. 23; OVG Münster, Beschl. v. 06.07.2018 – 15 B 974/18, BeckRS 2018, 16550, Rn. 5.

[614] Vgl. *Hoffmann-Riem, W.*, Demonstrationsfreiheit auch für Rechtsextremisten?, NJW 2004, S. 2780; BVerwG, 26.02.2014 – 6 C 1.13, BeckRS 2014, 47875, Rn. 21; OVG Münster, Beschl. v. 30.12.2016 – 15 B 1525/16, BeckRS 2016, 113270, Rn. 6.

[615] BVerwG, Urt. v. 26.02.2014 – 6 C 1/13, BeckRS 2014, 47875, Rn. 21.

[616] Vgl. VGH Kassel, Beschl. v. 01.02.2017 – 8 A 2105/14, BeckRS 2017, 103690, Rn. 49 mwN.

[617] Vgl. ebd., m. V. auf VG Frankfurt a. M., Urt. v. 02.12.2014 – 5 K 2484/13. F.

[618] VGH Kassel, Beschl. v. 01.02.2017 – 8 A 2105/14, BeckRS 2017, 103690, Rn. 49.

den Schluss, ob bestimmte indirekte Tatsachen die Prognose mit hinreichender Wahrscheinlichkeit (ergänzend) tragen können.[619] Auch eine Indiztatsache sei nachweisbar und dürfe in die Prognose jedenfalls ergänzend (als Teil eines „Indizbündels") miteinbezogen werden;[620] diese allein würde dagegen die Gewissheit der Behörde nicht begründen.[621]

Die Argumentation des VGH Kassel scheint auf eine Vergleichbarkeitsprüfung des BVerfG gegründet zu sein, wodurch die (Indiz-)Wirkung der Referenzfälle als Indiztatsachen bzw. als Gegenindizien für die Prognose bestimmt wird: Die Indiztatsachen können in die Prognose nur dann einfließen, wenn die vergangenen Versammlungsabläufe und die aktuelle Versammlungssituation inhaltlich, örtlich, zeitlich und personell Gemeinsamkeiten aufweisen und deshalb miteinander vergleichbar sind.[622] Die Vergleichbarkeit wird sowohl bei den Tatsachen bzw. Indizien, die für eine Beschränkung der Versammlungsfreiheit sprechen, als auch bei Gegenindizien, die gegen eine solche Entscheidung sprechen, relevant. Falls eine inhaltliche, örtliche und personelle Vergleichbarkeit positiv bestätigt

---

[619] Ebd., Rn. 51.

[620] Die Indizien können eine solche Bedeutung haben, wenn die Behörde ein milderes Mittel als ein Verbot bevorzugt; so z.B. wenn die Behörde statt eines Verbots der Kundgebung in Form des Aufzugs die Durchführung als stationäre Versammlung anordnet; vgl. OVG Münster, Beschl. v. 21.10.2015 – 15 B 1201/15, BeckRS 2015, 53784, Rn. 4 ff. Die Einzelindizien seien als „Bestandteil eines Indizienbündels" bedeutsam, so *Brenneisen, H.*, in: Brenneisen, H./Wilksen, M. (Hrsg.), VersR, S. 328; vgl. auch *Kloepfer, M.*, in: Isensee, J./Kirchhof, P. (Hrsg.), HStR VII, § 164 Rn. 87.

[621] Wenn die Versammlungsbehörde ihre Gefahrenprognose auf strafrechtlich relevante Vorkommnisse bei früheren Versammlungen stütze, sei hiermit eine hinreichend konkrete Tatsachengrundlage für die Erwartung strafbaren Verhaltens nicht gegeben, vgl. BVerfG, Beschl. v. 07.11.2008 – 1 BvQ 43/08, BeckRS 2008, 40863, Rn. 20 sowie *Hufen, F.*, Meinungsfreiheit, JuS 2009, S. 746; vgl. auch OVG Münster, Beschl. v. 27.04.2017 – 15 B 491/17, BeckRS 2017, 109526, Rn. 7.

[622] Zur unzulässigen Pauschalisierung vgl. BVerfG, Beschl. vom 19.12.2007 – 1 BvR 2793/04, NVwZ 2008, S. 674; BVerfG, Beschl. v. 27.01.2012 – 1 BvQ 4/12, NVwZ 2012, S. 749; BVerfG, Beschl. v. 04.09.2009 – 1 BvR 2147/09, BeckRS 2009, 38659, Rn. 13 (verweisend auf die frühere Rechtsprechung, u. a. Beschl. v. 14.07.2000 – 1 BvR 1245/00, NJW 2000, S. 3052 f.); in diesem Fall hat das Gericht, entgegen der Begründung der Behörde, die Indizwirkung der Versammlung verneint, da bezüglich des Mottos, der zeitlichen und örtlichen Gegebenheiten keine Vergleichbarkeit ersichtlich war. Es spielte auch eine Rolle, dass der Referenzfall ohne Anmeldung abgelaufen war; vgl. auch BVerwG, Urt. v. 26.02.2014 – 6 C 1/13, BeckRS 2014, 47875, Rn. 21; VG Schleswig, Beschl. v. 27.03.2012 – 3 B 39/12, NordÖR 2012, S. 420; VGH München, Beschl. v. 03.10.2014 – 10 CS 14.2156, BeckRS 2014, 57772, Rn. 9; VGH München, Beschl. v. 24.02.2015 – 10 Cs 15.431, BeckRS 2015, 43084, Rn. 18; OVG Münster, Beschl. v. 24.10.2015 – 15 B 1226/15, BeckRS 2015, 54277, Rn. 6 ff.; OVG Münster, Beschl. v. 02.10.2015 – 15 B 1201/15, BeckRS 2015, 53784, Rn. 9; VGH Kassel, Beschl. v. 01.02.2017 – 8 A 2105/14, BeckRS 2017, 103690, Rn. 62; VG Köln, Beschl. v. 26.04.2017 – 20 L 1811/17, BeckRS 2017, 108295, Rn. 17.

IV. Das Gesetz „Über Versammlungen und Manifestationen" vom 12. Juni 1997

wird,[623] kann den Gegenindizien mehr Gewicht zukommen, wenn sich diese im Vergleich zu den Indizien auf zeitlich näher abgelaufene Ereignisse beziehen.[624]

d) Die Beispiele einer (ermessens-)fehlerhaften Prognose nach der deutschen Rechtsprechung

Im Folgenden werden die Ermessensfehler deutscher Behörden behandelt. Diese bestätigen die bereits behandelten Leitlinien einer versammlungsspezifischen Prognose und verdeutlichen die Notwendigkeit der Wahrung des Verhältnismäßigkeitsprinzips im Rahmen der tatsachenorientierten Prognose.

aa) Der Ermessensfehlgebrauch im Fall „Heidenau"

Das Prinzip der In-concreto-Prognose wurde im Fall „Heidenau" relativiert. Die zuständige Versammlungsbehörde hatte vom 28. August 2015, 14:00 Uhr, bis zum 31. August 2015, 06:00 Uhr, alle öffentlichen Versammlungen und Aufzüge unter freiem Himmel im gesamten Stadtgebiet von Heidenau untersagt. Zur Begründung wurde auf das Vorliegen eines polizeilichen Notstands hingewiesen – die zur Verfügung stehenden Polizeikräfte würden der zu prognostizierenden Lageentwicklung nicht gerecht werden.[625] Von dem Verbot waren u. a. eine vom „Bündnis Dresden Nazifrei" angemeldete Veranstaltung sowie von rechten Gruppen angemeldete Gegendemonstrationen betroffen.[626] Die Versammlungsbehörde stützte das Demonstrationsverbot auf die gewalttätigen Vorgeschehnisse während der ersten Aufnahme von Flüchtlingen in Heidenau, die auf eine unmittelbar bestehende erhebliche Gefährdung der öffentlichen Sicherheit hindeuteten.[627] In dem darauffolgenden Verfahren erklärte das VG Dresden mit Eilbeschluss vom 28. August 2015 das mehrtägige Versammlungsverbot für rechtswidrig.[628] Das Vorliegen eines polizeilichen Notstands sei nicht ausreichend

---

[623] Vgl. die Betrachtung der fachgerichtlichen Prognose als plausibel angesichts des Wiederholungscharakters, BVerfG, Beschl. v. 10.05.2006 – 1 BvQ 14/06, NVwZ 2006, S. 1050.

[624] So rügte z. B. das OVG Münster im Jahr 2015 eine behördliche Verbotsentscheidung, da die Prognose die Modalitäten der zeitlich näherstehenden Ereignisse nicht berücksichtigt hat, sondern einseitig an das Geschehnis vor einem Jahr anknüpfte, vgl. OVG Münster, Beschl. v. 21.10.2015 – 15 B 1201/15, BeckRS 2015, 53784, Rn. 7. Das Gericht bestätigte damit die Argumentation des VG Köln, Beschl. v. 14.10.2015 – 20 L 2453/15, BeckRS 2015, 53631.

[625] Zum Sachverhalt vgl. BVerfG, Beschl. v. 29.08.2015 – 1 BvQ 32/15, NVwZ 2016 (Außerkraftsetzung einer versammlungsrechtlichen Allgemeinverfügung – Stadt Heidenau), S. 244.

[626] Ebd.

[627] VG Dresden, Beschl. v. 28.08.2015, Az. 6 L 81, becklink 2000940.

[628] Ebd.

dargelegt;[629] das gewählte Mittel zur Bewältigung der Gefahrenlage sei zudem nicht verhältnismäßig. Das VG Dresden beanstandete zunächst die Herabsetzung des Prognosestandards in der behördlichen Argumentation, die zu einer Pauschalisierung der Gefahrenannahme wegen der Vorgeschehnisse führe. Darüber hinaus beachte die Aussprache des Verbots nicht den Vorrang des milderen Mittels. Es sei weder vorgetragen noch ersichtlich, aus welchen Gründen diese Versammlungen nicht beispielsweise in örtlicher oder zeitlicher Hinsicht mit Auflagen versehen werden könnten, um ein Aufeinandertreffen der unterschiedlichen politischen Lager zu unterbinden.[630]

Aufgrund der Beschwerde des Landratsamtes als Versammlungsbehörde setzte das OVG Bautzen das Versammlungsverbot für alle Demonstrationen wieder in Kraft. Davon ausgenommen wurde nur die Veranstaltung des „Bündnisses Dresden Nazifrei". Gegen diese Entscheidung wurde das BVerfG im Wege der einstweiligen Anordnung angerufen.[631] Das BVerfG bezog sich u. a. auf die Notwendigkeit freier Prozesse der Meinungsbildung in einer demokratischen Gesellschaft. Dies gelte insbesondere dann, wenn es sich um eine aktuelle, politisch brisante Frage handele. Das für viele Bürgerinnen und Bürger von Erwerbstätigkeit freie Wochenende sei oftmals die einzige Möglichkeit, sich am Prozess der öffentlichen Meinungsbildung durch ein „Sich-Versammeln" zu beteiligen und eigene „Stellung zu beziehen".[632] Das Verbot sei unverhältnismäßig und die originäre Funktion der staatlichen Behörden zur Bewältigung der Gefahrenlage sei auf andere Weise zu erfüllen: Der Erlass der einstweiligen Anordnung berührte nicht die Aufgabe der zuständigen Behörde, nach versammlungsrechtlichen Maßgaben begrenzende (verhältnismäßige) Anordnungen (Auflagen) im Einzelfall zu treffen.[633]

bb) Der Ermessensnichtgebrauch im Fall „Hamburg G20-Gipfel"

Die herangezogenen Tatsachen sind im Rahmen der Ermessensentscheidung abzuwägen und unter Berücksichtigung des Verhältnismäßigkeitsprinzips zu bewerten. Das VG Hamburg prüfte am 1. Juli 2017 eine behördliche Modifizierung des Versammlungsortes einer gegen den G20-Gipfel geplanten Veranstaltung – „Antikapitalistisches Camp" – auf ihre Ermessensfehlerfreiheit.[634] Laut Ver-

---

[629] Dies bestätigend vgl. BVerfG, Beschl. v. 29.08.2015 – 1 BvQ 32/15, NVwZ 2016 (Außerkraftsetzung einer versammlungsrechtlichen Allgemeinverfügung – Stadt Heidenau), S. 244 Rn. 5.
[630] Ebd.
[631] Ebd.
[632] Ebd., Rn. 4 m. V. auf die ständige Rechtsprechung.
[633] Ebd., Rn. 6.
[634] VG Hamburg, Beschl. v. 01.07.2017 – 75 G 3/17, BeckRS 2017, 129944.

sammlungsbehörde durfte die Veranstaltung nicht mehr wie geplant im Stadtpark oder im alternativ gewählten Elbpark E. durchgeführt werden; stattdessen sollte die Versammlung nunmehr am F.-Platz stattfinden.[635]

Das Gericht beschrieb die Reichweite der Versammlungsfreiheit, die bei der (verhältnismäßigen) Anwendung des § 15 Abs. 1 VersG vorausgesetzt wird.[636] Im vorliegenden Fall stellte das Gericht einen Ermessensfehler – Ermessensnichtgebrauch – fest, der auf Heranziehungs- und Abwägungsdefizite (hinsichtlich des vom Veranstalter selbst gewählten alternativen Versammlungsortes im Elbpark E.) zurückzuführen war.[637] Die Entscheidung für ein Versammlungsverbot oder eine beschränkende Auflage steht nach § 15 Abs. 1 VersG im Ermessen der Versammlungsbehörde. Bei der Ermessensausübung sei insbesondere zu berücksichtigen, dass die Versammlungsfreiheit nur dann zurückzutreten habe, wenn eine Abwägung unter Berücksichtigung der Bedeutung des Freiheitsrechts ergibt, dass dies zum Schutz anderer, mindestens gleichwertiger Rechtsgüter notwendig sei (…). Der Grundsatz der Verhältnismäßigkeit sei dabei durch den Einsatz des jeweils mildesten Mittels zu wahren (…).[638] Gemessen an diesen Maßstäben erweise sich die angeordnete Auflage als ermessensfehlerhaft. Es handele sich um einen Ermessensausfall, weil die Antragsgegnerin jedenfalls auf der Rechtsfolgenseite keine Erwägungen zum Veranstaltungsort Elbpark E. angestellt habe. Die dargelegte Einbeziehung des Elbparks E. beziehe sich nach dem Aufbau des Bescheids allein auf die Begründung der konkreten Gefahrenlage im Sinne der tatbestandlichen Voraussetzungen des § 15 Abs. 1 VersG (…). Im Rahmen der Ausführungen zur Verhältnismäßigkeit der (…) Auflage nehme die Antragsgegnerin hingegen nur auf den ursprünglich beantragten Versammlungsort des Stadtparkes Bezug. Mit keinem Wort erwähne sie den Elbpark E. (…). Zudem liege der Elbpark auch nicht innerhalb der von der Allgemeinverfügung umfassten Verbotszone.[639] (…) Auch in den weiteren Ausführungen des Bescheids zeige sich, dass der Elbpark E. von der Antragsgegnerin nicht hinreichend berücksichtigt worden sei. Der angegriffene Bescheid nehme ferner in Bezug auf die den Auflagen zugrunde gelegten Tatsachen eine den unterschiedlichen Gegebenheiten nicht angemessene Gleichsetzung von Stadtpark und Elbpark E. vor und sei auch insoweit fehlerhaft.[640]

---

[635] Ebd., Rn. 17.
[636] Ebd., Rn. 35–38.
[637] Ebd., Rn. 38.
[638] Ebd., Rn. 39.
[639] Ebd., Rn. 40.
[640] Ebd., Rn. 41.

e) Die Rechtsprechung des EGMR zu Versammlungsverboten

Der EGMR unterwirft die behördlichen Verbotsentscheidungen einer strengen Kontrolle. Untersucht wird, ob die Rechtfertigungsgründe überzeugend darlegen, dass die verfolgten Ziele nicht durch ein milderes Mittel erreicht werden können. Die Prüfung ist noch strenger, wenn die Versammlung von einer politischen Partei veranstaltet wird. Dazu werden im weiteren Verlauf vier interessante Beispiele eines ungerechtfertigten Versammlungsverbots angeführt.

aa) Die fehlerhafte Prognose mit diskriminierender Wirkung

Der EGMR setzte sich im Fall „Alekseyev v. Russia" mit mehrmaligen Versammlungsverboten in den Jahren 2006–2008 auseinander.[641] Der Bf. beanstandete u. a. die diskriminierende Wirkung der Verbote, da die Teilnehmer der Kundgebung die öffentliche Aufmerksamkeit auf die Probleme der sexuellen Minderheiten in Russland lenken woll- ten.[642] Dabei erklärten die Vertreter des Bürgermeisters schon im Vorfeld der Versammlung in der Presse, dass der Staat nicht plane, diese „Gay-Parade" zuzulassen.[643] Nach der Anmeldung des Aufzugs wurde die Veranstaltung nicht zugelassen, da die Gefahren eines Massenaufruhrs abzuwehren sowie die Gesundheit, die Rechte Dritter und die Moral zu schützen seien.[644]

Der EGMR unterstrich, dass Pluralismus auf der Anerkennung und der Rücksichtnahme auf Unterschiede basiert.[645] Es sei zudem in einer demokratischen Gesellschaft wichtig, dass auch die Interessen von Minderheiten berücksichtigt werden und die Mehrheit die eigene dominante Position nicht missbraucht. Eine vorbestimmte Vermutung zugunsten der Mehrheit gebe es daher nicht.[646] Die ERMK schütze auch (und vor allem) Versammlungen, die oppositionelle Ansichten erwecken oder auf Dritte provozierend bzw. störend wirken.[647] Die Petitionen verschiedener Organisationen, die die Gewaltbereitschaft potenzieller Ge-

---

[641] ECHR, Alekseyev v. Russia, Nr. 4916/07 und 14599/09, 21. Oktober 2010, §§ 28–38 und §§ 39–48; allein im Jahr 2008 wurden die Anmeldungen neunmal abgelehnt; im zehnten Fall erfolgte keine behördliche Reaktion.

[642] Vgl. ebd., § 3 und § 53.

[643] Vgl. ebd., §§ 6–7 und § 10.

[644] Vgl. ebd., § 12 und §§ 14–18. Vgl. auch die Begründung der Regierung bezüglich der offensichtlichen Gefahr der gewaltsamen Eskalation wegen der Gegengesinnten in § 57 und § 59. Die Regierung wies zudem darauf hin, dass die Mehrheit der Bevölkerung durch die Kundgabe der sexuellen Minderheiten (in ihrer Würde) tiefst verletzt würde.

[645] Vgl. ebd., § 62.

[646] Vgl. ebd., § 63.

[647] Siehe auch ebd., § 80 m. V. auf Sergey Kuznetsov v. Russia, Nr. 10877/04, 23. Oktober 2008, § 45.

gendemonstranten indizierten, sollten für den Staat nicht als Grundlage für ein Verbot, sondern als Anlass für die Vorbereitung von Sicherheitsmaßnahmen dienen.[648] Es reiche für die Verbotsentscheidung nicht aus, wenn nur ein bloßes Risiko der Gewaltanwendung bestehe („the mere existence of a risk"). In dem vorliegenden Fall haben die Behörden die echten Gefahren, die von den Gegendemonstranten zu erwarten waren, nicht eingeschätzt. Die Behörde hätte z. B. auch die Veranstalter der Gegendemonstration auffordern können, sich friedlich zu verhalten. Die spätere Entwicklung habe gezeigt, dass die Zahl der Gegendemonstranten mit ca. 100 Personen recht gering war.[649] Daher sei das Vorgehen des Staates nicht adäquat gewesen. Auch die Vorgeschehnisse der Versammlung hätten mit Blick auf die Presseerklärungen der Amtsträger darauf hingedeutet, dass Sicherheitsgefahren (wenngleich es diese tatsächlich gegeben hätte) nur eine sekundäre Rolle gespielt haben.[650] Die moralischen Vorstellungen der Gesellschaft, die als solche im nationalen Gesetz nicht als Verbotsgrund vorgesehen waren, müssten mit der kollidierenden Versammlungsfreiheit abgewogen werden.[651] Die Umstände des Falles, die Argumentation der Regierung sowie der Zusammenhang zwischen den Erklärungen des Bürgermeisters und der Verbotsentscheidung deuteten darauf hin, dass die Versammlungsverbote diskriminierend wirkten.[652]

bb) Das generelle Versammlungsverbot einer oppositionellen Partei

Im Fall „Christian Democratic People's Party v. Moldova" veranstaltete die oppositionelle Partei mit Sitz im Parlament mehrere unangemeldete Versammlungen vor dem Regierungsgebäude.[653] Diese richteten sich gegen die Initiative der Regierung, die russische Sprache als Pflichtfach in der Schule festzulegen. Die Vertreter der Partei glaubten, dass eine Anmeldung, da die Versammlung von einem Parlamentsmitglied veranstaltet wurde, nicht erforderlich sei. Das Justizministerium warnte aber den Veranstalter, dass bei Nichtanmeldung eine Suspendierung der Versammlungen (generelles Verbot) drohe.[654] Später wurde ein zeit-

---

[648] Vgl. ebd., § 75 und § 76; dazu auch § 72.
[649] Vgl. ebd., § 75.
[650] Vgl. ebd., §§ 77–78.
[651] Vgl. ebd., § 79.
[652] Art. 14 i. V. m. Art. 11 EMRK war daher verletzt; vgl. ebd., § 109.
[653] ECHR, Christian Democratic People's Party v. Moldova, Nr. 28793/02, 14. Februar 2006.
[654] Vgl. ebd., §§ 9–17.

weiliges Verbot verhängt.[655] Vor dem EGMR stützte die Regierung ihre Entscheidung u. a. darauf, dass die Versammlung nicht friedlich gewesen sei.[656]

Der EGMR wies zunächst darauf hin, dass der Vorwurf der Unfriedlichkeit der Versammlung offensichtlich unbegründet war.[657] Nach dem Vortrag des Bf. sollte die Durchführung der Versammlung einen wichtigen Beitrag zur öffentlichen Debatte leisten.[658] Der Gegenstand der Proteste bezog sich auf eine Frage, die in der Gesellschaft aktuell diskutiert wurde.[659] In Anbetracht dieser Lage verengte sich auch der Beurteilungsspielraum des Staates. Nur äußerst überzeugende Gründe („very compelling reasons") hätten den Eingriff rechtfertigen können.[660] Zum ersten der drei Gründe führte der EGMR aus, dass es zwar auf der nationalen Ebene streitig gewesen sei, ob diese Versammlung eine Anmeldung benötigt habe.[661] Aber auch wenn die Anmeldung obligatorisch gewesen wäre, hätte dieser Grund die strengste Maßnahme des Verbots nicht rechtfertigen können.[662] Auch der zweite Grund, auf den sich das Verbot stütze, sei nicht stichhaltig, da die Partei nicht zielgerichtet die Teilnahme von Kindern gefördert habe. Vielmehr würde die Versammlungsfreiheit eingeschränkt, wenn es Eltern und Kindern verwehrt werde, an Versammlungen teilzunehmen, zumal diese einen Bezug zur Schule hatten.[663] Der dritte Grund der Unfriedlichkeit basiere schließlich ebenfalls nicht auf konkreten Anhaltspunkten. Allein das Lied, das die Studenten gesungen haben, könne nicht als unfriedlich gedeutet werden.[664] In Anbetracht dieser Umstände war die staatlicherseits behauptete gesellschaftliche Notwendigkeit („pressing social need") nicht überzeugend.[665] Das generelle Verbot wirke zudem abschreckend auf die Aktivitäten und Ziele der politischen Partei.[666]

---

[655] Vgl. ebd., §§ 18–28.
[656] Vgl. ebd., § 43.
[657] Vgl. ebd., § 45.
[658] Vgl. ebd., § 55 und § 66: Die Regierung hatte eine viel weitere Duldungspflicht gegenüber der Kritik.
[659] Vgl. ebd., § 71.
[660] Vgl. ebd., § 71.
[661] Die Versammlung wurde ohne Anmeldung durchgeführt; auch Kinder befanden sich unter den Teilnehmern der Versammlung; einige Teilnehmer hatten zur Gewaltsamkeit aufgerufen; vgl. ebd., § 72.
[662] Vgl. ebd., § 73.
[663] Vgl. ebd., § 74.
[664] Vgl. ebd., § 75.
[665] Vgl. ebd., § 76.
[666] Vgl. ebd., §§ 77–78.

IV. Das Gesetz „Über Versammlungen und Manifestationen" vom 12. Juni 1997

cc) Das Versammlungsverbot unter Missachtung des Selbstbestimmungsrechts

Im Fall „United Civil Aviation Trade Union and Csorba v. Hungary" von 2018 war eine Versammlung auf einem Weg in Richtung des internationalen Flughafens geplant.[667] Eine Gewerkschaft wollte die öffentliche Aufmerksamkeit auf die schlechte finanzielle Lage der Arbeitnehmer des Flughafens lenken. Die Veranstaltung sollte dabei auf einer Fläche stattfinden, die nicht von Verkehrsmitteln benutzt wurde. Es sollte sich zudem um eine zweistündige Veranstaltung handeln. Beim Treffen mit dem Veranstalter schlug die Polizeibehörde eine Änderung des Versammlungsortes vor, da eine Beeinträchtigung des Straßenverkehrs zu erwarten sei. Der Veranstalter beharrte darauf, dass alle Rechtsnormen eingehalten werden und der Straßenverkehr nicht behindert werde. Dennoch wurde die Versammlung von der Polizeibehörde verboten.[668]

Der EGMR prüfte das Vorliegen der Erforderlichkeit des Eingriffs in einer demokratischen Gesellschaft. Er unterstrich, dass alleinige Grundlage des Verbots die angenommene Beeinträchtigung des Straßenverkehrs darstellte. In solchen Fällen sei der Staat grundsätzlich befugt, die Modalitäten der Versammlung bezüglich des Ortes, der Zeit und der Gestaltung zu beschränken.[669] Hier sei aber zu prüfen, ob die Versammlung nur zu einer Störung des Alltagslebens führt. Dies sei zu tolerieren, solange die Versammlung einen friedlichen Charakter trage. Im konkreten Fall sei nicht berücksichtigt worden, dass die Veranstalter max. 100 Menschen erwarteten, nur einen Teil des Weges beanspruchen wollten und die Kundgabe nur zwei Stunden dauern sollte. Die Annahme ernster Gefahren aus der Versammlung stellte daher eine bloße Vermutung dar („largely a matter of speculation"). Die erwarteten Störungen waren daher als bloße Nebenwirkung der Versammlung („a side-effect of a demonstration") zu betrachten.[670] Darüber hinaus sei zu berücksichtigen gewesen, dass die gewählte Örtlichkeit der Versammlung eine symbolische Bedeutung („a symbolic importance") für die Erreichung der Zwecke des Veranstalters hatte.[671] Ohne mildere Maßnahmen in Erwägung zu ziehen, habe sich die Behörde für das härteste Mittel des Verbots entschieden. Daher sei keine gerechte Balance zwischen den kollidierenden Interessen erreicht worden, was zur Verletzung des Art. 11 EMRK geführt habe.[672]

Dagegen stellte die teilweise abweichende Meinung der Richter auf die legitimen Sicherheitsinteressen des Staates und auf die Notwendigkeit von deren Be-

---

[667] ECHR, United Civil Aviation Trade Union and Csorba v. Hungary, Nr. 27585/13, 22. Mai 2018.
[668] Vgl. ebd., §§ 6–11.
[669] Vgl. ebd., § 26.
[670] Vgl. ebd., § 27.
[671] Vgl. ebd., § 29.
[672] Vgl. ebd., §§ 30–31.

rücksichtigung ab.⁶⁷³ Diese Interessen hat aber auch der EGMR als legitim betrachtet. Der Staat hat es jedoch unterlassen, konkrete Tatsachen einzuführen, die echte Gefahren identifizieren würden. Nur dadurch konnten die Behauptungen des Veranstalters und die Modalitäten der Versammlungsdurchführung in Frage gestellt werden. Es ging somit nicht um das Fehlen legitimer Interessen des Staates, sondern um die Beweislast des eingreifenden Staates. Es waren keine Gegenindizien erkennbar, die die Annahme gerechtfertigt hätten, dass die zweistündige Versammlung entgegen den Angaben der Anmelder eine ernste Störung auslösen könnte.

dd) Die fehlerhafte Prognose und der unterlassene Ausgleich der Interessen

In dem bekannten Fall „Öllinger v. Austria" hat der Bf. als Mitglied der Partei „Die Grünen" eine Versammlung mit symbolischer Bedeutung angemeldet.⁶⁷⁴ Der Bf. wollte sich zusammen mit sechs anderen Personen vor dem Memorial der jüdischen Opfer des Zweiten Weltkriegs auf einem kommunalen Friedhof versammeln. An diesem Tag und am selben Ort war schon eine Veranstaltung der „Kameradschaft IV" geplant, die den im Zweiten Weltkrieg gestorbenen Soldaten gewidmet war. Daraufhin erging eine Verbotsentscheidung gegen die Versammlung der Partei „Die Grünen". Die inhaltliche Gegenveranstaltung würde eine provokative Wirkung haben. Darüber hinaus würden die religiösen Gefühle der Menschen, die an diesem Tag (All Saints' Day) den Friedhof besuchen, verletzt. Anzunehmen sei auch die Gefahr eines Konflikts zwischen den Besuchern des Friedhofs und den Teilnehmern der Versammlung.⁶⁷⁵

Der EGMR prüfte in diesem Fall, ob die staatlicherseits angenommene Kollision der Versammlungsfreiheit mit den Rechten Dritter (Religionsfreiheit, gesellschaftliches Interesse an der Erhaltung des öffentlichen Friedens) konventionsgemäß aufgelöst wurde.⁶⁷⁶ Aus Art. 11 EMRK entstehen für den Staat positive und negative Pflichten. In dem konkreten Fall hatte der Staat die miteinander kollidierenden Interessen so auszubalancieren, dass die Versammlungsfreiheit der Parteimitglieder, die ungestörte Veranstaltung der Kameradschaft als Assozi-

---

⁶⁷³ Vgl. ebd., Joint Partly Dissenting Opinion of Judges Yudkivska, Ranzoni and Ravarani, § 5 ff.
⁶⁷⁴ ECHR, Öllinger v. Austria, Nr. 76900/01, 29. Juni 2006.
⁶⁷⁵ Vgl. ebd., §§ 7–12; vgl. auch §§ 15–18 und §§ 21–30.
⁶⁷⁶ Vgl. ebd., § 33 und § 43: Der EGMR bezog sich auch auf die Argumentation des nationalen Verfassungsgerichts. Damals befand das österreichische Verfassungsgericht, dass das Verbot nicht allein auf die Tatsache gestützt werden konnte, dass sich die Versammlung auf die Veranstaltung der Kameradschaft provokativ auswirken würde. Dennoch sei das Verbot aus Gründen der Erfüllung der positiven Schutzpflicht des Staates zugunsten der Besucher des Friedhofs an einem wichtigen christlichen Feiertag gerechtfertigt.

ation und die Ausübung der religiös motivierten Haltungen der Friedhofsbesucher ermöglicht wurden.[677] Der Staat hatte daher in dreifacher Hinsicht eine Schutzpflicht. Nur aus dem Grund, dass die Versammlung konträre Meinungen auslöst, die für andere nicht annehmbar erscheinen, darf der Staat die Versammlungsfreiheit nicht einschränken. Könnte jede Erwartung eines spannenden und erregenden Austausches zwischen gegnerischen Gruppen ein Versammlungsverbot begründen, dann würde die Gesellschaft keine Möglichkeit haben, sich mit unterschiedlichen Ideen auseinanderzusetzen.[678] Aus dieser abwehrenden Wirkung der Versammlungsfreiheit resultiert laut EGMR die Schutzpflicht des Staates, präventive Maßnahmen zum Schutz der Versammlung vor der Gegenversammlung zu ergreifen.[679] Gegen die Annahme einer ernsten Störung sprachen vorliegend folgende Gründe: Zunächst war die Gegenversammlung nicht gegen Besucher des Friedhofs oder gegen die Ausübung einer Religion gerichtet. Es handelte sich zudem um eine kleine Kundgebung, die friedlich und unter Verzicht auf Aufrufe bzw. Zeigen von Bannern erfolgen sollte. Jenseits verbaler Diskussionen war es auch in den vergangenen Jahren nicht zu einer gewaltsamen Auseinandersetzung gekommen.[680] Notwendige präventive Maßnahmen sollten durch die Anwesenheit von Polizei gesichert werden. Auf diesem Weg würde eine eventuelle Kollision in dem Dreiecksverhältnis zwischen beiden Versammlungen und Gläubigen/Friedhofsbesuchern aufgelöst werden.[681] Die von der Behörde angenommenen Konfrontationen seien staatlicherseits kontrollierbar gewesen.[682] Der Stellenwert der Versammlungsfreiheit wurde daher im konkreten Fall nicht hinreichend berücksichtigt; die kollidierenden Interessen wurden nicht in gerechter Weise ausbalanciert.[683]

f) Fazit

Wie schon ausgeführt wurde, liegen in Georgien bisher keine Beispiele vor, die relevante praxisbezogene Defizite eines Verbotsverfahrens aufzeigen. Betrachtet man die Norm abstrakt, dann kann nur deren verfassungskonforme Auslegung zu verfassungsfreundlichen Ergebnissen führen. Nachdrücklich ist daher eine Reak-

---

[677] Vgl. ebd., §§ 34–35.
[678] Vgl. ebd., § 36 m. V. auf grundlegende Entscheidungen die Plattform „Ärzte für das Leben" v. Austria, Nr. 10126/82, 21. Juni 1988, § 32; Stankov and the United Macedonian Organisation Ilinden, § 107: „[…] If every probability of tension and heated exchange between opposing groups during a demonstration was to warrant its prohibition, society would be faced with being deprived of the opportunity of hearing differing views. […]."
[679] Vgl. ebd., § 37 mwN.
[680] Vgl. ebd., § 47.
[681] Vgl. ebd., § 48.
[682] Vgl. ebd., § 49.
[683] Vgl. ebd., §§ 49–51.

tion des Gesetzgebers zu empfehlen und die vorrangige Beschränkung der Versammlungsfreiheit durch Auflagen explizit im Gesetz zu regeln. § 13 Abs. 2 ME des VersG in Deutschland bietet ein gutes Beispiel zur Verdeutlichung des Ultima-Ratio-Charakters des Versammlungsverbots.

Es besteht die Gefahr der weiten Interpretation des Tatbestandsmerkmals „verfassungsmäßige Ordnung". Dies kann dazu führen, dass bereits abstrakte Gefahren z. B. für die Funktionsfähigkeit staatlicher Organe (schon unterhalb der Friedlichkeitsschwelle) darunter subsumiert werden. Um darartigen Fehlern vorzubeugen, sind wiederum die Aussagen des GVerfG bedeutsam. Eine weitere Herausforderung in der Praxis stellt die Notwendigkeit einer neutralen Beurteilung der inhaltlichen Aspekte einer Kundgebung dar. Als Ausgangspunkt ist im behördlichen Verfahren die Reichweite der Versammlungsfreiheit zu beachten: Auch verfassungsfeindliche bzw. von der Mehrheitsmeinung abweichende Meinungen sind von der Meinungs- und Versammlungsfreiheit geschützt. Gefahren müssen vom Verhalten – der Art und Weise der Versammlungsdurchführung – und nicht von den Inhalten der Veranstaltung ausgehen. Selbst dann, wenn eine Versammlung von undemokratisch gesinnten Vereinen oder Parteien veranstaltet wird, kann nicht automatisch vom Vorliegen einer unmittelbaren Gefahr für die verfassungsmäßige Ordnung ausgegangen werden. Etwas anderes gilt nur dann, wenn die Partei bzw. der Verein verboten wurde, d. h. die „institutionalisierte Verfassungsfeindlichkeit" schon festgestellt wurde.

Eine weitere Stütze für die verhältnismäßige Ausübung der Verbotsbefugnis ist die Vorbeugung des Ermessensnichtgebrauchs: Die Versammlungsbehörde ist laut GVersG zwar auf die Fakten der Polizei angewiesen; dies darf aber nicht dazu führen, dass sich die Versammlungsbehörde automatisch von diesen Anhaltspunkten leiten lässt und keine eigenen Erwägungen zur konkreten Lage anstellt. Zugunsten der Bestimmtheit der Regelung kann der Wortlaut auch in dem Sinne modifiziert werden.

Die bisher nur ansatzweise erforschte „Sperrwirkung des Versammlungsgesetzes" bzw. „die versammlungsspezifische Gefahr" sowie die Rechtsfigur des „Störers" erfordern auch eine gesetzgeberische Novellierung. Angemessen erscheint die Rezeption des § 13 Abs. 3 Satz 1 ME des VersG durch das GVersG. Danach richtet sich die behördliche Maßnahme nicht gegen die Versammlung, wenn die unmittelbare Gefahr für die relevanten Rechtsgüter (nur) von Dritten ausgeht. Im Anschluss daran, oder in den einleitenden Regelungen des GVersG, sind die Voraussetzungen der ausnahmsweisen Inpflichtnahme eines Nichtstörers bzw. des „polizeilichen Notstands" zu definieren.

Eine gute Basis für eine fehlerfreie Prognoseentscheidung bietet zurzeit das relativ neue GPolG und dessen Kommentierung von 2015. Die relevanten Aussagen zur Feststellung einer konkreten Gefahr orientieren sich, wie schon behandelt wurde, an der deutschen Dogmatik und können die Rechtsanwender mit den notwendigen Maßstäben ausstatten. Jeder Zweifel ist zudem zugunsten der Versammlungsfreiheit aufzulösen. Dies wird insbesondere in Georgien, wo ein Wandel des Verständnisses erst jetzt zu beobachten ist, das (rechtsstaatliche) Handeln der (eingreifenden) Verwaltung stärken.

8. Auflagen

Ein Versammlungsverbot scheidet aus, solange mildere, sinnvoll anwendbare Mittel nicht ausgeschöpft sind. Dabei darf die Behörde beim Erlass von Auflagen keine geringeren Anforderungen an die Gefahrenprognose stellen – so lautet die Formel des BVerfG seit dem „Brokdorf"-Beschluss.[684] Das Konzept des milderen Mittels dient auch hier dem Ziel der vorrangig präventiven und gleichsam effektiven Abwehr von Gefahren.[685] In diesem Konzept zeigt sich am besten die ermöglichende (verwirklichende und gewährleistende) Natur des Versammlungsrechts und die entsprechende Funktion der Versammlungsbehörde.[686] Danach ist es u. U. verhältnismäßig, wenn die Versammlung als Aufzug behördlicherseits wegen einer unmittelbaren Gefährdung der öffentlichen Sicherheit durch eine stationäre Kundgebung ersetzt wird.[687] Bei einer ortsfesten Veranstaltung können sowohl der Veranstalter als auch die Polizeikräfte besser für Friedlichkeit sorgen und auf einzelne Störungen und Provokationen effektiver reagieren als im Fall eines sich fortbewegenden Aufzugs.[688] Daher kommt ein Verbot der Versammlung nicht in Frage. Beizupflichten ist aber der versammlungsfreundlichen Meinung von Brenneisen, der die automatische Annahme eines „zusätzlichen Gefährdungspotenzials" einer sich fortbewegenden Versammlung verneint.[689] Jede Versammlung unter freiem Himmel ist konfliktträchtig; jede

---

[684] BVerfGE 69, 315, 353: „[E]in vorbeugendes Verbot der gesamten Veranstaltung [setzt] strenge Anforderungen an die Gefahrenprognose sowie die vorherige Ausschöpfung aller sinnvoll anwendbaren Mittel voraus, welche den friedlichen Demonstranten eine Grundrechtsverwirklichung ermöglichen."

[685] Vgl. *Muckel, S.*, Grundrechtliche Vorgaben für versammlungsrechtliche Auflagen, JA 2015, S. 157.

[686] Vgl. OVG Bautzen, Beschl. v. 06.02.2015 – 3 B 105/15, BeckRS 2015, 45184, Rn. 6; hat der Veranstalter während der Versammlungsorganisation selbst nichts unternommen, um den Konflikt mit gegenläufigen Interessen Dritter zu vermeiden, dann steht es der Behörde zu, für einen Ausgleich dieser Interessen zu sorgen.

[687] Vgl. BVerfG, Beschl. v. 20.12.2012 – 1 BvR 2794/10, BeckRS 2013, 46022; OVG Münster, Beschl. v. 02.10.2015 – 15 B 1201/15, BeckRS 2015, 53784, Rn. 10–12 und Rn. 15.

[688] Näher dazu VG Köln, Beschl. v. 14.10.2015 – 20 L 2453/15, BeckRS 2015, 53631, bestätigt durch OVG Münster, Beschl. v. 02.10.2015 – 15 B 1201/15, BeckRS 2015, 53784.

[689] So *Brenneisen, H.*, in: Brenneisen, H./Wilksen, M. (Hrsg.), VersR, S. 102; OVG Münster, Beschl. v. 19.03.2018 – 15 A 943/17, BeckRS 2018, 5866, Rn. 15.

Beschränkung der Versammlung braucht daher eine überzeugende Begründung.[690] Neben der Verhältnismäßigkeit der Auflage ist ferner ihre Bestimmtheit ein Rechtmäßigkeitsmaßstab.[691]

Nach Ansicht des BVerfG sind zunächst „alternative Methoden der Rechtsgüterkonfliktbewältigung" zu prüfen.[692] Daher bedeutet die Tatsache, dass die Auflage angeordnet wird, noch nicht, dass diese mit dem Verhältnismäßigkeitsprinzip vereinbar ist. Vielmehr muss die Auflage selbst dem Prinzip des milderen Mittels genügen.[693] Wenn die Behörde z. B. den Einsatz eines Lautsprechers untersagt, statt die Lautstärke zu begrenzen bzw. die Dauer des Einsatzes zu verkürzen, liegt eine unverhältnismäßige Auflage vor.[694] Gleiches gilt, wenn die Örtlichkeit der Versammlung verlegt wird, wodurch diese nicht mehr öffentlichkeitswirksam stattfinden kann (unbewohnte Stadtteile; Verlegung der Zeit vom Wochenende auf einen Werktag).[695] Eine unverhältnismäßige Anordnung der Behörde lässt die Versammlung fremdbestimmt sein und wirkt sich im Endeffekt wie ein Versammlungsverbot aus, indem die „Identität" der geplanten Versammlung in ihrer „Wirkungseinheit" nicht mehr erkennbar ist.[696]

---

[690] Vgl. die Behandlung der behördlichen Prognose bei der Verbotsentscheidung, die für alle Entscheidungen auf dem Feld des Versammlungsrechts gilt, in Kap. H IV 7 c).

[691] Vgl. VG Magdeburg, Beschl. v. 20.08.2014 – 1 B 915/14, BeckRS 2014, 56115; das Gericht betrachtete die zeitliche Dimension der Auflage als unbestimmt. Vgl. auch OVG Bautzen, Urt. v. 31.05.2018 – 3 A 199/18, BeckRS 2018, 10906, Rn. 21; *Trurnit C.*, Grundfälle zum Versammlungsrecht, Jura 2014, S. 491.

[692] Vgl. BVerfG, Beschl. v. 04.09.2009 – 1 BvR 2147/09, BeckRS 2009, 38659, Rn. 17. Laut BVerwG genießt eine Versammlung der politischen Parteien keinen privilegierten Schutz vor Auflagen; dabei darf die Versammlungsbehörde eine Auflage nicht auf die vermeintliche Verfassungsfeindlichkeit des Verhaltens oder des Programms der nicht verbotenen Partei stützen; BVerwG, Urt. v. 26.02.2014 – 6 C 1/13, BeckRS 2014, 47874, Rn. 14b; vgl. *Pieroth, B./ Schlink, B./Kniesel, M.*, Polizei- und Ordnungsrecht, § 21 Rn. 23–24.

[693] Vgl. VGH München, Urt. v. 22.09.2015 – 10 B 14.2246, NVwZ-RR 2016, S. 500 Rn. 54.

[694] Vgl. den Fall (vom Hess. VGH, DVBl. 2012, S. 117–118) bei *Trurnit C.*, Grundfälle zum Versammlungsrecht, Jura 2014, S. 490. Bemerkenswert ist, dass die Veranstaltung in diesem Fall zur Unterstützung der Gefangenen durchgeführt wurde; die Behörde begründete ihre Entscheidung dabei mit dem Ruheinteresse der Gefangenen. Vgl. auch VG Köln, Beschl. v. 26.04.2017 – 20 L 1811/17, BeckRS 2017, 108295, Rn. 15: Die Auflage, wonach der Schallkörper der Lautsprecheranlage nur in Richtung der Teilnehmer zu richten war, erwies sich als rechtswidrig. Das Gericht betonte, dass solche Hilfsmittel auch zum Zweck der Erlangung der Aufmerksamkeit der Außenstehenden eingesetzt werden können.

[695] OSCE-/ODIHR-Venedig-Kommission, Guidelines on Freedom of Peaceful Assembly, Second Edition, Warsaw 2010, § 2.4: „The principle of proportionality requires that authorities do not routinely impose restrictions which would fundamentally alter the character of an event, such as relocating assemblies to less central areas of a city." Vgl. weiter *Brenneisen, H.*, in: Brenneisen, H./Wilksen, M. (Hrsg.), VersR, S. 345; *Scheidler, A.*, Verkehrsbehinderungen durch Versammlungen, NZV 2015, S. 169 f.

[696] OSCE-/ODIHR-Venedig-Kommission, Guidelines on Freedom of Peaceful Assembly,

a) Die Regelung im GVersG

Der Gesetzgeber hat seit 2011 in Art. 11² GVersG das Handlungsinstrumentarium für den Rechtsanwender geschaffen, um multipolare Situationen während eines Versammlungsgeschehens durch Auflagen zu bewältigen. Die Notwendigkeit eines mehrdimensionalen Grundrechtsschutzes geht wiederum auf die Tatsache zurück, dass die Versammlungsteilnehmer, wenn auch nur durch bloße physische Anwesenheit am Versammlungsort, die Außenwelt beeinflussen. Dabei muss die rechtliche Regelung hinsichtlich dieser komplexen Konfliktlage hinreichend bestimmt sein.[697] Inwieweit dies in Art. 11² als konkrete Abwägungsnorm gelungen ist, ist zu untersuchen. Artikel 11² GVersG sieht nur die Anordnung von Auflagen hinsichtlich der Zeit und des Ortes vor. Die Norm sollte aber auch andere Modalitäten einer Versammlung, die eventuell behördlichen Restriktionen unterworfen werden müssen, erfassen. Der Wortlaut des Art. 11² liefert dabei keine klaren Indizien über die zeitliche Dimension der behördlichen Entscheidung. Die grammatikalische Auslegung spricht aber dafür, dass die Versammlung bereits begonnen haben muss. Darüber hinaus beschränkt sich Art. 11² GVersG auf den Schutz der Interessen Dritter an ungestörter Fortbewegung und Berufstätigkeit, die gegenüber der Versammlungsfreiheit abzuwägen sind. Somit deckt sein Tatbestand nicht die Gefahrenlagen, die gemäß Art. 14 GVersG als Verbotsgründe gelten, die aber u. U. durch mildere Mittel bewältigt werden können. Diese rechtliche Regelung ist daher defizitär.

Nach § 15 Abs. 1 VersG gibt es neben dem Verbot auch die Möglichkeit, die Durchführung einer Versammlung von Auflagen abhängig zu machen. Die Auflage gilt als selbständige versammlungsrechtliche Beschränkung und daher als klassischer Eingriff des Staates in die Versammlungsfreiheit.[698] Nicht als Auflage gelten die (in der georgischen Praxis üblichen) Verweise auf die Rechtsvor-

---

Second Edition, Warsaw 2010, § 103: „An assembly organiser should not be compelled or coerced either to accept whatever alternative(s) the authorities propose, or to negotiate with the authorities about key aspects (particularly the time or place) of a planned assembly. To require otherwise would undermine the very essence of the right to freedom of peaceful assembly […]." Vgl. *Sachs, M.*, in: Stern, K. (Hrsg.), Das Staatsrecht IV/1, S. 1253; *Pieroth, B./Schlink, B./Kniesel, M.*, Polizei- und Ordnungsrecht, § 21 Rn. 27. Vgl. auch einen anders gelagerten Fall in BVerfG, Beschl. v. 27.01.2012 – 1 BvQ 4/12, BeckRS 2012, 48170, Rn. 3; nicht anzunehmen sei, dass die zeitliche Verlegung der Versammlung einem Verbot gleichkäme. Anders hat das OVG Münster im März 2018 entschieden: Die Versammlung konnte im konkreten Fall zwar durchgeführt werden; die behördliche Auflage hatte aber ihren spezifischen Charakter so verändert, dass die Verwirklichung ihres kommunikativen Anliegens wesentlich erschwert wurde; OVG Münster, Beschl. v. 19.03.2018 – 15 A 943/17, BeckRS 2018, 5866, Rn. 8.

[697] Vgl. *Koll, B.*, Liberales Versammlungsrecht, S. 221.
[698] Dazu vgl. *Froese, J.*, Das Zusammenspiel von Versammlungsfreiheit und Versammlungsgesetz, JA 2015, S. 679. Die Erteilung von Auflagen wird als teilweises Verbot der Ver-

schriften, die Veranstalter und Teilnehmer einzuhalten haben;[699] Gleiches gilt für die Hinweise auf die Gehorsamspflicht gegenüber polizeilichen Anforderungen.[700] Auflagen betreffen die Gestaltungsmittel der Versammlung und können auch weitere organisatorische Fragen regeln.[701] Dabei kann die Auflage nicht nur an den Veranstalter, sondern auch an Teilnehmer gerichtet sein.[702] In Betracht kommt Letzteres u. a. dann, wenn Auflagen gegenüber opponierenden Teilnehmern angeordnet werden, um eine Konfliktlage zwischen dem Veranstalter (Gestaltungsfreiheit) und dem „Recht auf Opposition" der Teilnehmer versammlungsfreundlich auszugleichen.[703] Das BVerfG unterstrich zudem, dass zwischen der Anordnung der Auflage und der Durchführung der Versammlung hinreichend Zeit liegen soll, damit der Veranstalter diese anfechten kann.[704] Ist dies nicht der Fall, ist die Sanktionierung der Verstöße gegen die Auflage nur dann rechtmäßig, wenn die Auflage rechtmäßig war.[705]

In Georgien sollte im Vorfeld auch gelten, dass dann, wenn die Gefahr durch mildere Mittel – wie die Erteilung von Auflagen – beseitigt werden kann, das härtere Mittel des Verbots nicht zulässig ist. Die rechtliche Grundlage kann Art. 2 Abs. 3 lit. c und e GVersG bieten, der sich ausdrücklich auf das Verhältnismäßigkeitsprinzip als leitender Grundsatz des Versammlungsrechts bezieht. Dieser gilt allerdings ohnehin aufgrund der Verfassung. Dementsprechend können eventuelle (unverhältnismäßige) staatliche Eingriffe nicht dadurch gerechtfertigt werden, dass eine ausdrückliche Regelung des Sachverhalts nicht vorliegt.[706] Das Verhältnismäßigkeitsprinzip beeinflusst daneben auch die Auslegung des Art. 11^2 GVersG. Auch hier ist das Selbstbestimmungsrecht des Veranstalters zu berücksichtigen und dieses im Fall der Änderung der Modalitäten einer Versammlung

---

sammlung betrachtet bei *Dietel, A./Gintzel, K./Kniesel, M.*, VersG, § 15 Rn. 7; *Kniesel, M./ Poscher, R.*, in: Lisken, H./Denninger, E. (Hrsg.), Hb PolG, Kap. K Rn. 359.

[699] Die versammlungsrechtliche Auflage ist daher von der Auflage im Sinne des VwVfG abzugrenzen, das die Auflage nur als Annex des Verwaltungsaktes regelt, vgl. *Kniesel, M./Poscher, R.*, in: Lisken, H./Denninger, E. (Hrsg.), Hb PolG, Kap. K Rn. 349. Weiter vgl. VGH München, Urt. v. 22.09.2015 – 10 B 14.2246, NVwZ-RR 2016, S. 500 Rn. 53; *Muckel, S.*, Grundrechtliche Vorgaben für versammlungsrechtliche Auflagen, JA 2015, S. 157.

[700] So *Jenssen, K.*, Die versammlungsrechtliche Auflage, S. 36 f.

[701] Vgl. *Gusy, C.*, in: Mangoldt, H. v./Klein, F./Starck, C. (Hrsg.), GG, Art. 8 Rn. 78.

[702] So *Kniesel, M./Poscher, R.*, in: Lisken, H./Denninger, E. (Hrsg.), Hb PolG, Kap. K Rn. 370; *Pieroth, B./Schlink, B./Kniesel, M.*, Polizei- und Ordungsrecht, § 21 Rn. 26.

[703] Vgl. *Dietel, A.*, Der opponierende Versammlungsteilnehmer, Die Polizei 2004, S. 192 f.

[704] Vgl. *Muckel, S.*, Grundrechtliche Vorgaben für versammlungsrechtliche Auflagen, JA 2015, S. 158 (Behandlung des Beschl. v. BVerfG v. 26.06.2014 – 1 BvR 2135/09, NVwZ 2014, S. 1453).

[705] Vgl. ebd.

[706] Vgl. in Zusammenhang mit der versammlungsrechtlichen Generalklausel *Koll, B.*, Liberales Versammlungsrecht, S. 37.

(als „Austauschmittel") in die Erwägungen miteinzubeziehen (z. B. Anordnung einer anderen Örtlichkeit, die weder anfangs geplant noch von der Behörde vorgeschlagen worden war).[707] Die Anordnung mehrerer Auflagen, die zu einer „Auflagenflut" führt, ist dabei disproportional bzw. unzumutbar.[708] Ebenfalls nicht hinnehmbar ist eine Auflage, die nicht auf eine hinreichende tatsächliche Grundlage gestützt werden kann, aber nur zu einer „vergleichsweise geringfügigen Einschränkung der Versammlungsfreiheit" führt.[709] Eine andere Annahme wäre mit dem Verhältnismäßigkeitsprinzip nicht vereinbar, das nach der Reform von 2011 die gesamte Systematik des Gesetzes beeinflusst.

aa) Die Interessenabwägung gemäß Art. 11² GVersG

Nach Art. 11² GVersG ist die Versammlungsbehörde aufgefordert, ein Gleichgewicht zwischen der Versammlungsfreiheit und den Rechten der Personen, die am Versammlungsort leben, arbeiten oder ein Unternehmen betreiben, zu erzielen. Letztere dürfen nicht daran gehindert werden, ihre Tätigkeit fortzusetzen (Abs. 1). Um dieses Ziel zu erreichen, können unter Berücksichtigung des Verhältnismäßigkeitsprinzips zeitliche und örtliche Beschränkungen angeordnet und diesbezügliche Alternativen vorgeschlagen werden (Abs. 2), sofern es sich nicht um zwei miteinander verbundene Versammlungen handelt (Abs. 3).[710] Zeitliche und örtliche Beschränkungen sind unzulässig, wenn die im Abs. 1 des Art. 11² GVersG erwähnten Rechte Dritter nur für kurze Zeit eingeschränkt werden (Abs. 4).

---

[707] Zum sog. „Austauschmittel" *Kniesel, M./Poscher, R.*, in: Lisken, H./Denninger, E. (Hrsg.), Hb PolG, Kap. K Rn. 278; ebd., *Graulich, K.*, Kap. E Rn. 164. Wenn die Polizeibehörde im Rahmen der Ermessensausübung das in concreto geeignete Mittel bestimmt, soll es dennoch dem Betroffenen überlassen bleiben, ein anderes geeignetes Mittel zur Gefahrenabwehr anzubieten, so *Tegtmeyer, H./Vahle, J.*, PolG NRW, § 3 Rn. 7; *Pieroth, B./Schlink, B./Kniesel, M.*, Polizei- und Ordnungsrecht, § 21 Rn. 12. Vgl. auch BVerfG, Beschl. v. 29.06.2016 – 1 BvR 1791/14, BeckRS 2016, 48578, Rn. 3–4; in diesem Fall hat der Veranstalter im Vorfeld nicht darauf hingewiesen, dass die Auflagenerfüllung (für 50 erwartete Teilnehmer einen Ordner einzusetzen) für ihn unzumutbar war; diese Lage war für die Behörde nicht aus sich heraus erkennbar. Das BVerfG fand es verfassungsrechtlich nicht zu beanstanden, dass die Fachgerichte die Auflage als rechtmäßig beurteilten.

[708] *Brenneisen, H.*, in: Brenneisen, H./Wilksen, M. (Hrsg.), VersR, S. 345; zur unzulässigen „additiven Wirkung" mehrerer Eingriffe, *Kingreen, T./Poscher, R.*, Staatsrecht II – Grundrechte, Rn. 430.

[709] OVG Bautzen, Urt. v. 31.05.2018 – 3 A 199/18, BeckRS 2018, 10906, Rn. 29.

[710] Anzumerken ist, dass die georgische und die englische Fassung der Norm unterschiedlich formuliert sind: Während in der englischen Version nur die „voneinander getrennten" Versammlungen von dem Anwendungsbereich der Norm erfasst werden, erklärt die georgische Fassung, dass die Norm dann gilt, wenn es sich nicht um „miteinander verbundene" Versammlungen handelt.

Weder in dieser Norm noch an anderer Stelle (z. B. in der amtlichen Gesetzesbegründung) ist dabei definiert, wann es sich um „getrennte" Versammlungen handelt oder das Gegenteil der Fall ist, Versammlungen also als miteinander verbunden zu gelten haben. Wird auf Sinn und Zweck der Regelung abgestellt, ist anzunehmen, dass durch diese Ausnahme die Gegenversammlung von der behördlichen Auflage verschont bleiben soll. Insbesondere (aber nicht nur) im Fall einer Gegenversammlung ist es erforderlich, dass diese in örtlicher und zeitlicher Nähe der Anfangsversammlung stattfindet. Diese Regelung ist versammlungsfreundlich; es wird die größtmögliche kommunikative Wirkung der Kundgebungen ermöglicht. Es kommen aber auch Fälle in Betracht, in denen eine Trennung der Versammlung von einer Gegendemonstration, insbesondere zur Wahrung des Friedlichkeitsgebots, als notwendig erscheint.[711] Hier muss der Rechtsanwender, ähnlich wie in anderen Kollisionsfällen, für einen Ausgleich der Interessen Sorge tragen. Der großzügige Vorbehalt des Gesetzgebers erfordert in diesem Sinne eine teleologische Reduktion. Als Ausgangspunkt gilt, dass die Versammlung trotz der örtlichen Beschränkung in Sicht- und Hörweite der Adressaten ablaufen kann.[712] Auch in den übrigen Fällen ist das Selbstbestimmungsrecht des Veranstalters zu berücksichtigen und begrenzen die Möglichkeiten der Öffentlichkeitswirksamkeit der Kundgebung die behördlichen Erwägungen.[713] Gespräche mit den Veranstaltern sind der Ausgangspunkt einer fehlerfreien Ermessensbetätigung.

---

[711] So hat das VG Karlsruhe die Trennung einer Versammlung von einer Gegendemonstration, wofür der Versammlungsort um 40 Meter verlegt wurde, als verhältnismäßig bewertet; dadurch wurde die Gefahr für Leben und Gesundheit der Teilnehmer selbst abgewehrt (zugleich wurde die Sicherheit des öffentlichen Personenverkehrs geschützt); VG Karlsruhe, Beschl. v. 28.07.2015 – 3 K 3684/15, BeckRS 2015, 49127. Vgl. auch VGH München, Beschl. v. 14.11.2014 – 10 CS 14.2461, BeckRS 2014, 58905, Rn. 7; OVG Münster, Beschl. v. 27.04.2017 – 15 B 491/17, BeckRS 2017, 109526, Rn. 15.

[712] Vgl. The Compilation of Venice Commission Opinions Concerning Freedom of Assembly, Venice Commission, CDL-PI(2014) 0003, § 2.3 und § 4.2 m. V. auf OSCE-/ODIHR-Venedig-Kommission, Guidelines on Freedom of Peaceful Assembly, Second Edition, Warsaw 2010 (§§ 33, 45, 101, 123).

[713] Vgl. OVG Münster, Beschl. v. 27.04.2017 – 15 B 491/17, BeckRS 2017, 109526, Rn. 8 und Rn. 17: Das Gericht bringt „den durch das Zusammenspiel von Motto und geplantem Veranstaltungsort geprägten Charakter der Versammlung" auf den Punkt. Nach der Auffassung des Gerichts wurde in diesem konkreten Fall die Versammlungsfreiheit des Antragstellers dadurch gewahrt, dass die von ihm geplante Versammlung trotz der räumlichen Modifizierung in unmittelbarer Nähe, dem hier eine „symbolische Bedeutung" zukomme, von der Hauptversammlung stattfinden konnte; die Kundgebungen konnten somit den Adressaten erreichen. Die unmittelbare Nähe der Versammlung zum eigenen „Bezugsobjekt" trotz der angeordneten räumlichen Trennung bestätigte auch das VG Köln, Beschl. v. 26.04.2017 – 20 L 1811/17, BeckRS 2017, 108295, Rn. 9; in dem Fall handelte es sich lediglich um eine Zone von einigen Metern zwischen den Versammlungen. Vgl. VG Köln, Beschl. v. 19.04.2017 – 20 L 1634/17, BeckRS

Eine Beeinträchtigung der Fortbewegungsfreiheit und ggf. auch des Arbeitsalltags Dritter ist insbesondere bei Großdemonstrationen häufig zu beobachten. Kommt es zu Kollisionen, wird die doppelte Schutzpflicht des Staates aktiviert. Einerseits muss der Staat (durch die Versammlungsbehörde und die Polizeibehörden) dafür sorgen, dass die Versammlung durch Dritte nicht gestört wird. Andererseits darf die Inanspruchnahme der Versammlungsfreiheit nicht zu unverhältnismäßigen Beschränkungen der Freiheiten Dritter führen. Der neue Art. 11² GVersG ist folglich vor allem Ausdruck der im Interesse Dritter bestehenden Schutzpflicht des Staates.

Im Rahmen der Abwägung gemäß Art. 11² muss also untersucht werden, ob die Wahrnehmung der Versammlungsfreiheit tatsächlich eine unzumutbare Beschränkung der Freiheiten Dritter zur Folge hat. Vom Rechtsanwender zu berücksichtigen ist zunächst die „Konfliktgeneigtheit" der Versammlung, die eine gewisse Duldung der „sozial-adäquaten Nebenfolgen" erforderlich macht.[714] Dabei darf bei der Abwägung die Zahl der Teilnehmer nicht der Zahl der durch die Veranstaltung behinderten Menschen gegenübergestellt werden. Dies würde dem Gehalt der Versammlungsfreiheit zum Schutz von Kundgebungen von Minderheiten entgegenstehen.[715] Die Beeinträchtigung des normalen Zusammenlebens muss den Grad erreichen, dass die sich mit der Duldung korrespondierende Freiheitsvermutung zugunsten des Versammlungsablaufs zurücktritt. Belästigungen und Unannehmlichkeiten unterhalb der Eingriffsschwelle reichen nicht aus.[716] Auch wenn Ereignisse nicht mehr zu dulden sind, ist die Behörde ver-

---

2017, 107272, Rn. 6–7 und Rn. 11: Während sich am anfänglichen Versammlungsort – Heumarkt in Köln – ca. 10.000 Menschen versammeln konnten, war am vorgeschlagenen Standort „Am Malzbüchel/An der Malzmühle" nur die Aufnahme von ca. 1.500 Menschen möglich. Das Platzverlegen war somit unbegründet.

[714] Vgl. *Schulze-Fielitz, H.*, in: Dreier, H. (Hrsg.), GG, Art. 8 Rn. 35 und Rn. 82.

[715] So *Waechter, K.*, Die Vorgaben des BVerfG für das behördliche Vorgehen, VerwArch 2008, S. 100 m. V. auf BVerfG.

[716] Dazu BVerfGE 69, 315, 353; *Schenke, W.-R.*, Polizei- und Ordnungsrecht, Rn. 74: Dabei könne im Einzelfall z. B. ein gewisser Lärm zur Tageszeit und nachts anders beurteilt werden; ebenfalls könne eine Beeinträchtigung aus der Summierung von Nachteilen, die einzeln betrachtet nur Belästigungen sind, entstehen. Es geht nicht um eine „Wohlfühlatmosphäre" der Drittpersonen, die durch diese Norm anhand der Beschränkung der Versammlungsfreiheit zu schützen wären, vgl. BVerfGE 128, 226, 574; es reicht auch nicht aus, wenn z. B. die einzelnen Teilnehmer den Passanten die Werbung ihres Versammlungsthemas aufdrängen und diese dadurch verärgern, vgl. Falldarstellung bei *Bünnigmann, K.*, Polizeifestigkeit im Versammlungsrecht, JuS 2016, S. 696. Es muss nicht nur eine abstrakte oder konkrete Gefahr, sondern eine unmittelbare Gefahr vorliegen, damit diese zum Gegenstand eines Eingriffs gemacht wird; vgl. die Ausführungen zur Unmittelbarkeit der Gefahr aus der Versammlung heraus in Kap. H IV 7 c) bb). Vgl. auch OVG Lüneburg, Urt. v. 24.09.2015 – 11 LC 215/14, NVwZ-RR 2016, S. 99 Rn. 8.

pflichtet, dafür zu sorgen, dass mittels der Auflage das Versammlungsanliegen ermöglicht und gleichzeitig auf eine „möglichst geringe Beeinträchtigung der Verkehrsinteressen" hingewirkt wird.[717]

Durch die Festlegung des zeitlichen Elements im letzten Absatz, das nicht zuletzt die Ausübung der behördlichen Ermessensbefugnis lenkt, hat der Gesetzgeber eine Art „Schädlichkeitsschwelle" geschaffen.[718] Im Fall ihres Überschreitens werden die versammlungstypischen Beeinträchtigungen als „reaktionsfähige Verkürzung" der Interessen Dritter eingestuft[719] und daher nicht mehr geduldet. Es können dabei zwei Fallgruppen ermittelt werden: Einmal, wenn die Rechte Dritter schon beeinträchtigt sind, diese Lage fortdauert und u. U. leichter einzuschätzen ist, ob dies auch weiterhin nur kurzzeitig abläuft; zum anderen, wenn nur eine Gefahr der Beeinträchtigung vorliegt und die Behörde auch den zeitlichen Aspekt des zu erwartenden Schadens zu prognostizieren hat.[720] In beiden Situationen gilt: Je kürzer Rechtsgüter Dritter durch die Versammlung beeinträchtigt werden, desto strenger fallen die Anforderungen an eine Auflage hinsichtlich Zeit und Ort aus. Als zweiter Grundsatz gilt, dass nur unverhältnismäßige Beschränkungen Dritter Maßnahmen der Behörde rechtfertigen können. Der identifizierte Eingriff bzw. die unmittelbare Gefahr aus der Versammlung für die Rechte Dritter muss sich erst in der (konkreten) Güterabwägung als rechtswidrig erweisen.[721] Es ist daher angebracht, dass im Abs. 1 klar formuliert wird, dass es auf „ungerechtfertigte Beeinträchtigungen" ankommt, die die Behörde zum Handeln ermächtigen. So lag z. B. nach Ansicht des LG Berlin ein Eingriff in die Gewerbefreiheit vor: Eine vor einem Geschäftslokal durchgeführte Demonstration hat den alltäglichen Betriebsprozess gestört, indem die Kundenströme vermindert wurden. Nachzuweisen war der Kausalzusammenhang; die Kunden mussten gerade wegen der in der Nähe des Geschäfts abgehaltenen Ver-

---

[717] In Anlehnung an die Rechtsprechung des BVerfG, vgl. OVG Bautzen, Beschl. v. 06.02.2015 – 3 B 105/15, BeckRS 2015, 45184, Rn. 9. Zum Kollisionsfall vgl. auch *Scheu, S.*, Freiheitsperspektiven Drittbetroffener im Versammlungsrecht, S. 32 f.

[718] Zum Begriff *Bröhmer, J.*, in: Dörr, O./Grote, R./Marauhn, T., EMRK/GG, Kap. 19 Rn. 44.

[719] Dazu *Lindner, F. J.*, Theorie der Grundrechtsdogmatik, S. 490 f.

[720] Im Unterschied zu Art. 10 GVersG nennt der Gesetzgeber in Art. 11² keine Kriterien, die im Rahmen des Prognoseurteils für die Behörde bedeutsam sind. So wird z. B. nicht auf die Gefahr der Beeinträchtigung von Rechten Dritter abgestellt. Mit Blick auf den präventiven Charakter des Grundrechtsschutzes und der u. a. versammlungsspezifischen Gefahrenabwehr gilt aber auch hier, dass durch die Auflage primär die Gefährdungslage wegen der Versammlung als solche zu bewältigen ist.

[721] Die Intensität der Beeinträchtigung (als Eingriffsschwelle) sei in dem Abwägungsvorgang zwischen den kollidierenden Rechtsgütern feststellbar, so vgl. *Pieroth, B./Schlink, B./ Kniesel, M.*, Polizei- und Ordnungsrecht, § 4 Rn. 3.

sammlung den Laden verlassen oder gar nicht betreten haben.[722] Erst nach Bejahung eines Eingriffs konnte in einer Güterabwägung (zwischen der freien Meinungsäußerung sowie Wettbewerbs- und wirtschaftlichen Zielen) geklärt werden, ob die kommunikativen Zwecke der Versammlung gegenüber den Betriebsinteressen vorgehen. Dabei sprach eine Vermutung zugunsten der Versammlungsdurchführung aus einem objektiv-funktionalen Verständnis der Freiheit für die Demokratie. Dementsprechend stellte das LG Berlin fest, dass der Eingriff nicht rechtswidrig ist, „wenn potenzielle Kunden [in ihrer großen Mehrzahl] nicht physisch am Betreten des Geschäfts gehindert oder durch die Anwesenheit der Demonstrationen in der Nähe des Geschäfts eingeschüchtert werden, sondern lediglich Informationsangebote zum Pelzhandel an die Passanten gerichtet werden".[723] Dabei waren die friedlichen Durchführungsmodalitäten der Versammlung maßgeblich; nur Aufrufe zum Kaufboykott der Pelzsachen reichten nicht aus, um festzustellen, dass die Kunden durch den „Druck der Straße" in ihrer Entscheidungsfreiheit gehindert wurden.[724] Es war in dem konkreten Fall auch entscheidungsrelevant, dass es sich um eine einmalige zweistündige Versammlung handelte und nicht um eine Dauerversammlung, die ggf. in kleineren zeitlichen Abständen abgelaufen war.[725]

bb) Die Abgrenzung des Art. 11² gegenüber anderen Regelungen

Auch sonstige Vorschriften des GVersG sehen eine Abwägung kollidierender Interessen vor und weisen darauf hin, dass die Entscheidung vom Einzelfall abhängt. Diese Bestimmungen, die die Behörde ermächtigen, Auflagen hinsichtlich Zeit und Ort der Versammlung zu erteilen, haben die Distanzanordnung (Art. 9 Abs. 4 und Abs. 5), das Blockadeverbot (Art. 11¹) und den Empfehlungsbeschluss (Art. 10) zum Gegenstand.

In Art. 11² GVersG handelt es sich um eine Ermessensentscheidung der Behörde, die für den Veranstalter und Teilnehmer der Versammlung rechtsverbindlich ist. Im Kooperationsverfahren gemäß Art. 10 GVersG werden dagegen lediglich Empfehlungen ausgesprochen, die für die Versammlungsveranstalter nicht ver-

---

[722] Zum Sachverhalt vgl. LG Berlin, Urt. v. 03.07.2009 – 3 O 221/09, NJW-RR 2010, S. 57 (Keine „Bannmeile" vor Geschäftslokal wegen Pelzhandel-Protests).
[723] Ebd., LS. 2.
[724] Ebd., S. 58: Das Gericht hat bei seiner Aussage anhand der kumulativen Maßstäbe des Art. 5 Abs. 1 GG (Meinungsfreiheit) und des Art. 8 Abs. 1 GG (Versammlungsfreiheit) argumentiert: „Der Aufruf zu einem Verhalten, das dem Adressaten erlaubt ist, wird dann als zulässig angesehen, wenn er – gemeinnützige Ziele vorausgesetzt – nicht durch unwahre Informationen bewirkt wird und er als Mittel des geistigen Meinungskampfs in einer die Öffentlichkeit berührenden Frage eingesetzt wird."
[725] Vgl. ebd., S. 58 (Schlussbemerkung).

bindlich sind. Artikel 10 bezieht auch die Gegenversammlung mit ein. Dagegen werden gemäß Art. 11² miteinander verbundene Versammlungen vom Regelungsgegenstand ausgenommen. Die Kooperation findet im Vorfeld der Versammlung statt. Aus dem Wortlaut des Art. 11² kommt dagegen nicht explizit hervor, in welcher Phase der Versammlungsdurchführung die Entscheidung getroffen wird. Ergeht sie vor Beginn der Versammlung, verliert das Empfehlungsverfahren (nicht dagegen die Kooperation) seinen Sinn. Denn dies würde bedeuten, dass über einen Gegenstand eine Empfehlung vorbereitet wird, über den zum selben Zeitpunkt eine verbindliche Entscheidung der Behörde getroffen werden könnte. Danach stellt Art. 10 nur ein Provisorium dar. Dieses Ergebnis erscheint allerdings bei Zeitauflagen problematischer zu sein als bei Ortsauflagen für eine schon begonnene Versammlung. Der gesetzgeberische Wille ist wegen der Unbestimmtheit der Norm und der fehlenden Systematik des Gesetzes (vor allem mit Blick auf Art. 10) daher schwer nachvollziehbar.

Ebenso die Distanzanordnung nach Art. 9 Abs. 4 GVersG verfolgt das Ziel, im Interesse der Allgemeinheit die Funktionsfähigkeit bestimmter Behörden zu bewahren. Die Anordnung verlangt das Vorliegen bestimmter Voraussetzungen: Es muss die Gefahr der Beeinträchtigung der Tätigkeit der Behörde vorliegen usw. Mit dem Schutz der Interessen der Allgemeinheit wird aber auch das Interesse des einzelnen Bediensteten dieser Einrichtung (auch als mögliche Adressaten der Versammlung), seine gewohnte Arbeit durchführen zu können, geschützt. Diese Norm verfolgt zudem den Schutz von Drittinteressen, wobei diese Personen nicht Adressaten der Versammlung sind.

Die Ermächtigung der Behörde (bzw. der Regierung) in Art. 11¹ GVersG bezweckt es, die Fortbewegungsfreiheit an der Versammlung nicht beteiligter Dritter zu sichern, indem die Behörde anordnen kann, dass nicht durch die Anzahl der Teilnehmer gerechtfertigte Blockaden beseitigt, eine Fahrbahn freigegeben und alternative Wege bestimmt werden. Auch diese Befugnis wird in Art. 11¹ an spezielle Voraussetzungen geknüpft. Diese Norm regelt die behindernde Blockade und ist daher eine konkrete Ausprägung des Art. 11² GVersG. Art. 11² ist als eine Art Generalklausel zu verstehen, die zur Anwendung kommt, wenn die in Art. 11² Abs. 1 aufgezählten Rechtsgüter zu schützen sind, die Voraussetzungen anderer spezieller Eingriffsgrundlagen aber nicht vorliegen. Wird somit Art. 11² als Auffangtatbestand verstanden, erfordert die Entscheidung der Behörde umso mehr eine sorgfältige Begründung.

cc) Die Stellungnahme der Venedig-Kommission

Die Einführung des neuen Art. 11² in das GVersG hat die Venedig-Kommission in zweierlei Hinsicht hervorgehoben.[726] In diesem Artikel geht es um die behördliche Suche nach einer Balance zwischen der Versammlungsfreiheit und den Rechten Dritter. Die Kommission hat den Hinweis – man dürfe Menschen nicht daran hindern, die eigene Tätigkeit fortzusetzen (Art. 11² Abs. 1) – für die einschneidende Feststellung gehalten. Mit Blick darauf, dass der Sinn und Zweck der Norm darin bestehen, die schon identifizierten Konfliktfälle durch bestimmte Restriktionen der Freiheit zu deeskalieren bzw. abzuwehren, scheint der Satz unlogisch: Es klingt eher als eine „Blankovollmacht" und nicht als eine Abwägungsregel.[727] Der einschneidende Charakter des ersten Absatzes sei, nach Auffassung der Venedig-Kommission, dadurch abgemildert, dass im Abs. 4 ein begrenzender Vorbehalt hinsichtlich der Kürze der Beeinträchtigung vorgesehen ist.

Zur Absicherung der Beachtung des Verhältnismäßigkeitsgrundsatzes schlug die Kommission vor, Art. 11¹ VersG in Kombination mit dem Art. 11² zu betrachten.[728] Wie schon erwähnt, regelt Art. 11¹ die Fälle, in denen eine Fahrbahn gesperrt wird, ohne dass dies wegen der Teilnehmerzahl erforderlich ist. In dieser Lage kann die Behörde eine (Ermessens-)Entscheidung über die Freigabe der Fahrbahn treffen. Im Rahmen der Freigabensentscheidung muss die Behörde ermöglichen, dass die Versammlung anders abgehalten wird. Im Rahmen des Art. 11¹ gelten die Rechte Dritter schon als beeinträchtigt; daher kann Art. 11² auf der Rechtsfolgenseite aktiviert werden. Es kommen zeitliche und/oder örtliche Beschränkungen der Versammlung in Betracht. Versammlungsfreundlich ist der Vorschlag auch im Hinblick auf den Tatbestand: Selbst während der Freigabeentscheidung nach Art. 11¹ ist zu berücksichtigen, ob Drittinteressen durch die Sperrung der Fahrbahn nur kurze Zeit beeinträchtigt werden bzw. wurden, was einen behördlichen Eingriff nicht mehr erforderlich macht.[729]

Die Kommission hat mit Nachdruck hervorgehoben, dass die absoluten Verbote in Art. 9 Abs. 3 und Art. 11 Abs. 2 lit. e GVersG durch die Regelungen des

---

[726] Dazu Final Opinion on the Aendments to the Law on Assembly and Manifestations of Georgia, Venice Commission, CDL-AD(2011)029, § 16.

[727] Ebd.: „New Article 11² instructs the executive authorities to implement the principle of proportionality by striking a proper balance 'with the rights of others'. Importantly, rather radical statements such as 'these persons shall not be interrupted in carrying out their activities' (para. 1 in fine) are mitigated by the prescription not to restrict a demonstration if the interference with the rights of others 'is limited to a short period of time' (para. 4)."

[728] Vgl. ebd., § 19.

[729] Vgl. ebd., mit Hinweis auf die weitere Analyse des Artikels in § 15 derselben Stellungnahme.

Art. 11¹ und Art. 11² relativiert werden müssen.⁷³⁰ Art. 9 Abs. 3 spricht das Verbot aus, bei Aufstellung einer Versammlung Gebäudeeingänge, Fahrbahnen und Bahnhöfe zu sperren. Nach Art. 11 Abs. 2 lit. e ist es verboten, die Fortbewegung von Straßenverkehrsmitteln vorsätzlich zu behindern. Die Kommission verlangt also, dass eine Sperrung dann nicht mehr den genannten Verbotsnormen unterfällt, wenn dies nicht infolge der Zahl der Versammlungsteilnehmer erforderlich wird und/oder die Sperung nur kurze Zeit währt. So würde dem Rechtsanwender im ersten Fall des Art. 9 Abs. 3 GVersG die Möglichkeit verwehrt, automatisch einen Verstoß gegen die Regeln der Veranstaltung und Durchführung von Versammlungen festzustellen und dies gemäß OWiGB zu sanktionieren. Im zweiten Fall (Art. 11 Abs. 2 lit. e GVersG) hätte der Rechtsanwender nach der Identifizierung der Tatsache, dass die Fortbewegung des Straßenverkehrsmittels vorsätzlich behindert wurde, zugleich zu prüfen, ob dadurch Rechte Dritter nur kurze Zeit beeinträchtigt wurden.⁷³¹ Nur mittels einer derartigen Auslegung und Anwendung der Normen kann das Verhältnismäßigkeitsprinzip gewahrt werden.

Es ist aber unwahrscheinlich, dass ohne Reaktion des Gesetzgebers eine neue Auslegung in der Praxis erfolgen wird. Der Gesetzgeber hat bisher die Stellungnahme der Kommission von 2011 nicht berücksichtigt. Zurzeit werden nicht einmal die ausdrücklich geregelten ermessensleitenden Grenzen, u. a. bezüglich der kurzen Dauer der Beeinträchtigung von Drittinteressen, beachtet. Am 10. Dezember 2016 nahm die Polizei zwei Versammlungsteilnehmer fest, die sich gemeinsam mit anderen in der Hauptstadt Tbilisi vor dem Parlamentsgebäude versammelt hatten.⁷³² Die Polizei schritt ein, weil Teilnehmer die Fortbewegung eines Verkehrsmittels auf der Fahrbahn zeitweise behindert hatten. Von den Polizeibeamten wurde nicht berücksichtigt, dass die Beeinträchtigung durch die steigende Teilnehmerzahl bedingt war und es sich zudem nur um eine kurzfristige Beeinträchtigung handelte, was gemäß dem Wortlaut der Gesetzesnorm zugunsten der Versammlungsfreiheit der Teilnehmer zu beachten war.

b) Die Rechtsprechung des EGMR zu Auflagen

Der EGMR behandelt die Konventionsmäßigkeit der Anordnung von Auflagen sowohl mit Blick auf negative als auch auf positive Pflichten des Staates. Der Staat muss einerseits indirekte Eingriffe in die Versammlungsfreiheit vermeiden;

---

⁷³⁰ Ebd. § 20 „[…] [T]he absolute prohibition is superfluous having regard to these latter provisions and should be removed." Weiter ebd.: „[…] [T]he prohibition contained in Article 11.2(e) against '[d]eliberately hindering the transport movement' by participants of an assembly is excessive."

⁷³¹ Vgl. ebd.: „Article 11¹ […] and 11² […] override this prohibition."

⁷³² Zu den Umständen des Falles s. den Bericht der Assoziation der Jungen Juristen, Als Ordnungswidrigkeit qualifizierte Proteste, S. 9.

andererseits ist er verpflichtet, regulatorische Mechanismen zu schaffen, die einen hinreichenden Schutz vor etwaigen rechtswidrigen Entscheidungen, die aufgrund des Ermessens der Versammlungsbehörde getroffen wurden, ermöglichen.[733] Die Prüfung der Beschwerden erfolgt einerseits mit Blick darauf, ob ernste Störungen staatlicherseits abzuwehren waren, und andererseits, ob das Selbstbestimmungsrecht des Veranstalters hinreichend berücksichtigt wurde.

aa) Der relevante Störungsgrad

Der Gerichtshof untersucht, ob die von der Versammlung ausgelösten Störungen als ernst anzusehen sind („seriousness of the nuisance") und eine Auflage rechtfertigen können.[734] Der EGMR wies mehrmals darauf hin, dass es der Durchführung einer Versammlung immanent ist, dass das übliche Alltagsleben, u. a. auch der Straßenverkehr, in gewisser Weise gestört wird („a certain level of disruption to ordinary life, including disruption of traffic").[735] Nicht jede Störung darf aber intensive Eingriffe in die Freiheit auslösen und gar ein Versammlungsverbot zur Folge haben.[736] Vielmehr ist Duldung bzw. Toleranz gegenüber Störungen zu zeigen, wenn die Versammlungsteilnehmer keine Gewaltakte begehen und die Versammlung als solche friedlich bleibt.[737] Der hinnehmbare Grad der Störung lässt sich dabei nicht abstrakt definieren, sondern kann erst in Anbetracht der konkreten Lage beurteilt werden.[738] So ist es bedeutend, wenn die Beeinträchti-

---

[733] Vgl. ECHR, Lashmankin and Others v. Russia, Nr. 57818/09 und 14 weitere, 7. Februar 2017, § 430 und § 471.

[734] Vgl. ECHR, Kasparov and Others v. Russia (No. 2), Nr. 51988/07, 13. Dezember 2016, § 29.

[735] ECHR, Kudrevičius and Others v. Lithuania, Nr. 37553/05, 15. Oktober 2015, § 155: „Any demonstration in a public place may cause a certain level of disruption to ordinary life, including disruption of traffic […]."; vgl. auch ECHR, Barraco v. France, Nr. 31684/05, 5. März 2009, § 43 und 47 (in diesem Fall gingen die Störungen aber über die hinnehmbare Störung hinaus); so auch vgl. ECHR, Budaházy v. Hungary, Nr. 41479/10, 15. Dezember 2015, § 34 und § 43. Weiter ECHR, Berladir and Others v. Russia, Nr. 34202/06, 10. Juli 2012, § 38; ECHR, Galstyan v. Armenia, Nr. 26986/03, 15. November 2007, §§ 116–117; ECHR, Lashmankin and Others v. Russia, Nr. 57818/09 und 14 weitere, 7. Februar 2017, § 423; zuletzt s. ECHR, Navalnyy v. Russia, Nr. 29580/12 und 4 weitere, 15. November 2018, § 118 und § 131.

[736] Vgl. ECHR, Körtvélyessy v. Hungary, Nr. 7871/10, 5. April 2016, § 28; ECHR, Kablis v. Russia, Nr. 48310/16 und 59663/17, 30. April 2019, §§ 54–56.

[737] Vgl. ECHR, Kudrevičius and Others v. Lithuania, Nr. 37553/05, 15. Oktober 2015, § 150; so auch ECHR, Budaházy v. Hungary, Nr. 41479/10, 15. Dezember 2015, § 34: „[…] [W]here demonstrators do not engage in acts of violence, it is important for the public authorities to show a certain degree of tolerance towards peaceful gatherings if the freedom of assembly guaranteed by Article 11 of the Convention is not to be deprived of all substance."

[738] Vgl. ECHR, Kudrevičius and Others v. Lithuania, Nr. 37553/05, 15. Oktober 2015, § 155 m. V. auf „Primov v. Russia".

gung von Drittinteressen, z. B. der Fortbewegungsfreiheit, nur kurz andauert.[739] Wichtig ist zudem, in welcher Weise sich die Veranstalter und Teilnehmer in solchen Lagen benehmen: Je mehr diese zur Kooperation bereit und je flexibler diese im Hinblick auf Modifizierungen sind, desto weniger Raum bleibt für Eingriffe des Staates.[740] Auch vorsätzliche Verstöße gegen rechtliche Regelungen und die zielgerichtete Aufstellung einer Versammlung in störender Weise relativieren den privilegierten Schutz der Veranstaltung aus Art. 11 EMRK.[741]

Im „Sergey Kuznetsov"-Fall führte er aus, dass zur Bestimmung der Reichweite der alltäglichen Störung entscheidend ist, wie viele Personen an der Versammlung teilnehmen, welche Dauer diese hat und ob sich der Veranstalter zur Kooperation bereit erklärt und sich hinreichend flexibel zeigt.[742] Verneint wurde die Ernsthaftigkeit der staatlicherseits angenommenen Störung im „Kasparov-Fall" von 2016 (Nr. 2):[743] Nach einer politischen Demonstration bewegten sich die Teilnehmer friedlich zu einem anderen Ort, um sich dort an eine andere, ebenso friedliche Versammlung anzuschließen.[744] Wenngleich u. U. die Zahl dieser Menschen die Vermutung rechtfertigen konnte, dass es sich um einen nicht angemeldeten Aufzug handelte, waren der staatliche Eingriffsgrund – zu erwartende Störungen – zu pauschal.[745] Gänzlich unannehmbar war die Rechtfertigung des Eingriffs unter Hinweis auf politische Parolen gegen Präsident Putin.[746] Einen ähnlichen Sachverhalt (Nichtanmeldung, oppositionelle Kundgebung) hatte das spätere „Navalnyy v. Russia"-Verfahren im Februar 2017 zum Gegenstand.[747] Staatlicherseits sei Toleranz angezeigt, so der EGMR, wenn –

---

[739] ECHR, Körtvélyessy v. Hungary, Nr. 7871/10. April 2016, § 29: „[…] [T]he Court concludes that the authorities, when issuing the prohibition on the demonstration and relying on traffic considerations alone, failed to strike a fair balance between the rights of those wishing to exercise their freedom of assembly and those others whose freedom of movement may have been frustrated temporarily, if at all."

[740] Vgl. ECHR, Budaházy v. Hungary, Nr. 41479/10, 15. Dezember 2015, § 41 m. V. auf „Baracco v. France": „[…] [T]he applicant and other protesters failed to give evidence of flexibility and readiness to cooperate with the other road users […]."

[741] Vgl. ECHR, Kudrevičius and Others v. Lithuania, Nr. 37553/05, 15. Oktober 2015, § 156.

[742] Vgl. ECHR, Sergey Kuznetsov v. Russia, Nr. 10877/04, 23. Oktober 2008, § 44; es waren dabei auch keine Personen in der Umgebung, die diese Störungen beanstandet hatten.

[743] ECHR, Kasparov and Others v. Russia (No. 2), Nr. 51988/07, 13. Dezember 2016, § 29: „Whether such a demonstration is objectionable and what, if any, measures it calls for on the part of the police should primarily depend on the seriousness of the nuisance it was causing."

[744] Vgl. ebd., §§ 7–8.

[745] Vgl. ebd., § 29.

[746] Vgl. ebd., §§ 12–13; so auch die Begründung der Regierung vor dem EGMR ebd., in § 25.

[747] ECHR, Navalnyy v. Russia, Nr. 29580/12 und 4 weitere, 2. Februar 2017, §§ 9–11 und § 49.

wie in dem Verfahren – der Bf. Navalnyy als Oppositionsführer u.a. gegen das „Bolotnaya"-Strafverfahren, zu dessen Verhandlung er nicht zugelassen worden war, protestiert.[748] Es handele sich um eine spontane Kundgebung zu einer gesellschaftlich relevanten Frage – die für politisch motiviert erachtete Gerichtsverhandlung.[749] Diese mangelnde Berücksichtigung des privilegierten Schutzes einer freien Debatte über politisch und gesellschaftlich bedeutende Fragen kritisierte der EGMR auch in dem späteren „Navalnyy v. Russia"-Verfahren vom November 2018:[750] Die staatliche Einmischung in die friedliche Versammlung sei nur anlässlich einer selbstverständlichen Störung der Umgebung geschehen; zudem sei die Lage staatlicherseits (u.a. durch verhältnismäßige Auflagen) völlig kontrollierbar gewesen.[751]

bb) Die Wahrung des Selbstbestimmungsrechts bzw. der Autonomie des Veranstalters

Staatlichen Auflagen, die im Endeffekt für den Veranstalter ein Versammlungsverbot bedeuteten, behandelte der EGMR in dem berühmten Fall „Stankov and the United Macedonian Organisation Ilinden v. Bulgaria" („a borderline case").[752] Wird dieser Fall auch meistens hinsichtlich des Friedlichkeitsgebots zitiert, so hat der EGMR ebenfalls wichtige Aussagen zum Selbstbestimmungsrecht des Veranstalters gemacht. Zuletzt erwies sich die Frage einer Beschränkung der Modalitäten einer Versammlung insbesondere im Fall „Lashmankin and Others v. Russia" als brisant.[753] Hier zog der EGMR im Rahmen seiner Analyse rechtsvergleichend nationale Regelungen der Mitgliedstaaten heran, die eine Änderung der Modalitäten einer Versammlung betreffen.[754] Auch in anderen Ent-

---

[748] Vgl. ebd., § 16, §§ 21–23, § 30 und § 46; der Gerichtshof behandelte mehrere Festnahmen des Bf., u.a. während dieser Versammlung vor dem Gerichtsgebäude am 24. Februar 2014.

[749] Vgl. ebd., § 45.

[750] Vgl. ECHR, Navalnyy v. Russia, Nr. 29580/12 und 4 weitere, 15. November 2018, § 133.

[751] Ebd., § 131: „[…] It appears that the nuisance caused by the applicant and his fellow protestors caused a certain disruption to ordinary life but did not in the concrete circumstances exceed that level of minor disturbance that follows from normal exercise of the right of peaceful assembly in a public place […]." Vgl. auch ebd., § 132: „[…] The number of the riot police officers present at the venue, fully equipped with riot suppression gear, was comparable to that of the protestors, who were unarmed and unaggressive. Given that the authorities were fully in control of the situation there was no apparent risk of its deterioration."

[752] ECHR, Stankov and the United Macedonian Organisation Ilinden v. Bulgaria, Nr. 29221/95 und 29225/95, 2. Oktober 2001. Die Richterin Botoucharova bezeichnete den Fall in ihrer abweichenden Meinung als „borderline case".

[753] ECHR, Lashmankin and Others v. Russia, Nr. 57818/09 und 14 weitere, 7. Februar 2017.

[754] Vgl. ebd., §§ 321–322.

scheidungen hat der EGMR schon zuvor die Bedeutung der Autonomie des Veranstalters („the organisers autonomy") hervorgehoben und die Konventionsmäßigkeit u. a. der zeitlichen und der örtlichen Modalitäten von Versammlungen geprüft (Restrictions on Place, Time and Manner of holding Assemblies).[755]

Gegenstand der Entscheidung „Stankov and the United Macedonian Organisation" war das Verbot bestimmter Symbole. Nachdem die Kundgebung mehrmals verboten worden war, war sie unter einer „Flut von Auflagen" zugelassen worden.[756] Erlaubt wurde, die Gräben der mazedonischen Märtyrer zu besuchen und dort Kränze und Kerzen niederzulegen. Dagegen wurden die Mitnahme von Bannern, das Anbringen von Schleifen an den Kränzen, musikalische Instrumente und Plakate sowie das Halten von Reden untersagt. Nach Ansicht des EGMR stellte dies eine offensichtliche Einmischung in die Versammlungsfreiheit (in das Selbstbestimmungsrecht des Veranstalters) dar.[757] Die Gründe für die Einschränkung der Versammlungsfreiheit seien schwankend und nicht ausgearbeitet („fluctuated and were not elaborate").[758] Staatlicherseits sei nur auf die mangelnde Eintragung der Organisation hingewiesen worden. Der Rechtfertigung der Regierung, den Teilnehmern sei die Möglichkeit der Kundgebung eröffnet worden, hielt der EGMR die Bedeutung der Modalitäten der Versammlung entgegen. Der Entzug der Möglichkeit, die Versammlung wie geplant mit Reden und Parolen („through speeches or slogans at meetings") durchzuführen, habe sich letztlich wie ein Verbot der Versammlung („sweeping bans") ausgewirkt. Zeit und Ort der Versammlung waren dabei für Veranstalter und Teilnehmer von wesentlicher (symbolischer) Bedeutung („crucial"). Nicht tragbar war der weitere Hinweis, am selben Tag und am selben Ort sei eine andere Veranstaltung geplant gewesen und durchgeführt worden. In einer mehrpoligen Situation, wenn also an einem Ort, zu einer bestimmten Zeit zwei Veranstaltungen gleichzeitig geplant sind, hat der Staat hiernach zwar einen Beurteilungsspielraum, Beschränkungen in einer derartigen Lage müssten aber überzeugend begründet werden. Im vorliegenden Fall sei nicht ersichtlich, warum der Staat nicht die friedliche Durchführung beider Veranstaltungen (zur selben Zeit oder kurz nacheinander)

---

[755] Vgl. ECHR, Sáska v. Hungary, Nr. 58050/08, 27. November 2012, § 21; Disk and Kesk v. Turkey, Nr. 38676/08, 27. November 2012, § 31; Süleyman Çelebi and Others v. Turkey, Nr. 37273/10, 24. Mai 2016, § 109; Berladir and Others v. Russia, Nr. 34202/06, 10. Juli 2012, § 54. Vgl. auch ECHR, Kablis v. Russia, Nr. 48310/16 und 59663/17, 30. April 2019, §§ 50–53; ECHR, Elvira Dmitriyeva v. Russia, Nr. 60921/17 und 7202/18, 30. April 2019, § 44 und §§ 48–51 mwN.
[756] Vgl. ECHR, Stankov and the United Macedonian Organisation Ilinden v. Bulgaria, Nr. 29221/95 und 29225/95, 2. Oktober 2001, §§ 19–31.
[757] Vgl. ebd., §§ 79–80.
[758] Vgl. ebd., § 81.

IV. Das Gesetz „Über Versammlungen und Manifestationen" vom 12. Juni 1997   349

ermöglichen konnte.⁷⁵⁹ Die Organisation hatte dabei nur etwa 3.000 Mitglieder, von denen nicht alle aktiv waren. Die Maßnahme der Regierung habe darauf abgezielt, der Verbreitung der Ansichten der Bf. als Vertreter einer Minderheit entgegenzuwirken. Eine reale und vorhersehbare Gefahr („no real foreseeable risk") der Gewaltanwendung oder eine sonstige Form der Ablehnung der demokratischen Prinzipien („violent action or of incitement to violence or any other form of rejection of democratic principles") ließen die Umstände aber nicht erkennen. Die Regierung habe daher ihren Beurteilungsspielraum überschritten; das mehrmalige Verbot der Versammlung sowie die Auflagen mit Verbotseffekt seien in einer demokratischen Gesellschaft nicht erforderlich.⁷⁶⁰

Um die Beeinträchtigung des Selbstbestimmungsrechts der Veranstalter ging es auch bei fünfzehn Beschwerden aus Russland, die der Gerichtshof im komplexen „Lashmankin"-Verfahren 2017 zusammengefasst hat. Der EGMR räumte zwar ein, dass der Staat im Fall der Änderung verhaltensbezogener Modalitäten der Versammlung („restrictions on the location, time or manner of conduct of an assembly") im Unterschied zu inhaltsbezogenen Beschränkungen („content-based restrictions") einen weiten Beurteilungsspielraum genießt („a wider margin of appreciaction").⁷⁶¹ Dies bedeute aber keine unbegrenzte Eingriffsbefugnis. Zunächst prüfte der EGMR, ob die Verfahrensgarantien („the procedural safeguards") bei der Reglementierung der Ausübung der Versammlungsfreiheit („when fixing the regulatory framework") eingehalten wurden. Hierdurch soll ein konventionsgemäßer Gebrauch des staatlichen Beurteilungsspielraums gesichert werden.⁷⁶² So wollte der Bf. z. B. die Kundgebung an einem symbolischen Ort – der Gedenkstätte für die Opfer politischer Repression – durchführen, um so die Aufmerksamkeit auf die aus politischen Motiven ermordeten Aktivisten zu ziehen.⁷⁶³ Nach Anmeldung der Kundgebung schlug die Versammlungsbehörde jedoch vor, den Ort zu ändern, da ohne dies Gefahren für Leib und Leben zu erwarten seien. Dabei wurde nur pauschal darauf verwiesen, dass die Gedenkstätte in einem beliebten Park zur Erholung und für Spaziergänge von Familien liege. Damit war der gesetzlich geforderte Grad der Begründetheit („well-reasoned") als Voraussetzung für behördliche Änderungen offensichtlich nicht erfüllt.⁷⁶⁴ Eine substanzielle Darlegung eines Störungspotenzials der Versammlung, die

---

⁷⁵⁹ Vgl. ebd., § 109.
⁷⁶⁰ Vgl. ebd., §§ 110–112.
⁷⁶¹ Vgl. ebd., § 417.
⁷⁶² Vgl. ebd., § 418.
⁷⁶³ ECHR, Lashmankin and Others v. Russia, Nr. 57818/09 und 14 weitere, 7. Februar 2017, §§ 5–6.
⁷⁶⁴ Vgl. ebd., §§ 419–420. Vgl. auch § 471.

nur sieben Teilnehmer umfasste, erfolgte in keiner Weise.[765] Da die Wahl des Versammlungsortes einen symbolischen Charakter innehatte, wirkte die Beachtung der Aufforderung der Behörde wie ein Versammlungsverbot.[766] Auch hat die Behöde keinen anderen Ort als Alternaltive vorgeschlagen, womit nach bewährter Praxis in Russland die Festnahme und anschließende „administrative" Verurteilung der Veranstalter und Teilnehmer drohte.[767] Hierdurch wandelte sich das Anmeldungsverfahren („a notification procedure") tatächlich in ein Genehmigungsverfahren („an authorization procedure").[768] Der EGMR unterstrich dabei die Gefahr der automatischen Auflösung der Versammlung, der die Veranstalter im Fall der geplanten Durchführung der Versammlug ausgesetzt waren.[769]

Die Versammlungsfreiheit wird beeinträchtigt, wenn der Versammlungsort nur aus dem Grund geändert werden muss, weil an diesem Ort auch eine andere Veranstaltung geplant ist. Gleiches gilt, wenn sich die Behörde nicht bemüht, die Durchführung beider Kundgebungen sicherzustellen bzw. der Abwägungsprozess nicht ersichtlich macht, warum dies nicht möglich ist. Die Abwägung ist fehlerhaft, wenn nicht die Risiken bewertet werden, die eintreten, wenn die Veranstaltungen tatsächlich zusammenstoßen. Dabei sind auch Kritik und Ablehnung auslösende Meinungskundgaben zu schützen.[770] Es fehlt ferner eine tragbare Begründung, wenn die Behörde kommerzielle Werbung, Sport- oder Unterhaltungsveranstaltungen am selben Ort bevorzugt, ohne die funktionelle Bedeutung der Versammlung für freie Meinungsbildungsprozesse in die Abwägung miteinzubeziehen.[771] Im „Lashmankin and Others"-Fall wurde diese versammlungsunfreundliche Behördenpraxis von den nationalen Gerichten nicht beanstandet.[772] Darüber hinaus wies der EGMR hier auch darauf hin, dass allein

---

[765] Vgl. ebd., § 8 und die kritische Bewertung des EGMR in § 423.
[766] Vgl. ebd., § 10, § 366 und § 405 hinsichtlich der Bestimmung der Reichweite der Autonomie des Veranstalters durch den EGMR.
[767] Vgl. ebd., § 9; s. auch § 91: „On 25 June 2011 the applicants participated in a Gay Pride march in the centre of St Petersburg. They were arrested and charged with the administrative offence of breaching the established procedure for the conduct of public events." Weiter vgl. §§ 101–102.
[768] Vgl. ebd., § 368 und § 371.
[769] Vgl. ebd., § 407.
[770] Vgl. ebd., § 425 und § 427; dagegen reichte schon die Annahme eines geringfügigen Störungspotenzials, um eine Beschränkung der Modalitäten anzuordnen.
[771] Vgl. exemplarisch ebd., §§ 63, 85 und § 422 sowie § 425.
[772] Ebd., § 26: „On 2 November 2009 the Taganskiy District Court rejected his complaint. It found, in particular, that the proposal to change the location of the 'picket' was lawful because a presentation of the new IKEA catalogue had been planned in Novopushkinskiy Park at the same time." Vgl. auch §§ 27–28; vgl. auch § 358 (zur Relevanz der Balancierung von Interessen). Zur Kritik des EGMR § 367: „[…] [T]he domestic law did not establish any criteria on the basis of which to assess whether the proposal for changing the location, time or other pa-

die Tatsache einer früheren Anmeldung der konkurrierenden Veranstaltung nicht zu deren automatischer Bevorzugung berechtigt.[773]

Die Autonomie der Versammlung wird verletzt, wenn die behördliche Anweisung der Ortsänderung die Öffentlichkeitswirksamkeit in Frage stellt. So wurde z. B. im „Lashmankin and Others"-Fall vorgeschlagen, die Versammlung an einem weit entfernten Ort in einem industriellen Gebiet zu veranstalten. Dieser Ort war sowohl physisch schwer erreichbar als auch der Aufmerksamkeit der Gesellschaft kaum zugänglich.[774] Besonders schwerwiegend ist der staatliche Eingriff, wenn es sich um eine politische Versammlung handelt.[775] Dasselbe gilt, wenn der Veranstalter den vorgeschlagenen Ort akzeptiert, die Behörde aber dennoch weitere Hindernisse für die Durchführung der Versammlung aufstellt.[776] Dies deute darauf hin, dass der Schutz von Drittinteressen nicht das echte Ziel der behördlich vorgeschlagenen Änderungen sei, diese vielmehr nur als Vorwand dienten, um die Durchführung der Versammlung zu verhindern.[777] Ebenfalls unbegründet sind behördliche Änderungen von Zeit und Ort, wenn nur pauschal auf das Risiko terroristischer Akte verwiesen wird. So wurden z. B. einerseits derartige versuchte Akte in der Vergangenheit und sonstige Tatsachen und Indizien angeführt, während zugleich die Pro-Regierungsveranstaltung zugelassen wurde.[778] Dies offenbart die diskriminierende Wirkung des behördlichen Vorgehens.[779] Auch ist es nicht konventionskonform, wenn die anfangs erwartete Teilnehmerzahl behördlicherseits reduziert wird.[780] Insgesamt beurteilt der EGMR das Ermessen der Behörde in diesen Fällen als zu weit und tatbestandlich nicht

---

rameters of a public event was 'well reasoned'. Nor did it establish the criteria for assessing the suitability of the alternative locations proposed by the authorities."

[773] Vgl. ebd., § 422.

[774] Vgl. ebd., §§ 76–77; § 88; § 371 und die kritische Würdigung des EGMR in § 426: „[…] The Court considers that the practice whereby the authorities allow an assembly to take place, but only at a location which is not within sight and sound of its target audience and where its impact will be muted, is incompa-tible with the requirements of Article 11 of the Convention. […]."

[775] Vgl. ebd., §§ 108–110.

[776] Vgl. ebd., §§ 79–80.

[777] Vgl. ebd., § 113 und § 115: „On 17 March 2011 the Kaliningrad Town Administration refused to agree to the 'picket', reiterating that Victory Square was being cleaned and explaining that landscaping work was being carried out at the other location suggested by the third applicant."; „[o]n 20 March 2011 the applicants went to Victory Square and saw that no cleaning or other work was in progress there." S. auch §§ 128–129.

[778] Vgl. ebd., §§ 94–96 und § 421 sowie § 424: „[…] [T]he executive authorities did not rely on any evidence corroborating the existence of such risks or assess whether they were serious enough to justify a restriction of the freedom of assembly. […]."

[779] Vgl. ebd., § 429; der EGMR unterstrich den politischen Charakter der Versammlungen der oppositionellen Gruppe „Strategy-31".

[780] Vgl. ebd., § 36, § 86 und § 112.

begrenzt. Dies steigere die Gefahr von Behördenwillkür.⁷⁸¹ Es handele sich zudem um ein systematisches Defizit, da die rechtlichen Regelungen keinen Schutz vor einer fehlerhaften Ausübung der behördlichen Befugnisse beinhalteten.⁷⁸²

c) Die Rechtsanwendung in Deutschland

Die Anordnung von Auflagen im Rahmen des tatsachenorientierten Ermessens ist das eigentliche Instrumentarium des Versammlungsrechts. Die deutschen Gerichte verstehen das Streben nach dem milderen Mittel als eine Aufgabe zur Herstellung praktischer Konkordanz, in deren Rahmen die demokratische Funktionalität der Versammlungsfreiheit für das Gemeinwesen berücksichtigt wird.⁷⁸³ Dabei ist die Wahrung des Selbstbestimmungsrechts des Veranstalters ein selbstverständliches Element einer verfassungsmäßigen Abwägung. Im Folgenden werden Entscheidungen der Fachgerichte aufgezeigt, um die Auflagenpraxis zu verdeutlichen. Diese Beipiele können auch für die Praxis in Georgien nützlich sein.

aa) Die fehlerhafte Tatsachendiagnose

Im Juli 2018 beschäftigte sich das OVG Münster mit der fehlerhaften Prognose als Grundlage einer Auflage.⁷⁸⁴ Bei der angemeldeten Versammlung mit dem Motto „Nein zum neuen Polizeigesetz NRW!" wurde mittels Auflage die Zahl der Lautsprecherfahrzeuge begrenzt. Das Gericht wies auf die verfassungsmäßigen Anforderungen an die Tatsachenbasis, die Bedeutung des Selbstbestimmungsrechts und die Schutzbedürftigkeit der Kundgebungsinstrumente hin.⁷⁸⁵ Die Anordnung, nur an der Spitze und am Ende des Aufzugs ein Lautsprecherfahrzeug einzusetzen, werde nicht von einer hinreichend tragbaren Gefahrenprognose getragen.⁷⁸⁶ Es lägen keine konkreten Anhaltspunkte vor, dass es während des Aufzugs mit hinreichender Wahrscheinlichkeit zu gewalttätigen Ausschreitungen komme, bei denen die Lautsprecherfahrzeuge zu weiteren erheblichen Gefahren – z. B. durch die Blockade von Fluchtwegen – beitragen könnten. Allein die Vermutung, dass an der Versammlung auch Personen aus Antifa- und Fußball-Ultra-Gruppierungen teilnehmen, könne eine derartige Annahme nicht

---

⁷⁸¹ Vgl. ebd., § 429: „In the Court's view, there is a clear risk of arbitrariness in the grant of such broad and uncircumscribed discretion to the executive authorities […]."
⁷⁸² Die rechtsstaatliche Qualität des Rechts („quality of law") war daher nicht gegeben; vgl. ebd., § 430 und § 471.
⁷⁸³ Vgl. OVG Bautzen, Beschl. v. 06.02.2015 – 3 B 105/15, BeckRS 2015, 45184, Rn. 6; vgl. VG Köln, Beschl. v. 26.04.2017 – 20 L 1811/17, BeckRS 2017, 108295, Rn. 6.
⁷⁸⁴ OVG Münster, Beschl. v. 06.07.2018 – 15 B 974/18, BeckRS 2018, 16550.
⁷⁸⁵ Vgl. ebd., Rn. 5–8.
⁷⁸⁶ Vgl. ebd., Rn. 9.

rechtfertigen. Dies gelte mit Blick darauf, dass als Initiatoren und wichtigste Teilnehmer der Versammlung Parteien mit demokratischer und friedlicher Zielrichtung und weltweit bekannte NGOs auftreten. Frühere, von diesen veranstaltete, vergleichbare (!) Versammlungen seien auch friedlich geblieben (Gegenindiz zugunsten der Versammlung). Dass es bei einer zu einem ähnlichen Thema veranstalteten Versammlung zu verbotenen Handlungen gekommen ist (Einsatz von Pyrotechnik, Flaschenwürfen) könne dagegen keine „Vergleichbarkeit" begründen, da hier schon kein Zusammenhang mit den Lautsprecherfahrzeugen erkennbar sei (untaugliches Indiz zuungunsten der Versammlung). Ebenso könne die Vermutung, die Lautsprecherfahrzeuge würden als Lagerort für Wurfmaterial genutzt werden, nicht tragen. Derartige Aktionen bräuchten entsprechende vorbereitende Handlungen im Vorfeld, die die Fahrzeuge für die Gewalttätigen zugänglich machen.[787] In Anbetracht der zu erwartenden Teilnehmerzahl (10.000 Personen) und Länge des Aufzugs (rund 400 m) begrenzte das Gericht die Anzahl der Lautsprecherwagen auf sechs.[788]

bb) Die Mittel der Kundgebung im Konflikt mit Drittinteressen

In seinem Beschluss vom Oktober 2014 befand der VGH München die Begrenzung der Lautstärke (Reduktion des Schalldruckpegels) der Versammlung als rechtmäßig.[789] Die Versammlung dauerte acht Stunden, wobei der Versammlungsleiter fast durchgängig sprach. Hierdurch würde zum einen die Arbeit der Polizeibeamten, die sich in der Nähe aufhalten mussten, um die Versammlungsteilnehmer vor Gegendemonstranten zu schützen, beeinträchtigt.[790] Zum anderen erfordere die Güterabwägung auch die Berücksichtigung der Interessen der Anwohner und Gewerbetreibenden. Für Letztere beinhalte die Versammlung eine unzumutbare Lärmbeeinträchtigung. Auszugleichen waren daher das Recht auf Öffentlichkeitswirksamkeit der Versammlung und die Rechte Dritter, die der VGH unter dem Aspekt der negativen Meinungsfreiheit einbezog.[791] Es war nicht ersichtlich, dass die Versammlung bzw. die Redebeiträge bei Nutzung üblicher Lautsprecher und Megaphone für Außenstehende (Passanten) nicht mehr wahrnehmbar sind. Tatsächlich interessierte Nichtteilnehmer konnten zum Versammlungsort kommen, um die Inhalte der Versammlung besser verfolgen zu

---

[787] Vgl. ebd., Rn. 10.
[788] Vgl. ebd., Rn. 13.
[789] VGH München, Beschl. v. 16.10.2014 – 10 ZB 13.2621, NVwZ-RR 2015, S. 106 f.
[790] Vgl. ebd., S. 107 (Rn. 9 und Rn. 11).
[791] Vgl. ebd., S. 107 (Rn. 12). Zur unzulässigen Erzwingung der Aufmerksamkeit von Unbeteiligten *Alemann, F. v./Scheffczyk, F.*, Aktuelle Fragen der Gestaltungsfreiheit von Versammlungen, JA 2013, S. 411.

können.⁷⁹² Die Forderung des Klägers, statt der Begrenzung der Schallverstärkung „flexible Redezeiten" während der polizeilichen Einsätze anzuordnen, wurde zurückgewiesen. Hierbei handele es sich um kein milderes Mittel, da es den Zweck nicht erreichen könne, denn der Versammlungsleiter könne nicht so leicht erkennen, wann der polizeiliche Einsatz beginne.⁷⁹³ Darüber hinaus konnte der Kläger nicht substanziiert darlegen, dass flexible Redezeiten die Öffentlichkeitswirksamkeit (Erwecken des Interesses der Passanten) der Versammlung besser entsprechen würden als eine Begrenzung der Lautstärke.⁷⁹⁴

cc) Das Selbstbestimmungsrecht im Konflikt mit dem Persönlichkeitsrecht

Gegenstand der Entscheidung des VG Berlin vom Februar 2012 war die Kollisison zwischen der Gestaltungsfreiheit des Veranstalters und dem Persönlichkeitsrecht eines Politikers.⁷⁹⁵ Der Veranstalter wandte sich gegen die Auflage, mit der der Ort der auf 30 Minuten begrenzten Abschlusskundgebung geändert werden sollte. Hiernach durfte die Bürgerinitiative gegen den Ausbau des Flughafens Berlin-Schönefeld ihre Ansicht zum „Nachtflugverbot" nicht mehr unmittelbar vor dem Haus des Bürgermeisters kundtun. Geplant waren kurze, durch die Simulation von Fluglärm unterbrochene Redebeiträge. Durch diese symbolische Aktion sollte dem Bürgermeister die von den Einwohnern wegen des Ausbaus

---

⁷⁹² Vgl. VGH München, Beschl. v. 16.10.2014 – 10 ZB 13.2621, NVwZ-RR 2015, S. 106 f. (Rn. 5 und Rn. 11).
⁷⁹³ Vgl. ebd., S. 107 (Rn. 13–14). Vgl. auch OVG Lüneburg, Urt. v. 19.08.2011, DVBl. 2011, S. 1303. Zum Fall („Clownsarmy") vgl. auch *Höfling, W./Krohne, G.*, Versammlungsrecht in Bewegung, JA 2012, S. 739; einen Eingriff in die Versammlungsfreiheit beinhaltete eine Auflage, wonach den Versammlungsteilnehmern auferlegt wurde, zwei Meter Abstand zu den Polizeibeamten zu halten. Die Teilnehmer beabsichtigten anfangs, die Polizisten mit Wasserpistolen zu besprützen und mit Toilettenbürsten abzustauben. Das OVG Lüneburg betrachtete diese Auflage als einen gerechtfertigten Eingriff in die Gestaltungsfreiheit des Veranstalters: Die Polizeibeamten würden zwangsweise in die Veranstaltung involviert. Hinzu komme, dass die Polizei Sicherheits- und Ordnungsaufgaben zu erfüllen habe, die durch derartige Instrumentalisierungsversuche in ihrer Effektivität auch beeinträchtigt werden könnten.
⁷⁹⁴ Vgl. VGH München, Beschl. v. 16.10.2014 – 10 ZB 13.2621, NVwZ-RR 2015, S. 107 (Rn. 15). Zur akustischen Störung der Außenwelt durch das Kundgebungsmittel „Muezzinruf" und deren Begrenzung vgl. VGH München, Beschl. v. 17.10.2016 – 10 CS 16.1468, BeckRS 2016, 53084, Rn. 31; die Begrenzung (zugelassen nur zu Beginn der monatlichen Versammlung einmalig für maximal fünf Minuten) erfolgte mit Blick auf die Häufigkeit, Intensität und Fremdartigkeit des Kundgebungsmittels.
⁷⁹⁵ VG Berlin, Beschl. v. 21.02.2012 – 1 L 37.12, BeckRS 2012, 49589. Vgl. die Nachweise auch bei *Alemann, F. v./Scheffczyk, F.*, Aktuelle Fragen der Gestaltungsfreiheit von Versammlungen, JA 2013, S. 411; *Peters, W./Janz, N.*, Aktuelle Fragen des Versammlungsrechts, LKV 2016, S. 197; *Dahm, D./Peters, W.*, Aktuelle Fragen des Versammlungsrechts, LKV 2012, S. 447; *Groscurth, S.*, in: Peters, W./Janz, N. (Hrsg.), Hb VersR, Kap. G Rn. 63.

IV. Das Gesetz „Über Versammlungen und Manifestationen" vom 12. Juni 1997 355

des Flughafens künftig zu tragende Belastung verdeutlicht werden. Die Abschlusskundgebung vor dem Haus des Politikers wurde jedoch unter Hinweis auf dessen Persönlichkeitsrecht untersagt.

Das VG Berlin erläuterte die Reichweite des Selbstbestimmungsrechts des Veranstalters und die Bedeutung der freien und selbstverantwortlichen Entfaltung des Einzelnen in seinem „Innenraum", der frei von äußerem Zutritt zu bleiben habe. Auch ein Bürgermeister bedürfe des wirksamen Schutzes der Privatsphäre im räumlich-gegenständlichen Bereich der Privatwohnung und der Abwehr des psychischen Drucks einer „Belagerungssituation". Dies gelte auch und insbesondere dann, wenn Amtsträger unter der ständigen Beobachtung der Öffentlichkeit stehen und öffentliches Interesse und vielfältige Diskussionen hinzunehmen haben. Daher bejahte das VG Berlin für den gewählten Ort eine Gefahr für die öffentliche Sicherheit (Gefahr der Verletzung des Persönlichkeitsrechts nach Art. 2 Abs. 1 GG). Die Art und Weise der behördlichen Auflösung des Konflikts sah das Gericht aber als nicht gelungen und die Auflage als unverhältnismäßig an. Die Versammlungsbehörde müsse im Rahmen ihres Ermessens durch Herstellung einer praktischen Konkordanz beide Interessen ausgleichen. Das Gericht teilte die Ansicht des Veranstalters bezüglich des besonderen inhaltlichen Bezugs der Kundgebung zur örtlichen Nähe des Adressaten der Versammlung. Durch das weite Fernhalten der Versammlung vom privaten Wohnort des Adressaten der Versammlung könne das kommunikative Versammlungsanliegen nicht mehr erreicht werden. Diese kommunikative Relation sei dabei derart intensiv, dass der Bürgermeister eine akustische Beeinträchtigung zu dulden habe, die Kundgebung selbst aber nicht unmittelbar vor dem Wohnhaus des Bürgermeisters stattfinden dürfe. Die Lösung war ein Versammlungsort, der die akustische Erreichbarkeit des Bürgermeisters sicherstellt („Beachtungserfolg" des Veranstalters) und andererseits die Gefahr einer „Belagerungssituation" effektiv abwehrt.[796]

dd) Die Versammlungsfreiheit im Konflikt mit der Religionsfreiheit

Das VG Düsseldorf qualifizierte im Februar 2015 eine behördliche Auflage wegen der Fehleinschätzung der „Gefahrenquelle" als rechtswidrig.[797] Die Behörde änderte den Aufzugsweg, an dem sich eine marokkanische Islam-Gemeinde be-

---

[796] Vgl. OVG Koblenz, Urt. v. 22.09.2916 – 7 A 11077/15, BeckRS 2016, Rn. 15 und Rn. 20; das Gericht lehnte einen Bezug des Versammlungsanliegens zum Besuch des Bundespräsidenten ab; die Verlegung des Ortes außerhalb der Hör- und Sichtweite des Bundespräsidenten und die Schaffung des notwendigen Sicherheitsraums war daher verfassungsrechtlich nicht zu beanstanden.
[797] VG Düsseldorf, Beschl. v. 23.02.2015 – 18 L 586/15, BeckRS 2015, 42953.

fand. Begründet wurde dies mit dem Abendgebet, das in der Gemeinde während des geplanten Aufzugs stattfand. Die Gläubigen würden ohne die beschränkende Auflage ihre Religion nicht störungsfrei ausüben können. Nach Ansicht des VG war jedoch nicht ersichtlich, dass die Gläubigen die Gemeinde wegen des Aufzugs nicht mehr besuchen oder ihre Religion nicht mehr ausüben konnten. Die Behörde habe auch keine Gründe dargelegt, wonach die Polizeikräfte in einer Gefährdungslage nicht imstande sind, die Zugänge zu der Moschee während des Aufzugs zu sichern. Dabei handelte es sich um eine recht kleine Anzahl von Teilnehmern und u. a. dadurch bedingte kurze Dauer des Aufzugs. Für einen ungestörten Ablauf des Aufzugs sprachen auch in den vorausgegangenen Wochen durchgeführte Veranstaltungen. Zudem sei es Polizeiaufgabe, eine eventuell auftretende Gefahr gegenseitiger Übergriffe von Versammlungsteilnehmern und Gläubigen abzuwehren. Diese Gefahr sei aber schon deswegen nicht plausibel gewesen, da die Gläubigen für gewöhnlich nach dem Gebet wieder in der Moschee verweilen.

Anders entschied das OVG Bautzen im Februar 2015, das der Behörde Recht gab.[798] Diese hatte den Auftaktort des Aufzugs geändert. Der Aufzug durfte nicht – wie geplant – am Nikolaikirchhof beginnen, da dort zu diesem Zeitpunkt eine Gebetsnacht stattfand. Da die Versammlung mit ca. 600 Teilnehmern recht groß und der Einsatz von Megaphonen geplant war, würden die Besucher des Nachtgebets in ihrer Religionsausübung erheblich gestört. Daher wurde die Auflage als rechtmäßig erachtet.[799]

d) Fazit

Die Analyse des georgischen Rechts über die Auflage hat gezeigt, dass die Fassung der Abwägungsregel des Art. 11² GVersG nicht gelungen ist. Auch die zeitliche Dimension der Beschränkungen, die behördlicherseits angeordnet werden können, ist nach dem Wortlaut nicht eindeutig. Nach Ansicht der Venedig-Kommission kann lediglich eine teleologische Auslegung der Norm zu versammlungsfreundlichen Ergebnissen führen. Zudem ist die Norm lückenhaft, da Gegenstand nur zeitliche und örtliche Modifizierungen der Versammlung sind. Dabei können auch sonstige von der Behörde vorgeschriebene Modalitäten der Versammlungsdurchführung einen Eingriff in das Selbstbestimmungsrecht des Veranstalters darstellen und sollten sinnvollerweise durch diese Norm geregelt werden. Die Intention des Gesetzgebers sollte darauf gerichtet sein, mehrpolige Verhältnisse während der Durchführung von Versammlungen besser zu bewältigen. Die Systematik des Gesetzes und das Verhältnismäßigkeitsprinzip erfor-

---

[798] OVG Bautzen, Beschl. v. 06.02.2015 – 3 B 105/15, BeckRS 2015, 45184.
[799] Vgl. ebd., Rn. 7.

dern, dass auch andere Eingriffsgrundlagen des GVersG, die örtliche Modifizierungen zum Gegenstand haben (Art. 9 und Art. 11¹ GVersG), im Licht der Abwägungsregel angewendet werden. Dies wurde auch von der Venedig-Kommission nachdrücklich empfohlen. In Anbetracht der Praxis in Georgien und ebenso unter Berücksichtigung der mangelnden Zuständigkeit des GVerfG zur sog. realen Kontrolle ist es erforderlich, dass der Gesetzgeber selbst aktiv wird. Die Entscheidungen des EGMR und deutscher Gerichte zeigen zudem, dass es zur Wahrung des Verhältnismäßigkeitsprinzips nicht ausreicht, dass die Behörde statt eines Verbots eine Auflage anordnet. Vielmehr muss diese Auflage selbst den spezifischen Anforderungen der Versammlungsfreiheit entsprechen, damit die Autonomie des Veranstalters bzw. der kommunikative Kern der Versammlungsfreiheit gewahrt bleibt. Das Selbstbestimmungsrecht des Versammlungsveranstalters als Garantie für deren Öffentlichkeitswirksamkeit darf nicht durch eine staatliche Fremdbestimmung ersetzt werden.

9. Die Bannmeilenregelung

Art. 9 GVersG regelt die sog. Bannmeilen. An den aufgezählten Örtlichkeiten dürfen keine Versammlungen stattfinden.

a) Die ursprüngliche Regelung und die Ausführungen des GVersG

Die Bannmeilenregelung war ursprünglich sehr weit und schloss folgende Orte aus: das Parlamentsgebäude, die Residenz des Präsidenten, das Gebäude des Verfassungsgerichts sowie den Obersten Gerichtshof, die Gerichte, die Staatsanwaltschaft, die Polizei, Vollzugsanstalten, Ermittlungsbehörden, die Streitkräfte und deren Objekte, Bahnhöfe, Flughäfen, Krankenhäuser, diplomatische Missionen; hier war stets jeweils ein Abstand von 20 Metern einzuhalten. Ferner war es verboten, Eingänge zu Gebäuden, in denen sich Regierungsämter befinden, Einrichtungen der Selbstverwaltung, Arbeitsstätten, die einem speziellen Schutzregime unterworfen sind, mit Waffen geschützte Betriebe, Einrichtungen und Organisationen vollständig abzusperren. Ziele dieser Verbotsnorm waren der Schutz und die Sicherstellung des normalen Funktionierens der zuvor aufgelisteten Verfassungsorgane und sonstiger Ämter und Einrichtungen. Nicht berücksichtigt wurde die abwägungsrelevante Tatsache, dass die Durchführung einer Versammlung in der Nähe eines dieser Organe nicht zwingend den normalen Tätigkeitsablauf beeinträchtigt.[800] Das pauschale Verbot wurde auch von der Ve-

---

[800] Zur deutschen Lage (z.B. an sitzungsfreien Tagen) vgl. *Gusy, C.*, in: Mangoldt, H. v./ Klein, F./Starck, C. (Hrsg.), GG, Art. 8 Rn. 75.

nedig-Kommission als unverhältnismäßig beanstandet,[801] da ein dringendes Allgemeininteresse, das eine derartige Beschränkung der Versammlungsfreiheit rechtfertigen könne, nicht ersichtlich sei.[802]

Im Jahr 2002 hat sich das GVerfG mit der Verfassungsmäßigkeit der Bannmeilenregelung auseinandergesetzt.[803] Das Gericht bewertete die Entscheidung des Gesetzgebers als Ergebnis einer Abwägung zwischen der Versammlungsfreiheit der Teilnehmer und dem Interesse der Allgemeinheit an einer normalen Amtsausübung der Organe und Einrichtungen. Das GVerfG hat aber nicht hinreichend berücksichtigt, dass die Liste der in Art. 9 genannten Einrichtungen sehr weit und eine behördliche Abwägung nicht vorgesehen war. 2011 hatte das Gericht erneut die starre Abstandsregelung auf ihre Angemessenheit hin zu überprüfen. Abgestellt wurde u.a. auf die geografische Lage: Bei Einhalten der Zwanzig-Meter-Linie zu einer Einrichtung werde teilweise die Sperrzone einer anderen Einrichtung verletzt.[804] Die notwendige Distanz sei aber gegebenenfalls je nach der Spezifik der Einrichtung und ihrer Funktion unterschiedlich zu beurteilen. Ohne Berücksichtigung der Lage der Einrichtung und sonstiger versammlungsspezifischer Umstände, die als Gefahrenquelle in Betracht kommen, könne ein Verbot nicht gerechtfertigt werden.[805] Das GVerfG kam nach Prüfung der Mittel-Zweck-Relation zu dem Schluss, dass mit einem undifferenzierten Verbot der Zweck, das Funktionieren bestimmter Organe sicherzustellen, nicht in angemessener Weise erreicht werden kann. Die Versammlungsfreiheit sei mehr als, um das legitime Ziel zu erreichen, notwendig verkürzt.[806] Es hat dem Gesetzgeber zwar weiterhin einen Ermessensspielraum eingeräumt, um Beschränkungen in Anbetracht der funktionalen Besonderheit konkreter Einrichtungen vorzunehmen; diese dürften aber das Wesen der Versammlungsfreiheit nicht antasten.[807]

---

[801] Vgl. Interim Opinion on the Draft Amendments to the Law on Assembly and Manifestations of Georgia, Venice Commission, CDL-AD(2010)009, § 9.

[802] Vgl. ebd., die Kommission weist auf die mangelnde Berücksichtigung der Umstände im konkreten Fall hin: „[B]lanket legislative provisions that ban assemblies at specific times or in particular locations require much greater justification than restrictions on individual assemblies. Given the impossibility of having regard to the specific circumstances of each particular case, the incorporation of such blanket provisions in legislation (and their application) may be found to be disproportionate unless a pressing social need can be demonstrated."

[803] Vgl. die Entscheidung des GVerfG vom 5. November 2002, Nr. 2/2/180–183.

[804] Vgl. die Entscheidung des GVersG vom 18. April 2011, Nr. 2/482, 483, 487, 502, Kap. II § 52, § 58.

[805] Vgl. ebd., § 56.

[806] Vgl. ebd., § 58.

[807] Vgl. ebd., § 59.

IV. Das Gesetz „Über Versammlungen und Manifestationen" vom 12. Juni 1997   359

b) Die Bannmeilenregelung seit 2011

Nach der Entscheidung des GVerfG hat der Gesetzgeber Art. 9 geändert.[808] Hiernach ist die Durchführung einer Versammlung in den folgenden Gebäuden und in einem Abstand von 20 Metern zum Eingang unzulässig: in Gebäuden der Staatsanwaltschaft, der Polizei, in Freiheitsentzugs- und Haftanstalten,[809] in Ermittlungsbehörden, Bahnhöfen, Flughäfen und Häfen (Abs. 1). Die Liste ist folglich nun kürzer; mehrere Gebäude wichtiger Staatsorgane werden ausgenommen. Es erfolgt aber teilweise eine Ausdehnung der Abstandsregelung: Nicht nur Gebäude der Streitkräfte und deren Objekte dürfen keinen Versammlungsort darstellen; auch ein Umkreis von 10 Metern fällt in die Sperrzone (Abs. 2). Untersagt sind ebenso weiterhin Versammlungen an Gebäudeeingängen, auf Fahrbahnen und in Bahnhöfen (Abs. 3).

Insofern hat die Venedig-Kommission erneut die Berücksichtigung der konkreten Umstände des Falles gefordert.[810] Dies gelte auch für Gebäude und Anlagen mit 20-Meter-Sperrzone.[811] Darüber hinaus sei der Abstand von 20 Metern bei Bahnhöfen, Flughäfen und Häfen schwer zu bestimmen.

aa) Die Distanzanordnung

Neu ist das in Art. 9 Abs. 4 GVersG geregelte Verfahren. Die Anordnung der 20-Meter-Zone ist eine Ermessensentscheidung der Behörde, in deren unmittelbarer Nähe die Versammlung stattfindet. Diese kann anordnen, dass die Versammlung in einer Distanz zum Gebäude stattfindet, wobei in dieser Distanzanordnung der Abstand von 20 Metern nicht überschritten werden darf. Die Anordnung der Behörde dient ausdrücklich dazu, der Gefahr einer Blockierung (der Eingänge) vorzubeugen; darüber hinaus soll dadurch die ungestörte Tätigkeit der Behörde sichergestellt werden.

Entscheidend für die Behördenzuständigkeit ist daher die territoriale Nähe zum Versammlungsort. Das Gesetz verlangt nicht, dass die Behörde selbst Ad-

---

[808] Änderungsgesetz vom 01.07.2011 Nr. 4980 zum GVersG.
[809] Anzumerken ist, dass die letzte Änderung des Gesetzes vom 1. Mai 2015 wieder die Bannmeilenregelung betrifft; das Änderungsgesetz vom 01.05.2015 Nr. 3542-IIs zum GVersG. Im Unterschied zur Regelung von 2011 listet Art. 9 Abs. 1a nicht mehr Freiheitsentzugs- und Haftanstalten auf, sondern fasst beide unter dem Begriff Vollzugsanstalten zusammen. Hiermit wurde die Regelung an das am 1. Mai 2015 geänderte Gesetzbuch über die Vollzugsanstalten angepasst.
[810] Vgl. Final Opinion on the Amendments to the Law on Assembly and Manifestations of Georgia, Venice Commission, CDL-AD(2011)029, § 22.
[811] Ebd., § 24: „[…] [T]hat how the 'entrance' to railway stations, airports and ports will be identified will be problematic in many cases, possibly excluding assemblies in very large areas where people may wish to demonstrate."

ressat der Versammlung ist. Dies kann, muss aber nicht zwingend der Fall sein. In beiden Fällen gilt, dass trotz der Distanzanordnung die Nähe zum Adressaten der Versammlung erhalten bleiben muss.[812] Die Distanzanordnung darf nur ergehen, wenn dadurch die Funktionsfähigkeit der Behörde erhalten wird. Ihr Zweck muss in erster Linie auf die physische und psychische Integrität der Amtsträger gerichtet sein.[813]

Nach deutschem Recht bezwecken die Bannmeilen als Ausnahmen von der freien Ortswahl ebenfalls den Schutz der Funktionsfähigkeit der Organe u. a. durch Sicherung der Entscheidungsfreiheit der Amtsträger, welches im Endeffekt die Funktionsfähigkeit des Staates absichert.[814] Die Regelung erfolgt in speziellen Gesetzen über befriedete Bezirke. Die Nähe zum Adressaten der Kundgebung wird durch die Genehmigungsfähigkeit von Versammlungen in befriedeten Bezirken erreicht. Genehmigt wird die Veranstaltung, wenn keine Beeinträchtigung der Funktionsfähigkeit der Organe zu erwarten ist.[815] Aber auch diese Lö-

---

[812] Vgl. ECHR, Novikova and Others v. Russia, Nr. 25501/07, 57569/11, 80153/12, 5790/13 und 35015/13, 26. April 2016, § 192.

[813] Vgl. *Kniesel, M./Poscher, R.*, in: Lisken, H./Denninger, E. (Hrsg.), Hb PolR, Kap. K Rn. 107; *Wiefelspütz, D.*, Das Versammlungsrecht, ZRP 2001, S. 61; *Kloepfer, M.*, in: Isensee, J./Kirchhof, P. (Hrsg.), HStR VII, § 164 Rn. 88. Als Gegenbeispiel vgl. den Beschl. des Gerichts erster Instanz Tbilisi v. 6. Januar 2015, Nr. 4/9035-14. Aktivisten einer Umweltorganisation veranstalteten am 30. Dezember 2014 eine Sitzversammlung vor dem zentralen Eingang der Kommunalversammlung Tbilisi. Zuvor hatten Polizeibeamte den Aktivisten den Zugang zur Tagung der Kommunalversammlung verweigert, obwohl diese die offizielle Einladung vorgezeigt hatten. Nach ungefähr fünf Minuten nahmen Polizeibeamte vier Versammlungsteilnehmer fest. Die Bevollmächtigte der Teilnehmer räumte die Sperrung des Haupteingangs der Kommunalverwaltung zwar ein, wies aber auf andere Eingänge des Gebäudes hin, die die Mitarbeiter der Einrichtung nutzen konnten. Hiervon hätten die Mitarbeiter der Kommunalverwaltung auch Gebrauch gemacht, wie dies die Videoaufnahmen belegten. Die Funktionsfähigkeit der Behörde sei folglich nicht beeinträchtigt worden. Das Gericht hat zwar ausgeführt, dass die Anwendung des Art. 9 Abs. 3 GVersG nur unter Berücksichtigung der individuellen Umstände angeordnet werden könne und in diesem Fall die Interessen der Versammlungsteilnehmer und das Interesse der Allgemeinheit an einer ungestörten Behördentätigkeit abgewogen werden müsse. Ob eine solche Störung der Funktionsweise der Behörde tatsächlich vorgelegen hat, wurde aber nicht geprüft. Auch geht es hier nicht um die Entscheidung der Polizei, sondern der eventuell gestörten Verwaltungsbehörde. Eine Entscheidung der Kommunalverwaltung ist jedoch nicht ergangen.

[814] Dazu *Gusy, C.*, in: Mangoldt, H. v./Klein, F./Starck, C. (Hrsg.), GG, Art. 8 Rn. 75; vgl. auch *Höfling, W.*, in: Sachs, M. (Hrsg.), GG, Art. 8 Rn. 72.

[815] Dazu *Gusy, C.*, in: Mangoldt, H. v./Klein, F./Starck, C. (Hrsg.), GG, Art. 8 Rn. 75. Hier wird das pauschalisierte Verbot, sich innerhalb von befriedeten Bezirken zu versammeln, durch die behördliche Zulassungsentscheidung im Einzelfall relativiert. So bestimmt z. B. Art. 18 Satz 1 BayVersG, dass Versammlungen innerhalb von befriedeten Bezirken verboten sind. Dennoch ist es nach Art. 19 Abs. 3 BayVerG zulässig, die Versammlung mit Zustimmung des Präsidenten des Bayerischen Landtags innerhalb des befriedeten Bezirks zuzulassen, wenn die

sung wird für verfassungsrechtlich problematisch erachtet: Höfling kritisiert die Regelung als Umkehrung des Regel-Ausnahme-Verhältnisses und mithin als repressives Verbot mit Ausnahmevorbehalt und daher als verfassungsrechtlich bedenklich an.[816]

Die Venedig-Kommission sieht die Regelung des GVersG als problematisch an: Nur die zuständigen Versammlungs- oder Polizeibehörden sollten zuständig sein, die Versammlungsfreiheit zu beschränken.[817] Dies wird in Deutschland ebenso gesehen, wenn von der Polizeifestigkeit gesprochen wird. Zuständigkeit und Verfahren sind bei der Versammlungsbehörde, die an die materiellen Verfassungsvorgaben gebunden ist, zu konzentrieren.[818] Die Regelung des Art. 9 Abs. 4 GVersG entspricht dagegen nicht der vom Rechtsstaat geforderten Rechtssicherheit: Nicht jede Behörde verfügt über ausreichende Kenntnisse und Kompetenzen, die zur Lösung der während der Durchführung einer Versammlung entstandenen Interessenkonflikte notwendig sind. Unter Berücksichtigung der sehr umfangreichen Liste von Organen und Einrichtungen (nicht nur Verfassungsorgane) in Abs. 1 scheint die Gewährleistung der Versammlungsfreiheit gefährdet zu sein.

Art. 9 Abs. 5 GVersG regelt sodann den speziellen Fall der Distanzanordnung durch ein durch die Versammlung betroffenes Gericht. Einzige Besonderheit ist, dass diese hier auch der Sicherung der Unabhängigkeit und Unparteilichkeit der Gerichte dienen soll. Damit wird die Begründungspflicht erhöht, denn nicht jede Funktionsstörung stellt zugleich eine Bedrohung der Unabhängigkeit und Un-

---

Funktionsfähigkeit des Landtags nicht beeinträchtigt wird. Dabei stehe dem Präsidenten des Bayerischen Landtags bei der Entscheidung über das Einvernehmen kein gerichtlich nicht kontrollierbarer Beurteilungsspielraum zu, dazu VGH München, Beschl. v. 12.04.2017 – 10 CE 17.751, BeckRS 2017, 107806, Rn. 9. Vgl. VG München, Beschl. v. 12.04.2017 – 13 E 17.1488, BeckRS 2017, 107807, Rn. 26 mwN. Dabei ist die Möglichkeit der Einflussnahme dadurch zu gewährleisten, dass die Durchführung der Versammlung in Sicht- und Hörweite des Landtags gestattet wird. Eine Ausnahme zuungunsten der Versammlungsfreiheit sei aber dann anzunehmen, wenn die Versammlung den „alleinigen Zweck" verfolge, das Legislativorgan in seiner Funktionsfähigkeit zu hindern (sog. „Druck der Straße"), vgl. ebd., Rn. 34 mwN. Der Arbeitsprozess des Parlaments sei nicht schon dadurch beeinträchtigt, wenn die Versammlung vor dem Besuchereingang stattfindet (Rn. 36).

[816] *Höfling, W.*, in: Sachs, M. (Hrsg.), GG, Art. 8 Rn. 72 und Rn. 73 (bezüglich der Feiertagsgesetze der Länder). Dazu auch *Wiefelspütz, D.*, Das Gesetz über befriedete Bezirke, NVwZ 2000, S. 1017.

[817] Final Opinion on the Amendments to the Law on Assembly and Manifestations of Georgia, Venice Commission, CDL-AD(2011)029, § 23: „The Venice Commission underlines that restrictions on the exercise of the right to assemble should only be imposed by the competent executive authority or by the law-enforcement agency."

[818] Dazu s. *Waechter, K.*, Die Vorgaben des BVerfG für das behördliche Vorgehen, VerwArch 99 (2008), S. 77.

parteilichkeit des Gerichts dar. Daher reicht der Hinweis auf die allgemeine Bedeutung einer unabhängigen Rechtspflege nicht aus. Vielmehr müssen konkrete Umstände, die ihre Ursache in der Versammlung haben, die Unabhängigkeit des Gerichts gefährden. Auch der EGMR hat in den Fällen „Kakabadze and Others v. Georgia", „Sergey Kuznetsov v. Russia" und „Molofeyeva v. Russia" darauf hingewiesen, dass ein Staat konkret darlegen muss, in welcher Weise das Funktionieren der Gerichte durch eine friedliche [!] Versammlung gestört wurde.[819] Zu berücksichtigen sind daher die Umstände des konkreten Falles wie z. B. die Zahl der Teilnehmer und die Dauer der Aktion.[820] Pauschale Hinweise auf die einschränkenden Normen des Versammlungsgesetzes oder das Ziel – Schutz der Ehre und Autorität des Richters und des Gerichts – reichen folglich nicht aus.[821] Dies gilt u. a. und vor allem dann, wenn eine Versammlung Fragen von gesellschaftlicher Bedeutung zum Gegenstand hat.[822]

bb) Sonstige Anforderungen der Verfassung an die Distanzanordnung

Eine weitere Voraussetzung einer rechtmäßigen Ermessensentscheidung ist die Beachtung des Verhältnismäßigkeitsprinzips gemäß Art. 2 Abs. 3 GVersG. Darauf weist Art. 9 Abs. 4 GVersG ausdrücklich hin. Wird das Maximum von 20 Metern ohne vorherige Prüfung dessen, ob nicht schon ein geringerer Abstand zur Wahrung der Funktionsfähigkeit der Behörde ausreichend ist, angeordnet, liegt ein Abwägungsdefizit und damit eine fehlerhafte Ermessensausübung vor. Dabei ist die Verhältnismäßigkeit nicht erst am Ende der Entscheidung (Anord-

---

[819] Vgl. ECHR, Kakabadze and Others v. Georgia, Nr. 1484/07, 2. Oktober 2012, § 87; ECHR, Molofeyeva v. Russia, Nr. 36673/04, 30. Mai 2013, § 135; Sergey Kuznetsov v. Russia, Nr. 10877/04, 23. Oktober 2008, § 44.
[820] Vgl. Sergey Kuznetsov v. Russia, Nr. 10877/04, 23. Oktober 2008, § 44; weder die Besucher noch die Richter haben sich wegen der Blockadeaktion beschwert. Die Kundgebung vor dem Gebäude war nur von sehr kurzer Dauer. Daher mussten die Behörden hier einen gewissen Grad an Toleranz zeigen.
[821] Vgl. ECHR, Molofeyeva v. Russia, Nr. 36673/04, 30. Mai 2013, § 135. In diesem Fall ging es um eine Versammlung u. a. vor einem Gerichtsgebäude; § 138: „[…] [T]he Court cannot deal with the Government's argument suggesting that the demonstration had to be dispersed in order to put an end to unsubstantiated accusations in respect of judges and in order to protect their reputation and honour. This justification was never mentioned in the domestic proceedings and did not justify the interference with the applicant's rights." Vgl. auch ECHR, Kablis v. Russia, Nr. 48310/16 und 59663/17, 30. April 2019, § 52.
[822] Sergey Kuznetsov v. Russia, Nr. 10877/04, 23. Oktober 2008, § 47: „[…] This serious matter was undeniably part of a political debate on a matter of general and public concern […]."; ECHR, Kakabadze and Others v. Georgia, Nr. 1484/07, 2. Oktober 2012, § 89: „In any event, in a democratic society, greater tolerance should be shown to those expressing opinions which are critical of important public figures, even if those opinions are expressed, as in the instant case, inarticulately, intemperately or in a provocative manner […]."

nung der konkreten Zone), sondern bereits während des gesamten Entscheidungsprozesses im Blick zu behalten.

Die behördliche Entscheidung ist ferner unter Aufrechterhaltung des Wesensgehalts der in der Verfassung verbrieften Versammlungsfreiheit zu treffen. Im Unterschied zum deutschen GG ist die Wesensgehaltsgarantie als Prinzip in der GVerf nicht explizit verankert.[823] Die einzige Ausnahme bildet das Eigentumsgrundrecht, dem seit der Verfassungsreform von 2010 die Unantastbarkeit des Wesensgehalts zugesichert wird. Das GVerfG hat in seiner Entscheidung von 2011 den Gesetzgeber dazu aufgefordert, die Bannmeilenregelung so zu modifizieren, dass die funktionale Besonderheit der betroffenen Einrichtung zwar berücksichtigt wird, das Wesen der Versammlungsfreiheit aber unangetastet bleibt.[824] Weitere Ausführungen machte es nicht. Das Wesen der Versammlungsfreiheit ist wiederum in ihrem doppelten Kern als individuelles Grundrecht und als Funktionselement der Demokratie zu sehen.[825]

Nach Art. 19 Abs. 2 GG bindet die Wesensgehaltsgarantie der Grundrechte alle Staatsgewalten und gilt als eine verfassungsrechtliche „Schranken-Schranke".[826] Enders spricht von einer individual-rechtlichen und einer objektiv-institutionellen Deutung der Wesensgehaltsgarantie, die nicht nur einzelne Grundrechte, sondern das ganze Verfassungssystem zu schützen hat.[827] Dabei gibt es unterschiedliche Ansichten über die „richtige Lesart" der Verfassungsbestimmung.[828] Häberle misst dem Grundsatz nur eine deklaratorische Bedeutung zu, da jede ungerechtfertigte Einschränkung der Freiheit per se schon verfassungswidrig sei.[829] In der Literatur wird aber auch eine eigenständige Bedeutung der Garantie im Dienste des effektiven Grundrechtsschutzes angenommen.[830] Die

---

[823] Vgl. *Enders, C.*, in: Epping, V./Hillgruber, C. (Hrsg.), GG, Art. 19 Rn. 19–20 und Rn. 22.
[824] Entscheidung des GVerfG vom 18. April 2011, Nr. 2/482, 483, 487, 502, Kap. II § 59.
[825] Vgl. *Jarass, H. D.*, in: Jarass, H. D./Pieroth, B., GG, Art. 19 Rn. 9; *Soidze, B.*, Wesensgehaltsgarantie der Grundrechte, Zeitschrift des GVerfG „Verhandlungen des Verfassungsrechts", Nr. 5, S. 138 ff.
[826] Dazu *Enders, C.*, in: Epping, V./Hillgruber, C. (Hrsg.), GG, Art. 19 Rn. 21 und Rn. 24; *Kingreen, T./Poscher, R.*, Staatsrecht II – Grundrechte, Rn. 326 und Rn. 352; *Poscher, R.*, Grundrechte als Abwehrrechte, S. 334; *Sachs, M.*, in: Sachs, M. (Hrsg.), GG, Art. 19 Rn. 34.
[827] So *Enders, C.*, in: Epping, V./Hillgruber, C. (Hrsg.), GG, Art. 19 Rn. 26–29, m. V. auf BVerfG. „Der Wesensgehalt eines Grundrechts ist dann angetastet, wenn Grundrechte ihrer Funktion als subjektiv-öffentliche Rechte beraubt werden."; vgl. *Ipsen, J.*, Grundrechte als Gewährleistungen von Handlungsmöglichkeiten, in: FS für Stern, S. 380 mwN.
[828] Vgl. *Huber, P. M.*, in: Mangoldt, H. v./Klein, F./Starck, C. (Hrsg.), GG, Art. 19 Rn. 107.
[829] Vgl. *Häberle, P.*, Die Wesensgehaltsgarantie des Art. 19 Abs. 2 GG, S. 234 f., zit. nach *Hofmann, H.*, in: Schmidt-Bleibtreu, B./Hofmann, H./Henneke, H.-G. (Hrsg.), GG, Art. 19 Rn. 17; *Enders, C.*, in: Epping, V./Hillgruber, C. (Hrsg.), GG, Art. 19 Rn. 33 („symbolische Akzentuierung der Grundrechtsbindung der staatlichen Gewalt").
[830] Dazu *Hofmann, H.*, in: Schmidt-Bleibtreu, B./Hofmann, H./Henneke, H.-G. (Hrsg.),

Rede ist vom „relativen" und vom „absoluten" Wesensgehalt.[831] Nach dem ersten Verständnis bleibt der Wesensgehalt des Grundrechts dann erhalten, wenn bei Grundrechtseingriffen das Verhältnismäßigkeitsprinzip gewahrt wird. Daher erscheint hier die Orientierung an den Umständen des Einzelfalles entscheidend. Dagegen kann eingewandt werden, dass das Verhältnismäßigkeitsprinzip dann gewahrt ist, wenn im Rahmen der Abwägung der Wesensgehalt des Grundrechts zunächst (auf der abstrakten Ebene) angemessen (verfassungskonform) verstanden wird. Das Gewicht des betroffenen Grundrechts ist dann im konkreten Fall mit den anderen (kollidierenden) Interessen fehlerfrei abzuwägen, wobei dessen „nicht abwägbarer" Kern erhalten bleiben muss.[832] Dahingegen zielt das Verständnis des absoluten Wesensgehalts darauf, eine „feste" „Grundrechtssubstanz", einen Kern zu finden, der erst abstrakt, unabhängig vom Einzelfall zu bestimmen ist.[833]

Laut BVerfG ist die Wesensgehaltsgarantie nicht mit dem Menschenwürdegehalt eines Grundrechts gleichzusetzen;[834] vielmehr sei der Wesensgehalt „für jedes Grundrecht aus seiner besonderen Bedeutung im Gesamtsystem der Grundrechte" festzulegen.[835] Als Kern der Versammlungsfreiheit ist der Zweck der selbstbestimmten Kommunikation des Versammlungsveranstalters mit der Außenwelt zu betrachten.[836] Zudem sieht Kloepfer auch den (generellen) Sinn der Wesensgehaltsgarantie in dem Verbot der „kommunikativen Isolation" des Menschen.[837] Daran ändert es nichts, wenn die Bedeutung der Selbstbestimmungs-

---

GG, Art. 19 Rn. 17–19 mwN; *Huber, P. M.*, in: Mangoldt, H. v./Klein, F./Starck, C. (Hrsg.), GG, Art. 19 Rn. 107 m. V. auf Jäckel: Die vage Garantie beinhalte auch die Gefahr, sich in ihr Gegenteil zu verkehren.

[831] Vgl. *Huber, P. M.*, in: Mangoldt, H. v./Klein, F./Starck, C. (Hrsg.), GG, Art. 19 Rn. 107 ff.; weiter s. *Epping, V.*, Grundrechte, S. 33 Rn. 72. *Enders, C.*, in: Epping, V./Hillgruber, C. (Hrsg.), GG, Art. 19 Rn. 30–31; *Sachs, M.*, in: Sachs, M. (Hrsg.), GG, Art. 19 Rn. 41–44.

[832] Dies ist als „letzte verfassungsrechtliche Absicherung" der Freiheit zu verstehen; *Brühning, C.*, in: Stern, K./Becker, F. (Hrsg.), Grundrechte-Kommentar, Art. 19 Rn. 40 f. mwN; abzustellen sei auf die „Schutzverstärkung" des Grundrechts durch diese Garantie, insbesondere beim Handlungs- und Entscheidungsspielraum der Exekutive. Vgl. *Baldus, M.*, Menschenwürdegarantie und Absolutheitsthese, AöR 136 (2011), S. 329 ff. und S. 537 m. V. auf „Tagebuch"-Entscheidung des BVerfG; er bezieht sich auf einen „aus der Würdegarantie fließenden letzten unantastbaren Kernbereich [privater Lebensgestaltung]".

[833] Vgl. *Kingreen, T./Poscher, R.*, Staatsrecht II – Grundrechte, Rn. 354. *Jarass, H. D.*, in: Jarass, H. D./Pieroth, B., GG, Art. 19 Rn. 9; die Wesensgehaltsgarantie beziehe sich auf den Kern des Grundrechts, das Verhältnismäßigkeitsprinzip dagegen auf die Relation zwischen „Eingriffsgrund" und „Belastungswirkung".

[834] BVerfGE 109, 279, 311.

[835] BVerfGE 117, 71, 96.

[836] Vgl. *Pieroth, B./Schlink, B./Kniesel, M.*, Polizei- und Ordnungsrecht, § 21 Rn. 27; *Koll, B.*, Liberales Versammlungsrecht, S. 51.

[837] Vgl. *Kloepfer, M.*, in: Isensee, J./Kirchhof, P. (Hrsg.), HStR VII, § 164 Rn. 78.

elemente für den Versammlungszweck je nach dem Einzelfall variiert und diese auch beschränkt werden können: In einem Fall kann es auf die zeitlichen Umstände, in einem anderen auf den Ort oder auch auf die Form der Kundgebung ankommen, die die (Kommunikations-)Zwecke des Veranstalters tragen. Als Kern bleibt aber, dass die (friedliche) Versammlung selbstbestimmt und nicht fremdbestimmt bleibt. Dabei sollte die Wesensgehaltsgarantie im Bereich der Exekutive wegen der schon angesprochenen Orientierung der Behörden primär am ermächtigenden Gesetz ohne praktische Bedeutung sein. Die Garantie des GVersG kann seine Relevanz über das Übermaßverbot hinaus behalten,[838] wonach Beschränkungen nicht zu einer „Aushöhlung" der Versammlungsfreiheit führen dürfen.[839] Dazu hat auch das VG Magdeburg in seinem Beschluss prägnant formuliert: „Jegliche Beschränkungen des Grundrechts auf Versammlungsfreiheit finden dort ihre Grenze, wo sie das Recht des Veranstalters auf Durchführung der Versammlung unzumutbar beeinträchtigen."[840]

Die schon erwähnte Direktive des GVerfG zur Erhaltung des Wesens der Versammlungsfreiheit ist anscheinend der Rechtsprechung des EGMR entlehnt. Dazu bezieht sich der EGMR in seinen Entscheidungen auf die Substanz – „the very essence of the right" –, die der Versammlungsfreiheit nicht entzogen werden darf.[841] Dabei enthält die EMRK selbst *expressis verbis* keinen Hinweis auf die Wesensgehaltsgarantie.[842] Der EGMR verbindet die Substanzsicherung mit der Freiheitsvermutung im Fall der Friedlichkeit der Versammlung: Begehen die Versammlungsteilnehmer keine Gewaltakte, sei es geboten, dass die staatlichen Organe Duldung und Toleranz zeigen, damit die Substanz der Freiheit erhalten bleibt: Die friedliche Versammlung ist daher – auch wenn sie unangemeldet und mithin formell rechtswidrig ist – zu ermöglichen.[843] Die Erhaltung des abwehr-

---

[838] Vgl. *Huber, P. M.*, in: Mangoldt, H. v./Klein, F./Starck, C. (Hrsg.), GG, Art. 19 Rn. 116 und Rn. 156: Die prinzipielle Anwendbarkeit des Übermaßverbots gehöre zum Wesensgehalt jedes einzelnen Grundrechts.

[839] Vgl. *Kloepfer, M.*, in: Isensee, J./Kirchhof, P. (Hrsg.), HStR VII, § 164 Rn. 78; *Huber, P. M.*, in: Mangoldt, H. v./Klein, F./Starck, C. (Hrsg.), GG, Art. 19 Rn. 110.

[840] VG Magdeburg, Beschl. v. 20.08.2014 – 1 B 915/14, BeckRS 2014, 56115.

[841] Dazu ECHR, Bukta and Others v. Hungary, Nr. 25691/04, 17. Oktober 2007, § 37; Fáber v. Hungary, Nr. 40721/08, 24. Juli 2012, § 49: „[…] [W]here irregular demonstrators do not engage in acts of violence the Court has required that the public authorities show a certain degree of tolerance towards peaceful gatherings if the freedom of assembly guaranteed by Article 11 of the Convention is not to be deprived of all substance." So auch ECHR, Barraco v. France, Nr. 31684/05, 5. März 2009, § 43; United Civil Aviation Trade Union and Csorba v. Hungary, Nr. 27585/13, 22. Mai 2018, § 26; Navalnyy v. Russia, Nr. 29580/12 und 4 weitere, 15. November 2018, § 143.

[842] Vgl. *Ripke, S.*, Europäische Versammlungsfreiheit, S. 242.

[843] ECHR, Ibrahimov and Others v. Azerbaijan, Nr. 69234/11, 69252/11 und 69335/11, 11. Februar 2016, § 79 mwN; ECHR, Navalnyy v. Russia, Nr. 29580/12 und 4 weitere, 2. Fe-

rechtlichen Kerns im deutschen Verständnis des Wesensgehalts, die für die Rechtsanwendung eher der Funktion des Übermaßverbots entspricht, wird in der Rechtsprechung des EGMR somit als konkrete Direktive zum Schutz der Meinungsäußerung schutzpflichtenrechtlich konzeptualisiert (positive Verpflichtung des Staates zur Ermöglichung der friedlichen Versammlung).

c) Fazit

Die Regelung des Art. 9 GVersG ist in zweierlei Hinsicht zu kritisieren: Die pauschalen Verbote des Abs. 1 bieten keinen Raum für eine Abwägung. Im Fall der Distanzanordnung wird zwar im Abs. 2 für die Anordnung des 20-Meter-Abstands ein behördlicher Interessenausgleich gefordert; die Norm überträgt die Ermessensentscheidung aber der Verwaltungsbehörde, in deren unmittelbarer Nähe die Versammlung stattfindet. Dies beeinträchtigt den aus der Verfassung abgeleiteten Grundsatz der Zuständigkeits- und Verfahrenskonzentration bei der Versammlungsbehörde, die mit deren Pflicht zur unparteiischen vertrauensbildenden Kooperation korrespondiert. In der Praxis kann es daher zu systemwidrigen bzw. gleichheitswidrigen Fällen kommen, wenn bestimmte Versammlungen unter Wahrung des Kooperationsgebots durch die Versammlungsbehörde besser geschützt werden als andere, deren Durchführung gemäß Art. 9 GVersG beschränkt werden kann. Diese Lage ist daher vom Gesetzgeber nachzubessern. Darüber hinaus ist das Prinzip der Substanzerhaltung nur in Art. 9 GVersG vorgesehen. Dies sollte aber für alle Eingriffe gelten und daher schon in den einleitenden Bestimmungen geregelt werden.

10. Die Blockade

a) Die Regelung des Art. 11¹ GVersG

Nach dem 2011 geänderten Art. 11 Abs. 2 lit. e GVersG ist es verboten, den Verkehrsfluss vorsätzlich zu blockieren, „unter anderem" [!] gegen die Anforderungen des Art. 11¹ GVersG zu verstoßen. Nach dem neuen Art. 11¹ Abs. 1 GVersG kann die zuständige Kommunalbehörde die vollständige oder teilweise Blockade der Fahrbahn auflösen und den üblichen Ablauf des Straßenverkehrs wiederherstellen, wenn es in Anbetracht der Anzahl der Versammlungsteilnehmer möglich ist, die Versammlung in anderer Weise durchzuführen (Abs. 1 S. 1). Handelt die Kommunalbehörde nicht oder ist es für diese unmöglich zu handeln, kann die Regierung selbst die Anordnung treffen. Nach Abs. 2 darf die Freigabe der

---

bruar 2017, § 49 mwN. Vgl. auch ECHR, Kasparov and Others v. Russia (No. 2), Nr. 51988/07 13. Dezember 2016, § 29 mwN.

Fahrbahn nicht angeordnet werden, wenn ein anderweitiger Verlauf der Versammlung mit Rücksicht auf die Anzahl der Versammlungsteilnehmer unmöglich ist und alle Anforderungen dieses Gesetzes eingehalten werden. Absatz 3 weist ausdrücklich darauf hin, dass die Behörde bzw. Regierung, die Entscheidung in Anbetracht der konkreten Umstände des Einzelfalls nach Art. 2 Abs. 3 (Wahrung des Verhältnismäßigkeitsgrundsatzes) trifft. Auch Abs. 4 untersagt, eine künstliche Blockade der Fahrbahn zu errichten, die nicht durch die Anzahl der Teilnehmer bedingt ist. Verboten wird des Weiteren die Sperrung der Fahrbahn durch Aufstellen von Fahrzeugen, durch sonstige Anlagen und Gegenstände. Absatz 5 verpflichtet die Kommunalbehörden zum Schutz der Versammlungsteilnehmer, wenn die Blockade der Fahrbahn durch die Anzahl der Teilnehmer bedingt ist. In diesem Fall ist zugleich eine alternative Route für den Straßenverkehr zu bestimmen.

Die Fahrbahnblockade durch Versammlungsteilnehmer, deren Anzahl noch nicht die Anzahl erreicht, um die Blockade als eine natürliche Nebenerscheinung bzw. einen Reflex erscheinen zu lassen, kann vorsätzlich erfolgen. Nicht auszuschließen ist aber auch eine unbeabsichtigte Sperrung, die nicht auf die Anzahl der Teilnehmer zurückzuführen ist. Dieses subjektive Element ist kein Tatbestandsmerkmal des Art. 11^1. Der Hinweis des Abs. 4 auf eine „künstliche" Blockade (und nicht auf eine „vorsätzliche" Blockade) deutet auf die objektive Lagebeurteilung hin, dass die Blockade keine selbstverständliche Folge der Anzahl der Teilnehmer ist. Absicht stellt dagegen ein Tatbestandsmerkmal des Art. 11 Abs. 2 lit. e GVersG dar. Diese Verbotsnorm sollte klarer gefasst werden und z. B. lauten: Verboten ist es, den Ablauf des Straßenverkehrs vorsätzlich zu behindern; ebenfalls (statt „unter anderem") ist es verboten, gegen die Anforderungen des Art. 11^1 zu verstoßen.[844] Das Vorliegen von Vorsatz ändert aber nichts daran, dass die Behörde in allen Fällen zunächst die Auflage zu erteilen hat, damit die Versammlung mit einem normalen sperrungsfreien Verlauf fortgesetzt werden kann. Nur nach Ausschöpfung des milderen Mittels kann die Blockade der Fahrbahn von der Behörde selbst beseitigt und/oder der ungestörte Straßenverkehr wiederhergestellt werden. In die Regelung sollten die entsprechenden Hinweise für die Kommunalbehörde aufgenommen werden.

Die Blockade der Fahrbahn stellt somit keinen Grund für eine Auflösungsanordnung dar. Bis zum Inkrafttreten der Norm waren Maßnahmen der Behörden häufig unverhältnismäßig. Exemplarisch ist ein Fall vom 11. Januar 2004 zu nennen, als die Teilnehmer die zentrale Fahrbahn einer westgeorgischen Kleinstadt

---

[844] Bemerkenswert ist, dass die englische Übersetzung der Regelung die weiter zuvor angestellte Betrachtung bekräftigt: „[…] [T]o deliberately block traffic, as well as to violate the requirements of Article 11^1 of this Law."

blockiert hatten. Obwohl sich die Teilnehmer im Allgemeinen friedlich verhielten, wurde die Versammlung von der Polizei mangels Anmeldung und unter Hinweis auf die Blockade mit unverhältnismäßiger Gewalt aufgelöst.[845]

Auch die Venedig-Kommission hat kritisiert, dass die Blockade der Fahrbahn nach der früheren Fassung des Gesetzes (der frühere Art. 11 Abs. 3 lit. b) die Auflösung der Versammlung zur Folge hatte.[846] Angesichts der neuartigen Bestimmung hat die Kommission ausdrücklich gefordert, dass den Teilnehmern vor der Anordnung einer Rechtsfolge die Möglichkeit zu geben ist, dass diese die Versammlung anders durchführen.[847]

b) Die Entscheidung des GVerfG von 2011 zum Blockadeverbot

2011 beanstandeten die Bf. die Normen des GVersG, die die vorsätzliche Behinderung von Verkehrsmitteln an der Weiterfahrt, die künstliche, nicht durch die Anzahl der Teilnehmer bedingte Blockade der Fahrbahn und deren Blockade durch Fahrzeuge, Anlagen bzw. Gegenstände verbieten.[848] Die Bf. haben die Versammlungsfreiheit sehr weit verstanden. Blockaden und Absperrungen wirkten effektiv auf die Außenwelt; der Versammlungszweck bzw. das Anliegen der Versammlungsteilnehmer könne somit am besten publik gemacht werden.[849]

Das GVerfG wies darauf hin, dass der Staat, trotz der besonderen Relevanz der Versammlungsfreiheit, befugt und verpflichtet sei, Kollisionen der Versammlungsfreiheit mit anderen schutzwürdigen Interessen Dritter aufzulösen. Im Rahmen der Abwägung der kollidierenden Rechtspositionen (so z. B. der Fortbewegungsfreiheit unbeteiligter Dritter oder des Rechts auf freie Ausübung der beruflichen Tätigkeit) habe der Staat von klaren Maßstäben auszugehen.[850] Im Fall der Beschränkung der Versammlungsfreiheit sei das am wenigsten schmerzhafte und zugleich effektive Mittel auszuwählen.[851] Die Regelungen der Art. 11 und 11¹ GVersG seien Ausdruck des Bemühens des Gesetzgebers, klare und transparente Kriterien für die Lösung solcher Kollisionen zu benennen.[852] Je tiefer die Verwirklichung der Versammlungsfreiheit in Freiheiten Dritter eindringe, desto

---

[845] Zu den Fallumständen vgl. den Bericht des Menschenrechtsbeauftragten 2004, S. 72.

[846] Final Opinion on the Amendments to the Law on Assembly and Manifestations of Georgia, Venice Commission, CDL-AD(2011)029, § 17: „The law previously in force prohibited the blocking of traffic (article 11.3 (b)) and provided for severe consequences for it (termination: article 13.1)."

[847] Vgl. ebd., § 18.

[848] Vgl. die Entscheidung des GVerfG vom 18. April 2011, Nr. 2/482, 483, 487, 502, Kap. II § 15.

[849] Vgl. ebd., § 17.

[850] Vgl. ebd., § 26.

[851] Vgl. ebd., § 133.

[852] Vgl. ebd., § 33.

mehr könne der Staat auf die Modalitäten der Durchführung von Versammlungen Einfluss nehmen.[853] Zwar gehöre die Entscheidung über die Form der Versammlung – bis hin zu den schärfsten Ausdrucksformen des Anliegens – zu den konstitutiven Elementen der Versammlungsfreiheit. Unbeteiligte Dritte würden aber durch die willkürliche Sperrung der Fahrbahn und die dadurch bedingte Beeinträchtigung von deren Fortbewegungsfreiheit durch Veranstalter und Teilnehmer der Versammlung instrumentalisiert.[854] Sie werden gegen ihren Willen zu „genötigten Versammlungsteilnehmern" (entgegen der negativen Versammlungsfreiheit).[855] In dieser Lage habe der Staat Gegenmaßnahmen zum Schutz der beeinträchtigten Interessen Dritter zu ergreifen.[856] Dabei habe der Gesetzgeber eine Ausnahme vom allgemeinen Verbot schon vorgegeben, und zwar dann, wenn die Blockade der Fahrbahn als Nebenwirkung einer zahlenmäßig großen Versammlung zu dulden sei.[857] Diese Duldungspflicht stelle den Ausdruck einer (gesetzgeberischen) Abwägung zwischen der Versammlungsfreiheit und Rechtspositionen Dritter dar.[858] Das Gericht hat abschließend darauf hingewiesen, dass insbesondere bei zahlenmäßig großen Versammlungen auch das Risiko von Rechtsverletzungen entsprechend steige und eine Blockade der Fahrbahn u. a. durch bestimmte Gegenstände nicht zuletzt den ungehinderten Zugang der Rettungsdienste zum Versammlungsort u. U. unmöglich mache.[859] Das Gericht hat die Norm in ihrem Erlaubnistatbestand, d. h. insofern, als eine Fahrbahnblockade in Anbetracht der Anzahl der Versammlungsteilnehmer zulässig ist, auf ihre Bestimmtheit hin geprüft.[860] Nach Ansicht der Bf. sei der behördliche Spielraum hinsichtlich der Beurteilung, ob die Anzahl der Teilnehmer wirklich so groß ist,

---

[853] Vgl. ebd., § 27.
[854] Bei dieser Argumentation ähnelt die gerichtliche Ausführung der des deutschen Amtsgerichts, die später im Beschluss des BVerfG vom 24. Oktober 2001 beschrieben wurde; BVerfGE 104, 92, 95: Es sei unzulässig, die unbeteiligten Personen „zum Werkzeug, zum Objekt der Aktion" zu machen. Dieses „Instrumentalisierungsverbot" finde seine Grundlage in der Menschenwürdegarantie; dies aktiviere bei der Kollision die staatliche Schutzpflicht. Zum Instrumentalisierungsverbot *Höfling, W.*, in: Sachs, M. (Hrsg.), GG, Art. 1 Rn. 15. Die Hinnahme dieser Instrumentalisierung der Unbeteiligten würde den Versammlungsteilnehmern „Bewirkungsmacht" verleihen, was aber – angesichts der Grenzen der Grundrechtsausübung – nicht schutzwürdig ist; dazu *ders.*, in: Sachs, M. (Hrsg.) GG, Art. 8 Rn. 10; ähnlich im Fall der Meinungsfreiheit *Bethge, H.*, in: Sachs, M. (Hrsg.), GG, Art. 5 Rn. 34.
[855] Vgl. die Entscheidung des GVerfG vom 18. April 2011, Nr. 2/482, 483, 487, 502, Kap. II § 38.
[856] Vgl. ebd., § 34.
[857] Vgl. die ähnlichen Ausführungen in BVerfGE 104, 92, 104 ff.
[858] Vgl. die Entscheidung des GVerfG vom 18. April 2011, Nr. 2/482, 483, 487, 502, Kap. II § 35.
[859] Vgl. ebd., § 42.
[860] Vgl. ebd., § 117.

dass die Versammlung „nicht anderweitig abgehalten werden kann", zu unbestimmt, da das Gesetz keine diesen Spielraum begrenzende Kriterien beinhalte.[861] Das Gericht hat dagegen auf allgemeine Grenzen einer Ermessensentscheidung hingewiesen, die hinreichend geeignet seien, einem Missbrauch vorzubeugen. Entscheidend seien auch hier die Umstände des Einzelfalls und eine ausreichende Begründung der Entscheidung. Ob die Anzahl der Teilnehmer tatsächlich so groß sei, könne nur im Einzelfall bejaht werden. Sollte die behördliche Bewertung in concreto fehlerhaft sein, stünde zudem der Rechtsweg offen.[862] Die Bf. beanstandeten dabei nicht die Betätigung des Ermessens, sondern die fehlenden Kriterien auf der Tatbestandsseite der Norm. Auf die Frage des Beurteilungsspielraums, der mit dem Ermessen nicht gleichzusetzen ist, ist das Gericht aber nicht eingegangen.

c) Die Rechtsauffassung in Deutschland zu Blockaden

Das GVerfG hat in seiner einzigen Entscheidung die Blockadeaktionen und deren Konnexität mit dem kommunikativen Gehalt der Versammlungsfreiheit nicht weiter spezifiziert. Dagegen sprechen sich deutsche Gerichte für ein differenziertes Herangehen aus.[863] Hier wurde die Auflösung der Kollision von Versammlungsfreiheit und Rechten Dritter vor allem im Fall der (Sitz-)Blockaden zum „Testfall".[864] Das Konzept des BVerfG hinsichtlich der Duldung und Tolerierung bezieht sich in den Kollisionsfällen auf die Nebenfolgen der Versammlungsdurchführung, die sich „ohne Nachteile für den Veranstaltungszweck nicht vermeiden lassen".[865] Solche „sozialadäquaten Nebenfolgen" stehen unter dem Schutz der Versammlungsfreiheit, solange diese friedlich und kommunikativ bleiben (schutzwürdige Selbstbestimmung des Veranstalters).[866] Die Richterin Haas nahm in ihrer abweichenden Meinung eine „sozialadäquate Nebenfolge" dann an, wenn die Behinderung durch die Anzahl der Teilnehmer verursacht wird.[867] Die Formel des BVerfG zur „bewertenden" Feststellung des kommuni-

---

[861] Vgl. die Entscheidung des GVerfG vom 18. April 2011, Nr. 2/482, 483, 487, 502, Kap. II § 44.

[862] Vgl. ebd., § 45.

[863] Bis zur Festlegung der verfassungsrechtlichen Anforderungen durch das BVerfG sei auch die Polizei von einer Unsicherheit über den Umgang mit den Blockadeaktionen behaftet, dazu *Hoffmann-Riem, W.*, Demonstrationsfreiheit auch für Rechtsextremisten?, NJW 2004, S. 2778.

[864] Vgl. *Gusy, C.*, in: Mangoldt, H. v./Klein, F./Starck, C. (Hrsg.), GG, Art. 8 Rn. 79.

[865] Vgl. BVerfGE 69, 315, 353.

[866] Vgl. BVerfGE 104, 92, 108 m. V. auf BVerfGE 73, 206, 250; *Schneider, J.-P.*, in: Epping, V./Hillgruber, C. (Hrsg.), GG, Art. 8 Rn. 17.

[867] Vgl. BVerfGE 104, 92, 116; solche „sozialadäquaten Nebenfolgen" habe der Verfassungsgeber in Kauf genommen. Daraus entsteht auch das übliche Erfordernis nach Tolerierung

kativen, inhaltlichen Bezugs des eingesetzten Mittels (der Blockade) zum Versammlungszweck lautet: Je enger die Gestaltungsmittel und das Versammlungsmotto miteinander verbunden sind und je mehr der Gegenstand der Versammlung einen beeinträchtigten Dritten (Adressat der Versammlung) betrifft, desto mehr sind diese Beeinträchtigungen als „sozial erträglich" zu betrachten.[868] Dagegen verleiht das Selbstbestimmungsrecht dem Veranstalter keine Macht zu entscheiden, welche Beeinträchtigungen Drittpersonen seitens der Versammlung zu dulden haben.[869] Gemessen an diesen Maßstäben unterscheidet das BVerfG zwischen Blockaden, die nur symbolisch eingesetzt werden und „gewaltfreien Widerstand" demonstrieren; diese „symbolische Unterstützung" des kommunikativen Anliegens effektuiert die Kommunikation mit der Öffentlichkeit, wobei die Verhinderung der anderen keinen Selbstzweck der Aktion darstellt.[870] Dagegen handelt es sich nicht mehr um eine schutzwürdige Kommunikation mit der Außenwelt, wenn die Aktion vorrangig die Erzwingung, das heißt die „selbsthilfeähnliche Durchsetzung" des eigenen Anliegens verfolgt.[871] Auch die Kurzfristigkeit der eingesetzten Blockade spielte eine Rolle bei der Feststellung des BVerfG, dass die Aktion nur symbolisch („spektakulär") eingesetzt wurde; damit konnte der Protest gegen die Nutzung der Atomenergie das angestrebte Interesse der Öffentlichkeit erwecken.[872] Bei der Abwägung sei auch zu berücksichtigen, dass die Teilnehmer dadurch zu einer für die Öffentlichkeit wichtigen Sache eine eigene Position darlegen.[873]

---

und Duldung bei der Freiheitsbetätigung. Die Beeinträchtigungen seien durch die Auflagenerteilung abzuwehren, gemäß dem Auftrag der Schrankenregelung im Art. 8 Abs. 2 GG.
[868] BVerfGE 104, 92, 112. Vgl. auch BVerfGE 104, 92, 110.
[869] BVerfGE 104, 92, 108.
[870] BVerfGE 104, 92, 105. Vgl. später das BVerfG, Beschl. v. 07.03.2011 – 1 BvR 388/05, BeckRS 2011, 49212, Rn. 35.
[871] BVerfGE 104, 92, 105.
[872] Darauf deutete in dem konkreten Fall zusätzlich die Tatsache hin, dass die Teilnehmer durch die Verteilung der Flugblätter vorrangig die Kommunikation mit der Außenwelt bezweckten, vgl. BVerfGE 104, 92, 114.
[873] Vgl. BVerfG, Beschl. v. 07.03.2011 – 1 BvR 388/05, BeckRS 2011, 49212, Rn. 39 und Rn. 43: In diesem Fall handelte es sich um eine Aktion gegen die militärische Intervention der USA im Irak auf dem Weg, der zum Luftwaffenstützpunkt der USA bei Frankfurt am Main führte. Dagegen verkannte das LG den Sachbezug zwischen dem Protestgegenstand und den in ihrer Fortbewegungsfreiheit beeinträchtigten Personen. Danach könne die Sitz-Demonstration die Entscheidungsträger der US-Kriegspolitik nicht beeinflussen, sodass das kommunikative Mittel ungeeignet sei. Das BVerfG betrachtete diese Feststellung als eine unzumutbare Verkürzung des verfassungsrechtlichen Selbstbestimmungsrechts und eine zu hohe Hürde für die Wahl der symbolartigen Orte. Laut BVerfG handelte es sich während der Sitzblockade gegen die militärische Intervention der US-amerikanischen Streitkräfte im Irak nicht um eine „vor Ort durchsetzbare Forderung". Dagegen war für die Bejahung des kommunikativen Charakters schon die Tatsache ausreichend, dass unter den in ihrer Fortbewegungsfreiheit beeinträchtigten

Die Rechtsprechung des BVerfG bezüglich der Sitzblockaden wurde in der Literatur und Rechtsprechung der Fachgerichte entsprechend reflektiert. Angeknüpft wird zur Abgrenzung an die Demonstrativ- und Verhinderungsblockade.[874] Nur im Fall der ersteren liegt das kommunikative Merkmal vor, und die Versammlung fällt in den Schutzbereich des Art. 8 Abs. 1 GG.[875] Dies schließt aber nicht aus, dass diese Versammlung beschränkt wird, wenn u. a. die Ultima-Ratio-Voraussetzungen für ein Verbot oder eine Auflösung gegeben sind.[876] In dem zweiten Fall lässt schon die unzulässige Zielrichtung der Verhinderung die Blockade aus dem Schutzbereich herausfallen.[877] Hier zeigt sich der Modus der mittelbaren Beeinflussung durch Meinungsbildung, die „keine Garantie für [Maximal-]Erfolge", zumal kein „Vollstreckungsrecht" verleiht.[878] Damit verbunden ist auch die Frage des Schutzes von Probeblockaden: Wenn diese niemanden hindern, seien die kommunikativen Gehalte (Entschlossenheit der Bürger) zu bejahen. Wird dagegen die Verhinderung bezweckt, ist der Schutz aus Art. 8 GG abzulehnen.[879] Die Verhinderungsblockaden werden in der Praxis insbesondere in Zusammenhang mit einer störenden Gegendemonstration aktuell, die zur Verhinderung der Ausgangsversammlung eingesetzt wird.[880] Die Abgrenzung dieser beiden Arten von Blockaden anhand kommunikativer Maßstäbe sei dabei u. a. eine logische Folge des engen Versammlungsbegriffs des BVerfG.[881] Ob die Verhinderung als Selbstzweck der Blockade und daher verfas-

---

Personen nicht nur US-amerikanische Bürger, sondern auch Mitglieder der US-amerikanischen Streitkräfte waren.

[874] Vgl. *Rusteberg, B.*, Die Verhinderungsblockade, NJW 2011, S. 2999; schon früher vgl. *Brohm, W.*, Demonstrationsfreiheit und Sitzblockaden, JZ 1985, S. 508.

[875] Vgl. VGH München, Urt. v. 22.09.2015 – 10 B 14.2246, NVwZ-RR 2016, S. 501 Rn. 61 m. V. auf BVerwG. Bedeutend sei sowohl das „Selbstverständnis" des Veranstalters und dessen substantiierte Darlegung als auch die objektive Betrachtung des unbeteiligten Dritten. Vgl. auch VG Stuttgart, Urt. v. 12.06.2014 – 5 K 808/11, BeckRS 2014, 57876 (eine demonstrative Blockade bei „Stuttgart 21").

[876] Dazu VG Stuttgart, Urt. v. 12.06.2014 – 5 K 808/11, BeckRS 2014, 57876.

[877] Vgl. *Gusy, C.*, in: Mangoldt, H. v./Klein, F./Starck, C. (Hrsg.), GG, 2018, Art. 8 Rn. 79a.

[878] Vgl. *Ullrich, N.*, NVersG, § 1 Rn. 23; *Scheidler, A.*, Verkehrsbehinderungen durch Versammlungen, NZV 2015, S. 168. Vgl. weiter *Knape, M./Schönrock, S.*, Die Verbindung von Recht und Taktik, S. 184 f. m. V. auf Schwabe, der die Verhinderungsblockade als „Kampfmaßnahme" bzw. gewalttätige Aktion betrachtet. Zu rechtwidrigen Blockaden des Castor-Transports und zum „Schottern" der Bahngleise *Linck, J.*, Protestaktionen gegen Castor-Transporte, ZRP 2011, S. 44 f.

[879] So *Kniesel, M./Poscher, R.*, in: Lisken, H./Denninger, E. (Hrsg.), Hb PolR, Kap. K Rn. 448 und Rn. 449.

[880] Vgl. *Hong, M.*, in: Peters, W./Janz, N. (Hrsg.), Hb VersR, Kap. B Rn. 92.

[881] Vgl. *Rusteberg, B.*, Die Verhinderungsblockade, NJW 2011, S. 3000. Dabei wird die Unterscheidung nicht immer leicht ausfallen, da, wie Rusteberg anmerkt, auch die eventuelle Verhinderungsblockade – insbesondere zu den politisch brisanten Fragen – auf die Beeinflus-

sungsrechtlich nicht mehr „hinnehmbar" war, spielte eine entscheidende Rolle bei der Bewertung der Blockadeaktion am 30. September 2010 durch das VG Stuttgart (sog. „Schwarzer Donnerstag").[882] Das Gericht sah das kommunikative Anliegen der Blockade als bestätigt, ungeachtet dessen, dass die Teilnehmer versucht hatten, das Fällen von Bäumen und die Errichtung des Grundwassermanagements für „Stuttgart 21" zu verhindern. Diese Verhinderung wurde nicht als Selbstzweck, sondern als Medium zum Ausdruck des eigenen kommunikativen Anliegens (als „symbolische Unterstützung") betrachtet. Dabei konnte die Polizei die für die Blockade eingesetzten Gegenstände (Baumaterial und Bierdosen) ohne besonderen Aufwand beseitigen. Die Abgrenzung vom unzulässigen Durchsetzungszweck bezog sich sowohl auf das zeitliche Element (Kurzfristigkeit der Aktion) und die Zahl der Teilnehmer als auch auf das verfassungsrechtliche Friedlichkeitsgebot.[883]

d) Die Blockadeaktion in der Rechtsprechung des EGMR

Auch in der Judikatur des EGMR bildet die Konstellation der Blockade einen abwägungsrelevanten Unterfall der kollisionsträchtigen Wahrnehmung der Versammlungsfreiheit. Eine vorsätzliche und wiederholte Straßenblockade mit größeren Störungen hat im Fall „Barakko v. France" die übliche Duldungsschwelle überschritten.[884] Daher sah der EGMR die staatlichen Maßnahmen zur Beseitigung dieser Störung als gerechtfertigt an. Es handelte sich um eine von der Gewerkschaft der Lkw-Fahrer organisierte „Operation Schneckentempo" („snail operation"): 17 Fahrer fuhren mit geringer Geschwindigkeit auf der Autobahn, was die Fahrt von Verkehrsmitteln behinderte. Dabei kam es auch zu einer kompletten Sperrung der Autobahn. Im Prozess gegen die drei Fahrer stellten die nationalen Gerichte die Streik- und Demonstrationsfreiheit dem freien Personen- und Güterverkehr gegenüber. Angenommen wurde eine mehr als zweistündige Behinderung der kurzen Autobahn.[885] Polizeiliche Aufforderungen wurden nicht beachtet. Der EGMR bestätigte die Konventionsmäßigkeit des Abwägungsprozesses: Die durch die Aktion ausgelöste Störung für den Straßenverkehr gehe über das zu duldende Ausmaß hinaus, auch wenn die Aktion per se als friedlich

---

sung der Meinungsbildung zielt. Vgl. ebd., S. 2999 und S. 3002. Vgl. auch *Depenheuer, O.*, in: Maunz, T./Dürig, G. (Hrsg.), GG, Art. 8 Rn. 41.
[882] Vgl. VG Stuttgart, Urt. v. 18.11.2015 – 5 K 1265/14, BeckRS 2014, 56039.
[883] VG Stuttgart, Urt. v. 12.06.2014 – 5 K 808/11, BeckRS 2014, 57876. Vgl. auch *Brennseisen, H.*, in: Brennseisen, H./Wilksen, M. (Hrsg.), VersR, S. 118; *Papier, H.-J.*, Aktuelle Probleme des Versammlungsrechts, DVBl. 2016, S. 1418.
[884] ECHR, Barraco v. France, Nr. 31684/05, 5. März 2009.
[885] Vgl. ebd., §§ 28–35 (Argumentation des Staates) und § 47 (Ausführung des EGMR).

zu betrachten sei.[886] Die Teilnehmer seien nicht wegen der Teilnahme an einer Veranstaltung, sondern wegen einer konkreten rechtswidrigen Handlung verurteilt worden.

Zur Orientierung dient in Anbetracht des Art. 11^1 GVersG auch der Fall „Kudrevičius".[887] Dabei wichen die Meinungen der Kammer der zweiten Sektion und die der großen Kammer voneinander ab: Erstere nahm einen unverhältnismäßigen Eingriff in die Versammlungsfreiheit an; dagegen sah die große Kammer den staatlicherseits gezeigten Grad an Toleranz gegenüber der Versammlung als hoch und die Verurteilung der Bf. zu einer Bewährungsstrafe in Höhe von einem Jahr als verhältnismäßig an.

Den Ausgang des Falles stellte eine Versammlung von Bauern vor dem Parlamentsgebäude (Seimas) dar. Kritisiert wurden die Situation in dem Agrarkultursektor und u. a. die Senkung der Produktionspreise und die mangelnde Unterstützung seitens der Regierung.[888] Im Mai wurden mehrere Versammlungen an unterschiedlichen Orten angemeldet. Die Veranstalter wurden für den Fall eines Verstoßes gegen das Gesetz verwarnt.[889] Die Demonstration wurde den Bauern zwar grundsätzlich erlaubt,[890] während der Demonstration wurden aber Fahrwege blockiert.[891] Die Regierung erklärte dabei, dass es für die Behörden nicht ersichtlich gewesen sei, dass drei wichtige Fahrbahnen des Landes betroffen werden.[892] Die Blockaden sollten den gewöhnlichen Verkehr stoppen, was zu entsprechenden materiellen Schäden geführt hat. Am nächsten Tag verhandelten die Demonstranten mit der Regierung und beseitigten die Blockaden.[893]

Der EGMR zog die Regelungen der Mitgliedstaaten rechtsvergleichend heran. Die Anwendung von Transportmitteln („vehicles") während einer Demonstration sei als solche nicht geregelt. Vorgesehen seien entweder strafrechtliche oder administrative Sanktionen bei Verwendung von Transportmitteln zur Behinderung von Verkehrsmitteln.[894] Der EGMR stellte fest, dass die Nutzung der Traktoren zur Blockade nicht mit der Anwendung physischer Gewalt gegen Polizeibeamte oder andere Personen verbunden war.[895] Dabei war die Behinderung des Verkehrs kein Nebeneffekt der Versammlungsdurchführung („side-effect of a meeting"); vielmehr stellte dies eine vorsätzliche Handlung zur Lenkung der

---

[886] Vgl. ebd., § 45 und §§ 46–47.
[887] ECHR, Kudrevičius and Others v. Lithuania, Nr. 37553/05, 15. Oktober 2015.
[888] Vgl. ebd., § 13.
[889] Vgl. ebd., §§ 15–17.
[890] Vgl. ebd., § 16.
[891] Vgl. ebd., § 20.
[892] Vgl. ebd., § 21, § 26 und § 28.
[893] Vgl. ebd., § 22.
[894] Vgl. ebd., §§ 78–81.
[895] Vgl. ebd., § 93.

Aufmerksamkeit dar.⁸⁹⁶ Diese Annahme wurde durch das Verhalten der Bauern bestätigt, die, sobald diese vom positiven Ergebnis der Verhandlung Kenntnis erlangt hatten, den Weg freigaben.⁸⁹⁷ Aus den Materialien war ersichtlich, dass die Blockade den üblichen Verkehr signifikant behindert und mehr als 48 Stunden gedauert hatte.⁸⁹⁸ Die verursachte Störung war in Anbetracht ihrer Natur und ihres Ausmaßes dennoch nicht ausreichend, um eine Eröffnung des Schutzbereichs des Art. 11 EMRK zu verneinen.⁸⁹⁹ Zu berücksichtigen sei aber, dass die Bf. der expliziten Aufforderung der Polizei, die Blockade zu beseitigen, nicht nachgekommen seien.⁹⁰⁰ Seitens der Veranstalter sei aber zu erwarten, dass diese als Akteure des demokratischen Prozesses die geltenden Regeln einhalten.⁹⁰¹ Werden diese Regeln zielgerichtet gebrochen, dann müssen die Veranstalter in Kauf nehmen, dass die Privilegien für die kollektive (politische) Kundgebung relativiert werden.⁹⁰² In diesem Fall genieße der Staat bei der Prüfung der Erforderlichkeit der Einschränkung eines solchen Verhaltens einen weiten Beurteilungsspielraum.⁹⁰³ Die Blockade könne auch nicht als spontane Maßnahme qualifiziert werden, die eine unmittelbare Antwort seitens der staatlichen Behörden erfordere („a need for an immediate response to a current event"). Die Problematik war dem Staat bekannt und die diesbezüglichen Verhandlungen wurden weitergeführt.⁹⁰⁴ Zur symbolischen Bedeutung führte der EGMR aus, dass die Blockade keinen direkten (inhaltlichen) Bezug zum Versammlungsgegenstand gehabt habe. Diese habe sich nicht gegen die Tätigkeit, gegen die die Bauern

---

⁸⁹⁶ Vgl. ebd., § 97.
⁸⁹⁷ Vgl. ebd., § 170.
⁸⁹⁸ Vgl. ebd., § 169.
⁸⁹⁹ Vgl. ebd., § 98. Die Begründung der Eröffnung des Schutzbereichs wurde später von Richter Wojtyczek in Frage gestellt, da die Art und Weise der Blockade das Übliche eines „Sit-in-Protestes" überschritten hätte. Vgl. das Votum (Concurring Opinion) des Richters Wojtyczek, Rn. 3: „I have strong hesitations as to whether the blockading of highways, as organised by the applicants, falls within the scope of Article 11. The judgment's reasoning rightly emphasises the fact that the roadblocks were organised with the intention of disrupting the movement of persons and goods nationwide [...]. The effects of such roadblocks go far beyond the usual disruptions caused by demonstrations in public places. They also go well beyond the idea of a sit-in protest organised around certain specific places for the purpose of blocking access to them."
⁹⁰⁰ Vgl. ebd., §§ 116–117.
⁹⁰¹ Vgl. ebd., § 155 mwN.
⁹⁰² Vgl. ebd., § 156.
⁹⁰³ Vgl. ebd., § 156.
⁹⁰⁴ Vgl. ebd., § 166 und § 167 m.V. u. a. auf Éva Molnár, § 38. In Betracht zu ziehen sei, dass laut Rechtsprechung des EGMR auch eine vorher angemeldete Blockade von Wegen („roadblocks"), selbst wenn diese spontan erfolgt sei („current event warranting an immediate response"), nicht gerechtfertigt ist.

protestierten (die Senkung der Preise), sondern gegen die Nutzung der Autobahnen für den Warenverkehr und durch Privatwagen gerichtet.[905]

Die vorsätzlichen Störungen des Alltagslebens, die nach Art und Schwere als signifikant zu bezeichnen seien, seien als verwerflicher Akt („reprehensible act") zu betrachten.[906] Zu berücksichtigen sei das Verhalten der staatlichen Behörden in diesem ganzen Geschehen. Trotz der nicht angemeldeten Blockade der Autobahnen hat die Polizei die Versammlung nicht aufgelöst und versucht, durch Umleitung des Verkehrs das Problem zu mildern. Auch während des Konflikts zwischen Bauern und Fahrern hat sich die Polizei um Vermittlung bemüht.[907] Dies spreche für einen hohen Grad staatlicher Toleranz gegenüber dem Versammlungsgeschehen.[908] Die einjährige Bewährungsstrafe ohne zusätzliche Verhängung einer Geldbuße sei verhältnismäßig.[909]

e) Fazit

Wie die Analyse des Blockadeverbots gezeigt hat, versucht der Gesetzgeber, die Versammlung, die wegen der großen Anzahl von Teilnehmern zu einer Blockade der Fahrbahn führt, zu ermöglichen und zu schützen. Ist die (friedliche) Blockade nicht durch die Zahl der Teilnehmer bedingt, wird die Ausschöpfung des milderen Mittels nicht ausdrücklich verlangt, um die Rechtsfolgen der Verbotsnorm anordnen zu können. Laut Venedig-Kommission ist dem Veranstalter in einer solchen, wenn auch formell rechtswidrigen Blockadesituation, die Möglichkeit zu geben, selbst für eine anderweitige Durchführung der Versammlung zu sorgen. Dazu ist ihm ebenso eine angemessene Zeit einzuräumen. Auch der EGMR prüft, ob die Meinungskundgabe der Teilnehmer – trotz der rechtswidrigen Blockadeaktion – für eine gewisse Zeit geduldet wurde. Erst danach sind repressive Maßnahmen zulässig.

Weder ist in der Rechtsnorm geregelt noch liefert die Rechtspraxis Indizien dafür, dass im Rahmen der behördlichen Abwägung auch der symbolische kommunikative Charakter der Blockade (Stichwort: „Demonstrativblockade") bzw. ein Merkmal wie die Kurzfristigkeit des eingesetzten Mittels bedeutend ist. Nach Ansicht der Venedig-Kommission sollte – wie es bei der Analyse des Art. 11^2 schon verdeutlicht wurde – Art. 11^1 i. V. m. Art. 11^2 ausgelegt und angewandt werden. Anderenfalls könnte die formalistisch-automatische Subsumption der Umstände unter den Tatbestand zu versammlungsunfreundlichen Ergebnissen

---

[905] Vgl. ebd., § 171.
[906] Vgl. ebd., § 173.
[907] Vgl. ebd., § 176.
[908] Vgl. ebd., § 177.
[909] Vgl. ebd., § 178.

führen. Um die Systematik des Gesetzes zu verbessern, sollte die Rechtsnorm, die heute den Inhalt des Art. 11² ausmacht, bei den einleitenden Normen des GVersG eingefügt werden. Es ist aber nicht nur die Kurzfristigkeit, die eine behördliche Abwägung u. a. bei Blockadeaktionen lenkt. Das BVerfG hat in seiner „Sitz-Blockaden"-Rechtsprechung die allgemeinen Kriterien herausgearbeitet, die zu einer verhältnismäßigen Lösung führen können. Danach sind in der Abwägung „die Dauer und Intensität der Aktion, deren vorherige Bekanntgabe, Ausweichmöglichkeiten über andere Zufahrten, die Dringlichkeit des blockierten Transportmittels und auch der Sachbezug zwischen den in ihrer Fortbewegungsfreiheit beeinträchtigten Personen und dem Protestgegenstand" zu berücksichtigen.[910] Anhand dieser Maßstäbe wird der Grad der sozialen Erträglichkeit der Versammlung (auf der Gesellschaftsebene) kontextbezogen bestimmt, an der sich ihrerseits die Reichweite der Duldung (auf der Staatsebene) messen lässt.[911]

11. Die Auflösung der Versammlung

Wird die Durchführung der Versammlung durch Erlaubnisfreiheit gesichert, so dient die Auflösung dazu, einen Rechtsmissbrauch durch unfriedliches Verhalten abzuwehren.[912] Mit der Auflösung der Versammlung wird die Versammlung zu einer Ansammlung von Menschen.[913] Nach deutschem Recht endet damit die Sperrwirkung des speziellen Versammlungsrechts gegenüber dem Polizeirecht. In verfassungsrechtlicher Hinsicht stehen die Teilnehmer einer aufgelösten Versammlung dennoch unter dem Schutz der Versammlungsfreiheit als Ausdruck von deren Nach- bzw. Fortwirkung.[914] Die kontrollierenden Gerichte können erst später feststellen, dass die Auflösung rechtswidrig war. Laut BVerfG verliert die Versammlung den verfassungsrechtlichen Schutz nur im Fall ihrer rechtmäßigen Auflösung.[915] Dies deutet darauf hin, dass der Anwendungsbereich des Ver-

---

[910] Vgl. BVerfGE 104, 92, 112. Vgl. auch später BVerfG, Beschl. v. 07.03.2011 – 1 BvR 388/05, BeckRS 2011, 49212, Rn. 39 und Rn. 43.
[911] Vgl. BVerfG, Beschl. v. 07.03.2011 – 1 BvR 388/05, BeckRS 2011, 49212, Rn. 39.
[912] Die Auflösungsbefugnis wird in Zusammenhang mit der Erlaubnisfreiheit der Versammlung gebracht, da diese sich nur aufgrund der Kontrollierbarkeit der Abläufe durch die Versammlungs- und Polizeibehörden (als Schutzpflicht des Staates) begründen lasse; *Dietel, A./Gintzel, K./Kniesel, M.*, VersG, § 15 Rn. 218 m.V. auf *Brohm, W.*, Demonstrationsfreiheit und Sitzblockaden, JZ 1985, S. 508 (das „kontrollierte Geschehenlassen").
[913] Vgl. *Kingreen, T./Poscher, R.*, Polizei- und Ordnungsrecht, § 22 Rn. 3; *Hettich, M.*, Platzverweis und Ingewahrsamnahme nach Auflösung der Versammlung, DÖV 2011, S. 954–955.
[914] Vgl. *Hong, M.*, in: Peters, W./Janz, N., Hb VersR, Kap. B Rn. 105; ebd., *Groscurth, S.*, Kap. G Rn. 152; *Hoffmann-Riem, W.*, in: Merten, D./Papier, H.-J. (Hrsg.), HGR IV, § 106 Rn. 72.
[915] Vgl. BVerfGE 104, 92, 107 m.V. auf BVerfGE 87, 399, 408 ff. Das BVerfG führte aus,

sammlungsgesetzes keine Grenze für die Geltung der verfassungsrechtlichen Vorgaben darstellt.[916] Eine Versammlung wird nur dann aufgelöst, wenn sie in ihrem Gesamtgepräge dem Verfassungsgebot der Friedlichkeit nicht mehr entspricht. Eine Ausnahme davon wird nur im Fall des polizeilichen Notstands angenommen.[917] Nach der Auflösung sind die Teilnehmer verpflichtet, sich vom Versammlungsort zu entfernen.[918] Die vollstreckungsrechtliche Duldungspflicht sichert die „Handlungsfähigkeit der Polizei" zur Entspannung der Lage ab.[919]

a) Die Anordnung der Auflösung laut Art. 13 GVersG

Die Auflösung einer bereits begonnenen Versammlung ist in Art. 13 Abs. 1 GVersG geregelt. Auch diese Bestimmung wurde 2011 in Anbetracht der Leitentscheidung des GVerfG geändert.[920] Nach Ansicht des GVerfG stellt die Art und Weise der Inanspruchnahme der Versammlungsfreiheit in einer Auflösungssituation einen Rechtsmissbrauch dar.[921] Die Voraussetzungen dieses schweren Eingriffs sind in Art. 13 Abs. 1 abschließend aufgezählt und mit den verbotenen Handlungen laut Art. 11 GVersG verbunden. Diese sog. „vertypten Auflagen" sind in Art. 11 GVersG vorgegeben.[922] Im Unterschied zur deutschen Regelung in § 15 VersG wird die Auflösungsentscheidung daher nicht aufgrund einer Generalklausel getroffen. Dabei handelt es sich bei Art. 13 Abs. 1 nicht allein um eine Verweisnorm, sondern um ein sog. Mixtum compositum behördlichen Entscheidens. Es beinhaltet einen eigenen Tatbestand, der eine einheitliche Grundlage für die Beendigung der Versammlung schafft: Danach müssen einige der in Art. 11 GVersG vorgesehenen Verbote einerseits massenhaft (und nicht nur spo-

---

dass der Schutz der Versammlungsteilnehmer nicht von Anfang an entfällt, wenn von Beginn an Anhaltspunkte vorlagen, die die Auflösung der Versammlung rechtfertigten.

[916] Vgl. BVerfG, Urt. v. 20.06.2014 – 1 BvR 980/13, NJW 2014, 2707, Rn. 17; *Bünnigmann, K.*, Polizeifestigkeit im Versammlungsrecht, JuS 2016, S. 697 f.

[917] Vgl. *Hong, M.*, in: Peters, W./Janz, N., Hb VersR, Kap. B Rn. 91; vgl. dazu auch die frühere Behandlung des polizeilichen Notstands im Rahmen des Art. 12 GVersG.

[918] So BVerfGE 104, 92, 107; vgl. auch *Hong, M.*, in: Peters, W./Janz, N., Hb VersR, Kap. B Rn. 107; *Hettich, M.*, Platzverweis und Ingewahrsamnahme nach Auflösung der Versammlung, DÖV 2011, S. 956.

[919] Vgl. *Lassahn, P.*, Unerwünschte Gesellschaft, JuS 2016, S. 734 f. m. V. auf BVerfGE 87, 399, 409; die Entfernungspflicht setze eine wirksame, nicht eine rechtmäßige Auflösungsverfügung voraus. Vgl. auch BVerfG, Beschl. v. 30.04.2007 – 1 BvR 1090/06 BeckRS 2007, 23752; *Kniesel, M./Poscher, R.*, in: Lisken, H./Denninger, E. (Hrsg.), Hb PolR, Kap. K Rn. 451; *Rusteberg, B.*, Verhinderungsblockade, NJW 2011, S. 3002 f.

[920] Das Änderungsgesetz Nr. 4980 vom 01.07.2011 zum GVersG.

[921] Vgl. die Entscheidung des GVerfG vom 18. April 2011, Nr. 2/482, 483, 487, 502, Kap. II § 48.

[922] Dazu *Kingreen, T./Poscher, R.*, Polizei- und Ordnungsrecht, § 20 Rn. 13; so auch *Dietel, A./Gintzel, K./Kniesel, M.*, VersG, § 15 Rn. 16 f.

IV. Das Gesetz „Über Versammlungen und Manifestationen" vom 12. Juni 1997   379

radisch) verletzt werden. Über die Massenhaftigkeit hinaus muss eine „reale", unmittelbar bevorstehende Gefahr (der kollektiven Unfriedlichkeit) nachgewiesen werden. Die bis 2011 geltende Regelung war aber nicht verfassungskonform, was in der Praxis gravierende Folgen für die Teilnehmer der Versammlung hatte. Auch die Venedig-Kommission hat den Auflösungstatbestand, der vom Friedlichkeitsvorbehalt völlig abgekoppelt war, kritisiert und als nicht angemessen bezeichnet.[923]

aa) Die frühere Fassung des Art. 13 GVersG und seine Anwendung

Der ursprüngliche Auflösungstatbestand des Art. 13 GVersG bezog sich auf die ebenfalls alte Fassung des Art. 11 GVersG. Danach hatte die Versammlung an dem in der Anmeldung angegebenen Ort und Zeitpunkt stattzufinden. Festgelegt war die Pflicht des Veranstalters, bei der Anmeldung übernommene Verpflichtungen zu erfüllen. Die frühere Regelung war daher formalistisch und ließ die Anordnung der Auflösung auch als Sanktion für eine Abweichung von den in der Anmeldung angegebenen Daten zu. Im Fall eines „massenhaften" Verstoßes gegen Art. 11 alter Fassung sowie der Verletzung des Art. 11¹ (Blockadeverbot) war die Versammlung nach Aufforderung des zuständigen Vertreters der Versammlungsbehörde sofort aufzulösen. Nach dieser Aufforderung war der Verantwortliche verpflichtet, die Versammlung selbst aufzulösen. Dabei war diese logische Reihenfolge wörtlich nicht eindeutig gefasst. Darüber hinaus verzichtete das frühere GPolG auf eine Abgrenzung der versammlungsspezifischen und der allgemeinen polizeirechtlichen Ermächtigungsgrundlagen. Nach Art. 9 Abs. 1 lit. e des alten GPolG war die Polizei befugt, die Durchführung einer Versammlung zu beenden, sobald eine Gefahr für die öffentliche Sicherheit, das Leben und die Gesundheit von Menschen, das Eigentum oder andere gesetzlich vorgesehene Rechte Dritter bestand. Das Zusammenspiel von Art. 13 GVersG und Art. 9 des alten GPolG war dabei unklar. Die damaligen Erklärungen der Behörden deuten darauf hin, dass die Normen kumulativ, ohne Beachtung der Sperrwirkung des Versammlungsgesetzes angewendet wurden.[924] Die Mängel des Auflösungstatbestandes wurden insbesondere während der Versammlungen vom 26. Mai und vom 3. Januar 2011 in der Hauptstadt Tbilisi sichtbar. Die ersten Ereignisse fan-

---

[923] Unter Berufung auf die Leitlinien der OSCE/ODIHR – Venedig-Kommission hat die Kommission Folgendes unterstrichen: „[T]his provision is inconsistent with the presumption in favour of holding assemblies". „[T]he touchstone [for restriction] must be the existence of an imminent threat of violence". „Peaceful assembly should, in principle be permitted and facilitated". Dazu Interim Opinion on the Draft Amendments to the Law on Assembly and Manifestations of Georgia, Venice Commission, CDL-AD(2010)009, § 35.
[924] Vgl. den Anhang Nr. 1 zum Bericht der Assoziation der Jungen Juristen über den 26. Mai 2011, S. 135.

den dabei nach der Entscheidung des GVerfG vom 11. April 2011 zur Verfassungsmäßigkeit der Normen des GVersG statt. Zwar wurde das GVersG entsprechend den Leitsätzen dieser Entscheidung erst im Juli geändert; schon vorher hätten aber die Feststellungen des GVerfG bei der behördlichen Beurteilung eine Berücksichtigung finden müssen.

1) Die Auflösung wegen Ablaufs der in der Anmeldung angegebenen Dauer

Eine Demonstration gegen die Regierungspartei wurde in der Hauptstadt Tbilisi von oppositionellen Aktivisten für die Zeit von 21.–25. Mai angemeldet. Die Situation eskalierte und die Versammlung wurde durch Auflösung beendet. Massenhafte Freiheitsentziehungen und der Tod von vier Personen während und nach der Auflösung waren die Folge.[925] Die offizielle Begründung der behördlichen Auflösungsanordnung lautete, das Besetzen des Territoriums durch die Teilnehmer der Versammlung mache die geplante Parade der Streitkräfte zum Unabhängigkeitstag am 26. Mai unmöglich.[926] Zudem wurde hauptsächlich darauf hingewiesen, dass der in der Anmeldung angegebene zeitliche Rahmen abgelaufen sei. Hinweise auf gewaltsame und unfriedliche Akte waren in der Begründung nicht ersichtlich.[927] Dabei waren Umstände erkennbar, aufgrund derer der Grad der Eskalation hätte bestimmt und die eventuelle Unfriedlichkeit prognostiziert werden können.[928] Zu nennen ist insofern die Ausrüstung der Teilnehmer mit Plastikstangen, die in früheren Aktionen vom selben Teilnehmerkreis zu Verteidigungszwecken verwendet wurden. Dies galt allerdings nur für eine organisierte geschlossene Gruppe von Versammlungsteilnehmern, die planvoll gehandelt hatten. Dabei konnte diese Gruppe wegen effektiver Handlungen der Veranstalter den Charakter der Versammlung per se nicht ändern.[929] Zu berücksichtigen war auch das Verhältnis der Teilnehmerzahl dieser Gruppe (150–300 Personen) zur Gesamtzahl der Versammlungsteilnehmer (ca. 1.700 Personen).[930] Diese Gruppe hatte – sowohl im Vorfeld als auch während der Durchführung des Vollzugs der Auflösungsanordnung – weder angekündigt, sich gewaltsam gegenüber der Polizei zu verhalten, noch waren Übergriffe auf Polizeibeamte feststellbar.[931] Die

---

[925] Vgl. Report of the Special Rapporteur on the Rights to Freedom of Peaceful Assembly and of Association, Maina Kiai, UN General Assembly, 8 Juni 2012, § 77.
[926] Vgl. die offizielle Antwort der Kommunalbehörde Tbilisi vom 11. Juli 2011 Nr. 11/83604-7 zur Begründung der Auflösungsentscheidung als Anhang Nr. 1 im Bericht der Assoziation der Jungen Juristen über den 26. Mai 2011.
[927] Vgl. ebd.
[928] Vgl. die frühere Behandlung des Friedlichkeitsgebots in Kap. F IV.
[929] Vgl. den Bericht der Assoziation der Jungen Juristen über den 26. Mai 2011, S. 25.
[930] Dazu vgl. ebd., S. 27.
[931] Vgl. ebd., S. 24 f.

IV. Das Gesetz „Über Versammlungen und Manifestationen" vom 12. Juni 1997

Gruppe verfolgte eine „aktive Verteidigungsstrategie" (u. a. mit den Plastikstangen) gegen die Handlungen der Polizeibeamten.[932] Dadurch wurde manifestiert, sich nicht vom Versammlungsort entfernen zu wollen. Hätte die Behörde die Verletzung des Friedlichkeitsgebots durch diese Gruppe festgestellt, dann wäre diese Gruppe von den anderen Teilnehmern abzusondern und vom Geschehnis rechtzeitig auszuschließen gewesen. Derartige Entscheidungen müssen auf ihre Begründetheit hin überprüfbar sein. Die staatlichen Behörden haben sich aber für einen unverhältnismäßigen Eingriff entschieden.[933]

2) Die Auflösung infolge „nicht erlaubter" Infrastruktur

Ein Beispiel nicht gerechtfertigten Polizeiverhaltens, das im Endeffekt die Auflösung einer friedlich ablaufenden Versammlung bewirkt hat, liefert das Geschehnis vom 3. Januar 2011. Die Aufstellung von Zelten am Versammlungsort diente der Polizei zum Grund für die Auflösung.[934] Die Versammlung ehemaliger Soldaten war für die Zeit vom 27. Dezember bis zum 6. Januar angemeldet. Am 3. Januar forderten Polizeibeamte die Teilnehmer auf, die Versammlung zu beenden.[935] Es folgten die polizeiliche Auflösung der Versammlung und die Festnahme mehrerer Teilnehmer. Die Festnahme wurde auf die Verletzung des Tatbestands der Gehorsamsverweigerung nach dem OWiGB gestützt.[936] Einen versammlungsspezifischen Grund gemäß GVersG gab es nicht.[937] Das Prinzip von *jura novit curia* konnte in diesem Fall das Fehlverhalten der Polizeibeamten nicht heilen. Das Gericht erster Instanz von Tbilisi sah die Festnahmen als recht-

---

[932] Vgl. ebd., S. 30.

[933] Die besondere Intensität der Eingriffe in die Versammlungsfreiheit kommt auch dadurch zum Ausdruck, dass der Staat sowohl die Vor- als auch die Nachwirkung der Freiheit nicht beachtet hat. Ein Beispiel der verletzten Vorwirkung der Versammlungsfreiheit stellten z. B. die politisch motivierten Festnahmen vor dem 26. Mai dar. Die Festgenommenen hatten an der Planung und Durchführung der Versammlungen sowohl am 26. Mai als auch an den vorherigen Tagen mitgewirkt. Diese Personen waren folglich von den späteren Versammlungsgeschehnissen isoliert und an der späteren Teilnahme gehindert. Gleiches gilt für die Festnahme der Taxifahrer, die für die Veranstaltung und Durchführung der Versammlung notwendige technische Hilfsmittel transportiert hatten. Vgl. dazu den Bericht der Assoziation der Jungen Juristen über den 26. Mai 2011, S. 11–12.

[934] Vgl. den Bericht des EU-Beraters Thomas Hammarberg unter dem Titel „Georgia in Transition" vom September 2013, S. 34.

[935] Vgl. den Bericht des Menschenrechtsbeauftragten 2010, S. 279 ff.

[936] Vgl. ebd., S. 279 und S. 282; hingewiesen wird auf die Begründung des Festnahmeprotokolls.

[937] Vgl. ebd., S. 283; hingewiesen wird auf die Beschlüsse des Verwaltungsrechtskollegiums des Gerichts erster Instanz Tbilisi vom 12. Juni 2010, vom 4. Januar 2011 und des Berufungsgerichts vom 21. Januar 2011. Beanstandet wird auch die Nichteinhaltung der prozessualen Maxime der gerichtlichen Aufklärung; vgl. ebd., S. 286 und S. 287 f.

mäßig an.⁹³⁸ Eine sorgfältige Prüfung unterblieb. Nicht berücksichtigt wurde, dass die Polizeibeamten von den Teilnehmern die Abschaffung der aufgestellten Zelte ohne Begründung verlangt hatten. Es wurde nicht erwogen, welche Bedeutung die Zelte für die Versammlungszwecke hatten. Zudem fehlte es formal an der Auflösungsanordnung der Versammlungsbehörde, die später von der Polizei umgesetzt werden sollte. Gerade das unbegründete polizeiliche Vorgehen und das Agieren von Provokateuren führten zur Eskalation.⁹³⁹ Die Teilnehmer haben am Ende die Zelte selbständig demontiert; dennoch hat die Polizei die Auflösung der Versammlung vollzogen. Diese Reihenfolge der Geschehnisse legt Polizeiwillkür nahe.

bb) Die geltende Regelung

Nach dem 2011 geänderten Art. 13 Abs. 1 GVersG kann eine „sofortige Auflösung" nur dann angeordnet werden, wenn es sich um einen „massenhaften" Verstoß gegen Art. 11 Abs. 1 und Abs. 2 lit. a–c GVersG handelt; ein Verstoß gegen Anforderungen der Anmeldungspflicht und gegen Art. 11¹ GVersG (Blockadeverbot) kommen nicht mehr in Betracht. Auch eine Selbstauflösung der Versammlung vor der Vollziehung der behördlichen Anordnung ist nicht mehr vorgesehen. Ohnehin steht es dem Veranstalter frei, selbst zu bestimmen, ob und wann die Versammlung endet. Nach deutschem Recht besteht im Fall der Beendigung der Versammlung durch den Veranstalter keine Pflicht der Teilnehmer, unverzüglich den Versammlungsort zu verlassen. In diesem Fall kann lediglich bei Vorliegen der Voraussetzungen ein Platzverweis nach Polizeirecht zur Zerstreuung der Teilnehmer erteilt werden.⁹⁴⁰ Polizeiliche Maßnahmen gegenüber einer Menschenansammlung sind im Hinblick auf ihre Verhältnismäßigkeit streng zu prüfen. Damit Rechtssicherheit bzw. der Bestimmtheitsgrundsatz gewahrt sind, muss die Aufforderung der Behörde zur Auflösung der Versammlung klar formuliert sein. In Deutschland wird keine vorherige schriftliche Anordnung gefordert; vielmehr kommt es auf die „eindeutige Erklärung" an.⁹⁴¹ Der „Vorbe-

---

⁹³⁸ Zit. nach dem Bericht des Menschenrechtsbeauftragten 2010, S. 279.
⁹³⁹ Vgl. ebd., S. 281 f. Der Menschenrechtsbeauftragte ging davon aus, dass diese Personen die Polizeibeamten sein könnten, die aber gesetzeswidrig nicht identifizierbar waren.
⁹⁴⁰ Vgl. *Dietel, A./Gintzel, K./Kniesel, M.*, VersG, § 15 Rn. 235; dazu auch *Kingreen, T./Poscher, R.*, Polizei- und Ordnungsrecht, § 22 Rn. 6; *Hettich, M.*, VersR in der Praxis, Rn. 45; *Lassahn, P.*, Unerwünschte Gesellschaft, JuS 2016, S. 733–735.
⁹⁴¹ Vgl. *Kniesel, M./Poscher, R.*, in: Lisken, H./Denninger, E. (Hrsg.), Hb PolR, Kap. K Rn. 432; *Hoffmann-Riem, W.*, Der „Musterentwurf eines Versammlungsgesetzes", S. 37 f.; *Weber, K.*, Grundzüge des Versammlungsrechts, S. 84 f. Die Anforderungen an die Bestimmtheit einer Auflösungsverfügung wurden vom BVerfG konkretisiert; dazu Bespr. v. *Kment, M.*, Vorrang des Versammlungsrechts, JA 2005, S. 492–493 (BVerfG, Beschl. v. 26.10.2004 – 1 BvR 1726/01, NVwZ 2005, S. 80 f.).

IV. Das Gesetz „Über Versammlungen und Manifestationen" vom 12. Juni 1997 383

halt ausdrücklicher Anordnung" signalisiert die Pflicht der Behörde, diese gravierende Entscheidung erst nach einer gründlichen Prüfung der Umstände zu treffen.[942] Der Wortlaut des Art. 13 Abs. 1 GVersG darf nicht in dem Sinne verstanden werden, dass die Polizei nach Bekanntgabe der Auflösungsanordnung mit dem Sofortvollzug zu beginnen hat. Dies würde dem Verhältnismäßigkeitsprinzip und der Ermessensbefugnis der Polizei entgegenstehen. Die Venedig-Kommission hat dazu ausgeführt, dass jeglicher Automatismus bei der Rechtsanwendung und die Verpflichtung der Polizei zur (sofortigen) Auflösung der Versammlung auszuschließen seien.[943] Anzumerken ist dabei, dass die Gefahr einer fehlerhaften Rechtsanwendung wegen des Wortes „sofortig" wieder besteht und vom Gesetzgeber korrigiert werden muss. Zwischen der Ankündigung der Auflösungsanordnung und der polizeilichen Zerstreuung der Teilnehmer hat noch eine polizeiliche Aufforderung zum Entfernen vom betroffenen Versammlungsort zu erfolgen.[944] Ob die Teilnehmer der Auflösungsanordnung freiwillig Folge leisten, kann nicht nach der Ankündigung der Auflösungsanordnung beantwortet werden, sondern erst dann, wenn die Polizei die Teilnehmer zum Entfernen des Territoriums aufgefordert hat (Aussprache des Platzverweises).[945]

---

[942] Hettich spricht von einem „formalen Anstoß" für die Behörde, damit die Ziele der Auflösungsverfügung sorgfältig nachvollzogen werden; *Hettich, M.*, Platzverweis und Ingewahrsamnahme nach Auflösung der Versammlung, DÖV 2011, S. 956f. Vgl. auch *Hong, M.*, in: Peters, W./Janz, N., Hb VersR, Kap. B Rn. 86.

[943] Dazu Final Opinion on the Amendments to the Law on Assembly and Manifestations of Georgia, Venice Commission, CDL-AD(2011)029, § 36: „The draft amendments of 2010 provided for the obligation on the law-enforcement body also 'to disperse the assembly', which the Commission had found to be disproportionate, as the positive obligation on the State to facilitate peaceful assembly, even illegal ones, means that termination in such circumstances would not be appropriate."

[944] Vgl. *Kingreen, T./Poscher, R.*, Polizei- und Ordnungsrecht, § 22 Rn. 1; die Polizei kann während der Aussprache der Platzverweisung zudem erläutern, in welche Richtung sich die Teilnehmer zu zerstreuen haben.

[945] Vgl. *Hong, M.*, in: Peters, W./Janz, N., Hb VersR, Kap. B Rn. 86. Das Verhältnismäßigkeitsprinzip bedingt es, dass ein Platzverweis und nicht ein Aufenthaltsverbot verhängt wird; ersterer knüpft an einen konkreten Anlass an und weist eine kürzere Dauer auf; *Lassahn, P.*, Unerwünschte Gesellschaft, JuS 2016, S. 733–735; die Auflösungsanordnung als gestaltender Verwaltungsakt beinhalte selbst keine vollziehbaren Ge- oder Verbote, habe aber die gesetzliche Entfernungspflicht zur Folge; erst durch den Platzverweis sei diese Pflicht zum Verlassen des Territoriums konkretisiert und dann als gebietender Verwaltungsakt vollstreckbar. Die Rechtmäßigkeit der Auflösungsanordnung und die Rechtmäßigkeit des Platzverweises seien daher separat zu prüfen. Wegen fehlenden „Rechtswidrigkeitszusammenhangs" könne die Klage gegen eine Auflösungsanordnung begründet sein, nicht aber gegen den Platzverweis und die zu dessen Vollstreckung eingesetzte Zwangsandrohung. Zur separaten Prüfung vgl. auch VG Stuttgart, Urt. v. 18.11.2015 – 5 K 1265/14, BeckRS 2015, 56039. Die Zerstreuungsverfügung selbst stütze sich auf die polizeiliche Generalklausel, so *Kniesel, M./Poscher, R.*, in: Lisken, H./Denninger, E. (Hrsg.), Hb PolR, Kap. K Rn. 460.

Anderenfalls wird das Recht der Teilnehmer „auf freien und ungestörten Abzug" verletzt.[946]

cc) Die Verstöße gegen Art. 11 Abs. 1 und Abs. 2 lit. a–c GVersG

Die in Art. 11 Abs. 1 und Abs. 2 lit. a–c GVersG genannten Handlungen stellen Verstöße gegen das Verfassungsgebot der Friedlichkeit dar, die im GVersG konkretisiert werden. Um die Auflösung anzuordnen, reicht es aber nicht aus, dass einige Teilnehmer oder auch eine Gruppe von Teilnehmern als Minderheit gegen diese Verbote verstoßen. Schon im „Brokdorf"-Beschluss stellte das BVerfG fest, dass bei Großdemonstrationen die Begehung von Gewaltakten kaum auszuschließen ist; einzelne störende Teilnehmer dürfen daher nicht die Möglichkeit haben, das Schicksal der Versammlung und die Entfaltung der Versammlungsfreiheit der anderen Teilnehmer negativ zu beeinflussen.[947] Vielmehr kann nur die kollektive Unfriedlichkeit die Auflösung rechtfertigen.[948] Diese verfassungsrechtliche Vorgabe wird laut Art. 13 GVersG durch die Voraussetzung der „Massenhaftigkeit" erfüllt.[949]

1) Unfriedliche Aufrufe

Art. 11 Abs. 1 GVersG benennt einen inhaltlichen Grund der Beschränkung der Versammlungsfreiheit. Danach ist es verboten, während der Durchführung einer Versammlung dazu aufzurufen, die verfassungsmäßige Ordnung zu stürzen, sie gewaltsam zu ändern und die Unabhängigkeit des Staates anzutasten, die territoriale Integrität des Landes zu verletzen oder Gewalt und Krieg zu propagieren sowie die Bevölkerung zu nationaler, regionaler, religiöser oder sozialer Feindschaft aufzuhetzen. 2011 wurde die Norm ergänzt: Über einen der aufgezählten unzulässigen Inhalte des Aufrufs hinaus wird zur Voraussetzung gemacht, dass dieser Aufruf zugleich eine offensichtliche, direkte und erhebliche (wörtlich „wesentliche") Gefahr für jeweils geschützte „Verfassungsgüter", die „Unabhängig-

---

[946] Vgl. *Höfling, W.*, in: Sachs, M. (Hrsg.), GG, Art. 8 Rn. 26; *Kniesel, M./Poscher, R.*, in: Lisken, H./Denninger, E. (Hrsg.), Hb PolR, Kap. K Rn. 462; *Hartmann, B. J.*, in: Bonner-Kommentar, GG, Art. 8 Rn. 186.

[947] Vgl. BVerfGE 69, 315, 361; *Schulze-Fielitz, H.*, in: Dreier, H. (Hrsg.), GG, Art. 8 Rn. 48; *Hong, M.*, in: Peters, W./Janz, N., Hb VersR, Kap. B Rn. 27; *Ladeur, K.-H.*, in: Ridder, H./Breitbach, M./Rühl, U./Steinmeier, F. (Hrsg.), VersR, S. 125 Rn. 30. Zur diskriminierenden „Kollektivhaftung" aller Teilnehmer *Hanschmann, F.*, Demontage eines Grundrechts, DÖV 2009, S. 392.

[948] Vgl. die frühere Behandlung des Friedlichkeitsgebots in Kap. F IV.

[949] Auch die Venedig-Kommission hat darauf hingewiesen, dass eine anderweitige „mass illegality" nicht in Betracht kommt: Interim Opinion on the Draft Amendments to the Law on Assembly and Manifestations of Georgia, Venice Commission, CDL-AD(2010)009, § 36.

keit und territoriale Integrität" darstellt. Die erhöhten Anforderungen des Art. 11 GVersG erweitern die Begründungspflicht hinsichtlich der Auflösung gemäß Art. 13 GVersG, was das GVerfG in seiner Entscheidung vom April 2011 ausdrücklich festgestellt hat.[950] Für die Auslegung der „offensichtlichen, direkten und erheblichen Gefahr" gelten dieselben hohen Anforderungen, die für die „unmittelbare Gefahr" nach Art. 14 GVersG für das Verbot der Versammlung relevant sind.[951] Nach Ansicht des GVerfG kommt es bei der Anordnung der Rechtsfolge der Auflösung auf die Unfriedlichkeit der Geschehnisse an. So impliziere z. B. das Tatbestandselement – „Umsturz der verfassungsmäßigen Ordnung" – immer die Anwendung von Gewalt, um die Absicht herbeizuführen.[952] Gewaltsame Umsturzpläne sowie politische Kritik, die die staatlichen Entscheidungsprozesse (u. a. zum Rücktritt bestimmter politischer Akteure) zu beeinflussen bezwecke, seien strikt voneinander abzugrenzen.[953] Die Absicht der Gewaltanwendung sei anhand konkreter Umstände festzustellen. Dies ist z. B. der Fall, wenn Aufrufe zu Gewalt der Veranstalter schon während der Vorbereitung der Versammlung erfolgen, was auch strafrechtliche Relevanz besitzt.[954]

---

[950] Vgl. die Entscheidung des GVerfG vom 18. April 2011, Nr. 2/482, 483, 487, 502, Kap. II §§ 85–86; die Bf. beanstandeten damals die Tatsache, dass die unbestimmte Rechtsnorm von dem Erfordernis der realen Absicht des Veranstalters abgekoppelt war; dazu konnten schon einzelne Aufrufe negative Folgen für die gesamte Versammlung nach sich ziehen. Die Vertreter des Parlaments wiesen darauf hin, dass die Verbotsnorm die Funktion hatte, schon im Vorfeld der Begehung schwerer Straftaten vorzubeugen. Das GVerfG hat diese Rechtfertigung aber nicht geteilt, vgl. ebd., § 89.

[951] Vgl. die Behandlung der Voraussetzungen des Verbots der Versammlung in Kap. H IV 7.

[952] Vgl. die Entscheidung des GVerfG vom 18. April 2011, Nr. 2/482, 483, 487, 502, Kap. II § 89.

[953] Vgl. die Entscheidung des GVerfG vom 18. April 2011, Nr. 2/482, 483, 487, 502, Kap. II § 91. Vgl. auch ECHR, Taranenko v. Russia, Nr. 19554/05, 15. Mai 2014, § 77 und § 90; ECHR, Fáber v. Hungary, Nr. 40721/08, 24. Juli 2012, § 36 und § 58.

[954] Vgl. ebd., § 99 und §§ 101, 104. In diesem Kontext ist die relativ junge neue Regelung heranzuziehen. Der neue § 239¹ des georgischen StGB nimmt den Tatbestand des Aufrufes zur Volksverhetzung auf. Zur Begründung wurden u. a. Beispiele aus dem Strafgesetzbuch von Deutschland (§ 130) und Ungarn (§ 269) herangezogen. Strafbar ist nunmehr der öffentliche Aufruf zu Gewaltakten, der in verbaler, schriftlicher oder anderer Ausdrucksform das Ziel erfolgt, Menschengruppen aufzuhetzen, die durch unterschiedliche Rasse, religiöse, nationale, regionale, ethnische, soziale, sprachliche und/oder andere Merkmale gekennzeichnet sind. Es muss eine offensichtliche, direkte und wesentliche Gefahr der Durchführung der Gewaltakte vorliegen. Für die Tathandlung droht eine zweijährige Freiheitsstrafe. Wenn der Aufruf schwere Folgen hat – schwere Gesundheitsschäden oder Tod –, dann kann die Strafe bis zu fünf Jahren Freiheitsstrafe betragen. Weitere schwere Folgen können durch die Staatsanwaltschaft begründet werden, was vom Richter zu bestätigen ist. Dabei ist die Erläuterung des Gesetzentwurfs nicht ausführlich und beinhaltet keine hinreichenden Orientierungen für die Rechtsanwendung.

Die Ergänzung des Tatbestands wurde von der Venedig-Kommission begrüßt; sie unterstrich, dass es hier auf die verhaltensbezogene Voraussetzung einer hohen Wahrscheinlichkeit der Gewaltanwendung ankomme.[955] Diese Rechtsauffassung basiert auf den Leitlinien der Kommission und der OSCE/ODIHR, die inhaltsbezogene Restriktionen nur ausnahmsweise zulassen. Danach kann die Versammlungsfreiheit nur im Fall der unmittelbaren Gefahr der Gewaltanwendung („an imminent threat of violence") inhaltsbezogen beschränkt werden.[956] Der EGMR hat in den Fällen „Lashmankin and Others" von 2017 und „Navalnyy" von 2018 erneut darauf hingewiesen, dass inhaltsbezogene Einschränkungen der Versammlungsfreiheit im Unterschied zu einer Änderung der technischen Modalitäten der Versammlungsdurchführung einer strengen Prüfung des EGMR unterworfen sind.[957]

2) Das Verbot gefährlicher Gegenstände

Art. 11 Abs. 2 lit. a–c GVersG verbietet das Mitführen bestimmter Gegenstände während einer Versammlung. Massenhafte Verstöße dagegen können nach Art. 13 GVersG einen Grund zur Auflösung bieten. Auch diese Norm wurde im Jahr 2011 ergänzt und konkretisiert. Ausdrücklich aufgelistet werden Feuerwaffen (früher „Waffen"), explosive, entzündbare und radioaktive Stoffe sowie „kalte" Waffen (lit. a), Nervengas und giftige Substanzen (lit. c). Darüber hinaus unterfallen diesem Verbot alle Stoffe, die dazu dienen können, Leben und Gesundheit von Versammlungsteilnehmern oder Dritten zu verletzen (lit. b). Dementsprechend ist die Aufzählung gefährlicher Gegenstände und Stoffe nicht abschließend, sondern exemplarisch. Die Generalklausel bezeichnet für den Rechtsanwender die maßgeblichen Kriterien, indem es nicht auf den „Vorbehalt des Waffengesetzgebers" ankommt.[958] Nach deutschem Verständnis wird das

---

[955] Vgl. Interim Opinion on the Draft Amendments to the Law on Assembly and Manifestations of Georgia, Venice Commission, CDL-AD(2010)009, §§ 28–31.

[956] „Assemblies are held for a common expressive purpose and thus aim to convey a message. Restrictions on the visual or audible content of any message should face a high threshold and should only be imposed if there is an imminent threat of violence." OSCE-/ODIHR-Venedig-Kommission, Guidelines on Freedom of Peaceful Assembly, Second Edition, Warsaw 2010 (3.3 Content-based restrictions); vgl. auch The Compilation of Venice Commission Opinions Concerning Freedom of Assembly, Venice Commission, CDL-PI(2014)0003 (4.1. Legitimate grounds for restrictions – Content-based restrictions); zit. nach ECHR, Lashmankin and Others v. Russia, Nr. 57818/09 und 14 weitere, 7. Februar 2017, § 315; ECHR, Gün and Others v. Turkey, Nr. 4870/02, 8. Juni 2010, §§ 42–43.

[957] Vgl. ECHR, Navalnyy v. Russia, Nr. 29580/12 und 4 weitere, 15. November 2018, § 136; ECHR, Lashmankin and Others v. Russia, Nr. 57818/09 und 14 weitere, 7. Februar 2017, § 417 m. V. auf „Primov and Others", § 135.

[958] Vgl. *Kloepfer, M.*, in: Isensee, J./Kirchhof, P. (Hrsg.), HStR VII, § 164 Rn. 58.

IV. Das Gesetz „Über Versammlungen und Manifestationen" vom 12. Juni 1997

Verbot des Mitführens gefährlicher Gegenstände funktional betrachtet und Waffen und sonstige Gegenstände („Waffenersatzfunktion") erfasst, die ihrer Art nach zur Verletzung von Personen oder zur Beschädigung von Sachen geeignet (objektive Seite) und von ihren Trägern auch dazu bestimmt sind (subjektive Seite, Intention).[959] Dazu gehören keine Scheinwaffen.[960] Es kommt folglich nicht nur auf die abstrakte Möglichkeit des Missbrauchs dieser Gegenstände, sondern auch auf konkrete Anhaltspunkte für eine unmittelbare Gefährdung der Schutzgüter an.[961] Im Unterschied zur georgischen Regelung verbietet Art. 17a Abs. 1 VersG auch das Mitführen von Schutzwaffen wie Helme, Gasmasken,[962] Taucherbrillen und Mundschutz. Der Gesetzgeber geht davon aus, dass das Mitführen von Schutzwaffen im technischen Sinn die Gewaltbereitschaft und die Gefahr der Unfriedlichkeit der Versammlung indiziert, insbesondere wenn es sich um Gegenversammlungen mit einem entsprechenden Gewaltpotenzial handelt.[963] In Georgien ist strikt zu beachten, dass diese Verbotsvorschrift in ihrer

---

[959] Vgl. *Höfling, W.*, in: Sachs, M. (Hrsg.), GG, Art. 8 Rn. 38; *Brenneisen/Staack/Petersen/Martins*, in: Brenneisen, H./Wilksen, M. (Hrsg.), VersR, S. 175; *Kloepfer, M.*, in: Isensee, J./Kirchhof, P. (Hrsg.), HStR VII, § 164 Rn. 58–60.

[960] Vgl. *Müller-Franken, S.*, in: Schmidt-Bleibtreu, B./Hofmann, H./Henneke, H.-G. (Hrsg.), GG, Art. 8 Rn. 28; *Kretschmer, J.*, Ein Blick in das Versammlungsstrafrecht, NStZ 2015, S. 505.

[961] Dazu VGH München, Beschl. v. 03.10.2014 – 10 CS 14.2156, BeckRS 2014, 57772; das Gericht beanstandete in dem behördlichen Bescheid das Verbot, während der angemeldeten Versammlung Seitentransparente mitzunehmen. Die allgemeine Möglichkeit des Missbrauchs der Seitentransparente zur Verhinderung der Identifizierung von Störern reiche nicht aus; vielmehr müssen konkrete und nachvollziehbare Anhaltspunkte vorliegen, die auf eine unmittelbare Gefahr für die öffentliche Sicherheit und Ordnung hinweisen (Rn. 5–6).

[962] Etwas anderes sollte gelten, wenn z. B. Gasmasken von Teilnehmern symbolisch getragen werden, um gegen die Umweltverschmutzung zu protestieren, *Höfling, W.*, in: Sachs, M. (Hrsg.), GG, Art. 8 Rn. 24. Vgl. auch eine kritische Anmerkung von *Kingreen, T./Poscher, R.*, Staatsrecht II – Grundrechte, Rn. 814; reine Schutzgegenstände wie Gasmasken und Schutzbrillen seien keine Waffen; auch die Bezeichnung „passive Bewaffnung" sei nicht angebracht. Zur bewusst irreführenden Bezeichnung des Gesetzgebers *Alemann, F. v./Scheffczyk, F.*, Aktuelle Fragen der Gestaltungsfreiheit von Versammlungen, JA 2013, S. 410.

[963] Vgl. *Müller-Franken, S.*, in: Schmidt-Bleibtreu, B./Hofmann, H./Henneke, H.-G. (Hrsg.), GG, Art. 8 Rn. 29 und Rn. 25 m. V. auf OLG Hamm, Beschl. v. 19.04.2016 – III-1 RVs 20/16; das Gericht betrachtete die Tatsache des bloßen Mitführens einer Schutzwaffe nicht automatisch als unfriedliches Verhalten; *Kretschmer, J.*, Ein Blick in das Versammlungsstrafrecht, NStZ 2015, S. 506; dazu gehören nicht die Sachen, mit denen die Wirkungen polizeilicher Maßnahmen abgemildert werden, so z. B. der Regenmantel zum Schutz vor Wasserwerfern. Vgl. *Brenneisen/Staack/Petersen/Martins*, in: Brenneisen, H./Wilksen, M. (Hrsg.), VersR, S. 207, die Autoren sprechen von „latente[r] Gefährlichkeit des Tragens von Schutzwaffen in der Öffentlichkeit" und verweisen auf die BT-Drs., in der auf die „aggressionsstimulierende Wirkung" der Schutzwaffen abgestellt wird; zur Unterscheidung, ob die Schutzwaffe zur Abwehr von Vollstreckungsmaßnahmen oder Übergriffen Dritter zielt, vgl. ebd., S. 209; *Kloepfer,*

präventiven Zielrichtung auszulegen und anzuwenden ist. Der Staat ist im Rahmen des rechtsstaatlichen „Doppelauftrags" (zum Schutz der Sicherheit und der Versammlungsfreiheit) zur Wahrung der Friedlichkeit des Versammlungsgeschehnisses verpflichtet. Daher darf die Feststellung der einzelnen Mitnahme verbotener Gegenstände nicht Auswirkungen für die ganze Versammlung haben. Laut Höfling hat sich der Rechtsanwender bei der Einschätzung der Gefährlichkeit von Gegenständen (die nicht im technischen Sinne Waffen sind) am verfassungsrechtlichen Friedlichkeitsgebot zu orientieren.[964] Einzelverstöße gegen Art. 11 Abs. 2 a–c GVersG sind u. U. schon durch Vorfeldkontrollen zu identifizieren.[965] Mit dieser Zielrichtung kann die Vorfeldkontrolle auch als Teil der Kooperation zur Sicherung des friedlichen Ablaufs der Versammlung als Ganzes verstanden werden.

b) Das deeskalierende Rollenverständnis der Behörden

Das nach dem Brokdorf-Konzept herausgebildete „hoheitliche Rollenverständnis" ist in der Auflösungssituation auf eine Deeskalation und Kooperation ausgerichtet.[966] Die Schutzpflicht des Staates bedingt einerseits, dass die Polizeibehörden Einzelstörer wegen eines Verstoßes vor allem gegen Art. 11 GVersG aus der eskalierten Lage zu entfernen haben, damit die Situation eingedämmt wird bzw. nicht in eine kollektive Unfriedlichkeit umschlägt.[967] Die polizeiliche Entfernung eines störenden Teilnehmers aus der Gruppe der übrigen friedlichen Teilnehmer durch Polizeibeamte ist im GVersG nicht vorgesehen. Erst in der Instruktion des Innenministeriums wird diese Befugnis der Polizeibeamten festgeschrieben.[968] Diese gibt aber keine weitere Auskunft über den Grad der Störung.[969] Nach deutschem Recht ist bei der Anwendung des polizeirechtlichen Platzverweises zum Ausschluss der Störer zu beachten, dass es sich um eine Maßnahme mit der Folge der Entziehung eines Grundrechts handelt. Dies kommt daher nur

---

M., in: Isensee, J./Kirchhof, P. (Hrsg.), HStR VII, § 164 Rn. 69, er unterstreicht die Beweisschwierigkeit bei der Feststellung subjektiver Absichten.

[964] Vgl. *Höfling, W.*, in: Sachs, M. (Hrsg.), GG, Art. 8 Rn. 39.
[965] Dazu *Knape, M./Schönrock, S.*, Die Verbindung von Recht und Taktik, S. 171–174.
[966] Vgl. *Brenneisen, H./Mescher*, in: Brenneisen, H./Wilksen, M. (Hrsg.), VersR, S. 252.
[967] Die Schwierigkeit tritt dabei dann auf, wenn Gewalttäter öfter die Menge der friedlichen Teilnehmer als „Schutzkulisse" nutzen; *Knape, M.*, Ausgewählte Problemstellungen des Versammlungsrechts, Die Polizei 2007, S. 152.
[968] Vgl. die spätere kritische Analyse der Instruktion in Kap. I II.
[969] Als deutsche Befugnisnorm kommt § 18 Abs. 3 VersG und § 19 Abs. 4 VersG in Betracht. Danach werden diejenigen Störer aus der Versammlung ausgeschlossen, die die Versammlung selbst gröblich [!] stören; dazu *Groscurth, S.*, in: Peters, W./Janz, N., Hb VersR, Kap. G Rn. 151; *Enders, C./Hoffmann-Riem, W. u. a.*, ME eines Versammlungsgesetzes, S. 43 f.

bei einer groben Störung der öffentlichen Sicherheit in Betracht.[970] Dazu verlangt das BVerfG, dass der Ausschluss als belastender Verwaltungsakt für den Betroffenen hinreichend klar formuliert wird.[971] Mit Blick auf das Verhältnismäßigkeitsprinzip ist dem Teilnehmer, wie im Fall der Auflösung der Versammlung, die Möglichkeit zu geben, sich selbst freiwillig vom Versammlungsgeschehen zu entfernen. Erst wenn dies nicht geschieht, kann die Anordnung zwangsweise vollzogen werden.[972]

Ermessen kann bei versammlungsfreiheitskonformer Rechtsanwendung schrumpfen, indem eine Versammlung trotz Vorliegens der Voraussetzungen nicht aufgelöst wird. Dies gilt in Deutschland, wenn der Vollzug der Auflösung zu einer unverhältnismäßigen und unkontrollierten Ausweitung der eskalierten Lage führt.[973] Abzuwägen ist daher zwischen dem Schaden, der voraussichtlich eintritt, wenn die Versammlung aufgelöst wird, und dem Ausmaß der Beeinträchtigung, die bei Duldung der Versammlung zu erwarten ist.[974] In solchen Fällen betrachtet auch der EGMR die Duldung als Ausdruck der notwendigen Tolerierung der Versammlung seitens der staatlichen Behörden.[975] Die Duldung zur Abwehr unverhältnismäßiger Folgen muss aber begründet sein und darf nicht zur ungerechtfertigten Beeinträchtigung von Drittinteressen führen.

---

[970] Vgl. *Pieroth, B./Schlink, B./Kniesel, M.*, Polizei- und Ordnungsrecht, § 22 Rn. 7; *Schoch, F./ Axer, P.*, Besonderes Verwaltungsrecht, Kap. 1 Rn. 223; *Kniesel, M./Poscher, R.*, in: Lisken, H./Denninger, E. (Hrsg.), Hb PolR, Kap. K Rn. 423.

[971] Vgl. BVerfG, Beschl. v. 30.04.2007 – 1 BvR 1090/06, BeckRS 2007, 23752.

[972] Vgl. ebd.

[973] Dazu *Kunig, P.*, in: Münch, I. v./Kunig, P. (Hrsg.), GG, Art. 8 Rn. 34. Vgl. *Tölle, O.*, Polizeiliche Pflichten bei der Inanspruchnahme von Nichtstörern, S. 159. Besonders problematisch ist auch in übrigen Fällen die zeitliche Lenkung der polizeilichen Maßnahme, da die Polizei auch das „Wann" ihres Einschreitens anhand eigener taktischer Erwägungen zu bestimmen habe, vgl. *Schenke, W.-R.*, Polizei- und Ordnungsrecht, Rn. 102.

[974] Vgl. *Kniesel, M./Poscher, R.*, in: Lisken, H./Denninger, E. (Hrsg.), Hb PolR, Kap. K Rn. 458.

[975] ECHR, Novikova and Others v. Russia, Nr. 25501/07, 57569/11, 80153/12, 5790/13 und 35015/13, 26. April 2016, § 166: „The actual degree of such tolerance and its specific manifestations vary on account of the particular circumstances of each case, for instance where dispersal of the event is envisaged with recourse to physical force […]." S. ECHR, Budaházy v. Hungary, Nr. 41479/10, 15. Dezember 2015, § 42; ECHR, Plattform „Ärzte für das Leben" v. Austria, Nr. 10126/82, 21. Juni 1988, § 35; die staatliche Argumentation bezog sich darauf, dass die polizeiliche Intervention gegen die Gegendemonstranten die Lage verschärfen würde (§ 36); der EGMR führte dazu aus, dass er die Effektivität der gewählten polizeilichen Taktik per se nicht prüfen würde, sondern die Frage (der Erfüllung der positiven Verpflichtung), ob die Behörden die angemessenen Maßnahmen (zum Schutz der Anfangsversammlung) getroffen haben (§§ 38–39); in diesem Fall wurden die staatlichen Maßnahmen als vernünftig und angemessen („reasonable and appropriate") betrachtet.

aa) Die gerechtfertigte staatliche Duldung

Als Beispiel der begründeten staatlichen Duldung kann hier das interessante Verfahren „P. F. and E. F. v. the UK" herangezogen werden. Damals beanstandeten die Bf., dass der Staat die Bürger (Schulkinder und ihre Eltern) vor gewalttätigen Demonstranten nicht effektiv geschützt hat.[976] Der EGMR hat die Beschwerde als nicht zulässig zurückgewiesen. Die Polizei habe entsprechende Maßnahmen ergriffen, um die Umgebung, u. a. die katholischen Schulkinder und die Eltern, vor gewaltsamen aggressiven Demonstranten („protestantischen Loyalisten") zu schützen, die u. a. Schulwege besetzt hatten. Die Polizeibeamten hatten die Gefahren korrekt prognostiziert. Die Demonstration wurde nicht aufgelöst, da dies eine weitere Eskalation hätte auslösen können. Stattdessen stellten sich Polizeibeamte zwischen die Demonstranten und Schulkinder, um letztere vor Gewalt zu schützen. Dabei dauerte die Protestaktion fast zwei Monate. Im Rahmen dieser Schutzmaßnahmen wurden 41 Polizeibeamte verletzt. Dagegen wurde kein Schulkind geschädigt.[977] Auch in diesem Fall unterstrich der EGMR die Schwierigkeit der Polizeiarbeit in der modernen Gesellschaft und das Ermessen bei der Wahl verschiedener Maßnahmen.[978] Bei der Prüfung, ob alle adäquaten Maßnahmen ergriffen wurden, dürfe dem Staat aber keine unmögliche und disproportionale Last auferlegt werden. Die Auflösung einer Versammlung, die nur polizeilich zwangsweise vollzogen werden kann, habe eine unverhältnismäßige Belastung der Polizei dargestellt, da die Gefahr einer weiteren Eskalation in der ganzen Provinz bestanden habe.[979] Dabei war diese Gefahr nicht eine bloße Vermutung („unspecified risk of disturbances elsewhere"), sondern das Ergebnis einer entsprechenden Einschätzung der polizeilichen und geheimdienstlichen Informationen und der Bewertung der zu erwartenden Gefahren für die Schulkinder.[980]

---

[976] ECHR, P. F. and E. F. v. the United Kingdom (dec), Nr. 28326/09, 23. November 2010.
[977] Zum Sachverhalt vgl. ebd., §§ 3–19.
[978] Ebd., § 40: „In answering this question, the Court must bear in mind the difficulties involved in policing modern societies, the unpredictability of human conduct and the operational choices which must be made in terms of priorities and resources, and the obligation to take 'all reasonable steps' must be interpreted in a way which does not impose an impossible or disproportionate burden on the authorities. Not every claimed risk of ill-treatment can entail for the authorities a Convention requirement to take operational measures to prevent that risk from materialising. […]." In Anbetracht des angststiftenden Charakters der Teilnehmerhandlungen bejahte der EGMR das Vorliegen der Misshandlung i. S. v. Art. 3 EMRK. Die daraus entstandene Schutzpflicht war aber staatlicherseits auch erfüllt worden (§ 38).
[979] Ebd., § 42: „[…] In September 2001 it was their opinion that taking a more forceful approach with the protesters would not only result in a risk of violence to the general public but might also put the pupils at the Holy Cross school at greater risk. Consequently, they took the view that only a negotiated community settlement could end the protest."
[980] Ebd., § 43: „In view of the volatile situation in which they were operating, the Court

bb) Die ungerechtfertigte staatliche Duldung

Die unbegründete staatliche Duldung konnte vor kurzem in Georgien festgestellt werden. Der Menschenrechtsbeauftragte beanstandete die Prognose des Staates hinsichtlich der am 11.–12. März 2016 in Batumi durchgeführten Versammlung als fehlerhaft.[981] Das Verhalten der überwiegenden Zahl der Teilnehmer sei als unfriedlich zu qualifizieren gewesen. Der Staat habe es dagegen unterlassen, rechtzeitig einzugreifen. Infolge der späten staatlichen Reaktion (Zerstreuung der Teilnehmer) konnten Gesundheits- und Sachschäden nicht verhindert werden. Die Spontanversammlung ereignete sich anlässlich eines verbalen Konflikts zwischen Polizeibeamten und Autofahrern wegen falschen Parkens und der Festnahme eines Autofahrers wegen Gehorsamsverweigerung. Am Schluss nahm die Aktion einen politischen Charakter an; die Teilnehmer forderten den Rücktritt des Polizeipräsidenten von Adjarien. Spontanversammlungen wurden an verschiedenen Orten veranstaltet. Eine zentrale Versammlung fand vor dem Hauptgebäude der Polizei statt.[982] Dabei wandelte sich die anfangs friedliche Versammlung schnell in eine aggressive Veranstaltung: Die Teilnehmer begannen Steine in Richtung der Polizeibeamten zu werfen, sie zerstörten massiv die Infrastruktur der Stadt, sie steckten Verkehrsmittel in Brand, sie beschädigten Ampeln. Aggressive Parolen begleiteten diese Handlungen.[983] Während dieser Gewaltakte, die die ganze Nacht andauerten, blieb die Polizei untätig. Dieses Verhalten konnte aus Sicht des Menschenrechtsbeauftragten nicht als versammlungsfreiheitskonform betrachtet werden, da die Veranstaltung den Rahmen einer friedlichen Versammlung verlassen habe. Die Lage habe entsprechende Abwehr- und reagierende Maßnahmen des Staates zum Schutz der öffentlichen Sicherheit erfordert. Polizeiliche Maßnahmen waren darauf beschränkt, ab und zu (insgesamt siebenmal) Tränengas einzusetzen, was keine Deeskalation bewirkt habe.[984] Die mangelnde Effektivität bzw. das nicht gerechtfertigte Mittel stellte daher die Verhältnismäßigkeit der Maßnahme in Frage.

---

accepts that the police took all reasonable steps to protect the applicants. First, the Court accepts that the police followed a course of action which they reasonably believed would end the protest with minimal risk to the children, their parents and the community at large. […]."

[981] Vgl. den Bericht des Menschenrechtsbeauftragten vom 10. Dezember 2017, S. 2 und S. 13. Dazu ausführlicher vgl. den Bericht des Menschenrechtsbeauftragten 2016, S. 464 f.

[982] Vgl. den Bericht des Menschenrechtsbeauftragten 2016, S. 464.

[983] Vgl. ebd.

[984] Vgl. den Bericht des Menschenrechtsbeauftragten 2016, S. 466 (die Empfehlung des Menschenrechtsbeauftragten an das Innenministerium, die Anwendung von Tränengas einer strikteren Kontrolle zu unterwerfen).

c) Die Auflösung von Versammlungen in der Rechtsprechung des EGMR

Der EGMR prüft Auflösungssituationen mit Blick darauf, ob die Versammlung einen friedlichen Charakter hatte. Ist die Störung gering, verlangt das Gericht die Tolerierung der Kundgebung, insbesondere wenn es um politische Reden geht. Eingriffe in die Versammlungsfreiheit müssen auf einer tatsachengetragenen Gefahrenlage gründen. Im Folgenden werden exemplarisch Entscheidungen des EGMR erläutert, die wichtige Kriterien für die Konventionsmäßigkeit einer Auflösung benennen.

aa) Die Auflösung wegen „nicht erlaubter" Infrastruktur

Im Fall „Chumak v. Ukraine" von 2018 plante der Veranstalter eine politische Kundgabe vor dem Gebäude einer regionalen Verwaltung.[985] Auch zwei kleine Zelte (insgesamt zwei Meter groß) wurden am Versammlungsort errichtet. Die Straße war dabei 15 Meter breit, und die Zelte dienten zur Unterbringung von Versammlungsinfrastruktur („handout materials and displaying the protesters' slogans").[986] Vertreter des Stadtrats beanstandeten vor dem Verwaltungsgericht, die Versammlung störe das Alltagsleben; u. a. hätten sich die Teilnehmer gegenüber Fußgängern arrogant verhalten.[987] Das Gericht teilte die Ansicht und stufte das Gefahrenpotenzial der Kundgebung als intensiv ein. Die Veranstalter wurden aufgefordert, nicht mehr zu demonstrieren und die Infrastruktur wieder zu demontieren. Am Tag nach Versammlungsbeginn zerstreute die Polizei die Teilnehmer zwangsweise.[988] Der EGMR wies darauf hin, dass die Versammlung einen friedlichen Charakter getragen habe.[989] Die Regelungen des Straßenverkehrsrechts, die der Entscheidung der nationalen Gerichte zugrunde gelegen hatten, bezogen sich auf die Vorfeldphase der Versammlung („immediately upon receipt of a notification"). Daher war für den Bf. nicht vorhersehbar, dass das Gericht diese Regelung auch auf die fortlaufende Veranstaltung („for disbanding an on-going picket") anwenden würde.[990] Der EGMR prüfte die Beachtung des Verhältnismäßigkeitsprinzips. Das angenommene Gefahrenpotenzial der Versamm-

---

[985] ECHR, Chumak v. Ukraine, Nr. 44529/09, 6. März 2018.
[986] Vgl. ebd., § 6 und § 9.
[987] Vgl. ebd., § 10.
[988] Vgl. ebd., §§ 11–14; §§ 16–18.
[989] Vgl. ebd., § 39 m. V. auf „Lashmankin and Others v. Russia", §§ 410–411.
[990] Vgl. ebd., §§ 42–44: Im Allgemeinen bereitete das Fehlen eines speziellen Gesetzes in der Ukraine auch in anderen Fällen Schwierigkeiten, um den genauen Regelungsrahmen für die Durchführung einer Versammlung festzulegen (§ 43 m. V. auf „Vyerentsov v. Ukraine" und „Shmushkovych v. Ukraine"). Dazu auch § 44; dennoch konnte diese rechtliche Lage die unverhältnismäßigen Eingriffe nicht rechtfertigen: „[…] These safeguards [of the ECHR] provided the judicial authorities with comprehensive tools to adjudicate on matters relevant to inter-

lung müsse substantiiert dargelegt und durch die tatsächlichen Umstände getragen sein.[991] Die Gerichte hätten dagegen nicht hinreichend erklärt, in welcher Weise die Versammlung die Öffentlichkeit gestört habe. Die Zahl der Teilnehmer und die tatsächlich als Versammlungsort beanspruchte Fläche wurden nicht in die gerichtlichen Erwägungen einbezogen.[992] Eine friedliche Versammlung und hierdurch bedingte gewisse Störungen des Alltagslebens seien als Nebeneffekte („some inconvenience for everyday life") zu tolerieren (Abwehrwirkung der Versammlungsfreiheit). Auch der Staat habe dabei dafür zu sorgen, dass diese Nebeneffekte minimiert werden (Schutzwirkung zugunsten von Drittinteressen, was gleichsam die Versammlungsentfaltung fördert). Hierbei sei auch die Nähe der Versammlung zum Adressaten zu erhalten.[993] Da es sich um eine politische Kundgebung vor dem Verwaltungsgebäude gehandelt habe, um gegen die Politik der Regionalverwaltung zu protestieren, sei ein erhöhter Grad an Toleranz seitens des Staates erforderlich gewesen.[994]

bb) Die Auflösung durch Einkesselung

Am Beispiel des „Frumkin"-Falles und der Auflösung der Versammlung am Bolotnaya-Platz kann die Taktik russischer Polizeibehörden gezeigt werden.[995] Die Polizeibeamten kamen ihrer positiven Pflicht, sporadisch eskalierte Situationen vorrangig selbst zu bewältigen, nicht nach. Am angemeldeten Versammlungstag wurde die Fläche von Polizeibeamten so umkreist, dass die Örtlichkeit nicht mehr dem anfangs vereinbarten Versammlungsort entsprach. Die Veranstalter verlangten vergeblich die Aufhebung der Sperrung.[996] Die Situation in der Nähe der Polizeikordone war angespannt. Die Umschließung wurde an einigen Stellen durchbrochen, und etwa 100 Menschen gerieten in den Innenbereich der Kordone. Die Polizeibeamten erklärten daraufhin die Versammlung als beendet, was aber nicht für alle Teilnehmer wahrnehmbar war. Auch die Presse informierte hierüber nicht.[997] Nachdem außerhalb der Kordone Molotow-Cocktails geworfen worden waren, deren Feuer von der Polizei allerdings schnell gelöscht werden konnte, begann die Polizei, die Menschenmenge zu zerstreuen.[998] Der EGMR

---

ference with fundamental rights in line with the rule-of-law principles even in absence of legislation specifically addressing a particular issue."

[991] Vgl. ebd., §§ 49–50.
[992] Vgl. ebd., § 51.
[993] Vgl. ebd., § 53.
[994] Vgl. ebd., § 55. Vgl. auch § 57, §§ 59–60.
[995] ECHR, Frumkin v. Russia, Nr. 74568/12, 5. Januar 2016.
[996] Vgl. ebd., § 29.
[997] Vgl. ebd., § 36.
[998] Vgl. ebd., §§ 38–42.

prüfte, ob der Staat eine friedliche Durchführung der Versammlung ermöglicht hat („obligation to ensure the peaceful conduct of the assembly"). Er wies auf die doppelfunktionale Bedeutung von Sicherheitsmaßnahmen hin, die sowohl die ungestörte Durchführung der Versammlung als auch den Schutz der Bürger sichern müssten. Diese Aufgabe könne auch zu einer Beschränkung der Versammlungsfreiheit führen. Entscheidend war, ob der Staat selbst die Eskalation provoziert hat und ob das Ausmaß der Störung, die von der Versammlung ausging, eine Auflösung der Versammlung gerechtfertigt hat.[999] Der Staat sah die polizeiliche Sperrung als erforderlich an, um zu verhindern, dass in der Nähe des Kreml eine unangemeldete Veranstaltung stattfindet.[1000] Die Polizeibeamten zeigten dabei keine Bereitschaft zur Kooperation.[1001] Für den EGMR blieb unklar, wer die Auflösungsentscheidung getroffen hat und auf welchen Gründen diese tatsächlich basierte. Einzelne Störungen (Werfen von Gegenständen, einmaliges Werfen eines Molotow-Cocktails) wurden dabei als sporadisch angesehen. Diese seien polizeilich lokalisierbar gewesen; zu einer intensiven Auseinandersetzung sei es nicht gekommen („no widespread disorder or intensive fighting").[1002] Da die Polizeibeamten die eskalierten Sektoren nicht von den friedlichen differenziert und isoliert haben, um diese zielgerichtet zu bewältigen, sah der EGMR die Auflösung als nicht erforderlich an.[1003] Auch wenn eine Auflösungsentscheidung rechtmäßig gewesen sei, um eine tatsächlich bevorstehende Gefahr zu bewältigen, hätte deren Vollzug (Zerstreuung) in anderer Art und Weise erfolgen müssen.[1004]

cc) Die Auflösung wegen Blockadegefahr

Im Fall „Annenkov and Others" von 2017 protestierten die Bf. gegen die Veräußerung der Fläche eines kommunalen Marktes, die sie für eigene betriebswirtschaftliche Zwecke gemietet hatten.[1005] Die neuen Eigentümer wollten den Markt schließen und an dem Ort ein Shopping-Center errichten. Eine Mahnwache („night shifts") wurde für die Zeit bis zur Klärung der Rechtmäßigkeit der Veräußerung angemeldet.[1006] Polizeibeamte forderten jedoch die Teilnehmer auf,

---

[999] Vgl. ebd., § 102.
[1000] Vgl. ebd., § 106 und § 139.
[1001] Vgl. ebd., § 123 und §§ 128–129.
[1002] Vgl. ebd., § 132.
[1003] Vgl. ebd., § 133: „[…] The authorities have not shown that prior to declaring the whole meeting closed they had attempted to separate the turbulent sector and target the problems there, so as to enable the meeting to continue in the sector of the stage where the situation remained peaceful. […]."
[1004] Vgl. ebd., § 134.
[1005] ECHR, Annenkov and Others v. Russia, Nr. 31475/10, 25. Juli 2017.
[1006] Vgl. ebd., §§ 6–8.

das Territorium zu verlassen. Diese lehnten ab und wiesen darauf hin, dass sie nach dem Vertrag auf dem Territorium bleiben durften. Am zweiten Tag wurde die Versammlung zerstreut. Zur Rechtfertigung der Auflösung wurde darauf hingewiesen, dass die Teilnehmer den Zugang zum Markt blockierten und ihre Aufrufe aggressiv seien („calling for the violation of public order").[1007] Der EGMR bemängelte, dass die nationalen Gerichte nicht ausreichend berücksichtigt haben, dass die überwiegende Zahl der Teilnehmer nicht in unfriedliche Akte involviert war bzw. keine unfriedlichen Zwecke verfolgt habe.[1008] Zwar sei es zu einer physischen Auseinandersetzung einzelner Teilnehmer und Mitarbeiter eines privaten Sicherheitsdienstes gekommen; dies sei aber nur sporadisch geschehen und die Bf. seien nicht beteiligt gewesen.[1009] Auch der Umstand, dass einer der Bf. an der Uniform eines Polizeibeamten gezogen habe, stelle keine Gefahr für den öffentlichen Frieden dar. Die nationalen Gerichte verurteilten den Bf. dennoch zu fünftägiger Administrativhaft, ohne den Kontext der Durchführung einer Versammlung bzw. den Grad der für eine Versammlung selbstverständlichen Störungen zu berücksichtigen.[1010] Eine ernste Störung des normalen Lebens sei aber nicht ersichtlich gewesen. Zwar bestünde hinsichtlich der Erforderlichkeit des Eingriffs ein gewisser Beurteilungsspielraum des Staates, dieser sei aber nicht unbegrenzt („certain but not unlimited margin of appreciation").[1011] Die Tatsachen machten nicht erkennbar, warum es für die Polizeibeamten unmöglich war, die Zerstreuung der Teilnehmer gut zu planen.[1012] In Anbetracht der Unverhältnismäßigkeit der polizeilichen Maßnahmen wurde somit ein ungerechtfertigter Eingriff in Art. 11 EMRK angenommen.[1013]

[1007] Vgl. ebd., §§ 11–28. Hinsichtlich der Blockade des Eingangs vgl. auch §§ 117–118.
[1008] Vgl. ebd., § 124.
[1009] Vgl. § 133 und § 138.
[1010] Vgl. ebd., §§ 133–134 und § 138. Dazu auch § 127 m. V. auf „Kudrevičius and Others", § 97: „[…] [A]lthough not an uncommon occurrence in the context of the exercise of freedom of assembly in modern societies, the Court observes that physical conduct purposely obstructing traffic and the ordinary course of life in order to seriously disrupt the activities carried out by others is not at the core of that freedom as protected by Article 11 of the Convention. Such a state of affairs might have implications when considering whether the interference was 'necessary in a democratic society' within the meaning of the second paragraph of Article 11. […]."
[1011] Vgl. ebd., § 131 (b) und (f).
[1012] Vgl. ebd., § 87: „[…] Nothing in the circumstances of the present case disclosed any particular urgency. Thus, the authorities should have been able to plan their operation. […]."
[1013] Vgl. ebd., § 136.

dd) Die Auflösung wegen Terrorgefahr

Einen gravierenden Verstoß gegen die Konvention stellte die Auflösung der Versammlung im Fall „Disk and Kesk v. Turkey" dar.[1014] Die anfangs geplante Versammlung am Taksim-Platz sollte dem Gedenken der am 1. Mai 1977 verstorbenen Demonstranten gewidmet sein.[1015] Die Sicherheitsbehörde bejahte eine Gefahr für die öffentliche Sicherheit[1016] und schlug daher einen alternativen Versammlungsort vor.[1017] Am 1. Mai versammelten sich morgens Gewerkschaftler vor dem Hauptgebäude von „Disk". Die Polizei forderte dennoch die Teilnehmer auf, sich zu verstreuen, da sie gegen das Versammlungsgesetz verstoßen hätten. Die Teilnehmer, die darauf verwiesen, dass sie nur die Fußgängerzone besetzt hätten, kamen der Aufforderung nicht nach. Daraufhin wurde die Versammlung von der Polizei unter Einsatz von Wasserwerfern und Tränengas zerstreut.[1018] Verletzte Teilnehmer versuchten, ein in der Nähe liegendes Krankenhaus aufzusuchen; sie wurden dabei von der Polizei verfolgt, die auch auf dem Krankenhausgelände Tränengas einsetzte.[1019]

Die Regierung berief sich darauf, dass nach den Befunden der Sicherheitsdienste die Gefahr bestehe, dass eine terroristische Organisation die Versammlung zu Provokationen nutzen würde. Mitglieder dieser terroristischen Organisation befänden sich auch im Gebäude von „Disk". Das Krankenhaus sei hingegen von den Teilnehmern selbst attackiert worden und die Polizei habe nur eine Schutzfunktion erfüllt.[1020] Laut EGMR ist der Staat zwar befugt, bestimmte Sicherheitsmaßnahmen zu ergreifen;[1021] im vorliegenden Fall habe er aber schon bei Kenntniserlangung vom Durchführungsplan der Versammlung eine extensive Maßnahme gewählt.[1022] Zahlreiche Demonstrationen im Zentrum des Staates könnten zwar in der Tat zu Störungen führen; zu berücksichtigen sei aber die symbolische Bedeutung des Ortes und der Zeit der geplanten Kundgebung („the Taksim Square became a symbol of that tragic event").[1023] Zumal betreffe die polizeiliche Intervention am 1. Mai nicht mehr den geplanten Versammlungsort, sondern erfolgte vor dem Gebäude von „Disk".[1024] Die Menschen dort seien

---

[1014] ECHR, Disk and Kesk v. Turkey, Nr. 38676/08, 27. November 2012, § 18.
[1015] Vgl. ebd., § 4.
[1016] Vgl. ebd., § 6 und § 23.
[1017] Vgl. ebd., § 6.
[1018] Vgl. ebd., § 8.
[1019] Vgl. ebd., §§ 9–10.
[1020] Vgl. ebd., § 23.
[1021] Vgl. ebd.
[1022] Vgl. ebd., § 31.
[1023] Vgl. ebd.
[1024] Vgl. ebd., § 32.

friedlich und nicht in Gewaltausschreitungen involviert gewesen. Die intensive Anwendung polizeilicher Zwangsmaßnahmen sei daher nicht gerechtfertigt gewesen.[1025] Der Einsatz von Tränengas auf dem Krankenhausgelände, der nach Aussage des Krankenhausleiters ebenfalls gegen Teilnehmer gerichtet war, sei eine unverhältnismäßige Maßnahme gewesen.[1026] Der Richter Sajó unterstrich zudem in seinem Sondervotum, dass es allein nicht ausreicht, wenn ein an sich legitimer Zweck, der Schutz der nationalen bzw. öffentlichen Sicherheit, verfolgt wird.[1027] Zur Rechtfertigung einer Beschränkung der Versammlungsfreiheit dürften nicht nur hypothetische Gefahren vorgebracht werden, wie z. B. etwaige feindlich gesinnte Gäste während der Versammlung. Vielmehr müssten diese Gefahren staatlicherseits plausibel dargelegt werden.

ee) Die Auflösung wegen Verstoßes gegen eine Auflage

Auch im Fall „Berladir and Others v. Russia" befasste sich der EGMR mit der zwangsweisen Zerstreuung einer Versammlung.[1028] In Moskau waren ein rechtsorientierter Aufzug gegen illegale Immigration sowie als Reaktion eine Gegenversammlung geplant. Letztere sollte als stationäre Kundgebung in der Nähe des Amtsgebäudes des Bürgermeisters enden. Die Versammlungsbehörde bestätigte nur die Durchführung der stationären Versammlung, änderte aber den Ort der Kundgebung. Auch sollte die Kundgebung nur eine Stunde dauern. Am selben Tag wurde darauf eine Kundgebung gegen die Entscheidung der Versammlungsbehörde organisiert.[1029] Nach Anmeldung der neuen Veranstaltung verlangte die Versammlungsbehörde zur Sicherheit von Teilnehmern und Straßenverkehr eine Ortsänderung und Reduzierung der Dauer der Kundgebung. Da die Versammlung dennoch am geplanten Ort durchgeführt wurde, wurden die Teilnehmer von einer Sondergruppe der Polizei zerstreut. Die Teilnehmer hatten nicht die Möglichkeit, sich nach Bekanntgabe der Auflösungsanordnung vom Versammlungsort freiwillig zu entfernen.[1030] Der EGMR unterstrich auch hier die Notwendigkeit, gewisse Störungen, die aus einer Versammlung herauskommen und das übliche Alltagsleben beeinträchtigen, zu tolerieren[1031] Diese Störungen zu minimieren sei gerade Sinn und Zweck des Anmeldungsverfahrens.[1032] Im Fall poli-

---

[1025] Vgl. ebd., § 33 und § 36.
[1026] Vgl. ebd., § 34.
[1027] Vgl. Concurring opinion of Judge Sajó, Rn. 12.
[1028] ECHR, Berladir and Others v. Russia, Nr. 34202/06, 10. Juli 2012.
[1029] Vgl. ebd., §§ 5–8.
[1030] Vgl. ebd., §§ 11–12.
[1031] Vgl. ebd., § 38.
[1032] Vgl. ebd., §§ 41–42.

tischer Reden nimmt der EGMR zudem eine erhöhte Begründungspflicht an.[1033] Der EGMR wies darauf hin, dass die Teilnehmer vom Beginn der Versammlung an bis zur zwangsweisen Zerstreuung keine hinreichende Möglichkeit hatten, eigene Überzeugungen kundzutun.[1034] Im vorliegenden Fall hatten es die Veranstalter allerdings unterlassen, ihre Gründe (z. B. die symbolische Bedeutung des Versammlungsortes) vor den nationalen Gerichten erkennbar zu machen. Dies habe auch die vorbereitenden Schritte der Behörde erschwert.[1035] Die Veranstalter seien daher bewusst in eine unrechtmäßige Situation („a situation of unlawfulness") geraten. Dringlichkeit und überzeugende Umstände („urgency or compelling circumstances"), um dies zu rechtfertigen, seien dagegen nicht ersichtlich.[1036] Die EMRK gewährleiste aber nicht die Wahl eines beliebigen Ortes zur Ausübung der Versammlungsfreiheit.[1037] Da der von der Behörde vorgeschlagene alternative Versammlungsort auch im Zentrum lag, war für den EGMR nicht ersichtlich, dass die Versammlung an dem vorgeschlagenen Ort weniger effektiv sein würde.[1038] Daher sah der EGMR Art. 11 EMRK im Licht des Art. 10 EMRK als nicht verletzt.[1039]

Diese Schlussfolgerung lässt sich mit Blick auf den Subsidiaritätsgrundsatz und den Beurteilungsspielraum des Staates erklären. Dennoch ist anzumerken, dass hier im Unterschied zu anderen Entscheidungen der friedliche Charakter der Kundgebung und die damit korrespondierende Tolerierungspflicht des Staates nicht thematisiert wurden. Nicht berücksichtigt wurde auch die Tatsache, dass die Versammlungsbehörde keine tragende Begründung für die Beschränkung gegeben hat. Dabei ist die Beweislast im Fall der Änderung der Modalitäten einer Versammlung vom Staat zu tragen. Auch der polizeiliche Vollzug erfolgte ohne vorherige Aufforderung der Teilnehmer, sich vom Versammlungsort zu entfernen. Der EGMR lehnte sich bei seinen Feststellungen bezüglich der Wahl des Ortes an die „Appleby"-Entscheidung an, wobei es dort nicht zu einer zwangsweisen Zerstreuung der Teilnehmer bzw. zu einer Verletzung der primär negativen Verpflichtung des Staates gekommen war. Im „Lashmankin"-Fall hat der EGMR erneut darauf hingewiesen, dass dem Staat kein unbegrenzter Beurteilungsspielraum zusteht. Dies gelte auch dann, wenn die inhaltliche Beschrän-

---

[1033] Vgl. ebd., § 44 mwN.
[1034] Vgl. ebd., § 49.
[1035] Vgl. ebd., § 56.
[1036] Vgl. ebd., § 57.
[1037] Vgl. ebd., § 58 m. V. auf „Appleby and Others", § 47.
[1038] Vgl. ebd., § 60.
[1039] Vgl. ebd., §§ 61–62.

kung der Kundgebung im Unterschied zur Änderung von Zeit und Örtlichkeit oder weiterer Modalitäten strenger geprüft werde.[1040]

d) Fazit

Die Auflösung einer Versammlung ist eine gravierende Maßnahme und kann nur im Fall der Unfriedlichkeit der gesamten Versammlung angeordnet werden. Eine Ausnahme kann einzig im begründeten Fall des polizeilichen Notstands angenommen werden. Artikel 13 Abs. 1 GVersG in seiner ursprünglichen und späteren Form ist inzwischen Geschichte. Die anfangs verfassungswidrige Norm und ihre formalistische Anwendung waren mit Art. 11 EMRK nicht vereinbar. Die Aussagen des GVerfG und die Kritik der Venedig-Kommission haben den Gesetzgeber veranlasst, den Wortlaut der Norm zu korrigieren. Dennoch begünstigt auch die geltende Regelung eine fehlerhafte Rechtsanwendung mit dem Hinweis „sofortige Auflösung". Artikel 13 Abs. 1 GVerfG darf aber nicht in dem Sinne verstanden werden, dass die Polizei nach Bekanntgabe der Auflösungsanordnung mit dem Sofortvollzug zu beginnen hat. Dies wäre mit dem Verhältnismäßigkeitsprinzip und einer sachgerechten Ermessensausübung nicht vereinbar. Nach der Venedig-Kommission ist jeglicher Automatismus bei der Rechtsanwendung auszuschließen. Eine besondere Herausforderung für den Rechtsanwender bleibt die Subsumtion verbotener unfriedlicher Aufrufe unter den Auflösungstatbestand. Das GVerfG hat dazu ausgeführt, dass die gemäß Art. 11 Abs. 1 GVersG verbotenen Aufrufe von einer politischen Kritik zur Änderung des politischen Status quo strikt abzugrenzen sind. Hinzuzufügen wäre, dass dies auch für eine Kundgebung gilt, in der die in der Verfassung verankerten Werte bzw. die freiheitliche demokratische Grundordnung abgelehnt werden.[1041] Die geforderte Massenhaftigkeit der verbotenen Handlungen (u. a. Mitführen gefährlicher Gegenstände) kann ebenfalls nur mit Blick auf eine kollektive Unfriedlichkeit festgestellt werden. Die Abkopplung der Auflösungsanordnung von der Frage, ob die unfriedlichen Störungen durch die Versammlung selbst und nicht nur durch einzelne Teilnehmer bzw. eine Gruppe von Teilnehmern ausgelöst wurden, führt zu unverhältnismäßigen Folgen. Dies folgt nicht nur aus der negativen, sondern auch aus der positiven Pflicht des Staates, da dieser im Rahmen des rechtsstaatlichen „Doppelauftrags" (zum Schutz der Sicherheit und der Versammlungsfreiheit) zur Wahrung der Friedlichkeit der Versammlung verpflichtet ist. Dazu muss

---

[1040] Vgl. ECHR, Lashmankin and Others v. Russia, Nr. 57818/09 und 14 weitere, 7. Februar 2017, § 417.
[1041] Vgl. *Hong, M.*, in: Peters, W./Janz, N., Hb VersR, Kap. B Rn. 152–153. Vgl. auch die frühere Behandlung des Versammlungsverbots hinsichtlich der verhaltensbezogenen, dagegen nicht inhaltsbezogenen Modalitäten der Versammlung in Kap. H IV 7 c) aa) 2) und 3).

er sich selbst für eine Deeskalation der angespannten Situation einsetzen. In diesem Kontext ist es besonders wichtig, dass sich die georgischen Rechtsanwender die im Rahmen des Ermessens anzustellende Folgenabwägung vergegenwärtigen: Abzuwägen ist der Schaden, der voraussichtlich eintritt, wenn die Versammlung aufgelöst wird, und das Ausmaß der Beeinträchtigung, die bei Duldung der Versammlung zu erwarten ist. Dies ist auch der Weg zum Ziel einer konventionskonformen Betätigung der Auflösungsbefugnis, die aber in der Vergangenheit gescheitert ist.

12. Die Pflichten des Veranstalters

Der Veranstalter ist „geistiger Urheber" der Versammlung und steht im Mittelpunkt der Autonomie und Selbstverantwortung (Selbstorganisation) der Versammlung.[1042] Wie das BVerfG formulierte, kommt dem Veranstalter eine „hervorgehobene Bedeutung" zu, indem er die personellen und sachlichen Voraussetzungen für die Versammlung schafft.[1043]

a) Die Defizite der Regelung des GVersG

Die Verfassung verlangt selbst keine „besondere Organisationsstruktur" für die Versammlung.[1044] Dennoch ist das GVersG hinsichtlich der Selbstorganisation – „Konzeption von einer einheitlich geordneten Versammlung"[1045] – lückenhaft. Es fehlen vergleichbare Normen wie §§ 7, 11, 18 Abs. 1 und 19 VersG in Deutschland. In diesen Normen wird u. a. die vorrangige Pflicht des Versammlungsleiters (im georgischen Fall ist dies der „Veranstalter" selbst oder die von diesem ernannte „Verantwortliche der Versammlung") festgelegt, die gröblich störenden Teilnehmer oder diejenigen, die Waffen mit sich führen, aus der Versammlung auszuschließen.[1046] Der staatlichen Ordnungsfunktion kommt in dem Versammlungsgeschehen daher zunächst nur eine „subsidiäre" Funktion zu.[1047] Diese

---

[1042] Vgl. *Kniesel, M./Poscher, R.*, in: Lisken, H./Denninger, E. (Hrsg.), Hb PolR, Kap. K Rn. 216–222; *Lux, J.*, in: Peters, W./Janz, N., Hb VersR, Kap. D Rn. 111. Zur „Idee der organisierten Versammlung" *Ebeling, C.*, Die organisierte Versammlung, S. 15 und S. 256.

[1043] Vgl. BVerfGE 122, 342, 358.

[1044] Vgl. *Ullrich, N.*, NVersG, § 1 Rn. 17.

[1045] Vgl. *Kloepfer, M.*, in: Isensee, J./Kirchhof, P. (Hrsg.), HStR VII, § 164 Rn. 44.

[1046] Vgl. ebd., Rn. 63. Der ME verzichtet auf den zwingenden Charakter der Bestellung des Leiters. Auch eine leiterlose Versammlung sei möglich und entspreche dem Konzept der Autonomie der Versammlung; *Hoffmann-Riem, W.*, Der „Musterentwurf eines Versammlungsgesetzes", S. 35 f.; *Enders, C./Hoffmann-Riem, W. u. a.*, ME eines Versammlungsgesetzes, S. 25 f.

[1047] Vgl. *Hoffmann-Riem, W.*, in: Merten, D./Papier, H.-J. (Hrsg.), HGR IV, § 106 Rn. 102; *Gusy, C.*, in: Mangoldt, H. v./Klein, F./Starck, C. (Hrsg.), GG, Art. 8 Rn. 78; weiter vgl. *Hong, M.*, in: Peters, W./Janz, N., Hb VersR, Kap. B Rn. 88.

Lage darf aber nicht zur verfassungswidrigen Belastung des Veranstalters und zur Lockerung der Gefahrenabwehrpflicht der staatlichen Behörden (Gewaltmonopol) führen. Artikel 13 Abs. 2 GVersG verpflichtet den Veranstalter der Versammlung, sich bei Verstößen gegen das GVersG für Abhilfe einzusetzen. Bei nicht massenhaften Verstößen gegen Art. 11 Abs. 1 und Abs. 2 lit. a–c GVersG sind die Veranstalter von der Behörde zu verwarnen. In diesem Fall ist der Veranstalter verpflichtet, innerhalb von fünfzehn Minuten die Teilnehmer dazu aufzufordern, angemessene Maßnahmen zur Störungsbeseitigung zu ergreifen.[1048] Nach Art. 13 Abs. 6 GVersG wird festgelegt, dass im Fall der Nichterfüllung der Pflicht des Veranstalters die staatliche Behörde die Störungen selbst beseitigt. Verletzt der Veranstalter seine Pflicht, droht eine Sanktion. Die Sanktionen wurden im Juli 2009 unmittelbar nach den schon geschilderten Ereignissen zunächst verschärft.[1049] 2014 wurden sie jedoch wieder abgemildert,[1050] sodass nach geltendem OWiGB neben der Geldbuße ein Freiheitsentzug von maximal 15 Tagen (zuvor 30 bis 90 Tage) angeordnet werden kann (Art. 174¹). Die Liberalisierung ist der Entscheidung des GVerfG und der negativen Bewertung des früheren Rechts durch die Venedig-Kommission zu verdanken.[1051] Die Kommission hat festgestellt, dass Vorkehrungen zu treffen seien, dass Gewaltakte der Teilnehmer nicht ungerechtfertigt dem Veranstalter zugerechnet werden.[1052] Berücksichtigt

---

[1048] Die georgische und offizielle englische Fassung der Norm weichen voneinander ab. Dabei hat die Venedig-Kommission die Norm in der nichtoffiziellen englischen Fassung zitiert, die dem georgischen Wortlaut entspricht. Die Kommission ging davon aus, dass die Durchführung angemessener Handlungen von dem Veranstalter selbst gefordert wird, dazu Final Opinion on the Amendments to the Law on Assembly and Manifestations of Georgia, Venice Commission, CDL-AD(2011)029: „[…] [T]he organizer has to appeal to participants and to take all reasonable efforts to put an end to the violations within 15 minutes. […]" (§ 35); „the organizers' liability only arises if they fail to appeal to participants to put an end to the violations or fail to take reasonable efforts for this to happen" (§ 39).

[1049] Vgl. Änderungsgesetz vom 17. Juli 2009 Nr. 1505-ssmI zum OWiGB. Die steigende Zahl der polizeilichen Festnahmen und der gerichtlichen Freiheitsentziehung wegen der begangenen Ordnungswidrigkeiten wurde damals als allgemeines Problem betrachtet, dazu exemplarisch Human Rights Watch, Administrative Error: Georgia's Flawed System for Administrative Detention, 2012.

[1050] Vgl. Änderungsgesetz vom 1. Juli 2011 Nr. 5018 und Änderungsgesetz vom 1. August 2014 Nr. 2649 zum OWiGB.

[1051] Vgl. Interim Opinion on the Draft Amendments to the Law on Assembly and Manifestations of Georgia, Venice Commission, CDL-AD(2010)009, § 38. Für Landesregelungen in Deutschland vgl. *Koll, B.*, Liberales Versammlungsrecht, S. 400.

[1052] Vgl. Interim Opinion on the Draft Amendments to the Law on Assembly and Manifestations of Georgia, Venice Commission, CDL-AD(2010)009, § 40: „[O]rganizers of assemblies should not be held liable for their failure to perform their duties if they make reasonable efforts to do so, nor should organizers be held liable for the actions of non-participants or agents provocateurs. Organizers should not be liable for the actions of individual participants." Dazu auch

werden müsste insofern auch, dass es sich um Provokationen handeln könne. Pflicht des Veranstalters könne es nur sein, alle ihm zumutbaren Handlungen zu unternehmen, um Störungen zu beseitigen. Dies sei nicht als ergebnisorientiert zu bewerten: Es komme nicht darauf an, ob die Bemühungen des Veranstalters erfolgreich sind.[1053]

Die Aufforderungspflicht des Veranstalters gegenüber den Teilnehmern und die für Pflichtverstöße vorgesehenen Sanktionen erstrecken sich auch auf Abs. 3 des Art. 13 GVersG. Danach wird die Aufforderungspflicht des Veranstalters für Art. 11 Abs. 2 lit. e und Art. 11¹ Abs. 1 GVersG konkretisiert. Bei Vorliegen dieser Umstände wird der Veranstalter zunächst behördlich ermahnt, bevor seine Aufforderungspflicht entsteht.[1054] Erst nach der Aufforderung des Veranstalters kann die behördliche Entscheidung nach Art. 11¹ Abs. 1 GVersG durch die Polizei umgesetzt werden. Dies verfolgt den Zweck, Störungen zu beseitigen, Fahrbahnen freizugeben und/oder den Straßenverkehr wieder zu ermöglichen. In welcher Weise diese Mahnung speziell für Art. 11¹ Abs. 1 zu erteilen war, bestimmte früher Art. 11¹ selbst.[1055] Mit der Änderung des Gesetzes von 2011 wurde dieser Satz in Art. 11¹ gestrichen. Der Gesetzgeber scheint danach bestrebt zu sein, die obligatorische Natur der Aufforderung des Veranstalters und die Folgen eines Pflichtverstoßes einheitlich in Art. 13 Abs. 2–6 zu bestimmen. Absatz 6 desselben Artikels spricht zusätzlich aus, dass die Pflicht des Veranstalters in einem angemessenen Zeitrahmen zu erfüllen ist. Die Formulierung bedarf im Hinblick auf die eindeutige Festlegung des fünfzehnminütigen Zeitraums in Abs. 4 (auch in Abs. 2 und Abs. 3) weiterer Klärung. Entsprechend der versammlungsfreundlichen Interpretation des Abs. 4 i. V. m. Abs. 6 (die die Pflicht des Veranstalters konkretisiert) ist anzunehmen, dass dem Veranstalter die fünfzehn Minuten nur zur Aufforderung der Teilnehmer zustehen, nachdem er bereits behördlich ermahnt wurde. Weitere Handlungen zur Beseitigung der Störung sind sodann gemäß Abs. 6 in angemessener Zeit vorzunehmen. Angesichts der separaten Betrachtung des Abs. 4 hat auch die Venedig-Kommission festgestellt, dass die fünfzehnminütige Frist zur Beseitigung der störenden Ursachen unzureichend ist.[1056] Dabei wurde

---

BVerfG, Beschl. v. 04.09.2009 – 1 BvR 2147/09, BeckRS 2009, 38659, Rn. 11 und Rn. 15; die Verwaltungsgerichte haben nicht hinreichend berücksichtigt, dass sich die Veranstalter ausdrücklich von der Gewaltanwendung distanziert und sich hinreichend darum bemüht haben, die friedliche Durchführung der Versammlung sicherzustellen.

[1053] Vgl. Interim Opinion on the Draft Amendments to the Law on Assembly and Manifestations of Georgia, Venice Commission, CDL-AD(2010)009, § 40.

[1054] Vgl. Final Opinion on the Amendments to the Law on Assembly and Manifestations of Georgia, Venice Commission, CDL-AD(2011)029, § 39.

[1055] Diese Version wurde in Art. 11¹ Abs. 4 des Versammlungsgesetzes durch das Änderungsgesetz vom 17.07.2009 Nr. 1502 zum GVersG eingefügt.

[1056] Interim Opinion on the Draft Amendments to the Law on Assembly and Manifestations

Art. 13 Abs. 6 außer Acht gelassen, der aber als spezielle Regelung dient. Darüber hinaus ist die Gehorsamspflicht der Teilnehmer gegenüber den Aufforderungen des Veranstalters (Leiters), im Unterschied zum VersG in Deutschland (§ 11 Abs. 2 VersG), gesetzlich nicht geregelt. Mit Blick auf die obligatorische Natur der Veranstalterpflichten, deren Nichterfüllung sanktioniert wird, wäre es angebracht, auch die Gehorsamspflichten der Teilnehmer gesetzlich zu regeln. Dabei geht es nicht um eine Unterordnung der Teilnehmer, da sowohl die Versammlungsteilnehmer als auch der Veranstalter gleichermaßen durch die Versammlungsfreiheit geschützt sind; vielmehr ist dies Ausdruck der begriffsnotwendigen Gebundenheit der Teilnehmer an die (Kommunikations-)Zwecke des Veranstalters. Bei der Anwendung und späteren gerichtlichen Kontrolle der vorhandenen Normen ist zu berücksichtigen, dass die Veranstalterpflichten zugunsten und nicht zulasten der Versammlung zu deuten sind.[1057]

b) Der EGMR zu Veranstalterpflichten

Der EGMR bezeichnet die Veranstalter als „Akteure demokratischer Prozesse"; an dieses hohe Rollenverständnis knüpft er die Erwartung, dass diese die gesetzlichen Regeln bei der Durchführung der Versammlung einhalten.[1058] Die Entscheidungen des EGMR machen es aber auch deutlich, dass Veranstalter nicht unzumutbar für die Friedlichkeit verantwortlich gemacht werden dürfen. Auch dann, wenn Tatsachen auf die Gefahren hindeuten, dass eine Versammlung im Laufe der Geschehnisse aus der Kontrolle des Veranstalters gerät, darf die Versammlung im Vorfeld nicht als unfriedlich betrachtet werden.[1059]

---

of Georgia, Venice Commission, CDL-AD(2010)009, § 36: „[…][T]he organizers are required to 'appeal' and to take 'all reasonable efforts' to 'eradicate the violations'. While the time-limit for doing so seems excessively short (fifteen minutes) […]." Im Jahr 2012 hat auch der Berichterstatter der VN diesen Kritikpunkt vertreten; Report of the Special Rapporteur on the Rights to Freedom of Peaceful Assembly and of Association, Maina Kiai, UN General Assembly, 8. Juni 2012, § 74. Auch hier wird Art. 13 Abs. 4 isoliert betrachtet.

[1057] Vgl. *Koll, B.*, Liberales Versammlungsrecht, S. 303.
[1058] Vgl. Kudrevičius and Others v. Lithuania, Nr. 37553/05, 15. Oktober 2015, § 155; ECHR, Sergey Kuznetsov v. Russia, Nr. 10877/04, 23. Oktober 2008, § 44; ECHR, Barraco v. France, Nr. 31684/05, 5. März 2009, § 47; ECHR, Budaházy v. Hungary, Nr. 41479/10, 15. Dezember 2015, § 41; ECHR, Balçik and Others v. Turkey, Nr. 25/02, 29. November 2007, § 49.
[1059] Vgl. ECHR, Frumkin v. Russia, Nr. 74568/12, 5. Januar 2016, § 99 (m. V. auf „Schwabe and M. G. v. Germany", § 92). Vgl. ebd., § 26; es ist unverhältnismäßig, wenn Veranstalter im Vorfeld unterschreiben müssen, dass sie sich für die ordnungsgemäße Durchführung selbst einsetzen werden; im vorliegenden Fall wurde der Veranstalter wegen Organisation eines Massenaufruhrs verurteilt, vgl. ebd., § 63.

Im Fall „Gün and Others v. Turkey"[1060] qualifizierte der EGMR die Verurteilung der Bf. in ihrer Eigenschaft als Veranstalter als nicht konventionsgemäß. Die Beschwerdeführer gehörten einer lokalen politischen Gruppe der früheren „Demokratischen Volkspartei" an. Dieser Gruppe wurde die Unterstützung einer verbotenen kurdischen Organisation vorgeworfen; sie wurde aufgefordert, die geplante Demonstration nicht durchzuführen. Dennoch versammelten sich die Beschwerdeführer und etwa 200 Personen vor dem Parteigebäude. Trotz Verwarnung durch die Polizei zerstreuten sich die Teilnehmer nicht; sie zündeten Reifen an und riefen rechtswidrige Parolen. Die Demonstranten griffen auch Polizeibeamte mit Steinen an und beschädigten Fahrzeuge und Ladenlokale. Die Bf. wurden wegen Verleitung der Demonstranten zur Gehorsamsweigerung verurteilt.[1061]

Der EGMR unterstrich zunächst, dass die Versammlung zwar nicht genehmigt wurde, insgesamt aber einen friedlichen Charakter hatte. Erst gegen Ende des Geschehens war eine Gruppe von Personen in Gewaltakte u. a. gegen Polizeibeamte involviert. Es wies aber nichts darauf hin, dass die Bf. selbst an der unfriedlichen Aktion teilgenommen hatten. Nach Ansicht des EGMR konnte das generelle Verbot erst zur Anwendung kommen, nachdem die Behörden eine reale Gefahr identifiziert und dann ernste Sicherheitsrisiken mit dem Interesse an der Versammlungsdurchführung abgewogen haben. Da es sich im vorliegenden Fall nicht um eine spontane Demonstration gehandelt habe, hätten die Behörden genug Zeit gehabt, sich auf die Abwehr eventueller Störungen vorzubereiten. Aus der Anklageschrift gegen die Bf. als Organisatoren der unangemeldeten Versammlung deute nichts darauf hin, dass diesen selbst Gewaltanwendung oder Aufstachelung dazu vorgeworfen werden konnte. Die strafrechtliche Verurteilung bezog sich daher nur auf die Tatsache der Veranstaltereigenschaft. Dabei verfolgten die Veranstalter während der Planung und Durchführung der Versammlung friedliche Zwecke. Die Polizeibeamten haben es dagegen unterlassen, die tatsächlichen Störer zu identifizieren und zur Rechenschaft zu ziehen.[1062]

c) Fazit

Die Regelung des GVersG bezüglich der Veranstalterpflichten ist defizitär, worauf die Venedig-Kommission hingewiesen hat. Dabei ist die negative Formulierung der Vorschrift auch in Anbetracht der drohenden Sanktion bedenklich. Einem versammlungsfreundlichen Konzept hätte es besser entsprochen, wenn im

---

[1060] ECHR, Gün and Others v. Turkey, Nr. 8029/07, 18. Juni 2013. Der Schilderung des Falles wurde mangels einer offiziellen englischen Version die offizielle deutsche Übersetzung zugrunde gelegt.
[1061] Zum Sachverhalt vgl. ebd., §§ 6–33.
[1062] Vgl. ebd., §§ 69–85.

GVersG in erster Linie die Befugnisse des Veranstalters zur Versammlungsleitung festgelegt worden wären. Zu regeln ist u. a. die komplementäre Pflicht der Teilnehmer, den Anforderungen des Veranstalters Folge zu leisten. Als Vorbild einer neuen Bestimmung kann § 6 ME in Deutschland dienen.[1063] Bedeutend ist auch § 12 ME, der die Behörde zur Ablehnung ungeeigneter Ordner (für GVersG – Verantwortliche der Versammlung) für die störungsfreie Durchführung der Versammlung ermächtigt.[1064] Eine derartige Regelung kann einer nicht effektiven Erfüllung der Veranstalterpflichten vorbeugen. Die Hinweispflichten der Behörde gegenüber den Veranstaltern in Art. 13 GVersG sollten zweckmäßiger – als Vorstufe eines jeden staatlichen Eingriffs – schon in den einleitenden Normen geregelt werden.

[1063] Vgl. *Enders, C./Hoffmann-Riem, W. u. a.*, ME eines Versammlungsgesetzes, S. 25 f.
[1064] Vgl. ebd., S. 38 f.

I. Die Verhaltensregeln des Innenministeriums für Polizisten

Im Interesse einer effektiven Gewährleistung der Versammlungsfreiheit wurden auch die untergesetzlichen Regelungen verfassungsfreundlich gestaltet. Als Ergebnis der fast zweijährigen Ausarbeitung wurde am 30. Dezember 2015 die „leitende Instruktion des Innenministeriums zu Verhaltensregeln für Polizisten während Versammlungen und Manifestationen" durch die Verordnung des Innenministers Nr. 1002 in Kraft gesetzt. Die Instruktion sollte ein besseres Management von Eskalationen ermöglichen[1] und die Strategie und Taktik des Vollzugs freiheitskonform determinieren.[2]

Die Instruktion ist verbindlich. Sie gilt für Polizisten, denen während einer Versammlung der Schutzauftrag obliegt. Zwangsmaßnahmen nach GPolG während der Zerstreuung der Versammlungsteilnehmer sind an die besondere Bedeutung der Versammlungsfreiheit angepasst.[3] Der Rahmen für eine effektive Umsetzung des Verhältnismäßigkeitsprinzips in die Realität wird durch Art. 4 Abs. 2 lit. f der Instruktion geschaffen. Danach ist die Polizei im Fall der Auflösung einer Versammlung verpflichtet, für eine friedliche Zerstreuung der Teilnehmer auf zuvor festgelegten Wegen (Durchgängen, Korridoren) Sorge zu tragen.[4] Artikel 5 der Instruktion verpflichtet erstmals Polizisten, während einer

---

[1] Zur Kooperationspflicht vgl. die Behandlung in Kap. H IV 5 c). Zum Deeskalationsprozess *Brenneisen/Mescher*, in: Brenneisen, H./Wilksen, M. (Hrsg.), VersR, S. 254–266; *Hoffmann-Riem, W.*, Standards für die Verwirklichung der Versammlungsfreiheit in Europa, in: FS für Papier, S. 283 f.

[2] Dazu *Becker/Ritter*, in: Brenneisen, H./Wilksen, M. (Hrsg.), VersR, S. 515–516; *Knape, M./Schönrock, S.*, Die Verbindung von Recht und Taktik, S. 169 f.

[3] Art. 5 der Instruktion macht ein Verfahren transparent, das auch schon zuvor so stattgefunden hat. Gegenstand ist der Aktionsplan zur Wahrung der öffentlichen Sicherheit, der vom Innenminister oder von einer von ihm bevollmächtigten Person bestätigt wird (Abs. 2). Aus dem Aktionsplan muss hervorgehen, welche Amtsträger den Vollzug von Zwangsmaßnahmen vor Ort leiten und welche Amtsträger im Innenministerium für den Vollzug von Zwangsmaßnahmen verantwortlich sind. Art. 10 Abs. 2 der Instruktion verpflichtet darüber hinaus die verantwortlichen Personen im Ministerium, ausreichend Polizeikräfte vor Ort vorzuhalten.

[4] An der Polizeiakademie werden den Polizeibeamten die konkreten Kenntnisse zum friedlichen Management im Fall von Eskalationen vermittelt. Es werden verschiedene Pflichtmodule angeboten, die die Aufstellung eines Plans und die Koordinierung seiner Durchführung be-

Versammlung eine Uniform zu tragen. Die Kennzeichnungspflicht muss eine eindeutige Identifizierung der Polizisten ermöglichen und das Vertrauen der Bürger absichern.[5] Dies hat seinen Grund in der politisierten Vergangenheit, in der Polizisten als getarnte Teilnehmer versucht haben, Versammlungen zu lenken.[6]

I. Verbotene Polizeimaßnahmen

Eine wichtige Konkretisierung des Grundsatzes der Verhältnismäßigkeit stellt das Verbot der Anwendung von polizeilichen Zwangsmaßnahmen dar, wenn die räumlichen Gegebenheiten nicht hinreichend zulassen, das Territorium zu verlassen (Art. 9 Abs. 1 lit. l). Daraus folgt konsequenterweise, dass dieses Verbot solange gilt, bis sich die Lage geändert hat. Dies impliziert zugleich das Gebot an die Polizei, selbst angemessene Maßnahmen zu ergreifen, um räumliche Hindernisse zu beseitigen. Artikel 9 lit. p untersagt weiter die kumulative und parallele Anwendung polizeilicher Maßnahmen – Wasserwerfer, Gummigeschosse, Tränengas – gegenüber Versammlungsteilnehmern.[7] Artikel 9 lit. m untersagt die Einkesselung durch die Polizei während oder nach Auflösung und Zerstreuung

---

treffen: „Steuerung der Menschenmenge und relevante rechtliche Regelungen"; „Bewältigung der urbanen Gewalt"; „Aufstellung eines Planes und Koordinierung von dessen Umsetzung zur friedlichen Verwaltung der Demonstrationen"; „Taktik bei der Verwaltung von Demonstrationen"; „Vorbereitung der Führungskräfte"; „Entwaffnung der Personen"; „Taktik der Festnahme"; „Kommunikation mit der Gesellschaft", dazu die offizielle Mitteilung des Innenministeriums vom 27.09.2013 Nr. 1926485 gesendet an den Vorsitzenden der „Assoziation der Jungen Juristen".

[5] Vgl. *Guckelberger, A.*, Kennzeichnung von Polizeivollzugsbeamten, DÖV 2018, S. 421 ff., sie behandelt die unterschiedlichen Meinungen zur Kennzeichnungspflicht.

[6] Vgl. den Bericht der Assoziation der Jungen Juristen über den 26. Mai 2011, S. 14 m. V. auf OSCE-/ODIHR-Venedig-Kommission, Guidelines on Freedom of Peaceful Assembly, Second Edition, Warsaw 2010, § 31: „The state has a positive duty to actively protect peaceful assemblies [...] and this should be expressly stated in any relevant domestic legislation pertaining to freedom of assembly and police and military powers. This positive obligation requires the state to protect the participants of a peaceful assembly from any persons or groups (including *agents provocateurs* and counter-demonstrators) that attempt to disrupt or inhibit them in any way."

[7] Vgl. State of Democracy, Human Rights and the Rule of Law in Europe, A shared responsibility for democratic security in Europe, Report by the Secretary General of the Council of Europe, Council of Europe, April 2015, S. 52: „Managing and policing crowds at public events is a challenging exercise which requires a firm commitment from the government to the rights of those attending as well as professional conduct by law-enforcement officials. [...] Any use of force must be proportionate to the actual threats posed by the situation. Law-enforcement officials should dispose of a range of responses that enable a differentiated and proportionate use of force."

der Teilnehmer. Auch diesmal bezieht sich der Grund des Verbots auf die negative Erfahrung der Vergangenheit: Während einer Versammlung von 26. Mai 2011 hat eine Sonderpolizeieinheit Teilnehmer eingesperrt und so das Verlassen des Territoriums unmöglich gemacht.[8]

In der deutschen Literatur vertretene Auffassungen betrachten die „Einkesselung" als intensive Beschränkung der Freiheit, die als Ingewahrsamnahme nach dem Polizeigesetz zu qualifizieren ist.[9] Hinzu komme, dass die Versammlung aufgrund solcher Maßnahmen von Außenstehenden als verbotene Veranstaltung wahrgenommen werde.[10] Die Einkesselung nach der Auflösung bezwecke nicht die Zerstreuung der Teilnehmer,[11] sondern deren Festhalten an einem Ort, z. B. mit dem Ziel der Identitätsfeststellung.[12] In diesem Fall handele es sich um eine freiheitsentziehende Maßnahme, die nicht nur an Art. 8 GG, sondern den Schutzbereich eines anderen Grundrechts (Art. 104 Abs. 2 GG) berühre, und anhand der dort geltenden Kriterien zu beurteilen sei.[13] Die Einkesselungstaktik sei nicht gleichzusetzen mit der „einschließenden Begleitung": In diesem Fall wird die körperliche Bewegungsfreiheit der Teilnehmer [des Aufzugs] nicht beschränkt, sondern nur ihr Schutz vor Störern bezweckt.[14] Jenseits der Meinungsverschie-

---

[8] Dazu Report of the Special Rapporteur on the Rights to the Freedom of Peaceful Assembly and of Association, Maina Kiai, UN General Assembly, 8. Juni 2012, § 78. Die Vorgehensweise der Polizei sei als absichtlich unverhältnismäßig anzusehen. Dementsprechend war die Stellungnahme des Innenministeriums, wonach die mangelhafte Ausbildung der Polizeibeamten diese falsche Taktik bedingt habe, nicht akzeptabel.

[9] Vgl. *Groscurth, S.*, in: Peters, W./Janz, N., Hb VersR, Kap. G Rn. 155.

[10] So *Trurnit, C.*, Umschließungen bei Versammlungen, VBlBW 2015, S. 187. Es wird von einer „Stigmatisierung" ausgegangen; *Groscurth, S.*, in: Peters, W./Janz, N., Hb VersR, Kap. G Rn. 156; *Kniesel, M./Poscher, R.*, in: Lisken, H./Denninger, E. (Hrsg.), Hb PolR, Kap. K Rn. 97.

[11] Bei Dürig-Friedl wird eine Einkesselung zum Zweck der Zerstreuung als möglich erachtet: *Dürig-Friedl, C.*, in: Dürig-Friedl, C./Enders, C. (Hrsg.), VersR, § 15 Rn. 171. Die Zulässigkeit der Einkesselung als Ersatz der Auflösung wird dagegen abgelehnt, so s. ebd., Rn. 172; *Schoch, F./Axer, P.*, Besonderes Verwaltungsrecht, Kap. 1 Rn. 213; *Kniesel, M./Poscher, R.*, in: Lisken, H./Denninger, E. (Hrsg.), Hb des PolR, Kap. K Rn. 462: Die Einschließung widerspreche dem Zweck der Auflösung, da die letztere genau auf die Zerstreuung der Teilnehmer abziele.

[12] Vgl. VGH Kassel, Beschl. v. 01.02.2017 – 8 A 2105/14, BeckRS 2017, 103690, Rn. 7 und Rn. 19.

[13] So *Schoch, F./Axer, P.*, Besonderes Verwaltungsrecht, Kap. 1 Rn. 213. Unter anderem hinsichtlich des Richtervorbehalts *Trurnit, C.*, Umschließungen bei Versammlungen, VBlBW 2015, S. 187.

[14] Dazu *Trurnit, C.*, Umschließungen bei Versammlungen, VBlBW 2015, S. 186. Vgl. eine andere Begrifflichkeit bei *Dürig-Friedl, C.*, in: Dürig-Friedl, C./Enders, C. (Hrsg.), VersR, § 15 Rn. 172: Sei die „begleitende Einschließung" von kurzer Dauer und das Ziel der Maßnahme nur auf den friedlichen Ablauf der Versammlung gerichtet, dann sei dies zulässig. Zum Begleit-

denheit und Begriffsvielfalt wird die Einschließung auch zum Schutz der Versammlung grundsätzlich als „letztes einsatztaktisches Mittel" betrachtet.[15]

Das BVerfG hat im Nichtannahme-Beschluss von 2016 die fachgerichtliche Beurteilung der Rechtmäßigkeit einer repressiven Einkesselung (zum Zweck der Strafverfolgung) verfassungsrechtlich nicht beanstandet.[16] Diese Schlussfolgerung basierte einerseits auf der Tatsache, dass der betroffene Teil der Versammlung einen unfriedlichen Charakter trug und nur noch eine Minderheit der Teilnehmer unter dem Schutz der Versammlungsfreiheit stand.[17] Andererseits handelte die Polizei während der Einkesselung in ständiger Verhandlung mit der Versammlungsleitung, um die friedliche Fortsetzung des Aufzugs zu ermöglichen.[18] Letztlich dauerte die Identitätsfeststellung der Eingekesselten nicht länger als dies notwendig war (Identitätsfeststellung von drei Personen pro Minute).[19]

Die Einkesselung kann unter Umständen auch die Interessen Dritter, Außenstehender, beeinträchtigen. Dies war Gegenstand der Prüfung des EGMR im Fall „Austin", als der Gerichtshof die Einkesselung aufgrund des Art. 5 Abs. 1 EMRK behandelte.[20] Der EGMR behandelte die Einsatztaktik der Einkesselung („kettling") als Ermessensentscheidung der Behörden, die zur Abwehr von Gefahren

---

schutz als Minusmaßnahme *Knape, M./Schönrock, S.*, Die Verbindung von Recht und Taktik, S. 180.

[15] So *Trurnit, C.*, Umschließungen bei Versammlungen, VBlBW 2015, S. 192; *Knape, M./Schönrock, S.*, Die Verbindung von Recht und Taktik, S. 180, es gehe (in den Situationen der „schwer zu stellende[n] Gefahrenprognose") um einen „erheblichen Eingriff in die Versammlungsfreiheit".

[16] Vgl. BVerfG, Beschl. v. 02.11.2016 – 1 BvR 289/15, BeckRS 2016, 55724, Rn. 11–12.

[17] Vgl. ebd., Rn. 14.

[18] Vgl. ebd., Rn. 19.

[19] Vgl. ebd., Rn. 20.

[20] ECHR, Austin and Others v. UK, Nr. 39692/09, 40713/09 und 41008/09, 15. März 2012. Zum Sachverhalt vgl. §§ 10 ff. Der Gerichtshof hat die siebenstündige Umschließung der Demonstranten in London, die am 1. Mai 2001 gegen die Globalisierung protestierten, als verhältnismäßig bewertet. Die Bf. stützten ihre Rüge auf die Tatsache der Freiheitsentziehung und die Verletzung des Art. 5 Abs. 1 EMRK. Der zweite, dritte und vierte Bf. hatten dabei keine Verbindung mit der Demonstration („non-protesters"). Die polizeiliche Strategie der Umschließung an verschiedenen Seiten der Demonstration hinderte sie aber daran, sich frei fortzubewegen und zu den Arbeitsplätzen zu gelangen. Die Wahl der präventiven Polizeistrategie der Umschließung beruhte auf der Prognose, dass ca. 500 bis 1000 Demonstranten am Tag der Versammlung die Begehung von Gewaltakten beabsichtigten. Im späteren nationalen Gerichtsverfahren wurde die Prognose der angenommenen Unfriedlichkeit als tatsachengetragen bestätigt. Dies erfolgte zudem mit Blick darauf, dass die Veranstalter zu keiner Kooperation bereit waren (§ 26). Dabei diente die Umschließung auch der Sicherheit der umschlossenen Personen. Freigelassen wurden Nichtteilnehmer, physisch Kranke, Schwangere, ältere Menschen und Kinder (§ 25). Der Eingriff in Art. 5 Abs. 1 EMRK wurde aus den zuvor angeführten Gründen als gerechtfertigt angesehen (§ 31).

getroffen werden.²¹ Diese Maßnahme erfülle die positive Verpflichtung, wenn dadurch Gewaltakte abgewehrt und die Öffentlichkeit vor ernsten Gefahren geschützt werden sollten.²² Dabei seien die konkrete Ausformung der Maßnahme und ihre Vollzugsmodalitäten, u. a. deren Dauer, zu berücksichtigen.²³ Aufgrund Art. 5 EMRK müsse der EGMR prüfen, ob die Maßnahme willkürlich gewesen sei.²⁴ Im Allgemeinen könne nicht ausgeschlossen werden, dass eine solche Maßnahme der Massenkontrolle einen ungerechtfertigten Freiheitsentzug zur Folge habe. Dies sei aber im Einzelfall unter Berücksichtigung des Gesamtkontextes des Vollzugs und der Verpflichtung der Behörden zur Abwehr von Gefahren zu bewerten.²⁵ Mit Blick auf den Subsidiaritätsgrundsatz betrachtete der EGMR die Annahme der nationalen Gerichte aufgrund der Beweislage als plausibel;²⁶ die Beweise hätten offensichtlich auf reale und ernste Gefahren für Leben und Gesundheit der Menschen hingedeutet.²⁷ In Anbetracht des Gesamtkontextes betrachtete der EGMR Art. 5 EMRK als nicht verletzt.²⁸

Das ausnahmslose Verbot der Einkesselung in der Instruktion erfordert eine perspektivische und praxisorientierte Behandlung, da in Georgien entsprechende Beispiele der Praxis zur Orientierung noch nicht vorliegen. Sofern Maßnahmen in der Instruktion verboten werden, ist es wichtig, dass Beamte, die ihre Befugnisse überschreiten, tatsächlich zur Rechenschaft gezogen werden.²⁹

II. Kritische Betrachtung der Verhaltensregeln

In Anbetracht des Grundsatzes der Gesetzmäßigkeit staatlichen Handelns erscheinen einige Bestimmungen der Instruktion als verfassungsrechtlich bedenklich. In einem Rechtsstaat sind die Grundrechte entweder unmittelbar durch Ge-

---

[21] Vgl. ebd., §§ 54–56.
[22] Vgl. ebd., §§ 57–58.
[23] Vgl. ebd., § 59 und § 57: „[…] [A]ccount must be taken of a whole range of criteria such as the type, duration, effects and manner of implementation of the measure in question."
[24] Vgl. ebd., § 60.
[25] Vgl. ebd.
[26] Vgl. ebd., § 61.
[27] Vgl. ebd., § 62 und § 65: „[…] [T]he context in which the measure was imposed is significant."
[28] Vgl. ebd., §§ 67–69. Eine Prüfung aufgrund Art. 11 EMRK wurde nicht vorgenommen, da die Bf. insofern eine Verletzung nicht beanstandet hatten. Zur Kritik der Entscheidung *Trurnit, C.*, Umschließungen bei Versammlungen, VBlBW 2015, S. 187.
[29] Vgl. State of Democracy, Human Rights and the Rule of Law in Europe, A shared responsibility for democratic security in Europe, Report by the Secretary General of the Council of Europe, Council of Europe, April 2015, S. 52.

setz oder mittelbar aufgrund eines Gesetzes zu beschränken.[30] Artikel 21 GVerf bezieht sich ebenfalls nur auf Gesetze und Verstöße gegen gesetzliche Vorschriften, die zur Grundlage für eine Einschränkung der Versammlungsfreiheit dienen. Auf der Ebene des einfachen Rechts, im Gesetz „Über normative Akte" (Art. 8) ist ausgeführt, dass Grundrechte nur durch Gesetz beschränkt werden dürfen. Dies gilt für die Pflicht der Polizei, einzelne Störer oder auch eine abgrenzbare Gruppe von Störern zu identifizieren und von den friedlichen Versammlungsteilnehmern zu trennen (Art. 4 Abs. 2 lit. b der Instruktion). Der Ausschluss eines Teilnehmers aus einer Versammlung ist ein intensiver Eingriff in die Freiheit[31] und erfordert eine spezielle Grundlage im GVersG.[32] Artikel 4 Abs. 2 lit. d der Instruktion hat ferner Gegenversammlungen und Parallelversammlungen zum Gegenstand, die ebenfalls im GVersG explizit nicht geregelt sind. In beiden Fällen geht die Instruktion von einer sicheren Distanz aus, wodurch Gegen- oder Parallelversammlungen voneinander abgegrenzt werden. Dabei bleibt unklar, unter welchen Voraussetzungen die Polizeibehörden beim Zusammentreffen von zwei Versammlungen einschreiten dürfen und welche Eingriffe zulässig sind. Die Befugnis zur Anordnung versammlungsspezifischer Restriktionen steht nach dem vorrangigen GVersG nur der Versammlungsbehörde zu (Art. 11²). Das Prinzip der Gesetzmäßigkeit wird daher beeinträchtigt.

III. Fazit

Mit der Instruktion werden wichtige Forderungen des GVerfG u. a. hinsichtlich der Schutzpflichten des Staates auch auf untergesetzlicher Ebene normiert und müssen damit in die Praxis umgesetzt werden. Die Instruktion ist um eine Ausfüllung der Gesetzeslücken bemüht. Der Gesetzesvorbehalt gebietet aber, dass das GVersG nachgebessert wird und technisch ausgereifte verfassungskonforme gesetzliche Regelungen geschaffen werden. Andererseits sind die Bestimmungen des Innenministeriums gesetzeskonkretisierend. Diese können das Ermessen der Polizei – ob, wann und wie in die Geschehnisse einzuschreiten ist – zugunsten

---

[30] Vgl. *Sachs, M.,* in: Sachs, M. (Hrsg.), GG, Art. 20 Rn. 112–113; *ders.,* Die Grundrechte in der gesetzlichen Rechtsordnung, in: FS für Jarass, S. 236; *Gusy, C.,* in: Mangoldt, H. v./Klein, F./Starck, C. (Hrsg.), GG, Art. 8 Rn. 56.

[31] Vgl. BVerfG, Beschl. v. 30.04.2007 – 1 BvR 1090/06, BeckRS 2007, 23752; *Hong, M.,* in: Peters, W./Janz, N. (Hrsg.), Hb VersR, Kap. B Rn. 83.

[32] Vgl. dagegen die deutsche Regelung des Ausschlusses der Teilnehmer in § 18 Abs. 3 und § 19 Abs. 4 VersG. Dazu *Enders, C./Hoffmann-Riem, W. u. a.,* ME eines Versammlungsgesetzes, S. 43.

III. Fazit

der Versammlungsfreiheit lenken.[33] Daher kann erst die Praxis zeigen, welches Gewicht die Gerichte der Instruktion beimessen, um die Bürger vor unverhältnismäßigen Eingriffen zu schützen. Dazu sollte eine Außenwirkung der Instruktion bejaht werden.[34] Der Gleichheitsgedanke fordert zudem, dass aus den Verhaltensregeln eine Selbstbindung der Polizeibehörden entsteht. Auch die Gerichte müssen sodann, wenn polizeiliche Zwangsmaßnahmen nach dem GPolG gegenüber einer Versammlung angefochten werden, die Instruktion als Auslegungshilfe heranziehen. Ein Beispiel bietet ein interessanter Fall aus der deutschen Praxis – sog. „Schwarzer Donnerstag": Das VG Stuttgart zog in seinem Urteil vom 18.11.2015 eine Polizeidienstvorschrift als Hilfe zur Auslegung einer Norm des PolG heran. Damit hat das Gericht die Kriterien der Verhältnismäßigkeitsprüfung der Anwendung unmittelbaren Zwangs präzisiert.[35]

---

[33] Vgl. *Brenneisen/Staack/Petersen/Martins*, in: Brenneisen, H./Wilksen, M. (Hrsg.), VersR, S. 234.

[34] Zur Bindungswirkung je nach Grundrechtsrelevanz *Voßkuhle, A./Kaufhold, A.-K.*, Verwaltungsvorschriften, JuS 2016, S. 315; *Becker/Ritter*, in: Brenneisen, H./Wilksen, M. (Hrsg.), VersR, S. 516.

[35] VG Stuttgart, Urt. v. 18.11.2015 – 5 K 1265/14, BeckRS 2015, 56039; laut PolG durfte der unmittelbare Zwang gegenüber einer Menschenansammlung nur angewandt werden, wenn die Maßnahme gegen einzelne Teilnehmer offensichtlich keinen Erfolg versprach. Um die Angemessenheit der gegenüber einer dicht stehenden Menschenansammlung verwendeten Wasserstöße zu prüfen, die dem Kläger eine schwere Augenverletzung zugefügt haben, hat das VG Stuttgart die Polizeidienstvorschrift zum „Einsatz von Wasserwerfern und Wasserarmaturen" herangezogen. Laut VG war die Vorschrift für das Gericht zwar nicht bindend, diese musste sich aber auf die polizeiliche Beurteilung auswirken: Nach Ex-ante-Sicht war behördlicherseits herauszufinden, welche Folgen bei Anwendung des unmittelbaren Zwangs in der gewählten Form zu erwarten waren. Nach der Dienstvorschrift waren die Wasserstöße als intensivste Form des Wasserwerfereinsatzes nur in streng vorgesehenen Fällen möglich. Eine solche Lage konnte im Streitfall dagegen nicht angenommen werden.

J. Der einstweilige Rechtsschutz und die Ahndung von Rechtsverstößen

Die Justizgewährleistung gilt als „Kehrseite des staatlichen Gewaltmonopols" und wird in einem Eingriffsstaat unabdingbar vorausgesetzt.[1] Wird die Rechtsschutzgarantie als „Rechtsverletzungsreaktionsgarantie" begriffen,[2] ist für deren Effektivität der spezifische „reaktionsrechtliche Gehalt" der Versammlungsfreiheit zu berücksichtigen:[3] Eine Verletzung der Versammlungsfreiheit lässt sich nur schwer restituieren. So werden die Zwecke der Versammlung endgültig verfehlt, wenn die staatlichen Behörden deren (symbolische) Modalitäten in unverhältnismäßiger Weise modifizieren und die Gerichte diese Lage infolge des Eilrechtsschutzes nicht rechtzeitig korrigieren.[4] Der Schutzgehalt der Versammlungsfreiheit ist zudem während der Ahndung von Rechtsverstößen, die eventuell von Teilnehmern der Versammlung begangen wurden, zu berücksichtigen. Das BVerfG hat in seinem Beschluss zum Bayerischen Versammlungsgesetz darauf hingewiesen, dass die Verhängung von Sanktionen wegen einer Ordnungswidrigkeit in Zusammenhang mit einer Versammlung eine repressive Natur aufweist; dies komme unter strikter Wahrung der rechtsstaatlichen Verfahrensgarantien in Betracht.[5]

In bestimmten Fällen verschärfen sich in Georgien die Defizite des Menschenrechtsschutzes dadurch, dass den Gerichten eine hinreichende Sensibilität für grundrechtsrelevante Bereiche fehlt. In gerichtlichen Verfahren aufgrund des OWiGB sind, soweit es um Versammlungen geht, die Mängel offensichtlich, da die Regeln nicht versammlungs- bzw. verfassungsfreundlich angewandt wer-

---

[1] Vgl. *Sachs, M.*, in: Sachs, M. (Hrsg.), GG, Art. 19 Rn. 11; *ders.*, ebd., Art. 20 Rn. 162 mwN; *Nußberger, A.*, Die Verantwortung des Staates für das Handeln Dritter, in: FS für Klein, S. 1209.

[2] So *Höfling, W.*, Primär- und Sekundärrechtsschutz im öffentlichen Recht, VVDStRL 61 (2002), S. 266. Dazu *Lindner, F.J.*, Theorie der Grundrechtsdogmatik, S. 489 ff.

[3] Vgl. *Cornils, M.*, Die Ausgestaltung der Grundrechte, S. 447, der verfassungsrechtliche Ausgestaltungsauftrag fordert nicht nur die „Bereitstellung des Rechtswegs", sondern die „Effektivität des Rechtsschutzes".

[4] Vgl. *Blankenagel, A.*, Effizienter Grundrechtsschutz, S. 11 f.

[5] Auch dadurch wird der Person ein rechtswidriges „Fehlverhalten" vorgeworfen, was „mit dem staatlichen Tadel" einhergeht; BVerfGE 122, 342, 363.

den.⁶ Die Richter haben es versäumt, die Verfassungsmäßigkeit von Normen im Wege des Vorlageverfahrens prüfen zu lassen.⁷ Im Oktober 2017 wurden allerdings Verfassungsbeschwerden vor dem GVerfG eingelegt.⁸ Mängel beinhalten nicht nur Regelungen des OWiGB. Hätten die Richter ihre Aufgabe zur Konkretisierung und Erweiterung der Schutzstandards erfüllt, könnten die verfassungsrechtlichen Vorgaben selbst unter der Geltung des relativ alten OWiGB von 1984 umgesetzt werden. Das Verständnis des Verwaltungsrechts als „konkretisiertes Verfassungsrecht",⁹ das vor allem das Verhältnismäßigkeitsprinzip als „zentralen Topos" beinhaltet,¹⁰ scheint in Georgien in der Gerichtspraxis nicht abgesichert zu sein. Dies ist umso problematischer mit Blick darauf, dass die Richter nach kontinental-europäischem Vorbild in bereichsspezifischen (Verwaltungsrechts-)Kollegien und Kammern arbeiten.¹¹ Durch den fehlenden „judicial activism" verliert die Rechtsprechung ihre „edukatorisch-präventive" Wirkung auf die Verwaltungsbehörden.¹² In bestimmten Fällen handelt es sich aber nicht mehr um die Frage eines „activism" bzw. „restraint", sondern um eine Lockerung der Prinzipien der Gesetzmäßigkeit.

I. Die Rechtsschutzgarantie des Art. 31 GVerf

Als „formelles Hauptgrundrecht"¹³ gewährleistet Art. 31 GVerf einen (wirkungsvollen) Rechtsschutz – sowie u. a. das Recht auf rechtliches Gehör und das Recht

---

⁶ Zur verfassungskonformen Auslegung *Müller-Franken, S.*, in: Schmidt-Bleibtreu, B./Hofmann, H./Henneke, H.-G. (Hrsg.), GG, Art. 8 Rn. 60.
⁷ Zur Richtervorlage vgl. Art. 19 des Organgesetzes „Über das Georgische Verfassungsgericht". Zur Bedeutung des Vorlageverfahrens vgl. Amicus Curiae Brief for the Constitutional Court of Georgia on the Effects of Constitutional Court Decisions on Final Judgments in Civil and Administrative Cases, Venice Commission, CDL-AD(2018)012-e, S. 8.
⁸ Dazu vgl. die Beschwerde vom 2. Oktober Nr. 1262 und vom 3. Oktober 2017 Nr. 1263. Die Beschwerden sind abrufbar unter: https://constcourt.ge/ka/judicial-acts?legal=1642 und https://constcourt.ge/ka/judicial-acts?legal=1710; Abrufdatum: 17.10.2021.
⁹ Vgl. *Schwarz, K.-A.*, in: Fehling, M./Kastner, B./Störmer, R. (Hrsg.), Verwaltungsrecht, Rn. 113 m.V. auf Fritz Werner, Verwaltungsrecht als konkretisiertes Verfassungsrecht, DVBl. 1959, S. 527 ff.
¹⁰ Vgl. *Classen, C. D.*, Das Prinzip der Verhältnismäßigkeit, in: FS für Stern, S. 651.
¹¹ Zum Gerichtssystem in Georgien s. das Organgesetz „Über die Fachgerichte". Die deutsche Übersetzung in: Auswahl georgischer Gesetze, Tbilisi 2009, S. 84 ff.
¹² S. *Huber, P.M.*, in: Mangoldt, H. v./Klein, F./Starck, C. (Hrsg.), GG, Art. 19 Rn. 343, er spricht von einem „edukatorisch-präventiven Effekt" des Individualrechtsschutzes auf die Verwaltung.
¹³ Vgl. *Antoni, M.*, in: Hömig, D./Wolff, H.A. (Hrsg.), GG, Art. 19 Rn. 12; *Huber, P.M.*, in: Mangoldt, H. v./Klein, F./Starck, C. (Hrsg.), GG, Art. 19 Rn. 342.

I. Die Rechtsschutzgarantie des Art. 31 GVerf

auf ein faires Verfahren.[14] Diese formelle Garantie steht mit den materiellen Menschenrechtsbestimmungen in Kapitel zwei der GVerf in einem „korrespondierenden Absicherungsverhältnis".[15] Das GVerfG betrachtet die verfassungsrechtliche Norm des Justizgewährleistungsanspruchs als „instrumentales Recht",[16] wodurch der Rechtsschutz vor einer ungerechtfertigten Einschränkung der Freiheit gesichert sei.[17] Dementsprechend beeinträchtige die Lückenhaftigkeit des Zugangs zum Gericht nicht nur das Recht auf rechtliches Gehör, sondern auch die betroffene Freiheit der Person.[18] Das Recht auf ein faires Verfahren sei dabei nicht nur formal (als Zugang zum Gericht) zu verstehen; es sei vielmehr festzustellen, ob den kontrollierenden Gerichten zur Behandlung der Rechtssache prozessuale Mittel zur Verfügung stehen, die eine effektive Reaktion auf die Rechtsverletzung ermöglichen.[19] Ohne diese rechtsstaatliche Absicherung wäre die Geltung der Grundrechte nur fiktiv und kaum realisierbar.[20] In diesem Sinne unterstreicht das GVerfG sowohl die subjektive Ausrichtung des Art. 31 als auch dessen objektiv-rechtliche Dimension zur Effektivität des Rechtsschutzes durch die Fachgerichtsbarkeit.[21]

Dabei erfüllt das GVerfG selbst die verfassungsmäßige Aufgabe, dem „Misstrauen des Verfassungsgebers gegenüber dem positiven Gesetzgeber" durch eigene Maßstäbe abzuhelfen.[22] In seiner Rechtsprechung hat es die Leitlinien geschaffen, die im Bereich der Ordnungswidrigkeiten sowohl der Gesetzgeber als auch der Rechtsanwender zu berücksichtigen hat. Das GVerfG hat in seinem Beschluss vom 10. November 2010 auch zur Sanktionierung von Ordnungswidrigkeiten, die in Zusammenhang mit einem Versammlungsgeschehen begangen

---

[14] Vor der Verfassungsreform 2017 war die Rechtsschutzgarantie in Art. 42 GVerf verankert.
[15] Dazu *Hofmann, H.*, in: Schmidt-Bleibtreu, B./Hofmann, H./Henneke, H.-G. (Hrsg.), GG, Art. 19 Rn. 96. Zur grundrechtsrelevanten Funktion der Judikative vgl. BVerfGE 109, 279, 363; es hat einen Anspruch des Grundrechtsträgers, Kenntnis von Überwachungsmaßnahmen zu nehmen, aus Art. 13 Abs. 1 i. V. m. Art. 19 Abs. 4 GG abgeleitet. Vgl. auch *Huber, P. M.*, in: Mangoldt, H. v./Klein, F./Starck, C. (Hrsg.), GG, Art. 19 Rn. 391: Art. 19 Abs. 4 schaffe keine Rechte, sondern setze sie voraus, m. V. auf BVerfG.
[16] Vgl. dazu die Entscheidung des GVerfG vom 27. August 2009, Nr. 1/2/434, Kap. II § 1; *Sachs, M.*, in: Sachs, M. (Hrsg.), GG, Art. 20 Rn. 162–164.
[17] Vgl. die Entscheidung des GVerfG vom 19. Dezember 2008, Nr. 1/1/403, 427, Kap. II § 1; die Entscheidung des GVerfG vom 11. April 2013, Nr. 1/2/503, 513, Kap. II § 46.
[18] Vgl. die Entscheidung des GVerfG vom 11. April 2013, Nr. 1/2/503, 513, Kap. II § 47.
[19] Vgl. ebd.
[20] Vgl. ebd.
[21] Zu Art. 19 Abs. 4 als institutionelle Garantie *Huber, P. M.*, in: Mangoldt, H. v./Klein, F./Starck, C. (Hrsg.), GG, Art. 19 Rn. 380.
[22] Dazu *Hofmann, H.*, in: Schmidt-Bleibtreu, B./Hofmann, H./Henneke, H.-G. (Hrsg.), GG, Art. 19 Rn. 1.

wurden, Stellung genommen. Das Gericht unterstrich zunächst, dass dem Gesetzgeber ein weiter Spielraum zukomme, eine bestimmte Handlung mit Störungspotenzial als Ordnungswidrigkeit zu qualifizieren. Dabei sei dieser gesetzgeberische Spielraum nur unter Berücksichtigung des Verhältnismäßigkeitsprinzips zu betätigen. Darüber hinaus sei es die Aufgabe des Rechtsanwenders, nach der Bewertung der konkreten Lage (im Rahmen des Auswahlermessens) eine solche Sanktion zu wählen, die der Interessenbalancierung am besten entspricht.[23] Ähnliches hat der EGMR in dem Fall „Novikova v. Russia" ausgeführt. Danach dürfe eine legislative Entscheidung zur Kriminalisierung eines bestimmten Verhaltens nicht den Kern der Rechte und Freiheiten, die in der EMRK geschützt sind, antasten.[24] In der Entscheidung vom 14. April 2016 hat das GVerfG darauf hingewiesen, dass das Gesetz nicht die Risiken einer missbräuchlichen Anwendung erhöhen darf.[25] Es dürfe keinen Raum dafür bieten, dass der Rechtsanwender die Reichweite eigener Handlungen eigenständig determiniere.[26] Das behördliche Ermessen bedeute nicht einen unbegründet weiten und unvorhersehbaren Handlungsspielraum.[27] Dabei führe die Missachtung des Gesetzes durch den Rechtsanwender nicht zur Verfassungswidrigkeit des Gesetzes per se; es sei aber die Aufgabe des Gesetzgebers, effektive und klare Mechanismen einer gerichtlichen Kontrolle der Rechtsanwendung zu schaffen.[28]

II. Der Eilrechtsschutz

1. Die Regelung in Deutschland und die Vorgaben des EGMR

Das BVerfG hat schon in dem „Brokdorf"-Beschluss die Bedeutung des vorläufigen Rechtsschutzes und die Notwendigkeit der Berücksichtigung des Versammlungszwecks auf den Punkt gebracht: „Die Verwaltungsgerichte haben schon im Verfahren des vorläufigen Rechtsschutzes durch eine intensivere Prüfung dem

---

[23] Vgl. den Beschl. v. GVerfG vom 10. November 2010, Nr. 482, 483, 487, 502, Kap. II § 8.
[24] ECHR, Novikova and Others v. Russia, Nr. 25501/07, 57569/11, 80153/12, 5790/13 und 35015/13, 26. April 2016, § 196: „While reiterating the State's wide margin of appreciation when it comes to deciding whether or not to institute proceedings against someone thought to have committed an offence, the Court considers that the legislative choice to make conduct or omission a criminal or other assimilated offence should not run counter to the very essence of a fundamental Convention right or freedom […]."
[25] Vgl. die Entscheidung des GVerfG vom 14. April 2016, Nr. 1/1/625, 640, Kap. II § 44.
[26] Vgl. ebd., § 46 m. V. auf die Entscheidung vom 26. Dezember 2007, Nr. 1/3/407, Kap. II § 14.
[27] Vgl. ebd., § 67 und § 46.
[28] Vgl. ebd., § 69.

Umstand Rechnung zu tragen, dass der Sofortvollzug eines Demonstrationsverbots in der Regel zur endgültigen Verhinderung der Grundrechtsverwirklichung führt."[29] Damit erfüllt der vorläufige Rechtsschutz den Schutzauftrag der Verfassung und erreicht die „Konstitutionalisierung der Rechtsanwendung".[30] Mit Blick auf seine Relevanz für eine effektive Entfaltung der Versammlungsfreiheit wird der Eilrechtsschutz als „Regel-Gerichtsschutz" verstanden.[31] Die deutschen Gerichte stellen dazu eine summarische Prüfung an, die sich an den Erfolgsaussichten der Rechtssache im Hauptsacheverfahren orientiert.[32] Infolge der Folgenabwägung werden die Verwaltungsgerichte im Einzelfall erwägen, welche negativen Folgen für die kommunikativen Zwecke des Veranstalters durch die behördlichen Anordnungen (Auflage, Verbot) und durch deren Sofortvollzug drohen.[33] Auch hier kommt den symbolischen Modalitäten der Versammlung eine besondere Aufmerksamkeit zu.[34]

Die Notwendigkeit eines effektiven Eilrechtsschutzes gegen die einschränkenden Entscheidungen der Behörde im Vorfeld hat der EGMR insbesondere im Verfahren „Bączkowski and Others v. Poland" von 2007 auf den Punkt gebracht.[35] Zugleich identifizierte der EGMR die sog. strukturellen Defizite („systematic

---

[29] Zit. nach *Papier, H.-J.*, Aktuelle Probleme des Versammlungsrechts, DVBl. 2016, S. 1417.

[30] Vgl. *Hoffmann-Riem, W.*, in: Merten, D./Papier, H.-J. (Hrsg.), HGR IV, § 106 Rn. 151–152; *Papier, H.-J.*, Aktuelle Probleme des Versammlungsrechts, DVBl. 2016, S. 1417.

[31] Vgl. *Schulze-Fielitz, H.*, in: Dreier, H. (Hrsg.), GG, Art. 8 Rn. 108; *Hettich, M.*, VersR in der Praxis, Rn. 275, er spricht von einer „überragende[n] Bedeutung" des Eilrechtsschutzes bzw. der § 80 Abs. 5 VwGO.

[32] Dazu *Peters, W.*, in: Peters, W./Janz, N., Hb VersR, Kap. H Rn. 73–74.

[33] Dazu *Geis, M. E.*, in: Friauf, H./Höfling, W. (Hrsg.), Berliner Kommentar GG, Art. 8 Rn. 84; VG Göttingen, Beschl. v. 29.03.2017 – 1 B 74/17, BeckRS 2017, 106168 (LS 2) und Rn. 53; *Peters, W.*, in: Peters, W./Janz, N. (Hrsg.), Hb VersR, Kap. H Rn. 74.

[34] Vgl. BVerfG, Beschl. v. 29.08.2015 – 1 BvQ 32/15, NVwZ 2016, S. 244, Rn. 4; danach war in der Folgenabwägung zu berücksichtigen, dass sich die Versammlung auf die in der Medienberichterstattung besonders intensiv diskutierte Frage bezog. Vgl. VG Göttingen, Beschl. v. 29.03.2017 – 1 B 74/17, BeckRS 2017, 106168, Rn. 56–57; das Gericht stellte während der Folgenabwägung fest, dass die Auflage, wonach der Aufruf als eine stationäre Kundgebung durchzuführen war, die Versammlungsfreiheit beschränkt hat; dabei wies das Versammlungsthema keinen Bezug zu der anfangs geplanten Route auf. Daher war die Öffentlichkeitswirksamkeit der Versammlung zwar eingeschränkt; das inhaltliche Anliegen war dagegen nicht beeinträchtigt. Die Interessen der Öffentlichkeitswirksamkeit sollten in diesem Fall zurücktreten, da die begründete Prognose der Behörde auf die zu erwartenden Ausschreitungen Dritter gegen den Ablauf des Aufzugs hindeuteten. Die Gefahren, die von Gegendemonstranten ausgelöst werden sollten, könnten die Polizeikräfte während der stationären Kundgebung effektiver abwehren. Vgl. eine andere Argumentation zugunsten der anfangs geplanten Versammlung in Form eines Aufzuges VG Gelsenkirchen, Beschl. v. 05.10.2016 – 14 L 2356/16, BeckRS 2016, 52741, LS 4.

[35] Vgl. ECHR, Bączkowski and Others v. Poland, Nr. 1543/06, 3. Mai 2007, §§ 28–44.

defects") in der Rechtsordnung von Polen.³⁶ Die Zwecke des Veranstalters verbinden sich in vielen Fällen mit bestimmten zeitlichen und örtlichen Angaben, die in dem Anmeldungsverfahren konkretisiert werden. In manchen Fällen kann gerade die Zeit einer Versammlung mit einer bestimmten politischen oder sozialen Thematik für die offene Debatte in der demokratischen Gesellschaft bedeutend sein.³⁷ Wenn dagegen Restriktionen (Auflagen) verhängt werden oder die ganze Versammlung verboten wird, kann allein eine Post-hoc-Kontrolle der behördlichen Entscheidung den Maßstäben des Art. 11 und Art. 13 EMRK nicht genügen.³⁸ Vielmehr muss einstweiliger Rechtsschutz ermöglicht werden, sodass über die Rechtmäßigkeit der behördlichen Entscheidung vor dem Zeitpunkt der geplanten Veranstaltung entschieden wird. Die Problematik der Post-hoc-Kontrolle und das Fehlen eines effektiven Rechtsmittels waren auch Gegenstand des „Lashmankin"-Falles gegen Russland.³⁹ Der EGMR beanstandete, dass die nationalen Regelungen keinen effektiven Rechtsschutz ermöglichten: Der Veranstalter konnte die Entscheidungen der Versammlungsbehörde, für die keine Fristen festgeschrieben waren, nicht im Weg des einstweiligen Rechtsschutzes vor Beginn der Versammlung beanstanden.⁴⁰ Ebenso hatte der EGMR schon im Fall „Alekseyev v. Russia" von 2010 entschieden.⁴¹

Die Befunde im „Bączkowski"-Fall wiederholte der EGMR in der Entscheidung „Stowarzyszenie Wietnamczyków W Polsce 'Solidarność i Przyjaźń'" von 2017.⁴² Gegenstand war ein Versammlungsverbot. Das vietnamesische Unter-

---

³⁶ Diese Defizite wurden in Polen später zum Gegenstand der Verfassungsbeschwerde. Der Gesetzgeber hat nach der Entscheidung des Verfassungsgerichts in 2015 ein neues Versammlungsgesetz verabschiedet. Dazu ECHR, Stowarzyszenie Wietnamczyków W Polsce 'Solidarność i Przyjaźń' v. Poland, Nr. 7389/09, 2. Mai 2017, §§ 27–28.

³⁷ ECHR, Bączkowski and Others v. Poland, Nr. 1543/06, 3. Mai 2007, § 82: „Given the nature of the democratic debate, the timing of public meetings held in order to voice certain opinions may be crucial for the political and social weight of such meetings. Freedom of assembly – if prevented from being exercised at a propitious time – can well be rendered meaningless […]."

³⁸ Art. 13 EMRK: „Everyone whose rights and freedoms as set forth in [the] Convention are violated shall have an effective remedy before a national authority notwithstanding that the violation has been committed by persons acting in an official capacity."

³⁹ ECHR, Lashmankin and Others v. Russia, Nr. 57818/09 und 14 weitere, 7. Februar 2017, § 72, § 83: „On 12 January 2012 St Petersburg City Court examined the case on appeal. It quashed the decision ordering the Vasileostrovskiy District Administration to allow the meeting and the march, as the date scheduled for the events had passed months before. It was therefore no longer possible to remedy the violation of the applicant's rights. […]."

⁴⁰ Vgl. ebd., §§ 345–346.

⁴¹ Vgl. ECHR, Alekseyev v. Russia, Nr. 4916/07 und 14599/09, 21. Oktober 2010, §§ 99–100. Vgl. später ECHR, Kablis v. Russia, Nr. 48310/16 und 59663/17, 30. April 2019, § 68.

⁴² Vgl. ECHR, Stowarzyszenie Wietnamczyków W Polsce 'Solidarność i Przyjaźń' v. Poland, Nr. 7389/09, 2. Mai 2017.

nehmen als Bf. hatte in einem Shopping-Center eine Fläche zur Vermarktung mehrheitlich asiatischer Waren gemietet. Da dieses Unternehmen mit einer übermäßigen Erhöhung der Miete nicht einverstanden war, meldete es eine Versammlung in der Nähe des Warenhauses an.[43] Die Versammlung wurde jedoch unter Hinweis auf zu erwartende Störungen des Straßenverkehrs und die Gefahr einer Blockade verboten. Die gewählte Örtlichkeit würde auch den Einsatz von Polizei und Krankenwagen erschweren. Daraufhin hatte das Unternehmen die Modalitäten der Kundgebung geändert und die Fläche des Versammlungsortes reduziert. Auch die zweite Anmeldung führte zum Verbot der Versammlung.[44] Die gegen die Verbote vorgelegten Beschwerden hatten keine aufschiebende Wirkung („inadequate time-limits"), sondern wirkten nur post hoc. Die Rechtswidrigkeit des Versammlungsverbots wurde erst Monate nach dem anfänglich geplanten Zeitpunkt festgestellt.[45] Nach Art. 13 EMRK müssen die Mitgliedstaaten die prozessualen Voraussetzungen dafür schaffen, dass das Individuum verletzte Konventionsrechte effektiv beanstanden kann. Dabei komme dem Staat ein gewisser Spielraum zu, um die Anforderungen des Art. 13 zu erfüllen. Einerseits muss garantiert werden, dass auf der nationalen Ebene die Substanz der Konventionsverletzung (hier der Versammlungsfreiheit) geprüft wird und andererseits muss die Möglichkeit eines adäquaten Rechtsmittels gesichert werden.[46] In diesem konkreten Fall hatte der Veranstalter die geplante Versammlung sieben Tage vor der geplanten Versammlung angemeldet. Daher hatten die nationalen Behörden genug Zeit, um zu erwartende Störungen des Straßenverkehrs abzuwehren.[47] Die Verbotsgründe waren in beiden Fällen gleich. Nicht berücksichtigt wurde, dass der Veranstalter bei der zweiten Anmeldung die Zeit und die Fläche reduziert hat.[48] Für die Ausübung der Versammlungsfreiheit sei es wichtig, dass Vorfeld-Entscheidungen der Behörde vor dem Versammlungszeitpunkt beanstandet werden können. Daher müssten auch die nationalen Amtsträger in ad-

---

[43] Vgl. ebd., §§ 8–9.
[44] Vgl. ebd., §§ 10–19.
[45] Vgl. ebd., § 13 und vgl. auch § 37.
[46] Vgl. ebd., § 40: „Where there is an arguable claim that an act on the part of the authorities may infringe an individual's right to freedom of assembly protected by Article 11 of the Convention, Article 13 of the Convention requires the provision of a domestic remedy allowing the competent national authority both to deal with the substance of the relevant Convention complaint and to grant appropriate relief, although [...] States are afforded some discretion as to the manner in which they comply with their obligations under this provision [...]." Dazu auch ECHR, Ter-Petrosyan v. Armenia, Nr. 36469/08, 25. April 2019, § 56; ECHR, Kablis v. Russia, Nr. 48310/16 und 59663/17, 30. April 2019, §§ 64–67.
[47] Vgl. ebd., § 43.
[48] Vgl. ebd., § 44.

äquaten Zeitrahmen agieren.[49] Hier wurde die endgültige Entscheidung erst zwei Monate nach dem geplanten Versammlungszeitpunkt getroffen. Dieser Zeitpunkt konnte aber mit Blick auf die politische oder soziale Bedeutung der Versammlung besonders wichtig sein.[50] Daher betrachtete der EGMR Art. 13 i. V. m. Art. 11 EMRK als verletzt.[51]

2. Die Rechtslage in Georgien

Das georgische Recht ist bis dato unklar. Dies gilt vor allem mit Blick darauf, dass behördliche Auflagen im Vorfeld nur als Empfehlung für den Veranstalter, also nicht als verbindliches Ge- oder Verbot ergehen können. Einzige versammlungsspezifische [!] verbindliche Entscheidung im Vorfeld ist laut GVersG das Versammlungsverbot. Die Empfehlung der Venedig-Kommission, Art. 10 GVersG i. V. m. Art. 11² (Auflagen während der Durchführung der Versammlung) anzuwenden, wird in der Praxis nicht befolgt. Die scheinbar liberale Lösung des einfachen Gesetzgebers, lediglich Empfehlungen bei behördlichen Modifizierungen vorzusehen, ist in der Praxis problematisch, wenn dann die Versammlungsfreiheit de facto durch die Polizei beschränkt wird.

Artikel 28–28¹ des georgischen Verwaltungsprozessgesetzbuches regeln das beschleunigte Verfahren, wobei die Einreichung des Rechtsbehelfs eine aufschiebende Wirkung zur Folge hat (Art. 29). Fristen sind im GVersG allerdings explizit nur für Verbots- und Auflösungsentscheidungen vorgesehen. Gemäß Art. 14 Abs. 2 GVersG kann ein Versammlungsverbot beim zuständigen Gericht, das die Beschwerde innerhalb von zwei Werktagen behandeln muss, angefochten werden. Die Entscheidung ist abschließend; weitere Rechtsmittel bestehen nicht. Der Ausschluss des Instanzenzugs ist aber aufgrund des Gebots der Effektivität problematisch, da es sich beim Versammlungsverbot um einen schwerwiegenden Eingriff handelt.[52] Das Gesetz schreibt selbst kein zügiges Verfahren oder konkrete Fristen vor, um die Behörde anzuhalten, in angemessener Frist über die

---

[49] Vgl. ebd., § 46: „The Court reiterates that the notion of an effective remedy implies the possibility of obtaining a ruling concerning the authorisation of the event before the time at which it is scheduled to take place […]. It is therefore important for the effective enjoyment of freedom of assembly that the applicable laws provide for reasonable time-limits within which the State authorities, when giving relevant decisions, should act […]." So auch ECHR, Elvira Dmitriyeva v. Russia, Nr. 60921/17 und 7202/18, 30. April 2019, §§ 57–59.

[50] Vgl. ebd., § 48.

[51] Vgl. ebd., § 51.

[52] Dazu vgl. *Gusy, C.,* in: Mangoldt, H. v./Klein, F./Starck, C. (Hrsg.), GG, Art. 8 Rn. 49; auch die Erledigung des Begehrens dürfe nicht dazu führen, dass der Grundrechtsschutz (Restitutionsinteresse) verweigert wird; *Peters, W.,* in: Peters, W./Janz, N., Hb VersR, Kap. H Rn. 37–38.

Nichtzulassung zu entscheiden. Aber auch in diesem Fall gilt die ungeschriebene Regel des Rechtsstaats des zügigen Verfahrens und des Missbrauchsverbots (der vorsätzlichen Verzögerung).[53]

Artikel 13 Abs. 7 GVersG regelt die gerichtliche Anfechtung der Auflösungsanordnung. Das Gericht hat innerhalb von drei Tagen über die Rechtmäßigkeit der Anordnung zu entscheiden. Dies gilt auch für jede weitere Entscheidung im Instanzenzug. Die Venedig-Kommission hat zwar in ihrer Stellungnahme die Fristenregelung nicht angesprochen; sie hat jedoch auf das zu beachtende Prinzip des „fairen Verfahrens" hingewiesen.[54] Danach ist die Versammlungsfreiheit nur dann gewährleistet, wenn gegen Störer einer Versammlung effektiv ermittelt wird und der Gleichheitsgrundsatz im gerichtlichen Verfahren gegen Teilnehmer als etwaige Störer gewahrt bleibt.

Es gibt dennoch Beispiele korrekter fachgerichtlicher Analysen und versammlungsfreundlicher Entscheidungsgründe. Am 25. August 2016 verwehrte die Kommunalbehörde der Stadt Tbilisi Veranstaltern der gesellschaftlichen Umweltorganisation „Partisane Gärtnerei", in einem Park in der Nähe des Rathauses ein Zelt aufzubauen und so die geplante Versammlung durchzuführen. Begründet wurde die Absage damit, dass die Pflanzen im Park nicht mehr wie gewohnt gepflegt werden könnten, das Gebäude des Rathauses versperrt und zudem die Gesundheit der Versammlungsteilnehmer gefährdet werde. Die Teilnehmer haben Klage gegen diese Entscheidung erhoben[55] und zugleich beim Gericht beantragt, die Rechtssache zu beschleunigen und die örtliche Beschränkung in zwei Tagen zu behandeln. Das Gericht erster Instanz der Stadt Tbilisi bejahte eine Verletzung der Versammlungsfreiheit und stützte seine Entscheidung auf die Normen des GVersG.[56] Das Gericht verwies auf Art. 9 GVersG, der eine Gebäudesperrung verhindern und das normale Funktionieren der Einrichtungen sicherstellen soll. Die beweispflichtige staatliche Behörde habe das im Rahmen des Art. 9 eingeräumte Ermessen anhand klarer Kriterien auszuüben; eine pauschale Begründung reiche nicht aus. Konkrete Umstände – Anzahl der Teilnehmer, Form der Versammlungsdurchführung, gewählter Versammlungsort – müssten belegen, dass eine Sperrung von Gebäuden bzw. eine Störung der Arbeitsfä-

---

[53] Zur Bedeutung der Fristenregelung vgl. *Waechter, K.*, Die Vorgaben des BVerfG für das behördliche Vorgehen, VerwArch 99 (2008), S. 78; ECHR, Chumak v. Ukraine, Nr. 44529/09, 6. März 2018, § 44; trotz des Fehlens der rechtlichen Regelungen sollten die Standards der Konvention angewandt werden.

[54] Vgl. Final Opinion on the Amendments to the Law on Assembly and Manifestations of Georgia, Venice Commission, CDL-AD(2011)029, § 46.

[55] Die Kläger wurden von der Assoziation der Jungen Juristen unterstützt; dazu und zu den Umständen des Falles vgl. den Bericht, Als Ordnungswidrigkeit sanktionierte Proteste, S. 15.

[56] Vgl. den Beschl. des Gerichts erster Instanz von Tbilisi vom 31. August 2016, Nr. 3/6463-16.

higkeit der Behörde zu erwarten sei. Da das Gebäude über zwei Eingänge verfüge und der Versammlungsort nicht auf dem Weg zu diesen Eingängen läge, sei die behördliche Anordnung nicht haltbar. Die Kommunalbehörde trage die Beweislast, habe aber den Beweis im konkreten Fall nicht geführt. Es läge ein Ermessensfehler vor, der auf die Verkennung des Zwecks der Ermessensnorm zurückzuführen sei. Das Gericht hat zudem einen Präzedenzfall geschaffen, da es die Rechtssache in dem beschleunigten zweitägigen Verfahren behandelt hat. Die zweitägige Frist für die Behandlung einer angefochtenen Verbotsentscheidung nach Art. 14 GVersG wurde somit auf andere Streitigkeiten versammlungsspezifischer Natur erstreckt. Ansonsten verliere die Klageerhebung den Sinn, da die Erreichung der Versammlungszwecke verfehlt würde.

III. Die Probleme der Anwendung des OWiGB

Bis heute fehlt eine thematische Zuordnung der fachgerichtlichen Entscheidungen in einer einheitlichen Datenbank.[57] Mithilfe der Berichtergebnisse des Menschenrechtsbeauftragten und der Monitoringgruppen können aber die wichtigsten Probleme angesprochen werden. Beanstandet werden überwiegend die polizeiliche Festnahme und Sanktionen in Zusammenhang mit einem Versammlungsgeschehen aufgrund des Art. 173 (Gehorsamsverweigerung gegenüber einer rechtmäßigen Aufforderung eines Polizeibeamten) und 174[1] (Verletzung der Regeln zur Organisation und Durchführung einer Versammlung). Dabei bleiben z. B. die dieser Verweigerung zugrundeliegenden versammlungsspezifischen Sachverhalte außerhalb der gerichtlichen Erwägungen.[58] Diese „behördenfreundliche" Praxis war Gegenstand der Analyse von Monitoringgruppen.[59] Insbesondere bei kleineren, aber thematisch wichtigen Versammlungen bedeutet die Festnahme der Teilnehmer, dass die Versammlung faktisch beendet wird.[60]

---

[57] Vgl. dazu die offizielle Antwort vom 29.07.2016 Nr. 3-04128/1450817 des Gerichts der ersten Instanz Tbilisi und die Antwort vom 01.08.2016 Nr. 3-133-16 des Obersten Gerichtshofs Georgiens.

[58] Zur formellen und materiellen Rechtmäßigkeitsprüfung der Maßnahme, deren Nichtbefolgung Gegenstand des Straf- oder Ordnungswidrigkeitenrechts ist, vgl. *Depenheuer, O.*, in: Maunz, T./Dürig, G. (Hrsg.), GG, Art. 8 Rn. 122. Zur umfassenden gerichtlichen Kontrolle sowohl in tatsächlicher als auch in rechtlicher Hinsicht vgl. *Sachs, M.*, in: Sachs, M. (Hrsg.), GG, Art. 19 Rn. 145–146.

[59] Vgl. die Berichte des Menschenrechtsbeauftragten von 2012, S. 448–450; von 2013, S. 271–277; von 2014, S. 303–307; von 2015, S. 462–467. Neben den Berichten des Menschenrechtsbeauftragten ist der Bericht der Assoziation der Jungen Juristen von besonderer Bedeutung, vgl. den Bericht, Als Ordnungswidrigkeit sanktionierte Proteste, Tbilisi 2017.

[60] Vgl. den Bericht, Als Ordnungswidrigkeit sanktionierte Proteste, S. 7.

III. Die Probleme der Anwendung des OWiGB

Ein allgemeiner versammlungsspezifischer Tatbestand ist Art. 174¹ OWiGB. Dieser bezieht sich auf die Verletzung der Organisations- und Durchführungsregeln einer Versammlung, ohne dabei nähere Voraussetzungen zu bestimmen.[61] Das heißt, dass der Tatbestand der Norm inhaltlich nur anhand der Regelungen des GVersG bestimmbar ist. Im Unterschied zum Art. 173 (Gehorsamsverweigerung) wird diese Norm in der Praxis trotz ihrer Spezialität nur selten angewandt.[62]

Nach Art. 173 OWiGB wird als Ordnungswidrigkeit geahndet, wenn jemand einer rechtmäßigen Aufforderung eines Polizei- oder Sicherheitsbeamten während der Ausübung des Amts den Gehorsam verweigert. Voraussetzung ist, dass die Aufforderung des Polizei- oder Sicherheitsbeamten rechtmäßig ist. Bei versammlungsspezifischen Konstellationen ist für die Rechtmäßigkeit der Aufforderung ausschlaggebend, ob sich diese im Einklang mit dem GVersG und darüber hinaus mit der verfassungsrechtlichen Gewährleistung der Versammlungsfreiheit befindet. Diese Nachwirkung der Versammlungsfreiheit erfordert, dass die Umstände, die vor der zu sanktionierenden Handlung liegen, hinreichend bewertet werden.[63] Die Entscheidungen der Fachgerichte zeigen aber andere Beispiele. Die Gerichte stellen nur fest, ob überhaupt die formellen Voraussetzungen der polizeilichen Maßnahme (Ingewahrsamnahme, Platzverweis, Aufenthaltsverbot) vorlagen, ohne diese aber im versammlungsrechtlichen Kontext materiell zu prüfen.[64] Dadurch „befreien" die Gerichte auch die beweispflichtigen Polizeibeamten davon, ihre eigene Begründung des Eingriffs – vor allem

---

[61] Art. 174¹ OWiGB vom 15.12.1984 in englischer Übersetzung: 1. Violating the rules for organising or holding assemblies or demonstrations – shall carry a fine of GEL 500; 2. The same act committed by an assembly or demonstration organiser – shall carry a fine of GEL 5 000; 3. Blocking a courthouse entrance, holding assemblies or demonstrations at the place of residence of a judge or in common courts of Georgia – shall carry an administrative detention for up to 15 days; 4. Violating the rules provided in Articles 9, 11 and 11¹ of the Law of Georgia on Assemblies and Demonstrations – shall carry a fine of GEL 500 or an administrative detention for up to 15 days or, if the offender is the organiser – a fine of GEL 5 000 or an administrative detention for up to 15 days. Note: for the offence defined in paragraph 3 of this article, the person shall be deprived of the right to carry arms for up to three years. Abrufbar unter: https://matsne.gov.ge/en/document/view/28216?publication=381; Abrufdatum: 17.10.2021.

[62] Vgl. den Bericht, Als Ordnungswidrigkeit sanktionierte Proteste, S. 16, in der Zeitspanne zwischen 2012 und 2016 sei die Norm als Grundlage der polizeilich festgestellten Ordnungswidrigkeit nur in fünf Fällen angegeben.

[63] Vgl. BVerfGE 104, 92, 107; BVerfG, Beschl. v. 04.12.2006 – 1 BvR 1014/01, BeckRS 2007, 20169.

[64] In Art. 230 OWiGB sind die Prinzipien der Behandlung der Ordnungswidrigkeiten festgelegt, wobei auf die besondere Bedeutung einer umfassenden Berücksichtigung der Einzelheiten der Handlung und einer unparteiischen Bewertung abgestellt wird. In Art. 236 ist weiter ausgeführt, dass zur allseitigen Betrachtung des Sachverhalts alle tatsächlichen Umstände als Beweise zu prüfen sind. Diese Prinzipien laufen in der Praxis aber öfter leer.

während der Festnahme der Teilnehmer – auf die versammlungsrechtliche Dogmatik zu stützen.[65]

Hierbei geht es nicht allein um die Versammlungsfreiheit, sondern generell um die mangelnde gerichtliche Kontrolle polizeilicher Maßnahmen. Derjenige, gegen den wegen einer Ordnungswidrigkeit eine Sanktion verhängt wurde, ist gezwungen, zu klagen, um die Rechtswidrigkeit der polizeilichen Maßnahme feststellen zu lassen. Artikel 251 OWiGB sieht unter Verweis auf Art. 178 Verwaltungsprozessordnung im Fall einer Festnahme vor, dass die Klage gegen den Verwaltungsakt nur dann zulässig ist, wenn der Kläger gegen den Akt zuvor bei der übergeordneten Verwaltungsbehörde Beschwerde eingelegt hat. Dies hat zur Folge, dass z.B. die Teilnahme an der Versammlung gerichtlich als Ordnungswidrigkeit qualifiziert, die polizeiliche Maßnahme (Festnahme wegen Gehorsamsverweigerung) aber im später durchgeführten gerichtlichen Verfahren als rechtswidrig bewertet wird. Dieses separate gerichtliche Verfahren, das die Rechtmäßigkeit des polizeilichen Vorgehens zum Gegenstand hat, kann sich über Jahre hinziehen.[66] Dadurch wird das Prinzip des zügigen Verfahrens zusätzlich beeinträchtigt.[67] Die Verfahrensweise dient der parteiischen Gerichtsverhandlung zugunsten der Polizeibeamten, die in Zusammenhang mit dem Versammlungsgeschehen handeln. Dadurch wird die Chancen- und Waffengleich-

---

[65] Zur notwendigen Begründung der Festnahme ECHR, Molofeyeva v. Russia, Nr. 36673/04, 30. Mai 2013, § 140: „[…] [A]dministrative arrest required 'exceptional circumstances' relating to the need for a proper and expedient examination of the administrative case […]. The domestic courts did not assess this issue in any noticeable way. Nor has it been convincingly shown before this Court that the applicant's arrest and ensuing detention for several hours were properly justified and constituted a proportionate reaction on the part of the authorities." In versammlungsrechtlichen Konstellationen handelt es sich bei der Festnahme um einen schweren Eingriff. Die Festnahme (polizeiliche Ingewahrsamnahme zu präventiven Zwecken) muss daher als Ultima-Ratio-Maßnahme behördlicherseits plausibel begründet sein. Zur Problematik s. weiter den Bericht, Als Ordnungswidrigkeit sanktionierte Proteste, S. 20. Der Menschenrechtsbeauftragte hat zudem kritisiert, dass die Polizeibeamten die Durchführung der Festnahme nicht mit sog. Armvideokameras aufzeichnen; so vgl. den Bericht des Menschenrechtsbeauftragten 2017, S. 114 f. m. V. auf Art. 24 Abs. 5 PolG, wonach die Verpflichtung zur Aufzeichnung nur im Fall sog. polizeilicher Kontrollen vorgesehen ist.

[66] Vgl. den Bericht, Als Ordnungswidrigkeit sanktionierte Proteste, S. 15 ff. Die Monitoringgruppe unterstreicht zugleich einen psychologischen Faktor dieser Praxis: Es wird der staatlichen Willkür Vorschub geleistet, wenn die Polizei- und Sicherheitsbehörden schon vorher wissen, dass im gerichtlichen Verfahren die materielle Rechtmäßigkeit ihrer Handlung nicht überprüft wird.

[67] Zum Prinzip vgl. *Hofmann, H.*, in: Schmidt-Bleibtreu, B./Hofmann, H./Henneke, H.-G. (Hrsg.), GG, Art. 20 Rn. 59 mwN; *Sachs, M.*, in: Sachs, M. (Hrsg.), GG, Art. 19 Rn. 144.

heit der Parteien beeinträchtigt[68] und die (materielle) Beweislast der Behörde gelockert.[69]

IV. Das BVerfG zur Ahndung von Rechtsverstößen

Laut BVerfG ermöglicht bzw. privilegiert das Grundrecht der Versammlungsfreiheit keine Rechtsgutverletzungen.[70] Dabei besteht bei der Ahndung von Rechtsverstößen der Teilnehmer ein Rechtmäßigkeitszusammenhang zwischen der Handlungs- und Sanktionsebene: Wird gegen behördliche Auflagen verstoßen (Handlungssituation), dann sei es in der Sanktionssituation maßgeblich, dass die Auflage rechtmäßig war.[71] Gleiches gilt für Auflösungssituationen.[72] Das BVerfG unterstreicht, dass die Sanktionsnormen des Straf- und Ordnungswidrigkeiten-

---

[68] Dazu *Schmidt-Aßmann, E./Schenk, W.*, in: Schoch, F./Schneider, J.P./Bier, W. (Hrsg.), VwGO, Einl. Rn. 48, sie beziehen sich auf sog. „Parität des Wissens". Vgl. auch *Degenhart, C.*, in: Sachs, M. (Hrsg.), GG, Art. 103 Rn. 49; *Mayer, F.C.*, in: Karpenstein, U./Mayer, F.C. (Hrsg.), EMRK, Art. 6 Rn. 115–119.

[69] Vgl. *Breunig, G.*, in: Posser/Wolff, VwGO, Rn. 16–18.2; die Folgen der Ungewissheit des Vorliegens der tatbestandlichen Voraussetzungen gelten gegen die Eingriffsbehörde (Rn. 17 mwN). Zur Beweislast und Untersuchungsmaxime vgl. *Höfling, W./Rixen, S.*, in: Sodan, H./ Ziekow, J. (Hrsg.), VwGO, § 108 Rn. 106–108; OVG Münster, Beschl. v. 19.03.2018 – 15 A 943/17, BeckRS 2018, 5866, Rn. 14.

[70] Vgl. BVerfG, Beschl. v. 23.06.2004 – 1 BvQ 19/04, JuS 2004, S. 1096 (Bespr. v. Sachs); *Becker/Ritter*, in: Brenneisen, H./Wilksen, M. (Hrsg.), VersR, S. 536; *Kunig, P.*, in: Münch, I. v./Kunig, P. (Hrsg.), GG, Art. 8 Rn. 40. Laut BVerfG muss die vorgeworfene Handlung auf einer hinreichenden objektiven Tatsachengrundlage beruhen sowie individuell bezogen sein; BVerfG, Beschl. v. 02.11.2016 – 1 BvR 289/15, BeckRS 2016, 55724, Rn. 15; nicht genügend ist für einen solchen Verdacht, wenn es sich um die bloße Teilnahme an einer Versammlung handelt, aus der heraus durch einzelne andere oder eine Minderheit Gewalttaten begangen werden. Dies gilt u.a. dann, wenn es sich um die Gewaltanwendung gegen Polizeivollzugsbeamte handelt. So haben z.B. die G20-Ereignisse in Hamburg die Problematik der Gewalt gegen die Polizei erneut auf den Punkt gebracht. Vgl. die Verurteilung des Versammlungsteilnehmers wegen mehrmaligen Werfens von Glasflaschen in Richtung eines Polizeibeamten AG Hamburg, Urt. v. 28.08.2017 – 259 Ds 128/17, NStZ 2018, S. 285 f. Eine weitere Frage entsteht bezüglich der Individualisierbarkeit der Gewalthandlungen, wenn von einer Gruppe eine Vielzahl von Gewalt- und Straftaten begangen werden. Zudem hat das BVerfG in seinem „Einkesselungs"-Beschluss von 2016 folgende Formel festgelegt: In begründeten Fällen kann ein Anfangsverdacht gegen alle Mitglieder einer Gruppe rechtmäßig sein, wenn sich diese Gruppe von der im übrigen friedlichen Versammlung deutlich abheben lässt; BVerfG, Beschl. v. 02.11.2016 – 1 BvR 289/15, BeckRS 2016, 55724, Rn. 19.

[71] Dazu *Muckel, S.*, Grundrechtliche Vorgaben für versammlungsrechtliche Auflagen, JA 2015, S. 158 m.V. auf BVerfGE 87, 399, 408 ff.

[72] Vgl. BVerfGE 104, 92, 106.

rechts im Licht der Versammlungsfreiheit auszulegen und anzuwenden sind.[73] Die Sanktionsmaßnahme zum Schutz der kollidierenden Rechtsgüter ist dabei auf das Notwendigste zu beschränken.[74] So hat z. B. das AG diese verfassungsrechtliche Vorgabe nicht berücksichtigt, als es die öffentliche Ordnung als unbestimmten Rechtsbegriff zu konkretisieren und deren Schutzinteresse mit der Versammlungsfreiheit der auf dem Friedhof veranstalteten Kundgebung abzuwägen hatte. Bei der Verurteilung des Bf. wegen Verletzung der Würde des Friedhofs und der daraus resultierenden Belästigung der Allgemeinheit hat das AG die kommunikativen Zwecke der Veranstaltung nicht berücksichtigt. Es wurde nicht abgewogen, dass das Zeigen des Transparents während des insofern „stillen Protests" gegen die auf dem Friedhof damals veranstaltete öffentliche Gedenkveranstaltung einen Beitrag zur öffentlichen Meinungsbildung leistete.[75] Nur die Tatsache, dass sich das Verhalten des Bf. unter den Tatbestand der Friedhofssatzung subsumieren ließ, genügte nicht zur Anknüpfung der Rechtsfolge.[76]

Wichtige Aussagen zum Rechtmäßigkeitszusammenhang hat das BVerfG am 30. April 2007 getroffen.[77] Das Gericht befasste sich mit dem Widerstand eines Teilnehmers gegen einen Vollstreckungsbeamten bei seiner Ingewahrsamnahme. Hiernach dürfen Sanktionen nur unter Berücksichtigung des Schutzgehalts der Versammlungsfreiheit verhängt werden. Dies gilt insbesondere dann, wenn die Versammlung nicht rechtmäßig aufgelöst wurde oder einzelne Teilnehmer nicht rechtmäßig wegen störenden Verhaltens aus der Versammlung ausgeschlossen wurden. In dem konkreten Fall wurde der Teilnehmer nicht nur wegen Gehorsamsverweigerung, sondern auch wegen gefährlicher Körperverletzung (er hatte sich mit einem Fußtritt zur Wehr gesetzt) des Polizeibeamten verurteilt. Das BVerfG ist entgegen der fachgerichtlichen Feststellungen zu dem Schluss gekommen, dass der Polizeibeamte selbst die Reichweite der Versammlungsfreiheit nicht gesehen habe. Die Teilnehmerhandlung sei als Abwehrbewegung und Antwort auf ein Fehlverhalten, das die Ausübung des Grundrechts grundlos unmöglich gemacht habe, zu beurteilen.[78] Während dieses Vorgangs stand der Teilnehmer unter dem Schutz der Versammlungsfreiheit, da er ohne einen gesetzlich vorgesehenen Grund aus der Versammlung ausgeschlossen wurde. Es

---

[73] Vgl. BVerfG, Urt. v. 20.06.2014 – 1 BvR 980/13, NJW 2014, S. 2707 Rn. 24.
[74] Vgl. ebd.; weiter vgl. *Muckel, S.*, Protestveranstaltung auf einem Friedhof, JA 2015, S. 237 (LS 3) und S. 239 (zustimmende Bewertung).
[75] Vgl. BVerfG, Urt. v. 20.06.2014 – 1 BvR 980/13, NJW 2014, S. 2707, Rn. 25.
[76] Vgl. ebd., Rn. 27.
[77] Dazu BVerfG, Beschl. v. 30.04.2007 – 1 BvR 1090/06, BeckRS 2007, 23752. Zum Rechtmäßigkeitszusammenhang vgl. *Papier, H.-J.*, Das Versammlungsrecht in der Rechtsprechung des BVerfG, BayVBl. 2010, S. 231 f.; *Hong, M.*, in: Peters, W./Janz, N. (Hrsg.), Hb VersR, Kap. B Rn. 107–108.
[78] Vgl. BVerfG, Beschl. v. 30.04.2007 – 1 BvR 1090/06, BeckRS 2007, 23752.

lagen auch keine sonstigen Voraussetzungen für die Auflösung der Versammlung vor, die eine Entfernungspflicht der Versammlungsteilnehmer begründet hätten. Die entsprechende Strafrechtsnorm (§ 113 III StGB) war zunächst im Licht der Versammlungsfreiheit auszulegen, bevor die Rechtmäßigkeit der Diensthandlung des Beamten geprüft werden könne. Zwar sei der Vollstreckungsbeamte bei Vollstreckungsmaßnahmen besonderen Gefahren durch Gegenwehr ausgesetzt, weswegen sich der rechtliche Schutz des Amtsträgers auch verstärke, dies bedeute aber nicht, dass Rechtsfehler des Beamten, dessen Verhalten in dem konkreten Fall verfassungsrechtlich zu beanstanden war, nicht berücksichtigt würden.[79]

Sowohl die behördliche Maßnahme als auch die gerichtliche Verurteilung, die ihrerseits die Reichweite der Versammlungsfreiheit außer Acht gelassen habe, stellten somit Eingriffe in die Versammlungsfreiheit dar. Es sei aber ein qualitativer Unterschied zu beachten. Unter Berufung auf frühere Entscheidungen hat das BVerfG unterstrichen, dass zwischen der Handlungs- und der Sanktionsebene zu unterscheiden ist.[80] Bei einer Handlungssituation hat der Teilnehmer (als eventueller Störer) die Anordnungen der in zeitlichen Defiziten handelnden (Vollzugs-)Beamten zu befolgen. Diese Pflicht gilt, auch wenn sich diese Anordnung als rechtwidrig erweist.[81] In dem später veranlassten Gerichtsverfahren kann sich der Teilnehmer auf die Rechtswidrigkeit der Maßnahme berufen. In dem Gerichtsverfahren muss aber in Erwägung gezogen werden, dass der Amtsträger dazu verpflichtet ist, die besonderen Voraussetzungen der Eingriffsmaßnahme, u. a. die Reichweite der Versammlungsfreiheit, nachzuvollziehen.

V. Der EGMR zur Ahndung von Rechtsverstößen

Auch der EGMR unterstreicht in seiner Rechtsprechung, dass das Recht auf Teilnahme an einer Versammlung nicht den Weg zur Begehung rechtwidriger Handlungen ebnet.[82] Der EGMR beanstandet aber, wenn dem Bf. im Kontext der

---

[79] Vgl. auch die Anmerkung von *Hoffmann-Riem, W.*, in: Merten, D./Papier, H.-J. (Hrsg.), HGR IV, § 106 Rn. 142.
[80] Vgl. ebd., m. V. auf BVerfGE 87, 399, 410.
[81] Vgl. ebd., m. V. auf BVerfGE 92, 191, 201.
[82] Daran ändert sich nichts, wenn es sich um eine politische Versammlung handelt; ECHR, Budaházy v. Hungary, Nr. 41479/10, 15. Dezember 2015, § 43 und § 35 m. V. mutatis mutandis auf „Ezelin", § 53: „[…] The freedom to take part in a peaceful assembly does not encompass a person's choice to commit reprehensible acts on such an occasion […]." Im „Barraco"-Fall stellte der EGMR fest, dass der Bf. nicht wegen der Teilnahme an der Versammlung verurteilt wurde, sondern wegen bestimmter Handlungen während der Veranstaltung; die Blockade der Fahrbahn und die daduch ausgelöste Störung des Verkehrs ging über die hinnehmbare Behinderung hinaus; ECHR, Barraco v. France, Nr. 31684/05, 5. März 2009, § 44 und § 46. Vgl. auch

Durchführung einer Versammlung Handlungen vorgeworfen und Sanktionen verhängt werden, ohne dass diese Handlungen individuell zugerechnet werden.[83] Eine besondere Rechtfertigung („very strong reasons") sei dabei erforderlich, wenn die Verurteilung inhaltsbezogen („expression mixed with particular conduct") erfolge[84] und daher gesteigert abschreckend wirke.[85] Dies gilt weiter, wenn die Inhalte bestimmter Ausdrucksmittel (Banner, Plakate) zulasten der Teilnehmer gedeutet werden.[86]

Niemandem darf der Schutz des Art. 11 EMRK entzogen werden, wenn andere Teilnehmer in Gewaltakte involviert sind. Vielmehr ist zu fragen, ob der Betreffende selbst eine friedliche Ansicht vertreten hat und sein Verhalten friedlich geblieben ist.[87] Der EGMR prüft, ob die Handlung der etwaigen Störer selbst

---

ECHR, Osmani and Others v. the Former Yugoslav Republic of Macedonia, Nr. 50841/99, 11. Oktober 2001; die Unterlagen des Falles deuteten klar auf die individuelle Verantwortlichkeit des Bf. für die Eskalierung der Lage und den Eintritt der Schäden.

[83] Vgl. ECHR, Taranenko v. Russia, Nr. 19554/05, 15. Mai 2014, §§ 88–89 u. a. m. V. auf „Ezelin v. France".

[84] Vgl. ECHR, Taranenko v. Russia, Nr. 19554/05, 15. Mai 2014, § 77 und § 90; hier ging es um die Verurteilung wegen der Aufrufe von Parolen während der Versammlung gegen den Präsidenten von Russland. Der EGMR stellte fest, dass die Verurteilung zumindest teilweise darauf zurückzuführen war, dass die politischen Mitteilungen, die während der Aktion transportiert wurden, seitens der nationalen Behörden und Gerichte missbilligt wurden. Vgl. ECHR, Fáber v. Hungary, Nr. 40721/08, 24. Juli 2012; der Fall bezog sich auf die Verurteilung des Bf. wegen der Ausstellung der Flagge, die auf die Ausgangsdemonstration provokativ wirkte und mit faschistischen Symbolen assoziiert wurde; dabei gehörte die Flagge nicht zu den verbotenen Symbolen. Laut EGMR stellt die Ausstellung der Flagge, die sich mit bestimmter politischer Bewegung und Ideen identifizieren lässt, einen Ausdruck der Meinungsäußerung dar. In dieser Situation bedürfe es einer sorgfältigen Prüfung, um die Trennlinie zwischen einer geschützten, wenn auch schockierenden Meinungsäußerung und einer nichtgeschützten Rede („offensive language") festzulegen (vgl. § 36). Dabei könnten bestimmte Symbole in verschiedenen Ländern unterschiedliche Wirkungen entfalten („a contextually ambiguous symbol"), die in der Abwägung zu berücksichtigen seien (§ 58). In diesem konkreten Fall war die provozierende Flagge schon ausgestellt; es wurden aber keine Störungen ausgelöst. Auch am Verhalten der Gegenversammlung änderte sich nichts, das eine Eskalation indizieren konnte. Das Recht auf Teilnahme an einer Versammlung ist dabei so bedeutend, dass diese nur im Fall rechtswidriger Verhaltensweisen der Teilnehmer einschränkbar ist (§§ 46–47). Der EGMR sah einen Grund für eine polizeiliche Intervention, auch wenn die Flagge einen (von Art. 11 geschützten) provokativen Charakter hatte, als nicht gegeben an (§ 58).

[85] Vgl. ECHR, Taranenko v. Russia, Nr. 19554/05, 15. Mai 2014, §§ 93–97; ECHR, Schwabe and M. G. v. Germany, Nr. 8080/08 und 8577/08, 1. Dezember 2011, §§ 116–118.

[86] Vgl. ECHR, Schwabe and M. G. v. Germany, Nr. 8080/08 und 8577/08, 1. Dezember 2011, § 105; die nationalen Gerichte haben die Inhalte der Banner zulasten der Friedlichkeit der Intentionen des Bf. gedeutet; bei dieser Interpretation wurde dagegen das Vorbringen der Versammlungsteilnehmer nicht berücksichtigt.

[87] Vgl. ECHR, Annenkov and Others v. Russia, Nr. 31475/10, 25. Juli 2017, § 124; ebenfalls konnte im Fall „Schwabe v. Germany" nicht hinreichend bewiesen werden, dass der Be-

die strittige staatliche Maßnahme provoziert hat, was als Rechtmäßigkeitszusammenhang gerichtlich zu berücksichtigen ist. Im „Lutskevich"-Fall von 2018 hat die Anwendung unangemessenen Zwangs seitens der Polizeibeamten die Verurteilung des Bf. unmittelbar beeinflusst.[88] In dem ähnlich gelagerten „Polikhovich"-Fall von 2018 durfte die Rolle der Polizeibehörden bei der Eskalierung der Lage nicht von der Frage der strafrechtlichen Verantwortlichkeit des Bf. getrennt werden.[89] Entscheidend für die Konventionskonformität ist die Verhältnismäßigkeit: Die Sanktionierung muss in einer demokratischen Gesellschaft erforderlich sein; die Sanktion selbst muss proportional sein bzw. die Schwere der tatsächlich zugefügten Schäden reflektieren.[90]

---

schwerdeführer an einer eventuell gewalttätigen Demonstration zum Protest des G8-Gipfels mit der Absicht der Gewaltanwendung teilnehmen wollte; seine präventive Festnahme beruhte auf dem Indiz, dass eine ähnliche Demonstration des vorherigen Tages zu Ausschreitungen und Gewaltanwendung gegen die Polizei geführt habe; ECHR, Schwabe and M.G. v. Germany, Nr. 8080/08 und 8577/08, 1. Dezember 2011, §§ 105–118. Vgl. ECHR, Yaroslav Belousov v. Russia, Nr. 2653/13 und 60980/14, 4. Oktober 2016, §§ 179–180; die nationalen Gerichte mussten berücksichtigen, dass dem Bf. nur eine unwichtige Rolle („minor role") bei den agressiven Ausschreitungen beizumessen war („marginal involvement in the clashes") und er nicht zum Kreis der Initiatoren der aggressiven Haltungen gegen die Polizei gehörte.

[88] Vgl. ECHR, Lutskevich v. Russia, Nr. 6312/13 und 60902/14, 15. Mai 2018, § 99: „[…] However, the domestic courts dismissed his arguments about use of force by the police, merely referring to the previous refusal to open a criminal case in relation to the conduct of the police. Even though the applicant's trial was not an appropriate avenue to establish the accountability of individual police officers, the facts and allegations relating to the authorities' role in the onset of clashes and the extent of the use of force by the police were directly relevant to the determination of the charges of mass disorder levelled against the applicant. It was therefore incumbent on the court to evaluate those elements as part of its assessment of the applicant's guilt."

[89] ECHR, Polikhovich v. Russia, Nr. 62630/13 und 5562/15, 30. Januar 2018, § 66: „[…] Attribution of responsibility for those acts was therefore a central question in the determination of the applicant's criminal charges. In those circumstances, his complaint about the authorities' role in the occurrence of the disorder is inseparable from that concerning the lack of justification for his criminal liability. […]."

[90] Vgl. ECHR, Yaroslav Belousov v. Russia, Nr. 2653/13 und 60980/14, 4. Oktober 2016, § 178; die Gewaltanwendung erfolgte durch Werfen eines gelben Gegenstands in Richtung der Polizeibeamten, was diesen Schmerzen zugefügt habe. Der EGMR stellte fest, dass diese Schmerzen nur kurzfristig gewesen seien („short-term pain") und so eine harte strafrechtliche Verurteilung des Teilnehmers nicht rechtfertigen konnten; ebd., § 182: „The Court concludes that in view of the severity of the sanction imposed on the applicant his criminal conviction was a measure grossly disproportionate to the legitimate aims of preven-ting disorder and crime and the protection of the rights and freedoms of others, and it was therefore not necessary in a democratic society." Dazu auch ECHR, Lutskevich v. Russia, Nr. 6312/13 und 60902/14, 15. Mai 2018, § 98; ECHR, Gülcü v. Turkey, Nr. 17526/10, 19. Januar 2016, § 116: „[…] In this context, the Court cannot but conclude that the applicant's punishment for throwing stones at the police officers during the demonstration was not proportionate to the legitimate aims pursued."

Staatliche Willkür scheint dabei in den Staaten in ähnlicher Weise zum Ausdruck zu kommen. Der EGMR hat sich in mehreren Verfahren mit der Verletzung der Versammlungsfreiheit infolge der Sanktionierung des Verhaltens von Versammlungsteilnehmern befasst. Vor allem in den sog. „Russian cases" (Bezeichnung des EGMR) bildeten sich die Grundsätze heraus, die bei Festnahme und Verurteilung der Teilnehmer wegen einer strittigen Ordnungswidrigkeit zu beachten sind.[91] Fälle aus der Türkei liefern Beispiele für eine strafrechtliche Verurteilung, die den versammlungsrechtlichen Zusammenhang nicht berücksichtigt.[92] Im „Bakir and Others"-Fall war das konventionswidrige Verhalten staatlicher Amtsträger auf die Unvorhersehbarkeit der Rechtslage zurückzuführen.[93] Dies bestätigte erneut die besondere Bedeutung der Bindung des Gesetzgebers an die Direktiven der Konvention und den Verhältnismäßigkeitsgrundsatz.

VI. Fazit

Vor allem die Fachgerichte haben dafür zu sorgen, dass in jedem Streitfall eine Reflexion zwischen den rechtlichen Normen und der dahinterstehenden Konzeption und den rechtsstaatlichen Standards erfolgt. Dadurch wird die Einheit des rechtlichen Systems im Interesse des effektiven Menschenrechtsschutzes gesi-

---

[91] Vgl. die Aufzählung der Fälle in: ECHR, Navalnyy v. Russia, Nr. 29580/12 und 4 weitere, 2. Februar 2017, § 50 m.V. auf „Malofeyeva"; „Kasparov and Others"; „Navalnyy and Yashin"; „Novikova and Others".

[92] ECHR, Yigin v. Turkey, Nr. 36643/09, 30. Januar 2018, §§ 24–25. In diesem Fall ging es um eine Kundgebung als eventuelle Unterstützung einer verbotenen kurdischen Organisation. Während der Versammlung kam es zu Auseinandersetzungen mit Polizeibeamten; einige Teilnehmer versuchten auch die Verkehrswege zu blockieren. Daraufhin wurden mehrere Teilnehmer verhaftet, u.a. der Bf. Dieser wurde wegen Propaganda zugunsten einer terroristischen Organisation zu zehn Monaten Freiheitsstrafe verurteilt. Die Strafe wurde später zur Bewährung ausgesetzt. Es fehle jeder Hinweis darauf, dass der Bf. in Gewaltakte involviert gewesen sei oder andere dazu aufgefordert habe. Eine Verurteilung, die nicht auf relevanten und hinreichenden Tatsachen basiere, könne nicht in einer demokratischen Gesellschaft notwendig sein. Vgl. auch ECHR, İmret v. Turkey (No. 2), Nr. 57316/10, 10. Juli 2018, §§ 10–13 und §§ 59; ECHR, Işıkırık v. Turkey, Nr. 41226/09, 14. November 2017, §§ 56–70; ECHR, Gülcü v. Turkey, Nr. 17526/10, 19. Januar 2016, §§ 111–116.

[93] ECHR, Bakir and Others v. Turkey, Nr. 46713/10, 10. Juli 2018; der EGMR beschäftigte sich mit der strafrechtlichen Verurteilung der zwölf Bf. wegen Mitgliedschaft in einer verbotenen terroristischen Organisation sowie Propaganda zu deren Gunsten. Dabei handelte es sich um eine friedliche Versammlung, die weder die Öffentlichkeit störte, noch wurde während ihres Ablaufs zu gewaltsamen Handlungen aufgerufen. Dennoch führten die versammlungsspezifischen Handlungen der Bf. zur Verurteilung zu einer Freiheitsstrafe. Im erstgenannten Teil der Verurteilung betrachtete der EGMR den Verhältnismäßigkeitgrundsatz als verletzt. Dazu vgl. § 28, §§ 52–54 und §§ 64–67.

chert.[94] Diese rechtsstaatliche Funktion der Judikative muss auch in versammlungsspezifischen Situationen entsprechend zur Anwendung kommen.

Schon 2011 hat die Venedig-Kommission den Gesetzgeber aufgefordert, das ganze Sanktionssystem des OWiGB zu novellieren.[95] Das OWiGB von 1984 ist eine Rechtsmaterie, die seit der Sowjetzeit ausnahmsweise weiter gilt. Jede Sanktion, die an ein versammlungsspezifisches Verhalten angeknüpft wird, braucht in Anbetracht der demokratischen Funktion der Versammlungsfreiheit eine besondere Legitimation.[96] Der Gesetzgeber hätte für einen verfassungsrechtlich angemessenen Ausgleich zwischen den Interessen der Freiheit und dem Schutz der öffentlichen Sicherheit und Ordnung in einem modernen Gesetzeswerk Sorge tragen müssen. Die verfassungsrechtliche Garantie der Versammlungsfreiheit und ihre Umsetzung in die Praxis wurden im Oktober 2017 mit der Sanktionierung von Teilnehmern einer Versammlung zum Gegenstand einer Verfassungsbeschwerde. In diesem Verfahren wurden die Bf. von der „Assoziation der jungen Juristen" unterstützt.[97] Die bisher schwache Steuerungskraft der gesetzlichen Regeln könnte nun wieder – wie im April 2011 – durch die Aussagen des GVerfG gestärkt werden. Die lückenhafte Regelung führt bisher sowohl zur Schwächung einer versammlungsfreundlichen Rechtsanwendung als auch zur Beeinträchtigung der (rechtsstaatlichen) Prinzipien eines fairen Verfahrens. In den meisten gerichtlichen Verfahren laufen aufgrund des OWiGB die Mitwirkungsrechte der Betroffenen (als Teilaspekt des Prinzips des rechtlichen Gehörs) leer, wenn das Vorbringen der Angeklagten nicht beachtet wird. Hinzu kommt, dass die Rechtsnormen keine sog. Anhörungsrüge vorsehen, womit die fehlende Berücksichtigung der Vorträge im fachgerichtlichen Verfahren beanstandet werden könnte.[98] Zudem fehlt dem GVerfG die Zuständigkeit, die verfassungs-

---

[94] Vgl. *Kirchhof, P.*, Annäherung an das Recht, in: FS für Klein, S. 161, durch das Rechtsprechen sei nicht nur „eine Annäherung an das Recht", sondern auch eine „Annäherung der Rechtsmaßstäbe" gesichert; dadurch sei durch eine zurückbleibende Entwicklung einer „Teilordnung des Rechts" vorzubeugen.

[95] Vgl. Final Opinion on the Amendments to the Law on Assembly and Manifestations of Georgia, Venice Commission, CDL-AD(2011)029, § 39. Zur Sanktionierung mit Abschreckungswirkungen als negatives Bild der staatlichen „Sozialkontrolle" *Wollinger, G. R.*, Gesellschaft ordnen, S. 8 und S. 11 ff., die Autorin versucht das Versammlungswesen und die Ge- und Verbote aus der Sicht der Soziologie zu begreifen.

[96] Vgl. *Kretschmer, J.*, Ein Blick in das Versammlungsstrafrecht, NStZ 2015, S. 504.

[97] Beschwerde vom 2. Oktober Nr. 1262 und vom 3. Oktober 2017 Nr. 1263. Gerügt wird u. a. Art. 173 OWiGB, der die Sanktionierung des Ungehorsams gegenüber einer rechtmäßigen Forderung der Polizei- und Sicherheitsbehörde regelt und in der Praxis am häufigsten gegenüber Teilnehmern einer Versammlung eingesetzt wird.

[98] Vgl. *Esser, R.*, Die Judikatur des EGMR im Strudel der Anhörungsrüge, NJW 2016, S. 607 f.; *Bethge, H.*, in: Maunz, T./Schmidt-Bleibtreu, B./Klein, F./Bethge, H. (Hrsg.), BVerfGG, § 13 Rn. 35–37.

rechtlichen Defizite in den fachgerichtlichen Entscheidungen zu kontrollieren. Die unterlassene Klärung der Sache und die Beeinträchtigung der prozessualen Waffengleichheit gefährden die Erfüllung der völkerrechtlichen Verpflichtung des Staates aus Art. 6 EMRK.[99]

Nach Ansicht des BVerfG liegt aber ein „qualitativer Unterschied" vor, wenn verfassungsrechtliche Vorgaben von Beamten und Gerichten nicht erfüllt werden.[100] Dies führt zur Schwächung der Justiz im gewaltengeteilten System;[101] die Aufgabe der rechtsprechenden Gewalt zum „Schutz individueller Selbstbestimmung" wird nicht effektiv erfüllt.[102]

---

[99] Zum fairen Verfahren *Meyer-Ladewig, J./Harrendorf, S./König, S.*, in: Meyer-Ladewig, J./Nettesheim, M./Raumer, S. v. (Hrsg.), EMRK, Art. 6 Rn. 87–95, der Grundsatz des fairen Verfahrens sei umfassend zu verstehen; zunächst gilt für Beteiligte, dass diese Subjekte, nicht dagegen Objekte des Verfahrens sind und daher adäquate Mitwirkungsrechte beanspruchen können (Rn. 87).

[100] Dazu BVerfG, Beschl. v. 30.04.2007 – 1 BvR 1090/06, BeckRS 2007, 23752.

[101] Dazu *Huber, P. M.*, in: Mangoldt, H. v./Klein, F./Starck, C. (Hrsg.), GG, Art. 19 Rn. 334; *Classen, C. D.*, Das Prinzip der Verhältnismäßigkeit, in: FS für Stern, S. 653: „Je größer die Bedeutung der Güterabwägung, desto größer auch das Gewicht der Justiz."

[102] Vgl. *Möllers, C.*, Dogmatik der grundgesetzlichen Gewaltengliederung, AöR 132 (2007), S. 513.

K. Schlussbetrachtungen

I. Forderungen an den verfassungsändernden Gesetzgeber

Die Regelung der Versammlungsfreiheit in Art. 21 GVerf ist ergänzungsbedürftig. Die Venedig-Kommission hat vor geraumer Zeit eine Reaktion des Verfassungsgesetzgebers, die die Kongruenz zwischen den Normen der GVerf und Art. 11 EMRK herstellt, angemahnt. Dieser Forderung ist nicht zuletzt in Anbetracht des hohen Rangs der EMRK in der Hierarchie der georgischen Rechtsnormen nachzukommen.

Laut Art. 11 Abs. 1 EMRK und Art. 8 Abs. 1 GG begrenzt das Friedlichkeitsgebot die Versammlungsfreiheit tatbestandsausschließend (und verfassungsunmittelbar).[1] Daran werden die schwersten Eingriffe in die Versammlungsfreiheit geknüpft, die auf der Ebene des einfachen Rechts konkretisiert werden – das Verbot und die Auflösung der Versammlung. Das begriffsnotwendige Element der Friedlichkeit wird in Art. 21 GVerf nicht ausdrücklich neben der Waffenlosigkeit erwähnt. Waffenlosigkeit stellt aber nur einen Unterfall von Friedlichkeit dar und impliziert nicht immer die Einhaltung auch des Friedlichkeitsgebots. Wenn keine Waffen genutzt werden, können sonstige Indizien für die kollektive Unfriedlichkeit sprechen. Auch in der Verfassungsreform von 2017 ist die Verfassungsnorm nicht ergänzt worden.

Art. 21 GVerfG enthält ferner einen zweifelhaften Beamtenvorbehalt.[2] Die Venedig-Kommission hat diesen Vorbehalt kritisiert und stattdessen eine Einzelfallprüfung gebietende Änderung gefordert. Das legitime Ziel des Eingriffs in die Versammlungsfreiheit sei mit der Erfüllung der Dienstpflichten zu verbinden: Drohe eine Verletzung der politischen Neutralitätspflicht durch den Beamten, könne seine Teilnahme an einer Versammlung untersagt werden. In der GVerf ist keine Art. 17a GG vergleichbare Norm zu finden, die weitere Beschränkungen ermöglichen würde. Im Unterschied zum Wortlaut des Art. 21 GVerf bezieht sich Art. 17a GG auf die Beschränkbarkeit der Meinungs- und Versammlungsfreiheit. Artikel 21 VerfG nimmt dagegen bestimmte Beamte ausdrücklich aus dem Kreis

---

[1] Vgl. Kap. F IV.
[2] Vgl. Kap. F II 5.

der Grundrechtsträger heraus und kehrt damit das Regel-Ausnahme-Verhältnis um, was entsprechend kritisch zu betrachten ist.

Die Schrankenregelung des Art. 21 GVerf lässt sich zudem nicht in die allgemeine Dogmatik der Gesetzesvorbehalte einordnen.[3] Auch hat der Verfassungsgeber auf die Aufnahme von Gründen, die eine Beschränkung rechtfertigen, verzichtet. Vorgesehen ist allerdings eine Rechtsfolgenbestimmung: Nimmt eine Versammlung einen gesetzwidrigen Verlauf, ist sie aufzulösen. Damit hat der Verfassungsgeber die Regelung der Auflösungsgründe der Konkretisierung des einfachen Gesetzgebers überlassen. Darüber hinaus sieht die Verfassungsbestimmung vor, dass der Gesetzgeber die vorherige Anmeldepflicht einführen kann, wenn die Versammlung oder der Aufzug auf Verkehrsflächen stattfindet. Zu sonstigen Gründen, die eine Beschränkung der Versammlungsfreiheit rechtfertigen, schweigt die Verfassung – wie ausgeführt. Im Unterschied zur deutschen Regelung des Art. 8 Abs. 2 GG ist in Art. 21 GVerf kein „gespalteter" Gesetzesvorbehalt (nur die Versammlung unter freiem Himmel kann hiernach beschränkt werden) vorgesehen. Dabei müssen die Versammlungen in geschlossenen Räumen, die die Außenwelt weniger beeinträchtigen, eine „gesteigerte Autonomie" genießen; für ihre Beschränkung sollten die verfassungsimmanenten Schranken gelten. Laut Art. 21 GVerf gilt die Anmeldepflicht nur für Versammlungen, die auf Verkehrsflächen stattfindet, d. h. vor allem für Versammlungen unter freiem Himmel. Eine bessere Ausformulierung des Schrankenvorbehalts unter Berücksichtigung der Stellungnahme der Venedig-Kommission wäre angebracht.

II. Forderungen an den einfachen Gesetzgeber

Die primäre Schutzpflicht des Staates, die Wahrnehmung der Versammlungsfreiheit zu ermöglichen, wird vor allem durch die Schaffung bestimmter und angemessener Normen des Versammlungsgesetzes erfüllt. Vor dem Hintergrund der deutschen Dogmatik und der Rechtsprechung des EGMR ist zunächst die „Sperrwirkung des Versammlungsgesetzes" bedeutend.[4] Diese dogmatische Erscheinung beinhaltet die verfassungsrechtlichen Vorgaben: das Selbstbestimmungsrecht des Veranstalters bzw. die Genehmigungsfreiheit der Versammlung. Für die georgische Rechtsordnung ist dieses dogmatische Institut unbekannt. Damit die Systematik der Rechtsauslegung und -anwendung gefestigt wird, muss sich der Gesetzgeber aber zunächst um nahezu abschließende Regelungen des GVersG bemühen. Als Beispiel kann hier § 9 ME in Deutschland dienen, der ausdrücklich

---

[3] Vgl. Kap. F VIII 1.
[4] Vgl. Kap. H I 3.

II. Forderungen an den einfachen Gesetzgeber

die ausnahmsweise „Anwendbarkeit des Polizeirechts" in Zusammenhang mit einem Versammlungsgeschehen zum Gegenstand hat. Die Norm bezieht sich auf die Fälle, in denen das Versammlungsgesetz keine abschließenden Vorschriften für versammlungsspezifische Gefahren vorsieht.

Laut Art. 3 lit. b wird die „Manifestation" als das Demonstrieren von Bürgern oder als deren massenhafter Auftritt oder Aufzug zu denselben Zwecken bezeichnet, wobei Plakate, Banner, Transparente und andere Gestaltungsmittel verwendet werden. Dabei bezieht sich die Bestimmung nur auf die Versammlung der „Bürger", wobei die GVerf von einem „Jedermanns"-Recht spricht. Dies gilt umso mehr für den Verweis auf „Bürger" (Art. 3 lit. a), der der GVerf schon *expressis verbis* widerspricht.[5]

Das GVersG sieht keine spezielle Regelung von Versammlungen in geschlossenen Räumen vor. Die unterschiedliche Gefahrenlage und das dadurch bedingte stärkere Interesse an einer Selbstorganisation der Versammlung in geschlossenen Räumen erfordern aber eine spezielle Regelung. Vorzusehen ist u. a. die Befugnis des Veranstalters einer Versammlung in geschlossenen Räumen, bestimmte Personen oder Personenkreise von der Teilnahme auszuschließen. § 6 VersG in Deutschland könnte insofern ein Beispiel bieten.

Das Anmeldungsverfahren und die anschließende Kooperation müssen „integrativ" durchgeführt werden.[6] Es ist notwendig, den Art. 8 GVersG nicht dem Wortlaut entsprechend restriktiv – die Versammlung muss an dem Ort und zu dem Zeitpunkt stattfinden, wie es bei der Anmeldung angegeben wurde – auszulegen, wonach jede Abweichung vom gesetzlich vorgesehenen Anmeldungsverfahren zur Einschränkung der Versammlungsfreiheit ermächtigen würde. Zu beanstanden ist hier auch das Fehlen von Ausnahmeregelungen für Spontan- und Eilversammlungen im GVersG. Als Vorbild kann hier der ME in Deutschland dienen. Nach dessen Art. 10 Abs. 3 und Abs. 4 werden versammlungsfreundliche Regelungen geschaffen, die zur Rechtssicherheit beitragen.

Wenig gelungen erscheint auch das vorgesehene Kooperationsverfahren.[7] Der Pflichtcharakter der Kooperation ist für die Behörde nicht erkennbar. Darüber hinaus hat die Venedig-Kommission darauf hingewiesen, dass nur die Festlegung des Ziels, das normale Funktionieren der staatlichen und privaten Stellen, Behörden, Einrichtungen und des Straßenverkehrs zu ermöglichen, zur Beschränkung einer Versammlung nicht ausreicht. Störungen der Außenwelt seien grundsätzlich Versammlungen immanent. Der Appell an den Gesetzgeber lautet, im GVersG eine klare behördliche Schutz- und Kooperationspflicht vorzusehen,

---

[5] Vgl. Kap. H IV.
[6] Vgl. Kap. H IV 5 a)–b).
[7] Vgl. Kap. H IV 5 c).

die allen Versammlungen neutralitätstreu zugutekommt. Dazu bieten § 3 ME (Schutzaufgabe und Kooperation) in Deutschland und die Empfehlung der Venedig-Kommission eine gute Diskussionsgrundlage.

Bisher liegen in Georgien keine Beispiele vor, die relevante praxisbezogene Defizite eines Verbotsverfahrens aufzeigen.[8] Wird die Norm abstrakt betrachtet, dann kann nur deren verfassungskonforme Auslegung zu verfassungsfreundlichen Ergebnissen führen. Nachdrücklich ist daher eine Reaktion des Gesetzgebers zu empfehlen und die vorrangige Beschränkung der Versammlungsfreiheit durch Auflagen im Gesetz zu regeln. § 13 Abs. 2 ME des VersG in Deutschland bietet ein gutes Beispiel zur Verdeutlichung des Ultima-Ratio-Charakters des Versammlungsverbots.

Die bisher nur ansatzweise erforschte „Sperrwirkung des Versammlungsgesetzes" bzw. „die versammlungsspezifische Gefahr" sowie die Rechtsfigur des „Störers" erfordern auch das Handeln des Gesetzgebers. Angemessen erscheint die Rezeption des § 13 Abs. 3 Satz 1 ME des VersG durch das GVersG. Danach richtet sich die behördliche Maßnahme nicht gegen die Versammlung, wenn die unmittelbare Gefahr für die relevanten Rechtsgüter (nur) von Dritten ausgeht. Im Anschluss daran oder in den einleitenden Regelungen des GVersG sind die Voraussetzungen der ausnahmsweisen Inpflichtnahme eines Nichtstörers bzw. des „polizeilichen Notstands" zu definieren.

Die Analyse des georgischen Rechts über die Auflage hat gezeigt, dass die Fassung der Abwägungsregel des Art. 11^2 GVersG wenig gelungen ist.[9] Auch die zeitliche Dimension der Beschränkungen, die behördlicherseits angeordnet werden können, ist nach dem Wortlaut nicht eindeutig. Zudem ist die Norm lückenhaft, da Gegenstand nur zeitliche und örtliche Modifizierungen der Versammlung sind. Dabei können auch sonstige von der Behörde vorgeschriebene Modalitäten der Versammlungsdurchführung einen Eingriff in das Selbstbestimmungsrecht des Veranstalters darstellen und sollten sinnvollerweise durch diese Norm geregelt werden. Die Systematik des Gesetzes und das Verhältnismäßigkeitsprinzip erfordern, dass ebenso andere Eingriffsgrundlagen des GVersG, die örtliche Modifizierungen zum Gegenstand haben (Art. 9 und Art. 11^1 GVersG) im Licht der Abwägungsregel angewendet werden. Dies wurde von der Venedig-Kommission nachdrücklich empfohlen.

Die Regelung des Art. 9 GVersG ist in zweierlei Hinsicht zu kritisieren:[10] Die pauschalen Verbote des Abs. 1 bieten keinen Raum für eine Abwägung. Im Fall der Distanzanordnung wird zwar in Abs. 2 für die Anordnung des 20-Meter-

---

[8] Vgl. Kap. H IV 7.
[9] Vgl. Kap. H IV 8.
[10] Vgl. Kap. H IV 9.

Abstands ein Interessenausgleich gefordert; die Norm überträgt die Ermessensentscheidung aber der Verwaltungsbehörde, in deren unmittelbarer Nähe die Versammlung stattfindet. In der Praxis kann es daher zu systemwidrigen bzw. gleichheitswidrigen Fällen kommen, wenn bestimmte Versammlungen unter Wahrung des Kooperationsgebots durch die Versammlungsbehörde besser geschützt werden als andere, deren Durchführung gemäß Art. 9 GVersG beschränkt werden kann. Diese Lage ist daher vom Gesetzgeber nachzubessern. Darüber hinaus ist das Prinzip der Substanzerhaltung nur in Art. 9 GVersG vorgesehen. Dies sollte aber für alle Eingriffe gelten und daher schon in den einleitenden Bestimmungen geregelt werden.

Weder ist in der Rechtsnorm geregelt, noch liefert die Rechtspraxis Indizien dafür, dass im Rahmen der behördlichen Abwägung auch der symbolische kommunikative Charakter der Blockade (Stichwort: „Demonstrativblockade") bzw. ein Merkmal wie die Kurzfristigkeit des eingesetzten Mittels bedeutend ist.[11] Nach Ansicht der Venedig-Kommission sollte – wie es bei der Analyse des Art. 11² schon verdeutlicht wurde –Art. 11¹ i. V. m. Art. 11² ausgelegt und angewandt werden. Anderenfalls könnte die formalistisch-automatische Subsumption der Umstände unter den Tatbestand zu versammlungsunfreundlichen Ergebnissen führen. Um die Systematik des Gesetzes zu verbessern, sollte die Rechtsnorm, die heute den Inhalt des Art. 11² ausmacht, bei den einleitenden Normen des GVersG eingefügt werden.

Die Auflösung einer Versammlung ist eine gravierende Maßnahme.[12] Die Aussagen des GVerfG und die Kritik der Venedig-Kommission haben den Gesetzgeber veranlasst, den Wortlaut der Norm zu korrigieren. Dennoch begünstigt auch die geltende Regelung eine fehlerhafte Rechtsanwendung mit dem Hinweis „sofortige Auflösung", was entsprechend zu modifizieren ist. Sonst läuft Art. 13 Abs. 1 GVerfG Gefahr, dass die Polizei nach Bekanntgabe der Auflösungsanordnung mit dem Sofortvollzug beginnt. Dies wäre mit dem Verhältnismäßigkeitsprinzip und einer sachgerechten Ermessensausübung nicht vereinbar.

Die Regelung des GVersG bezüglich der Veranstalterpflichten ist defizitär, worauf die Venedig-Kommission hingewiesen hat.[13] Dabei ist die negative Formulierung der Vorschrift auch in Anbetracht der drohenden Sanktion bedenklich. Einem versammlungsfreundlichen Konzept hätte es besser entsprochen, wenn im GVersG in erster Linie die Befugnisse des Veranstalters zur Versammlungsleitung festgelegt worden wären. Zu regeln ist u. a. die komplementäre Pflicht der Teilnehmer, den Anforderungen des Veranstalters Folge zu leisten. Als Vorbild

---

[11] Vgl. Kap. H IV 10.
[12] Vgl. Kap. H IV 11.
[13] Vgl. Kap. H IV 12.

einer neuen Bestimmung kann § 6 ME in Deutschland dienen. Bedeutend ist auch § 12 ME, der die Behörde zur Ablehnung ungeeigneter Ordner (für GVersG – Verantwortliche der Versammlung) für die störungsfreie Durchführung der Versammlung ermächtigt. Eine derartige Regelung kann einer nicht effektiven Erfüllung der Veranstalterpflichten vorbeugen. Die Hinweispflichten der Behörde gegenüber den Veranstaltern in Art. 13 GVersG sollten zweckmäßiger – als Vorstufe eines jeden staatlichen Eingriffs – schon in den einleitenden Normen geregelt werden.

Das georgische Recht ist hinsichtlich des einstweiligen Schutzes bis dato unklar.[14] Dies gilt vor allem mit Blick darauf, dass behördliche Auflagen im Vorfeld nur als Empfehlung für den Veranstalter, also nicht als verbindliches Ge- oder Verbot ergehen können. Einzige versammlungsspezifische [!] verbindliche Entscheidung im Vorfeld ist laut GVersG das Versammlungsverbot. Die Empfehlung der Venedig-Kommission, Art. 10 GVersG i. V. m. Art. 11² (Auflagen während der Durchführung der Versammlung) anzuwenden, wird in der Praxis nicht befolgt. Die scheinbar liberale Lösung des einfachen Gesetzgebers, lediglich Empfehlungen bei behördlichen Modifizierungen vorzusehen, ist in der Praxis problematisch, wenn dann die Versammlungsfreiheit de facto durch die Polizei beschränkt wird. Fristen sind im GVersG allerdings explizit nur für Verbots- und Auflösungsentscheidungen vorgesehen. Gemäß Art. 14 Abs. 2 GVersG kann ein Versammlungsverbot beim zuständigen Gericht, das die Beschwerde innerhalb von zwei Werktagen behandeln muss, angefochten werden. Die Entscheidung ist abschließend; weitere Rechtsmittel bestehen nicht. Der Ausschluss des Instanzenzugs ist aber aufgrund des Gebots der Effektivität problematisch, da es sich beim Versammlungsverbot um einen schwerwiegenden Eingriff handelt. Das Gesetz schreibt selbst kein zügiges Verfahren bzw. konkrete Fristen vor, um die Behörde anzuhalten, in angemessener Frist über die Nichtzulassung zu entscheiden.

Schon 2011 hat die Venedig-Kommission den Gesetzgeber aufgefordert, das ganze Sanktionssystem des OWiGB zu novellieren.[15] Das OWiGB von 1984 ist eine Rechtsmaterie, die seit der Sowjetzeit ausnahmsweise weitergilt. Jede Sanktion, die an ein versammlungsspezifisches Verhalten angeknüpft wird, braucht in Anbetracht der demokratischen Funktion der Versammlungsfreiheit eine besondere Legitimation. Der Gesetzgeber hätte für einen verfassungsrechtlich angemessenen Ausgleich zwischen den Interessen der Freiheit und dem Schutz der öffentlichen Sicherheit und Ordnung in einem modernen Gesetzeswerk Sorge tragen müssen.

---

[14] Vgl. Kap. J II.
[15] Vgl. Kap. J III.

Das GVersG schweigt komplett zur Befugnis der Versammlungs- und Polizeibehörden, Vorfeldkontrollen durchzuführen und/oder Foto- und Video-Aufnahmen anzufertigen. Zur Stärkung der Spezialität des Versammlungsgesetzes und zum vorhersehbaren Datenschutz wäre die Regelung in Anbetracht der Leitlinien von der OSCE-/ODIHR-Venedig-Kommission zu erarbeiten.[16] Als Vorbild können auch die Regelungen des ME in Deutschland dienen, die sowohl Bestimmungen zu Kontrollstellen im Vorfeld (§ 15) als auch Aufnahmen von Bild und Ton regeln (§ 16).

Kritisch zu betrachten ist ebenfalls die Praxis, statt Nachbesserung des Gesetzes grundrechtssensible Aspekte auf der untergesetzlichen Ebene zu regeln. In Anbetracht des Grundsatzes der Gesetzmäßigkeit staatlichen Handelns erscheinen einige Bestimmungen der Instruktion des Innenministeriums als verfassungsrechtlich bedenklich.[17] Dies gilt für die Pflicht der Polizei, einzelne Störer oder auch eine abgrenzbare Gruppe von Störern zu identifizieren und von den friedlichen Versammlungsteilnehmern zu trennen (Art. 4 Abs. 2 lit. b der Instruktion). Der Ausschluss eines Teilnehmers aus einer Versammlung ist ein intensiver Eingriff in die Freiheit und erfordert eine spezielle Grundlage im GVersG. Dagegen ist das GVersG hinsichtlich der Selbstorganisation – „Konzeption von einer einheitlich geordneten Versammlung" – lückenhaft. Es fehlen §§ 7, 11, 18 Abs. 1 und 19 VersG in Deutschland vergleichbare Normen. In diesen Normen wird u. a. die vorrangige Pflicht des Versammlungsleiters (im georgischen Fall ist dies der „Veranstalter" selbst oder die von diesem ernannte „Verantwortliche der Versammlung") festgelegt, die gröblich störenden Teilnehmer oder diejenigen, die die Waffen mit sich führen, aus der Versammlung auszuschließen. Artikel 4 Abs. 2 lit. d der Instruktion hat ferner Gegenversammlungen und Parallelversammlungen zum Gegenstand, die im GVersG explizit auch nicht geregelt sind.

---

[16] OSCE-/ODIHR-Venedig-Kommission, Guidelines on Freedom of Peaceful Assembly, Second Edition, Warsaw 2010, § 169: „Photography and video recording (by both law enforcement personnel and participants) should not be restricted, but data retention may breach the right to private life: During public assemblies the photographing or video recording of participants by the law enforcement personnel is permissible. However, while monitoring individuals in a public place for identification purposes does not necessarily give rise to an interference with their right to private life, the recording of such data and the systematic processing or permanent nature of the record kept may give rise to violations of privacy. Moreover, photographing or videoing assemblies for the purpose of gathering intelligence can discourage individuals from enjoying the freedom, and should therefore not be done routinely. Photographing or video recording the policing operation by participants and other third parties should not be prevented, and any requirement to surrender film or digitally recorded images or footage to the law enforcement agencies should be subject to prior judicial scrutiny. Law enforcement agencies should develop and publish a policy relating to their use of overt filming/photography at public assemblies."

[17] Vgl. die Behandlung der Instruktion in Kap. I.

In beiden Fällen geht die Instruktion von einer sicheren Distanz aus, wodurch Gegen- oder Parallelversammlungen voneinander abgegrenzt werden. Dabei bleibt unklar, unter welchen Voraussetzungen die Polizeibehörden beim Zusammentreffen von zwei Versammlungen einschreiten dürfen und welche Eingriffe zulässig sind. Die Befugnis zur Anordnung versammlungsspezifischer Restriktionen steht nach dem vorrangigen GVersG nur der Versammlungsbehörde zu (Art. 11²). Die Instruktion ist um eine Ausfüllung der Gesetzeslücken bemüht. Der Gesetzesvorbehalt gebietet aber, dass selbst das GVersG nachgebessert bzw. technisch ausgereifte verfassungskonforme gesetzliche Regelungen geschaffen werden.

L. Ausblick: Der Appell für die „Kultur der Nachbesserung"

Nach der bahnbrechenden Entscheidung des GVerfG im Jahr 2011 ist das Versammlungsrecht verfassungskonform gestaltet worden. Der gelungene „konstitutionelle Dialog" zwischen Verfassungsgericht und Gesetzgeber hatte zur Folge,[1] dass die Versammlungsbehörde erstmals nicht mehr auf die Abwehr etwaiger Gefahren für die öffentliche Sicherheit beschränkt ist. Sie hat vielmehr mit den Versammlungsteilnehmern zu kooperieren, um für die Entfaltung der Versammlungsfreiheit und gleichzeitig für einen wirksamen Schutz Dritter Sorge zu tragen (Ermöglichungskonzept). Dieser Paradigmenwechsel bedeutet einen einschneidenden Wandel. Es lässt sich nicht mehr die Meinung vertreten, dass das einfache Recht nur den restriktiven Rahmen für die Verwirklichung der Versammlungsfreiheit setzt.[2] Bisher haben die Rechtsreformen und Empfehlungen innerstaatlicher und internationaler Einrichtungen dazu beigetragen, dass sich das Versammlungsrecht und seine Anwendung seit 2012 durch zwei Errungenschaften charakterisieren lassen: Die Versammlungsbehörde wahrt nunmehr grundsätzlich die Neutralität und tritt nicht mehr als erlaubende bzw. strikt kontrollierende Institution auf. Dementsprechend bietet die mangelnde Angabe der im Anmeldungsverfahren vorgesehenen Daten keine Grundlage mehr für eine Auflösung der Versammlung. Zweitens steht der Verhältnismäßigkeitsgrundsatz im Mittelpunkt der Beurteilung einer jeden eingreifenden Entscheidung.[3] Vor

---

[1] Vgl. *Mankowski, P.*, Rechtskultur, S. 69.

[2] Zum GVersG in der alten Fassung *Püschel, H.*, Das georgische Versammlungsrecht in der Praxis, Osteuropa Recht 57 (2011), S. 186. Die Venedig-Kommission hat sich schon im Jahr 2010 positiv zur anstehenden Reform des Versammlungsrechts geäußert; vgl. Interim Opinion on the Draft Amendments to the Law on Assembly and Manifestations of Georgia, Venice Commission, CDL-AD(2010)009, § 12 und § 36. Das GVersG in seiner Fassung von 2009 war dagegen als „very rigid one" eingestuft: vgl. ebd., § 21. Vgl. auch Final Opinion on the Amendments to the Law on Assembly and Manifestations of Georgia, Venice Commission, CDL-AD(2011)029, § 47, die Kommission spricht von „significant improvement of the possibility of exercising the freedom of assembly in Georgia".

[3] Im Bericht des Menschenrechtsbeauftragten wird darauf hingewiesen, dass z. B. 2014 keine Auflösung und kein Fall eines unverhältnismäßigen Umgangs der Polizei mit Versamm-

allem die Missachtung des staatlichen Neutralitätsprinzips in der Vergangenheit führte dagegen zu unverhältnismäßigen staatlichen Maßnahmen.

Das GVersG ist – wie schon gezeigt – teilweise noch unbestimmt und lückenhaft. Zu beanstanden sind die mangelnde „sprachliche Konsistenz" und die fehlende „kohärente Systematik" des Gesetzes.[4] Dabei ist die Umsetzung der Rechtsvorschriften in die Realität noch nicht immer als erfolgreich zu bewerten. Dies gilt nicht nur für die behördliche Praxis, sondern auch für die gerichtlichen Entscheidungen. Die Unvollkommenheit des Gesetzes ist in dem Sinne problematisch, als die Rechtsprechung im Bereich des Versammlungsrechts – im Unterschied zu Deutschland – bisher keine rechtskonkretisierende Leistung erbracht hat. Hinzu kommt die häufige Orientierung der Rechtsanwender an den Gesetzen und der Faktor, dass das GVerfG Entscheidungen der Fachgerichte nicht überprüft.

Eine besondere Aufgabe kommt dabei der Ausbildung in der Polizeiakademie zu. Praxisorientierte Ausbildungsmodule sollten eine verfassungsmäßige Anwendung des VersG als neues „Policing" der Versammlungs- und Polizeibehörden sicherstellen.[5] Zudem erfordert ein solches „Policing" eine adäquate Ausarbeitung von Deeskalationsstrategien der Polizeibehörden, die in Spannungslagen einen effektiven Schutz der öffentlichen Sicherheit ermöglichen. Die behandelten Verhaltensregeln des Innenministeriums sehen zwar die Erstellung eines Plans zur Entspannung der Situation vor; die Geschehnisse vom 11. und 12. März 2016 in Batumi offenbaren aber die Mängel des Deeskalationsmanagements.[6] Aktuell werden die zuständigen Beamtinnen und Beamten in den Ausbildungsseminaren der Polizeiakademie mit den Besonderheiten der Polizeiarbeit während der Durchführung von Versammlungen vertraut gemacht. Sie werden über die Rechte und die Verantwortung der Versammlungsveranstalter, die empfohlene Polizeistrategie bei Versammlungen und die besonderen Schutzpflichten der Polizei unterrichtet. Für eine Reform ist auch die Nationale Strategie zum Menschenrechtsschutz in Georgien (2014–2020) von Bedeutung. Diese Strategie beinhaltet einen praxisorientierten Entwicklungsrahmen und soll die

---

lungsteilnehmern festgestellt werden konnte; vgl. den Bericht des Menschenrechtsbeauftragten vom 10. Dezember 2014, S. 2.

[4] Diese sind aber für die rechtsstaatliche Klarheit wichtig, dazu *Hoffmann-Riem, W.*, Der „Musterentwurf eines Versammlungsgesetzes", S. 33.

[5] Zur besonderen Bedeutung der spezifischen Kenntnisse und Fähigkeiten der Sicherheitsbehörden, u. a. im komplexen Versammlungsgeschnis, Handbook on Monitoring Freedom of Peaceful Assembly, OSCE/ODIHR, Warsaw 2011, Kap. 5 – The Policing of Assemblies, S. 24 ff.

[6] Vgl. den Bericht des Menschenrechtsbeauftragten vom 10. Dezember 2017, S. 2 und S. 13. Zu Empfehlungen an das Innenministerium vgl. den Bericht des Menschenrechtsbeauftragten 2016, S. 466.

Gewähr der Versammlungsfreiheit in institutioneller Hinsicht stärken.[7] Ziel des Staates ist es hiernach, angemessene Bedingungen für die Verwirklichung der Versammlungsfreiheit zu schaffen.[8] Zu diesem Zweck hat er die Ausbildung der Polizeikräfte kontinuierlich sicherzustellen, präventiv gegen Rechtsverletzungen in diesem Bereich vorzugehen und Verstöße effektiv zu verfolgen.[9] Auf der Grundlage des Aktionsplans zum Menschenrechtsschutz wurden im Innenministerium die Verhaltensregeln der Polizei ausgearbeitet. Diese lehnen sich an die internationalen Standards an, um zu verhindern, dass sich das in der Vergangenheit häufig gezeigte Fehlverhalten wiederholt. An diesen Verhaltensregeln orientieren sich wiederum die Lehrpläne der Polizeiakademie für Angehörige der verschiedenen Einheiten des Innenministeriums. Allerdings nehmen nicht alle Polizisten an diesen Kursen teil.

Im Kontext der Schaffung eines Gefahrenabwehrrechts in Georgien ist insbesondere die (verfassungsrechtlich gebotene) Abgrenzung zwischen versammlungsspezifischen und allgemeinen Gefahren relevant. Die wissenschaftlichen Ansätze zu dieser dogmatischen Frage des Versammlungsrechts sind im ersten Lehrbuch des georgischen Polizeirechts schon vorhanden. Erforderlich ist aber eine weitere praxisorientierte Behandlung in der Literatur. Beispiele aus der Praxis weisen dagegen darauf hin, dass die Auslegung der Normen des GVersG und die Lösung der Interessenkonflikte im Licht der verfassungsrechtlichen Vorgaben öfter nicht gelingen. Die Venedig-Kommission hat begrüßt, dass die Prinzipien der Gesetzmäßigkeit und Verhältnismäßigkeit Eingang in das GVersG gefunden haben.[10] Die verfassungsfreundliche Rechtsanwendung – *in favour of holding assemblies* – wird allerdings von den Gerichten noch nicht hinreichend nachvollzogen.[11] Die Umsetzung dieses Konzepts ist aber nur dann realistisch, wenn Gerichte und Behörden klare Kriterien für die Entscheidung, ob eine Versammlung unfriedlich bzw. für Drittinteressen anderweitig beeinträchtigend ist, bestimmen. Die bisherigen Befunde deuten darauf hin, dass sich die Indikatoren für eine effektive Gewährleistung der Versammlungsfreiheit noch nicht hinreichend herausgebildet haben.[12] Dadurch wird die effektive Erfüllung der inter-

---

[7] Vgl. die Nationale Strategie zum Menschenrechtsschutz in Georgien 2014–2020, S. 3.

[8] Vgl. ebd., S. 17.

[9] Ebd.

[10] Vgl. Final Opinion on the Amendments to the Law on Assembly and Manifestations of Georgia, Venice Commission, CDL-AD(2011)029, § 47.

[11] Vgl. ebd.

[12] Vgl. die Assessment-Punkte des Europarats, die den Entwicklungsstand von Versammlungsrecht und -praxis identifizieren: State of Democracy, Human Rights and the Rule of Law in Europe, A shared responsibility for democratic security in Europe, Report by the Secretary General of the Council of Europe, Council of Europe, April 2015, S. 51: „Measurement criteria: There is an appropriate legal basis for the exercise of freedom of assembly, subordinating

nationalen Verpflichtungen Georgiens – in erster Linie als Mitglied des Rechtsschutzsystems des Europarats – gefährdet. Dabei bieten die auf der internationalen Ebene erarbeiteten Schutzstandards die Möglichkeit, ein technisch ausgereiftes und freiheitsermöglichendes Gesetz zu schaffen.[13] Neben dem dazu notwendigen politischen Willen müssen auch Gerichte und Wissenschaftler Verantwortung übernehmen. Die Methode des Vergleichs mit (west-)europäischen Rechtsinstituten kann diese Arbeit fördern. Dadurch muss eine „Kultur der Nachbesserung" („culture of improvement") herausgebildet werden, die nach Friedel die moderne Gesellschaft zu prägen hat.[14]

Da sich die Rechtsordnung in vielerlei Hinsicht auf die tatsächlichen Gegebenheiten stützt,[15] ist die politische Realität Georgiens bedeutsam: Auch seit den letzten Parlamentswahlen 2016 stellt die führende politische Partei die Mehrheit der Abgeordneten dar. Hinzu kommen die sich mehrfach offenbarte „Dominanz der Exekutive"[16] und fehlender „demokratischer Stil" im politischen Wettbewerb.[17] In Anbetracht dieser Lage kann das georgische politische

---

the possibility to limit it to respect for proportionality and appropriate procedures. The implementation of the legislation on freedom of assembly is guided by a presumption in favour of holding assemblies. The administrative authorities do not have excessive discretionary powers, and procedures are carried out in accordance with the standards of good administration. The legislation provides for pecuniary and non-pecuniary sanctions for non-respect of the law on freedom of assembly that are proportionate and non-discriminatory. Effective judicial review mechanisms are available. There are no or few judgments of the European Court of Human Rights that have found a violation of Article 11 of the Convention in respect of freedom of assembly."

[13] Zu rechtspolitischen Anregungen der internationalen Standards *Hoffmann-Riem, W.*, Standards für die Verwirklichung der Versammlungsfreiheit in Europa, in: FS für Papier, S. 283 m. V. auf Leitlinien der OSCE-/ODIHR-Venedig-Kommission, Guidelines on Freedom of Peaceful Assembly, 2. Aufl., Warsaw 2010, §§ 61 ff. („Good administration and transparent decision-making") und §§ 144 ff. („policing public assemblies").

[14] „Robert Friedel hat die Prägung der modernen Gesellschaft durch eine ‚culture of improvement' betont, in der die Erfahrungen anderer immer wieder beobachtet, ausprobiert und variiert werden."; *Ladeur, K.-H.*, Die Beobachtung der kollektiven Dimension der Grundrechte, Der Staat 50 (2011), S. 501.

[15] Zu „außengrundrechtlichen Faktoren" *Isensee, J.*, in: Isensee, J./Kirchhof, P. (Hrsg.), HStR IX, § 190 Rn. 55; vgl. auch *Denninger, E.*, in: Lisken, H./Denninger, E. (Hrsg.), Hb PolR, Kap. B Rn. 88–89, er spricht vom „Zusammen- und Widerspiel" von „Grundrechtsvoraussetzungen" und „Verfassungserwartungen".

[16] Vgl. *Hensell, S.*, Die Willkür des Staates, S. 26 m. V. auf Rüb. Dabei kann nur das Parlament (mit seiner „Gesetzgebungs-, Kreations-, Legitimations-, Kontroll- und Repräsentationsfunktion") als „Mitte der Demokratie" agieren, so *Huber, P.M.*, in: Isensee, J./Kirchhof, P. (Hrsg.), HStR III, § 47 Rn. 10.

[17] Dazu *Heusch, A.*, Demokratischer Wettbewerb auf kommunaler Ebene, NVwZ 2017, S. 1325 f., er behandelt den „demokratische[n] Stil […] im Umgang mit dem politischen Gegner".

System als „gescheitertes Mehrparteiensystem" bezeichnet werden.[18] Die Ursachen sind auf die defekte „Drei-Ebenen-Wirkung" der Parteien zurückzuführen.[19] Im politischen Leben des Landes ist weder eine aktive Mitwirkung der Bürger in den Parteien zur Vorformung des politischen Willens der Gesellschaft zu erkennen; noch erarbeiten die Parteien reale Alternativen für eine politische Lösung der Probleme.[20] Die Lückenhaftigkeit des kommunikativen Austausches auf diesen beiden (Gesellschafts-)Ebenen hat zur Folge, dass die dritte und letzte (Staats-)Ebene der politischen Willensbildung durch die Staatsorgane keine effektiven Lösungen findet. Noch zu überwinden ist die politische Polarisierung zwischen „Pro-Regime-Parteien" und „Anti-Regime-Parteien", wobei die echten Unterschiede nach der programmatischen Ausrichtung („Tendenzen", „ideological polarisation") nicht hinreichend ausgeprägt sind.[21] Es ist somit wieder die Aufgabe der zivilen Gesellschaft, die schwache Opposition im Interesse einer effektiven Gewaltenteilung und zum Schutz der Menschenrechte durch eine aktive Meinungskundgabe zu stärken. Die fehlende „institutionalisierte Kompromissbildung" sollte auf diesem Weg durch die „vorparlamentarische Kompromissbildung" ausgeglichen werden.[22] Dabei kann die demokratische Konsolidierung erst dann gelingen, wenn sowohl hinsichtlich der Staatsbürgerkultur als auch der politischen Elite „Institutionalisierungserfolge" nachgewiesen werden.[23]

Die Versammlungsfreiheit und das verfassungsorientierte Versammlungsrecht vermögen in vielerlei Hinsicht die demokratische Funktionsweise des Staates zu festigen.[24] Die kommunikativen Grundrechte, die über besondere „gesellschaftliche Sensoren" (Habermas) verfügen, tragen zum „transsubjektiven" „Funktionsschutz" der Gesellschaft bei.[25] Gefördert werden die Solidarität und

---

[18] Vgl. *Bregadze, R.*, Parteimerkmale und innerparteiliche Demokratie im Recht Georgiens, S. 22.

[19] Vgl. ebd., S. 45 f.; *Grzeszick, B./Rauber, J.*, in: Schmidt-Bleibtreu, B./Hofmann, H./Henneke, H.-G. (Hrsg.), GG, Art. 21 Rn. 17–28.

[20] Zu dieser Mitwirkung vgl. *Kunig, P.*, in: Isensee, J./Kirchhof, P. (Hrsg.), HStR III, § 40 Rn. 16 und ebd., *Schmitt-Glaeser, W.*, § 38 Rn. 26–27.

[21] So vgl. *Shagina, M.*, Joining a Prestigious Club, S. 58. Dazu *Morlok, M.*, Das Parteiengesetz Georgiens und die Möglichkeit seiner Verbesserung, S. 6 (Parteien als „Tendenzorganisationen").

[22] Zu Modalitäten der Kompromissbildung vgl. *Schulze-Fielitz, H.*, Der politische Kompromiss, S. 325 ff.

[23] Vgl. *Schuppert, G. F.*, Politische Kultur als Institutionenkultur, in: FS für Starck, S. 125 ff.; *Merkel, W.*, Gegen alle Theorie?, S. 556 f. mwN, er stellt auf eine besondere Bedeutung von „Elitenkonvergenz" und „elite settlement" ab.

[24] Vgl. *Harris, D. J./O'Boyle, M./Bates, E./Buckley, C.*, Law of the ECHR, S. 710. Dazu *Schwäble, U.*, Das Grundrecht der Versammlungsfreiheit, S. 69.

[25] Dazu *Rupp, H. H.*, in: Isensee, J./Kirchhof, P. (Hrsg.), HStR II, § 31 Rn. 49: Die (Kom-

Selbstverantwortung der Bürger untereinander. Beigetragen wird dazu, dass die rechtsstaatlich-demokratische Dialektik von Staat und Gesellschaft adäquat funktioniert. Die Entfaltung der Versammlungsfreiheit ermöglicht sowohl das „Bewahren" der bisherigen rechtsstaatlichen Errungenschaften als auch das „Bewegen" in Richtung einer vollberechtigten Demokratie.[26] Die Inanspruchnahme der Versammlungsfreiheit mit vielfältigen Themenbereichen (vor allem Umweltschutz, politische Inklusion, soziale Rechte) wird die Partizipationskultur festigen,[27] die als ein „soziokultureller Unterbau der Demokratie" zum Fortschritt unabdingbar vorausgesetzt wird.[28] Durch die „permanente geistige Auseinandersetzung" mit Problemen des gesellschaftlichen Lebens wird die Versammlungsfreiheit nicht nur ein Mittel des politischen Kampfes bleiben.[29] Nur eine solche Überwindung der „Zuschauerdemokratie"[30] kann den „Verfassungspatriotismus" als Verfassungskultur und den Wandel Georgiens in einen Verfassungsstaat fördern.[31] Zunächst bleibt aber die erfolgreiche Umsetzung

---

munikations-)Grundrechte seien „tragende Systemelemente im dynamischen Gefüge eines auf Dezentrierung von Entscheidungen, Risiko und Verantwortung gründenden und auf spontane Aktion, Reaktion, Koordination, gegenseitige Stimulation und freiheitliche Motorik angelegten Systems".

[26] Dazu *Kirchhof, P.*, Die Aufgaben des Bundesverfassungsgerichts in Zeiten des Umbruchs, NJW 1996, S. 1498; danach schließe die Sicherung der (Friedens-)Rechtsordnung sowohl Statisches als auch Dynamisches in sich: Das Recht kann somit auch als „System des Bewahrens und Bewegens" verstanden werden.

[27] Vgl. *Helleberg, M.*, Leitbildorientierte Verfassungsauslegung, m. V. auf Depenheuer. Die Bedeutung der Kommunikation ist umso mehr bedeutsam, dass eine „Entmachtung" der demokratisch legitimierten Staatsleitung durch die „Mächte des Marktes" angenommen wird (sog. „postdemokratisches Zeitalter"), dazu *Papier, H.-J.*, Die Zukunft der Demokratie, in: FS für Bryde, S. 271.

[28] Vgl. *Merkel, W.*, Gegen alle Theorie?, S. 548, die demokratische Konsolidierung wird „mit der Herausbildung einer Staatsbürgerkultur als soziokulturellem Unterbau der Demokratie" abgeschlossen. Darauf ist der „parlamentarische Betrieb" aufzusetzen, vgl. *Volkmann, U.*, Leitbildorientierte Verfassungsanwendung, AöR 134 (2009), S. 165.

[29] Vgl. *Hopfauf, A.*, in: Schmidt-Bleibtreu, B./Hofmann, H./Henneke, H.-G. (Hrsg.), GG, Einl. Rn. 244; *Bumke, C./Voßkuhle, A.*, Casebook Verfassungsrecht, S. 165 m. V. auf „Brokdorf"-Beschluss.

[30] Zur „Zuschauerdemokratie" vgl. *Schmitt-Glaeser, W.*, in: Isensee, J./Kirchhof, P. (Hrsg.), HStR III, § 38 Rn. 42; *Helleberg, M.*, Leitbildorientierte Verfassungsauslegung, S. 99 (Begriffsprägung von Wassermann).

[31] Vgl. *Papier, H.-J.*, Grundgesetz und Werteordnung, in: FS für Stern, S. 553 m. V. auf Sternberger; *Brugger, W.*, in: Isensee, J./Kirchhof, P. (Hrsg.), HStR IX, § 186 Rn. 7; zum „Grundrechtspatriotismus" als integraler Bestandteil des „Verfassungspatriotismus", *Depenheuer, O.*, Solidarität im Verfassungsstaat, S. 162–163. Der Verfassungsstaat kann als „Grundrechtsstaat" verstanden werden; *Häberle, P.*, in: Merten, D./Papier, H.-J. (Hrsg.), HGR I, § 7 Rn. 31; *Isensee, J.*, in: Isensee, J./Kirchhof, P. (Hrsg.), HStR II, § 15 Rn. 4.

der Reform des GVersG von 2011 abzuwarten.[32] Erst danach kann gesagt werden, ob sich die Lage im Bereich des Schutzes der Versammlungsfreiheit in Georgien entscheidend gebessert hat. Vor allem die Praxis muss sicherstellen, dass eine versammlungsfreundliche Lösung von Konfliktfällen ermöglicht wird. Dafür ist bei jeder versammlungsspezifischen Rechtsanwendung das Verhältnismäßigkeitsprinzip, das der Gesetzgeber schon im Gesetz an vielen Stellen konkretisiert hat, „zu Ende zu denken".[33] In einem Rechtsstaat kann von einem Amtsträger die Kenntnis der einschlägigen versammlungsrechtlichen Normen erwartet werden;[34] auch der Bürger darf sich darauf verlassen, dass sich der eingreifende Staat an die Gesetze hält und die dahinter stehenden Rechtsmaßstäbe berücksichtigt.[35] Nur in diesem Fall können verfassungsrechtliche Gewährleistungen ein Wertsystem bilden, das in Georgien nicht zuletzt die aktuelle Diskrepanz zwischen Staat und Gesellschaft relativiert.

---

[32] Hervorgehoben wird die besondere Bedeutung der Qualitätskontrolle von Rechtsnormen nach deren Durchführung in der Praxis; *Karpen, U.*, Rechtssetzungslehre, JuS 2016, S. 580 f.

[33] „Juristische Interpretation ist so nicht Nachdenken eines Vorgedachten, sondern Zu-Ende-Denken eines Gedachten" – *Radbruch, G.*, Einführung in die Rechtswissenschaft, S. 254, zit. nach *Würdinger, M.*, Das Ziel der Gesetzesauslegung, JuS 2016, S. 3.

[34] Vgl. so BVerfG, Beschl. v. 30.04.2007 – 1 BvR 1090/06, BeckRS 2007, 23752; vgl. auch die Entscheidung des GVerfG vom 14. Dezember 2012, Nr. 1/5/525, Kap. II § 1.

[35] Vgl. *Kirchhof, P.*, Annäherung an das Recht, in: FS für Klein, S. 161.

Literaturverzeichnis

Alberts, Hans-W., Zum Spannungsverhältnis zwischen Art. 8 GG und dem Versammlungsgesetz, NVwZ 1992, 38 ff.

Alemann, Florian von/Scheffczyk, Fabian, Aktuelle Fragen der Gestaltungsfreiheit von Versammlungen, JA 2013, 407 ff.

Alexy, Robert, Theorie der Grundrechte, Frankfurt a. M. 1994.

–, Die Institutionalisierung der Menschenrechte im demokratischen Verfassungsstaat, in: Gosepath, Stefan/Lohmann, Georg (Hrsg.), Philosophie der Menschenrechte, Frankfurt a. M. 1998, 244 ff.

–, Verfassungsrecht und einfaches Recht – Verfassungsgerichtsbarkeit und Fachgerichtsbarkeit, VVDStRL 61 (2002), 7 ff.

Altwicker, Tilman, Convention Rights as Minimum Constitutional Guarantees? The Conflict between Domestic Constitutional Law and the European Convention on Human Rights, in: Bogdandy, Armin von/Sonnevend, Pál (Hrsg.), Constitutional Crisis in the European Constitutional Area: Theory and Politics in Hungary and Romania, Oxford 2015, 331 ff.

Anter, Andreas, Die Politik der Werte in der Judikatur des Bundesverfassungsgerichts, in: Frick, Verena/Lembcke, Oliver W./Lhotta, Roland (Hrsg.), Politik und Recht: Umrisse eines politikwissenschaftlichen Forschungsfeldes, Baden-Baden 2017, 215 ff.

Antoni, Michael, in: Hömig, Dieter/Wolff, Heinrich Amadeus, Grundgesetz für die Bundesrepublik Deutschland, Handkommentar, 12. Aufl., Baden-Baden 2018, Art. 19.

Areshidze, Irakly, Democracy and Autocracy in Eurasia: Georgia in Transition, Michigan 2007.

Arndt, Felix/Engels, Anja, in: Karpenstein, Ulrich/Mayer, Franz C. (Hrsg.), Konvention zum Schutz der Menschenrechte und Grundfreiheiten: EMRK, 2. Aufl., München 2015, Art. 11.

Augsberg, Steffen, Zur wechselseitigen Beeinflussung von Verwaltungs- und Verfassungsdogmatik, in: Höfling, Wolfram (Hrsg.), Kommentierte Verfassungsrechtsdogmatik: Festgabe für Karl H. Friauf, Köln 2011, 97 ff.

Augsberg, Ino/Augsberg, Steffen, Kombinationsgrundrechte: Die Verkoppelung von Grundrechtstatbeständen als Herausforderung für die Grundrechtsdogmatik, AöR 131 (2007), 539 ff.

Babayan, Nelli, Democratic Transformation and Obstruction: EU, US, and Russia in the South Caucasus, London/New York 2015.

Babeck, Wolfgang, Verfassungsgebung in Georgien (1993–1995): Ergebnisse internationaler rechtlicher Beratung in einem Transformationsstaat, 2. Aufl. (Übersetzung ins Georgische), Tbilisi 2002.

Babeck, Wolfgang/Fish, Steven/Reichenbecher, Zeno, Rewriting a Constitution: Georgia's Shift towards Europe (with an Introduction by Avtandil Demetrashvili, Chairman of the State Constitutional Commission), Baden-Baden 2012.

Badura, Peter, Die Förderung des gesellschaftlichen Fortschritts als Verfassungsziel und der Schutz der grundrechtlichen Freiheit, in: Sachs, Michael (Hrsg.), Der grundrechtsgeprägte Verfassungsstaat, FS für Klaus Stern, Berlin 2012, 275 ff.

–, Die Verfassung im Ganzen der Rechtsordnung, in: Isensee, Josef/Kirchhof, Paul (Hrsg.), Handbuch des Staatsrechts der Bundesrepublik Deutschland, Bd. XII (Normativität und Schutz der Verfassung), 3. Aufl., Heidelberg 2014, § 265.

Bahro, H., Zwecke und Mittel im Sowjetrecht, in: Meissner, Boris/Frenzke, Deitrich/Uschakow, Alexander (Hrsg.), Macht und Recht im kommunistischen Herrschaftssystem, zum 50. Geburtstag von Boris Meissner, Köln 1965, 1 ff.

Baldus, Manfred, Menschenwürdegarantie und Absolutheitsthese: Zwischenbericht zu einer zukunftsweisenden Debatte, AöR 136 (2011), 529 ff.

Barczak, Tristan, Die parteipolitische Äußerungsbefugnis von Amtsträgern: Eine Gratwanderung zwischen Neutralitätsgebot und politischem Wettbewerb, NVwZ 2015, 1014 ff.

Basedow, Jürgen, Hundert Jahre Rechtsvergleichung: Von wissenschaftlicher Erkenntnisquelle zur obligatorischen Methode der Rechtsanwendung, JZ 2016, 269 ff.

Bates, Ed, The Evolution of the European Convention on Human Rights, Oxford 2010.

Battis, Ulrich/Grigoleit, Klaus Joachim, Neue Herausforderungen für das Versammlungsrecht?, NVwZ 2001, 121 ff.

–, Rechtsextremistische Demonstrationen und öffentliche Ordnung – Roma locuta?, NJW 2004, 3459 ff.

Baudewin, Christian, Der Schutz der öffentlichen Ordnung im Versammlungsrecht, 2. Aufl., Frankfurt a. M. 2014.

Bäumerich, Maik, Entgrenzte Freiheit – das Schutzgut der Grundrechte, DÖV 2015, 374 ff.

Beaucamp, Guy, Zum Analogieverbot im öffentlichen Recht, AöR 134 (2009), 83 ff.

–, Rechtssicherheit als Wert und als Argument im Verhältnis der Staatsgewalten zueinander, DÖV 2017, 699 ff.

Becker, Frederik, Jurisdiktion und Verhältnismäßigkeit: Gewährleistungsumfang und Modifikationen der Menschenrechte bei extraterritorialen Sachverhalten, in: Björnstjern, Baade (Hrsg.), Verhältnismäßigkeit im Völkerrecht, Baden-Baden 2016, 19 ff.

Behmenburg, Ben, Polizeiliche Maßnahmen bei der Anfahrt zu Versammlung, LKV 2003, 500 ff.

Bendiashvili, Alexander/Daushvili, Alexander/Natmeladze, Makhvala, საქართველოს ისტორია, ტ. 4 [Geschichte Georgiens, Bd. IV], Tbilisi 2012.

Beraia, Irakli/Gelashvili, Nukri/Giorgishvili, Ketevan/Isoria, Levan/Kiladze, Sofio/Musashvili, Davit/Turava, Paata, საპოლიციო სამართალი [Polizeirecht], Tbilisi 2015.

Berg, Wilfried, Primat und Unparteilichkeit des Rechts im Rechtsstaat, VVDStRL 51 (1991), 46 ff.

Berkemann, Jörg, Der Grundsatz der Verhältnismäßigkeit – Bericht über den „The State of the Art", DVBl. 2018, 741 ff.

Bernhardt, Rudolf, Betrachtungen zur Rechtsvergleichung im öffentlichen Recht, in: Grote, Rainer (Hrsg.), Die Ordnung der Freiheit, FS für Christian Starck, Tübingen 2007, 701 ff.

Berwanger, Jörg, G 20 in Hamburg – Staatshaftung wegen Vandalismus?, NVwZ 2017, 1348 ff.

Bethge, Herbert, in: Maunz, Theodor/Schmidt-Bleibtreu, Bruno/Klein, Franz/Bethge, Herbert (Hrsg.), Bundesverfassungsgerichtsgesetz, Kommentar, Stand: 53. EL Februar 2018, § 13.

–, in: Sachs, Michael (Hrsg.), Grundgesetz, Kommentar, 8. Aufl., München 2018, Art. 5.

Blanke, Hermann-J., in: Stern, Klaus/Becker, Florian (Hrsg.), Grundrechte-Kommentar: Die Grundrechte des Grundgesetzes mit ihren europäischen Bezügen, 2. Aufl., Köln 2016, Art. 8.

Blankenagel, Alexander, Zur Funktion der Grundrechte in der UdSSR: Eine Darstellung am Beispiel des Rechts auf Arbeit und des Rechts auf freie Meinungsäußerung, München 1975.

–, Effizienter Grundrechtsschutz: Über die Vereinbarkeit von hohen Grundrechten und schnödem Geld, in: ders. (Hrsg.), Den Verfassungsstaat nachdenken, Berlin 2014, 11 f.

Böckenförde, Ernst-Wolfgang, Grundrechtstheorie und Grundrechtsinterpretation, NJW 1974, 1529 ff.
–, Mittelbare/repräsentative Demokratie als eigentliche Form der Demokratie: Bemerkungen zu Begriff und Verwirklichungsproblemen der Demokratie als Staats- und Regierungsform, in: Müller, Georg (Hrsg.), Staatsorganisation und Staatsfunktionen im Wandel, FS für Kurt Eichenberger, Basel 1982, 301 ff.
–, Ist Demokratie eine notwenige Forderung der Menschenrechte?, in: Gosepath, Stefan/Lohmann, Georg (Hrsg.), Philosophie der Menschenrechte, Frankfurt a. M. 1998, 233 ff.
–, Verfassungsgerichtsbarkeit: Strukturfragen, Organisation, Legitimation, NJW 1999, 9 ff.
–, Anmerkungen zum Begriff Verfassungswandel, in: ders. (Hrsg.), Staat, Nation, Europa, 2. Aufl., Frankfurt a. M. 2000, 141 ff.
–, Schutzbereich, Eingriff, Verfassungsimmanente Schranken, Der Staat 42 (2003), 165 ff.
–, Demokratie als Verfassungsprinzip, in: Isensee, Josef/Kirchhof, Paul (Hrsg.), Handbuch des Staatsrechts der Bundesrepublik Deutschland, Bd. II (Verfassungsstaat), 3. Aufl., Heidelberg 2004, § 24.
–, Wie werden in Deutschland die Grundrechte im Verfassungsrecht interpretiert?, EuGRZ 2004, 598 ff.
–, Wissenschaft, Politik, Verfassungsgericht, Frankfurt a. M. 2011.
Bogdandy, Armin von, Comparative Constitutional Law as Social Science? A Hegelian Reaction to Ran Hirschl's Comparative Matters, VRÜ 49 (2016), 278 ff.
–, Das Öffentliche im Völkerrecht im Lichte von Schmitts „Begriff des Politischen": Zugleich ein Beitrag zur Theoriebildung im Öffentlichen Recht, ZaöRV 2017, 877 ff.
–, Jenseits der Rechtsgemeinschaft – Begriffsarbeit in der europäischen Sinn- und Rechtsstaatlichkeitskrise, EuR 2017, 487 ff.
–, Vertrauen im europäischen Rechtsraum – Eine Bestandsaufnahme im Lichte der Verfassungskrisen, in: Kadelbach, Stefan (Hrsg.), Verfassungskrisen in der Europäischen Union, Baden-Baden 2018, 23 ff.
Bogdandy, Armin von/Grabenwarter, Christoph/Huber, Peter M., Verfassungsgerichtsbarkeit im europäischen Rechtsraum, in: dies. (Hrsg.), Verfassungsgerichtsbarkeit in Europa: Institutionen, Bd. VI, Heidelberg 2016, § 95.
Bogdandy, Armin von/Venzke, Ingo, Zur Herrschaft internationaler Gerichte: Eine Untersuchung internationaler öffentlicher Gewalt und ihrer demokratischen Rechtfertigung, ZaöRV 2010, 1 ff.
Boulanger, Christian, Recht in der Transformation – Transformation durch Recht?, in: ders. (Hrsg.), Recht in der Transformation: Rechts- und Verfassungswandel in Mittel- und Osteuropa: Beiträge zur Debatte, Berlin 2002, 7 ff.
Bowring, Bill, Georgia, Russia and the Crisis of the Council of Europe: Inter-State Applications, Individual Complaints, and the Future of the Strasbourg Model of Human Rights Litigation, in: Green, James A./Waters, Christopher P.M. (Hrsg.), Conflict in the Caucasus, Basingstoke 2010, 114 ff.
Bregadze, Rati, Parteimerkmale und innerparteiliche Demokratie im Recht Georgiens: Eine rechtsvergleichende Untersuchung mit Blick auf Deutschland und die Ukraine, Münster 2011.
Brenneisen, Hartmut, Stellungnahme zum Entwurf eines Gesetzes zum Schutz der Versammlungsfreiheit für das Land Schleswig-Holstein. Gesetzentwurf der Fraktion Bündnis 90/Die Grünen, in: ders./Wilksen, Michael/Staack, Dirk/Martins, Michael/Warnstorff, Jana (Hrsg.), Ein Versammlungsgesetz für Schleswig-Holstein: Vorstellung, Analyse und Bewertung der Gesetzesinitiativen, Münster 2013, 39 ff.

Brenneisen, Hartmut/Arndt, Christian, Versammlungen auf privaten Flächen im Lichte der aktuellen Rechtsprechung, in: Staack, Dirk/Brenneisen, Hartmut (Hrsg.), Problemstellungen des Versammlungsrechts, Münster 2016, 150 ff.

Brenneisen, Hartmut/Martins, Michael, Neue Perspektive: Die Regelungen des VersFG SH zum Vermummungs- und Schutzausrüstungsverbot, in: Staack, Dirk/Brenneisen, Hartmut (Hrsg.), Problemstellungen des Versammlungsrechts, Münster 2016, 134 ff.

Brenneisen, Hartmut/Sievers, Christopher, Hat das BayVersG Modellcharakter? – Die Entwicklung des Versammlungsrechts in den Bundesländern nach der Föderalismusreform I, Die Polizei 2009, 71 ff.

Brenneisen, Hartmut/Wilksen, Michael (Hrsg.), Versammlungsrecht, 4. Aufl., Hilden 2011.

Brenneisen, Hartmut/Wilksen, Michael/Staack, Dirk/Petersen, Dirk Michael/Martins, Michael, Die Versammlungsfreiheit im Lichte der aktuellen Rechtsprechung, Die Polizei 2012, 89 ff. und 121 ff.

Brenner, Michael, in: Mangoldt, Hermann, von/Klein, Friedrich/Starck, Christian (Hrsg.), Kommentar zum Grundgesetz, Bd. I, 7. Aufl., München 2018, Art. 17a.

–, in: Mangoldt, Hermann, von/Klein, Friedrich/Starck, Christian (Hrsg.), Kommentar zum Grundgesetz, Bd. I, 7. Aufl., München 2018, Art. 18.

Breuer, Merten, Zur Anordnung konkreter Abhilfemaßnahmen durch den EGMR: Der Gerichtshof betritt neue Wege im Fall Asanidse gegen Georgien, EuGRZ 2004, 268 ff.

Britz, Gabriel, Prozedurale Lösung von Grundrechtskollisionen durch „grundrechtliches Vorverfahren", Der Staat 42 (2003), 35 ff.

Brohm, Winfried, Demonstrationsfreiheit und Sitzblockaden, JZ 1985, 501 ff.

Bröhmer, Jürgen, Versammlungs- und Vereinigungsfreiheit, in: Dörr, Oliver/Grote, Rainer/Marauhn, Thilo (Hrsg.), EMRK/GG Konkordanzkommentar zum europäischen und deutschen Grundrechtsschutz, Bd. I, 2. Aufl., Tübingen 2013, Kap. 19.

Brugger, Winfried, Verbot oder Schutz von Hassrede?, AöR 128 (2003), 372 ff.

–, Georg Jellineks Statuslehre: National und international. Eine Würdigung und Aktualisierung anlässlich seines 100. Todestages im Jahr 2011, AöR 136 (2011), 1 ff.

–, Angloamerikanischer Einfluss auf die Grundrechtsentwicklung in Deutschland, in: Isensee, Josef/Kirchhof, Paul (Hrsg.), Handbuch des Staatsrechts der Bundesrepublik Deutschland, Bd. IX (Allgemeine Grundrechtslehren), 3. Aufl., Heidelberg 2011, § 186.

Brühning, Christoph, in: Stern, Klaus/Becker, Florian (Hrsg.), Grundrechte-Kommentar: Die Grundrechte des Grundgesetzes mit ihren europäischen Bezügen, 2. Aufl., Köln 2016, Art. 19.

Brunner, Georg, Demokratisierung und Rechtsstaatlichkeit? Die innenpolitische und rechtliche Entwicklung, in: Kappeler, Andreas (Hrsg.), Umbau des Sowjetsystems, Sachsenheim 1989, 12 ff.

–, The Constitutions of Central and Eastern European Countries and the Duty to Protect and to Ensure Human Rights, in: Klein, Eckart (Hrsg.), The Duty to Protect and to Ensure Human Rights, Berlin 2000, 73 ff.

–, Grundrechtstheorie im Marxismus-Leninismus, in: Merten, Detlef/Papier, Hans-Jürgen (Hrsg.), Handbuch der Grundrechte in Deutschland und Europa, Bd. I (Entwicklung und Grundlagen), Heidelberg 2004, § 13.

Bryde, Brun-Otto, Konstitutionalisierung des Völkerrechts und Internationalisierung des Verfassungsrechts, Der Staat 42 (2003), 62 ff.

–, Der Beitrag des Bundesverfassungsgerichts zur Demokratisierung der Bundesrepublik, in: van Ooyen, Robert Christian /Möllers, Martin H. W. (Hrsg.), Das Bundesverfassungsgericht im politischen System, Wiesbaden 2006, 321 ff.

Buchheister, Joachim, Entwicklungslinien im Versammlungsrecht, LKV 2016, 160 ff.
Buergenthal, Thomas/Shelton, Dinah/Stewart, David P./Vázquez, Carlos M., International Human Rights, in a Nutshell, 5. Aufl., St. Paul West Academic 2017.
Bühring, Patrick, Demonstrationsfreiheit für Rechtsextremisten? Verfassungsrechtliche Spielräume für eine Verschärfung des Versammlungsgesetzes, München 2004.
Bumke, Christian, Ausgestaltung von Grundrechten: Grundlagen und Grundzüge einer Dogmatik der Grundrechtsausgestaltung unter besonderer Berücksichtigung der Vertragsfreiheit, Tübingen 2009.
Bumke, Christian/Voßkuhle, Andreas, Casebook Verfassungsrecht, 5. Aufl., München 2008.
Bünnigmann, Kathrin, Polizeifestigkeit im Versammlungsrecht, JuS 2016, 695 ff.
Busse, Carl-David von, Die Methoden der Rechtsvergleichung im öffentlichen Recht als richterliches Instrument der Interpretation von nationalem Recht, Baden-Baden 2015.
Calliess, Christian, Sicherheit im freiheitlichen Rechtsstaat: Eine verfassungsrechtliche Gratwanderung mit staatstheoretischem Kompass, ZRP 2002, 1 ff.
–, Die Leistungsfähigkeit des Untermaßverbots als Kontrollmaßstab grundrechtlicher Schutzpflichten, in: Grote, Rainer (Hrsg.), Die Ordnung der Freiheit, FS für Christian Starck, Tübingen 2007, 201 ff.
Chavez, Rebecca Bill, The Rule of Law and Courts in Democratizing Regimes, in: Whittington, Keith E./Kelemen, Daniel/Caldeira, Gregory A. (Hrsg.), The Oxford Handbook of Law and Politics, Oxford 2013, 63 ff.
Cheterian, Vicken, The Origin and Trajectory of the Caucasian Conflicts, in: Kemoklidze, Nino/Moore, Cerwyn/Smith, Jeremy/Yemelianova, Galina (Hrsg.), Many Faces of the Caucasus, London/New York 2014, 15 ff.
Christophe, Barbara, Metamorphosen des Leviathans in einer post-sozialistischen Gesellschaft: Georgiens Provinz zwischen Fassaden der Anarchie und regulativer Allmacht, Bielefeld 2005.
Ciskarishvili, Soso, ქართული დემოკრატია – პოლიტიკურ საფრთხეთა ინკუბატორი [Georgische Demokratie – Inkubator der politischen Gefahren], in: Club der unabhängigen Experten (Hrsg.), Guideline zur Demokratisierung in Georgien, Tbilisi 2012, 6 ff.
Classen, Claus Dieter, Das Prinzip der Verhältnismäßigkeit im Spiegel europäischer Rechtsentwicklungen, in: Sachs, Michael (Hrsg.), Der grundrechtsgeprägte Verfassungsstaat, FS für Klaus Stern, Berlin 2012, 651 ff.
–, Staatsrecht II – Grundrechte, ein Studienbuch, München 2018.
Coelln, Christian von, Die eingeschränkte Polizeifestigkeit nicht-öffentlicher Versammlungen, NVwZ 2001, 1234 ff.
Coendet, Thomas, Rechtsvergleichende Argumentation, Tübingen 2012.
Cornils, Matthias, Die Ausgestaltung der Grundrechte, Tübingen 2005.
Cremer, Wolfram, Freiheitsgrundrechte: Funktionen und Strukturen, Tübingen 2004.
–, Praktische Konkordanz als grundrechtliche Kollisionsregel – Einebnung gesetzgeberischer Entscheidungsspielräume, in: Kment, Martin (Hrsg.), Das Zusammenwirken von deutschem und europäischem Öffentlichen Recht, FS für Hans Dieter Jarass, München 2015, 175 ff.
Croissant, Aurel, Analyse defekter Demokratien, in: Schrenk, Klemens H./Soldner, Markus (Hrsg.), Analyse demokratischer Regierungssysteme, Wiesbaden 2010, 93 ff.
Czarny, Piotr, Der Streit um den Verfassungsgerichtshof in Polen 2015–2016, Osteuropa 64 (2018), 5 ff.
Dahm, Diethard/Peters, Wilfried, Aktuelle Fragen des Versammlungsrechts – Rechtsprechungsübersicht, LKV 2012, 443 ff.

Daiber, Birgit, Versammlungs- und Vereinigungsfreiheit, in: Meyer-Ladewig, Jens/Nettesheim, Martin/Raumer, Stefan von (Hrsg.), EMRK Europäische Menschenrechtskonvention, der Handkommentar zur EMRK, 4. Aufl., Baden-Baden 2017, Art. 11.

Dannemann, Gerhard, Comparative Law: Study of Similarities or Differences?, in: Reimann, Matthias/Zimmermann, Reinhard (Hrsg.), The Oxford Handbook of Comparative Law, Oxford 2008, 383 ff.

Dederer, Hans-Georg, Die Durchsetzung der Menschenrechte, in: Merten, Detlef/Papier, Hans-Jürgen (Hrsg.), Handbuch der Grundrechte in Deutschland und Europa, Bd. VI/2 (Europäische Grundrechte II – Universelle Menschenrechte), Heidelberg 2009, § 176.

Degenhart, Christoph, Verfassungsreform Georgien: Rechtsgutachtliche Stellungnahme zum Entwurf der Verfassungskommission, vorgelegt am 01.05.2017, Tbilisi 2017.

–, in: Sachs, Michael (Hrsg.), Grundgesetz-Kommentar, 8. Aufl., München 2018, Art. 103.

Deger, Johannes, Die Reichweite des Art. 8 GG – Wann beginnt der Schutz, wann beginnt der Eingriff in die Versammlungsfreiheit?, in: Staack, Dirk/Brenneisen, Hartmut (Hrsg.), Problemstellungen des Versammlungsrechts, Münster 2016, 94 ff.

Demetrashvili, Avtandil, მმართველობის ახალი სისტემის თავისებურებანი საქართველოში [Die Eigenartigkeit des neuen Regierungssystems in Georgien], in: Aphrasidze, David/Nodia, Ghia (Hrsg.), სუპერსაპრეზიდენტოდან საპარლამენტომდე: საკონსტიტუციო ცვლილებები საქართველოში [Vom superpräsidentialen bis hin zum parlamentarischen: Verfassungsänderungen in Georgien], Tbilisi 2013, 11 ff.

Denninger, Erhard, Vom Rechtsstaat zum Präventionsstaat?, in: Adolf-Arndt-Kreis (Hrsg.), Sicherheit durch Recht in Zeiten der Globalisierung, Berlin 2003, 9 ff.

–, in: Lisken, Hans/Denninger, Erhard (Hrsg.), Handbuch des Polizeirechts: Gefahrenabwehr, Strafverfolgung, Rechtsschutz, 6. Aufl., München 2018, Kap. B.

Depenheuer, Otto, Solidarität im Verfassungsstaat: Grundlegung einer normativen Theorie der Verteilung, München 2009.

–, Solidarität und Freiheit, in: Isensee, Josef/Kirchhof, Paul (Hrsg.), Handbuch des Staatsrechts der Bundesrepublik Deutschland, Bd. IX (Allgemeine Grundrechtslehren), 3. Aufl., Heidelberg 2011, § 194.

–, in: Maunz, Theodor/Dürig, Günter (Hrsg.), Grundgesetz-Kommentar, Stand: 84. EL August 2018, Art. 8.

Detterbeck, Steffen, in: Sachs, Michael (Hrsg.), Grundgesetz-Kommentar, 8. Aufl., München 2018, Art. 93.

Di Fabio, Udo, Gewaltenteilung, in: Isensee, Josef/Kirchhof, Paul (Hrsg.), Handbuch des Staatsrechts der Bundesrepublik Deutschland, Bd. II (Verfassungsstaat), 3. Aufl., Heidelberg 2004, § 27.

–, Sicherheit in Freiheit, NJW 2008, 421 ff.

–, Das mirandolische Axiom: Gegebenes und Aufgegebenes, in: Sachs, Michael (Hrsg.), Der grundrechtsgeprägte Verfassungsstaat, FS für Klaus Stern, Berlin 2012, 13 ff.

Diamond, Larry, Developing Democracy: Toward Consolidation, Baltimore and London 1999.

Dietel, Alfred, Der opponierende Versammlungsteilnehmer als Beteiligter im Verwaltungsverfahren der Versammlungsbehörde, Die Polizei 2004, 189 ff.

Dietel, Alfred/Gintzel, Kurt/Kniesel, Michael, Versammlungsgesetze, Kommentierung des Versammlungsgesetzes des Bundes und der Versammlungsgesetze der Länder, 17. Aufl., Köln 2016.

Doering-Manteuffel, Anselm, Fortschrittsglaube und sozialer Wandel: Die Entstehung der Anti-Atom-Bewegung, in: Doering-Manteuffel, Anselm/Greiner, Bernd/Lepsius, Oliver

(Hrsg.), Der Brokdorf-Beschluss des Bundesverfassungsgerichts 1985, Tübingen 2015, 83 ff.
Dörr, Oliver, Keine Versammlungsfreiheit für Neonazis? Extremistische Demonstrationen als Herausforderung für das geltende Versammlungsrecht, VerwArch 93 (2002), 485 ff.
Dörr, Oliver/Grote, Rainer/Marauhn, Thilo, in: dies. (Hrsg.), EMRK/GG Konkordanzkommentar zum europäischen und deutschen Grundrechtsschutz, Bd. I, 2. Aufl., Tübingen 2013, Einleitung.
Dorssemont, Filip, in: Peers, Steve/Hervey, Tamara/Kenner, Jeff/Ward, Angela (Hrsg.), The EU Charter of Fundamental Rights: A Commentary, Oxford 2014, Art. 12.
Dröge, Cordula, Positive Verpflichtungen der Staaten in der Europäischen Menschenrechtskonvention, Berlin 2003.
Dumbs, Matthias, Der Grundsatz der Verhältnismäßigkeit in der Rechtsprechung des BVerfG, DVBl. 2016, 691 ff.
Dürig-Friedl, Cornelia, in: Dürig-Friedl, Cornelia/Enders, Christoph (Hrsg.), Versammlungsrecht: Die Versammlungsgesetze des Bundes und der Länder, Kommentar, München 2016, § 15.
Ebeling, Christoph, Die Organisierte Versammlung: Kontinuität zwischen Repression und Schutz, Berlin 2017.
Ehrentraut, Christian, Die Versammlungsfreiheit im amerikanischen und deutschen Verfassungsrecht, Berlin 1990.
Enders, Christoph, Keine Freiheit den Feinden der Freiheit?, in: Meier, Horst/Dyckmanns, Fritz (Hrsg.), Rechtsradikale unter dem Schutz der Versammlungsfreiheit, Hofgeismar 2010, 67 ff.
–, in: Epping, Volker/Hillgruber, Christian (Hrsg.), BeckOK Grundgesetz, 39. Aufl., Stand: 15.11.2018, Art. 19.
Enders, Christoph/Hoffmann-Riem, Wolfgang/Kniesel, Michael/Poscher, Ralf/Schulze-Fielitz, Helmuth, Musterentwurf eines Versammlungsgesetzes, Arbeitskreis Versammlungsrecht, München 2011.
Englisch, Joachim, in: Stern, Klaus/Becker, Florian (Hrsg.), Grundrechte-Kommentar: Die Grundrechte des Grundgesetzes mit ihren europäischen Bezügen, 2. Aufl., Köln 2016, Art. 3.
Epping, Volker, Grundrechte, 7. Aufl., Berlin 2017.
Eremadse, Ketevan, ინტერესთა დაბალანსება დემოკრატიულ საზოგადოებაში [Balancierung der Interessen in der demokratischen Gesellschaft], Tbilisi 2013.
Erkvania, Tinatin, საქართველოს კონსტიტუციის კომენტარი, თავი მეორე: საქართველოს მოქალაქეობა. ადამიანის ძირითადი უფლებანი და თავისუფლებანი [in: Kommentar der georgischen Verfassung, Kap. II: Georgische Bürgerschaft, Grundrechte und Grundfreiheiten], Tbilisi 2013, Art. 43.
–, Verfassung und Verfassungsgerichtsbarkeit in Georgien, Baden-Baden 2017.
Esser, Robert, Die Judikatur des EGMR im Strudel der Anhörungsrüge, NJW 2016, 604 ff.
Ferreau, Frederik, Grenzen staatlicher Beteiligung am politischen Diskurs, NVwZ 2017, 1259 ff.
Finn, John E., Some notes on inclusive constitution-making, citizenship and civic constitutionalism, in: Jacobsohn, Gary Jeffrey/Schor, Miguel (Hrsg.), Comparative Constitutional Theory, Cheltenham 2018, 436 ff.
Flitsch, Michael, Die Funktionalisierung der Kommunikationsgrundrechte, Berlin 1998.
Frankenberg, Günter, In Verteidigung des Lokalen – Odd Details als globalisierungskritische Marker im Verfassungsvergleich, VRÜ 49 (2016), 263 ff.

Franz, Andre, Die Europäische Union als externer Förderer von Demokratie und Rechtsstaatlichkeit: Ansätze, Determinanten und Wirkungsweise am Beispiel von Georgien und Aserbaidschan, Münster 2010.

Frenz, Walter, Polizei- und Versammlungsrecht – Abgrenzung und Zusammenspiel, JA 2007, 334 ff.

–, Terrorismus und Menschenwürde, DÖV 2015, 305 ff.

Frey, Michael/Pfeifer, Laura, Der ordre public – die öffentliche Ordnung: Derselbe Begriff, verschiedene Funktionen – ein Rechtsprinzip?, EuR 2015, 721 ff.

Fritzsche, Karl Peter, Menschenrechtskultur – Zwischen Vision und Wissenschaft, in: Breuer, Marten (Hrsg.), Der Staat im Recht, FS für Eckart Klein, Berlin 2013, 1041 ff.

Froese, Judith, Das Zusammenspiel von Versammlungsfreiheit und Versammlungsgesetz, JA 2015, 679 ff.

Frowein, Jochen A., Die Versammlungsfreiheit vor dem Bundesverfassungsgericht, NJW 1985, 2376 ff.

–, in: Frowein, Jochen A./Peukert, Wolfgang (Hrsg.), Europäische Menschenrechtskonvention: EMRK-Kommentar, 3. Aufl., Kehl 2009, Art. 11.

Fuchslocher, Eva, Vaterland, Sprache, Glaube: Orthodoxie und Nationenbildung am Beispiel Georgiens, Stuttgart 2010.

Gamper, Anna, Regeln der Verfassungsinterpretation, Wien/New York 2012.

Garishvili, Marina, Prince David – European Lawyer, in: Sarchevi, Nr. 1–2 (3–4), 2012, 212 ff.

Gässner, Katrin, Die Rechtsprechung zur Versammlungsfreiheit im internationalen Vergleich, Tübingen 2012.

Gaul, Wolfgang, Verfassungsgebung in Georgien: Ergebnisse internationaler rechtlicher Beratung in einem Transformationsstaat, Berlin 2001.

–, Sinn und Unsinn internationaler Rechtsberatung, in: Boulanger, Christian (Hrsg.), Recht in der Transformation: Rechts- und Verfassungswandel in Mittel- und Osteuropa: Beiträge zur Debatte, Berlin 2002, 102 ff.

Gegenava, Dimitri/Javakhishvili, Paata, საქართველოს კონსტიტუციის 39-ე მუხლი: იძულებით გადაადგილებული ნორმა თავშესაფრის მოლოდინში და შეუცნობლისადმი შიშის ფენომენი ქართულ კონსტიტუციონალიზმში [Article 39 of the Constitution of Georgia: Internally displaced norm pending the shelter and the phenomenon of fear of the unknown in Georgian constitutionalism], in: Rechtliche, politische und wirtschaftliche Aspekte der Verfassungsänderung, Spezialausgabe der Grigol Robakidze Universität Tbilisi, Tbilisi 2017, 141 ff.

Gegenava, Dimitri/Khantaria, Beka/Tsanava, Lana/Thevzadze, Tengiz/Macharadze, Zurab/ Djavakhishvili, Pata/Erkvania, Tinatin/Papashvili, Tamar, საქართველოს საკონსტიტუციო სამართალი [Das georgische Verfassungsrecht], Tbilisi 2014.

Geis, Max-Emanuel, in: Friauf, Heinrich/Höfling, Wolfram (Hrsg.), Berliner Kommentar zum Grundgesetz, Berlin, Loseblattwerk, Stand: Mai 2018, Art. 8.

Gellermann, Martin, Grundrechte in einfachgesetzlichem Gewande: Untersuchung zur normativen Ausgestaltung der Freiheitsrechte, Tübingen 2000.

Gephart, Werner, Rezeptionsanalyse als Rechtskulturforschung, in: Schermaier, Martin Josef/ Gephart, Werner (Hrsg.), Rezeption und Rechtskulturwandel, Frankfurt a.M. 2016, 257 ff.

Gerber, Jürgen, Georgien: Nationale Opposition und kommunistische Herrschaft seit 1956, Baden-Baden 1997.

German, Tracey, Securing the South Caucasus: Military Aspects of Russian Policy towards the Region since 2008, in: Kemoklidze, Nino/Moore, Cerwyn/Smith, Jeremy/Yemelianova, Galina (Hrsg.), Many Faces of the Caucasus, London/New York 2014, 40 ff.

Giegerich, Thomas, Wirkung und Rang der EMRK in den Rechtsordnungen der Mitgliedstaaten, in: Dörr, Oliver/Grote, Rainer/Marauhn, Thilo (Hrsg.), EMRK/GG Konkordanz-Kommentar, Bd. I, 2. Aufl., Tübingen 2013, Kap. 2.

–, The German Federal Constitutional Court's Misguided Attempts to Guard the European Guardians in Luxemburg and Strasbourg, in: Breuer, Marten (Hrsg.), Der Staat im Recht, FS für Eckart Klein, Berlin 2013, 49 ff.

Giorgishvili, Ketevan, შეცდომა დისკრეციული უფლებამოსილების განხორციელებაში [Die fehlerfreie Ermessensausübung], in: Kopaleishvili, Maia (Hrsg.), Zeitschrift für Verwaltungsrecht, Nr. 1, Tbilisi 2013, 20 ff.

–, Das georgische Verbraucherrecht, in: Kurzynsky-Singer, Eugenia (Hrsg.), Transformation durch Rezeption?, Tübingen 2014, 219 ff.

–, პოლიციის პრევენციული საქმიანობის თავისებურებები [Die Eigenartigkeit der polizeilichen Gefahrenabwehr], in: Kopaleishvili, Maia (Hrsg.), Zeitschrift für Verwaltungsrecht, Nr. 2, Tbilisi 2016, 79 ff.

–, შეკრების ავტონომიურობისა და მშვიდობიანობის პრინციპები ადამიანის უფლებათა ევროპული სასამართლოს პრაქტიკაში [Die Autonomie und Friedlichkeit der Versammlung nach EMRK], in: Korkelia, Konstantin (Hrsg.), Menschenrechtsschutz, Tbilisi 2018, 73 ff.

Glaßner, Gert-Joachim, Sicherheit in Freiheit – Die Schutzfunktion des demokratischen Staates und die Freiheit der Bürger, Wiesbaden 2003.

Goldhammer, Michael, in: Möstl, Markus/Schwabenbauer, Thomas (Hrsg.), Polizei- und Sicherheitsrecht Bayern, BeckOK, 8. Aufl., Stand: 01.04.2018, PAG Art. 5 (Ermessen, Wahl der Mittel).

Goltz, Thomas, The Paradox of Living in Paradise: Georgia's Descent into Chaos, in: Cornell, Svante E./Starr, Frederick S. (Hrsg.), The Guns of August 2008, Russia's War in Georgia, Armonk/New York 2009, 10 ff.

Gordadze, Thornike, Georgian-Russian Relations in the 1990s, in: Cornell, Svante E./Starr, Frederick S. (Hrsg.), The Guns of August 2008: Russia's War in Georgia, Armonk/New York 2009, 28 ff.

Grabenwarter, Christoph, Nationale Grundrechte und Rechte der Europäischen Menschenrechtskonvention, in: Merten, Detlef/Papier, Hans-Jürgen (Hrsg.), Handbuch der Grundrechte in Deutschland und Europa, Bd. VI/2 (Europäische Grundrechte II – Universelle Menschenrechte), Heidelberg 2009, § 169.

–, The European Convention on Human Rights: Inherent Constitutional Tendencies and the Role of the European Court of Human Rights, in: Bogdandy, Armin von/Sonnevend, Pál (Hrsg.), Constitutional Crisis in the European Constitutional Area: Theory and Politics in Hungary and Romania, Oxford 2015, 257 ff.

–, Neuere Verfassungsentwicklungen in Europa und „Europäisches Verfassungsrecht": Die Rolle der Venedig-Kommission, in: Kadelbach, Stefan (Hrsg.), Verfassungskrisen in der Europäischen Union, Baden-Baden 2018, 61 ff.

Grabenwarter, Christoph/Pabel, Katherina, Europäische Menschenrechtskonvention, 6. Aufl., München 2015.

Graser, Alexander, in: Graser, Alexander/Burjanadze, Giorgi/Malkhasyan, Hayk/Evoyan, Mariam/Natsvlishvili, Vakhtang (Hrsg.), Proportionality and Human Rights in German, Armenian and Georgian Constitutional Adjudication [Verhältnismäßigkeit und Menschenrechte in der deutschen, armenischen und georgischen Verfassungsgerichtsbarkeit], Tbilisi 2017, 8 ff.

Graulich, Kurt, in: Lisken, Hans/Denninger, Erhard (Hrsg.), Handbuch des Polizeirechts: Gefahrenabwehr, Strafverfolgung, Rechtsschutz, 6. Aufl., München 2018, Kap. E.

Grawert, Rolf, Vom Staat zur Demokratie: Eine staatstheoretische Skizze, in: Breuer, Marten (Hrsg.), Der Staat im Recht, FS für Eckart Klein, Berlin 2013, 65 ff.

Grewe, Constance, Die Wirkungen der EMRK in einzelnen Staaten des Europarats: Überraschende Kontraste neuerer Entwicklungen, in: Breitenmoser, Stephan (Hrsg.), Wirkungen der Europäischen Menschenrechtskonvention (EMRK) – heute und morgen, Baden-Baden 2018, 7 ff.

Grewlich, Klaus W., Nichtregierungsorganisationen, in: Isensee, Josef/Kirchhof, Paul (Hrsg.), Handbuch des Staatsrechts der Bundesrepublik Deutschland, Bd. X (Deutschland in der Staatengemeinschaft), 3. Aufl., Heidelberg 2012, § 223.

Grimm, Dieter, Das staatliche Gewaltmonopol, in: Anders, Freia/Gilcher-Holtey, Ingrid (Hrsg.), Herausforderungen des staatlichen Gewaltmonopols, Frankfurt 2006, 18 ff.

–, Zur Bedeutung nationaler Verfassungen in einem vereinten Europa, in: Merten, Detlef/Papier, Hans-Jürgen (Hrsg.), Handbuch der Grundrechte in Deutschland und Europa, Bd. VI/2 (Europäische Grundrechte II – Universelle Menschenrechte), Heidelberg 2009, § 168.

Grodsky, Brian, Co-optation or Empowerment? The Fate of Pro-Democracy NGOs after the Rose Revolution, in: Kemoklidze, Nino/Moore, Cerwyn/Smith, Jeremy/Yemelianova, Galina (Hrsg.), Many Faces of the Caucasus, London/New York 2014, 74 ff.

Gromitsaris, Athanasios, Subjektivierung oder Objektivierung im Recht der Gefahrenabwehr, DVBl. 2005, 535 ff.

Göpl, Christoph/Leinenbach, Isabel, Examensschwerpunkte des Versammlungsrechts, JA 2018, 8 ff.

Groscurth, Stephan, in: Peters, Wilfried/Janz, Norbert (Hrsg.), Handbuch Versammlungsrecht: Versammlungsfreiheit, Eingriffsbefugnisse, Rechtsschutz, München 2015, Kap. G.

Grote, Rainer, Germany, in: Peters, Anne/Ley, Isabelle (Hrsg.), The freedom of peaceful assembly in Europe, Baden-Baden 2016, 121 ff.

Grzeszick, Bernd/Rauber, Jochen, in: Schmidt-Bleibtreu, Bruno/Hofmann, Hans/Henneke, Hans-Günter (Hrsg.), Kommentar zum Grundgesetz, 14. Aufl., Köln 2018, Art. 21.

Guckelberger, Annette, in: Schmidt-Bleibtreu, Bruno/Hofmann, Hans/Henneke, Hans-Günther (Hrsg.), Kommentar zum Grundgesetz, 14. Aufl., Köln 2018, Art. 17a.

–, Kennzeichnung von Polizeivollzugsbeamten aus nationaler und EMRK-Perspektive, DÖV 2018, 421 ff.

Gusy, Christoph, Lehrbuch der Versammlungsfreiheit – BVerfGE 69, 315, JuS 1986, 608 ff.

–, Gefahraufklärung zum Schutz der öffentlichen Sicherheit und Ordnung, JA 2011, 641 ff.

–, in: Mangoldt, Hermann von/Klein, Friedrich/Starck, Christian (Hrsg.), Grundgesetz, Kommentar, Bd. I, 7. Aufl., München 2018, Art. 8.

Gvazava, Giorgi, ძირითადი პრინციპები საკონსტიტუციო უფლებისა [Die Grundlagen der verfassungsgemäßen Rechte], 2. Aufl., Tbilisi 2014.

Haak, Julia, Die Wirkung und Umsetzung von Urteilen des europäischen Gerichtshofs für Menschenrechte: Ein Rechtsvergleich zwischen der Bundesrepublik Deutschland und der Russischen Föderation, Münster 2018.

Haak, Stefan, in: Isensee, Josef/Kirchhof, Paul (Hrsg.), Handbuch des Staatsrechts der Bundesrepublik Deutschland, Bd. X (Deutschland in der Staatengemeinschaft), 3. Aufl., Heidelberg 2012, § 205.

Häberle, Peter, Das Grundgesetz zwischen Verfassungsrecht und Verfassungspolitik, Baden-Baden 1996.

–, Europäische Rechtskultur, Berlin 1997.

–, „Own Face" of the Georgian Constitution of 1995 (georgische Übersetzung, Originalversion s. in: JöR 46 [1998], 406 ff.), in: Sarchevi, Nr. 1–2 (3–4), 239 ff.

–, Die Verfassungsgerichtsbarkeit auf der heutigen Entwicklungsstufe des Verfassungsstaates, EuGRZ 2004, 117 ff.
–, Wechselwirkungen zwischen deutschen und ausländischen Verfassungen, in: Merten, Detlef/ Papier, Hans-Jürgen (Hrsg.), Handbuch der Grundrechte in Deutschland und Europa, Bd. I (Entwicklung und Grundlagen), Heidelberg 2004, § 7.
–, Europäische Verfassungslehre, Baden-Baden 2011.
–, Der kooperative Verfassungsstaat – aus Kultur und als Kultur, Berlin 2013.
–, Verfassungsgerichtsbarkeit in der offenen Gesellschaft, in: van Ooyen, Robert Christian/ Möllers, Martin H. W. (Hrsg.), Das Bundesverfassungsgericht im politischen System, 2. Aufl., Wiesbaden 2015, 31 ff.
–, Rechtsgutachten für die Verfassungskommission Georgien in Sachen Grundrechtsreform, Tbilisi 2017.
Habermas, Jürgen, Faktizität und Geltung, Frankfurt a. M. 1998.
Hain, Karl-E., Der Gesetzgeber in der Klemme zwischen Übermaß- und Untermaßverbot?, DVBl. 1993, 982 ff.
–, Unbestimmter Rechtsbegriff und Beurteilungsspielraum – Ein dogmatisches Problem rechtstheoretisch betrachtet, in: Grote, Rainer (Hrsg.), Die Ordnung der Freiheit, FS für Christian Starck, Tübingen 2007, 34 ff.
Halmai, Gábor, Transnational Justice, Transnational Constitutionalism and Constitutional Culture, in: Jacobsohn, Gary Jeffrey/Schor, Miguel (Hrsg.), Comparative Constitutional Theory, Cheltenham 2018, 372 ff.
Hammarberg, Thomas, The Court of Human Rights versus the „Court of public opinion", in: Dialogue between judges (Hrsg.), „How can we ensure greater involvement of national courts in the Convention system?", Straßburg, Januar 2012, 30 ff.
–, Georgia in Transition: Report on the human rights dimension: Background, steps taken and remaining challenges, September 2013.
Hanschmann, Felix, Demontage eines Grundrechts – Zur Verfassungswidrigkeit des Bayerischen Versammlungsgesetzes, DÖV 2009, 389 ff.
Harris, David J./O'Boyle, Michael/Warbrick, Colin, Law of the European Convention on Human Rights, 3. Aufl., Oxford 2014.
Hartmann, Bernd J., in: Kahl, Wolfgang/Waldhoff, Christian/Walter, Christian (Hrsg.), Bonner-Kommentar zum Grundgesetz, Stand: Dezember 2018, Art. 8.
Hartmann, Moritz, Protestcamps als Versammlungen i. S. v. Art. 8 I GG?, NVwZ 2018, 200 ff.
Hartwig, Matthias, What Legitimises a National Constitution? On the Importance of International Embedding, in: Bogdandy, Armin von/Sonnevend, Pál (Hrsg.), Constitutional Crisis in the European Constitutional Area: Theory and Politics in Hungary and Romania, Oxford 2015, 311 ff.
Harzl, Benedikt, Der Georgisch-Abchasische Konflikt: Eine rechtliche und politische Analyse, Baden-Baden 2016.
Hayek, Friedrich August von, Die Verfassung der Freiheit, in: Bosch, Alfred (Hrsg.), Gesammelte Schriften in deutscher Sprache, Bd. 3, 4. Aufl., Tübingen 2005.
Hebeler, Timo, Verbot einer Versammlung am Holocaust-Gedenktag wegen einer Gefahr für die öffentliche Ordnung, JA 2014, 877 ff.
Helleberg, Max, Leitbildorientierte Verfassungsauslegung: Bestandsaufnahme und Kritik unter besonderer Würdigung der Versammlungsfreiheit, Berlin 2016.
Helly Damien/Gogia, Giorgi, Georgian Security and the Role of the West, in: Coppieters, Bruno/Legvold, Robert (Hrsg.), Statehood and Security: Georgia after the Rose Revolution, Cambridge 2005, 271 ff.

Helmken, Dierk, Dekorporierung des Gewaltbegriffs versus verfassungsrechtlichen Bestimmtheitsgebot: Nachlese zu den Sitzblockadenentscheidungen des Bundesverfassungsgerichts, in: Anders, Freia/Gilcher-Holtey, Ingrid (Hrsg.), Herausforderungen des staatlichen Gewaltmonopols, Frankfurt 2006, 133 ff.

Hensell, Stephan, Die Willkür des Staates: Herrschaft und Verwaltung in Osteuropa, Wiesbaden 2009.

Herdegen, Matthias, Verfassungsgerichtsbarkeit als pouvoir neutre, ZaöRV 2009, 257 ff.

Hermann, Dietrich, Politikwissenschaftliche Forschung zum Bundesverfassungsgericht, in: Schrenk, Klemens H./Soldner, Markus (Hrsg.), Analyse demokratischer Regierungssysteme, Wiesbaden 2010, 401 ff.

Hermes, Dirk/Schenkelberg, Herbert, Unterliegt ein Protestcamp der Versammlungsfreiheit des Artikels 8 Grundgesetz?, Die Polizei 2013, 75 ff.

Hermes, Georg, Verfassungsrecht und einfaches Recht – Verfassungsgerichtsbarkeit und Fachgerichtsbarkeit, VVDStRL 61 (2002), 119 ff.

Hesse, Konrad, Grundzüge des Verfassungsrechts der Bundesrepublik Deutschland, 12. Aufl., Heidelberg 1980.

Hestermeyer, Holger P., Staatshaftung für den G20-Gipfel?, DÖV 2018, 260 ff.

Hettich, Matthias, Versammlungsrecht in der kommunalen Praxis, Berlin 2003.

–, Platzverweis und Ingewahrsamnahme nach Auflösung der Versammlung, DÖV 2011, 954 ff.

–, Versammlungsrecht in der Praxis, 2. Aufl., Berlin 2018.

Heusch, Andreas, Demokratischer Wettbewerb auf kommunaler Ebene, NVwZ 2017, 1325 ff.

Hewitt, Brian George, Discordant Neighbours: A Reassessment of the Georgian-Abkhazian and Georgian-South Ossetian Conflicts, Leiden 2013.

Hille, Charlotte Mathilde Louise, State Building and Conflict Resolution in the Caucasus, Leiden 2010.

Hillgruber, Christian, Die Herrschaft der Mehrheit: Grundlagen und Grenzen des demokratischen Majoritätsprinzips, AöR 2002, 460 ff.

–, Grundrechtsschranken, in: Isensee, Josef/Kirchhof, Paul (Hrsg.), Handbuch des Staatsrechts der Bundesrepublik Deutschaland, Bd. IX (Allgemeine Grundrechtslehren), 3. Aufl., Heidelberg 2011, § 201.

Hobusch, Alexander, „Der ‚Tornado'-Überflug", JA 2018, 838 ff.

Hoffmann-Riem, Wolfgang, Neuere Rechtsprechung des BVerfG zur Versammlungsfreiheit, NVwZ 2002, 257 ff.

–, Mediendemokratie als rechtliche Herausforderung, Der Staat 42 (2003), 193 ff.

–, Nachvollziehende Grundrechtskontrolle: Zum Verhältnis von Fach- und Verfassungsgerichtsbarkeit am Beispiel von Konflikten zwischen Medienfreiheit und Persönlichkeitsrecht, AöR 128 (2003), 173 ff.

–, Demonstrationsfreiheit auch für Rechtsextremisten? Grundsatzüberlegungen zum Gebot rechtsstaatlicher Toleranz, NJW 2004, 2777 ff.

–, Grundrechtsanwendung unter Rationalitätsanspruch: Eine Erwiderung auf Kahls Kritik an neueren Ansätzen in der Grundrechtsdogmatik, Der Staat 43 (2004), 203 ff.

–, Demonstrationsfreiheit auch für Rechtsradikale?, in: Meier, Horst/Dyckmanns, Fritz (Hrsg.), Rechtsradikale unter dem Schutz der Versammlungsfreiheit, Hofgeismar 2010, 7 ff.

–, Versammlungsfreiheit, in: Merten, Detlef/Papier, Hans-Jürgen (Hrsg.), Handbuch der Grundrechte in Deutschland und Europa, Bd. IV (Grundrechte in Deutschland: Einzelgrundrechte I), Heidelberg 2011, § 106.

–, Standards für die Verwirklichung der Versammlungsfreiheit in Europa, in: Durner, Wolfgang (Hrsg.), Freiheit und Sicherheit in Deutschland und Europa, FS für Hans-Jürgen Papier, Berlin 2013, 267 ff.

–, „Soft Law" und „Soft Instruments" in der Arbeit der Venedig-Kommission des Europarats: Zur Wirkungsmacht einer beratenden Einrichtung, in: Bäuerle, Michael (Hrsg.), Demokratie-Perspektiven, FS für Brun-Otto Bryde, Tübingen 2013, 595 ff.

–, Der „Musterentwurf eines Versammlungsgesetzes" als Anregung für das Versammlungsfreiheitsgesetz von Schleswig-Holstein, in: Staack, Sirk/Brenneisen, Hartmut (Hrsg.), Problemstellungen des Versammlungsrechts, Münster 2016, 31 ff.

Höfling, Wolfram, Versammlungsrecht als „Freiheitsgewährleistungsrecht", Die Verwaltung 45 (2012), 539 ff.

–, in: Sachs, Michael (Hrsg.), Grundgesetz, Kommentar, 8. Aufl., München 2018, Art. 8.

Höfling, Wolfram/Augsberg, Steffen, Versammlungsfreiheit, Versammlungsrechtsprechung und Versammlungsgesetzgebung, ZG 21 (2006), 151 ff.

Höfling, Wolfram/Krohne, Gesine, Versammlungsrecht in Bewegung, JA 2012, 734 ff.

Höfling, Wolfram/Rixen, Stephan, in: Sodan, Helge/Ziekow, Jan (Hrsg.), Verwaltungsgerichtsordnung, 4. Aufl., Baden-Baden 2014, § 108.

Hofmann, Ekkehard, Grundrechtskonkurrenz und Schutzbereichsverstärkung? Die Rechtsprechung des Bundesverfassungsgerichts zum „additiven" Grundrechtseingriff, AöR 133 (2008), 523 ff.

Hofmann, Hans, in: Schmidt-Bleibtreu, Bruno/Hofmann, Hans/Henneke, Hans-Günter (Hrsg.), Kommentar zum Grundgesetz, 14. Aufl., Köln 2018, Art. 19.

–, in: Schmidt-Bleibtreu, Bruno/Hofmann, Hans/Henneke, Hans-Günter (Hrsg.), Kommentar zum Grundgesetz, 14. Aufl., Köln 2018, Art. 20.

Hofmann, Rainer/Boldt, Nicki, Kommentar zu dem Internationalen Pakt über bürgerliche und politische Rechte, Nomos-BR 2005, Art. 21.

Holoubek, Michael, Der Grundrechtseingriff – Überlegungen zu einer grundrechtsdogmatischen Figur im Wandel, in: Merten, Detlef/Papier, Hans-Jürgen (Hrsg.), Grundsatzfragen der Grundrechtsdogmatik, Heidelberg 2007, 17 ff.

Hömig, Dieter, in: Hömig, Dieter/Wolff, Heinrich, Amadeus (Hrsg.), Grundgesetz für die Bundesrepublik Deutschland, Handkommentar, 12. Aufl., Baden-Baden 2018, Art. 93.

Hong, Matthias, in: Peters, Wilfried/Janz, Norbert (Hrsg.), Handbuch Versammlungsrecht: Versammlungsfreiheit, Eingriffsbefugnisse, Rechtsschutz, München 2015, Kap. B.

Hönnige, Christoph/Kneip, Sascha/Lorenz, Astrid, Formen, Ebenen, Interaktionen – Eine erweiterte Analyse des Verfassungswandels, in: dies. (Hrsg.), Verfassungswandel im Mehrebenensystem, Wiesbaden 2011, 8 ff.

Honsell, Heinrich/Maier-Maly, Theo, Rechtswissenschaft: Die Grundlagen des Rechts, 6. Aufl., Berlin 2015.

Hopfauf, Axel, Die Freiheit der Andersdenkenden, ZRP 2017, 124 f.

–, in: Schmidt-Bleibtreu, Bruno/Hofmann, Hans/Henneke, Hans-Günter (Hrsg.), Kommentar zum Grundgesetz, 14. Aufl., Köln 2018, Einleitung.

Horn, Hans-Detlef, Die Grundrechtsbindung der Verwaltung, in: Sachs, Michael (Hrsg.), Der grundrechtsgeprägte Verfassungsstaat, FS für Klaus Stern, Berlin 2012, 353 ff.

Huber, Peter M., Regierung und Opposition, in: Isensee, Josef/Kirchhof, Paul (Hrsg.), Handbuch des Staatsrechts der Bundesrepublik Deutschland, Bd. III (Demokratie – Bundesorgane), 3. Aufl., Heidelberg 2005, § 47.

–, Recht und nationale Identität, in: Kment, Martin (Hrsg.), Das Zusammenwirken von deutschem und europäischem öffentlichen Recht, FS für Hans Dieter Jarass, München 2015, 205 ff.
–, in: Mangoldt, Hermann von/Klein, Friedrich/Starck, Christian (Hrsg.), Kommentar zum Grundgesetz, Bd. I, 7. Aufl., München 2018, Art. 19.
Hufen, Friedhelm, Entstehung und Entwicklung der Grundrechte, NJW 1999, 1504 ff.
Husa, Jaako, Rechtsvergleichung auf neuen Wegen?, ZfRV 46–48 (2005–2007), 56 ff.
Hwang, Shu-Perng, Verfassungsgerichtliche Abwägung: Gefährdung der gesetzgeberischen Spielräume? Zugleich eine Kritik der Alexyschen formellen Prinzipien, AöR 133 (2008), 606 ff.
Inazu, John D., Liberty's Refuge: The Forgotten Freedom of Assembly, New Haven 2012.
Ipsen, Jörg, Grundrechte als Gewährleistungen von Handlungsmöglichkeiten, in: Sachs, Michael (Hrsg.), Der grundrechtsgeprägte Verfassungsstaat, FS für Klaus Stern, Berlin 2012, 369 ff.
Isensee, Josef, Grundrechte und Demokratie: Die polare Legitimation im grundgesetzlichen Gemeinwesen, Der Staat 20 (1981), 161 ff.
–, Die Friedenspflicht der Bürger und das Gewaltmonopol des Staates: zur Legitimationskrise des modernen Staates, in: Müller, Georg (Hrsg.), Staatsorganisation und Staatsfunktionen im Wandel, FS für Kurt Eichenberger, Basel 1982, 23 ff.
–, Staat und Verfassung, in: Isensee, Josef/Kirchhof, Paul (Hrsg.), Handbuch des Staatsrechts der Bundesrepublik Deutschland, Bd. II (Verfassungsstaat), 3. Aufl., Heidelberg 2004, § 15.
–, Die Staatlichkeit der Verfassung, in: Depenheuer, Otto/Grabenwarter, Christoph (Hrsg.), Verfassungstheorie, Tübingen 2010, 199 ff.
–, Grundrechtsvoraussetzungen und Verfassungserwartungen an die Grundrechtsausübung, in: Isensee, Josef/Kirchhof, Paul (Hrsg.), Handbuch des Staatsrechts der Bundesrepublik Deutschland, Bd. IX (Allgemeine Grundrechtslehren), 3. Aufl., Heidelberg 2011, § 190.
–, Verfassungsrecht als „politisches Recht", in: Isensee, Josef/Kirchhof, Paul (Hrsg.), Handbuch des Staatsrechts der Bundesrepublik Deutschland, Bd. XII (Normativität und Schutz der Verfassung), 3. Aufl., Heidelberg 2014, § 268.
Isoria, Levan, Transformation der Verwaltung Georgiens in eine klassisch-europäische Verwaltung, DÖV 2008, 495 ff.
–, საპრეზიდენტო, საპარლამენტო თუ ნახევრადსაპრეზიდენტო?, გზა დემოკრატიული კონსოლიდაციისკენ [Präsidentiell, parlamentarisch oder semi-parlamentarisch?, Der Weg zu einer demokratischen Konsolidierung], Tbilisi 2010.
–, საქართველოს კონსტიტუციის კომენტარი, თავი მეორე: საქართველოს მოქალაქეობა. ადამიანის ძირითადი უფლებანი და თავისუფლებანი [in: Kommentar der georgischen Verfassung, Kap. II: Georgische Bürgerschaft, Grundrechte und Grundfreiheiten], Tbilisi 2013, Art. 7.
Isoria, Levan/Lebanidze, Marina, საზოგადოებაზე ორიენტირებული პოლიცია [An der Gesellschaft orientierte Polizei], Tbilisi 2005.
Jaeckel, Liv, Schutzpflichten im deutschen und europäischen Recht, Baden-Baden 2001.
Jarass, Hans Dieter, Die Freiheit der Massenmedien – Zur staatlichen Einwirkung auf Presse, Rundfunk, Film- und andere Medien, Baden-Baden 1978.
–, Grundrechte als Wertentscheidungen bzw. objektivrechtliche Prinzipien in der Rechtsprechung des Bundesverfassungsgerichts, AöR 110 (1985), 383 ff.–, in: Jarass, Hans D./Pieroth, Bodo (Hrsg.), Grundgesetz für die Bundesrepublik Deutschland: Kommentar, 15. Aufl., München 2018, Vorb. Vor Art. 1.

–, in: Jarass, Hans D./Pieroth, Bodo (Hrsg.), Grundgesetz für die Bundesrepublik Deutschland: Kommentar, 15. Aufl., München 2018, Art. 1.
–, in: Jarass, Hans D./Pieroth, Bodo (Hrsg.), Grundgesetz für die Bundesrepublik Deutschland: Kommentar, 15. Aufl., München 2018, Art. 8.
–, in: Jarass, Hans D./Pieroth, Bodo (Hrsg.), Grundgesetz für die Bundesrepublik Deutschland: Kommentar, 15. Aufl., München 2018, Art. 19.
Jellinek, Georg, Allgemeine Staatslehre, 3. Aufl., Bad Homburg vor der Höhe 1960.
Jenssen, Katharina, Die versammlungsrechtliche Auflage: Praxis und rechtliche Bewertung, Hamburg 2009.
Jestaedt, Matthias, Phänomen Bundesverfassungsgericht. Was das Gericht zu dem macht, was es ist, in: Jestaedt, Matthias/Lepsius, Oliver/Möllers, Christoph/Schönberger, Christoph (Hrsg.), Das entgrenzte Gericht: Eine kritische Bilanz nach sechzig Jahren Bundesverfassungsgericht, Frankfurt a. M. 2011, 77 ff.
–, Zur Kopplung von Politik und Recht in der Verfassungsgerichtsbarkeit, in: Vesting, Thomas/Korioth, Stefan (Hrsg.), Der Eigenwert des Verfassungsrechts: Was bleibt von der Verfassung nach der Globalisierung?, Tübingen 2011, 317 ff.
Jhering, Rudolf von, Der Kampf ums Recht, Schutterwalt, Baden 1997.
Jishkariani, Bachana, Die Bedeutung des Europäischen Strafrechts und sein Einfluss in Georgien, Baden-Baden 2013.
Jungbluth, David, Die „Erdoğan-Entscheidung", NVwZ 2017, 604 ff.
Kahneman, Daniel, Schnelles Denken, langsames Denken, München 2012.
Kalichava, Koba, Europäisierung des georgischen Verwaltungsrechts – Die Transformation des modernen georgischen Verwaltungsrechts, DÖV 2018, 389 ff.
Kälin, Walter/Künzli, Jörg, Universeller Menschenrechtsschutz: Der Schutz des Individuums auf globaler und regionaler Ebene, 4. Aufl., Basel 2019.
Kanther, Wilhelm, Zur „Infrastruktur" von Versammlungen: Vom Imbissstand bis zum Toilettenwagen, NVwZ 2001, 1239 ff.
Kapstein, Ethan B./Converse, Nathan, The Fate of Young Democracies, Cambridge 2008.
Karpen, Ulrich, Rechtssetzungslehre, JuS 2016, 577 ff.
Katz, Rebecca S., The Georgian Regime Crisis of 2003–2004: A Case Study in Post-Soviet Media Representation of Politics, Crime and Corruption, Stuttgart 2006.
Keller, Helen/Stone Sweet, Alec, Assessing the Impact of the ECHR on National Legal Systems, in: dies. (Hrsg.), A Europe of Rights, The Impact of the ECHR on National Legal Systems, Oxford 2008, 677 ff.
Kelsen, Hans, Verteidigung der Demokratie, in: Jestaedt, Matthias/Lepsius, Oliver (Hrsg.), Tübingen 2006.
Kersten, Jens, Schwarmdemokratie – Veränderungen des Demokratieverständnisses durch Soziale Medien, JuS 2014, 673 ff.
Khantaria, Beka, საქართველოს კონსტიტუციის კომენტარი, თავი მეორე: საქართველოს მოქალაქეობა. ადამიანის ძირითადი უფლებანი და თავისუფლებანი [in: Kommentar der georgischen Verfassung, Kap. II: Georgische Bürgerschaft, Grundrechte und Grundfreiheiten], Tbilisi 2013, Art. 26.
Khopheria, Revaz, Das Ermessen der Verwaltungsbehörde und effektive prozessuale Schutzmöglichkeiten, in: Korkelia, Konstantin (Hrsg.), Menschenrechtsschutz und Rechtsreform in Georgien 2010, 224 ff.
Khubua, Giorgi, Grund- und Menschenrechte in Georgien, in: Merten, Detlef/Papier, Hans-Jürgen (Hrsg.), Handbuch der Grundrechte in Deutschland und Europa, Bd. IX (Grundrechte in Ostmittel- und Osteuropa), Heidelberg 2016, § 282.

Kingreen, Thorsten/Poscher, Ralf, Staatsrecht II – Grundrechte, 34. Aufl., Heidelberg 2018.
Kingreen, Thorsten/Poscher, Ralf/Pieroth, Bodo, Polizei- und Ordnungsrecht, mit Versammlungsrecht, 10. Aufl., München 2018.
Kirchhof, Ferdinand, Grundrechtsschutz durch europäische und nationale Gerichte, NJW 2011, 3681 ff.
Kirchhof, Gregor, Allgemeinheit des Verfassungsgesetzes, in: Isensee, Josef/Kirchhof, Paul (Hrsg.), Handbuch des Staatsrechts der Bundesrepublik Deutschland, Bd. XII (Normativität und Schutz der Verfassung), 3. Aufl., Heidelberg 2014, § 267.
Kirchhof, Paul, Die Aufgaben des Bundesverfassungsgerichts in Zeiten des Umbruchs, NJW 1996, 1497 ff.
–, Die Identität der Verfassung, in: Isensee, Josef/Kirchhof, Paul (Hrsg.), Handbuch des Staatsrechts der Bundesrepublik Deutschland, Bd. II (Verfassungsstaat), 3. Aufl., Heidelberg 2004, § 21.
–, Menschenbild und Freiheitsrecht, in: Grote, Rainer (Hrsg.), Die Ordnung der Freiheit, FS für Christian Starck, Tübingen 2007, 275 ff.
–, Entstehensgrund des Verfassungsstaates, in: Sachs, Michael (Hrsg.), Der grundrechtsgeprägte Verfassungsstaat, FS für Klaus Stern, Berlin 2012, 43 ff.
–, Annäherung an das Recht, in: Breuer, Marten (Hrsg.), Der Staat im Recht, FS für Eckart Klein, Berlin 2013, 157 ff.
–, in: Maunz, Theodor/Dürig, Günter (Hrsg.), Grundgesetz-Kommentar, 84. EL August 2018, Art. 3.
Klatt, Matthias, Die praktische Konkordanz von Kompetenzen: entwickelt anhand der Jurisdiktionskonflikte im europäischen Grundrechtsschutz, Tübingen 2014.
Klatt, Matthias/Meister, Moritz, Der Grundsatz der Verhältnismäßigkeit: Ein Strukturelement des globalen Konstitutionalismus, JuS 2014, 193 ff.
Klein, Eckart, Die Grundrechtsgesamtlage, in: Sachs, Michael (Hrsg.), Der grundrechtsgeprägte Verfassungsstaat, FS für Klaus Stern, Berlin 2012, 389 ff.
–, Rechtliche Klarstellungen zur Flüchtlingskrise, in: Depenheuer, Otto/Grabenwarter, Christoph (Hrsg.), Der Staat in der Flüchtlingskrise: Zwischen gutem Willen und geltendem Recht, Paderborn 2017, 159 ff.
Klein, Hans Hugo, Grundrechte am Beginn des 21. Jahrhunderts, in: Merten, Detlef/Papier, Hans-Jürgen (Hrsg.), Handbuch der Grundrechte in Deutschland und Europa, Bd. I (Entwicklung und Grundlagen), Heidelberg 2004, § 6.
Kleinlein, Thomas, Konstitutionalisierung im Völkerrecht, Heidelberg 2012.
Kloepfer, Michael, Grundrechte als Entstehenssicherung und Bestandsschutz, München 1970.
–, Öffentliche Meinung, Massenmedien, in: Isensee, Josef/Kirchhof, Paul (Hrsg.), Handbuch des Staatsrechts der Bundesrepublik Deutschland, Bd. III (Demokratie – Bundesorgane) 3. Aufl., Heidelberg 2005, § 42.
–, Versammlungsfreiheit, in: Isensee, Josef/Kirchhof, Paul (Hrsg.), Handbuch des Staatsrechts der Bundesrepublik Deutschland, Bd. VII (Freiheitsrechte), 3. Aufl., Heidelberg 2009, § 164.
–, Verfassungsrecht II – Grundrechte, München 2010.
–, Grundrechtskonzentrierung: Zur Frage der parallelen und entsprechenden Ausübung von Grundrechten, in: Sachs, Michael (Hrsg.), Der grundrechtsgeprägte Verfassungsstaat, FS für Klaus Stern, Berlin 2012, 405 ff.
Kluckert, Sebastian, Die Gewichtung von öffentlichen Interessen im Rahmen der Verhältnismäßigkeitsprüfung, JuS 2015, 116 ff.
Kluth, Winfried, in: Epping, Volker/Hillgruber, Christian (Hrsg.), BeckOK Grundgesetz, 39. Aufl., Stand: 15.11.2018, Art. 21.

Kment, Martin, Vorrang des Versammlungsrechts gegenüber dem allgemeinen Polizei- und Ordnungsrecht, JA 2005, 492 ff.

Kment, Martin/Vorwalter, Sebastian, Beurteilungsspielraum und Ermessen, JuS 2015, 193.

Knape, Michael, Ausgewählte Problemstellungen des Versammlungsrechts im Zusammenhang mit unfriedlichen Demonstrationen, insbesondere Auseinandersetzungen Links-Rechts, Die Polizei 2007, 151 ff.

–, Die Polizei als Garant der Versammlungsfreiheit, Die Polizei 2008, 100 ff.

–, Recht auf Versammlung auf fremdem Eigentum, in: Staack, Dirk/Brenneisen, Hartmut (Hrsg.), Problemstellungen des Versammlungsrechts, Münster 2016, 72 ff.

Knape, Michael/Schönrock, Sabrina, Die Verbindung von Recht und Taktik an Beispielen des Einsatzgeschehens in der Bundeshauptstadt – Dargestellt an rechtlichen Problemen bei Versammlungslagen, in: Brenneisen, Hartmut/Wilksen, Michael/Staack, Dirk/Martins, Michael/ Warnstorff, Jana (Hrsg.), Ein Versammlungsgesetz für Schleswig-Holstein, Vorstellung, Analyse und Bewertung der Gesetzesinitiativen, Münster 2013, 168 ff.

Kneip, Sascha, Verfassungsgerichte als demokratische Akteure: Der Beitrag des Bundesverfassungsgerichts zur Qualität der bundesdeutschen Demokratie, Baden-Baden 2009.

Knieper, Rolf/Chanturia, Lado/Schramm, Hans-Joachim, Das Privatrecht im Kaukasus und in Zentralasien: Bestandsaufnahme und Entwicklung, Berlin 2010.

Kniesel, Michael, Das Prinzip des offenen Visiers oder Zulässigkeit verdeckter polizeilicher Maßnahmen vor und bei Versammlungen, in: Staack, Dirk/Brenneisen, Hartmut (Hrsg.), Problemstellungen des Versammlungsrechts, Münster 2016, 101 ff.

Kniesel, Michael/Poscher Ralf, Die Entwicklung des Versammlungsrechts 2000 bis 2003, NJW 2004, 422 ff.

–, in: Lisken, Hans/Denninger, Erhard (Hrsg.), Handbuch des Polizeirechts: Gefahrenabwehr, Strafverfolgung, Rechtsschutz, 6. Aufl., München 2018, Kap. K.

Knodt, Michèle/Urdze, Sigita, The European Union's external democracy promotion in the South Caucasus: Explaining European actions, in: dies. (Hrsg.), Caucasus, the EU und Russia – Triangular Cooperation?, Baden-Baden 2016, 99 ff.

Kobachidse, Manana, აღსრულების სისტემა [Vollzugssystem], in: Club der unabhängigen Experten (Hrsg.), Guideline zur Demokratisierung in Georgien, Tbilisi 2012, 97 ff.

Koch, Thorsten, Der Grundrechtsschutz des Drittbetroffenen, Tübingen 2000.

Koll, Berend, Liberales Versammlungsrecht: Zum Stellenwert der Freiheit in den Versammlungsgesetzen, Baden-Baden 2015.

Kollmorgen, Raj, Postsozialistische Transformationen des 20. und 21. Jahrhundert, in: Kollmorgen, Raj/Merkel, Wolfgang/Wagener, Hans-Jürgen (Hrsg.), Handbuch Transformationsforschung, Wiesbaden 2015, 421 ff.

Kollmorgen, Raj/Merkel, Wolfgang/Wagener, Hans-Jürgen, Transformation und Transformationsforschung: Zur Einführung, in: dies. (Hrsg.), Handbuch Transformationsforschung, Wiesbaden 2015, 11 ff.

Korkelia, Konstantin, ადამიანის უფლებათა ევროპული კოვენციის გამოყენება საქართველოში [Die Anwendung der Europäischen Konvention für Menschenrechte in Georgien], Tbilisi 2004.

Korte, Stefan, in: Calliess, Christian/Ruffert, Matthias, EUV/AEUV, 5. Aufl., München 2016, Art. 52 AEUV.

Kötter, Matthias/Nolte, Jakob, Was bleibt von der „Polizeifestigkeit" des Versammlungsrechts?, DÖV 2009, 399 ff.

Kotzur, Markus, Die anthropozentrische Wende – menschenrechtlicher Individualschutz im Völkerrecht, in: Sachs, Michael (Hrsg.), Der grundrechtsgeprägte Verfassungsstaat, FS für Klaus Stern, Berlin 2012, 811 ff.

–, „Passato, Presente, Futuro del constituzionalismo e dell'Europa" (Rom, 11. und 12.05.2018), DVBl. 2018, 1210 f.

Kraujuttis, Sigrid, Versammlungsfreiheit zwischen liberaler Tradition und Funktionalisierung: Zum Begriff der Versammlung im Sinne des Art. 8 Abs. 1 GG, Köln 2005.

Kretschmer, Joachim, Ein Blick in das Versammlungsstrafrecht, NStZ 2015, 504 ff.

Krieger, Heike, Funktionen von Grund- und Menschenrechten, in: Dörr, Oliver/Grote, Rainer/Marauhn, Thilo (Hrsg.), EMRK/GG Konkordanzkommentar zum europäischen und deutschen Grundrechtsschutz, Bd. I, 2. Aufl., Tübingen 2013, Kap. 6.

–, Positive Verpflichtungen unter der EMRK: Unentbehrliches Element einer gemein-europäischen Grundrechtsdogmatik, leeres Versprechen oder Grenzen der Justiziabilität?, ZaöRV 2014, 187 ff.

–, in: Schmidt-Bleibtreu, Bruno/Hofmann, Hans/Henneke, Hans-Günter (Hrsg.), Kommentar zum Grundgesetz, 14. Aufl., Köln 2018, Art. 3.

Krings, Günther, Die subjektiv-rechtliche Rekonstruktion der Schutzpflichten aus dem grundrechtlichen Freiheitsbegriff, in: Sachs, Michael (Hrsg.), Der grundrechtsgeprägte Verfassungsstaat, FS für Klaus Stern, Berlin 2012, 425 ff.

–, Terrorismusbekämpfung im Spannungsfeld zwischen Sicherheit und Freiheit, ZRP 2015, 167 ff.

Krisor-Wietfeld, Katharina, Rahmenbedingungen der Grundrechtsausübung: Insbesondere zu öffentlichen Foren als Rahmenbedingung der Versammlungsfreiheit, Tübingen 2016.

Krüger, Ralf, Versammlungsrecht, Stuttgart 1994.

Kublashvili, Konstantin/Schubert, Björn G., Die Kontrolldichte des Bundesverfassungsgerichts bei der Überprüfung fachgerichtlicher Entscheidungen als Modell für die georgische Gerichtsbarkeit?, VRÜ 40 (2007), 290 ff.

Kugelmann, Dieter, Der polizeiliche Gefahrenbegriff in Gefahr?, DÖV 2003, 781 ff.

–, Polizei- und Ordnungsrecht, 2. Aufl., Berlin 2012.

–, Die Meinungs- und Pressefreiheit des Art. 10 EMRK und die Bildung von Kategorien und Fallgruppen, in: Breuer, Marten (Hrsg.), Der Staat im Recht, FS für Eckart Klein, Berlin 2013, FS für Eckart Klein, Berlin 2013, 1227 ff.

Kühn, Zdeněk, Development of Comparative Law in Central and Eastern Europe, in: Reimann, Matthias/Zimmermann, Reinhard (Hrsg.), The Oxford Handbook of Comparative Law, Oxford 2008, 215 ff.

Kunig, Philip, in: Münch, Ingo von/Kunig, Philip, Grundgesetz-Kommentar, Bd. I, 6. Aufl., München 2012, Art. 8.

Ladeur, Karl-Heinz, in: Ridder, Helmut/Breitbach, Michael/Rühl, Ulli/Steinmeier, Frank (Hrsg.), Versammlungsrecht, Baden-Baden 1992.

–, Der Staat der „Gesellschaft der Netzwerke": Zur Notwendigkeit der Fortentwicklung des Paradigmas des „Gewährleistungsstaates", Der Staat 48 (2009), 163 ff.

–, Die Beobachtung der kollektiven Dimension der Grundrechte durch eine liberale Grundrechtstheorie: Zur Verteidigung der Dominanz der abwehrrechtlichen Dimension der Grundrechte, Der Staat 50 (2011), 493 ff.

–, Die transsubjektive Dimension der Grundrechte, in: Vesting, Thomas/Korioth, Stefan/Augsberg, Ino (Hrsg.), Grundrechte als Phänomene kollektiver Ordnung: Zur Wiedergewinnung des Gesellschaftlichen in der Grundrechtstheorie und Grundrechtsdogmatik, Tübingen 2014, 17 ff.

Lambert Abdelgawad, Elisabeth, European Court of Human Rights, in: Schmahl, Stefanie/Breuer, Marten (Hrsg.), The Council of Europe, Its Law and Policies, Oxford 2017, 228 ff.
Lang, Heinrich, Funktionen der Verfassung, in: Isensee, Josef/Kirchhof, Paul (Hrsg.), Handbuch des Staatsrechts der Bundesrepublik Deutschland, Bd. XII (Normativität und Schutz der Verfassung), 3. Aufl., Heidelberg 2014, § 266.
Lang, Sabine, NGOs, Civil Society, and the Public Sphere, Cambridge 2013.
Lassahn, Philipp, Unerwünschte Gesellschaft, JuS 2016, 730 ff.
Laubinger, Hans-Werner/Repkewitz, Ulrich, Die Versammlung in der verfassungs- und verwaltungsgerichtlichen Rechtsprechung, VerwArch 2002, 149 ff.
Lehmann, Jens, Der Schutz symbolträchtiger Orte vor extremistischen Versammlungen, Baden-Baden 2012.
Leisner, Walter, „Vorbild": Ein Rechtsbegriff der Verfassung? – Gefährdet – zu beleben?, DÖV 2015, 1002 ff.
Leisner-Egensperger, Anna, Polizeirecht im Umbruch: Die drohende Gefahr, DÖV 2018, 677 ff.
Leist, Wolfgang, Versammlungsrecht und Rechtsextremismus: Die rechtlichen Möglichkeiten rechtsextremistische Demonstrationen zu verbieten oder zu beschränken, Hamburg 2003.
–, Kooperation bei (rechtsextremistischen) Versammlungen, BayVBl. 2004, 489 ff.
Lembke, Ulrike, Grundfälle zu Art. 8 GG, JuS 2005, 984 ff.
Lemmens, Koen, General Survey of the Convention, in: van Dijk, Peter/van Hoof, Fried/van Rijn, Arjen/Zwaak, Leo (Hrsg.), Theory and Practice of the European Convention on Human Rights, 5. Aufl., Cambridge 2018, 1 ff.
Lepsius, Oliver, Versammlungsrecht und gesellschaftliche Integration, in: Doering-Manteuffel, Anselm/Greiner, Bernd/Lepsius, Oliver (Hrsg.), Der Brokdorf-Beschluss des Bundesverfassungsgerichts 1985, Tübingen 2015, 113 ff.
Lepsius, Oliver/Doering-Manteuffel, Anselm, Die Richterpersönlichkeiten und ihre protestantische Sozialisation, in: Doering-Manteuffel, Anselm/Greiner, Bernd/Lepsius, Oliver (Hrsg.), Der Brokdorf-Beschluss des Bundesverfassungsgerichts, Tübingen 2015, 167 ff.
Limmer, Maria, Rechtliche Grenzen der Einschüchterung im Versammlungsrecht, Frankfurt a. M. 2010.
Linck, Joachim, Protestaktionen gegen Castor-Transporte und das geltende Recht, ZRP 2011, 44 ff.
Lindner, Josef Franz, Theorie der Grundrechtsdogmatik, Tübingen 2005.
Lindner, Josef Franz/Bast, Alexander, Die Unzulässigkeit staatlicher Einflussnahme auf Versammlungen, NVwZ 2018, 708 ff.
Linz, Juan J./Stepan, Alfred C., Problems of Democratic Transition and Consolidation, Southern Europe, South America, and Post-Communist Europe, Baltimore 1996.
Lohmann, Georg, Menschenrechte zwischen Verfassung und Völkerrecht, in: Breuer, Marten (Hrsg.), Der Staat im Recht, FS für Eckart Klein, Berlin 2013, 1175 ff.
Lohse, Eva Julia, Rechtsanwendungsgleichheit in Mehrebenensystem, DVBl. 2018, 1120 ff.
Loladse, Besarion, Das Rechtsstaatsprinzip in der Verfassung Georgiens und in der Rechtsprechung des Verfassungsgerichts Georgiens, Potsdam 2015.
Lübbe-Wolff, Gertrude, Die Grundrechte als Eingriffsabwehrrechte: Struktur und Reichweite der Eingriffsdogmatik im Bereich staatlicher Leistungen, Baden-Baden 1988.
Luchterhandt, Otto, UN-Menschenrechtskonventionen. Sowjetrecht – Sowjetwirklichkeit: Ein kritischer Vergleich, Baden-Baden, 1980.
–, Der verstaatlichte Mensch, Köln 1985.

–, Die Bürgerrechtsbewegungen als Vorläufer und Ferment der Reformen, in: Kappeler, Andreas (Hrsg.), Umbau des Sowjetsystems, Sachsenheim 1989, 111 ff.
–, Die Sowjetunion auf dem Wege zum Rechtsstaat, Sankt Augustin 1990.
–, Normative Entdifferenzierung, Nivellierung und Selektivität – ‚Markenzeichen' der Judikatur des Verfassungsgerichts Russlands, in: Baller, Oesten/Breig, Burkhard (Hrsg.), Justiz in Mittel- und Osteuropa, Berlin 2017, 83 ff.
Luhmann, Niklas, Grundrechte als Institution: Ein Beitrag zur politischen Soziologie, Berlin 1965.
–, Das Recht der Gesellschaft, Frankfurt a. M. 1995.
Lux, Johannes, in: Peters, Wilfried/Janz, Norbert (Hrsg.), Handbuch Versammlungsrecht: Versammlungsfreiheit, Eingriffsbefugnisse, Rechtsschutz, München 2015, Kap. D.
Mankowski, Peter, Rechtskultur, Tübingen 2016.
Markesinis, Basil S./Fedtke, Jörg, Rechtsvergleichung in Theorie und Praxis: Ein Beitrag zur rechtswissenschaftlichen Methodenlehre, München 2004.
Mayer, Franz C., in: Karpenstein, Ulrich/Maier, Franz C. (Hrsg.), Konvention zum Schutz der Menschenrechte und Grundfreiheiten: EMRK, Kommentar, 2. Aufl., München 2015, Art. 6.
Mayer, Matthias, Untermaß, Übermaß und Wesensgehaltsgarantie: Die Bedeutung staatlicher Schutzpflichten für den Gestaltungsspielraum des Gesetzgebers im Grundrechtsbereich, Baden-Baden 2005.
Mehde, Veith, Gerichtliche Entscheidungen im Vorfeld von G20 in Hamburg, DÖV 2018, 1 ff.
Meier, Horst, Protestfreie Zonen? Über die Versammlungsfreiheit, in: ders. (Hrsg.), Protestfreie Zonen? Variationen über Bürgerrechte und Politik, Berlin 2012, 51 ff.
Merkel, Wolfgang, Gegen alle Theorie? Die Konsolidierung der Demokratie in Ostmitteleuropa, in: Backes, Uwe/Jaskułowski, Tytus/Polese, Abel (Hrsg.), Totalitarismus und Transformation: Defizite der Demokratiekonsolidierung in Mittel- und Osteuropa, Göttingen 2009, 27 ff.
–, Gegen alle Theorie? Die Konsolidierung der Demokratie in Ostmitteleuropa, in: Schrenk, Klemens H./Soldner, Markus (Hrsg.), Analyse demokratischer Regierungssysteme, Wiesbaden 2010, 545 ff.
Merten, Detlef, Handlungsgrundrechte als Verhaltensgarantien, zgl. ein Beitrag zur Funktion der Grundrechte, VerwArch 73 (1982), 103 ff.
–, Art. 1 Abs. 3 GG als Schlüsselnorm des grundrechtsgeprägten Verfassungsstaates, in: Sachs, Michael (Hrsg.), Der grundrechtsgeprägte Verfassungsstaat, FS für Klaus Stern, Berlin 2012, 483 ff.
–, „Gute" Gesetzgebung als Verfassungspflicht oder Verfahrenslast?, DÖV 2015, 349 ff.
Meyer-Ladewig, Jens/Brunozzi, Kathrin, in: Meyer-Ladewig, Jens/Nettesheim, Martin/Raumer, Stefan von (Hrsg.), EMRK, Europäische Menschenrechtskonvention, Handkommentar, 4. Aufl., Baden-Baden 2017, Art. 46.
Meyer-Ladewig, Jens/Harrendorf, Stefan/König, Stefan, in: Meyer-Ladewig, Jens/Nettesheim, Martin/Raumer, Stefan von (Hrsg.), EMRK, Europäische Menschenrechtskonvention, Handkommentar, 4. Aufl., Baden-Baden 2017, Art. 6.
Meyer-Ladewig, Jens/Nettesheim, Martin, in: Meyer-Ladewig, Jens/Nettesheim, Martin/Raumer, Stefan von (Hrsg.), EMRK, Europäische Menschenrechtskonvention, Handkommentar, 4. Aufl., Baden-Baden 2017, Art. 8.
Michael, Lothar, Verfassungen vom Ende her denken, in: Blankenagel, Alexander (Hrsg.), Den Verfassungsstaat nachdenken, Berlin 2014, 101 ff.
Michael Lothar/Morlok, Martin, Grundrechte, 6. Aufl., Baden-Baden 2017.

Michaels, Ralf, The Funktional Method of Comparative Law, in: Reimann, Matthias/Zimmermann, Reinhard (Hrsg.), The Oxford Handbook of Comparative Law, Oxford 2008, 339 ff.
Möllers, Christoph, Dogmatik der grundgesetzlichen Gewaltengliederung, AöR 132 (2007), 493 ff.
–, Die drei Gewalten: Legitimation der Gewaltengliederung in Verfassungsstaat, Europäischer Integration und Internationalisierung, Weilerswist 2008.
Möllers, Martin H. W., Demonstrationsrecht im Wandel: Vom Brokdorf-Beschluss bis zur Polizeikessel-Entscheidung des Bundesverfassungsgerichts, 2. Aufl., Frankfurt a. M. 2017.
Morlok, Martin, Das Parteiengesetz Georgiens und die Möglichkeit seiner Verbesserung, Tbilisi 2018.
Muckel, Stefan, Gegendemonstration durch bloße Anwesenheit – „Gesicht zeigen", JA 2011, 555 f.
–, Versammlungsrechtliche Auflage für NPD-Veranstaltung, JA 2013, 639 f.
–, Grundrechtliche Vorgaben für versammlungsrechtliche Auflagen – „Bullen raus", JA 2015, 157 ff.
–, Protestveranstaltung auf einem Friedhof von Versammlungsfreiheit geschützt, JA 2015, 237 ff.
–, Versammlungsverbot – „Hooligans gegen Salafisten", JA 2016, 79 f.
Müller, Christian, Das staatliche Gewaltmonopol: Historische Entwicklung, verfassungsrechtliche Bedeutung und aktuelle Rechtsfragen, Berlin 2007.
Müller, Friedrich, Die Positivität der Grundrechte: Fragen einer praktischen Grundrechtsdogmatik, 2. Aufl., Berlin 1990.
Müller-Franken, Sebastian, Die demokratische Legitimation öffentlicher Gewalt in den Zeiten der Globalisierung: Zur unhintergehbaren Rolle des Staates in einer durch Europäisierung und Internationalisierung veränderten Welt, AöR 134 (2009), 542 ff.
–, in: Schmidt-Bleibtreu, Bruno/Hofmann, Hans/Henneke, Hans-Günter (Hrsg.), Kommentar zum Grundgesetz, 14. Aufl., Köln 2018, Art. 8.
–, in: Möstl, Markus/Mühl, Lothar (Hrsg.), Polizei- und Ordnungsrecht Hessen, BeckOK, 13. Aufl., Stand: 10.01.2019, § 5 (Ermessen, Wahl der Mittel).
Münch, Ingo von, Rechtspolitik und Rechtskultur: Kommentare zum Zustand der Bundesrepublik Deutschland, Berlin 2011.
Münch, Ingo von/Mager, Ute, Staatsrecht II – Grundrechte, 7. Aufl., München 2018.
Murdoch, Jim/Roche, Ralph, The European Convention on Human Rights and Policing: A Handbook for Police Officers and other Law Enforcement Officials, Council of Europe, 2013.
Murswiek, Dietrich, Paradoxa der Demokratie, JZ 2017, 53 ff.
Muskhelishvili, David/Japharidse, Otar/Melikishvili, Giorgi/Aphakidse, Aleqander/Lortkiphanidse, Mariam/Metreveli, Roin u. a., საქართველოს ისტორია, ტომი 4 [Geschichte Georgiens, Bd. 4], Tbilisi 2012.
Nanuashvili, Ucha, ადამიანის უფლებების შეზღუდვის ტენდენციები და საკანონმდებლო ნოვაციები [Gesetzgeberische Novationen und Tendenzen der Menschenrechtsbeschränkung], in: Club der unabhängigen Experten (Hrsg.), Guideline zur Demokratisierung in Georgien, Tbilisi 2012, 141 ff.
Nettesheim, Martin, Die allgemeine Erklärung der Menschenrechte und ihre Rechtsnatur, in: Merten, Detlef/Papier, Hans-Jürgen (Hrsg.), Handbuch der Grundrechte in Deutschland und Europa, Bd. VI/2 (Europäische Grundrechte II – Universelle Menschenrechte), Heidelberg 2009, § 173.

Nilsson, Niklas, Georgia's Rose Revolution: The Break with the Past, in: Cornell, Svante E./ Starr, Frederick S. (Hrsg.), The Guns of August 2008, Russia's War in Georgia, Armonk/ New York 2009, 85 ff.

Nodia, Ghia, The European Union, Democratic Values and Geopolitical Competition: The Roots of Confusion and Failure, in: Knodt, Michèle/Urdze, Sigita (Hrsg.), Caucasus, the EU und Russia – Triangular Cooperation?, Baden-Baden 2016, 211 ff.

Nußberger, Angelika, Verfassungskontrolle in der Sowjetunion und in Deutschland. Eine rechtsvergleichende Gegenüberstellung des Komitet Konstitucionnogo Nadzora und des Bundesverfassungsgerichts, Baden-Baden 1994.

–, The Reception Process in Russia and Ukraine, in: Stone Sweet, Alec/Keller, Helen (Hrsg.), A Europe of Rights. The Impact of the ECHR on National Legal Systems, Oxford 2008, 603 ff.

–, Das Völkerrecht: Geschichte, Institutionen, Perspektiven, München 2009.

–, Vergangenheitsbewältigung und Recht – Eine fortwirkende Herausforderung, in: Nußberger, Angelika/Gall, Caroline von (Hrsg.), Bewusstes Erinnern und bewusstes Vergessen, Tübingen 2011, 27 ff.

–, Der Wandel der Grund- und Menschenrechte, in: Sachs, Michael (Hrsg.), Der grundrechtsgeprägte Verfassungsstaat, FS für Klaus Stern, Berlin 2012, 117 ff.

–, Europäische Menschenrechtskonvention, in: Isensee, Josef/Kirchhof, Paul (Hrsg.), Handbuch des Staatsrechts der Bundesrepublik Deutschland, Bd. X (Deutschland in der Staatengemeinschaft), 3. Aufl., Heidelberg 2012, § 209.

–, Die Verantwortung des Staates für das Handeln Dritter auf der Grundlage der Europäischen Konvention für Menschenrechte, in: Breuer, Marten (Hrsg.), Der Staat im Recht, FS für Eckart Klein, Berlin 2013, 1203 ff.

–, Das Verhältnismäßigkeitsprinzip als Strukturprinzip richterlichen Entscheidens in Europa, NVwZ-Beilage 2013, 36 ff.

–, Comments on Sabino Cassese's paper „Ruling indirectly – Judicial Subsidiarity in the ECHR", in: Dialogue between judges (Hrsg.), „Subsidiarity: a two-sided coin?", Straßburg, Januar 2015, 19 ff.

–, Rechtsphilosophisches Denken im Osten Europas – Ein verschüttetes Erbe?, in: Nußberger, Angelika/Gall, Caroline von (Hrsg.), Rechtsphilosophisches Denken im Osten Europas: Dokumentation und Analyse rechtsphilosophischer Schriften aus Russland, Polen, Ungarn und Tschechien in der ersten Hälfte des 20. Jahrhunderts, Tübingen 2015, 1 ff.

–, in: Sachs, Michael, Grundgesetz, Kommentar, 8. Aufl., München 2018, Art. 3.

Oppelt, Martin, Gefährliche Freiheit: Rousseau, Lefort und die Ursprünge der radikalen Demokratie, Baden-Baden 2017.

Ossenbühl, Fritz, Grundsätze der Grundrechtsinterpretation, in: Merten, Detlef/Papier, Hans-Jürgen (Hrsg.), Handbuch der Grundrechte in Deutschland und Europa, Bd. I (Entwicklung und Grundlagen), Heidelberg 2004, § 15.

–, Vorrang und Vorbehalt des Gesetzes, in: Isensee, Josef/Kirchhof, Paul (Hrsg.), Handbuch des Staatsrechts der Bundesrepublik Deutschland, Bd. V (Rechtsquellen, Organisation, Finanzen), 3. Aufl., Heidelberg 2007, § 101.

Ott, Sieghart/Wächtler, Hartmut/Heinhold, Hubert, Gesetz über Versammlungen und Aufzüge, 7. Aufl., Stuttgart 2010.

Papier, Hans-Jürgen, Aktuelle grundrechtsdogmatische Entwicklungen in der Rechtsprechung des Bundesverfassungsgerichts: Schutzbereich – Eingriff – Gesetzesvorbehalt, in: Merten, Detlef/Papier, Hans-Jürgen (Hrsg.), Grundsatzfragen der Grundrechtsdogmatik, Heidelberg 2007, 81 ff.

–, Das Versammlungsrecht in der Rechtsprechung des Bundesverfassungsgerichts, BayVBl. 2010, 225 ff.
–, Grundgesetz und Werteordnung, in: Sachs, Michael (Hrsg.), Der grundrechtsgeprägte Verfassungsstaat, FS für Klaus Stern, Berlin 2012, 551 ff.
–, Die Zukunft der Demokratie, in: Bäuerle, Michael (Hrsg.), Demokratie-Perspektiven, FS für Brun-Otto Bryde, Tübingen 2013, 261 ff.
–, Der Schutz des Lebens als verfassungsrechtliches Gebot, in: Kment, Martin (Hrsg.), Das Zusammenwirken von deutschem und europäischem Öffentlichen Recht, FS für Hans Dieter Jarass, München 2015, 229 ff.
–, Aktuelle Probleme des Versammlungsrechts, DVBl. 2016, 1417 ff.
–, Rechtsstaatlichkeit und Grundrechtsschutz in der digitalen Gesellschaft, NJW 2017, 3025 ff.
Papier, Hans-Jürgen/Durner, Wolfgang, Streitbare Demokratie, AöR 128 (2003), 340 ff.
Park, Wonkyu, Das Erstanmelderprivileg im Versammlungsrecht: Zur subsidiären Anwendbarkeit des Erstanmelderprivilegs bei der Lösung konkurrierender Versammlungen, Frankfurt a. M. 2016.
Payandeh, Mehrdad, Das Gebot der Folgerichtigkeit: Rationalitätsgewinn oder Irrweg der Grundrechtsdogmatik?, AöR 136 (2011), 578 ff.
–, Der Schutz der Meinungsfreiheit nach der EMRK, JuS 2016, 690 ff.
Peters, Anne, Verhältnismäßigkeit als globales Verfassungsprinzip, in: Björnstjern, Baade (Hrsg.), Verhältnismäßigkeit im Völkerrecht, Baden-Baden 2016, S. 1 ff.
Peters, Wilfried, in: Peters, Wilfried/Janz, Norbert (Hrsg.), Handbuch Versammlungsrecht: Versammlungsfreiheit, Eingriffsbefugnisse, Rechtsschutz, München 2015, Kap. H.
Peters, Anne/Altwicker, Tilmann, Europäische Menschenrechtskonvention: Mit rechtsvergleichenden Bezügen zum deutschen Grundgesetz, 2. Aufl., München 2012.
Peters, Anne/Ley, Isabelle, in: dies. (Hrsg.), The Freedom of Peaceful Assembly in Europe, Baden-Baden 2016, 9 ff. und 277 ff.
Peters, Wilfried/Janz, Norbert, Aktuelle Fragen des Versammlungsrechts – Rechtsprechungsübersicht, LKV 2016, 193 ff.
Petersohn, Bettina/Schultze, Rainer-Olaf, Ziele, Formen und Prozessstrukturen des Verfassungswandels in Mehrebenensystemen, in: Hönnige, Christoph/Kneip, Sascha/Lorenz, Astrid (Hrsg.), Verfassungswandel im Mehrebenensystem, Wiesbaden 2011, 41 ff.
Phirtskhalashvili, Anna, Schutzpflichten und horizontale Wirkung von Grundrechten in der Verfassung Georgiens vom 24. August 1995, Potsdam 2010.
–, საკონსტიტუციო სასამართლოს რეალური კონტროლი კვლავ კონსტიტუციის გადასინჯვის მიღმა [Die echte Kontrolle des Verfassungsgerichts wieder außerhalb der Verfassungsprüfung], in: Rechtliche, politische und wirtschaftliche Aspekte der Verfassungsänderung, Spezialausgabe der Grigol Robakidze Universität Tbilisi, Tbilisi 2017, 5 ff.
Pickel, Gert, Politische Kultur und Demokratieforschung, in: Schrenk, Klemens H./Soldner, Markus (Hrsg.), Analyse demokratischer Regierungssysteme, Wiesbaden 2010, 611 ff.
Pieroth, Bodo, Das Demokratieprinzip des Grundgesetzes, JuS 2010, 473 ff.
Pieroth, Bodo/Schlink, Bernhard/Kniesel, Michael, Polizei- und Ordnungsrecht, 9. Aufl., München 2016.
Pischel, Gerhard, Konkurrenz und Kollision von Grundrechten, JA 2006, 357 ff.
Pitschas, Rainer, Neues Verwaltungsrecht im partnerschaftlichen Rechtsstaat?, DÖV 2004, 231 ff.
Polese, Abel/Ó Beacháin, Donnacha, From Roses to Bullets – The Rise and Decline of Post-Soviet Color Revolutions, in: Backes, Uwe/Jaskułowski, Tytus/Polese, Abel (Hrsg.), Totali-

tarismus und Transformation: Defizite der Demokratiekonsolidierung in Mittel- und Osteuropa, Göttingen 2009, 63 ff.
Poscher, Ralf, Grundrechte als Abwehrrechte, Tübingen 2003.
–, Neue Rechtsgrundlagen gegen rechtsextremistische Versammlungen: Zu den verfassungsrechtlichen Grenzen der Entpolitisierung der Versammlungsfreiheit, NJW 2005, 1316 ff.
–, Eingriffsschwellen im Recht der inneren Sicherheit: Ihr System im Licht der neueren Verfassungsrechtsprechung, Die Verwaltung 41 (2008), 345 ff.
Preuß, Ulrich K., Die Rolle des Rechtsstaates in der Transformation postkommunistischer Gesellschaften, in: Boulanger, Christian (Hrsg.), Recht in der Transformation. Rechts- und Verfassungswandel in Mittel- und Osteuropa: Beiträge zur Debatte, Berlin 2002, 36 ff.
Prothmann, Martin, Die Wahl des Versammlungsortes: Grundrechtliche Probleme der Nutzung privater öffentlicher Räume zu Versammlungszwecken, Berlin 2013.
Pulte, Peter/Reinartz, Ingomar, Die Verfassung der Sowjetunion, München 1975.
Püschel, Hannes, Das georgische Versammlungsrecht in der Praxis, Osteuropa Recht 57 (2011), 178 ff.
Putzer, Max, Verfassungsrechtliche Grenzen der Äußerungsbefugnisse staatlicher Organe und Amtsträger, DÖV 2015, 417 ff.
Quilisch, Martin, Die demokratische Versammlung, Berlin 1970.
Rainey, Bernadette/Wicks, Elisabeth/Ovey, Clare, in: Jacobs and White, The European Convention on Human Rights, 7. Aufl., Oxford 2017.
Rauber, Jochen, Verhältnismäßigkeit und völkerrechtliche Systembildung: Überlegungen zur einheitsbildenden Funktion des Verhältnismäßigkeitsgrundsatzes im Völkerrecht der Konstitutionalisierung, ZaöRV 2015, 259 ff.
Rauer, Leif, Rechtliche Maßnahmen gegen rechtsextremistische Versammlungen, Frankfurt 2010.
Rauscher, Felix, Rechtliche Bewertung rechtsextremistischer Versammlungen, Berlin 2017.
Rawls, John, Gerechtigkeit als Fairneß: Ein Neuentwurf, herausgegeben und mit einem Vorwort von Erin Kelly, Frankfurt a. M. 2006.
Reimer, Franz, Juristische Methodenlehre, Baden-Baden 2016.
Rennert, Klaus, in: Eyermann, Erich (Begr.), Verwaltungsgerichtsordnung, 15. Aufl., München 2019, § 114.
Ress, Georg, Der Europäische Gerichtshof für Menschenrechte als pouvoir neutre, ZaöRV 2009, 289 ff.
Ridder, Helmut/Breitbach, Michael/Rühl, Ulli/Steinmeier, Frank (Hrsg.), Versammlungsrecht, Baden-Baden 1992.
Ripke, Stefan, Europäische Versammlungsfreiheit: Das Unionsgrundrecht der Versammlungsfreiheit im Grundrechtsschutzsystem aus Grundrechtecharta, EMRK und gemeinsamer Verfassungsüberlieferung, Tübingen 2012.
–, in: Peters, Wilfried/Janz, Norbert (Hrsg.), Handbuch Versammlungsrecht: Versammlungsfreiheit, Eingriffsbefugnisse, Rechtsschutz, München 2015, Kap. C.
Röger, Ralf, Demonstrationsfreiheit für Neonazis? Analyse des Streits zwischen BVerfG und OVG NRW und Versuch einer Aktivierung des Art. 15 VersG als ehrenschützende Norm, Berlin 2004.
–, Landespolitischer Individualismus bei der Ausgestaltung des Versammlungsrechts und die Auswirkungen auf die Polizei, in: Staack, Dirk/Brenneisen, Hartmut (Hrsg.), Problemstellungen des Versammlungsrechts, Münster 2016, 54 ff.
Rosenfeld, Michael, Constitutional identity, in: ders./Sajó, András (Hrsg.), The Oxford Handbook of Comparative Constitutional Law, Oxford 2012, 756 ff.

Rossen-Stadtfeld, Helge, Medien, in: Vesting, Thomas/Korioth, Stefan (Hrsg.), Der Eigenwert des Verfassungsrechts: Was bleibt von der Verfassung nach der Globalisierung?, Tübingen 2011, 95 ff.
–, Medienfreiheit: Mittel des Politischen, in: Vesting, Thomas/Korioth, Stefan/Augsberg, Ino (Hrsg.), Grundrechte als Phänomene kollektiver Ordnung: Zur Wiedergewinnung des Gesellschaftlichen in der Grundrechtstheorie und Grundrechtsdogmatik, Tübingen 2014, 199 ff.
Ruffert, Matthias, Grundrechtliche Schutzpflichten: Einfallstor für ein etatistisches Grundrechtsverständnis?, in: Vesting, Thomas/Korioth, Stefan/Augsberg, Ino (Hrsg.), Grundrechte als Phänomene kollektiver Ordnung: Zur Wiedergewinnung des Gesellschaftlichen in der Grundrechtstheorie und Grundrechtsdogmatik, Tübingen 2014, 109 ff.
Rupp, Hans Heinrich, Unterscheidung von Staat und Gesellschaft, in: Isensee, Josef/Kirchhof, Paul (Hrsg.), Handbuch des Staatsrechts der Bundesrepublik Deutschland, Bd. II (Verfassungsstaat), 3. Aufl., Heidelberg 2004, § 31.
Rusteberg, Benjamin, Der grundrechtliche Gewährleistungsgehalt: Eine veränderte Perspektive auf die Grundrechtsdogmatik durch eine präzise Schutzbereichsbestimmung, Tübingen 2009.
–, Die Verhinderungsblockade, NJW 2011, 2999 ff.
–, Subjektives Abwehrrecht und objektive Ordnung, in: Vesting, Thomas/Korioth, Stefan/ Augsberg, Ino (Hrsg.), Grundrechte als Phänomene kollektiver Ordnung: Zur Wiedergewinnung des Gesellschaftlichen in der Grundrechtstheorie und Grundrechtsdogmatik, Tübingen 2014, 87 ff.
Sachs, Michael, Zur Bedeutung der Menschenrechtsgarantien der EMRK für das deutsche (Verfassungs-)Recht, in: Breuer, Marten (Hrsg.), Der Staat im Recht, FS für Eckart Klein, Berlin 2013, 321 ff.
–, Die Grundrechte in der gesetzlichen Rechtsordnung, in: Kment, Martin (Hrsg.), Das Zusammenwirken von deutschem und europäischem Öffentlichen Recht, FS für Hans Dieter Jarass, München 2015, 235 ff.
–, Verfassungsrecht II – Grundrechte, 3. Aufl., Berlin 2017.
–, in: ders. (Hrsg.), GG, 8. Aufl., München 2018, Vor Art. 1.
–, in: ders. (Hrsg.), GG, 8. Aufl., München 2018, Art. 19.
–, in: ders. (Hrsg.), GG, 8. Aufl., München 2018, Art. 20.
–, in: Stern, Klaus (Hrsg.), Das Staatsrecht der Bundesrepublik Deutschland, 2006, Bd. IV/1.
–, in: Stelkens, Paul/Bonk, Heinz Joachim/Sachs, Michael (Hrsg.), Verwaltungsverfahrensgesetz, 9. Aufl., München 2018, § 40.
Sajó, András, Die Selbstbindung der Staatsgewalt (Übersetzung ins Georgische), Tbilisi 2003 (ursprünglich veröffentlicht bei Central European University Press, Budapest 1999).
–, Von wehrhafter Demokratie bis zum Präventionsstaat (übersetzt in die georgische Sprache), Zeitschrift des GVerfG „Verhandlungen des Verfassungsrechts", Nr. 1, 76 ff.
Salát, Orsolya, The Right to Freedom of Assembly: A Comparative Study, Oxford 2015.
Schabas, William A., The European Convention on Human Rights: A Commentary, Oxford 2017.
Schäfer, Robert A., Die Polizei als Garant der Versammlungsfreiheit, in: Meier, Horst/Dyckmanns, Fritz (Hrsg.), Rechtsradikale unter dem Schutz der Versammlungsfreiheit, Hofgeismar 2010, 87 ff.
Schambeck, Herbert, Entwicklungstendenzen des demokratischen Verfassungsstaates zwischen Recht und Politik, in: Sachs, Michael (Hrsg.), Der grundrechtsgeprägte Verfassungsstaat, FS für Klaus Stern, Berlin 2012, 159 ff.

Scharlau, Maria, Schutz von Versammlungen auf privatem Grund: EMRK versus Grundgesetz, Tübingen 2018.
Scheidler, Alfred, Das Kooperationsgebot im Versammlungsrecht, Die Polizei 2009, 162 ff.
–, Beschränkung der Ingewahrsamnahme von Personen zur Gefahrenabwehr durch den EGMR, NVwZ 2012, 1083 ff.
–, Verkehrsbehinderungen durch Versammlungen, NZV 2015, 166 ff.
Schenke, Wolf-Rüdiger, Grundrechtskonkurrenzen, in: Kment, Martin (Hrsg.), Das Zusammenwirken von deutschem und europäischem Öffentlichen Recht, FS für Hans Dieter Jarass, München 2015, 247 ff.
–, Polizei- und Ordnungsrecht, 10. Aufl., Heidelberg 2018.
Scheu, Sonja, Freiheitsperspektiven Drittbetroffener im Versammlungsrecht, Hamburg 2014.
Schilling, Theodor, Internationaler Menschenrechtsschutz: Das Recht der EMRK und des IPbpR, 3. Aufl., Tübingen 2016.
Schlaich, Klaus/Korioth, Stefan, Das Bundesverfassungsgericht: Ein Studienbuch, 11. Aufl., München 2018.
Schmidt-Aßmann, Eberhard, Der Rechtsstaat, in: Isensee, Josef/Kirchhof, Paul (Hrsg.), Handbuch des Staatsrechts der Bundesrepublik Deutschland, Bd. II (Verfassungsstaat), 3. Aufl., Heidelberg 2004, § 26.
Schmidt-Aßmann, Erhard/Schenk, Wolfgang, in: Schoch, Friedrich/Schneider, Jens Peter/Bier, Wolfgang (Hrsg.), Verwaltungsgerichtsordnung, BeckOK 35. EL September 2018, Einleitung.
Schmitt, Carl, Der Wert des Staates und die Bedeutung des Einzelnen, 2. Aufl., Berlin 2004.
Schmitt-Glaeser, Walter, Die grundrechtliche Freiheit des Bürgers zur Mitwirkung an der Willensbildung, in: Isensee, Josef/Kirchhof, Paul (Hrsg.), Handbuch des Staatsrechts der Bundesrepublik Deutschland, Bd. III (Demokratie – Bundesorgane), 3. Aufl., Heidelberg 2005, § 38.
Schnapp, Friedrich E., in: Münch, Ingo von/Kunig, Philip (Hrsg.), Grundgesetz-Kommentar, Bd. 1, 6. Aufl., München 2012, Art. 20.
Schneider, Jens Peter, in: Epping, Volker/Hillgruber, Christian (Hrsg.), BeckOK Grundgesetz, 39. Aufl., Stand: 15.11.2018, Art. 8.
Schöbener, Burkhard/Knauff, Matthias, Allgemeine Staatslehre, 4. Aufl., München 2019.
Schoch, Friedrich/Axer, Peter, Besonderes Verwaltungsrecht, München 2018.
Scholte, Jan Aart, Relations with Civil Society, in: Cogan, Jacob Katz/Hurd, Ian/Johnstone, Ian (Hrsg.), The Oxford Handbook of International Organizations, Oxford 2016, 712 ff.
Schulenberg, Sebastian, Der „Bierdosen-Flashmob für die Freiheit": Zu Versammlungen auf Grundstücken im Eigentum Privater, DÖV 2016, 55 ff.
Schulze-Fielitz, Helmuth, in: Dreier, Horst (Hrsg.), Grundgesetz-Kommentar, Bd. I, 3. Aufl., Tübingen 2013, Art. 8.
–, Der politische Kompromiss als Chance und Gefahr für die Rationalität der Gesetzgebung, in: Frick, Verena/Lembcke, Oliver W./Lhotta, Roland (Hrsg.), Politik und Recht, Baden-Baden 2017, 325 ff.
Schuppert, Gunnar Folke, Politische Kultur als Institutionenkultur, in: Grote, Rainer (Hrsg.), Die Ordnung der Freiheit, FS für Christian Starck, Tübingen 2007, 117 ff.
Schwabe, Jürgen, Desaster im Versammlungsrecht: Zwei irreführende Kammerentscheidungen des Bundesverfassungsgerichts, DÖV 2010, 720 ff.
Schwäble, Ulrich, Das Grundrecht der Versammlungsfreiheit (Art. 8 GG), Berlin 1975.
Schwarz, Kyrill-Alexander, in: Fehling, Michael/Kastner, Berthold/Störmer, Rainer (Hrsg.), Verwaltungsrecht, Handkommentar, 4. Aufl., Baden-Baden 2016.

Schwarz, Hermann, Die Etablierung der Verfassungsgerichtsbarkeit im postkommunistischen Europa (Übersetzung ins Georgische), Tbilisi 2003.

Shagina, Maria, Joining a Prestigious Club: Cooperation with Europarties and its Impact on Party Development in Georgia, Moldova, and Ukraine 2004–2015, Stuttgart 2017.

Shelton, Dinah, Human Rights, in: Cogan, Jacob Katz/Hurd, Jan/Johnstone, Ian (Hrsg.), The Oxford Handbook of International Organizations, Oxford 2016, 249 ff.

Siehr, Angelika, Das Recht am öffentlichen Raum: Theorie des öffentlichen Raumes und die räumliche Dimension von Freiheit, Tübingen 2016.

Smets, Christoph, Staatsgleiche Grundrechtsbindung Privater aus Funktionsnachfolge?, NVwZ 2016, 35 ff.

Soghomonyan, Vahram, Europäische Integration und Hegemonie im Südkaukasus: Armenien, Aserbaidschan und Georgien auf dem Weg nach Europa, Baden-Baden 2007.

Soidze, Besarion, საკონსტიტუციო კონტროლი და ღირებულებათა წესრიგი საქართველოში [Die Verfassungskontrolle und Werteordnung in Georgien], Tbilisi 2007.

–, Wesensgehaltsgarantie der Grundrechte, Zeitschrift des GVerfG „Verhandlungen des Verfassungsrechts", Nr. 5, 138 ff.

Sommermann, Karl-Peter, Funktionen und Methoden der Grundrechtsvergleichung, in: Merten, Detlef/Papier, Hans-Jürgen (Hrsg.), Handbuch der Grundrechte in Deutschland und Europa, Bd. I (Entwicklung und Grundlagen), Heidelberg 2004, § 16.

–, Propädeutische Überlegungen zur Grundrechtsvergleichung, in: Merten, Detlef/Papier, Hans-Jürgen (Hrsg.), Grundsatzfragen der Grundrechtsdogmatik, Heidelberg 2007, 149 ff.

–, in: Mangoldt, Hermann, von/Klein, Friedrich/Starck, Christian (Hrsg.), Kommentar zum Grundgesetz, Bd. II, 7. Aufl., München 2018, Art. 20.

Spielmann, Christoph, Konkurrenz von Grundrechtsnormen, Baden-Baden 2008.

Spielmann, Dean, in: Dialogue between Judges (Hrsg.), „Implementation of the Judgments of the European Court of Human Rights: A shared Judicial Responsibility?", Straßburg, Januar 2014, 5 f.

Spilker, Bettina/Wenzel, Christof, Pro-Asyl-Demonstration mit Hindernissen, JuS 2016, 337 ff.

Stahl, Sandra, Schutzpflichten im Völkerrecht – Ansatz einer Dogmatik, Heidelberg 2012.

Starck, Christian, Der Rechtsstaat und die Aufarbeitung der vor-rechtsstaatlichen Vergangenheit, VVDStRL 51 (1991), 9 ff.

–, Praxis der Verfassungsauslegung I, Baden-Baden 1994.

–, Grundrechtliche und demokratische Freiheitsidee, in: Isensee, Josef/Kirchhof, Paul (Hrsg.), Handbuch des Staatsrechts der Bundesrepublik Deutschland, Bd. III (Demokratie–Bundesorgane) 3. Aufl., Heidelberg 2005, § 33.

–, Praxis der Verfassungsauslegung II, Baden-Baden 2006.

–, Verfassungen, Tübingen 2009.

–, in: Mangoldt, Hermann, von/Klein, Friedrich/Starck, Christian (Hrsg.), Kommentar zum Grundgesetz, Bd. I, 7. Aufl., München 2018, Art. 1.

Stein, Volker, Versammlungsrecht: Erläuterungen zum Art. 8 Grundgesetz und zum Versammlungsgesetz, Frankfurt 2014.

Steinforth, Sebastian, Die Gefährderansprache im Kontext versammlungsspezifischer Vorfeldmaßnahmen, Frankfurt a. M. 2015.

Steinsdorff, Silvia von, Verfassungsgerichte als Demokratie-Versicherung? Ursachen und Grenzen der wachsenden Bedeutung juristischer Politikkontrolle, in: Schrenk, Klemens H./Soldner, Markus (Hrsg.), Analyse demokratischer Regierungssysteme, Wiesbaden 2010, 479 ff.

Stern, Klaus, in: Stern, Klaus (Hrsg.), Das Staatsrecht der Bundesrepublik Deutschland, Bd. III/2 (Allgemeine Lehren der Grundrechte), München 1994.

–, Die Idee der Menschen- und Grundrechte, in: Merten, Detlef/Papier, Hans-Jürgen (Hrsg.), Handbuch der Grundrechte in Deutschland und Europa, Bd. I (Entwicklung und Grundlagen), Heidelberg 2004, § 1.

–, Menschenrechte als universales Leitprinzip, in: Merten, Detlef/Papier, Hans-Jürgen (Hrsg.), Handbuch der Grundrechte in Deutschland und Europa, Bd. VI/2 (Europäische Grundrechte II – Universelle Menschenrechte), Heidelberg 2009, § 185.

–, Idee der Menschenrechte und Positivität der Grundrechte, in: Isensee, Josef/Kirchhof, Paul (Hrsg.), Handbuch des Staatsrechts der Bundesrepublik Deutschland, Bd. IX (Allgemeine Grundrechtslehren), 3. Aufl., Heidelberg 2011, § 184.

–, in: Stern, Klaus/Becker, Florian (Hrsg.), Grundrechte-Kommentar: Die Grundrechte des Grundgesetzes mit ihren europäischen Bezügen, 2. Aufl., Köln 2016, Einleitung.

Stolleis, Michael, in: Lisken, Hans/Denninger, Erhard (Hrsg.), Handbuch des Polizeirechts: Gefahrenabwehr, Strafverfolgung, Rechtsschutz, 6. Aufl., München 2018, Kap. A.

Stollwerck, Christoph, „Vergrundrechtlichung" des Polizeirechts – Polizeiliche einzelmaßnahmen nach dem allgemeinen Gesetz zum Schutz der öffentlichen Sicherheit und Ordnung in Berlin, LKV 2016, 103 ff.

Stone Sweet, Alec, in: Dialogue between judges (Hrsg.), „Implementation of the judgments of the European Court of Human Rights: A shared Judicial Responsibility?", Straßburg, Januar 2014, 22 ff.

Stone Sweet, Alec/Keller, Helen, The Reception of the ECHR in National Legal Orders, in: dies. (Hrsg.), A Europe of Rights: The Impact of the ECHR on National Legal Systems, Oxford 2008, 3 ff.

Suny, Ronald Gregor, The Making of the Georgian Nation, London 1989.

Szczekalla, Peter, Die sogenannten Schutzpflichten im deutschen und europäischen Recht: Inhalt und Reichweite einer gemeineuropäischen Grundrechtsfunktion, Berlin 2002.

Takada, Bin, Universeller Anspruch grundrechtsgeprägter Rechtsstaatlichkeit, in: Sachs, Michael (Hrsg.), Der grundrechtsgeprägte Verfassungsstaat, FS für Klaus Stern, Berlin 2012, 217 ff.

Tegtmeyer, Henning/Vahle, Jürgen, Polizeigesetz Nordrhein-Westfalen, 12. Aufl., Stuttgart 2018.

Thiel, Markus, „Die Entgrenzung" der Gefahrenabwehr: Grundfragen von Freiheit und Sicherheit im Zeitalter der Globalisierung, Tübingen 2011.

–, „Der Schutzauftrag des Rechts", AöR 136 (2011), 130 ff.

Thiele, Alexander, Gleichheit angesichts von Vielfalt als Gegenstand des philosophischen und juristischen Diskurses, DVBl. 2018, 1112 ff.

Tölle, Oliver, Polizeiliche Pflichten bei der Inanspruchnahme von Nichtstörern; Darstellung am Beispiel rechter und salafistischer Gruppen, in: Brenneisen, Hartmut/Wilksen, Michael/ Staack, Dirk/Martins, Michael/Warnstorff, Jana (Hrsg.), Ein Versammlungsgesetz für Schleswig-Holstein: Vorstellung, Analyse und Bewertung der Gesetzesinitiativen, Münster 2013, 155 ff.

–, Eine Liberalisierung greift zu kurz: Plädoyer für Strafrechtsnormen im Versammlungsrecht, in: Staack, Dirk/Brenneisen, Hartmut (Hrsg.), Problemstellungen des Versammlungsrechts, Münster 2016, 46 ff.

Trurnit, Christoph, Vorfeldmaßnahmen bei Versammlungen, NVwZ 2012, 1079 ff.

–, Grundfälle zum Versammlungsrecht, Jura 2014, 486 ff.

–, Umschließungen bei Versammlungen, VBlBW 2015, 186 ff.

–, Rechtsprechungsentwicklung zum Versammlungsrecht in den Jahren 2014/2015, NVwZ 2016, 873 ff.
–, Eingriffsrecht, 4. Aufl., Stuttgart 2017.
–, in: Möstl, Markus/Trurnit, Christoph (Hrsg.), Polizeirecht Baden-Württemberg, BeckOK, 13. Aufl., Stand: 15.12.2018, § 1.
Tsanava, Lana, მთავრობის პასუხისმგებლობის პრინციპები: კონსტიტუციონალიზმის პრაქტიკა და საქართველოს კანონმდებლობა [Prinzipien der Verantwortlichkeit der Regierung: Praxis des Konstitutionalismus und Georgische Gesetzgebung] (Dissertation), Tbilisi 2016.
Tschentscher, Axel, Versammlungsfreiheit und Eventkultur: Unterhaltungsveranstaltungen im Schutzbereich des Art. 8 I GG, NVwZ 2001, 1243 ff.
Tugushi, Theimuraz/Burdjanadse, Giorgi/Mshvenieradse, Giorgi/Gotsiridse, Giorgi/Menabde, Vakhtang, ადამიანის უფლებები და საქართველოს საკონსტიტუციო სასამართლოს სამართალწარმოების პრაქტიკა: 1996–2012 წლების სასამართლო პრაქტიკა [Menschenrechte und Rechtsprechung des Verfassungsgerichts Georgiens: Rechtsprechung von 1996 bis 2012], Tbilisi 2013.
Tulkens, Françoise, in: Dialogue between Judges (Hrsg.), „How can we Ensure Greater Involvement of National Courts in the Convention System?", Straßburg, Januar 2012, 6 ff.
Turava, Paata, Die Aufhebung von Verwaltungsakten im georgischen Recht: Eine deutsch-europäische Rechtsvergleichung, Berlin 2007.
–, Vertrauensschutz (eine rechtsvergleichende Analyse), Georgian Law Review, Oktober 2007, Nr. 2/3, 212 ff.
–, საქართველოს პოლიციის საქმიანობის მარეგულირებელი ნორმების შესაბამისობა ადამიანის უფლებათა ევროპულ სტანდარტებთან [Die Kompatibilität von rechtlichen Regelungen der Polizeitätigkeit in Georgien mit den europäischen Menschenrechtstandards], in: Korkelia, Konstantin (Hrsg.), Menschenrechtsschutz und Rechtsreform in Georgien, Tbilisi 2014, 119 ff.
–, Polizeirecht in Georgien, Osteuropa Recht 60 (2014), 60 ff.
Turmanidze, Sergo, Status of the De Facto State in Public International Law: A Legal Appraisal of the Principle of Effectiveness, Hamburg 2010.
Uerpmann-Wittzack, Robert, Rechtsfortbildung durch Europaratsrecht, in: Breuer, Marten (Hrsg.), Der Staat im Recht, FS für Eckart Klein, Berlin 2013, 940 ff.
Uhle, Arnd, Freiheitlicher Verfassungsstaat und kulturelle Identität, Tübingen 2004.
Ullrich, Norbert, Gefahrenabwehrende Verwaltung und Schutz suchender Bürger im Spannungsfeld von Schutzpflicht, Grundrechtskollision und Ermessen, VerwArch 102 (2011), 383 ff.
–, Das Demonstrationsrecht: Im Spanungsfeld von Meinungsfreiheit, Versammlungsfreiheit und öffentlicher Sicherheit, Baden-Baden 2015.
–, Das Versammlungsfreiheitsgesetz Schleswig-Holsteins im Kontext europäischer Versammlungsgesetze, NVwZ 2016, 501 ff.
–, Niedersächsisches Versammlungsgesetz, Kommentar, 2. Aufl., Stuttgart 2018.
Vashakidze, Giorgi, Kodifikation des Internationalen Privatrechts in Georgien, in: Kurzynsky-Singer, Eugenia (Hrsg.), Transformation durch Rezeption?, Tübingen 2014, 289 ff.
–, Das Internationale Privatrecht von Georgien, Tübingen 2014.
Vedder, Christoph, Die UN-Menschenrechtspakte und ihre Verfahren, in: Merten, Detlef/Papier, Hans-Jürgen (Hrsg.), Handbuch der Grundrechte in Deutschland und Europa, Bd. VI/2 (Europäische Grundrechte II – Universelle Menschenrechte), Heidelberg 2009, § 174.

Vesting, Thomas, Nachbarschaft: Grundrechte und Grundrechtstheorie in der Kultur der Netzwerke, in: Vesting, Thomas/Korioth, Stefan/Augsberg, Ino (Hrsg.), Grundrechte als Phänomene kollektiver Ordnung: Zur Wiedergewinnung des Gesellschaftlichen in der Grundrechtstheorie und Grundrechtsdogmatik, Tübingen 2014, 57 ff.

Viellechner, Lars, Transnationalisierung des Rechts, Weilerswist 2013.

Villiger, Mark E., Handbuch der europäischen Menschenrechtskonvention (EMRK): Unter besonderer Berücksichtigung der schweizerischen Rechtslage, 2. Aufl., Zürich 1999.

Vitzthum, Wolfgang G., Das Eigene muss so gut gelernt sein wie das Fremde: Europas Identitäten, in: Sachs, Michael (Hrsg.), Der grundrechtsgeprägte Verfassungsstaat, FS für Klaus Stern, Berlin 2012, 1001 ff.

Volkmann, Uwe, Grundrechte und Sozialismus, in: Merten, Detlef/Papier, Hans-Jürgen (Hrsg.), Handbuch der Grundrechte in Deutschland und Europa, Bd. I (Entwicklung und Grundlagen), Heidelberg 2004, § 12.

–, Leitbildorientierte Verfassungsanwendung, AöR 134 (2009), 157 ff.

–, Polizeirecht als Sozialtechnologie, NVwZ 2009, 216 ff.

–, Der Aufstieg der Verfassung: Beobachtungen zum grundregelnden Wandel des Verfassungsbegriffs, in: Vesting, Thomas/Korioth, Stefan (Hrsg.), Der Eigenwert des Verfassungsrechts: Was bleibt von der Verfassung nach der Globalisierung?, Tübingen 2011, 23 ff.

–, Bausteine zu einer demokratischen Theorie der Verfassungsgerichtsbarkeit, in: Bäuerle, Michael (Hrsg.), Demokratie-Perspektiven, FS für Brun-Otto Bryde, Tübingen 2013, 119 ff.

Voßkuhle, Andreas, Theorie und Praxis der verfassungskonformen Auslegung von Gesetzen durch Fachgerichte, AöR 125 (2000), 177 ff.

–, Der Grundsatz der Verhältnismäßigkeit, JuS 2007, 429 ff.

–, Verfassungsgerichtsbarkeit und europäische Integration, NVwZ-Beilage 2013, 27 ff.

–, Pyramid or Mobile? – Human Rights Protection by the European Constitutional Courts, in: Dialogue between Judges (Hrsg.), „Implementation of the judgments of the European Court of Human Rights: A shared Judicial Responsibility?", Straßburg, Januar 2014, 36 ff.

–, in: Mangoldt, Hermann, von/Klein, Friedrich/Starck, Christian (Hrsg.), Kommentar zum Grundgesetz, Bd. I, 7. Aufl., München 2018, Art. 93.

Voßkuhle, Andreas/Kaufhold, Ann-Katrin, Verwaltungsvorschriften, JuS 2016, 314 ff.

De Waal, Thomas, Georgia and Its Distant Neighbors, in: Coppieters, Bruno/Legvold, Robert (Hrsg.), Statehood and Security: Georgia after the Rose Revolution, Cambridge 2005, 337 ff.

Waechter, Kay, Die Vorgaben des Bundesverfassungsgerichts für das behördliche Vorgehen gegen politisch extreme Versammlungen: Maßgaben für neue Versammlungsgesetze der Länder, VerwArch 99 (2008), 73 ff.

Wagner, Stephan, Versammlungen im Konkurrenzverhältnis: Normative Kriterien zur Koordinierung von (extremistischen) Versammlungen und Gegenveranstaltungen, DÖV 2017, 708 ff.

Wahl, Rainer, Elemente der Verfassungsstaatlichkeit, JuS 2001, 1041 ff.

–, Die Rolle staatlicher Verfassungen angesichts der Europäisierung und der Internationalisierung, in: Vesting, Thomas/Korioth, Stefan (Hrsg.), Der Eigenwert des Verfassungsrechts: Was bleibt von der Verfassung nach der Globalisierung?, Tübingen 2011, 355 ff.

–, Die praktische Wirksamkeit von Verfassungen: Der Fall des Grundgesetzes, in: Sachs, Michael (Hrsg.), Der grundrechtsgeprägte Verfassungsstaat, FS für Klaus Stern, Berlin 2012, 233 ff.

Watrin, Tom, Die Gefahrenprognose im Versammlungsrecht: Anforderungen an die Gefahrenbeurteilung bei Maßnahmen nach § 15 I VersG, Frankfurt a. M. 2015.

Weber, Albrecht, Europäische Verfassungsvergleichung: Ein Studienbuch, Die Verfassungen der Europäischen Staaten im Vergleich, München 2010.

Weber, Klaus, Grundzüge des Versammlungsrechts unter Beachtung der Föderalismusreform, Köln 2010.

–, Versammlungsverbote nach § 15 I Versammlungsgesetz, KommJur 2010, 172 ff.

–, Zur „Kooperation" zwischen Versammlungsbehörde und Veranstalter einer Versammlung, KommJur 2011, 50 ff.

Weinhauer, Klaus, Staatsgewalt, Massen, Männlichkeit: Polizeieinsätze gegen Jugend- und Studentenproteste in der Bundesrepublik der 1960er Jahren, in: Lüdtke, Alf/Reinke, Herbert/ Sturm, Michael (Hrsg.), Polizei, Gewalt und Staat im 20. Jahrhundert, Wiesbaden 2011, 301 ff.

Weiß, Norman, Der Rechtsstaat im Risiko, in: Breuer, Marten (Hrsg.), Der Staat im Recht, FS für Eckart Klein, Berlin 2013, 366 ff.

Wendt, Hennin, Recht zur Versammlung auf fremdem Eigentum?, Überlegungen zur mittelbaren Drittwirkung der Versammlungsfreiheit nach dem Fraport-Urteil des BVerfG und unter Berücksichtigung der US-amerikanischen Rechtsprechung, NVwZ 2012, 606 ff.

Whittington, Keith E., Constitutionalism, in: Whittington, Keith E./Kelemen, Daniel/Caldeira, Gregory A. (Hrsg.), The Oxford Handbook of Law and Politics, Oxford 2013, 281 ff.

Wiefelspütz, Dieter, Das Gesetz über befriedete Bezirke für Versammlungsorgane des Bundes – Ein Gesetz, das seinen Zweck erfüllt, NVwZ 2000, 1016 ff.

–, Das Versammlungsrecht – Ein Fall für den Gesetzgeber?, ZRP 2001, 60 ff.

–, Ist die Love-Parade eine Versammlung?, NJW 2002, 274 ff.

Wiesbrock, Katja, Internationale Schutz der Menschenrechte vor Verletzungen durch Private, Berlin 1999.

Wihl, Tim, Drei formale Grundrechtstypen: Prolegomena zu einer komparativen Grundrechtstheorie, in: Friehe, Matthias/Piecha, Sebastian (Hrsg.), Rechtskultur und Globalisierung, Baden-Baden 2017, 239 ff.

Wildhaber, Luzius, Schlusswort, in: Breitenmoser, Stephan (Hrsg.), Wirkungen der Europäischen Menschenrechtskonvention (EMRK) – Heute und morgen, Baden-Baden 2018, 99 ff.

Winkler, Daniela, Der „additive Grundrechtseingriff": Eine adäquate Beschreibung kumulierender Belastungen?, JA 2014, 881 ff.

Wobst, Felix/Ackermann, Julian, Der Zweckveranlasser wird 100 – Ein Grund zum Feiern?, JA 2013, 916 ff.

Wolff, Heinrich Amadeus, in: Hömig, Dieter/Wolff, Heinrich Amadeus (Hrsg.), Grundgesetz für die Bundesrepublik Deutschland, Handkommentar, 12. Aufl., Baden-Baden 2018, Art. 8.

Wollenschläger, Ferdinand, in: Mangoldt, Hermann von/Klein, Friedrich/Starck, Christian (Hrsg.), Kommentar zum Grundgesetz, Bd. I, 7. Aufl., München 2018, Art. 3.

Wollinger, Gina Rosa, Gesellschaft ordnen: Formelle Sozialkontrolle und die Entwicklung des Versammlungsrechts in Deutschland, Marburg 2011.

Wroblewski, Andrej, in: Däubler, Wolfgang (Hrsg.), Arbeitskampfrecht, Handbuch für die Rechtspraxis, 4. Aufl., Baden-Baden 2018, § 17 (Sonderformen des Streiks).

Würdinger, Markus, Das Ziel der Gesetzesauslegung – Ein juristischer Klassiker und Kernstreit der Methodenlehre, JuS 2016, 1 ff.

Zippelius, Reinhold/Würtenberger, Thomas, Deutsches Staatsrecht, 33. Aufl., München 2018.

Zürcher, Christoph, The Post-Soviet Wars: Rebellion, Ethnic Conflict and Nationhood in the Caucasus, New York 2009.

Jus Internationale et Europaeum

herausgegeben von
Thilo Marauhn und Christian Walter

Die Einwirkung des internationalen und des europäischen Rechts auf die nationalen Rechtsordnungen nimmt beständig zu. Diese Entwicklung stellt eine gewaltige Herausforderung dar, weil es heute nicht mehr nur um die Umsetzung völker- und europarechtlicher Vorgaben geht, sondern darüber hinausgehende Anpassungsnotwendigkeiten in den nationalen Rechtsordnungen verarbeitet werden müssen. Abgesehen von den praktischen Schwierigkeiten, die häufig damit verbunden sind, verlangt dieser Prozess nach einer theoretischen Verarbeitung, welche im öffentlichen Recht, das nach wie vor ein ambivalentes Verhältnis zum Völker- und Europarecht hat, weitgehend noch am Anfang steht. Die Schriftenreihe soll zur theoretischen und dogmatischen Durchdringung der Internationalisierung und Europäisierung des öffentlichen Rechts beitragen und Lösungsvorschläge für damit einhergehende praktische Probleme unterbreiten. In der Reihe erscheinen herausragende Arbeiten, die sich mit Rechtsfragen an der Schnittstelle zwischen nationalem öffentlichen Recht und internationalem Recht beschäftigen oder genuin völker- bzw. europarechtliche Themen behandeln. Besonderes Interesse liegt dabei auf Arbeiten, die eine Brücke zwischen Grundlagenfragen und praktischer Rechtsanwendung schlagen.

ISSN: 1861-1893
Zitiervorschlag: JusIntEu

Alle lieferbaren Bände finden Sie unter *www.mohrsiebeck.com/jusinteu*

Mohr Siebeck
www.mohrsiebeck.com